工商管理经典译丛 BUSINESS ADMINISTRATION CLASSICS

E-COMMERCE
BUSINESS, TECHNOLOGY, SOCIETY
SIXTEENTH EDITION

电子商务
商务、技术、社会

第**16**版

[美] 肯尼思·劳东 (Kenneth C. Laudon)
卡罗尔·圭尔乔·特拉弗 (Carol Guercio Traver) 著

程絮森 杨 波 王刊良 译

中国人民大学出版社
·北京·

图书在版编目（CIP）数据

电子商务：商务、技术、社会：第 16 版/（美）肯尼思·劳东，（美）卡罗尔·圭尔乔·特拉弗著；程絮森，杨波，王刊良译.-- 北京：中国人民大学出版社，2024.8

（工商管理经典译丛）

ISBN 978-7-300-32476-0

Ⅰ.①电… Ⅱ.①肯… ②卡… ③程… ④杨… ⑤王… Ⅲ.①电子商务 Ⅳ.①F713.36

中国国家版本馆 CIP 数据核字（2024）第 024792 号

工商管理经典译丛

电子商务——商务、技术、社会（第 16 版）

［美］ 肯尼思·劳东
卡罗尔·圭尔乔·特拉弗 　著

程絮森　杨　波　王刊良　译

Dianzi Shangwu——Shangwu、Jishu、Shehui

出版发行	中国人民大学出版社		
社　　址	北京中关村大街 31 号	**邮政编码**	100080
电　　话	010 - 62511242（总编室）		010 - 62511770（质管部）
	010 - 82501766（邮购部）		010 - 62514148（门市部）
	010 - 62515195（发行公司）		010 - 62515275（盗版举报）
网　　址	http://www.crup.com.cn		
经　　销	新华书店		
印　　刷	北京七色印务有限公司		
开　　本	787 mm×1092 mm　1/16	**版　　次**	2024 年 8 月第 1 版
印　　张	38.25 插页 2	**印　　次**	2024 年 8 月第 1 次印刷
字　　数	892 000	**定　　价**	128.00 元

工商管理经典译丛
出版说明

　　随着中国改革开放的深入发展，中国经济高速增长，为中国企业带来了勃勃生机，也为中国管理人才提供了成长和一显身手的广阔天地。时代呼唤能够在国际市场上搏击的中国企业家，时代呼唤谙熟国际市场规则的职业经理人。中国的工商管理教育事业也迎来了快速发展的良机。中国人民大学出版社正是为了适应这样一种时代的需要，从1997年开始就组织策划"工商管理经典译丛"，这是国内第一套与国际管理教育全面接轨的引进版工商管理类丛书，该套丛书凝聚着100多位管理学专家学者的心血，一经推出，立即受到了国内管理学界和企业界读者们的一致好评和普遍欢迎，并持续畅销数年。全国人民代表大会常务委员会副委员长、国家自然科学基金会管理科学部主任成思危先生，以及全国MBA教育指导委员会的专家们，都对这套丛书给予了很高的评价，认为这套译丛为中国工商管理教育事业做了开创性的工作，为国内管理专业教学首次系统地引进了优秀的范本，并为广大管理专业教师提高教材甄选和编写水平发挥了很大的作用。其中《人力资源管理》（第六版）获第十二届"中国图书奖"；《管理学》（第四版）获全国优秀畅销书奖。

　　进入21世纪后，随着经济全球化和信息化的发展，国际MBA教育在课程体系上进行了重大的改革，从20世纪80年代以行为科学为基础，注重营销管理、运营管理、财务管理到战略管理等方面的研究，到开始重视沟通、创业、公共关系和商业伦理等人文类内容，并且增加了基于网络的电子商务、技术管理、业务流程重组和统计学等技术类内容。另外，管理教育的国际化趋势也越来越明显，主要表现在师资的国际化、生源的国际化和教材的国际化方面。近年来，随着我国MBA和工商管理教育事业的快速发展，国内管理类引进版图书的品种越来越多，出版和更新的周期也在明显加快。为此，我们这套"工商管理经典译丛"也适时更新版本，增加新的内容，同时还将陆续推出新的系列和配套参考书，以顺应国际管理教育发展的大趋势。

　　本译丛选入的书目，都是世界著名的权威出版机构畅销全球的工商管理图书，被世界各国和地区的著名大学商学院和管理学院所普遍选用，是国际工商管理教育界最具影响力的教学用书。本丛书的作者，皆为管理学界享有盛誉的著名教授，他们的这些著作，经过了世界各地数千所大学和管理学院教学实践的检验，被证明是论述精辟、视野开阔、资料丰富、通俗易懂，又具有生动性、启发性和可操作性的经典之作。本译丛的译者，大多是国内各著名大学的优秀中青年学术骨干，他们不仅在长期的教学研究和社会实践中积累了丰富的经验，而且具有较高的翻译水平。

本丛书的引进和运作过程，从市场调研与选题策划、每本书的推荐与论证、对译者翻译水平的考察与甄选、翻译规程与交稿要求的制定、对翻译质量的严格把关和控制，到版式、封面和插图的设计等各方面，都坚持高水平和高标准的原则，力图奉献给读者一套译文准确、文字流畅、从内容到形式都保持原著风格的工商管理精品图书。

本丛书参考了国际上通行的 MBA 和工商管理专业核心课程的设置，充分兼顾了我国管理各专业现行通开课与专业课程设置，以及企业管理培训的要求，故适应面较广，既可用于管理各专业不同层次的教学参考，又可供各类管理人员培训和自学使用。

为了本丛书的出版，我们成立了由中国人民大学、北京大学、中国社会科学院等单位专家学者组成的编辑委员会，这些专家学者给了我们强有力的支持，使本丛书得以在管理学界和企业界产生较大的影响。许多我国留美学者和国内管理学界著名专家教授，参与了原著的推荐、论证和翻译工作，原我社编辑闻洁女士在这套书的总体策划中付出了很多心血。在此，谨向他们致以崇高的敬意并表示衷心的感谢。

愿这套丛书为我国 MBA 和工商管理教育事业的发展，为中国企业管理水平的不断提升继续做出应有的贡献。

中国人民大学出版社

由习近平总书记提出的"一带一路"倡议，对中国、"一带一路"沿线国家，乃至整个国际社会都产生了重大影响。随着"一带一路"建设的持续推进，我国与世界各国的经济贸易往来与合作越来越紧密，这也对培养具备国际化视野的电子商务创新复合型人才提出了新的要求。因此，有必要为电子商务国际化教学提供一本优质、全面、系统的书。为顺应经济全球化发展潮流，应对国内电子商务教学的国际化参考需求，结合国内对电子商务领域国际化人才培养的实际需要，经慎重思考和充分研讨，我们选择了肯尼思·劳东和卡罗尔·圭尔乔·特拉弗两位教授的著作《电子商务——商务、技术、社会》（第 16 版）。

在 21 世纪，电子商务的发展日新月异，新兴技术持续赋能商务与社会活动，数字经济不断迭代成长，涌现出各种各样的新型商业模式，如社交商务、移动商务、互联网金融、线上旅游、共享经济等等。因此，为电子商务教学提供一本与时俱进、通俗易懂且具有国际化视野的书尤其重要。第 16 版融入了电子商务的新发展、新态势和新模式，重点关注电子商务中的商务、技术和社会三大模块，并通过引入大量经典案例对知识点进行讲解，极大地提高了本书的可读性。值得一提的是，第 16 版对所有图、表、数据和案例等进行了更新，特别是增加了全球新冠疫情对电子商务的影响等新内容，从不同角度提出了疫情背景下电子商务发展的新方向，并囊括了近几年来世界各地出台的电子商务法规政策，更全面、客观和系统地反映了电子商务近年的发展状况、机遇和挑战。

本书能帮助读者更好地从全球化视角掌握电子商务知识，了解世界范围内电子商务的发展情况，汲取国外电子商务发展的成功经验，并以此审视国内电子商务发展实践，总结国外电子商务发展的失败教训，避免其延展至我国电子商务发展实践。通过学习，读者可以更好地实现理论和实践的结合，能够从商务实践、技术创新和社会发展三个方面提升实践能力和创新能力，培养互联网思维和批判性思维。

本次翻译是电子商务国际化教学的一次尝试。在本书的翻译过程中，张晓萍、黄晓雯、刘瑜、冉艳月、张爽、付小桐、田景怡、靖信如、周开元、申越、顾珺涵、苏晓伟、韩瑞雪、李昊林等做了部分翻译校对工作。此外，本书的翻译也得到了高校学者、业界专家和中国人民大学出版社编辑的大力支持，在此对他们表示诚挚的谢意。尽管我们在翻译过程中十分注意文字表述，但由于和作者处于不同的政治、经济、文化背景，书中难免会有不妥之处，希望读者在阅读过程中加以甄别。同时，我们也希望读者批评指正，为本书的进一步完善提供宝贵意见和建议。

程絮森
中国人民大学

《电子商务——商务、技术、社会》（第16版）为你提供了对电子商务领域知识的深入介绍。本书聚焦于关键概念、最新实践和相关财务数据，有助于你理解和把握电子商务所带来的不断变化、充满机遇的世界。电子商务正在极大地改变商业运作的方式，并推动全球经济发生巨大变革。

同样重要的是，我们试图撰写一本发人深省并与时俱进的书。我们使用最新数据，并聚焦于日常生活中经常听到的公司，比如脸书、推特、谷歌、亚马逊、YouTube、Pinterest、eBay、优步、WhatsApp、Snapchat 等，你会在书中了解更多公司，以及一些对你来说可能是全新的并会给你带来惊喜的初创企业。本书还囊括了当今电子商务领域的关键话题，从隐私和盗版，到政府监管、网络战、金融科技、社交-本地-移动营销、互联网销售税、知识产权等等。书中提供了当今电子商务最新和最全面的概览。

你在本书中学到的电子商务知识对你未来的工作是有价值的。电子商务就业市场正在迅速扩大。许多企业希望新员工了解电子商务、网络营销以及如何开展电子商务的基础知识。如今，每个行业在某种程度上都会受到电子商务的影响。你在本书中学到的知识将给你的整个职业生涯带来价值，在阅读这本书之后，我们希望你能够参与甚至领导所在公司开展的电子商务活动。

第16版新增内容

电子商务相关职位

在第16版的每一章结尾处，我们引入了介绍电子商务相关职位的部分，该部分主要介绍电子商务公司发布的入门级职位招聘信息。我们提供了有关该领域和公司的简要概述、有关职位的详细信息、求职者应具备的资格和技能列表，以及一些面试准备技巧，并介绍了如何运用每一章中介绍的概念回答面试中可能遇到的问题。

与时俱进

本版的特色是章首和专栏均采用全新案例。本版所引用的内容、数据和图表已更新至 2020 年 10 月，均来自 eMarketer、Pew Research Center、Forrester Research、Comscore、Gartner Research 以及其他行业和政府的最新资料。

此外，我们还在书中增加了一些新的、扩展的内容，涉及 2020 年出现在头条的多个电子商务主题，例如：

● 2019 年新冠疫情对电子商务的重大影响（贯穿全书并在后文特别指出）。

● 优步等按需服务的扩展（包括新冠疫情对优步的影响）；移动应用程序对互联网生态圈主导地位构成的挑战，包括渐进式网络应用；Y Combinator 创业训练营获得的持续成功；脸书面临的隐私挑战（包括创纪录的罚款以及美国联邦贸易委员会在剑桥分析丑闻后实施的规定）（第 1 章）。

● 小企业如何转向电子商务模式，以在新冠疫情中生存（新的章首案例）；Foursquare 商业模式的变化，以及它如何应对日益注重隐私的商业环境；初创公司如何利用众筹在新冠疫情期间筹集资金（新的"商务透视"案例）；联网汽车成为电子商务的新平台（第 2 章）。

● 新冠疫情对互联网基础设施的影响及其是否会使互联网崩溃（新的章首案例）；边缘计算；各种互联网协议的增强版本；5G 和新的 Wi-Fi 标准，如 Wi-Fi5 和 Wi-Fi6；蓝牙的应用；互联网主干网的介绍；因新冠疫情加剧而对宽带接入必要性的关切（数字鸿沟）；新的互联网接入技术，如无人机、热气球和白色空间；物联网的发展；新冠疫情导致视频会议的重要性提高（关于 Zoom 的"技术透视"案例）；可穿戴设备（如 Apple Watch）；虚拟现实和增强现实（包括新的混合现实设备和应用程序）；人工智能和智能数字助手（第 3 章）。

● 沃尔玛通过重新设计网站和移动应用程序与亚马逊竞争；有利于快速发展电子商务的网站开发工具，如 Weebly、Wix、WooCommerce 和 Shopify；其他网站开发方法，如敏捷开发、DevOps、基于组件的开发和网络服务（包括 SOA 和微服务）；动态页面生成工具，如 DHTML 和 Node.js，交互和动态内容工具，如 React、Vue、AngularJS、D3.js、jQuery 和 TypeScript；电子商务网站个性化工具；对在线可访问性的持续关注，包括最新法律规定的影响；响应式网页设计工具（包括 Flutter 和 React Native）；Duolingo 领先的语言学习移动应用程序的开发（"技术透视"案例）（第 4 章）。

● 网络战的威胁，包括对伊朗核设施的网络攻击；漏洞利用工具包带来的安全威胁增加，如恶意攻击、针对中小企业和市政府的勒索软件、Emotet 和 Trickbot 等木马、加密劫持、尼日利亚诈骗信和商业电子邮件诈骗、网络钓鱼、Zoom 轰炸、数据泄露和撞库攻击、DDoS 攻击、内部攻击、设计不当的软件、社交网络安全问题、移动设备安全问题、物联网安全问题和软件供应链攻击；增强安全性的技术，包括更安全的协议（TLS、HTTPS 和 WPA3）、多因素身份验证工具和生物识别安全技术，以及零信任网络安全框架的使用；新的安全立法，如纽约州的《阻止黑客入侵并改善电子数据安全法》；替代性的在线支付系统；移动支付系统（近场和 P2P）和技术（NFC 和 QR 码技术）；加密货币和区块链技术（第 5 章）。

● YouTube 和在线视频广告；新冠疫情的影响；视觉搜索和语音搜索；广告欺诈和可见度问题；新的 IAB 标准；苹果的智能跟踪预防（ITP）功能的最新动态；程序化广告问题，包括品牌安全（第 6 章）。

● Hubble 成功打造社交媒体营销的微品牌；有影响力者与影响力营销；来自脸书、推特、

Pinterest、Instagram、TikTok、Snapchat 和领英的新社交营销工具和活动；Trek 自行车公司和芝加哥公牛队使用 Sprout Social 的社交营销分析；社交营销的挑战，包括广告主的抵制；新的《儿童在线隐私保护法》法规和诉讼；3D 移动营销的增长；基于位置的邻近营销面临的隐私挑战（第 7 章）。

● 在欧洲和美国的被遗忘权；《加州消费者隐私法》生效；与面部识别相关的隐私问题；《通用数据保护条例》的影响和近期隐私保护失效；新的隐私保护技术，包括苹果 ITP 的新版本；隐私成为一项业务；执法和政府监管问题，包括关于接触者追踪应用程序的"技术透视"案例及其在隐私和公共卫生之间造成的紧张关系；《数字千年版权法》立法和诉讼的最新动态，包括针对互联网档案馆的新诉讼，指控其在整个新冠疫情期间广泛提供整个图书馆图书的多个数字副本；欧盟版权保护；最高法院的 Booking.com 商标裁决；世界知识产权组织的统一域名争议解决程序；最高法院关于 Wayfair 的裁决对互联网销售税、网络中立的影响；与《通信规范法》第 230 条有关的问题；在线赌博问题；大型科技公司和反垄断问题，包括最近的调查和破纪录的罚款（第 8 章）。

● 新冠疫情给网络零售和服务尤其是旅游业带来的严峻挑战；蓝色尼罗河、亚马逊、Stitch Fix、Instacart、Grubhub、爱彼迎的最新动态；包括 Facebook Shops 在内的社交电子商务的增长；金融科技初创企业的成功；社交招聘、移动平台和远程招聘的发展；按需服务公司的最新情况（第 9 章）。

● 新冠疫情期间，"网络广播系统"（流媒体订阅服务）的使用激增；行业结构整合仍在继续；报纸商业模式的演变，包括与 Facebook News 的合作；纯数字新闻网站；苹果新闻和新闻聚合应用程序；电子书更新，包括 Kindle Unlimited；流媒体家庭娱乐（电视和电影）和音乐服务；《口袋妖怪 GO》的影响和电子竞技的出现，包括新的有关 Twitch 的"技术透视"案例（第 10 章）。

● 领英；新冠疫情对社交网络使用的影响；新的社交网络，包括 TikTok 和 MeWe；社交网络的黑暗面和问题；关于脸书算法和"回音室"效应的持续争议；在线拍卖的受欢迎程度下降；威瑞森调整其门户网站战略（"商务透视"案例）；eBay 的最新动态（第 11 章）。

● 亚马逊业务；新冠疫情对供应链的影响，包括关于供应链中断的"社会透视"案例；供应链中的区块链；云 B2B；移动 B2B；B2B 营销；沃尔玛的供应链及其表现（第 12 章）。

特色和内容

强大的概念基础：商务、技术、社会　本书强调了渗透到电子商务各个方面的三大驱动力：商业发展与战略，技术创新，以及社会和法律问题与影响。在每一章中，我们探讨这些因素与本章主题的关系，为读者提供一个强大而连贯的概念框架来理解电子商务。

与时俱进　电子商务和互联网的发展日新月异。我们试图尽可能多地捕捉这些重要的新发展。本书反映了截至 2020 年 10 月（本书出版前几周）的大量研究。

真实的商业公司焦点和案例　从谷歌、微软、苹果、亚马逊到脸书、推特、Snapchat 以及网飞、YouTube，本书包含了大量真实的公司案例，覆盖了实践中的电子商务活动。读者可以在每一章的专栏中找到这些案例。本书真实地审视了电子商务世界，描述了什么是可行的，什么是不可行的，而不是呈现瑰丽的或纯粹的学术观点。我们尽可能以批判性思维对待电子商务，避免夸大其词。

深度解析营销和广告　本书有两章介绍营销和广告，内容涉及传统的网络营销和社交营销、移动营销和本地营销。我们概括了营销的相关概念，包括市场细分、个性化、捆绑定价、长尾营销和动态定价。

深入解析 B2B 电子商务　我们用一章来解析 B2B 电子商务。在撰写第 12 章时，我们开发了一个独特且易于理解的分类模式，以帮助读者理解电子商务这一复杂的领域。这一章涵盖了电子商务供应链、分销商、采购商、在线交易市场和行业协会，以及会员专用网络和协同商务的发展。

当前和未来的技术内容　互联网及相关信息技术持续变化。电子通信最重要的变化包括电子商务基础设施的大幅降价（使得开发复杂电子商务的成本显著降低）、移动平台的爆炸式增长以及作为在线社交网络基础的社交技术的发展。在深入探讨当前互联网环境的同时，我们注重描述新兴技术和应用，如物联网、区块链、人工智能、增强现实、虚拟现实，以及 5G 和 Wi-Fi6 等。

研究文献的最新成果　本书以电子商务研究文献为根基。本书所有章中均提及和分析了最新的电子商务研究结果以及许多经典文献。我们特别借鉴了经济学、市场营销学、信息系统和技术、法学、社会学和心理学等领域的期刊。"作者估计"中的数字和表格展示了对来自美国商务部的数据的分析，对各调查公司的估计、历史趋势、主要网络零售商的收入、消费者在线购买趋势和经济状况的数据的分析。

特别关注电子商务的社会和法律方面　整本书特别关注电子商务发展的社会和法律背景。第 8 章深入探讨电子商务中的道德、社会和政治问题，包括隐私权和信息权、知识产权、监管和公共安全与福利。

内容读起来很有趣　与其他书不同，许多读者告诉我们，这本书读起来很有趣，也很容易理解。这不是一本由委员会写的书——你不会发现十几个不同的作者。全书的观点一致，我们相信这本书更值得阅读。

本书概述

本书分为如下四篇：

第 1 篇"电子商务导论"，介绍了本书的主题。第 1 章界定了电子商务，区分了电子商务和电子业务，并介绍了不同类型的电子商务。第 2 章介绍了商业模式和盈利模式的概念，描述了 B2C 和 B2B 电子商务的主要商业模式，并介绍了整本书中了解电子商务公司所需的基本商业概念，包括行业结构、价值链和企业战略等。第 2 章还涵盖了电子商务技术和商业模式的颠覆这一重要主题。

第 2 篇"电子商务技术基础设施"，重点介绍了构成所有电子商务基础的技术基础设施。第 3 章追溯了互联网的发展历程，全面描述了互联网、万维网和移动平台的工作机制。第 4 章侧重于介绍管理人员在开发电子商务平台时需要考虑的重要因素。本章涵盖了建立电子商务网站时应遵循的流程；决定网站开发或托管时所需考虑的问题；如何选择软硬件和其他能够提高网站性能的工具；以及开发移动网站和移动应用程序时涉及的问题。第 5 章重点讨论了电子商务安全和支付系统，描述了如何保障电子商务安全。本章介绍了电子商务安全的定义和主要威胁，然后讨论能够帮助企业负责人搭建安全的电子商务网站的技术解决方案及相关政策和法律。在电子商务支付系统部分，我们可以了解各种类型的在线支付系统（信用卡、在线储值支付系统如 PayPal、数字钱包等）、移动支付系统（如 Apple Pay、Venmo、Zelle），也可以了解加密货币和区块链（加密货币的基础技术）等相关知识。

第 3 篇 "商业概念和社会问题"，直接关注与电子商务发展有关的商业概念和社会问题。第 6 章以互联网用户、消费者行为为重点，介绍了网络营销和品牌建设的基本知识，包括传统的网络营销技术和营销策略。主要内容包括网站作为营销平台、搜索引擎营销、展示广告营销、电子邮件营销、联盟营销、病毒式营销、潜在客户营销以及各种客户保留策略如个性化营销（包括基于兴趣的广告，也称为行为定位）。本章还涵盖其他营销策略，如定价策略和长尾营销策略。本章介绍了网络营销技术（事务日志、跟踪文件、数据挖掘和大数据）、营销系统自动化和 CRM 系统。本章还介绍了各种类型的网络营销传播的成本和收益，并将营销分析软件的内容包括在内。第 7 章对社交、移动和本地营销进行深入分析，包括脸书、推特、Pinterest 和其他社交媒体营销平台如 Instagram、Snapchat、TikTok 和领英移动营销的演变历程，还有地理感知技术在基于位置的邻近营销中的使用。第 8 章全面介绍了电子商务中的道德、社会和政治问题。在本章可以完整地了解电子商务中道德和法律等方面的内容，包括对个人隐私权、信息权、知识产权、互联网监管、围绕大型科技公司和竞争的问题、司法管辖以及公共安全与福利问题（如赌博）最新发展的全面讨论。

第 4 篇 "电子商务应用实务"，侧重于介绍现实世界中的各领域电子商务实践经验，如网络零售和在线服务、网络媒体、拍卖网站、门户网站、社交网络、B2B 电子商务。与前面章节所使用的概念模式不同，这些章的介绍主要按行业来划分，因为电子商务在不同行业的应用情况截然不同。第 9 章详细介绍了零售市场以及优步和爱彼迎等按需服务公司的电子商务应用经验。第 9 章还包括一个电子商务实例，该实例详细分析了亚马逊的商业模式和财务运营状况，该实例可以为分析其他电子商务公司提供一个参考。第 10 章探索了网络内容和网络媒体，审视了过去两年中网络出版和娱乐行业发生的巨大变化，包括网络报纸和杂志、电子书、流媒体家庭娱乐、电影和音乐、网络游戏等。第 11 章探索了社交网络、拍卖网站和门户网站。第 12 章集中介绍了 B2B 电子商务，描述了电子商务供应链和各类 B2B 商业模式，包括不同类型的在线交易市场以及不太为人所知但规模宏大的会员专用网络和协同商务的发展。

目 录
CONTENTS

CONTENTS

CONTENTS

第 **1** 篇

电子商务导论

1

变革刚刚开始

学完本章，你将能够：

- 理解学习电子商务的重要性
- 理解电子商务的定义、电子商务与电子业务的区别，了解构建电子商务的基础技术，识别当前电子商务的主题
- 了解电子商务技术的特性及其商业意义
- 熟悉电子商务的类型
- 了解电子商务的发展历程
- 了解电子商务研究的主题
- 了解电子商务涉及的主要学科

章首案例　　　　　　　随需应变：电子商务的"优步化"

　　自 1995 年电子商务兴起以来，亚马逊、谷歌、苹果和脸书等一直被视为成功的电子商务企业的象征。但是在过去的几年中，新兴的电子商务公司已经迎头赶上。以优步（Uber）为代表的很多企业都倡导一种相似的商业模式——按需服务电子商务商业模式，包括来福车（Lyft，同优步一样也是一种约车应用）、爱彼迎（Airbnb，房屋出租）、Instacart（杂货购买）和 DoorDash（餐厅送餐）。这一模式已渗透从交通运输到餐饮、房地产、家政、维修、杂货购买等行业，并且吸引了数亿美元的投资。

　　优步可能是使用按需服务模式的企业中最知名也是最有争议的公司。优步提供多种多样的服务。Uber Rides 为乘客提供了从 A 点到 B 点的出行方式，主要有 UberX 和 Uber Black 两种选择。其中 UberX 相对便宜，使用的是紧凑型轿车，Uber Black 使用的是价格更高的轿车。而 Uber Eats 专注于食品配送服务，Uber Freight 提供长途卡车运输服务。

　　优步由特拉维斯·卡兰尼克（Travis Kalanick）和加勒特·坎普（Garrett Camp）于 2009 年创立，总部设在旧金山。公司已在超过 69 个国家和地区的 900 多个大城市和数千个小城市取得了爆发性增长。2019 年，优步在全球拥有 390 万名司机，每月活跃乘客超过 1.1 亿名，全年出行 69

亿次，同年这些乘客在优步平台上花费了 650 亿美元，为优步创造了 141 亿美元的收入，但优步仍然亏损 85 亿美元（尽管其中的 46 亿美元属于股权激励费用）。优步过去的策略是尽可能快地扩张，同时放弃短期利润以期获得长期回报。

尽管到目前为止，优步仍未实现盈利，但它为乘客和司机提供了一个诱人的价值主张。乘客可以免费注册，使用智能手机打车，（在理想的情况下）优步几乎能立即找到司机，并通知乘客预计的到达时间和费用。乘客可以接受或做出其他选择，没有必要站在街角疯狂地挥手，与他人争抢或等待一辆不知道什么时候才会驶过来的出租车。优步对司机的价值主张是，司机可以设定自己的工作时间，在喜欢的时间段工作，用他们自己的汽车创收。

优步是"数字化颠覆"时代的弄潮儿，引发了全球原有出租车服务市场的强烈抵制。你当初花费 100 万美元才取得的纽约出租车驾驶资格，在优步进入市场后还值这个价吗？答案是：价值不到 20 万美元。甚至政府一开始也认为优步可能带来破坏性的威胁，政府不愿放弃对乘客安全和司机培训的监控，也不想让已形成的合理健康的收入流（从出租车公司获取的出租车牌照费用和营业税）断流。

优步的商业模式和传统的零售电子商务不同。优步并不出售商品，它创建了一个以智能手机为基础的平台，让有服务需求（例如想找一辆出租车）的人能够找到相应的资源提供者（例如有一辆私家车和有合适时间的司机）来满足需求。值得注意的是，虽然优步和其他相似的公司通常会被叫作"共享经济"公司，但这是一种误解。诚然，优步司机出让他们车辆的临时使用权并充当驾驶员，可以看作出售服务，但优步本身并没有卷入这一共享业务：它对平台上的每笔交易收取 25% 的佣金。优步的商业模式实际上也不是 P2P 的电子商务模式，因为优步的交易还涉及线上中介：一个提供交易平台并收取佣金的第三方。

优步打破了传统的出租车商业模式，因为相比传统出租车公司，它提供了更好、更快、更便捷的出租车呼叫服务。在传统的出租车商业模式下，你并不知道能否叫到一辆出租车，但优步能够显著降低这种不确定性。优步也比传统出租车公司高效。优步自己不拥有出租车，也不承担维修成本。优步将司机称为"独立承揽人"而不是雇员。这样一来，优步可以免去在工伤赔偿、最低工资标准、司机培训、健康保险和商业许可证上的开销。

对将近 400 万名承揽司机进行质量管控可以说是一个噩梦。优步借助乘客的评价来识别问题司机，也根据司机的评价来识别问题乘客。乘客以 5 分制评价司机，司机如果得分低于 4.5 分将会被警告，如无改进则很有可能面临解约。乘客也被以 5 分制进行衡量，司机可以拒载问题乘客，同时优步的系统也会延迟为那些潜在低分乘客服务，甚至直接禁止他们使用叫车服务。优步并没有公开系统中低分司机或乘客的数据。相关研究表明，在类似的按需服务公司（例如爱彼迎）中存在固有的偏见，即买卖双方都会忽略实际体验而给对方好评。如果乘客经常给卖方（司机）差评，司机会认为乘客太苛刻，并拒绝再次为乘客服务；如果司机给了乘客差评，相应地，乘客也不会给司机好评。

优步并没有在每个城市都安排调度员，而是通过世界各地的云端服务器建立起网上应用服务。公司不需要给司机配置无线通信设备，司机必须自费添置智能手机加载应用服务。公司也不为司机的车辆提供保险和维修服务，优步把出租车服务的成本全部转嫁给司机。优步根据需求动态调整价格：需求更高，乘客就得支付更高的乘车价格。因此，我们很难通过公开信息去获知优步的价格是否比传统出租车低。显然，在一些高需求的情况下乘客支付了高于常规出租车的价格，甚至是常规出租车价格的 10 倍，该平台并没有对每英里的收费标准进行限制。当然，乘客同样会在服务可用性方面遇到不确定性问题，例如暴风雨、重要集会或者体育赛事时会出现需求高峰，乘客即使给出再高的价格，司机也供不应求。

如果说优步是按需服务经济的弄潮儿，那么它也是这个新型电子商务模式下形成的社会矛盾和冲突的缩影。优步在多个国家受到指控，检察官称其错误地把司机归为承揽人，没有按员工身份提供他们理应获得的最低薪酬、社会保险、工伤赔偿和医疗保险等福利。在加利福尼亚州，州议会 5 号法案（AB5）提供了一种确定工作人员是员工还是独立承揽人的机制，该法案于 2020 年 1 月生效，预计将引发越来越多的关于优步将其司机误分类为独立承揽人的指控。优步还成为众多司机诉讼的目标，被指控虐待司机、缺乏正当程序、少付工资和违反州雇佣法。

优步还在世界范围内被指控违反公共交通法律法规；滥用在服务过程中收集的乘客信息；搜寻个人信息以恐吓报道相关事件的记者；由于没有对司机进行足够的刑事、医疗和金融背景调查而不能很好地保护公众的安全；暗中采取行动扰乱它在美国的主要竞争对手来福车的业务；企图减少司机的服务费，且对司机的抱怨置若罔闻。优步已经被欧洲的一些城市禁止使用，例如在伦敦，出租车服务的监管机构伦敦交通局（Transport for London）称，出于对乘客安全的担忧，2017 年拒绝更新优步的执照。优步被允许在上诉期间继续运营，并于 2018 年 6 月获得了 15 个月的试用执照。2019 年 9 月，试用执照到期后，优步寻求 5 年的续签，但再次失败，伦敦交通局拒绝发给它运营执照。与 2017 年一样，优步对该裁决提出上诉并在此期间继续运营。更重要的是，2017 年，欧盟最强大的法院——欧盟法院裁定，应将优步视为一家提供运输服务的公司，其运营要遵守欧盟成员国适用于此类服务的所有现行法律法规，而不是像优步一直主张的那样，自己是不受此类法律法规约束的数字平台。然而优步声称该裁决不会对其产生太大影响，因为优步已经按照业务所在国家或地区的交通法规运营。

批评者也担心按需服务带来的长期影响。因为它正孕育一个低酬劳、兼职工作的社会，并很可能逐步取代传统的、稳定的全职工作形态，形成所谓的"优步化"工作方式。批评者指出，优步不仅是方便出行的优步，更是提供低酬劳工作的优步。麻省理工学院能源与环境政策研究中心（MIT Center for Energy and Environmental Policy Research）的一项研究发现，将燃料、保险、维护和维修等成本考虑在内后，优步司机每小时的利润中位数仅为 3.37 美元。优步回应称，公司所做的事旨在降低交通成本，并且使闲置的资源得到充分利用，满足出行需求，提升私家车司机参与服务的可能性，使他们获得和出租车司机一样的酬劳。

在过去的几年里，一系列争议和丑闻给优步带来了一场公关噩梦，一些董事会成员和高管辞职，最终其联合创始人兼首席执行官特拉维斯·卡兰尼克辞职。优步被控管理不善和行为不端（包括使用名为"灰球"的秘密程序以避开监管机构和其他执法人员）、工作场所歧视和性骚扰，而且优步一直使用移动应用来跟踪客户的位置，这侵犯了客户的隐私。2019 年，《华盛顿邮报》的一篇报道对优步如何处理乘客安全问题提出了强烈质疑。

尽管争议不断，优步仍继续吸引着司机、乘客和投资者。2019 年 5 月，优步上市，融资超过 80 亿美元，估值约 820 亿美元，虽然这已经是一个惊人的数字，但远低于投资银行家最初公布的 1 200 亿美元的估值。2019 年，优步股价大幅下跌，自首次公开募股（IPO）以来市值蒸发了近一半。之后，新冠疫情暴发。2020 年 5 月，优步裁掉了近 1/4 的员工，宣布了全面的成本削减措施，并准备迎接一个与预期截然不同的未来。其中一个亮点是 Uber Eats 部门，该部门第一季度的总预订量增长了 50%。为了抓住这一机遇，优步在收购 Grubhub 的努力没有取得回报后，于 2020 年 7 月签署了一项协议，以 26.5 亿美元收购按需外卖服务 Postmates。优步还表示，将继续致力于发展其 Uber Freight 业务，尽管这一业务目前仍处于亏损状态，但其在疫情之前一直处于扩张状态，这与优步成功发展其核心 Uber Rides 细分市场的做法类似。尽管新冠疫情阻碍了优步实现先前宣布的到 2020 年底实现盈利的目标，但首席执行官达拉·科斯罗萨西（Dhara Khosrow-shahi）仍然希望该目标能在 2021 年实现。

资料来源："Uber Acquires Food Delivery Service Postmates for ＄2.65B," by Stephanie Mlot, Pcmag.com, July 6, 2020; "Uber's Re-evaluation of Freight Follows Steep Losses," by Jennifer Smith, *Wall Street Journal*, May 18, 2020; "Uber Cuts 3 000 More Jobs, Shuts 45 Offices in Coronavirus Crunch," by Preetika Rana, *Wall Street Journal*, May 18, 2020; "Uber Sees Path to Profitability After Blow from Coronavirus," by Robert Wall, *Wall Street Journal*, May 7, 2020; "Form 10-Q for the Quarterly Period ended March 31, 2020," Uber Technologies, Inc., Sec.gov, May 8, 2020; "Form 10-K for the Fiscal Year Ended December 31, 2019," Uber Technologies, Inc., Sec.gov, March 2, 2020; "Uber Announces Results for Fourth Quarter and Full Year 2019," Uber Technologies, Inc., Investor.uber.com, February 6, 2020; "Uber Loses License to Operate in London," *Wall Street Journal*, December 6, 2019; "Uber Unveils New Safety Features Amid Scathing Report," Cbsnews.com, September 26, 2019; "Culture Crossover: Uber Impact: The Cost and Disruption and Monopoly," by Somrata Sarkar, Techworld.com, May 17, 2019; "How the Promise of a ＄120 Billion Uber IPO Evaporated," by Mike Isaac, Michael J. de la Merced, and Andrew Ross Sorkin, *New York Times*, May 15, 2019; "MIT Study Shows How Much Driving for Uber or Lyft Sucks," by Natasha Lomas, Yahoo.com, March 2, 2018; "Uber Dealt Setback After European Court Rules It Is a Taxi Service," by Liz Alderman, *New York Times*, December 20, 2017; "Uber Ban: Firm to Continue Operating in London After Filing Appeal," by Josie Cox, Telegraph.co.uk, October 13, 2017; "Here's All the Shady Stuff Uber's Been Accused of So Far," by Joe McGauley, Thrillist.com, March 7, 2017; "An Uber Shakedown," *Wall Street Journal*, April 24, 2016; "Uber Settlement Takes Customers for a Ride," by Rob Berger, *Forbes*, April 22, 2016; "Twisting Words to Make 'Sharing' Apps Seem Selfless," by Natasha Singer, *New York Times*, August 9, 2015; "The ＄50 Billion Question: Can Uber Deliver?," by Douglas Macmillan, *Wall Street Journal*, June 15, 2015; "How Everyone Misjudges the Sharing Economy," by Christopher Mims, *Wall Street Journal*, May 25, 2015; "The On-Demand Economy Is Reshaping Companies and Careers," *The Economist*, January 4, 2015; "The On-Demand Economy: Workers on Tap," *The Economist*, January 3, 2015.

　　1994年，如今广为人知的电子商务尚不存在。而到了2020年，美国通过电脑或移动设备购买商品、服务及数字产品的消费者就有近2.05亿人，消费额为1.16万亿美元，而企业的消费额高达8万亿美元。相似的场景也在世界各地上演，短短25年的时间，电子商务环境发生了重大变化。

　　20世纪90年代末，电子商务发展的早期，是一个树立商业愿景、激发灵感与开展实验的阶段。结果很快证明，要想基于这些愿景去构建成功的商务模式实属不易。随后一段时间出现了规模紧缩和价值重估，导致2000—2001年的股市崩盘，电子商务、电信等高科技股的股价暴跌。随着泡沫的破灭，企业家迅速从电子商务大军中撤出。但是，他们大错特错。这场危机中幸存下来的企业重新构建并完善了其商业模式，它们的技术变得更加先进并且成本更低，最终发展成为真正能产生利润的商业公司。2002—2007年，零售电子商务的年增长率超过25％。

　　2007年，苹果公司推出了第一款iPhone，这一变革性的事件标志着电子商务新时代的开始。过去10年间，移动设备（如智能手机、平板电脑）和移动应用正在取代传统的台式机、笔记本电脑以及网络浏览器，成为用户连接互联网的常规工具或软件。通过蜂窝网络、Wi-Fi和云计算等技术，移动设备已经成为广告、购物、阅读和媒体浏览的终端，并在这一过程中又一次改变了消费者的行为。与此同时，脸书、推特、YouTube、Instagram和Snapchat等社交网络平台异军突起，用户可以在这些网站上发布视频、音乐、照片、个人信息、评论、博客等。移动平台基础设施也催生了另一种电子商务创新：本地个性化的按需服务。新型公司已经创建了一种市场，让资源（汽车、闲置卧室、空闲时间）拥有者能够通过智能手机在几分钟内找到需要这些资源的顾客来购买服务，不论是出租车呼叫服务还是购物、洗衣服务。本章章首案例中提到的不断打破传统商业模式的优步，正是这些按需服务公司的代表。如今，移动化、社交化和本地化已经成为电子商务发展的驱动力。

在过去的 25 年中，电子商务技术和商业的发展一直是我们社会中的一股强大的力量，并且在很大程度上是积极的力量，但越来越明显的是，它也产生了严重的社会影响，从侵犯个人隐私，散布虚假信息，带来一定的安全问题，到促进商业巨头如亚马逊、谷歌和脸书的扩张而导致有效竞争减少。因此，互联网和电子商务很可能进入了更严格的监管期，这可能会对电子商务下一个 25 年的行为产生重大影响。

1.1　电子商务变革的前 30 秒：为什么要学习电子商务

电子商务第一个 25 年里的快速发展和变化仅仅是个开端——我们可以称之为电子商务变革的前 30 秒。在这段时间里，推动电子商务发展的技术也呈指数级增长。技术的发展为传统企业推出新业务、建立新商业模式创造了机会，同时也颠覆甚至摧毁了原有的商业模式和企业。电子商务的快速发展也带来了职业数量的惊人增长和就业机会的增加，我们在整本书中都会介绍这些内容。

快速发展的信息技术、持续的企业创新和广阔的市场前景使变革延续到了下一个 10 年。可以大胆预测，21 世纪是一个数字化驱动的时代。分析师预计，到 2024 年，消费者将在数字交易上花费约 1.8 万亿美元，企业将花费约 9.8 万亿美元。电子商务将对几乎所有的商务活动产生影响，到 2050 年绝大部分商务活动将发展成为电子商务。

商业财富就是在这种非凡的变革中产生或丧失的。未来 5 年充满巨大的机遇，也暗藏巨大的风险。无论是新生企业还是传统企业，都应该充分利用数字技术来把握市场机会。尤其是在发生新冠疫情之后，疫情对生活的许多方面将产生广泛而持久的影响，从企业的经营方式到消费者的行为，再到社会和文化生活。

学习电子商务有助于感知和了解即将面临的机会与挑战。学完这本书，你将能够了解已经成型或正在形成的技术、商务和社会力量，洞察电子商务的发展趋势，并做好参与其中的准备，最终指导你所在公司关于电子商务的讨论。更具体地说，你将能够分析已有的或新兴的电子商务业务，识别出最高效的电子商务模式，了解支撑电子商务运营的技术基础，关注日益严重的安全和伦理问题，明晰如何将传统的电子营销工具与移动化、社交化、本地化的营销相结合，优化市场和广告业务。

1.2　电子商务概述

本节首先介绍电子商务的含义，然后讨论电子商务和电子业务的区别，接下来介绍构建电子商务的基础技术：互联网、万维网以及移动平台，最后概述电子商务的主要发展趋势。

1.2.1　什么是电子商务

电子商务（e-commerce）指利用互联网、万维网及移动设备上运行的移动 App

和移动浏览器来进行的商务交易。尽管互联网和万维网这两个词经常混用，但实际上这是两个不同的概念。互联网是指由计算机网络构成的全球性网络，而万维网只是互联网上最为流行的一项服务，提供几十亿个网页的链接。App（application 的缩写）是一种应用软件，通常用来指代移动应用，虽然有时也用来指代电脑桌面上的应用。移动浏览器是一种网络浏览器软件版本，用来使移动设备接入互联网（关于互联网、万维网和移动平台的详细内容将在本章的后半部分和第 3、4 章中介绍）。更正式地说，电子商务指的是在组织以及个人之间以数字化方式进行的商务交易。电子商务定义中的各个组成部分都非常重要。数字化交易是指所有以数字技术为媒介的交易，大多数情况下，交易是通过互联网和万维网在移动设备上进行的。商务交易是指组织与个人之间的价值交换（比如用货币换取产品或服务）。价值交换对于理解电子商务的定义至关重要，没有价值交换，就不会有商务活动发生。

专业文献有时把电子商务称为数字商务（digital commerce），在本书中，我们将电子商务和数字商务视为同义词。

1.2.2　电子商务与电子业务的区别

有关电子商务和电子业务的定义和业务范围曾有过一番争论。有人认为，电子商务包括用以支撑企业开展市场交易的全部电子化活动，如企业的信息系统架构。也有人认为，电子业务包括企业内外所有电子化的活动，如电子商务。

本书认为电子商务和电子业务指代的是两种不同的事物，电子商务并不是企业任意的电子化活动。本书的观点是，**电子业务**（e-business）主要指企业内部的数字化交易和流程，包括企业内部的信息系统。大多数情况下，电子业务不包括跨越企业边界的有价值交换的商务交易。例如，企业的在线存货管理机制是电子业务的一部分。根据我们的定义，这类内部处理业务没有像电子商务那样直接产生来自外部企业或消费者的业务收入。但是企业的电子业务基础架构确实能够支持电子商务交易，且两者涉及相同的基础设施和技能，可同时在企业边界的模糊地带起作用，比如在内部业务系统与供应商和消费者相接触的地方（见图 1-1）。当发生价值交换时，电子业务就转化为电子商务。本书第 12 章将对此展开进一步的讨论。

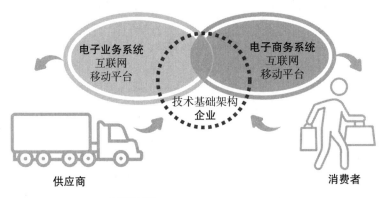

图 1-1　电子商务和电子业务的区别

注：电子商务主要涉及跨越企业边界的交易。电子业务主要涉及企业内部业务流程中数字技术的应用。

1.2.3　电子商务基础技术：互联网、万维网以及移动平台

互联网、万维网以及逐渐发展起来的移动平台是电子商务发展的技术推动力。本书将在第 3 章详细介绍互联网、万维网以及移动平台。**互联网**（Internet）是由建立在通用标准上的计算机网络构成的全球性网络，创立于 20 世纪 60 年代，当时主要是连接少量的大型机和终端用户，如今已发展成为世界最大的网络。现在很难精确地知道某一时间全世界接入互联网的计算机和智能手机、平板电脑等移动设备以及其他消费设备（例如，智能手表、互联网电视和诸如 Amazon Echo 之类的智能扬声器）的数量，不过据某些专家估算，截至 2019 年，全球已经安装了 100 亿～250 亿台联网设备（Fuscaldo，2020；Maayan，2020）。互联网将企业、教育机构、政府部门以及个人连接起来，向用户提供诸如电子邮件发送、文件传输、购物、搜索、即时信息传递、听音乐、看视频以及浏览新闻等服务。

判断互联网增速的一种方法是，观测有域名的互联网主机的数量变化。（互联网系统协会（Internet Systems Consortium）将互联网主机定义为任何可从 in-addr. arpa 域中返回域名的 IP 地址。把 IP 地址解析为域名，是 DNS 命名空间的一个特殊过程。）2019 年，互联网主机数量已超过 10 亿台，遍及 245 个国家或地区，而 2000 年该数字仅为 7 200 万台（Internet Systems Consortium，2020）。

与以往的电子技术相比，互联网具有巨大的增长潜力。无线电技术历经 38 年时间才进入美国 30% 的家庭，电视技术也历经 17 年才赢得 30% 的市场份额。而从 1993 年图形用户界面引入万维网开始算起，只用 10 年时间，互联网/万维网已进入美国 53% 的家庭。美国各年龄层的 2.9 亿人口（约占美国总人口的 87%）至少每月使用一次互联网（eMarketer，Inc.，2020a）。

万维网（World Wide Web/Web）是一个在互联网基础设施上运行的信息系统。万维网是早期的"杀手级应用"，它使互联网具有商业价值并异常流行。万维网出现于 20 世纪 90 年代初期，比互联网要晚。第 3 章将深入讨论万维网。万维网提供众多网页链接，可利用谷歌等搜索引擎查找。网页是用超文本标记语言（HTML）编写的，HTML 网页上包含文本、图形、动画等。万维网出现前，互联网主要应用于文本交流、文件传输和远程计算等领域。万维网技术横空出世，引入了大量直接与商业相关的多媒体功能。归根到底，是万维网将色彩、声音和视频功能增添到互联网中，建立起一个可与电视、广播、报纸、杂志乃至图书馆相媲美的基础沟通框架和信息存储系统。

搜索引擎只能检索部分已知的网页，还没有方法能准确地测算现有网页的数量，因此无人知晓万维网到底有多大。谷歌确定万维网有超过 130 万亿个单独的网页，高于 2013 年的 30 万亿个（Schwartz，2016）。除了这些"表层/可见"的网页，所谓的"深度网络"的数量可能是前者的 500～1 000 倍。深度网络包括不能被谷歌之类的搜索引擎检索的数据库和其他内容（见图 1-2）。虽然万维网到底有多大我们无从得知，但毫无疑问的是，自 1993 年以来网络内容一直呈指数级增长。

移动平台是互联网基础设施的最新发展走向。**移动平台**（mobile platform）使智能手机、平板电脑和笔记本电脑等各种移动设备通过无线网络或移动通信服务连接互联网成为可能。移动设备在互联网接入中扮演着越来越重要的角色。2020 年，美国大

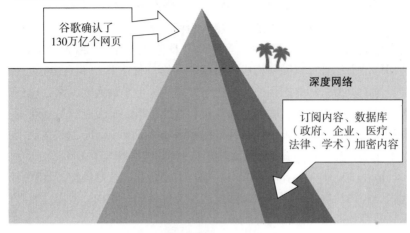

图 1-2　深度网络

注：表层/可见网络仅仅是在线内容的一小部分。

约93％的互联网用户都有在某些时候通过移动设备联网的行为（eMarketer，Inc.，2020b）。图1-3展示了2020年美国互联网访问情况。

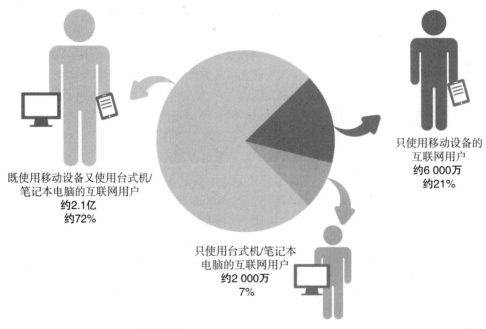

图 1-3　2020 年美国互联网访问情况

注：在美国，约72％的互联网用户（约2.1亿人）同时使用台式机/笔记本电脑和移动设备上网；约21％的互联网用户（约6000万人）仅通过移动设备上网；只有7％的互联网用户（约2000万人）只使用台式机/笔记本电脑上网。

资料来源：Based on data from eMarketer，Inc.，2020a，2020c，2020d。

移动平台不仅是硬件上的革新，2007年苹果手机的问世，到2010年接踵而来的iPad，也从软件的角度改变着人们与互联网的互动方式。万维网及网络浏览器是电子商务活动早期唯一的竞技场。发展到如今，越来越多的美国人更倾向于在移动设备上通过移动应用来连接互联网，而不是使用台式机和网络浏览器。"技术透视"专栏的"App 将使万维网变得无足轻重？"更深入地阐述了在互联网生态圈中 App 和移动平台迈向主导地位过程中遇到的挑战。

技术透视

App 将使万维网变得无足轻重？

现在已经很难想象以前没有万维网的时代是怎样的了。我们是如何忍受那种不能上网搜索任何内容、不能学习知识、不能玩游戏以及不能看视频的生活的？万维网开启了人类的新篇章，然而一些专家认为万维网的全盛时代已经过去。随着 App 逐渐发展成为互联网生态系统的主力，关于万维网在未来的角色定位众说纷纭。10 年后，我们会将网页遗忘，还是万维网和 App 并行不悖，共同促进互联网生态发展，抑或 App 使用热潮消退，技术人员依旧使用万维网来完成在线任务？

自 2008 年苹果公司的应用商店上线以来，App 以摧枯拉朽之势攻入了通信、媒体、娱乐、物流、教育、医疗保健以及最近的交通运输（优步）和酒店（爱彼迎）领域。尽管 App 在 2008 年才出现，但 2019 年全球 App 销售收入超过了 1 200 亿美元，且出现了平稳增长的态势。

尽管 App 的使用趋向于高度集中，智能手机中个人最常用的五款 App 占据了其使用时间的近 90%，但用户总是在不断尝试新 App，每个月访问近 20 款不同的 App，这给开发者以动力去开发成功的 App。研究公司 App Annie 的数据显示，用户下载的 App 越来越多，2019 年全球下载的 App 数量达到 2 400 亿个。

2014 年 1 月，移动设备首次超过台式机，成为美国人接入互联网的主要方式。美国人花在移动设备上的时间大增，现在每天大约有 4 个小时。在使用移动设备的时间中，近 90% 的时间在使用 App，只有 10% 的时间在使用移动浏览器。根据咨询公司 eMarketer 的数据，到 2020 年，美国成人移动互联网用户预计每天在智能手机和平板电脑上使用 App 的时间平均为 3.5 小时，而使用移动浏览器的时间仅为 25 分钟。

用户被 App 吸引也是有原因的。首先，智能手机和平板电脑使得用户能够随时使用 App，不再受台式机不能移动的局限，也不用到处带着沉重的笔记本电脑。当然，在智能手机和平板电脑上也可以使用万维网，但是 App 更方便精简、界面雅致。

App 不仅在某些方面对用户有吸引力，也吸引着不少内容创造者和媒体公司。相比网站，App 更易控制和变现，更不用说它不能被谷歌等爬取。在万维网上，每千次展示的广告平均价格正在下降，许多内容提供商仍在努力将互联网转变为有利可图的内容发布平台，但也有不少软件和媒体公司已经将业务重心转移到开发移动应用上。

一些分析师相信，未来互联网将被用来传送数据，而个人 App 将会取代浏览器，成为最普遍的存取和显示内容的方式。甚至万维网的创始人蒂姆·伯纳斯-李（Tim Berners-Lee）也和我们一样，认为万维网正面临挑战。

目前并没有就接下来的 10 年及之后万维网在我们生活中的角色达成预测性共识。许多分析师认为，万维网之死的说法过于夸张，万维网有很多优点，让用户难以舍弃。尽管 App 在很多方面比万维网方便，但浏览器的深度上网体验要比 App 好。万维网囊括了各种各样的网站，且浏览器具有 App 不可比拟的开放性和灵活性，相比那些试图将用户留住的 App，网站之间的联系强化了万维网的实用性和价值。此外，移动网页的用户规模超过了移动 App。在网上购物时，台式机上的网络浏览器仍然可以轻松地击败移动设备。台式机/笔记本电脑的零售交易占所有在线零售交易的 55%。

　　一些分析师乐观地认为，万维网在日益增加的 App 导向的线上市场中依然有一席之地，因为 HTML5 技术和渐进式网络应用（PWA）诞生了。HTML5 是一种支持更多动态网页内容的标记语言，它使得用浏览器访问的网页应用成为可能，这与受限于特定设备的 App 一样吸引人。PWA 结合了移动网站和原生移动 App 的最佳元素。PWA 的功能和感觉就像是原生 App，但不需要从 App 商店下载，因此不会占用移动设备的内存。相反，它可以直接在移动网络浏览器上运行，但是即使在连接性较低的区域也可以立即加载。有人认为，好的 PWA 最终可以完全替代公司的移动网站、原生 App，甚至可能替代公司的桌面网站。

　　由万维网向 App 的转型可能会对电子商务公司的命运产生重大影响。苹果公司率先转向 App，成为 App、智能手机和平板电脑的领头羊并从中获利。虽然苹果面临着越来越多像谷歌这样的竞争者，但 App Store 的成功几乎奠定了它不败的基石。举例来说，虽然谷歌 2019 年建立的 Google Play 下载量是 App Store 的两倍以上，但是 App Store 的收入（540 亿美元）仍然是 Google Play（290 亿美元）的近两倍。谷歌希望 PWA 至少可以部分解决原生 App 给它带来的问题，因为在原生 App 上进行的活动越多（谷歌无法抓取），谷歌可以访问的数据就越少，这会影响其基于万维网的广告平台。

　　最终，大多数营销人员将未来视为万维网和移动 App 协同工作的时代，App 在满足不同需求方面起着重要作用。

资料来源："US Mobile Time Spent 2020," by Yoram Wurmser, eMarketer, Inc., June 4, 2020; "Desktop/Laptop Retail Ecommerce Sales," eMarketer, Inc., May 2020; "App Stores Saw Record 204 Billion App Downloads in 2019, Consumer Spend of $120 Billion," by Sarah Perez, Techcrunch.com, January 15, 2020; "State of Mobile 2020," by App Annie, January 15, 2020; "Apple's App Store and Google Play Users Spent Over $83 Billion on Mobile Apps in the Last 12 Months, Globally," by Saima Salim, Digitalinformationworld.com, January 9, 2020; "2019 Global State of Mobile," Comscore, Inc., December 2019; "Why Progressive Web Apps Are the Future of the Mobile Web: 2020 Research," by Jason Rzutkiewicz and Jeremy Lockhorn, Ymedialabs.com, September 19, 2020 "Progressive Web Apps: What They Are and Why They Matter," by Wilson Kerr, Digitalcommerce360.com, May 28, 2018; "Why Progressive Web Apps Will Replace Native Mobile Apps," by Andrew Gazdecki, Forbes.com, March 9, 2018; "Publishers Straddle the Apple-Google, App-Web Divide," by Katie Benner and Conor Dougherty, *New York Times*, October 18, 2015; "How Apps Won the Mobile Web," by Thomas Claburn, Informationweek.com, April 3, 2014; "Mobile Apps Overtake PC Internet Usage in U. S.," by James O'Toole, Money. cnn. com, February 28, 2014; "Is the Web Dead in the Face of Native Apps? Not Likely, But Some Think So," by Gabe Knuth, Brianmadden. com, March 28, 2012; "The Web Is Dead. Long Live the Internet," by Chris Anderson and Michael Wolff, Wired. com, August 17, 2010; "The Web Is Dead? A Debate," by Chris Anderson, Wired. com, August 17, 2010.

1.2.4　电子商务的主要发展趋势

　　表 1-1 从商务、技术和社会三个方面描述了 2020—2021 年电子商务的主要发展趋势，这三个方面也构成了我们在本书中理解电子商务的主题的框架（见 1.6 节）。

表 1-1	2020—2021 年电子商务的主要发展趋势

商务

- 新冠疫情推动零售电子商务和移动电子商务大幅增长。
- 移动 App 生态系统持续增长，到 2020 年，超过 2.35 亿美国人使用智能手机应用，超过 1.45 亿美国人使用平板电脑应用。
- 得益于社交网络和广告的发展，社交电子商务萌发并持续增长，预计在 2020 年带来约 300 亿美元的收入。
- 电子商务有移动电子商务、社交电子商务和本地电子商务三个维度，其中本地电子商务也在美国呈现增长态势，这得益于优步、Instacart、DoorDash 等按需服务公司的激增。
- 美国 B2B 电子商务收入预计达到近 8 万亿美元。
- 按需服务公司吸引了数十亿美元的资本，获得了数十亿美元的估值，并呈现爆炸式增长。尽管优步和爱彼迎等公司受到新冠疫情的严重影响，Instacart 和 DoorDash 等杂货和餐厅外卖领域的公司却在增长。
- 移动广告以惊人的速度继续增长，几乎占所有数字广告支出的 70%。
- 小型企业和企业家继续涌入电子商务领域，它们往往依赖苹果、脸书、亚马逊、谷歌和 eBay 等行业巨头创建的基础设施获得发展。

技术

- 基于智能手机、平板电脑、可穿戴设备以及移动应用的移动计算和通信平台已经出现，为人们创造了一个在线交易、营销、广告和媒体接触的替代平台。Facebook Messenger、WhatsApp 和 Snapchat 等移动通信服务的用户规模仍在继续扩大，目前这些服务已被近 45% 的美国人使用。
- 诸如 Amazon Echo 和 Google Home 之类的智能扬声器变得越来越流行，为电子商务提供了额外的平台。
- 云计算加快了向移动平台的迁移速度，使得消费者内容和软件能够存储在云（基于互联网的）服务器上，并且可以在电脑和智能手机上使用。
- 由数十亿个联网设备组成的物联网继续呈指数级增长，当公司追踪每天发生的数万亿次在线交互时，庞大的数据流就产生了，这些数据通常称为大数据。
- 为了挖掘大数据的价值，公司转而使用一种称为商业分析（或网络分析）的复杂软件，这种软件可以在几毫秒内识别出购买模式以及消费者的兴趣和意图。

社会

- 社交网络上用户以帖子、推文、博客以及视频和照片等形式生成的内容持续增长，并创造了一种能让数百万人参与的自我发布方式。
- 社交网络鼓励自我展示，这同时也威胁到隐私。脸书因为允许未经许可的第三方（例如剑桥分析（Cambridge Analytica）、设备制造商和应用开发商）挖掘其用户信息数据库而受到抨击。
- 对脸书、亚马逊和谷歌日益占据市场主导地位的担忧加剧，引发了要求政府监管的呼声。
- 对版权管理和控制的争论从未停息，但网络分销商和版权所有者都心知肚明，彼此是互相需要的关系。
- 美国最高法院规定，在线企业必须缴纳州销售税，这提高了开展在线销售业务的个人和小企业的成本。
- 各国对网络通信的监控不断趋严。
- 对侵犯商业机密和国家机密的担忧加剧。
- 主要网站遭到黑客攻击，并失去对客户信息的控制，网络安全性呈下降趋势。
- 垃圾邮件仍然是一个重要的问题，尽管有立法和承诺的技术解决方案。
- 按需服务电子商务会产生大量收入不高且缺少福利的临时性工作。

　　从商务的角度，最为重要的一点是各种形式的电子商务继续呈现稳健的增长态势。过去几年，零售电子商务以每年超过 15% 的速度增长，预计 2020 年将达到近 7 100 亿美元。移动电子商务正以更快的速度增长（每年超过 25%），预计 2020 年增长到约 3 150 亿美元。脸书、Pinterest 和 Instagram 等社交网络通过广告、搜索以及让用户能够切实购买产品的"购买"按钮功能促进了社交电子商务的发展。本地电子商务也在按需服务模式的推动下大放光彩，使其他形式相形见绌的 B2B 电子商务也同样保持增长趋势。新冠疫情预计将推动电子商务大幅持续增长。

　　从技术的角度，基于智能手机和平板电脑的通信平台终于亮相，驱动移动广告快速增长，让移动电子商务真正落地。Facebook Messenger、WhatsApp 和 Snapchat 等移动通信服务的使用，显现出替代通信平台商业化的趋势。移动平台的发展和云计算密不可分，云计算可以将用户内容和软件存储在云（基于互联网）服务器上，并使其可以在移动设备和台式机上获取。另一个主要的技术趋势是，企业抓取和分析不断产生的线上数据流（通常叫作大数据）的能力在增强。由数十亿台联网设备组成的物联网继续呈指数级增长，在未来的几年里也会扩大数据浪潮。

从社会的角度，一些趋势显而易见。互联网和移动平台为无数人营造了一种创造和分享内容，通过社交网络建立新的社交关系或强化已建立的关系，发布照片和视频，使用博客和 App 的氛围，但同时也带来了严重的隐私问题。在充斥着无数在线个人档案的年代，隐私似乎失去了一定的意义，同时对商业机密和国家机密的保护问题也日益突出。主要数字版权所有者加强了对数字盗版的追责，但成败参半，同时他们与苹果、亚马逊和谷歌等科技巨头达成协议，保护知识产权。政府已推出针对电子商务销售的税收政策。主权国家扩大了对网络通信和内容的监控，并将其作为反恐活动的一部分和强制执法的手段。关于安全漏洞、恶意代码、黑客攻击和其他攻击的新闻报道似乎每天都有，因此网络安全，或者确切地说缺乏网络安全，仍然是一个重要的问题。

1.3　电子商务技术的特性

图 1-4 列出了电子商务技术的八大特性。这些特性不但对传统的商务理念提出了挑战，同时也揭示了人们对电子商务感兴趣的原因。电子商务技术的特性使得商家可以在营销和销售方面尝试各种创新，因为商家能够向细分后的目标客户群提供一系列交互式的、丰富的、个性化的信息。

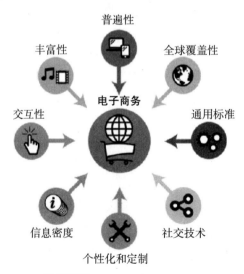

图1-4　**电子商务技术的八大特性**

注：电子商务技术的许多特性影响了商业的运行。

在电子商务诞生之前，商家采用大众营销和销售人员推销的方式销售产品。销售人员将消费者视为广告信息的被动接收者，旨在通过营销活动影响他们的长期产品认知和即时购买行为。商家通过设计精良、相互独立的渠道销售其产品。消费者受到地理位置和社会因素的制约而无法在大范围内选择物美价廉的产品。消费者无法获知产品的价格、成本以及税费，这种信息不对称为销售企业创造了利润。所谓**信息不对称**（information asymmetry），是指在某一交易中，各方掌握的相关市场信息存在差异。传统零售商业中，调整不同国家和地区间产品价格的成本很高（所谓的"菜单成本"），而动态价格（根据市场情况实时更新价格）几乎前所未闻。在这种环境下，商家大多依靠大规模生产来获得盈利和发展，不能提供个性化的定制产品。

商家还可以利用电子商务技术了解更多的消费者信息，比以往更有效地利用这些信息。网上商家也可以利用这些信息来制造新的信息不对称，提升自己产品的品牌影响力，对高质量服务收取高价格，把市场进一步细分，针对不同的客户群收取不同的价格。更复杂的是，这些技术也使得商家比以往任何时候都更了解其他商家。这样就会带来另一种可能，即商家可能在定价时串通而不是竞争，从而抬高价格，在市场上商家数量较少时更容易发生这种情况（Varian，2000a）。我们将在 1.4 节对不同的电子商务类型做进一步介绍。

图 1-4 所示的电子商务技术的每一个特性都值得探讨，同时还需与传统商务和其他形式的商务活动进行比较分析。

1.3.1　普遍性

传统的商务活动中，**市场空间**（marketplace）是人们为进行交易而去的某个实际场所。例如，电视和广播通常会播放广告，刺激消费者到某一地方去购物。电子商务的**普遍性**（ubiquity）意味着企业可以随时随地开展商务活动。电子商务将市场从物理空间的限制中解放来，消费者可以利用移动设备在家里甚至是在车上购买商品。这就形成了所谓的虚拟市场，即一个超越传统界限、不受时空限制的市场。

从消费者的角度看，普遍性降低了交易成本即参与市场所需要的成本，因为消费者不必再为完成一笔交易而花费时间和金钱到实体市场。在更广泛的层面，电子商务的普遍性降低了在市场空间进行交易时对认知精力的消耗。认知精力指的是完成一项任务需要付出的脑力劳动。人们总是试图减少自己在认知精力上的消耗。在条件允许的情况下，人们会选择付出最少的努力，即采用最便捷的途径（Shapiro and Varian，1999；Tversky and Kahneman，1981）。

1.3.2　全球覆盖性

与传统商务相比，电子商务技术使得商务活动能够更方便地跨越文化、国家和地区的界限，比传统商务更具成本效益。因此，电子商务企业面临的潜在市场规模几乎等于全球的网民数（预计到 2020 年将达到 40 亿人）（eMarketer，Inc.，2020e）。更现实的是，互联网使得一个国家的电子商务企业比以往任何时候都更容易触达其他国家的用户。电子商务企业可获得的用户或者消费者的数量就是衡量电子商务影响**范围**（reach）的主要标准（Evans and Wurster，1997）。

相反，大部分传统商务只局限于当地或一定的区域，参与者是当地的商家或由当地企业构成的区域性企业。如电视台、电台和报社，都属于当地或区域性组织，其覆盖面不算宽，但网络功能强大，足以吸引本国的受众。与电子商务技术相比，传统商务技术很难做到跨越国界，接触到全球范围内的使用者。

1.3.3　通用标准

互联网适用的技术标准是通用标准，因此约束电子商务的技术标准也变成了**通用标准**（universal standards），全球所有国家和地区都要遵循该标准。而大多数国家和地区的传统商务技术标准是有差异的，比如全球各地的电视和无线电标准就不一样，移动电话技术亦是如此。

电子商务的通用标准大大降低了市场进入成本，即商家要使其产品进入市场而必须承担的成本。同时该通用标准也降低了消费者的搜索成本，即为找到合意产品所付出的努力。利用这种单一的全球性虚拟市场，可以低成本地向大众提供产品介绍和价格信息，价格发现变得更简单、快捷，也更准确（Banerjee et al.，2016；Bakos，1997；Kambil，1997）。因为用户（包括企业和个人）使用的技术相同，网络外部性创造了利润。利用电子商务技术，人们能在世界任何地方很容易地找到某产品的所有供应商、价格以及送货条款等信息，这是史无前例的。虽然目前对于所有或大多数产品来说不一定能实现，但未来有可能实现。

1.3.4　丰富性

信息的**丰富性**（richness）指的是信息的内容及其复杂程度（Evans and Wurster，1999）。传统市场、本国的销售团队以及小型零售店都具备良好的信息丰富性，因为它们能够提供面对面服务，在销售时提供视觉或听觉暗示。传统市场的信息丰富性为其创造了强有力的销售氛围或者商业氛围。在万维网出现以前，丰富性和影响范围之间存在替代关系：能够触达的受众越多，信息的丰富性就越差。

电子商务技术能比传统媒体（印刷、广播、电视）能提供更好的信息丰富性，因为电子商务技术具有交互性，能将信息传递给特定用户，例如和线上销售人员聊天的客户的体验非常接近于在小型零售店的体验。电子商务技术所具有的丰富性能帮助零售商和分销商推销"复杂"的产品和服务，而之前这只能通过一个销售人员面对面向多个顾客讲解来完成。

1.3.5　交互性

电子商务技术是一种支持**交互性**（interactivity）的技术，可让商家和消费者以及消费者之间进行双向沟通，这与 20 世纪的任何商务技术（电话除外）都不同。比如，电视和广播等就无法向受众询问任何问题，不能与观众进行对话，也不能要求受众填写表格。

交互性可让网络商家与消费者以类似面对面的方式进行沟通。具有社交分享特征（如"喜欢"按钮和"分享"按钮）的评论功能、社区论坛和社交网络都能让消费者积极地与商家和其他消费者互动。不太明显的交互形式包括响应式设计元素，例如根据用户浏览所用的设备改变版式的网站、鼠标悬停时变化的产品图片（能够放大或旋转等）、在用户填写时提示问题的表单以及用户输入时自动填充的搜索框。

1.3.6　信息密度

电子商务技术使得**信息密度**（information density），即所有市场的参与者如消费者、商家能获得的信息总量增加且质量大大提高。电子商务技术降低了信息收集、存储、加工和交流的成本。同时，这些技术还在很大程度上提高了信息的流通性、准确性和及时性，使得信息比以往任何时候都更有用、更重要。所以，如今能获得的信息的数量更多、成本更低，而质量却更好。

信息密度增加带来了一系列的商业后果。其中之一是市场参与者（消费者和商家）间信息不对称的程度降低了，价格和成本都变得更加透明。价格透明是指消费者能很容易地了解市场上价格的变化；成本透明是指消费者能很容易地了解商家为产品耗费的实际成本。在电子商务下，阻止用户获知价格和成本信息越来越难，因而整个市场可能变得更具有价格竞争性（Sinha，2000）。但这对于商家来说也有好处。商家可以更多地了解消费者信息，根据不同消费群体的支付意愿来细分市场，借此实施价格歧视，即将相同或类似的商品以不同的价格销售给不同的目标群体。例如，商家了解到某个消费者对费用昂贵的国外度假有强烈的渴望，他愿意为此支付高价，因此为他制订了一个度假计划，把报价提高，而为那些对价格敏感的消费者提供类似的服务（内容和质量上会有差异），价格定得低一些。商家还可依据成本、品牌和质量对产品进行分类。

1.3.7 个性化和定制

利用电子商务技术可实现**个性化**（personalization），即商家能根据消费者的姓名、兴趣和以往的购买经历来调整所提供的信息，针对特定个体定向提供营销信息。目前根据消费者画像制作的广告可在几毫秒内完成，利用电子商务技术也可实现**定制**（customization），即根据消费者偏好和先前行为调整商品和服务。前面已提及电子商务技术具有交互性的特点，因而商家可在消费者进行市场购买时收集大量的消费者信息。

信息密度的提高使网络商家可以存储并利用消费者以往的购买数据和行为数据，这样就使个性化和定制达到传统商业技术无法想象的水平。比如，你可以通过选择频道来找到你想看的电视节目，但是无法改变频道播放的内容。相比之下，在《华尔街日报》的网站上，你可以选择自己想先看的新闻类型，还可设置当特定事件发生时网站是否通知你。个性化和定制能帮助企业更精确地细分市场，向不同的市场推送不同的信息。

1.3.8 社交技术

和以往所有的技术不同，电子商务技术更具社会性，它可让用户在全球范围内生成和共享内容。这种交流方式可以帮助用户建立新的社交关系并巩固已有的社交关系。

现代历史上所有的大众媒体都使用了广播模型（一对多）：内容由专家（专业作家、编辑、导演、演员和制作人）制作，受众则消费这些标准化的产品，电话似乎是个例外，但它不是大众传播技术，而是一对一的技术。电子商务技术具有转变这种标准媒体模式的潜力，用户可以大范围地生成和分享内容，规划自己的内容消费。电子商务技术提供了独特的多对多形式的大众传播模式。

表 1-2 列出了电子商务技术的八大特性及其商业意义。

表 1-2　电子商务技术的八大特性与商业意义	
电子商务技术的特性	商业意义
普遍性——电子商务技术无处不在，可随时（在单位、家里或通过移动设备在任何地点）使用	市场已超越传统界限，不受时空和地理限制，即形成了虚拟市场，顾客随时都能购物，既方便又节省开支。
全球覆盖性——电子商务技术遍及全球	商务活动已超越文化、国家和地区的界限，无缝、不受干扰地进行。虚拟市场上有全世界几十亿潜在消费者和数百万潜在卖家。
通用标准——形成一整套技术标准	形成一套全球通用、廉价的技术标准供企业使用。
丰富性——视频、音频、文本等成为可能	在营销信息和消费体验的传播中整合视频、音频、文本等各种信息形式。
交互性——通过与用户的交互发挥作用	用户参与对话，这种对话可根据个体的不同随时调整，使用户参与商品进入市场的过程。
信息密度——降低了信息的成本，提高了信息的质量	降低了信息的处理、存储和沟通成本，提高了信息的流通性、准确性和实时性。使信息更丰富、成本更低、更准确。
个性化和定制——在个人和组织间传递个性化的信息	按照个体的特性将市场信息个性化、产品服务定制化。
社交技术——用户生成的内容	新的社交商业模式支持用户在社交网络上生成和发布内容。

1.4　电子商务的类型

　　电子商务的类型很多，其划分方法也不尽相同。大多数情况下，我们根据市场参与者的相互关系，即谁卖东西给谁，来划分电子商务的类型。移动电子商务、社交电子商务和本地电子商务是电子商务的几个类型。

1.4.1　B2C 电子商务

　　企业对消费者的电子商务（business-to-customer（B2C）e-commerce）是讨论最多的一种电子商务类型，其中网络企业尽全力触达个体消费者。B2C 电子商务中，企业向消费者销售商品、旅游服务、金融服务、房产、其他类型的服务以及在线内容。B2C 电子商务自 1995 年以来呈指数级增长，是大多数消费者最愿意参与的电子商务类型。美国 B2C 电子商务的增长情况及预测如图 1-5 所示。

　　B2C 电子商务的商业模式也很多，第 2 章将详细阐述七种 B2C 电子商务的商业模式：电子零售商、社区服务商、内容提供商、门户网站、交易经纪人、市场创建者及服务提供商。第 4 篇将分别介绍每种商业模式。第 9 章介绍电子零售商（网络零售）、服务提供商（在线服务），包括按需服务和交易经纪人。第 10 章主要关注内容提供商（网络内容与网络媒体）。第 11 章关注社区服务商（社交网络）、市场创建者（拍卖网站）和门户网站。

　　数据显示，在未来五年里，美国的 B2C 电子商务将以每年 10% 的速度增长，这是巨大的上行潜力。以零售电子商务（目前在 B2C 电子商务收入中占有最大份额）为例，它仅仅占美国零售总额 4.9 万亿美元中的一个非常小的部分，尽管由于新冠疫情，这一比例预计将从 2019 年的 11% 增加到 2020 年的 14.5%，但增长空间仍然巨大

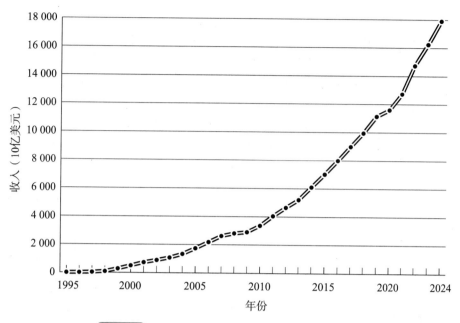

图 1-5 美国 B2C 电子商务的增长情况及预测

注：早期，B2C 电子商务每年增长一倍或两倍。虽然美国 B2C 电子商务的增长在 2008—2009 年由于经济衰退而放缓，但它在 2010 年实现了约 13% 的增长，并且从那时起持续以两位数的速度增长。到 2020 年，B2C 电子商务的收入将达到 1.16 万亿美元。虽然新冠疫情将导致 2020 年数字旅游收入大幅下降，但零售电子商务收入以及某些在线服务与在线内容收入可能保持平稳或继续增长，从而抵消下降。

资料来源：Based on data from eMarketer, Inc., 2020f, 2020g; U. S. Census Bureau, 2019a; authors' estimates.

（见图 1-6）。然而，B2C 电子商务的收入不太可能以目前的速度继续增长。随着在线销售在所有销售中所占的比例越来越大，在线销售很可能会下降。然而，达到这一拐点似乎还需要很长的时间，从音乐到视频、医疗信息、游戏和娱乐的在线内容销售在达到最高临界点前，都有更长时间可以实现增长。

美国整体零售市场
4.9万亿美元

美国电子商务
零售市场
7 100亿美元

图 1-6 增长空间

注：电子商务零售市场仍然仅是美国零售市场的一小部分，但在未来有很大的增长空间。

1.4.2 B2B 电子商务

企业对企业的电子商务（business-to-business（B2B）e-commerce）是目前业务规模最大的电子商务类型，企业的目标是把商品销售给其他企业。预计到 2020 年，美国的 B2B 电子商务交易额将达到近 8 万亿美元（见图 1-7）。到 2020 年，预计各类线上和线下 B2B 电子商务交易规模将达到 14.8 万亿美元，这表明 B2B 电子商务具有很大的增长潜力。B2B 电子商务的最终规模可能是巨大的。

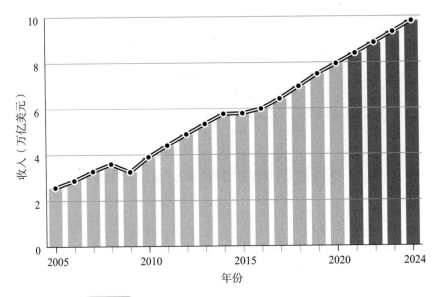

图 1-7 美国 B2B 电子商务的增长情况及预测

注：在美国，B2B 电子商务的规模是 B2C 电子商务的 6 倍多。到 2024 年，B2B 电子商务预计达到约 9.8 万亿美元。（2020—2024 年的估计数字可能会受到新冠疫情的影响。）

资料来源：Based on data from eMarketer, Inc., 2020i；U. S. Census Bureau, 2019b；authors' estimates.

B2B 电子商务主要有两种商业模式：在线交易市场（包括电子分销商、电子采购市场、电子交易市场和行业协会）和会员专用网络。我们将在第 2 章介绍 B2B 电子商务的商业模式，并在第 12 章中进一步深入研究。

1.4.3 C2C 电子商务

消费者对消费者的电子商务（customer-to-customer（C2C）e-commerce）借助网络市场制造商（也称为平台提供商）来进行。在 C2C 电子商务中，消费者为市场准备产品，将产品用于拍卖或销售。借助网络市场制造商提供的目录、搜索引擎和交易清算服务，产品可以很容易地被展示、发现并完成结算。eBay、Craigslist 和 Etsy 是最早的 C2C 平台提供商，它们如今面临着激烈的竞争。例如，亚马逊上的第三方销售直线上升。脸书也凭借 Facebook Marketplace 进入了这一领域。还有一些新进入者专注于 C2C 市场，如 Letgo、Offerup、Poshmark、ThredUp 和 Kidizen。按需服务公司如优步和爱彼迎也可以视为 C2C 平台提供商。

虽然没有正式报告统计美国 C2C 市场的大小，但保守估计，到 2020 年，其规模可能会超过 1 050 亿美元（不包括按需服务），这一数据是根据 eBay、Etsy 和亚马逊的第三方卖家等平台上的商品总量/销售额估算得出的。

1.4.4 移动电子商务

移动电子商务（mobile e-commerce/m-commerce）是指使用无线数字设备实现的网络交易活动，其基本原理是利用蜂窝网络和无线网络把智能手机和平板电脑等连接到网络上。一旦建立起连接，消费者就能购买产品和服务，进行旅游预订，使用各种各样的金融服务，访问在线内容等。

到 2020 年，移动电子商务收入预计达到 3 600 亿美元。随着消费者越来越习惯使用移动设备购买产品和服务，预计零售移动电子商务将在 2021—2024 年继续以每年超过 15% 的速度增长。由于新冠疫情的影响，移动数字旅游销售预计在 2020 年大幅下降，但随后将在 2021—2024 年再次开始增长（见图 1-8）。推动移动电子商务增长的因素包括：消费者使用移动设备的时间越来越长；智能手机屏幕的尺寸越来越大；通过更好地利用响应式设计，电子商务网站能够更好地优化移动使用和移动支付；移动搜索功能增强（eMarketer, Inc., 2020g, 2020h）。移动电子商务的一种变体被称为对话商务，包括在 Facebook Messenger、WhatsApp、Snapchat、Slack 等移动消息应用上使用聊天机器人作为企业与消费者互动的工具。

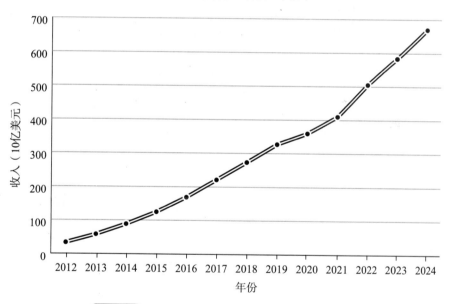

图1-8 美国移动电子商务的增长情况及预测

注：移动电子商务以惊人的速度增长，从 2012 年的 328 亿美元增长到 2020 年的 3 600 亿美元。
资料来源：Based on data from eMarketer, Inc., 2020g, 2020h.

1.4.5 社交电子商务

社交电子商务（social e-commerce）是由社交网络和在线社交关系支持的电子商务。社交电子商务经常与移动电子商务联系在一起，尤其是随着越来越多的社交网络用户通过移动设备访问网络。许多因素推动了社交电子商务的发展，其中包括越来越多的人使用社交登录（使用脸书或其他社交网络账号登录网站）、网络通知（对产品、服务和内容的赞同或不赞同）、在线协作购物工具、社交搜索（来自信任的网友的推荐）以及越来越流行的整合社交商务工具流行度越来越高（如在脸书、Instagram、Pinterest、YouTube 和其他社交网络上的"购买"按钮、购物标签、营销平台和虚拟商店）。

社交电子商务仍处于起步阶段，但随着社交媒体和网络在影响购买决策和推动销售方面发挥着越来越重要的作用，它一直在增长。据估计，2020 年美国社交电子商务的总收入将达到 300 亿美元左右（Clement，2020）。

1.4.6　本地电子商务

本地电子商务（local e-commerce）是一种电子商务形式，专注于根据用户当前的地理位置来开展商务活动。本地商家使用各种各样的网络营销手段来招揽消费者，本地电子商务是继移动电子商务、社交电子商务之后出现的第三个电子商务浪潮。随着人们对优步等本地按需服务的关注激增，预计 2020 年美国本地电子商务的规模将达到 1 250 亿美元以上。

图 1 - 9 说明了所有类型电子商务的规模，表 1 - 3 则为每种电子商务类型提供了示例。

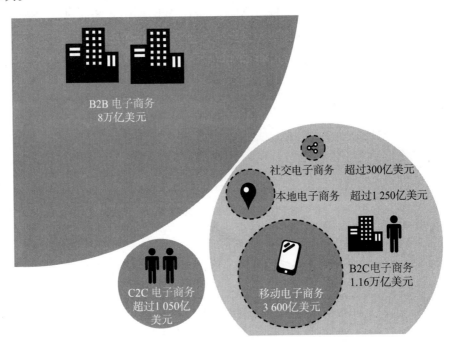

图 1 - 9　2020 年不同类型电子商务的规模

注：B2B 电子商务的规模远大于其他类型的电子商务的规模；移动电子商务、社交电子商务和本地电子商务虽然增长迅速，但与 B2B 电子商务相比，规模仍然较小。

表 1 - 3　电子商务的类型及示例

类型	示例
B2C 电子商务	亚马逊就是一个常见的向用户销售消费品的平台。
B2B 电子商务	Go2Paper 是一个为造纸行业服务的独立的第三方市场。

续表

类型	示例
C2C 电子商务	像 eBay、Etsy 和 Craigslist 这样的在线平台让消费者可以直接把商品卖给其他消费者。爱彼迎和优步则为服务提供类似的平台,如房屋租赁和交通服务等。
移动电子商务	平板电脑和智能手机等移动设备可以用来进行商业交易。
社交电子商务	脸书是领先的社交网络和社交电子商务平台。
本地电子商务	Groupon 以团购形式向用户提供本地商家的每日优惠,一旦有足够多的用户同意购买,优惠券就可以使用。

1.5 电子商务发展历程

很难准确地说电子商务到底是从何时开始的,电子商务的雏形有多种说法。20 世纪 70 年代末期,一家名叫 Baxter Healthcare 的制药企业率先使用电话调制解调器,使医院能直接向其订购产品,这是 B2B 电子商务的一种雏形。80 年代该系统升级为基于个人电脑(PC)的远程订单录入系统,在美国广泛使用。互联网成为商业运行环境则是许久之后的事。80 年代,电子数据交换(EDI)的标准逐步形成,企业可利用专有网络传递商务文件,以数字化方式处理商务交易。

在 B2C 电子商务方面,首个真正被广泛使用的数字化交易系统是 1981 年在法国诞生的 Minitel 系统,该系统将电话和一台 8 英寸显示器相结合,能提供视频与文本功能。截至 20 世纪 80 年代中期,300 多万套 Minitel 系统在法国推广使用,提供超过 13 000 项服务,包括订票代理、旅游、零售商品以及在线银行。2006 年 12 月 31 日,Minitel 系统的开发者法国电信(France Telecom)将其关闭。

但是,这些电子商务的先驱系统都无法与互联网的强大功能相提并论。今天,一提到电子商务,人们通常会联想到互联网。本书认为电子商务是从 1995 年开始的,因为 1994 年 10 月底美国电话电报公司(AT&T)、沃尔沃(Volvo)、Sprint 等在 Hotwired 上首次发布横幅广告后,1995 年初,网景(Netscape)和 Infoseek 成功出售首个横幅广告位。

虽然电子商务的出现并不算太久,却演绎了一段激荡的历史。电子商务的发展可划分为三个时期:1995—2000 年,成长期;2001—2006 年,巩固期;2007 年至今,重塑期。图 1 - 10 将各个时期放在了同一个时间轴上,下面将简要回顾每一个时期。

1.5.1 1995—2000 年:电子商务的成长期

电子商务的早期阶段是一个爆发式增长和非凡创新的时期。在成长期,电子商务意味着在互联网上销售商品,而且通常是很简单的商品,因为没有足够的带宽来支撑复杂商品的销售。市场营销仅限于简单静态地展示广告,另外搜索引擎也不够强大,大多数大公司的网络政策,如果它们有的话,就是用一个基本的静态网站来描述它们的品牌。电子商务的快速增长得益于超过 1 250 亿美元的风险资本的涌入。电子商务成长期在 2000 年接近尾声,当时股市估值暴跌,成千上万的公司消失(即"互联网泡沫")。

电子商务早期也是美国商务历史上前景最令人欣慰的时期之一。当时电子商务的核心概念已经形成,对于计算机科学家和信息技术专家来说,早期电子商务的成功是

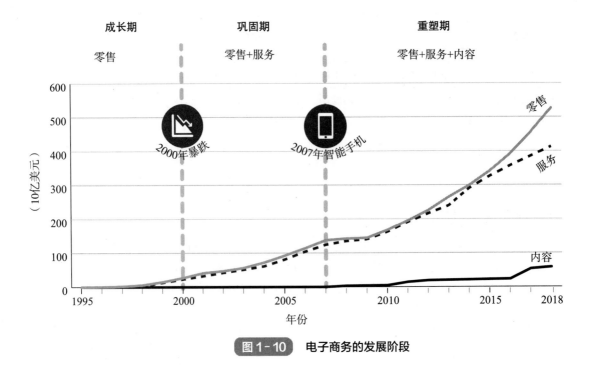

图 1-10 电子商务的发展阶段

一系列信息技术发展的有力证明。这些技术的发展有 40 多年的历史，经历早期的互联网的普及，到个人计算机的出现，再到局域网的使用等各个时期。技术的发展目标是要形成全球统一的通信和计算环境，使得全世界任何人都可以利用成本低廉的计算机进入这一环境，即建立由 HTML 页面组成的全球统一知识库，将数亿人与成千上万的图书馆、政府和科学机构的信息都存储到这些页面中。人们为这样的事实而欢呼，即互联网不受任何个人或组织的控制，对所有人都是免费的。人们认为互联网应该保持这种自我管理、自我约束的状态，在互联网基础上发展起来的电子商务自然也应如此。

对于经济学家来说，早期的电子商务市场几乎是完美的市场：参与者获得的价格、成本和质量等信息一致，市场上有无穷多的供应商相互竞争，而消费者能获得世界上任何市场的相关信息，商家也能获得无数消费者的信息。互联网的发展衍生出数字市场，该市场中信息几乎是完美的——这在现实世界不可能发生。反过来，商家也可以直接接触数亿消费者。在信息近乎完备的虚拟市场里，搜索产品种类、价格、支付方式、订单履行情况等信息的成本大幅下降，交易成本大大降低（Bakos，1997）。对于商家来说，触达消费者的成本也会降低，因为可根据每个消费者的需求制作个性化的广告，减少无效广告。对于消费者来说，价格甚至成本都更加透明，消费者能够快速、准确地知道全球大部分产品的最低成本、最佳质量，因此信息的不对称程度大大降低了。有了互联网即时沟通的特性，有了强大的销售信息系统，有了低成本调整网络价格（低菜单成本）等优势，生产商就可以根据实际需求对产品进行动态定价，全国实行统一价格和建议价格的局面被打破。这也导致市场上中间商作用的削弱甚至消失，即**去中介化**（disintermediation）。作为生产者和消费者之间的中介，分销商、批发商等都要收取一定的费用，导致成本上升，而中介环节却基本不增加价值。生产商和内容创造者与客户直接建立市场关系。电子商务导致的激烈竞争、中间商的减少和低廉的交易成本使品牌不能有效发挥作用，同时也消除品牌、地理位置、生产要素等专有权带来垄断利润的可能性。服务和产品的价格下降至某个合适的点：价格刚好等于生产成本加上公平的资本回报的"市场利率"以及企业家所付出努力的小额回报（通常不会持续很长时间）。给投资资本带来巨大收益的不公平竞争优势（某个竞争对手拥有了其他竞争对手无法获得的优势）不复存在，这种情形被称为**无摩擦商务**（friction-free commerce）（Smith et al. ，2000）。

对于现实世界中的企业家及其赞助商和市场专家而言，电子商务代表的只是赚取远高于正常投资收益的巨大机会，这与经济学家所希望的正好相反。电子商务的虚拟市场代表的只是使用互联网及一套低价、通用、强大的营销沟通技术（电子邮件和网页）与数百万消费者沟通的渠道。营销人员可借助这些新技术完成以往的工作——如按照不同的需求和价格敏感性来细分市场，根据不同的品牌和促销信息来定位细分市场，确定每个细分市场的产品和价格等——而且能够更加精准。在这类新的虚拟市场中，**先行者**（first mover）将获得超额利润。所谓先行者，是指最早进入某一特定领域并迅速获得市场份额的企业。在"赢家通吃"的市场，先行者能够迅速建立庞大的客户群，尽快提高品牌知名度，建立全新的分销渠道，通过网站独有的特点和专有界面设计给用户设置一种转换成本，从而抑制竞争对手（新进入者）进入。企业家的想法是基于规模、便利性、优选和品牌，在网络上建立近乎垄断的地位。借助新技术，网络企业具有传统商家没有的大信息容量、类似社区的特征。这类"消费社区"也能为网络企业增加价值，而且传统商家很难模仿。网络企业认为，消费者一旦习惯于某家企业的网站界面和特性，就不会轻易地改变消费行为，转向其他竞争对手。理想的情况是，有创新精神的企业能开发专利和技术为大多数用户所用，从而产生一种网络效应。**网络效应**（network effect）指的是所有人都可以从其他人使用同样的工具或产品（通用的操作系统、电话系统、软件应用程序，如专有的即时信息标准或操作系统，诸如 Windows）这一事实中获益，使用的人数越多，其所带来的价值也就越大。[①]

企业家认为，要获得网络效应，就应该实行低价策略以吸引消费者并阻止潜在的竞争对手进入，毕竟电子商务是一种全新的购物方式，所以必须能帮助消费者降低成本。相比传统的"砖块加水泥"型企业（哪怕是直邮目录销售企业），网络企业开展商务活动要有效得多，同时其获取新客户和留住客户的成本也要低得多，这些优势无疑会转化成商业利润。对创业初期的网络企业而言，由于环境的动态多变，市场份额、在线浏览量和总销售额远比赚取利润重要得多。因此，电子商务早期，企业家和风险投资者都知道，超额的利润需要在经过若干年的亏损后才能实现。

因此，早期电子商务的推动力就是新技术能带来超额利润的愿景。在这一时期，企业的经营重点是迅速提高市场知名度，其资金来源主要是风险投资。这一时期强调的是网络不受控制的"狂野的西部"的特性，认为政府和法律不可能对互联网加以限制和监管；而传统企业的节奏太慢，过于官僚和僵化，无法在与电子商务的竞争中立足。有创新精神的企业家推动了早期电子商务的发展，风险投资者为其提供了巨额资金。这一时期的重点在于对传统分销渠道的解构（瓦解）和对现有渠道的去中介化，

---

① 网络效应可用梅特卡夫定律表示，即网络的价值是与参与者数量的平方成正比。

以及利用意在获得先行者优势的纯粹的网络企业。总而言之，这一时期电子商务的特征是实验性、资本化和过度竞争（Varian，2000b）。

1.5.2　2001—2006 年：电子商务的巩固期

2001—2006 年是电子商务发展的第二个时期。这是一个发人深省的时期，许多批评者开始质疑电子商务的发展前景，引发了对电子商务的重新评估。电子商务的重点从技术导向转变为业务导向；大型传统企业已经学会了如何使用万维网来提高市场地位；品牌延伸和强化比创造新品牌更重要；资本市场由于有意避开初创公司而出现了融资萎缩；传统的银行则基于盈利能力来提供融资。

在巩固期，电子商务的交易对象不仅包括零售产品，还包括旅游和金融服务等更为复杂的服务。这是由于美国的家庭和企业广泛使用了宽带网络，而且主要用于接入互联网的个人电脑的性能不断改善，价格却不断降低。互联网营销手段越来越多样化，如根据用户查询内容展示的搜索引擎广告、富媒体广告和视频广告，以及对基于广告网络和拍卖市场的营销信息的行为定位。大小公司的网络政策延伸到了一个更广泛的网络范围，不再局限于原来的网站，还包括电子邮件、展示广告和搜索引擎，每个产品在多个网站发布并建立了一些有限的社区反馈机制。这一时期的电子商务以每年超过 10% 的速度增长。

1.5.3　2007 年至今：电子商务的重塑期

从 2007 年 iPhone 推出至今，电子商务又一次被 Web 2.0 的快速发展改变。**Web 2.0** 是一系列支持用户生成内容的应用程序和技术的集合，如发布在在线社交网络、博客、维基、视频和照片分享网站、App 上的内容。智能手机和平板电脑等移动设备普及，涉及本地商品和服务的电子商务开始得到发展，在移动设备 App 和云计算的推动下出现了按需服务经济。这一时期出现的现象既可以看作一种社会学现象，也可以看作一种技术和商业现象。

这一时期的网络世界通常被贴上社交化、移动化、本地化的标签。娱乐内容成为电子商务收入的主要来源，移动设备则变身为娱乐中心以及用于购买零售商品和服务的设备。随着越来越多地使用社交网络、更强大的数据存储和分析工具以进行真正的个性化和有针对性的营销活动，营销发生了转变。企业将其网络活动从静态网页转移至脸书、推特、Pinterest 和 Instagram 等社交网络，试图通过整合营销信息来包围在线消费者。这些社交网络有许多共同的特点。首先，依赖于用户生成的内容，普通人（不仅仅是专家或专业人员）正在创造、分享和传播内容给庞大的受众。其次，本质上是高度互动的，为人们创造了与他人建立联系的新机会。最后，吸引了大量的用户（截至 2020 年 6 月，脸书在全球的月活跃用户约有 27 亿人），这些用户成为开展营销和广告活动绝佳的目标人群。

最近电子商务的重塑创造出一系列按需服务企业，如优步、爱彼迎、Instacart 和 DoorDash。这些企业能够利用大量的闲散资产（如汽车、闲置的房间和个人业余时间等），并基于移动平台基础设施，构建利润丰厚的市场。在"商务透视"专栏的案例中，我们会具体剖析 Y Combinator，这家硅谷孵化器在过去 10 年里成功地指导了多家电子商务企业，从初创阶段的企业到估值超过 10 亿美元的企业（这些企业通常被称为独角兽），有时被称为独角兽饲养者。

表 1-4 总结了这三个时期电子商务的特征。

表 1-4　电子商务的特征

成长期（1995—2000 年）	巩固期（2001—2006 年）	重塑期（2007 年至今）
技术导向	业务导向	基于移动技术的社交电子商务、本地电子商务和移动电子商务
以收入增长为重点	以收入和利润为重点	以受众和社交网络为重点
风险资本融资	传统融资	风险资本投资的收益回报；初创企业被大型网络企业收购
无管制	管制力度加强	政府监管范围更广
创业型企业	大型传统企业	创业型社交、移动和本地企业
去中介化	强化中间商	小型在线中介机构激增，它们租用大企业提供的各类业务流程服务
完美市场	非完美市场、品牌和网络效应	延续了非完美市场；特定市场的商品竞争
先行者优势	策略跟进者优势；互补性资产	新市场展现出先行者优势，传统网络玩家迎头赶上
复杂度低的零售商品	复杂度高的零售商品和服务	零售商品、服务和用户生成的内容

商务透视

Y Combinator 的创业训练营

我们都听说过创业企业发展成价值数十亿美元的企业的故事。如今，追踪所有估值数百万美元甚至数十亿美元的电子商务企业比以往任何时候都要困难，有时甚至连它们的利润状况都无法得知。但这类企业有一个共同之处——它们都得到了扶持，通常是在孵化器的帮助下成立的。

孵化器在硅谷发挥着至关重要的作用，帮助初创企业从一个伟大的创意转变为一个成熟的、充满活力的企业。Y Combinator（YC）是硅谷最知名的孵化器，每年两次为精选的一批初创企业的创始人提供为期三个月的训练营，包括提供种子基金和来自广受推崇的科技创业者的网络指导。训练营的选拔非常严格：通常会有数千名申请者，而 YC 2020 年冬季班的录取人数只有 240 人。每次训练营的最后一天被称为"演示日"（Demo Day），在这一天，每家初创企业都有机会向一群富有的风险投资家推销自己刚刚起步的业务，这些风险投资家希望发掘出下一个脸书或谷歌。由于新冠疫情，2020 年冬季班的演示日活动是一场线上虚拟活动，创始人通过幻灯片演示、企业描述和员工简介来展示他们的企业。

当企业被 YC 认可后，创始人将获得 15 万美元现金，出让企业 7% 的股份。创始人定期与 YC 合作伙伴开会，免费获得技术、技术建议、情感支持和销售经验。截至 2019 年，YC 已经帮助创建了超过 2 000 家初创企业，这些企业的市值总计达 1 000 亿美元。有 19 家 YC 毕业生的企业价值超过 10 亿美元，有 100 多家企业的价值超过 1.5 亿美元。

其中著名的企业包括提供数字支付服务的 Stripe（2020 年估值为 360 亿美元）；提供按

需房屋租赁服务的爱彼迎（即使在新冠疫情期间，其估值仍为 180 亿美元）；提供杂货按需送货服务的 Instacart（估值 140 亿美元）；提供外卖配送服务的 DoorDash（估价为 130 亿美元）；提供基于云的文件存储服务的 Dropbox（YC 第一个上市的企业）；自动电动汽车公司 Cruise（被通用汽车以 10 亿美元收购）；视频游戏流媒体网络 Twitch（被亚马逊以 10 亿美元收购）；社交网站 Reddit；网站建设平台 Weebly；比特币交易平台 Coinbase；提供数字图书馆订阅服务的 Scribd；以及教人们如何编程的在线教育服务企业 Codecademy。

　　YC 2020 年的冬季班共有 197 家创业企业，涵盖了广泛的业务领域。其中，超过 40% 的学生创办的是 B2B 软件和服务领域的初创企业，这些企业专注于技术服务、营销和供应链。涉及的其他重要行业包括医疗保健（15%）、金融科技（13%）、消费品和服务（9%）以及消费媒体（5%）。该项目还扩大了地域范围，2020 年冬季班包括来自 32 个国家的初创企业，其中 24 家来自印度，13 家来自非洲，9 家来自拉丁美洲。

　　正如之前提到的，B2B 领域是 2020 年冬季班中许多初创企业关注的重点。例如，Vori 为超市和分销商推出了 B2B 市场，帮助商店以更有效的方式从分销商那里获取库存。Brokete 演示了一个连接承包商和混凝土供应商的配送市场应用程序。其他初创企业则专注于 B2C 电子商务领域。Whatnot 想要创建一个买卖专业鉴定收藏品的市场。美世俱乐部（Mercer Club）由哈佛大学创新实验室（Harvard Innovation Lab）的学生创办，提供奢侈男士休闲服饰和鞋子租赁服务。Duffl 是一种为大学生提供小吃和其他必需品的按需配送服务企业。Giveaway 是一个点对点市场，人们可以用用过的东西来交换虚拟货币 Karma，然后用 Karma 在市场上购买其他物品，该企业从平台交易中抽取一定比例的费用，其他企业则专注于电子商务支持技术。例如，Glisten 利用计算机视觉和机器学习等人工智能（AI）技术为电子商务企业开发更好的产品数据集，而 Dataline 则让网站从使用广告拦截工具的用户那里收集分析数据。App 仍然是企业关注的焦点，尤其是那些关注健康的 App，比如 Sayana，一款有类似聊天机器人界面的心理健康和正念 App；Deep Meditate，提供个性化冥想的 App；Fitness AI，可以生成个性化的举重计划的 App。

　　作为自身持续发展的一部分，YC 创建了一个名为 Y Combinator Continuity 的 7 亿美元的基金，用于对价值不超过 3 亿美元的毕业生项目进行后期投资，并在项目成熟时进一步提供指导。基金的知名接受者包括 Instacart、DoorDash、Stripe、在线后台筛选平台 Checkr，以及拉丁美洲按需交付和金融服务平台 Rappi。2018 年，YC 继续努力支持毕业生，推出了"成长阶段计划"。该计划针对的是拥有 50～100 名员工且已完成早期融资的企业。该计划包括每周与其他首席执行官和创始人共进晚餐，讨论正在快速增长的企业面临的问题，比如如何聘请高管来帮助经营业务，以及如何在一个不断增长的企业打造创新文化。

　　2017 年，YC 为了进一步推动创业过程的民主化，推出了年度创业学校项目，这是一项为期 10 周的免费在线慕课。2019 年，超过 4 万名创始人参与了该项目，其中约 1 万人毕业，近 2/3 的创始人来自美国以外的国家或地区。YC 觉得这个项目非常有价值，以至于从 2020 年开始，每年开展好几次这个项目，并希望该项目能帮助其训练营中的创始人开发出更多的 App。

资料来源："About Y Combinator," Ycombinator. com, April 2020; "All the Companies from Y Combinator's W20 Demo Day, Part Ⅰ: B2B Companies," Techcrunch. com, March 17, 2020; "All the Companies from Y Combinator's W20 Demo Day, Part Ⅱ: Consumer Companies," Techcrunch. com, March 17, 2020; "YC Winter 2020 Batch Stats," Blog. ycombinator. com, March 16, 2020; "YC-backed Giveaway Is a Peer-to-Peer Marketplace

That Uses Virtual Currency," by Jordan Crook, Techcrunch. com, March 12, 2020; "Y Combinator Will Now Run Its Online Startup School Multiple Times Per Year," by Greg Kumparek, Techcrunch. com, December 10, 2019; "Announcing Startup School Winter 2020," by Eric Migicovsky and Kyle Corbitt, Blog. ycombinator. com, December 10, 2019; "What 15 Years of Y Combinator Investments Can Teach Us About Startups," by Eric Feng, Marker. medium. com, December 22, 2019; "Y Combinator Top Companies—2019," by Michael Seibel, Blog. ycombinator. com, October 2, 2019; "Why Y Combinator in 2019—2020: The Accelerator's Latest Startup Provide an Inside Look," by Jonathan Moed, Forbes. com, September 9, 2019; "Y Combinator Accelerates the Hunt for Unicorns," by Claudia Zeisberger, Knowledge. insead. edu, July 17, 2019; "Y Combinator Is Launching a 'Grad School' For Booming Startups," by Harry McCracken, Fastcompany. com, February 8, 2018; "Stanford, Michael Bloomberg Now Back Every Y Combinator Startup," by Douglas Macmillan, *Wall Street Journal*, October 15, 2015; "Y Combinator Will Fund Later-Stage Companies," by Mike Isaac, *New York Times*, October 15, 2015; "Y Combinator Known for Picking Winners," by Heather Somerville, *San Jose Mercury News*, May 8, 2014; "Y Combinator's New Deal for Startups: More Money, Same 7% Equity," by Kia Kokalitcheva, Venturebeat. com, April 22, 2014; "Silicon Valley's Start-up Machine," by Nathaniel Rich, *New York Times*, May 2, 2013; "What's the Secret Behind Y Combinator's Success?," by Drew Hansen, Forbes. com, February 18, 2013.

1.5.4 评价电子商务：成功、惊喜和失败

回顾电子商务的发展历程可以明显地看出，电子商务已然是一个惊人的技术成就。互联网和万维网使得每年电子商务交易从几千次增加到几十亿次，预计美国在线买家数量约 2.05 亿，为 B2C 带来 1.16 万亿美元的收入，而 B2B 的收入将达 8 万亿美元。后面的章节将会提及，随着电子商务的数字基础设施的巩固，其稳固程度足以支持电子商务在未来 10 年保持显著增长。互联网的发展前景良好，电子商务（e-commerce）中的"e"（电子）已经取得了巨大成功。

从商业的角度来看，虽然电子商务带来了不少惊喜，但总体来说早期的发展是喜忧参半的。在早期成立的互联网公司中，只有很小一部分能够作为独立公司存活下来。然而，商品和服务的在线零售销售仍在快速增长。但与经济学家的期望相反，在线销售日益集中。例如，根据 eMarketer 的数据，到 2020 年，前十大电子商务零售商的市场份额将增长到 60% 以上，而 2019 年，前 1 000 家零售商占美国所有在线零售销售额的 90% 以上（Digital Commerce 360 Research, 2020; eMarketer, Inc., 2020j）。没有人预料到谷歌、YouTube、脸书、Instagram 会主宰网络广告市场，占美国数字广告收入的近 57%，也没有人预料到亚马逊的直接销售额和通过亚马逊平台的第三方卖家的销售额，将占美国在线销售额的 37% 以及 2019 年美国电子商务零售额增长的 60% 以上（Digital Commerce 360 Research, 2020; eMarketer, Inc., 2020k）。当然，没有人预料到新冠疫情会在 2019 年底暴发，迫使消费者的购物行为发生大幅改变，这种改变即使在疫情过去后也可能持续，并推动零售电子商务的增长，特别是前 1 000 家在线零售商的业务的增长。

因此，成千上万的公司业已失败，幸存者占据了市场的主导地位。数千家供应商在价格上竞争的遐想已经在由大公司主导的市场中幻灭。消费者把万维网当作一个获取商品信息的强大工具，而这些商品却常常是通过其他渠道购买的，例如在传统的实体店，这种现象有时被称为"反展厅现象"（webrooming）、在线研究线下购买（ROBO）或线上到线下（O2O）。一项调查发现，80% 的消费者表示，在过去 12 个月

里在去实体商店购买商品之前，他们在网上研究过商品，尤其是汽车、电器和电子产品等昂贵的耐用消费品（Netsertive, 2018）。这种线下"受互联网影响"的商务活动是非常难以估计但非常重要的。例如，弗雷斯特研究公司（Forrester Research）估计，2018年美国零售额的一半（约2.6万亿美元）受到消费者在实体店购物之前或期间使用数字设备的影响，预计到2023年，这一比例将增长到近60%（Forrester Research, 2018）。电子商务的"商务"功能十分奏效，至少在吸引消费者和产生利润方面如此。

虽然电子商务在吸引消费者和提高收入方面表现不俗，但其早期提出的许多愿景尚未实现。例如，经济学家所憧憬的无摩擦商务就没有完全实现。虽然网上价格一般较低，但低价往往是企业把价格降到成本之下销售的结果。在某些情况下，网上价格要比当地商家高，因为消费者愿意为网上购物的便利支付一小笔费用（Cavallo, 2016）。消费者对于价格没有预期的那么敏感，更令人吃惊的是，收入最高的网站，其商品或服务的价格常常是最高的。价格离散仍然以相当大的规模持续存在，甚至还有扩大的现象：在线竞争已经降低了价格，虽然搜索成本较低，但是价格离散在许多市场中仍普遍存在（Levin, 2011; Ghose and Yao, 2011）。在一项针对英国和美国的5万件商品的研究中，研究人员发现了互联网商品价格的黏性，即使在需求变化大的情况下，网上商家商品的价格变化也没有比线下商家更明显，网上商家商品价格的离散程度比传统的实体店要大一些（Gorodnichenko et al., 2014）。单一世界、单一市场、统一价格的设想没有实现，因为企业找到了区分商品和服务的新途径。商家通过采取"游击定价"或者说实时更新价格法（使用"闪电定价"或"限时抢购"），让竞争者永远都不知道自己的定价（消费者也不知道）；或者通过"诱导和转换"使消费者从低毛利商品转向所谓"更高质量"的高毛利商品，以此来适应网络竞争环境。电子商务环境中品牌依然很重要，因为消费者更愿意相信知名品牌商，认为这些企业会提供高质量的商品并按时送货，而且他们愿意为此付钱（Rosso and Jansen, 2010）。

最具市场效率的完全竞争模式并没有真正实现。商家和市场参与者的信息不对称情况依旧存在。虽然搜索成本已全面下降，但是电子商务交易的实际交易成本依旧很高，因为用户要做的决定太多。比如，商家实际送来的会是什么商品？什么时候送货？商家是否真的有目录里列出的商品？如何填写订单？很多潜在的电子商务购买活动在添加到购物车阶段就终止了，原因就是消费者面临这些不确定因素。对于很多商品而言，直接打电话给一个可靠的零售商比在网上下单要容易。

最后，中间商并没有像预期的那样消失。尽管许多制造商确实在网上直接向消费者销售商品，但它们通常也会利用主要的电子商务市场，如亚马逊、eBay、沃尔玛和Wish.com。如果说有什么已经实现的话，那就是电子商务为中间商创造了许多新的机会，它们可以把内容、商品和服务引入门户网站，从而成为一种新的中间商。第三方旅游网站 Travelocity、Orbitz、Expedia 就属于这种类型的中间商。

许多企业家和风险投资者对于电子商务的预期也没有变成现实。先行者优势只在很少的网站得到了体现，尽管其中一些非常有名，比如谷歌、脸书、亚马逊和eBay，快速成为巨头虽然有时行得通，但大多数情况下不可行。从历史上看，先行者就是长期的亏损者，最先进入市场的开拓者总是被那些具备开发成熟市场所需的财务、营销、法律和产品资产的快速跟进者取代。大量的电子商务先行者，如 eToys、FogDog（主营体育产品）、Webvan（杂货店）和 Eve. com（主营化妆品）都已破产。在电子商务早期，赢得消费者和维护与消费者关系的成本是非常高昂的，如 E*Trade 和其他金融服务企业吸引一个新的客户要花费 400 美元。在网上开展商务活动的总成本包括技术成本、网站和移动 App 的设计及维护成本，还包括建立仓库完成物流的成本，所以成本并不比那些最有效率的"砖块加水泥"型企业少。不管公司的网络是否存在，一个大仓库都要耗资数千万美元，而且运营仓库的知识是无价的。虽然网上企业最初的创办成本可以勉强支付，但随后试图通过抬高价格来盈利的方法则会导致大量消费者的离开。从电子商务商家的角度来看，电子商务中的"e"并不是简单容易的代名词。

另外，电子商务在发展过程中，也带来了一些意想不到的惊喜。很少有人预料到移动平台的影响。很少有人预料到社交网络的快速发展或其作为广告平台的成功，它的成功源于它比谷歌更详细地了解个人行为。而且，几乎没有人预料到电子商务的出现，它使得人们可以使用移动设备预订出租车、购买杂货、下单清洗衣物等。

1.6　理解电子商务：将几个主题有机地组织起来

全面理解电子商务对于读者来说是一件困难的事情，因为电子商务涉及的领域太宽泛，没有哪个独立学科能囊括电子商务的所有内容。经过多年的电子商务课程教学和编写本书后，我们开始意识到理解电子商务是一件多么困难的事情。不过我们探寻到一种有效的途径，把电子商务看作由三个相互联系的主题组成，即技术、商务和社会，这里的顺序并不代表其重要程度。本书只是依照所要理解和描述的问题特性列出这三个主题。不过就像历史上技术驱动商务革命一样，这也是一个循序渐进的过程。技术总是最先发展的，紧接着是这些技术在商务领域的应用，而一旦技术在商务领域得到广泛应用，就会产生一系列的社会、文化和政治问题，社会又不得不对此做出回应。

1.6.1　技术：基础设施

数字计算和通信技术是全球数字经济也就是我们所说的电子商务的核心。要理解电子商务未来可能的发展，就需要对作为其基础的信息技术有基本的了解。电子商务首先是由技术驱动的，它依靠的是大量的信息技术和经历了 50 多年发展的计算机科学的基本概念。电子商务的核心是互联网和万维网，我们将在第 3 章具体介绍。在这些技术的背后是大量对其进行补充的技术，如云计算、个人电脑、智能手机、平板电脑、局域网、关系型和非关系型数据库、客户机/服务器处理、数据挖掘、光纤交换等。这些技术是复杂的商务应用系统的核心，这些商务应用系统包括企业信息系统、供应链管理系统、制造资源计划系统以及客户关系管理系统等。电子商务要依赖所有这些技术，而不仅仅是互联网。虽然互联网是对之前的企业计算和通信技术的巨大突破，但这仅仅是企业计算演变的最新进展以及商业领域的计算机创新链的一部分。图 1－11 列出了企业计算应用的各个主要发展阶段，同时也表明了互联网和万维网是如何适应这一发展轨迹的。

所以，要真正理解电子商务，需要了解包交换通信、TCP/IP（传输控制协议/网

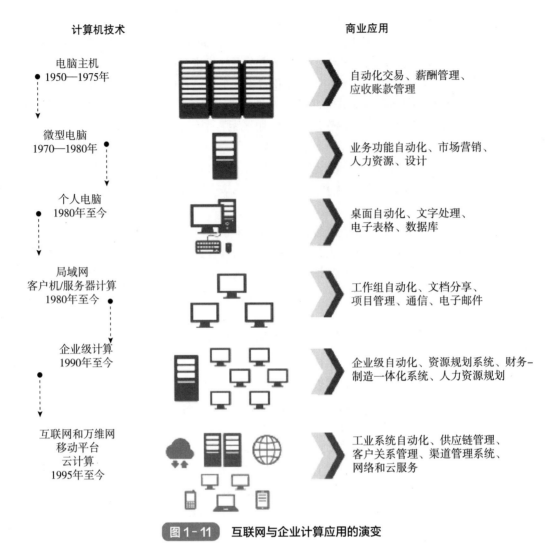

计算机技术　　　　　　　　　　　　　商业应用

电脑主机
1950—1975年
　　　　　　　自动化交易、薪酬管理、应收账款管理

微型电脑
1970—1980年
　　　　　　　业务功能自动化、市场营销、人力资源、设计

个人电脑
1980年至今
　　　　　　　桌面自动化、文字处理、电子表格、数据库

局域网
客户机/服务器计算
1980年至今
　　　　　　　工作组自动化、文档分享、项目管理、通信、电子邮件

企业级计算
1990年至今
　　　　　　　企业级自动化、资源规划系统、财务–制造一体化系统、人力资源规划

互联网和万维网
移动平台
云计算
1995年至今
　　　　　　　工业系统自动化、供应链管理、客户关系管理、渠道管理系统、网络和云服务

图 1-11　互联网与企业计算应用的演变

注：互联网、万维网以及由互联网云连接在一起的移动平台的出现，是一系列不断发展的技术和相关商业应用的最新成果，这些技术和应用都建立在其前身的基础上。

际协议）等协议、客户机/服务器和云计算、移动数字平台、网络服务器、HTML5，以及 CSS 和软件编程工具，如客户端的 JavaScript，服务器端的 Java、PHP、Ruby on Rails 和 ColdFusion。这些都将在本书的第 2 篇（第 3～5 章）详细介绍。

1.6.2　商务：基本概念

技术奠定了基础之后，接下来就是商务应用。商务应用可以带来投资回报的巨大潜力，从而创造电子商务的吸引力，使电子商务领域更活跃。新技术为企业带来了组织生产和进行交易的新方法，改变了现有企业的战略和规划：原有的战略已经过时，必须制定新的战略。新技术是伴随着新产品和新服务涌现出来的成千上万新企业诞生的温床，也是许多传统企业的坟墓。要真正理解电子商务，需要熟悉一些关键的商务概念，如数字市场的本质、数字产品、业务模式、企业和行业价值链、价值网、行业结构、数字颠覆、数字市场中的消费者行为以及基本的财务分析。我们将在第 2、7、9～12 章进一步介绍这些内容。

1.6.3　社会：消除破坏力

现在，全美国有 2.9 亿人在使用互联网，许多人都是出于电子商务的目的，全球则有 40 亿互联网用户，从中不难看出互联网和电子商务的影响是巨大的、全球性的。电子商务越来越多地受到国家和全球各机构所制定的法律的约束。我们需要了解，从全球电子商务的角度来看，在当代社会要成功地经营电子商务企业或全面地理解电子商务会面临什么样的压力。我们在本书中讨论的社会问题主要包括个人隐私、知识产权和公共政策。

由于互联网和万维网用来跟踪、确认在线用户的身份和行为，电子商务也给个人隐私保护带来了困难。所谓个人隐私保护，是指限制收集与个人有关的信息，并控制这些个人信息的使用。阅读"社会透视"专栏"脸书和隐私时代"，可了解电子商务网站是如何使用个人信息的。

电子商务对以往各种保护知识产权的方法都提出了挑战，因为在互联网上传播知识产权产品，如音乐、图书和 VCD 等无形的脑力劳动产品的数字化副本几乎是零成本。

电子商务的全球性还带来了公正性、平等进入、内容管理以及税收等公共政策方面的问题。比如，美国公共电话设施就受到公共设施和公共设备法规的管理，确保以合理的费率提供基本服务，让每个人都能使用电话服务。这些法律的适用范围是否应该扩展到互联网和万维网上呢？如果一个住在纽约州的人在某个加利福尼亚州的网站上购买商品，该商品是从伊利诺伊州的分拨中心运出，最后送到纽约州，那么到底哪个州有权收取销售税？是否应对利用流媒体无休止地播放电影而使用高带宽的用户额外收费？抑或互联网应对网络流量使用问题保持中立？关于互联网、万维网和电子商务，国家及其公民都有什么权利呢？本书将在第 8 章详细阐述这些内容。

社会透视

脸书和隐私时代

2010 年，脸书的创始人马克·扎克伯格（Mark Zuckerberg）接受采访时称，脸书等众多社交网络的出现将给"隐私时代"画上句号。扎克伯格说，人们已经不在意和朋友以及朋友的朋友（社交圈子）甚至所有社交用户分享个人信息和偏好。扎克伯格观点的支持者认为，21 世纪是一个开放和透明的新时代。然而，并不是每个人都支持这一观点。保护隐私，即对政府和私人机构收集和使用个人信息的限制是民主国家的基本原则。一项持续 10 年的隐私调查显示，超过 80% 的美国公众担心互联网会威胁他们的隐私。如今，扎克伯格的言论困扰着脸书，因为该公司正面临着其短暂历史上最大的生存危机——隐私问题。

脸书的商业模式依赖于建立一个数十亿用户的数据库，即鼓励甚至欺骗用户，使其放弃对隐私的控制，然后再将用户的信息出售给广告商及第三方。脸书用户想要保护或拥有的隐私越少，脸书的利润就越多，消除用户的个人信息隐私是脸书的基因和商业模式。

第三方开发商、广告商、脸书员工和高管多年来一直知道脸书与付费用户共享深度个人信息的做法，但在 2018 年初剑桥分析丑闻首次曝光之前，公众对此知之甚少。剑桥分析是一家政治咨询和数据分析公司，它从剑桥大学心理学教授亚历山大·科根（Aleksandr Kogan）那里获取了数十万脸书用户的数据。科根获得了脸书的许可，可以将脸书用户的个人信息用于一个心理档案研究项目。科根使用了一个性格测试 App 来收集数据，该 App 被约 30 万人下载，其中不仅包括参与者，还包括参与者的朋友以及他们朋友的朋友。其结果是生成了一个包含超过 8 700 万脸书用户可用个人资料的数据库，剑桥分析公司随后利用科根的这些资料来向用户定向推送政治广告。这起丑闻引发了广泛的关注，扎克伯格出席了国会听证会，在听证会上，扎克伯格和其他高管为脸书未能执行公司的隐私政策、未能认识到 8 700 万用户个人信息的大量流失以及未能保护用户隐私而道歉。脸书表示这是一个错误，违反了公司的政策。

剑桥分析丑闻严重损害了脸书长期以来的主张，即它将保护用户的个人信息免遭第三方的滥用。2018 年，公众对脸书的信心进一步动摇，当时脸书透露，它还与至少 60 家设备制造商（包括苹果、亚马逊、黑莓（Blackberry）、微软和三星）签订了数据共享协议，允许这些公司访问脸书用户的几乎所有个人信息。这些协议允许设备制造商向它们的客户提供脸书功能，例如点赞、游戏、地址簿、日历和消息传递。此外，用户朋友的个人数据也被共享，即使这些朋友使用脸书的隐私控制，明确选择不共享他们的数据。例如，《纽约时报》的一名记者测试了一个名为 The Hub 的黑莓 App，该 App 用户可以在一个位置查看其所有消息和社交媒体账户。连接后，The Hub 检索到了该记者和她的 556 个好友，以及该记者好友的 29.4 万个好友的详细数据。仅一个用户账户就在未经他们同意且不考虑他们的脸书隐私设置的情况下生成了数十万其他脸书用户的数据，The Hub 能够访问 50 多种有关用户和其朋友的个人信息。脸书称，这些设备制造商不被视为第三方，而是合作伙伴，它们对这些信息的使用受到所谓的严格协议的监管。设备制造商的发言人要么拒绝置评，要么声称这些信息仅用于提供有效的用户体验。

2019 年，《华尔街日报》透露，许多流行的智能手机 App 与脸书共享了个人信息，即使用户不是脸书会员，它们也没有明确披露这种做法。例如，最受欢迎的心率 iOS App 在记录有关用户心率的数据后立即与脸书共享。Realtor.com 的一个 App 向脸书发送用户查看的房子的位置和价格，并注明用户的最爱，脸书随后使用这些数据来个性化脸书上的广告和内容。2019 年 9 月，脸书还可能因滥用用户的个人数据而暂停了大约 10 000 个 App，这引发了人们对脸书未能保护用户隐私问题的进一步关注。

2020 年 4 月，脸书最终为自己的错误付出了代价。美国哥伦比亚特区地区法院批准了美国联邦贸易委员会（FTC）对脸书的 50 亿美元罚款，以终止对脸书的指控。该指控称，脸书违反了此前联邦贸易委员会的一项命令，该命令要求脸书在操控用户隐私偏好之前必须获得用户同意，停止关于向第三方开发者分享了多少信息做出虚假陈述，停止错误地声称用户可以将数据共享给有限的受众，比如用户的朋友，停止错误地声称它没有与广告商分享深度个人信息。脸书还必须同意对其业务运营实施新的限制，并改变其对待隐私的方式，建立一种可以确保脸书及其高管对有关隐私的决定负责的机制。批评者称，尽管这是有史以来对侵犯消费者隐私的公司开出的最大罚单，但考虑到脸书的总营收，以及脸书过去未能遵守类似的命令，这个罚单基本上没有意义。法院虽然认同批评者的反对意见，但声明联邦贸易委员会有权解决这个问题。脸书声称，这一次情况将有所不同，声明和解令已经导致脸书处理隐私的方式发生了根本变化，这是脸书以前从未做过的。但考虑到脸书过去的做法，它是否值得信任，还有待观察。

资料来源："Facebook's ＄5 Billion Privacy Settlement Wins Court Approval," by Ryan Tracy, *Wall Street Journal*, April 24, 2020; "Facebook's Suspension of 'Tens of Thousands' of Apps Reveals Wider Privacy Issues," by Kate Conger, Gabriel Dance, and Mike Isaac, *New York Times*, September 20，2019；"A $5 Billion Fine for Facebook Won't Fix Privacy," *New York Times*，July 25，2019；"FTC Imposes $5 Billion Penalty and Sweeping New Privacy Restrictions on Facebook," FTC. gov, July 24，2019；"You Give Apps Sensitive Personal Information. Then They Tell Facebook," by Sam Schechner and Mark Secada, *Wall Street Journal*，February 22，2019；"Facebook's Latest Problem: It Can't Track Where Much of the Data Went," by Deepa Seetharaman, *Wall Street Journal*，June 27，2018；"Facebook Gave Device Makers Deep Access to Data on Users and Friends," by Gabriel Dance, Nicholas Confessore, and Michael LaForgian, *New York Times*，June 3，2018；"Facebook Says Cambridge Analytica Harvested Data of Up to 87 Million Users," by Cecilia Kang and Sheera Frenkel, *New York Times*，April 24，2018；"FTC Probing Facebook Over Data Use by Cambridge Analytica," by John D. McKinnon, *New York Times*，March 20，2018；"Facebook's Role in Data Misuse Sets off Storms on Two Continents," by Matthew Rosenberg and Sheera Frenkel, *New York Times*，March 18，2018；"How Trump Consultants Exploited the Facebook Data of Millions," by Matthew Rosenberg, Nicholas Confessore, and Carole Cadwalladr, *New York Times*，March 17，2018.

1.7 与电子商务有关的学科

电子商务涉及面广，需要从多学科角度来看待。研究电子商务的方法主要有两类：技术方法和行为方法。

1.7.1 技术方法

计算机科学家对电子商务感兴趣，主要把它作为互联网技术的应用范例来看待。他们关注的是计算机软硬件、通信系统，以及标准、加密技术、数据库的设计和运行。运营管理科学家主要关注的是如何建立业务流程的数学模型以及如何对这些流程进行优化，他们之所以对电子商务感兴趣，是因为他们把电子商务看作研究企业如何利用互联网实现更有效的商业运作的机会。信息系统学科是一个既涉及技术又涉及行为的学科。信息系统专业的技术小组关注数据挖掘、搜索引擎设计以及人工智能。

1.7.2 行为方法

在行为方面，信息系统研究人员主要是对电子商务对企业和行业价值链、行业结构以及企业战略的影响感兴趣。经济学家关注的是消费者在网上的行为、数字产品的定价以及数字化电子市场的特点。营销专家主要关注营销、品牌发展和延伸、消费者在网上的行为，以及电子商务技术在细分和定位客户群体与区分产品方面的能力。经济学家和营销专家都关注电子商务中消费者对于营销和广告宣传的反应，以及企业通过建立品牌、细分市场、确定目标客户和定位产品从而获得高于正常投资回报的能力。

管理学家主要关注企业的创新行为，关注新建创企业在短期内健全组织结构所面临的挑战。财会研究人员主要关注电子商务企业的价值和会计实践。社会学家在一定程度上也是心理学家，主要研究普通大众使用互联网的情况。鉴于互联网利益的不均衡造成了社会不平等现象，以及互联网作为个人和组织沟通工具的使用情况，法学家对保护知识产权、保护隐私以及内容监控这类问题感兴趣。

上述学科没有哪个可以主宰电子商务。我们面临的挑战是要对各学科有足够的了解，只有这样才能全面把握电子商务的重要意义。

1.8 电子商务相关职位

在 1.1 节，我们解释了为什么学习电子商务有助于利用未来的机会。数字互联网/电子商务经济正在快速增长，并有望持续增长，就业前景良好。这个行业的雇主需要拥有各种技能的员工，熟悉电子商务可以在面试和工作中获得优势。

为了说明这一点，我们将在每一章的最后一节展示一家互联网/电子商务公司发布的初级职位招聘信息。我们将提供公司简介，有关职位的一些详细信息，以及通常需要的资格/技能，然后提供有关如何准备面试的一些提示，并展示如何概念化本章介绍的知识，回答一些可能的面试问题。本章将展示最常见的电子商务公司类型之一——在线零售商的招聘信息。

1.8.1　公司简介

该公司是一家大型全国性零售商，正在迅速扩大其在线业务和移动业务。基于其世界一流的定价技术、自动化仓库，以及将其零售商店与在线销售和移动销售结合起来的先进实施方案，该公司正在寻求发展多渠道的电子商务能力。该公司拥有数百个产品类别，并运营多个品牌网站。

1.8.2　职位：电子商务零售项目品类专员

负责在公司网站和 App 中管理你的产品类别。更具体地说，你将：
- 管理和监控新产品的引进并建立流程，以确保它们在商店和网上能够被买到。
- 改善在线用户浏览和搜索产品的体验。
- 管理项目和类别页面，包括图形、客户评论和内容。找到让客户在线发现产品的新方法。
- 优化产品的定价和评估竞争对手的价格。
- 分析产品性能，识别关键趋势，并就公司如何提高收入、客户服务水平和利润提出建议。
- 与市场营销、客户关系管理和供应链管理的跨职能团队合作，执行优化产品品类业绩的计划。

1.8.3　资格/技能

- 本科学历，具有良好的学术背景。
- 企业家的态度。
- 高度关注细节。
- 较强的沟通和团队合作能力。
- 较强的分析能力和批判性思维。
- 能够在模糊的环境下工作，面对挑战，解决问题。
- 谈判和说服技能。
- 学习能力强，具有消化信息和从经验中学习并加以应用的能力。

1.8.4 面试准备

准备面试的第一步是做一些关于你要面试的公司和行业的背景调查。访问该公司的网站、App 和社交媒体。复习 1.2 节和 1.3 节也很有帮助，这样你就可以展示你对电子商务基本概念的理解，并表明你了解未来影响电子商务的一些主要趋势，且熟悉电子商务技术的基本特征。能够谈论 1.4 节所述的不同类型的电子商务，特别是移动电子商务的重要性。在面试前，还应该考虑一下你的背景，比如学过的课程、参加过的活动和个人兴趣爱好，对实现公司的商业目标有哪些帮助。再读一遍职位描述，找出你可能拥有的特殊技能。

1.8.5 可能的面试问题

1. 我们希望建立一个多渠道的网站，消费者可以在网上或实体店购买我们的产品，同时还将设有店内服务亭，供消费者浏览和订购产品。你认为将产品引入多渠道商店时会面临哪些挑战？

你可以通过访问那些全渠道的全国零售商店来准备这类问题，并准备好陈述你作为一个消费者的体验。其中一些关键挑战包括跨渠道提供一致的客户体验、协调定价，以及整合实体店销售团队和网络营销团队。

2. 根据你对我们在线业务的了解，你认为应该如何拓展我们的在线活动？

你可以参考智能手机和移动电子商务的爆炸性增长以及社交网络的增长，并建议该公司扩大其移动网络和社交网络的影响力。

3. 我们发现有相当多的客户来到我们的网站查看我们的产品，然后在亚马逊上购买。你认为我们公司应如何应对这种情况？

你可以通过解释为什么这么多人使用亚马逊来解决这个问题：出色的产品搜索引擎、易于使用的界面、便捷的支付、Prime 配送服务和低廉的价格。这表明该公司应该开发与亚马逊功能相媲美的网站和移动 App。

4. 我们公司如何利用脸书、Instagram、推特、Pinterest 等社交网络拓展业务？

你可以通过指出社交网络是出色的品牌和产品介绍工具来对此做出回应，但购买更有可能发生在公司的网站上。

5. 我们收集了大量网上客户的个人信息。你认为这会给我们公司带来什么问题？

你可以这样应对：提及人们对私人通信、在线交易和帖子保密的担忧，除非他们允许发布这些个人信息。你可能在网上有过一些个人经历，觉得自己的隐私被侵犯了，你可以谈谈这些经历。

6. 我们的网上销售几年来以每年 20% 的速度增长。然而，我们的许多客户也会从我们位于购物中心的零售店购买商品，有时是根据他们在网上看到的东西。反之亦然：有些人访问我们的网站和 App，然后试用，之后在商店购买。你认为我们的电子商务渠道在未来会继续以这个速度扩张吗？

你可以指出，电子商务目前只占整个零售商业很小的一部分，因此你相信电子商务在未来仍有很大的空间保持快速增长。该公司的在线业务可能会推动店内购物。

7. 你是否为企业开发过网站或 App，或者自己开过网店？结果如何？

在这里，你可以借鉴你的个人经验或朋友的经验。如果你有一些可以分享的经

验，请确定是什么使这些努力取得成功、面临的挑战是什么以及你犯了哪些错误。失
败是一种可以与面试官分享的宝贵经历，这表明你尝试过。如果没有经验，可以谈谈
你关于电子商务公司的想法，以及如何将其转变为成功的企业。

问 题 ////////////////////

1. 什么是电子商务？它和电子业务有什么不同？
2. 什么是信息不对称？
3. 电子商务技术有哪些特性？
4. 什么是市场空间？
5. 建立通用标准的好处是什么？
6. 从丰富性角度对在线交易和传统交易进行比较。
7. 列出三个由信息密度增加带来的商业后果。
8. 什么是 Web 2.0？尝试举出几个网站或应用程序的例子，并解释为什么它们属于 Web 2.0。
9. 除本章中的例子外，再举几个 B2C、B2B、C2C 以及移动、社交和本地电子商务的例子。
10. 电子商务技术与以往的商务技术有什么相似或不同之处？
11. 简述电子商务发展的三个时期。
12. 定义去中介化并解释这种现象对互联网用户的好处，以及去中介化如何影响无摩擦商务。
13. 谈谈做先行者有何优缺点。
14. 什么是网络效应？为什么网络效应是有价值的？
15. 讨论早期的电子商务是成功还是失败。
16. 早期的电子商务和今天的电子商务之间主要区别是什么？
17. 为什么要用多学科的方法来理解电子商务？
18. 脸书带来了哪些隐私问题？
19. 采用行为方法研究电子商务的人可能对哪些问题感兴趣？
20. 在美国，大多数用户使用什么平台访问互联网？

电子商务的商业模式和概念

学习目标

学完本章，你将能够：

- 了解电子商务商业模式的基本组成
- 描述 B2C 电子商务的主要商业模式
- 描述 B2B 电子商务的主要商业模式
- 理解电子商务中应用的基本商务概念和战略

章首案例　　　应对疫情：小企业通过电子商务焕发新生

无论从何种角度来看，新冠疫情都对世界经济产生了深刻的负面影响。联合国估计，截至 2020 年 7 月，世界总共丧失了约 4 亿个工作岗位。美国 2020 年 3 月零售业销售额较 2 月下降了 8.7%，创造了空前的单月下降纪录。而电子商务成为整体经济中极少的亮点之一，相比 2019 年第一季度 12% 的增长，电子商务总体收益在 2020 年第一季度增长了 20%。即便是此前电子商务不那么流行的领域，也从由疫情导致的消费者行为改变中获得了巨大收益。

尽管如此，电子商务的增长是以传统实体商务的牺牲为巨大代价的。小企业尤其容易受到疫情带来的不良后果的影响，有 92% 的小企业家称他们的企业受创。部分原因在于小企业难以从电子商务模式转变中获益。多数零售商可能至少有一定水平的网络运营能力，但是在 2019 年底，不到 2/3 的小企业甚至只有一个网站，更不用说借网站去发展线上订单的能力。这些小企业在疫情之下处于什么样的状态呢？

不可避免，许多这样的小企业不得不变得富有创造力并快速实现新的商业模式、开拓新的收入来源、创造新的吸引顾客的方式和提出新的安全协议来使得它们能够继续运营。小企业能够利用的胜过它们大量竞争对手的方法之一就是变得更加机敏并更好地适应复杂的环境。由于顾客在网络上购买他们通常在实体店得到的物品和服务，更多的企业转向了电子商务。

以与餐饮业相关的交易为例。从生产原材料的农场、餐厅的食品供应商到这些餐厅本身都与这个行业有关。虽然对于顾客来说在餐厅层面的影响可能最为明显，但疫情的影响沿着链条传递，迫使每个层次的交易都要寻找新的获利途径，它们中有许多都以转向电子商务作为解决方案。农场层次以 Fisheye Farms 为例。Fisheye Farms 坐落于美国密歇根州底特律，为当地的餐馆生产农产品、香草和鲜花。4 月份时，这家农场开始瞄准消费者并使用电子商务平台来接受预订，预订的农产品为便于取走已经提前打包，以此来提高效率并减少接触。

那些通常直接向餐厅销售的食品供应商也不得不改变它们的商业模式。J. W. Lopes，一家位于马萨诸塞州的餐饮及食品杂货供应公司，使用 WooCommerce 电子商务平台创建了一个新的网站以便直接向消费者出售农产品、肉类和乳制品。它目前有 1 000 名活跃的顾客，还有 4 500 名顾客位于等待名单上。除了销售产品，它还指导顾客如何更好地使用这些食材，发布食谱和烹饪技巧，以及有关本地产品和当地社区慈善活动的信息。

对高档餐厅而言，它们不得不把注意力转向为顾客提供新的选择来吸引他们继续购买食品。例如 Eden East，一家位于得克萨斯州奥斯汀的餐厅重新设计了它的网站，使它能直接向顾客出售来自餐厅农场的蔬菜包和其他食品，例如辣椒酱、腌制食品和腌菜。它还强烈推荐购买礼品卡，一些礼品卡有固定的消费额，另一些礼品卡的消费额是可变的，比如双人晚餐卡。

位于迈阿密海滩的法式素食面包店 L'Artisane 则是另一个例子。L'Artisane 最初被迫歇业，但在一位具有奉献精神的顾客和当地的一家具有电子商务和咨询方面专业知识的志愿组织的帮助下，L'Artisane 在 4 月中旬以一种新的商业模式重新开业，此模式基于 Shopify 电子商务平台，配备了来自 RetailConnect 的标签和门店发货系统。自那时起，这家面包店日均有 100 份来自全美各地的订单，产生了比原有的商业模式多 50% 的收益。因此，这家店能够重新招回之前的 8 名员工并额外雇用了两人来负责当地的配送，并正考虑扩展到更大的范围来满足增长的顾客需求。

诸多健身中心，例如位于洛杉矶的 Sanctuary Fitness，开始为顾客制作仅用苹果手机和三脚架拍摄的定制运动视频。通常在洛杉矶的餐厅中开展问答游戏的 Trivia LA，开始在脸书上直播其问答游戏。Kids-Trip，瑞士的一家露营、讲习班、儿童户外远足活动组织公司，不得不取消现场活动，但公司的创办者开始制作每周手工艺活动的 YouTube 视频和每周的脸书小测验来持续与顾客保持联系。

一些本地企业已经与其他面临类似挑战的本地企业合作，以形成使用第三方配送服务所需的规模。例如，巴尔的摩的一家精品玩具店 aMuse Toys 与附近的一家书店合作，为两家公司的产品提供当地送货服务。aMuse Toys 还在几天内将 500 多种产品上传到其网站上，并在网站上增加了其他功能，如 3D 商店之旅，以便吸引潜在顾客。

一些像爱彼迎那样的大型科技公司也受到了疫情的严重影响，同时它们周边的民宿行业也受到了影响。例如，密尔沃基的创业公司 Washbnb 成立的目的是帮助爱彼迎的房东处理他们繁重的洗衣需求。随着爱彼迎订单的急剧减少，Washbnb 转向为老年人和免疫系统受损的顾客服务，并成立了姐妹公司 Washhero，提供路边洗衣服务。

其他大型科技公司也尽其所能帮助小企业，它们平台的关键功能在疫情期间继续发挥作用。例如，eBay 创建了 "Up & Running" 加速项目，帮助没有电子商务业务的小企业，eBay 已经为这个项目投入了 1 亿美元，该项目为小企业提供为期三个月的免费 eBay 商店，对售出的高达 500 件物品免收销售费，并提供免费的营销工具和定制功能。YouTube 加快了其视频生成器工具的发布，该工具允许小企业免费拍摄视频内容。Pinterest 在其 Pinterest Shop 中为小企业提供了更多支持，并推出了验证商户计划，为合格的小企业提供特殊优惠和访问分析。脸书为其平台上的 9 000 多万家小企业创建了一个商业资源中心，提供工具帮助这些小企业应对疫情的挑战。尽管成千上万的小企业预计因疫情关闭，但那些渡过了难关的小企业很可能已经做好了在这个向电子商务发展的世界中取得成功的准备，其速度之快甚至超出了所有人的预期。

资料来源："Hard Times Forecast for Global Job Recovery in 2020, Warns UN Labour Agency Chief," News. un. org, June 30, 2020; "L'Artisane Creative Bakery Rebounds After Pivoting to Online Sales," by Juliana Accioly, Miaminewtimes. com, May 15, 2020; "Helping Sustainable Farms Pivot to Direct-to-Consumer Sales," by Anne Field, Forbes. com, May 15, 2020; "How Apparel Brands Can Make E-Commerce Only Work During Store Shutdowns," by Catherine Salfino, Sourcingjournal. com, May 7, 2020; "6 Ways to Rebuild Your Small Business After Covid-19," by Rebecca Lake, Forbes. com, April 30, 2020; "The Covid Pivot: Small Business Shifts With the Times," by Marian Salzman, Forbes. com, April 24, 2020; " 'Staying Nimble': How Small Businesses Can, and Do, Shift Gears," by Amy Haimerl, *New York Times*, April 23, 2020; "How Social Media Platforms Are Helping Small Businesses Amid Covid-19," by Nikki Gilliland, Econsultancy. com, April 20, 2020; "EBay Pledges ＄100M to Help Small Businesses Move Online," by Tatiana Walk-Morris, Retaildive. com, April 6, 2020; "6 Ways Online Businesses Have Adapted During Coronavirus (With Examples)," by Allanah Faherty, Oberlo. com, April 3, 2020; "From Offline to Online: Leveraging Digital Commerce During Covid-19," by Angela Bao, Eastwestbank. com, April 3, 2020; "How Four Food Businesses Started Selling Online During COVID-19," woocommerce. com, April 2020; "Responding to Coronavirus (COVID-19): For Retail," Facebook. com/business, April 2020; "How Entrepreneurs Are Pivoting Their Businesses During Crisis," by Aliza Licht, Forbes. com, March 28, 2020; "How Small Retailers Are Adapting to Covid-19," by Karen Kroll, Nrf. com, March 25, 2020; "How to Adapt Your Ecommerce Strategy to the Challenges of Covid-19," by Aden Andrus, Disruptiveadvertising. com, March 24, 2020; "How Small Retailers Are Coping with the Pandemic," by Daphne Howland, Retaildive. com, March 23, 2020.

此案例说明了不断变化的环境如何促使小企业从它们现有的商业模式转向不同的模式，利用互联网、万联网和移动平台的独特性为顾客提供价值并产生盈利。电子商务已经成为这些企业的生命线。展望未来，理解电子商务的商业模式、商业概念和商业战略这些本章的重点，可能会比以往任何时期更加重要。

2.1　电子商务的商业模式

2.1.1　简介

商业模式（business model）是为了从市场上获得利润而预先规划好的一系列活动（有时也叫作业务流程）。尽管商业模式和企业战略有些类似，但它们并不总是相同的，因为商业模式通常会考虑竞争环境（Magretta, 2002），是商业计划的核心。**商业计划**（business plan）是一份描述企业商业模式的文档，通常也会考虑竞争环境。**电子商务商业模式**（e-commerce business model）旨在利用互联网、万维网和移动平台的特性。

2.1.2　商业模式的八大基本要素

如果你希望在所有领域，而不仅是电子商务领域建立成功的商业模式，就必须保证商业模式具备图 2-1 列出的八大基本要素。它们分别是价值主张、盈利模式、市场机会、竞争环境、竞争优势、营销战略、组织发展和管理团队。许多学者关注的是企业的价值主张和盈利模式。虽然这两大要素可能是企业商业模式中最重要和最容易识别的部分，但其他要素在评估企业商业模式和商业计划，或者在解释某个特定企业的成败时同等重要（Kim and Mauborgne, 2000）。下面分别详细阐述商业模式中的每一个基本要素。

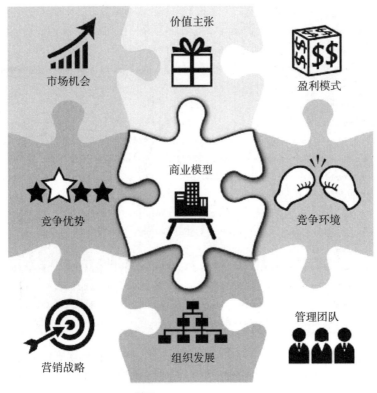

图 2-1　商业模式的八大基本要素

注：一个商业模式有八大基本要素。如果你希望成功，每个要素都必须处理好。

价值主张

　　企业的价值主张是商业模式的核心。**价值主张**（value proposition）明确了企业的产品或服务如何满足顾客的需求（Kambil, Ginsberg, and Bloch, 1998）。为了明确或分析企业的价值主张，需要理解以下问题：顾客为什么会从该企业而不是其他企业购买产品或服务？该企业能提供什么其他企业不提供或者不能提供的东西？从顾客的角度，成功的电子商务价值主张包括个性化与定制的产品、产品搜索成本的降低、通过管理产品的运输使交易更简便。

　　例如，在亚马逊网站出现之前，大多数顾客亲自去书店购买，有时想要的书会缺货，需要等几天或几周，然后再去书店取书。而亚马逊使得图书爱好者们能在他们家中或办公室里，一天 24 小时舒适地购买任何书，并且立刻就能知道要买的书是否有货。亚马逊的 Kindle 更进一步，它让顾客直接获得电子书而无须等待。亚马逊的核心价值主张在于空前的选择余地与便利性。

盈利模式

　　盈利模式（revenue model）描述了企业如何获得收入、产生利润以及得到高额的投资回报。本书会交替使用盈利模式和财务模式这两个概念。商业组织的功能就是产生利润和高于其他投资项目的回报，光有利润不足以使企业获得"成功"（Porter, 1985）。为了被视为成功，企业必须产生高于其他投资项目的回报，若做不到这一点，就会被淘汰。

虽然已经成形的电子商务盈利模式有很多，但是大多数企业主要采用一种或几种模式的组合。主要的盈利模式包括广告盈利模式、订阅盈利模式、交易佣金盈利模式、销售盈利模式和会员制盈利模式。

在**广告盈利模式**（advertising revenue model）中，网站向其用户提供信息、服务或者产品，并同时设置广告专区供广告客户（或称广告主）付费使用。那些能吸引大量用户，或是能吸引高度专业化、与众不同的用户，并且能持续获得用户关注（"黏住用户"）的网站，都能收取更高的广告费率。例如，雅虎（Yahoo）就从视频广告中获取了高额收益。

在**订阅盈利模式**（subscription revenue model）中，企业向用户提供信息和服务，并向用户收取部分或者全部内容的订阅费。例如，电子版《消费者报告》（Consumer Reports）只向订阅者提供额外的信息，如详细的评分、评论和建议，订阅者可选择每月支付 6.95 美元或每年支付 30 美元的订阅费。从订阅盈利模式的经验来说，要想成功地解决用户不愿意对网络信息付费的问题，就必须保证所提供的信息有很高的价值和附加值，不易从其他地方获取或不容易复制。成功应用订阅盈利模式的公司有 eHarmony（约会服务），Ancestry（家谱研究），微软的 Xbox Live（视频游戏），潘多拉（Pandora）、Spotify 和 Apple Music（音乐），Scribd 和亚马逊的 Kindle Unlimited（电子书），以及网飞和 Hulu（电视和电影）。表 2-1 展示了多种订阅服务的例子。

表 2-1　订阅服务示例

名称	说明
eHarmony 的约会服务	● 免费服务：建立个人资料以及查看配对者的资料 ● 基本服务（看照片、发送消息）：6 个月的费用为 180 美元，一年的费用为 239 美元 ● 全面联系服务（基本服务和额外服务）：6 个月的费用为 204 美元，一年的费用为 287 美元 ● 尊享服务（基本服务/全面联系服务和额外服务）：每年费用为 503 美元
Ancestry 的家谱研究服务	● 美国记录：每月价格 24.99 美元或 6 个月 99 美元 ● 美国和全球记录：每月 39.99 美元或 6 个月 149 美元
Scribd 的电子书服务	● 图书和有声读物，每月收费 8.99 美元（超过 100 万本电子书和有声读物可供选择）
Spotify 的音乐服务	● 根据设备（手机、平板电脑、台式机）和计划选择（免费、无限或高级），有许多不同的选择方式

最近，一些企业将订阅盈利模式与免费增值策略相结合。在**免费增值策略**（freemium strategy）中，企业免费提供一定的产品或服务，但随后对更高级的产品或服务收取订阅费。

在**交易佣金盈利模式**（transaction fee revenue model）中，企业因帮助完成或执行交易而收取费用。例如，eBay 建立了网上拍卖市场，向成功出售商品的卖主收取小额的交易佣金。而在线股票经纪商 E*Trade 则在它代表客户执行股票交易后向客户收取交易费。

在**销售盈利模式**（sales revenue model）中，企业通过向顾客销售产品、信息或服务获取收入。亚马逊、L. L. Bean 等企业都运用了销售盈利模式。许多企业也在采用基于订阅的销售盈利模式。Birchbox 就是一个典例，它按每月 10 美元或每年 110 美元的价格提供美容产品的送货上门服务。另一个例子是最近以 10 亿美元的价格被联合利华（Unilever）收购的 Dollar Shave Club，它通过订购的方式销售剃须刀片，采用了同样的商业模式。

在**会员制盈利模式**（affiliate revenue model）中，网站引导会员购买某种产品或服务，收取推荐费或从交易收入中扣除一定百分比的提成。例如，MyPoints 通过向其会员提供产品优惠信息将一些企业与其潜在客户连接起来，会员利用该优惠信息购买产品可获得能兑换赠品的"积分"，同时 MyPoints 能赚取一定的收入。一些社区反馈网站也常常通过引导潜在客户到特定网站购物来赚取收入。

表 2-2 总结了这些主要的盈利模式。"社会透视"专栏的"Foursquare 不断变化的商业模式：利用你的位置"，探讨了一些与 Foursquare 的商业模式和盈利模式相关的问题。

表 2-2　五种主要的盈利模式

盈利模式	举例	收入来源
广告盈利模式	雅虎、脸书	通过提供广告来收取费用
订阅盈利模式	eHarmony、在线《消费者报告》、网飞	通过提供内容和服务向订阅者收取费用
交易佣金盈利模式	eBay、E*Trade	通过完成交易或进行交易来收取费用（佣金）
销售盈利模式	亚马逊、L. L. Bean、Birchbox、iTunes	销售产品、信息或服务
会员制盈利模式	MyPoints	通过业务推荐收取费用

社会透视

Foursquare 不断变化的商业模式：利用你的位置

Foursquare 是当今互联网最大的位置数据追踪公司之一，创立于 2009 年。作为一个社交移动应用，Foursquare 允许用户登录，查看其他用户的评论，并自动让其他社交网络上的朋友知道用户在哪里。它一度成为硅谷的宠儿，人们期望它有朝一日市值超过 10 亿美元，但随着时间的流逝，这些期望破灭了，因为 Instagram 和 Snapchat 等社交网络的人气超过了 Foursquare。到 2013 年，许多分析师已经将 Foursquare 排除在市场外，并预测它会消失。

2014 年，Foursquare 对其商业模式进行了调整。它将同名应用拆分为两个侧重点不同的应用，将 Foursquare City Guide 重新设计为类似于旅游指南的推荐系统，通过位置跟踪向用户提供去哪里吃饭或参观的建议。另一款名为 Swarm 的应用吸收了 Foursquare 的签到功能。Swarm 要求用户从超过 10 000 种可能性中识别他喜欢的东西，也就是所谓的"偏好"，然后据此提供建议。与此同时，Foursquare 决定将其主要的关注点从消费者移动应用转移到利用这些应用收集到的大量基于位置的数据，并将这些数据、软件工具和技术授权给其他公司。2015 年，Foursquare 推出了广告工具 Pinpoint，该工具允许营销人员根据 Foursquare 积累的位置数据，包括偏好、人口统计特征和访问历史等，来定位用户。自 2015 年以来，Foursquare 持续提供企业层面的产品。除了 Pinpoint，它还提供了其他服务，如 Places，这是一个数据库或应用程序接口工具，允许开发者将全球超过 1.05 亿商业地点的位置数据整合到他们自己的产品中，它衡量的是将要为商店带来流量的数字广告活动的有效性，以及对其 Pilgrim SDK 的访问。Pilgrim SDK 是 Foursquare 的核心位置数据技术，它运行在 Foursquare City Guide 和 Swarm 应用的后台。通过这项技术，应用开发者可以在自己的 iOS 和安卓应用中嵌入位置识别功能，当用户靠近 Foursquare 数据库中 1.05 亿个兴趣地点中的某一个时，就可以向用户发送通知。

商业模式的转变是 Foursquare 成功的关键。尽管它的应用仍然拥有忠实用户（这些年，约有 5 000 万用户累计登录次数超过 130 亿次），但其收入的 99％以上来自软件和数据产品。如今 Foursquare 的客户包括微软、推特、苹果、Snapchat、优步、三星和腾讯，以及超过 15 万的其他合作伙伴。Foursquare 的定位技术为优步的应用、推特的地理标签、Snapchat 上基于位置的过滤器、微信上的位置共享、苹果地图的部分内容等提供了强大的显示功能，它的营销对象包括很多国家的主要品牌。在 2019 年 5 月，Foursquare 收购了 Placed，以丰富其现有的广告测量工具。Placed 网站使得另外 600 万同意接受实时位置追踪的用户加入了 Foursquare 的行列，使其用户数量达到 3 000 万。2020 年 4 月，Foursquare 同意与另一家位置数据提供商 Factual 合并，且继续以 Foursquare 的名称运营，其首席执行官大卫·什莫 (David Shimer) 也将继续任职。Factual 的加入增强了广告定位能力，充实了 Foursquare 的基础数据集。

然而，随着其基于位置的服务的发展，对隐私的担忧也在增加。Foursquare 的 Pilgrim SDK 技术会在手机开机的时候自动提供有关手机 GPS 坐标的数据，即使该应用已关闭。根据 Foursquare 的数据，有 30％～40％的用户选择了这种随时在线的位置分享方式。这种持续的位置跟踪数据进一步提高了 Foursquare 位置数据的价值。但隐私倡导者指出，许多用户可能并不真正了解他们的位置历史最后有多少被获取了。例如，在其网站上，Foursquare 使用 Pinpoint Audiences 产品提供了一个可取用数据的例子：尽管关于特定个人的数据是匿名的，但 Foursquare 会追踪被访问过的地点，并利用这些数据将用户定义为不同的角色。在这个例子中，一名 45～49 岁的男性光顾了当地的一个体育场和体育酒吧 Foursquare 将他归类为运动爱好者；同一个人在同一周内去了当地的烧烤店两次，于是 Foursquare 认为他是一个美食爱好者；光顾当地一美元店和大型仓储式商店的用户被贴上了超级省钱者的标签，而在当地面包店和咖啡屋停留的人则被描述为咖啡爱好者；Foursquare 根据某人每天在工作时间去汽车修理店的情况得出了他是一个小企业主的结论。这些角色随后被广告商用来更有效地定位使用者。总的来说，Foursquare 拥有超过 1 亿美国消费者的与兴趣相关的资料，这些数据来自它自己的应用以及使用它的软件的应用网络，比如 AccuWeather 和 TripAdvisor。

Foursquare 坚称自己是位置数据行业的"好人"之一。该公司的联合创始人丹尼斯·克劳利 (Dennis Crowley) 认为，隐私策略已经根植于该公司的 DNA 中。例如，Foursquare 指出，它只向它的客户提供聚合的、匿名的数据，但隐私倡导者质疑数据是否真的能被匿名，因为研究表明，这些数据可以以惊人的准确性被反匿名化。例如，一项研究表明，某些将 Foursquare 或 Instagram 的帖子和推特帖子一起分析的算法可以相对容易地识别用户的身份。Foursquare 试图将自己定位为隐私领域的先锋，其前首席执行官杰夫·格卢克 (Jeff Glueck) 极力呼吁完善联邦隐私立法。在尊重用户隐私和继续获取盈利之间取得平衡是 Foursquare 前进路上的挑战。

资料来源："Company-About," Foursquare.com, accessed May 8, 2020; "Foursquare Merges with Factual, Another Location-Data Provider," by Sahil Patel, *Wall Street Journal*, April 6, 2020; "Foursquare Merges with Factual," by Jordan Crook and Anthony Ha, Techcrunch.com, April 6, 2020; "Jeff Glueck Passes Torch as David Shim Steps Up to Foursquare CEO," by Joseph Zappa, Streetfightmag.com, December 9, 2019; "Foursquare CEO

Calls on Congress to Regulate Location Data Industry," by Zach Whittaker, Techcrunch. com, October 16, 2019; "Ten Years On, Foursquare Is Now Checking in to You," by James D. Walsh, Nymag. com, August 27, 2019; "Foursquare Is Adding Even More Data About Where You Are," by Paris Martineau, Wired. com, May 31, 2019; "Foursquare to Buy Location-Data Specialist Placed from Snapchat Parent," by Keach Hagey and Patience Haggin, *Wall Street Journal*, May 31, 2019; "Foursquare's First Decade, from Viral Hit to Real Business and Beyond," by Harry McCracken, Fastcompany. com, March 11, 2019; "25 Million People Are Totally Cool With Giving Foursquare 'Always On' Location Data," by Cale Guthrie Weissman, Fastcompany. com, January 19, 2018; "Foursquare Is Finally Proving Its (Dollar) Value," by Jordan Crook, Techcrunch. com, January 19, 2018; "Foursquare Is Throwing in the Towel on Being a Social App, But Has Another Trick Up Its Sleeve," by Kerry Flynn, Mashable. com, August 8, 2017; "Why the Industry Needs a Gut-Check on Location Data Use," by Kate Kaye, Adage. com, April 26, 2017; "After Years of Challenges, Foursquare Has Found Its Purpose—and Profits," by Nancy Miller, Entrepreneur. com, March 27, 2017; "Foursquare Can Log Your Shopping Trip in Increasingly Scary Detail," by Steve Dent, Engadget. com, March 21, 2017; "The Not-So-Surprising Survival of Foursquare," by Aaron Gell, *The New Yorker*, March 1, 2017; "How Foursquare Plans to Find More Money in Its Location Data," by Aaron Pressman, *Fortune*, March 1, 2017; "Location Data From Just Two of Your Apps Is Enough to Reveal Your Identity," by Brian Mastroianni, Cbsnews. com, April 14, 2016; "Inside Foursquare's Plan to Become Profitable," by Andrew Nusca, *Fortune*, January 25, 2016; "Foursquare's Plan to Use Your Data to Make Money—Even if You Aren't a User," by Klint Finley, Wired. com, January 19, 2016.

市场机会

市场机会（market opportunity）是指企业所预期的**市场空间**（marketspace）（即有实际或潜在商业价值的区域）以及企业在该市场空间中有可能获得潜在财务收入的机会。市场机会通常用划分成一个个较小的细分市场来描述，而实际的市场机会是根据你希望从参与竞争的细分市场中所获得的潜在收入来定义的。

例如，假设你在分析一家软件培训公司，该公司通过互联网向企业销售自身开发的软件培训系统。软件培训领域所有细分市场的总规模大约为 700 亿美元，整个市场划分为两个主要的细分市场：导师指导的培训市场，约占市场份额的 70%（490 亿美元的收入）；在线培训市场，约占市场份额的 30%（210 亿美元的收入）。在这两大细分市场中，分别有更小的细分市场，例如，针对《财富》500 强企业的在线培训市场，以及针对小企业的在线培训市场。因为这家公司是一家新公司，所以它不可能在在线培训市场（大约 150 亿美元）与大企业有效竞争。知名品牌的大型培训企业主宰了这一市场，所以该公司实际的市场机会就是向上千家小企业销售自己的产品，这些小企业在在线培训软件上的花费约为 60 亿美元。这就是这家公司实际的市场机会（见图 2-2）。

竞争环境

企业的**竞争环境**（competitive environment）是指那些与它在同一市场空间中运作、销售相似产品的其他企业。竞争环境还指替代产品的存在和进入市场的新途径，以及客户和供应商的力量。本章后文将探讨企业的竞争环境。竞争环境会受到如下因素的影响：有多少活跃的竞争对手，其规模有多大，每个竞争对手的市场份额有多大，这些企业的盈利情况如何，以及它们如何为产品定价。

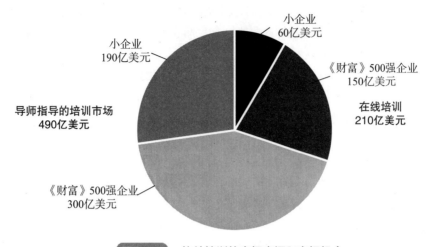

图 2-2　软件培训的市场空间和市场机会

注：市场空间由许多细分市场组成。你的实际市场机会通常集中在一个或几个细分市场里。

通常，企业既会遇到直接竞争对手，也会遇到间接竞争对手。直接竞争对手是那些在同一个细分市场销售非常相似的产品或服务的企业。例如，Priceline 和 Travelocity 两家公司都在线销售打折机票，它们是直接竞争对手，因为它们销售同样的产品——折扣机票。间接竞争对手是那些可能处于不同行业但仍然有竞争关系的企业，因为它们的产品可相互替代。例如，汽车制造商与航空公司属于不同的行业，但它们是间接竞争对手，因为它们向消费者提供可替代的交通运输方式。新闻媒体 CNN 是 ESPN 的间接竞争对手，它们并不销售相同的产品，但互相竞争以吸引消费者上网。

任何细分市场中若存在大量的竞争对手，就意味着该市场处于饱和状态，很难获得利润。反之，缺少竞争对手的市场则可能意味着有利可图但尚未被开发，也可能意味着这是一个已经尝试过的不可能成功的市场，因为赚不到钱。分析竞争环境有助于判断市场前景。

竞争优势

当企业能比竞争对手生产出更好的产品，或是向市场推出比大多数或所有竞争对手价格更低的产品时，就获得了**竞争优势**（competitive advantage）（Porter，1985）。企业也在地域范围上开展竞争，有些企业能开拓全球市场，有些企业则只能发展国内或地区市场。能在全球范围内以较低的价格提供优质产品的企业是很有优势的。

许多企业能获得竞争优势，是因为它们总能获得其竞争对手所无法获得的各种生产要素，至少在短期内如此（Barney，1991）。这包括企业能从供应商、运输商或劳动力方面获得更好的条件；企业可能比其竞争对手更有经验，有更多的知识积累，有更忠诚的雇员；企业还可能有其他企业不能仿照的产品专利，或者能通过以前的业务关系网进行融资，或者有其他企业不能复制的品牌和公共形象。当市场的某个参与者拥有比其他参与者更多的资源——财务支持、知识、信息或者权力时，**不对称**（asymmetry）就出现了。不对称使某些企业比其他企业更有优势，从而以比竞争对手更快的速度将更好的产品投入市场，有时价格还更低。

例如，当苹果公司宣布 iTunes 可提供合法的、按每首歌曲 0.99 美元收费的音乐下载服务，并可将音乐下载至安装了 iTunes 软件的任何计算机或数字设备上时，它就凭借其创新的硬件设计以及为其提供精心编排的在线音乐目录的大型音乐公司的支持，获得了比其他公司更大的成功机会。而它的竞争对手难以提供与其竞争的便宜、合法的音乐下载服务以及强大的硬件播放设备。

有一种独特的竞争优势来自先行者。**先行者优势**（first-mover advantage）是企业因率先进入市场提供有用的产品和服务而获得的竞争优势。先行者如果建立起自己忠实的客户群，或设计出别人很难模仿的独特界面，就能在较长的一段时期内保持优势（Arthur，1996），亚马逊就是个很好的例子。但是在技术推动的商务创新历史上，大多数先行者都缺少保持优势的**互补性资源**（complementary resources），所以反而常常是后来者获得最大的回报（Rigdon，2000；Teece，1986）。事实上，本书中讨论的成功企业大多数是后来者——从先行者的失败中学习经验和教训，再进入市场。

有一些竞争优势被认为是"不公平"的。当一家企业基于其他企业不能获得的条件建立起优势时，**不公平的竞争优势**（unfair competitive advantage）就出现了（Barney，1991）。例如，品牌名称是不能购买的，在这个意义上品牌就是一种"不公平"的优势。品牌是建立在顾客对企业忠诚、信任产品可靠和质量上乘基础上的，一旦建立起来，就很难被复制或模仿，而且能让企业给自己的产品制定较高的价格。

在**完美市场**（perfect market）中，没有竞争优势和不对称，所有企业都能均等地获得所需要的生产要素（包括信息和知识）。然而，真实市场通常是不完美的，会由于不对称而存在竞争优势，至少在短期内如此。大多数竞争优势都是短期的，虽然其中有些企业能保持相当长的一段时间，但是不可能永远保持。事实上，每年都有很多受尊敬的品牌面临失败的困境。

企业利用自己的竞争优势在周围市场中获得更多的竞争优势时，我们就说企业通过**杠杆作用**（leverage）利用了自己的竞争资产。例如，亚马逊利用公司巨大的消费者数据库和多年的电子商务经验，成功进军在线零售市场。

营销战略

无论企业本身有多好，制定和执行营销战略对企业来说都很重要。如果不能恰当地向潜在消费者进行营销，那么即使是最好的商务理念和构想也会失败。

为将企业的产品和服务推销给潜在消费者而做的每一件事都是营销。**营销战略**（market strategy）是一个集中阐述如何进入新市场、吸引新客户的详细计划。

例如，推特、YouTube 和 Pinterest 的社交网络营销战略鼓励用户在网站上免费发布内容、建立个人档案、和朋友沟通、建立社区。在这些案例中，用户就成了营销人员。

组织发展

虽然许多企业是由一个富有想象力的人发起的，但是只靠个人就将理念转变为盈利数百万美元的企业是很罕见的。在大多数情况下，快速成长的企业，尤其是电子商务企业，需要员工的参与，更需要一套业务计划。简而言之，所有的企业，尤其是新企业，都需要设立组织来有效地实现战略和商业计划。许多电子商务企业和尝试推行电子商务战略的传统企业都失败了，原因就在于它们缺乏支持新商务形式的组织结构和文化价值（Kanter，2001）。

对于希望蓬勃发展的企业来说，需要一个关于**组织发展**（organizational develop-

ment）的计划（一个描述企业如何完成工作的计划）。一般来说，企业的工作可划分
到各职能部门，如生产、运输、营销、客户支持及财务部门，这些职能部门的工作内
容需要明确界定，以便为特定的工作岗位招聘人员。一般来说，刚开始的时候主要是
招聘能从事多种工作的多面手，而随着企业的成长，招募的人员会越来越专业化。例
如，企业在起步初期可能只需要一名营销经理，但是在经历两三年的稳步发展后，一
个营销岗位可能就会被划分为 7 个工作岗位，营销工作需要由 7 个人来完成。

例如，eBay 的创始人皮埃尔·奥米迪亚（Pierre Omidyar）建立在线拍卖网站的目
的是帮助女朋友和其他收藏者交易糖果盒。但是短短数月的时间，拍卖业务量就远远超
出其个人所能处理的范围，他开始雇用更有相关业务经验的人来帮忙。很快企业就聘请
了许多员工，划分出许多部门，有了很多负责监督企业方方面面工作的管理人员。

管理团队

毫无疑问，商业模式中最重要的元素是负责模式运作的**管理团队**（management
team）。一个强有力的管理团队能让商业模式迅速获得外界投资人的信任，能迅速获
得相关市场的知识和实施商业计划的经验。管理团队或许不能拯救失败的商业模式，
但能改变模式，重新定义必须开展的业务。

大多数企业都意识到需要一些经理人。但是这些经理人所具备的技能既可能成为
竞争优势之源泉，也可能成为竞争劣势之根源。关键在于如何找到既有经验又能把经
验运用到新环境中的人。

要为初创企业找到好的经理人，首先要考虑的是，加入企业的经理人应具备哪些
经验才会对企业有帮助。他们需要有什么样的技术背景？需要具备哪些管理经验？需
要在某个特定领域工作过多长时间？需要具备哪些首要的工作能力：营销、生产、财
务还是运营？尤其在企业初创时需要融资的阶段，要考虑未来的经理人有没有从外界
投资者那里融资的经验和渠道。

表 2-3 总结了商业模式中的八大要素以及成功具备每个要素所必须回答的问题。

表 2-3 **商业模式的八大要素及对应的核心问题**

要素	核心问题
价值主张	为什么消费者要在企业这里买东西？
盈利模式	企业如何赚钱？
市场机会	企业希望服务于哪些市场空间？其容量有多大？
竞争环境	哪些企业的市场空间与你所在的企业相同？
竞争优势	进入市场空间，企业有什么特殊的优势？
营销战略	企业计划如何开展促销活动来吸引目标客户？
组织发展	企业必须采用哪种组织架构以实现商业计划？
管理团队	什么样的经历和背景对企业领导者来说是至关重要的？

2.1.3 资金筹集

资金筹集是初创企业的创始人及其管理团队最重要的职能之一。没有足够的资金
支持企业的有效运作是许多初创企业失败的主要原因。许多创业者最初都是通过"自

助法"（bootstrap），利用储蓄、信用卡预付款、房屋贷款或从家人和朋友那里筹得的个人资金来开展业务的。这类资金通常称为**种子资金**（seed capital），一旦这些资金耗尽，如果企业没有产生足够的收入来支付运营成本，就需要寻求额外的资金。传统的资金来源包括孵化器、商业银行、天使投资人、风险投资公司和战略合作伙伴。筹集资金最重要的一个方面是能够将企业商业计划的要素归纳为一个**电梯演讲**（elevator pitch），即一个 2~3 分钟的简短陈述（因与乘坐电梯的时长大致相同而得名），以说服投资者投资。表 2-4 列出了电梯演讲的关键要素。

表 2-4　电梯演讲的关键要素

要素	说明
自我介绍	你的名字和职位，企业的名称，并用一句话将你的企业和一家知名企业做比较。比如："我的名字是 X，我是 Y 企业的创始人，我们是 Z 版的优步/亚马逊。"
背景	你的想法的起源和你想要解决的问题。
行业规模/市场机会	简要阐述行业规模（希望该规模很大）。
盈利模式/盈利数额/增长指标	深入介绍企业的盈利模式、业绩、发展速度和该模式的早期采用者（如果有的话）。
资金情况	已经筹得的资金以及这些资金可以用来做什么。
退出策略	投资者将如何获得投资回报。

孵化器（incubators）有时也称为加速器，如 Y Combinator（见第 1 章的"商务透视"专栏），通常提供少量的资金，但更重要的是它们选择参加创业企业的项目，并为这些创业企业提供一系列的服务，如商业、技术和市场营销援助，以及介绍其他资金来源。TechStars、Dreamlt Ventures 和 Capital Factory 等都是著名的孵化器。

对于一家刚起步的企业来说，从商业银行获得贷款通常是困难的，但美国小企业管理局（U. S. Small Business Administration）和州或地方的同类机构推荐的项目还是值得商业银行去调查一番的。以贷款（债务）形式获得资本的好处是，虽然必须偿还，但它并不要求企业的创始人放弃对企业的任何所有权。

天使投资人（angel investors）通常是具有一定财富的个人（或一群人），他们把自己的钱投资于企业以换取股权份额。一般来说，天使投资人的投资额比风险投资公司更少（通常为 100 万美元或以下），他们的兴趣点在于帮助公司成长和成功，与后期投资者相比，其投资条款对企业相对更有利。企业的第一轮外部投资有时称为 A 轮融资。

通常，一旦一家初创企业开始吸引大量受众，并产生一些收入，即使它没有盈利，风险资本投资者也会对其更感兴趣。**风险资本投资者**（venture capital investors）投资的资金来自投资银行、养老基金、保险公司等，它们通常希望获得更大的业务份额，并对业务的运营有更多的控制权。风险资本投资者通常也需要一个明确的"退出策略"，如通过更成熟的业务，计划在一段相对短的时间（通常是 3~7 年）内进行首次公开募股或收购公司，这将使他们能够获得足够的投资回报。风险资本投资往往最终意味着创始人和初始投资者在未来某个时间点将不再掌控公司。

　　众筹（crowdfunding）包括利用互联网使个人能够共同出资来支持某一项目。众筹有不同的类型。GoFundMe 等是以捐赠者为基础的众筹（donor-based crowdfunding）网站，在这些网站上，人们向他人捐款，却不期望任何回报。基于回报的众筹（rewards-based crowdfunding）是由 Kickstarter 和 Indiegogo 推广的，在这些网站以及其他类似的网站上，创建者筹集资金来支持一个项目。出资者通常会得到某种类型的回报，一般与他们对项目的贡献大小一致。这些网站会收取一小笔佣金，常常是完成的项目的 5%。这类众筹已经成为电影、视频游戏、艺术设施和许多其他类型项目发展的主要资金来源。最初，由于美国证券法规的原因，这种众筹方式不能用于营利性企业的股权投资。然而，2012 年通过的《创业企业扶助法》（Jumpstart Our Business Startups（JOBS）Act）以及证券交易委员会（Securities and Exchange Commission，SEC）发布的相关法规引领了股权众筹（有时也称为监管众筹），使得企业能够利用互联网来吸引投资者投资于小型和初创企业并换取股票。起初，只有富有的合格投资者才被允许投资，但随后的法规让净资产较少和收入较低的更广泛的潜在投资者也可以参与进来。一家企业可以在 12 个月的时间内最多众筹 100 万美元。另一种不同形式的融资，即使用比特币或以太坊代币等虚拟货币，也开发出来了，有时称为首次代币发行（ICO），这种发行使初创企业无须遵守州或联邦证券法规就能筹集资金，因此给投资者带来了重大风险。尽管最初很受欢迎，但它们遇到了监管机构的阻力，人们对它们的兴趣已经下降（Popov，2019）。阅读"商务透视"专栏"初创企业求助于众筹"的商业案例，可以进一步了解创业企业如何通过众筹来筹集资金。

商务透视

初创企业求助于众筹

　　新冠疫情给世界带来了翻天覆地的变化。所有类型的企业都面临经济环境的不确定性。企业家们和各初创企业也看到，风险投资这种传统的资金来源枯竭了，但另一种融资来源，即股权众筹可能有助于填补这一缺口。

　　目前，《创业企业扶助法》允许一家公司在 12 个月内众筹 100 万美元。立法者最初将众筹的上限设定在 100 万美元，部分是为了限制不道德公司主导的投资的潜在风险。然而，在 2020 年 3 月初，美国证券交易委员会提出了一项计划，该计划允许公司最多筹集 500 万美元，并将个人投资者的最大出资额度提高到年收入或净资产的 10%，并以两者中较高的金额为基准，而之前的规则将投资者的出资限定在较低数额。支持者认为，该提议将有助于增加成功获得筹款的公司数量。美国证券交易委员会 2019 年的一份报告指出，从 2016 年 5 月到 2018 年 12 月，只有 519 家公司成功完成了股权众筹，融资总额为 1.08 亿美元，融资中位数为 10.7 万美元。不过，在实施之前，这些规定必须先经过一个公众评议期。

　　与此同时，即使在疫情暴发之前，适应了相对容易获得风险资本的环境的初创企业，也面临着不断变化的市场。2019 年第四季度，在优步和来福车的首次公开募股表现平平之后，很多风险投资公司开始减少投资，与上一季度相比，资金减少了 15% 以上。当疫情来袭时，许多风险资本投资者变得更加保守，有相当多的受访公司表示，它们预计在近期将缩减投资活动，因为它们用来评估新投资的许多典型的面对面活动都被取消了。

　　但股权众筹在某种程度上已经成为黑暗中的一个亮点。首先，对投资者与初创企业进行配对的在线平台在危机中并没有中断运营。例如，号称投资规模和投资者数量最大的股权众筹网站 Wefunder 表示，2020 年第一季度是其有史以来最好的一季度。2020 年 4 月底，企业在短短一周内就通过股权众筹的方式筹集了 200 万美元，这在众筹历史上是首次出现，且在过去两个月里，众筹投资额增长了 35%。目前，Wefunder 为更富有的投资者进行更大的投资和传统的受到更严格监管的投资提供平台。共有 375 家初创企业通过 Wefunder 融资近 1.35 亿美元。提供自动背景调查服务的公司 Checkr 就是一个例子。Checkr 在 2014 年通过 Wefunder 筹集了 12 万美元的初始种子资金，至今已融资 3.1 亿美元，目前其估值超过 20 亿美元。

　　StartEngine 是另一个主要平台。它表示，2020 年第一季度是其有史以来最成功的一个季度，在此期间它帮助初创企业筹集了超过 2 440 万美元的资金。超过 325 家企业已经通过 StartEngine 筹集了超过 1.35 亿美元的资金，而且该平台还拥有超过 23.5 万名潜在投资者。近期的一个例子是 Hacker Noon，一家独立的科技博客，它以 640 万美元的估值从 1 240 名投资者那里筹集了 107 万美元。

　　2020 年 5 月，美国证券交易委员会基于对一些紧急情况的考虑放宽了限制，暂时免除了对寻求股权众筹的公司的财务报表的独立审计，还取消了公司在使用筹集资金前 21 天的等待期，这些豁免只适用于 2020 年 8 月底之前完成的筹款。在众筹开始之前，公司必须有至少六个月的组织和运营经验。筹款可以在未提交财务报表的情况下开始，但在提供财务报表之前，不得接受任何募集资金。同时该公司还必须披露，它是基于美国证券交易委员会的临时规定进行筹款的。

　　股权众筹的最初目标之一是使更多的公司能获得资金。例如，传统风险投资资金 75% 以上流向了三个州（加利福尼亚州、纽约州和马萨诸塞州）的公司。相比之下，通过众筹平台，世界各地的公司都可以获得融资。人们也希望股权众筹可以在投资者、创始人和领导团队方面展示出更多的包容性。例如，一家名为 Republic 的融资平台指出，在其运营的头两年里，其平台上 30% 的投资者是女性，44% 的投资对象是女性为创始人的公司（相比之下，传统风险投资方式下这个数字为 13%），有 25% 的公司的创始人是有色人种（相比之下，传统的风险投资方式下这个数字为 1%）。

　　Wefunder 指出，在其平台上投资的公司具有地理上的多样性，它们来自 40 个不同的州，而且这些公司还在其他方面体现了多样性。Caribu 便是一个典型的例子，这是一款可以让小孩子和祖父母通话聊天的应用程序。Caribu 位于佛罗里达州，那里的公司拥有的融资选择通常比硅谷的初创企业少。此外，Caribu 的首席执行官马克斯·塔奇曼（Max Tuchman）是第一个在 Wefunder 上融资超过 100 万美元的拉美裔企业创始人。鉴于风险投资公司、初创企业和科技行业通常因缺乏多样性而受到批评，股权众筹可能是推动变革的积极力量。随着越来越多的初创企业使用股权众筹平台，并发现这种模式的益处，新冠疫情最终可能会推动初创企业生态系统内部更大的文化变革。

　　资料来源："SEC Loosens Rules to Help Small Businesses Sell Stakes to Raise Funds During Covid-19 Crisis," by Cromwell Schubarth, Bizjournals.com, May 5, 2020; "When Government Fails Businesses, Communities Can Step Up to Help," by Kevin O'Leary, Fortune.com, May 4, 2020; "How the Coronavirus May Cripple Venture Capital but Could be a Boon for Equity Crowdfunding," by Michael Burtov, Crowdfundinsider.com, April 22, 2020; "Top

5 Equity Crowdfunding Sites," by Tom Taulli, Investorplace. com, April 15, 2020; "Startups Failure Tracker: Coronavirus Adds to Strain as Venture Capital Slows," by Monica Melton, Forbes. com, March 25, 2020; "SEC Plan Would Allow Startups to Raise More Money Under Light Touch Rules," by Dave Michaels, *Wall Street Journal*, March 4, 2020; "Can You Make Money as an Investor With Equity Crowdfunding," Moneyandmimosas. com, February 27, 2020; "Crowdfunding Success Stories, Crypto Wars," Talkmarkets. com, June 16, 2019; "Report to the Commission: Regulation Crowdfunding," Staff of the U. S. Securities and Exchange Commission, June 18, 2019; "Regulation Crowdfunding, Three Years In," by Jonny Price, Medium. com, May 23, 2019; "The Unicorns of Equity Crowdfunding," by Chris Lustrino, Kingscrowd. com, October 4, 2018; "Republic Report—The Business of Diversity," Republic. co, May 3, 2018; "Crowdfunding Evolves from Source of Capital to a Test Market for Startups," by Rachel Layne, Usatoday. com, May 1, 2018.

2.1.4 电子商务商业模式分类难点

现在有许多电子商务商业模式，而且每天都有更多的模式出现。这些模式的数量受到人们想象力的限制，当然我们也不可能穷尽所有的商业模式。尽管潜在的模式很多，人们还是能确定电子商务舞台上已经建立的基本商业模式的类型（及其细微的变化），并描述它们的关键特征。但是，在划分商业模式时并没有一种完全正确的方法，认识到这一点非常重要。

我们的方法是根据电子商务应用的不同领域（B2C 和 B2B）对商业模式进行分类。值得注意的是，类似的模式可能会出现在多个领域。例如，在线零售商（常称为电子零售商）与电子分销商的商业模式就很相似。但是，可以根据其关注的市场主题加以区分。B2C 领域的电子零售商关注的是将产品和服务销售给个人消费者，B2B 领域的电子分销商则关注将产品和服务销售给其他企业。许多公司利用不同的商业模式，试图扩展到尽可能多的电子商务领域。我们将分别在 2.2 节和 2.3 节探讨 B2C 和 B2B 电子商务的主要商业模式。

商业技术平台有时会与商业模式混淆。例如，移动电子商务是指通过移动设备和无线网络来支持各种商业模式。评论者有时误把移动电子商务当作一种独特的商业模式，但事实并非如此。我们之后讨论的所有基本商业模式都可以在传统的互联网或万维网和移动平台上实现。同样，社交电子商务和本地电子商务本身也不是商业模式，而是 B2C 和 B2B 电子商务的细分领域，不同的商业模式可以在其中运作。

要注意的是，有些企业会同时采用几种商业模式。例如，亚马逊同时采用多种商业模式：它既是电子零售商、内容提供商、市场创建者，又是电子商务基础设施供应商。eBay 既可看作利用传统互联网或万维网和移动平台的 B2C 和 C2C 电子商务的市场创建者，也可看作电子商务基础设施供应商。企业通常寻求多种商业模式，将单一商业模式的品牌、资本和资产投入新的商业模式中。

最后，如果没有谈及商业模式专注于提供电子商务公司生存、发展和繁荣所需的基础设施的公司，就不可能完成对电子商务商业模式的研究。这些公司是电子商务的推动者。它们提供了硬件、操作系统软件、网络和通信技术、应用软件、网站设计、咨询服务以及电子商务所需的其他工具（见表 2-5），虽然这些公司可能本身并不从事电子商务（在很多情况下，电子商务在传统意义上是这些公司的销售渠道之一），但作为一个团队，它们可能从电子商务的发展中获益最多。我们将在后文讨论这些参与者。

表 2-5 电子商务的推动者及其提供的基础设施

提供的基础设施	相关公司
硬件：网络服务器	惠普、戴尔、联想
软件：网络服务器软件	微软、IBM、Red Hat、甲骨文（Oracle）
云提供商	Amazon Web Services、Microsoft Azure、IBM Cloud、Google Cloud Platform
主机服务	Liquid Web、Webintellects、1&1 Ionos、HostGator、Hostway
域名注册	GoDaddy、Network Solutions、Dotster
内容发布网络	Akamai、Limelight Network、Amazon CloudFront
网站设计	Weebly、Wix、Squarespace、Jimdo
小型/中型电子商务平台提供商	Shopify、BigCommerce、Yokart
企业电子商务平台	Magento（Adobe）、IBM、甲骨文、Salesforce、SAP、Intershop
移动电子商务硬件平台	苹果、三星、LG
移动电子商务软件平台	Mobify、PredictSpring、Usablenet、GPShopper（Synchrony Financial）
流媒体、富媒体、在线视频	Adobe、苹果、Webcollage
安全与加密	VeriSign、Check Point、GeoTrust、Entrust Datacard、Thawte
支付系统	PayPal、Authorize.net、Square、Cybersource
网络性能管理	Neustar、SmartBear、Dynatrace、Solarwinds
比较引擎反馈/市场空间管理	ChannelAdvisor、CommerceHub、Tinuiti
客户关系管理	甲骨文、SAP、Salesforce、Microsoft Dynamics 365
订单管理	Blue Yonder、Jagged Peak、Monsoon
履约	Blue Yonder、Jagged Peak、CommerceHub
社交营销	Buffer、HootSuite、SocialFlow
搜索引擎营销	iProspect、ChannelAdvisor、Merkle
电子邮件营销	Constant Contact、Cheetah Digital、Bronto Software、MailChimp
联盟营销	CJ Affiliate、Rakuten LinkShare
客户评论和论坛	Bazaarvoice、PowerReviews、BizRate
即时聊天/点击呼叫	LivePerson、Bold360、甲骨文
网站分析	Google Analytics、Adobe Analytics、IBM Digital Analytics、Webtrends

2.2 B2C 电子商务的主要商业模式

在 B2C 电子商务中，网络企业尽全力去赢得个体消费者，这是人们最熟悉也最流行的电子商务类型。表 2-6 列出了 B2C 电子商务的主要商业模式。

表 2-6 B2C 电子商务的主要商业模式

商业模式	变体	举例	说明	盈利模式
电子零售商	虚拟商家	亚马逊 Wayfair Bluefly	零售店的在线版本，消费者不用离开家或者办公室，可以在任何时候购物	产品销售
	"砖块加鼠标"型零售商	沃尔玛 塔吉特（Target）	有实体店的企业使用在线分销渠道	产品销售
	目录零售商	L. L. Bean LillianVernon	目录直邮商的在线版本	产品销售
	制造商直销	戴尔 美泰（Mattel）	制造商利用网络直接销售	产品销售
社区服务商		脸书 领英 推特 Pinterest	聚焦于有特定兴趣爱好、共同经历或社交圈子的人	广告费 订阅费 会员推荐费
内容提供商		《华尔街日报》 网飞 Apple Music	为客户提供报纸、杂志、书籍、电影、电视、音乐、游戏和其他形式的在线内容	广告费 订阅费 数字产品销售
门户网站	水平的/综合的	雅虎 美国在线（AOL） MSN 脸书	提供一揽子内容、搜索、社交网络服务：新闻、电子邮件、聊天、音乐下载、视频流以及日历等，试图成为用户的主页	广告费 订阅费 交易费
	垂直的/专业化的	Sailnet	聚焦于具体主题或细分市场	广告费 订阅费 交易费
	搜索	谷歌 必应（Bing）	聚焦于提供搜索服务	广告费 会员推荐费
交易经纪人		E*Trade Expedia Monster Travelocity Orbitz	在线交易的处理者，如股票经纪人和旅游代理人，帮助客户更快捷地、更便宜地完成交易，提高客户生产率	交易费
市场创建者		eBay Etsy 优步 爱彼迎	基于网络的业务，使用互联网技术建立汇集买卖双方的市场	交易费
服务提供商		Enovy Wave RocketLawyer	通过向客户卖服务而不是产品挣钱的企业	服务销售

2.2.1 电子零售商

在线零售店常称为**电子零售商**（e-tailer），规模各异，既有像亚马逊那样的网络巨擘，也有只有一家网站的本地小商店。除客户需要接入互联网或利用智能手机下订单外，电子零售商更像是传统的门店。有时，人们把一些电子零售商称为"砖块加鼠标"型零售商，认为它们是对现有实体门店的补充或是其分支，销售的是同样的产品，沃尔玛、梅西百货（Macy's）、塔吉特和史泰博（Staples）就属于将在线门店作为补充的例子。而其他的电子零售商只在虚拟世界里运营，与实体门店没有任何关系，亚马逊、Wayfair 和 Bluefly 是这方面的例子。还有一些电子零售商的变体，如在线的直接目录邮购、在线购物中心以及制造商直销等。

电子零售商的潜在市场机会巨大，在新冠疫情后更是如此。每个互联网用户都是潜在的消费者，而那些赶时间的人更有可能成为电子零售商的客户，因为他们需要的是不用开车去购物中心或商店就能购物的方案（Bellman, Lohse, and Johnson, 1999）。电子零售的盈利模式来自商品销售，消费者为所购买的商品付费。

但是，电子零售领域的竞争异常激烈。因为电子零售市场的**进入障碍**（barriers to entry，即进入新市场的总成本）很低，数以万计的小型电子零售商如雨后春笋般涌现。电子零售商如果没有知名的品牌和丰富的经验，要想生存和盈利是很困难的。电子零售商面临的挑战是如何使自己的业务与现有的零售商区分开来。

那些希望赢得所有在线消费者的企业可能很快就会耗尽自己的资源，而那些以拾遗补阙为战略、清楚自己的目标市场和客户需求的企业是最可能获利的。保持较低的成本、提供广泛的选择、进行库存的控制，这是电子零售商成功的关键，其中最难做到的就是库存控制。第 9 章将深入阐述网络零售。

2.2.2 社区服务商

虽然社区服务商并不是一个新事物，但借助互联网，这类网站可以让兴趣相投的人更容易碰面交流，而不受地域和时间的限制。**社区服务商**（community provider）是那些创建在线环境的网站，兴趣爱好相似的人可以在这里进行交易（买卖产品）、分享兴趣爱好、照片、视频，以及相互沟通，了解与自己兴趣相关的信息，甚至可以通过扮演网络人物来展开幻想。脸书、领英、推特和 Pinterest 以及其他小型社交网络都提供社区创建的工具和服务。

社区服务商基本的价值主张在于建立快速、方便、一站式的网站，让用户能够关注最感兴趣、最关心的事情，和好友分享经验，更多地了解自己的兴趣爱好。社区服务商一般采取混合的盈利模式，包括收取订阅费，获得销售收入，收取交易费、会员费，以及收取广告费。

社区服务商一般通过与零售商建立合作关系和做广告来获得收入。历史悠久的社区网站有 The Well，该网站提供了一个讨论技术和互联网相关问题的论坛；还有 The Motley Fool，该网站主要提供理财建议、新闻和各种观点。用户每月要向 The Well 支付 10~15 美元的费用；The Motley Fool 则通过广告费和产品销售收入来盈利，刚开始提供免费服务，后来收取年订阅费。

消费者对于社区的兴趣似乎一直在高涨，加入社区是增长最快的线上活动之一。尽管某些社区服务商获取盈利有困难，但随着时间的推移，许多网站都将广告收入作为主要的收入来源并获得了成功。大型社交网络，如脸书、推特、Pinterest 和领英，以及拥有少量受众的小型网站，都是理想的营销和广告乐土。传统网络社区如 The

Motley Fool 和 WebMD（为用户提供医疗信息）发现，提供的知识的广度和深度是重要因素。社区成员通常寻求知识、指导和建议，缺乏经验丰富的人员会严重阻碍社区的成长，社区需要促进者和管理者引导讨论的方向。对于社交网络来说，取得成功最重要的因素似乎就是使用的方便性和灵活性，以及准确的客户价值主张。例如，脸书通过鼓励发展第三方创收应用程序，一举超过其竞争对手 MySpace。

网络社区从线下的口头、文字的狂热营销中获利。网络社区还反映了线下的关系，当你的朋友说他在脸书上建立了自己的个人主页，让你去访问时，你也可能会建立自己的个人主页。

2.2.3 内容提供商

内容提供商（content provider）利用网络分销各类信息内容，如数字化视频、音乐、照片、文本以及艺术品。内容提供商通过多种盈利模式获取利润，包括收取广告费、订阅费以及销售数字产品，例如，Apple Music 的用户需每月支付订阅费才能获得数百万首歌曲的访问权限。其他的内容提供商如在线版《华尔街日报》《哈佛商业评论》等则主要是向消费者收取内容下载的费用，作为对订阅费的替代或补充。

当然，不是所有的在线内容提供商都对内容收费，ESPN、CIO、CNN 的网站或移动应用程序以及许多在线版报纸和杂志都不收费，用户可免费在这些网站上阅读新闻和信息，只不过有时需要注册账号。这些受欢迎的在线内容提供商采用其他方式赚钱，如通过网络广告或为合作伙伴促销来获得收入。然而，"免费内容"逐渐局限于标题和文本，而优质内容（有深度的文章或视频）则要收费。

通常来说，要想成为成功的内容提供商，关键是要拥有信息内容。信息内容版权的传统拥有者——图书与报纸出版商、电台和电视台、音乐发行公司和电影制片厂比网络新进入者更具优势，因为新进入者只有分销渠道，必须付费购买内容（通常是以非常高的价格）。

有些内容提供商并没有自己的信息内容，它们通过整合的方式来发布他人的资讯。内容整合推送是标准的内容提供商模式的一种主要变体，另一种变体是，整合者从各种来源收集信息，通过事后的整合服务为信息增值，例如，Shopzilla 收集数千种网络产品的价格信息加以分析，向用户展示价格区间分布以及产品购买网站的链接。Shopzilla 通过整合来提高信息的价值，之后将其卖给广告商。

任何想通过销售信息内容来获得收入的新兴电子商务企业，都有可能面临困难，除非它能拥有别人无法得到的、独一无二的信息源。在大多数情况下，这类业务主要被传统内容提供商把持。"技术透视"专栏的"联网汽车和电子商务的未来"探讨了互联网技术的变化是如何推动网络内容市场的新商业模式发展的。

第 10 章将进一步阐述网络内容。

▌技术透视

联网汽车和电子商务的未来

做好准备！在接下来的几年，你的汽车很可能成为电子商务的主要平台。你将能够在车里舒适地浏览网页、网上购物、阅读在线信息。除此之外，还有许多现在只有模糊的认识但在技术上是可行的新服务。使得这一切成为可能的是各种力量和利益的汇集。其中主要的参与者包括汽车制造商、大型科技公司和电信公司，它们都在试图利用物联网、人工智能软件、自动驾驶和其他相关技术来创建和扩大新的市场。

如今，美国销售的大多数新车是联网汽车，因为它们内置了互联网接入功能。分析人士估计，到2023年，美国已经安装联网设备的汽车将从2019年的5 000万辆左右上升到9 500万辆，几乎翻了一番。这意味着将产生大量的数据，因为每辆车每小时将产生超过25 GB的数据。智能汽车正是建立在这种联网汽车的基础上，并且配置了诸如辅助停车、避免碰撞和自适应巡航控制等优化驾驶功能的技术。它的终极目标是实现自动驾驶汽车完全自主操作。这将为供应商腾出更多的时间去进行更多的电子商务营销和服务。

基于联网汽车/智能汽车的商业模式有四种：移动服务（拼车、按需搭车、车辆共享或租赁）、客户体验（娱乐、会员计划、礼宾服务、游戏和其他应用）、汽车服务（车辆定制设置、预见性维护、基于使用情况的保险、移动支付和购物/购买）以及安全保障（驾驶员状态监控、视频监控、路边标志识别、司机指导、防盗追踪和紧急呼叫）。将汽车产生的数据变现的能力，很可能会成为某些新服务盈利模式的重要组成部分。

这些都对电子商务有巨大的潜在影响。麦肯锡（McKinsey）预测，到2030年，全球销售的新车中有45%将采用满足（用户）个性化需求的技术，使所有乘车者都能拥有个性化的控制和资讯娱乐内容。对于（网站）内容分销商来说，联网汽车提供了一个潜在的巨大市场。在美国，车载广播是电台收入的主要来源，但汽车最终可能会让乘客拥有他们在家中所能拥有的所有媒体类型。随着汽车变得越来越自动化，驾驶员可以从驾驶汽车转变为观看视频，行业分析师预计，来自车内娱乐的收入可能会飙升。

营销人员已经在考虑如何利用联网汽车产生的数据来推销产品和服务。例如，谷歌旗下的移动应用Waze最近与麦当劳合作了一个涉及300多个数字广告牌的项目。在广告牌附近的Waze用户可以看到全屏的手机广告，并能找到最近的麦当劳。在8周的时间里，这个推销活动创造了640万次的手机推送，涉及190万个独立用户，并使8 400名顾客光顾了麦当劳。谷歌和脸书希望在这个扩张的营销平台中成为主导者。

苹果、谷歌、微软和亚马逊等科技公司也认为，智能的联网汽车为它们提供了一种新的机会，让它们可以通过成为汽车内容平台的操作系统，甚至是整个汽车的操作系统来扩展它们的技术平台并扩大影响力。苹果的CarPlay和谷歌的Android Auto已经被安装在汽车上，为用户提供熟悉的界面、声控Siri以及Google Assistant功能。例如，通用汽车（GM）计划从2021年开始将Google Assistant整合到其汽车中，作为围绕谷歌汽车操作系统来设计其信息娱乐系统的一个部分。亚马逊也加入了竞争，它与多家汽车制造商达成协议，将其Alexa智能语音助手整合到它们的汽车中。电子邮件、语音短信、音乐、视频、流媒体和社交网络都可以很容易地配置到那些已经知道软件界面的外观和操作方式的消费者的车上。Siri、Google Assistant和Alexa的整合也为车载营销与广告提供了额外的选择，许多公司现在正试图优化其在线资产以用于语音搜索，并开发用于联网汽车的语音应用。

但是仅仅为各种应用提供一个平台是不够的。科技公司有着更大的野心，它们正在开发大型云平台，并将云基础设施、边缘技术、人工智能和物联网服务结合起来，使得制造商能够为信息娱乐、导航和预测服务提供定制的方案。这些平台还可以促进车载互联网的接入，并运用合作公司提供的基于订阅的服务，例如车辆维护、流媒体娱乐、紧急通信、车内商务、金融服务和能源管理。这类平台包括亚马逊的联网汽车解决方案（Connected Vehicle Solution）（运行在 Amazon AWS 上）、微软的联网汽车平台（Connected Vehicle Platform）（运行在 Microsoft Azure 上）和谷歌的联网汽车云平台（Connected Car Cloud Platform）（运行在 Google Cloud 上）。

尽管如此，一些汽车制造商也有自己的方法来抢占这个新的电子商务平台。汽车制造商的市场杠杆作用在于，它们制造汽车并且可以决定与谁分享回报。例如，福特从黑莓聘请了 400 名工程师来帮助自己开发新的车载数字功能。该公司还为一款无人驾驶汽车的挡风玻璃娱乐系统申请了专利，该系统可以作为广告和消费传统视频的基础。大众（Volkswagen）也推出了自己的产品，该公司开发 Vw. os 的原因之一就是要对车载电子设备产生的数据进行控制，Vw. os 是大众自己的汽车操作系统，有自己的在线商店，为公司的新系列电动汽车提供应用程序和服务。

联网汽车的未来并非全是美好的，其提供的许多服务可能会以每月额外订阅的形式标价出现，但许多消费者不会接受这些。关于智能汽车的可靠性、隐私和安全性的问题也比比皆是。例如，最近的一项调查发现，超过 50% 的近期购车者对个人数据的安全性和使用感到担忧，近 20% 的人表示，这些担忧可能会阻止他们购买联网汽车。但从过去的经验来看，这一代互联网用户似乎对保持互联、消费信息、在线购物和好友社交有着难以满足的需求。联网汽车将很可能成为开展这些活动的新场所。

资料来源："Connected Cars 2020," by Victoria Petrock, eMarketer, Inc. , February 3, 2020; "The Future of Mobility Is at Our Doorstep," McKinsey. com, December 19, 2019; "Making Money from Connected Cars," by Richard Fouts, Medium. com, June 15, 2019; "The Battle for the Last Unconquered Screen—The One in Your Car," by Tim Higgins and William Boston, *Wall Street Journal*, April 6, 2019; "From Buzz to Bucks: Automotive Players on the Highway to Car Data Monetization," McKinsey. com, March 2018; "The Re-imagined Car: Shared, Autonomous, and Electric," by Boston Consulting Group, December 17, 2017; "Data Driven Business Models in Connected Cars and Beyond," by Dr. Gabriel Seiberth, Accenture Digital, December 15, 2017; "Connected Cars Bring New Business Models and New Disruption," by Crystal Valentine, RTinsights. com, October 19, 2017; "Business Models Will Drive the Future of Autonomous Vehicles," by Sivaramakrishnan Somasegar and Daniel Li, Techcrunch. com, August 25, 2017.

2.2.4 门户网站

雅虎、MSN 以及美国在线等**门户网站**（portal）是在一个网站上向客户提供强大的网络搜索工具，以及一体化的内容和服务，如新闻、电子邮件、即时信息、日历、购物、音乐下载、视频流等。门户网站都想被视为通向互联网的"大门"，但今天，门户网站都转变为终点网站。消费者会在这里停留很长时间，看新闻、娱乐、和其他人聊天（将网站当作度假村），门户网站不直接销售任何东西——或看起来如此——因而它们称自己是公平的。这个市场的机会很大：2020 年，美国大约有 2.9 亿人在办公室或家中通过多种设备访问互联网。门户网站的收入主要来自向广告商收取的网络广告占位费、将消费者引导到其他网站的推荐费以及收取的提供优质服务的费用。

尽管门户网站/搜索引擎网站数量众多，但排名前三位的网站（谷歌，微软的 MSN/必应，Verzion Media（雅虎/美国在线））占据了整个搜索引擎流量的 95% 以上，因为这些网站具有很高的品牌知名度。很多排名位居前列的门户网站/搜索引擎网站都是最先开展网上业务的，因而具有先行者优势。先行者之所以有优势，是因为在这个市场上，消费者信任可靠的服务提供商，如果他们要转向后来出现的服务提供商，会遇到转移成本问题。通过大量的市场积累，先行者能向消费者提供分享理念、标准和体验的机会（这被称为网络外部性（network externalities），后文将介绍）。传统的门户网站也有同行者，脸书和其他社交网络是美国数百万互联网用户上网的初始点或主页（门户网站）。

人们一般将雅虎、美国在线、MSN 以及其他类似网站称为水平门户网站，因为这类网站将其市场空间定义为包括互联网上的所有用户。垂直门户网站提供的是和水平门户网站相似的服务，但是它们只关注某个特定的主题或细分市场。例如，Sailnet 专注于世界帆船社区，提供帆船方面的新闻、文章、讨论组、免费电子邮件和零售商店。虽然垂直门户网站的用户要比水平门户网站少得多，但是如果细分市场有足够吸引力的话，广告商为影响目标受众也会愿意多花钱。而且，小型专业网站的访问者要比雅虎等大众网站的访问者花费更多的钱。谷歌也可以算作门户网站的一种，但它主要专注于提供搜索和广告服务，从搜索引擎广告销售中获取收入，同时也收取会员推荐费。

2.2.5　交易经纪人

通过电话和邮件为消费者处理个人交易的网站叫作**交易经纪人**（transaction broker）。较多采用这种模式的行业是金融服务、旅游服务以及线上职业服务行业，在线交易经纪人的价值主张在于节省时间和金钱，此外，大多数交易经纪人还提供即时的资讯和建议，例如，Monster 网站为求职者提供发挥自我才能的全国性市场，同时向雇主提供全国人才市场信息，无论是雇主还是求职者都为网站的便利和信息即时性所吸引，在线股票经纪人所收取的佣金一般要比传统经纪人低得多，很多在线股票经纪人还提供实实在在的交易好处，如现金折返和一定数量的免费交易，以吸引新客户。

越来越多的消费者对金融理财和股市感兴趣，在线交易经纪人的市场机会也随之扩大，不过，尽管成千上万的消费者转向在线交易经纪人，仍有很多人对从提供个人建议的传统知名品牌经纪人转向在线交易经纪人非常谨慎。此外，对隐私侵犯和个人财务信息失控的担心，也成为该市场发展的障碍，所以在线交易经纪人所面临的挑战就是通过强调安全和恰当的保密措施消除消费者的恐惧，就像实体银行和经纪公司一样，要提供大范围的金融服务和股票交易，我们将在第 9 章深入阐述该行业。

交易经纪人通过收取佣金来获得收入，例如，无论是按固定费率还是与交易额有关的浮动费率，每完成一次股票交易，交易经纪人就获得一笔收入。所以，吸引更多的新客户，鼓励他们经常进行交易，是这类网站获得更多收入的关键。旅游网站通过旅行预订收取佣金，求职网站一般是向排序靠前的雇主收取展示费用，而不是等招聘成功后收费。

2.2.6　市场创建者

市场创建者（market creator）建立了一个数字化的环境，使得买卖双方能够在此交流，同时还能展示、检索产品，为产品定价。互联网和万维网出现以前，市场创建者主要依靠实体场所来建立市场。从原始市场一直到今天的纽约股票交易所，市场都是指进行交易的实体场所。万维网出现以前，几乎没有专用的数字化网络市场，万维网改变了这一切，将市场从实体场所中分离出来。一个最基本的例子就是 Priceline，消费者可以在该市场空间为自己愿意支付的旅游食宿等产品定价（有时也称作反向拍卖（reverse auction））；还有一个例子是 eBay，一家同时为企业和消费者提供服务的在线拍卖网站。市场创建者按每笔交易成交金额的一定比例收费或者因向卖方提供了进入市场的机会收费。

例如，eBay 的拍卖商业模式是为买家和卖家创造一个会面、在价格上达成共识和交易的数据环境。这与交易经纪人不同，交易经纪人通常作为更大的市场的经纪人，为其顾客提供交易。在 eBay，买家和卖家是他们自己的经纪人。eBay 上的每一笔交易除了上架费，还会基于物品销售价格的百分比收取佣金。eBay 是为数不多的几家从创始之初就开始盈利的电子商务公司之一，其中一个原因是 eBay 没有库存和生产成本，它仅仅是一个中间商。

市场创建者的市场机会可能是巨大的，但前提是公司具有财政资源以及把高效的买家和卖家吸引到这个市场的营销计划。在 2020 年，eBay 拥有 1.74 亿活跃买家，这造就了一个高效的市场（eBay, Inc., 2020）。每一种类型的商品乃至同一种商品（如笔记本电脑模型）都有很多的买家和卖家。在更小的、更专门化的纵向市场（如珠宝和汽车市场），涌现出很多其他的数字拍卖。

优步、爱彼迎和来福车是另外一种市场创建者商业模式的例子（尽管它们也可以归入服务提供商）。按需服务公司（有时也叫作共享经济公司）是那些已经在一个云上操作并且在依靠网络或智能手机软件达成交易的市场上开发了线上平台的市场创建者。这样的线上平台让人们能够出售服务，例如交通工具或者空余的房间。值得注意的是，虽然被称作共享经济或者网格经济公司，但这样的公司事实上并不共享资源。这些服务的用户要么出售物品，要么买入物品，同时，公司通过向每一笔交易收取费用来获得收入。但是，这些市场创建者确实激发了闲置资源（私人的车辆和房屋）原本会流失的经济价值，在这个过程中，它们创造了巨大的线上市场。例如，优步（成立于 2009 年）目前在全球 69 个国家和地区、超过 900 座城市运营；爱彼迎成立于 2008 年，在超过 220 个国家和地区、超过 10 万座城市运营，共有超过 700 万套房源，并且已经有超过 7.5 亿用户。

2.2.7　服务提供商

电子零售商在线上出售商品，而**服务提供商**（service provider）在线上提供服务。网络服务已经有了一个通常被忽略的突破式增长。照片分享、视频分享和由用户产生的内容（在博客和社交网络中的）都是面向消费者的在线服务。谷歌已经在线上应用开发上领先，例如谷歌地图、谷歌文档和谷歌邮箱。其他的个人服务，例如线上医疗费用管理、财务和退休规划、旅游推荐，都有很大的增长。

服务提供商有许多盈利模式。一些服务提供商收取费用或者是每月的订阅费，而其他服务提供商从另外的途径获得收入，例如广告和收集有利于直复营销的个人信息。很多服务提供商会应用免费增值盈利模式，在这样的模式中，基本的服务是免费的，而另外的服务需要支付额外的费用。与那些以产品换现金的零售商很相似，服务提供商用知识、技能和能力换取收入。

很明显，一些服务不能在线上提供。比如牙医诊疗、管道铺设、汽车修理都不能通过网络完成。但是，可以在网上安排这些服务。服务提供商可以提供计算机方面的服务，比如提供信息存储（Dropbox 和 Carbonite）、法律咨询（RocketLawyer）和账簿管理服务（Wave 和 Bench）。FreshDirect 和 Peapod 等杂货购买网站也提供服务。[①] 更复杂的是，大多数金融交易经纪人会提供学费规划和养老金规划的服务。旅行经纪人也会提供假期规划的服务，而不仅仅是达成交通和住宿预定交易。实际上，对经营耐用品的企业而言，搭配服务进行销售是一个强大的企业战略（如保修服务）。

服务提供商的基本价值主张在于向消费者提供比传统服务提供商更有价值、更便利、更省时、成本更低的服务，或者是提供真正独特的网络服务。你在哪里可以搜索上百万个网页，和朋友立马分享照片？例如，研究发现，影响在线购买决策的主要因素就是能否节省时间。一般来说，一些很忙碌的专业人员工作时间很长，根本就没有时间去挑选东西或者购买杂物（Bellman, Lohse, and Johnson, 1999）。服务提供商的市场机会与可提供的服务一样多，并且可能比实体商品的市场机会大得多，我们生活在基于服务的经济社会中，快餐店、快递公司和无线手机服务的快速发展证明了这一点。消费者对便利品和服务的需求意味着服务提供商具有美好的前景。

服务提供商的营销活动应定位于减少消费者对在线服务的顾虑，同时还要与现有客户和潜在客户建立信任并熟悉起来。建立信任对零售商和服务提供商都很关键。

2.3   B2B 电子商务的主要商业模式

第 1 章提过 B2B 电子商务，它是一种针对其他企业进行销售的业务模式。虽然 B2C 电子商务更受关注，但是 B2B 电子商务的规模是 B2C 电子商务的 6 倍以上。例如，2019 年，美国的各种 B2B 电子商务的总收益据估计达到 7.5 万亿美元，而 B2C 电子商务只有 1.1 万亿美元。很明显，电子商务的盈利大多来自 B2B 电子商务，只是许多这类活动不为普通顾客所知。表 2-7 列出了 B2B 电子商务的主要商业模式。

表 2-7   B2B 电子商务的主要商业模式

商业模式	举例	说明	盈利模式
在线交易市场			
电子分销商	W. W. Grainger Amazon Business	单个公司的网络版零售和批发商店；提供维护、维修和运作商品；间接物料	产品销售
电子采购市场	Ariba Supplier Network Proactis	单个公司建立的数字市场，买卖双方在此交易间接物料	市场服务、供应链管理的费用
电子交易市场	Go2Paper	交易直接物料的独立的垂直数字化市场	交易费和佣金
行业协会	The Seam SupplyOn	向特定供应商开放的垂直数字化市场	交易费和佣金
会员专用网络			
	沃尔玛 宝洁	公司为网络所有者，协调由少数合作伙伴组成的供应链	由网络所有者支付费用，通过提高生产和分销效率来获利

① FreshDirect 和其他电子商务企业也可以归类为在线零售商，因为它们储存常见的商品并根据其买卖价格之间的差价赚取利润。

2.3.1 电子分销商

电子分销商（e-distributor）就是直接向单个企业提供产品和服务的企业。例如 W. W. Grainger 就 是 最 大 的 维 护、维 修 和 运 作 商 品 的 电 子 分 销 商。以 往，W. W. Grainger 依赖于目录销售和在大城市建立线下供应中心来开展业务。1995 年，它的设备目录转为线上。2019 年，包括网站和应用程序在内的 W. W. Grainger 的电子商务平台为这家公司在美国创造了 56 亿美元的盈利（是它在美国总盈利的 64%）（W. W. Grainger，Inc.，2020）。

电子分销商是寻求为更多客户服务的企业。但是，与电子交易市场（在下面介绍）一样，其中一个因素就是起到关键作用的客户数量。对于电子分销商来说，一家公司能够提供的商品和服务越多，它对于潜在客户的吸引力就越大。与为了找到某个特定的零部件或产品不得不前往许多个网址相比，一站式购物往往是更受欢迎的。

2.3.2 电子采购市场

和电子分销商为其他公司提供产品和服务一样，**电子采购公司**（e-procurement firm）创造并售卖进入数字市场的途径。例如，像 Ariba 这样的公司已经开发出软件，其软件通过为单个公司创造小型数字市场的方法帮助大型公司安排采购流程。Ariba 为买家创建了在线目录（供应商可以列出它们的供货）。在销售层面，Ariba 通过提供解决目录创建、运输、保险和财务等问题的软件，帮助供应商向采购公司销售。买卖双方的软件通常被称为"价值链管理"软件。

B2B 服务提供商（B2B service provider）通过交易费、基于使用该服务的工作站的数量收取的费用或者年度许可费来赚钱。它们为买家提供一套精密的采购设备和供应链管理工具，帮助公司降低供应链成本。在软件领域里，像 Ariba 这样的公司，被称作软件即服务（SaaS）或者平台即服务（PaaS）供应商，可以通过规模经济向企业提供低成本的软件。规模经济是通过扩大企业的规模来提高效率的现象，比如，大型的成本固定的生产系统（比如工厂和软件系统）可以不停歇地满负荷运作。对软件程序的数字化复制的边际成本几乎是零，而为昂贵的软件程序寻找另外的买家的利润格外可观。这比让每一家公司自己开发供应链管理系统要高效得多，它也让像 Ariba 这样的公司能够专注于某一类系统，并且以远低于开发成本的价格提供给其他公司。

2.3.3 电子交易市场

由于潜在的市场规模，**电子交易市场**（exchange）在 B2B 领域很受关注，而且获得了早期投资，今天，电子交易市场已在 B2B 领域占据一席之地。电子交易市场是一个独立的数字化电子市场，在这里大量的供应商会遇到少量的大型商务采购者（Kaplan and Sawhney，2000）。电子交易市场归属于独立的，通常是以开创市场为业务的创业公司，它们通过收取手续费或者是基于交易方达成的交易数目的交易费来获取收入。它们往往服务于一个单一的垂直行业，例如钢铁、聚合物或者是铝等行业，以便产品直接投入生产、采用短期合同和现货采购。对于买家来说，B2B 电子交易市场能够在一个地方集中信息，检验供应商，收集价格信息，并且随时更新最近的变化。另外，卖家则获益于扩大了的接触买家的机会。买家和卖家的数量越多，交易成本就越低，达成交易的机会就越大。交易的便捷程度、速度和交易量被概括性地称作市场流动性。

从理论上说，对于识别潜在供应商、客户和合作伙伴以及达成交易，电子交易市场极大地减少了时间和成本。结果就是可以降低交易成本——进行买卖所需要的成本。电子交易市场还能降低产品成本和库存成本，库存成本是指把手头上的产品储存在仓库的成本。事实上，就像在第 12 章所阐述的那样，B2B 电子交易市场很难说服企业改变它们的购买习惯、远离可信赖的长期贸易伙伴，以及说服成千上万的供应商进入单一的数字化市场，在那里它们将会面对更加激烈的价格竞争。

2.3.4 行业协会

行业协会（industry consortia）是为某一个行业所有的垂直市场，服务于特定的行业，比如汽车、航空航天、化学、花卉或采运业。垂直市场向小部分企业提供与所在行业有关的产品或服务，水平市场则向各行业的企业提供某一类特定的产品或服务，如与营销、财务或计算处理相关的产品或服务。例如，成立于 2000 年的 SupplyOn 由工业巨头博世（Bosch，世界上最大的汽车零部件供应商之一）、Continental（领先的汽车制造公司）和 Schaeffler（全球各种类型的轴承制造公司）等公司组成，为不同的制造企业提供了一个共享的供应链协作平台。2020 年，它的客户还包括 Airbus、宝马、BorgWarner、西门子、Thales 等大型全球制造企业。

行业协会比独立的电子交易市场更容易成功，因为它们受到强大的、财力雄厚的业内人士的监督，也因为它们强化了传统采购行为。

2.3.5 会员专用网络

会员专用网络（private industrial network，有时也叫私人电子交易市场）是数字化的网络，可以协调与业务有关的企业间通信流。会员专用网络通常由某一家大型采购公司拥有，如沃尔玛和宝洁。只有被信任的长期直接原料供应商才会受邀加入。会员专用网络逐步演变出公司自己的企业资源计划（ERP）系统，努力将主要的供应商引入商业决策的制定过程中。例如，沃尔玛拥有全球最大的会员专用网络，供应商可利用沃尔玛的会员专用网络监控每天的商品销售、运货状态、实际库存水平。

第 12 章将深入探讨 B2B 电子商务的发展。

2.4 电子商务如何变革商业：战略、结构和流程

现在你已经了解了电子商务企业所使用的各种商业模式，你还需要知道电子商务在最近 10 年中是如何改变商务环境的，包括行业结构、企业战略、行业与企业运营（企业流程和价值链）。在探究电子商务现象时，我们要回到贯穿全书的基本概念上。总之，互联网是所有参与者均可使用的公开标准系统，也使新竞争者容易进入市场，提供替代产品和运输渠道。互联网使竞争更加激烈，因为每个人都能获得信息。互联网也加强了买方力量，因为买家能在网上快速发现最适合的卖家。同时，互联网为创造价值、建立品牌、收取溢价和扩大已有线下业务（如沃尔玛）提供了许多新机会。

表 1-2 描述了电子商务技术的特性。表 2-8 列出了每一特性对于整个商务环

境——行业结构、企业战略和运营的影响。

电子商务技术的八个特性

特性	对商务环境的影响
普遍性	通过建立新的营销渠道和扩大整个市场的规模来改变行业结构。在行业运营中创造新的效率，降低企业的销售和运营成本。使新的差异化战略成为可能。
全球覆盖性	通过降低进入障碍改变了行业结构，同时又大大扩展了市场。通过提高生产和销售的效率来降低行业和企业运营成本。使全球战略成为可能。
通用标准	通过降低进入障碍和加强行业内的竞争改变了行业结构，通过降低处理和通信的成本来降低行业和企业运营成本。使扩大范围战略成为可能。
丰富性	通过削弱分销渠道的力量改变行业结构。通过减少对销售人员的依赖来降低行业和企业的运营成本。使售后服务战略成为可能。
交互性	通过加强定制减少替代品的威胁来改变行业结构。通过减少对于销售人员的依赖来降低行业和企业运营成本。使差异化战略成为可能。
信息密度	通过削弱销售渠道的力量，将议价能力转移给消费者来改变行业结构。通过降低获取、处理和分发有关供应商和消费者信息的成本降低行业和企业运营成本。
个性化和定制化	通过降低替代品的威胁、提高进入障碍来改变行业结构。通过减少对销售人员的依赖来降低行业和企业的价值链成本。使个性化战略成为可能。
社交技术	通过将设计和编辑权转移给消费者来改变行业结构。开发可替代的娱乐产品。激发一大群新的供应商。

2.4.1　行业结构

电子商务改变了行业结构，但它对不同行业的影响存在差异。**行业结构**（industry structure）指行业内各成员的特性和相互间的议价能力。行业结构特征可由五种竞争力量来描述：现有竞争者间的竞争、替代品的威胁、进入障碍、消费者的议价能力以及供应商的议价能力（Porter，1985）。当描述行业结构时，你其实是在描述该行业所处的一般商业环境，以及在该环境中开展业务的总体盈利能力。电子商务具有改变这些竞争力量之间相对强度的潜力（见图 2 - 3）。

当你考虑一种商业模式及其潜在的长期盈利能力时，你必须进行行业结构分析。**行业结构分析**（industry structural analysis）就是理解和阐述行业内的竞争本质、替代品本质、进入障碍以及消费者和供应商的相对力量的强弱。

电子商务会以不同的方式影响行业结构。录制音乐行业因为互联网和电子商务有了很大的改变。从历史上看，大型唱片公司拥有录制音乐和歌星歌曲的独家经营权。随着替代提供商（如 Napster 和 Kazaa）进入市场，消费者开始使用互联网，完全越过了传统的音乐分销商和制作人。在旅游业，全新的中间商（如 Travelocity）进入市场，和传统旅游代理商竞争。Travelocity、Expedia、CheapTickets 等旅游服务网站证明了利用电子商务营销机票的潜力，航班座位的实际拥有者——大型航空公司联合起来形成了自己的互联网机票销售平台——Orbitz（虽然最终将公司出售给了私人投资集团）向消费者直接销售机票。电子商务和互联网建立了新的行业动态，即市场的给予和索取改变了竞争对手的命运。

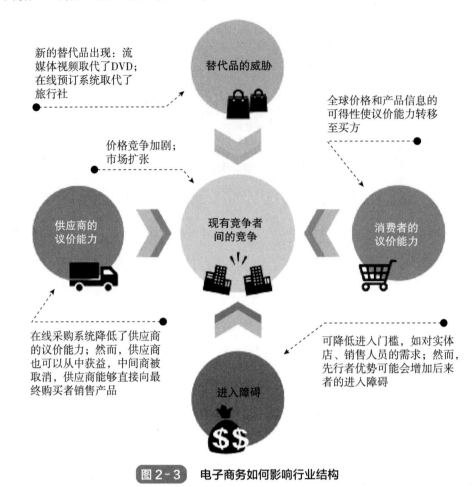

新的替代品出现：流媒体视频取代了DVD；在线预订系统取代了旅行社

替代品的威胁

全球价格和产品信息的可得性使议价能力转移至买方

价格竞争加剧；市场扩张

供应商的议价能力

现有竞争者间的竞争

消费者的议价能力

在线采购系统降低了供应商的议价能力；然而，供应商也可以从中获益，中间商被取消，供应商能够直接向最终购买者销售产品

可降低进入门槛，如对实体店、销售人员的需求；然而，先行者优势可能会增加后来者的进入障碍

进入障碍

图 2-3　电子商务如何影响行业结构

注：电子商务对行业结构和竞争环境产生了多方面的影响。从单个公司的角度来看，这些改变可能会产生消极或积极的影响，这取决于具体情况。在某些情况下，整个行业可能会被打乱，与此同时新行业诞生。单个公司可能繁荣或破产。

在其他行业中，互联网和电子商务加强了现有参与方的力量。在化学和汽车行业，电子商务被制造商用来加强传统的分销渠道。在这些行业中，电子商务技术没有从根本上改变行业内的竞争力量——供应商的议价能力、进入障碍、消费者的议价能力、替代品的威胁和现有竞争者间的竞争。因此，每个行业都有所不同，你必须仔细地观察每个行业，理解电子商务对竞争力量和战略的影响。

市场新进入者所创造的新形式的分销可以完全改变一个行业的竞争力量。例如，当消费者愿意用免费的维基百科（或 40 美元的 DVD）来代替 699 美元一套的百科全书时，百科全书行业的竞争力就在发生根本变化。正如我们将在第 10 章中所描述的那样，报纸、图书、电影、游戏和电视等内容行业已经被新出现的分销平台改变。

企业间的竞争是商务环境的一部分，电子商务技术会对大多数行业造成影响。总之，电子商务强化了几乎所有市场的价格竞争。一方面，现有的企业能相对容易地采用电子商务技术，并试图通过使用电子商务技术来获得竞争优势。例如，电子商务天生就能将竞争的范围从本地、地区转变为全国、全球。因为消费者能够看到全球的价格信息，所以电子商务给企业带来了降低价格（和减少利润）进行竞争的压力。另一方面，电子商务使一些企业将自己的产品和服务与其他的企业区分开来成为可能。例如，亚马逊为它的一键购物技术申请了专利，而 eBay 则创建了一个独一无二、易于使用的界面和一个与众不同的品牌。因此，尽管电子商务提高了企业对价格竞争的关注，但同时也使企业能建立让它们维持高价的差异化战略或品牌战略。

很难说电子商务技术对于企业的盈利造成的影响是正面的还是负面的。每一个行业都是独立的，所以有必要对每一个行业进行专门的分析，很明显，在有些行业，尤其是信息产品行业（例如，音乐、报纸、图书和软件行业）以及金融服务之类的信息密集型行业，电子商务已经撼动了它们的基础。在这些行业中，相对于供应商而言，消费者的力量在变强，价格在下降，企业的总体盈利能力面临挑战。在其他行业尤其是制造业，电子商务并没有对制造企业与购买者的关系造成太大的影响，却改变了制造企业与供应商的关系。渐渐地，整个行业中的制造企业捆绑到一起进行集中采购，从而建立了数字化的电子交易市场，并且把工业流程外包出去，以期从供应商那里获取更优的价格。贯穿全书，我们都将阐述行业结构的这些变化，以及电子商务与互联网带来的市场变化。

2.4.2　行业价值链

行业结构分析能帮助我们理解电子商务技术对行业商务环境的影响，更具体的行业价值链分析则从行业层面帮助我们更精确地认识电子商务是如何改变商务运作的。价值链是理解信息技术对行业和企业运营影响的基本工具之一。价值链的概念很简单：**价值链**（value chain）是一个行业内从原材料采购到形成最终产品或服务的一系列活动。其中的每一项活动都能为最终产品增加经济价值。所以，价值链是指一系列相互联系的价值增值活动。图 2-4 展示了行业价值链中的六个基本角色：供应商、制造商、运货商、分销商、零售商和客户。

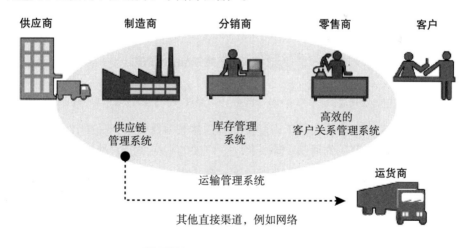

供应商　制造商　分销商　零售商　客户

供应链管理系统　库存管理系统　高效的客户关系管理系统

运输管理系统　运货商

其他直接渠道，例如网络

图 2-4　电子商务与行业价值链

注：每个行业的活动都可以通过一系列由各个参与者执行的增值活动来说明。电子商务潜在地影响着每个参与者的能力以及整个行业的运营效率。

通过降低信息成本，互联网向行业价值链中的每个角色提供通过降低成本或者提升价格来最优化其处境的新机会。例如，制造商可以与供应商一起通过建立基于网络的 B2B 电子交易市场来降低自己的采购成本。制造商可以通过自己的网站直接与客户建立关系，从而消除在分销商和零售商处耗费的成本。分销商可以开发高效的库存管理系统来降低自己的成本，零售商可以开发高效的客户关系管理系统来加强对客户的服务。消费者可以使用万维网来查找高质量、快速运输和低价格的产品，由此降低他们的交易成本和为最终产品所支付的价格。最终，整个行业的运营效率提高了，价格下降了，消费者获得的价值增加了，还帮助该行业战胜了其他替代行业。

2.4.3　企业价值链

价值链的概念也可用来分析单个企业的运营效率。问题是：电子商务技术如何潜在地影响企业的价值链？**企业价值链**（firm value chain）是企业从原材料采购到形成最终产品的一系列活动。企业在从原材料到最终产品的生产过程中，每一步都要增加价值。此外，企业中还有一系列的支持活动来协调生产流程，提高整体效率。图 2-5 展示了企业价值链中的关键步骤和支持活动。

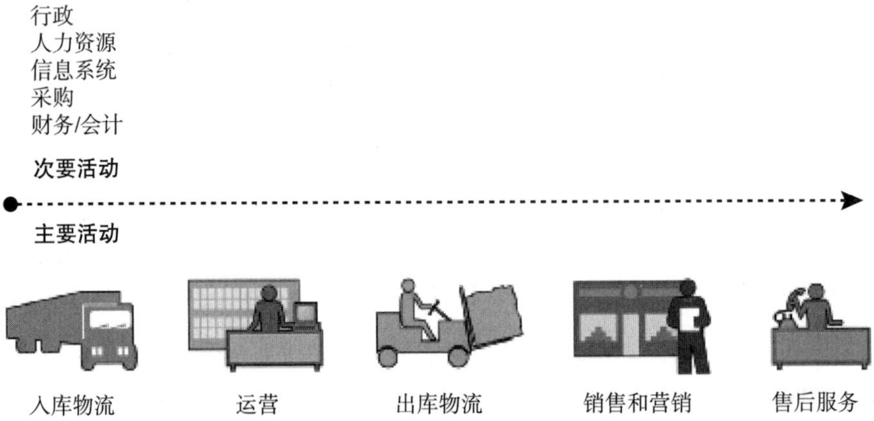

行政
人力资源
信息系统
采购
财务/会计

次要活动

主要活动

| 入库物流 | 运营 | 出库物流 | 销售和营销 | 售后服务 |

图 2-5　**电子商务与企业价值链**

注：每个企业的活动都可以通过一系列增值活动来说明，这些活动由企业中的各部门负责。简单的企业价值链的五个主要增值步骤：入库物流、运营、出库物流、销售和营销以及售后服务。

电子商务向企业提供了许多提高其运营效率并使其产品差异化的机会。例如，企业可以利用互联网的通信功能，将一些主要的和次要的活动外包给专业化的、更有效率的公司，而这种外包对消费者来说是看不见的。此外，企业还可以利用电子商务更精确地协调价值链上的各个步骤，降低自己的成本。最后，企业还可以通过电子商务向用户提供与众不同的、更高价值的产品。例如，亚马逊利用互联网向消费者提供了更多的图书，成本却比传统书店低。此外，它还提供了多种服务，如即时的专家建议和读者书评、其他读者的购买模式信息，而这些都是传统书店做不到的。

2.4.4　企业价值网

企业可通过其价值链产生价值，也可通过合作伙伴——供应商、分销商和运输公司的价值链产生价值。电子商务为企业之间的合作和建立价值网创造了新机会。**价值网**（value web）是企业的一个网络生态系统，它用电子商务技术来协调合作企业之间的价值链，或是协调企业集团之间的价值链。图 2-6 描绘了价值网。

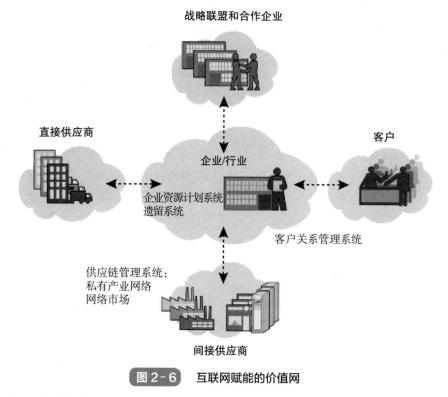

战略联盟和合作企业

直接供应商

客户

企业/行业

企业资源计划系统
遗留系统

客户关系管理系统

供应链管理系统：
私有产业网络
网络市场

间接供应商

图 2-6 互联网赋能的价值网

注：互联网技术使企业能够与其战略联盟和合作企业、客户以及直接和间接供应商合作，创造一个更强大的价值网络。

价值网利用基于互联网的供应链管理系统与企业供应商协调生产需求。第 12 章将深入讨论这些 B2B 系统。企业也能利用互联网增进与物流合作伙伴的关系。例如，亚马逊使用联合包裹运送服务公司（UPS）跟踪系统为客户提供网络包裹跟踪服务，它依靠美国邮政服务系统将包裹直接放到邮件流中。亚马逊和数百家企业合作，吸引了大量客户，同时也要管理和这些客户的关系。实际上，当你更近地观察亚马逊时，你会发现它给客户创造的价值在很大程度上是与其他企业协作的结果，而不仅仅是亚马逊内部活动的结果。这对于其他企业来说，是很难在短期内模仿的。

2.4.5 企业战略

企业战略（business strategy）是企业为所投入的资本获得较高的长期回报而制订的一系列计划，所以企业战略就是在一个较长的时期内在竞争环境中如何获得利润的计划。**利润**（profit）简单地说，是企业出售产品所获得的收入和生产、分销产品的成本之间的差额。利润代表了经济价值。在任何时候，只要消费者愿意为某产品支付的价格超过制作该产品的成本，就创造了经济价值。那么为什么会有人愿意支付比生产成本高的价格呢？答案有很多，如该产品可能是独一无二的（没有其他的供应商），该产品可能是这类产品中成本最低的，可能世界各地买到的都是这样的产品，或者该产品能够满足某些特殊的需求而其他产品做不到。经济价值的每一个来源都说明了企业为其产品在市场上进行定位的战略。企业采用什么战略所依据的是其产品、所在的行业以及所处的市场。

虽然互联网是一个独一无二的市场，但企业战略原则同样适用。正如我们在本书中所看到的，成功的电子商务战略涉及使用互联网加强已有的业务（而不是颠覆业务），利用互联网提供其他竞争者不能模仿的产品和服务（至少是在短期内）。这意味着企业要能开发独特的产品、提供有所有权的内容、具备区别于他人的流程（如亚马逊的一键购物）、提供个性化或定制产品和服务（Porter，2001）。共有五种基本的企业战略：差异化、成本竞争、扩大范围、聚集/细分市场和客户关系紧密化。下面详细介绍这些概念。

差异化（differentiation）是指制造商想尽办法使产品具有独特性，能与其他的竞争对手区别开来。与差异化相对的是**同质化**（commoditization）——产品或服务间没有差异，消费者唯一的选择依据就是价格。正如经济学家告诉我们的，当只有价格是竞争的根本，而且有很多供应商和消费者时，产品或服务的价格最终会下降到等于制造成本（第 n 个单位的产品的边际利润与边际成本相等）。就是利润为零！而这是任何商人都不愿意接受的结果，解决的办法就是使你的产品差异化，建立起类似垄断的地位，或成为唯一的供应商。

企业实现产品差异化的方法有很多。企业可以从一个核心的基本产品开始，随后在消费者心中建立起一种渴望使用该产品的"经历"——"没有其他车能与开宝马的感觉相比"。企业也可以通过增加该产品区别于其他竞争对手的特征来使该产品体现出差异性，还可以通过提高该产品的性能来帮助消费者解决相关问题，进一步使产品体现出差异性。例如，像 TurboTax 这样的税务程序能从电子表格软件中导入数据，也能在网上提交报税表。强化产品的这些功能是为了解决消费者的问题。营销的目的就是创造差异化的特性，使消费者察觉到产品的独特性，并在这个过程中创立代表这些特征的品牌。第 6 章和第 7 章将讨论营销和品牌问题。

综上所述，产品差异化构成了客户价值主张。电子商务为产品差异化提供了一些独特的方法。例如，利用网络实现购物体验的个性化，根据每个消费者的特殊需求来定制产品和服务。电子商务企业还可以利用万维网的普遍性（人们在家里、在单位、在路上就能购买产品）、全球覆盖性（人们可以在全世界任何地方购买产品）、丰富性和交互性（改善产品使用者的网络体验，如特有的交互式内容、影片、用户的故事及评论）以及信息密度（为使用该产品的客户提供信息储存和信息处理服务，如为客户提供网站上购买的所有产品的保证书或者在线所得税信息）等，来使产品差异化。

采用**成本竞争战略**（strategy of cost competition）意味着一家企业发现了其他企业在市场上无法获得的特有的业务流程和资源。业务流程是价值链中最小的单元。例如，图 2-5 中，入库物流活动实际上是由卸货码头和仓库的工作人员进行的许多不同的活动构成的。这些活动称为业务流程——为完成价值链上的各种活动所需要进行的一系列步骤和过程。

当一家企业发现了新的更有效的业务流程时，它就能获得胜过竞争对手的成本优势。然后，它就能通过降低价格来吸引消费者，同时获得足够的利润。最终，它的竞争对手会被赶出市场，因为市场无疑会向低价供应商倾斜。或者，当一个企业发现了某种特有的资源或成为低价供应商的时候，它也会进行有效的价格战。例如，将生产转移到全球范围内工资成本低的地方，就是一种降低成本的方法。

成本竞争是一种短期行为，并且很需要技巧。因为竞争对手也能找到同样的或不同的方法，竞争对手也可以将生产转移到全球的低成本地区，竞争对手还可能决定以放弃短期的利润来进行成本竞争。

电子商务为企业提供了一些进行成本竞争的新方法，至少在短期内如此。企业可以利用互联网的普遍性来降低订单的输入成本（所有的订单都由客户填写，所以不需要订单录入部门了）；利用互联网的全球覆盖性和通用标准特性来建立一个全球范围内单一的订单录入系统；利用互联网的丰富性、交互性和个性化特点来建立在线客户资料，分别对待每一个消费者——不需要像过去那样由一支花费巨大的销售人员队伍来做这些事情；最后，企业还可以利用互联网的信息密度特性来向消费者提供产品的详细信息，而不需要花大笔费用维护产品目录、支付销售人员的工资。

虽然电子商务提供了加强成本竞争的强大动力，使得成本竞争看起来是一种可行的战略，但这么做的危险在于，竞争对手也能获得同样的技术，因为要素市场——生产商向其供应商进行购买的市场——对所有人都是开放的。假设生产商拥有某些能降低成本的技术并打算使用这些技术，它的竞争对手在市场上能买到许多同样能降低成本的技术，甚至掌握该技能的工人也能在市场上获得。但是，自有的技术、专有的隐形技术（没有公开或成文的技术）和忠诚的有经验的工人则是短期内很难在要素市场上获得的。因此，成本竞争还是一种可行的战略。

还有两种战略是扩大范围战略和聚集战略。**扩大范围战略**（scope strategy）是在全球市场进行竞争，而不是仅仅在地方、地区或者国内市场进行竞争的战略。互联网的全球覆盖性、通用标准及普遍性毫无疑问可以帮助其他企业成为全球竞争对手。例如，eBay 及其他许多顶级电子商务公司很容易就获得了全球席位。**聚集/细分市场战略**（focus/market niche strategy）是在狭小的细分市场和产品市场进行竞争的战略。该战略的目标是成为狭小市场上最好的产品和服务的提供商。例如，L. L. Bean 利用电子商务继续把目标集中在户外运动服饰上；W. W. Grainger 则集中在一个称为MRO（维护、维修、运行）的狭小细分市场上。电子商务为实施聚焦战略提供了明显的可能。企业可以利用网络的丰富性和交互性来创建不同细分市场的高度聚焦的消息；网络的信息密集使得在小型细分市场上进行电子邮件或其他形式的营销活动成为可能；个性化——以及相关的定制化——意味着同样的产品能满足特定细分市场和消费者的需要。

另一个通用的战略是**客户关系紧密化**（customer intimacy），它注重与客户建立紧密的联系。与客户的紧密联系增加了客户的转移成本（从一种产品或服务转向竞争对手的产品或服务的成本），从而提高了公司的竞争优势。例如，亚马逊的保留顾客详细信息的一键购物功能和基于顾客先前购买记录的推荐服务功能，使得顾客更有可能继续在该平台购买商品。

表 2-9 对五种基本的企业战略进行了总结。

表2-9　五种基本的企业战略

企业战略	说明	举例
差异化战略	使产品和服务与众不同，以区别于竞争对手	Warby Parker（复古风格的眼镜）
成本竞争战略	以低于竞争对手的价格提供产品和服务	沃尔玛

续表

企业战略	说明	举例
扩大范围战略	在全球市场竞争，而不仅仅是在地方、地区或国内市场竞争	Apple iDevices
聚集/细分市场战略	在较小的市场或产品领域内竞争	Bonobos（男装）
客户关系紧密化战略	发展与客户的紧密关系	亚马逊、网飞

行业结构、行业价值链和企业价值链、企业价值网以及企业战略是在分析电子商务企业的可行性和前景时必须用到的核心商务原理。

2.4.6 电子商务技术和商业模式的颠覆

虽然电子商务改变了大多数行业的结构、流程和战略，但在某些情况下，电子商务能从根本上改变整个行业，迫使现有的企业破产，极大地改变整个行业的经营状况，并催生全新的产业和价值链（Schumpeter，1942）。当新技术成为商业运作方式改变的核心时，它们便被称作**颠覆性技术**（disruptive technology）。当涉及数字技术时，就引申为**数字颠覆**（digital disruption）。通常情况下，技术本身并不是一种颠覆，事实上，它可以是相当平凡无奇的。然而，当一家创新型公司应用技术以实现与现有公司不同的商业模式和战略时，这种颠覆就发生了，公司可能还会发现一个无人知晓的全新的市场（Johnson，Christensen，and Kagermann，2008；Christensen，1997；Bower and Christensen，1995）。例如，使用现成的廉价处理器和技术的个人电脑影响了大型和微型计算机市场。从价值主张到盈利模式、市场机会、竞争环境、竞争优势、营销战略、组织发展和管理团队，之前定义的商业模式的八大要素都可能受到颠覆性技术的影响。简而言之，这是一个全新的世界，往往会让那些容易忽视、拒绝或嘲笑早期颠覆性产品的成功公司感到困惑和惊讶。例如，引入个人电脑的创业者发现了一个全新的、大型计算机公司没有关注到的客户市场，在这个新的市场中产生了新的价格、竞争因素和市场战略，这个市场上的公司使用新的组织结构、管理团队，并拥有不同技能的员工，大多数现有公司无法与之竞争或将其瓦解。类似的情况发生在通信（被电子邮件颠覆）、数字存储、音乐、摄影、出版和运输行业中（Lepore，2014）。优步、爱彼迎等公司开始对出租车和住宿行业产生重大影响。

并非所有的技术都具有颠覆性（Christensen et al.，2015；King and Baatartog-tokh，2015）。事实上，大多数成功的企业都利用技术来维持现有的商业模式、行业结构、流程和战略。这种技术的使用通常成为**维持性技术**（sustaining technology），因为它能够帮助企业应对竞争压力和改进产品，并为客户提供更便宜、更强大或更独特的产品。但是，同样的技术可以被具有创新精神的企业家（**颠覆者**（disruptors））用来颠覆现有的商业模式。下面介绍这些技术是如何被用来颠覆现有商业模式的。

成功的公司使用任何可用技术来不断地改进它们的产品，针对客户需求来改善质量、服务和调整价格。现在占据主导地位的公司致力于维持其在该行业中的地位。在颠覆的第一个阶段，颠覆者通常有新的资金来源，而他们的新产品更便宜、功能更少，质量也更差。与 20 世纪 70 年代的大型计算机相比，第一台个人电脑使用的技术相对简单。然而，这些早期的产品在被大家忽视或不被大家知晓的市场中占据了一席之地。在第二个阶段，颠覆者以更快的速度改进他们的产品，利用新技术比现有公司更快地扩大他们的受众市场，最终从现有市场中吸引到更大的客户群。文字处理器以及最终的微软 Office 软件与 20 世纪 80 年代更强大的个人电脑相结合，吸引了一个由商业管理人员和专业人士组成的新市场，而这群人被当时的成功企业忽视了。这些人秉持理念在当时可以说是全新的。当时那些成功企业从来没有想到商务人士甚至在家工作的人希望他们的办公桌上有一台可以创建文档、电子表格并能制作幻灯片的电脑。开发个人电脑的人和公司都是大型计算机行业的局外者。他们是颠覆者，他们有自己的愿景。

在第三个阶段，新产品和商业模式已经足够优秀，甚至优于现有的产品和商业模式。在第四个阶段，现有的公司失去了市场份额，要么倒闭，要么被其他更成功、客户基础更加稳固的公司合并。一些现有公司通过为现有产品寻找新客户、在公司的不同部门采用较新的产品和商业模式或者转移到附近的其他市场生存下来。例如，虽然IBM 仍然制造大型计算机，但它是少数幸存者之一。它通过在传统的大型计算机市场上持续创新，转向计算服务、数据中心、企业软件以及最近的云计算、业务分析、数据挖掘和机器学习，为《财富》500 强企业提供服务。目前，智能手机和平板电脑搅乱了个人电脑行业，它们是由个人电脑行业中的小角色创造出来的，颠覆者发现了巨大的消费市场，而当时的个人电脑制造商甚至没有意识到这一点，颠覆者实现了愿景，但他们将面临新的数字颠覆者。

为什么当时的公司没有意识到即将发生的变化，并采取措施直接与颠覆者竞争？成功企业通常拥有巨大的资本储备、丰富的技术和知识技能，并能接触到著名的管理咨询公司。为什么柯达（Kodak）没有看到摄像技术向数字技术的转变趋势？为什么佳能（Canon）没有察觉到智能手机会成为数码相机的有力竞争者？为什么这些公司不颠覆它们固有的商业模式？其中的原因一言难尽，在职的技术人员和专业人员的培训可能不再适合当时的环境。股东期望的是投资回报，而不是对公司历史悠久、利润丰厚的产品的颠覆。现有客户基础的期望是持续改进现有产品，保持业务的正常运作而不是加以颠覆。这些重要的因素催生了优秀的商业理念，现有公司需要应对商业模式将被颠覆的挑战。目前尚不清楚在电子商务环境下，苹果和谷歌这两家最具创新力的公司是否会与以往的公司有所不同。

2.5　电子商务相关职位

在本节中，我们将分析一家同时使用 B2C 和 B2B 电子商务商业模式的公司发布的职位。

2.5.1　公司简介

这家公司是美国一家生产 3 500 多种工具的制造商，在 DIY 消费者市场以及电气和电信行业，都是领先的供应商。该公司的产品通过零售店向消费者销售，也直接向企业销售。2007 年，该公司推出了第一个网站。该公司正在开发一项数字营销计划，并希望通过开发强大的网络，包括移动设备和社交媒体上的应用程序，来增加其 B2C 和 B2B 电子商务收入。

2.5.2 职位：电子业务助理经理

你将与电子商务团队合作，以扩大公司的电子商务业务。你将参与网站开发、搜索引擎优化、移动电子商务、社交媒体、视频和电子邮件相关事务。其他职责包括帮助：

- 制定电子商务路线图和时间表，以在公司上下提高电子商务能力。
- 开发 B2B 电子商务业务，与销售和营销团队合作，对分销商网络提供支持。
- 开发和维护一个在线和离线的目录内容管理系统，以方便消费者购物并为分销商的网站建设提供支持。
- 制订和维护一个搜索引擎优化计划。
- 制订一个移动营销和社会营销计划。
- 与信息技术（IT）、销售和营销部门合作，确保 IT 能力能够支持电子商务计划的执行，并确保内容和品牌的努力跨渠道保持一致且符合公司的愿景。
- 为电子商务计划制订战略计划和预算。

2.5.3 资格/技能

- 工商管理、管理信息系统、电子商务或数字营销学士学位。
- 数字内容管理、社会和移动营销、市场营销自动化、网页设计和开发的基本知识。
- 良好的沟通、内容创作、演示和写作能力。
- 解决问题和批判性思维能力。
- 与电子商务团队其他成员合作的能力。

2.5.4 面试准备

在准备面试时，你必须对公司进行深入研究。在这种情况下，你应该熟悉 B2C 和 B2B 工具市场，包括主要的竞争对手。如果可能的话，你还应该完全熟悉该公司的网站及其在脸书、推特、领英和博客等社交媒体上的活动。准备好在适当的时刻与面试官讨论你所知道的事情。回顾 2.1 节，以便证明你了解商业模式的八大要素，如价值主张、盈利模式、市场机会、营销战略等。回顾 2.2 节和 2.3 节，以便你可以说出 B2C 电子商务的主要商业模式和 B2B 电子商务的主要商业模式之间的差异。基于你学到的知识，该公司似乎应同时使用电子零售商和电子分销商模式。最后，回顾 2.4 节，它介绍了电子商务领域的基本概念以及商务战略。

2.5.5 可能的面试问题

1. 公司正在大力发展电子商务销售。过去，我们依靠针对消费者的商店和对其他公司的直销。你认为在这些市场上我们的价值主张应该是什么？为什么客户要在我们的网站上购买产品并使用我们的应用程序？

首先你可以谈谈是什么让像亚马逊这样的公司成为受欢迎的在线零售商。主要因素包括亚马逊的产品搜索引擎易用、产品种类多、易于购买、次日送达、可靠的操作系统和便捷的退换。价格不如服务和方便性重要。该公司应该专注于发展类似的能力。如果公司网站提供了成功的客户体验，客户就会在公司的网站上购物。

2. 我们可以为客户提供什么样的服务来吸引他们到我们的网站来？

你可以谈谈，许多购买工具的人可能不知道如何最恰当或最有效地使用网站。引导消费者的最好方法之一是使用视频，这些视频可以通过官方的公司 YouTube 频道提供，或者在公司的网站上提供并链接到 YouTube 频道。

3. 我们应该与什么样的战略合作伙伴合作来发展我们的在线销售？

你可以指出，非常成功的公司很少自己完成所有的工作。该公司应与 UPS 和联邦快递（FedEx）等物流和航运方面的关键服务提供商、PayPal 和信用卡供应商等在线支付系统供应商、处理供应链和仓储自动化的技术供应商，以及 Salesforce 等客户关系管理公司合作，以与客户保持密切的联系。专门从事电子邮件活动、搜索引擎优化、视频制作、移动和社交媒体营销的公司也是重要的战略合作伙伴。

4. 在 B2B 市场，我们最初将是一个电子分销商，在线销售我们的产品。在 B2B 领域我们应该探索什么样的机会？

其他可能相关的 B2B 业务机会包括参与交换，与电子采购公司建立关系，寻求成为作为私营工业网络的一部分的首选供应商。

5. 我们的许多产品面临着来自低价进口产品的激烈竞争。面对这种竞争，你建议采用何种战略？

你可以指出，在价格上与低成本进口产品竞争的一个战略是引入一个低成本的产品系列。虽然价格很低，但它们的利润率可能等于或大于在美国制造的产品。另一个战略是将生产转移到低成本国家，但保持同样的高质量。另外，差异化战略可能是最合适的，通过向消费者提供更高质量的专业水平的产品，依靠现有的品牌优势，以更高的价格销售。该公司可以选择制定一个仅基于美国市场的聚集/细分市场战略，或者，发展海外销售并且扩大竞争范围。要采用哪种战略或战略组合需要仔细分析。

6. 在销售方面，你认为我们应该在亚马逊、eBay 或其他大型在线零售商处开设商店，还是应该努力建设自己的品牌网站？

你可以指出许多制造商依靠自己的网站和亚马逊来进行销售。考虑到亚马逊的广泛影响力，使用亚马逊作为某些非常流行的工具的销售平台，并为希望看到更多本公司产品的消费者提供公司自己的网站链接，似乎是一个好主意。

7. 你认为我们可以如何利用社交媒体来支持我们的电子商务计划？工具制造商是否应该有社交媒体？

你可以指出，社交媒体是一个提供品牌和消费者信息的优秀平台。除了脸书之外，可能还有其他更加适合公司客户的社交网络。推特绝对应该定期进行监控，以识别支持公司产品的网络红人，当然也要获得直接的客户反馈，有一个社交媒体营销专家来专注于社交媒体营销是一个好主意。

问 题 //////////////////////

1. 什么是商业模式？它和商业计划有什么不同？
2. 一个有效的商业模式的八大基本要素分别是什么？
3. 亚马逊的核心价值主张是什么？
4. 简述电子商务企业五种主要的盈利模式。

5. 对社区服务商来说，为什么瞄准一个利基市场通常比瞄准一个较大的细分市场更明智？

6. 尝试访问亚马逊和 eBay 的网站或应用程序，分析它们是直接竞争对手还是间接竞争对手。

7. 企业获得竞争优势的具体方法有哪些？

8. 除了广告和产品抽样，公司还可能采取哪些营销战略？

9. 天使投资人和风险资本投资者有什么不同？

10. 为什么难以对电子商务的商业模式进行分类？

11. 除了本章中给出的例子，如今还有哪些垂直门户网站和水平门户网站的例子？

12. 虚拟店面（如 Bluefly）与实体店（如沃尔玛）的主要区别是什么？各自的优缺点有哪些？

13. 除了新闻和文章外，内容提供商还提供哪些形式的信息或内容？

14. 什么是反向拍卖？举出一个提供这类业务的公司的例子。

15. 电子交易市场成功的关键因素是什么？它与门户网站的区别在哪里？

16. 电子商务技术的特性如何改变了旅游业的行业结构？

17. 行业价值链中有哪些基本角色？他们如何受到电子商务技术的影响？

18. 实现盈利的五种基本的企业战略是什么？

19. 市场机会和市场空间的区别是什么？

20. 什么是众筹？如何通过众筹帮助电子商务公司筹集资金？

第 **2** 篇

电子商务技术基础设施

3 电子商务的基础设施：
互联网、万维网和移动平台

学习目标

学完本章，你将能够：

- 了解互联网的演变及其关键技术概念
- 解释互联网基础架构
- 理解万维网的工作原理
- 理解互联网、万维网的特性和特色服务是如何支持电子商务运营的
- 理解移动应用产生的影响

章首案例　　　　　　　**新冠疫情肆虐：互联网会崩溃吗？**

　　新冠疫情在全球暴发，重塑了公共生活的各个方面，也对许多国家的公共卫生体系提出了挑战。为了防止病毒的传播，大量的群众要么自愿进入社会隔离状态，要么被政府等部门强制隔离。这场疫情也向另一个日常生活的基础设施互联网发起了挑战。互联网的分布式特点使其非常适合处理流量高峰，然而，2020年互联网活动的增加也导致带宽消耗的大幅度提升。那么，疫情会"击败"互联网吗？一个理所应当的回答是：不会，互联网几乎不会崩溃。互联网的基础设施足够强大，甚至可以承受疫情期间长时间的使用高峰，但互联网活动需求的骤增也确实给互联网服务提供商和科技公司带来了一系列新的问题和挑战。

　　数据显示，互联网活动的骤增确实已经发生，并持续到了2020年上半年。自疫情大规模暴发以来，美国的家庭宽带流量增长了20%~40%。康卡斯特（Comcast）的报告表明，从2020年3月初到月底，高峰流量增长了32%。AT&T的报告称，2020年2月到3月，互联网流量增长了27%。威瑞森（Verizon）指出，在类似时间跨度内，互联网流量增长了22%。一些科技行业最大的公司正在努力应对对其服务日益增长的需求。脸书及其相关应用程序的呼叫使用翻了一番，而在这些应用程序上的消息传递增长了50%，Facebook Live视频流媒体的数量也在猛增。

　　2020年3月下旬，互联网使用量的增加导致美国的宽带速度下降了4.9%。其中，城市区域的网速下降幅度最大。在美国200个大城市中，88个城市的互联网速度下降，圣何塞的互联网速度下降了38%，受疫情影响最严重地区之一的纽约市的互联网速度下降了24%。同美国类似，欧洲的互联网流量增长了 30% 以上，意大利、德国和西班牙的网速也都下降了。即使一级（国家）和二级（地区）互联网服务提供商能够成功地应对流量高峰，但许多三级互联网服务提供商可能会面临挑战，个体户可能会使无线路由器使用处于超负荷状态。

然而，在许多最早经历疫情的城市，互联网的流量水平已趋于稳定，在整个疫情期间，互联网的整体功能依旧稳健。互联网流量的持续增长明显，但尚未大幅度超过超级碗（Super Bowl）期间的互联网流量增长的总和。互联网基础设施的目的就在于可以无缝处理此类大型事件所导致的使用量剧增问题。许多科技领域带宽耗费的"佼佼者"，包括网飞和 YouTube（各占全球互联网流量使用的 12% 左右）应各监管机构的要求，已经在某些市场降低了视频质量并压缩了视频文件，以减轻互联网服务提供商的负担。亚马逊对 Prime Video 和 Twitch 也做了类似处理，迪士尼（Disney）紧随其后推出了迪士尼＋，脸书也在其平台上压缩了视频文件。尽管已经与世界各地的数据中心合作传输其内容目录的本地副本，网飞仍然加大了改善其基础设施的力度，在中端城市安装了数百台额外的服务器，以提高下载速度。

互联网服务提供商也正在努力改善其基础设施。威瑞森、AT&T 和考克斯（Cox）都增加了互联网主干网的光纤连接数量，建立了蜂窝站点，并升级了路由和交换技术；法国 Orange 公司将其海底光缆的容量增加了一倍；意大利电信公司（Telecom Italia）也进行了类似的处理。为了提高网络容量，美国和其他国家的监管机构也放松了对可用电波的限制。互联网服务提供商已经意识到了这场危机并放弃了它们设置的数据上限，以免在家办公的客户负担不公平的额外费用。互联网服务提供商还承诺继续向拮据的用户提供服务，免除滞纳金，还有提供商更新了针对低收入客户的服务程序。例如，康卡斯特为低收入客户提高了互联网基础计划的推进速度。

互联网用户的平均带宽消耗全面增加，视频会议成为最大的受益者之一。视频会议使用的带宽增加了一倍，导致 Zoom 和 Skype 等服务的使用量激增。在线游戏的使用率也翻了一番，2020 年 3 月份，有 2 400 万玩家同时登录游戏平台 Steam。此外，允许员工连接到其公司网络的虚拟专用网络（VPN）的流量也翻了一番，导致许多此类网络出现了严重的减速。数十万员工远程工作，其中很多人是第一次，如脸书就有约 45 000 名员工第一次远程工作，如何度过转型期将会是一个巨大的挑战。

总体而言，许多科技公司在应对互联网使用量激增情况时并未显得吃力，反而做得很好。随着越来越多的用户选择网上购买商品，亚马逊招聘了 10 万多名仓库工人，亚马逊尚未在食品杂货领域确立它的"龙头地位"，这场疫情推动了它在该领域的发展；微软的在线协作软件使用在 3 月份增长了 40%；2020 年前三个月，网飞新增用户近 1 600 万；即使苹果公司在中国的工厂遭受了疫情的严重影响，后来也恢复了大部分制造业务，消费者在他们的移动设备上花费了更多的时间和金钱。

并非所有的科技公司都如此幸运。除了实体企业不得不关门之外，优步、来福车和爱彼迎均遇到了需求的急剧下降，而像 Ameritrade、E* Trade 和 Robinhood 这样的在线金融机构也面临着同样的问题，因为这些公司大多使用自己的内部系统来提供更好的安全性，而这一做法导致其放弃了使用由亚马逊、微软和甲骨文等公司提供的云计算解决方案所能获得的可扩展性。依赖广告的互联网企业也备受煎熬，因为许多地区的消费者支出放缓，公司不得不根据消费者行为的急剧变化修改预算。额外的流量也不一定意味着额外的利润，譬如，脸书的巨大使用量并没有转化为收入的增加，因为大部分使用都发生在消息服务上，而这些服务并不会带来那么多收入。

虽然互联网在疫情期间能够保持一个稳健的架构，但疫情产生的一个隐患就是互联网正在加深有宽带接入和没有宽带接入的人之间的"数字鸿沟"。在许多国家，宽带接入被视为所有人的一项权利。例如，早在 2010 年，芬兰就宣布宽带接入是所有公民的一项合法权利。在美国，联邦通信委员会（FCC）宣称约有 2 130 万美国人未获得宽带服务，但一项独立研究发现有 4 200 万美国人未获得高速的互联网服务。未获得互联网服务的人大多居住在农村，且较为贫穷。年收入低于 3 万美元的群体中约有 1/3 的人没有智能手机，1/2 的人没有台式机。因疫情原因，多数学校已经转向提供在线教育服务，来自低收入家庭的学生在学业任务上愈显吃力，这一做法进一步加深了贫富差距。这场疫情突出了缩小数字鸿沟的紧迫性和必要性，但如何做到这一点仍然是一个悬而未决的议题。一些人指出 5G 蜂窝技术是最具成本效益的方法，而另一些人指出光缆硬布线可以提供更可靠、更快速的服务，尽管它非常昂贵。无论用何种解决办法，希望这一场突如其来的疫情能够成为解决这一紧迫问题的动力。

资料来源："Lessons from the Pandemic: Broadband Policy After Covid-19," by Doug Brake, Itif. org, July 13, 2020; "Everyone You Know Just Signed Up for Netflix," by Edmund Lee, *New York Times*, April 21, 2020; "A Partisan Debate Emerges Over Internet Dead Zones," by Drew FitzGerald, *Wall Street Journal*, April 10, 2020; "Why the Coronavirus Lockdown Is Making the Internet Stronger Than Ever," by Will Douglas Heaven, Technologyreview. com, April 7, 2020; "Why the Internet Didn't Break," by Tom Wheeler, Brookings. edu, April 2, 2020; "COVID-19 Network Update," Corporate. comcast. com, March 30, 2020; "COVID-19 Makes It Clear That Broadband Access Is a Human Right," by Stacey Higginbotham, Spectrum. ieee. org, March 27, 2020; "Surging Traffic Is Slowing Down Our Internet," by Cecilia Kang, Davey Alba, and Adam Satariano, *New York Times*, March 26, 2020; "Microsoft Azure Capacity Woes Don't Signal the Worst," by Chris Kanaracus, Searchcloudcomputing. techtarget. com, March 26, 2020; "Can the Internet Break from Overuse," by Nathan Chandler, Computer. howstuffworks. com, March 25, 2020; "Why the Internet (Probably) Won't Break During the Coronavirus Pandemic," by Adam Clark Estes, Vox. com/recode, March 25, 2020; "Facebook Is 'Just Trying to Keep the Lights On' as Traffic Soars in Pandemic," by Mike Isaac and Sheera Frenkel, *New York Times*, March 24, 2020; "Big Tech Could Emerge from Coronavirus Crisis Stronger Than Ever," by Daisuke Wakabayashi et al., New York Times, March 23, 2020; "Netflix and YouTube Are Slowing Down in Europe to Keep the Internet from Breaking," by Hadas Gold, Cnn. com, March 20, 2020; " 'It Shouldn't Take a Pandemic': Coronavirus Exposes Internet Inequality Among U. S. Students as Schools Close Their Doors," *Washington Post*, March 16, 2020; "Will the Coronavirus Break the Internet? Highly Unlikely, Says Cloudflare," by Yevgeniy Sverdlik, Datacenterknowledge. com, March 13, 2020; "Will the Coronavirus Break the Internet?" by Aaron Mak, Slate. com, March 12, 2020.

本章研究现在和未来的互联网、万维网和移动平台，包括它们的发展历程、工作原理，以及它们已有和待建的基础架构将如何创造新的商业机遇。

章首案例说明了互联网对日常生活的重要性。互联网及其所依赖的技术不是一成不变的，相反，它们会随着时间的推移而发生变化。计算机和手机已经相互融合，宽带已经接入各家各户，智能手机、平板电脑和笔记本电脑接入无线宽带的范围迅速扩大；社交网络已惠及了数百万互联网用户；云计算和智能手机应用等新的软件技术已经彻底改变了企业利用互联网的方式。未来的企业战略需要对这些新技术具有更深刻的理解，例如物联网、"智能/互联"场景（智能家居、智能电视和联网汽车）、增强现实、虚拟现实以及人工智能技术。表 3-1 总结了 2020—2021 年电子商务基础架构方面的一些最重要的发展。

表 3-1	2020—2021 年电子商务基础架构方面的发展

商务层面

- 新冠疫情暴发扰乱了全球各类业务，并将在短期和长期内带来巨大影响。
- 移动设备成为互联网的主要接入点，提供了快速扩展的社交营销平台和广告平台，并为基于位置的网络服务和商业模式夯实基础。
- 互联网内容服务和移动接入设备的爆炸式增长给主干网供应商（大型电信运营商）的商业模式带来了压力。
- 云计算能力和带宽的提升催生了音乐、电影和电视节目传播的新商业模式。
- 搜索变得更加社会化和本地化，推动了社会化和本地化商业模式的发展。
- 互联网产生的大数据为具有数据分析能力的公司创造了新的商业机遇。

技术层面

- 疫情暴发导致各种在线活动（线上办公、线上购物、线上娱乐、线上沟通）激增，给互联网和电子商务基础架构带来了压力。
- 智能手机和平板电脑等移动设备已经成为接入互联网的主流方式。
- 移动应用的激增威胁到网络作为在线应用主要来源的主导地位。
- 云计算重塑了计算和存储，成为软件应用和在线内容传播的重要力量。
- IPv4 地址已分配完毕，正处于向 IPv6 的过渡时期。
- 存储成本的降低和数据库软件的发展导致了在线数据收集的爆炸式增长，即大数据。
- 允许海量配备传感器的设备连接到互联网的物联网已成为现实，并推动着智能互联物品（电视、房屋、汽车、可穿戴产品）的发展。
- 对人工智能技术的兴趣和资金注入呈爆炸式增长，因其有潜力使之前设想的应用成为现实（如供应链物流、自动驾驶汽车和以消费者为导向的私人助理）。
- 增强现实应用和虚拟现实技术备受欢迎。
- HTML5 在发布者和开发者中均备受青睐，使像本地移动应用程序一样丰富和充满活力的网络应用程序成为可能。

社会层面

- 疫情暴发带来了新的社会和伦理挑战，包括新的安全和隐私问题，以及对数字鸿沟的担忧。
- 互联网监管与国家之间的关系愈发错综复杂；美国放弃了对互联网号码分配机构（IANA）的控制（IANA 管理互联网 IP 地址系统）。
- 在大多数发达国家，政府扩大了对互联网的控制和监控范围，并且在许多国家，互联网几乎完全由政府机构控制。
- 用于追踪在线用户和移动用户行为的基础设施日趋完善，这与个人的隐私需求和个人对信息的控制存在冲突。

3.1　互联网：技术背景

　　什么是互联网？它从何而来，又是如何支撑万维网发展的？互联网最重要的操作原理是什么？对于互联网的技术，你真正需要了解多少？

　　首先回答最后一个问题。答案就是：取决于你的职业兴趣。如果你从事市场营销或者商业管理工作，那么你需要了解互联网技术的基础知识，这些会在本章和下一章提及。如果你从事技术工作，并立志成为一名网页设计师，或者你从事商业网站基础架构建设工作，你需要从基础知识开始不断地深入学习。同时你还需要了解电子商务中涉及商业的一面，这些内容你都可以从本书中获得。

　　如第 1 章所述，**互联网**（Internet）是一个由数千个子网和数百万台计算机（有时称为主机）组成的互联网络，连接着企业、教育机构、政府机构和个人。互联网为全球 40 亿人（包括美国约 2.9 亿人）提供电子邮件、应用程序、新闻组、购物、研究、即时信息、音乐、视频和新闻发布等服务（eMarketer, Inc., 2020a, 2020b）。互联网不受任何一个组织的控制，也不属于某个个人，但它确实能为全世界的商业活动、科学研究和文化交流提供一个平台。互联网一词来源于"互联网络"（internet-work），其本义是两个或多个计算机网络之间的连接。**万维网**（Web）是互联网上最受欢迎的服务之一，能够允许用户访问数十亿甚至数万亿的网页。这里的网页是用一种超文本标记语言编写的文档，包含文本、图形、音频、视频和其他对象。同时网页中还会包括允许用户轻松地从一个页面跳转到另一个页面的超链接，用户通常可使用网络浏览器实现不同网页之间的导航。

3.1.1　互联网的演变：1961 年至今

尽管新闻媒体经常把互联网挂在嘴边，让人们以为它是一种快节奏、近乎即时的、引起全球变化的机制，但事实上，互联网在大约 60 年前就已经出现，在最初的几十年里发展缓慢，之后随着网络和移动平台的发展而加速成长。

互联网的发展历程可以分为三个阶段（见图 3-1）。第一个阶段是创新阶段，时间跨度为 1961—1974 年。在这一阶段，互联网的基本组成部分包括包交换设备、TCP/IP 通信协议和客户机/服务器计算架构（所有这些将在本节之后更全面地进行介绍）。互联网最初的目的是连接不同大学校园的大型主机，这种校园间的一对一通信以前只能通过电话系统或大型计算机制造商的专用网络来实现。

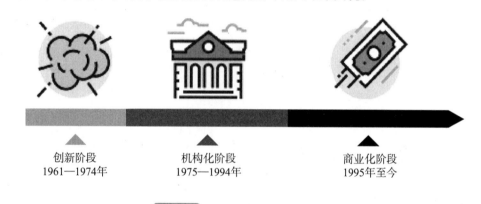

创新阶段　　　　　机构化阶段　　　　　商业化阶段
1961—1974年　　1975—1994年　　1995年至今

图 3-1　互联网的发展历程

注：从 1961 年至今，互联网的发展经历了三个阶段。在创新阶段，基本理念和技术得到发展；在机构化阶段，创新阶段的理念得以实现；在商业化阶段，一旦某个想法和技术被证明可行，私营公司就会把互联网带给全世界的人们。

第二阶段为机构化阶段，时间跨度为 1975—1994 年。在这一阶段，美国国防部（DoD）和美国国家科学基金会（NSF）等大型机构开始为当时羽翼未丰的互联网企业提供资金和法律支持。当互联网的基本理论在几个政府支持的示范项目中得到证明后，国防部立刻出资 100 万美元，以期基于这些理论框架进一步开发一个强大的军事通信系统。这一努力造就了后来被称为 ARPANET 的计算机网络。1986 年，美国国家科学基金会承担了发展民用互联网（后来被称为 NSFNET）的重任，并开始了一项为期 10 年、耗资 2 亿美元的拓展计划。

1995 年至今为互联网发展的第三个阶段，也称商业化阶段。在这一阶段，美国开始鼓励私人企业接管并扩展互联网主干网和除军事、高校用途之外的本地业务，并向未接触它的人群推广。表 3-2 详细列出了 1961 年以来互联网的发展情况。

表 3-2　互联网发展时间表

年份	事件	意义
创新阶段：1961—1974 年		
1961	伦纳德·克莱因罗克（Leonard Kleinrock）（MIT）发表了一篇关于包交换网络的论文。	包交换理论问世。
1962	立克里德（J. C. R. Licklider）（MIT）撰写了一份备忘录，呼吁建立一个"星际计算机网络"。	全球计算机网络的愿景问世。
1969	BBN 科技与 ARPA 签署合同，承担建设 ARPANET 的重任。	包交换理论运用于实践。
1969	第一条包交换信息通过 ARPANET 从加利福尼亚大学洛杉矶分校发送到斯坦福大学。	互联网底层的通信硬件首次部署成功。最初的 ARPANET 由安装在加利福尼亚大学洛杉矶分校、斯坦福大学、加利福尼亚大学圣芭芭拉分校和犹他大学的四个路由器（当时称为接口消息处理器）组成。
1972	BBN 科技的雷·汤姆林森（Ray Tomlinson）发明了电子邮件。拉里·罗伯茨（Larry Roberts）编写了第一个具备邮件列表、邮件转发和邮件回复功能的电子邮件管理程序。	互联网第一款"杀手级应用"正式问世。
1973	鲍勃·梅特卡夫（Bob Metcalfe）（施乐 PARC 实验室）发明了以太网和局域网。	客户机/服务器计算架构正式诞生。以太网能够促进局域网和客户机/服务器计算架构的发展。在以太网中，成千上万台功能齐全的台式计算机可以连接到一个短距离（小于 1 000 米）的网络中，从而实现文件共享、应用程序运行和信息传递。
1974	温特·瑟夫（Vint Cerf）（斯坦福大学）和鲍勃·卡恩（Bob Kahn）（BBN 科技）在一篇论文中介绍了开放架构网络和 TCP/IP 协议的概念。	TCP/IP 协议问世。通过这一协议，任何独立的局域网络和计算机都能实现互联，也可以通过地址解析寻找到网络中的任何一台计算机。 在此之前，计算机只有处于一个共同的专有网络架构下才能通信。但在 TCP/IP 协议的支持下，计算机和网络可以协同工作，不受本地操作系统或网络协议的制约。
机构化阶段：1975—1994 年		
1976	苹果 I 发布。	苹果公司开发的第一台套件型电脑问世。
1977	劳伦斯·兰德韦伯（Lawrence Landweber）提出了计算机科学网络（CSNET）构想。	CSNET 是针对无法接入 ARPANET 的美国大学和产业计算机研究群体设计的首创性网络，是全球互联网发展道路上的一个里程碑。
1980	TCP/IP 协议正式被美国国防部确认为标准通信协议。	世界上最大的拥有独立计算机网络的机构最终接受了 TCP/IP 协议和包交换网络技术。
1981	IBM 推出其首款个人电脑。	个人电脑开始流行，为今天的互联网奠定了基础，并为数百万人提供了访问互联网的机会。
1984	苹果电脑发布了 HyperCard 程序，作为其图形用户界面操作系统 Macintosh 的一部分。	允许用户从一个页面或记录跳转到另一个页面或记录的超链接技术在商业领域被应用。
1984	引入域名系统。	域名系统是一个用户友好系统，将 IP 地址翻译成人们容易理解的单词。

续表

年份	事件	意义
1989	位于瑞士的欧洲核子研究中心（CERN）的蒂姆·伯纳斯-李（Tim Berners-Lee）提出了使用 HTML 编写的超链接文档为全球网络服务的设想。	万维网的概念诞生。万维网由使用 HTML 编写的页面构成，带有允许在页面之间轻松转换的超链接。
1990	美国国家科学基金会设计并开始着手建设民用互联网主干网，最终建成 NSFNET。① ARPANET 退出历史舞台。	向所有人开放的"民用互联网"的概念在美国国家科学基金会的非军事资助下得以实现。
1993	第一个被称为 Mosaic 的图形网络浏览器是由伊利诺伊大学国家超级计算应用中心（NCSA）的马克·安德森（Marc Andreessen）等工作人员发明的。	Mosaic 使得普通用户可以非常便捷地连接到存放在任何地方的 HTML 文档，使万维网飞速发展。
1994	马克·安德森和吉姆·克拉克（Jim Clark）创办网景公司。	第一个商业网络浏览器 Netscape Navigator 问世。
1994	第一个横幅广告于 1994 年出现在 Hotwired.com 网站上。	电子商务诞生。
商业化阶段：1995 年至今		
1995	美国国家科学基金会将主干网私有化，商业运营商接管主干网运营。	完全商业化的民用互联网诞生了。AT&T、Sprint、GTE、UUNet、MCI 等各大远程网络运营商开始全面负责互联网主干网的运营。Network Solutions（一家私营公司）独家负责互联网地址的分配事宜。
1995	杰夫·贝佐斯（Jeff Bezos）创建亚马逊；皮埃尔·奥米迪亚创建 eBay。	电子商务从纯粹的在线零售店和拍卖开始。
1998	美国联邦政府授权的互联网名称与数字地址分配机构（ICANN）正式成立。	这家私人非营利国际组织开始负责互联网的域名和地址管理事宜。
1999	第一家全面服务互联网银行 First Internet Bank of Indiana 开业。	网上业务延伸到传统服务领域。
2003	阿比林的二代互联网升级到 10 Gbps。	实现了超高速的横跨大陆的网络，其速度是现有主干网的几倍，这是一个里程碑。
2005	美国国家科学基金会提出全球网络创新环境（GENI），为互联网开发新的核心功能。	未来的互联网安全和功能需求要求人们彻底反思现有的互联网技术。
2006	美国参议院商业、科学和运输委员会（U. S. Senate Committee on Commerce, Science, and Transportation）就网络中立举行听证会。	利用主干网络设施和网络内容，服务提供商和设备制造商实行差别定价，对此的争论越来越激烈。
2007	苹果推出 iPhone。	iPhone 的推出代表了一个移动平台发展的开始，最终将改变人们与互联网的交互方式。
2008	互联网云计算成为价值 10 亿美元的产业。	互联网的容量足以支持大型公司和个人的按需计算资源（处理和存储）以及软件应用。
2009	智能手机成为接入互联网的新方式。	智能手机扩展了互联网的覆盖范围和广度，实现了互联网无处不在的承诺。

---

① 主干网是指美国国内干线，承载着美国范围内从一个都市区到另一个都市区的大量流量。大学有责任开发自己的校园网络，这些网络必须连接到主干网上。

续表

年份	事件	意义
2011	ICANN 拓展域名系统。	ICANN 同意将顶级域名从大约 300 个扩展到数千个，并囊括任何语言的任何单词。
2012	IPv6 协议上线。	主要的互联网服务提供商、家庭网络设备制造商和在线公司开始在其产品和服务中永久遵循 IPv6 协议。
2013	物联网开始成为现实。	互联网技术从计算机和移动设备扩展到任何可以配备传感器的东西，据预测，到 2020 年，将有 1 000 亿～2 000 亿个可唯一识别的对象连接到互联网。
2014	苹果推出 Apple Pay 和 Apple Watch。	Apple Pay 的目标是成为第一个被广泛运用的移动支付系统；Apple Watch 开创了可穿戴互联网技术的新时代，预示着物联网时代的到来。
2015	联邦通信委员会出台相关法规推行网络中立。	互联网服务提供商必须平等对待互联网上的所有数据，不得基于用户、内容、网站、平台、应用、设备类型或通信模式进行区别对待或区别收费。
2017	联邦通信委员会废除了有利于互联网服务提供商的宽带隐私规则。	在未经消费者同意的情况下，互联网服务提供商仍然能够收集、共享和售卖消费者数据，如网络历史浏览记录。
2018	联邦通信委员会于 2018 年 6 月正式撤销网络中立规定；作为回应，一些国家通过立法或行政举措强制实行网络中立。	网络中立仍然是政治争议的主题。
2019	商业用途的宽带接入速度可达 10 Gbps。	虚拟现实、增强现实、人工智能和 4k 视频等先进技术引发了对更快宽带接入速度的需求。
2020	新冠疫情蔓延。	疫情使互联网展现了它在应对需求激增方面的弹性。

3.1.2　互联网：关键技术概念

美国联邦网络委员会（FNC）于 1995 年通过了关于互联网定义的决议，正式将互联网定义为一个使用 IP 寻址方案、支持 TCP 协议并向用户提供服务的网络（见图 3-2），这与电话系统向公众提供语音和数据服务非常相似。

> 联邦网络委员会同意以下对"互联网"一词的定义。
> 互联网指的是全球信息系统：
> （1）通过基于 IP 协议或其扩展/后续版本的全球唯一的地址空间在逻辑上连接在一起；
> （2）能够支持使用 TCP/IP 套件或其扩展/后续版本，以及其他 IP 兼容协议的通信；
> （3）公开或私下提供、使用或访问基于所述通信和相关基础设施的高级服务。
> 最后修改于 1995 年 10 月 30 日。

图 3-2　美国联邦网络委员会的决议

资料来源：Federal Networking Council，1995.

在这一正式定义的背后，有三个非常重要的概念，它们是帮助理解互联网概念的基础。这三个概念分别是包交换、TCP/IP 和客户机/服务器计算。尽管互联网随着时间的推移发生了巨大的变化，这三个概念仍然是当今互联网运行的核心，也是未来互联网的技术基础。

包交换

包交换（packet switching）是一种将数字消息分割成**包**（packet）并使其沿着不同的通信线路传输，并在目的地进行重组的数据传输方法（见图 3-3）。在包交换出现之前，早期的计算机网络使用租赁的专用电话线路实现终端到其他计算机的通信连接。在电话系统这样的电路交换网络中，只有一个完整的点对点传输线路建立后才能进行通信。然而，这样的"专用"电路交换技术不仅价格昂贵，而且会浪费可用的通信容量，因为无论是否传输数据，都需要对线路进行维护。一条专用线路大概有七成时间被浪费，因为词间停顿和整合传输单元会导致延迟，这两者均明显增加了查找和连接线路所需要的时长。因此需要一种更好的技术。

我想和你通信	初始文本消息
10110001001101110001101	文本信息转化为二进制数字
10110001 00110111 0001101	被分成包的二进制数字
0011001 10110001 00110111 0001101	向每个包中添加头部信息，指示目的地和其他控制信息，例如总消息中有多少位和多少个包

图 3-3　包交换

注：在包交换中，数字信息被分成固定长度的比特包（通常约为 1 500 字节）。头部信息表明包的源地址和目的地址、消息的大小以及接收节点应该期望的包的数量。因为接收的包要在相当长的一段时间内才能被接收的计算机确认，所以网络不是在传递信息，而是在传递确认信息，这就产生了延迟。

第一本关于包交换的著作由伦纳德·克莱因罗克（Leonard Kleinrock）在 1964 年完成，随后这一技术由美国和英国的国防研究实验室人员进一步完善。通过包交换技术，网络的通信容量（用每秒传输的位数进行衡量[①]）提高了 100 倍甚至更多。想象一下，在无须大规模改造的情况下，你的汽车油耗从 15 英里一加仑降至 1 500 英里一加仑，这是一件多么令人激动的事情！

在包交换网络中，消息首先被分解成包。每个包的头部会包括指示源地址（始发点）、目的地址、包的序列号和差错控制信息的数字编码。这些包并不会直接发送到目的地址，而是需要经由计算机之间的传输和转换方可抵达目的地，这些交换和传递包的计算机被称为路由器。**路由器**（router）是一种专用计算机，它可以将组成互联网的不同计算机网络连接到一起，负责为包寻找路径并将其传输至目的机器。为了确保包能够通过最佳路径到达目的地，路由器会使用一种称为**路由算法**（routing algorithm）的计算机程序。

包交换不需要专用线路，可以利用数百条线路中任何一条闲置的线路。因此，包交换技术充分利用了所有可用线路的传输能力。此外，如果某条线路被禁用或超负荷运转，包可以立即通过其他可用传输线路到达目的地。

---

① 一位就是一个二进制数字，即 0 或 1。8 位二进制数构成一个字节。家用电话调制解调器接入互联网的速度一般为 56 Kbps（即每秒传送 56 000 位）。Mbps 是指每秒传输数百万位的数据，Gbps 则是指每秒传输数十亿位的数据。

TCP/IP

虽然包交换技术带来了通信能力的巨大提升，但并未就将数字信息拆分为包、将包传输至正确地址以及将包在目的地重新组合成连贯的信息等细节的处理方法达成一致。这种局面就像一个只能给信件贴邮票但无法将信件投递出去的邮政系统。解决的方案就是建立一种**协议**（protocol）（一套数据传输的规则和标准）来管理消息的格式化、排序、压缩和错误的检查，同时详细说明传输的速度和表明网络设备停止发送或接收信息的方法。

传输控制协议/网际协议（Transmission Control Protocol/Internet Protocol，TCP/IP）已经成为互联网的核心通信协议（Cerf and Kahn，1974）。**传输控制协议**（TCP）建立发送和接收计算机之间的连接，并确保一台计算机发送的包被另一台计算机以原顺序接收，且不会"丢包"。**网际协议**（IP）提供互联网的编址方案，并负责包的实际传输。

TCP/IP 协议分为四个独立的逻辑层次，每一层在数据通信中都扮演着不同的角色（见图 3-4）。**网络接口层**（Network Interface Layer）负责在网络介质之间发送和接收包，网络介质可以是局域网（以太网）、令牌环网或其他网络架构。因此，TCP/IP 协议独立于任何本地网络技术，可以适应本地级别的变化。**网络层**（Internet Layer）负责对互联网上的消息进行编址、打包和路由等。**传输层**（Transport Layer）负责通过确认进出应用程序的包并对其进行排序，完成与 TCP/IP 协议中其他协议（应用程序）的通信。**应用层**（Application Layer）包含用于提供用户服务或交换数据的各种协议。其中最重要的协议之一就是**边界网关协议**（Border Gateway Protocol，BGP），它使互联网上不同自治系统之间能够交换路由信息。BGP 使用 TCP 作为其传输协议。应用层包含的其他重要协议还有超文本传输协议（HTTP）、文件传输协议（FTP）和简单邮件传输协议（SMTP），我们将在本章后续部分讨论这些协议。

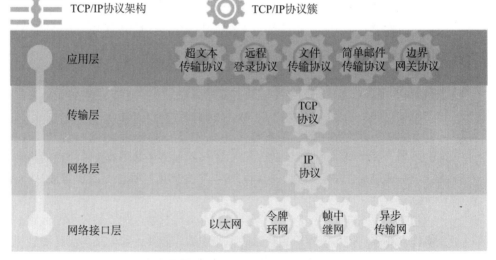

TCP/IP协议架构		TCP/IP协议簇				
应用层		超文本 传输协议	远程 登录协议	文件 传输协议	简单邮件 传输协议	边界 网关协议
传输层				TCP 协议		
网络层				IP 协议		
网络接口层		以太网	令牌 环网	帧中 继网	异步 传输网	

图 3-4　TCP/IP 协议架构和协议簇

注：TCP/IP 是一套用于大型互联网的行业标准协议，其目的是提供高速通信网络连接。

IP 地址

IP 编址方案回答了"如何让数十亿台连接到互联网的计算实现相互通信"的问题。答案就是，每台连接到互联网的计算机都必须被分配一个地址，否则它不能发送或接收 TCP 包。例如，当使用拨号、数字用户线路或有线调制解调器登录互联网时，网络服务提供商会给你的计算机分配一个临时地址。大多数公司和大学的计算机在连入局域网时，都有一个永久的 IP 地址。

目前使用的 IP 地址有两个版本：IPv4 和 IPv6。**IPv4 互联网地址**（IPv4 Internet address）由 32 位二进制数字构成，通常被点号分割为 4 个数字，如 64.49.254.91。每个数字的范围是 0～255。这种"点分四组"的编址方案支持超过 40 亿个地址（2^{32}）。在典型的 C 类网络中，前三组数字标识网络（在前面的示例中，64.49.254 是局域网标识），最后一组数字（91）标识特定的计算机。

由于许多 IP 地址已经被分配给大型企业和政府部门（以适应当前和未来的发展需求），并且所有新网络和新的互联网设备都要求有唯一的 IP 地址才能接入互联网，因此可供分配的 IPv4 地址数量大幅减少。北美、欧洲、亚洲和拉丁美洲的注册基本已达上限。为解决这一问题，IPv6 应运而生。**IPv6 互联网地址**（IPv6 Internet address）有 128 位，因此它可以支持多达 2^{128}（约 $3.4×10^{38}$）个地址，比 IPv4 多得多。统计结果显示，美国现有 45% 的互联网流量是基于 IPv6 协议。印度的 IPv6 协议使用率在全球领先，几乎 65% 的互联网流量是基于 IPv6 协议（Akamai，2020）。

图 3-5 说明了 TCP/IP 协议和包交换在互联网上协作传输数据的工作原理。

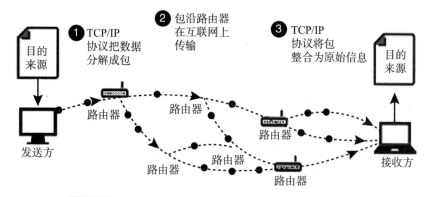

图 3-5 互联网中的信息传递：TCP/IP 协议与包交换

注：互联网使用分组交换网络和 TCP/IP 协议来发送和集合消息。消息被分解成包，来自同一消息的包可以沿着不同的线路传输。

域名、域名系统和统一资源定位器

大多数人都难以记住 32 位长的 IP 地址。因此，人们将 IP 地址转换为一种符合自然语言习惯的形式，即**域名**（domain name）。**域名系统**（Domain Name System, DNS）允许像 Google.com 这样的表达式代表由数字构成的 IP 地址（Google.com 的 IP 地址为 172.217.165.142）。[①] **统一资源定位器**（Uniform Resource Locator, URL）

---

① 你可以查看互联网上任何域名的 IP 地址。如果使用的是 Windows 操作系统，可以打开命令提示符，输入命令"Ping <域名>"，得到该域名对应的 IP 地址。

可用于网络浏览器确定网页内容地址，它也将域名作为 URL 的一部分。典型的网址包含访问地址时使用的协议以及待访问资源的具体位置。例如，网址 https：//www. pearson. com 指向 IP 地址为 52. 51. 131. 59、域名为 pearson. com 的服务器，访问该地址的协议是 https。一个 URL 可以有 2～4 个部分，例如，name1. name2. name3. org。图 3 - 6 说明了域名系统的层次结构，表 3 - 3 总结了互联网中易混淆的概念。

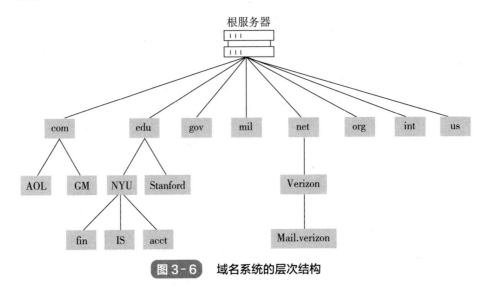

图 3 - 6 域名系统的层次结构

注：域名系统是一个分层的命名空间，根服务器位于顶部。顶级域名随后出现，并标识组织类型（如.com，.gov，.org 等）或地理位置（如.uk（大不列颠）或.ca（加拿大））。每个顶级域名的二级服务器为组织与个人分配和注册的二级域名，如 IBM. com，Microsoft. com 和 Standford. edu。最后，三级域名标识组织内的特定计算机或计算机组（如 www. finance. nyu. edu）。

表 3 - 3 互联网中易混淆的概念

概念	描述
IP 地址	每台连接到互联网的设备都必须有一个唯一的地址号码，称为 IP 地址。
域名	DNS 允许我们使用 Pearson. com（Pearson 的网站）这样的字符串代替数字 IP 地址。
DNS 服务器	DNS 服务器是跟踪记录互联网上的 IP 地址和域名的数据库。
根域名服务器	根域名服务器上存放着能够列出所有正在使用的域名的中央目录，如.com 根域名服务器。DNS 服务器在解析域名时碰到自己不熟悉的域名，会到根域名服务器进行查询。

客户机/服务器计算

包交换技术使网络通信能力实现了几何级的提升，TCP/IP 协议的问世也使得网络通信变得统一有序，但真正引领当今互联网和万维网风暴的还是计算架构的革命性变化。如果没有客户机/服务器计算架构，也就不会有如此丰富多彩的互联网世界。实际上，**客户机/服务器计算**（client/server computing）就是一种计算机间的协同工作模式。在这一模式下，许多**客户机**（client）共同与网络中的一台或多台**服务器**（server）相连接，这些服务器专用于执行网络中客户机所需的常见功能，如文件存储、应用程序、打印和网络访问。实际上客户机自身完全可以胜任一些复杂的任务。

服务器是专注于满足网络中客户机所需的公共需求的计算机，这些需求包括文件存储、应用程序、网络连接必备的工具软件以及打印需求（见图3-7）。互联网是客户机/服务器计算架构的一个典型应用，其中位于世界各地的数百万台客户机可以很方便地访问位于世界各地的数百万台网络服务器。

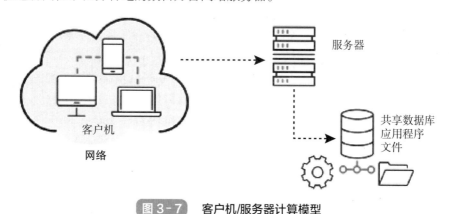

图3-7 客户机/服务器计算模型

注：在客户机/服务器计算模型中，客户机与一个或多个服务器一起连接在网络中。

要理解客户机/服务器计算架构的伟大意义，就必须了解它的发展历程。在20世纪60年代和70年代的大型计算机时代，计算机非常昂贵且能力有限。例如，20世纪60年代末最大的商用大型计算机有128 K的内存和10 MB的磁盘驱动器，占地面积多达数百平方英尺。这种大型计算机甚至无法处理普通文档中的图片或颜色，更不用说声音文件、视频或超链接文档。在这一时期，计算是完全中心化的：所有的工作都由一台大型计算机完成，用户通过终端连接到大型计算机。

20世纪70年代末80年代初，个人计算机和局域网的发展使得客户机/服务器计算的问世成为可能。与集中式大型计算相比，客户机/服务器计算有许多优势。例如，它可以通过添加服务器和客户机来扩展容量并提升整个系统的计算能力。此外，客户机/服务器计算也克服了集中式计算的其他缺陷。譬如，如果一台服务器宕机，后备服务器或镜像服务器可以即刻填补空缺；如果客户机无法运行，网络的其他客户机仍然能正常地运作。此外，在客户机/服务器计算中，整个系统的运算负荷平均分配到许多小而强的计算机上，而不是由一台为整个系统服务的巨型计算机独自承担。因此，客户机/服务器计算环境中的软件和硬件都比大型计算机更简单、更经济。

2019年，全球估计有10亿～15亿台"传统"个人电脑正在被使用（Bott，2019）。个人计算设备逐渐转移到智能手机和平板电脑（这样的客户机更轻薄，但计算能力略差且内存有限，需要依赖互联网服务器来完成计算任务）上。在这一转变过程中，更多的计算处理将由中央服务器执行。

3.1.3 移动平台

如今，在世界范围内，互联网已经转变为通过智能手机和平板电脑而不是传统的台式机进行访问。这意味着电子商务产品和服务的主要平台也在向移动平台转移。

智能手机是一个颠覆性工具，它从根本上改变了个人计算和电子商务的格局。智能手机在计算机处理器和软件方面带来了重大转变，打破了英特尔和微软长期以来形成的双重垄断。从1982年开始，英特尔和微软的芯片、操作系统和软件应用程序占据了个人电脑的大部分市场。但是，很少有智能手机使用英特尔芯片，大多数智能手机使用谷歌的安卓系统或苹果的iOS操作系统。智能手机不使用功耗很大的硬盘驱动器，取而代之的是存储容量高达256 GB的闪存芯片，所需功耗要少得多。报告显示，至少有2.45亿美国人使用手机上网（eMarketer, Inc., 2020c）。

苹果的iPad、三星的Galaxy Tab等平板电脑，以及其他数百款平板电脑都极其轻薄，不需要复杂的操作系统，但需要依靠互联网云进行信息处理和存储。在美国，大约有1.72亿人使用平板电脑访问互联网（eMarketer, Inc., 2020d）。

移动平台对电子商务产生了深远的影响，因为它影响了消费者购物的方式、地点和时间。我们将在3.2节进一步讨论移动互联网。

3.1.4 互联网"云计算"模式：软件和硬件服务

云计算（cloud computing）是将数据处理、内容存储、应用软件和其他服务作为虚拟化资源，通过互联网实现共享的计算模式。用户可以根据需要从任何接入设备和位置访问这些"云"资源。图3-8给出了云计算模型。

图3-8 云计算模型

注：在云计算模型中，硬件和软件服务是由运营大型服务器群和数据中心的供应商在互联网上提供的。

美国国家标准与技术研究所（NIST）认为，云计算具有以下基本特征：

- **按需自助服务**：消费者可以根据需要自助获得计算服务，如网络存储。
- **无处不在的网络接入**：可以使用标准网络和互联网设备（包括移动平台）访问云资源。
- **位置独立的资源池**：云计算服务将计算机资源集中起来为多个用户提供服务，并根据用户需求动态分配不同的虚拟资源，但用户通常不知道计算资源位于何处。
- **高弹性**：云计算服务可以快速调配、增加或减少计算资源，以满足不断变化的用户需求。

- **可量化服务**：云资源的收费基于用户实际使用的资源量。

云计算由三种基本的服务组成：

- **基础设施即服务（IaaS）**：客户使用来自第三方提供商，即云服务提供商（CSP）提供的处理、存储、网络和其他计算资源来运行信息系统。例如，亚马逊利用其信息技术基础设施的备用容量开发了亚马逊网络服务（Amazon Web Service，AWS），该服务为无数不同的信息技术基础设施服务提供了云环境。有关 AWS 提供的服务范围的描述见表 3-4，例如用于存储客户数据的 S3 和用于运行应用程序的 EC2 服务。用户只为他们实际占用的计算量和存储容量付费。

表3-4　亚马逊网络服务

名称	描述
计算类	
Elastic Compute Cloud（EC2）	提供弹性可变的计算容量
Elastic Load Balancing（ELB）	自动将入口流量分配到多个 EC2 实例上
存储类	
Simple Storage Service（S3）	数据存储架构
Glacier	云中的低成本归档和备份存储
数据库类	
DynamoDB	NoSQL 数据库服务
Redshift	PB 级数据仓库服务
Relational Database Service（RDS）	支持 MySQL、甲骨文、SQL Sever 或 PostgreSQL 等关系型数据库
ElastiCache	基于云的内存缓存
SimpleDB	非关系型数据存储服务
网络和内容交付类	
Route 53	云端网络域名服务，帮助企业将流量路由到网络应用程序
Virtual Private Cloud（VPC）	允许企业在现有 IT 基础设施和亚马逊云端之间创建虚拟专用网络
CloudFront	内容交付服务
Direct Connect	提供使用互联网接入 AWS 云服务的替代方案
分析类	
Elastic MapReduce（EMR）	可以帮助用户完成数据密集型任务
Kinesis	可以帮助用户收集和处理实时数据的大数据服务
应用程序类	
AppStream	为云中的应用程序和游戏提供流传输服务
CloudSearch	可被开发者集成到应用程序的搜索服务
消息类	
Simple Email Service（SES）	云电子邮件发送服务

续表

名称	描述
Simple Notification Service（SNS）	推送消息的服务
Simple Queue Service（SQS）	提供消息存储队列，使消息可以在计算机之间传递
部署和管理类	
Identity and Access Management（IAM）	方便开发者安全管理对 AWS 的访问
CloudWatch	监测服务
Elastic Beanstalk	部署和扩展网络应用程序的服务以及使用 Java、.NET、PHP、Python、Ruby 和 Node.js 开发的网络应用程序的服务
CloudFormation	向开发人员提供一种简单地创建一批相关的 AWS 资源的方法
移动类	
Cognito	方便开发者安全地跨设备管理和同步移动设备用户数据
Mobile Analytics	方便开发者收集并处理庞大用户群产生的海量事件
支付类	
Flexible Payment Service（FPS）	方便开发者的支付服务
DevPay	易于使用的在线计费和账户管理服务，使开发者能轻松出售自己构建的亚马逊云应用程序
其他	
Amozon Mechanical Turk	为需要人工智能的任务而打造的市场空间
Alexa Web Information Service	可为开发者提供网络流量数据和信息

● **软件即服务（SaaS）**：客户在云服务提供商的云基础设施上使用它们提供的软件，并通过网络获得服务。典型的软件即服务案例就是提供常见在线业务应用程序的 Google G Suite，以及通过互联网提供客户关系管理和相关软件服务的 Salesforce.com。用户通过网络浏览器访问这些应用程序，而数据和软件则保存在服务提供商的远程服务器上。

● **平台即服务（PaaS）**：客户使用云服务提供商提供的基础架构和编程工具来开发自己的应用程序。例如，IBM 在其云基础设施上提供用于软件开发和测试的 IBM 云。Salesforce 的 Lightning 平台，允许开发者在其服务器上托管自己构建的应用程序，并将此作为一项服务。

云可以是私有的、公有的或混合的。**公有云**（public cloud）由 CSP 拥有和维护，如亚马逊网络服务、微软、谷歌和 IBM，并向多个客户提供服务，这些客户仅为自己使用的资源付费。公有云以能显著降低成本的方式提供了相对安全的企业级别的可靠性。因为使用公有云的组织不拥有基础架构，所以它们不必在自己的硬件和软件上进行大量投资。相反，它们向远程服务提供商购买计算服务，仅为它们实际使用的计算能力（按效用计算）付费，或者按月或按年付费。"按需计算"这一术语也被用来描述这种服务。因此，对于那些无力充分发展自身基础设施，但需要高性能、可扩展性和可用性的应用程序用于新的应用程序开发和测试以及偶尔有大型计算项目的中小型公司来说，公有云为它们提供了理想的环境。据估计，2020 年全球公有云服务支出（不包括云广告）将增长 17%，超过 2 660 亿美元（Gartner, Inc., 2019a）。谷歌、苹果、Dropbox 等公司也为在线存储数据、音乐和照片的消费者提供公有云服务。典型的公有云服务代表包括 Google Drive、Dropbox 和 Apple iCloud。

私有云（private cloud）提供与公有云类似的服务选项，但其仅面向单个租户运营。它可能由组织或第三方管理，可部署在组织内部或外部场所。像公有云一样，私有云可以无缝地分配存储、计算能力或其他资源，以按需提供计算资源。私有云正吸引着一些公司的关注，包括金融服务公司或医疗保健公司等在内的具有严格法规制度或要求高度安全性的公司，以及希望在获得灵活的信息技术资源和云服务模式的同时保持对信息技术基础架构控制权的公司。

大型公司最有可能采用**混合云**（hybrid cloud）计算模式。在这一模式下，它们将自己的基础设施用于最重要的核心活动，并将公有云计算用于不太关键的系统或用于在业务高峰期提高计算处理能力。表 3-5 比较了三种云计算模式。云计算将逐渐使公司从拥有固定的基础设施转向使用更灵活的基础设施，其中一部分基础设施是公司自己拥有，另一部分是从 CSP 建立的大型数据中心进行租赁。

表 3-5　云计算模式对比

模式类别	描述	管理者	用户
公有云	由第三方提供商向多个客户提供计算、存储和软件服务	CSP	没有重大隐私问题的公司；寻求"现收现付"IT 服务的公司；缺乏信息技术资源和专业知识的公司
私有云	云基础架构仅为租用者单独提供服务，既可部署在组织内部，亦可部署在组织外部	自建的 IT 部门或专有的第三方受托者	有严格隐私和安全要求的公司；必须获得数据控制权的公司
混合云	公有云和私有云的结合，保留了两者的特点	自建的 IT 部门、专有的受托者、第三方提供商	需要对 IT 进行内部控制，同时也愿意将部分非核心 IT 技术基础架构托管在公有云上的公司

当然，云计算有一些弊端。除非数据在本地存储，否则数据存储和控制皆由服务提供商负责。一些公司担心将关键数据和系统委托给同时与其他公司合作的外部供应商会带来安全风险。承租公司希望它们的系统全天候可用，并且不希望在云基础架构出现故障时遭受任何业务能力上的损失。此外，云计算在数据的处理和传输中会有延迟，因为数据必须通过网络传输到远程云数据中心，然后返回给最终用户。为了解决这个问题，像 Akamai 这样的公司开发了边缘计算服务。**边缘计算**（edge computing）通过将一些处理和数据存储负荷转移到更靠近终端用户的服务器（即所谓的网络"边缘"）来优化云计算。这一做法缩短了响应时间并节省了带宽。

云计算对电子商务产生了重要的影响。对于电子商务公司来说，云计算从根本上降低了网站建设和运营的成本，因为必要的硬件和软件基础设施可以从服务提供商那里获得，而购买这些服务所付出的成本只有一小部分。这意味着公司在建设网站时可以采用"现收现付"和"按需付费"的策略。以亚马逊为例，成千上万的客户正在使用亚马逊提供的网络服务。对于个人来说，云计算意味着你不再需要一台功能强大的笔记本电脑或台式机来开展电子商务或其他活动，相反，你只需要几百美元的平板电脑或智能手机就可以。对于公司来说，云计算意味着硬件和软件成本（基础设施成本）的显著下降，因为公司可以以较低的成本在线获得这些服务，并且不必雇用信息技术人员来维护基础设施。

3.1.5 其他互联网协议和实用程序

还有许多其他运行在互联网客户机和服务器上的互联网协议以应用程序的形式向用户提供互联网服务。这些互联网服务基于普遍接受的协议或标准，任何接入互联网的个体都可以使用。它们不属于任何组织，而是经过多年发展可以造福所有互联网用户的通用网络服务。

超文本传输协议（HyperText Transfer Protocol，HTTP）是用于传输网页的互联网协议。HTTP 是由万维网联盟（W3C）和互联网工程任务组（IETF）联合开发的。HTTP 运行在 TCP/IP 的应用层（见图 3-4）。当客户机的浏览器向远程互联网服务器请求资源（如请求网页）时，HTTP 会话开始。当服务器响应需求，将被请求的网页发送至客户机时，HTTP 会话结束。因为网页中有许多对象，如图形、声音或视频文件、框架等等，每个对象都必须有 HTTP 会话一一对应。有关 HTTP 的更多信息，可以查阅 RFC2616，其中详细介绍了 HTTP/1.1 的标准（IETF，1999）。（RFC 是由 IETF 或参与互联网治理的其他组织发布的文档，它制定了各种互联网相关技术标准。在本章的后面，你将了解到更多关于参与制定互联网标准的组织的信息。）HTTP 的更新版本 HTTP/2 于 2015 年 5 月发布，即 RFC7540（IETF，2015）。HTTP/2 解决了 HTTP/1.1 的许多缺点，新版本允许客户机在不打开多个 TCP 链接的情况下同时发送多个请求（称为多路复用），允许服务器在客户机未做请求的情况下将资源推送至客户机（称为服务器推送）。而且，新版本通过缩减 HTTP 头部的大小（头部压缩）来提高性能。HTTP/2 还具有安全优势，通过 HTTP/2 运行的加密数据性能得到了提高。几乎所有领先的网络浏览器都支持 HTTP/2，但截至 2020 年 6 月，只有约 43% 的网站采用了该项协议，部分原因是组织在将应用程序从 HTTP 转换为 HTTP/2 时还存在挑战。一个更新的 HTTP 版本——HTTP/3 于 2018 年推出，并获得了一些浏览器和网站的支持（W3techs，2020）。

电子邮件是最古老、最重要和最常用的互联网服务之一。像 HTTP 一样，用来处理电子邮件的各种互联网协议都运行在 TCP/IP 的应用层。**简单邮件传输协议**（Simple Mail Transfer Protocol，SMTP）是用于向服务器发送电子邮件的互联网协议。SMTP 是一种相对简单的基于文本的协议，于 20 世纪 80 年代初产生。SMTP 只用于处理电子邮件的发送。为了从服务器取回电子邮件，客户机可使用**邮局协议 3**（Post Office Protocol 3，POP3）或**互联网消息访问协议**（Internet Message Access Protocol，IMAP）。用户可以通过设置 POP3 从服务器取回电子邮件信息，然后选择在服务器端删除或保留。相比之下，IMAP 是一种更流行的电子邮件协议。IMAP 允许用户在从服务器下载邮件之前对邮件进行搜索、组织和过滤。

文件传输协议（File Transfer Protocol，FTP）是最早出现的互联网服务之一。FTP 运行在 TCP/IP 的应用层，允许用户将文件从服务器传输到他们的客户机，反之亦然。其中文件可以是文档、程序或大型数据库文件。FTP 是传输大文件的一种快捷方便的方式。读者可以查阅 RFC959 了解更多的 FTP 信息。今天，TCP 已经被更安全的协议所取代，如 FTPS（FTP over SSL）协议，增加了加密安全措施，安全文件传输协议（SSH File Transfer Protocol，SFTP）增加了更多的安全功能（Horan，2020）。

远程登录（Telnet）是一种运行在 TCP/IP 的应用层的网络协议，用于远程登录另一台计算机。远程登录也指远程登录程序，可以为客户提供部分协议，使客户机能够模拟大型计算机终端。用户可以与互联网中支持远程登录的计算机相连，并从该计算机上运行程序或下载文件。远程登录是第一个允许用户在远程计算机上工作的"远程工作"程序。如今，出于安全考虑，很少使用远程登录。

安全套接层（Secure Sockets Layer，SSL）协议是最早的允许客户机和服务器之间通过互联网进行安全通信的协议。然而，目前它已经被**传输层安全**（Transport Layer Security，TLS）协议取代，实际上，TLS 是 SSL 的一个更新、更安全的版本。SSL 和 TLS 都在 TCP/IP 的传输层和应用层之间运行。TLS 通过消息加密和数字签名等各种技术加强电子商务中数字传输和电子支付等环节的安全性。我们将在第 5 章对这些技术进行深入讨论。

网络包探测（Packet InterNet Groper（Ping））是一个用于检测客户机和 TCP/IP 网络连接情况的实用程序，Ping 命令的运行结果见图 3-9。Ping 会显示服务器的响应时间，帮助用户估算服务器和网络连接的速度。用户可以在 Windows 操作系统的个人计算机中输入"Ping ＜域名＞"启动该程序。Ping 还可以通过向域服务器发送数百万个 Ping 请求来降低其速度，甚至使其死机。

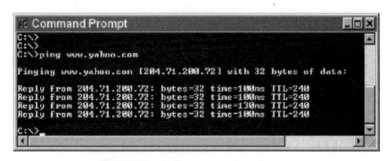

图 3-9　Ping 命令的运行结果

注：Ping 命令用于验证地址并测试从客户机到主机再返回的速度。
资料来源：Command Prompt，Microsoft Windows，Microsoft Corporation.

跟踪路由（Tracert）是几个常用的路由追踪软件之一，允许用户跟踪从客户机发送到互联网远程计算机的消息路径。

3.2　互联网基础架构与接入

相比于 1997 年底的 1 亿用户，2020 年全球互联网用户约达 40 亿。虽然这是一个庞大的数字，但它仍只占世界人口的一半左右（52%）。20 世纪 90 年代，互联网用户增长有所放缓，美国和西欧的增长率约为 1%～1.5%，全球增长率约为 4%，中东、非洲和亚太地区作为增长最快的地区，也仅以约 5% 的速度增长。到 2024 年，预计全球约有 44 亿互联网用户（eMarketer, Inc.，2020a）。正如在前文案例中所讨论的，有人认为互联网会因其用户数量的飞速增长而面临超负荷运营的困境。然而，这着实是杞人忧天。首先，客户机/服务器计算是高度可扩展的。通过增加服务器和客户机，互联网用户的数量就可以无限增长。其次，互联网架构是分层构建的，可以实现在不影响其他层次发展的前提下改变任意层次。例如，为了获得更快捷的服务，可以对互联网传输消息的技术施行大刀阔斧的改革，但这并不会中断在互联网上运行的桌面应用程序。

图 3-10 说明了互联网的"沙漏"和分层架构。互联网在理论上可分为四层：网络技术底层、传输服务和表示标准层、中间件服务层、应用层。[①] **网络技术底层**（Network Technology Substrate Layer）由电信网络和协议组成。**传输服务和表示标准层**（Transport Services and Representation Standards Layer）包含 TCP/IP 协议。**应用层**（Application Layer）包含网络、电子邮件、音频或视频播放等客户机应用程序。**中间件服务层**（Middleware Services Layer）是将应用程序与通信网络联系起来的"桥梁"，可以提供加密、身份验证、寻址和存储等服务。用户往往直接接触到应用程序（如电子邮件），很少意识到在后台运行的中间件。由于所有层都使用 TCP/IP 协议和其他通用标准相互连接，所以即使网络技术底层发生改变，应用层也会继续正常工作。

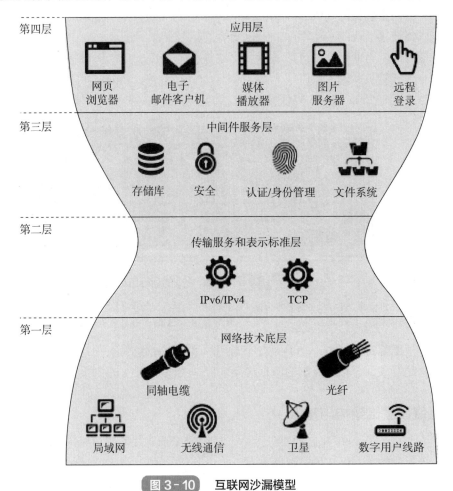

图 3-10 互联网沙漏模型

注：互联网可以被描述为一个沙漏式的模块化结构，底层包含传输二进制数字的基础设施（包括电缆和交换机），顶层包含用户应用，如电子邮件和万维网。腰部是传输协议，如 TCP/IP。

[①] 不要将 TCP/IP 协议的逻辑层次划分和互联网架构层次相互混淆。

3.2.1 互联网主干网

图 3-11 展示了当今互联网的网络架构。互联网的**主干网**（backbone）由许多私有网络交织而成，这些网络所依赖的高带宽光缆相互连接，可以实现信息在专用网络之间的传输。**光缆**（fiber-optic cable）由多达数百股可传输数据的玻璃纤芯构成。由于可以以更快的速度和更高的安全性传输更多的数据，因此光缆通常可以取代现有的同轴电缆和双绞线电缆。此外，光缆更细更轻，安装时占用的空间更少。这些长距离光纤网络由被称为**一级互联网服务提供商**（Tier 1 Internet Service Providers，Tier 1 ISP，即一级 ISP，有时也称为中转 ISP）的公司拥有（见表 3-6）。一级 ISP 的地位相同，允许互联网流量免费通过彼此的电缆和设备。一级 ISP 只处理其他一级 ISP 和二级 ISP 相关业务，而不直接面对终端消费者。

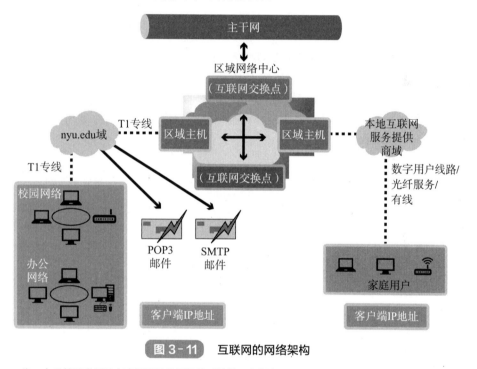

图 3-11 互联网的网络架构

注：今天的互联网具有多层开放的网络体系结构，包括主干网、区域网络中心、校园/办公网络和本地客户机。

表 3-6 美国主要一级（传输）互联网服务提供商

AT&T	NTT Communications（美国）
CenturyLink	Sprint
Cogent Communications	威瑞森
GTT Communications	Zayo Group

为了简单起见，我们将这些主干网网络当作单一"主干网"。**带宽**（bandwidth）是指网络在一段时间内传输的数据量，通常用每秒传输位数（bps）、每秒传输千位数（Kbps）、每秒传输兆位数（Mbps）或每秒传输千兆位数（Gbps）表示。美国主干网的带宽可以以高达 100 Gbps 的速率传输数据。

全球范围内主干网网络的连接是通过海底光缆和卫星链路的结合实现的。而越来越多的互联网巨头，如谷歌、微软和脸书等不再从一级 ISP 那里租赁带宽，而是越来越多地铺设自己的光纤网络。例如，谷歌拥有 14 个海底电缆项目的所有权，并已经分别铺设了从加利福尼亚州延伸到智利、从美国东海岸延伸到法国的电缆，且目前正计划铺设一条从南非到葡萄牙的电缆（Shankland，2019）。亚马逊、脸书和微软也对电缆项目进行了投资，根据研究公司 TeleoGeography 的报告，它们现在拥有或租赁了超过 50％的海底带宽（Satariano，2019）。国外的主干网通常是混合所有制经营。主干网必须有适当的冗余设计，以备局部出现故障时数据可以重新通过主干网上的其他节点进行传输。**冗余**（redundancy）是指网络中有多个重复的设备和路径。美国互联网长途光纤网络地图显示，美国东北部和沿海地区有密集的光纤网络，而上部平原和四角落地区明显缺乏基础设施（Simonite，2015；Durairajan et al.，2015）。

3.2.2 互联网交换点

在美国，若干区域性的交换中心将许多一级 ISP 串联起来，同时还将这些一级 ISP 和二级 ISP 相互连通。二级 ISP 通过对等连接和购买互联网传输服务来实现网络流量交换，并将一级 ISP 与三级 ISP 连接起来，从而为消费者和企业提供互联网接入服务。三级 ISP 将在后文进一步介绍。这些交换中心最初被称为网络接入点（NAP）或城域交换中心（MAE），但现在习惯称之为**互联网交换点**（Internet Exchange Point，IXP）（见表 3-7）。

表 3-7　美国主要地区的互联网交换点

地区	名称	地点	运营商
东部	波士顿网络交换局（BOSIX）	波士顿	Markley
	纽约国际互联网交换中心（NYIIX）	纽约	Telehouse
	对等和互联网交换中心（PAIX）	纽约、弗吉尼亚、亚特兰大	Equinix
	美国 NAP	迈阿密	威瑞森、Terremark
中部	Any2 Exchange	芝加哥	CoreSite
	PAIX	达拉斯	Equinix
	中西部网络合作交换局（MICE）	明尼阿波利斯	Members
西部	PAIX	西雅图、帕洛阿尔托	Equinix
	洛杉矶国际互联网交换中心（LAIIX）	洛杉矶	Telehouse
	Any2 Exchange	圣何塞、洛杉矶	CoreSite
	西雅图网络交换局（SIX）	西雅图	Members

3.2.3 三级互联网服务提供商

我们通常将那些运作于互联网架构最底层，通过向家庭用户、小企业和一些大型机构提供互联网接入租赁服务的公司称为**三级互联网服务提供商**（Tier 3 Internet Service Provider，Tier 3 ISP，即三级 ISP）。三级 ISP 提供零售服务，它们负责互联网到家庭和商务办公室的"最后一英里"的网络服务。三级 ISP 通常通过高速电话或电缆线路（45 Mbps 或更快）与 IXP 进行连接。

康卡斯特、Charter Spectrum（通过收购 Time Warner Cable and Bright House Networks 实现业务提升）和 AT&T 这三家公司共同控制着美国的"最后一英里"线路基础设施的半壁江山。其他主要的三级 ISP 还包括威瑞森、Altice、CenturyLink 和考克斯。还有成千上万个小型的区域性 ISP。如果你有家庭互联网接入或小型企业互联网接入，就有可能享受到三级 ISP 为你提供的周到服务。（需要注意的是，很多三级 ISP 也是一级 ISP；这两个角色并不冲突。）卫星公司也提供互联网接入服务，尤其是在没有其他类型宽带服务的偏远地区。

表 3-8 总结了 ISP 为用户提供的各种服务、下载速度和费用情况。ISP 提供的服务可以分成两种类型：窄带和宽带。**窄带**（narrowband）以速度为 56.6 Kbps 的传统电话调制解调器进行连接（"拨号"）（由于线路噪声导致数据包重发，实际吞吐量为 30 Kbps 左右）。这曾经是最常见的连接形式，但在美国和其他地方，它已被宽带连接所取代（United States Census Bureau，2019）。宽带服务基于数字用户线路（包括高速光纤服务）、电缆、电话（T1 和 T3 专线）（数字用户线路、电缆和基于电话的宽带通常被称为固定宽带）和卫星技术。在互联网术语中，**宽带**（broadband）是指允许客户机以可接受的速度播放音频流和视频流的通信技术。2015 年，联邦通信委员会提升其宽带基准速度，提升后的下载速度最低为 25 Mbps，上传速度最低为 3 Mbps，这远低于 2020 年全球平均下载速度 75 Mbps 和平均上传速度 40 Mbps（Federal Communications Commission，2015；Speedtest，2020）。大约 70% 的美国家庭可以接入固定宽带，这达到甚至超过了联邦通信委员会的最低要求，但相当一部分家庭（2 000 万至 4 000 万美国人）仍然无法接入，特别是美国的农村地区，得不到全面的宽带服务（Federal Communications Commission，2019；Supan，2020）。

表 3-8　ISP 服务与带宽选择

服务	每月费用（美元）	下载速度
电话调制解调器	10～25	30～56 Kbps
数字用户线路	25～45	1～35 Mbps
光纤服务	40～80	25～940 Mbps
有线网络	35～300	15～600 Mbps
卫星网络	30～150	5～100 Mbps
T1 专线	225～750	1.54 Mbps
T3 专线	2 500～10 000	45 Mbps

数据的实际传输速度取决于多种因素，包括线路中的噪声和请求服务的用户数量。上面引用的服务速度主要指下载网络内容的速度，尽管许多宽带网络服务提供商计划提供与下载速度相同的上传速度，但实际上传速度通常较慢。T1 和 T3 线路是公开、规范的线路，提供有保障的服务水平，但其他形式的网络服务无法保证传输速度。

数字用户线路（Digital Subscriber Line，DSL）服务是指通过家庭或企业中的普通电话线提供对互联网的高速访问的电话技术。下载速度通常在 1～35 Mbps。DSL 服务要求客户居住在离附近电话交换中心两英里（约 3 219 米）的范围内。为了与有线电视公司竞争，电话公司现在还提供一种叫作**光纤服务**（fiber-optic service，FiOS）的高级形式的数字用户线路，为家庭和企业提供速度高达 940 Mbps 的服务。

有线网络（cable Internet）是指通过家庭接收电视信号的模拟视频线缆传输数字信号以接入互联网的有线电视技术。有线网络是 DSL 服务的主要宽带替代品，它能提供更快的速度，以及电话、电视和互联网"三网融合"的套餐，用户需要按月付费。然而，有线网络的可用带宽是与使用相同线路的邻居共享的。当许多人试图同时访问互联网时，速度可能变慢，性能也会受到影响。有线网络服务的下载速度通常为 15～600 Mbps。主要的有线网络提供商包括康卡斯特、Charter Spectrum、考克斯和 Altice 等。

T1 和 T3 是用于数字通信的国际电话标准。**T1** 专线提供速度高达 1.54 Mbps 的带宽；**T3** 专线提供速度高达 45 Mbps 的带宽。T1 专线的费用为每月 225～750 美元；T3 专线的费用为每月 2 500～10 000 美元。像 T1 和 T3 这种租赁的、专用的、有保证的线路，能够满足公司、政府机构和 ISP 等对高速性网络的需求。

卫星网络（satellite Internet）是由卫星公司向位于农村地区的家庭和办公室提供的高速宽带接入，这些地区无法接入数字用户线路或有线网络。卫星网络的接入速度和月租同有线网络相差不大，但安装小型（18 英寸）圆盘式卫星天线的初期费用通常较高。卫星网络的下载速度往往较慢，通常为 5～100 Mbps。卫星提供商通常会制定政策，限制单个账户在一段时间内（通常是每月）可以下载的数据总量。主要的卫星网络服务提供商有 Dish、HughesNet 和 Viasat（之前的 Exede）。2016 年，脸书宣布计划发射一颗旨在为撒哈拉以南的非洲部分地区接入互联网的卫星，但由于发射该卫星的 SpaceX 火箭在测试时发生爆炸，这一计划只能被搁置。2020 年，脸书推进了一个新的低轨道卫星系统的计划，代号为雅典娜（Muhammad，2020）。SpaceX、OneWeb 和亚马逊也在类似的卫星网络项目上探索努力（Wattles，2020）。

几乎所有的商业公司和政府机构都通过宽带接入互联网。宽带极大地提高了网页、大型视频、音频文件的下载速度，因此人们对宽带服务的需求迅速增长（见表 3-9）。随着互联网服务质量的不断提高，宽带接入的需求将进一步扩大。

表 3-9   不同的互联网服务方式下下载 10 MB 文件的用时

互联网服务方式	下载用时
窄带服务	
电话调制解调器	25 分钟
宽带服务	
DSL@1 Mbps	1.33 分钟
T1@1.54 Mbps	52 秒
有线网络@25 Mbps	3 秒
T3@45 Mbps	2 秒
有线网络@100 Mbps	0.84 秒
有线网络@1 Gbps	0.08 秒

3.2.4 校园网/公司局域网

校园网/公司局域网 (campus/corporate area network，CAN) 通常是在一个组织内运行的局域网，如纽约大学的校园网或微软公司的内部网络。事实上，大多数大型组织都有数百个这样的局域网。这些组织足够大，以至于它们可以直接从地区和国家运营商那里租用网络。这些局域网通常以以太网（一种局域网专用协议）为运行基础，网络内部的计算机主要安装 Windows Server 或 Linux 等允许桌面客户机通过本地网络服务器连接到互联网的操作系统。校园网的传输速度一般为 10~100 Mbps。

3.2.5 移动互联网接入

光纤网络承载着互联网的长途大量流量，在为家庭和小型企业带来高速宽带方面发挥着重要作用。在未来 20 年内，互联网项目致力于将家庭用户的宽带速度提升至 GB 甚至 TB 级别。但除光纤技术外，互联网领域的一个重大突破当属移动互联网的出现。

移动互联网可以完成家庭用户、办公室、汽车、智能手机或平板电脑与互联网接入的"最后一英里"。直到 2000 年，最后一英里的互联网接入——除了少数使用卫星网络入口——依然采用陆地线缆如铜同轴电视电缆、电话线，或某些情况下接入办公室的光纤实现。而如今，高速移动的手机网络和无线网络热点极大地改变了最后一英里的布局。

今天，台式机的销量已经被智能手机、平板电脑和具有内置无线网络功能的超轻笔记本电脑的销量远远超越。互联网服务正成为一种移动的、随处可接入的宽带服务，主要用于提供视频、音乐和网络搜索。据统计，2020 年美国移动互联网用户接近 2.7 亿（约占人口的 81%），全球移动互联网用户约 35 亿（eMarketer, Inc.，2020e，2020f）。

基于手机和基于计算机的无线网络接入

无线网络连接有两种基本形式：基于手机的网络接入和基于计算机的网络接入。

基于手机的无线网络接入将用户连接到全球电话系统（陆地、卫星和微波），该系统具有同时处理数百万用户网络接入的强大功能，并且已经具备大规模交易计费系统和相关基础设施。目前，移动电话和手机行业是无线网络接入服务的最大提供商。预计 2020 年，全球将售出约 13 亿部智能手机，相比于前几年有所下降，部分原因是新冠疫情影响了智能手机供应链（IDC，2020）。智能手机兼具手机和可连接 Wi-Fi 的笔记本电脑的功能，这使得将音乐、视频、网络访问和电话服务整合在一个设备中成为可能。平板电脑也可以接入无线网络。表 3-10 总结了无线网络技术蓬勃发展背景下的各种通信技术。5G 无线网络将是下一个前沿课题。

表 3-10 无线网络接入手机的技术

技术	速度	说明
3G（第三代通信技术）		
CDMA 2000 EV-DO HSPA（W-CDMA）	144 Kbps~2 Mbps	高速、移动，通常用来传送电子邮件、浏览和即时通信。补充的技术包括 CDMA 2000 EV-DO（CDMA 供应商使用）和 HSPA（GSM 供应商使用）。与 Wi-Fi 速度相当

续表

技术	速度	说明
3.5G（3G+）		
CDMA 2000 EV-DO，Rev. B	高达 14.4 Mbps	CDMA 2000 EV-DO 增强版
HSPA+	高达 11 Mbps	HSPA 增强版
4G（第四代通信技术）		
长期演进技术（LTE）	高达 100 Mbps	真正的手机宽带；相较前一代延迟率更低
5G（第五代通信技术）		
正在开发	高达 10 Gbps	有希望实现 1～10 Gbps 的连接；10 毫秒以下的延迟；使自动驾驶、增强现实、虚拟现实以及拟真/触觉互联网服务不再遥不可及

  5G 无线网络能够提供高达 10 Gbps 或更高速度的高带宽移动网络服务，支持每平方公里多达 100 000 个连接（称为大规模机器对机器（M2M）连接），以及实现超低延迟（不到 10 毫秒）通信。5G 无线网络的全面部署预计需要几年时间，该技术需要利用无线频谱的新部分（30 GHz 至 300 GHz 范围内的较短毫米波），包括开发涉及数万个安装在电线杆上的小型蜂窝和分布式天线系统的传输基础设施，以及对光纤网络的进一步研发。电信公司预计将投资高达 50 亿美元。第一批官方 5G 设备已经于 2018 年推出，2019年将部署更多的 5G 网络。在疫情之前，威瑞森、AT&T 和 T-Mobile 计划在 2020 年推出 5G 网络，与它们的 4G 网络相比，5G 网络的速度稍快，延迟时间也更短，手机制造商预计将推出一些与 5G 兼容的型号，如三星的 Galaxy S20 系列手机（Segan，2020；Chen，2020）。然而，其中一些计划可能会因疫情而推迟。

  基于无线局域网的互联网接入与基于手机的无线网络接入有着完全不同的背景。无线局域网（WLAN，常被称为 **Wi-Fi**）基于计算机局域网，其任务是将客户机（通常是固定的）连接到本地（例如几百米）范围内的服务器。无线网络的功能是发送无线电信号，这些信号根据所涉及的标准类型，在特定的无线电频率范围内通过无线电波传播。它的核心技术是各种版本的 Wi-Fi 标准、WiMax 和蓝牙（见表 3-11）。

表 3-11　无线网络接入技术

技术	范围/速度	说明
Wi-Fi（IEEE 802.11 a/b/g）	35～140 米/11～54 Mbps	商业和居民用户早期使用的高速固定宽带无线局域网
IEEE 802.11n（Wi-Fi4）	70～250 米/高达 288 Mbps	使用多个天线来增加网络吞吐量和扩大范围
IEEE 802.11ac（Wi-Fi5）	35 米/500 Mbps～1 Gbps	IEEE 802.11n/Wi-Fi4 的增强版本，提供更高的吞吐量
IEEE 802.11ax（Wi-Fi6）	35 米/高达 10 Gbps	IEEE 802.11ac/Wi-Fi5 的后续产品可在更大的频率范围内运行，并具有更高的吞吐量
IEEE 802.11ad（WiGig）	小于 10 米/高达 7 Gbps	高速短程无线网络
WiMax（IEEE 802.16）	30 英里/50～70 Mbps	高速、中程、宽带无线城域网
蓝牙（无线个人区域网络）	1～30 米/1～3 Mbps	中等网速，低能耗，短距离连接数字设备

在无线网络中，无线接入点（也称为"热点"）通过宽带（电缆、数字用户线路或
T1 专线）直接连接到互联网，然后将无线电信号传输到安装在平板电脑、笔记本电脑、
台式机或智能手机中的发射器/接收器。图 3-12 说明了 Wi-Fi 网络是如何工作的。

笔记本电脑

互联网

无线接入点

智能手机、平板电脑

宽带上网

台式机

图 3-12　Wi-Fi 网络

注：在 Wi-Fi 网络中，无线接入点使用陆基宽带连接到互联网。客户机，可以是台式机、笔记本电脑、
平板电脑或智能手机，使用无线电信号连接到接入点。

在各种 IEEE 802.11 a/b/g/n 标准下工作的 Wi-Fi 拥有 11 Mbps～10 Gbps 的高带
宽，远远大于现存的任何数据服务，但这种宽带的范围相对有限，当然 WiMax 除外。
Wi-Fi 也非常便宜。在一栋 14 层楼高的大楼里建立一个企业 Wi-Fi 网络，每层楼设立
一个接入点，每个接入点的成本不到 100 美元。若在同样的楼层中铺设以太网电缆，
价格则要超过 50 万美元。

IEEE 802.11ac（由 Wi-Fi 联盟（Wi-Fi Alliance）追溯标记并将其认证为 Wi-Fi5，
Wi-Fi 联盟是一个负责推广 Wi-Fi 技术和认证 Wi-Fi 产品的非营利组织）提供
500 Mbps～1 Gbps 的有效传输速度。它支持高清视频流和其他需要高传输速率的应
用。据思科（Cisco）预测，到 2023 年底，将会有超过 2/3 的 WLAN 端点启用 Wi-Fi5
(Cisco，2020)。IEEE 802.11ax（由 Wi-Fi 联盟认证为 Wi-Fi6，有时也称为高效无线
(HEW)）是 IEEE 802.11ac/Wi-Fi5 的下一代，可以在更大的频率范围内工作，理论
上传输速度高达10 Gpbs。Wi-Fi6 在密集用户环境下更为有效。IEEE 802.11ad，有时
也被称为 WiGig 或短程 Wi-Fi，使用 60 GHz 的无线网络，理论上传输速度可达
7 Gbps。IEEE 802.11ay 是 IEEE 802.11ad 的后续产品，也使用 60 GHz 无线技术，
但提供高达 300～500 米的扩展范围和高达 20～40 Gbps 的数据传输速度。iPhone 12
可以支持 IEEE 802.11ay。IEEE 802.11ah（有时也称为 HaLow）是另一个针对物联
网的新标准。IEEE 802.11af（有时称为白色 Wi-Fi 或超级 Wi-Fi）不是严格意义上的
Wi-Fi 网络，超级 Wi-Fi 将电视未使用的"空白频段"建构成无线网络。

虽然这是一种低级的公共访问技术，但为了创建营利性无线网络，私营企业已经
投资了数十亿美元。目前最著名的网络之一是由 Boingo Wireless 创建的，在全球有

100 多万个热点。Optimum Wi-Fi（可供 Optimum 客户免费使用）在世界范围内提供了 200 多万个热点。AT&T 的 Wi-Fi 服务（前身是 Wayport）同样构建了另一个大型网络，为酒店、机场、麦当劳、IHOP 餐厅和赫兹公司（Hertz）的机场租赁点提供 Wi-Fi 服务，目前已经在美国拥有数千个热点。T-Mobile 和 Sprint 在星巴克咖啡店和其他数千个公共场所提供 Wi-Fi 服务。苹果公司已经在 iPhone 和 iPad 设备中嵌入了 Wi-Fi 服务，用以代替更昂贵、速度更慢的网络。预计公共无线热点的数量会从 2018 年的 1.7 亿个增加至 2023 年的近 6.28 亿个（Cisco，2020）。

另一种用于接入互联网和实现互联网设备相互连接的 WLAN 技术称为蓝牙。**蓝牙**（Bluetooth）是一种个人连接技术，用户通过它能够在移动设备之间以及与网络之间建立连接（Bluetooth.com，2020）。蓝牙是电缆的终结者，有望取代困扰计算机用户的杂乱的电线、支架和一些特殊附件。蓝牙使得用户戴上无线耳机就能在走廊或会议室共享文件，不需要电缆就可以将智能手机与笔记本电脑同步，并向打印机发送文档，甚至可以在餐桌边完成用餐支付。蓝牙是一种不受监管的媒体，工作频谱为 2.4 GHz，传输范围非常有限。它使用每秒 1 600 次跳跃且超过 79 个频次的跳频信号，可以很好地防止干扰和拦截。配备蓝牙的设备会不断扫描周围环境，寻找可以连接的设备。如今，几乎所有的移动设备都支持蓝牙。蓝牙低能耗（BLE）规范旨在降低蓝牙外围设备的能耗。蓝牙 5.0 是蓝牙标准的最新版本，它将使用 BLE 的能力扩展到各种设备，如无线耳机。蓝牙 5.0 还扩展了设备通信的范围（最长 240 米），数据传输速度高达 2 Mbps（Bluetooth SIG, Inc., 2020；Hildenbrand, 2019）。2020 年 4 月，苹果公司和谷歌公司宣布它们将合作开发一种软件来追踪病毒的轨迹，该软件将使用智能手机内置的蓝牙技术，如果人们与冠状病毒检测呈阳性的人密切接触，该软件就会发出警报。虽然这会引发隐私问题，但这种软件可以更容易地控制未来的疫情，而且两家公司都承诺将隐私和安全作为设计的核心（Mickle and Copeland, 2020）。

3.2.6 其他的创新性互联网接入技术：无人机、热气球和白色空间

谷歌、脸书和微软等公司正在探索各种新方法，为有线网络或蜂窝网络服务不佳的地区提供互联网接入。

2014 年，谷歌收购了泰坦航空公司（Titan Aerospace），该公司生产的太阳能无人机可以在 65 000 英尺的高空飞行数年。谷歌一直在尝试使用无人机提供 5G Wi-Fi 服务，并于 2018 年将其无人机互联网接入系统项目 Wing 分拆为一个独立的业务部门。谷歌也正在对潜鸟计划（Project Loon）中的高空热气球进行测试，设想在地球平流层放置一个盘旋的热气球，用于提供一个稳定的 Wi-Fi 连接。2014 年，谷歌升空了一个提供互联网接入服务的热气球，该热气球在空中飞行了近 22 天，甚至为其街景项目拍摄了照片，2015 年，斯里兰卡政府宣布斯里兰卡将成为第一个试行潜鸟计划并在全境提供互联网接入的国家。潜鸟计划于 2017 年在秘鲁得到运用，目前已经被谷歌的母公司 Alphabet 承接，为数千名家园被洪水和泥石流摧毁的秘鲁人提供互联网接入。2018 年，潜鸟计划进行了一项重大测试，展示了它通过七个热气球在 621 英里（约 1 000 公里）范围内传输互联网数据的能力。2019 年，它开始在肯尼亚和秘鲁进行商业试验（Hyman, 2020）。

类似地，脸书也成立了联网实验室（Connectivity Lab），专注于研究由太阳能驱

动的无人机、卫星和能够提供互联网接入服务的红外激光器。为了推动该项目的发展，脸书还收购了英国公司 Ascenta，其创始人发明了世界上飞行时间最长的太阳能无人机。2016 年，脸书完成了首架提供互联网接入的太阳能无人机 Aquila 的全面试飞。这款无人机由碳纤维制成，翼展与波音 737 相当，但重量不及小型汽车，预计能在 6 万~9 万英尺的高空飞行三个月。据报道，它使用激光通信系统，可以在空中传输数据。尽管脸书在 2018 年宣布不再为该项目制造飞机，但仍将继续开发软件和其他相关技术（Matsakis，2018）。

2017 年，微软宣布了一项名为 Airband Initiative 的试点计划，通过以前用于模拟电视信号的闲置频率（称为"白色空间"）向缺乏宽带服务的农村地区提供互联网接入。该项目遭到了电视广播公司的反对，它们担心使用闲置的无线电波可能会干扰附近频道的广播，以及增加开发使用 IEEE 802.11af Wi-Fi 标准技术兼容设备的成本。之后，微软公司和各宽带网络提供商签订了多项协议，以推进该项目（Alleven，2018；Tam，2017；Kang，2017）。

3.2.7　物联网

物联网（Internet of Things，IoT）是互联网的重要组成部分。互联网技术正在从台式机、笔记本电脑、平板电脑和智能手机扩展到消费者的电子产品、电器、汽车、医疗设备、实用系统、各种类型的机器，甚至是服装。几乎任何可以配备传感器并可以收集数据和接入互联网的设备都属于这一范畴，由它们所收集的数据能够用数据分析软件进行分析。

物联网建立在现有技术，如射频识别（RFID）标签的基础上，低成本传感器的可得性、数据存储价格的下降、可处理数万亿条数据的大数据分析软件以及 IPv6（为所有这些新设备分配互联网地址）的实施使得物联网成为可能。虽然物联网设备不一定是无线的，但大多数还是使用了前面所讨论的无线通信技术，如蜂窝网络、Wi-Fi、蓝牙或其他无线协议（如 ZigBee 或 Z-Wave），可以直接或通过移动应用程序连接到互联网（通常是云服务）。

物联网技术正在推动智能连接物品，包括电视、房屋和汽车，以及可穿戴技术如智能服装和 Apple Watch 等设备的发展。如今，可接入互联网并运行应用程序的智能电视变得非常流行，2018 年初，美国家庭安装了 2.1 亿台智能电视，预计到 2021 年底，这一数字将增长到 2.75 亿台（NPD Group Inc.，2018）。在谷歌以 32 亿美元收购 Nest Labs 的推动下，智能家居引起了热议。Nest Labs 生产智能恒温器、家庭安全摄像头、烟雾和一氧化碳报警器。Nest Labs 开发了 Nest Weave 协议，使电器、恒温器、门锁和其他 Nest Labs 产品能够相互通信，并且对第三方开发人员和制造商开放。Google Home 是一款数字音箱，与谷歌的智能数字语音助手 Google Assistant 配合使用，也是谷歌智能家居战略的一部分。苹果也构建了类似的智能家居平台——HomeKit。HomeKit 是一个用于控制家中设备的框架和网络协议，可供 iPhones 和 iPads 等设备使用，并能与苹果语音智能助手 Siri 配合使用。许多设备都是为 HomeKit 量身定制的，例如智能恒温器，智能门，提供温度、湿度和空气质量数据的家庭传感器，iDevices 开关（可通过 Siri 打开和关闭电子设备），以及苹果的智能扬声器 HomePod。许多有线电视公司，如 Charter Spectrum、康卡斯特和 AT&T 也提供包括电器和电灯在内的智能家居系统。总之，智能家居产品的全球市场规模预计将从 2018 年的约 750 亿美元增长至 2024 年的 1 500 亿美元以上（Research and Markets，2019）。

　　苹果公司在 2014 年 9 月推出了 Apple Watch。Apple Watch 配备了一个类似于 Fitbit 的健身/活动检测器，可以访问各种应用程序，还可以与苹果的移动支付服务 Apple Pay 配合使用。其他制造商如三星、Garmin 和 Fossil 等也推出了智能手表。根据 Gartner 的数据，到 2020 年，全球消费者在可穿戴设备上的支出将增长到 520 亿美元（Gartner，Inc.，2019b）。接下来的"商务透视"专栏中的案例"Apple Watch：将物联网戴到你的手腕上"对苹果公司推出的智能手表进行了更深入的讨论。

商务透视

Apple Watch：将物联网戴到你的手腕上

　　苹果公司在颠覆科技方面有着悠久的历史。苹果公司首次发布 Apple Watch 时，希望能继续效仿其 iPod、iPhone 和 iPad 的模式。到目前为止，Apple Watch 仍未大获成功，但销量相对较好，呈现出较大的增长潜力。

　　Apple Watch 是可穿戴技术的一个典型代表，该领域发展迅速，在医疗保健、医学、健身和许多其他领域都具有巨大的发展潜力。可穿戴技术的例子包括手表、智能服装和鞋类以及智能眼镜。更轻巧、更强大设备的激增以及计算能力的提高使得可穿戴计算成为可能。

　　分析师认为，可穿戴计算领域具有极大的前景。根据研究公司 IDC 的数据，2019 年共计售出了 3.35 亿台可穿戴设备（包括 AirPods 和 Beats），与 2018 年的 1.78 亿台相比，增长了近 90%，其中手表的销售量增长了近 23%。苹果公司在可穿戴计算行业依旧保持领导者地位，具体来说，该公司在可穿戴计算行业占据了 32% 的市场份额，各种可穿戴设备的销售量增长了一倍多，从 2018 年的 4 800 万台增加到 2019 年的 1.05 亿台以上。

　　苹果公司最初将 Apple Watch 视为 iPhone 的过滤器，仅通知用户至关重要的信息。Apple Watch 优先关注速度和简洁。苹果公司在开发 Apple Watch 时，也将重点放在外观设计上，Apple Watch 配有一个被称为数字皇冠的滚轮和一个屏幕，可以感知用户触摸的力度，并做出相应的反应。Apple Watch 背面有传感器，可以监控用户的生命体征和运动。机芯用于控制 Apple Watch 的许多功能，例如，抬起一只手臂查看收到的文本消息，手臂放下后隐藏消息。

　　Apple Watch 最独特的组件是触觉引擎（Taptic Engine），当对皮肤施加轻微压力时，该组件可以提供向用户传递信息和警报的功能。根据敲击的次数、节奏和力度，佩戴 Apple Watch 的人会收到不同类型的信息。不同的敲击次数可分别表示来电、即将召开的会议、短信和新闻提醒。Apple Watch 可能在某一天"敲击"你，提醒你在寒冷的日子穿厚一点的衣服出门，或者你的血糖很低，你需要吃东西了。

　　Apple Watch 推出时有 3 500 个应用程序，之后又增加了更多的应用程序，这些应用程序重点关注健身、睡眠跟踪、天气、音乐和娱乐、旅行、金融和游戏。亚马逊和 eBay 最初都为 Apple Watch 开发了应用程序，一些大型零售商如杰西潘尼（JCPenney）、科尔士（Kohl's）和塔吉特也纷纷效仿。大型零售商希望在 Apple Watch 中增加一些功能以改善佩戴者的店内购物体验。用户也许可以使用零售商的 Apple Watch 应用程序来避免排长队，通过交互式商店更有效地找到商品地图，并使用手机内置的 Apple Pay 按钮实现快速支付。然而，2018 年，苹果公司宣布对其操作系统进行修改，要求应用程序不再需要 iPhone 来刷新数据或执行关键功能，在此过程中禁用了许多应用程序。Instagram、Slack、eBay 和亚马逊的应用程序都因这一做法而暂停服务，尽管这些公司中的许多公司正在开发新版本，但一些人可能会认为 Apple Watch 提供的服务界面并不理想。

2019 年，苹果公司发布了 watchOS6 操作系统，增加了其他可用功能。最重要的是，watchOS6 允许用户直接从 Apple Watch 访问应用商店，而不必从 iPhone 安装应用。这些改进遵循了苹果公司以往的产品改进策略，如 Siri 更新、使用 Apple Pay 的点对点支付、Apple Music 的升级、自动检测用户何时锻炼的能力、更好地跟踪卡路里消耗的能力、无需另一台设备参与即可收听播客的能力以及无须使用 iPhone 即可连接到 Wi-Fi 的能力。watchOS7 于 2020 年 9 月发布，除了其他新功能之外，还增加了睡眠跟踪功能和界面选项。

苹果公司还为该设备发布了几款医疗应用，包括测量心率、心律和心电图的应用，跌倒检测应用，测量噪声水平的应用。它还在为糖尿病患者开发一种无创血糖监测仪。美国食品药品监督管理局（FDA）的规定允许苹果公司更容易地将 Apple Watch 作为一种健康设备进行营销，这可能会极大地增加 Apple Watch 的目标受众。早期对 Apple Watch 的一个常见争议是，无论它做什么，iPhone 都可以做得更快更好。但苹果公司已经开始推广在 Apple Watch 上运行的功能和应用程序，随着苹果公司在娱乐产品之外开发生物识别功能，Apple Watch 可能成为不同类型消费者的必备设备。

苹果公司在 2020 年 9 月发布了 Apple Watch 新版本，即 Apple Watch 系列 6。最引人注目的是血氧传感器和应用程序（新冠疫情出现后的功能）、性能提高、电池寿命增加以及始终在线的测高仪。

苹果公司也面临着来自其他可穿戴设备制造商的持续竞争，如三星的 Galaxy 系列智能手表、Fitbit，以及使用谷歌 Wear OS 的制造商如 Fossil、LG 和华为，但苹果公司通过不断改进 Apple Watch 的电池寿命、重量、速度和其他功能，迅速获得了市场份额，并超过了竞争对手。尽管一些分析人士认为，对于苹果公司的高标准来说，Apple Watch 令人失望，但几年后，它可能会有力地证明其怀疑者是错误的。

资料来源："Healthcare," Apple. com, accessed September 30，2020；"Apple Watch Series 6 Delivers Breakthrough Wellness and Fitness Capabilities," Apple. com，September 15，2020；"Shipments of Wearable Devices Reach 118. 9 Million Units in the Fourth Quarter and 336. 5 Million for 2019, According to IDC," Idc. com，March 10，2020；"Best Wear OS Watch 2019：Our List of the Top Ex-Android Wear Smartwatches," by James Peckham，Techrader. com，November 21，2019；"Apple Watch Share Grew in Q3, Delivering More Than 2. 5 Times Second Place Samsung," Patentlyapple. com，November 8，2019；"Apple Watch 5 Review," by Gareth Beavis，Techrader. com，September 18，2019；"WWDC：When Apple Watch Became a Platform," by Jonny Evans，Computerworld. com，June 11，2018；"watchOS5 Adds Powerful Activity and Communications Features to Apple Watch," Apple. com，June 4，2018；"The Best Apple Watch Apps," by Andy Boxall，Digitaltrends. com，May 27，2018；"The Apple Watch Has a Secret Weapon That Helps It Dominate the Market," by Tonya Riley，Cnbc. com，May 4，2018；"Instagram Is No Longer Available on the Apple Watch," by Emily Price，Fortune. com，April 4，2018；"Apple Watch Appears on Its Way to Becoming a $6 Billion Business," by Eric Jhonsa，Realmoney. thestreet. com，June 6，2017；"watchOS4 Brings More Intelligence and Fitness Features to Apple Watch," Apple. com，June 5，2017.

内置互联网接入的联网汽车也愈发成熟（见第 2 章"技术透视"专栏）。在这一领域，谷歌和苹果公司也是主要的研发力量。谷歌开发了 Android Auto（一种基于汽车信息娱乐界面的智能手机）以及安卓车载嵌入式操作系统（Android Automotive）。苹果公司开发了 CarPlay，一款同步 iPhone 与汽车信息娱乐系统的软件平台。联网汽车很可能在未来与智能家居计划相结合。联网汽车的下一个前沿课题是自动驾驶汽车，它结合了物联网和人工智能技术。许多互联网技术公司，如谷歌、百度、优步和英特尔，与汽车公司如特斯拉、宝马、沃尔沃、通用汽车、福特等已经就自动驾驶汽车项目进行合作。

尽管物联网引起了广泛关注，但协作性仍然是一个主要问题。正如许多处于早期开发阶段的技术一样，许多组织正在努力制定市场参与者需要共同遵循的标准。高通公司（Qualcomm）与包括微软和思科在内的其他 50 家公司组成的 AllSeen 联盟是一个致力于创建开源标准的组织。该联盟自成立以来，成员数量激增，到 2016 年，已有 200 多名成员。由于对 AllSeen 联盟工作的不认可，英特尔、博通（Broadcom）、戴尔等公司组建 Open Interconnect Consortium，目前其成员数量也超过了 200 个。2016 年末，这两个团体合并成立了 Open Connectivity Foundation。AT&T、思科、通用电气、IBM 和英特尔也成立了工业互联网联盟（Industrial Internet Consortium），专注于制定工业资产的工程标准。与许多其他类型的互联网技术一样，拥有安卓操作系统的谷歌及拥有 AirPlay 无线流媒体协议的苹果公司正在尝试建立自己的标准。

除了协作性，还存在安全和隐私问题。安全专家认为，物联网设备可能会导致一场安全灾难，恶意代码可能会通过互联的设备传播，由于向这些设备发送补丁非常困难，它们容易受到攻击（Internet Society，2015）。来自独立智能设备的数据可以揭示消费者生活中许多个人细节，如果这些设备最终都是相互连接的，那就没什么隐私可言了。

尽管在物联网完全实现之前仍然存在挑战，但已经胜利在望。专家估计，截至 2019 年，世界范围内已经安装了 100 亿～250 亿个物联网设备（不包括智能手机、平板电脑或台式机），有人预计到 2025 年，将有多达 1 000 亿个物联网设备，带来的全球经济价值将超过 1.5 万亿美元（Maayan，2020；Fuscaldo，2020；Ranger，2018；Columbus，2018）。

3.2.8　谁来管理互联网？

专业人士和记者声称互联网不受任何人的管理，事实上互联网也不能被管理，它先天就超出了法律所能管控的范畴。然而这些人忽略的一点是互联网以私人和公共通信设施为载体，这些设施本身受到法律监管，而这些监管同样适用于互联网。事实上，互联网与复杂网络的管理机构、国家政府和国际专业协会紧密相连。任何单一的管理组织都无法对互联网活动进行约束。不过，有许多组织会在一定程度上影响和监控互联网的发展。互联网的管理机构包括：

● 互联网名称与数字地址分配机构（Internet Corporation for Assigned Names and Numbers，ICANN），负责协调互联网的唯一标识符系统，IP 地址、协议参数注册和顶级域名系统都属于其管辖范围。ICANN 创建于 1998 年，是一个非营利组织，其下属的 IANA 负责分配 IP 地址。

● 互联网工程任务组（Internet Engineering Task Force，IETF），一个由网络运营商、供应商和研究人员组成的开放性国际团体，关注互联网架构和互联网运营的发展。IETF 下辖许多分布在不同地区的工作组，致力于开发和规范互联网标准，它们影响着人们使用和管理互联网的方式。

● 互联网研究任务组（Internet Research Task Force，IRTF）负责推动未来互联

网发展的重要研究。IRTF 下设许多长期研究小组，它们关注各种主题，如互联网协议、应用和技术。

- 互联网工程指导组（Internet Engineering Steering Group，IESG），负责指导 IETF 的活动和互联网标准流程的制定。
- 互联网架构委员会（Internet Architecture Board，IAB），负责定义互联网的整体架构，并监督 IETF 和 IRTF。
- 互联网学会（Internet Society，ISOC），一个由企业、政府机构和非营利组织组成的联盟，负责监督互联网政策的落实和互联网实际运作情况。
- 互联网管理论坛（Internet Governance Forum，IGF），针对互联网管理问题的争端而开展的公开合作论坛。
- 万维网联盟（World Wide Web Consortium，W3C），负责万维网使用的 HTML 和其他编程标准的大型技术标准机构。
- 互联网运营工作组（Internet Network Operators Group，NOG），由 ISP、IXP 和其他机构组成的非正式小组，讨论并试图影响与互联网运营和监管有关的事宜。

虽然这些组织中没有一个对互联网的发展和运作拥有实际控制权，但它们确实能在一定程度上影响以提升互联网运行效率为目标的政府机构、网络运营商、ISP、企业和软件开发人员。ICANN 最接近于互联网管理者的角色，也反映了美国商务部在互联网治理中发挥的强大作用。自互联网出现以来，美国一直控制着如今 IANA 行使的职能。在 ICANN 成立后，让这些职能脱离美国政府控制的呼声很高。然而，事与愿违的是，美国商务部在 2006 年宣布，美国政府将继续保留对根域名服务器的监督。此举有几个原因，包括防止恐怖组织利用互联网提供基本通信服务和杜绝国际机构接管可能造成的不确定性。2008 年，美国商务部重申了这一立场，表示没有任何将权威的根区文件管理移交给 ICANN 的计划（U. S. Department of Commerce，2008）。与此同时，不断发展的互联网大国如俄罗斯正在劝说美国将更多的互联网功能纳入联合国的控制之下（Pfanner，2012）。2014 年，在其他国家的持续施压下，美国终于宣布愿意移交对 IANA 的控制权，前提条件是必须满足某些规定，包括管理 IANA 职能的组织不受任何其他政府或政府间组织（如联合国）的具体控制。这一交接工作于 2016 年 10 月 1 日完成。

此外，互联网中的各种活动必须遵从活动举办地或者活动所需网络设备（如服务器）安置地的法律规定。虽然互联网在发展早期很少受到立法机关或行政机关的干预，但随着互联网在信息（包括令人反感的不健康信息）和知识的传播中发挥着越来越大的作用，这种情况正在发生改变。

通过阅读接下来的"社会透视"专栏"政府对互联网的监管和监督"，读者可以进一步了解互联网内容的审查问题。

社会透视

政府对互联网的监管和监督

在互联网普及的早期，由于互联网分布的广泛性，许多人认为它是难以监督或管控的。但现实情况截然相反。所有政府都会对互联网传播的内容和信息进行一定程度的监管，而且在许多国家，这种监管是非常广泛的。

欧洲和美国在不同时期采取了不同措施来控制对某些网站的访问，审查网络内容，并进行大规模的通信监控。例如，英国已经封锁了一系列网站，德国、法国和澳大利亚也是如此。即使是在世界上网络最发达国家之一的韩国，对于那些被认为是颠覆性的、对公共秩序有害的内容也受到限制。一般而言，这些被封锁的网站中包含了一些令人反感的内容，如儿童色情制品或纳粹纪念品。

为了应对恐怖主义威胁和其他犯罪，欧洲各国政府和美国政府还对恐怖主义嫌疑人的电子邮件和文本通信进行深度数据包检测。这种监控不只限于国际数据流，还包括大范围的国内监控，以及对常规电子邮件、推文和其他消息的分析。2013 年，美国国家安全局（NSA）前承包商爱德华·斯诺登（Edward Snowden）因泄露 NSA 关于棱镜（PRISM）计划的机密文件而登上了新闻头条。该计划可以访问许多主要互联网公司的服务器，如脸书、谷歌、苹果、微软等。此外，这些文件揭示了美国国家安全局的 XKeyscore 计划，该计划允许分析师在没有任何授权的情况下搜索电子邮件、聊天和公民个人浏览历史的数据库。分析师使用该技术时不需要授权令、法院许可或其他形式的法律文件。斯诺登的文件还显示，间谍机构正在窃取智能手机应用程序的数据，NSA 正在监测谷歌和雅虎上的个人用户信息流。NSA 声称，该计划仅用于监控外国情报目标，其收集的信息有助于逮捕恐怖分子。

许多欧洲国家也在推进加强在线监控的计划。为了应对多起恐怖袭击，法国通过了强制 ISP 保存浏览数据的规定，以及对电话、电子邮件和所有移动电话通信进行监控的附加规定。2016 年《调查权力法》赋予英国政府对互联网活动进行监控的权力，包括大规模拦截海外相关通信。2018 年，一家英国上诉法院裁定该国的监控项目非法，因为缺乏任何独立机构的监督和审查，以及对电话和网络浏览记录的不受限制的访问。然而，2019 年，英国高等法院驳回了对该法的质疑，认定该法没有违反 1998 年《人权法》。在德国，《通信情报收集法》授权德国联邦情报局收集和处理外国国民的通信，包括通过位于德国境内的互联网交换点传输的通信。

在美国，特朗普政府签署了一项法案，允许美国国家安全局继续收集外国情报，同时收集关于整个美国人口的数据信息。特朗普政府也对中国科技公司中兴和华为施压。随着各国之间紧张局势的加剧，各国政府可能会加大对互联网内容的监控力度。

资料来源："UK High Court Rules for Government in Investigatory Powers Act Case," by Tim Zubizarreta, Jurist. org，July 30，2019；"Trump Signs Bill Renewing NSA's Internet Surveillance Program," by Dustin Volz, Reuters. com，January 19，2018；"After Terror Attacks, Britain Moves to Police the Web," by Mark Scott, *New York Times*，June 19，2017.

3.3 万维网

没有万维网，就没有电子商务。万维网的出现使得给数百万非专业计算机用户提供服务的数字应用实现了爆发式增长，包括彩色文本和页面、格式化文本、图片、动画、视频和声音。简而言之，万维网几乎具备面向非专业计算机用户的电子商务所需的所有表现方式。

虽然互联网诞生于 20 世纪 60 年代，但直到 1989—1991 年，万维网才由大家所熟知的 CERN 的蒂姆·伯纳斯-李博士变为现实（Berners-Lee et al.，1994）。几位早期的作者——如万尼瓦尔·布什（Vannevar Bush）（于 1945 年）和泰德·纳尔逊（Ted

Nelson)（于 20 世纪 60 年代）——很早就提出了将知识组织成一组用户可以自由浏览的互联页面的设想（Bush，1945；Ziff Davis Publishing，1998）。伯纳斯-李和 CERN 的同事基于这些想法，开发了最初版本的 HTML、HTTP、网络服务器和浏览器，它们是万维网的四个重要组成部分。

最初，伯纳斯-李写了一个计算机程序，允许他自己计算机中的格式化页面通过关键词（超链接）相互链接。通过点击文档中的一个关键词，就能立即转向另一个文档。伯纳斯-李使用改进版本的标准通用标记语言（Standard Generalized Markup Language，SGML）创建了这些页面。

伯纳斯-李称这种语言为超文本标记语言，即 HTML。之后，他产生了将 HTML 页面存储在互联网中的想法。远程客户机可以通过使用 HTTP 来访问这些页面（在前面已经介绍过了，在后文会有更全面的描述）。但是这些早期的网页只能显示黑白文本，超链接在括号内进行标注。早期的万维网只能支持纯文本服务，最初的网络浏览器也只能提供命令行界面。

这种局面一致持续到 1993 年。当年，设于伊利诺伊大学的美国国家超级计算应用中心（NCSA）的工作人员和马克·安德森创建了一个带有图形用户界面（GUI）的网络浏览器 **Mosaic**。Mosaic 可以输出各种图像元素，如彩色背景、图片甚至简单动画，并且与 Macintosh、Windows 或 Unix 等基于图形界面的操作系统兼容。Mosaic 浏览器读取网页上的 HTML 文本，以图形用户界面的形式将解析后的结果在操作系统（如 Windows 或 Macintosh）中呈现出来。从此，HTML 页面从黑白文本页面中解放出来，全世界任何能够使用个人电脑和鼠标的用户都可以浏览网页内容。

除了使网页内容丰富多彩，让世界用户都能随意浏览外，Mosaic 网络浏览器还使独立于操作系统的跨平台共享文件、信息、图形、声音、视频和其他内容的**通用计算**（universal computing）成为可能。开发人员可以为所有主流操作系统量身定制浏览器软件，因此专为某个系统如 Windows 系统设计的页面也能在运行 Macintosh 或 Unix 系统的计算机中完整再现。只要每个操作系统都有 Mosaic 浏览器，相同的网页就可以在不同类型的计算机和操作系统上使用。这意味着无论你在世界哪个地方使用哪种电脑，你都会看到相同的网页。自此，浏览器和网络将我们带入了一个全新的通用计算和信息共享的世界，这在 1993 年之前是不可想象的。

1994 年，马克·安德森和吉姆·克拉克创建了网景公司，网景公司推出了第一个商业浏览器 **Netscape Navigator**。虽然 Mosaic 依旧推行免费策略，但网景公司还是决定对 Netscape Navigator 收费。1995 年，微软发布了自己的免费浏览器 Internet Explorer（IE）。自此，网景公司一蹶不振，市场份额从 100％ 下降到 2009 年的不到 0.5％。对网景公司失败的教训，电子商务公司应引以为戒。在网络经济时代，技术创新者往往不是最终赢家，而精明的后来者经常能够在长期竞争中拥有所需的资产。如今，Netscape Navigator 的大部分源代码保存在 Mozilla 基金会，一个致力于互联网开放的非营利组织开发的 Firefox 浏览器中。

3.3.1　超文本

我们之所以可以通过互联网访问网页，是因为网络浏览器可以使用 HTTP 协议请求获取存储在互联网主机服务器上的网页。**超文本**（hypertext）是一种格式化页面的方式，通过嵌入超链接将文档和其他资源连接在一起，其他资源包括声音、视频或动画文件。如果用户点击了一张图片就能欣赏视频，那么用户点击的实际上是一个指向该视频片段的超链接。当用户在浏览器中输入一个网址（如 http://www.sec.gov）时，浏览器会向 sec.gov 服务器发送一个 HTTP 请求，请求访问 sec.gov 的主页。

HTTP 是所有网址的起始字段，之后才是域名。域名用于指定某一专门存放文件的组织的服务器计算机。大多数公司都有一个与其官方名称相同或密切相关的域名。目录路径和文档名称是网址中的另外两个重要信息，有助于浏览器跟踪所请求的页面。域名、目录路径和文档名称组合在一起，就构成了一个完整的网络地址，称为统一资源定位器（URL）。当用户在浏览器的地址栏中输入 URL 后，浏览器就能获得网址的详细信息。例如，在 http://www.megacorp.com/content/features/082602.html 这一 URL 中，http 表示显示网页的协议名称；www.megacorp.com 表示域名；content/features 是识别页面在域网络服务器上存储位置的一个具体目录路径；082602.html 表示所请求的文档名称与文档格式（一个 HTML 页面）。

表 3-12 列举了目前最常见且已经获得 ICANN 官方认可的域扩展名（称为通用顶级域名（gTLD））。国家也有专属域名，如.uk,.au,.fr（分别为英国、澳大利亚和法国的专属域名）。这些有时被称为国家代码顶级域名（ccTLD）。2008 年，ICANN 批准了大量扩展的通用顶级域名，包括一些具有代表性的城市（如.berlin）、地区（如.africa）、种族（如.eus）、行业/活动（如.health），甚至品牌（如.deloitte）。2009 年，这些扩展的通用顶级域名投入使用。2011 年，ICANN 几乎取消了对域名的所有限制，从而大大增加了可用域名的数量。截至 2019 年底，超过 1 230 个通用顶级域名通过了申请并发布，超过 2 900 万个域名注册使用到了这些通用顶级域名（Verisign，2020）。新通用顶级域名支持多种语言和文字/字符（包括阿拉伯语、汉语、日语和俄语），并包括地理名称（如.nyc,.london,.paris）、业务标识符（如.restaurant,.realtor,.technology,.lawyer）、品牌名称（如.bmw,.suzuki）以及大量其他描述性名称。

表 3-12　通用顶级域名

通用顶级域名	推出时间	用途	赞助商/运营商
.com	20 世纪 80 年代	无限制（但打算商业注册使用）	VeriSign
.edu	20 世纪 80 年代	美国教育机构	Educause
.gov	20 世纪 80 年代	美国政府	美国总务管理局（U.S. General Services Administration）
.mil	20 世纪 80 年代	美国军队	美国国防部网络信息中心（U.S. Department of Defense Network Information Center）
.net	20 世纪 80 年代	无限制（原先只服务于网络供应商）	VeriSign
.org	20 世纪 80 年代	无限制（由不适用其他域名的组织使用）	Public Interest Registry（在 2002 年 12 月 31 日之前由 VeriSign 运营）
.int	1998 年	根据政府间的国际条约建立的组织机构	IANA
.aero	2001 年	航空公司	国际航空电信集团（SITA）

续表

通用顶级域名	推出时间	用途	赞助商/运营商
. biz	2001 年	商业用途	NeuLevel
. coop	2001 年	合作社	DotCooperation LLC
. info	2001 年	无限制	Afilias LLC
. museum	2001 年	博物馆	博物馆域名协会（MuseDoma）
. name	2001 年	个人用途	全球命名注册有限公司（Global Name Registry Ltd.）
. pro	2002 年	会计、律师、医生等专业人士	RegistryPro Ltd
. jobs	2005 年	求职	Employ Media LLC
. travel	2005 年	旅行机构	Tralliance Corporation
. mobi	2005 年	特别为手机建立的网页	mTLD 顶级域名有限公司
. cat	2005 年	推广加泰罗尼亚语言和文化的个人、组织	Fundació puntCAT
. asia	2006 年	专为亚洲企业和个人设计的地区域名	DotAsia 组织
. tel	2006 年	电话号码和其他联系信息	ICM Registry

资料来源：ICANN，2011b.

3.3.2　标记语言

虽然大家对网页的标准格式化语言 HTML 耳熟能详，但文档格式化思想实际上起源于 20 世纪 60 年代出现的通用标记语言（Generalized Markup Language，GML）。

超文本标记语言

超文本标记语言（HTML）是一种更容易使用的 GML。HTML 为网页设计者提供了一组用于格式化网页的固定标记"标签"。当这些标签被嵌入网页中时，它们被浏览器读取并被转化为页面显示内容。用户能看到网络浏览器页面的 HTML 源代码，具体方法取决于使用的浏览器。例如，如果你正在使用 Firefox 网络浏览器，你只需同时按下 U 键和 Control 键就可以查看 HTML 源代码。在图 3-13 中，（A）显示的就是（B）的 HTML 源代码。

HTML 定义了文档的结构，包括标题、图形位置、表格和文本格式等。HTML 与**层叠样式表**（Cascading Style Sheet，CSS）结合使用，CSS 可以告知网络浏览器如何在屏幕上显示 HTML 元素。HTML 提供页面结构，CSS 提供页面样式。HTML 可以通过任何文本编辑器创建，如记事本、写字板、Word（只需将 Word 文档保存为网页）或其他网页开发工具（如 Microsoft Visual Studio 或 Adobe Dreamweaver CC）。

HTML 的最新版本是 **HTML5**。HTML5 已经成为当今的网页开发标准，提供了过去由 Adobe Flash 等插件提供的功能。HTML5 不仅支持视频和动画，还支持在 CSS3（最新版本的 CSS）、JavaScript 和 HTML5 Canvas（用于使用 JavaScript 绘制图形）的环境下的交互。HTML5 也用于开发移动网站和移动应用程序，是响应式网页

(A)

```
index2.html - Notepad
File  Edit  Format  View  Help
<!doctype html>
<html>
<head>
<meta charset="utf-8">
<title>css</title>
<style type="text/css">
body,td,th {
        color: #000000;
        font-family: "Lucida Grande", "Lucida Sans Unicode", "Lucida Sans", "DejaVu Sans", Verdana, sans-serif;
        font-size: 16px;
}
</style>
</head>

<body>
<table width="881" border="0" cellpadding="10">
  <tbody>
    <tr>
      <td width="269"><img src="profile.png" width="150" height="151" /></td>
      <td width="566"><h1>Jane Smith: </h1>
      <h1>Puzzle Solver</h1></td>
    </tr>
  </tbody>
</table>
<br>

<table width="881" border="0" cellpadding="10">
  <tbody>
    <tr>
      <td width="120"><img src="brain.png" width="100" height="112" /></td>
      <td width="160"><h2>Brains</h2></td>
      <td width="677"><p>Lorem ipsum dolor sit amet, consectetur adipiscing elit, sed do eiusmod tempor incididunt
ut labore et dolore magna aliqua. </p>
      </td></tr>
    <tr>
      <td><img src="pen.png" width="100" height="112" ></td>
        <td><h2>Writer</h2></td><td>Nemo enim ipsam voluptatem quia voluptas sit aspernatur aut odit aut
fugit, sed quia consequuntur magni dolores eos qui ratione voluptatem sequi nesciunt.</td></tr>
      <tr>
        <td><img src="glasses.png" width="100" height="41" /></td>
        <td><h2>Well-read</h2></td><td>Sed ut perspiciatis unde omnis iste natus error sit voluptatem accusantium
doloremque laudantium. </td></tr>
  </tbody>
</table>

</body>
</html>
```

(B)

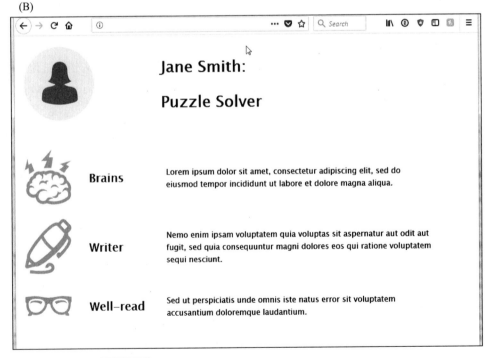

图 3-13　HTML 源代码（A）和网页内容（B）示例

注：HTML 是一种用于创建网页的文本标记语言。它有一组固定的"标签"，用来告诉浏览器如何在屏幕上呈现内容。（A）所示的 HTML 创建了（B）所示的网页。

资料来源：（A）Notepad，Microsoft Windows，Microsoft Corporation；（B）Internet Explorer，Microsoft Windows，Microsoft Corporation.

设计和自适应网页传输的重要工具，所有这些都将在第 4 章全面讨论。HTML5 应用程序就像网页一样工作，页面内容如图像和视频从网络服务器加载到浏览器中，而不是驻留在移动设备硬件中。这种设备独立性已经被移动开发人员所接受。HTML5 还可以访问移动设备的内置功能，如 GPS 和刷卡功能。作为首选的网络媒体传输平台，HTML5 的崛起反映了移动平台的迅猛增长，也加速了适用于桌面开发的 Adobe Flash 的消亡。

可扩展标记语言

可扩展标记语言（eXtensible Markup Language，XML）的引入使网页格式发生了巨大的变化。XML 是由万维网联盟开发的一种标记语言规范，与 HTML 类似，但目的完全不同。HTML 主要用于显示网页中的数据内容，而 XML 用来对页面数据和信息进行描述。例如，图 3-14 中的 XML 文档，其中，第一行是 XML 声明，存在于所有 XML 文档中，说明了文档的 XML 版本。例如，在本例中，文档遵循 XML 1.0 的规范。第二行定义了文档的第一个元素（根元素）<note>，接下来的四行定义了根元素的四个子元素（to、from、heading 和 body），最后一行说明根元素到此结束。XML 并没有说明如何显示这些数据，或者这些文本该如何布局。因此，XML 在使用时必须和 HTML 相结合，由 XML 描述数据，而 HTML 负责把这些数据显示在浏览器上。

```
<?xml version="1.0"?>
<note>
<to>George</to>
<from>Carol</from>
<heading>Just a Reminder</heading>
<body>Don't forget to order the groceries from FreshDirect!</body>
</note>
```

图 3-14 XML 代码实例

注：这个简单的 XML 文档中的标记（如<note>、<to>和<from>）用于描述数据和信息，而不是文档的外观。

图 3-15 展示了如何使用 XML 在公司名录中定义公司名称数据库。这可以通过为单个公司或整个行业定义标签，如<Company>、<Name>和<Specialty>来实现。从初级角度来看，XML 非常容易学习，除了可以自己建立标签之外，其余与 HTML 非常相似。从更深层次来看，XML 集合了丰富的语法和软件工具，这使得 XML 非常适合在网页上存储和传输各种类型的数据。

XML 是一种可扩展的语言，这意味着用于描述和显示数据的标签是由用户定义的，而在 HTML 中，标签是有限的和预先定义的。XML 还可以将信息转换成新的显示格式，例如将从数据库中导入的信息以表格的形式显示。在 XML 的帮助下，可以有选择地分析和显示信息，而这一点是 HTML 无法企及的。这意味着公司或整个行业都可以使用万维网兼容的标记语言来描述所有的发票、应付账款、工资记录和财务信息。一旦描述完毕，这些业务文档就可以存储在内部网的网络服务器上，并在整个公司内共享。

```
<?xml version="1.0"?>
<Companies>
    <Company>
            <Name>Azimuth Interactive Inc.</Name>
        <Specialties>
                <Specialty>HTML development</Specialty>
                  <Specialty>technical documentation</Specialty>
                <Specialty>ROBO Help</Specialty>
                <Country>United States</Country>
        </Specialties>
        <Location>
                <Country>United States</Country>
            <State />
             <City>Chicago</City>
        </Location>
                <Telephone>301-555-1212</Telephone>
    </Company>
    <Company>
        ...
    </Company>
    ...
</Companies>
```

图 3-15　公司名录 XML 代码实例

注：这个 XML 文档使用标签来定义公司名称数据库。

简易信息聚合（Really Simple Syndication，RSS）是一种基于 XML 的格式，RSS 允许用户通过互联网将数字内容（包括文本、文章、博客和播客、音频文件）自动发送到他们的计算机上。你可以在你的电脑上安装一个 RSS 应用程序，从网站和博客上收集资料，浏览网页上最新发布的信息。这也被称为聚合内容，因为它是由新的组织和其他经营者（或发布者）共同发布的。用户下载一个 RSS 阅读器，然后订阅 RSS 消息。无论早期通过什么途径订阅 RSS 消息，RSS 阅读器都会显示最近的更新。RSS 已经从早先的"技术宅专属"飞速发展成为一种用户基础广泛的应用。尽管谷歌已经关停了 Google Reader 这一广为流行的 RSS 阅读器，但其他的 RSS 阅读器，包括 Feedly、Reeder 和 NewsBlur，仍不失为好的选择。

3.3.3　网络服务器和客户机

我们已经讨论了客户机/服务器计算以及它所带来的变革，也知道服务器就是一台连接到网络的计算机，专门用于存储文件、控制外围设备、与外部世界（包括互联网）进行交互，并帮助本地网络上的其他计算机进行信息处理。

网络服务器与此相比有什么区别呢？**网络服务器**（web server）是指能够使一台计算机将 HTML 网页通过网络传送给向自己发出 HTTP 请求的客户机的专用软件。就活跃的网站数量而言，Apache 是最常用的网络服务器软件，需要以 Linux 和 Unix 为系统环境。微软旗下的互联网信息服务（IIS）也占有很大的市场份额（Netcraft，2020）。

除了响应对网页的请求之外，所有的网络服务器都附加了如下基本功能：

● 安全服务——主要包括验证试图访问网站的人是否被授权获取服务。对于处理支付交易的网站，网络服务器必须支持安全套接层协议和传输层安全协议。当需要向网站提供姓名、电话号码、地址和信用卡数据等私人信息时，网络服务器使用传输层安全协议和其他安全协议来确保浏览器和服务器之间数据交换的安全性。

● 文件传输——文件传输协议诸如 FTP、FTPS 和 SFTP 等使用户能够在服务器之间传输文件。由于服务器设定了不同的权限，用户可能无法向网络服务器上传文件，也有一些网站可能限制文件下载。

● 搜索引擎——正如搜索引擎网站使用户能够在整个互联网中搜索特定文档一样，网络服务器中的搜索引擎模块也能够对网站的网页和内容进行索引，并允许使用关键词对网站内容进行搜索。每当执行搜索时，搜索引擎使用囊括了服务器上所有文档列表的索引清单进行索引，通过对比搜索词与索引，确定可能的匹配结果。

● 数据采集——网络服务器也有助于监控站点流量，记录访问网站的用户名称、用户停留时间、每次访问的日期和页面。这些信息被编译并保存在日志文件中，以备日后分析使用。通过分析日志文件，网站管理员可以了解网站总访问量、访问者平均停留时间以及网站中最受欢迎的网页等信息。

网络服务器一词也用来指代运行网络服务器软件的物理计算机。领先的网络服务器计算机制造商包括联想、戴尔和惠普。尽管任何台式机都可以运行网络服务器软件，但最好使用经过优化配置的计算机。要成为网络服务器，计算机必须安装网络服务器软件并连接到互联网。每台公共网络服务器计算机都有一个 IP 地址。例如，如果你在电脑浏览器中输入 http：//www. pearson. com/laudon，浏览器会向域名为 pearson. com 的网络服务器发送一个 HTTP 服务请求。然后，服务器找到名为"laudon"的页面，将该页面发送到你的浏览器，并在你的电脑屏幕上显示。

除了通用的网络服务器之外，实际上还有许多其他类型的专用服务器，如检索数据库中特定信息的**数据库服务器**（database server）、发布定向广告的**广告服务器**（ad server）、提供电子邮件消息服务的**邮件服务器**（mail server），以及提供流媒体和其他类型媒体的**媒体服务器**（media server）。在一个小型电子商务网站上，所有这些软件包都在一台单处理器的计算机上运行。大型企业的网站则需要数百或数千台独立的服务器计算机——其中许多计算机有多个处理器——才能为用户提供特定的功能。我们将在第 4 章更详细地讨论电子商务网站架构的相关问题。

此外，**网络客户机**（web client）是连接到互联网并能发送 HTTP 请求和显示 HTML 页面的任何计算设备。最常见的客户机是 Windows 和 Macintosh 台式机/笔记本电脑，Unix 和 Linux 操作系统的计算机在普及程度上略逊一筹。然而，增长最快的网络客户机并非计算机，而是移动设备。一般来说，网络客户机可以是任何能够通过网络服务器发送和接收信息的设备，包括打印机、冰箱、电炉、家庭照明系统或汽车仪表板等。

3.3.4 网络浏览器

网络浏览器（web browser）是一种主要用于显示网页的软件程序。截至 2020 年 6 月，市场份额最高的桌面浏览器是谷歌的 Chrome，这是一款小型但技术先进的开源浏览器，它已经占了约 69％的市场份额。Chrome 同样是领先的移动设备浏览器，约占 64％的市场份额。紧随其后的是 Mozilla Firefox 桌面浏览器，约占 8％的市场份额。但是 Firefox 在移动设备浏览器的市场份额很小，不到 1％。Firefox 于 2004 年首次发布，是一款基于 Mozilla 开源代码（最初为网景提供代码）的免费开源网络浏览器，适用于 Windows、Linux 和 Macintosh 操作系统。Firefox 占据较少的存储空间，但能提供流畅的浏览体验，还有许多附加功能，如弹出窗口阻止和选项卡式浏览。微软的 Edge 浏览器于 2015 年首次发布，是一款与 Windows 10 操作系统兼容的全新浏览器，它花费了很长时间才获得用户的青睐，占据了桌面浏览器市场约 7％的份额，位居第三。IE 浏览器位居第四，约占 6％的市场份额。IE 11 最初发布于 2013 年，是微软支持的 IE 最终版本。苹果公司的 Safari 浏览器仅占桌面浏览器市场份额的 4％左右，但在移动设备浏览器方面占 27％的市场份额，位居第二，这在很大程度上得益于其在 iPhone 和 iPad 上的使用（Netmarketshare，2020）。

3.4 互联网与万维网：特色服务

互联网和万维网催生了大量功能强大的网络应用，这为电子商务的蓬勃发展奠定了基础。你可以把所有这些网络应用看作网络服务，边阅读边将其与传统的媒介如电视或印刷媒体进行比较是很有趣的。如果你确实这么做了，那你很快就会意识到互联网环境的丰富性。

3.4.1 通信工具

互联网和万维网提供了许多通信工具，使世界各地的人能够以一对一和一对多的方式相互通信。这些通信工具包括电子邮件、消息应用程序、在线留言板、网络电话，以及视频会议、视频聊天和远程呈现等。下面我们将更深入地介绍每一种通信工具。

电子邮件

电子邮件（electronic mail，e-mail）一直是互联网中最常用的应用。据统计，全世界约有 40 亿电子邮件用户，超世界总人口的一半，每天发送超过 3 050 亿封电子邮件（Radicati Group，2020）。各组织对垃圾邮件数量的估计尚不统一，从 40％到 90％不等。我们将在第 6 章对电子邮件营销和垃圾邮件进行更深入的探讨。

电子邮件使用一系列协议，这使得包含文本、图像、声音和视频片段的消息能够从一个互联网用户传输到另一个互联网用户。电子邮件的灵活性和快捷性使其成为目前最受欢迎的商业通信形式之一，甚至比电话、传真或传统信件（美国邮政服务(U. S. Postal Service)）更受欢迎。除了在邮件本身的文本信息之外，电子邮件还允许插入各种**附件**（attachment），如文档、图像、声音或视频片段。

消息应用程序

电子邮件在发送和接收消息之间有几秒到几分钟的时间延迟。不同于电子邮件，**即时消息**（instant messaging，IM）允许实时发送消息。即时消息几乎可以即时地传输发件人的文本等。同时，收件人也可以立即以同样的方式回复发件人，使通信更像是一次实时对话。用户在使用即时消息之前需要创建一个他们想与之交流的用户列表，然后输入短消息，这些短消息会立即发送给选定的收件人（如果收件人在线）。虽然文本仍然是即时消息的主要通信形式，但更先进的系统也提供语音和视频聊天功能。基于互联网的即时消息与基于手机的短信服务（SMS）和彩信服务（MMS）相互竞争。主流的即时通信系统包括 Skype 和 Google Hangouts。（早期的领导者 AIM（AOL 即时通信）和 Yahoo Messenger 目前都已经停产。）即时通信系统最初是作为专有系统开发的，竞争企业提供的版本之间不可以相互通信。直到今天，这样的局面仍未被打破。

目前广为流行的移动通信应用有 Facebook Messenger、WhatsApp（在 2014 年被脸书以 220 亿美元收购）、Snapchat（允许用户在规定时间内撤回图片、视频和文本）、Kik 和 Viber 等，它们给传统的桌面即时通信系统和短信服务带来了不小的竞争压力。2020 年，美国约有 1.45 亿人（几乎占美国总人口的 45%）使用移动消息通信程序，公司越来越多地使用这些通信程序来营销自己的品牌（eMarketer, Inc.，2020g）。

在线留言板

在线留言板（online message board，也称为论坛、公告板、讨论板、讨论组等）是一种允许互联网用户相互通信的网页应用，但它所支持的通信方式并非实时通信。留言板为留言板成员发起（"发布"）的各种讨论（"帖子"）提供了一个平台，根据留言板管理员授予留言板成员的权限，用户可以发布帖子和回复其他人的帖子。大多数留言板软件允许用户创建多个留言。留言板管理员通常可以编辑、删除、移动或修改留言板中的各种帖子。与自动向订阅者发送新消息的电子邮件列表不同，成员通常只有在访问留言板时才能查看新帖子。一些留言板提供"电子邮件通知"功能，通知用户他们感兴趣的新帖子已经发布。

网络电话

如果今天重新构建电话系统的话，它将是一个基于互联网的使用 TCP/IP 协议进行包交换的网络。因为它比现有的电话系统更便宜、更有效，现有的电话系统是电路交换分支和数字主干网的混合。同样，我们也有可能由于相同的原因使用互联网技术重构有线电视系统。

IP 电话（IP telephony）是使用**互联网语音协议**（Voice over Internet Protocol, VoIP）和包交换网络在互联网上实现语音、传真和其他形式音频通信的技术总称。VoIP 可以在传统手机上使用，也可以在移动设备上使用。VoIP 免去了传统电话公司收取的长途费用。

VoIP 可以说是一种颠覆性技术。过去，语音通话和传真是固定网络的主要业务，但随着互联网和电话的融合，这一主导地位已经改变。电话公司和有线电视公司已转变成为互联网服务提供商，互联网服务提供商也逐渐扮演电话公司和有线电视公司的角色。在美国，几乎 60% 的有线电话都接入了 VoIP。由于有线电视公司将电话服务作为"三网合一"（包括语音服务、互联网接入服务和电视服务）的一部分进行捆绑销售，电话服务的数字还在继续增长。然而，与 VoIP 用户的数量相比，这个数字就相形见绌了。在过去几年里，移动 VoIP 用户数量迅猛增长，这一增长主要得益于提供免费 VoIP 服务的移动通信应用市场的繁荣，其中有代表性的应用包括 Skype、Facebook Messenger、

WhatsApp（归脸书所有）、Viber（归日本电子商务巨头乐天（Rakuten）所有）、微信、Line、KakaoTalk 等。据微软称，2020 年，超过 5 亿人在使用 Skype 等提供的 VoIP 服务（Lardinois，2020；Mitchell，2019；Bar，2019）。

视频会议、视频聊天和远程呈现

只要有宽带互联网接入和网络摄像头，任何人都能进行互联网视频会议和视频聊天。在新冠疫情期间，这些技术的使用激增，既被用作远程开展业务的工具，也被用作寻求与家人和朋友联系的个人工具（见"技术透视"专栏的"新冠疫情中的Zoom"）。面向企业的流行视频会议工具包括 Zoom、Webex（思科所有）、Microsoft Teams、Google Hangouts、GoToMeeting 和 FUSE。Slack 是另一种流行的视频工具，它是一种基于云的团队协作工具，提供视频会议和聊天功能。有许多网络视频聊天工具面向消费者，如苹果的 FaceTime、脸书的 Messenger、微软的 Skype、谷歌的 Hangouts Chat、Houseparty 和免费版的 Zoom。

远程呈现使视频会议的效果得到了明显的提升。远程呈现不是通过网络摄像头让一个人"露面"，而是在一个房间里用多个摄像头和屏幕创造一个围绕用户的环境。这种体验起初是不可思议和奇怪的，因为当你看着屏幕上的人时，他们正直视着你。广播质量和更高的屏幕分辨率改善了这一局面，使得用户有一种"在同事面前"的感觉，这种感觉在传统的网络会议中是难以实现的。远程呈现软件和硬件的提供商包括思科、LifeSize、BlueJeans Network（2020 年 5 月被威瑞森收购）和 Polycom。

技术透视

新冠疫情中的 Zoom

2020 年之前，视频会议主要是企业举行远程会议的工具，视频聊天是联络家人和朋友的一种有趣的方式。新冠疫情暴发了。突然之间，视频会议成为重要的基础设施，视频聊天成为社交隔离者的生命线。提供这些服务的公司看到了需求的激增。Zoom 已经在与 Skype（微软旗下）、谷歌的 Hangouts 和思科的 Webex 等现有科技巨头提供的视频会议服务竞争中获得了越来越多的关注。2020 年，Zoom 的受欢迎程度进一步提升，与此同时，Zoom 也因其安全和隐私政策而面临着严峻的挑战。

Zoom 于 2011 年由袁征（Eric Yuan）创立。2019 年，该公司上市，收入增长 88%，新增用户 190 万。2020 年新冠疫情将 Zoom 的使用推向了新的高度。Zoom 的每日用户数量从 2019 年 12 月的 1 000 万左右飙升至 2020 年 4 月的 2 亿。Zoom 的 iOS 应用程序成为苹果应用商店中免费下载量最高的应用程序，单日下载量超过 200 万次。

随着世界各地的人居家隔离，各种类型和规模的企业都使用 Zoom 来继续日常运营。Zoom 是员工人数不超过 500 人的公司最常使用的视频会议软件，也是员工人数超过 500 人的公司使用的第二大视频会议软件，仅次于 Skype。学校和学院取消了面对面的课程，转而使用 Zoom 和其他平台来完成学年课程。Zoom 的可靠性在所有主要视频会议平台中获得了最高分，该公司的免费增值业务模式允许临时用户保持长达 40 分钟的通话。该公司针对个人和小型企业的订阅计划价格合理，14.99 美元的计划提供额外功能，而针对大型企业的其他定价计划则可以随着使用量的增加进行拓展。

　　然而，真正推动 Zoom 快速增长的因素是，它越来越多地被用作朋友和家人在疫情期间保持联系的社交工具，也是许多艺术家继续展现其技艺以及依靠个人互动维持生计的途径。Zoom 的创意用途包括喜剧表演、手工艺集会、音乐会、音乐课、艺术表演和教堂服务。瑜伽工作室纷纷涌入 Zoom 开设在线课程，随着疫情带来的焦虑和压力的增加，这些课程的销路很好。Zoom 像一种新型的社交网络。用户可以维护和更新好友列表，查看好友是否在线，还可以参加公开聚会。

　　然而，Zoom 的发展道路并非没有挑战。在新冠疫情期间需求飙升的情况下，保持高质量和可靠的服务对公司和用户都至关重要。Zoom 的基础设施是基于从主机托管公司 Equinix 租赁的数据中心和公共云（包括亚马逊网络服务、Microsoft Azure 和甲骨文）。为了应对激增的需求，Zoom 扩大了云服务的使用范围，并在已使用的 17 个数据中心的基础上又增加了两个。保持必要的网络带宽一直是一个特别的关注点：Zoom 历史上保持的网络容量比其最大实际使用量多 50%。Zoom 一直在使用 Equinix 的云交换结构，这是一个软件定义网络的互连平台，使其能够轻松连接到其他 Equinix 数据中心以及其他服务提供商的基础设施，以提高容量。另一个关注点是尝试确保最终用户从物理距离更近的数据中心获得服务，从而减少延迟，因为延迟可能会降低视频质量。

　　安全和隐私问题是一个特别重大的挑战。随着 Zoom 用户群的扩大，对其隐私和安全政策的审查也在增加，一些专家认为这些政策过于宽松，可能会使 Zoom 发展成类似于恶意软件。例如，一些隐私倡导者指出，Zoom 的服务条款默许与广告商共享个人数据（当用户使用脸书账户登录时也允许与脸书共享），并认为 Zoom 的条款不符合《家庭教育权利和隐私法》。黑客还对 Zoom 用户进行了网络钓鱼攻击，并暴露了 Zoom 平台上的漏洞，这些漏洞允许黑客加入活跃的会议，并获得用户网络摄像头和麦克风的访问权限，以进行 "Zoom 轰炸"。Zoom 还因吹嘘其使用端到端加密而受到批评，实际上它只在部分数据传输过程中使用了加密。操作简单是 Zoom 最大的竞争优势之一，例如，只需点击一下就可以加入通话，但这也使它容易受到攻击。

　　为了解决这些问题并防止用户涌向其他平台，Zoom 暂停了所有新功能升级，以专注于解决隐私和安全问题。它已经推出了一些漏洞修复程序（例如修改其隐私政策和更新其 iPhone 应用程序以停止向脸书发送数据），并表示将继续这样做，因为它重新评估了易用性和安全性之间的平衡。2020 年 4 月，Zoom 5.0 发布，该版本具有升级的 256 位 AES-GCM 加密和旨在防止 "Zoom 轰炸" 的等候室功能。如果 Zoom 能够说服用户在疫情过后继续使用其服务进行各种活动，甚至将一小部分免费用户转变为付费用户，那么在未来，该公司可能会跻身科技和社交网络巨头的前列。

资料来源："Zoom Announces Version 5.0 with Improved Security and Cantrol Features," by Dev Kundaliya, Computing. co. uk, April 23, 2020; "Zoom Goes from Conferencing App to the Pandemic's Social Network," by Drake Bennett and Nico Grant, Bloomberg.com, April 9, 2020; "Zoom is Malware': Why Experts Worry About the Video Conferencing Platform," by Kari Paul, *The Guardian*, April 2, 2020; "Zoom to Focus on Security, Privacy, CEO Says, as Usage Booms During Coronavirus Crisis," by Mike Snider, April 2, 2020; "Zoom Booms as Demand for Video-Conferencing Tech Grows," by Rupert Neate, *The Guardian*, March 31, 2020; "Zoom Meetings Aren't End-to-End Encrypted, Despite Misleading Marketing," by Micah Lee and Yael Grauer, Theintercept.com, March 31, 2020; "Videoconferencing Apps Saw a Record 62M Downloads During One Week in March," by Sarah Perez, Techcrunch.com, March 30, 2020; "Zoom Domains Targeted by Hackers, as Use Surges with COVID-19," by Jessica Davis, Healthitsecurity.com, March 30, 2020; "Zoom is 2020's Hottest Yoga Studio," by Jacob Kastrenakes, Theverge. com, March 26，2020；"How Zoom, Netlix, and Dropbox Are Staying Online During the Pandemic," by Yevgenly Sverdlik, Datacenterknowledge. com, March 25，2020；"For Artists, the Show Must Go On—and Zoom is Their Venue," by Steven Melendez, Fastcompany. com, March 23，2020；"Zoom CFO Explains How the Company Is Grappling with Increased Demand," by Jordan Novet, Cnbc. com, March 18，2020；"We Live in Zoom Now," Taylor Lorenz, Erin Griffith, and Mike lsaac, *New York Times*, March 17，2020；"Everything You Need to Know About Using Zoom," by Sophia Bernazzani, Owllabs. com, March 5，2020；"Zoom Video Communications Reports fourth Quarter and Fiscal Year 2020 Financial Results," Globenewswire. com, March 4，2020；"Zoom Makes Its First Major Product Updates Since Its Blockbuster IPO as It Takes on Competitors Like Microsoft," by Rosalie Chan, Businessinsider. com, October 15，2019；"Zoom's Rise Carving Market Share from Microsoft, Cisco," by Samantha Ann Schwartz, Ciodive. com, August 9，2019.

3.4.2　搜索引擎

搜索引擎（search engine）能够识别与用户输入的关键词（也称为查询）相匹配的网页，然后提供最佳匹配的列表（搜索结果）。超过 85% 的美国互联网用户经常使用 PC 端或移动端搜索引擎，他们每月在 PC 端查询约 180 亿次，其中约 119 亿次查询活动是在谷歌上完成的。随着越来越多的搜索活动转移到移动设备，PC 端搜索量正在下降。谷歌的一份报告称，2015 年，美国和许多其他国家的移动端搜索量首次超过了 PC 端。目前有数百种搜索引擎。但绝大多数搜索结果是由三大提供商提供的，分别是谷歌、微软和雅虎。谷歌目前占 PC 端搜索市场约 62% 的份额，其次是微软，约占 25%，雅虎约占 11%。谷歌在移动端搜索市场占主导地位，几乎占有 94% 的份额（eMarketer, Inc.，2020h；Comscore, Inc.，2020a，2020b；Clement，2020）。

网络搜索引擎起步于 20 世纪 90 年代初，当时网景公司发布了第一款商业网络浏览器。早期的搜索引擎是相对简单的软件程序，仅仅用于访问和收集每个网页内容中的信息。这些早期的程序被称为爬虫、蜘蛛和流浪者；第一个对整个网页内容进行索引的全文爬虫叫作 WebCrawler，发布于 1994 年。AltaVista 是最早被广泛使用的搜索引擎之一，它第一个允许"网页搜索引擎历史"等"自然语言"查询，而不是"历史＋网页＋搜索引擎"。

第一个搜索引擎对所有访问过的网页进行简单的关键词索引。它会计算一个单词在网页上出现的次数，并将这些信息存储在一个索引中。但是网页设计者只要在网页中重复输入关键词，搜索引擎就会出错。搜索引擎的首创思想来源于美国国防部资助的数字图书馆倡议项目，该项目旨在帮助五角大楼在大型数据库中找到研究论文。斯坦福大学等在 20 世纪 90 年代中期为网络搜索的构想提供了研究基础。1994 年，在斯坦福大学，两名计算机科学专业的学生——大卫·费罗（David Filo）和杨致远（Jerry Yang）为他们最喜欢的网页创建了一个人工列表，并称之为"另一种正式层级化体系"，即雅虎。雅虎最初不是一个真正的搜索引擎，仅仅对搜索网站进行筛选，这些网站由编辑觉得有价值的分类网站组成。雅虎后来才开发了真正的搜索引擎功能。

1998 年，两个斯坦福大学计算机系的学生——拉里·佩奇（Larry Page）和谢尔盖·布林（Sergey Brin）发布了谷歌搜索引擎的第一个版本。这个搜索引擎与众不同：它能对每个网页的关键词进行索引，而且佩奇发现 AltaVista 搜索引擎不仅能从网站收集关键词，还能计算其他网站对网页的链接。通过查看对网页的链接，他们可以计算出网页受欢迎的程度。然而，AltaVista 并没有很好地利用这些信息。佩奇则把它作为搜索优先级的主要影响因素，对网页是否适合搜索查询进行排名，他还为这个计算网页受欢迎程度的网页排序系统（PageRank System）申请了专利。布林则编写了一个独特的网络爬虫程序，它不仅对网页上的关键词进行索引，还能够对单词的组合（比如作者和他们的文章标题）进行索引。这两个想法成为谷歌搜索引擎的基础（Brandt，2004）。图 3－16（A）说明了谷歌如何对网页建立索引。图 3－16（B）描述了谷歌对于搜索查询的处理过程。

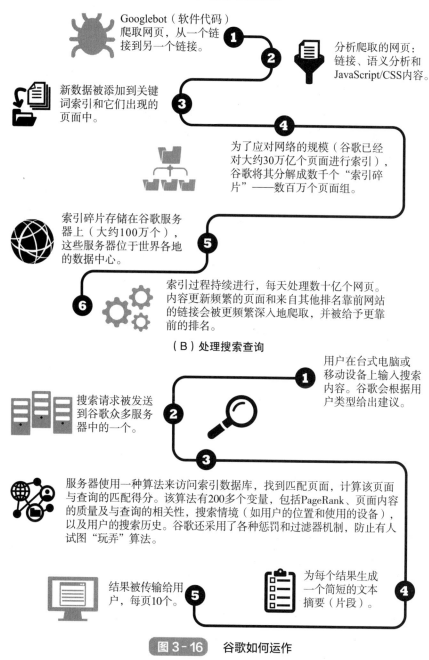

（A）对网页建立索引

Googlebot（软件代码）爬取网页，从一个链接到另一个链接。

分析爬取的网页：链接、语义分析和JavaScript/CSS内容。

新数据被添加到关键词索引和它们出现的页面中。

为了应对网络的规模（谷歌已经对大约30万亿个页面进行索引），谷歌将其分解成数千个"索引碎片"——数百万个页面组。

索引碎片存储在谷歌服务器上（大约100万个），这些服务器位于世界各地的数据中心。

索引过程持续进行，每天处理数十亿个网页。内容更新频繁的页面和来自其他排名靠前网站的链接会被更频繁深入地爬取，并被给予更靠前的排名。

（B）处理搜索查询

用户在台式电脑或移动设备上输入搜索内容。谷歌会根据用户类型给出建议。

搜索请求被发送到谷歌众多服务器中的一个。

服务器使用一种算法来访问索引数据库，找到匹配页面，计算该页面与查询的匹配得分。该算法有200多个变量，包括PageRank、页面内容的质量及与查询的相关性，搜索情境（如用户的位置和使用的设备），以及用户的搜索历史。谷歌还采用了各种惩罚和过滤器机制，防止有人试图"玩弄"算法。

为每个结果生成一个简短的文本摘要（片段）。

结果被传输给用户，每页10个。

图 3-16　谷歌如何运作

　　最初，很少有人知道如何从搜索引擎中获利。这种情况在 2000 年有所改变，当时 Goto. com（后来的 Overture）允许广告商对其搜索引擎结果的投放进行竞价，而谷歌也在 2003 年推出其关键词广告（AdWords）计划，允许广告商对谷歌搜索结果页面上的短文本广告投放进行竞价。互联网广告收入的惊人增长使得搜索引擎成为主要的购物工具，并创造了一个全新的行业，称为"搜索引擎营销"。

　　当用户在谷歌、必应、雅虎或这些搜索引擎所服务的其他网站上输入搜索词时，他们会收到两种类型的列表：广告商付费发布的链接（通常在搜索结果页面的顶部）和非付费的"有机"搜索结果。广告商也可以通过付费在搜索结果页面的右侧投放小文本广告。此外，搜索引擎已经将它们的服务拓展至新闻、地图、卫星图像、计算机图像、电子邮件、小组日历、小组会议工具和学术论文索引等领域。

　　虽然搜索引擎主要用于定位用户感兴趣的一般信息，但它已成为电子商务网站中的一个重要工具。借助内部搜索程序，客户可以更容易地搜索到他们想要的产品信息，不同之处在于，在网站内，搜索引擎仅限于从该站点查找匹配项。例如，在线购物者更经常使用亚马逊的内部搜索引擎来寻找产品，而不是使用谷歌进行产品搜索（Scott，2017）。Pinterest 希望在视觉搜索领域挑战谷歌。

3.4.3　可下载媒体和流媒体

　　当你从网络下载文件时，该文件会从网络服务器上传输并存储在你的计算机上供以后使用。由于早期互联网的低带宽连接，音频和视频文件很难下载，但随着宽带连接的增长，这些音频和视频文件不仅很常见，而且成为今天网络流量的主力军。**流媒体**（streaming media）是下载媒体的一种替代方式，能够以多种方式将视频、音乐等发送给用户，使用户能够在文件传送时播放文件。在某些情况下，文件被分成块，由专门的媒体服务器提供给客户机软件，客户机软件将这些块放在一起并播放。在其他情况下，用户从一个标准的网页服务器上直接下载一个大的文件，可以边下载边播放。流媒体文件必须实时处理，无法存储在客户机的硬盘中。流媒体文件需要借助软件如 Microsoft Windows Media Player、Apple QuickTime、RealNetwork 的 RealMedia，或通过网飞、Amazon Prime Video、YouTube、Hulu、脸书和许多其他公司提供的应用进行播放。

　　在全球销量超过 50 亿台的 iOS（iPhone、iPad 和 iPod Touch）和安卓设备的推动下，互联网已经成为音乐、音频和视频文件的虚拟数字资源"大河"。Apple Music（已经取代了苹果的 iTunes 商店）可能是最著名的在线数字音乐数据库，截至 2020 年，其收录的歌曲数量超过 6 000 万首。Google Play Music 也提供了 3 000 多万首歌曲，还有其他数百个网站也提供流媒体音乐服务，如 Spotify、潘多拉、Amazon Prime Music、Tidal 等。

　　播客也在迅速流行。**播客**（podcast）是一种以数字媒体文件形式存储在网上的音频的呈现，这些音频包括广播节目、会议音频或个人录制的节目。听众可以下载文件并在他们的移动设备或电脑上播放。播客已经从传统"地下电台"中的业余独立制作媒体转变为专业的新闻和访谈内容发布渠道。每月有超 1/3 的 12 岁及以上的美国人（近 1.05 亿人）收听播客。美国国家公共广播电台（NPR）是美国最大的播客生产公司，每月听众总数超过 2 500 万人（Edison Research，2020；Podtrac, Inc.，2020）。

在线视频观看也迅速流行起来。例如，在 2020 年，差不多有 2.45 亿美国人每月至少在 PC 端或移动端观看流媒体或下载的视频内容（eMarketer，Inc.，2020i）。据思科公司估计，2022 年消费者互联网视频流量占全球消费者互联网流量的 82%（Cisco，2018）。互联网已经成为观看电影、电视节目和体育赛事的主要渠道（见第 10 章）。另一种常见的互联网视频是由 YouTube 提供的，YouTube 在全球有超过 20 亿用户，他们每天观看视频内容的时间总计长达 10 亿小时，从各种用户原创内容到大公司的品牌内容、音乐视频、原创节目等。YouTube、Vimeo 和脸书等网站都具有用户原创视频流功能。与此同时，Instagram、推特、Snapchat 等应用程序也提供视频功能。互联网视频直播越来越受欢迎，预计到 2022 年将占所有互联网视频流量的 17%（Cisco，2018）。

网络广告商越来越多地通过视频来吸引观众，因为它们发现视频片段在展示产品用途方面非常有效。网络广告和新闻故事中使用的流媒体视频片段可能是最常用的流媒体服务。高质量的交互式视频和音频使销售演示格外有效和逼真，并能使公司提供更为新颖的客户支持方式。

3.4.4 Web 2.0 应用和服务

如今的宽带网络基础设施极大地扩展了用户可获取的服务种类，并为新型商业模式奠定了基础。Web 2.0 应用和服务本质上是社交化的，因为它们支持发生在群体或社交网络中的通信。

在线社交网络

在线社交网络支持朋友、熟人、兴趣相投的人、同事甚至整个行业之间的信息交流。在线社交网络在全球范围内的用户群体十分广泛（2020 年超过 31 亿人，占全球人口的 40% 以上），这为广告平台和社交电子商务奠定了基础（见第 6、7 和 11 章）。2020 年，最大的几个社交网络是脸书（每月约有 27 亿用户）、Instagram（为脸书所有，拥有超过 10 亿用户）、领英（拥有超过 7.05 亿用户）、推特（每天约有 1.85 亿活跃用户）和 Pinterest（拥有超过 4.15 亿用户）。这些网络主打用户原创内容（包括文本消息、照片和视频），并强调内容共享。所有这些功能都需要可靠的宽带网络连接，同时还需要大规模的云计算基础设施来存储内容。

博客

博客（blog，最初称为**网络日志**（weblog））是个人编辑的网页，通常包含一系列由博主发布的按时间顺序排列的条目（从新到旧），以及相关网页的链接。博客功能包括博客链接（指向其他博客的链接集合）和引用通知（其他博客中指向第一个博客上的文章的条目列表）。大多数博客允许读者对博文发表评论。创建博客的行为经常被称为"blogging"（写博客）。博客要么委托给第三方网站管理，如 WordPress、Tumblr、Blogger、LiveJournal、TypePad 和 Xanga，要么由博主自行下载移动软件来创建并由 ISP 托管。博客页面通常是博客服务或博客软件提供的模板的变体，不需要对 HTML 进行深入了解。因此，数百万没有任何 HTML 技能的用户也可以发布自己的网页，并与朋友和亲戚分享内容。博客相关网页的总和通常称为"博客圈"。

博客变得非常受欢迎。截至 2020 年，Tumblr 和 WordPress 总共创建了超过

5.5 亿个博客，由此我们可以推想博客总数会明显超过这一数字。根据 eMarketer 的数据，估计有 3 100 万活跃的美国博客用户和 8 600 万美国博客读者（eMarketer, Inc.，2016a，2016b）。没有人知道这些博客中有多少是最新的或者只是昨天的新闻，也没有人知道多少博客的读者人数超过 1（不只有作者阅读）。事实上，博客数量十分庞大，用户需要通过博客搜索引擎或者去最受欢迎的100 个博客的列表中找出自己感兴趣的内容。

维基

维基（wiki）是一种网络应用，允许用户轻松地在网页上添加和编辑内容。（wiki 一词来源于火奴鲁鲁机场的"wiki wiki"（快速）穿梭巴士）。维基应用允许用户合作编辑文档。大多数维基系统是开源的服务器端系统，将内容存储在关系数据库中。该系统通常提供一个模板，该模板定义所有页面通用的布局和元素，显示用户可编辑的源代码（通常是纯文本），然后将内容呈现为基于 HTML 的页面，从而可以在网络浏览器中显示。一些维基应用只允许使用基本的文本格式，而另一些则允许使用表格、图像，甚至交互式元素，比如投票和游戏。因为维基本质上是开放的，允许任何人对页面进行更改，所以大多数维基软件都提供了一种通过"最近更改"页面来验证修改有效性的手段，这使维基社区的成员能够监控和查看其他用户的工作，纠正错误，而且有望阻止蓄意破坏行为。

最著名的维基应用是维基百科，这是一个在线百科全书，包含超过 300 种语言的 5 200 万篇关于各种主题的文章。运营维基百科的维基媒体基金会（Wikimedia Foundation）也运营各种相关项目，包括 Wikibooks，一套合作编写的免费教科书和手册；Wikinews，免费新闻来源；Wiktionary，一个旨在为每种语言创建免费的多语言词典的协作项目，这些词典收录字词的定义、词源、发音、引用和同义词。

3.4.5 虚拟现实和增强现实

2016 年，虚拟现实和增强现实技术开始进入消费市场，并持续吸引了大量关注。**虚拟现实**（virtual reality，VR）使用户完全沉浸在虚拟世界，通常通过使用连接到耳机和其他交互设备的头戴式显示器（HMD）营造一种身临其境的感觉。需要配合个人电脑或游戏系统使用的高端 VR 设备包括脸书的 Oculus 耳机（Rift、Go 和 Quest）、HTC 的 Vive 等。三星的 Gear VR 和谷歌的 Cardboard 是低成本入门级移动 VR 设备的典型代表。许多出版商都开发了可以兼容这些低成本设备的 VR 内容。例如，《纽约时报》有一个 VR 移动应用程序，配合使用 Google Cardboard，观众就可以观看 360 度全景的 VR 电影和广告。沉浸式 360 度视频和照片是最常见的 VR 内容类型。eMarketer 估计，2020 年美国虚拟现实用户超过 5 200 万，预计到 2022 年这一数字将增加到 6 000 万以上（eMarketer, Inc.，2020j）。

增强现实（augmented reality，AR）通过智能手机、平板电脑或 HMD 将虚拟对象套接在现实世界中。eMarketer 估计，2020 年美国约有 8 300 万增强现实用户，预计到 2022 年将超过 9 500 万（eMarketer, Inc.，2020k）。迄今为止，AR 最引人注目的应用案例是任天堂（Nintendo）的《口袋妖怪 Go》（Pokémon GO）游戏。AR 的用途还包括 Snapchat 的 Lensens 功能，该功能使用面部识别技术和 3D 模型，允许用户通过在自拍上叠加动画或其他图像加以修饰。此外，还包括"先试后买"的应用程序。例如，宜家的 Place 应用程序允许用户用智能手机扫描家中的房间，在线选择一件家具，浏览它在用户的房间里会是什么样子。丝芙兰（Sephora）的虚拟艺术家（Virtual Artist）应用程序允许在线客户使用智能手机试用数千种口红、眼影、假睫毛和其他 2 万多种化妆品。基于面部识别和人工智能软件，客户可以自拍，该应用程序可以让他们看到产品会如何改变他们的容貌。此外，该应用程序还能识别和测量嘴唇、眼睛和其他面部特征，从而明确测试产品应被用于何处。苹果的 ARKit、谷歌的 ARCore 和脸书的 Spark AR Studio 软件开发平台的出现加速了 AR 的发展，这些平台为建立 AR 应用程序的行业标准提供了帮助（Miller，2019；Rayome，2018）。**混合现实**（mixed reality，MR）是增强现实的升级版，其中虚拟图像可以与真实环境交互。微软的 HoloLens（一种头戴式全息计算机）和 Magic Leap One MR 耳机是为实现 MR 而开发的两个典型设备。

3.4.6　智能数字助手

　　与计算机对话，让它理解你并能够根据你的指示执行任务的想法长期以来一直是科幻小说的一部分，从 1968 年的好莱坞电影《2001 太空漫游》到第一部《星球大战》电影，介绍了著名的机器人 C-3PO 和 R2-D2，它们利用自己的人工智能能力帮助叛军联盟。这些都被看作是幻想。但是发布于 2011 年的苹果 Siri，号称是智能私人助手和知识导航器，拥有许多小说中所展示的计算机助手功能。Siri 使用自然语言，拥有对话界面和情景感知能力，并能够通过将请求委托给不同的网络服务提供商来执行基于语音呈现的许多任务。例如，你可以让 Siri 在附近找到一家供应意大利菜的餐馆。Siri 可能会在这个过程中给你看一个当地餐馆的广告，当你选择了一家餐馆后，可以让 Siri 用 OpenTable 软件进行预订。你也可以要求 Siri 在你的日历上安排一个约会，搜索航空公司的航班，并使用公共交通工具找出从当前位置到目的地最快的路线。虽然 Siri 尚无法做到完全准确，但评论家们对它不可思议的能力仍然印象深刻。Siri 目前可在各种苹果设备上使用，包括 iPhone 6s 和更高的版本，各种版本的 iPad、Apple Watch、AirPods、HomePods，以及部分版本的 MacBook 和 iMac。

　　2012 年，谷歌发布了一款基于安卓系统的智能助手——Google Now。Google Now 是谷歌搜索移动应用程序的一部分。虽然 Siri 的许多功能 Google Now 都具备，但谷歌公司希望它能更进一步，并试图通过分析情境因素预测用户需求，这些情境因素包括物理位置、时间、历史位置记录、用户日程以及过往活动反映的兴趣（Lardinois，2012）。

　　2015 年，亚马逊推出了 Echo，这是一款语音控制的家用扬声器，配备了 Alexa 的 AI 技术。亚马逊已经将 Echo 作为一种家庭助手进行营销宣传，Echo 可以执行各种任务，如更新待办事项列表、调整兼容的家用电器和流媒体音乐，所有这些都由语音控制。Echo 和其他 Alexa 驱动的设备均具有与 iPhone 应用程序相似的功能。例如，1-800-Flowers 是第一批开发出允许用户在任何运行 Alexa 的亚马逊设备上通过语音下单的大型零售商之一。尽管对这一功能感兴趣的客户必须有账户信息、支付信息和地址，但这对于企业来说是一个重要的新销售渠道。许多公司和组织为 Alexa 开发了技能。截至 2020 年，Alexa 在全球拥有超过 10 万项技能，而 2016 年初只有 135 项技能，亚马逊已将其大部分核心 AI 技术向第三方开发人员开放，允许他们开发更多的技能。Echo 在智能家电市场较早地取得了领先优势，并继续保持领先地位，2020 年市场份额约为 70%。该公司发布了多个版本的 Echo，包括光盘大小的 Echo Dot、具有触摸屏和摄像头的 Echo Show 以及 Echo Spot，后者是 Echo Show 的升级版本，具有更小的屏幕。

2016 年，谷歌用 Google Assistant 取代了 Google Now，Google Assistant 运行于 6.0 及以上版本的安卓系统上，谷歌还开发了 Google Home 智能家居扬声器。Google Assistant 擅长回答琐事式的问题，这归功于谷歌强大的搜索引擎数据库，尽管它没有 Alexa 那样多的技能，但谷歌一直在增加其功能，比如为第三方设备定制语音命令，删除了直接对设备说话所需的额外短语；取消了对音频播放的限制，可播放舒缓或激昂的音频；以及可进行内容订阅。Google Assistant 在数百万安卓设备上都可以使用，并在国际上有很大的影响力。

苹果于 2017 年发布了自己的 HomePod 声控扬声器，以"高质量的选择"为口号进行营销，尤其强调音乐功能。HomePod 在功能和性能上明显落后于 Echo 和 Google Home，仅占美国家庭助手市场的一小部分。其他科技巨头也对这个市场表现出了兴趣，包括脸书（其智能家居扬声器使用亚马逊的 Alexa 作为智能语音助手）、三星，以及中国科技巨头阿里巴巴、小米和百度，它们都以极具竞争力的价格在中国市场发布了高质量的智能扬声器。

目前，消费者在购物过程中越来越多地使用语音来搜索产品，各企业抓住这一机遇纷纷涌入智能语音市场。然而，到目前为止，使用智能扬声器进行语音购物的美国消费者数量并未达到预期，2020 年只有约 25% 的美国智能扬声器用户进行了语音购物。隐私和安全问题是语音购物市场发展的重大障碍。例如，已有研究团队披露了智能扬声器的潜在漏洞，包括通过黑客攻击将其变成监控设备。虽然 Echo 设备需要以"Hey Alexa"命令启动，但设备在等待命令时总是处于开启状态。如果不突出强调匿名化和道德政策，智能扬声器可能会导致前所未有的隐私侵犯问题。然而，尽管存在这些隐患，智能扬声器和语音控制助手已经成为主流（eMarketer, Inc, 2020l, 2020m；Crook, 2018；Maheshwari, 2018）。

3.5　移动应用：下一个大事件

史蒂夫·乔布斯（Steve Jobs）在 2007 年 1 月推出 iPhone 时，包括他自己在内，没有人想到这款设备会引发商业软件的革命性变化，或成为一个主要的电子商务平台，更不用说成为一个游戏平台、广告平台，以及发布电视节目、电影、视频和电子书的大众媒体平台。iPhone 最初的主要功能不仅仅是接听电话，它还集照相机、文本编辑器、网络浏览器于一身。最初的 iPhone 最匮乏的是应用程序，这使得 iPhone 强劲的计算能力无用武之地。这一问题的解决依靠的是由外部开发者创建的应用程序。2008 年 7 月，苹果推出了应用商店，为苹果和独立开发者发布和销售应用程序提供了一个平台。大约在同一时间，谷歌也为移动设备开发开源操作系统——安卓系统。2008 年 10 月，第一款使用安卓的智能手机发布，谷歌推出 Android Market（现称 Google Play）作为安卓的官方应用商店。2010 年，苹果的 iPad 和三星的 Galaxy Tab 等平板电脑推出，为移动应用提供了额外的平台。

从那时开始，出现了一个全新的世界。2019 年，应用程序的总下载量约 2 040 亿次，消费者在应用程序、订阅等方面花费了超过 1 200 亿美元（App Annie，2020）。苹果应用商店有超过 300 万个应用程序可供下载，Google Play 可供下载的应用程序数量基本与之持平。这一现象催生了一个数字生态系统，该系统由成千上万的开发人员、一个广受欢迎的硬件平台以及数百万使用移动设备的消费者组成。这些消费者正在使用移动设备来取代它们原先使用的台式机和笔记本电脑。整个生态系统就像是一个数字媒体中心。

移动应用已经超越电视成为最受欢迎的娱乐媒体。越来越多的消费者选择在手机和平板电脑上使用娱乐媒体，这对应用程序开发商来说无疑是个好消息。

数字生态系统对电子商务的发展意义重大。智能手机和平板电脑不仅是普通的电子设备，而且是消费者的购物工具，也是投资者进行市场营销和宣传的新平台。早期基于台式机或笔记本电脑的电子商务仅允许消费者在家购物。智能手机和平板电脑将这一范围扩展到了家庭之外。现在，你可以在聊天、发短信、看视频和听音乐的空隙随时随地购物。100 强品牌中，几乎所有品牌都至少在一家主流应用商店中占有一席之地，超过九成的品牌在苹果应用商店中都上架了 App。据估计，通过移动设备购买零售产品和旅游产品及服务的移动电子商务，将在 2020 年为美国带来近 3 600 亿美元的收入（eMarketer，Inc.，2020m，2020n）。

3.5.1 移动应用开发平台

任何支持网络的移动设备都可以访问移动站点，但这样的跨平台性对原生应用程序来讲并不适用，只能在特定设备的硬件和操作系统上运行的原生应用程序须针对特定平台进行开发。iPhone、iPad 和其他 iOS 设备的应用程序可以用 Swift 编写，Swift 是苹果公司在 2014 年推出的一种编程语言，专门用于开发 iOS 应用程序。另外可以使用 iOS SDK（软件开发工具包）的 Objective-C 编程语言编写。基于安卓操作系统的手机应用程序通常使用 Java 编写，也不排除混用 C 或 C++编程语言。除了使用 Swift、Objective-C 或 Java 等编程语言开发原生应用程序之外，还有数百个低成本或开源应用程序开发工具包，这使得跨平台移动应用程序的开发变得相对容易，而且不必使用专门针对某一设备的编程语言。更多信息参见 4.6 节。

3.5.2 应用市场

一旦编写完成，应用程序便会由相对应的市场发布。基于安卓手机的安卓应用程序是通过谷歌运营的 Google Play 运营的。基于 iPhone 和 iPad 的应用程序是通过苹果运营的应用商店运营的。也可以从第三方供应商那里购买应用程序，比如亚马逊的安卓应用商店。我们有必要将原生移动应用和网络应用区分清楚：原生移动应用可在移动设备上直接运行，依靠的是设备内置的操作系统；虽然网络应用同样能在移动环境中运行，但它以浏览器为运行环境。

3.6 电子商务相关职位

在这一部分，我们将研究一家公司发布的招聘信息，该公司设置了一个要求求职者了解互联网、万维网和移动平台基础技术的岗位。

3.6.1 公司简介

该公司是第一批拓展数字设备（如个人电脑、笔记本电脑和智能手机）市场的公司之一。该公司通过特许零售店、网站和 B2B 平台发布和销售电池、灯具和数字设备支持服务，同时在亚马逊和 eBay 上开设了网店。目前，该公司的业务已经扩展到医院、工业部门和政府机构的应急电力系统。最近，公司正进军平板电脑和个人电脑维修和保养、电池回收、照明市场。1988 年，该公司在艾奥瓦州开了第一家店，并于1992 年开始开展特许经营。如今，该公司拥有 600 多家特许零售店和网站。该公司拥有超过 50 000 种电池、灯具和配件的库存。近期，该公司成立了一个电子商务部门，其职能是整合其多种电子商务渠道，以支持公司未来的市场扩张。

3.6.2 职位：电子商务专员

你将与电子商务部门的员工合作，任务是协调服务于不同产品线和市场渠道的多个网站，并向公司推荐新技术，包括云计算、SaaS、移动渠道开发、虚拟现实技术和视频工具等。该公司正在寻找一个热爱电子商务业务的人，并要求他精通技术、互联网和移动设备，以及如何在业务中使用。岗位职责包括：

- 向其他部门介绍互联网、网络和移动技术的新应用，并向经理提供关于这些技术在应用于企业业务时面临的机会和挑战的详细报告。
- 与产品线和营销部门合作，就整合在线电子商务和移动电子商务的重要性达成共识。
- 与特许零售店合作，告知它们公司的新技术计划，并向特许经销商进行演示并收集反馈意见。
- 与信息技术部合作开发更具成本效益的电子商务平台，包括云计算基础设施和SaaS。
- 制订战略计划、路线图和预算表，以帮助指导公司未来五年的电子商务工作。
- 市场营销和一般互联网研究。

3.6.3 资格/技能

- 计算机科学、管理信息系统或工商管理学士学位，主修课程包括但不限于电子商务和数字营销。对电子商务、内容管理和数据库驱动应用的背景有一定的了解。
- 具备互联网、网络技术和移动设备/平台的基本知识，并能够在电子商务中予以应用。
- 对未来互联网和移动平台的发展有独特见解。
- 了解云计算的基础知识，包括硬件和软件。
- 理解互动媒体、工具和技术的基础知识。
- 能够与信息技术、营销和供应链管理领域的各个团队合作。
- 较强的口头表达能力和沟通能力。
- 专注、自律和时间管理能力。

3.6.4 面试准备

复习 3.1 节、3.2 节和 3.3 节，以确保你理解并能够恰当地解释互联网/万维网基础架构相关术语。特别注意 3.1 节中关于云计算的内容，包括讨论亚马逊网络服务（见表 3-4）提供的各种服务，以及 3.2 节中有关无线网络和移动互联网接入的内容。如果你对于表 3-1 中所述的电子商务基础架构方面的发展趋势有深刻见解，了解物联网的未来发展趋势，并能够讨论其对业务的潜在影响，这将对你的求职很有帮助。最后，复习 3.4 节和 3.5 节，这样你将能够讨论如何利用互联网/万维网技术给企业带来效益。你应该熟悉这些部分讨论的各种应用程序和工具，如移动应用、通信工具、搜索引擎、不同类型的媒体，各种 Web 2.0 应用和服务，以及刚刚崭露头角的工具，如虚拟现实、增强现实和智能数字助手。

3.6.5 可能的面试问题

1. 目前，我们的电子商务业务遍布各种产品线（电池、灯具和工业电力解决方案）和不同的营销渠道。你有什么办法来将这些网络活动整合到一个连贯的在线移动环境中？

你可以从将该公司的所有电子商务和在线业务整合到一个电子商务部门的角度回答。将公司所有主要的电子商务参与者聚集在一起，让他们就公司政策进行合作和讨论，为发展一致的在线品牌献言献策。

2. 从商店结账、客户管理到物流，我们都在使用智能手机。但我们目前并没有形成一个真正面向消费者的移动战略。你认为我们如何才能将移动设备发展成为消费者销售工具？

你可能需要询问以移动设备为平台的产品销售额的百分比。未来时代是一个移动的时代。台式机、笔记本电脑和平板电脑已经慢慢过时，消费者越来越多地使用移动设备进行搜索和浏览活动。该公司应该专注于提升其移动搜索能力，并开发移动网站和移动应用，吸引用户浏览和购买公司的产品。

3. 你对于将物联网应用于我们的业务有什么想法？

一种可能是让传感器记录顾客在商店中的动线，并根据顾客在商店内的位置推荐产品——这是一种基于地理位置的营销方式。也许某些产品可以内置传感器，将电池电量等数据发送回公司的数据中心。消费者可能会被告知他们的电池何时将失去充电能力，并应当予以更换。

4. 目前，我们的大部分计算机操作都在公司的数据中心完成。我们用于物流、供应链管理和客户数据管理的软件是多年来开发的软件工具的集合。你对云计算和 SaaS 应用于我们公司的业务有什么建议？

你可以注意到云计算有多种形式，并且有多个供应商。云计算包括租赁基础设施、软件、数据库和网络服务。几乎在所有的情况下，公司都能够有效地降低基础设施成本，并更快地进入市场。

5. 我们如何使用当下流行的视频和流媒体与客户建立联系？

你可能会注意到，对于发展品牌和吸引顾客来说，视频变得几乎和文字一样重要。该公司应该考虑建立一个 YouTube 渠道来营销其产品，并向人们展示如何使用这些产品。你见过哪些类型的 YouTube 商业视频，为什么觉得会很有帮助？

问 题 ///////////////////////

1. 互联网的三个重要概念是什么？

2. 什么是 IPv6 互联网地址？为什么需要 IPv6 互联网地址？

3. 解释包交换是如何工作的。

4. TCP/IP 协议与互联网上的信息传输有什么关系？

5. 什么技术创新使客户机/服务器计算成为可能？

6. 什么是云计算？它是如何影响互联网的？

7. 为什么说智能手机是一项颠覆性技术？

8. 一级 ISP 在互联网基础架构中起到什么作用？

9. IXP 能提供什么功能？

10. 什么是 5G？

11. 公有云、私有云和混合云之间有什么区别？

12. 什么是潜鸟计划？

13. 网络监管面临哪些挑战？当涉及内容问题时，谁拥有最终决定权？

14. 比较 Wi-Fi 和蜂窝网络的功能有何异同。

15. 网络服务器的基本功能是什么？

16. CSS 在创建网页中发挥什么作用？

17. 为什么浏览器的发展对网络的发展至关重要？

18. HTML5 有哪些功能？

19. 列举目前可通过网络提供的五种服务。

20. 为什么移动应用会成为下一个大事件？

开发电子商务平台：网站、移动网站和App

学习目标

学完本章，你将能够：

- 了解开发电子商务平台必须思考和回答的问题
- 阐述构建电子商务平台的过程
- 了解在选择网络服务器软件和电子商务商业服务器软件包时主要考虑的问题
- 了解如何为电子商务网站选择最合适的硬件
- 了解能够经济有效地实现所需的业务功能的电子商务网站工具
- 了解在开发移动网站和移动应用程序时需要考虑的事情

章首案例　　　　沃尔玛网站重新设计：在与亚马逊的竞争中走向顶尖

　　沃尔玛是世界上最大的公司，在全球拥有约 11 500 家门店和 220 万名员工，2019 年收入约 5 250 亿美元。1962 年共同创立公司的山姆·沃尔顿（Sam Walton）和巴德·沃尔顿（Bud Walton）积累了巨额财富，以至于如今沃尔顿家族中有七个亿万富翁继承人。沃尔玛以其低廉的价格、多样化的产品以及神奇的高效供应链而著称，盈利能力极强。在几乎整个发展历程中，沃尔玛一直是本地小型企业为了生存而不得不与之抗争的巨人。但是，在电子商务世界中，沃尔玛扮演了一个非常不同的角色：失败者。

　　在实体零售方面，沃尔玛是无与伦比的，其规模甚至远远超过最大的科技公司，包括苹果公司和 Alphabet（谷歌的母公司）。沃尔玛的规模还远远超过亚马逊，后者在 2019 年的收入为 2 800 亿美元，而沃尔玛的收入为 5 250 亿美元。但是在电子商务领域，亚马逊无疑是领先者，2019 年美国零售电子商务收入为 2 230 亿美元，约是沃尔玛估算的美国在线零售收入 280 亿美元的 8 倍。电子商务在所有零售收入中所占比重从 0 稳步上升到 2019 年的约 11%，并且亚马逊的收入增长率多年来远超沃尔玛。亚马逊在所有电子商务中占有近 40% 的份额，沃尔玛远远落后，仅为 5% 左右。亚马逊是迄今为止沃尔玛在零售业中建立统治地位的最大威胁。

　　这家全球最大的公司没有故步自封。数年来，沃尔玛一直在稳步发展其电子商务业务。该公司利用几个独特的优势来实现这一目标。首先，其商标已经广为人知。接下来，该公司从其庞大的实体业务部门中获得了令人难以置信的大量资源，这些资源可用于发展电子商务业务。为此，该公司于 2016 年以 33 亿美元的价格购买了在线零售商 Jet. com。此外，它还购买了主打时尚风格的在线时装品牌 Bonobos、Modcloth（于 2019 年出售）和 Moosejaw，并拥有印度领先的电子商务网站 Flipkart 的控股权。最后，沃尔玛在美国的超过 4 700 家商店可以兼作在线订单的配送中心，使沃尔玛可以轻松地为客户提供诸如亚马逊的免费两天送达之类的福利。在 2018 年，沃尔玛从其法定公司名称中删除了"商店"一词，以强调该公司致力于成为多渠道零售商。

另外，将沃尔玛网站 Walmart. com 的外观和观感提升至亚马逊网站的水平并非易事。多年来，沃尔玛的网站在易用性、搜索质量、产品选择和展示方面一直落后于亚马逊。鉴于电子商务已经融入了亚马逊的基因，而沃尔玛是电子商务领域的新进入者，这不足为奇。在 2018 年，沃尔玛重新对其网站 Walmart. com 进行了大胆的构想，选择了与亚马逊形成鲜明对比的外观和观感设计。沃尔玛没有在亚马逊擅长的领域击败亚马逊，而是选择了不同的方法，并希望在亚马逊薄弱的个别领域胜过亚马逊。

Jet. com 前首席执行官、沃尔玛现任电子商务负责人马克·劳尔（Marc Lore）将网站改版称为一个巨大的变化，改版使用了许多新的设计元素和技术。最明显的是对高质量图像的重视和信息密度的降低。主页和单个产品类别登录页面上的大图像以相关的方式描绘了日常生活中的场景，展示了产品在家庭中的使用方式。甚至搜索结果页面也重新聚焦于高质量图像。亚马逊看上去像是一个数字化形式的巨型仓库，而改版后的沃尔玛网站则呈现了一个更干净、更友好的界面。沃尔玛这个词甚至都没有出现在网站的主页上，品牌宣传很少。沃尔玛的火花图标位于角落，最上方的其他图标则提供了导航选项。与过去相比，该网站还使用了更多柔和的颜色与版式。所有这些改变使图像成为每个页面的焦点。

将如此多的页面空间用于放置图像的弊端在于，该网站现在每页显示的项目要少得多。作为弥补，该网站的另一个核心变化是对个性化的高度重视。尽管该网站展示的产品较少，但这些产品的针对性很强。沃尔玛使用算法逼近来显示用户所在地理区域中流行的产品、用户之前购买的产品以及正在打折的产品。"准备重新订购吗？"的窗口，对于经常访问网站的用户来说十分显眼，它显示了用户定期购买的产品，只需单击一下窗口即可再次购买。亚马逊的推荐系统曾经被认为是最先进的，现在却经常被人们嘲笑。例如，亚马逊客户在购买明显具有一次性消费属性的物品（例如马桶圈）后，通常会收到类似物品的推荐。沃尔玛认为它在这方面做得比亚马逊好。

沃尔玛网站在此类一次性物品以及家居用品和时尚类物品上的运营方式有所不同，用户可能不确定他们到底在寻找什么，并希望从他们在网站上看到的东西中获得灵感。沃尔玛与 Lord & Taylor 合作，并寻求与其他高档品牌建立类似的合作伙伴关系，创建单独的登录页面，并提供品类丰富的在线产品目录。劳尔指出，这些潜在合作伙伴品牌中有许多以前可能不想在沃尔玛网站上出现。沃尔玛还推出了多个家居服装品牌，它们比该公司实体店通常的低成本产品更高档。鉴于沃尔玛在历史上一直专注于低成本产品，因此该公司正寻求朝着更多高档产品和品牌的方向发展，以扩大其产品目录的整体规模。实际上，沃尔玛从 2017 年到 2018 年将其在线产品选择空间扩大了一倍，并于 2018 年 6 月推出了两种新方式供客户浏览其产品：3D 虚拟购物之旅，其中包含 60 种虚拟产品；Buy the Room 功能，使购物者可以快速轻松地购买一组配套的产品。

沃尔玛网站的重新设计还强调了在线杂货的取货和配送功能，由于其庞大的实体基础设施，因此它比亚马逊更具优势。沃尔玛在线提供超过 120 000 种杂货。沃尔玛已经在大约 3 200 家商店中增加了在线杂货取货功能，并将在线杂货配送范围扩展到了将近 1 600 家商店。现在，该网站会自动检测用户所在的地理区域是否可以进行在线取货。亚马逊正在竭尽全力在在线杂货市场展开竞争。2017 年，它以 137 亿美元的价格收购了全食超市（Whole Foods），这是有史以来最大的一笔收购。在线杂货配送是在线取货的又一个进步，尽管沃尔玛和亚马逊都在致力于开发配送服务，但众所周知，杂货配送是出了名的无利可图。沃尔玛希望通过向美国尽可能多的地区提供杂货配送服务，从而在其他地区产生在线销售以缩小与亚马逊的差距。沃尔玛将其 Walmart Grocery 移动应用程序与其主要的移动应用程序合并，并将 Walmart Grocery 添加到其桌面和移动浏览器上。它还计划重新设计这些网站，以进一步将 Walmart Grocery 整合到整个品牌中。2020 年 7 月，沃尔玛还宣布推出沃尔玛＋，将其基于订阅的当日送货服务重塑为类似于 Amazon Prime 的服务。

沃尔玛网站的重新设计以及其他努力，有助于刺激其在线零售收入和市场份额的增长，尽管在此过程中并非一帆风顺。例如，尽管对 Jet. com 的收购使沃尔玛快速起步，并带来了新的想法、技术和人才，但从财务角度来看，收购并没有达到预期。2020 年，沃尔玛宣布，在将零售、技术、市场营销、分析和产品团队整合到沃尔玛自己的在线业务中之后，它将停止使用 Jet. com。在新冠疫情之前，分析师预计沃尔玛 2020 年电子商务收入将增长 27%，达到 350 亿美元以上。最初，人们担心疫情会对沃尔玛的财务业绩产生负面影响。但是，消费者越来越多地转向电子商务，沃尔玛比大多数公司更能满足这一需求，这要归功于沃尔玛以前在在线杂货配送和取货服务方面的投资，以及 90% 的美国人口居住在距沃尔玛商店 10 英里范围内。沃尔玛因此吸引了数百万新的电子商务客户，分析师现在估计其 2020 年电子商务收入将增长到 410 亿美元以上。沃尔玛希望，疫情结束后，为应对疫情而采取的新的服务方式（例如在线杂货配送）继续下去，以帮助沃尔玛与亚马逊抗衡。

资料来源："Walmart's New Challenge to Amazon Prime Has Deep Roots," by Bloomberg, Supplychainbrain. com, July 13, 2020; "Walmart's Amazon Prime Competitor Will Launch in July," by Jason Del Rey, Vox. com, July 7, 2020; "Our Business," Walmart. com, accessed July 21, 2020; "Walmart Is an Ecommerce Winner During Pandemic," by Cindy Liu, eMarketer, Inc. , May 25, 2020; "Walmart Says It Will Discontinue Jet, Which It Acquired for $3B in 2016," by Ingrid Lunden, Techcrunch. com, May 19, 2020; "Americans Adopting Online Grocery Shopping Faster Than Ever," by Juozas Kaziukenas, Marketplacepulse. com, April 3, 2020; "Walmart Merges Main App with Grocery App," Borndigital. com, March 6, 2020; "Walmart Names New COO of E-commerce," by Ben Unglesbee, Retaildive. com, March 5, 2020; "Top 10 US Ecommerce Companies 2020: Walmart and Target Climb Rankings on Click-and-Collect Gains," by Andrew Lipsman, eMarketer, Inc. , March 2020; "Walmart's $3. 3 Billion Acquisition of Jet. com Is Still the Foundation on Which All of Its E-commerce Dreams Are Built," by Dennis Green, Businessinsider. com, June 13, 2019; "Jet. com Falls by the Wayside as Walmart Focuses on Its Website, Online Grocery," by Nandita Bose, Reuters. com, June 12, 2019; "Walmart's Jet. com Revamps Site to Narrow Focus on Urban Shoppers," by Matthew Boyle, Bloomberg. com, September 13, 2018; "Walmart Launches Virtual Reality Features," by Gregory Magana, Businessinsider. com, June 29, 2018; "Walmart's Website Redesign: Five First Impressions," by Patricio Robles, Econsultancy. com, May 8, 2018; "Exclusive: Walmart. com Redesigns as the Anti-Amazon," by Mark Wilson, Fastcodesign. com, May 3, 2018; "Walmart. com Redesign Is Live," Pymnts. com, May 3, 2018; "One of America's Largest Retailers, Walmart, Gets a New UI with Its Website Redesign. Here's Our Teardown of What's New for Shoppers," by Steven Douglas, Justinmind. com, April 30, 2018; "This Is How Walmart Should Design Its New Website (According to Science)," by Yazin Akkawi, Inc. com, April 24, 2018; "Walmart. com Gets a Massive Redesign," by Ezequiel Bruni, Webdesignerdepot. com, April 20, 2018; "Introducing the New Walmart. com," by Marc Lore, News. walmart. com, April 18, 2018; "Walmart Downplays Its Name in Big Web Site Redesign," by Phil Wahba, Fortune. com, April 17, 2018; Sarah Nassauer, "Walmart Is Making Its Website a Little Less Like Walmart," *Wall Street Journal*, April 17, 2018; "Walmart Spruces Up Website in Bid to Capture Traffic from Amazon," by Matthew Boyle, Bloomberg. com, April 17, 2018; "Walmart Will Roll Out a Cleaner, Sleeker Website in May," by Mariella Moon, Engadget. com, April 17, 2018; "Walmart to Launch a More Personalized, Redesigned Website in May," by Sarah

Perez，Techcrunch. com，April 17，2018；"Walmart to Roll Out Redesigned Website Next Month," by Lauren Thomas，Cnbc. com，April 17，2018；"Walmart. com Is Getting a New Look—and It's a Radical Change for the Company," by Hayley Peterson，Businessinsider. com，April 17，2018；"Walmart Launches a New Home Shopping Site for Furniture and Home Decor," by Sarah Perez，Techcrunch. com，February 22，2018；"Walmart Stumbles in Shift to Web Selling," by Sarah Nassauer，*Wall Street Journal*，February 20，2018.

在第 3 章中，我们已经了解了电子商务的技术基础：互联网、万维网和移动平台。在本章中，你将了解管理层在开发电子商务平台时需要考虑的重要因素。我们将把重点放在你必须制定的网站经营管理决策上，并且你需要不断地做出这些决策。尽管要开发复杂的电子商务平台并不容易，但是如今的工具比电子商务发展初期要便宜得多，功能也要强大得多。同时，移动设备和社交网络的激增增加了复杂性，因为公司需要在三个平台上开发业务：网站、移动端和社交网络。在本章，我们将聚焦于中小企业以及每天甚至每小时都在为数千个客户同时提供服务的更大规模的企业。正如你将看到的，企业的规模迥异，但是我们的出发点和考虑的问题基本相同。

4.1 畅想你的电子商务平台

在开始开发自己的网站或 App 之前，需要思考和回答一些重要的问题。这些问题的答案将推动电子商务平台的开发和实践。

4.1.1 你的想法是什么？（构想过程）

在计划和真正构建电子商务平台的时候，你需要对希望实现的目标以及如何实现目标有一个愿景。你的愿景不仅包括使命陈述，还包括明确目标受众、市场特征、业务战略、营销组合以及开发周期。一切都从一个符合实际的梦想开始，最后落实到开发的时间表和初期预算。

如果你去浏览成功的网站，通常可以在主页上发现这个网站的愿景。如果该公司是上市公司，则通常可以在其向美国证券交易委员会提交的报告中找到其愿景或使命的简洁陈述。对于亚马逊来说，它的愿景是成为世界上最大的市场。对于脸书来说，它的愿景是使世界更加开放和互联。对于谷歌而言，它的愿景是组织全世界的信息，让人人可获得和使用。你想要开发的电子商务平台可能没有这种包罗万象的野心，但是简明扼要的使命、目标和方向是推动项目发展的关键因素。例如，The Knot 的使命是成为互联网上最全面的一站式婚礼策划解决方案提供商。

4.1.2 资金来源：商业模式和盈利模式

一旦确定了使命或愿景，你需要开始考虑资金来源。你需要初步明确你的商业模式和盈利模式。此时，你不需要详细的收入和成本预测。相反，你需要大致了解你的业务将如何产生收入。一些基本的模式已在第 2 章中进行了描述。B2C 电子商务的主要商业模式包括门户网站、电子零售商、内容提供商、交易经纪人、市场创建者和社区服务商等。

基本的盈利模式有：广告盈利模式、订阅盈利模式、交易佣金盈利模式、销售盈利模式以及会员制盈利模式。没有必要采用单一的商业模式或盈利模式，事实上，许多公司都有多种模式。例如，《纽约时报》数字版盈利模式既包括订阅，也包括出售广告版面。此外，它还出售独特的照片和礼物。在婚礼行业的垂直门户网站——The Knot 上，你会找到来自婚礼产品和服务主要提供商的广告、合作方和赞助商的信息，包括一些当地婚礼策划师的目录，这一切都是 The Knot 创收的途径。PetSmart 是美国最受欢迎的宠物网站，其销售盈利模式更具针对性，几乎就是一个宠物用品的电子零售商。

4.1.3　目标受众是谁？在哪里？

如果你对你的目标受众没有清晰的了解，你就不能建立一个成功的电子商务平台。这里有两个问题需要回答：谁是你的目标受众？你在哪里最容易接触到他们？你可以通过多种方式描述你的目标受众：人口统计学信息、行为模式（生活方式）、当前消费模式（线上还是线下购买）、数字设备使用模式、内容创建方式的偏好（博客、社交网络、Pinterest 等网站）以及买方角色（典型客户的简介）。了解目标受众的人口统计学信息通常是第一步。人口统计学信息包括年龄、收入、性别和地理位置。在某些情况下，这些信息都是显而易见的，有时这些信息就没有那么容易获取了。例如，哈雷-戴维森（Harley-Davidson）摩托车的销售对象在年龄、收入和地理位置上的分布非常广泛，其中购买者年龄为 34～65 岁。尽管购买者大多数都是中等收入的中年男性，但许多男性都是与女性一起骑摩托车的，因此哈雷-戴维森网站上有一系列女性服装和几个专门针对女性骑手的网页。虽然大多数购买哈雷-戴维森摩托车的男性收入不是非常高，但有很大一部分购买者是收入高于平均水平的专业人员。因此，购买者的年龄和收入范围很广。将哈雷-戴维森摩托车的骑手联系在一起的不是他们共同的人口统计学信息，而是他们对摩托车和品牌的热爱，以及在这背后体现的生活方式——骑着动力强劲的摩托车在美国高速公路上飞驰。相比之下，The Knot 这样的公司则针对 18～34 岁处于不同阶段的女性，她们有着类似的生活习惯：在线购物，使用智能手机和平板电脑，下载 App 以及使用脸书。这些目标客户在技术使用上非常时髦。她们阅读并写博客，在论坛上发表评论，并使用 Pinterest 查找时尚创意。The Knot 的典型访客是已经订婚的 28 岁女性，刚开始进入婚礼筹划流程，年收入 45 000 美元，居住在美国东北部，对海滩婚礼感兴趣。当然，还有其他典型客户的简介。对于每个典型客户，你的网站都要进行详细的描述。

4.1.4　你的目标市场是什么？刻画你的市场

你的成功很大程度上取决于你将要进入的市场，而不仅取决于你的创业精神。进入一个充满强大竞争者的下滑市场，失败的概率会大大增加。进入一个新兴的、成长中的且竞争者很少的市场，你将有更好的发展机会。进入一个没有参与者的市场，你要么因为在一种前所未有的成功产品上拥有一个有利可图的垄断地位而获得丰厚的回报（例如苹果公司），要么因为你的产品在当时没有市场而很快被遗忘（例如 1999 年左右的富兰克林电子书阅读器）。

有两个需要重点关注的市场特征：市场的人口特征以及电子商务平台如何适应市场。另外，你将要了解市场结构：竞争对手和替代产品。

　　你将要进入的市场有哪些特征？市场在增长，还是在萎缩？如果增长的话，消费者年龄分布和收入分布是怎样的？市场是否正在从线下交付转为在线交付？如果是这样，市场是朝着传统网站还是移动平台方向发展？在这个市场中，移动平台是否有特殊作用？你的目标受众中使用网站、智能手机或平板电脑的人各占多少？社交网络呢？产品的热度如何？你的潜在客户是否在脸书、推特、Instagram 或博客上谈论你想要提供的产品？有多少博客关注这样的产品？有多少推特的帖子中提到类似的产品？你想要提供的产品在脸书上得到了多少个赞（这代表客户参与度）？

　　市场结构是对你的直接竞争对手、供应商和替代产品的描述。你需要列出前五个或前十个竞争对手的列表，并尝试描述它们的市场份额和显著特征。你的某些竞争对手可能会提供传统款产品，而其他竞争对手可能会提供具有新功能的新款产品。你需要掌握有关竞争对手的所有信息。你的竞争对手在市场中的口碑如何？它们的月访问量（UMV）是多少？脸书和 Instagram 上有多少人为它们点赞？在推特和 Pinterest 上有多少粉丝？你的竞争对手如何利用社交网络和移动设备作为服务平台的一部分？你可以使用社交网络做一些你的竞争对手做不到的特别的事情吗？挖掘一下关于竞争对手产品的客户评论。你可以使用一些在线服务（其中一些是免费的）去计算网上讨论你的竞争对手的帖子的数量，以及每个竞争对手在网民线上讨论中所占的份额。你的竞争对手是不是和它们的供应商有特殊关系，而这种关系是你目前无法建立的（独家销售协议就是特殊供应商关系的一个例子）？最后，反思一下你的产品和服务是否有替代品。例如，你的网站可能会向宠物主人社区提供建议，但当地宠物商店或线下团体提供的建议可能更容易被接受。

4.1.5　内容从哪里获得？

　　网站就像一本书：它由许多页面组成，内容包括文本、图形、照片和视频。搜索引擎在搜索互联网上所有新的和更改的网页时会对其进行分类。网站内容是搜索引擎获取互联网上所有新增加和更改的网页的依据。而这些内容正是驱使你的用户访问网站、点击广告或者购买产品来为你创收的源头。因此，内容是你的收入和最终成功的最重要的基础。

　　通常有两种内容：静态的和动态的。静态内容是不经常更改的文本和图像，例如产品说明、照片。动态内容是指定期变化，如每天或每小时更改的内容。动态内容可以由你创建，也可以由你的网站和产品的粉丝和一些博客的作者创建，后者正在逐渐成为一种趋势。用户生成内容具有许多优点：它是免费的，可以吸引你的客户群，并且对内容进行更改时，搜索引擎更有可能对你的网站进行优先推荐。其他内容来源，尤其是照片，来自汇总内容的外部网站（如 Pinterest）。

4.1.6　了解自我：进行 SWOT 分析

　　SWOT 分析（SWOT analysis）是一种简单但功能强大的方法，可用于制定业务战略并了解应将精力集中在哪些方面。在 SWOT 分析中，你可以描述自己的优势、劣势、机会和威胁。在图 4-1 中，你将看到一个典型的初创企业的概况，其中包括在现有市场的独特的方法，满足市场未满足的需求的能力，以及使用老牌竞争对手可能忽视的新技术（社交和移动平台）。有很多机会可以应对需求未得到满足的大型市场，也有可能通过在设计和技术上的投资将初始网站用作主页并衍生相关网站。但是初创企业也存在劣势和威胁。缺乏资金和人力资源通常是创业企业的最大劣势。威胁有许多，比如竞争对手可以开发相同功能的产品，市场进入成本可能较低，而较低的市场进入成本可能会激励更多创业企业进入市场。

优势
目前的网站不能满足市场需求；独特的方法；易于导航；个性化；客户群不断增长；高价值的细分市场；优秀的社交策略

劣势
有限的财务资源；没有在线经验；没有用户基础；没有媒体的关注；没有网页设计的专业知识；没有计算机背景

机会
满足大型市场未满足的需求的能力；占据这一市场巨大份额的潜力；开发相关网站的潜力

威胁
方法可能被竞争对手复制；广告商可能不想尝试新网站；技术发展速度快；市场进入成本较低

图 4-1　SWOT 分析

注：SWOT 分析描述公司的优势、劣势、机会和威胁。

　　一旦进行了 SWOT 分析，你就可以考虑如何克服自己的劣势并强化优势。例如，你可以考虑采用聘用或合作等方式，以获取技术和管理方面的专业知识，并借此寻找融资机会（包括亲朋好友）。

4.1.7　开发电子商务平台路线图

　　电子商务已从网络上以电脑为中心的活动转变为基于移动端和平板电脑的活动。尽管大约 55% 的电子商务零售和 61% 的数字旅行收入仍然是通过台式机购买产生的，但是越来越多的用户通过智能手机和平板电脑进行购买。美国的大多数互联网用户也使用智能手机和平板电脑来搜寻产品、查找价格、购买产品和访问社交网络。你的潜在客户在一天中的不同时间使用这些设备，根据自己正在做的事情开展不同的活动——与朋友们联系、在 Instagram 上浏览照片、发推文或阅读博客。这些都是与客户的接触点，接触点发生的地方就是你与客户进行交互的地方，你必须考虑如何在这些不同的虚拟场所开发服务平台。图 4-2 提供了一个关于平台和相关行为的解析，是你在开发电子商务平台的时候需要考虑的问题。

　　图 4-2 展示了四种类型的电子商务平台：网站/App、社交媒体、电子邮件和线下媒体。对于每种类型，你都需要开发不同的平台。例如，对于网站/App，有三个不同的平台，即传统桌面、智能手机和平板电脑，每个平台具有不同的功能。对于每种类型的电子商务平台，你需要考虑相关的活动。例如，对于网站/App，你将要从事搜索引擎营

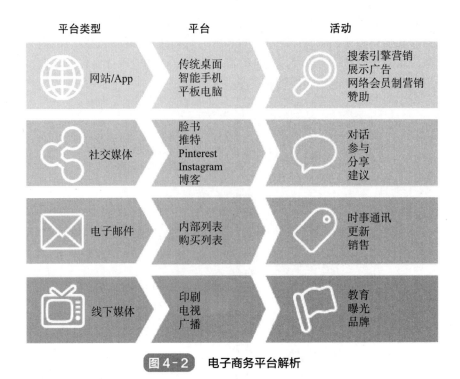

图 4-2　**电子商务平台解析**

注：电子商务平台要求公司考虑四种平台类型，以及与每种平台类型相关的平台和活动。

销、展示广告、网络会员制营销和赞助。线下媒体是第四类电子商务平台，因为许多公司使用多平台或集成营销，其中传单、电视广告或广播广告将客户吸引到网站和 App 上。第 6 章和第 7 章将更详细地描述图 4-2 中的营销活动。

4.1.8　设立时间轴：里程碑

想想一年后你的电子商务平台会是怎样的。当你开始构建电子商务平台时，最好先有一个大致的时间框架。你应该把你的项目分成几个阶段，每个阶段在一段特定的时间内完成。一个项目通常包括表 4-1 中的六个阶段，表 4-1 说明了一家初创电子商务公司一年的发展时间表。

表 4-1　一家初创电子商务公司的发展时间表

阶段	活动	里程碑
阶段 1：计划	设想电子商务平台；确定人员	使命陈述
阶段 2：网站建设	获取内容；网站设计；安排网站建设	网站计划
阶段 3：网站实施	开发关键词和元标记；专注于搜索引擎优化；识别潜在赞助商	功能性网站
阶段 4：社交媒体计划	确定合适的社交平台和产品、服务的内容	社交媒体计划
阶段 5：社交媒体实施	在脸书、Instagram、推特和 Pinterest 上开展社交媒体活动	功能性社交媒体平台
阶段 6：移动端计划	制订移动端计划；考虑将网站移植到移动设备上	移动端计划

注意，这个例子中的时间表将移动端开发放在网站和社交媒体开发计划制订并实

施之后。然而，当下越来越多的创业者都在倒着实施这个时间表：从移动端开发开始（有时称为移动优先设计）。移动优先设计有弊有利，这一点将在 4.6 节进一步阐述。

还需要注意的是，有可能在更短的时间内启动电子商务业务是许多公司在新冠疫情期间能够生存的关键因素。例如，咨询公司麦肯锡（McKinsey & Company）报告了一家欧洲零售连锁店的经验，该连锁店大约有 1 000 家实体店，这些店以前没有电子商务业务。基于务实的做法（仅在一个地区发行有限的产品），该公司能够在短短 13 周内启动运作良好且成功的电子商务业务（Arora et al.，2020）。

4.1.9　成本花费

现在为你的电子商务业务制定详细的预算还为时过早，但是现在是初步了解成本的好时机。例如，你在网站上的花费取决于你希望它做什么。如果所有工作都由你自己和其他愿意无偿工作的人员在内部完成，那么可以建立简单的网站，并且首期费用不会超过 5 000 美元。对于小型创业公司来说，更合理的预算可能是 10 000 美元到 25 000 美元。在这里，公司所有者将免费开发所有内容，并将聘请网站设计师和程序员来开发初始网站。如稍后所述，该网站将托管在基于云的服务器上。大型公司的网站交互性更强，而且与企业系统的联系更紧密，这类公司每年可能花费数十万到数百万美元来开发和运营网站。大型公司经常将它们的网站开发和托管业务全部外包出去，尽管许多大型公司最近改变了这种做法，并将整个工作集中在公司内部完成。

你花多少钱建一个网站取决于你负担得起多少，当然还有机会的大小。图 4-3 展示了网站预算的构成。总的来说，在过去 10 年中，用于构建和运营网站的硬件、软件和远程通信的成本已大幅下降（下降了 50% 以上），这使得小企业有可能开发相当复杂的网站。同时，尽管技术降低了系统开发的成本，但营销、内容开发和设计的成本上升到占网站预算的一半以上。长期成本还包括网站和系统维护成本，但这里不包括这些。开发移动网站和 App 的成本将在 4.6 节进行讨论。

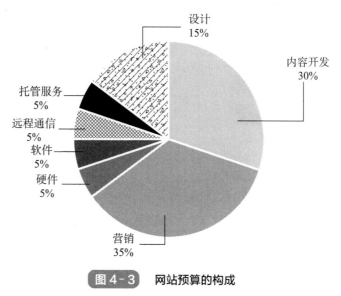

图 4-3　网站预算的构成

注：虽然硬件、软件和远程通信的成本大幅下降，但网站面临着巨大的设计、内容开发和营销成本。

4.2　建立电子商务网站：系统化方法

　　一旦有了想要构建的电子商务网站的愿景，就该开始考虑如何建立（本书有时译为"开发"）该网站了。建立成功的电子商务网站需要对商业、技术和社会问题以及系统的方法有敏锐的理解。电子商务太重要了，不能完全交给技术人员和程序员处理。

　　一般来说，企业在建立电子商务网站时会面临两大管理难题：（1）明确了解你的商业目标；（2）知道如何选择正确的技术来实现这些目标。第一点要求管理人员制订开发企业网站的详细计划，第二点则要求管理人员对电子商务网站基础设施的组成要素有所了解。业务决定技术！

　　即使你决定将开发工作和运营外包给服务提供商，你仍需要制订开发计划，并对基本的电子商务基础架构问题（例如成本、容量及局限性等）有所了解。如果没有计划又不具备相关基础知识，那么管理人员就无法对企业电子商务的开展制定令人信服的管理决策。

　　假设你是美国一家中型工业零件公司的经理。你已获得 10 万美元的预算用于为公司建立电子商务网站。目的是销售产品和服务公司的客户（主要是小型机械和金属加工店），并通过网站（可能是通过博客和用户论坛）吸引客户。你从哪里开始？在后文，我们将研究如何建立电子商务网站，然后讨论开发移动网站和移动 App 时的一些更具体的注意事项。

　　首先，你必须了解建立电子商务网站时需考虑的因素（见图 4-4）。在人力资源方面，你必须组建一个拥有建立和管理成功的电子商务网站所需技能的团队。该团队将就商业目标和战略、技术、设计以及社会和信息政策做出关键决策。如果你不希望重蹈其他公司的覆辙，就必须对所有工作进行严格管理和监督。

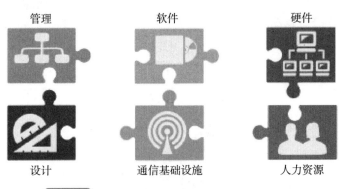

图 4-4　建立电子商务网站时需考虑的因素

　　注：建立一个电子商务网站需要你系统地考虑这个过程中涉及的许多因素。

　　此外，你还需要制定有关硬件、软件和远程通信基础设施的决策。你要根据企业客户的需要来决定采用什么技术。客户总是希望你所采用的技术能够帮助他们方便地检索产品、浏览产品介绍、订购产品并迅速地收到所购买的产品。你还必须仔细考虑设计。一旦确定了关键决策领域，你需要考虑开发项目的计划。有许多不同的方法来构建信息系统，例如网站。系统开发生命周期是最传统的方法之一，如后文所述。

4.2.1 系统开发生命周期

系统开发生命周期（SDLC）是一种用于了解系统的商业目标并设计适当的解决方案的方法。采用 SDLC 方法并不能保证成功，但比没有计划要好得多。SDLC 方法还可以帮助你建立交流目标、重要里程碑和管理资源使用的文档。图 4−5 说明了 SDLC 的五个主要步骤：

- 系统分析/计划；
- 系统设计；
- 系统开发；
- 系统测试；
- 系统运行、维护和优化。

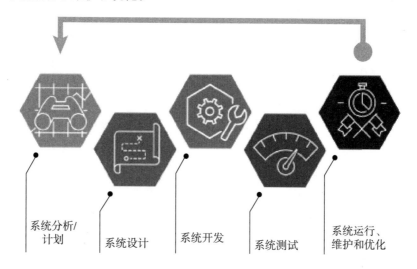

系统分析/计划　　系统设计　　系统开发　　系统测试　　系统运行、维护和优化

最佳做法
持续可用性 99%+；可扩展的设计；内置端到端管理；增长计划；设计高性能系统；理解和优化系统工作负荷

图 4−5　SDLC 的步骤

系统分析/计划：确定商业目标、系统功能和信息需求

SDLC 方法在系统分析/计划阶段主要回答以下问题："我们希望该电子商务网站或 App 为我们做什么？"关键要了解驱动企业战略所需的技术。这将确保你的技术平台与你的业务保持一致。这里假设你已经确定了业务战略并选择了实现你的战略目标的商业模式（请参阅第 2 章）。但是，如何把战略目标、商业模式和经营理念融入电子商务网站中？

我们可以从确定网站所需实现的特定商业目标入手，之后仔细考虑网站应当实现的系统功能以及网站的信息需求。**商业目标**（business objectives）是对你希望自己的网站具备的各种能力的概括。

系统功能（system functionalities）是指实现网站商业目标的各种信息系统手段。而系统的**信息需求**（information requirements）则是指为实现商业目标，系统必须具备的信息元素。最后，你需要将网站的商业目标、系统功能和信息需求告知系统开发人员和程序设计人员，使他们明确自己的职责。

　　表 4-2 描述了典型的电子商务网站的商业目标、系统功能和信息需求。如表 4-2 所示，一个电子商务网站通常有 10 个商业目标。这些目标必须转化为对系统功能的描述，并最终转化为一组精确的信息需求。通常，对系统的特定信息需求的定义要比表 4-2 所示的详细得多。在很大程度上，电子商务网站的商业目标与普通零售商店的商业目标没有什么不同。真正的区别在于系统功能和信息需求方面。在电子商务网站中，商业目标完全以数字化方式实现，没有实际的销售场地，也没有全天候工作的销售人员。

表 4-2　系统分析/计划：典型的电子商务网站的商业目标、系统功能和信息需求

商业目标	系统功能	信息需求
展示样品	数字目录	有关产品的动态文字与图片介绍
提供产品信息（内容）	产品信息数据库	产品说明、库存代码、库存水平
提供个性化/定制产品	客户浏览的记录	每位客户的网站浏览记录；使用数据挖掘技术从这些记录中找出客户共同感兴趣的产品或服务
让客户参与讨论	在线博客、用户论坛	带有博客和社区论坛功能的软件
进行交易	购物车/支付系统	安全的信用卡结算；多种支付方式
采集客户信息	客户信息数据库	所有客户的姓名、地址、电话和电子邮件等信息；网上客户注册信息
提供售后服务支持	销售信息数据库	客户编号、所购产品、订单日期、支付信息、发货日期
制订相互配合的营销/广告计划	广告服务器、电子邮件服务器、电子邮件、促销活动管理、横幅广告管理	按照邮件或横幅广告活动的要求，从网站上的客户行为与偏好记录中寻找相应的信息
检验营销效果	网站跟踪与报告系统	营销活动吸引的独立访客的数量以及客户登录网站后浏览的页面和购买的产品等信息
提供生产系统与供应商的数据连接	库存管理系统	生产数量和库存水平；供应商编号及联系方式；每种产品的订购数量

系统设计：硬件和软件平台

　　一旦确定了商业目标和系统功能，并且已经制定了精确的信息需求列表，你就可以开始考虑如何交付这些功能。你必须制作一个**系统设计说明书**（system design specification）——描述系统中的主要功能模块及其相互之间的关系。系统设计本身可以分为两个部分：逻辑设计和实体设计。**逻辑设计**（logical design）包括一个数据流程图，该流程图描述了电子商务网站上的信息流、必须执行的处理功能以及将要使用的数据库。逻辑设计还包括对将要制定的安全和紧急备份程序以及将要在系统中使用的控件的描述。

　　实体设计（physical design）将逻辑设计转化为现实中的网站组件。例如，实体设计详细说明了要购买的服务器的特定型号、要使用的软件、通信线路应当具备的容量、系统的备份方式以及防止外部攻击的方式等等。

图 4-6 给出了一个简单网站的逻辑设计和实体设计。网站上每个处理流程都可以拆分成更精细的低层设计，从而准确地说明该流程的信息流动和所需要的设备。

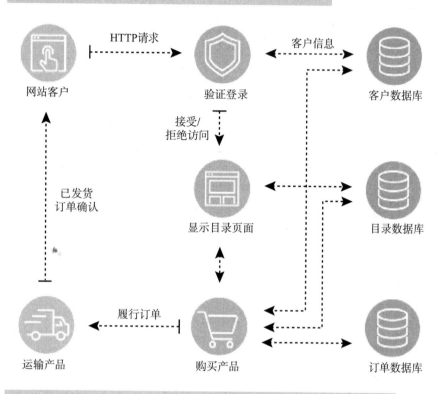

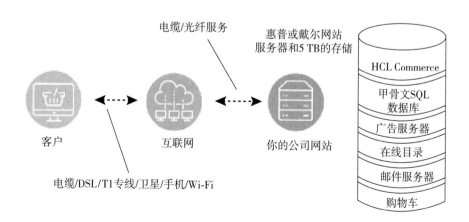

图 4-6　一个简单网站的逻辑设计和实体设计

系统开发

一旦你对网站的逻辑设计和实体设计都有了清晰的认识，你就可以开始考虑关于网站的实际操作问题。你有很多选择，如何选择在很大程度上取决于你愿意花费的金额。你既可以将全部工程外包（包括实际的系统分析与设计），也可以选择自主开发所有的项目。**外包**（outsourcing）意味着你将雇用外部供应商来提供开发网站所涉及的服务，而不是使用内部人员。你还需要做出决定：将网站托管（运营）在公司自己的服务器上，还是将托管外包给网络托管服务提供商？这些决定是相互独立的，但通常要同时考虑。目前市场上有很多专门提供网站设计、网站开发和网站托管服务的公司，也有很多只提供网站开发或网站托管服务的公司（只提供一种服务）。图 4-7 给出了各种选择。

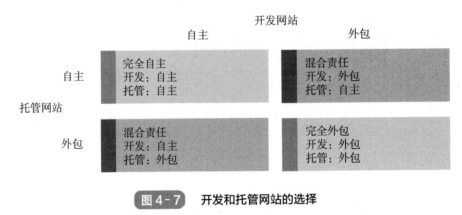

图 4-7　开发和托管网站的选择

注：在开发和托管电子商务网站时，你可以考虑许多替代方案。

自主开发与外包开发　我们首先讨论开发网站的决策。如果你选择自己开发网站，则有多种选择。如果开发技术不是十分完备，你可以使用模板来开发自己的网站。

WordPress 是最便宜且使用最广泛的网站开发工具之一，也是具有完善的内容管理系统的网站开发工具。**内容管理系统**（content management system，CMS）是专门用于在网站环境中管理结构化和非结构化数据与对象的数据库软件程序。CMS 为网页管理员和设计人员提供了集中的控制结构来管理网站内容。WordPress 还具有成千上万个小部件和插件，例如 WooCommerce，它提供了一个电子商务平台，可以扩展网站的功能。搜索引擎对 WordPress 内置的网站与其他网站同等对待：将其内容编入索引，并提供给整个网页社区。产生收入的广告、合作企业和赞助商通常是 WordPress 网站的主要收入来源。Weebly（请参阅本章"商务透视"案例）、Wix、Squarespace 和 Shopify 也提供了类似的网站开发工具。尽管这些是开发网站的简便且相对便宜的方法，但是你将受限于这些供应商提供的模板、基础结构所提供的"外观"和功能。

如果你想要使用比预制的模板所能提供的更多的定制，并具有一定的编程经验，则可以自己开发网站。这里也有多种选择。你可以选择真正地"从头开始"开发网站，使用 HTML/HTML5 和 CSS 对其进行编码（请参阅第 3 章），并添加与 JavaScript 和其他编程工具的交互性。你还可以使用网站开发工具，例如 Adobe Dreamweaver CC 和 Microsoft Visual Studio 等，它们使开发人员能够快速创建网页和网站。在更大的企业范围内，公司可以选择使用打包的网站开发工具，例如 Sitecore Commerce 或 HCL Commerce（以前称为 IBM WebSphere Commerce），这使它们能够开发真正根据特定需求定制的复杂电子商务网站。图 4-8 说明了可用的工具。我们将在 4.3 节中更详细地介绍各种电子商务软件。

图 4-8 开发电子商务网站的一系列工具

完全自主开发网站存在很多风险。考虑到购物车、信用卡认证结算、库存管理和订单处理等功能的复杂性，成本很高，而最终开发出的系统有可能无法满足企业的需求。如果出现这种情况，你只能转而使用其他专业公司提供的现成产品，然而员工可能需要花很长的时间重新学习，这会影响网站投入使用的进度。这样，你所有的努力都会付诸东流。但是，自主开发网站的决策也有其积极的一面。自主开发不但有可能建立完全符合企业需求的网站，更重要的是，一旦市场环境发生变化，你就可以利用自主开发网站时积累的知识迅速地调整网站，从而使网站尽快适应这些变化。

如果你选择更昂贵的网站开发工具包，则必须购买经过良好测试的最新软件。你可以更快地进入市场。但是，要做出明智的决定，你将不得不评估许多不同的工具包，这可能需要很长时间。你可能需要改变工具包的配置以满足你的业务需求，并可能雇用其他外部供应商替你完成修改工作。此外，网站的开发成本也会随着工具包修改次数或修改内容的增加而快速上升（见图 4-9）。

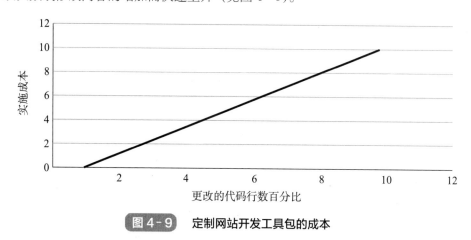

图 4-9 定制网站开发工具包的成本

注：虽然复杂的网站开发工具包似乎降低了成本，并加快了进入市场的速度，但随着使工具包适应业务需求而进行的修改次数的增加，其成本迅速上升。

　　过去，需要电子商务网站的实体零售商通常是自己设计网站的（因为它们已经拥有熟练的员工，并且对数据库和远程通信等信息技术资本进行了大量投资）。但是，随着网站变得越来越复杂，当今的大型零售商在很大程度上依靠供应商来提供复杂的网站功能，同时还需要保持大量的内部人员。小型创业企业可以使用内部技术人员从头开始开发自己的网站，以保持较低的成本。中型初创企业通常会从供应商那里购买网站设计和编程方面的专业知识。对于规模非常小的商铺，可以使用 WordPress 提供的模板。对于电子商务网站而言，过去五年来网站开发成本已大幅下降，从而降低了对所有参与者的资本要求（请参阅"商务透视"专栏"Weebly 让建立网站更简单"）。

商务透视

Weebly 让建立网站更简单

　　如此众多的大公司主导着电子商务领域，你可能想知道小公司是否还有机会。答案是肯定的：潜在的在线零售市场仍然价值数十亿美元市场未被满足。如今，初创企业可以使用廉价的技术和社交媒体，开展低成本的营销活动并提供低价的产品。

　　Weebly 由宾夕法尼亚州立大学的毕业生戴维·鲁先科（David Rusenko）、克里斯·法尼尼（Chris Fanini）和丹·维尔特里（Dan Veltri）于 2007 年创立，它允许小企业在其提供的模板上创建自己的网站，包括博客、网上商店和移动网站。Weebly 的客户已经创建了超过 5 000 万个网站，这些网站每月共有 3.25 亿独立访客。Weebly 的典型用户使用可在网页浏览器中使用的基于窗口小部件的拖放工具来创建网站。这些用户是没有网站编码经验的小公司，它们希望利用传统上仅适用于大型网站和零售商的网站工具。

　　Weebly 只是在网站开发服务市场竞争日趋激烈的情况下的一种选择。今天的产品与 GeoCities 和 Angelfire 之类的早期服务相去甚远，按照今天的标准，它们看起来很粗糙。Weebly 及其竞争对手，包括 WordPress、Squarespace 和 Wix，提供了比更早期公司更加精致的产品。Weebly 提供具有基本功能的免费选项，以及起价为每月 6 美元的高级计划，高端性能计划每月为 26 美元。在发展过程中，Weebly 增加了 Google AdSense 货币化功能，CSS/HTML 编辑支持以及自动生成每个网站的移动版本的功能。Weebly 在这个市场上是强大的参与者，拥有超过 4 000 万注册用户和 625 000 付费用户。但是，Wix 的业务范围更大，注册用户超过 1.65 亿，付费用户约 450 万。

　　Weebly 专注于改善其电子商务服务，例如移动商店和结账功能、集成购物车和筛选产品搜索。Weebly 提供的付款方式包括 Stripe、Square、PayPal 和 Authorize. net。通过改进其电子商务工具，Weebly 希望与亚马逊以及类似的用户友好型对手（如 Etsy 和 Shopify）更好地竞争。Weebly 60% 的用户认为自己是企业家，这些用户希望为自己的企业创建一个在线服务平台。

　　MochiSu 的创始人克里斯蒂·巴斯蒂达斯（Krystie Bastidas）和特拉维斯·蒙德斯（Travis Mondesi）就属于上述企业家，MochiSu 销售由哥伦比亚和委内瑞拉本土的瓦尤工匠制作的手工编织袋。MochiSu 让客户能够买到最优质的编织袋，同时也让瓦尤工匠能够养活自己。MochiSu 使用 Weebly 的个性化电子邮件工具将优惠券发送给客户，而低库存警报则使它可以宣传有售罄风险的产品。该公司还在每次销售完成后发送个性化电子邮件，并使用 Weebly 在线聊天功能提供高质量的客户服务。该公司活跃的 Instagram 页面也已完全集成到 MochiSu 网站中。

　　尽管没有透露其收入，但 Weebly 自 2009 年以来是盈利的。对于初创公司而言，这是有吸引力的，从历史上看，许多初创公司都先寻求增长，然后寻求盈利。2018 年，支付处理公司 Square 以 3.65 亿美元收购了 Weebly。此次收购使 Square 可以为企业家提供在线和离线销售产品的方式，还可以让 Square 通过 Weebly 平台直接向最有可能对其产品感兴趣的小企业交叉销售产品（例如销售点读卡器、软件和付款服务）。Square 还一直在寻求加速其全球业务的增长，Weebly 的 40％ 的付费订阅用户位于美国境外，Weebly 以 15 种语言提供服务，此次收购也为 Square 在该领域成功提供了帮助。

　　Weebly 继续对其平台进行调整。Weebly 4 是其网站平台的第四代，改进了对电子商务功能和电子邮件营销的支持方式。例如，网站现在可以整合废弃购物车功能，该功能使商店可以在客户离开网站而未完成购买时向客户发送消息；还可以使商店更轻松地计算税金和实时运费。Weebly 还提供针对特定客户群的定向电子邮件服务以及在客户执行特定操作时自动发送电子邮件的服务，例如当客户购买商品时发送感谢邮件或向客户发送生日快乐的消息。Weebly 还提供 Weebly Marketplace（一个集中的购物区，将来自不同卖家的物品放到一个商店），以及 Weebly Photo Studio，它允许 Weebly 用户将样品运送到 Weebly，以便为其网站拍摄专业照片。在 2018 年，它还发布了其移动 App 的第五个版本。

　　Weebly 只是精简业务模式大趋势下的一个例子，这种模式在许多业务功能上依赖外部帮助。随着时间的推移，硬件的价格已经降低，而许多新兴公司发现，云计算和社交营销大大降低了创办公司的成本。可以在网上找到市场情报、开展公共关系活动甚至找到设计服务，而费用仅为传统服务公司的一小部分。事实证明，快速而廉价地开发电子商务网站的能力对受新冠疫情影响的小型企业来说是重要的帮助，其中许多企业不得不从传统的做生意的方式迅速转向电子商务。

资料来源："About Us," Weebly.com, accessed July 21, 2020; "Weebly Payment Options," Webnots.com, March 25, 2019; "Israeli Wix.com Forecasts 2020 Revenue Reaching $1 Billion," by Sourav D, Financialworld. org, February 22, 2020; "Introducing Weebly Marketplace," Weebly.com, May 9, 2018; "Does Square's Weebly Acquisition Put It on a Collision Course with Amazon?" by Ainsley Harris, Fastcompany.com, May 3, 2018; "Square's Buying Spree Continues with Weebly Acquisition, Hints at Global Expansion," by Paul Sawers, Venturebeat.com, April 27, 2018; "Square Acquires Weebly," by Anthony Ha, Techcrunch.com, April 26, 2018; "Square Is Acquiring Weebly—Here's Why It's a Big Deal," by Matthew Frankel, Nasdaq.com, April 27, 2018; "Weebly Website of the Month：MOCHISU," Weebly.com, April 5, 2018; "Manage Your Site Anytime, Anywhere with the Weebly Mobile app 5.0," Weebly.com, March 22, 2018; "Professional Product Photos, Made Simple with Weebly Photo Studio," Weebly.com, February 21, 2018; "Weebly's CEO Is Saying No to the Hottest Trend in E-Commerce," by Sonya Mann, Inc.com, February 2, 2018; "Weebly Release Notes：New Apps from June," Weebly.com/blog, July 7, 2017; "Weebly Unveils Marketing Automation Features," by Kaya Ismail, Cm-scritic.com, November 2, 2016; "Weebly Updates Its Website Builder with a Focus on E-commerce and Marketing," by Anthony Ha, Techcrunch.com, September 21, 2016; "How Weebly 4 Is Leading an E-commerce Revolution," by Stephan Rabimov, *Forbes*, September 21, 2016; "Weebly's Online Platform Adds Email Marketing," by David Rusenko, Venturebeat.com, September 21, 2016; "Why Weebly Is the Warp Drive of Website Building," by Murray Newlands, *Forbes*, November 24, 2015; "Weebly Brings Industry-First App to Android Tablets," *Business Wire*, March 11, 2015; "Weebly and Square Bring Simple, High-Quality Business Solutions to Stores Looking to Get Online," *Business Wire*, February 25, 2015; "Weebly Debuts an iPad App for Building and Managing Websites," by Ryan Lawler, Techcrunch.com, October 9, 2014.

自主托管与外包托管 现在我们来讨论托管问题。大多数企业选择外包托管，即向专门提供托管服务的公司支付费用，由这些公司来负责企业网络服务器的托管工作，确保该网站全天 24 小时正常运行或可访问。当双方对月服务费达成一致后，大多数设置或维护服务器以及通信线路的技术工作就不再由企业自己承担，企业从此也不用再聘请专门的技术人员。

当然，你也可以选择**主机托管**（co-location），即由企业购买或租赁网络服务器（由企业完全控制服务器的运行），再把服务器放置在托管服务商提供的机房中。供应商维护设施、通信线路和机器设备。主机托管随着虚拟化的普及而扩展了服务范围，其中一台服务器具有多个处理器，并且可以使用多个操作系统同时运行多个网站。在这种情况下，你无须购买服务器，而是按月租用其功能，通常费用为拥有服务器本身成本的 1/4。表 4 - 3 列举了托管服务、主机托管服务和云服务的主要提供商。主机托管的价格范围非常大，从每月 4.95 美元到每月数十万美元，具体取决于网站的大小、带宽、存储和支持要求。

表 4 - 3	托管服务/主机托管服务/云服务的主要提供商	
亚马逊网络服务（AWS）EC2		Hostway
Bluehost		IBM Cloud
CenturyLink		Liquid Web
Digital Realty Trust		Microsoft Azure
GoDaddy		Rackspace
Google Cloud		Verio

虽然主机托管涉及为硬件租用物理空间，但是你可以考虑使用云服务提供商，就像在提供商的基础架构中租用虚拟空间一样。云服务因为价格便宜且可靠性更高而正在迅速取代主机托管。与主机托管不同，你的公司不拥有硬件。云服务提供商提供标准化的基础架构、虚拟化技术，并采用即付即用的计费系统。

托管服务、主机托管服务以及云服务已成为商品和工具：成本由规模非常大的提供商（例如亚马逊、微软、IBM 和谷歌）控制，这些提供商可以通过开发庞大的服务器群来实现规模经济，这在全国和全球范围内具有战略意义。这意味着纯托管成本的下降速度与服务器价格下降的速度一样快。远程通信成本也下降了。结果，大多数托管服务提供商都试图通过提供广泛的网站设计、营销、优化和其他服务来与商品托管业务提供商区分开。小型本地 ISP 也可以用作主机，但是服务可靠性是一个问题。大家经常怀疑它们是否具备提供全年不间断服务的能力，是否拥有能够满足自己需要的服务人员。

外包托管有几个缺点。如果你选择了一家服务提供商，要确保它能够满足你日益增长的需求。你需要知道针对网站的备份、内部活动监控以及安全跟踪记录有哪些安全条款。供应商是否有公开的安全漏洞记录？许多《财富》500 强公司都有自己的私有云数据中心，因此它们可以掌控网络环境。另外，如果你是小型企业，则存在自主托管的风险。如果你使用大型外包公司，你的成本会更高，因为你没有获得低成本硬件和远程通信的市场力量，将必须购买硬件和软件、拥有物理设施、租用通信线路、聘请专业人员并自行构建安全和备份功能。

系统测试

当系统开发完毕，所有程序都完成编码后，就应进入系统测试环节，这可能相当困难且漫长。无论是外包还是自主开发的程序，都需要进行测试。复杂的电子商务网站可以具有数千个路径通过该网站，每个路径都必须记录下来，然后进行测试。重要的是要注意，测试的预算通常都会被低估。测试和重建可以花掉多达 50% 的预算（通常取决于初始设计的质量）。**单元测试**（unit testing）指一次测试网站的一个程序模块。**系统测试**（system testing）则是指按照典型用户使用网站的方式，对网站进行整体测试。但由于很难找出真正意义上的典型用户，系统测试要求对所有可能出现的情况都进行测试。最终**验收测试**（acceptance testing）要求公司营销、生产、销售和一般管理部门的主要人员和管理者实际使用安装在测试互联网服务器或内部网服务器上的系统。验收测试可以验证最初设想的系统的商业目标是否确实实现了。

另一种测试形式称为 **A/B 测试**（A/B testing）（或**拆分测试**（split testing））。这种测试形式涉及向不同的用户显示网页或网站的两个版本（A 和 B），以查看哪个版本的效果更好。有几种不同类型的 A/B 测试可用于网站设计项目。其中，模板测试使用两种布局和设计来比较相同的常规页面内容。另一种类型是概念测试，它将一个控制页面与一个非常不同的页面进行比较。漏斗测试比较一系列页面（例如产品页面、注册页面、购物车页面以及跳过注册页面）的流量，以查看哪个结果导致转换率比较高。**多变量测试**（multivariate testing）是比 A/B 测试更为复杂的测试形式。多变量测试涉及识别网页上的特定元素或变量，例如标题、图像、按钮和文本，为每个元素创建版本，然后为每个元素和版本创建唯一的组合以进行测试。因此，如果有三个元素并且每个元素有两个版本，将有八种可能的组合（2×2×2＝8）需要进行测试。正确使用的多变量测试可以帮助设计人员确定最佳的布局、颜色、内容和格式。

系统运行、维护和优化

大多数人对系统的生命周期并不了解，误认为一旦系统投入使用，就可宣布大功告成。实际上，虽然系统的前期建设工作已经全部完成，但系统的后期运行才刚刚开始。系统会由于各种原因而崩溃，其中大多数原因是不可预测的。因此，它们需要不断地检查、测试和修复。系统维护至关重要，但常常被人们忽略。通常，每年的系统维护成本与开发成本大致相当。一个开发成本为 40 000 美元的电子商务网站可能需要每年 40 000 美元的维护费用。规模越大的电子商务网站，越容易获得规模经济效益，例如，开发成本为 100 万美元的网站需要的年度维护预算可能只有 50 万～75 万美元。

为什么维护一个电子商务网站要花这么多钱？例如，与薪酬系统不同，电子商务网站始终处于变化、改进和修正的过程中。对传统系统维护的研究发现，有 20% 的时间专门用于调试代码和处理紧急情况（例如，你的互联网服务提供商安装了新服务器，并且你所有的超文本链接都丢失了，此时，网站已经瘫痪）。另外 20% 的维护时间与报告、数据资料以及后台数据库链接的变化有关。剩余的 60% 的维护时间用于一般管理（在目录中进行产品和价格的更改）以及对系统进行更改和增强。电子商务网站的维护工作永无尽头：它们始终在建设和重建过程中。所以，与薪酬系统相比，电子商务网站的工作更加变化多端。

电子商务网站的长期成功需要依靠一支专门的员工团队（即所谓的网络团队），他们的唯一工作是监控网站并使之适应不断变化的市场。网络团队必须具备多种技能，通常由程序员、设计师，以及从营销、生产和销售支持部门抽调的业务管理人员组成。网络团队的首要任务之一是听取客户在网站上的反馈，并在必要时回应反馈。第二项任务是全面监控网站的运行，每周测试一次网站，以确保网站链接的有效性、商品价格的准确性以及页面更新的及时性。大型企业可能有成千上万的网页，其中许多是链接的，需要系统监控。此外，网络团队还要负责**基准测试**（benchmarking）的工作（即将本公司的网站与竞争对手的网站在响应速度、布局质量和设计水平等方面进行比较），以确保本公司网站能及时关注价格和宣传方面的最新信息。否则，竞争对手随处可见的网络环境会让你的网站很快一蹶不振，失去所有的客户。

优化网站性能的影响因素　如果你是使用诸如 WordPress 的可用设计或托管网站的小型公司，则不必担心硬件、软件和网站优化技术，因为供应商将提供此类设备或专业技术。但是，如果你自主开发网站，则需要考虑这些问题。网站的目的是向客户交付内容并完成交易。从商业角度来说，越快速、可靠地实现这两点，网站效率就越高。如果你是经理或市场营销主管，你将希望网站能够以满足客户期望的方式运行。你必须确保优化网站以实现业务目标。网站性能的优化比看起来要复杂得多，并且涉及许多因素，包括页面内容、页面生成和页面交付（见图 4-10）。在本章中，我们描述了在构建电子商务网站时需要进行的软件和硬件选择。这些也是网站优化的重要影响因素。

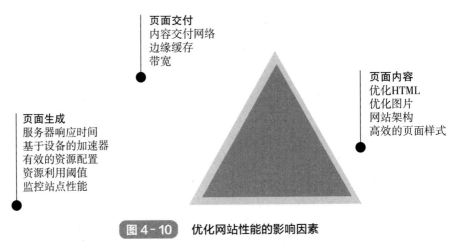

图 4-10 优化网站性能的影响因素

注：优化网站性能需要考虑三个因素：页面内容、页面生成和页面交付。

使用有效的样式和技术进行网页设计和内容处理可以将响应时间减少 2～5 秒。简单的步骤包括减少不必要的 HTML 注释和空格，使用更有效的图形以及避免不必要的指向网站其他页面的链接。通过分散服务器功能（例如静态页面生成，应用程序载入），并使用供应商提供的各种设备来加速这些服务器，可以提高页面生成速度。

使用单个服务器或多个服务器执行多个任务可将吞吐量减少 50% 以上。加速页面交付可以使用缓存设备（例如 Akamai）或者增大本地带宽。本章只讨论了上述部分因素，完整地介绍网站性能的优化超出了本书的范围。

4.2.2　其他网站开发方法

如今，除了传统的系统开发生命周期方法之外，还有许多其他的开发方法旨在加快网站开发过程。尽管对这些方法的详细审视超出了本书的范围，但熟悉一些基本术语和概念还是有帮助的。

原型设计（prototyping）包括快速、廉价地构建样本或模型以测试概念或过程。可以根据反馈反复地完善初始原型，直到满足用户的需求为止。原型设计对于用户界面设计（通常称为前端设计）特别有用。原型设计的方法有很多种，从简单的草图到线框图（创建侧重于功能而不是设计的"骨架"版本），再到使用软件工具创建可点击的模型，再到用 HTML、CSS 和 JavaScript 构建实际的原型。

敏捷开发（agile development）将大型项目分解为一系列较小的子项目，这些子项目可在短时间内通过迭代和连续反馈的方式来完成。开发人员会明确要求，新功能的改进或添加将在下一次迭代中进行。这有助于最大限度地降低总体风险，并使项目更快地适应变化。敏捷开发强调面对面的交流比只看文档更有效，鼓励人们快速有效地进行协作并做出决策。**Scrum** 是一种敏捷开发方法，提供了用于管理开发过程的框架。Scrum 流程通常涉及由"教练"领导的跨职能团队，并使用"冲刺"的概念，在此期间，团队使项目的一小部分特性从构思到代码再发展为经过测试的功能，然后将其集成到最终产品上。

DevOps 还基于敏捷开发原则创建了一种文化和环境，以进一步促进快速敏捷开发实践。DevOps 代指"开发和运营"，并强调促进 App 的开发人员与运行和维护 App 的运营人员之间的紧密合作。DevOps 旨在促进系统开发和运营团队之间更好和更频繁地沟通与协作，以及在整个开发生命周期中构建快速、稳定的工作流程。通过这种伴随着敏捷技术、标准化流程以及更强大的自动化软件创建和测试工具的组织变革，企业可以更快、更频繁地发布更可靠的 App。

基于组件的开发利用了面向对象的编程工具提供的功能。**基于组件的开发**（component-based development）使系统可以通过组装和集成各种已经组装好的软件组件来构建，这些软件组件可以提供诸如用户交互或在线订购之类的通用功能。企业正在使用基于组件的开发来创建电子商务应用程序，方法是将用于购物车、用户身份验证、搜索引擎和目录的商用组件与满足其独特业务需求的软件相结合。

网络服务（web services）是松散耦合、可重用的软件组件，它使用可扩展标记语言（XML），以及其他开放协议和标准，使一个应用程序能够通过应用程序接口（API）与另一个应用程序通信，而无须自定义编程来共享数据和服务。除了支持系统的内部和外部集成之外，网络服务还可以用作构建新信息系统应用程序或增强现有系统的工具。由于这些软件服务使用一套通用标准，因此与专有组件相比，它们的成本和组合起来的难度更低。网络服务可以自行执行某些功能，也可以使用其他网络服务来完成更复杂的交易，例如核查信用、采购或订购产品。通过创建可以在不考虑操作系统、编程语言或客户机设备的情况下通信和共享数据的软件组件，网络服务可以显著地降低系统构建成本，同时为与其他公司的合作创造了新的机会。网络服务是实现**面向服务的架构**（service-oriented architecture，SOA）的首选方法。SOA 是一种软件设计风格，它采用一组相互通信的自包含服务来创建可工作的应用程序。SOA 允许重复使用现有资产，支持在系统的现有 IT 基础架构上创建新服务，以及互操作性，允许不同的网络服务在各种软件平台和硬件架构上运行。**微服务**（microservice）是对 SOA 的一种非常细化的实施，其中一个应用程序被分解为许多较小的服务，每个服务负责一个离散任务，这些任务可以与其他服务通信以解决更大的业务问题。微服务的一个关键优势是它们可以独立构建和部署，从而更容易避开某个服务的错误对自己的影响，以及避免使用它们的应用程序改变自己。

4.3　选择软件

除了远程通信，软件和硬件构成了电子商务的基础设施。尽管今天，许多企业选择将其电子商务基础设施外包给云服务提供商，但对构成该实体的基础软件和硬件组件有基本的了解仍然非常重要。

4.3.1　单层式和多层式网站架构

在电子商务蓬勃发展之前，网站的功能非常简单，只是响应用户通过浏览器发出的 HTML 页面请求，再把网页传回至用户端即可。网站软件相当简单，它由一台运行基本网络服务器软件的服务器计算机组成。我们可以将这种安排称为单层系统架构。**系统架构**（system architecture）指的是实现特定功能所需的信息系统中的软件、机械和任务的布置（非常类似于房屋架构，房屋架构指的是实现特定功能的建筑材料的布置）。许多网站都是以这种方式启动的——没有货币交易。数以万计的网站仍然以这种方式运作。订单可通过电话而不是在线方式下达。

但是，电子商务的发展需要更多的交互功能，例如响应用户输入（姓名和地址表格）、接受客户订购商品和服务、即时清除信用卡交易、查询价格和产品数据库，甚至根据用户特征在屏幕上调整展示的广告。这种扩展功能要求开发网络应用服务器和多层系统架构来处理负载。网络应用服务器是专门的软件程序，可以处理电子商务所需的各种事务，这将在后面更全面地描述。

除了拥有专门的网络应用服务器之外，电子商务网站还必须能够从已有的公司数据库中提取信息并向其添加信息。这些早于电子商务时代的旧数据库被称为后端数据库或遗留数据库。公司已在这些系统上进行了大量投资，以存储它们关于客户、产品、员工和供应商的信息。这些后端系统构成了多层网站中的附加层。

图 4 - 11 展示了一个简单的两层式和更复杂的多层式电子商务网站架构。在**两层式架构**（two-tier architecture）中，网络服务器响应用户发出的网页请求，而数据库服务器提供后端数据存储服务。相比之下，在**多层式架构**（multi-tier architecture）中，网络服务器链接到中间层——中间层通常包括执行特定任务的一系列服务器——以及包含产品、客户和价格等信息的现有公司系统的后端层。多层网站通常使用多台计算机，每台计算机运行一些软件程序，并在计算机之间实现数据共享。

后文描述了基本的网络服务器软件和各种类型的应用服务器。

A.两层式架构
在两层式架构中，网络服务器响应用户发出的网页请求，数据库
服务器提供后端数据存储服务。

用户发出网页请求　　　　网络服务器　　　　内容管理/
　　　　　　　　　　　　　　　　　　　　　数据库服务器

B.多层式架构
实体设计描述了硬件和软件需要实现的逻辑设计。

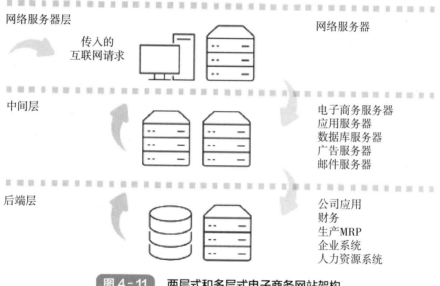

网络服务器层　　　　　　　　　　　　　　　　网络服务器
　　　　　传入的
　　　　　互联网请求

中间层　　　　　　　　　　　　　　　　　　　电子商务服务器
　　　　　　　　　　　　　　　　　　　　　　应用服务器
　　　　　　　　　　　　　　　　　　　　　　数据库服务器
　　　　　　　　　　　　　　　　　　　　　　广告服务器
　　　　　　　　　　　　　　　　　　　　　　邮件服务器

后端层　　　　　　　　　　　　　　　　　　　公司应用
　　　　　　　　　　　　　　　　　　　　　　财务
　　　　　　　　　　　　　　　　　　　　　　生产MRP
　　　　　　　　　　　　　　　　　　　　　　企业系统
　　　　　　　　　　　　　　　　　　　　　　人力资源系统

图 4 - 11　**两层式和多层式电子商务网站架构**

4.3.2　网络服务器软件

所有的电子商务网站都需要安装基本的网络服务器软件，以响应用户发出的
HTML 和 XML 网页请求。

选择网络服务器软件时，你还将为网站的计算机选择操作系统。在 Linux 和 Unix
操作系统上运行的 Apache，在域名、活动网站和最繁忙的前 100 万个网站的使用方面
是领先的网络服务器软件（Netcraft，2020）。Unix 是互联网和万维网的原始编程语
言，而 Linux 是为个人计算机设计的 Unix 的派生产品。Apache 由世界范围的互联网
创新者社区开发，可以从万维网上的许多站点下载。多年来，成千上万的程序员在
Apache 上工作。因此，它非常稳定。有成千上万的为 Apache 编写的实用程序，可以
提供现代电子商务网站所需的所有功能。为了使用 Apache，企业必须雇用精通 Unix

或 Linux 操作系统的专业人员。

微软的互联网信息服务（IIS）是另一种流行的网络服务器软件。IIS 基于 Windows 操作系统，并且与多种微软实用程序和支持程序兼容。

此外，还有至少上百家小型网络服务器软件提供商以及开源的网络服务器软件。请注意，选择不同的网络服务器对网站用户几乎没有影响。无论开发环境如何，他们看到的页面看起来都一样。微软开发工具套件有很多优点——它们是集成的、功能强大且易于使用的。另外，Unix 操作系统异常稳定可靠，并且有一个全球开放的软件社区来开发和测试基于 Unix 的网络服务器软件。

表 4-4 中列举了网络服务器的基本功能。

表 4-4　网络服务器的基本功能

功能	说明
处理 HTTP 请求	接收并响应用户发出的 HTML 网页请求
安全服务（安全套接层）/传输层安全	检验用户名和密码；处理信用卡结算以及其他安全信息交流所需的数字证书和私钥/公钥
文件传输协议	提供服务器之间的大型数据文件的传输服务
搜索引擎	为网站内容编制索引；具备关键词检索功能
数据获取	对所有访问、时间、期限和来源等信息的记录功能
电子邮件	发送、接收和存储电子邮件的功能
网站管理工具	计算并显示网站的主要统计数据，如独立访客数量、网页请求数量以及请求的来源。此外，还应当具备检验网页超链接的功能

网站管理工具

第 3 章已讨论过表 4-4 中列举的大多数网络服务器的基本功能，但还有一项功能没有加以论述，那就是**网站管理工具**（site management tools）。如果要保持网站正常运行，并且想了解其运行状况，网站管理工具必不可少。网站管理工具可以验证页面上的链接是否仍然有效，并标识孤立文件或网站上未链接到任何页面的文件。通过调查网站上的链接，网站管理工具可以快速报告用户可能遇到的潜在问题和错误。如果用户在你的网站上遇到"404：页面不存在"的消息，这将会给他们留下不好的印象。那些被移动或被删除的超链接通常称为死链接，对于尝试访问该链接的用户，这些可能会导致错误消息。定期检查所有的链接对网站的运营大有益处，可以有效地避免挑剔的用户一怒之下将业务转向其他网站的情况出现。

更重要的是，网站管理工具可以帮助你了解网站上的消费者行为。可以购买网站管理软件和服务，例如由 Webtrends 提供的网站管理软件和服务，以便更有效地监管客户购买和市场营销活动效果，并跟踪页面点击总数和页面访问信息。这些服务能够追踪你在互联网、移动端和社交网络三个平台上的电子商务活动。

动态页面生成工具

动态页面生成工具的开发是网站操作中最重要的创新之一。在电子商务发展之前，网站主要以 HTML 页面的形式交付不变的静态内容。尽管此功能足以显示产品图片，但请通过查看表 4-2 来考虑当今典型电子商务网站的所有元素，或者访问你认为优秀的电子商务网站。成功的电子商务网站的内容总是在不断变化，并且每天都在变化，有新产品和促销、不断变化的价格、新闻事件和成功用户的故事。由于用户不仅希望看到页面，更希望得到产品、价格、实用性以及库存数量等信息，因此电子商务网站必须随时保持与用户之间的密切交流。动态性最强的网站之一是 eBay 拍卖网站。在那里，内容每分钟都在变化。电子商务网站就像真实的市场一样，是动态的。新闻网站的新闻不断变化，新闻网站也是动态的。

电子商务网站的动态和复杂特性使之除了需要静态 HTML 页面外，还需要许多专业软件工具的支持。**动态 HTML**（DHTML）是一个术语，用于表示一组技术，包括 HTML、CSS、JavaScript 和文档对象模型（DOM）（一种 App 编程接口），可以一起使用它们来创建交互式网站。DHTML 可用于更改页面的外观，但实际上不会生成唯一的页面。动态页面生成更加复杂。通过**动态页面生成**（dynamic page generation），网页的内容作为对象存储在数据库中，而不是用 HTML 硬编码。当用户发出网页请求时，就会从数据库中获取该网页的内容。可使用 Java 服务器页面（JSP）、Node. js、ASP. NET 或其他服务器端程序从数据库中检索对象。4.5 节介绍了 JSP、Node. js 和 ASP. NET。这种技术比直接在 HTML 代码中工作要有效得多。更改数据库的内容比更改 HTML 页面的编码要容易得多。一种称为开放数据库连接（ODBC）的标准数据访问方法，使得用 C 编程语言编写的 App 可以通过 ODBC 驱动程序访问存储在任何数据库中的所有数据，而无须考虑使用的数据库软件和操作系统软件的类型。ODBC 驱动程序可用于微软、甲骨文、SAP 和 Sybase 等公司提供的大多数主要数据库管理系统。Java 数据库连接（JDBC）是 ODBC 的一个版本，它提供了用 Java 编程语言编写的应用程序与各种数据库之间的连接。但是，尽管 ODBC 仍然是跨平台数据访问的事实上的标准，但如今许多网络开发平台都提供了允许程序员直接链接到目标数据库的功能，从而使 ODBC/JDBC 驱动程序变得不再必要。

与传统商业相比，动态页面生成使电子商务网站获得了成本及盈利优势。动态页面生成降低了菜单成本（商户因更改产品描述和价格而产生的成本）。动态页面生成还可以轻松实现在线市场细分——可以将同一产品销售到不同的市场。例如，你可能想根据顾客观看的次数来变动同一条横幅广告。在顾客第一次观看汽车广告时，你可能需要强调品牌标识和独特功能。第二次观看时，你可能想要强调"受绝大多数家庭欢迎"等，以突出品牌的不同之处。这种能力也使得无成本的价格歧视——以不同的价格向不同的客户出售相同的产品成为可能。例如，你可能想用不同的营销主题向企业和政府机构出售同一种产品。基于你放置在客户机上的缓存文件（cookies），或者区别来访者是来自企业还是政府，你将能够针对企业或政府用户采用不同的市场营销战略和宣传材料。你可能想要以较低的价格回馈老顾客，而向新顾客收取全价。总之，动态页面生成允许你将不同的信息和价格传递给不同的顾客。

动态页面生成还可以使用 CMS。如前所述，CMS 用于创建和管理网站内容。CMS 将内容（例如 HTML 文档、图像、视频和音频）的设计和呈现与内容的创建过程分开。内容保存在数据库中，并动态链接到网站。CMS 通常包括可自动应用于新内容和现有内容的模板，使编辑和描述（标记）内容变得容易的 WYSIWYG 编辑工具，以及协作、工作流和文档管理工具。通常，需要经验丰富的程序员来安装系统，但是此后，内容可以由非技术人员创建和管理。有各种各样的商业 CMS，从 Open-

Text、IBM、Adobe 和甲骨文提供的高端企业系统到 Sitecore、PaperThin 和 Episerver 的中端市场系统，以及 Acquia、Clickability（Upland）和 Crownpeak 提供的托管的 SaaS 等。还有一些可用的开源内容管理系统，例如 WordPress、Joomla、Drupal、OpenCms 等。

4.3.3 应用服务器

应用服务器（application server）是提供网站所需的特定业务功能的软件程序。应用服务器的基本思想是把商务应用程序与前台显示网页、后台连接数据库的细节工作分离。应用服务器是一种中介软件，不但可以帮助企业将原有的系统与客户保持继续连接，还可以为企业提供经营电子商务所需的所有功能。早期，许多软件公司为电子商务网站的各种功能开发了大量独立的专业软件，但这些专业软件很快就被集成的软件工具包取代。集成软件工具包可以一步到位，把电子商务网站需要的所有功能都集中在一个单一的开发环境中。

表 4-5 列举了市场上常见的应用服务器及其功能。表中主要涉及提供网上销售产品功能的"卖方"应用服务器。所谓的"买方"和"连接"服务器专注于企业与供应链中的合作伙伴建立联系或寻找特定零件和组件的供应商的需求。有数千家提供服务器软件的供应商。对于 Linux 和 Unix 环境，许多功能可以从各个网站免费获得。面对各种各样的选择，大多数企业都选择使用称为商业服务器软件的集成软件工具。

表 4-5　应用服务器及其功能

应用服务器	功能
目录显示	为产品说明和价格提供数据库存储功能
交易处理（购物车）	接受订单并完成支付结算
列表服务器	创建并维护邮件列表，管理电子邮件营销活动
代理服务器	监测并控制用户对网站主服务器的访问，提供防火墙保护功能
邮件服务器	管理电子邮件
音频/视频服务器	存储并发送流媒体内容
聊天服务器	为企业客服人员与顾客创建一个实时的文字与语音交流环境
新闻服务器	报道新闻，并提供新闻出处的链接
传真服务器	使用网络服务器，为企业提供传真收发的服务
群件服务器	为网上协同工作的员工创造一个类似于工作小组的合作环境
数据库服务器	存储客户、产品和价格等信息
广告服务器	维护可通过网络访问的、存储网站横幅广告信息的数据库，并根据不同用户的习惯和特点显示定制和个性化的广告
拍卖服务器	提供网上拍卖的交易环境
B2B 服务器	为企业间的商务往来提供买卖服务以及与市场的连接

4.3.4 电子商务商业服务器软件的功能

电子商务商业服务器软件（e-commerce merchant server software）提供了在线销

售所需的基本功能，包括在线目录、购物车以及信用卡结算等。

在线目录

希望通过网络出售产品的企业必须在网站上向客户提供产品列表，即**在线目录**（online catalog）。商业服务器软件通常包括数据库功能，该功能允许创建定制的在线目录。目录的复杂性和完备性将取决于企业的规模及其产品线。小企业或产品线少的企业可能会发布带有文字说明和彩色照片的简单列表。较大的企业可能会决定将音频、动画或视频（对产品演示有用）添加到目录中，或者提供各种交互性的服务，例如由企业客服人员通过即时信息软件回答客户的提问。如今，大企业广泛使用流媒体视频。

购物车

在线购物车（shopping cart）与现实世界中的购物车非常相似。二者都允许购物者暂时存放希望购买的商品以备结账。不同之处在于，在线购物车是网络服务器端的商业服务器软件的一个组成部分，允许顾客挑选、查看、改变自己想要购买的商品，之后点击按钮，进入实际采购流程。购物车中的数据会被商业服务器软件自动保存。

信用卡结算

通常情况下，网站的购物车系统与信用卡结算系统直接对接。信用卡结算系统可以验证购物者的信用卡，从卡中扣款，并在结算成功后将金额记入企业账户。电子商务软件套件通常提供具有这种功能的软件。如果没有信用卡结算系统，公司就必须与各信用卡发卡银行或结算中心分别签订结算协议。

4.3.5　商业服务器软件包（电子商务软件套件）

与使用各种独立的软件程序来开发网站不同，利用**商业服务器软件包**（merchant server software package）（也叫**电子商务软件套件**（e-commerce software platform））开发网站不仅方便快捷，而且成本低。电子商务软件套件可以为我们提供一种集成的开发环境，满足我们建设一个完善的、以客户为中心的电子商务网站所需的大部分功能需求。电子商务软件套件的一个重要元素是可以显示商品、管理订单和取消订单的内置购物车。电子商务软件套件按照价格和功能的不同，可分为三种类型。

虽然现有的公司往往有足够资金购买商业服务器软件，但许多小公司和初创公司都没有足够的资金。根据你的编程经验和时间，你可以有两种选择。一种选择是利用网站提供的电子商务商业服务，这使创建带有自定义模板的电子商务网站变得容易。电子商务模板是一种预先设计好的网站，用户可以根据自己的业务需求定制网站的外观，并且网站提供一套标准的功能。如今，大多数模板都包含内置电子商务功能的即用型网站设计，例如购物车、货款结算和网站管理工具。例如，每月只需支付 29 美元，Shopify 即可提供一个基本计划，其中包括一个在线商店、电子商务网站、博客和内置的移动电子商务购物车，以及在在线市场和社交网络上销售的能力。账户随附的 Shopify Payments 使商家可以接受所有主要的信用卡，而只需支付少量交易费用（2.9% 加每笔交易 30 美分）。基本计划还包括各种购物车、商店管理、搜索引擎优化和营销工具。例如，Bigcommerce 和 Vendio 等许多公司也提供类似的服务。

如果具有编程背景，你可以考虑使用开源商业服务器软件。**开源软件**（open

source software）是由程序员和设计者社区开发的软件，可以自由使用和修改。表 4 - 6 提供了一些开源软件的描述。使用开源网站构建工具的优势在于，你将获得自己真正需要的功能，开发一个真正的定制网站。缺点是会花费一个工程师几个月的时间来创建网站并使各工具有序运行。从一个创意诞生到投入市场，你愿意等几个月呢？

表 4 - 6	可供选择的开源软件
功能	开源软件
网络服务器	Apache（领先的网络服务器，专为中小企业打造）
购物车、在线目录	osCommerce、Zen Cart、AgoraCart、X-cart、AspDotNetStorefront 等许多供应商
信用卡结算	信用卡认证是购物车软件的典型功能，但你也需要银行的商家账户
数据库	MySQL（领先的开源商用 SQL 数据库）
编程/脚本语言	PHP 是一种嵌入 HTML 文档中但由服务器执行的脚本语言，为服务器端执行提供了 HTML 编辑的简单性。JavaScript 程序通常是提供用户界面组件的客户机程序。Ruby on Rails 和 Django 是流行的开源应用框架。Python 和 Perl 是网络开发中使用的另外两种开源编程语言
分析工具	分析工具追踪网站客户的行为和成功的广告促销活动。如果你在谷歌投放了广告，你也可以使用 Google Analytics（是一种不错的跟踪工具）。大多数托管服务提供商也提供这种服务。其他开源分析工具包括 Matomo 和 Open Web Analytics

中端电子商务软件套件包括 HCL Commerce（前身为 IBM WebSphere Commerce）和 Sitecore Experience Commerce。SAP Hybris Commerce、Oracle ATG Web Commerce、Magento 等为大型跨国公司提供高端企业解决方案。许多电子商务软件套件，例如 HCL Commerce、SAP Hybris Commerce Cloud、Salesforce Commerce Cloud、Oracle Commerce Cloud 和 NetSuite SuiteCommerce（现在也归甲骨文所有）等，现在可以在 SaaS 基础上使用。SaaS 模式是将软件托管在云端并通过网络浏览器在客户机运行。这种模式使公司能够非常快速地推出电子商务网站。目前，提供电子商务软件套件的企业已达上百家之多，使得企业更难做出明智的决定。

选择电子商务软件套件

面对如此众多的供应商，该如何选择适合自己的软件套件呢？评估这些工具并做出选择是构建电子商务网站时最重要且不确定的决定之一。此外，真正需要企业投入巨资的环节并不在软件本身，而在于培训员工使用这些软件，并把这些软件工具与企业现有的业务流程和组织文化紧密结合起来。以下是你在选择电子商务软件套件时必须考虑的一些重要因素：

- 具有何种功能，包括基于 SaaS 的可用性；
- 软件对不同业务模式的支持程度，包括移动电子商务；
- 是否具备业务流程建模工具；
- 是否具备可视化网站管理工具与可视化报告工具；
- 软件的性能与可扩展性；
- 与企业现有系统的关联度；
- 与标准的兼容程度；
- 是否兼容全球化和多元文化；

- 当地的销售税与航运规则。

例如，尽管电子商务软件套件承诺可以做所有事情，但是你的企业可能需要特殊的功能，例如流媒体格式的视频和音频服务。你将需要一个业务功能需求列表。你的业务可能涉及几种不同的业务模式，例如零售与 B2B；你可以超额售卖与固定价格销售兼而有之。因此，你必须保证选用的软件包能够支持企业所有的业务模式。你可能希望更改你的业务流程，如改变现有的订单生成流程和订单执行流程，那么你一定要清楚所选用的软件包是否包含业务流程和工作流程建模工具。如果你希望对网站的运作有所了解，可视化报告工具就显得必不可少，因为这些工具可以使整个网站的运作流程高度透明，企业所有的员工都能轻松理解。当访问者和交易每小时或每分钟扩展成千上万个时，功能不健全的软件包将大大降低网站的性能。可通过对测试版进行压力测试或从供应商处获取有关负载性能的数据，来检查性能和可扩展性。你必须将电子商务平台连接到你的传统业务系统。如何开发与现有系统的连接？你的员工是否能够熟练连接？由于技术环境的变化（尤其是移动电子商务平台的变化），准确记录该平台现在支持的标准以及未来的迁移路径非常重要。最后，你的电子商务网站可能需要在全球都可以使用。你还需要设计进行外币结算的外文页面，也需要在各地区和各国的税务系统中确定销售税的计算方法。因此，你必须确定所选用的电子商务软件套件是否能够满足这些高标准的全球化和本地化要求。

4.4　电子商务网站的硬件选择

无论你自主托管网站还是将网站的托管和运营外包，你都需要了解选择硬件平台的相关知识。**硬件平台**（hardware platform）是指系统用来实现其电子商务功能的所有基础计算设备。你的最终目标是拥有足够的平台容量来满足高峰需求（避免出现过载情况），但不要让平台浪费那么多钱。无法满足高峰需求可能意味着你的网站运行缓慢甚至崩溃。多少计算和远程通信容量足以满足高峰需求？你的网站每天可以维持多少点击次数？

要回答这些问题，你必须了解影响电子商务网站速度、容量和可扩展性的各种因素。

4.4.1　正确选择你的硬件平台：按需配置

影响网站速度的最重要因素是客户对网站的需求。表 4-7 列出了估计网站需求时需考虑的因素。

表 4-7　估计网站需求时需考虑的因素

网站种类	出版/订阅	购物	客户自助服务	交易	网络服务/B2B
示例	WSJ. com	亚马逊	Travelocity	E*Trade	Ariba 电子采购交易
内容	动态 多作者 高容量 非用户专属	目录 动态项目 用户配置文件与数据挖掘	传统应用程序数据 多数据源	时间敏感 高波动 多供应商和消费者 复杂交易	传统应用程序数据 多数据源 复杂交易

续表

网站种类	出版/订阅	购物	客户自助服务	交易	网络服务/B2B
安全性	低	私密的 不可否认性 完整性 认证 法规	私密的 不可否认性 完整性 认证 法规	私密的 不可否认性 完整性 认证 法规	私密的 不可否认性 完整性 认证 法规
安全页比例	低	中	中	高	中
交叉会话信息	无	高	高	高	高
搜索	动态 低容量	动态 高容量	非动态 低容量	非动态 低容量	非动态 中等容量
独有项目	高	中到高	中	高	中到高
交易量	中	中到高	中	高到极高	中
集成复杂度	低	中	高	高	高
页面浏览量 （点击次数）	高到极高	中到高	中到低	中到高	中

　　网站需求着实复杂，并且取决于你所运营的网站种类。高峰时段同时在线用户、客户需求特征、内容的种类、安全需求、库存项目数量、页面请求数量、可能需要向网页提供数据的传统应用程序，都是影响网站系统整体需求的重要因素。

　　我们考虑的首要因素应当是同时登录网站的用户数量。总的来说，单个用户给网络服务器带来的负荷非常有限，并且不会持久。典型用户产生的网络进程是**无状态的**（stateless），即服务器与用户之间无须保持连续的专用交互连接。网络进程通常从页面请求开始，之后服务器响应请求，进程结束。每个用户的进程可以持续 1/10 秒至 1 分钟。无论如何，随着同时请求服务的用户越来越多，网站的性能将会显著下降。但令人感到欣慰的是，网站性能的下降（用"每秒完成的处理数量"，以及响应的"等待时间"或延迟来衡量）有一个循序渐进的过程，要到网站的负荷达到顶点时才会出现，此时网站的服务质量可能会变得令人无法接受（见图 4 - 12）。

　　静态页面服务属于 **I/O 密集型**（I/O intensive）服务，只需要输入/输出（I/O）处理，不需要强大的计算能力的支持。因此，网站的性能主要受服务器输入/输出的限制以及通信线路带宽的制约，与处理器的速度无关。

　　当估计网站性能的时候，其他需要考虑的因素包括用户配置文件、内容的性质。如果用户请求搜索、注册表单和通过购物车下订单，对处理器的要求将显著提高。

4.4.2　选择合适的硬件平台：持续扩展

　　一旦你估计了客户对网站的需求，就需要考虑如何扩展你的网站以满足需求。我们已经讨论了一种几乎不需要思考的解决方案：将你的网站托管外包给基于云的服务。你还可以使用诸如 Akamai 之类的内容交付网络（CDN）的服务。但是，如果你决定托管自己的网站，则可扩展性是一个重要的考虑因素。**可扩展性**（scalability）是指网站根据需求保证扩大规模的能力。你可以采取三个步骤来满足网站服务需求：垂直扩展，水平扩展（见表 4 - 8），改进网站的处理架构。**垂直扩展**（vertical scaling）是指提高单位组件的计算能力。**水平扩展**（horizontal scaling）是指使用多台计算机来分担工作量并扩大安装"内存"（IBM，2002）。

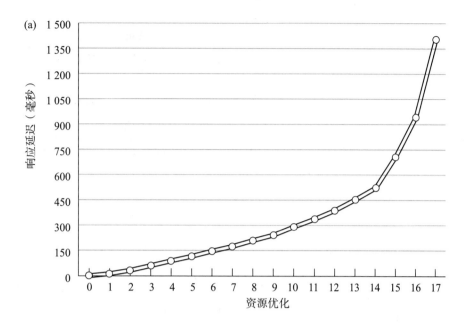

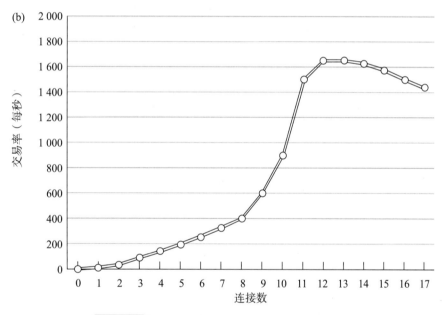

图 4-12　随着用户数量增加网站性能的下降

注：随着用户（连接）数量的增加，以及系统资源（处理器、磁盘驱动器）的利用率的提高，网络服务器性能会下降。在（a）中，用户体验到的延迟平缓上升，直到到达一个拐点，然后延迟以指数形式上升到一个不可接受的水平。在（b）中，交易率随着用户数量增加而平缓上升，在某个拐点，系统变慢或崩溃，交易率开始下降。

表 4-8　垂直扩展和水平扩展

技术	应用
使用速度更快的计算机	应用于边缘服务器、呈现服务器、数据服务器等
创建计算机群	使用并行计算机以均衡负载

续表

技术	应用
使用应用服务器	使用优化专门任务的特殊用途的计算机
分担工作量	将任务分派给专用计算机
批处理请求	将有关数据请求集合成组，并以组的形式处理
管理连接	将进程和计算机之间的连接减到最少
聚合用户数据	将传统应用程序中用户数据集合到单一的数据池中
缓存	将高频使用的数据置于缓存而不是硬盘中

你可以把网络服务器从单处理器升级为多处理器，以实现垂直扩展网站的目标。你可以根据操作系统的情况不断向计算机添加处理器，并使芯片速度更快。

但是，垂直扩展也有两个缺点。第一，由于扩展持续的周期较长，这种方式下购买设备的成本较高。第二，网站完全依赖少数性能强大的服务器运转。如果你有两台服务器，而其中一台死机，那么半个网站甚至整个网站就会彻底崩溃。

水平扩展可以通过在网站中增加多台单处理器服务器，并在各服务器之间平衡负载这种方式实现。当然，你也可以把网站的负载分类，让一些服务器专门负责 HTML 页面的请求，另一些服务器专门执行数据库相关操作。此时，你需要使用专用的负载平衡软件（这类软件的提供商有很多，如思科、微软和 IBM），将进入网站的请求引导至不同的服务器。

水平扩展具有许多优点，不仅成本低，还可以充分利用企业准备淘汰的计算机资源。水平扩展同时也为系统引入了冗余——如果一台服务器出现故障，其他服务器会立即接管该服务器所有的负载。但是，当你的网站从一台服务器扩展到 10 台或 20 台服务器后，网站物理设施（即"场地"）的需求量随之激增，网站也会变得更加复杂而难以管理。

第三种扩展方式——改进处理架构是垂直扩展和水平扩展的巧妙综合。表 4-9 列举了一些在改进网站的处理架构时常用的方法。其中，大多数处理架构改进方法都包括把网站的负载分为 I/O 密集型服务（如网页服务）和 CPU 密集型服务（如订单处理）。这样，你就可以对每种服务使用的服务器分别进行优化。由于内存的速度比硬盘的速度快上千倍且价格低廉，因此为部分服务器添加内存，将网站所有的 HTML 网页存放在内存中，是一种成本较低的优化方案，可以有效减轻硬盘负担并显著加快网站的反应速度。而将网站中的 CPU 密集型服务如订单处理，转移至专门用于处理订单和访问数据库的多处理器高端服务器，则是另一种行之有效的改进方案。根据测算，使用表 4-9 中列举的一系列改进方法进行优化后，一个同时向 1 万名用户提供服务的网站的服务器数量可以从 100 台减少至 20 台。

表 4-9 改进网站处理架构的方法

架构改进方法	说明
静态与动态内容分离	为每种类型的任务准备独立的服务器
缓存静态内容	将服务器的内存增加至 GB 水平，把静态内容直接存放在内存之中

续表

架构改进方法	说明
缓存数据库查询表单	缓存用于查询数据库记录的表单
强化专用服务器的商业逻辑功能	将购物车、信用卡结算和其他 CPU 密集型服务配置在专用服务器中
优化代码	反复测试代码，以确保代码高效运行
优化数据库平台设置	检测数据库的搜索时间，采取措施尽量减少数据库的访问时间

4.5　其他电子商务网站工具

现在你了解了影响速度、容量和可扩展性的关键因素。对于网站，你还有其他重要诉求。你将需要一个具有商业意义的设计一致的网站——不是单纯吸引访问者或使他们兴奋的网站，而是向他们实实在在出售东西的网站。你还需要知道如何在网站中创建动态内容和交互性，而不仅仅是显示静态 HTML 页面。你必须能够跟踪来访、离开和返回你网站的顾客，以便能够与回头客打招呼。（"嗨，莎拉，欢迎再次惠顾！"）你也想跟踪整个网站中的客户，以便给他们提供个性化或定制的客户体验。你还希望客户能够在你的网站上生成内容和提供反馈，以提高他们对你品牌的参与度。最后，你将需要为你的网站制定一套信息政策，包括隐私策略、易用规则、信息访问策略等。

为了实现这些业务功能，你需要了解一些设计准则和其他软件工具，这些工具可以经济有效地实现所需的业务功能。

4.5.1　网站设计：基本业务注意事项

本书不是关于如何设计网站的教材（在第 6 章中，我们只是从市场营销的角度讨论网站设计问题）。但是，作为一名企业的管理人员，你必须与网站设计人员沟通某些设计目标，以使他们知道如何评估他们的工作。至少，你的客户需要在你的网站上找到所需的东西，进行购买并离开。惹恼客户的网站可能会永远失去客户。消费者最常见的网站投诉见表 4 - 10。

表 4 - 10　电子商务网站中一些让用户烦恼的地方	
● 需要用户查看广告或简介页面才能看到网站内容 ● 弹出式广告和窗口 ● 获得内容需点击的次数过多 ● 死链接 ● 导航混乱，无搜索功能 ● 需要注册和登录方可查看内容或订购 ● 网页加载过慢 ● 内容过期	● 不支持浏览器的返回键 ● 没有可用的联系方式（仅限网络表单） ● 过分修饰（不必要的闪屏或动画） ● 自动播放音频或视频 ● 设计元素不专业 ● 由于尺寸、颜色、格式的原因文字不容易辨认 ● 网页显示错误 ● 没有退货政策或退货政策不明确

一些评论家认为，设计失败的网站远比设计成功的多。似乎描述网站让人恼火的地方比描述如何设计一个好的网站更容易。在设计非常糟糕的电子商务网站中，消费者很难找到产品信息，购买程序也异常烦琐。它们缺少页面、链接断开、导航结构混乱，而且经常出现无法关闭的恼人的图片和声音。表 4 - 11 列举了成功的电子商务网

站设计的八个要素。

表 4 - 11　成功的电子商务网站设计的八个要素

要素	说明
功能完备	网页可快速加载，有效地将用户引向网站销售的产品
信息丰富	具备可帮助消费者轻松找到更多企业和产品信息的链接
简单易用	具备简单的安全型导航工具
多重导航	具备指向同一内容的多条导航通道
购买方便	只需一两次点击就可完成购买
支持多种浏览器	网站必须与大多数流行的浏览器兼容
图像简单	避免出现用户无法关闭的令人厌烦的图像
文本清晰	避免使用容易造成文本扭曲或字体不清晰的背景

4.5.2　搜索引擎优化工具

从商业的角度来说，一个网站只有来访者众多才是有价值的。大多数寻找产品或服务的客户，是从使用搜索引擎开始的，然后按照页面上的搜索结果列表，通常从前 3～5 个搜索结果开始，然后浏览到右边的赞助广告。你在搜索引擎页面上的排名越靠前，获得的流量越多。排在第 1 页比第 2 页好得多。那么，如何以一种自然的（不必付费）方式登上搜索引擎的第 1 页呢？尽管每个搜索引擎都不同，并且都没有发布用于页面排名的算法，但是有一些基本的思想可以很好地起作用：

● **元标记、关键词、标题、页面内容**：搜索引擎"抓取"你的网站并识别关键词和页面标题，将其编为搜索参数。在源代码的元标记网站的描述和关键词部分，要使用准确描述你所说内容的关键词来修饰你的页面。目标是找到不同类型的关键词之间的平衡，包括可能更通用的较短的头部关键词（例如"汽车"），更具体的正文关键词（例如"英国跑车"），以及更详细的长尾关键词，例如"1968 年红色捷豹 XKE 敞篷车"。

● **提供专业知识**：白皮书、行业分析、问答页面、网站使用指南和企业发展历史是极好的建立用户信心、鼓励他们在你的网站寻求帮助和获得指导的方法。

● **开发链接**：鼓励其他网站链接到你的网站；开发一个吸引用户的博客，他们将与他人共享你的 URL 并在此过程中发布链接。为你的公司开发一个脸书页面，并考虑使用 Instagram 或 Pinterest 为你的产品开发追随者或建立粉丝群。

● **购买广告**：通过向搜索引擎付费购买关键词和做广告来作为搜索引擎优化的补充方式。选择你的关键词，付费后将关键词合理布局到每个页面中。你可以制定预算和设定上限以防大额损失。观察每一个关键词为你带来的访问者数量。

● **本地电子商务**：建立一个全国型的网站可能会花费很长时间。如果你的网站对当地人很有吸引力，或者在本地出售产品，那么使用包含地址的关键词，这样人们可以在附近找到你。关键词中的乡镇、城市和地区名字会很有帮助，例如，"佛蒙特奶酪"或"旧金山蓝调音乐"。

4.5.3　动态和交互内容的工具

我们知道，网站的交互性越强，网站带来的销售量就越高，回头客也会越多。尽管功能完备和简单易用是网站设计的首要目标，但网站同样需要具备与用户互动的能力，为用户营造一种动感购物氛围。此外，还应当根据顾客的个人需要为他们提供个性化的购物服务，按照顾客在网站中的行为表现或流露出的购买欲望为他们显示定制的内容。为了实现这些商业目标，你需要仔细考虑哪些工具能够为你提供帮助。从简单的互动过程，如顾客提交姓名，到复杂的互动过程，如信用卡结算、用户喜好和反馈的实时记录，都需要专用程序的支持。下面介绍一些常用的可以帮助网站实现高交互性目标的软件工具。

在万维网发展的早期，公共网关接口程序（脚本）是创建交互性的主要方法。**公共网关接口**（Common Gateway Interface，CGI）是在浏览器和网络服务器上运行的与用户进行互动的程序在通信时所遵循的一系列标准。CGI 使可执行程序可以访问来自客户机的传入请求中的所有信息，然后，程序可以生成组成返回页面所需的所有输出（HTML、脚本代码、文本等），并通过网络服务器将其发送回客户机。所有计算都在服务器端进行（这就是 CGI 程序和其他类似程序被称为服务器端程序的原因）。如今，由于安全性和其他方面的考虑，CGI 脚本已经过时了，并已被更现代、更安全的方法所取代。

Java、JSP 和 Java Script

Java 是一种编程语言，允许程序员创建客户机上的交互性和动态内容，可以大大减轻服务器的负担。Java 最初是由 Sun Microsystems 开发的，它原先是面向消费类电子产品的跨平台编程语言。Java 旨在创建一种能够忽略操作系统，可在任何机器中运行的程序，即一次编写，任意使用（Write Once Run Anywhere，WORA）的程序。如果操作系统（Macintosh、Windows、DOS、Unix 和大型机 MVS 系统）都安装了专为本系统解释 Java 程序的 Java 虚拟机（VM），这一美好愿望就能实现。

但是，到 1995 年，当 Sun Microsystems 发布第一个公开版本 Java 1.0 时，人们才意识到 Java 更适用于互联网环境，而不是用作消费类电子产品的跨平台编程语言。Java 小程序可以通过网络下载至客户机，并完全在客户机中运行。小程序标签可以包含在 HTML 页面中。为了实现这一点，每个浏览器都必须包含一个 Java VM。当浏览器使用小程序访问页面时，将向服务器发送一个请求，以下载并执行该程序，并分配页面空间以显示该程序的结果。如今，Java 仍然是最流行的编程语言之一，它利用了许多关键技术，例如谷歌、安卓移动平台（虽然不是苹果公司的 iOS）充分利用了这个语言特性。Java SE13 及其相关的开发环境 JDK14 是 Java 平台的最新版本。但是，Java 确实面临一些挑战。近年来，它一直受到安全漏洞的困扰，甲骨文公司一直试图通过频繁发布新版本和安全补丁来修补这些安全漏洞。出于安全考虑，甲骨文公司淘汰了 Java 小程序，并且大多数浏览器的当前版本不再支持它们。基于 Java 的网络 App 的开发人员现在将 Java 绑定在 App 内，因此不需要小程序（Oracle，2020）。

Java 服务器页面（Java Server Pages，JSP）是一种网页编码标准，它允许开发人员使用 HTML、JSP 脚本和 Java 的组合来动态生成网页以响应用户请求。JSP 使用在网页中指定并在网络服务器端运行的小型 Java 程序，以在将网页发送给请求该网页的用户之前对其进行修改。目前，市场中的主流应用服务器软件都可为 JSP 提供良好的支持。

JavaScript 是由网景公司开发的一种编程语言，用于控制 HTML 页面上的对象并处理与浏览器的交互。它最常在客户机上用于对用户输入进行验证和确认，以及实现业务逻辑。例如，JavaScript 可用于客户登记表，以确认客户已提供有效的电话号码、邮政编码或电子邮件地址。在用户完成表格之前，可以测试给定的电子邮件地址的有效性。JavaScript 似乎更容易被公司和其他环境接受，这在很大程度上是因为它更稳定，而且它仅限于对用户请求的 HTML 页面进行操作。JavaScript 还用作 Node.js 的一部分，Node.js 是服务器端（包括移动端）应用程序的跨平台环境，已被 PayPal、沃尔玛和领英等公司使用。2015 年，Node.jsv 4.0 发布，首次将 Node.js 和 io.js（一种基于 V8（谷歌浏览器中使用的 JavaScript 虚拟机）构建的 JavaScript 平台变体）合并到一个代码库中。Node.js 已经成为最流行的服务器端开发者框架之一，导致 JavaScript 不仅是网络开发，而且是平台即服务应用程序的重要语言（Vaughan-Nichols, 2017）。Node.js13 于 2019 年底发布，是最新版本。

还有许多其他基于 JavaScript 的工具可帮助自动创建网站的应用程序。React 和 Vue 是用于构建用户界面的开源 JavaScript 库。AngularJS（有时也称为 Angular.js）是另一种流行的工具。AngularJS 是基于 JavaScript 的开源前端网络应用程序框架，它扩展了 HTML 的功能。D3.js（数据驱动文档的缩写）是一个 JavaScript 库，用于使用 HTML、SVG 和 CSS 的可视化数据。jQuery 是一个跨平台的 JavaScript 库，旨在简化 HTML 的客户机脚本。Ajax（异步 JavaScript 和 XML）使用各种不同的工具（包括 JavaScript）来允许异步更新网页（即仅更新部分页面，而不必重新加载整个页面。TypeScript 是 Microsoft 开发和维护的一种开源代码编程语言，旨在开发大型应用程序。它包含在 Microsoft 的 VisualStudio 软件开发包中。TypeScript 是 JavaScript 的超集，基于 JavaScript 构建，但提供额外的开发工具。现有的 JavaScript 程序也是有效的 TypeScript 程序。TypeScript 可用于开发客户机和服务器端的 JavaScript 应用程序。

动态服务网页和 ASP.NET

动态服务网页（Active Server Pages, ASP）于 1996 年底由微软发明，并迅速发展成为 Windows 环境中服务器端网络编程的主要技术。ASP 使开发人员能够轻松地从数据库中创建和打开记录并在 HTML 页面中执行程序，以及处理电子商务站点上的各种形式的交互。ASP 允许在浏览器和服务器之间进行交互。但是，ASP 程序仅限于在运行微软网络服务器软件的 Windows 服务器上使用。**ASP.NET** 于 2002 年 1 月首次发布，是微软的.NET 框架的一部分，是 ASP 的继承者。ASP.NET Core 3.1 是 ASP.NET 的最新版本。ASP.NET Core 3.1 具有适用于云和常规应用程序服务器的现代跨平台网络框架。

ColdFusion

ColdFusion 是用于开发网络互动应用程序和移动应用的集成服务器端环境。ColdFusion 最初由 Macromedia 公司开发，现在由 Adobe 提供，它结合了直观的基于标签的脚本语言和基于标签的服务器脚本语言，从而降低了创建交互功能的成本。

ColdFusion 提供了一组强大的可视化设计、编程、调试和部署工具，包括创建移动应用的功能、强大的安全功能以及对互操作的支持。最新版本于 2018 年发布，提供了更直观的用户界面、性能监视工具和编程语言增强功能（Itlandmark，2019）。

PHP、RoR 和 Django

PHP 是一种开源的通用脚本语言，尽管它也可以用于客户机图形用户界面应用程序，但最常用于在网络应用程序的后端生成动态网页内容。PHP 还是许多网络应用程序开发框架（例如 CakePHP、CodeIgniter 等）的一部分，也是 LAMP（Linux、Apache、MySQL、PHP）开源代码网络开发模型的一部分，用于构建动态网站和网络应用程序（在某些 LAMP 项目中，Perl 和 Python 有时会代替 PHP）。根据 W3Techs 的说法，PHP 无疑是最常用的服务器端脚本语言（几乎 80％能够识别其服务器端编程语言的网站都在使用），而 ASP. NET 排第二位，使用率约为 10％，然后是 Ruby on Rails，占 3.7％，Java 仅占 3.4％，Scala（具有 Java 和 JavaScript 互操作能力的通用编程语言）为 1.7％，Python 占 1.4％，JavaScript 占 1％。ColdFusion 和 Perl 的使用率均不到 1％（W3techs. com，2020）。PHP 也受到黑客的欢迎，并经常用于网络钓鱼攻击（RSA FraudAction Intelligence，2016）。

Ruby on Rails（RoR） 是基于 Ruby 编程语言的开源网络应用程序框架。RoR 是基于一种称为惯例优于配置或按照惯例编码（CoC）的规则开发的，这意味着该框架提供了一种结构化布局，可最大限度地减少程序员需要做出的决策数量，从而简化和加速开发。JavaScript 和 Ajax 高度集成到 RoR 中，可以方便地处理 Ajax 请求进行页面更新。RoR 在 21 世纪初期非常流行，但是最近几年有些失宠。基于 RoR 的知名网站包括 Shopify、Groupon、Kickstarter、Hulu 和爱彼迎（Lakomy，2019）。

Django 也是一个开源的网络应用程序框架。它是基于 Python 编程语言开发的。Django 针对创建复杂数据库驱动的网站进行了优化。它可以用于快速开发，该语言的特点在于尽可能自动化，并强调各种组件的可重用性，同时遵循 DRY（不要自我重复）编程原理。基于 Django 的知名网站包括 Instagram、Pinterest、NASA 和《华盛顿邮报》官网（Nesmiyanova，2020）。

其他设计元素

一种能让你的网站充满活力的简单办法是使用一些适当的小部件（有时也叫作配件、插件或小代码片段）。**小部件**（widget）是在 HTML 网页中自动执行的小块代码。它们是预先构建好的，并且许多是免费的。社交网络和博客都使用小部件向用户呈现来自网络（来自具体新闻资源的标题、声明、新闻稿和其他常规内容）、日历、时钟、天气、电视直播、游戏等的内容。你可以将这些代码复制到 HTML 网页中。你也可以从苹果公司的 Dashboard Widgets、Wolfram｜Alpha Widgets 和 SIMILE Widgets 中获取小部件。还有为特定平台制作的小部件，例如 WordPress、亚马逊和 Pinterest。

糅合技术更为复杂，涉及从一个程序中获取相应的功能和数据，并将其移植到另一个程序中。最常见的糅合技术包括使用谷歌地图中的数据和软件，并将其与其他数据相结合。例如，如果你有一个本地的房产网站，你可以将谷歌地图和卫星图像 App 下载到你的网站，以便访问者了解房产的邻里情况。现在有数以千计的 App

和谷歌地图进行糅合，如《财富》500 强企业的地图等，它们都有相应的新闻故事和其他内容。其他糅合涉及运动、照片、视频、购物和新闻。

4.5.4 个性化工具

你一定想知道如何分别对待每个客户并模仿传统的面对面市场。个性化（根据客户的个人特质和他在你网站上的浏览历史来对待客户）和定制（更改产品以更好地满足客户需求）是电子商务的两个关键要素，它们有可能使电子商务与传统市场一样强大，甚至可能使电子商务比直接邮寄或在匿名郊区购物中心购物更为强大。在通常的大规模营销中，以一对一的方式直接与客户交谈，甚至调整产品以适应客户，是非常困难的，"千篇一律"的商业交易是当代商业的主要特征。

网站个性化包括通过提供动态内容、消息和为个人量身定制的产品，根据谁正在查看网站来更改网站内容。电子商务定制专注于生成个性化的产品推荐，包括相似和互补的商品。

有许多方法可以实现个性化和定制。一种基本方法涉及将 cookies 文件放置在用户的客户机上。cookies 是一种安装在客户机中的小型文本文件，可以存放有关客户的任何类型的信息，例如顾客编号、交易编号或所购物品。当用户返回网站或实际上进入网站时，可以从数据库中访问客户的历史记录。然后，可以将先前访问中收集的信息用于个性化访问并自定义产品。我们将在第 6 章中进一步讨论 cookies 和其他行为跟踪工具的使用。

还有许多更复杂的工具可以提供智能的客户细分和个性化的产品推荐功能，例如 Montetate、Barilliance 和 Evergage 等。大多数电子商务套件，例如 Salesforce Commerce Cloud，都包含类似的功能。另外，Google Optimize 是一款免费工具，可以根据访问者位置、浏览器设备和数字行为自定义网站。

4.5.5 信息政策

在开发电子商务网站的同时，你也需要考虑网站应当采取哪些信息政策。你应当制定**隐私策略**（privacy policy），即向公众声明企业如何保护在网站中收集到的客户的个人信息。你还应当制定**易用规则**（accessibility rules），即确保残疾用户能够顺利使用网站。美国有 5 000 多万残疾人，他们不仅需要借助专用设备完成出行，也需要借助专用工具使用计算机（请阅读"社会透视"专栏"构建无障碍上网时代"）。我们将在第 8 章中对电子商务信息政策做进一步的讨论，这里不再展开。

社会透视 ▶

构建无障碍上网时代

对于数百万有视力和听力障碍的美国人来说，在线可访问性是一个重要问题。业界已经开始从几个方面着手解决这个问题。一些法院将最初于 1990 年颁布的《美国残疾人法》（ADA）解释为适用于网站和虚拟空间，就像物理空间一样。在早期的案例中，美国全国盲人联合会（NFB）对塔吉特网站提起集体诉讼，理由是其未能让盲人访问其网站。在联邦地区法院裁定 ADA 确实适用于互联网后，塔吉特和 NFB 达成和解，同意调整网站使其遵循网络辅助技术准则，并且支付 600 万美元的赔偿。另一家联邦地区法院在对网飞的诉讼中裁定美国全国聋人协会（National Association of the Deaf）胜诉，认为网站实际上可以被视为公共场所，因此属于 ADA 的管辖范围。网飞最终同意和解，为其所有流媒体视频添加字幕。

最近，越来越多的指控违反 ADA 的诉讼被裁定有利于原告，这给企业带来了改造其网站的压力。在此类诉讼的第一次实际审判中，佛罗里达州的一名法官裁定原告胜诉，原告起诉连锁超市 Winn-Dixie 违反 ADA。法官没有裁定网站是否是公共场所，但确实认为 Winn-Dixie 的网站是为其实体店服务的。其他被起诉的公司包括达美乐（Domino's）、汉堡王（Burger King）、好时（Hershey）和潘多拉。2019 年底，美国最高法院支持联邦地区法院的裁决，即 ADA 确实适用于网站和 App。尽管最高法院没有就此问题做出明确决定，但它强烈建议零售商使网站和 App 可访问。

在没有联邦标准的情况下，组织通常遵循万维网联盟网页内容可访问性指南（WCAG）2.0。WCAG 2.0 为组织提供了容纳多种类型残疾人的策略，包括为非文本内容提供替代文本，以便将其更改为其他形式；使内容更容易看到和听到；最大限度地提高与辅助技术（例如屏幕阅读器软件）的兼容性，例如，在图像后面嵌入文本描述，并允许屏幕阅读器朗读这些描述。但只有在网站创建的时候就已经确保与这些工具的兼容性，屏幕阅读器才能有效地工作。2016 年，纽约市严格遵守 WCAG，成为第一个通过自己立法，使政府机构网站可访问性标准化的主要城市；2017 年，加利福尼亚州签署了一项法律，要求其政府网站在其主页上提供符合 WCAG 2.0 的认证。

2018 年，美国无障碍委员会（United States Access Board，一个专注于残疾人无障碍的联邦机构）完成了对《劳动力康复法》第 508 条的更新。更新后的第 508 条规定，联邦机构使用的所有网站和其他服务必须可供残障者访问。这些更新参考了 WCAG 2.0，进一步使 WCAG 准则合法化。更新的具体组成部分包括不再强调为网站的纯装饰元素提供屏幕阅读器文本（这可能会降低易用性），更好地指导残疾人访问在线表单，以及对于创建没有屏幕闪烁内容——屏幕闪烁内容可能会诱发癫痫——的更具体的标准。

联邦通信委员会（FCC）确定的另一个可接受的解决方案涉及使用为各种设备的操作系统开发的可访问性 API，例如微软的 Active Accessibility 或苹果公司的 iOS 和 OSX 可访问性 API。第三方解决方案也是可行的，而且成本较低。为帮助业界制订解决方案，FCC 每年都为无障碍设备的进步的推动者颁发奖励。2019 年，获奖者包括微软、Tobii 和 EyeTech，它们制定了眼动仪 USB 人机接口设备标准，该标准可为消费电子产品提供通用的眼动追踪技术。微软最近推出了四款新的免费 Windows 游戏，新标准启用了这些功能，仅需通过眼球运动即可玩。微软还发布了 Xbox 自适应控制器。

大型科技公司正在投入前所未有的资源来提高其可访问性，因为这是它们扩大用户规模、降低法律风险和改善大部分用户的网站体验的简单方法。Pinterest 进行了许多更改，使其高度视觉化的平台更易被视力受损的人使用，包括将颜色的使用更改为纯粹出于美学考虑而不是表示某种意义。微软改进了 Windows 10 的可访问性设置，并改进了 Narrator 导航工具的许多功能，包括阅读粗体或斜体文本时的音高变化。脸书正在继续完善其自动替代文本功能，该功能使用对象识别和面部识别为用户上传的图像自动生成文本，屏幕阅读器可以使用这些文本来帮助视障用户浏览脸书上的相册。

尽管如此，还有很长的路要走。新冠疫情强调了对网站和移动 App 可访问性的需求。

随着疫情的蔓延，世界各国政府要求人们待在家里，这限制了他们通过在线方式与社会互动的能力。在这样的世界中，让所有人（包括残障者）都可以访问网站和 App 变得更加重要。

资料来源："Supreme Court Allows Blind People to Sue Retailers if Their Websites Are Not Accessible," by David Savage, *Los Angeles Times*, October 7, 2019; "Microsoft Taps Windows 10 Eye-Tracking for New Games," by Liam Tung, Zdnet. com, June 19, 2019; "Chairman's Awards for Advancements in Accessibility," Fcc. gov, June 18, 2019; "Facebook's Accessibility Ambitions," by Megan Rose Dickey, Techcrunch. com, May 17, 2018; "Pinterest Made Its App More Accessible to the Visually Impaired," by Mallory Locklear, Engadget. com, April 26, 2018; "A Flood of Lawsuits Demand Websites Accommodate the Disabled," by Jonathan Berr, Cbsnews. com, March 22, 2018; "Upcoming Windows 10 Accessibility Features Include Narrator Upgrades," by Mallory Locklear, Engadget. com, March 19, 2018; "The Government's Push to Higher Web Accessibility Standards," by Paul Demery, Digitalcommerce360. com, January 17, 2018; "The New Section 508 Standards: How They're Different—And Better," Essentialaccessibility. com, December 21, 2017; "California Passes Website Accessibility Requirements Applicable to State Agencies," by Kristina M. Launey, Adatitleiii. com, December 1, 2017; "Section 508 Gets an Update: New Web Accessibility Guidelines for Government Sites Take Effect in January," by Zack Quaintance, Govtech. com, November 20, 2017; "DOJ Halts Plan to Create Website Accessibility Regulations," by Roy Maurer, Shrm. org, September 25, 2017; "First-of-Its-Kind Trial Goes Plaintiff's Way; Winn-Dixie Must Update Website for the Blind," by John O'Brien, Forbes. com, June 13, 2017; "New York City Enacts Accessibility Standards for Government Websites," by John W. Egan, Adatitleii. com, April 14, 2016; "Netflix and Deaf-Rights Group Settle Suit Over Video Captions," by Dara Kerr, Cnn. com, October 11, 2012; "Can a Web Site Be a Public Accommodation Under the ADA?," Timothy Springer, Webaccessibility. com, June 5, 2012.

4.6 移动网站和移动应用程序开发

如今，建立网站只是开发电子商务平台的一部分。鉴于超过 90％的互联网用户都会在某段时间内通过移动设备访问网络，当今的企业需要开发移动网站、移动网络应用程序、原生应用程序或混合应用程序，这样才能与客户、供应商和员工进行互动，而开发移动平台的第一步是决定使用哪些扩展网络平台开发工具。

有多种移动电子商务平台可供选择，每种都具有独特的优势和不同的成本。

移动网站（mobile website）是常规网站的另外一种版本，可以缩放内容和导航，以便用户找到自己想要的内容并快速进行决策或购买。我们可以通过个人计算机访问亚马逊网站，然后通过智能手机或平板电脑查看常规网站和移动网站之间的区别。亚马逊的移动网站更加简洁且交互性更强，适合手指导航并方便消费者进行决策。像传统网站一样，移动网站在公司的服务器上运行，并使用标准的网络工具（如服务器端 HTML、Linux、PHP 和 SQL）构建。像传统网站一样，用户必须连接到移动网站，而移动网站性能将取决于用户的带宽。一般来说，移动网站的运行速度要比传统网站（在连接办公宽带网络的台式机上进行浏览）的速度慢。如今，大多数大公司都有移动网站。

移动网络应用程序（mobile web application）是一种在移动网络浏览器（该浏览器内置于智能手机或平板电脑中）上运行的应用程序。在苹果公司的产品中，原生浏览器是 Safari。一般来说，移动网络应用程序是为了模仿使用 HTML5 和 Java 的原生应用程序的效果而构建的。移动网络应用程序是根据不同的屏幕尺寸、手指导航和图形简单性，针对移动平台专门设计的。移动网络应用程序可以支持在游戏和富媒体中的复杂交互，执行即时计算，并且使用智能手机的内置全球定位系统（GPS）进行地理定位。移动网络应用程序的运行速度通常比移动网站快，但不如原生应用程序快。

原生应用程序（native application）是根据移动设备的硬件和操作系统专门设计的应用程序。这些独立程序可以连接互联网进行数据的下载和上传，即使移动设备没有连接互联网，也可以对这些数据进行操作。举例来说，将书下载到阅读器应用程序中之后，断开移动设备与互联网的连接，你仍然可以阅读。由于各种类型的智能手机具有不同的硬件和操作系统，因此需要为不同的移动平台开发不同的原生应用程序。我们知道，在 iPhone 上运行的原生应用程序无法在安卓手机上运行。原生应用程序根据其所针对的设备使用不同的编程语言进行构建，然后将其编译为二进制代码，这样在移动设备上运行的速度会非常快，比基于 HTML 或 Java 的移动网络应用程序快得多。因此，原生应用程序是游戏、复杂交互、即时计算、图形操纵和富媒体广告的理想选择。

开发人员越来越多地将原生应用程序和移动网络应用程序的元素组合到混合应用程序中。**混合应用程序**（hybrid application）具有原生应用程序和移动网络应用程序的许多功能。像原生应用程序一样，它在移动设备上运行，并且可以访问设备的API，使其能够使用移动网络应用程序通常无法获得的设备，例如陀螺仪。它也可以打包成应用程序，在应用商店发布。像移动网络应用程序一样，混合应用程序基于HTML5、CSS3 和 JavaScript 构建，但使用设备的浏览器引擎。

4.6.1 制订计划并建立移动电子商务平台

什么才是适合你公司的移动电子商务平台？这取决于公司确立的商业目标，以及据此确定的移动网站的信息需求。在本章前面描述的系统分析与设计是计划和开发移动平台所需要的，尽管二者有重要的区别。

第一步是确定要尝试实现的商业目标。表 4 - 12 说明了构建移动网站时系统分析阶段的思考过程。为什么要开发移动网站？是通过创建一个易于浏览的目录来促进销售、方便用户购买，还是通过创造有吸引力的互动体验来加强你的品牌效应？是让你的客户与客户社区进行互动吗？你的竞争对手如何使用他们的移动网站呢？一旦明确了商业目标，你将能够描述所需的系统功能，并确定移动网站的信息需求。

表 4 - 12 建立一个移动电子商务网站的系统分析

商业目标	系统功能	信息需求
推动销售	数字目录；产品数据库	产品说明、照片、库存单位、库存
推广品牌	向客户展示如何使用产品	视频和富媒体；产品和客户演示
建立客户社区	互动体验，与多个玩家打游戏	游戏、比赛、论坛、注册脸书账号
广告与促销	利用优惠券和限时销售处理滞销商品	产品说明、优惠券管理和库存管理
收集客户的反馈意见	能够检索和存储用户的输入，包括文字、照片和视频	客户登录和识别；客户数据库

在确定了商业目标、系统功能和信息需求之后，你可以考虑如何设计和构建系

统。现在是从移动网站、移动网络应用程序或原生应用程序三者中进行选择的时候了。例如，如果目标是推广品牌或建立社区，原生应用程序可能是最佳选择，因为它可以让你提供丰富、交互性强和沉浸式的体验，从而加强客户与品牌的情感联系。由于原生应用程序存储在本地移动设备上，即使用户离线也可以访问，这能够提高用户对原生应用程序的参与度。此外，原生应用程序可以利用移动设备的独有特性，例如使用陀螺仪提供 360 度视图功能。如果目标是获得公众的关注、提供特定产品的具体信息或推动销售，那么选择移动网站或移动网络应用程序更为合适，因为信息发布到移动网络非常简单而且成本不高，此外，消费者仍然愿意在网络上完成交易（尽管随着越来越多的零售商将电子商务功能直接添加到应用程序中，这种情况正在发生变化）。然而，越来越多的选择不再是非此即彼的决定。移动应用程序和移动网站各自都有独特的优势，在大多数情况下，最好的策略是在所有设备上提供具有吸引力的内容。

4.6.2　移动平台的设计考量

移动平台与传统网站的设计有所不同，这是因为硬件、软件和消费者的期望不同。表 4-13 描述了一些主要差异。

表 4-13　移动平台的功能及其影响

功能	对移动平台的影响
硬件	移动硬件更小，在数据存储和处理能力方面有更多的资源限制。
连接功能	移动平台的连接速度比传统网站更慢。
显示器	移动显示器要小得多，并且功能需要简化。有些显示屏在阳光下的显示效果不好。
界面	触摸屏技术引入了与传统鼠标和键盘不同的新的交互程序。移动平台虽然不是一个好的数据输入工具，却是一个好的导航工具。

设计人员在进行移动平台设计时需要考虑移动平台的限制。移动页面加载速度已成为影响转换率的一个重要因素（Moffat，2017）。文件应较小，并减少发送给用户的文件数量。专注于少数强大的图形，并尽量减少发送给用户的图像数量。优先加载关键内容，当用户处理该内容时，开始加载下一层内容。简化选择框和列表，以便用户可以轻松滚动和触摸选项。

移动平台相当重要，当今的趋势是扭转传统的电子商务开发过程，从移动平台而不是从传统网站开始开发（称为**移动优先设计**（mobile first design）），而移动平台正在加速这一过程。移动优先设计有几个优点。移动优先设计不是为一个桌面网站进行一个功能齐全的设计，而是需要简化，其重点在于在移动平台的限制下创造最佳的体验，然后渐进地添加传统平台的元素，逐步增强移动平台的功能。移动优先设计的支持者认为，移动优先设计迫使设计师将重点放在移动网站最重要的地方，有助于产生精益高效的移动设计，其功能远远优于从传统平台开始设计。然而，移动优先设计并非没有挑战。这对于习惯传统开发过程的设计师来说很困难（Byers，2013）。

移动网站开发的其他重要趋势包括响应式网页设计和自适应网页设计。

响应式网页设计（responsive web design，RWD）工具和设计原理使得网站被设计成能够根据其正在查看的设备（无论是桌面设备、平板电脑还是智能手机）的屏幕分辨率自动调整布局和显示。RWD 工具包括 HTML5 和 CSS3，其三个关键设计原则包括使用灵活的基于网格的布局、可伸缩的图像和媒体以及媒体查询。RWD 对每个设备都使用相同的 HTML 代码和设计，但使用 CSS（它决定了网页的布局）来调整布局并显示屏幕的外形因素。对于具有相对简单的功能（比如主要传递内容）并且用户不管使用何种设备都是以类似的方式运行的网站来说，RWD 站点通常有很好的效果。然而，使用 RWD 的代价不菲，通常需要对网站的界面进行彻底的重新设计。RWD 还有另一个问题，特别是在没有与移动优先设计相结合时，响应式网站仍然具有传统网站的大小和复杂度，有时在移动设备上加载和运行的速度非常慢。庆幸的是，如今已经开发了另一种称为自适应网页设计的技术来解决这个问题。

使用**自适应网页设计**（adaptive web design，AWD）（有时也称为自适应交付或具有服务器端组件的响应式网页设计（RESS）），托管网站的服务器会检测提出请求的设备的属性，并使用基于设备屏幕尺寸的预定义模板以及 CSS 和 JavaScript，加载为设备优化的网站版本。AWD 具有许多优点，包括加载更快，能够快速增加或删除功能，并且通常具有更好的用户体验，特别是对于那些在不同平台上用户意图有所不同的企业。例如，通过 AWD 创建其移动网站，德国汉莎航空（Lufthansa）重点关注移动用户最有可能采取的行动，例如办理登机手续、获取航班状态信息和查询旅行行程，并在传统网站提供差异化体验（Pratap，2013）。AWD 的变体是通过基于云的平台来提供类似的功能。

4.6.3 跨平台移动应用程序开发工具

除了使用诸如 Objective-C 或 Java 之类的编程语言（如第 3 章所述）从头开始创建原生应用程序，还有数百种低成本或开源应用程序的开发工具包可以使跨平台移动应用程序的创建变得相对容易、成本低，并且不必使用针对特定设备的编程语言。

例如，Flutter 是一个由谷歌开发的开源工具包，可用于创建适用于安卓和 iOS 设备（以及适用于 Windows、Mac 和 Web 的应用程序）的原生应用程序。React Native 是另一个使用 React 和 JavaScript 构建原生 iOS、安卓、Windows 和 Mac 应用程序的开源工具。Appery.io 是一个基于云的平台，能够使用拖放式可视化构建工具来使用 jQuery Mobile 创建 HTML5 应用程序。Appery.io 支持安卓和 iOS 应用程序。Codiqa 是一个类似的工具，更易于使用。它还提供了一个拖放界面，并只使用 HTML5 组件构建了一个应用程序，而无须进行任何编码。对于那些技术水平较低的人来说，Swiftic 是一个免费的移动应用程序构建工具，包含各种功能，包括电子商务、通知和社交提要。在技术方面，PhoneGap 是一个移动开发框架，它使用名为 Apache Cordova 的软件来支持使用 HTML、CSS 和 JavaScript 构建混合移动应用程序。Axway Appcelerator 是一种类似的、技术含量较低的工具，用于创建和管理混合移动应用程序。

4.6.4 移动平台的性能和费用考量

如果你没有现成的网站，则最有效的办法可能是基于移动优先设计理念先设计移动网站。或者，你可以选择使用 RWD 或 AWD 技术构建传统网站。如果你不想完全重建网站，那么最省钱的途径就是调整它的大小以创建一个适合智能手机的移动端。

这样做通常不需要完全重新设计。你需要减少图形和文本、简化导航并专注于改善客户体验，以免使人感到混乱。由于你的客户有时可能需要使用相对较慢的手机连接网络，因此你需要减少传输的数据量。同样，由于很难在移动设备上输入客户数据，因此不能期望客户愉快地输入长串数字或文本字符。此外，请确保移动网站使用的品牌图片与传统网站上的品牌图片相符。从一个大型全球企业的定制设计网站的 100 万美元到一个小企业的不到 1 000 美元（如使用 Wix 或 MoFuse 提供的模板或移动网站创建工具），开发移动网站的成本可能差别巨大。

构建使用移动设备浏览器的移动网络应用程序需要比开发移动网站投入更多的努力和费用，并将受到与基于浏览器开发的应用程序相同的限制。然而，它确实有一些优点，例如有更好的图形、更强的交互性和速度更快的本地计算，如在 Foursquare 的移动地理位置应用中需要本地位置计算，然后与站点的网络服务器进行通信。

建立移动平台的最昂贵的方法是构建原生应用程序。尽管有许多新的开发包可以以最少的编程技术构建原生应用程序，但在三种形式中，原生应用程序对编程技术的需求最高。此外，现有网站中几乎没有任何元素可以重复使用，你需要重新设计界面的整个逻辑，并仔细思考客户体验。例如，有一个相当稳定的 HTML 传统网站界面，包括过去 10 年发展起来的按钮、图形、视频和广告。这对应用程序来说是不可用的。即使是用户也没有一套标准或一系列期望，但是每个应用程序看起来都与其他应用程序不同。这意味着用户会接触到各种各样的应用程序设计，因此你的界面必须非常简单明了，大型传统网站上的许多提示音功能不能在移动端使用，你必须精减一些功能同时专注于开发另一些功能。这也带来了原生应用程序的最大优势：你有机会创造令人惊叹的独特客户体验，客户可以与你的品牌进行互动。如果你想要为客户提供更好的品牌体验，你的品牌与客户之间的互动应该是方便而高效的，那么原生应用程序是最佳选择。"技术透视"专栏的"Duolingo 移动应用程序赋能语言学习"介绍了学习新语言的创新方法的发展。

技术透视

Duolingo 移动应用程序赋能语言学习

新兴的数字语言学习领域在 2019 年创造了惊人的 60 亿美元的收入，预计到 2025 年将增长到 87 亿美元。总部位于匹兹堡的 Duolingo 公司是该行业的领头羊，该公司已从一家规模不大的初创公司发展成为一家价值 15 亿美元的公司。但是 Duolingo 的移动应用程序界面的商标是创始人路易斯·冯·安（Luis von Ahn）和塞韦林·哈克（Severin Hacker）事后想到的。Duolingo 最初是作为一种基于网络的服务而设计的。当 Duolingo 开始更加专注于 iOS 和安卓移动应用程序时，该公司才真正开始迎来它在语言学习应用程序这一领域的爆炸式增长。

路易斯·冯·安是卡内基梅隆大学的教授，塞韦林·哈克是他的研究生，两人共同研究 Duolingo 背后的框架。安已经是一名成功的企业家，他将 CAPTCHA 和 reCAPTCHA 验证码背后的技术以及其他的几项发明卖给了谷歌，并开始专注于发明一种可以让人们把语言学习作为一种乐趣的工具。Duolingo 成立于 2011 年，安的成功使其能够轻松获得硅谷老牌风险投资家的投资，包括 2011 年联合广场风险投资公司（Union Square Ventures）的 330 万美元初始投资和 2012 年的 1 500 万美元融资。

Duolingo 提供各种语言的课程，旨在将学习新语言的过程转化为一种游戏。用户可以汇编和统计数据，如学到的单词、技能技巧和"行话"，Duolingo 应用程序中的"虚拟货币"可以用于支付未来课程的学费。Duolingo 应用程序还提供一个同时也在使用该应用程序的朋友排行榜，可以方便用户彼此竞争来获得成就徽章以及解锁新级别的课程。Duolingo 应用程序旨在像糖果粉碎（Candy Crush）这样的游戏应用程序那样让人上瘾，但它也肩负着让每个人的语言学习更民主化的社会使命。其他类似的应用程序的价格明显更高，例如，Rosetta Stone 的起价为每年 120 美元。安热衷于向用户免费提供 Duolingo 应用程序使用权，他认为许多低收入员工需要学习语言来帮助他们实现职业愿景，但负担不起高昂的费用。

起初，Duolingo 希望能为拥有台式机的每个人都提供语言学习资源。但是一件有趣的事情发生了。2012 年 11 月，Duolingo 发布了其 iPhone 版本，2013 年 5 月发布了安卓版本，到 2014 年，80％的 Duolingo 用户在移动设备上接受培训，用户数量激增。该公司在 2013 年 5 月拥有 300 万用户，对于一家刚刚一年前正式成立的公司来说，这是一个令人吃惊的数字。到 2013 年 11 月，由于这两个版本的应用程序都可以免费使用，Duolingo 的用户达到了 1 500 万。截至 2020 年 1 月，公司共有用户 3 亿，其中月活跃用户 3 000 万。

最初，Duolingo 计划让用户翻译网站文本来创收，同时也作为他们日常练习的一部分。一些想要将内容翻译成许多其他语言的网站想要与 Duolingo 进行众包合作，并在遇到非常难的翻译问题时进行人工干预。然而，只有 Buzzfeed 和 CNN 注册过这项服务，用户更倾向于关注课程而不是翻译练习。Duolingo 于 2017 年转而使用免费增值模式。在这种模式下，其 App 的免费版本包含广告，而付费版本每年收费 84 美元，不含广告，可以实现离线和在线访问。截至 2020 年，只有不到 2％的 Duolingo 用户购买高级版，但由于用户群增长迅速，该公司在提供高级版的第一年就赚了 1 亿美元。安预计公司将在 2020 年实现正现金流。

在有着 30 种语言的 91 门课程的情况下，提供该应用程序所需的数字基础设施非常重要。该公司严重依赖亚马逊网络服务。Duolingo 使用 Amazon DynamoDB 来存储超过 310 亿个与其语言学习课程相关的项目，使用 Amazon EC2 来提高应用程序性能，使用 Amazon S3 来存储图像。Duolingo 的离线模式还缓存了一个小时的课程，让用户可以在没有互联网服务的环境下学习课程。离线模式在本地存储应用程序的大部分数据，也提供了增强的应用程序性能。然而，该应用程序的语音识别是实时执行的，不能离线完成——当用户被要求练习口语时，Duolingo 会根据母语者的算法来评估他们的发音，并为个人用户提供量身定制的反馈。

Duolingo 还是一家数据驱动型公司，会对所有被引入的功能进行 A/B 测试，以确保最大限度地吸引用户。当引入新功能时，一组用户使用 App 的当前版本，另一组用户使用 App 的更新版本。Duolingo 进行测试，以找出用户是否更频繁地上课或购买 Duolingo 的更新版本。例如，Duolingo 最近发布了一种名为 Stories 的新课程类型，用户可以翻译其中简短、轻松的部分，Duolingo 会间歇性地询问有关翻译部分的问题以检查用户的理解程度。该公司对 Stories 进行了测试，发现用户保留率大幅提升；与尚未使用 Stories 的用户相比，使用 Stories 的用户在 Duolingo 上花费的时间更多。

2019 年 12 月，Duolingo 以 15 亿美元的估值额外获得了 3 000 万美元的风险投资，使其总融资额达到 1.38 亿美元。该公司已表示计划将大部分资金用于机器学习，以支持其用户参与实验。Duolingo 预计业绩将在 2020 年及以后继续增长，并计划再招聘 100 名员工，将员工总数增加到 300 人，并可能在 2021 年进行 IPO。尽管该公司并不缺乏竞争对手，例如

Babbel、Busuu 和 Memrise，但 Duolingo 很容易就成为截至 2020 年全球收入最高的教育应用程序公司，并且似乎准备在这个不断发展的领域保持主导地位。

资料来源："Duolingo Stories：The Journey to Android," by Ming Zhang, Blog. duolingo. com, February 21, 2020；"Improving Duolingo, One Experiment at a Time," by Lavanya Aprameya, Blog. duolingo. com, January 10, 2020；"Duolingo Raises $30 Million from Alphabet's CapitalG at $1.5 Billion Valuation," by Paul Sawers, Venturebeat. com, December 4, 2019；"Can You Say Unicorn? Duolingo Raises $30 Million at $1.5 Billion Valuation," by Tony Wan, Edsurge.com, December 4, 2019；"Duolingo touts $1.4B Valuation; Language Company to Hire 100 More People, Mostly in Pittsburgh," by Natasha Lindstrom, Triblive. com, December 4, 2019；"Game of Tongues：How Duolingo Built a $700 Million Business with Its Addictive Language-Learning App," by Susan Adams, Forbes. com, August 31, 2019；"When Duolingo Was Young：The Early Years," by Steven Loeb, Vator. tv, June 22, 2018；"Duolingo Case Study-DynamoDB Case Study," Aws. amazon. com, 2016；"Real World Swift," Blog. duolingo. com, January 7, 2015；"The Founder of Duolingo Tells Us the Secret to Creating Value From Chaos," by Anna Nicolaou, Fastcompany.com, March 6, 2014；"Duolingo Brings Free Language Courses to the iPad," by Dan Farber, Cnet. com, July 11, 2013；"Free Language Learning Service Duolingo Comes to Android, Expects This Will Double Its User Base to Over 6M," by Frederic Lardinois, Techcrunch.com, May 29, 2013；"Duolingo Adds Offline Mode and Spech Recognition to its Mobile App," by Frederic Lardinois, Techcrunch. com，March 14, 2013.

4.7　电子商务相关职位

本章中的材料提供了不同职业的基本信息。职位包括网页开发人员/程序员（包括前端开发人员/前端工程师、全栈开发人员以及专注于特定技术的职位，例如 JavaScript 开发人员/工程师或类似职位）、网页设计师（包括用户界面（UI）设计师、用户体验（UX）设计师和交互设计师）和网站管理员。其中许多职位虽然被标记为网站相关，但也涉及使用移动应用程序。在本节中，我们将研究一家寻找 UX 设计师的公司发布的招聘信息。

4.7.1　公司简介

该公司是一家以意大利美食（例如比萨、意大利面、三明治和甜点）而闻名的餐饮连锁店。该公司在全球拥有超过 11 000 家分支机构。过去五年的大部分增长来自在中国、日本、印度和中东等国家或地区的扩张。该公司的经营形式有三种：家庭式餐厅、店面交付和外卖餐厅，以及既可以坐下来吃饭又可以提供外卖的餐厅。该公司开发了强大的在线网站，使客户能够在公司网站上或通过应用程序订餐。该公司的战略是通过扩大其在线订购、取货和送货业务来发挥实体店的价值。为实施这一战略，公司的目标是持续改善公司网站、移动应用程序和社交网络上的客户体验。

4.7.2　职位：UX 设计师

你将与 UX 小组合作，该小组向首席电子商务官报告。UX 小组在其整个数字和移动生态系统（包括社交媒体）中为公司的客户创造引人入胜的在线体验。你将致力于开发业务流程、在线路线图和消费者行为分析模型。你将与产品经理、在线开发人员和分析师合作，为客户打造引人入胜的数字体验。你的职责包括：

● 帮助发展一个具有创造性、数据驱动的和持续关注客户的创业型、跨学科的用户体验团队。

● 在整个公司内实施公司的用户体验方法并开展最佳实践。

● 创建和指导创建以客户为中心的客户旅程地图、导航流程、原型、线框图和交互。

● 与数据分析师合作，通过测试、原型设计以及分析客户行为和业务结果，不断改善用户体验。

● 为用户体验做出贡献，以及通过与产品、工程和营销团队合作，在整个数字生态系统中开发新产品，从而获得设计思想领导力。

4.7.3 资格/技能

● 计算机科学、信息科学、管理信息系统、人文科学学士学位，以及/或相关经验。

● 电子商务、人机交互、网页设计、前端移动网络开发、用户体验设计、统计、数据分析和市场营销。

● 了解 UX 工具，例如 Axure、Balsamiq、Sketch 和/或 Adobe CC。

● 了解当前的用户体验和设计方法。

● 具有从设计视角制订业务问题解决方案的能力。

● 渴望在多任务、快节奏的环境中工作并作为电子商务数字体验团队的成员与各方展开协作。

● 能够以创造性的方式寻找解决方案和信息，并能向不同背景的人表达复杂的结果和见解。

● 对出色的用户体验有着内在的强烈热爱和好奇。

● 丰富的书面和口头沟通技巧。

4.7.4 面试准备

如资格/技能部分所述，UX 设计师职位需要通过各种课程学习或实践获得大量的技术技能。你应该准备好证明自己具备这些基本的技术技能。此外，你可能会被问到一些问题，这些问题要求你表明对通过开发网站、移动网站和移动应用程序建立电子商务平台的过程有更广泛的了解。为此，请查看 4.2 节、4.3 节和 4.4 节的材料，这些内容帮助你了解整个工作的各个部分是如何结合在一起的。另请参阅 4.6 节，该节介绍了移动网站和移动应用程序开发的一些基础知识。你可以使用 4.5 节来回顾一些用户厌烦（见表 4-10）和用户欣赏（见表 4-11）的基本网站设计特征，以及刷新你对各种软件工具的记忆，如交互性、动态内容和个性化。最后，重新阅读"社会透视"案例。证明你了解无障碍设计的重要性是帮助你脱颖而出的一种方式。

4.7.5 可能的面试问题

1. 就用户体验而言，你最喜欢的电子商务网站或移动应用程序是哪个，为什么你喜欢它？你认为真正有效的电子商务体验的特征是什么？

苹果公司通常被视为提供良好的用户体验的典范。亚马逊也是浮现在脑海中的答案。为什么会这样呢？用户友好性不是一个明确的答案。应把重点放在具体的品质上，例如易于搜索（快速查找所需内容）、连贯的路线图或从内容到购买的路径、快速付款以及屏幕的速度和响应能力。当然，设计很重要。设计元素包括图像、颜色、字体和图标。

2. 我们从事食品服务行业，无论消费者在何时何地消费我们的食品，我们都会提供服务。你希望为我们的客户提供的有效的电子商务体验是怎样的？

你可以扩展以前的答案。你的愿景可能是使消费者可以在线访问公司的网站或应用程序，并准确找到他们想要的消费方式，并在可接受的时间和价格范围内使用视觉上令人愉悦的和有效的电子商务平台完成。

3. 电子商务平台如何满足客户的需求？

你可以指出购买比萨饼的传统方式（出现在现场或通过电话订购）可能会导致客户烦恼：等待很长时间，下订单和交货时间很长，甚至发生订单丢失。拥有有效的数字服务平台可能会减少订购时间，提高准确性并提供可预测的结果。例如，可以为数字客户提供在商店的取货时间或安排明确的交货时间。你可能会为移动用户推荐类似优步的应用程序。

4. 我们的电子商务网站如何为每个消费者提供个性化的服务？

你可以建议保留先前的购买记录，以识别客户的喜好。可以询问回头客是否要重新订购上次访问时订购的产品。数字平台必须能够识别回头客并推送他们可能想要的产品，而不是让他们循着整个网站冗长的路线图查找想要的产品。

5. 你有设计网站或移动应用程序的经验吗？你从中学到了什么？

如果你有设计网站的经验，介绍你处理的设计问题。如果你没有经验，谈谈你使用过的难以使用、提供的用户体验差、设计质量差的网站。

6. 你认为我们应该使用原生应用程序还是基于浏览器的移动网络应用程序？自适应网页设计技术怎么样？

你可以指出原生应用程序更快，并且具有适合移动设备的简单设计。如果需要单独的设计，这会增加数字服务平台的成本。基于浏览器的移动网络应用程序速度较慢，但公司网站的大部分设计和代码都可以重复使用。自适应网页设计可根据所使用的设备调整显示，适用于滚动列表，但不适用于大多数网站上的复杂选择路线图。

问 题 //////////////////////

1. 在建立电子商务网站时，需要考虑的主要因素有哪些？
2. 什么是系统开发生命周期？包括哪些步骤？
3. 逻辑设计和实体设计有什么区别？
4. 为什么系统测试很重要？列举测试类型和它们之间的关系。
5. 比较系统开发和系统维护的成本。哪个更高，为什么？
6. 为什么维护网站成本如此之高？讨论影响维护成本的主要因素。
7. 单层式网站架构和多层式网站架构有哪些主要区别？
8. 列举网络服务器应提供的基本功能。
9. 在选择网站硬件平台时，需要考虑哪些主要因素？
10. 为什么网络服务器带宽对电子商务网站来说是一个重要问题？

11. 比较各种扩展方法，解释为什么可扩展性是网站的一个关键业务问题。

12. 影响成功的电子商务网站设计的八个要素是什么，它们如何影响网站的运行？

13. 什么是 Java 和 JavaScript？它们在网站设计中扮演什么角色？

14. 列举并描述三种对待客户的方法。它们对电子商务有何重要意义？

15. 电子商务企业在启动网站之前必须制定哪些政策，为什么必须制定这些政策？

16. 移动优先设计的优缺点是什么？

17. 移动网络应用程序和原生应用程序有什么区别？

18. 混合应用程序是如何结合移动网络应用程序和原生应用程序的功能的？

19. 什么是 PHP，它在网站开发中如何使用？

20. 响应式网页设计和自适应网页设计有什么不同？

5

电子商务安全和支付系统

学完本章，你将能够：

- 理解网络犯罪的范围、电子商务安全的关键维度，以及安全与其他价值之间的紧张关系
- 识别电子商务环境中的安全威胁
- 理解科技如何保护通信信道以及网络、服务器和客户机
- 正确评价各种政策和法律对创建安全环境的重要性
- 识别当前使用的主要的电子商务支付系统
- 描述电子账单展示和支付系统

章首案例   网络战：MAD 2.0

　　人类历史的发展过程中，战争武器从棍棒、石块，发展到箭、矛，再到火炮、炸弹，最后发展到核武器。实体战争和武器都是人们所熟知的。但今天，还有另一种战争越来越常见，这种战争是由隐蔽的黑客大军引导的，他们手持由算法和计算机代码组成的武器，这就是网络战。网络空间已经成为一个新的战场，这个战场经常涉及国家与国家间、国家与企业间的战争。网络战的目标有两个：一个是硬基础设施目标，包括国防设施、核设施、电力和电信网络、制造厂、其他公共基础设施；另一个是软目标，如银行和相关金融系统（如经纪公司）、私营公司、公共记录系统（如州和联邦人事系统）以及健康管理和保险记录系统。

　　针对硬基础设施的网络战的目标是削弱一个行业甚至整个社会的基本物质基础设施。而针对软目标的网络战的目的是破坏和迷惑机构和民众，使机构和公司难堪并受到惩罚，并收集个人和公司的信息以便日后使用。网络战与网络间谍不同，网络战的目的不在于产生破坏，也不在于使基本的社会服务瘫痪，而是侧重于收集信息，这些信息不仅包括知识产权，还包括个人数据。

　　在2016年美国总统大选期间，针对软目标的网络战出现了意想不到的新情况：利用各种数字工具扰乱和影响政治进程。根据美国国家情报总监办公室的报告，俄罗斯政府和相关第三方进行了全面的网络战活动，用以在大选中支持一名候选人（唐纳德·特朗普（Donald Trump））和反对另一名候选人（希拉里·克林顿（Hillary Clinton）），该机构汇总了 18 个独立情报机构的情报。

俄罗斯试图影响美国的选举，美国试图影响俄罗斯的政治进程，这并不是什么新鲜事儿。自 20 世纪 40 年代冷战开始以来，双方都在利用情报机构、外交官、新闻报道、广播电视广告以及政治家和政治顾问的言论来影响政治进程，以实现自己国家的利益。2016 年总统大选的新特点在于巧妙地利用黑客和社交网络，试图直接影响民众的意见和信仰。

虽然广泛的网络攻击被视为影响美国民主进程的一种威胁，但这些攻击多发生在公共空间，在安全公司、社交网络和美国网络情报部门的合作下，这些攻击有可能被发现和制止，不会造成生命损失。如果是针对关键基础设施等硬目标的网络战，情况就变得糟糕了。它有可能对大量人口造成直接的身体伤害和社会伤害，这可能是毁灭性的，因为会危及生命。最著名、记录最翔实的基础设施攻击是 Stuxnet，据称是以色列和美国情报部门在 2010 年编写的恶意代码，目的是使伊朗的数千台核离心机瘫痪。Stuxnet 是一个病毒程序，被植入伊朗核燃料离心机的工业控制模块，导致离心机自毁。Stuxnet 开创了硬目标攻击的先例，它是第一次针对基础设施的大规模网络攻击。为了反击，伊朗政府使用一种名为 "Shamoon" 的病毒对沙特阿美公司（Saudi-Aramco）发起了网络攻击，使该公司的 3 万台电脑被摧毁。据报道，2020 年，由以色列支持的黑客发动了一次网络攻击，导致伊朗一处核设施发生火灾和爆炸。俄罗斯也参与了多起网络攻击，其中最著名的是针对乌克兰电网的攻击。2016 年 12 月 23 日午夜时分，基辅市全城断电，原因是俄罗斯网络黑客入侵了乌克兰发电厂，对用于调节发电机的工业控制器发起网络攻击。根据美国国土安全部（DHS）的数据，俄罗斯黑客还入侵了美国大多数电力公司的控制室。到目前为止，入侵者已经收集了电力公司的控制和程序信息，为未来的攻击做准备。即使是那些为防止入侵者而没有连接到互联网的计算机，也被黑客利用网络钓鱼等手段窃取了员工的登录信息。据报道，2019 年，针对这种情况以及俄罗斯对 2016 年和 2018 年选举的干预，美国向俄罗斯电网部署了恶意代码，既是警告，也是为必要时发起的网络战做准备。

战争的问题之一是，你的敌人可能拥有与你一样的武器。在核战争的背景下，政治家们根据所谓的相互保证摧毁（MAD）原则进行条约谈判，即意识到即使是首先发动攻击者也会在敌方的反击中最终灭亡。今天，网络战有一些惊人的相似之处，即一个国家对其敌方网络基础设施的攻击可能会导致敌方发起强大的反击，以至于两个国家的关键基础设施都会遭到严重破坏和摧毁。

美国、俄罗斯和其他许多国家如今都在为这种网络战做准备，希望它不会发生，但都在开发新的武器和练习防御技术。例如，由北美和欧洲的 30 个国家组成的北约，在 2019 年召集了 1 200 名军方和企业领导人参加第十届 "锁盾" 网络战演习，这是世界上最大的网络战演习。在爱沙尼亚的网络靶场（一种网络战士的射击场），蓝队必须保卫自己的国家，抵御红队的全面网络攻势，重点在于防守策略和保持本国基础设施的正常运转。

安全分析人士认为，美国已经发展出了世界上最强大的网络战防御和进攻能力。美国的工作集中在美国网络司令部。网络司令部的既定任务是协调和指导国防部信息网络的运行和防御，并为军事网络空间行动做准备，以便在所有领域采取行动，确保美国或盟国在网络空间的行动自由，并表示不会对敌国采取同样的行动。2018 年 10 月，网络司令部开始针对俄罗斯的信息战活动开展网络行动，司法部称该活动旨在影响 2018 年中期选举。

美国的相关规划者们已经做出了外交努力，以与其网络敌方达成某种共识，从而对网络战加以限制，防止平民伤亡。这些努力类似于核武器条约。2015 年，五角大楼宣布了一项网络战略，概述了美国将在什么条件下会对对手进行网络攻击。针对公司的常规攻击将由公司自行防御，但对美国政府系统、基础设施系统、防御系统和情报系统的攻击，如果涉及重大生命损失、财产破坏或持久的经济损失，则美国有理由发动重大反击。然而，2018 年，特朗普政府的《国家安全总统备忘录 13》（NSPM-13）将美国的政策从应对性防御改为侵略性防御，授权美国网络战人员在外国网络攻击美国之前就对其进行侦测和清除，这或许将开启网络战的新时代。

资料来源："Explosion at Iran's Nuclear Facility Caused by Israeli Cyber Attack, Report," by Dev Kundaliya, Computing. co. uk, July 6, 2020; "U. S. Charges Chinese Military Officers in 2017 Equifax Hacking," by Katie Benner, *New York Times*, February 10, 2020; "Cyberwar Is Here: Are You Ready?," by Chloe Albanesius, Pcmag. com, September 19, 2019; "U. S. Escalates Online Attacks on Russia's Power Grid," by David Sanger and Nicole Perlroth, *New York Times*, June 15, 2019; "Locked Shields," Ccdcoe. org, April 19, 2019; "Potentially Deadly Malware Used in Saudi Industrial Hack Likely Came from Russia, Researchers Say," by Ellen Nakashima and Aaron Gregg, *Washington Post*, October 23, 2018; "U. S. Begins First Cyberoperation Against Russia Aimed at Protecting Elections," by Julian Barnes, *New York Times*, October 23, 2018; "The National Cybersecurity Summit," Department of Homeland Security, July 31, 2018; "With Hacking of US Utilities, Russia Could Move from Cyberespionage Toward Cyberwar," Theconversation. com, July 26, 2018; "Russian Hackers Reach U. S. Utility Control Rooms, Homeland Security Officials Say," by Rebecca Smith, *Wall Street Journal*, July 23, 2018; "Protecting Energy Infrastructure Forum," Center for Cyber and Homeland Security, George Washington University, July 13, 2018; "Pentagon Puts Cyberwarriors on the Offensive, Increasing the Risk of Conflict," by David E. Sanger, *New York Times*, June 17, 2018; "Release of Thousands of Russia-Linked Facebook Ads Shows How Propaganda Sharpened," By Deepa Seetharaman, *Wall Street Journal*, May 10, 2018; "Cyberattacks Put Russian Fingers on the Switch at Power Plants, U. S. Says," by Nicole Perlroth and David E. Sanger, *New York Times*, March 15, 2018; "How an Entire Nation Became Russia's Test Lab for Cyberwar," by Andy Greenburg, Wired. com, June 20, 2017; "Shatter the House of Mirrors: A Conference Report on Russian Influence Operations," by Pell Center for International Relations and Public Policy, October 2017; "Twitter, With Accounts Linked to Russia, to Face Congress Over Role in Election," by Daisuke Wakabayashi and Scott Shane, *New York Times*, September 27, 2017; "Facebook to Turn Over Russian-Linked Ads to Congress," by Scott Shane and Mike Isaac, *New York Times*, September 21, 2017; "The Fake Americans Russia Created to Influence the Election," by Scott Shane, *New York Times*, September 7, 2017; "Online Human-Bot Interactions: Detection, Estimation, and Characterization," by Varol et al., Arxiv. org, March 27, 2017; "Assessing Russian Activities and Intentions in Recent US Elections, Intelligence Community Assessment," by Office of the Director of National Intelligence, Dni. gov, January 6, 2017; "Hacking the US Election: How the Worlds of Cyberwarfare and Politics are Colliding Spectacularly," by Kalev Leetaru, Forbes. com, September 11, 2016; "Governments and Nation States Are Now Officially Training for Cyberwarfare: An Inside Look," by Steve Ranger, Techrepublic. com, September 2, 2016; "How America Could Go Dark," by Rebecca Smith, *Wall Street Journal*, July 14, 2016; "NATO Recognizes Cyberspace as New Frontier in Defense," by Julian Barnes, *Wall Street Journal*, June 14, 2016; "Dark Territory: The Secret History of Cyber War," by P. W. Singer, *New York Times*, March 1, 2016; "Gen. Michael Hayden Gives an Update on the Cyberwar," *Wall Street Journal*, Feb. 9, 2016; "The First Cyber Battle of the Internet of Things May Have Just Happened," by Kalev Leetaru, Forbes. com, January 5, 2016; "The Evolution of Cyber War: International Norms for Emerging-Technology Weapons," by Brian M. Mazanec, Potomac Books, November 1, 2015; "Pentagon Announces New Strategy for Cyberwarfare," by David Sanger, *New York Times*, April 23, 2015; "Deterrence Will Keep Lid on Cyberwar, Former Spy Chief Says," by Tim Hornyak, Computerworld. com, April 14, 2015; "Document Reveals Growth of Cyberwarfare Between the U. S. and Iran," by David Sanger, *New York Times*, February 22, 2015; "NATO Set to Ratify Pledge on Joint Defense in Case of Major Cyberattack," by David Sanger, *New York Times*, August 31, 2014; "Suspicion Falls on Russia as 'Snake' Cyberattacks Target Ukraine's Government," by David Sanger and Steven Erlanger, *New York Times*, March 8, 2014.

正如"网络战：MAD 2.0"所表明的，互联网越来越容易受到大规模攻击或遭遇大规模失败。这些攻击越来越多地由有组织的全球化运作的犯罪团伙领导，这毫无疑问是全球化带来的负面影响。更令人担忧的是，由各国资助、组织和领导的针对其他国家互联网资源的大规模攻击越来越多。事实证明，预测和反击这些攻击对企业和政府来说是一项艰巨的任务。但是，你仍然可以采取一些措施来保护你的网站、移动设备和个人信息免受常规安全攻击。在阅读本章的同时，你也应该开始思考，在互联网大规模"中断"的情况下，你的企业该如何生存。

在本章中，我们将研究电子商务安全和支付问题。首先，我们将识别主要的安全风险及其成本，并介绍各种解决方案。然后，我们将研究主要的支付方式，并考虑如何实现安全的支付环境。表 5-1 描述了 2020—2021 年电子商务安全方面的一些新兴问题。

表 5-1　2020—2021 年电子商务安全新兴问题

- 新冠疫情造成了一系列安全问题，从员工远程访问安全到网络钓鱼的增加，再到电子商务网站安全处理流量骤增的能力。
- 大规模的数据泄露继续将个人数据暴露给黑客和其他网络犯罪分子。
- 随着智能手机和其他移动设备成为网络犯罪分子的攻击目标，特别是随着它们用于移动支付的增加，移动恶意代码带来了严峻的安全威胁。
- 恶意代码继续激增，勒索软件的攻击也在上升。
- 分布式拒绝服务（DDoS）攻击现在能够使整个国家的互联网服务变慢。
- 各国或地区继续参与网络战和网络间谍活动。
- 黑客和网络犯罪分子继续将注意力放在社交网络上，通过社会工程和黑客攻击来利用潜在的受害者。
- 黑客组织出于政治动机所发起的有针对性的攻击仍在继续，在某些情况下它们与出于经济动机的网络犯罪分子合作攻击金融系统，给金融系统带来持续性威胁。
- 软件漏洞，如用于 WannaCry 勒索软件攻击的 EternalBlue 漏洞、心脏出血漏洞以及零日漏洞持续造成安全威胁。
- 软件供应链攻击，如对华硕的恶意代码攻击，即黑客锁定开发环境以感染软件，然后由终端用户下载。

5.1　电子商务安全环境

对于大多数守法的公民来说，互联网带来了一个巨大而便利的全球市场，提供了在全世界范围内以较低的成本接触人、商品、服务和企业的机会。对于犯罪分子来说，互联网创造了全新的、有利可图的窃取全球用户信息的方式（在 2020 年从全球超过 22 亿的在线消费者中窃取信息）。从产品和服务，到现金，再到信息，一切都可以在互联网上获得。

网上行窃的风险较小。不用亲自去抢银行，互联网的远程和匿名的特性使得网上行窃成为可能。不需要在当地的唱片店偷一张 CD，你可以从互联网上免费下载同样的音乐，而且几乎没有风险。互联网的匿名性为许多犯罪分子披上了看似合法的身份的外衣，让他们可以向在线商家下虚假订单，通过拦截电子邮件窃取信息，或者干脆利用软件病毒和蠕虫攻击使电子商务网站瘫痪。互联网从来没有被设计成一个拥有数十亿用户的全球市场，并且缺乏许多老式网络（如电话系统或广播电视网络）中的基本安全功能。相比之下，互联网是一个开放的、脆弱的网络。网络犯罪分子的行为对企业和消费者来说都是代价高昂的，他们要承受更高的价格并采取额外的安全措施。恶意网络活动的成本不仅包括实际犯罪的成本，还包括保护网络安全和从网络攻击中恢复所需的额外成本，受影响的公司可能遭受的潜在报复性损害，对网络活动的信任度降低，潜在的敏感商业信息（包括知识产权和机密商业信息）被窃取带来的损失，以及由于服务中断而产生的机会成本。据 Ponemon Institute 2019 年的调查，2018 年美国企业因数据泄露产生的平均总成本为 819 万美元（Ponemon Institute/IBM Security，2019）。

5.1.1　网络犯罪的范围

网络犯罪正在成为组织和消费者面临的一个严重的问题。僵尸网络、DDoS 攻击、特洛伊木马、网络钓鱼、勒索软件、数据窃取、身份欺诈、信用卡欺诈和间谍软件只是每天头条新闻所报道的网络犯罪的一部分。社交网络也有安全漏洞。但是，尽管网络犯罪受到越来越多的关注，仍很难准确估计此类犯罪涉及的实际金额，部分原因是许多公司由于担心失去客户的信任而不愿报告，而且即便报告，也很难量化实际损失的金额。McAfee 以及战略与国际研究中心（Center for Strategic and International Studies）的一项联合研究检测了准确估计网络犯罪和网络间谍活动对经济的影响程度有多难，其研究表明，全球网络犯罪和网络间谍活动造成的经济损失为 4 450 亿～6 000 亿美元，后续研究试图确定更准确的估计值（McAfee/Center for Strategic and International Studies，2018）。

另一个可以参考的信息是 Ponemon Institute 对 11 个国家不同行业的 355 家公司进行的调查。2019 年的调查发现，这些公司因网络犯罪所导致的年平均损失达 1 300 万美元，比上一年增长了 12%，比前五年增长了 72%。美国公司的平均损失最高，达到每年 2 740 万美元。不同行业的平均损失也有所不同，银行业报告的平均损失最高，超过每年 1 800 万美元，紧随其后的是事业单位，为每年 1 700 万美元。网络攻击成功的次数也有所增加，比上一年增加了 11% 以上，5 年内增加了 67%。损失最高的网络犯罪是由恶意代码、基于网络的攻击、拒绝服务和恶意操作造成的（Ponemon Institute/Accenture，2019）。

Symantec、Webroot、思科等安全产品提供商发布的报告提供了另一个数据来源。Symantec 发布的《2019 年互联网安全威胁报告》中的信息来自对全球互联网活动进行监测的超过 1.23 亿个传感器。根据 Symantec 的数据，每十个 URL 中就有一个是恶意的，其中基于形式的劫持（使用恶意代码从结账网页中窃取信用卡信息）显著增加。网络攻击总体上继续增加，技术的进步大大降低了进入网络犯罪行业所需的成本和难度。低成本和现成的网络攻击工具使黑客无须从头开始编写软件就能制作恶意代码。此外，多形态恶意代码激增，这使得攻击者能够为每个受害者生成一个独特的恶意代码版本，使安全公司难以通过模式匹配软件进行监测（Symantec，2019；Webroot，2018）。然而，这类报告通常不会试图量化与这些威胁相关的实际犯罪或损失。

网上信用卡欺诈是最引人注目的电子商务犯罪形式之一。虽然人们在信用卡欺诈中损失的平均金额一般都比较小，但总体金额很大。信用卡欺诈的性质已经发生了很大的变化，从单一的信用卡号码被盗用和在部分网站实施盗窃，演变成同时盗用数百万个信用卡号码并将其分发给成千上万个犯罪分子，形成盗窃团伙。本章后文将详细介绍身份欺诈作为一种主要的在线/离线欺诈类型，很可能会显著提升信用卡欺诈的发生率和金额，因为身份欺诈往往包括使用被盗的信用卡信息和建立假的信用卡账户。

地下经济市场：被盗信息的价值

在互联网上窃取信息的犯罪分子并不总是自己使用这些信息，而是通过在所谓的地下或影子经济市场（有时也称为"暗网"）向他人出售信息来获取价值。数据对网络犯罪分子来说就是货币，具有可以货币化的"黑市价值"。例如，2013 年，弗拉迪斯拉夫·霍洛霍林（Vladislav Horohorin，化名"BadB"）因利用在线犯罪论坛出售被盗的信用卡和借记卡信息（简称"转储"）而被判处 7 年多有期徒刑。被捕时，霍洛霍林拥有超过 250 万张被盗信用卡和借记卡的账号和密码。世界各地有几千个已知的地下市场，出售被盗信息以及恶意代码，如漏洞利用工具包等。表 5-2 列出了各种类型的被盗数据的价格，这些价格通常随购买的数量、供应量和"新鲜度"而变化。例如，当塔吉特数据泄露事件中的信用卡信息首次出现在市场上时，单张卡的账号和密码的价格高达 120 美元。然而，几周后，价格大幅下降（Leger，2014）。专家认为，由于信息采集工具的增加，盗取信息的成本普遍下降。在需求方面，新技术提供的效率和机会同样增加了想要使用被盗信息的人数。这是一个强大的市场。

表 5-2　被盗数据及其价格

数据	价格
带有到期日和 CVV2（印在卡背面的三位数号码）的个人美国卡号（称为 CVV）	每个 5～8 美元
包括全名、账单地址、有效期、CVV2、出生日期、婚前姓名等完整信息的个人美国卡号（称为全套信息）	每个 20～60 美元
美国信用卡的转储数据（转储数据是指卡背面磁条上编码的姓名、账号、到期数据、CVV 等原始数据）	每条 60～100 美元
银行账户登录凭证（视价值和验证情况而定）	账户价值的 0.5%～10%
在线支付账户（PayPal 等）（视价值和验证情况而定）	账户价值的 0.5%～10%
驾照信息	每本 20 美元
在线账户登录凭证（脸书、推特、eBay、苹果、Dropbox）	每个 10～15 美元
医疗信息/健康证书	每个 10～20 美元
1 000 个电子邮件地址	1～10 美元
护照扫描件	每个 1～25 美元
社会保障号	每个 1 美元

对于普通用户（和执法机构）来说，找到这些市场和托管它们的服务器是很困难的，而且在允许进入市场之前，潜在的参与者一般都要经过审查。这个审查过程通过推特、Tor（可以进行匿名通信）和 VPN 进行，有时还通过电子邮件交换信息和金钱（通常是比特币，一种数字现金形式，我们将在 5.5 节进一步讨论）。市场上的网络犯罪分子有一个普遍的等级制度，最底层是经常在"卡友论坛"上出售被盗信用卡和借记卡数据的低级非技术犯罪分子；中间层是作为中间人的转售者；最顶层是编写恶意代码的技术高手。

那么，对于网络犯罪的总体规模，我们可以得出什么结论呢？针对电子商务网站的网络犯罪是动态的，随时都在变化，几乎每天都有新的风险出现。企业的损失金额巨大，而且在不断增加。电子商务网站的管理者必须做好准备，应对不断变化的各种犯罪的侵害，并掌握最新的安全技术。

5.1.2 什么是良好的电子商务安全环境？

什么是安全的商业交易？每当你进入一个市场，你就会面临风险，包括隐私泄露（关于你购买产品的信息）的风险。作为消费者，最大的风险是没有得到你购买的东西。作为市场上的商家，风险是卖出的东西没有得到报酬。小偷拿了商品后，要么不付钱就走人，要么用欺诈性的工具、偷来的信用卡或伪造的货币支付。

在数字环境中，电子商务商家和消费者与传统商业参与者面临着许多相同的风险。盗窃就是盗窃，不管是数字盗窃还是传统盗窃。入室盗窃、破门而入、盗用公款、非法入侵、恶意破坏、故意破坏，这些传统商业环境中的犯罪行为，在电子商务中同样存在。然而，减少电子商务中的风险是一个复杂的过程，它涉及新的技术、组织政策和程序，以及授权执法官员调查和起诉犯罪者的新法律和行业标准。图 5-1 说明了电子商务安全的层次。

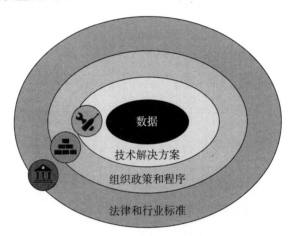

图 5-1 电子商务安全的层次

注：电子商务安全是多层次的，必须考虑技术解决方案、组织政策和程序，以及法律和行业标准。

为了达到尽可能高的安全程度，可以使用各种技术，也应该使用这些技术。但这些技术本身并不能解决问题。需要有组织政策和程序来确保这些技术不被破坏。最后，需要制定法律和行业标准来强化支付机制，查处违法者，保护电子商务交易中财产转移的安全。

电子商务安全的发展史告诉我们，只要投入足够的资源，任何安全系统都可能被破坏。安全不是绝对的。此外，也不需要永远完美的安全，特别是在信息时代。信息是有时间价值的，就像金钱一样。有时，对于某条信息而言，保证其几个小时或几天的安全就够了。此外，由于安全是昂贵的，我们总是要在成本和潜在损失之间进行权衡。最后，我们还了解到，安全是一条链子，最容易在最薄弱的环节断裂。我们的锁往往比我们对钥匙的管理更有用。

因此，我们可以得出结论，良好的电子商务安全需要一套法律、措施、政策和技术，在可行的范围内保护个人和组织在电子商务市场上免受不良行为的影响。

5.1.3　电子商务安全的关键维度

电子商务安全有六个关键维度：完整性、不可否认性、真实性、机密性、隐私性和可用性。

完整性（integrity）是指确保网站上显示的信息或通过互联网传输或接收的信息不被未经授权的一方以任何方式改变的能力。例如，如果一个未经授权的人截获并改变了在线通信的内容，例如将汇款转入不同的账户，那么信息的完整性就会受到损害，因为该通信不能反映原始发送者的意图。

不可否认性（nonrepudiation）是指确保电子商务参与者无法否认其在线行为的能力。例如，通过使用匿名的免费电子邮件账户，一个人很容易发表评论或发送邮件，而事后可能否认做过这些事。即使客户使用真实的姓名和电子邮件地址在网上订购商品，之后否认下过单也是很容易的。在大多数情况下，由于商家通常不会获得签名的实物副本，信用卡发卡机构会站在客户一边，因为商家没有法律上有效的证据证明客户订购了商品。

真实性（authenticity）是指识别在互联网上与你交易的个人或实体的身份的能力。客户如何知道网站经营者就是所声称的人？商家如何保证顾客真的是他本人？有些人声称自己是某某人或者某某商家，其实是在进行"电子欺骗"或虚假陈述。

机密性（confidentiality）是指确保信息和数据只提供给那些被授权查看的人的能力。机密性有时与**隐私性**（privacy）相混淆，后者指的是控制自己提供给电子商务商家的个人信息使用的能力。

电子商务商家会涉及两个与隐私性有关的问题。它们必须制定内部政策，规范自己对客户信息的使用，同时必须保护这些信息不被非法使用或未经授权使用。例如，如果黑客闯入电子商务网站并获得信用卡或其他信息，这不仅侵犯了数据的机密性，而且侵犯了提供信息的个人的隐私性。

可用性（availability）是指确保电子商务网站继续按预期功能运行的能力。

表 5-3 从顾客和商家的角度总结了这些维度。电子商务安全系统旨在保护这六个维度。当其中任何一个维度受到损害时，电子商务总体安全就会受到影响。

表5-3　从顾客角度和商家角度来看电子商务的不同维度

维度	顾客角度	商家角度
完整性	我传送或接收的信息是否被篡改？	网站上的数据是否被擅自篡改？从顾客那里接收的数据是否有效？
不可否认性	和我交易的一方以后是否会否认进行过交易？	顾客是否会否认自己订购过产品？
真实性	我在和谁交易？我怎样才能保证这个人是他本人？	顾客的真实身份是谁？
机密性	除我所指定的人外，其他人是否可以读取我的信息？	信息或机密数据是否会被未被授权者查看？
隐私性	我是否可以控制电子商务商家对我个人信息的使用？	电子商务交易中的个人数据该如何使用？顾客的个人信息是否可以在未经授权的情况下使用？
可用性	我可以访问网站吗？	该网站是否在正常运行？

5.1.4 安全与其他价值之间的紧张关系

需要这么多安全举措吗？答案是肯定的。与一些人对安全的认识不同，安全并不是无懈可击。计算机安全给企业经营增加了间接成本，也给犯罪分子提供了新的机会来掩盖他们的意图和犯罪。

安全与易用

在安全和易用之间不可避免地存在紧张关系。当传统商户非常害怕强盗，以至于在上锁了的商店里做生意时，普通顾客就不愿意走进去。对于电子商务来说，情况也是如此。一般来说，电子商务网站的安全措施越多，使用起来就越不方便，网站的运行速度就越慢。学完本章你就会发现，数字安全是以降低处理器速度和提高存储设备的数据存储能力为代价的。安全需要技术支持和耗费业务成本，会影响企业运营。过多的安全措施会损害企业盈利能力，而安全力度不够则会让企业彻底破产。一个解决方案是根据用户的喜好调整安全设置。麦肯锡的一份报告表明，当消费者觉得网站的身份验证很简单时，他们会多购买10%～20%的产品（Hasham et al.，2016）。在过去的几年里，随着许多数据泄露事件的发生，消费者对安全问题的重视程度也在提高。IBM的一项研究发现，安全是用户最关心的问题，超过50%的受访者表示，他们绝不会用易用来取代安全。近3/4的消费者表示，他们更愿意选择高度安全，即使他们需要额外的步骤才能访问账户（IBM Security，2018）。

公共安全与互联网的犯罪用途

在个人匿名行动（隐藏身份）的愿望与公职人员维护可能受到犯罪分子或恐怖分子威胁的公共安全的需要之间也不可避免地存在紧张关系。这不是一个新问题，甚至不是电子时代的新问题。美国政府在19世纪60年代中期的内战期间就开始窃听电报，以诱捕阴谋家和恐怖分子，而在电话发明20年后的19世纪90年代，第一批警察对地方电话系统的窃听就已经开始了（Schwartz，2001）。没有任何一个国家允许犯罪分子策划犯罪或威胁国家安全而不必担心官方的监视或调查技术这种避风港的存在。在这个意义上，互联网与其他通信系统没有什么不同。毒品交易集团广泛利用语音、传真、互联网和加密电子邮件；一些大型有组织的国际犯罪集团从商业网站上窃取信息，并将其转卖给其他犯罪分子，后者利用这些信息进行金融欺诈。多年来，美国政府成功地追查了Shadowcrew、Carderplanet和Cardersmarket等各种"打卡论坛"（出售盗取的信用卡和借记卡信息的网站），逮捕和起诉了其中的一些成员，并关闭了这些网站。不过，也出现了其他犯罪组织取而代之。

互联网和移动平台也为恐怖分子提供了便捷的通信渠道。为了打击这种恐怖主义，美国政府大大加强了对通过互联网传送的通信的监控。国家安全局前承包商爱德华·斯诺登公布的国家安全局机密文件显示，国家安全局已经获得了对脸书、谷歌、苹果、微软等主要互联网公司服务器的访问权限，国家安全局的分析人员也在未经任何法院批准的情况下，对美国公民的电子邮件以及在线聊天和浏览历史进行了搜索，这种监控的范围引起了争议。安全机构已经从大规模监控转向对恐怖分子和恐怖组织进行小范围、有针对性的监控，并使用预测算法来提高监控的效果（N. F. Johnson et al.，2016）。事实证明，在反恐工作中如何在公共安全和隐私性之间取得适当的平衡，是美国政府面临的一个非常棘手的问题。

5.2 电子商务环境中的安全威胁

从技术角度来看，电子商务中存在三个关键的薄弱点：客户机、服务器和互联网通信。图 5-2 说明了消费者使用信用卡购买产品的典型电子商务交易过程。图 5-3 说明了在交易的每个主要薄弱点上可能出错的一些事情。

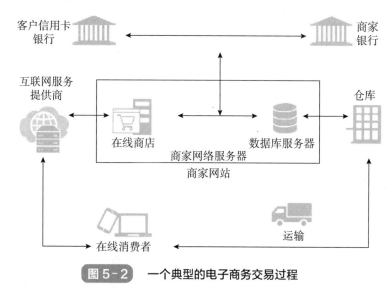

图 5-2 一个典型的电子商务交易过程

注：在典型的电子商务交易中，客户使用信用卡和现有的信用支付系统。

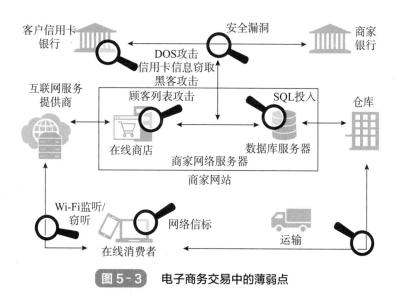

图 5-3 电子商务交易中的薄弱点

注：电子商务交易中存在三个主要的薄弱点：客户机、服务器和互联网通信。

在本节中，我们介绍了对电子商务消费者和站点运营商而言最常见和最具破坏性的安全威胁形式，如恶意代码，潜在不必要程序，网络钓鱼，黑客行为、网络破坏行为与黑客行为主义，数据泄露，信用卡欺诈与信用卡信息窃取，身份欺诈，电子欺骗、网址嫁接和垃圾网站，网络窃听和中间人攻击，拒绝服务攻击和分布式拒绝服务攻击，内部攻击，设计不当的软件，社交网络安全问题，移动设备安全问题以及云安全问题等。

5.2.1　恶意代码

恶意代码（malicious code）包括各种威胁，例如病毒、蠕虫、勒索软件、特洛伊木马和僵尸程序。一些恶意代码，有时也被称为攻击，目的是利用电脑操作系统、网络浏览器、应用程序或其他软件组中的软件漏洞。过去，恶意代码通常由一个单独的黑客编写，用于损害计算机，但现在越来越多的恶意代码涉及一群黑客甚至是一个国家支持的团体，目的是窃取电子邮件地址、登录信息、个人数据和财务信息。这是轻微犯罪和有组织犯罪之间的区别。**漏洞利用工具包**（exploit kit）是捆绑在一起的漏洞利用工具的组合，它作为商业产品出租或出售，通常具有精美的用户界面和深入的分析功能。使用漏洞利用工具包，通常不需要太多的技术技能，新手也可以成为网络犯罪分子。漏洞利用工具包通常针对广泛使用的软件，例如 Microsoft Windows、Internet Explorer、Adobe Flash、Adobe Acrobat Reader 和 Oracle Java。根据 Malwarebytes Labs 的说法，漏洞利用工具包构成持续威胁，2019 年发现了几种新工具包，可提供勒索软件和其他恶意代码（Malwarebytes Labs，2020）。

恶意链接通常以恶意附件形式发送到电子邮件中，或作为链接嵌入电子邮件中。恶意链接也可以放置在看起来无害的 Microsoft Word 或 Excel 文档中。这些链接直接指向恶意代码下载或包含恶意代码的网站。传播恶意代码的另一种方法是通过谷歌和其他广告网络将其嵌入广告网络链（称为**恶意广告**（malvertising））中。随着广告网络链变得越来越复杂，网站审核放置在其网站上的广告以确保它们不含恶意代码的难度越来越大。最大的恶意广告攻击之一发生在雅虎，每天有 690 万以上的访问者会遭遇恶意弹出式广告。另一个引人注目的恶意广告攻击涉及通过多个广告网络发送到《纽约时报》、英国广播公司（BBC）、美国全国橄榄球联盟（NFL）和 AOL 网站的广告，当用户点击广告时入侵用户电脑，加密用户信息并安装勒索软件。2020 年，Ad-Secure 报告称，2019 年在超过 100 万的广告中扫描发现超过 27％是恶意广告，而 Clean. io 发现，从 2020 年 3 月中旬开始，在新冠疫情期间，恶意广告激增（Knight，2020；O'Reilly，2020；Taylor，2020；Malwarebytes，2020）。可以使用广告拦截器来阻止这些恶意广告。谷歌也在采取措施阻止恶意广告，并在 2018 年阻止了 23 亿个恶意广告，并称这些广告违反了谷歌的政策，其中包括近 5 000 万个网络钓鱼广告（Binder，2019）。过去几年中的许多恶意广告都是以路过式下载的形式传播的，利用了经常困扰 Adobe Flash 的零日漏洞。互联网广告局（Internet Advertising Bureau）敦促广告商放弃 Adobe Flash，转而使用 HTML5，Mozilla Firefox、苹果的 Safari 和谷歌的 Chrome 浏览器现在都禁止 Adobe Flash 广告自动播放。亚马逊也停止接受 Adobe Flash 广告。Adobe 已宣布，到 2020 年底将停止更新和发布 Adobe Flash Player。**路过式下载**（drive-by download）是指用户有意或无意请求的下载文件中附带了恶意代码。现在，"路过"是"感染"计算机的最常见方法之一。根据 Symantec 的报告，提供更新和全天候支持的路过式下载漏洞利用工具包的租金为每周 100～700 美元。嵌入 PDF 文件中的恶意代码也很常见。同样重要的是，恶意代码的编写者已经从业余黑客和冒险者转变为有组织的犯罪分子，以欺骗公司和个人。换句话说，现在恶意代码行业比以往任何时候都更关心收益。

　　病毒（virus）是一种具备自我复制能力并能够传播到其他文件中的计算机程序。除了具有自我复制能力外，大多数计算机病毒还具有"有效载荷"。有效载荷可能是相对良性的，例如消息或图像的显示，也可能具有很强的破坏性，会损害文件、格式化计算机的硬盘驱动器或导致程序运行不正常。

　　病毒通常与蠕虫结合。**蠕虫**（worm）不仅可以在文件之间传播，还可以在计算机之间传播。蠕虫不是必须由用户或程序激活才能自我复制。Slammer 蠕虫是最臭名昭著的蠕虫之一。Slammer 蠕虫瞄准了微软 SQL Server 数据库软件中的一个已知漏洞，在其释放 10 分钟内便能感染全球 90% 以上的计算机，导致美国银行（尤其美国西南部）的自动取款机瘫痪；亚特兰大 Publix 连锁超市的收银机也受到影响，使收银员无法收款；毁坏韩国的大多数互联网连接，导致该国的股市下跌。Conficker 蠕虫（又名 Downad）最早出现于 2008 年，是继 Slammer 蠕虫之后最知名的蠕虫之一，感染了全世界 1 100 万台计算机。Conficker 蠕虫最初是为了建立一个全球僵尸网络而设计的，一次大规模的行业努力破坏了这一计划，但在 2017 年，Conficker 被黑客"复活"，以帮助使用 WannaCry 勒索软件感染计算机。它仍然是目前互联网上最流行的恶意代码之一（Bowden，2019；Scmagazine.com，2017；TrendMicro，2017）。

　　勒索软件（ransomware）是一种恶意代码（通常是蠕虫），可锁定计算机或文件以阻止用户访问。勒索软件通常会显示一条通知，称联邦调查局（FBI）、司法部或国税局（IRS）等机构已检测到你计算机上的非法活动，要求你支付罚款以解锁计算机并避免被起诉。有一种勒索软件称为 CryptoLocker。CryptoLocker 使用几乎无法破解的不对称加密对受害者的文件进行加密，并要求赎金以将其解密，赎金通常是比特币。如果受害者在规定的时间内不照做，则将永远无法解密文件。CryptoLocker 的其他变体包括 CryptoDefense 和 Cryptowall。勒索软件的增长也与虚拟货币比特币的增长有关。黑客经常要求受害者使用比特币付款，以便他们的交易对当局不可见。2017 年发生了 WannaCry 攻击，这是迄今为止范围最广的勒索软件攻击。WannaCry 感染了 150 多个国家和地区的超过 23 万台计算机，其中包括英国国家医疗服务体系 (NHS)、西班牙电信（Telefónica）、联邦快递（FedEx）和德国联邦铁路（Deutsche Bahn）（德国的主要铁路系统）的计算机。WannaCry 以运行微软公司各种版本的 Windows 操作系统的计算机为目标，对数据进行加密，然后要求以比特币（约 300 美元）付款以解密数据。WannaCry 在旧版 Windows 操作系统中利用了一个名为 EternalBlue 的软件漏洞进行自我复制和传播。据网络安全公司称，WannaCry 中使用的代码与先前同朝鲜有联系的黑客组织使用的代码相似。朝鲜对这一说法予以否认。勒索软件攻击仍在继续，包括 Petya/NotPetya，它使用与 WannaCry 非常相似的攻击方法。2018 年勒索软件攻击的次数下降之后，在 2019 年，勒索软件攻击的次数以及勒索软件受害者的经济损失有所增加，攻击的重点从个人转移到了中小型企业以及市政当局。在许多情况下，黑客将目标锁定为这些组织的计算机系统服务提供商（Popper，2020；Symantec，2019；Dudley，2019）。

　　特洛伊木马（Trojan horse）表面上看起来是无害的，但会产生令人意想不到的后果。特洛伊木马本身不是病毒，因为它不能复制，但通常是病毒或其他恶意代码（例如僵尸程序或 rootkits（旨在破坏计算机操作系统控制的程序））感染计算机的一种工具。特洛伊木马一词指的是荷马所作史诗《伊利亚特》中希腊人给他们的对手特洛伊人的礼物——巨大的木马。特洛伊人把木马运入城后，士兵们就跳出来占领了这座城市。在当今世界，特洛伊木马可能会伪装成游戏，但实际上隐藏了一个可以窃取你的密码并将其通过电子邮件发送给其他人的程序。各种各样的特洛伊木马以及特洛伊木马下载器和释放器（将从远程计算机或其自身代码包含的副本中下载的恶意文件安装到其感染的计算机上的木马程序）是常见的恶意代码。2011 年，索尼经历了有史以来最大的数据泄露事件，当时，特洛伊木马侵占了索尼 PlayStation 游戏中心的管理计算机，并下载了 7 700 万注册用户的个人信息和信用卡信息（Wakabayashi，2011）。特洛伊木马通常用于通过僵尸网络传播的金融恶意代码。例如，Zeus 通过用户的按键记录窃取信息，自 2007 年 Zeus 首次被发现以来，已经感染了超过 1 000 万台计算机。其他例子还包括 Tinba，在用户试图登录其银行账户时，通过网络攻击出售用户个人信息；Ramnit 窃取银行凭证、FTP 密码、会话 cookies 和个人数据；两个木马家族 Emotet 和 Trickbot，从银行木马演变为僵尸网络，根据 Malwarebytes Labs 的数据，它们对全球几乎每个地区都造成了威胁（Malwarebytes Labs，2020；Symantec，2019；Check Point Software Technologies, Inc.，2017）。

后门（backdoor）是病毒、蠕虫和特洛伊木马的一个功能，它使攻击者可以远程访问被感染的计算机。Downadup 是带有后门的蠕虫的一个示例，而感染各种文件类型的病毒 Virut 也有后门，可用于下载和安装其他病毒。

僵尸程序（bot，是 robot 的简称）是一种恶意代码，当连接到互联网时可以秘密安装在计算机上。一旦安装后，僵尸程序响应外部攻击者发送的命令，计算机将成为"僵尸"，并可由外部第三方（"僵尸程序托管者"）进行控制。**僵尸网络**（Botnet）是一系列被感染的计算机的集合，这些计算机被用于恶意活动，例如发送垃圾邮件，参与 DDoS 攻击，从其他计算机中窃取信息以及存储网络流量以供以后分析。世界范围内运行的僵尸网络的数量不详，但估计有数千个，控制着数以百万计的计算机。僵尸程序和僵尸网络是互联网和电子商务面临的重要威胁，因为它们可以使用许多不同的技术来发起大规模的攻击。2011 年，美国联邦法警联合微软数字犯罪部门成员进行了突击检查，旨在禁用 Rustock 僵尸网络，当时该网络是世界上最主要的垃圾邮件的来源地，其指挥和控制服务器位于美国的六个互联网托管服务处，控制着近 50 万台电脑。官员们没收了这些托管网站的 Rustock 控制服务器，这些网站声称它们不知道 Rustock 服务器在做什么。实际上垃圾邮件是由 Rustock 服务器指挥的计算机发送的（Wingfield，2011）。2013 年，微软和联邦调查局开展了另一次僵尸网络行动，目标是 1 400 个源自 Zeus 的 Citadel 僵尸网络，这些僵尸网络在 2012 年被用来突袭世界各地主要银行的账户，净赚超过 5 亿美元（Chirgwin，2013）。2015 年，一个国际网络小分队摧毁了 Beebone 僵尸网络，该网络由 12 000 台计算机组成，每月通过路过式下载 Changeup 感染全球约 30 000 台计算机，Changeup 是一种多态蠕虫，用于发布特洛伊木马、蠕虫、后门和其他类型的恶意代码（Constantin，2015）。美国联邦调查局和英国警方也阻止了一个从银行盗取超过 1 000 万美元的僵尸网络（Pagliery，2015）。由于诸如此类的努力，尽管僵尸网络仍然继续构成威胁，但它们的数量已经大大减少，特别是在美国（Symantec，2019）。

恶意代码在客户机和服务器层面均构成威胁，尽管服务器通常比客户机具有更多的反恶意代码优势。在服务器层面，恶意代码可以入侵整个网站，从而阻止数以百万计的人使用该网站。此类事件相对少见。在客户机层面，被恶意代码攻击的频率更高，并且损害可以迅速蔓延至连接到互联网上的数百万台其他计算机。表 5-4 列出了一些知名的恶意代码。

表 5-4　知名的恶意代码示例

名称	类型	描述
Emotet	僵尸网络/勒索软件	大型僵尸网络，提供各种恶意的有效载荷，包括勒索软件。首次出现于 2017 年，成为 2018 年最流行的恶意代码，并在 2019 年继续产生影响。
WannaCry	勒索软件/蠕虫	首次出现于 2017 年。利用旧版本的 Windows 操作系统漏洞对数据进行加密，并要求用户支付赎金以解密。
CryptoLocker	勒索软件/特洛伊木马	用几乎无法破解的非对称加密技术劫持用户的照片、视频和文本文件，并要求用户支付赎金。
Citadel	特洛伊木马/僵尸网络	Zeus 木马的变种，专注于盗窃认证凭证和金融欺诈。传播的僵尸网络曾成为微软/FBI 行动的目标。
Zeus	特洛伊木马/僵尸网络	有时被称为金融恶意代码之王。可通过路过式下载安装，并通过控制网络浏览器逃避检测并窃取与银行服务器交换的数据。
Ramnit	特洛伊木马/僵尸网络	仍然活跃的最流行的恶意代码系列之一。自 2010 年以来一直在运行，但 2015 年，在传播它的僵尸网络被取缔后，基本上消失了。2016 年再次出现，成为最常见的金融特洛伊木马之一。
Conficker	蠕虫	首次出现于 2008 年，以微软操作系统为攻击目标，使用先进的恶意代码技术，是自 2003 年的 Slammer 以来最大的蠕虫感染。在 2017 年被用于各种勒索软件攻击。
Netsky. P	蠕虫/特洛伊木马	首次出现于 2003 年初。收集被感染计算机上的电子邮件地址，然后使用这些计算机将邮件发送给所有联系人，以此进行传播。它通常被僵尸网络用来发送垃圾邮件和发起 DoS 攻击。
Storm（Peacomm、NuWar）	蠕虫/特洛伊木马	首次出现于 2007 年。传播方式与 Netsky. P 蠕虫相似。也可以下载和运行其他木马程序和蠕虫。
Nymex	蠕虫	首次发现于 2006 年。通过群发邮件传播；在每月的第三天被激活，同时试图破坏某些类型的文件。
Zotob	蠕虫	首次出现于 2005 年。是知名的蠕虫病毒，感染了美国的一些媒体公司。
Mydoom	蠕虫	首次出现于 2004 年，是传播最快的群发邮件蠕虫之一。
Slammer	蠕虫	于 2003 年推出，造成了大量问题。
Melissa	宏病毒/蠕虫	首次发现于 1999 年。当时，它是有史以来发现的传播速度最快的感染型病毒。它攻击了 Microsoft Word 的 Normal. dot 全局模板，因而感染了所有新创建的文档。它还将被感染的 Word 文件邮寄给每个用户的 Outlook 地址簿中的前 50 个人。

5.2.2　潜在不必要程序

除了恶意代码外，电子商务环境还会受到**潜在不必要程序**（potentially unwanted program，PUP）的挑战，例如广告软件、浏览器寄生虫、间谍软件以及其他应用程序，包括恶意安全软件、工具栏和计算机诊断工具，它们通常会在未经用户知情同意的情况下自行安装在计算机上。此类程序越来越多地出现在社交网络和用户生成内容的站点上，导致用户被误导而安装它们。一旦安装，这些应用程序通常很难从计算机中卸载。潜在不必要程序的一个示例是 PCProtect，它会感染那些运行 Windows 操作系统的计算机。而实际上，PCProtect 是恶意代码，它伪装成合法的反恶意代码程序。

广告软件（adware）通常用于在用户访问某些网站时调用弹出式广告。网络犯罪分子越来越多地将其用作犯罪工具。根据 Malwarebytes Labs 的研究，广告软件是 2019 年消费者面临的主要威胁（Malwarebytes Labs，2020）。**浏览器寄生虫**（browser parasite）是一种可以监视和更改用户浏览器的设置的程序，例如，更改浏览器的主页或将有关访问站点的信息发送给远程计算机。浏览器寄生虫通常是广告软件的组成部分。在 2015 年，联想因其 Windows 笔记本电脑出厂时预装了 Superfish 广告软件而受到广泛批评。当用户在谷歌、亚马逊或其他网站上进行搜索时，Superfish 将自己的购物结果注入计算机的浏览器中。在此过程中，Superfish 允许 Wi-Fi 网络上的其他人默默劫持浏览器并收集输入的任何内容，从而造成了安全风险。联想最终发布了一个删除工具，以使客户能够删除广告软件。微软和合法安全公司已将广告软件程序重新定义为恶意代码，并阻止制造商制造使用广告软件程序的产品（Loeb，2016）。**加密劫持**（cryptojacking）会安装一个浏览器寄生虫，该寄生虫会在用户不知情或未征得用户同意的情况下，利用计算机的处理能力来挖掘加密货币。根据 Webroot 的说法，在 2019 年，将近 900 万个 URL 托管了加密劫持脚本（Webroot，2020）。

间谍软件（spyware）可用于获取信息，例如获取用户通过键盘输入的信息、电子邮件副本和即时消息，甚至获取屏幕截图（从而获取密码或其他机密数据）。

5.2.3　网络钓鱼

社交工程（social engineering）利用人类的好奇心、贪婪、轻信和恐惧，诱骗人们进行可能导致恶意代码下载的行为。凯文·米特尼克（Kevin Mitnick）一直是美国最想抓获的计算机罪犯之一，直到 1999 年他才被捕入狱。米特尼克使用简单的欺骗性技术来获取密码、社会保障记录和刑事档案，所有这些都无须使用任何复杂的技术（Mitnick，2011）。2020 年初，利用人们对新冠疫情的极度恐惧和对相关新闻的兴趣，借助社交工程技术进行的网络攻击数量激增。例如，一种攻击将恶意代码隐藏在显示新冠疫情统计信息的地图中；另一种攻击则涉及据称来自世界卫生组织的电子邮件，该邮件鼓励接收者下载包括有关新冠疫情研究以及如何保护儿童信息的虚假电子书，而这一电子书中隐藏着恶意代码（Pipikaite and Davis，2020；Threat Intelligence Team，2020）。

网络钓鱼（phishing）是指第三方以任意欺骗性的网络行为获得用户的保密信

息，以获取经济收益。网络钓鱼攻击通常不涉及恶意代码，而是依靠简单的误导和欺诈，即所谓的社交工程技术。电子邮件骗局是最流行的网络钓鱼攻击之一。该骗局始于一封电子邮件：尼日利亚一位富有的前石油大亨正在寻找一个能暂时存放数百万美元的银行账户，你是否愿意帮这个忙？作为回报，你将获得一百万美元的酬劳。这种电子邮件骗局通常被称为"尼日利亚诈骗信"（见图 5-4）。据 Palo Alto Networks 威胁研究小组称，尼日利亚电子邮件攻击尤其是源自尼日利亚的网络犯罪群体 SilverTerrier 的攻击，已经变得更加复杂和更加危险。在 2019 年，Palo Alto Networks 的 Wildfire 恶意代码分析服务发现了超过 27 000 个 SilverTerrier 恶意代码实例 (Scroxton, 2020)。

图 5-4 一个典型的尼日利亚诈骗信的例子

商业电子邮件诈骗网络钓鱼（business e-mail compromise（BEC）phishing）是尼日利亚诈骗信的一种变体。在 BEC 网络钓鱼中，攻击者冒充公司的高级员工，要求另一位员工将资金转入虚假账户。BEC 网络钓鱼已变得非常普遍，其中包括骗子冒充公司高层管理人员要求财务人员或人力资源管理者提供员工报税表信息 (Darkreading. com, 2020)。2019 年，FBI 互联网犯罪投诉中心（Internet Crime Complaint Center）估计，在过去三年中，BEC 网络钓鱼给全球造成的损失超过 260 亿美元 (Tung, 2019)。

网络钓鱼攻击还使用其他欺诈手段，其中有一些伪装成 eBay、PayPal 或 Citibank 向人们进行账户验证（如鱼叉式网络钓鱼，针对特定银行或其他类型企业的特定客户）。点击电子邮件中的链接，你将进入一个由诈骗者控制的网站，网站会提示你输入有关你账户的机密信息，例如账号和密码。每天数以百万计的此类网络钓鱼被发送，但不幸的是，有些人被欺骗并泄露了他们的个人账户信息。据网络安全研究公司 Check Point Research 的研究，在 2020 年第一季度，苹果是黑客在网络钓鱼攻击中最常被假冒的公司，其次是网飞（Check Point Software Technologies, Inc., 2020）。

网络钓鱼者依靠传统的"赢得受骗人信任"的诈骗策略，使用电子邮件或其他形式的在线交流工具（例如社交媒体或短信）来诱骗收件人自愿泄露银行账号、信用卡号和其他个人信息。通常，网络钓鱼者创建（或假装）一个声称是合法机构的网站，诱使用户输入财务信息，或者该网站将诸如键盘记录程序之类的恶意代码下载到用户的计算机上。例如，安全研究公司 Venafi 发现，用于获取客户信息的假冒零售网站的数量是真实零售网站的四倍，并且这种假冒网站的数量自 2018 年以来增长了一倍（Vaas，2019）。网络钓鱼者使用收集到的信息进行欺诈，例如向你的信用卡收取费用或从你的银行账户中提取资金，或以其他方式窃取你的身份（身份欺诈）。Webroot 的一项调查指出，在接受调查的 4 000 位用户中，有近一半表示其个人或财务数据受到网络钓鱼攻击的威胁（Webroot，2019）。Symantec 报告称，2018 年，每 3 207 封电子邮件中约有 1 封包含网络钓鱼攻击，与 2017 年相比有所下降（Symantec，2019）。但是，某些类型的网络钓鱼（例如 BEC 网络钓鱼和鱼叉式网络钓鱼）继续增长，2020 年初，安全研究人员特别警告了 BEC 网络钓鱼的兴起，尤其是因为有许多人在家远程工作，因此难以简单地验证电子邮件发件人的合法性，此外，以新冠疫情为主题的网络钓鱼电子邮件也有所增加（Moffitt，2020；Culafi，2020）。为了打击网络钓鱼，2012 年，包括谷歌、微软、雅虎和 AOL 在内的领先电子邮件服务提供商以及 PayPal、美国银行（Bank of America）等金融服务公司共同组成了 DMARC.org，该组织旨在大力减少电子邮件诈骗，其中攻击者使用真实的电子邮件地址向受害者发送网络钓鱼电子邮件，这些受害者因为足够相信电子邮件来源而被欺骗。DMARC 提供了一种验证电子邮件来源的方法，并允许收件人隔离、报告或拒绝接收未通过测试的邮件。雅虎和 AOL 报告称，由于使用 DMARC，在减少电子邮件诈骗方面取得了巨大成功，并且在 2016 年，谷歌与它们一起实施了更严格的 DMARC 版本，其中未通过 DMARC 身份验证的电子邮件将被拒绝。截至 2019 年，超过 80% 的联邦域名和超过 50% 的《财富》500 强公司使用 DMARC（Garcia-Tobar，2019）。

5.2.4 黑客行为、网络破坏行为和黑客行为主义

黑客（hacker）是指企图未经授权访问计算机系统的个人。在黑客社区中，**骇客**（cracker）这一术语通常用于表示具有犯罪意图的黑客，在公共媒体中，术语黑客和骇客往往可以互换使用。黑客和骇客常常利用互联网作为开发系统便于使用的特性，通过发现网站和计算机系统安全程序中的弱点来进行未经授权的访问。过去，黑客通常是计算机狂热爱好者，他们对进入公司和政府网站的挑战感到兴奋。有时，他们仅仅因能访问电子商务网站的文件而感到兴奋。如今，大多数黑客恶意扰乱、破坏、摧毁网站（**网络破坏行为**（cybervandalism）），或窃取可用于牟利的个人或公司信息（数据泄露）。在新冠疫情期间，人们对使用视频会议工具 Zoom 产生了浓厚的兴趣（有关 Zoom 的更多信息，见第 3 章"技术透视"专栏的相关案例），同时出现了一种新的网络破坏行为：Zoom 轰炸。黑客利用 Zoom 的各种安全漏洞，入侵了 Zoom 会议室并向与会者传播色情、种族诽谤和其他破坏性内容。美国司法部警告称，它将对 Zoom 轰炸进行起诉，而 Zoom 公司则承诺采取一切必要措施来应对这一威胁。

黑客行为主义（hacktivism）具有政治色彩。黑客行为主义者通常出于政治目的，采用网络破坏行为策略、分布式拒绝服务攻击、数据盗窃（收集和公开公众人物的个人信息，通常来自电子邮件、社交网络帖子以及其他文件）的方式攻击政府、组织甚至个人。他们通常坚信信息应该是免费的，因此共享以前的秘密信息是他们任务的一

部分。由朱利安·阿桑奇（Julian Assange）等人创办的维基解密是最著名的黑客组织之一，它于 2016 年曝光了美国国务院、美国国防部和民主党全国委员会的文件和电子邮件。LulzSec 和 Anonymous 是另外两个著名的黑客行为主义者团体。另一个黑客组织是 Shadow Brokers，负责发布来自 NSA 的许多黑客工具以及主要软件的漏洞信息，包括用于 WannaCry 勒索软件攻击的 EternalBlue 漏洞。

公司安全部门有时会使用称为"老虎团队"（tiger team）的黑客团体来测试自己的安全措施。通过雇用黑客从外部入侵系统，该公司可以找出计算机系统的弱点。这些类型的黑客根据合同进行工作，并与目标公司达成一致，即他们不会因闯入而受到起诉。硬件和软件公司（例如苹果、微软、英特尔、惠普和许多其他公司）通常愿意向发现软件和硬件漏洞的黑客支付金钱奖励（Holland，2020；Warren，2018）。

也有一些黑客认为，他们通过入侵并揭示系统缺陷来追求更大的利益。这些黑客发现了系统安全性方面的弱点，然后在不破坏站点或尝试从其发现中获利的情况下公布这一弱点。他们唯一的回报就是因发现弱点而获得的"威望"。但是，他们的行为令人怀疑，尤其是当此类黑客发现安全漏洞使其他罪犯更容易获得系统访问权限时。

5.2.5　数据泄露

每当组织失去对公司信息（包括客户和员工的个人信息）的控制权时，就会发生**数据泄露**（data breach）。美国身份盗用资源中心（Identity Theft Resource Center）在 2019 年记录了 1 473 起数据泄露事件，比 2018 年增长了 17%。涉及商业部门的数据泄露影响最大，约占所有数据泄露事件的 44%，其次是医疗保健行业，约占 36%。黑客是造成数据泄露的主要原因，导致 39% 的数据泄露，其次是未经授权的访问（36.5%）和员工失误（大约 5%）。这些泄漏暴露了将近 1.65 亿条敏感记录，例如社会安全账户和金融账户数据，以及超过 7 亿条不敏感记录（例如用户名和密码）。但是，这些不敏感记录随后可用于尝试访问用户的其他账户，研究表明，超过 80% 的人对多个账户使用相同的密码（Identity Theft Resource Center，2020）。数据泄露也是**撞库攻击**（credential stuffing）的促成因素。撞库是一种蛮力攻击，黑客通过僵尸网络和自动工具使用从数据泄露中获得的特定用户名和密码组合（称为组合列表）。撞库攻击变得越来越普遍，特别是在金融服务行业，据称，在 2017—2019 年，针对使用其服务的客户进行的攻击超过 850 亿次，其中最大的一次攻击涉及 5 500 万次恶意登录尝试（Akamai Technologies，Inc.，2020）。

最近曝光的最出名的数据泄露事件包括雅虎数据泄露事件，据悉这是历史上单个公司最大的数据泄露事件，泄露了使用雅虎电子邮件服务的每个用户的身份（总共 30 亿人）；万豪国际（Marriott International）数据泄露事件涉及其喜达屋客人预订系统，泄露了近 4 亿人的个人数据；以及 Equifax 数据泄露事件。阅读"社会透视"专栏的"Equifax：数据泄露"，可获取有关 Equifax 数据泄露的更多信息。2019 年，这一趋势仍在继续，金融服务公司 Capital One 宣布其在美国和加拿大申请了信用卡的 1 亿多顾客的数据已经泄露（Frias，2019）。

Equifax：数据泄露

2017 年 9 月 7 日，美国最大的信用报告和评分公司之一 Equifax 透露，美国大约 45％ 的人口，约 1.47 亿消费者的个人数据文件被黑客访问和下载。像 Equifax 公司这样的私人公司收集个人信息，如姓名、出生日期、社会保险号码、地址、现有或以前的贷款记录（包括学生贷款）、还款记录和工资等。所有这些信息均被收集、维护、处理并出售给债权人、金融机构、信用卡发行人、雇主以及任何有正当理由需要知道你的财务和就业状况的企业。通过信用评分（通常称为 FICO 评分）可以衡量个人偿还所申请贷款的可能性。信用报告机构已经收集了有关美国几乎所有成年人的数据。

这一行业由三家公司主导：Equifax、Experian 和 TransUnion。约束这一行业的唯一法律是《公平信用报告法》（1970 年，经过多次修订），该法要求信用报告公司采取一切合理程序，以确保消费者信息的准确性、公平性和隐私性；允许消费者查看其记录和有争议的信息；并以安全的方式保护消费者信息。当公司可能成为身份盗用的受害者时，公司必须通知消费者和用户。

安全公司的报告表明，黑客利用了 Apache Struts 中的一个漏洞，Apache Struts 是一种用于在网站上建立交互性的开源软件程序。3 月初，即最初的 Equifax 漏洞发现的前几天，安全研究人员警告 Apache 软件基金会存在软件漏洞，该漏洞方便黑客访问网络数据库。3 月 7 日，Apache 发布了补丁来解决这个问题，但 Equifax 没有安装该补丁。Equifax 将未能安装补丁程序归于单个雇员的疏忽。Equifax 的第一个漏洞发现于 3 月 10 日，一个消费者投诉门户网站。从那里，攻击者能够转移到其他服务器，在那里他们发现了未加密的用户名和密码，使他们能够进入多个数据库。（在美国，法律上不要求公司以加密形式存储此类数据，许多公司拒绝这样做，部分原因是因为这使数据更难搜索。）5 月—7 月，黑客导出了与数百万消费者有关的个人数据。Equifax 直到 7 月 29 日才发现这一违规行为，这一事件直到一个多月后才披露。

在一个月的时间内，Equifax 股票价格下跌了 35％。Equifax 的首席执行官理查德·史密斯（Richard Smith）辞职，同时辞职的还有数名高级 IT 和安全管理者，在过去的 10 年中，史密斯通过扩大与货币化消费者和就业数据将 Equifax 的市值从 40 亿美元提高到 180 亿美元。史密斯要求公司支付 5 200 万美元的遣散费，但被拒绝了。尽管数据泄露本身已经很严重，但事件发生后公司的行动才是史密斯和公司其他高管离职的原因。因为检测到数据泄露后未能及时通知客户，直到一个多月后才公布不仅非常不道德，而且是非法的。该公司还就告知谁受到了威胁以及哪些数据被窃取，向客户发送了不明确的电子邮件，还向客户提供了链接以冻结他们的信用账户，这一链接将客户引到假站点，甚至导致黑客利用 Equifax 站点中的其他漏洞进行不法行为。史密斯和其他高管也因数据泄露事件发生后、公开披露之前出售了他们在该公司的股票而受到批评。

Equifax 数据泄露事件发生后，数以千计的消费者提起诉讼。几乎每个州的总检察长都因违反州消费者保护法对其提起诉讼，要求赔偿，其中包括很少见的 50 个州的集体诉讼；国会两院的司法委员会和金融服务委员会都展开了调查；联邦贸易委员会、消费者金融保护局（CFPB）和证券交易委员会也都对该事件进行了调查。2019 年 7 月，Equifax 同意与联邦贸易委员会、CFPB 和 50 个州达成和解协议，至少支付 5.75 亿美元，其中 3 亿美元用于信用监控服务，1.75 亿美元给各州，以及向 CFPB 支付 1 亿美元的罚款。作为和解的一部分，Equifax 承诺在五年内在信息安全技术上将投入至少 10 亿美元。到目前为止，Equifax 在数据泄露这一事件上总支出已超过 17 亿美元，使该事件成为迄今为止代价最昂贵的公司数据泄露事件。Equifax 可能还会承担与数据泄露行为有关的额外费用。

Equifax 数据泄露的解决方案也遭到了严厉批评。因为赔偿受漏洞影响的消费者的实际现金数额由最初承诺的 125 美元降至可能的 25 美元，甚至更少，这取决于有多少消费者提出索赔。联邦贸易委员会敦促消费者选择另一种替代方案，即 10 年的免费信用监控。批评者称其具有误导性，并强调了新的全面数据隐私立法的必要性。

尽管 Equifax 向消费者承诺该公司将全力以赴，以正确处理这种情况，但如果不发放数百万新的社会保险号码、信用卡、驾驶执照和银行卡或者创建一种新的访问消费者信用和个人数据的安全方式，可能无法重新建立消费者的个人身份凭证和记录系统。没有人真正知道如何恢复这么多人的身份，而这种数据泄露行为使受害者有余生被盗用身份的风险。而且，我们可能会看到更多大规模的大数据入侵，部分原因是在大数据时代优先考虑保护消费者隐私与许多公司的盈利方式背道而驰。

资料来源："Equifax Expects to Pay Out Another ＄100 Million for Data Breach," by Ben Lane, Housingwire.com, February 14, 2020；"Equifax Data Breach FAQ: What Happened, Who Was Affected, What Was the Impact," by Josh Fruhlinger, Csoonline.com., February 12, 2020；"2017 Data Breach Will Cost Equifax at Least ＄1.38 Billion," by Jai Vijayan, Darkreading.com, January 15, 2020；"Equifax Data Breach Settlement," Ftc.gov, January 2020；"Equifax Doesn't Want You to Get Your ＄125. Here's What You Can Do," by Charlie Wurzel, *New York Times*, September 16, 2019；"Consumers, Advocates Rail against Lowered Equifax Cash Payouts," by Rachel Siegel, *Washington Post*, August 1, 2019；"Equifax's Data Breach by the Numbers: The Full Breakdown," by Alfred Ng, Cnet.com, May 8, 2018；"People Are More Concerned About the Equifax Data Breach Than the Facebook Scandal," by Brittney Laryea, Ktvb.com, April 11, 2018；"Equifax, Still Reeling from Data Breach, Names Longtime Financial Industry Executive As Its CEO," Latimes.com, March 28, 2018；"Months After Massive Equifax Data Breach, Victims Struggling to Recover," by Anna Werner, Cbsnews.com, January 9, 2018；"Equifax Now Hit with a Rare 50-State Class Action Lawsuit," by Tara Swaminatha, Csoonline.com, November 22, 2017；"Equifax Breach Caused by Lone Employee's Error, Former C. E. O. Says," by Tara Siegel Bernard and Stacy Cowley, *New York Times*, October 3, 2017；"Equifax CEO Richard Smith to Exit Following Massive Data Breach," by AnnaMaria Andriotis, *Wall Street Journal*, September 26, 2017；"Prosecutors Open Criminal Investigation Into Equifax Breach," by Tara Siegel Bernard, *New York Times*, September 18, 2017；"Equifax Breach Prompts Scrutiny, but New Rules May Not Follow," by Stacy Cowley, Tara Siegel Bernard, and Danny Hakim, *New York Times*, September 15, 2017；"Here's Why Equifax and Other Credit Agencies Will Survive the Data Breach," by Adam Shell, *USA TODAY*, September 14, 2017；"A Problem With No End in Sight: Readers' Exasperation with Equifax," by Aodhan Beirne, *New York Times*, September 14, 2017；"Equifax Announces Cybersecurity Incident Involving Consumer Information," PRNewswire, September 8, 2017；"Exposure of Your Sensitive Data Isn't a Bug, It's a Feature," by Joel Wallenstrom, Techcrunch.com, September 8, 2017.

5.2.6　信用卡欺诈/信用卡信息窃取

信用卡信息被盗是互联网上最令人担忧的事件之一。信用卡信息被盗在许多情况下会阻碍用户进行在线交易。在线商家使用多种技术来打击信用卡欺诈，包括使用自动欺诈检测工具、手动查看订单、拒绝可疑订单以及要求更高级别的安全性，例如使用时提供电子邮件地址、邮政编码和 CVV 安全代码。

美国联邦法律将个人对被盗信用卡的责任限制为 50 美元。对于超过 50 美元的金额，信用卡公司通常会赔付，尽管在某些情况下如果商家未能验证账户或查阅已发布的无效卡列表，那么商家可能会承担责任。银行通过对未支付的余额收取更高的利息弥补损失，商家通过提高价格来弥补信用卡欺诈所产生的成本。2015 年，美国开始转向推广使用 EMV 信用卡——也称为智能卡或芯片卡。EMV 信用卡已经在欧洲广泛使用，它使用计算机芯片而不是磁条，后者可以很容易地被黑客复制并以转储数据的形式出售（见表 5-2）。虽然 EMV 技术无法防止数据泄露的发生，但它使罪犯更难从信用卡号码的大量盗窃中获利（Riley, 2018）。

过去，信用卡欺诈的最常见原因是信用卡丢失或信息被盗，其次是员工盗窃客户卡号和身份（犯罪分子使用虚假身份申请信用卡）。今天，信用卡信息被盗最常见的原因是系统性的黑客攻击和侵占储存着数百万的信用卡消费信息的公司服务器。

国际订单被欺诈的风险要高得多，欺诈损失是国内订单的两倍。如果一个国际客户下了订单，后来又提出异议，网上商家往往没有办法核实包裹是否真的送达，以及信用卡持有人是否就是下订单的人。因此，大多数网上商户不会处理国际订单。

电子商务的核心安全问题是难以确定客户身份。当前没有能够绝对确定身份的技术。例如，丢失或被盗的 EMV 信用卡可以被使用，直到该卡被取消为止，就像磁条卡一样。与传统的线下公司相比，在可以确认客户身份之前，在线公司遭受损失的风险更大。美国联邦政府试图通过《全球和国家商业电子签名法》解决这一问题，该法赋予数字签名与商业手写签名相同的法律效力。该法律还旨在使数字签名更加普遍且更易于使用。在《统一电子交易法》（UETA）的框架下，州层面也采用了类似的法律。尽管在零售电子商务领域中使用电子签名仍然不常见，但是许多企业已经实施了电子签名解决方案，尤其是在 B2B 合同、金融服务、保险、医疗保健以及政府和专业服务方面。DocuSign、Adobe Sign、Citrix RightSignature 和 OneSpan Sign 是目前使用最广的电子签名解决方案提供商。它们使用各种技术，例如通过第三方数据库进行远程用户识别或个人信息验证（例如通过驾照的照片）；多因素用户身份验证方法（用户 ID 和密码，电子邮件地址验证，秘密问题和答案，生物特征识别）；通过公钥/私钥加密来创建数字签名和嵌入式审核跟踪，用于验证电子签名的完整性。移动电子签名解决方案也开始被采用。

5.2.7　身份欺诈

身份欺诈（identity fraud）即未经授权使用他人的个人数据，例如社会保障、驾驶执照和信用卡号码，以及用户名和密码，以获取非法财务利益。犯罪分子可以使用这些数据来获得贷款、购买商品或获得其他服务，例如移动电话或其他公用事业服务。网络犯罪分子采用了前文描述的许多技术，例如间谍软件、网络钓鱼、数据泄露和信用卡欺诈等来实现身份欺诈的目的。尤其是数据泄露，通常会导致身份欺诈。

身份欺诈在美国是一个重大问题。根据 Javelin Strategy & Research 的数据，

2019 年，大约 1 300 万美国消费者遭受了身份欺诈。由于身份欺诈而造成的损失总额约为 169 亿美元，比上一年增长了 13%（Javelin Strategy & Research，2020）。

5.2.8 电子欺骗、网址嫁接和垃圾网站

电子欺骗（spoofing）包括尝试通过使用他人的电子邮件或 IP 地址来隐藏真实身份。例如，伪造的电子邮件具有伪造的发送者电子邮件地址，该地址旨在误导接收者对于电子邮件发送者的判断。IP 电子欺骗涉及创建和使用其他人的源 IP 地址的 TCP/IP 数据包，这些数据包来自受信任的主机。当前大多数路由器和防火墙都可以提供针对 IP 电子欺骗的保护。电子欺骗有时也被称为**网址嫁接**（pharming），即通过把网站伪装成目标地址，把网站链接重定向到与预期地址不同的地址。这种用来重定向到某一网站的链接设计可以通过重置，将用户定向到一个完全不相关的站点，使黑客从中受益。

虽然电子欺骗和网址嫁接不直接破坏文件或网络服务器，但他们会威胁网站的完整性。例如，如果黑客将客户重定向到看起来与真实网站几乎完全相同的假网站，则他们可以收集和处理订单，从而从真实网站那里抢走业务。或者，如果其目的是破坏而不是窃取，则黑客可以更改订单（如增加订单数量或更改订购的产品），然后将其发送到真实的站点进行处理和交付。这样消费者就会对错误的订单发货感到不满意，而商家的库存波动可能会影响其正常运营。

除了威胁网站的完整性之外，电子欺骗还会通过让人难以辨别消息的真实发件人来威胁真实性。聪明的黑客能够做到让人几乎无法辨别发件人的身份和网址的真伪。

垃圾网站（spam（junk）websites）（有时也称为链接工厂）略有不同。这些网站承诺提供某些产品或服务，但实际上只是其他网站广告的集合，其中一些网站包含恶意代码。例如，你可以搜索"［镇名］天气"，然后单击一个看似提供了这一信息的链接，但随后发现该站点所呈现的只是与天气相关的产品或其他网站的展示广告。垃圾网站通常会出现在搜索结果中，并不涉及电子邮件。这些网站有时通过使用类似于合法公司的域名来掩饰其身份，并引入流量。

5.2.9 网络窃听和中间人攻击

网络窃听（sniffer）是一种监听程序，用于监视通过网络传播的信息。合法使用网络窃听可以帮助识别潜在的网络故障点，但是当用于犯罪目的时，可能会造成破坏并且很难检测到。网络窃听使黑客能够从网络上的任何地方窃取专有信息，包括密码、电子邮件、公司文件和机密报告。例如，在一次针对 7 - 11 和法国零售商 Carrefour SA 等零售连锁店公司网络的全球黑客计划中，网络窃听被用来窃取超过 1.6 亿个信用卡号码（Voreacos，2013）。

电子邮件窃听是网络窃听的一个新变种。电子邮件窃听是一种通常在邮件服务器层面记录来自个人的电子邮件内容的方法。雇主使用电子邮件窃听来监视员工，政府机构使用电子邮件窃听来监视个人或团体。电子邮件窃听可以安装在服务器和客户机上。《美国爱国者法》（USA PATRIOT Act）允许 FBI 强迫 ISP 在其邮件服务器上安装黑匣子，黑匣子可以截留一个人或一群人的电子邮件，以便以后进行分析。如果是

美国公民与其他公民进行交流，则 FBI 特工或政府律师仅需向美国外国情报监视法院 (FISC) 提交所获取的信息与正在进行的刑事调查有关的证明，即可获得安装程序的权限。在涉嫌恐怖活动的情形下，执法部门不必获得法院的许可，就能安装窃听软件。1978 年《外国情报监视法》（FISA）的 2007 年修正案支持美国国家安全局窃听在美人员的国际电子邮件和电话通信，以收集国外情报（Foreign Intelligence Surveillance Act of 1978；Protect America Act of 2007）。2017 年《FISA 修正案重新授权法》将 FISA 的条款延期至 2023 年年底。爱德华·斯诺登披露的国家安全局的 XKeyscore 计划是一种窃听形式，它使国家安全局分析师可以搜索电子邮件、在线聊天记录以及数百万个人的浏览历史（Wills，2013）。

《通信援助执法法》（CALEA）要求所有通信运营商（包括 ISP）向执法机构提供近乎即时的消息访问权限。内置 ISP 服务的许多互联网服务提供商（例如脸书和领英）在技术上不在 CALEA 的覆盖范围内。只能假设这些非 ISP 电子邮件运营商与执法部门合作。与过去的窃听需要很多小时才能物理接入电话线的情况不同，在当今的数字电话系统中，大型运营商能够在几分钟之内安排窃听，并承担费用。

中间人攻击（MitM attack）也涉及窃听，但比通常涉及被动监视的网络窃听攻击更活跃。在中间人攻击中，攻击者能够拦截通信，而通信双方认为自己在直接与对方通信，实际上，攻击者正在控制通信，这使攻击者可以更改通信的内容。

5.2.10　拒绝服务攻击和分布式拒绝服务攻击

在**拒绝服务攻击**（Denial of Service（DoS）attack）中，黑客向网站发送大量无用的 Ping 命令或页面请求，这些请求导致网站的网络服务器瘫痪。DoS 攻击越来越多地利用僵尸网络和由众多客户机组成的所谓的"分布式攻击"。DoS 攻击通常会导致网站关闭，从而使用户无法访问该网站。对于繁忙的电子商务网站，这些攻击会使其遭受巨大损失，因为当网站关闭时，消费者无法进行购买。网站关闭的时间越长，对网站声誉的损害就越大。尽管此类攻击不会破坏信息或入侵服务器的受限区域，但会影响公司的在线业务。通常，DoS 攻击伴随着敲诈，网站所有者为了让黑客停止 DoS 攻击，会向他们支付数万或数十万美元。

分布式拒绝服务攻击（Distributed Denial of Service（DDoS）attack）使用数百台甚至数千台计算机不同节点攻击目标网络。DoS 和 DDoS 攻击都会威胁系统运行，因为它们可以无限期关闭网络。大型网站都经历过此类攻击，公司已经意识到网站的脆弱性，以及需要不断引入新措施来防止未来的攻击。据 Neustar 称，2019 年大型和小型 DDoS 攻击的数量继续增加（Neustar，2019）。攻击强度也在加大。例如，互联网历史上最大的 DDoS 攻击是于 2020 年 2 月对一个匿名的 AWS 客户发起的，该客户使用 AWS 的 Shield 服务来缓解 2.3 Tbps 攻击（Humphries，2020）。

物联网的发展，使从冰箱到安全摄像头等数十亿种物联网设备，都可用于向服务器发起服务请求，这也构成了新的威胁（Cisco，2018）。2016 年，Mirai 僵尸网络利用诸如此类的互联网设备对互联网域名解析公司 Dyn 发起了大规模的 DDoS 攻击。推特、亚马逊、网飞、爱彼迎、《纽约时报》和美国各地的许多其他网站受到影响。黑客能够猜出常见设备的管理员密码（通常设置为出厂默认值，例如 admin 或 12345），然后插入指令对 Dyn 服务器发起攻击（Sanger and Perlroth，2016）。DDoS 攻击通常发生在单个公司中，但是在 Dyn 攻击中，被攻击的公司恰好是美国大部分互联网的交换台之一。物联网僵尸网络已成为发起 DDoS 攻击的首选平台。

在 Netscout 对全球 ISP 和网络运营商的一项调查中，受访者指出，在调查期间针对 SaaS 服务的 DDoS 攻击数量从 13％上升到 41％，针对第三方数据中心和云服务的 DDoS 攻击数量从 11％上升到 34％。Netscout 还报告说，DDoS 攻击的规模急剧扩大，攻击带宽达到 1TB 以上，并使用多种攻击媒介（Netscout，2019）。另一个趋势是 DDoS 烟幕，攻击者使用 DDoS 作为掩护，同时还插入恶意代码或病毒，或窃取数据。在最近的一项调查中，Neustar 报告说，遭受 DDoS 攻击的公司中有 90％还报告了其他形式的破坏行为或与破坏行为相关的其他活动（Neustar，2019）。现在移动数据连接变得更快、更稳定，黑客开始进行基于移动设备的 DDoS 攻击。

5.2.11 内部攻击

我们倾向于认为组织的安全威胁源于组织外部。实际上，对商业机构的最大财务威胁不是来自抢劫，而是来自内部人员的盗窃。银行员工盗窃的钱比银行被抢劫的钱要多得多。电子商务网站也是如此。对服务、网站的破坏以及对客户财务数据和个人信息的盗用多来自之前备受信任的内部人员。Cybersecurity Insiders 2020 年关于内部威胁的报告发现，调查的组织中有 70％在过去 12 个月内经历了内部攻击。Ponemon Institute 和 IBM Security 在 2020 年对 200 多个全球组织进行的调查发现，内部人员恶意事件的频率在 2016—2019 年增加了两倍，导致损失约 1 145 万美元。员工有机会获得机密信息，并且由于内部安全程序的漏洞，他们往往能够访问整个组织系统而不留痕迹。卡内基梅隆大学（Carnegie Mellon University）的研究表明，内部人员对私人和公共组织都造成了重大损失。在某些情况下，内部人员可能没有犯罪意图，但无意间公开了可供他人利用的数据。公司必须同样关注因员工粗心大意而造成的偶然或无意的数据泄露（Ponemon Institute/IBM Security，2020；Cybersecurity Insiders，2019；Software Engineering Institute，2019）。

5.2.12 设计不当的软件

许多安全问题源自设计不当的软件，有时是操作系统设计不当，有时是应用程序（包括浏览器）设计不当。软件的复杂性、规模的持续扩大以及对及时交付的市场要求，导致黑客可以利用的软件缺陷或漏洞也逐渐增多。例如，**SQL 注入攻击**（SQL injection attack）利用了编码不良的网络应用程序中的漏洞，这些漏洞无法正确验证或过滤用户在网页上输入的数据，从而将恶意程序代码引入公司的系统和网络。攻击者可以使用此输入验证错误将恶意 SQL 查询发送到基础数据库，以访问数据库并植入恶意代码或访问网络上的其他系统。大型网络应用程序具有数百个用于输入用户数据的位置，每个位置都为 SQL 注入攻击创造了机会。人们相信大量面向网络的应用程序都有 SQL 注入漏洞，并且黑客可以使用工具来检查网络应用程序是否存在这些漏洞。根据 Akamai 的说法，在 2017 年 12 月至 2019 年 11 月之间，SQL 注入攻击占所有网络应用程序攻击的 70％以上（Akamai，2020）。

每年安全公司都会在网络浏览器、计算机、Macintosh 和 Linux 软件以及移动设备操作系统和应用程序中发现数千个软件漏洞。例如，在 2019 年，一周发现了两个备受瞩目的软件漏洞：第一个漏洞是微软的多个旧 Windows 操作系统中的漏洞，类似于 WannaCry 蠕虫所利用的漏洞；第二个漏洞是在脸书的 WhatsApp 消息传输应用程序中的漏洞，它使黑客能在手机上安装间谍软件（McMillan，2019）。**零日漏洞**（zero-day vulnerability）是以前未报告且尚无补丁的漏洞。根据 Ponemon Institute 的说法，2019 年对组织端点的成功攻击中有 80% 被认为是零日攻击，零日攻击的频率也有所增加（Ponemon Institute，2020）。个人计算机的设计包括许多开放的通信端口，这些端口能够并且本身就是被设计为外部计算机用来发送和接收消息的。经常受到攻击的端口包括 TCP 端口 445（Microsoft-DS）、端口 80（WWW/HTTP）和端口 443（TLS/SSL/HTTPS）。鉴于它们的复杂性和设计目标，所有操作系统和应用程序软件（包括 Linux 和 Macintosh）都存在漏洞。就像在前文"社会透视"专栏中所说的那样，黑客利用了 Apache Struts——一种用于构建 Java 网络应用程序的开源框架——中的一个漏洞。2018 年，谷歌宣布将关闭其社交网络 Google＋，原因是该软件漏洞已使外部开发人员可以访问其用户的个人信息（Corbett，2018）。

2014 年，在数百万个网站所使用的 OpenSSL 加密系统中发现了一个漏洞，称为**心脏出血漏洞**（Heartbleed bug）（有关 SSL 的进一步讨论见 5.3 节）。该漏洞使黑客可以通过将 OpenSSL 与 RFC6520 heartbeat 的通信协议结合使用，来解密 SSL 会话并发现用户名、密码和其他用户数据，该协议可帮助远程用户在与网络服务器连接后保持联系。在此过程中，一部分服务器的内存内容可能会泄漏出去，泄露的部分可能大到足以保存密码或密钥。心脏出血漏洞还影响了 1 300 多个安卓应用程序。同年稍后，另一个被称作 ShellShock 或 BashBug 的漏洞出现，影响了大多数版本的 Linux、Unix 以及 Mac OS X。ShellShock 使攻击者能够使用 CGI（见第 4 章）添加恶意命令。2015 年，研究人员宣布他们发现了一个新的 SSL/TLS 漏洞，名为 FREAK（Factoring RSA Export Keys），该漏洞允许中间人攻击，从而能够拦截和解密客户机与服务器之间的加密通信，允许攻击者窃取密码和其他个人信息。据报道，超过 60% 的加密网站会因这一安全漏洞而遭受攻击，包括美国白宫、联邦调查局和国家安全局的网站（Hackett，2015；Vaughan-Nichols，2015）。

5.2.13　社交网络安全问题

脸书、推特、领英、Pinterest 和 Tumblr 等社交网络为黑客提供了丰富而有回报的环境。社交网络上出现了病毒、网站接管、身份欺诈、恶意代码加载的应用程序、点击劫持、网络钓鱼和垃圾邮件。2020 年 7 月，一个黑客欺骗了数名推特员工，他利用社交工程控制了数十名美国最杰出的政治、娱乐和技术领导者的推特账户，并用于实施比特币骗局。社交网络上的其他常见骗局类型包括手动共享骗局，受害者在不经意间共享视频、故事和图片，这些视频、故事和图片包括指向恶意网站的链接以及虚假产品，以诱使受害者参加一些虚假的活动或团体，如提供免费礼品卡，要求用户向攻击者共享他的信息。其他技术包括伪造的响应按钮（单击该按钮会安装恶意代码并将更新发布到用户的动态消息中，进一步传播攻击）以及虚假的应用程序。通过潜入我们的社交网络，黑客可以伪装成朋友，并对用户实施欺诈。

到目前为止，社交网络的安全保护相对薄弱，因为它们没有积极清除将访问者送到恶意代码网站的账户。社交网络是开放的：任何人都可以创建个人页面，甚至犯罪分子也可以。大多数攻击是社交工程攻击，诱使访问者点击看起来合理的链接。从社交网络或外国网站下载的社交应用程序没有经过认证，也缺乏"点击者要小心"的提示。

5.2.14　移动设备安全问题

移动设备的爆炸式增长为黑客提供了更多机会。移动用户用他们的设备填写个人和财务信息，并使用这些信息进行越来越多的交易，从零售购买到移动银行，这使他们成为黑客的理想攻击目标。通常，移动设备面临与联网设备相同的风险，以及与无线网络安全性相关的一些新风险。例如，不受保护的公共 Wi-Fi 非常容易遭到黑客攻击。较旧版本的 Wi-Fi 安全协议（WPA2）中的一个漏洞使黑客能够在 Wi-Fi 上拦截密码、电子邮件和其他通信。超过 40% 的安卓设备被发现易受到极具破坏性的变体攻击（Ricker，2017）。虽然大多数人都知道计算机和网站可能被黑客入侵并包含恶意代码，但许多手机用户认为他们的手机与传统的座机一样安全。与社交网络成员一样，移动用户倾向于认为自己处于共享、可信任的环境中。

最早的移动手机恶意代码（有时被称为恶意移动应用程序（MMA）或流氓移动应用程序）是出现于 2004 年的 Cabir 病毒，专门进攻 Symbian 操作系统（诺基亚手机），它通过蓝牙进行传播，会干扰蓝牙通信，加大电力消耗。iKee.B 蠕虫在 2009 年被首次发现，即在 iPhone 发布两年后，受感染的 iPhone 手机将变成被僵尸网络控制的设备。欧洲的 iPhone 可能会被美国的 iPhone 入侵，并将其用户的所有私人数据发送到波兰的服务器。iKee.B 证实了手机僵尸网络的可行性。2014 年，Wirelurker 的恶意代码对未越狱的 iPhone 进行了首次攻击。

在 2018 年，Symantec 平均每天阻止超过 10 500 个恶意移动应用程序。移动勒索软件攻击增加了 33%。在 2019 年，Trend Micro 发现了超过 22 万个移动银行恶意代码，如银行恶意代码 Anubis，它们被发现藏在 Google Play 商店中名为 Currency Converter 和 BatterySaver Mobi 的应用程序中。尽管苹果 iPhone 平台也开始受到越来越多的攻击，但大多数移动恶意代码仍以安卓平台为目标（Trend Micro，2020；Symantec，2019）。不仅流氓应用程序是危险的，流行的合法应用程序也几乎没有受到保护以免遭黑客攻击。例如，2014 年，安全研究人员发现星巴克移动应用程序（当时美国最常用的移动支付应用程序）以明文形式存储用户名、电子邮件地址和密码，只要将手机连接到计算机，任何能访问手机的人都可以看到密码和用户名。根据研究人员的说法，星巴克过度强调出于便利性和易用性而不是安全性来设计应用程序是错误的（Schuman，2014）。

语音钓鱼（vishing）攻击利用语音信息攻击易受骗的手机用户，例如，向特定号码打电话，要求向海地饥饿的儿童捐款。短信钓鱼（smishing）攻击利用 SMS 或文本消息，发送包含电子邮件和网站地址的手机短信给无辜的手机用户。涉嫌犯罪的 SMS 电子欺骗服务已经出现，该服务掩盖了网络犯罪分子的真实电话号码，并用错误的数字代替了真实电话号码。短信欺骗也可以被网络犯罪分子用来引诱移动用户进入一个恶意网站，方法是在发件人一栏中发送一条看似来自合法组织的短信，并建议接收者点击一个恶意的 URL 超链接来更新账户或获得一张礼品卡。一些从应用商店下载的应用程序中也含有恶意代码。Madware，一个在你的移动设备上启动弹出式广告和文本信息的看起来无害的广告软件，也成为一个影响日益严重的软件（Palan，2019；McAfee，2019）。

　　阅读"技术透视"专栏的"你的智能手机安全吗?"，以进一步讨论智能手机安全性问题。

技术透视

你的智能手机安全吗?

　　许多人认为他们的智能手机不太可能被黑客入侵，因为苹果和谷歌正在保护他们的手机免受恶意代码的侵害，而且手机网络与固定电话系统一样安全。但是，黑客可以对智能手机做任何他们可以对互联网设备做的事情：在没有用户干预的情况下请求恶意文件、删除文件、传输文件，安装可以监视用户行为的后台运行程序，并有可能将智能手机转化为一个机器人，用于僵尸网络，向其他人发送电子邮件和短信。在美国有超过 2.4 亿的智能手机用户，他们使用手机来工作、购物和支付账单。对于黑客来说，作为攻击目标的智能手机具有相当大的规模和丰富性，因此其所受攻击的数量也在不断增加。

　　应用程序是潜在安全漏洞的最常见途径。苹果和谷歌现在总共提供超过 500 万个应用程序。苹果声称，它检查每一个应用程序，以确保都遵循苹果的应用程序商店规则，但风险仍然存在。黑客可以下载应用程序并嵌入恶意代码，然后再将其重新发布到 App Store。他们还从原始开发者那里购买应用程序，并以类似方式嵌入恶意代码。例如，2019 年，苹果在安全研究人员发现其 App Store 中包含恶意代码后，删除了 17 个移动应用程序。

　　苹果的 iOS 操作系统也曾遭受过入侵。2016 年，iOS 的更新暴露了一系列漏洞，统称为 Trident，这些漏洞允许攻击者使用名为 Pegasus 的恶意代码远程控制手机。尽管苹果迅速修补漏洞，在十天内发布了操作系统更新，但这一事件表明 iOS 操作系统并不像许多用户认为的那样不受恶意代码影响。被 Pegasus 攻击的设备总共不到 40 台，但该恶意代码是这类攻击的一个有效证明。2018 年，苹果还着手修复了手机中的另一个安全漏洞，该漏洞曾允许执法部门和网络犯罪分子访问被锁定的手机。2019 年，安全研究人员发现，黑客渗透到了少数网站，通过利用 14 个不同的 iOS 漏洞，在两年内采用恶意代码感染了 iPhone。该恶意代码能够窃取密码钥匙串、照片、短信、联系人、笔记和通话记录，并能够进行实时设备位置监控。苹果后来修补了这些漏洞，目前还不知道有多少用户受到影响。

　　虽然 iOS 的恶意代码越来越普遍，但它只影响了不到 1% 的 iOS 设备。相比之下，安卓设备被恶意代码感染的可能性是 iOS 设备的 50 倍。这主要是因为安卓用户可以从不受监管的第三方商店下载应用程序，而苹果用户则被要求在 App Store 中下载。例如，在 2018 年，安全研究人员揭露了一个长达数年的名为 Dark Caracal 的间谍软件的活动。与 Dark Caracal 有关的黑客创建了真实应用程序，包括消息应用程序 Signal 和 WhatsApp 的电子欺骗版本，并将其放置在第三方应用程序商店。然后他们向潜在的受害者发送钓鱼邮件。一旦被下载，这些应用程序会安装名为 Pallas 的恶意代码，使黑客能够访问照片、位置，记录音频和大量的个人信息。Dark Caracal 60% 以上的攻击目标为安卓设备，该活动背后的黑客已经从成千上万的受害者那里窃取了数百 GB 的数据。

　　与苹果类似，谷歌使用一种名为 Google Play Protect 的自动筛选技术来检测恶意应用程序，并将其从 Google Play 商店中清除。谷歌还可以在没有用户干预的情况下，对安卓手机上的违规应用程序进行远程删除。2018 年，谷歌推出了 Treble 项目，这是对安卓操作系统的重组，Treble 将特定硬件代码与安卓的其他部分隔离，使谷歌能够更快地修补漏洞和解决其他安全问题。尽管如此，Treble 只能帮助用户更快地摆脱恶意代码，不能阻止安卓手机被感染。

除了流氓应用程序的威胁，各种类型的智能手机也很容易受到基于浏览器的恶意代码的影响，这些恶意代码通常是通过不安全的无线网络接收的。此外，大多数智能手机包括 iPhone，都允许制造商远程下载配置文件，以更新操作系统和安全保护机制。不幸的是，允许远程服务器访问 iPhone 的公钥加密程序的缺陷已经被发现，人们对此类操作的安全性提出了进一步的质疑。攻击者还开发了利用 SIM 卡弱点劫持手机的方法。这些缺陷使黑客能够获得保护用户个人信息的密钥，在此过程中，他们几乎可以完全访问手机。许多用户甚至没有利用手机拥有的安全功能，如使用锁屏，只有 1/3 的安卓用户启用了锁屏。

一些智能手机制造商正在开发新的安全方法，如 HTC，其 Exodus 手机在安全方面甚至比 Treble 表现更好。这种手机有一个数据分区，用于存储加密货币和其他敏感数据，安卓操作系统根本无法访问。如果 Exodus 和其他类似的原型机获得成功，智能手机用户可能会倾向于使用那些将他们最敏感的数据保存在苹果和谷歌范围之外的手机，但黑客无疑也会尽力在这些方法中找到漏洞。

资料来源："Google Says Project Treble Has Massively Accelerated Android Updates," by Ryan Whitwam, Extremetech. com, October 24, 2019; "Apple Boots 17 Trojan-Laden Apps from App Store," by Jai Vijayan, Darkreading. com, October 24, 2019; "Unprecedented New iPhone Malware Discovered," by Thomas Reed, Blog. malwarebytes. com, August 30, 2019; "Android-powered Connected Devices Are Fifty Times More Likely to Be Infected with Malware When Compared to iOS," Pandasecurity. com, January 14, 2019; "HTC's Blockchain Phone Will Push the Boundary of Smartphone Security," by Sarang Sheth, Yankodesign. com, October 24, 2018; "What Is Project Treble? The Android Upgrade Fix, Explained," by JR Raphael, Computerworld. com, September 20, 2018; "Android Pie and Project Treble: Assessing Google's Grand Upgrade Fix," by JR Raphael, Computerworld. com, August 9, 2018; "Apple to Close iPhone Security Hole That Law Enforcement Uses to Crack Devices," by Jack Nicas, *New York Times*, June 13, 2018; "How to Fight the Threat of Malware on Mobile Devices," by Jason Glassberg, Bizjournals. com, May 9, 2018; "Your Smartphones Are Getting More Valuable for Hackers," by Alfred Ng, Cnet. com, March 8, 2018; "Dark Caracal Hacking Group Has Stolen Hundreds of Gigabytes of Data from 21 Countries," by Brandon Vigliarolo, Techrepublic. com, January 23, 2018; "Dark Caracal: Good News and Bad News," by Gennie Gebhart, Eff. org, January 19, 2018; "Smartphones Under Fire: Why We Need to Keep Our Android Devices Safe," by Michael Miley, Blog. trendmicro. com, September 6, 2017; "New Malware Turns Smartphones into Cyberattackers," by Hiawatha Bray, Bostonglobe. com, August 30, 2017; "Here's How Malware Gets Inside Your Phone's Apps," by Peter Hannay, Businessinsider. com, June 23, 2017; "Pegasus: The Ultimate Spyware for iOS and Android," by John Snow, Kaspersky. com, April 11, 2017; "Trident iOS Flaws: Researchers Detail How the Spyware Stayed Hidden," by Danny Palmer, Zdnet. com, November 7, 2016; "iPhone Malware That Steals Your Data Proves No Platform Is Truly Secure," by Liam Tung and Raymond Wong, Mashable. com, August 26, 2016.

5.2.15 云安全问题

将如此多的互联网服务迁移到云中也增加了安全风险。从基础架构的角度来看，DDoS 攻击威胁着越来越多的公司所依赖的云服务的可用性。例如，对 Dyn 的 DDoS 攻击对全美国的云服务造成了重大破坏。根据 Alert Logic 的说法，拥有混合网络且其应用分散在公有云、私有云和本地系统中的公司受到的威胁最大（Alert Logic, 2017）。保护在公有云环境中的数据也是一个主要问题（Cybersecurity Insiders/Alert Logic, 2018）。例如，研究人员确定了在未经授权的 Dropbox 上可以访问数据的几种方式，而 Dropbox 提供了流行的云文件共享服务。2014 年，詹妮弗·劳伦斯（Jennifer Lawrence）等多达 100 位名人的照片被发布到网上，据说是从苹果的 iCloud 中被盗用了。尽管起初人们认为该漏洞是由苹果的 Find My iPhone 的 API 中的一个漏洞造成的，但它显然是由技术含量较低的网络钓鱼攻击造成的，该攻击获得了可用于连接到 iCloud 的密码。这些事件凸显了设备、身份和数据在云中变得越来越互连而带来的风险。Thales/Ponemon Institute 在 2019 年对 3 300 多名信息安全和信息技术人员进行的调查发现，超过 55％的人认为使用云服务使保护敏感数据更加困难。该调查还发现，大多数组织并没有对云中数据的安全性承担全部责任，而是希望云服务提供商来确保安全（Thales/Ponemon Institute，2019）。

5.2.16 物联网的安全问题

正如在第 3 章提到的，物联网涉及使用互联网来连接各种各样的传感器、设备和机器，并正在推动众多智能互联事物的发展，如家用电子产品（智能电视、恒温器、家庭安全系统等）、联网汽车、医疗设备，以及支持制造、能源、运输和其他工业部门的工业设备。物联网引发了许多安全性问题，在许多方面与现有安全性问题相似，但更具挑战性，因为需要处理更多的设备，在更不受控的全球环境中运作以及被攻击的范围更大。在物联网世界中，设备、设备产生和使用的数据以及这些设备支持的系统和应用程序都可能受到攻击。表 5-5 详细展示了互联网协会（ISOC）所发现的由物联网带来的一些独特的安全挑战，ISOC 是一个由企业、政府机构和非营利组织组成的联盟，负责监督互联网政策和实践（Internet Society，2016，2015）。

表 5-5　物联网带来的安全挑战

挑战	可能的影响
许多物联网设备，如传感器，要部署在更大的范围内，比传统互联网连接设备的规模大，创造了大量可供利用的互连链接。	需要进一步开发现有的工具、方法和策略以应对这种前所未有的规模。
物联网的许多设备都是一系列具有相同特性的相同设备的集合。	放大了安全漏洞的潜在影响。
许多物联网设备预计寿命比一般设备长得多。	设备可能会"超过"制造商的寿命，使它们无法得到长期的支持，从而导致持续性的漏洞。
许多物联网设备被故意设计成没有升级的能力，或者升级很困难。	增加了易受攻击设备不能或不被修复的可能性，使它们永远处于脆弱状态。
许多物联网设备不向用户提供设备的运行情况或正在产生的数据，当安全问题出现时，也不提醒用户。	用户可能认为物联网设备是按计划运行的，而事实上，它可能正在以一种（对用户来说）恶意的方式运行。
一些物联网设备如传感器被悄无声息地嵌入环境中，用户甚至可能没有意识到该设备的存在。	安全漏洞可能持续很长时间才被用户注意到。

物联网设备被黑客入侵已经见诸报端。例如，研究人员证明了能够通过娱乐系统入侵吉普切诺基（Jeep Cherokee），从远程笔记本电脑向仪表板、转向、刹车和变速箱系统发送命令，从而控制方向盘、使刹车失灵及关闭引擎（Greenberg，2015）。菲亚特克莱斯勒汽车公司（Fiat Chrysler Automobiles）立刻发出召回通知，以修复所

涉及的软件漏洞。但几乎可以肯定的是，随着汽车制造商在汽车上添加越来越多的无线互联功能，这样的事件还会不断发生。其他报告还出现了无线婴儿监护仪，以及医院实验室血气分析仪、放射科图片存档和通信系统、输液泵、医院 X 射线系统等被入侵的情况（Storm，2015a，2015b）。之前提到的 Mirai 僵尸网络对 Dyn 的 DDoS 攻击部分依赖于超过 50 万种物联网设备，例如连接互联网的安全摄像头（Sanger and Perlroth，2016）。2017 年，一个被称为 Reaper 或 IoTroop 的僵尸网络形成，安全分析师警告说，它正在以比 Mirai 僵尸网络更快的速度入侵路由器、网络摄像头和硬盘录像机（DVR）等物联网设备（Kan，2017）。最近，人们还把注意力集中在涉及互联网连接设备（例如亚马逊的 Ring Doorbell 摄像头和谷歌的 Nest 摄像头、智能电视、智能扬声器，甚至智能灯泡和咖啡机）的安全漏洞上（Srinivas，2020）。

5.3　技术解决方案

对互联网上安全漏洞的攻击看起来似乎无计可施。但是，回顾 5.2 节中的安全威胁，很明显，电子商务面临的威胁是真实的、广泛的、全球性的，对个人、企业和整个国家或地区都可能具有毁灭性，并且这些威胁随着电子商务和互联网的不断发展和持续扩展而加剧。但实际上私人安全公司、企业、家庭用户、网络管理员、技术公司和政府机构已经在网络安全上取得了很大的进步。主要有两道防线：技术解决方案和政策解决方案。在本节中，我们介绍一些技术解决方案，在下一节中，我们介绍一些有效的政策解决方案。抵御各种各样的电子商务安全威胁的第一道防线是一组技术工具，这些工具可能使外部人员难以入侵或破坏网站。图 5-5 列出了可用来实现电子商务安全的主要工具。

图 5-5　可用来实现电子商务安全的主要工具

注：有许多工具可用于实现电子商务安全。

5.3.1 保护互联网通信

由于电子商务交易必须通过公共互联网进行，数据包在传输过程中涉及数千个路由器和服务器，因此安全专家认为，最大的安全威胁发生在互联网的通信层。这与在通信两方之间建立专用通信线路的专有网络有很大的不同。有许多工具可以保护互联网通信的安全，其中最基本的工具是消息加密。

5.3.2 加密

加密（encryption）是将明文或数据转换为**密文**（cipher text）的过程，除发送方和接收方外，其他任何人都无法读取。加密的目的是确保信息存储的安全以及确保信息传输的安全。加密可以为表 5 - 3 中提到的电子商务安全的六个关键维度中的四个提供保障：

- 完整性——提供消息未被篡改的保证。
- 不可否认性——防止用户否认他曾发送过的消息。
- 真实性——对发送消息的人（或计算机）的身份进行验证。
- 机密性——确保消息未被他人读取。

从纯文本到密文的这种转变是通过使用密钥来完成的。**密钥**（key）（或**密码**（cipher））是将明文转换为密文的方法。

自最早的书面形式和商业交易诞生以来，加密就一直在使用。古埃及和腓尼基人的商业记录是通过使用替代密码和调位密码进行加密的。在**替代密码**（substitution cipher）中，给定字母会被另一个字母系统地替换。例如，如果我们使用"字母加两个位置"的密码方法，则意味着单词中的每一个字母都用其后第二个位置的字母代替，那么明文中的" HELLO"一词将转换为密文" JGNNQ"。在**调位密码**（transposition cipher）中，每个单词中字母的顺序以某种系统的方式改变。莱昂纳多·达·芬奇（Leonardo Da Vinci）以相反的顺序记录他的商店笔记，使它们只能通过镜子才能被读取。如"HELLO"一词可以反写为" OLLEH"。更为复杂的密码可以是：（a）将整个单词拆分为两部分；（b）第一部分由每两个字母中的第一个字母组成，第二部分由剩下的所有字母组成。在这种加密方式中，"HELLO"将写为"HLO EL"。

对称密钥加密

为了解密这些消息，接收者必须知道用于加密明文的密钥。这称为**对称密钥加密**（symmetric key cryptography）或**私钥加密**（secret key cryptography）。在对称密钥加密中，发送者和接收者都使用相同的密钥来加密和解密消息。发送者和接收者如何具有相同的密钥？他们必须通过一些通信媒介发送或亲自交换密钥。对称密钥加密在第二次世界大战期间被广泛使用，现在仍然是互联网加密的一种方式。

替代密码和调位密码的可能性是无限的，但是它们存在共同的缺陷。首先，在数字时代，计算机计算能力和计算速度的提升使得这些古老的加密手段可以迅速被破解。其次，对称密钥加密要求双方共享相同的密钥，这就要求他们必须在大概率可能被入侵的介质上发送密钥。如果密钥丢失或被盗，则整个加密系统将被摧毁。最后，在商业用途中，当你们不是同一团队的成员时，你将需要为交易的各方提供一个密钥，即一个密钥用于银行，另一个密钥用于百货公司，还有一个密钥用于政府。在大量用户中，这可能会导致产生多达 $n^{(n-1)}$ 个密钥。在数以百万计的互联网用户中，将需要数亿个密钥来满足所有电子商务客户的需求。（在美国，估计约有1.9亿用户，可能需要（1.9亿）^{2} 个不同的密钥。）显然，这种方法在实践中是难以实现的。

现代加密系统是一个数字化的系统，用于将明文转换为密文的密钥是数字字符串。计算机将文本或其他数据存储为由 0 和 1 组成的二进制字符串。例如，计算机ASCII 编码中大写字母"A"的二进制表示是由八个二进制数字（位）组成的，即01000001。将数字字符串转换为密文的一种方法是将每个字母乘以另一个二进制数。例如一个八位密钥号 01010101，如果我们将文本信息中的每个数字字符乘以该八位密钥，然后将加密消息与八位密钥一同发送给朋友，他就可以很容易地解密这一消息。

现代安全保护的强度是根据加密数据所使用的二进制密钥长度来衡量的。在前面的示例中，八位密钥很容易破解，因为只有 2^8 或者说 256 种可能性。如果入侵者知道你使用的是八位密钥，那么他就可以使用现代台式计算机在几秒钟内对消息进行解码，只需逐一检查 256 个可能的密钥即可。因此，现代数字加密系统一般使用 56 位、128 位、256 位或 512 位二进制的密钥。如果使用 512 位的密钥，有 2^{512} 种可能。据估计，要想找出正确的密钥，需要世界上所有的计算机工作 10 年。

数据加密标准（DES）由美国国家安全局和 IBM 在 20 世纪 50 年代开发。DES 使用 56 位加密密钥。为了应对速度更快的计算机，三重 DES 加密算法（TDEA）已对其进行了改进，其本质上是对消息进行了三次加密，每次使用单独的密钥进行加密。如今，使用最广泛的对称加密算法是**高级加密标准**（AES），它提供 128 位、192 位和256 位的加密密钥。AES 被认为是相对安全的，但是在 2011 年，来自微软和比利时一所大学的研究人员宣布，他们发现了一种破解其算法的方法，并且随着研究的开展，AES 的"安全裕度"继续受到侵蚀。还有许多其他使用较少的对称密钥系统，如高达 2 048 位的密钥。

公钥加密体系

1976 年，惠特菲尔德·迪菲（Whitfield Diffie）和马丁·赫尔曼（Martin Hellman）发明了一种新的加密方法，称为**公钥加密体系**（public key cryptography）。公钥加密体系（也称为非对称加密）解决了密钥的交换问题。在此方法中，使用了两个算数上相关的数字密钥：公钥和私钥。私钥由拥有者保存，公钥可以广泛发布。两个密钥均可用于加密和解密消息。但是，一旦密钥用于加密消息，就不能再使用同一密钥对消息进行解密。用于产生密钥的数学算法是单向函数。这种单向不可逆数学函数，一旦算法被应用，就无法从输出信息倒推出输入信息。大多数食谱都属于这一类型。例如，炒鸡蛋很容易，但是不可能从炒鸡蛋中恢复原来的鸡蛋。公钥加密体系基于不可逆的数学函数的思想。密钥足够长（128 位、256 位和 512位），以至于即便使用最大、最快的计算机，要想推导出密钥，也需要巨大的计算能力。图 5-6 说明了公钥加密体系的简单应用，并介绍了使用公钥和私钥的重要步骤。

步骤	描述
1. 发送方创建一条数字消息。	消息可以是文档、电子表格或任何数字对象。
2. 发送方从公共目录中获取接收方的公钥，并将其应用于消息加密。	公钥分布广泛，可以直接从接收方处获取。
3. 接收方密钥的应用程序产生加密的密文消息。	一旦使用公钥对消息进行加密，就不能使用相同的公钥对消息进行反操作或解密。这个过程是不可逆的。
4. 加密的消息通过互联网发送。	加密的消息被分解成数据包，并通过几个不同的路径发送，这使得拦截整个消息变得困难（但并非不可能）。
5. 接收方使用他的私钥解密消息。	唯一能够解密消息的人是拥有接收方私钥的人。希望这个人是合法的接收方。

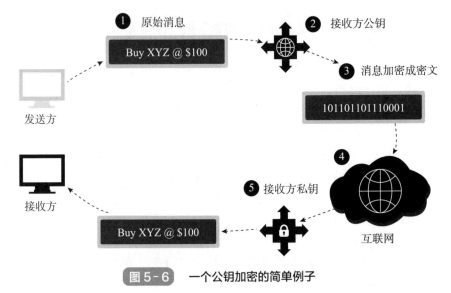

图 5-6 一个公钥加密的简单例子

注：在最简单的公钥加密使用中，发送方使用接收方的公钥加密消息，然后通过网络发送消息。只有接收方可以使用其私钥解密此消息。但是，这种简单的情况并不能确保消息的完整性或真实性。

使用数字签名和散列摘要的公钥加密体系

在公钥加密体系中，缺少某些安全性元素。尽管我们可以肯定该消息未被第三方读取（机密性），但不能保证发送者确实是发送方。也就是说，没有对发送方的身份进行验证。这意味着发送方可以否认发送过消息，并且不能保证邮件在传输过程中没有被篡改。例如，消息"Buy Cisco @ ＄16"可能被有意或无意地篡改为"Sell Cisco @ ＄16"。这表明这一加密体系可能缺乏完整性。

利用更复杂的公钥加密体系可以实现真实性、不可否认性和完整性。图 5-7 说明了这种更有效的方法。

为了检查消息的完整性并确保消息在传输过程中没有被篡改，首先使用散列函数来创建消息的摘要。**散列函数**（hash function）是一种产生固定长度数字的算法。散列函数可以很简单，可以计算消息中数字"1"的数量；也可以更复杂，可以生成一个 128 位数字字符串，以反映信息中 0 的个数、1 的个数、00 的个数、11 的个数等。可以使用标准的散列函数（MD4 和 MD5 生成 128 位和 160 位的散列值）（Stein,

步骤	描述
1. 发送方创建原始消息。	消息可以是任何数字文件。
2. 发送方应用散列函数，产生一个 128 位的散列结果。	散列函数根据消息内容创建消息的唯一摘要。
3. 发送方使用接收方的公钥加密消息和散列结果。	这个不可逆的过程创建了一个密文，只能由接收方使用他的私钥读取。
4. 发送方用他的私钥对结果进行加密。	发送方的私钥是一个数字签名。只有一个人可以创建这个数字标记。
5. 这种双重加密的结果通过互联网发送。	消息作为一系列独立的数据包在互联网上传播。
6. 接收方使用发送方的公钥对消息进行身份验证。	只有一个人可以发送此消息，即发送方。
7. 接收方使用他的私钥解密散列函数和原始消息。接收方检查以确保原始消息和散列函数结果一致。	这里使用散列函数来检查原始消息。这可确保消息在传输过程中未被篡改。

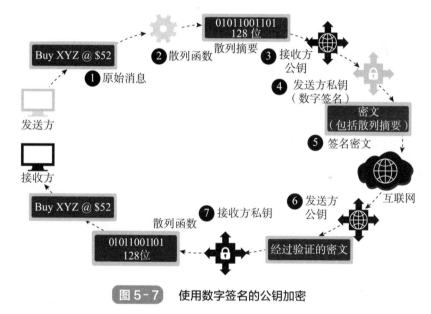

图 5-7　使用数字签名的公钥加密

注：更实际的公钥加密使用散列函数和数字签名来确保消息的机密性并验证发送方。唯一可能发送此消息的人是使用其私钥的所有者或发送方。这对消息进行了验证。散列函数确保消息在传输过程中未被篡改。和以前一样，只有接收方可以使用他的私钥破译消息。

1998）。这些更复杂的散列函数可以针对每条消息产生唯一的散列结果。发送方把使用散列函数后的结果发送给接收方。接收方收到信息后，将同一散列函数应用于接收到的消息，并核对是否有相同的结果。如果是，则证明该消息尚未被篡改。然后，发送方使用接收方公钥（见图 5-6）对散列结果和原始消息进行加密，从而生成单一的密文块。

还需要一个步骤。为了确保消息的真实性并确保不可否认性，发送方使用私钥再对整个密文块进行一次加密。这就产生了**数字签名**（digital signature），也称为电子签名或签名密文。

数字签名与手写签名非常相似。像手写签名一样，数字签名也是唯一的。当与散列函数一起使用时，数字签名甚至比手写签名更独特。除了用于特定个人之外，数字签名在用于签名散列文档时，对于文档也是唯一的，并且对每个文档都是不同的。

接收方收到这种签名密文后，首先使用发送方的公钥来验证邮件。身份验证通过后，接收方将使用其私钥来获取散列结果和原始消息。最后，接收方将相同的散列函数应用于原始消息，并将结果与发送方发送的结果进行比较。如果结果相同，则接收方就知道消息在传输过程中没有被篡改，消息具有完整性。

早期的数字签名程序要求用户拥有数字证书，并且个人使用起来非常困难。较新的程序是基于互联网的，不需要用户安装软件或了解数字证书技术。DocuSign、Adobe Sign 和 Sertifi 是提供在线数字签名解决方案的众多公司之一。现在，许多保险公司、金融公司和担保公司都允许客户对文件使用电子签名。

数字信封

公钥加密体系在计算速度上很慢。如果一个人使用 128 位或 256 位密钥对大型文档（例如本章或整本书）进行编码，则传输速度将显著下降，并且处理时间会增加。对称密钥加密算法的计算速度更快，但是正如我们之前指出的那样，它有一个弱点，即对称密钥必须通过不安全的传输介质发送给接收方。解决这一问题的一个方法是对大型文档使用更有效的对称加密和解密，使用公钥加密体系来加密和发送对称密钥。这种技术称为**数字信封**（digital envelope）。有关数字信封的工作原理，参见图 5-8。

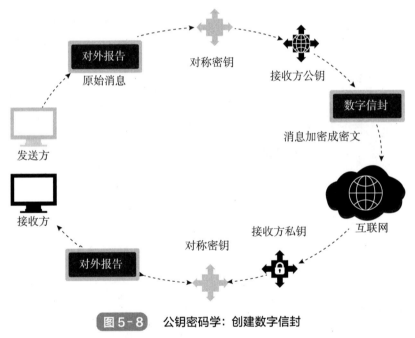

图 5-8 公钥密码学：创建数字信封

注：可以创建一个数字信封来传输对称密钥，该密钥允许接收方解密消息，并确保消息在传输过程中不被截获。

在图 5-8 中，使用对称密钥对原始消息进行加密。对称密钥（接收方需要解密该对称密钥）本身使用接收方的公钥进行加密。因此，我们有一个"密钥中的密钥"（数字信封）。加密的消息和数字信封通过网络传输。随后，接收方首先使用他的私钥解密对称密钥，然后接收方使用对称密钥解密消息。该方法节省了时间，因为使用对称密钥加密和解密速度都更快。

数字证书和公钥基础设施

前面介绍的信息安全措施仍然存在一些缺陷。我们怎么知道人和机构就是他们所声称的那个？任何人都可以制作一套私钥和公钥，然后声称自己是某某人。在向亚马逊这样的线上商家下订单之前，你需要确保屏幕上确实是亚马逊，而不是伪装成亚马逊的骗子。在现实世界中，如果有人问你是谁，而你出示了社会保险号码，那么他会去核对你的身份证照片或采用其他可确认或能验证你身份的方式。如果真的怀疑你的身份，他可能会求助于其他权威机构并且直接拜访这些机构。同样，在数字世界中，我们需要一种方法来了解人和机构的真实身份。

数字证书和其所支持的公钥基础设施，都是试图解决数字身份问题的尝试。**数字证书**（digital certificate）是由受信任的第三方机构，即**认证中心**（CA）颁发的数字文件，其中包含主体名称、主体公钥、数字证书序列号、有效期、签发日期、认证中心的数字签名以及其他标识信息（见图 5-9）。

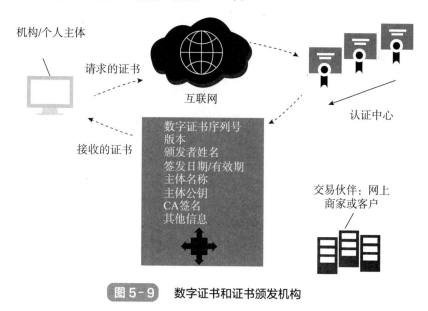

图 5-9 数字证书和证书颁发机构

注：公钥基础设施包括颁发、验证和担保电子商务中使用的数字证书以确保交易伙伴身份的认证机构。

在美国，诸如 VeriSign 之类的私人公司、浏览器制造商、安全公司，以及诸如 UPS 和美联储之类的政府机构都设有 AC。信誉较好、规模较大的 CA 要为不太知名的 CA 做认证，这就形成了一个相互认证的社区，CA 是有层级的。**公钥基础设施**（PKI）是指各方都接受的 CA 和数字证书程序。当你登录"安全"网站时，URL 将以"https"开头，并且一个关闭的锁定图标将出现在浏览器中。这意味着该网站有一个可信任的 CA 颁发的数字证书，大概率不是虚假网站。

要创建数字证书，用户首先要生成一个公钥/私钥对，并将认证请求与用户的公钥一起发送到 CA。CA 验证信息（不同 CA 的完成方式有所不同）。CA 颁发包含用户公钥和其他相关信息的证书。最后，CA 从证书本身创建消息摘要（就像散列摘要一样），并使用 CA 的私钥对其进行签名。该签名摘要称为签名证书。我们最终得到了一个完全唯一的密文文件——世界上只有一个这样的签名证书。

证书在商业中有多种使用方式。在开始交易之前，客户可以请求商家提供已签名的数字证书，并使用商家的公钥对其进行解密，以获取消息摘要和已颁发的证书。如果消息摘要与证书匹配，则商家和公钥就是真实的。同时，商家也可以请求验证用户的证书，在这种情况下，用户将向商家发送他的个人证书。证书的类型很多：个人证书、机构证书、网络服务器证书、软件发布者证书以及 CA 本身。

PKI 和 CA 还可以用于保护从互联网直接下载到移动设备上的应用程序的软件代码和内容。通过使用一种称为代码签名的技术，移动应用程序开发人员可以使用其私钥对数字签名进行加密。当最终用户使用相应的公钥解密签名时，它将确认开发人员的身份和代码的完整性。

良好隐私（PGP）是由 Phil Zimmerman 于 1991 年发明的。**OpenPGP** 是基于 PGP 的非专有协议，在过去的 10 年中，该协议已成为几乎世界上所有加密电子邮件的标准。使用计算机上安装的 PGP 软件，你可以压缩和加密邮件，并对自己和收件人进行身份验证。Signal 是一个免费的开源消息传输应用程序，可对文本和彩信进行加密。还有许多 Firefox、Chrome、Internet Explorer 和 Safari 加载项，以及扩展程序或插件让你可对电子邮件进行加密。如今，计算机和移动设备都具有内置的加密软件，例如 Windows 的 BitLocker，并且还提供了多种第三方加密应用程序，例如 VeraCrypt。

PKI 的局限性

PKI 是安全问题的强大技术解决方案，但是它有很多局限性，尤其是在 CA 方面。PKI 主要适用于保护互联网上的传输消息，并且对内部人员（员工）无效，后者可以合法访问包括客户信息在内的公司系统。大多数电子商务网站都不以加密形式存储客户信息。此外，其他的缺点也是显而易见的。首先，如何保护你的私钥？大多数私钥存储在不安全的台式机或便携式计算机上。

你不能保证使用你的计算机和你的私钥的人确实是你自己。例如，你可能会丢失笔记本电脑或智能手机，从而丢失私钥。同样，我们无法保证世界上其他任何人都无法使用你的个人身份证件（例如社会保险卡）以你的名义来获取 PKI 认证的在线 ID。如果没有现实世界中的识别系统，就不会有真正安全的网络识别系统。根据许多数字签名法，即使你不是使用密钥的人，也应对你的私钥负责。这与邮购或电话订购时的信用卡规则有很大不同，在邮购或电话订购的信用卡规则中，你有权对信用卡费用提出异议。其次，不能保证商家用于验证的计算机是安全的。最后，CA 是寻求获得授权业务访问权限的自选组织。它们可能不是其所认证的公司或个人的权威机构。例如，CA 如何知道一个行业中的所有公司，以确定谁是合法的还是不合法的？另一个相关问题是 CA 用什么方式来识别证书的持有者。仅通过填写在线表格申请人的个人声明就能验证电子邮件交易吗？例如，VeriSign 在一个案例中承认它错误地向假冒的微软代理人颁发了两个数字证书。数字证书已被黑客劫持，诱使消费者公开个人信息。在另一个示例中，印度国家信息中心（National Informatics Centre）是印度认证机构控制器（Indian Controller of Certifying Authorities）认可的中级 CA，其证书包含在 Microsoft Root Store 中，因此得到 Windows 上运行的大多数程序的信任，包括 Internet Explorer 和 Chrome，但也遭到了黑客攻击，许多未经授权的数字证书被颁发给谷歌和雅虎运营的域名（Datta，2014）。最后，撤销或续订证书方面有哪些政策？数字证书或私钥的预期寿命取决于使用频率和使用的证书系统的漏洞。但是，大多数

CA 都没有重新颁发证书的政策，或者只有年度政策。如果微软、苹果或思科取消了许多 CA，那么数百万的用户将无法访问站点。对警察而言，CA 系统既难对付代价又大。

5.3.3 保护通信通道

公钥加密体系的原理通常用于保护通信通道的安全实践中。

SSL 协议、TLS 协议和 HTTPS

SSL 协议是启用互联网上安全通信的原始协议。今天，它已被 TLS 协议取代，后者是 SSL 的更新、更安全的版本。当你从通过安全通道与之通信的网络上的服务器接收到一条消息时，这意味着你将使用 TLS 协议建立**安全协商会话**（secure negotiated session）（请注意，URL 从 HTTP 更改为 HTTPS）。安全协商会话是客户机/服务器之间的会话，其中请求文档的 URL 以及表单内容和交换的 cookies 都进行了加密（见图 5-10）。例如，你输入表格的信用卡号将被加密。通过一系列的信号交换和通信，浏览器和服务器通过交换数字证书来确定彼此的身份，确定最强有力的共享加密形式，然后使用商定的会话密钥进行通信。**会话密钥**（session key）是挑选出来的在单个安全会话中使用的唯一的对称加密密钥。会话密钥一旦用过，就永远不会再次使用。

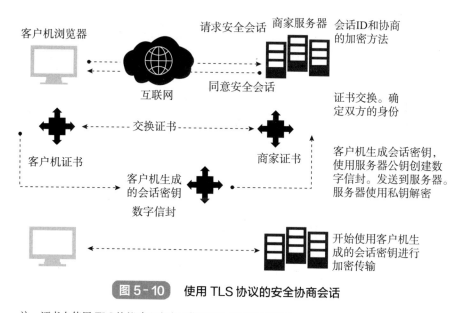

图 5-10 使用 TLS 协议的安全协商会话

注：证书在使用 TLS 协议建立安全通信通道中起着关键作用。

实际上，大多数个人没有数字证书。在这种情况下，商家服务器将不要求个人的数字证书，但是一旦服务器调用安全会话，客户机浏览器便会请求商家证书。

TLS 协议为 TCP/IP 连接提供数据加密、服务器身份验证、可选的客户机身份验证和消息完整性。TLS 协议通过允许用户验证另一个用户的身份或服务器的身份来解决真实性问题。它还可以保护所交换消息的完整性。但是，一旦商家接收到加密的信用卡和订单信息，该信息通常就以未加密的格式存储在商家的服务器上。虽然 TLS 协议提供了商家和消费者之间的安全交易，但它只能保证服务器端的身份验证。客户机的身份验证是可选的。此外，TLS 协议不能提供不可否认性保护。消费者可以订购商品或下载信息产品，然后声称交易从未发生。TLS 协议的最新版本是 2018 年发布的 1.3 版。2020 年 3 月，大多数主流浏览器不再支持旧版 TLS 1.0 和 TLS 1.1。

TLS 协议与 HTTPS 可结合使用，**HTTPS** 是使用 TLS 协议进行加密和身份验证的 HTTP 协议的安全版本。它由采用 HTTP 严格传输安全（HSTS）特性的服务器实现，该功能强制浏览器使用 HTTPS 访问服务器。如今，约 60％的网站使用 HTTPS 作为其默认协议（W3techs.com，2020）。

虚拟专用网络

虚拟专用网络（VPN）允许远程用户使用各种 VPN 协议通过互联网安全地访问公司的局域网。VPN 同时使用身份验证和加密来保护信息不被未经授权的人获取（提供机密性和完整性）。身份验证可防止电子欺骗和虚报身份。远程用户可以使用本地 ISP 连接到远程专用本地网络。VPN 协议将建立从客户机到公司网络的连接，就好像用户已直接接入公司网络一样。通过另一个协议（IP）连接一个协议的过程称为隧道技术（tunneling），因为 VPN 通过给消息添加一个不可见的包装以隐藏其内容来创建一个私有连接。当邮件在 ISP 和公司网络之间通过互联网发送时，它被加密的包装程序屏蔽，防止被窥视。

VPN 是虚拟的，从某种意义上讲，VPN 在用户看来是专用的安全线路，而实际上却是临时的安全线路。VPN 的主要用途是在业务合作伙伴（较大的供应商或客户）和远程工作的员工之间建立安全的通信。与业务合作伙伴的专用连接可能非常昂贵。使用互联网和 VPN 作为连接方法将大大降低安全通信的成本。由于新冠疫情暴发，远程工作的人数大幅增加，导致 VPN 的使用在 2020 年初激增（Steele，2020）。

无线网络

通过无线网络（Wi-Fi）访问互联网有其独特的安全问题。早期的 Wi-Fi 使用一种称为"有线等效保密"（WEP）的安全标准来加密信息。WEP 标准非常脆弱，容易被黑客破解。已开发出的另一种标准，即 Wi-Fi 保护接入（WPA），提供了更高的保护标准，但是也很快就容易受到入侵。**WPA2** 于 2004 年推出，使用 AES 算法和 CCMP（一种更高级的身份验证代码协议）进行加密。2018 年，负责 WPA 协议的贸易组织 Wi-Fi 联盟宣布了下一代协议 **WPA3**，该协议实现了更强大的密钥交换协议和更安全的连接物联网设备的方式。它还具有针对公共网络的扩展加密功能。即使更新的 WPA3 标准仍然存在漏洞，但可能允许攻击者恢复密钥（Kan，2019；Barrett，2018）。

5.3.4　网络保护

保护好通信通道，下一步就是考虑如何保护网络，包括服务器网络和客户机网络。

防火墙

防火墙和代理服务器都是要在你的网络以及连接的服务器和客户机之间建立一堵墙，就像物理世界中的防火墙在有限的时间内保护你免受大火的侵害一样。防火墙和代理服务器具有一些类似的功能，但是它们的区别很大。

　　防火墙（firewall）是指基于安全策略过滤通信数据包，阻止某些数据包进入网络的软件和硬件。防火墙控制出入服务器和客户机的流量，阻止不受信任的通信，只允许受信任的通信通过。防火墙需要处理从网络发送或接收的每条消息，确定该消息是否符合企业制定的安全准则。如果符合，则允许传输；如果不符合，则阻止传输。防火墙可以根据数据包属性（例如源 IP 地址、目标端口或 IP 地址、服务类型（例如 WWW 或 HTTP）、源域名以及其他维度）过滤通信流量。大多数能保护局域网络的硬件防火墙都具有默认设置，这些默认设置几乎不需要管理员干预，就能简单、有效地阻止内部请求之外的数据包传入，只允许请求的服务器发送的数据包传入。常见的硬件防火墙（数字用户线路和电缆调制解调器）默认设置忽略了与 TCP 端口 445（最常受到攻击的端口）之间的通信。家庭和公司网络中越来越多地使用防火墙，大大降低了攻击的有效性，并迫使黑客将更多的精力放在电子邮件附件上，通过附件传播蠕虫和病毒。

　　防火墙对通信的检查主要有两种方式：包过滤和应用网关。包过滤（packet filter）方式通过对数据包的检查来判断它们是否要发送到禁止的目的端口或来自禁止的 IP 地址（由安全管理者规定）。过滤器在判断某信息是否应该传输时，尤其注意的是信息源和目标地址，以及端口和数据包的类型。包过滤方式的一个缺陷是它容易产生电子欺骗，因为它不对真实性进行验证。

　　应用网关（application gateway）也是一种防火墙，它根据请求的应用程序（而不是信息源或目标地址）过滤通信。这类防火墙需要处理应用层的请求，因此，相比于包过滤方式，应用网关距离客户计算机更远。通过提供一个中央过滤点，应用网关可以提供比包过滤更好的安全性，但可能损害系统性能。

　　下一代防火墙使用以应用程序为中心的方法进行防火墙控制。它们能够识别应用程序。无论所使用的端口、协议或安全规避工具是什么，它们都能够识别应用程序。无论设备或 IP 地址是什么，都能识别用户，解密出站 SSL，并实时保护用户免受嵌入应用程序的威胁。

代理服务器

　　代理服务器（proxy server）是一种对来自互联网或发送到互联网上的通信信息进行处理的软件服务器（通常位于某台专用的计算机上），在企业中扮演了发言人或者卫兵的角色。代理服务器主要用于限制内部客户机对外部互联网服务器的访问，尽管某些代理服务器也充当防火墙。代理服务器有时被称为双宿主系统，因为它有两个网络接口。对于内部计算机来说，代理服务器被称为网关；而对于外部计算机来说，代理服务器则被称为邮件服务器或数字地址。

　　当内部网络上的用户请求网页时，该请求首先被发送到代理服务器。代理服务器验证用户和请求的性质，然后将请求发送到互联网上。外部互联网服务器发送的网页首先传输到代理服务器。如果可以接收，网页将被传输到内部网络的网络服务器，然后传输到客户机桌面。通过禁止用户直接与互联网通信，公司可以限制对某些类型网站的访问，例如拍卖或股票交易网站。代理服务器还通过在本地存储经常请求的网页减少上传时间，并通过隐藏内部网络的地址来提高网络性能，从而使黑客更难以监视网络。图 5 - 11 说明了防火墙和代理服务器如何保护局域网免受互联网入侵者的侵害，并阻止内部客户机访问禁止的网络服务器。

图 5-11　防火墙和代理服务器

注：防火墙的主要功能是阻止某些远程客户机访问本地计算机。代理服务器的主要目的是提供从本地计算机到远程计算机的控制访问。

入侵检测和防御系统

除了防火墙和代理服务器，还可以安装入侵检测系统和入侵防御系统。**入侵检测系统**（intrusion detection system，IDS）检查网络流量，观察其是否与某些表示攻击的模式或预先设定的规则相匹配。如果检测到可疑活动，IDS 会发出警报，警告管理员，并将事件记录在数据库中。IDS 对于检测防火墙可能会遗漏的恶意活动很有用。**入侵防御系统**（intrusion prevention system，IPS）具有 IDS 的所有功能，并具有采取措施预防和阻止可疑活动的附加功能。例如，IPS 可以终止会话并重置连接，阻止来自可疑 IP 地址的流量，或者重新设定防火墙或配置路由器安全控件。

5.3.5　保护服务器和客户机

操作系统和杀毒软件可以帮助进一步保护服务器和客户机免受某些类型的攻击。

提高操作系统和应用程序软件安全

保护服务器和客户机的最合理的方法是利用计算机安全系统的自动升级功能。微软、苹果和 Linux/Unix 操作系统会不断更新，以修补黑客发现的漏洞。这些补丁是自动安装的。也就是说，在互联网上使用这些操作系统时，系统会提示并告知你可以使用操作系统的升级版。用户可以轻松地免费下载这些安全补丁。只需使服务器和客户机操作系统以及应用程序保持最新版本，就可以预防最常见的蠕虫和病毒。2014年，微软终止了对其 Windows XP 操作系统的安全支持和更新。尽管如此，许多组织仍继续使用该系统，因此，许多安全专家预计这类系统将受到一波攻击。2017 年，在利用 Windows XP 漏洞的 WannaCry 勒索软件攻击大规模爆发之后，微软采取了前所未有的举措为 Windows XP 发行附加的安全补丁，以阻止新一轮感染（Warren，2017）。应用程序漏洞的修补方法相同。例如，大多数流行的互联网浏览器不需要用户过多干预就能实现自动更新。但是，尽管软件自动更新是保护用户的一种重要方法，但它并不是万无一失的。近年来，一种所谓的**软件供应链攻击**（software supply chain attack）（在这种情况下，黑客将开发环境作为目标来感染最终用户下载的软件）越来越频繁。例如，在 2019 年，黑客入侵了华硕用来提供操作系统和安全更新的服务器，并能够在约 100 万台华硕计算机上安装 ShadowHammer 恶意代码（Bracken，2019）。

杀毒软件

最简单、最便宜的防止病毒对系统完整性造成威胁的方法是安装杀毒软件。Malwarebytes、McAfee、Symantec（Norton AntiVirus）等提供了廉价的工具，可在病毒入侵计算机时识别并根除最常见的病毒，并清除已潜伏在硬盘驱动器上的恶意代码。杀毒软件可以在人们单击电子邮件附件之前对其进行检查，如果附件中包含已知病毒或蠕虫，则可以将其删除。但是，仅安装一次软件是不够的。由于几乎每天都会开发和发布新病毒，因此需要每日例行更新，以抵御新病毒所带来的新威胁。某些高级杀毒软件每小时更新一次。

可以使用杀毒套件包和独立程序来清除入侵程序，例如僵尸程序、广告软件和其他安全风险。这样的程序像防病毒软件一样，可以寻找公认的黑客工具或已知入侵者的活动信号。

5.4 政策和法律

2019 年，全球范围内的公司在安全硬件、软件和服务上的支出约为 1 240 亿美元，比上一年增长约 9%（Morgan，2019）。然而，大多数首席执行官（CEO）和首席信息官（CIO）认为技术不是管控电子商务风险的唯一工具。技术提供了应对风险的基础能力，但是在缺乏智能管理策略的情况下，即使是最好的技术也很容易失败。所以，还需要制定公共法律和网络犯罪法规，提高互联网上非法行为的成本，并防止企业滥用信息。让我们简单地看一下管理策略的发展。

5.4.1 安全计划：管理政策

为了使安全威胁最小化，电子商务企业必须制定一整套政策来考虑企业会遇到哪些风险，哪些信息资产需要保护，防范风险需要采取哪些措施和技术，以及相应的实施和审计机制。图 5 - 12 说明了制订电子商务安全计划的关键步骤。

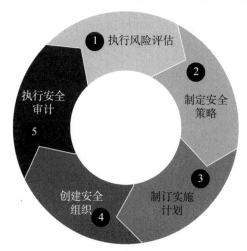

图 5 - 12 制订电子商务安全计划的关键步骤

注：制订电子商务安全计划包括五个步骤。

安全计划的制订始于**风险评估**（risk assessment），即对风险和薄弱环节的评估。首先是盘点电子商务站点和公司的信息与知识资产。哪些信息有风险？是客户信息、专有设计、业务活动、秘密流程，还是其他内部信息如价格表、高管薪酬或工资单？对于每种类型的信息资产，试着估计这些信息如被泄露对公司造成的损失，然后将该金额乘以发生损失的可能性。完成后，对结果进行排名。这样你就有了一个根据对企业的价值进行排序的信息资产列表。

根据你量化的风险列表，你可以制定**安全策略**（security policy），即一系列声明，这些声明对信息风险进行排序，确定可接受的风险目标，并确定实现这些目标的机制。显然，你要从风险评估中最高优先级的信息资产入手。谁在公司中生成和控制此信息？哪些现有安全策略可以保护此信息？你可以推荐哪些增强功能来提高这一最有价值的资产的安全性？你愿为每项资产承受多大的风险？例如，你是否愿意每 10 年丢失一次客户信用卡数据？还是你会通过建立可承受百年一遇的灾难的信用卡数据安全大厦来保障数据安全？你要估算一下，要实现这种可接受的风险等级，你要付出多大代价。请记住，全面而完整的安全性可能需要庞大的财务资源支持。通过回答这些问题，你可以开始制定安全策略了。

接下来，考虑制订**实施计划**（implementation plan），即为实现安全策略所采取的行动步骤。具体来说，你必须确定如何将可接受的风险级别转换为一组工具、技术、策略和过程。你将部署哪些新技术来实现目标，以及将需要哪些新的员工雇佣计划？

要实施你的计划，你将需要一个负责安全性的组织和一名安全管理员。对于小型电子商务网站，安全管理员可能是负责互联网服务的人或网站管理者，对于大型公司，通常会有一个专门的团队，需要有预算支持。**安全组织**（security organization）对用户进行教育和培训，使管理层了解安全威胁和故障，并对保障安全的工具进行维护。

安全组织通常对访问控制、身份验证程序和授权策略进行管理。**访问控制**（access control）确定哪些外部人员和内部人员可以合法访问你的网络。外部人员访问控制工具包括防火墙等，而内部人员访问控制通常包括登录流程控制（用户名、密码和访问代码）。零信任（ZT）是一种流行的网络安全框架，其基础是维护严格的访问控制机制，并且默认情况下不信任任何人或任何活动，甚至不信任公司防火墙背后的任何人或任何活动（Gerritz, 2020）。

身份验证程序（authentication procedure）包括使用数字签名、授权证书、PKI 和**多因素身份验证工具**（MFA tool），这些工具要求用户具有多个凭据来验证其身份。身份验证凭据可能包含用户已知内容如密码，用户私人物品如智能手机或 YUBIkey USB 设备，以及用户自身特征如身体特征。**两因素身份验证**（2FA）是 MFA 的子集，需要两个凭据。许多 MFA 系统向手机发送一次性动态安全密码或向手机上的应用推送身份验证请求，以便用户可以通过内置的生物识别身份验证器（如 Touch ID）进行确认（此方式稍后会讨论）。但是，仍可以使用 Trickbot 等恶意代码来破坏 MFA 工具，它可以通过网络钓鱼以及其他方法拦截应用程序发送的一次性代码（Allison, 2020；Wolff, 2019）。

生物识别设备，如面部、指纹、视网膜（眼睛）扫描设备，以及语音识别系统还可用于验证与个人相关联的生理特征，并且通常是多因素身份验证系统的一部分。（**生物测定学**（biometrics）对可测量的生物学或生理特征进行研究。）例如，公司可能要求个人在被允许访问网站之前或被允许使用信用卡支付之前进行指纹扫描。生物识别设备使黑客更难入侵网站、设施，显著地降低了电子欺骗的可能性。苹果的 iPhone（5S 及更高版本）在 Home 按钮中内置了一个称为 Touch ID 的指纹传感器，可以用于解锁手机和授权购买，而无需用户输入 PIN 或其他安全码。该系统不存储实际的指纹，而是存储生物特征数据，这些数据已加密并仅存储在 iPhone 内的芯片上，并且无法提供给第三方。2017 年，苹果推出了面部识别系统 Face ID，使用户可以使用面部扫描登录手机。该系统的使用是可选的，并且与 Touch ID 一样，扫描的数据将仅存储在手机内的芯片上，而不存储在云中。但是，该系统存在许多安全和隐私问题。"商务透视"专栏的"生物测定学是电子商务安全的解决方案吗？"进一步介绍了生物测定学相关内容。

安全令牌（security token）是生成标识符的物理设备或软件，这些标识符可在密码之外或代替密码使用。数百万企业和政府工作人员使用安全令牌登录企业客户机和服务器。RSA 的 SecurID 令牌就是安全令牌的一种，它不断地生成 6 位密码。

授权策略（authorization policy）为不同级别的用户匹配对信息资产的不同访问级别。**授权管理系统**（authorization management system）确定允许用户在何时何地访问网站的某些部分。它的主要功能是限制对公司内网中私人信息的访问。尽管目前有几种授权管理产品，但是大多数授权管理产品都以相同的方式运行：系统把一个用户的会话加密成像跟踪用户进入一个又一个网页的通行密码一样的函数，根据系统数据库中的设置信息，只允许用户访问那些可以进入的区域。通过给每个用户建立进入规则，授权管理系统可以随时知道谁可以访问什么地方。

制订电子商务安全计划的最后一步是执行安全审计。**安全审计**（security audit）涉及对访问日志的例行检查（确定异常者如何使用该网站以及内部人员如何访问该网站的资产）。进行安全审计时应该制作一个月度报告，以记录对系统的例行访问和非例行访问，并确定异常的活动模式。如前所述，"老虎团队"经常被大型企业用于评估网站现有的安全流程。在过去的五年中，许多小型公司如雨后春笋般涌现，向大型公司网站提供这些服务。

商务透视

生物测定学是电子商务安全的解决方案吗？

随着电子商务的持续发展以及在整个商业中所占的份额越来越大，网络犯罪分子也将注意力转移到电子商务上。即使是在网上采取了预防措施的消费者，也容易受到身份盗用和其他形式的网络犯罪的影响。网络犯罪者可以绕过传统在线验证技术，窃取消费者的信用卡号、个人识别号码（PIN）以及安全问题答案。但是，生物识别安全性有望彻底改变用户验证自己的方式，从而有可能使当今的犯罪分子所使用的身份窃取方法过时。

生物测定学基于每个人独有的生理特征来识别个人。这些特征包括指纹、面部形状、眼睛虹膜、语音、心律、手掌静脉等。传统的信用卡系统采用物理令牌诸如密码、个人识别号码和安全问题答案等多种措施，而生物识别系统则使用生理特征来验证身份，从理论上讲，犯罪分子难以进行电子欺骗。你可以忘记密码，但不能忘记自己的脸。电子商务公司对生物识别技术尤为感兴趣，生物识别技术可以有效解决忘记密码这一问题，从而使消费者放弃购物车这类事件减少 70%。预计使用生物测定学来认证移动支付交易的数量将激增，据 Juniper Research 预测，到 2024 年，生物测定学的价值将从 2019 年的 2 280 亿美元增长至 2.5 万亿美元，因为生物识别技术将取代传统的基于密码的方法，成为日常支付中最便利的方法。

生物识别技术的想法已经存在了一段时间，但是直到最近，诸如智能手机之类的广泛应用才使生物识别技术成为现实。苹果是该领域的领军者，它首先在较老的 iPhone 上提供 Touch ID 指纹验证，然后在 2017 年末发布的 iPhone X 上推出了 Face ID 功能。Face ID 使用先进的 3D 相机来创建具有 3 万个不可见的点的用户面部 3D 模型。然后将该模型加密并存储在本地，并保证永远不会上传到网络，从而进一步保护了它免受不法分子的侵害。Face ID 已取代 Touch ID，成为苹果解锁手机和进行付款的首选方法，苹果声称其错误率约为一百万分之一，与 Touch ID 五万分之一的错误率相比有了显著提高。iPad Pro 上现在也提供 Face ID 功能。

其他智能手机制造商正在尽最大努力追赶苹果。三星为其 Galaxy S9 和 S9＋手机引入了一项名为"智能扫描"的功能，该功能将虹膜扫描和面部扫描融入一个系统中。三星用简单的面部识别系统取代了 S10 和 S20 手机中的智能扫描系统。但是，三星系统都使用简单的 2D 相机进行面部识别，这使得它们很容易通过简单的照片解锁，而且三星不支持此面部识别方案实现 Samsung Pay 功能。

信用卡公司和多家银行也在开发自己的生物识别解决方案。2019 年，万事达（Mastercard）推出了一项名为万事达卡身份检查的功能，也被称为"Selfie Pay"。用户在进行信用卡交易时，只需进行快速自拍以确认其身份即可。在中国，阿里巴巴的支付宝系统推出刷脸付款功能，其功能与此大致相同。汇丰银行允许中国客户通过眨眼验证打开智能手机，以确认他们的汇款身份。欧盟的《支付服务指令2》要求银行提供以下三个要素中的至少两个进行客户身份验证：客户熟知的东西（密码或 PIN）、客户拥有的东西（电话或硬件令牌）以及客户独有的特征（指纹或面部识别）。

毫无疑问，网络犯罪分子正在全力攻克生物测定学带来的挑战。生物测定学的风险特别高，因为被盗的密码可以很容易被更改，但自己的面部、指纹或虹膜难以改变。越南的研究人员声称能够使用假面解锁带有 Face ID 的 iPhone，尽管复制这种技术不太可能产生成本效益，但它证明生物测定学的风险确实存在。生物识别技术只能保证尝试使用服务的人与注册该服务的人相同，所以当用户注册各种服务时，仍需要受信任的机构来确认其身份。面部识别和其他生物识别技术也存在隐私问题。在欧盟，法律禁止使用面部识别图像来调查公民的私生活。在执法机构，要求用户使用生物识别信息来解锁手机是被允许的，而强迫用户为传统受保护的设备提供密码显然是被禁止的。

可以克服生物测定学局限性的新兴方法是行为生物测定学，该方法可以测量和分析人类的活动模式，从而为每个用户生成唯一的配置文件。使用行为生物识别技术的系统会分析用户的按键模式，包括速度、按键压力和手指位置，以及地理信息如 IP 地址和地理位置。为用户创建配置文件后，当发生与该配置文件较大的偏差时，就会触发警告。像 BioCatch 这样的公司正在提供行为生物测定学解决方案，这些解决方案使零售商和银行可以为其用户形成配置文件，并准确地检测到欺诈事件。然而，行为生物测定学并不能消除人们对隐私被侵犯的担忧。智能手机用户只需确定生物测定学的巨大优势是否超过了同样重要的隐私问题。

资料来源："ID Talk Podcast：BioCatch's Behavioral Biometrics in the War on Fraud," Findbiometrics. com, March 26, 2020; "About Face ID Advanced Technology," Support. apple. com, February 26, 2020; "Juniper Research：Biometrics to Secure $2.5 Trillion in Mobile Payments by 2024, with WebAuthn Standards Driving Adoption," Businesswire. com, December 3, 2019; "PSD2：Strong Customer Authentication," Stripe. com, October 18, 2019; "Galaxy S10：Ten Features to Enable and Disable," by Adam Ismail, Tomsguide. com, March 28, 2019; "Mastercard Identity Check：Bringing Consumers a Better Digital Experience," by Chris Reid, Newsroom. mastercard. com, January 10, 2019; "Blink and You'll Miss It：The Mass-Market Adoption of Facial Verification in Business," by Husayn Kassai, Biometricupdate. com, July 2, 2018; "Behavioral Biometrics and Biometrics in Payment Cards：Beyond the PIN and Password," Gemalto. com, May 6, 2018; "Biometrics Are Here：The Crazy Ways You're Going to Be Paying in the Future," by Jean Chatzky, Nbcnews. com, May 9, 2018; "Biometric Payments," Chargebacks911. com, April 16, 2018; Ben Lovejoy, "New Web Standard Would Allow Touch ID and Face ID to Be Used to Login to Websites," 9to5mac. com, April 10, 2018; "How Biometric Verification Will Revolutionize Online Checkout," by Alastair Johnson, Paymentweek. com, April 4, 2018; "Faster Delivery, Stronger Security Are 2018 Ecommerce Priorities," by Bill Marcus, Signifyd. com, March 6, 2018; "Biometric Mobile Payments the Next Disruptive Technology," Mobilepaymentconference. com, February 21, 2018; "Apple's Face ID Hacked by Vietnamese Researchers," Pymnts. com, November 28, 2017; "Decentralized Biometric Authentication Reshapes Mobile Payments," by George Avetisov, Csoonline. com, November 28, 2017; "IPhone X Review：How We Tested (and Tricked) FaceID," by Joanna Stern, *Wall Street Journal*, October 31, 2017; "HSBC Switches on Selfie Payments in China," Finextra. com, September 18, 2017; "IPhone X's Face ID Raises Security and Privacy Questions," by Natasha Lomas, Techcrunch. com, September 13, 2017; "Alibaba Debuts 'Smile to Pay' Facial Recognition Payments at KFC in China," by Jon Russell, Techcrunch. com, September 4, 2017.

5.4.2 法律和公共政策

今天，公共政策环境的作用和电子商务发展初期非常不同。互联网不再是不受监管、不受监督、自我控制的技术主宰。正如过去 70 年的金融市场，人们越来越多地认识到只有制定一系列有效的法律制度和强制措施，电子商务市场才能运转。这些法律有助于确保形成一个有序、合理和公平的市场。这一正在发展中的公共政策环境与电子商务本身一样，正在朝全球化的方向发展。

自 1995 年以来，随着电子商务的迅猛发展，国家和地方执法活动也得到极大发展。目前已经通过了新的法律，这些新的法律为国家和地方权力机构识别、跟踪并起诉网络犯罪分子提供了新的工具和机制。例如，美国大多数州现在都要求维护居民个人数据的公司在发生影响其居民的安全漏洞时公开披露这些信息，并且许多州还要求组织在处理个人信息时采取数据安全措施。例如，纽约州的《阻止黑客入侵并改善电子数据安全法》（SHIELD Act）对持有此类信息的营利性和非营利性组织均明确了最低安全要求（Brumfield，2020）。表 5-6 列出了最重要的联邦电子商务安全立法。此外，美国联邦贸易委员会声称，它有权管理公司的数据安全措施。联邦贸易委员会起诉 Wyndham 连锁酒店，这一连锁酒店在此前黑客攻击中发生了数据泄露，导致信用欺诈金额超过 1 000 万美元。根据联邦贸易委员会的调查，Wyndham 未能遵循基本的数据安全规范，反而向客户保证其数据是安全的。2015 年，美国第三巡回上诉法院裁定，联邦贸易委员会有此职权，这为其发挥更大的作用打开了大门，尤其是在国会未能通过有关数据安全立法的背景下。自此以后，已有 50 多家公司就其数据安全实践与联邦贸易委员会达成和解，其中包括 Equifax（Federal Trade Commission，2020）。

表 5-6　联邦电子商务安全立法

法律	意义
计算机欺诈和滥用法（1986）	用于打击包括黑客行为在内的计算机犯罪的主要联邦法规。
电子通信隐私法（1986）	对访问、拦截或披露他人私人电子邮件通信的个人处以罚款和监禁。
国家信息基础设施保护法（1996）	规定 DoS 攻击是非法的；在联邦调查局下设国家基础设施保护中心（NIPC）。
健康保险流通和责任法（1996）	要求某些医疗机构报告数据泄露。
金融现代化法（1999）	要求某些金融机构报告数据泄露。
网络空间电子安全法（2000）	减少对出口的限制。
计算机安全加强法（2000）	保护联邦政府系统免受黑客攻击。
全球及全国商务电子签名法（电子签名法）（2000）	授权在文件中使用电子签名。
美国爱国者法（2001）	授权对可疑的恐怖分子进行计算机监控。
国土安全法（2002）	授权建立国土安全局，负责制定美国主要资源和关键基础设施的国家安全全面计划，国土安全局成为网络安全的中央指挥部。
反垃圾邮件法（2003）	规定了若干新的刑事犯罪，旨在解决行为人对收件人、互联网服务提供商或执法部门隐藏自己的身份或垃圾邮件来源的问题。还包含对未受指派情况下发送色情邮件的刑事处罚。
美国网络安全法（2006）	加强了联邦贸易委员会在涉及间谍软件、垃圾邮件的案件中为消费者获得金钱补偿的能力，提高了联邦贸易委员会收集信息并与外国同行协调调查的能力。
改善关键基础设施网络安全总统令（2013）	在国会未能在 2012 年通过网络安全立法后，奥巴马政府发布的这一总统令指示联邦政府与可能成为攻击目标的私营公司共享网络安全威胁情报，并制定和实施私人企业网络安全框架，其中纳入最佳实践和自愿标准。
网络安全信息共享法（2015）	鼓励企业和联邦政府分享网络威胁信息，以维护国家安全。

2001 年 9 月 11 日之后，美国国会通过了《美国爱国者法》，该法加强了执法部门的调查权和监督权。该法规定可以对电子邮件和互联网使用进行监督。2002 年的《国土安全法》也试图打击网络恐怖主义，并加强了政府强制计算机和互联网服务提供商披露信息的能力。最近提出的立法重点是要求企业向联邦贸易委员会报告数据泄露，保护国家电网和网络安全，但没有通过。2015 年，《网络安全信息共享法》（CISA）被签署，成为法律。该法创建了一个系统，允许公司分享有关攻击的证据，而公司不会面临被起诉的风险，但它遭到了许多大型科技公司和隐私倡导者的反对，理由是它在保护个人隐私方面有所欠缺，而且可能会导致政府监控的加强。截至 2018 年，只有联邦政府以外的六个组织与政府分享信息，这引起了对立法有效性的严重质疑，2019 年，管理该项目的美国国土安全部表示将对其进行修订，以鼓励提高各部门的参与度（Johnson，2019；Lyngaas，2018）。

私人机构和公私合作

好消息是，电子商务网站在实现互联网安全的战斗中并不孤单。一些公共组织和私人组织致力于追踪参与攻击互联网和电子商务网站的犯罪组织和个人。在联邦层面，美国国土安全部的网络安全和通信办公室（CS&C）负责监督美国网络和通信基础设施的安全性、弹性和可靠性。国家网络安全和通信集成中心（NCCIC）是一个全天候的网络监测、事件响应和管理中心。此外，国土安全部还成立了**美国计算机应急反应小组**（US-CERT），该小组负责协调政府和私营部门的网络事件警报和处理。比较知名的私人组织是卡内基梅隆大学的 **CERT 协调中心**（CERT Coordination Center，以前称为计算机应急响应小组）。CERT 协调中心监测和跟踪由寻求其帮助的私人公司和政府机构报告的在线犯罪活动。CERT 协调中心由全职和兼职的计算机专家组成，尽管互联网很复杂，但他们可以追踪针对网站的攻击源头。其工作人员还协助各组织确定安全问题，制订解决方案，并与公众就广泛的黑客威胁进行沟通。CERT 协调中心还提供产品评估、报告和培训，以提高公众对安全威胁和解决方案的认识和理解。

政府对加密软件的政策和控制

在美国，作为防止犯罪和恐怖主义的一种手段，国会和行政部门都试图规范加密软件的使用并限制加密系统的供应和出口。在国际层面上，有四个组织对加密软件的国际沟通产生了影响：经济合作与发展组织（OECD）、七国集团（全球七大工业化国家首脑，不包括俄罗斯，俄罗斯在 2014 年被暂停参与）、欧洲理事会和《瓦森那协议》（Wassenaar Arrangement，包括 42 个生产敏感工业设备或武器的国家）。各国政府都提出了控制加密软件或至少防止犯罪分子获得强大加密工具的方案（见表 5-7）。美国和英国政府也将大量的资源投入与密码学有关的计划中，使它们能够破解在互联网上收集的加密通信。美国国家安全局前承包商爱德华·斯诺登泄露的文件表明，美国国家安全局和英国的对应机构英国国家通信情报局（GCHQ）都有可能破解 TLS协议、VPN 和智能手机上使用的加密方案（Vaughan-Nichols，2013）。近年来，由于苹果一直在对抗美国政府突破 iCloud 和 iPhone 加密系统，以及对 WhatsApp、Signal和 Telegram 等加密信息传输应用程序的担忧，美国政府和科技公司之间围绕加密问题的斗争已经转移到移动平台上。这些应用程序为文本、照片和视频提供端对端加密，政府当局很难拦截使用这些服务的通信（Isaac，2016）。

表 5-7　政府监管和控制加密

监管和控制工作	影响
限制功能强大的安全软件出口	主要由美国实施的政策。加密方法的广泛传播对这项政策有削弱作用。目前这项政策有所改变，美国政府允许加密产品出口到其他国家。
密钥托管/密钥恢复方案	20 世纪 90 年代末法国、英国和美国实施的举措，现在基本上已经放弃，因为缺乏可信的第三方。
法律许可的访问和强制披露	在美国立法机构和 OECD 国家中获得越来越多的支持。
官方的黑客行为	所有国家都在迅速增加预算，成立执法所需的技术中心，并培训相关人员。成立这类技术中心的目的是，监测并跟踪由可疑犯罪分子进行的基于计算机的加密活动。

5.5　电子商务支付系统

在大多数情况下，现有的付款工具（例如现金、信用卡、借记卡、支票账户和储值账户）已经能够适应在线环境，但是这些付款工具存在一些重大的局限性，人们也在努力开发替代工具。此外，诸如网上个体之间的新的采购关系和新技术（例如移动平台的开发），也为开发新的支付系统创造了需求和机会。在本节中，我们将简单介绍当今使用的主要电子商务支付系统。表 5-8 列出了 2020—2021 年电子商务支付的主要趋势。

<table>
<tr><td>表 5-8</td><td>2020—2021 年电子商务支付的主要趋势</td></tr>
</table>

- 信用卡或借记卡仍然是在线支付的主要工具。
- 2020 年初，在线新冠疫情，在线支付量激增。
- 移动零售支付量激增。
- PayPal 仍然是最受欢迎的在线支付方式。
- 苹果、谷歌和三星扩大其在移动支付应用中的影响力。
- 在线支付市场日益趋同：大型银行通过 Zelle 等应用程序进入移动钱包和 P2P 支付市场。而苹果推出了信用卡，谷歌则宣布提供支票账户的计划。
- 移动 P2P 支付系统，如 Venmo、Zelle 和 Square Cash 快速发展。大多数移动钱包也提供 P2P 支付。

到 2020 年，美国在线支付的市场规模将超过 1 万亿美元。受新冠疫情影响，2020 年初在线支付量激增，许多专家预测，即使疫情过后，这一趋势仍将继续。能够处理这种交易的机构和商业公司（主要是大型银行和信贷公司）通常以手续费的形式从交易中获得 2%～3% 的提成或每年 20 亿～300 亿美元的收入。考虑到市场规模，在线支付的竞争非常激烈。预计新的在线支付形式将在这一增长中占据相当大的比重。

在美国，在线支付的主要方式仍然是信用卡和借记卡。根据美联储的调查，最优选的方式是借记卡（42%），其次是信用卡（30%）（Kumar and O'Brian，2019）。替代支付系统如台式机和移动应用程序，主要用于向零售商店、在线商家、供应商付款，以及 P2P 支付。几乎所有替代支付系统都依赖于传统的银行和信用卡机构来存储资金和提供信贷。在线桌面支付系统以及移动钱包应用程序通常都与替代支付系统的提供者有关。例如，在美国，PayPal 是电子商务交易在线支付中使用最广泛的应用程序，并且提供了用于向供应商付款和 P2P 付款的移动钱包应用程序。手机钱包应用是替代支付系统增长最快的形式，据估计，在 2020 年，美国 40% 的智能手机用户（超过 8 500 万人）会使用这种应用程序（eMarketer, Inc.，2020a）。

在其他国家和地区，电子商务支付的方式可能会因传统和基础设施的不同而大不相同。信用卡在在线支付方面不像在美国那样占主导地位。如果计划在欧洲、亚洲或拉丁美洲运营电子商务网站，则需要为每个地区开发不同的支付系统。例如，在丹麦和挪威，付款主要通过借记卡或信用卡进行，而在芬兰和瑞典，除了信用卡/借记卡以外，开具账单后付款和银行转账付款也很受欢迎。在荷兰，在线支付服务 iDEAL 是一种流行的在线零售支付方式，类似于 PayPal。在意大利，消费者严重依赖信用卡和 PayPal。在日本，虽然信用卡是主要的付款方式，但很多消费者仍然使用现金在当地的便利店购买商品（Ecommerce News，2019；Adyen，2020）。

5.5.1 在线信用卡交易

由于信用卡和借记卡是在线支付的主要方式，因此了解它们的工作原理和该支付系统的优缺点非常重要。在线信用卡交易的处理方式与店内购买的处理方式几乎相同，最大的区别在于，在线商家永远不会看到实际使用的卡，也没有支付签名。在线信用卡交易最类似于邮购-电话订购（MOTO）交易。这些类型的购买也称为持卡人不在场（CNP）的交易，这也是后来消费者对费用提出异议的主要原因。由于商家从未见到实际的信用卡，也未从客户那里收到签名的付款协议，因此，当出现纠纷时，即使已经装运了货物或用户已经下载了数字产品，该商家仍面临该笔交易被撤销的风险。

　　图 5-13 说明了在线信用卡交易是如何进行的。在线信用卡交易涉及五个参与方：消费者、商家、票据交换所、商家银行（有时称为"收单行"）和消费者的信用卡发卡行。为了接受信用卡付款，在线商家必须拥有在银行或金融机构建立的商家账户。**商家账户**（merchant account）就是一个银行账户，可让商家处理在线信用卡交易并从这些交易中收取钱款。

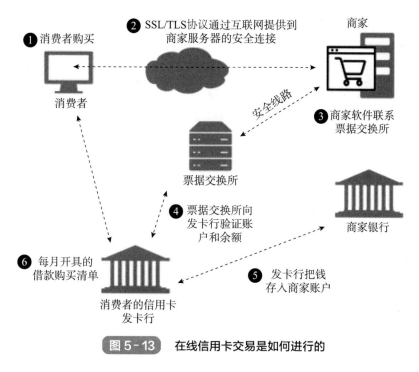

图 5-13　在线信用卡交易是如何进行的

　　如图 5-13 所示，在线信用卡交易从购买开始（①）。当消费者想要购买商品时，消费者将商品添加到购物车中。当消费者希望为购物车中的商品付款时，使用 TLS 协议就可以建立互联网安全通道，利用加密手段，TLS 协议保证信用卡信息传输的安全，并保护信息不被互联网上的入侵者接触到（②）。TLS 协议不对商家或消费者进行身份验证。交易双方必须彼此信任。一旦商家接收到消费者信用卡信息，商家软件就与票据交换所联系（③）。如前所述，票据交换所是对信用卡进行身份验证和账户余额验证的金融中介。票据交换所与发卡行联系以验证账户信息（④）。一旦验证通过，发卡行就会在商家银行中将商家的账户记入贷方（通常是在夜间以批处理的方式完成）（⑤）。消费者账户的借记记录以月结单的形式传输给消费者（⑥）。

信用卡：电子商务促成者

　　企业只拥有商家账户还不够，它还需要购买或者建立可以处理在线交易的工具，保护商家账户的安全只是两个处理步骤中的第一步。如今，互联网支付服务提供商（有时称为支付网关）可以提供商家账户和处理网上信用卡购物所需的软件工具。

例如，Authorize.net 是互联网支付服务提供商，可与某个商家账户提供商一起帮助商家保护账户的安全，同时向商家提供可安装的支付处理软件。该软件从商家的站点收集交易信息，然后通过 Authorize.net 的支付网关将信息传输到相应银行，以确保客户在交易时被授权。然后，交易资金被转入商家账户。其他在线支付服务提供商包括 Cybersource、Stripe 和 Square。

遵循支付卡行业数据安全标准

支付卡行业数据安全标准（Payment Card Industry-Data Security Standard, PCI-DSS）是由五大信用卡公司（维萨（Visa）、万事达、美国运通（American Express）、Discover 和 JCB）制定的数据安全标准。PCI-DSS 不是法律或政府法规，而是行业标准。每个在线商家必须遵守适当级别的 PCI-DSS 以接受信用卡付款。那些不遵守规定并涉及信用卡违规的人最终将被罚款。PCI-DSS 具有不同级别，与商家每年处理的信用卡和借记卡的数量有关（PCI Security Standards Council, 2019）。

在线信用卡支付系统的局限性

现有信用卡支付系统有许多局限性，包括安全性、商家风险、管理和交易成本以及社会公平性。

现有系统的安全性都很差，无法对商家和消费者的身份进行充分认证。参与交易的商家可能是一个专门收集信用卡数据的犯罪组织，而消费者则可能正在使用窃取的或者伪造的信用卡进行交易。商家面临的风险很大：即便商品已经发出或者数字产品已经下载，消费者也可以拒绝付费。正如在本章前面所了解的那样，信贷公司已经推出了 EMV 信用卡（带有计算机芯片的卡）以减少信用卡欺诈。该芯片存储账户数据，并为每次使用生成唯一的交易代码。自推出以来，店内购物的信用卡欺诈行为（称为卡存在（CP）欺诈行为）减少了约 50%。但是，犯罪分子已经将重点放在了卡不存在（CNP）欺诈上，预计 2018—2023 年的欺诈总额将达到 1 300 亿美元（Juniper Research, 2019）。

商家承担的成本也十分惊人——约为购买金额的 3% 再加上每笔交易 20~35 美分的交易费，还有其他的设置费用。

尽管信用卡无处不在，但并不是很平民化。数百万的年轻人没有信用卡，还有近 1 亿美国成年人由于无法负担信用卡或者由于收入低被认为信用等级不够而没有信用卡。

5.5.2 替代性的在线支付系统

在线信用卡系统的局限性为许多其他在线支付系统的开发开辟了道路。其中最主要的是 PayPal。PayPal（于 2002 年被 eBay 收购，然后于 2015 年再次分离为一家独立公司），使具有电子邮件账户的个人和企业能够在一定额度内进行支付和收款活动。**PayPal** 是**在线储值支付系统**（online stored value payment system）的一种，该系统允许消费者使用其银行账户或信用卡/借记卡向商家和其他个人进行在线支付。它在全球 200 多个国家和地区及 25 种货币中都是可用的。PayPal 建立在业务所在国家和地区的现有金融基础架构上。当进行网上交易时，你可以用指定的用来支付或收款的信用卡、借记卡或支票账户建立一个 PayPal 账户。当使用 PayPal 进行支付时，你要将支付款通过电子邮件发送到商家账户中，PayPal 会将资金从你的信用卡或支票账户转至商家的银行账户中。PayPal 的优点在于，无须在用户之间共享任何个人信用信息，并可用于小额支付。PayPal 的缺点是其相对较高的成本。例如，使用信用卡汇款时，费用为汇款金额的 2.9%～5.99%（取决于交易类型）加上每笔交易的少量固定费用（通常为 0.3 美元）。PayPal 拥有 2.8 亿个活跃消费者账户和 2 400 万个活跃商家账户，在支付领域起着主导作用。500 强在线零售商中有近 80% 使用 PayPal（PayPal Holdings，Inc.，2020；Kim，2019）。

尽管 PayPal 是迄今为止最著名和最常见的在线信用卡/借记卡替代品，但还有许多其他替代品。Amazon Pay 瞄准的是那些担心将信用卡信息透露给不熟悉的在线零售商的消费者。消费者可以使用亚马逊账户在非亚马逊网站上购买商品和服务，无须在商家网站上重新输入付款信息，而是直接由亚马逊提供付款处理服务。2019 年 11 月脸书推出 Facebook Pay，用户可以直接从银行和信用卡转账到 Facebook Pay，实现从商家购买商品并进行转账和付款。它最初在脸书和 Messenger 上可用，之后推广到 Instagram 和 WhatsApp。用户输入他们喜欢的支付方式，然后脸书保存信息以备将来使用（Liu，2019）。Visa Checkout（以前称为 V. me）和万事达的 MasterPass 会在在线结账时用用户名和密码代替实际的支付卡号。MasterPass 和 Visa Checkout 受到了一些大型付款处理机构和在线零售商的青睐。但是，它们尚未达到 PayPal 那么高的使用率。

PayPal Credit（以前称为 Bill Me Later）也吸引了不希望在线输入信用卡信息的消费者。PayPal Credit 是一个开放式的信用额度账户，用户在结账时可以选择 PayPal Credit 选项。Afterpay 是一个数字分期付款提供商，用户能够分四次，每两周支付一次分期付款的费用，零售商承担与该分期付费的所有费用。目前，有超过 9 000 家美国零售商提供 Afterpay 服务，并有 360 万以上的消费者积极使用 Afterpay（Kats，2020）。Sezzle、Afirm 和 Klarna 提供了类似的服务（有时也称为销售点（POS）贷款）。

5.5.3 移动支付系统：你的智能手机钱包

移动支付系统是替代支付中增长最快的部分。在亚洲和欧洲的许多国家（如丹麦、挪威、意大利和荷兰），已经出现了完备的移动设备支付机制；在美国，支持移动支付的基础设施正在不断建设。移动支付包括使用移动设备的所有类型的支付，包括账单支付、在线购买、店内购买和 P2P 付款。移动钱包（有时也称为数字钱包）是智能手机应用程序，用于存储借记卡、优惠券、发票和传统钱包中可能存在的代金券（First Annapolis Consulting，2017）。

移动钱包应用程序主要有三种类型：通用近场移动钱包应用程序、品牌商店近场移动钱包应用程序和 P2P 移动支付应用程序。如果商户支持该服务（例如，有苹果商户应用程序且可以接受这种支付），则可以在各种商户处使用**通用近场移动钱包**（universal proximity mobile wallet）（如 Apple Pay、Google Pay 和 Samsung Pay）来完成交易。这种付款方式是最广为人知且最常见的移动支付类型。**品牌商店近场移动钱包**（branded store proximity mobile wallet）是只能在特定商家处使用的移动应用程序。

例如，沃尔玛、塔吉特、星巴克和唐恩都乐都拥有非常成功的移动钱包应用程序。在美国，到 2020 年，将有超过 8 500 万人使用通用近场移动钱包应用程序和品牌商店近场移动钱包应用程序（eMarketer, Inc.，2020a）。P2P 移动支付应用程序如 Venmo、Zelle 和 Square Cash，用于在拥有相同应用程序的个人之间进行支付。到 2020 年，美国有超过 8 000 万人使用此类应用程序（eMarketer, Inc.，2020b）。图 5 - 14 说明了领先的通用近场移动钱包应用程序和 P2P 移动支付应用程序的市场渗透率和用户数量。

通用近场移动钱包应用程序（市场渗透率/用户数量）

P2P移动支付应用程序（市场渗透率/用户数量）

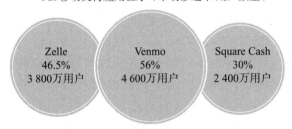

图 5 - 14　移动钱包应用程序使用情况

注：就通用近场移动钱包应用程序的用户比例和用户数量而言，Apple Pay 无疑处于领先地位。Venmo 是领先的 P2P 移动支付应用程序。

到 2020 年，美国的通用近场移动钱包应用程序（通用商店和品牌商店）预计将用于处理约 1 300 亿美元的付款，比 2019 年增长近 20%。美国 P2P 移动支付应用程序的交易价值有望更高，到 2020 年将达到近 4 000 亿美元(eMarketer, Inc.，2020c, 2020d)。

移动支付仍然是增长最快的支付方式，但在包括信用卡与借记卡自动计费（称为 ACH 付款）和支票付款在内的 97 万亿美元支付市场中仅占很小的一部分（Federal Reserve System，2019）。尽管在星巴克、沃尔玛和塔吉特等全美广泛分布的零售商的品牌店内付款应用程序非常成功，并且在使用者方面（尤其是在商店中的实际使用情况）比 Apple Pay、Google Pay 和 Samsung Pay 增长更快，但消费者仍然对使用信用卡和借记卡的体验感到满意。在 P2P 移动支付领域，处于领先地位的是 PayPal 旗下的 Venmo、美国 250 多家银行支持的 Zelle 和 Square 旗下的 Square Cash，后者开创了 Square Reader，这是一种让任何拥有智能手机或平板电脑的人都能接受信用卡支付的设备（Daly，2019；eMarketer, Inc.，2020b）。

近距离无线通信技术（near field communication，NFC）是通用近场移动钱包应用程序的主要支持技术，而快速响应（QR）码技术通常是品牌商店近场移动钱包应用程序的主要支持技术。NFC 是一组短距离无线技术，用于在约 2 英寸范围内的设备之间共享信息。NFC 设备要么是主动启用，要么是被动启用。连接时需要一个电源设备（启动器，如智能手机）和一个可以响应发起方的请求的目标设备（如商家 NFC 读取器）。NFC 目标设备可以是非常简单的形式，如标签、贴纸、电子钥匙链或读取器。在两个设备都通电的情况下，NFC 对等通信就可以实现。消费者可以在商家的读取器附近刷卡，以支付所购商品的费用。Apple Pay 和 Google Pay 都需要 NFC，而 Samsung Pay 同时使用 NFC 和类似于信用卡磁条的磁安全传输技术。**QR 码技术**（Quick Response (QR) code technology）使用移动应用程序生成二维条形码（QR 码），在该二维条形码中对信息进行编码。然后，商家扫描 QR 码，并从与信用卡或借记卡关联的客户的移动钱包中扣除付款金额。Walmart Pay、Starbucks Pay、Target Pay 和唐恩都乐，以及许多其他零售商都使用基于 QR 技术的移动支付方式。

5.5.4 区块链和加密货币

区块链（blockchain）是一项使机构可以在没有中央授权的情况下几乎立即在网络上创建和验证交易的技术。从传统上讲，机构自己维护自身的数据库和交易处理系统，使用交易记录来进行订单跟踪、付款，安排生产进度和运输。例如，当你在网上下单时，该订单将作为订单记录输入交易数据库中。当订单在公司的工厂、仓库、运输和付款过程中进行处理时，初始记录会扩展为有关此订单的所有信息的记录。你可以将其视为为每个订单创建的信息块，并且随着公司不断地处理订单而持续发展。当订单完成并已付款时，就会产生与该初始订单相关联的链块（或链接记录）。

区块链以多种方式改变这一过程，但是从头到尾由一连串的信息块组成交易的基本思想是不变的。**区块链系统**（blockchain system）是一个在分布式和共享数据库（称为对等或 P2P 计算机网络）而不是单个组织的数据库上运行的交易处理系统。该系统由计算机的分布式网络组成。与传统数据库不同，分布式分类账通过 P2P 体系进行管理，并且没有集中式数据库。它本质上是分散的。区块链维护着不断增长的记录列表，称为记录块。每个块都包含一个时间戳，并链接到前一个块。一旦数据块被记录在区块链分类账上，就无法追溯更改。当某人想要添加交易时，网络中的参与者（所有参与者都有现有区块链的副本）运行算法来评估和验证提议的交易。对分类账的合法更改将在几秒钟或几分钟内记录在整个区块链中，并通过加密对记录进行保护。图 5-15 说明了区块链是如何工作的。

在成千上万的公司之间共享交易信息的分布式交易数据库存在许多风险。个人或公司可能输入虚假交易或更改现有交易。冒名顶替者可能会声称某产品已经发货，而实际上没有发货。使用加密算法功能能避免上述风险。一个区块链系统能够运行的基础就是加密和参与者验证，确保只有合法的人员可以输入信息，只有经过验证的加密和认证的交易才能被接受，记录输入后，交易将无法更改。

使用区块链数据库的公司可以从中获益。区块链网络从根本上降低了验证用户、验证交易的成本，以及降低了成千上万家公司存储和处理交易信息的风险。尽管台风或地震会破坏公司的私有数据库，但这些事件只会干扰 P2P 网络中的单个节点，而记录仍存储在网络中的所有其他节点上。数千家公司不必建立自己的私人交易系统，只需要将它们与供应商、托运人和金融机构系统进行集成，区块链为参与其中的公司提供了一个简单、低成本的交易系统。记录交易的标准化通过使用智能合约来实现。智能合约是一种计算机程序，可创建管理公司之间交易的规则（例如，产品的价格、产

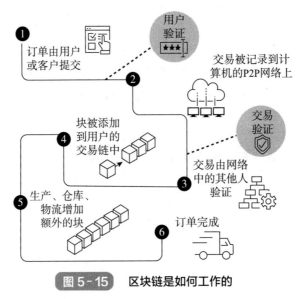

图 5-15　区块链是如何工作的

注：区块链系统是一个分布式数据库，用于记录计算机 P2P 网络中的交易。

品的运输方式、交易的完成时间、交易的出资方、出资条件、交易方式以及偏好）。通过智能合约可以监控传统法律合约的所有元素，以确保交易双方均能遵守这些条款。

区块链技术提供的简单性和安全性使其对于存储和保护金融交易、病历和其他类型的数据具有吸引力。区块链是下一部分中描述的加密货币以及供应链管理的基础技术，我们将在第 12 章中进一步讨论。

加密货币（cryptocurrency）是纯粹的数字资产，可以作为区块链技术和加密技术交换的媒介。**比特币**（Bitcoin）是当今使用的最广泛的加密货币，但是在过去几年中出现了许多其他加密货币。从 2008 年比特币发明之初的零价值到现在的数千亿美元的市值，加密货币已经有了飞跃性的增长。比特币和其他加密货币代表着复杂的技术。支持者认为，加密货币代表了货币的未来。批判者认为，加密货币总体来说只能有限使用，而在最坏的情况下则会完全崩溃。

比特币由一个笔名为中本聪的神秘人物或组织创建，用于应对 21 世纪的全球金融危机。传统的纸币和硬币等货币是由国家的中央银行系统控制发行的，而比特币是完全去中心化的，没有人可以控制比特币。比特币是使用区块链进行管理的，区块链可以使账本同步过程自动化。即使是比特币最狂热的反对者，也认识到了区块链技术在涉及多个实体之间的交易领域具有的革命性的潜力。

比特币的区块链由运行专门的比特币软件的数十万台计算机维护。每个"块"代表已进行的一系列交易，并使用称为散列的密码字符串进行保护。散列包含加密的时间戳和与已进行的交易有关的交易数据，以及连接上一个块的链接，每个交易的当事方的身份均受到保护。由于区块链和分类账由如此多的个人用户维护，因此，如果有人尝试更改区块链（例如，使其看起来比实际拥有更多的比特币），则其他数千名用户很快就会发现异常，并随后进行更正。除了完全去中心化之外，比特币还几乎是完全匿名的。尽管任何人都可以在区块链上查看已完成的交易，但他们看不到谁进行了交易或其他用户拥有多少个比特币。执行比特币交易不需要名称或社会安全号码。取而代之的是，它只需要一个比特币钱包，这是一个简单的程序，可让个人存储和使用受加密密钥保护的比特币。

用于确保区块链准确性的专业比特币软件还被用于将新的比特币投放到流通过程中。传统的中央银行系统具有印钞和控制货币流通的能力，比特币则分散这一责任。当比特币从一个人发送到另一个人时，该交易的记录存储在一个区块中。当完成足够的交易以填满一个区块并需要一个新区块时，世界各地运行此专用软件进行加密计算，以保护新区块中包含的数据。谁先完成这些计算，谁就会获得固定数量的比特币奖励。截至 2019 年底，这个数字是 12.5 比特币，当时的价值在 87 500 美元左右。这项奖励是对全世界用户将他们的计算能力投入运行比特币网络的激励。可供开采的比特币只有 2 100 万，到 2019 年底，已经有大约 1 800 万处于流通中。然而，中本聪从一开始就指出，开采比特币所需的计算能力将随着时间的推移而显著提升，并且奖励也将随着时间的流逝而减少，某种意义上也是为了补偿该货币的升值。就像黄金一样，比特币有固定数量，不能凭空创造。但是与黄金不同，比特币是虚拟的，没有重量，也不需要存储和移动。

比特币的狂热粉丝认为，区块链提供了空前的安全性，能够使得跨境资金以极低的成本快速转移，同时受到中央银行的控制有限，能够为货币不稳定国家的公民提供可靠的存钱的能力。但是，实际上，比特币被认为是高度投机性资产，其突然的价格波动使它无法在日常交易中得到广泛使用。比特币的价格起伏很大，以至于美国司法部对可能的价格操纵进行了刑事调查。2018 年发表的一篇论文发现，世界上最大的比特币交易所 Bitfinex 正在使用一种名为 Tether 的专有货币进行交易。如果比特币的价格在 2017 年 3 月至 2018 年 3 月之间的任何时候开始下跌，该货币将维持比特币的价格。高达 40％的比特币被 1 000 名左右的用户持有，这些用户的交易方式对比特币的价格有着重大影响。由于货币的匿名性，比特币还成为人们从暗网购买非法药物、枪支和其他非法商品的首选付款工具。

比特币的支持者吹捧其安全、快速交易的能力，但事实证明，比特币也存在盗窃和欺诈方面的问题。尽管比特币在交易时非常安全，但黑客已利用在线加密货币交易所中的漏洞实现了价值数百万美元的加密货币盗窃。中央银行不会解决这些盗窃案，比特币持有者往往无权追回资金。表 5-9 展示了一些比特币黑客入侵事件。根据剑桥大学的研究人员在 2019 年的研究，全世界的比特币开采已经消耗了大量的能源，超过了瑞士的全部能源消耗，约占世界用电量的 0.30％，这引起了环保主义者的关注（Vincent，2019）。

表 5-9 著名的比特币黑客入侵事件

目标	年份	规模	描述
Mt. Gox	2011	750 000 比特币	迄今为止最大的比特币黑客攻击。Mt. Gox 是一个总部设在日本的交易所。黑客攻击后，它迅速停止了运营。投资者失去了所有资金，无法追回。
Bitfinex	2016	120 000 比特币	第二大比特币黑客攻击。Bitfinex 发行了代币并计划退还用户损失的数字货币。

续表

目标	年份	规模	描述
NiceHash	2017	价值 7 000 万美元的比特币	NiceHash 是一个挖掘数字货币的市场。黑客通过入侵一台公司电脑获得了数字货币。
Binance	2019	价值 4 000 万美元的比特币	黑客入侵 Binance——世界上最大的加密货币交易所之一——并使用包括网络钓鱼、病毒等在内的各种方法，实施了一次大规模的安全漏洞攻击。

　　一些国家的政府和金融监管机构认为，比特币是对其中央银行系统主权的潜在威胁，而且许多国家（例如韩国）已禁止虚拟货币交换。但是，总的来说，比特币在金融界越来越受欢迎。在美国，主要的投资银行最初对比特币持强烈怀疑态度。但是纽约证券交易所的母公司已经开发了一个比特币在线交易平台，芝加哥商业交易所也允许比特币交易。尽管包括阿尔及利亚、孟加拉国和玻利维亚在内的少数几个国家已将比特币视为非法，加拿大和印度等国家的主要银行都暂时禁止使用比特币，但现在比特币在全球大部分国家和地区是合法的。

　　比特币没有中央授权，因此由其社区制定有关其货币未来的决策，这通常会导致分歧。为了改善比特币的模型或实现其他不同目标，其他加密货币得以出现。这些货币被称为"替代币"，它们可以在所有主要的加密货币交易所中与比特币一起使用。比特币目前约占整个加密货币市场的 70%，其余部分由替代币构成（Godbole，2019）。表 5-10 展示了一些替代币的示例。在 2019 年，脸书宣布了一种名为 Libra 的替代加密货币和一个名为 Calibra 的数字钱包的计划。该项目遭到政界人士和监管机构的强烈批评，在 2020 年初，脸书放弃了 Libra 替代加密货币计划。Calibra 数字钱包计划将在 2020 年 10 月发布，一旦准备发布，它将支持目前政府支持的货币，例如美元、欧元等（Statt，2020）。

表 5-10　替代币的示例

名称	描述
Ethereum/Ether	Ether 是一个去中心化的软件平台，允许基于区块链的应用程序使用该平台的货币。相比于比特币，Ether 交易成本低、交易速度快。
Ripple	一个实时全球结算网络，允许即时低成本的国际支付。Ripple 不需要通过货币挖掘来更新，这使得它在替代币中是独一无二的，得到了主要银行组织的支持。
Bitcoin Cash	比特币的分支，拥有更大的区块、更快的交易速度、更低的交易费用。
Litecoin	轻量级硬币，生成区块和确认交易的速度比比特币快。
Monero	特别注重隐私，使用不同的散列算法和其他技术来匿名化所有元素。
Zcash	以"屏蔽"交易著称，甚至可以隐藏交易的金额。

　　一些初创公司现在正在通过**初始代币发行**（ICO）筹集资金，这些公司发行加密货币代币，可以使用代币从公司购买商品和服务。许多国家的监管组织已发出 ICO 风险警告或要求 ICO 像其他金融工具一样进行注册。ICO 代币很容易在网上交易中买卖，这使其流通性比传统购买公司股票的筹资方式要高得多。通过 ICO 筹集的资金迅速增长，2014—2019 年筹集了超过 260 亿美元，但是由于监管问题，人们对它的兴趣

已开始下降（Popov，2019）。

5.6 电子账单展示和支付

　　自 2012 年以来，美国的实体支票的数量从 2 250 万张下降到 1 600 万张，而在线支付账单的数量显著增长（Federal Reserve System，2019）。没有人能知道确切的数字，但是一些专家认为，从发行到付款，一张纸质票据的生命周期成本为 3 美元到 7 美元。这种计算方式中还没有包括消费者打开账单、阅读账单、填写支票、写信封、贴邮票，然后再汇款所用的时间的价值。互联网作为一个可以大大减少支付账单成本和消费者支付时间的电子账单支付系统，在账单市场中将面临空前的机遇。虽然各方的估计数据并不相同，但是可以肯定，网上支付的单位处理成本只有 20～30 美分。

　　电子账单展示和支付系统（electronic billing presentment and payment（EBPP）system）是新型的每月账单网上支付系统。利用 EBPP 的服务，消费者可以使用台式机或移动设备浏览电子账单，并通过电子资金转账的方式从银行或者信用卡账户进行账单的支付。越来越多的企业选择用电子方式发出账单或月结单，而不是邮寄纸质账单，特别是诸如公用事业、保险和订阅的经常性账单。

5.6.1　市场规模增长

　　2002 年，有 61% 的账单通过支票付款，而只有 12% 是在在线付款。相比之下，根据 Fiserv 对消费者行为的调查，有 65% 的消费者使用在线账单支付，超过 50% 的用户设置了自动在线支付，几乎 60% 的用户接收了数字账单而非纸质账单。尤其是老一辈的消费者，对在线接收和支付账单的安全性感到满意。移动支付激增，大多数消费者都通过使用移动账单支付节约时间，提高便利性（Fiserv，2019）。

　　EBPP 使用量激增的主要原因之一是，公司已经意识到，通过在线支付账单，它们可以省下一大笔钱，这主要体现在邮寄费用和处理费用上，而且支付的款项可以更快到账（比普通的纸质账单邮寄快 3～12 天），从而加快了现金流动。在线账单支付还可以减少公司客户服务热线的电话数量。为了节约成本，许多公司开始对邮寄账单收费，以鼓励客户使用电子账单支付系统。

　　不过，局限于金融领域并不能全面说明问题。许多企业开始意识到账单是一个销售产品和保留客户的机会，电子媒介提供了更多的营销和促销的选择。折扣、返利、交叉销售和追加销售都可以在数字领域实现，且比使用邮寄方式更便宜。

5.6.2　EBPP 业务模式

　　EBPP 业务模式有四种：网上银行模式、直接付款模式、移动付款模式和合并付款模式。

　　网上银行模式是当今使用最广的模式。消费者与银行建立在线支付服务关系，并在到期时使用它来支付账单，款项直接支付到卖方的银行账户。该模式的优点是方便用户使用，因为款项是自动扣除的，通常银行或商家会通知用户的账户已扣除款项。

　　在直接付款模式中，消费者通过电子邮件通知收到账单，然后前往商家的网站，使用银行凭据进行付款。该模式的优点是允许商家通过发送优惠券或奖励与消费者互动。但是，直接付款模式包括两步，对消费者来说不太方便。

移动付款模式允许消费者使用移动应用程序进行支付，也依靠银行凭据进行付款。它通过文本消息通知消费者账单并授权付款。这种模式的一个扩展是社交移动模式——脸书等社交网络将支付整合到它们的消息服务中。移动付款模式有几个优点，其中最重要的是用户在使用手机的同时还能体验到支付账单所带来的便利以及一步支付账单的快捷。这是 EBPP 增长最快的形式。例如，Facebook Messenger 用户可以使用借记卡或 PayPal 账户与朋友和家人收发 P2P 款项。脸书不对这些转账收取费用（Facebook，2020）。

在合并付款模式中，第三方（例如金融机构）或重点门户（例如 Intuit 的 Paytrust、Fiserv 的 MyCheckFree、Mint Bills 等）会汇总所有消费者的账单，并允许一站式账单支付。这种模式的优势是允许消费者在一个网站或应用程序上查看其所有账单。但是，由于账单在不同的时间到期，因此消费者需要经常检查他们的门户网站。合并付款模式也面临几个挑战。对于开票人而言，使用合并付款模式意味着开票和付款之间的时间间隔将增加，并且在公司与其客户之间增加中介。

基础设施提供商，如 Fiserv、Yodlee、FIS Global、ACI Worldwide、MasterCard RPPS（远程支付和展示服务）等都提供软件来建立 EBPP 系统，或提供收集和处理账单的服务，以支持这些基本的 EBPP 业务模式。图 5 - 16 分类显示了 EBPP 市场空间的主要竞争者。

图 5 - 16　EBPP 市场空间的主要竞争者

注：EBPP 市场空间的主要业务模式包括直接付款模式、网上银行模式、合并付款模式和移动付款模式。基础设施提供商支持所有这些相互竞争的模式。

5.7　电子商务相关职位

随着网络犯罪几乎每天都能成为头条新闻，对于网络安全人员的需求正在迅速增加。但是由于缺乏在该领域接受过专门培训的候选人，所以网络安全领域许多职位都处于空缺状态。结果就是许多公司愿意考虑雇用非传统的候选人担任这些职位。网络安全是一个跨学科领域，需要具备技术、行为学、金融、风险、法律法规方面的知识，因此具有广泛背景的学生可能会成功获得入门级网络安全职位。金融服务、医疗保健、零售、教育等行业以及政府相关部门的需求尤其强烈，因为这些行业或政府相关部门最近都遭受了巨大的攻击。网络安全职位的薪资水平较高，信息安全分析师的平均年薪超过 90 000 美元。相关职位包括突发事件处理员、安全分析师、安全审核员、安全工程师、渗透测试人员和安全软件开发人员等。

5.7.1 公司简介

该公司是美国顶级的银行和金融服务公司之一。它在全美 50 个州设有 5 000 多个分支机构，拥有 12 000 多台 ATM 机，并为零售银行部门的 4 000 多万消费者和小型企业提供服务。该公司管理的资产超过 6 000 亿美元。该公司的在线网站和移动应用程序为超过 1 000 万零售客户提供金融服务。在线网站和移动应用程序提供了本地分支机构几乎所有可用的服务，包括转账、P2P 付款、账单付款、在线存款等。该公司认为，在五年内，超过 60％的客户将在线进行几乎所有的银行交易，抵押贷款和财富管理除外。

与其他各种规模的金融服务公司一样，该公司也是黑客和数字犯罪分子的重要目标。它的在线银行业务遭受了许多安全漏洞的破坏，包括客户数据泄露、信用卡和银行卡欺诈、拒绝服务攻击以及网络钓鱼。于是，该公司成立了一个网络安全部门，投入了超过 3.5 亿美元的预算，以保护其客户的资产。

5.7.2 职位：网络安全威胁管理团队实习生

你将在网络安全威胁管理团队接受培训，负责支持和协调银行的网络安全活动。职责包括：

- 响应业务合作伙伴（内部和外部）的信息请求。
- 为基于风险的威胁管理、缓解和补救，提供方法、指导和设置优先级。
- 向利益相关者提供会议信息，以说明和传达信息安全风险的状态。
- 为部门经理提供有关发展中的安全威胁和进行风险分析的建议。
- 审查、开发、测试和实施安全计划、安全产品和控制技术。
- 协调数据安全事件的报告。
- 关注现有和提议的安全标准制定小组，包括州和联邦法律法规。
- 研究破坏安全协议的尝试。

5.7.3 资格/技能

- 工商管理、管理信息系统或计算机科学学士学位，并具有 IT 安全和/或电子商务安全方面的知识。
- 了解安全研究工具、产品和标准。
- 学习厂商和内部安全解决方案的能力。
- 能够开发和编写自动化安全程序的脚本。
- 获得 SANS Institute 安全认证或信息系统安全专业认证（CISSP）。
- 开发用于提升日常工作自动化水平的应用程序/解决方案的能力。
- 较强的分析问题、解决问题和把想法概念化的能力。
- 较强的写作和沟通能力。
- 与技术业务经理和非技术业务经理合作的能力。

5.7.4 面试准备

本章提供了有关电子商务安全环境（5.1 节）、电子商务环境中的安全威胁（5.2

节）、技术解决方案（5.3 节）以及政策和法律（5.4 节）的基本知识。要准备面试，请查看以上部分。你应该能够掌握针对此类公司的各种类型的威胁，例如不同类型的恶意代码、网络钓鱼、数据泄露、信用卡欺诈/盗窃信用卡信息、身份欺诈、DoS 和 DDoS 攻击、内部攻击、设计不当的软件，以及云、移动设备和物联网安全问题所带来的危险。查看"社会透视"专栏关于 Equifax 的案例，以便你可以更好地谈论数据泄露引发的问题。重新阅读 5.3 节，以确保你可以提供各种技术解决方案，如加密、TLS 协议、VPN、不同类型的防火墙以及 IDS 和 IPS。复习 5.4 节，以便你也可以谈论与安全性相关的政策和法律。

5.7.5　可能的面试问题

1. 你认为针对我们的最具潜在破坏力的攻击类型是什么？

无论是通过黑客攻击还是网络钓鱼攻击，破坏客户数据带来的危害都是最大的。第二个主要威胁是阻止客户访问其账户的 DDoS 攻击。第三个主要威胁是对将分支机构连接到银行数据中心的银行网络的攻击。如果出现这一攻击，将严重影响银行的运营。

2. 你认为应如何制订安全计划？

要回答这个问题，你可以参考 5.4 节中有关安全计划制订的知识，尤其是图 5-12。任何计划都必须从对主要威胁的风险评估开始；第二步是确定银行的基本安全策略；第三步是制订一个实施计划，让所有部门的经理和员工参与；第四步，需要进行持续的威胁报告和安全审计，以衡量安全策略的有效性并确定持续威胁的领域。

3. 在补救方面，你认为银行在线安全问题的四个最重要的解决方案是什么？

你可以利用从 5.3 节中学到的知识来提供各种技术解决方案。这是一个复杂的问题，因为它部分取决于哪些银行产品和服务被分析。但是，仅考虑在线消费者零售银行交易，在客户登录的前端进行两因素身份验证将是解决身份欺诈的一种方法。消费者数据的加密也可能作为解决恶意代码入侵包含个人信息的客户数据库的解决方案。更普遍地讲，一个真正可靠的计划是培训员工以安全的方法访问客户数据，这可能会降低电子欺骗和网络钓鱼之类的社交工程攻击。还有一个解决方案是确保所有内部系统（尤其是台式机和本地网络）都与主要软件和硬件供应商发布的升级版本保持一致。

4. 如你所知，网络钓鱼等社交工程对我们构成重大威胁。你对减少这种威胁有什么建议？

要回答此问题，你可以参考 5.2 节中社交工程和网络钓鱼相关知识，并提及越来越多地使用商业电子邮件通信会导致网络钓鱼和 W-2 网络钓鱼。你可以指出，在员工队伍中传播对此类攻击的意识，会减少员工受其攻击的可能性。你可能还注意到，尽管有最佳的安全策略，也会发生社交工程攻击和网络犯罪分子获得客户账户访问权的事件。这只是何时的问题，而不是是或否的问题。制订计划来应对这些不可避免的事件是将这些攻击的影响降至最低的最佳策略。

5. 许多安全技术增加了成本。安全软件、硬件和协议越强大，客户越容易感知在线网站难以使用且速度慢。你如何看待这种困境？

要回答这个问题，你可以利用 5.1 节中有关安全和其他价值（如易用）之间的悖论等相关知识。你可能建议分析所有安全策略和过程，以了解它们对客户服务和系统性能的潜在影响。基于对系统性能的分析，可以测量因安全协议引起的系统性能延迟。对消费者的调查还可以产生数据，衡量安全措施如何影响消费者对服务质量的看法。大多数客户不会注意到几毫秒的系统响应时间延迟，但会注意到五秒钟的服务延迟。数据和分析方法可以帮助回答这个问题。

问 题 /////////////////////

1. 为什么在网上盗窃风险更小？解释犯罪分子欺骗消费者和商家的一些方法。

2. 解释为什么电子商务网站可能不想报告自己成为网络犯罪分子的目标。

3. 举一个与电子商务安全的六个关键维度相关的安全漏洞的例子。例如，什么是隐私性？

4. 你将如何保护你的公司免受拒绝服务攻击？

5. 列举典型电子商务交易中主要的薄弱点。

6. 电子欺骗是如何威胁网站的运营的？

7. 为什么广告软件或间谍软件被认为是安全威胁？

8. 企业可以采取哪些措施来遏制来自企业内部的网络犯罪活动？

9. 解释与加密相关的一些漏洞。为什么现在加密不如 21 世纪初安全？

10. 简要解释公钥加密体系如何运作。

11. 比较防火墙和代理服务器及它们的安全性能。

12. 安装了杀毒软件的计算机是否能免受病毒侵害？为什么？

13. 确定并讨论制订电子商务安全计划的关键步骤。

14. 生物识别设备如何帮助提高安全性？它们减少了哪些特定类型的安全漏洞？

15. 简要讨论信用卡作为在线支付工具的缺点。要求使用信用卡付款将对某些消费者产生怎样的歧视？

16. 描述在线信用卡交易是如何进行的。

17. 为什么比特币如此具有争议性？

18. NFC 是什么，它是如何工作的？它与二维码技术有什么不同？

19. 讨论为什么 EBPP 系统越来越受欢迎。

20. EBPP 系统的业务模式分别有哪些优点？

第3篇

商业概念和社会问题

电子商务营销与广告概念

学完本章，你将能够：

- 了解美国互联网用户基本情况、消费者行为的基本概念以及在线消费者的行为模式
- 了解并描述基本的网络营销以及广告策略和工具
- 了解网络营销技术
- 了解网络营销传播的成本和收益

章首案例　　　　　　　**视频广告：拍摄、点击、购买**

　　或许人们还没意识到，网络视频时代已悄然而至，随着视频制作工具日臻完善，宽带速度更快，流媒体质量不断提高，网络视频市场持续高速增长。此外，观看网络视频的方式也有所扩展，从台式机和笔记本电脑到智能手机、平板电脑，以及越来越多的网络电视。

　　网络视频的受众群体庞大。近2.45亿美国人（占美国总人口的70%以上）每月至少观看在线视频内容一次。YouTube是美国最大的在线视频内容网站，在美国拥有超过2.1亿的用户，在全球拥有超过20亿的用户。其他顶级在线视频内容实体包括脸书、Verizon Media（Yahoo/AOL）、华纳传媒（Warner Media）和Comcast NBC Universal。

　　由于大家对视频的关注度较高，视频已成为一个重要的广告媒介。横幅广告的点击率很低（每10 000次浏览中点击不到5次），但视频广告有所不同。台式机上的视频广告点击率是展示广告的5倍多，平板电脑和智能手机上的视频广告点击率更高。在互联网电视机顶盒（OTT）设备上的指标甚至更好，最近的研究表明，观看者看完了98%的付费视频广告。此外，几乎全部的在线消费人群都能成为视频观众，他们提供了非常理想的人口规模与强大的购买力。Comscore的一项研究发现，观看视频的在线零售网站用户购买的可能性要高出64%。因此，广告主们纷纷加入这一行列。领先的网络视频广告平台包括Google Ads（包括YouTube）、脸书、Verizon Media、Tremor Video和Chocolate（前身为Vdopia）。

　　许多大型公司现在都有YouTube频道，它们将其用作营销和品牌推广平台。例如，2019年，90%最有价值的全球品牌至少有一个YouTube频道。媒体公司通过各种YouTube频道触达平均

400 万订阅者，其中华纳传媒拥有 800 多万订阅者，其次是英国广播公司和美国广播公司新闻频道（ABC News），拥有超过 700 万订阅者。在汽车行业，福特（Ford）拥有最顶尖的频道，拥有 200 多万订阅者，其次是梅赛德斯-奔驰（Mercedes-Benz）和日产（Nissan），各有 100 多万订阅者。在其他领域，品牌领导者苹果拥有超过 1 000 万的订阅者；红牛（Red Bull）拥有超过 900 万订阅者；维多利亚的秘密（Victoria's Secret）拥有超过 180 万订阅者。

规模较小的公司也将 YouTube 频道作为品牌推广平台。Orabrush 是一家成功利用 YouTube 建立业务的小公司。发明了清新口气的舌头清洁剂的牙医罗伯特·瓦格斯塔夫（Robert Wagstaff）博士未能成功通过传统渠道进行营销。杰弗里·哈蒙（Jeffrey Harmon）是附近杨百翰大学（Brigham Young University）的工商管理硕士，曾在瓦格斯塔夫的公司里兼职，他说服瓦格斯塔夫尝试发布 YouTube 视频。他们最初在 Orabrush 的登录页面上发布了一段关于"如何判断你是否有口臭"的 YouTube 视频，发现这段视频使 Orabrush 的网站转化率提高了三倍。从那以后，他们决定创建 Orabrush 自己的 YouTube 频道。如今，Orabrush 的 YouTube 频道原创视频的浏览量已超过 2 600 万次，拥有约 17 万订阅者和近 4 000 万次的视频浏览量（超过高露洁和强生等核心品牌），更重要的是，带来的销量已超过 300 万件。Orabrush 产品线已被 Dentek 收购。Orapup 是生产宠物狗用品的品牌，它也使用了同样的视频营销模式并取得了巨大的成功，与宠物社区建立了联系，产生了近 2 800 万次的浏览量，超过了核心宠物品牌 Purina、Pedigree 和 Iams 的总和。

YouTube 也是一个卓越的网络视频广告平台，预计到 2020 年，YouTube 将创造超过 40 亿美元的视频广告收入。YouTube 为广告主提供了多种视频广告形式。插播广告在其他视频之前、期间或之后播放。可跳过的插播广告允许观众在 5 秒钟后跳过广告，直接转到他想看的视频。除非观众观看了完整的广告或观看长广告至少 30 秒，否则广告主不会被收费。实际上，可跳过的插播广告给了广告主 5 秒钟的免费品牌推广时间。但由于许多观众自动跳过视频广告，YouTube 还提供不可跳过的插播广告。缓冲广告非常短（6 秒或更短），不可跳过的广告旨在通过传递简短但令人难以忘记的信息来提高品牌知名度，而常规的不可跳过的广告最长可播放 15 秒。视频发现广告以缩略图的形式出现在 YouTube 搜索结果页面、相关的 YouTube 视频以及 YouTube 移动主页中。只有当观众选择通过点击广告的缩略图来观看广告时，广告主才会被收取费用。

谷歌已经采取了许多措施来提高广告主网络视频广告的效果。与许多其他类型的网络广告一样，广告可以基于受众的人口统计学特征和其他行为数据进行定位。例如，自定义受众功能允许广告主根据用户与其他谷歌产品（如谷歌搜索查询、Google Maps 上访问的位置或 Google Plays 商店上安装的应用程序）的互动联系 YouTube 上的用户。广告主也可以使用被谷歌称为动态再营销（又称为重定向）的方式，从而根据用户以前在广告主网站上的浏览量来显示广告。广告主认为，这样的目标定位可以让它们投放观众真正想看和感兴趣的广告，这对广告主很有吸引力，因为当观众主动观看时，他们的兴趣会更高。

TrueView 是 YouTube 使用的一个术语，指的是广告主只在用户选择观看广告时才付费的广告。TrueView for action 的广告是基于可跳过的插播广告设计的，包括一个突出的可点击的号召性用语、文本覆盖标题和网站链接。2019 年，最受欢迎的 TrueView for action 包括 Grammarly（其报告称应用程序安装量增长了 20%，每次获取成本降低了 8%）、Vrbo、Wayfair、Honey 和爱彼迎。TrueView for shopping 是 TrueView for action 的一个变体，它使广告主能够呈现图像和价格等，使观众能够轻松地直接从广告主的网站购买商品。广告主还可以使用传送带式的随播广告，让观众在观看视频时滚动浏览产品。使用 TrueView for shopping 的广告主有在线家具零售商 Wayfair 和美容产品零售商丝芙兰。Wayfair 制作了基于产品的视频，其中包含装饰的小贴士以及产品价格，而丝芙兰制作了一系列操作视频、教程和产品推荐。Wayfair 使用其开发的归因系统，能够将收入直接与 TrueView 广告的特定客户联系起来。Wayfair 报告称，TrueView 广告的收入是其传统视频广告的 3 倍。丝芙兰报告称，其广告回放率提高了 54%，品牌购买意向提高了 80%，平均观看时间为 2 分钟。

尽管视频广告总体上取得了成功，尤其是 YouTube，但视频广告仍面临一些障碍。广告主最关心的问题之一是可见度，即视频广告是否真的被看到。在过去，关于视频广告被看到的行业标准非常低：只需要有 50% 的广告像素在屏幕上至少连续两秒可见。2019 年，这一标准被提高，要求广告在这段时间内必须 100% 可见，这是一个进步，但仍然是一个极低的门槛。YouTube 对广告主基于可见度的担忧做出了非常积极的回应，并基于这些担忧创建了 TrueView 广告品牌。

对品牌安全的担忧是另一个问题。2017 年初，数百名广告主撤下它们的 YouTube 广告后，谷歌不得不暂时搁置 TrueView discovery ads，因为广告主发现一些广告与它们认为令人反感的内容有所关联。谷歌承诺采取措施以防止广告出现在有争议的视频中，正是由于使 YouTube 成为如此有吸引力的广告平台的规模和多样性，这一努力变得更为复杂，这仍然是 YouTube 要面临的一个持续性的问题，不容易解决。

资料来源："About Advertising on YouTube," Support. google.com, accessed August 20，2020；"The Complete Guide to YouTube Ads for Marketers," by Paige Cooper，Blog. hootsuite.com，June 11，2020；"US YouTube Video Ad Revenues," eMarketer, Inc.，June 2020；"Top U. S. Online Video Content Properties Ranked by Unique Video Viewers May 2020," Comscore.com，May 2020；"Q4 and Full Year Video Benchmark Report," by Extreme Reach, Extremereach.com，May 2020；"The Biggest Brands and Industries on YouTube in 2019," Divimove.com，December 18，2019；"TrueView for Action Inventory Extends to Google Video Partners," by Ginny Marvin, Marketingland. com，July 23，2019；"YouTube Quietly Pauses Search Ads to Implement Brand Safety Measures," by Ginny Marvin, Marketingland.com，May 5，2017；"Google Introduces TrueView for Action Ads on YouTube," by Ginny Marvin, Marketingland. com，September 14，2016；"YouTube Expands，Tweaks TrueView Video Ads," by George Slefo, Adage.com，July 21，2016；"YouTube Shopping Ad Formats Now Available to All AdWords Advertisers," by Ginny Marvin, Marketingland. com，November 16，2015；"Five Years of TrueView: How User Choice Is Ushering in the Next Golden Age of Video Advertising," Adwordagency. blogspot.com，April 8，2015；"YouTube Wants You to Stop and Play with Its Ads," by Lara O'Reilly, Businessinsider.com，April 8，2015；"Five Years of TrueView: How Ads Became the Ones to Watch," Thinkwithgoogle.com，April 2015；"Herein Lies the Tale of a Tongue Toothbrush, YouTube, and 'Reverse Marketing'," by Barry Levine, Venturebeat.com，February 3，2015；"As Seen on YouTube! Orabrush Reinvents the Infomercial," by Joseph Flaherty, Wired.com，May 21，2012.

也许没有哪个业务领域比营销和营销传播更受互联网和移动平台技术的影响。作为一种传播沟通工具，网络能以比传统媒体更低的成本满足营销者与数百万潜在顾客沟通的需求。网络还能提供即时、自发的机制来收集顾客信息，调整产品供应，并增加顾客价值。网络已衍生出大量新的工具，包括搜索引擎营销、社交营销、行为定位和定向邮件，用于识别顾客，与顾客进行有效的沟通。互联网只是第一次转型。今天，基于智能手机和平板电脑的移动平台也在重新改变网络营销和通信。表 6-1 总结了 2016—2017 年网络营销和广告的一些重要进展。

网络营销、品牌推广和市场沟通的课题研究非常广泛且深入。我们将用两章的篇幅来介绍这些内容，在本章，我们首先介绍网络消费者，网络营销以及广告策略和工具，网络营销技术。然后，着重介绍网络营销传播的成本和收益。在第 7 章中，我们将更深入地关注社交、移动和本地营销。

表6-1	2016—2017 年网络营销和广告的一些重要进展

商务

- 尽管网络营销和广告支出在过去五年中以每年超过 20% 的速度增长（而大多数形式的传统媒体营销和广告要么持平，要么下降），但预计到 2020 年，新冠疫情将使包括数字广告在内的所有类型的广告支出大幅减少。预计到 2020 年，数字广告支出将相对平稳，但 2021 年将开始复苏并且在所有广告支出中所占的比重不断上升，到 2024 年将超过 70%。
- 移动广告占数字广告支出的 2/3 以上。
- 搜索引擎营销和广告的重要性仍在继续，但与其他形式相比，其增长速度有所放缓。由于新冠疫情，搜索广告支出在 2020 年可能会下降，但在 2021 年又会恢复增长。
- 数字视频广告仍然是增长最快的广告形式，尽管有新冠疫情，但预计到 2020 年，广告支出将增长 10% 以上。
- 社交网络广告和营销支出将继续扩大。
- 可见性问题和广告诈骗让营销人员越来越多担忧。
- 原生广告和其他形式的内容营销增加。

技术

- 广告拦截软件使用率上升，引起了网络广告发布者和广告客户的关注。
- 大数据：网络跟踪产生大数据，使商业分析程序面临挑战。
- 云计算使营销内容丰富并使多渠道跨平台营销成为现实。
- 开始使用程序化广告（自动化的以技术为导向的购买和销售展示广告、视频广告）。

社会

- 基于行为跟踪的定向广告导致隐私意识和担忧增加。
- 市场营销人员越来越担心将广告放置在有争议的在线内容旁边，这会引发广告抵制，同时公司也注重品牌安全。

6.1 网络消费者：互联网用户与消费者行为

企业利用网络销售产品前，首先要了解网络消费者是哪一类群体，其在网络市场环境中的行为是怎样的。本节重点关注 B2C 领域的个体消费者行为。本节所讨论的内容同样适用于 B2B 领域，某种程度上企业的决定也是由个人来做出的。我们将在第 12 章更深入地讨论关于 B2B 领域的市场营销。

6.1.1 互联网流量模式：互联网用户画像

首先来分析美国互联网用户的基本情况。营销与销售的第一原则是要尽可能地了解消费者。谁在上网？哪些人会在网上购物？为什么？他们会购买什么商品？到 2020 年，所有年龄层约有 2.9 亿人接入互联网。全球约有 40 亿人在线（eMarketer, Inc., 2020a；2020 b）。

尽管在 21 世纪初，美国新互联网用户的数量以每年 30% 或更快的速度增长，但从那以后，增长速度明显放缓，预计到 2020 年，仅为 1.5% 左右（eMarketer, Inc., 2020a）。电子商务企业不能再指望通过两位数的互联网用户增长率来增加收入。美国互联网人口快速增长的时代已经结束。

网络的使用强度和范围

虽然美国互联网用户增长速度有所放缓，但网络的使用强度日益加大，使用范围不断扩大。在 2020 年，大约 87% 的美国人经常使用互联网，每天花大约 7.5 小时使

用数字媒体 (eMarketer, Inc., 2020a, 2020c)。青少年使用互联网更为普遍，95%的青少年拥有智能手机；45%的人表示，他们几乎不间断地使用互联网，还有44%的人说他们一天会使用好几次 (Pew Research Center, 2018)。如今，智能手机和平板电脑是互联网的主要接入点，尤其是对青少年和年轻人来说。约2.7亿人，即93%的美国互联网用户，使用手机上网 (eMarketer, Inc., 2020d)。移动设备的所有者每天花超过4小时20分钟观看视频、访问社交网络、玩游戏 (eMarketer, Inc., 2020c)。在2020年，近2.45亿用户观看视频，超过2.1亿用户访问社交网络，约1.75亿用户玩数字游戏，还有数百万人听音乐或购物。随着使用移动设备所花的时间持续增加，开始出现某种程度的反弹，然而，苹果已经引入了几个功能，帮助用户对智能手机的使用进行监测和限制 (Reardon and Tibkin, 2018)。

人口统计学特征数据与用户接入情况

自1995年以来，互联网和电子商务用户的人口特征发生了巨大变化。直到2000年，年轻、单身、接受过大学教育、高收入的白人男性在整个互联网用户中占据主导地位。接入和使用互联网的不平等引起人们对"数字鸿沟"的担忧。然而，近几年，女性、少数族裔、青少年以及中等收入家庭的上网人数明显增加，早期的那种不平等的程度大大降低，但尚未完全消除。

男性 (87.8%) 和女性 (86.4%) 使用互联网的比例大致相同。女性占互联网用户的50.3%，而男性占49.7%，在不同年龄群中，青年 (18~24岁) 使用互联网的比例最高，超过了99%；紧随其后的是少年 (12~17岁)，为97.4%。25~54岁的成年人使用互联网的比例超过90%。另一个快速增长的线上群体是65岁及以上的老年人，几乎75%的老年人目前正在使用互联网。12岁以下儿童的上网比率也在激增，约为70%。美国未来的互联网用户增长将主要来自65岁及以上的群体 (eMarketer, Inc., 2020e；2020f)。

不同族裔之间的差异不像不同年龄组之间那么大。10年前，族裔之间存在显著差异，现在这种差异有所减小。2019年，92%的白人使用互联网，而西班牙裔和黑人的这一比例分别为88%和85%。年收入在7.5万美元以上的家庭中，约98%使用互联网，而年收入在3万美元以下的家庭中，只有82%使用互联网。随着时间的推移，收入差距有所缩小，但仍然很显著，最高收入群体和最低收入群体之间的差距超过15%。受教育程度显著影响互联网使用。在高中及以下学历的群体中，2019年只有71%的人上网，而拥有大学或以上学历的群体中有98%的人上网。大学教育也促进了互联网的使用，正在接受大学教育的群体中上网者的比例达到了95% (Pew Research Center, 2019a)。

总的来说，所谓的数字鸿沟问题实际上已缓解，但从收入、受教育程度、年龄、族裔等单个维度看数字鸿沟依然存在。性别、收入、受教育程度、年龄和族裔也影响在线行为。据皮尤研究中心 (Pew Research Center) 估计，65岁以上的老年人、未完成高中学业的学生、每年收入不足3万美元的群体以及西班牙裔学生不太可能在线购买产品，女性在线购物的可能性要比男性高，但并不是很明显。对于网上银行来说，从人口统计学特征角度看是相似的，65岁以上的老年人可能比其他年龄群体都更少使用网上银行，而那些大学学历以上的人比那些高中毕业的人更有可能使用网上银行。在性别方面，网上银行在男性群体中受欢迎程度更高。但没有发现族裔差异 (Pew

Research Center，2012）。其他评论家观察到，与来自富裕家庭的儿童相比，来自较贫穷和父母受教育程度较低的家庭的儿童会花费更多的时间利用互联网进行娱乐活动（看电影、玩游戏、登录脸书和发短信）。对于所有的儿童和青少年来说，大部分花在互联网上的时间通常被认为是"浪费时间"，因为大多数人接入互联网是为了娱乐，而不是为了接受教育或学习。

互联网连接类型：宽带和移动的影响

虽然在减少互联网接入的巨大差距方面取得了很大进展，但宽带服务的使用方面仍然存在不平等现象。皮尤研究中心的研究表明，老年人、父母受教育程度低和低收入的家庭的宽带普及率较低。农村居民、非洲裔与拉美裔美国人也不太可能使用家庭宽带连接。对于营销人员来说，宽带为开展多媒体营销活动提供了独一无二的机会，也为受过更高教育的用户和富裕用户的产品定位提供了独一无二的机会。同样值得注意的是，虽然家庭没有宽带接入，但并不意味着家庭成员不使用互联网；他们只是通过其他方式访问互联网，例如智能手机。某些群体特别依赖智能手机进行在线访问：18～29 岁的年轻人、家庭收入低的群体、受教育程度低的群体以及非白人（Pew Research Center，2019b）。连接宽带和 Wi-Fi 的智能手机和平板电脑的爆炸式增长是移动电子商务和营销平台的基础，而几年前这些是不存在的。

社区效应：社交网络中的社会化蔓延

对实体零售商来说，影响销售额最重要的因素是地理位置。如果门店坐落在熙熙攘攘的闹市区，生意往往会很火爆，但对网络零售商来说，只要顾客在其配送服务所覆盖的范围以内（如有 UPS 或邮局的网点），地理位置就毫无影响。互联网上真正影响消费者购买决策的是其是否处在其他网络消费者的"邻里区域"。这些区域可以是面对面和完全个性化的，也可以是虚拟的。所谓的"邻里效应"和从众心理对消费决策的影响在个人电脑等商品中尤为明显。一般而言，成为社交网络的成员和购买决策之间存在着相关关系。然而，"互联性"（离线或在线）与购买决策之间的关系并不那么直接或简单。互联性得分最高的 10%～15% 的人与其他群体不同的一点往往是"做自己的事情"，并不会和朋友分享购买决策。事实上，高度关联的用户通常不会购买他们的朋友买过的产品，人们可以把他们看成是"打破惯例的人"。中间 50% 的人经常分享他们的朋友的购买模式，人们可以认为这些人喜欢和别人保持一致（Iyengar et al.，2009）。对 6 000 名社交网络用户的研究发现，社交网络对购物和购买行为有很大的影响。估计有 40% 的社交媒体用户在脸书、Pinterest 或推特上分享或收藏后购买了该产品，脸书是最有可能推动客户购买的网络，其次是 Pinterest 和推特。社交网络扩大了在线研究随后离线购买（有时称为 ROPO 效应或反展厅现象）的模式，将购买流量引向实体店（在实体店中用户可以看、试用，然后购买产品），这与消费者在实体店研究，然后在线购买的模式相反，有研究发现 ROPO 效应与离线研究再在线购买效应一样大（eMarketer，Inc.，2019a；Vision Critical，2013；Schleifer，2013；Sevitt and Samuel，2013）。

社交网络成员对发现新产品，例如新型独立音乐影响很大，但对知名产品影响较小（Garg，2009）。比如，福特的脸书主页等在线品牌社区的成员对销售有直接的影响（Adjei et al.，2009）。亚马逊的推荐系统（"购买此商品的消费者也买了……"）

创造了共同的购买网络,网络中的人互不相识,但能将互补产品的影响力提高 3 倍 (Oestreicher-Singer and Sundararajan, 2008)。社交网络对营销人员的价值取决于品牌实力和购买决策与社交网络成员、排名、显著性、中心性的相关性 (Guo et al., 2011)。

6.1.2 消费者行为模型

对网络消费者的基本情况有了大致了解后,企业就需要关注其网络行为方式。对**消费者行为** (consumer behavior) 的研究属于一门社会科学,尝试通过建模来理解人们的市场行为方式。社会学、心理学以及经济学等社会科学理论对消费者行为研究起到了重要作用。建立消费者行为模型的目的在于预测和"解释"如下几个问题:消费者需要什么产品? 他们会在何时何地购买这些产品? 消费者能承受的价格是多少? 消费者为什么要购买这些产品? 企业如果能够理解消费者的购买决策过程,就可以更胸有成竹地进行营销和销售。图 6-1 展示的是消费者的一般行为模型。

图 6-1 消费者的一般行为模型

注:消费者行为模型试图对市场环境下消费者的决策做出预测。

资料来源:Based on Kotler and Armstrong, *Principles of Marketing*, 13e, 2009, Pearson Education.

线上消费者行为与线下消费者行为相似,但存在明显差异。重要的是,首先要理解人们为什么选择在网上购物而不是在实体店购物。虽然价格是一个重要的因素,但消费者在网上购物也是因为方便,而这在很大程度上是由于网上购物节约了他们的时间。整体交易成本的降低似乎是选择网上购物的主要驱动力 (eMarketer, Inc., 2018a)。

6.1.3 在线购买决策

一旦决定使用网络购物,消费者为什么选择特定网站购买产品或服务? 最重要的原因是价格相对低和可以免费送货,消费者信任商家也是一个非常重要的因素。不用缴税以及能使用优惠券也是重要的因素。

你还需要进一步考虑消费者如何制定实际购买决策,以及互联网环境如何影响消费者的决策。消费者的决策过程可分为五个阶段:产生购买欲望、收集信息、评价可选择的产品、购买、购后行为。图 6-2 展示了线上消费者和线下消费者的决策过程,以及支持这一过程并试图在购买前、购买中、购买后影响消费者的营销传播。

图 6-2　消费者决策过程及支持性营销传播

消费者线上和线下的购买决策过程基本是一致的。此外，消费者行为的一般模式需要修改以考虑新的因素，同时需要考虑电子商务允许与在线客户进行互动的新机会。图 6-3 对消费者的一般行为模型进行了调整，除品牌、营销传播激励等传统要素以及线上线下社交网络的影响外，还重点关注产品特征、网站和移动平台特征等。

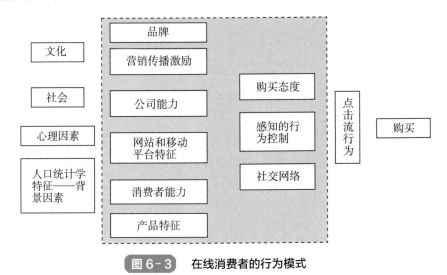

图 6-3　在线消费者的行为模式

　　注：从在线消费者的行为模式看，购买决策会受到消费者自身的人口统计学特征——背景因素以及其他因素的影响，而对最终购买影响最大的是消费者的点击流行为。

网络环境中，网站和移动平台特征、消费者能力、产品特征等是影响消费者行为的主要因素。网站和移动平台特征包括延迟（下载延迟）、导航性和对网站安全性的信心。现实世界也有许多共通之处。例如，众所周知，店面设计能够影响顾客的购买行为，而准确地了解消费者在实体店的行为，据此将促销产品摆放到消费者最可能经过的地方，就能增加销量。消费者能力是指消费者拥有的如何完成网络交易的知识（会随着消费者购物经验的增加而增加）。产品特征是指这样的事实，某些产品很容易通过网络进行介绍、包装和配送，而有些产品却不能。这些因素与品牌、营销传播激励和公司能力等传统因素一起，会促使用户决定选择特定的电子商务企业（信任网站和有良好的用户体验），同时形成对网站环境可控性的感知。

　　点击流行为（clickstream behavior）是指消费者浏览网页时产生的事务日志，涵盖从搜索引擎开始，浏览单个网站，再到单个页面，最后做出购买决策的整个过程。这些重要节点类似于传统零售中的购买决策点。通过对一家葡萄酒销售网站的 1 万多次访问数据的分析发现，在预测消费者购买决策时，细节和一般的点击行为数据与消费者人口统计学特征和历史购买行为同等重要（Van den Poel and Buckinx，2005）。点击流营销最大限度地利用了互联网环境。它假定客户事先没有"深入"的知识（在这个意义上说是"隐私相关"），并且可以在客户使用互联网时动态开发。例如，搜索引擎营销的成功（搜索引擎的付费广告的显示）在很大程度上取决于消费者目前正在寻找什么，以及他们如何寻找（详细的点击流数据）。检查详细数据后，将使用一般点击流数据（自上次访问以来的购买日期）。如果可以，也将使用人口统计学特征数据（地区、城市和性别）。

6.1.4　购物者：浏览与购买

　　6.1.1 所描绘的互联网用户画像强调了网络行为的复杂性。尽管目前互联网用户主要是受过良好教育、富有的年轻人，但是互联网用户的分布正逐渐趋于分散，对网络点击行为的分析表明，人们上网的原因多种多样，网络购物也同样复杂。在 2020年的 1.16 万亿美元 B2C 电子商务市场中，用户上网的方式存在巨大差异。

　　如图 6 - 4 所示，82.4% 的互联网用户（14 岁及以上）属于网上购买者，在网上真正购买过产品。另外 10.1% 的互联网用户则利用网络研究产品信息，然后到传统商店购买（属于浏览者）。网络购物者（网上购买者和浏览者的总和）达到了 2.3 亿人。该数字让不少营销人员激动不已（eMarketer，Inc.，2020g，202h）。

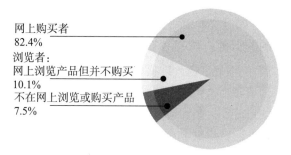

网上购买者
82.4%

浏览者：
网上浏览产品但并不购买
10.1%

不在网上浏览或购买产品
7.5%

图 6 - 4　**美国购物者的组成**

　　注：超过 92% 的美国互联网用户（14 岁及以上）使用台式机和移动设备，要么在网上购买产品，要么在网上浏览产品。实际购买已经增至 82.4%。只有 7.5% 的人不在网上购物。

　　资料来源：Based on data from eMarketer，Inc.，2020g，2020h.

　　千万别低估网络浏览行为对消费者线下购物的重要性！尽管很难精确衡量在线产品搜索带来的线下销售额，但弗雷斯特研究公司预计 2018 年美国所有店内零售购物中有一半（约 2.6 万亿美元）受到消费者在实体店购物之前或期间使用数字设备的影响，预计这一比例到 2023 年将提高至近 60%（Forrester Research，2018）。

电子商务是传统商务活动的推动器。反过来，传统的品牌和购物也将促进电子商务的发展。在网络搜索影响线下购买的同时，线下营销媒体也深刻影响着网络购物行为，传统印刷媒体（杂志和报纸）和电视是促进和引导消费者上网搜索新产品信息的最强大的媒体，用于吸引消费者了解有关新产品的信息并将其引导到网络上。在线社区和博客也会产生影响，只是不如传统媒体那么强大。这一点令许多以社交网络为主要营销工具的人大为惊讶，但反映了传统媒体对消费者行为的影响的多样性和仍然由传统媒体主导的公司的现实营销预算。更令人惊讶的是，在脸书时代，面对面互动比参与在线社区更具影响力。

上述这些情况意味着电子商务与传统商务是相辅相成的，商家（及研究人员）应将二者看作消费行为中不可分割的两部分，而不应该一头独大。商务就是商务，其面对的消费者是一样的。消费者可以使用各种媒体，有时同时使用多种媒体。这个发现对营销人员来说意义非凡。网络商家应该在其网站上提供大量信息供浏览者访问，并提高其内容在搜索引擎中的排名，而不是仅仅关注销售本身，同时在传统媒体上按顺序推广自己的服务和产品（特别是新产品），支持自己的在线商店。

6.1.5　消费者上网浏览和购买哪些商品

网络销售的商品大致可分为两类：低价商品和高价商品。高价商品包括电脑设备和消费电子产品，订单金额超过 1 000 美元；低价商品包括服饰、书籍、保健品、化妆品、办公用品、音乐、软件、视频和玩具等，金额低于 100 美元。电子商务时代早期，种种原因导致低价商品的销量远远高于高价商品。但是，诸如电脑硬件、消费电子产品、家具和珠宝等高价商品近期销量的增长改变了整个销售格局。消费者现在更有信心去购买高价商品。最初家具和大家电因体积大而不在网上销售，但是最近几年这些品类的网络销售额持续上涨。亚马逊和其他大型零售商提供的免费送货服务也促进了消费者购买更多昂贵的高价商品，如空调。参见图 9 - 2，了解 2019 年消费者在线购买的各类商品的情况。

6.1.6　有目的的行为：购物者在网上找到卖方的方式

"点击此处"的横幅广告大肆盛行，有人可能觉得顾客会不假思索地被广告带到商家的网站。而事实上，只有少数顾客会通过浏览横幅广告来查询商家信息。网络购物者带有很强的目的性。他们通常只浏览特定商品、公司和服务。在网上，大部分消费者利用自己偏好的搜索引擎直接搜索想要购买的商品。许多人直接进入在线市场，如亚马逊或 eBay，有些将直接转到特定的零售网站。如果商家能够与目标导向型购物者进行有针对性的沟通，将网站设计得更加合理，使顾客访问网站和查询商品信息更方便，向顾客提供更多的商品选择、更好的客户服务，那么商家就能将这些购物者转变为自己的买方。而这可不是个容易完成的任务。

6.1.7　为什么仍有一些人不使用网络购物

有 7.5% 的互联网用户不使用网络购物，为什么呢？可以说，信任是阻碍人们使用网络购物的一个因素。这些互联网用户担心受网络商店欺骗、信用卡信息泄露、个人隐私遭到侵犯，也害怕垃圾邮件和弹出式广告的轰炸。另一个因素可总结为"干扰因素"，比如运费、退货，以及商品的不可触摸和不可感受。

6.1.8　网络环境中的信任、效用和机会主义

长期研究表明，影响网络购买决策最重要的两大因素是效用和信任（Brookings Institute，2011；Kim et al.，2009；Ba and Pavlou，2002）。消费者需要的是划算、价格便宜、方便和交付快的购物体验。简而言之，消费者是在寻求效用最大化。此外，任何买卖关系中都存在信息不对称。商家会比消费者知道更多有关产品质量和交易的信息，这可能会导致商家产生投机行为（Akerlof，1970；Williamson，1985；Mishra，1998）。消费者信任商家才会产生购买。商家可通过建立诚信、公平交易的声誉并交付高质量产品（品牌基本要素）来建立与消费者的信任关系。已购买者的在线推荐和反馈论坛就是建立信任的在线机制的例子（eMarketer，Inc.，2019b）。与消费者建立起信任关系后，商家就能收取产品和服务的溢价（Kim and Benbasat，2006，2007；Pavlou，2002）。回顾以往文献可知，建立信任关系的最重要因素是对网站信用、易用性和风险的感知（Corritore et al.，2006）。电子商务发展的重要制约因素是缺乏信任。报纸和电视广告比网络广告更受信任（Klein，2019）。网络购物的强大决定因素是朋友和家人，而不是社交网络的成员。这些态度随着时间的推移变得更加坚定，但是对网络营销人员使用个人信息的担忧会继续引发消费者的信任问题。

6.2　网络营销以及广告策略和工具

网络营销与传统营销有很多相似之处，又有所不同。同所有营销的目标一样，网络营销的目标就是建立客户关系，使公司能够获得高于平均水平的回报（通过提供优质的产品或服务，并将品牌的特征传达给消费者）。这些关系是公司品牌的基础。但网络营销也有与传统营销截然不同的一面，因为媒体的性质及功能与之前都有所不同。

与传统营销相比，网络营销有四个特点。相比于传统的印刷和电视营销，网络营销更具个性化、参与性和社区性，更加强调点对点。并非所有类型的网络营销都有这四个特点。例如，如果未经你的同意，你的计算机屏幕上的营销视频和电视广告没有太大差异。但是，计算机屏幕上的营销视频可以针对你的个人兴趣和社区成员资格来展示，并允许你与他人分享。营销人员仍在寻找具有这四个特点的最有效的网络营销形式。

6.2.1　战略问题

过去，创建在线品牌的第一步是建立一个网站，然后尝试吸引消费者。用于创建品牌和吸引消费者的最常见的传统网络营销技术是搜索引擎营销、展示广告、电子邮件营销和联盟计划。建立网站仍然是第一步，传统网络营销技术仍然是创建品牌和创造在线销售收入的主要推动力。但是今天营销人员需要更广泛地了解网络营销带来的挑战，考虑利用其他渠道，如社交媒体和移动设备吸引消费者，并与传统网站开展的营销活动保持一致。

网络营销包括五种类型：网站、传统网络营销、社交营销、移动营销和本地营

销。表 6－2 呈现了这五种营销类型的平台、示例以及功能。本章后面将更详细地讨论这些网络营销类型。

表 6－2　网络营销类型解析

营销类型	平台	示例	功能
网站	传统网站	Ford. com	锚定站点
传统网络营销	搜索引擎营销	谷歌；必应；雅虎	基于查询意图的营销
	展示广告营销	雅虎；谷歌；MSN	利益点和上下文的营销；有针对性的营销
社交营销	电子邮件	主要零售商	许可营销
	联盟	亚马逊	品牌延伸
	社交网络	脸书	对话；分享
	微博	推特	新闻；快速更新
	博客/论坛	Tumblr	利益共同体；分享
	视觉营销	Pinterest/Instagram	品牌；分享
	视频营销	YouTube	参与；通知
	游戏营销	Chipotle Spot the Imposter 游戏	身份识别
移动营销	移动网站	m. ford. com	快速访问；新闻；更新
	应用程序	Ford Mustang Customizer 应用软件	视觉接触
		My Ford	视觉接触
本地营销	电视	苹果/《人类大家庭》：用 iPhone 拍摄	品牌定位；通知
	报纸	美国航空公司/世界上最伟大的飞行员驾驶的飞机	品牌定位；通知
	杂志	Apple Watch/《时尚》杂志	品牌定位；通知

通过表 6－2，可以了解在线创建品牌的管理复杂性。有五种主要的营销类型，它们对应不同的平台，执行不同的功能。如果你是创业公司的经理，或现有商业网站的管理员，你将面临一些战略问题。你应该首先关注哪里？建立一个网站，创建一个博客，或者开发一个类似脸书的社交平台？如果你有一个成功使用搜索引擎营销和展示广告的网站，那么下一步应该怎样做：开发社交网络还是使用线下媒体？你的公司是否有资源来开展社交媒体营销活动？

你需要将所有这些不同的营销平台整合到一起。通常，会有传统网站、搜索引擎营销和展示广告营销、社交网络等拥有不同技能的团队。让这些不同的专家彼此合作是非常困难的。困难在于，一家公司最终将管理不同的团队，而不是管理线上的单一团队，以及如何开展包括零售店在内的整个公司的营销活动。

战略问题还涉及资源配置。这里其实有两个问题。首先，不同的营销类型和不同的平台都有不同的指标来衡量其有效性。例如，在脸书营销中，重要的指标是你的脸书页面获得了多少赞。点赞和销售之间的关系仍在探索之中。搜索引擎营销是根据你的广告获得的点击次数的多少来衡量的。其次，每个平台的点赞、展示次数和点击所收取的费用都不相同。为了掌握需要将营销资源分配到哪里，你必须将这些活动与销售收入联系起来。你需要确定点击次数、点赞次数和展示次数是多少。我们将在第 7 章更详细地讨论这些问题。

6.2.2　网站作为营销平台：建立客户关系

公司网站是与客户初步建立关系的主要工具。网站承担四项重要功能：树立品牌形象和管理消费者期望，告知和教育消费者，提升客户体验，将品牌锚定在不同营销信息的海洋中。网站是消费者可以找到一个完整故事的地方，不是应用程序、电子邮件或搜索引擎广告。

网站的第一项功能是树立品牌形象，将之作为公司其他网络营销活动的支撑点，推动销售收入增长。这包括在质量、价格、产品和可靠性方面为消费者提供差异化的产品或服务。在网站主页上确定产品的不同特征旨在引导消费者对产品或服务的期待。例如，Snapple 的网站为消费者创造了一个该产品是由优质天然成分制成的美味清凉饮料的期望。福特汽车的网站专注于汽车技术和每加仑汽油的行驶里程。福特网站带来的消费者期望是，如果购买福特汽车，你的汽车将拥有最新的汽车技术和最高续航里程。在基于位置的社交网络 Foursquare，重点是认识朋友，浏览当地的景点，并用优惠券和奖励来节约资金。

网站的功能也可以是巩固线上品牌，将其作为一个中心点，将不同平台如脸书、推特、移动应用或电子邮件中的品牌信息，都集中在一个在线位置上。除品牌外，网站还向客户告知公司提供产品和服务的商业机构的基本功能。网站以及在线目录和相关的购物车是客户体验的重要组成部分。**客户体验**（customer experience）是指客户对企业的全部体验，包括产品的搜索、告知、购买、消费和售后支持。"客户体验"的观念比"客户满意"的传统观念含义更广，因为它考虑到更大范围的影响，包括客户对企业及其产品的认知、情感、情绪等。客户体验通常涉及多个零售渠道。这意味着，在客户的心目中，通过网站、移动网站和应用程序、脸书页面、推文、实体店和电视广告都可获得对公司的体验。

6.2.3　传统网络营销和广告工具

下面我们介绍吸引电子商务消费者的基本营销和广告工具：搜索引擎营销、展示广告营销（包括横幅广告、富媒体广告、视频广告和赞助式广告等）、电子邮件营销、联盟营销、病毒式营销和潜在客户营销。

美国企业在 2020 年将花费大约 2 250 亿美元的广告费用，由于新冠疫情的影响，较 2019 年下降约 7%。**网络广告**（online advertising）费用估计为 1 350 亿美元（为网站、应用程序或其他数字媒体上的付费消息支付的费用）。网络广告包括台式机、笔记本电脑、移动设备和连接网络的电视上的展示广告（横幅广告、视频广告、富媒体广告和赞助式广告等）、搜索引擎广告、分类广告、潜在客户开发广告、电子邮件广告。在过去几年，网络广告以每年超过 20% 的速度增长，但是在 2020 年，由于疫情的影响，预期只增长 1.5%。不过，由于这段时间传统广告的减少，网络广告在整体广告支出中所占比重增大（见图 6 - 5）。据估计，2020 年美国广告收入排名前三位的数字广告平台是谷歌（约 400 亿美元）、脸书（约 310 亿美元，包括 Instagram）和亚马逊（约 130 亿美元）（eMarketer, Inc.，2020i，2020j，2020k）。

图 6-5　网络广告支出

注：由于新冠疫情，2020 年网络广告的消费预计将趋于平缓，2024 年将恢复增长，支出将超过 2 250 亿美元，彼时将占媒体广告支出的 70％以上。

资料来源：Based on data from eMarketer, Inc., 2020j.

过去五年，广告主不断增加网络支出，并减少传统渠道的支出。到 2016 年，网络广告支出第一次超过了电视广告支出。预计到 2024 年，电视广告支出将仅占所有广告支出的 20％（eMarketer, Inc., 2020l）。

表 6-3 提供了不同广告形式费用的对比数据。在 2020 年，支出最高的是搜索广告，其次是视频广告。

表 6-3　不同广告形式费用的对比数据

形式	2020 年（亿美元）	2024 年（亿美元）	平均增长率
搜索广告	544	836	8.6%
横幅广告	311	541	12.1%
视频广告	355	694	17%
富媒体广告	56	80	8%
赞助式广告	28	38	6.3%
潜在顾客开发广告	25	33	5.2%
分类广告	21	25	5.5%
电子邮件广告	4.9	6.7	6.7%

资料来源：Based on data from eMarketer, Inc., 2020m，2020n.

不同行业的网络广告支出存在差异。在 2019 年，零售业网络广告支出占比最高（22％），其次是汽车（12％）、金融服务（12％）、通信（10％）、消费包装商品（9％）、消费电子产品和电脑（9％）、旅游（8％）、媒体（6％）、娱乐（5％）以及制药和健康（3%）等行业（eMarketer, Inc.，2019c）。在 2020 年，网络广告支出分布将会变得不同，像旅游这种行业将由于疫情的影响导致广告支出的显著降低。与电视、广播和印刷（杂志和报纸）等传统媒体的广告相比，网络广告既有优势又有劣势。网络广告的一个优势在于消费者有向互联网流动的趋势，特别是 18~34 岁的群体。网络广告的另一个优势是能够将广告定位到个人和小群体，并且几乎可以实时跟踪广告的效果。**广告定位**（ad targeting）是指将市场信息发送到群体中特定的子群体以提高购买的可能性，它与广告本身一样古老，但在互联网出现之前，精准度很低，当然不能达到个体层面。广告定位也是价格歧视——为同一产品或服务向不同类型消费者收取不同价格的基础。通过网络广告，理论上可以向每个客户收取不同的价格。

理论上，网络广告可以个性化定制每条广告信息，以精确地贴合每个消费者的需求、兴趣和价值观。但实际上，众所周知，消费者对于垃圾邮件和不断展示的广告几乎是没有兴趣的。网络广告还为互动——广告主和潜在客户之间的双向沟通提供了更大的机会。网络广告的主要缺点在于要考虑其成本与收益的关系、如何充分衡量其效果以及找到展示广告的好区域，例如，像传统媒体一样，销售广告空间的网站所有者（广告发布者）没有公认的标准或日常审核机制来核实广告中声称的数据。我们将在6.4 节研究网络广告的成本。

搜索引擎营销和广告

在 2020 年，由于新冠疫情，公司花费在搜索引擎营销和广告上的费用将较 2019 年降低约 3%。公司仍预期花费 540 亿美元，约占网络营销所有费用的 40%。大约2.48 亿美国互联网用户（占美国互联网用户的 85%）每月至少使用一次搜索引擎，而且用户每天每分钟估计发起 380 万个查询（eMarketer, Inc.，2020m，2020n，2020o，2020p；Grind et al.，2019）。简而言之，这种情况值得关注（至少在短时间内），公司可以非常有效地通过用户的兴趣和意图反馈提供相匹配的广告。搜索引擎广告的点击率通常为 1%~4%（平均为 2% 左右），多年来相当稳定。前三名搜索引擎服务提供商（谷歌、微软/必应以及 Verizon Media（Yahoo/AOL））提供超过 95%的在线搜索。不过，作为消费者搜索产品的起点，亚马逊变得越来越重要了。**搜索引擎营销**（search engine marketing，SEM）是指利用搜索引擎建立和维护品牌形象。**搜索引擎广告**（search engine advertising）是指通过搜索引擎的使用直接将产品和服务销售给在线消费者。

搜索引擎通常被认为是基于广告进行销售的最直接渠道。虽然这是搜索引擎的主要用途，但它也更加巧妙地用于提高品牌知名度，吸引其他网站或博客流量，支持客户参与，深入了解客户对品牌的看法，支持其他相关广告活动（例如，将消费者转向本地经销商网站），并间接维护品牌形象。搜索引擎还可以向营销人员提供对客户搜索模式的洞察：客户对其产品的观点，热门搜索关键词，以及竞争对手正在使用的关键词和客户反响。例如，百事和多力多滋（Doritos）等大型品牌的官网不提供销售服务，但是有几个专门针对消费者、投资者和股东的品牌网站。重点是建立、维护和更新品牌消费品。搜索百事将产生大量与百事营销材料相关的搜索结果。

搜索引擎广告的类型　搜索引擎网站最初对庞大的网页集合进行了无偏见的搜索，并从横幅广告中获取了大部分收入。这种形式的搜索引擎结果通常称为**有机搜索**

（organic search），因为网站的内容和排名取决于搜索引擎强加的一组规则（算法）或多或少的"无偏见"的应用。自 1998 年以来，搜索引擎网站慢慢转变为在线黄页，此时公司通过付费以实现公司网站的内容出现在搜索结果中，公司为显示在搜索结果或其他供应商的广告旁边的关键词付费。

许多搜索引擎提供**付费置入**（paid inclusion）程序，通过收费保证商家网站的内容出现在搜索结果中，并且尽可能频繁地被网络爬虫发现，还可对改进有机搜索的结果提供建议。搜索引擎声称这些费用（每年花费一些商家数十万美元）不会影响网站的自然搜索结果排名，只是会将其包含在搜索结果中。然而，页面植入广告的点击次数越高，其页面排名就越靠前，从而导致在有机搜索结果的排名中越靠前。

尽管谷歌会在页面顶部放置赞助商广告链接，并予以标明，但谷歌声称不会因为商家的付费而改变有机搜索结果的排名。拒绝为收录或关键词付费的商家通常在搜索结果列表中排在后面，内容不在搜索结果列表的第一页显示，在某种意义上意味着生存机会渺茫。

按点击付费搜索广告（pay-per-click（PPC）search advertising）是搜索引擎广告的主要类型。在**关键词广告**（keyword advertising）中，商家通过搜索网站的竞标过程购买关键词，每当消费者搜索该关键词时，它们的广告就会显示在页面上的某个地方，通常作为右侧的小型文字广告，也可以作为列表出现在页面的最上方。商家付费越多，排名越高，广告在网页上的位置也就越好。一般来说，搜索引擎不会对广告的质量或内容进行编辑判断，尽管它们会监视语言的使用。此外，一些搜索引擎根据广告的受欢迎程度排列广告，而不仅仅是广告主支付的费用，因此广告的排名取决于支付的费用和每单位时间的点击次数。谷歌的关键词广告计划称为 Google Ads（前身为 AdWords）。

2002 年谷歌引入了一种独特的关键词广告：**网络关键词广告（语义广告）**（network keyword advertising（context advertising）），与之前所描述的关键词广告有所区别。网站所有者（想展示广告的网站）加入该网络，且允许搜索引擎在网站上放置"相关"的广告。由要刊登广告信息的人支付广告费用。谷歌文本信息是比较常见的。点击搜索结果赚取的利润由搜索引擎和网站所有者共同分享，并且大多数情况下，网站所有者分得的利润高一些。

搜索引擎广告是一种近乎完美的精准营销技术：在消费者寻找产品的关键时刻，向其提供合适的广告。消费者从搜索引擎广告中获益，因为搜索引擎广告只会在消费者寻找特定产品时才会出现。因此，搜索引擎广告可以节省消费者的精力，并降低搜索成本（包括线下搜索产品所需的交通成本）。

由于搜索引擎营销非常有效，公司会优化其网页进行搜索引擎识别。更好地优化页面能使网站在搜索引擎结果列表中排名更靠前，进而更有可能出现在搜索引擎结果页面顶部。**搜索引擎优化**（search engine optimization，SEO）是通过改变网页和网站的内容和设计来优化搜索引擎网页排名的过程。仔细选择网页上使用的关键词，频繁更新内容和设计网站，使其易于被搜索引擎程序轻松捕获，营销人员可以提高其网络营销计划的影响力和投资回报。

谷歌和其他搜索引擎公司会频繁更改其搜索算法，以改善搜索结果和用户体验。据报道，谷歌在一年内更改搜索引擎的算法有 600 多次。大多数是默默的小调整。最近的主要变化包括熊猫、企鹅、蜂鸟、知识图谱，以及一种被称为 Mobilegeddon 的未命名算法和负鼠。**熊猫**（Panda）的推出旨在从搜索结果中清除低质量的网站。网站内容稀少，内容重复，或者是从网络上其他地方复制的内容，以及不能从其他来源吸引高质量点击的内容的网站将会在这个搜索过程中被系统性地置于底端。谷歌推出**企鹅**（Penguin）旨在惩罚一些网站和它们的 SEO 营销公司，它们操纵网站的链接以提高自己的排名。谷歌搜索引擎鼓励拥有许多其他网站链接的网站。一些营销人员发现，谷歌无法告知这些站外链接的质量，他们开始通过将客户列入列表网站来创建链接，创建多个博客以链接到客户的网站，并向其他客户提供链接。企鹅评估一个网站的链接的质量，并将质量不高的网站链接下架。在很多年间，谷歌对企鹅进行了数次更新，并使其成为核心算法的一部分。

许多搜索引擎正在尝试捕捉更多用户想要的信息，或者用户可能想要了解的搜索主题。这通常被称为语义搜索。谷歌公司推出了**蜂鸟**（Hummingbird）来尝试评估整个句子。语义搜索更紧密地关注对话搜索，或者搜索你通常会对另一个人说的话。谷歌在 2015 年推出了蜂鸟算法的一部分 RankBrain，它是一个帮助谷歌理解搜索关键词背后的含义以及为获得最匹配的搜索结果提供服务的一个机器学习系统。

谷歌推出了**知识图谱**（Knowledge Graph），以预测当你搜索一个主题或回答可能没有想过的问题时，你可能想要了解更多信息。知识图谱的结果显示在屏幕的右侧，并包含有关你正在搜索的主题或人物的更多信息。并非所有的搜索词都有知识图谱结果。谷歌根据过去其他用户搜索的信息以及超过 10 亿个对象（人物、地点和事物）的数据库和超过 700 亿个事实来显示信息。

2015 年，谷歌发布了一项新的算法更新（昵称为 Mobilegeddon），提高了移动搜索的"移动友好性"。未针对移动设备进行优化的网站现在在移动搜索结果中的排名要低得多。谷歌也开始降低显示模糊的屏幕广告、询问用户是否要安装该网站的移动应用程序以及显示不适用于移动设备的广告的移动网站的搜索排名。使用这种移动网站的公司，例如 Yelp、领英、Pinterest 等，指责谷歌的新政策部分是为了保护其网站的搜索收入不受移动应用程序的影响，这些移动应用程序正吸引用户远离网站。2016年，谷歌推出了**负鼠**（Possum），一个基于用户位置改变搜索结果的算法，用户离企业地址越近，其出现在本地搜索结果中的可能性就越大。2017 年，谷歌发布了 **Fred**算法，该算法针对的是违反谷歌准则的网站，主要是价值较低、以广告为中心的博客。从那时起，谷歌已经发布了一些未命名的核心算法更新，但没有提供太多细节（Moz. com，2020）。

社交搜索　社交搜索（social search）尝试通过你的社交联系人（和整个社交图）来提供搜索结果。与使用数学算法查找提供你查询的页面的搜索引擎相比，社交搜索会查看你的朋友（和他们的朋友）的推荐、过去的网页访问记录和点赞的情况。传统搜索引擎的一个问题就是它们非常彻底：在谷歌上搜索"智能手机"，在 0.64 秒内将收到 1.8 万亿个结果，其中一部分结果提供了有用的信息，其他的则未必。社交搜索根据社交图谱提供更少、更相关和更值得信赖的结果。脸书创建社交搜索引擎的第一个贡献是在 2013 年推出的 Graph Search。Graph Search 从用户的朋友网络中补充必应提供的结果信息。2014 年，脸书对 Graph Search 进行了一系列改变，放弃了与必应的合作，将产品重新命名为 Facebook Search，并提供关键词搜索功能，使用户可以通过对一篇文章中的字词进行搜索来在脸书上查找人、照片、帖子、视频和链接。结果基于个性化算法进行排名，部分结果排名基于用户与标题的关系。

视觉搜索和语音搜索　视觉搜索和语音搜索是两个新兴的趋势，可能会影响未来的搜索营销。**视觉搜索**（visual search）利用机器学习和计算机视觉等人工智能技术，帮助人们基于视觉图像而不是通过文本搜索来搜索信息。例如 Pinterest Lens，它目前可识别超过 25 亿个项目，每月使用 Pinterest Lens 的搜索超过 6 亿次。Google Lens 是谷歌图像搜索中的一项功能。此外还有 Snapchat 摄像头搜索。视觉搜索预计将对电子商务产生重大影响，在最近的一项调查中，超过 50％的美国互联网用户表示，能够将视觉搜索作为购物体验的一部分是令他们感到最兴奋的技术（Mohanadasan，2020；Visenze，2020）。**语音搜索**（voice search）使用自然语言等人工智能技术帮助人们通过语音而不是文字来搜索信息。目前，大多数人使用语音搜索主要是出于获取信息，而不是购买的目的。因此，营销人员仍将语音产品视为一种新兴趋势，在最近的一项调查中，近 70％的受访者表示，他们对语音产品的使用持非常乐观或适度乐观的态度，超过 69％的受访者表示，他们预计语音助手将在未来三到五年内成为极其重要或非常重要的营销渠道（Voicebot，2019）。

搜索引擎问题　虽然搜索引擎为商家和客户提供了显著的优势，但它也带来了风险和成本。例如，搜索引擎有权通过将广告放置在搜索结果的后面页面来压榨小企业。商家在访问在线市场时受到搜索引擎的支配，而这种访问由谷歌主导。谷歌如何决定在搜索结果中将一家公司排在另一家公司的前面是不为人知的。没有人真的知道如何提高其排名（尽管有许多公司都声称并未这样做）。谷歌的编辑们以不知名的方式进行干预，惩罚某些网站并奖励其他网站。使用付费赞助商列表而不是依靠有机搜索结果的方式消除了一些不确定性但并非全部。

还有一些削弱搜索引擎结果和实用性的做法：

● **点击欺诈**（click fraud）在竞争对手点击搜索引擎结果和广告时会发生，这样迫使商家支付点击费用，即使点击不合法。竞争对手可以雇用离岸公司进行欺诈性点击或雇用僵尸网络来自动完成这类操作。点击欺诈可以快速为商家提供大额的账单，而不会导致销售额的增长。

● **内容工厂**（content farms）是为多个旨在吸引观众和搜索引擎的网站产生大量文字内容的公司。内容工厂通过吸引大量读者到其网站并向他们展示广告获取利润。内容通常不是该网站原创的，而是从合法的内容网站巧妙地复制或汇总而来的。

● **链接工厂**（link farms）是一组相互链接的网站，提高了它们自身在使用一个网页排名算法来判断网站"有用性"的搜索引擎中的排名。例如，在 2010 年假期，杰西潘尼被发现是大量服装产品中排名最高的经销商。经检查发现，这是由于杰西潘尼雇用搜索引擎优化公司创建了数千个与其网站相关联的网站。因此，杰西潘尼的网站成为像礼服、衬衫和裤子这样的产品最流行的（最相关的）网站。无论人们搜索什么流行服装项目，都会显示杰西潘尼。专家认为这是历史上最大的搜索引擎欺诈。谷歌推出熊猫更新其搜索算法的部分目的就在于消除链接工厂（Castell，2014）。

展示广告营销

2020 年，美国公司将花费大约 750 亿美元用于所有形式的展示广告营销，约占数字营销支出的 55％。展示广告包括许多不同类型的广告，包括横幅广告、富媒体广告和视频广告。赞助式广告和原生广告也被认为是展示广告的类型。台式机和移动设备上每年都有数以万亿计的展示广告。2020 年排名前四位的展示广告公司是脸书、谷歌、Verizon Media（Yahoo/AOL）和亚马逊，几乎获得了美国近 60% 的展示广告收入（eMarketer, Inc. , 2020q）。互动广告局（Interactive Advertising Bureau, IAB）是一个行业组织，它制定了展示广告行业的自律准则。虽然广告发布者并不需要强行遵守这些准则，但很多企业还是自愿执行。多年来，IAB 一直根据固定的像素大小对展示广告进行分类，例如中矩形（300×250 像素）、大矩形（336×280 像素）、排行榜（728×90 像素）和宽摩天大楼式（100×600 像素）（根据谷歌的数据，表现最好的尺寸）（Google, 2020a）。然而，2017 年，IAB 发布了新标准广告单元组合的最终版本，基于纵横比和尺寸范围，而不是固定的像素，允许灵活调整大小，并在多个屏幕尺寸和设备上提供更一致的广告体验。广告类型现在标识为水平（通常放置在屏幕的顶部或底部）、垂直（通常放置在屏幕的右边缘或左边缘）、平铺（通常放置在网格布局中）或整页（以纵向或横向布局覆盖设备的整个屏幕）。该指南以 HTML5 技术为基础，涵盖所有类型的展示广告，以及增强现实、虚拟现实、360 度广告和表情符号广告等新的广告体验。指南的另一个重要方面是结合了 LEAN 原则。LEAN 由轻量级、加密、广告选择支持和非侵入性广告的英文首字母组成。为了提高消费者对广告的接受度，本标准包含有关动画、广告扩展、关闭按钮、用户启动、间隙（出现在主要内容之前、中间或之后的广告）、视频与自动播放视频和音频的指南，以及不再允许的破坏性广告体验列表，例如弹出式广告（在用户开始观看内容后覆盖或覆盖内容的广告）、自动扩展广告（无须用户启动即可扩展的广告）、带音频的自动播放视频和闪烁动画（IAB Technology Lab, 2017）。尽管有新的 IAB 标准，但最近一项针对美国互联网使用情况的调查发现，71% 的受访者认为如今的广告比三年前更具侵入性（Kantar Millward Brown, 2018）。

横幅广告　横幅广告是最早和最受欢迎的展示广告。它也是网络营销中效率最低、成本最低的广告形式。横幅广告在台式机或移动设备的屏幕上的矩形框中显示促销信息。**横幅广告**（banner ad）与印刷出版物中的传统广告类似，但具有一些额外的优势。点击后，可将潜在客户直接吸引到广告主的网站上，广告网站可以观察客户在网站上的行为。识别和跟踪客户是网络广告的一个主要功能。横幅广告通常具有视频和其他动效。值得注意的是，尽管横幅广告和展示广告的术语通常可互换使用，但横幅广告只是展示广告的一种形式，尽管广告效力有限，但广告主 2020 年在横幅广告上仍有望花费约 310 亿美元，大约占展示广告支出的 41%、网络广告支出的 23%（eMarketer, Inc. , 2020n, 2020o）。

富媒体广告　通过互动功能吸引用户的广告，如动画（移动图形），或触发新内容体验的元素，如广告扩展，如果扩展到比其原始大小更大或用视频播放，则称为**富媒体广告**（rich media ad）。富媒体广告在 2020 年的支出预计约为 56 亿美元（约占网络广告总支出的 4%）（eMarketer, Inc. , 2020m, 2020o）。它比简单的横幅广告更有效。例如，一项研究分析了 6 个月内在北美传播的超过 120 亿次展示的 24 000 个富媒体广告，发现与标准横幅广告相比，广告主网站访问量增加近 300%。通过直接点击广告、输入广告客户的 URL 或搜索，观看包含视频的富媒体广告的观众访问广告主网站的可能性提高了 6 倍（MediaMind, 2012）。

视频广告　网络**视频广告**（video ad）类似于电视广告，是以页面内部商业视频的形式在各种视频的前面、中间或最后展示的广告。表 6 - 4 描述了视频广告的形式。最广泛使用的是插播视频广告，这些广告在用户单击的视频之前（前置式）、期间（插播式）或结尾（后置式）显示。

表 6 - 4　视频广告的形式

形式	描述	使用时机
线性视频广告	前置式；代替视频；一定时间内广告插播使视频暂停	前置式、后置式或插播式
非线性视频广告	叠加；广告与视频播放同时进行，但是不会占据整个屏幕	视频播放期间、结束或同时进行
植入横幅视频广告	富媒体；与横幅广告一起启动，但可能大于横幅广告	在网页内，通常会被其他内容包围
植入文本视频广告	富媒体；当鼠标经过相关文本时播放广告	在网页内，在相关内容中以高亮文本显示

从总支出的角度来看，网络视频广告的支出仅次于搜索引擎广告。在未来五年里，视频广告被预测是网络广告增长最快的一种形式。2020 年，其支出约为 350 亿美元，预计到 2024 年会翻倍增加到 700 亿美元（eMarketer，Inc.，2020m）。视频广告的快速增长，部分是由于视频广告比其他展示广告更有效。例如，根据对各种广告形式的研究，插播式视频广告的点击率是富媒体广告的 12 倍，是标准横幅广告的 27 倍（MediaMind，2012）。IAB 的研究表明，交互式数字视频比典型的非交互式视频影响更大，互动率提高了 3～4 倍，品牌知名度提高了 50％以上（Interactive Advertising Bureau，2014）。

有许多专门的视频广告网络，为全国广告主提供视频广告活动，并将这些视频放在广告主各自网站的网络上。公司也可以建立自己的视频和电视网站来推广产品。零售网站是广告视频的最大用户之一。例如，最大的在线鞋类零售商之一——Zappos，为其 10 多万种产品中的每一种制作了视频。

赞助式广告　赞助式广告（sponsorship）尽力将广告主的企业名称与特定的信息、事件、场所联系起来，以提高企业品牌的知名度，虽然企业要支付一定的费用，但这并不是明显的商业行为。在 2020 年，美国企业将花费约 28 亿美元用于赞助式广告（eMarketer，Inc.，2020m）。赞助式广告通常更关注品牌宣传而非即时销售。最常用的一种赞助式广告是定向内容（或者是社论式广告），即将编辑内容与广告信息结合起来，提高广告信息的价值，使它更能引起受众的兴趣。例如，美国领先的医学信息网站 WebMD 在其网站上展示了飞利浦（Phillips）等公司的赞助页面，介绍了其家用除颤仪，并介绍了礼来（Lilly）针对儿童注意力缺陷的药物解决方案。营销人员在社交媒体，如博客、推特或在线视频中提供的社交媒体赞助式广告，也是一种常见的策略。赞助式广告也转移到移动平台上。赞助式广告和原生广告之间的界限变得有些模糊。

原生广告　看起来与编辑内容相似的广告称为**原生广告**（native advertising）。原生广告不是新的广告形式。传统的原生广告包括电视广告、报纸广告以及所有的报纸广告和杂志广告，这些都是交给广告主负责的，广告的内容看起来和出版物的其他部分相似。通常，原生广告模仿其周围的编辑内容，并且越来越多的原生广告包含视频内容。它们出现在正常或预期的区域之外，并标记为非编辑内容，尽管在大多数情况下不使用"广告"一词。在网络或手机屏幕上，原生广告通常会以标题下方的"赞助"标签来做区分，并使用不同的颜色。网络原生广告正在快速增长，特别是在社交网络上。2020 年，原生广告支出预计将达到近 470 亿美元（eMarketer, Inc., 2020r）。

在网络世界中，原生广告通常出现在社交媒体上，作为 Facebook News Feed、Instagram Story、Twitter Timeline 或 Pinterest Promoted Pin 的一部分。移动社交网络在屏幕右侧（侧栏或右栏）没有广告空间，因此以帖子形式展示的原生广告是一个受欢迎的选择。原生广告在移动展示广告中的份额从 2012 年的 14% 飙升至 2020 年的 85%（eMarketer, Inc., 2020s, 2020t）。

研究人员发现，35% 的网络消费者无法区分编辑内容和赞助式广告（看起来像编辑内容），即使广告标注为赞助或推广。大多数消费者不了解赞助或推广手段。研究人员在对 10 000 名消费者的调查中发现，消费者大多跳过了赞助商的标签，许多人不了解付费和未付费内容之间的区别（Franklyn, 2013）。然而市场研究人员发现，原生广告对消费者影响更大。消费者浏览的原生广告大约是横幅广告的 2 倍，比展示广告多 53%，原生广告将购买意向提高了 18%。而且与常规广告相比，消费者与家庭成员分享原生广告的可能性是常规广告的 2 倍。营销人员和广告主反对使用"广告"一词来标注原生广告，而更倾向于使用其他标签。

原生广告有较大争议。有人认为，原生广告的目的是欺骗消费者，他们认为广告与媒体的编辑内容具有相同的效力。2015 年，美国联邦贸易委员会发布了关于欺骗性广告的形式和准则的执行政策声明，对原生广告做出了明确规定。美国联邦贸易委员会表示，它会检查整则广告，包括其总体外观、风格、与网站上的编辑内容的相似性以及区分度等因素。联邦贸易委员会进一步建议，在查看者首次与联系人联系时，需要突出显示内容的商业性质（FTC, 2015a, 2015b）。2016 年，在新准则发布后的第一次行动中，联邦贸易委员会指责全国性零售商 Lord & Taylor 在 Instagram 上开展的原生广告活动欺骗了消费者。Lord & Taylor 同意解决投诉（Feil, 2016）。然而，联邦贸易委员会的原生广告准则的遵循方面仍然存在问题。Media Radar 对近 13 000 个品牌的原生广告进行了调查，结果发现，近 40% 的发布原生广告的网站仍然不符合联邦贸易委员会的准则（Fletcher, 2017）。2017 年 12 月，联邦贸易委员会发布了一份工作人员报告，探讨了原生广告背景下消费者对广告的认知，并再次敦促广告主和广告发布者遵循这些准则（FTC, 2017）。

内容营销　原生广告通常专注于和特定广告发布者的合作。**内容营销**（content marketing）为品牌创建内容广告，然后尝试确保内容广告在各种网站上的展示位置。内容的例子包括文章、信息图表、案例研究、互动图形、白皮书甚至是传统的新闻稿。内容营销的目的是通过社交媒体提高公司网站访问量，提升有机搜索排名和品牌参与度（Libert, 2015）。

广告网络　在电子商务的早期，公司将广告投放到几个流行网站上，但到 2000 年初，有数十万个可以展示广告的网站，如果一家公司在每个网站上单独购买广告将会变得非常低效。大多数公司，甚至是大公司，没有能力在数千个网站上投放横幅广告和发布营销信息并监控结果。被称为**广告网络**（advertising networks）的专业营销公司帮助企业利用互联网的强大营销潜力，使整个网络广告的购买和销售过程更加高效透明。这些广告网络的规模不断扩大，网络营销的规模也不断扩大且市场流动性大大提高。

广告网络代表了迄今为止对互联网数据库功能最复杂的应用，并且说明了网络营销与传统营销的不同之处。广告网络向希望投放广告的公司（广告主）销售广告和营销机会，广告网络从广告发布者处获取投放广告的机会，广告发布者在访问者点击广告时接受广告主的付款。广告主购买的是触达受众的机会，广告发布者通过吸引受众和获取受众信息出售触达受众的机会。广告网络是使这个市场有效运作的中介。

图 6-6 说明了这些系统的运作原理。(1) 消费者从广告网络成员网站请求网页。(2) 商家服务器与第三方广告服务器建立连接。(3) 广告服务器通过读取用户硬盘驱动器上的 cookies 文件来识别用户，并检查数据库中的配置文件。(4) 广告服务器根据用户以前的购买、兴趣、人口统计学特征或配置文件中的其他数据来选择适当的展示广告。(5) 无论用户以后何时访问广告网络成员网站，广告服务器都能识别出用户，并提供相同或不同的广告，而不管网站内容如何。广告网络通过使用网络跟踪文件从一个网站跟踪消费者到另一个网站。

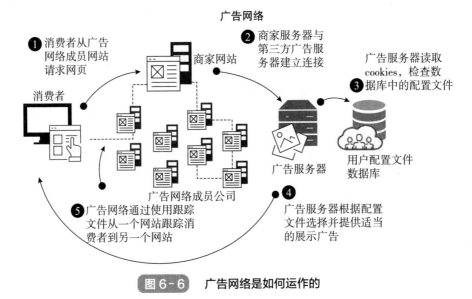

图 6-6　广告网络是如何运作的

注：数以百万计的广告发布者出售触达受众的机会以及可以投放广告的页面。成千上万的广告客户在寻找触达受众的机会。广告网络是连接广告发布者和广告客户的中介。

广告交易平台、程序化广告、实时出价　今天，大多数展示广告正在由使用程序化广告和实时出价的广告交易平台交付。程序化广告几乎占所有展示广告支出的 85%（eMarketer, Inc., 2020u）。**广告交易**（ad exchange）是一种数字市场，它使用称为**程序化广告**（programmatic advertising）的自动拍卖方法来匹配展示广告的供求。程序化广告使用**实时出价流程**（real-time bidding (RTB) process），将广告客户对展示广告的需求与广告发布者提供的网页空间相匹配。广告发布者有能力出售其空白网页，而这些网页通常是无法直接销售的过剩库存页。比如，想要联系这样的人群：最近访问过购车网站、未婚、财务风险较高、住在纽约的市区、在金融行业工作的 18～34 岁的男性。广告交易平台可让你与其他广告客户来对受众群体进行实时出价，然后为你管理广告的位置、费用和效果评价。广告交易平台提供了巨大的全球化的规模和效率。最著名的是谷歌的 Ad Manager（前身为 Google DoubleClick Ad Exchange (AdX)），它包含数百个广告网络，并为广告主购买触达受众的机会提供了一个数字市场。

展示广告问题 与搜索引擎广告一样，展示广告也存在一定的问题，包括广告欺诈（类似点击欺诈）和对可见度的担忧（无论是否显示广告）。

● **广告欺诈。**广告行业越来越关注广告欺诈的问题。**广告欺诈**（advertising fraud）涉及伪造网络或移动流量以向广告客户收取未发生的展示、点击或其他活动的费用。尽管很难量化广告主因广告欺诈而损失的金额，且损失金额差异很大，但一些分析师认为，2020 年，全球常见的广告欺诈可能造成 230 亿美元的损失（Slefo，2019）。广告欺诈有四个主要来源。第一，通过僵尸网络点击它们的网页来创建虚假的流量。第二，浏览器扩展程序可以将广告插入付费广告发布者的网站，然后在程序化广告交易中列出这些广告作为可用的广告。第三，广告定位公司可以创建模仿实际购物者行为的机器人，然后向广告主收取成功定位消费者的费用。第四，如果你是广告发布者，希望吸引广告主到你的网站上做广告，最简单的技术就是聘请低工资国家的人员使用代理服务器点击你的广告（Kantrowitz，2014）。

大型广告主已经开始聘请网络欺诈检测公司（正在增长的行业）来确定其广告活动中存在的欺诈问题。Verizon Wireless、欧莱雅和家乐氏（Kellogg）最近在广告中发现存在价值数百万美元的广告欺诈行为，并且要求广告网络要么等额赔偿要么提供真实的网络流量。

● **可见度。**展示广告平台上展示的广告有部分是看不到甚至是不可见的。造成这种情况的原因有很多。第一，没有机制来衡量有多少人实际看到了已经投放的网络广告。大多数线下印刷广告和电视广告也是如此，尽管过去几十年来已经采用了一些方法和手段来准确衡量广告在消费者面前的曝光率，但并没有针对网络广告的衡量机制。第二，大部分广告在用户不太可能看的页面下方，或者自动播放的视频广告是在用户看不到的区域播放。但广告主仍然在为已投放但未被看到的广告付费。此外，不道德的广告发布者还可以将多个广告叠放，对同一页面空间多次收费。第三，僵尸网络可以被程序控制去点击欺诈网站上的广告，产生展示次数和广告投放量，但没有人真正看到广告。媒体评级委员会（Media Rating Council，一个广告业组织）在 2014 年发布了一个非常低的"可见度"标准：如果能看到一半的广告，且持续一秒钟，广告就被视为可见。对于视频广告，能看到一半的视频，且持续两秒钟，就算可见（Hof，2014）。2015 年发布的修订版解决了其他一些具体问题，但没有改变上面的基本标准。对于网络广告发布者和广告公司来说，未观看的广告和观看的广告一样有利可图。对于广告主来说，未观看的广告则代表了营销支出的浪费。为网络广告付费的广告主开始要求保证可见度，一些行业参与者要求制定更严格的标准。例如，全球最大的广告买家 GroupM 要求以全像素在一整秒钟内都能被看到，广告才能被认为是可见的（Marvin，2017）。包括 Comscore 在内的几家公司正在提供可以部分衡量可见度的标签技术（Vranica，2014）。2019 年，MRC 终于发布了更新的指导方针：广告必须 100% 在视线范围内持续两秒或更长时间（Degtev，2019）。

● **广告拦截。**在过去几年中，广告拦截软件越来越多，它可以在台式机和笔记本电脑上消除展示广告、前置式视频广告、重定向广告以及某些类型的原生广告。广告拦截器与防火墙的运行方式非常相似，识别并消除基于 IP 地址的内容。现在，安装广告拦截器非常容易，Adblock Plus 等程序已经成为 Firefox、Chrome 和其他网络浏览器的附加部分。据估计，到 2020 年，美国近 25% 的互联网用户使用广告拦截器，尤其是年轻人，这些年轻人使用的拦截技术更加先进（eMarketer，Inc.，2019d）。受到广告拦截器影响最大的是游戏、新闻组/论坛和社交网络。虽然广告主还没有对广告拦截感到恐慌，但它们越来越关注这一趋势。有些网站，例如 Wired、The Guardian 和 Salon，直接呼吁用户关闭广告拦截器或使用由网站提供的产品。

电子邮件营销

当电子邮件营销开始时，未经请求的电子邮件并不常见。**直接电子邮件营销**（direct e-mail marketing）（直接将电子邮件营销信息发送给感兴趣的用户）是网络营销最初也是最有效的形式之一，直接电子邮件营销信息被发送给特定的互联网用户，这些用户在某些时候表示有兴趣接收来自广告主的消息。通过向选择加入的受众群体发送电子邮件，广告主可以定位到对其产品感兴趣的消费者。到目前为止，内部电子邮件列表比购买的电子邮件列表更有效。由于响应率比较高，成本低，直接电子邮件营销仍然是网络营销的常见形式。电子邮件营销的其他优势包括广泛的覆盖面、跟踪和衡量响应的能力、个性化内容和定制优惠的能力、为网站带来更多交互的能力、测试与优化内容和优惠的能力，以及按区域、人口统计学特征、时间或其他标准进行定位的能力。到 2020 年，美国企业在电子邮件营销方面的花费将为 4.9 亿美元，与搜索和展示广告营销相比，数额相对要小一些（eMarketer，Inc.，2020m）。不过，这些数字可能有误导。因为从得到实实在在的用户反应来说，电子邮件营销还是很有效的。合法电子邮件的点击率取决于促销（优惠）、产品和目标市场的数量，平均为 3%~4%。尽管垃圾邮件大量涌现，电子邮件仍然是与现有客户进行沟通的高性价比的方式，还能获取新的客户。移动设备已经成为访问电子邮件的主要方式。

电子邮件营销和广告成本较低，并且与发送的数量无关，也就是说发送 1 000 封电子邮件的成本与发送 100 万封相同，电子邮件营销的基本成本是购买接收电子邮件的用户信箱地址的费用。每个用户的邮箱地址价格通常在 5~20 美分，具体价格由所定位的客户来决定，而发送电子邮件的费用基本为零。与此相比，获得一张 5×7 英寸的直邮明信片的姓名、打印和邮寄的费用大约是 75~80 美分。

虽然电子邮件营销往往以销售为导向，但也可以作为旨在提高品牌知名度的多渠道营销活动之一。以基于行为的触发器、市场细分、个性化和目标市场定位仍然是电子邮件营销的主题。例如，吉普为已搜索 SUV 并访问克莱斯勒和吉普脸书页面的目标受众群体创建了一个电子邮件活动。电子邮件活动宣布了一场基于游戏的比赛（利用吉普车跟踪北极野兽），用户可以在线参与该比赛。收件人可以在脸书、推特或吉普博客上注册。

尽管电子邮件仍然可以作为一种有效的营销和广告工具，但它面临三个主要问题：垃圾邮件、通过删除垃圾邮件以帮助用户控制垃圾邮件的软件工具和所购买的目标用户邮件列表不精准。**垃圾邮件**（spam）就是无用的邮件，垃圾邮件发送者就是指向大量对产品不感兴趣的互联网用户发送未经许可的电子邮件的人。垃圾邮件发送者常常发送色情内容、欺诈性协议和服务以及在文明社会不能推崇的其他内容。由于垃圾邮件的泛滥，合法的直接电子邮件营销并不像横幅广告、弹出式广告和搜索引擎广告发展得那么迅速。消费者甚至越来越不相信合法的电子邮件。一般来说，电子邮件在维护客户关系方面效果良好，但是对于获得新客户而言效果很差。

正如点击欺诈是搜索引擎广告的致命弱点一样，垃圾邮件也是威胁有效电子邮件营销和广告的罪魁祸首。2020 年垃圾邮件在所有邮件中的平均比例达 55% 左右（Clement，2020）。大多数垃圾邮件来自僵尸网络，其中包括可以发起和中转垃圾邮件的数千台被操纵的电脑（见第 5 章）。由于 2011 年美国联邦政府关闭了 Rustock 僵尸网络，垃圾邮件的数量有所减少。由于新的技术（包括支持和反对垃圾邮件发送者的技术）、新的起诉以及产品和服务的季节性需求的影响，垃圾邮件具有季节周期性，并且每月都发生变化。

美国的立法企图控制垃圾邮件，但在多数情况下都没有成功。37 个州都颁布了相关法律禁止发送垃圾邮件（National Conference of State Legislatures，2015）。国家立法通常要求未经请求的邮件（垃圾邮件）在主题行（ADV）中包含一个标签，表明邮件消息是广告，需要为消费者提供明确的选择退出选项，并禁止包含错误路由和域名信息的电子邮件（几乎所有垃圾邮件发送者都隐藏自己的域名、ISP 和 IP 地址）。

2003 年，美国国会通过了《反垃圾邮件法》，该法于 2004 年 1 月生效。该法不是禁止未经许可的邮件（垃圾邮件）发送，而是要求必须用标签注明其为未经许可的商业邮件（尽管不是通过标准方法），消费者可以选择不接收该类邮件，并且要标明发送者的邮件地址。另外，该法禁止欺诈性标题和错误标题的使用。联邦贸易委员会还被授权（但不是必须）制定"谢绝电子邮件"列表。尽管目前的条款仅能解决虚假问题和欺骗性问题，但要求注明是未经许可邮件和禁止发送类似邮件的州法律会首先发挥作用。该法对未经许可的色情邮件罚款 10 美元，且授予州律师有对发送垃圾邮件人员的诉讼权。该法使发送大量未经许可的邮件（大多数人称之为垃圾邮件）合法化，但要求禁止某些欺诈行为，保证消费者可以选择是否接收这样的邮件。在这种情况下有人提出质疑：《反垃圾邮件法》使得只要发送垃圾邮件的人遵守以上规则，发送垃圾邮件就是合法的。也正是由于这个原因，大量的发送邮件者成为该法的最大支持者，而用户是最质疑该法的群体。

相比之下，加拿大的反垃圾邮件法是世界上最严格的法律之一。与美国的法律不同，加拿大的法律是基于选择接受模式，禁止发送商业电子邮件、文本和社交媒体信息，除非收件人已经同意。违反法律可能导致高达 100 万美元的个人罚款，对机构可处以 1 000 万美元的罚款。该法律的部分内容于 2014 年生效。该法律适用于加拿大境内在任何时间发送或访问电子信息的计算机，因此位于美国境内向加拿大发送电子邮件的公司必须遵守该法律。2017 年，该法律中允许受违法行为影响的个人和组织起诉的附加条款生效，扩大了其影响（Fowler，2017）。

联盟营销

联盟营销（affiliate marketing）是营销形式的一种，即某公司因其他网站（包括博客）将其用户引导到本公司网站，而向该网站支付 4%～20% 的佣金。不过联盟营销通常只在以下情况下才付费，即用户点击链接或购买产品时。预计 2020 年，美国的联盟营销将创造近 68 亿美元的价值（Christopher，2019）。

访问联盟网站的用户通常会点击广告，从而被转到广告客户的网站。作为回报，广告客户可以按照每次点击付费，也可以按用户在广告客户网站上支付的费用的百分比来支付费用。为推荐或建议而支付佣金早在网络时代之前就存在了。

例如，亚马逊有一个强大的联盟计划，称为亚马逊协会（Amazon Associates）。其转介销售带来的广告费高达其销售额的 10%。联盟公司会吸引人们访问它们的博客或网站，并点击亚马逊产品的广告。eBay 的联盟计划成员可以获得 1%～6% 的收入，具体取决于产品类型。亚马逊、eBay 以及其他有联盟计划的大型电子商务公司通常会自行管理此类计划。希望参与联盟营销的小型电子商务公司通常加入作为中介的 CJ Affiliate 和 Rakuten Linkshare 等联盟网络（有时称为联盟经纪人）。博主经常注册谷歌的 AdSense 计划，以吸引广告客户到他们的网站。访问者每次点击广告，广告客户都需要支付相应的费用，有时是由于访客进行后续购买而支付费用。

病毒式营销

与联盟营销通过可信网站鼓励用户访问其他网站相似，**病毒式营销**（viral marketing）作为一种社交营销形式，是让客户将公司的营销信息传递给朋友、家人和同事。这是口碑广告的在线版本，传播速度比线下快得多。在线下，口碑营销位于电视广告之后，是消费者了解新产品的第二个重要的手段。决定购买最重要的因素是家长、朋友和同事的面对面建议。美国数百万在线用户是在各种在线环境中分享他们对产品的意见的"影响者"。除了扩大公司客户群体的规模外，客户推荐还有其他优势：客户招募成本低；所有客户都在从事招募工作；与使用在线支持服务相比，他们更倾向于直接转告相关人员。此外，由于获得和保留客户的成本很低，用这一方式推荐客户比通过其他营销手段获得客户能更早地为公司创造利润。有一些在线阵地出现了病毒式营销。电子邮件以前是病毒式营销的主要在线阵地（"请将此电子邮件转发给你的朋友"），但脸书、Pinterest、Instagram、推特、YouTube 和博客等现在起着更重要的作用。

潜在客户营销

潜在客户营销（lead generation marketing）使用多个电子商务平台为企业提供潜在客户，企业之后可以通过销售电话、电子邮件或其他方式将潜在客户转化为客户。在某种意义上说，所有的互联网营销活动都试图开发潜在客户。但是，潜在客户营销是互联网营销中较为专业的一种，它提供咨询服务和软件工具来收集与管理企业的潜在客户，并将这些潜在客户转化为实际客户。预计 2020 年，公司将在潜在客户营销上花费大约 25 亿美元（eMarketer, Inc., 2020m）。潜在客户营销有时称为"入站营销"，潜在客户营销公司帮助其他公司建立网站，启动电子邮件营销活动，使用社交网络和博客来优化潜在客户的产生，然后通过进一步的联系、跟踪交互以及与客户关系管理系统的接口来管理这些潜在客户，以跟踪客户和企业的互动。Hubspot 是最主要的潜在客户营销公司之一，该公司已经开发了用于生成和管理潜在客户的软件。

6.2.4　社交营销、移动营销、本地营销与广告

在这一部分，我们简要介绍社交营销、移动营销、本地营销与广告的情况。在第 7 章，我们将对社交营销、移动营销、本地营销进行更为深入的研究。

社交营销和广告涉及使用在线社交网络和社区创建品牌并推动销售。社交网络有几种，从脸书、推特、Pinterest 和 Instagram 到社交应用程序、社交游戏、博客和论

坛（吸引有共同兴趣和技能的用户的网站）。到 2020 年，公司预计将花费约 380 亿美元用于社交网络营销和广告业务。即便如此，这只占所有网络营销支出的 28%（eMarketer, Inc., 2020v）。

社交网络为广告客户提供所有主要的广告形式，包括横幅广告、原生广告、与视频相关联的前置式广告和后置式广告以及赞助式广告。企业拥有的脸书页面本身就是一个像网页一样的品牌营销工具。许多公司，如可口可乐，已关闭产品的特定网页，转而使用脸书页面。

博客也可以用于社交营销。博客是主流网络文化的一部分（第 3 章）。约有 3 000 万美国人写博客，还有大约 8 500 万美国人阅读博客。博客在网络营销中起着至关重要的作用。虽然更多的公司使用脸书、Instagram 和推特，但这些网站并没有取代博客，博文实际上大多是长篇内容。因为博客读者和创作者往往受过更多教育，拥有更高的收入，而且是意见领袖，博客是针对这类消费者展示更多产品和服务广告的理想平台。因为博客是基于作者的个人观点，它们也是开展病毒式营销活动的理想平台。专门针对博客的广告网络在投放广告方面具有一定的效率，博客网络也是如此。博客网络是少数几个流行的博客的集合，由一个中央管理团队协调，可以向广告主提供更多的触达受众的机会。

影响力营销是社交媒体营销的另一种形式，最初是从博客开始的，后来扩展到各种各样的社交网络。影响力营销使用那些在社交媒体上有忠实粉丝的人的代言和产品推荐，这些粉丝认为他们是值得信赖的专家或名人。品牌利用有影响力者与粉丝间所建立的信任，将有影响力者的推荐转化为销量。

移动平台上的营销已经爆发，预计 2020 年，花在移动平台上的费用几乎占网络营销费用（1 350 亿美元）的 70%。在 2020 年，预计各种形式的移动营销支出为 900 多亿美元，预计到 2024 年将达到 1 600 亿美元以上（eMarketer, Inc., 2020w）。推动移动平台的广告客户增多的因素有许多，其中包括功能更强大的设备、更快的网络、本地无线网络、富媒体和视频广告，以及小企业和消费者对本地广告不断增长的需求。最重要的是，手机是当前的聚焦点，大约有 2.7 亿人至少在某些时候会通过手机上网。

移动营销包括使用展示横幅广告、富媒体广告、视频广告、原生广告、游戏、电子邮件、短信、店内消息、快速响应（QR）码和优惠券。手机现在是制定标准营销预算必须考虑的移动设备。移动设备上的应用程序构成了几年前不存在的营销平台。应用程序是用户体验网络并进行从阅读报纸到搜索和购买等活动的非浏览器路径。应用程序为用户提供比多用途浏览器更快的访问速度。应用程序已经开始影响传统网站的设计和功能，因为消费者被应用程序的外观和感觉以及运行速度吸引。

同社交营销和移动营销一道，本地营销是网络营销在 2020—2021 年的第三大趋势。移动设备的发展加快了本地搜索和购买的增长。社交网络和日常交易网站上的本地广告等新的营销手段也为本地营销的发展做出了贡献。到 2020 年，公司的本地广告支出预计约为 590 亿美元，其中约 42%（约 250 亿美元）用于移动平台（BIA Advisory Services, 2020）。

6.2.5 多渠道营销：集成线上和线下营销

没有消费者，就不会有营销。随着互联网的快速发展，媒体消费模式发生了巨大变化，消费者越来越有可能接触到网络媒体，从视频到新闻网站、博客、推特动态消息、脸书好友以及 Pinterest 帖子。越来越多的营销人员正在使用多种在线渠道来触达客户，从电子邮件到脸书、搜索广告、移动设备上的展示广告和联盟计划。例如，弗雷斯特研究公司报告说，大多数客户在网上购物是因为网络营销的影响力，近一半的在线购买是多次接触网络营销的结果（Forrester Research, 2018）。

2013 年，美国人平均每天在数字媒体上花费的时间首次超过了看电视的时间。2020 年，成年人平均每天在线并使用移动设备进行除通话之外的其他操作的时长约为 7 小时 30 分钟，而看电视的时长约为 3 小时 30 分钟（eMarketer, Inc., 2020c）。美国媒体消费者越来越多地通过同时使用多种媒体来增加媒体曝光率。在这种环境下，营销人员开发更多的可以利用各种媒体优势的多渠道营销计划，并加强跨媒体的品牌宣传。网络营销并不是唯一也不是最好的吸引消费者的途径，还可以通过使用电子邮件、电视、报纸和广播来开展网络营销活动。营销传播活动最成功的地方在于将网络流量引入网站，整合线上和线下策略，而不是仅依靠单一方式。研究表明，最有效的网络广告是那些与同时在其他媒体上进行的广告宣传一致的广告。图 6-7 展示了美国成年人每天花费在主流媒体上的时间。"商务透视"专栏的"富人和我们差距很大吗？"研究了奢侈品供应商如何使用网络营销以及如何开展线下营销工作。

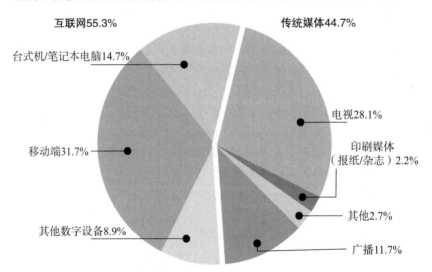

图 6-7　美国成年人平均每天花费在主流媒体上的时间

注：线上营销应与线下营销相结合，以实现最佳效果。
资料来源：Based on data from eMarketer, Inc., 2020x.

商务透视

富人和我们差距很大吗？

斯科特·菲茨杰拉德（F. Scott Fitzgerald）在小说《了不起的盖茨比》中告诉我们："富人确实跟我们很不一样！"棕榈滩有沃斯大道，纽约有第五大道，洛杉矶有罗迪欧大道，芝加哥有壮丽大道。为什么那些富人还要到网上购买 5 000 美元一件的酒会礼服或 3 000 美元一件的意大利欧式西装呢？这样看来，富人跟我们也没有什么不同：他们也会在网上寻找便宜商品。即使专家也很难给出富裕的含义。所有美国家庭中约 25%（约 3 100 万人）的家庭年收入在 10 万美元以上。这些通常被称为 HENRY（高收入，但不富裕）。真正富有的人则是每年赚取超过 35 万美元的 250 万人（美国家庭的前 2%）。还有 900 万家庭（0.7% 的家庭）每年赚取 100 多万美元，这些都是超级富豪。

零售消费普遍偏高：最富有的 10% 的家庭占美国所有零售支出的 50%，占电子商务零售支出的 35% 以上。富裕的美国人正将金钱花费在昂贵的衣服、配饰、首饰和美容产品上，并越来越多地在线购买奢侈品。预计到 2025 年，个人奢侈品的在线销售额将占此类商品销售额的 25%。

Yoox Net-a-Porter（YNAP）集团是世界领先的在线奢侈品零售商之一，其产品在超过 180 个国家和地区销售。在 2000 年 Net-a-Porter 推出的初期，奢侈品设计师甚至不会考虑在 Net-a-Porter 上出售其产品。富有的女性当时只买她们看过的、摸过的并试过的衣服。在过去 10 年间，这一切都发生了变化，YNAP 集团目前销售的世界上最时尚的高端品牌超过 350 种，从蒂芙尼（Tiffany）到古驰（Gucci），再到 Tory Burch，并被香奈儿（Chanel）选为其首款精品首饰系列的独家网络供应商。YNAP 还为 30 多个奢侈品牌运营电子商务网站，包括 Stella McCartney、Dolce & Gabbana、Bottega Veneta 和 Chloe 等。2018 年，拥有奢侈品牌 Cartier、Piaget、Baume & Mercier、Montblanc 和 Van Cleef & Arpels 等的历峰公司（Compagnie Financiere Richemont SA）以约 33 亿美元的价格收购了 YNAP 剩余股份，该公司此前已拥有 YNAP 近 50% 的股份。历峰董事长约翰·鲁珀特（Johann Rupert）称，此次收购旨在加强历峰对在线渠道的关注。该公司认识到，在线渠道对于满足奢侈品消费者的需求至关重要。

YNAP 还有许多竞争对手，其中最著名的是 Farfetch，这是一家总部位于英国的在线市场，与 eBay 类似，但专门为奢侈品行业服务。Farfetch 提供来自全球 500 多家精品店，以及各种主要奢侈品零售商，如博柏利（Burberry）、Stella McCartney、Jil Sanders 和 Harvey Nichols 的商品。

即使是富人也不能抵制优惠商品的诱惑，问题在于，奢侈品零售商通常不愿提供廉价促销，因为它们认为廉价促销有损其声誉。为了解决这个问题，奢侈品零售商通常通过选定一些在线客户开展限时促销电子邮件活动和私人网络销售，提供"秘密"折扣。内曼·马库斯（Neiman Marcus）称之为 Midday Dash 销售：两小时在线销售，只有点击电子邮件中的链接才能以 50% 的折扣购买奢侈品。

奢侈品零售商还面临另一个困境：它们不仅需要吸引超级富豪，还要吸引更多渴望展现自己财富的高收入者。他们需要既独一无二又负担得起的产品。一个解决方案就是所谓的梅赛德斯-奔驰战略：为高收入人群开发豪华而又经济实惠的汽车，同时保留针对超级富豪的高端豪华车型。梅赛德斯-奔驰将双重产品战略与有效利用社交和移动媒体相结合。社交媒体的爆炸式增长以及奢侈品公司对网络渠道的投入不断增加，加强和扩大了探索、评论和最终购买奢侈品的社区。梅赛德斯-奔驰的脸书页面是该品牌与客户互动的主要枢纽，超过 2 100 万名粉丝通过视频、图片、新闻和博客，进一步了解梅赛德斯-奔驰的产品为什么是独一无二以及物有所值的。梅赛德斯-奔驰还使用推特、YouTube、Instagram、Pinterest 以及十几款手机应用程序，通过提供个性化的汽车浏览视频来吸引更多客户。

开发网络营销方式，增加公司获得消费者的机会，同时保留排他性的形象，是蒂芙尼公司面临的挑战。该公司处于令人羡慕的市场地位，可能成为美国最著名的珠宝公司。蒂芙尼的线下营销传播旨在打造美丽、品质和永恒的风格，这是其品牌的全部特征。它应该如何在网络上保持这种风格？网络媒介通常强调速度和花哨的图形而非优雅，强调价格优惠而非高端的独家时尚。网络上大部分是低价格商品和大单交易，这对于像蒂芙尼这样的高端时尚商家来说是格格不入的。在访问蒂芙尼网站时，答案显而易见。该网站库存有限，主推其独家和原创的珠宝和服装设计。没有促销、优惠券、折扣或其他优惠，但访客可以选择较低价格（例如不到 250 美元）的珠宝。该网站和脸书品牌页面反映了其定制服务和设计、平静和简单的特点。价格同样是独家的：18K 玫瑰金并嵌有圆形钻石的精美 Atlas 铰链手镯的价格为 9 000 美元，墨镜为 500 美元。

如今，蒂芙尼已将更多的直接营销活动从线下目录转移到网络目录，并增加了社交媒体，包括脸书（超过 1 000 万关注者）、Instagram、Pinterest、推特、Tumblr 和 YouTube。蒂芙尼现在被公认为奢侈珠宝品牌数字化竞争力的领导者之一。例如，在 2018 年对 70 个奢侈手表和珠宝消费品牌的研究中，蒂芙尼和卡地亚（Cartier）是获得最高评级的两个品牌。蒂芙尼在社交媒体营销（尤其是 Instagram）方面的表现和参与度都获得了特别高的评价。

资料来源：Yoox Net-a-Porter Group，"Who We Are," Ynap. com, accessed August 20，2020；"Farfetch's First Year as a Public Company Has Not Gone Well," by Marc Bain, Qz. com, August 20，2019；"Global Luxury Retail in the Digital Era," Icsc. com, June 11，2019；"Global Powers of Luxury Goods 2019," by Deloitte, April 15，2019；"Luxury and Technology," by Walpole and CBRE, September 2018；"Digital Luxury Fashion Marketplace Farfetch Is on a Roll to an IPO," by Pamela Danziger, Forbes. com, March 20，2018；"Tiffany, Cartier Receive Highest Marks for Their Digital Competence," by Anthony DeMarco, Forbes. com, February 26，2018；"US Affluents 2018：Examining the Foundations of Their Consumer Behavior," by Mark Dolliver, eMarketer, Inc.，February 2018；"With Online Luxury in Vogue, Richemont Snaps up Yoox Net-a-Porter," by Matthew Dalton, *Wall Street Journal*，January 22，2018；"Bringing Conversational Commerce to Our Customers," Ynap. com, September 2017；"How Luxury Shoppers Are Changing the Face of Retail," by Cooper Smith and Nancee Halpin, Businessinsider. com, May 2，2016；"Tiffany Outshines Luxury Competition on Social Media," by Matt Lindner, Internetretailer. com, December 28，2015；"Net-A-Porter Unveils New Weapon in Luxury E-commerce Battle," by Phil Wahba, Fortune. com，May 12，2015.

6.2.6　其他网络营销策略

除了我们以前讨论过的网络营销和广告工具，如搜索引擎、展示广告和电子邮件营销，以及较新的社交营销、移动营销和本地营销与广告工具，还有一些更有针对性的网络营销策略。在这里，我们将研究客户保留策略、定价策略以及长尾营销策略。

客户保留策略

互联网提供了几种特别的营销技术，以便与客户建立牢固的关系并区分产品和服务。

个性化营销、一对一营销和基于兴趣的广告（行为定位）　没有什么互联网营销技术比一对一营销或个性化营销更受欢迎以及受学术界的关注。**一对一（个性化）营销**（one-to-one（personalization）marketing）从个人（不是团体）的角度划分市场，基于对个人需求的准确和及时的了解，将具体的营销信息发送给他们，然后与竞争对手相比将产品做到真正的独一无二。一对一营销是市场细分、市场定位和目标市场选择的终极体现形式，此时细分市场就是个人。

自 20 世纪 30 年代系统化的市场调研和大众媒体发展以来，市场细分运动一直在持续。然而，电子商务和互联网的不同之处在于，它们使得个性化营销可以大规模地进行。最近的一项调查发现，几乎 95％的受访销售人员正在为网络客户互动进行某种形式的个性化设置，在使用个性化设置的客户中，97％的人表示服务得到了提升或改善（Evergage，2020）。

亚马逊是实施个性化营销的典型企业。亚马逊网站会根据用户偏好（存储在数据库中的用户个人资料）以及其他消费者购买的内容向已注册的访问者（基于 cookies）推荐最近的图书，并根据以前的购买方式加快支付流程。

行为定位（behavioral targeting）涉及结合消费者的在线行为和离线行为来调整在线发送的广告信息，行为定位通常是实时的（从消费者进入的第一个 URL 开始，以毫秒计时），其目的是提高营销和广告效率，并增加对访问者进行行为定位的企业的收入，由于行为定位这个名称隐含了不被欢迎之义，由谷歌主导的网络广告行业已经为行为定位引入了新的名称——**基于兴趣的广告**（interest-based advertising，IBA）。

网络最初的承诺之一是，它可以根据这些数据提供针对每个消费者的营销消息，然后根据点击和购买来衡量结果。如果你正在访问珠宝网站，则会显示珠宝广告。如果你搜索"钻石"，则会显示钻石和其他珠宝的文字广告。这是由几千个网站组成的广告网络进一步发展而成的。一个广告网络可以跟着你到数千个网站，并考虑到你在浏览网页时可能会感兴趣的内容，然后显示与这些内容相关的广告。例如，如果你在几小时内访问了几个男士服装网站，那么在你随后访问的大多数其他网站上都会出现男装的广告，无论其主题是什么；如果你在 Zappos 上搜索某双鞋子，并向脸书上的朋友推荐了它，那么在其他网站（包括脸书）上将会显示与其相同的鞋子的广告。行为定位将几乎所有的在线行为数据都集成到兴趣领域集合中，然后根据这些兴趣以及你朋友的兴趣向你展示广告。现在，行为定位的新特点是广泛收集数据：你的电子邮件内容、社交网页内容、朋友、网上购物、阅读或购买的图书、访问的报纸网站等。最后，广告交易将所有关于这些信息的营销向前推进。最受欢迎的网站在其主页上安装了跟踪程序，这些跟踪程序由第三方数据收集公司拥有，然后这些公司通过实时在线拍卖将信息销售给出价最高的广告客户。广告交易平台可让广告客户在浏览互联网时重新定位个人广告，**重定向**（retargeting）涉及向多个网站上的个人展示相同或相似的广告。重定向成为一种受欢迎的策略在很大程度上是因为其感知效能。例如，营销人员经常使用重定向来尝试接触已放弃购物车的用户，最近的一项调查发现，超过90％的营销人员认为重定向广告的表现与搜索引擎广告或电子邮件广告相同或更好。随着越来越多的消费者使用多种设备（包括移动设备）进行在线访问，重定向的跨设备广告的能力成为营销人员非常感兴趣的话题（Google，2020b；AdRoll，2020；eMarketer，Inc.，2016）。

网络广告客户使用四种方式来进行行为定位：搜索引擎查询、收集个人在线浏览历史数据（监控点击流）、从社交网络收集数据，以及整合线上和线下数据如收入、受教育程度、地址、购买模式、信用记录、驾驶记录以及与特定可识别人员相关的数百个其他个人描述字段。谷歌、微软、雅虎、脸书，以及大量使用自己数据的中小型营销公司，或使用网络信标和 cookies 从数千个网站收集数据的公司，都在进行这种"匿名"和可识别信息的集成。平均而言，每个成年人有 2 000 个数据元素被保存在在线信息的数据库中。这些数据的价值和准确性从未得到验证，而保留期是未知的。目前，没有关于这些数据的联邦法律或法规。

在本章之前，我们详细介绍了搜索引擎广告。搜索引擎广告已被证明是最有效的网络广告形式。为什么搜索引擎广告如此有效？大多数人认为当用户在搜索引擎中输入查询信息时，表明用户有非常具体的浏览、比较和可能购买的意图。当广告在客户有这些行为的时刻出现时，与其他形式相比，效果提高4～10倍。约翰·巴特尔（John Battelle）创造了意图数据库这个概念，并提出网络就是一个意图数据库，它由从网络产生以来所做的每一次搜索的结果和搜索者所遵循的每一条路径组成。总的来说，这个数据库包含全人类的意图。谷歌、微软以及雅虎拥有这种意图、欲望、喜好和需求的宝库（Battelle，2003）。巴特尔后来将意图数据库的概念扩展到搜索范围之外，包括社交图（脸书）、状态更新（推特和脸书）以及"签到"（Foursquare和Yelp）（Battelle，2010）。意图数据库可以用来跟踪和定位个人和团体。这个功能不仅是前所未有的，而且在可预见的未来其应用的可能性将呈指数级增长。当然，滥用的可能性也呈指数级增长。

搜索引擎广告增长率的下降导致主要搜索引擎公司寻求其他形式的广告作为未来的增长点，其中包括数百万广告发布者网站上的展示广告、富媒体广告和视频广告。广告发布者通过产生数十亿页的内容做出回应。在这种环境下，由于广告的响应率和价格，展示广告的效果一直在下降。行为定位是解决这个问题并提高响应率的有效途径。搜索引擎广告和展示广告的行为定位目前正在推动网络广告的扩张。

行为定位旨在通过使用网络访问者在线浏览的信息来优化消费者反应，并且如果可能，将其与由Acxiom等公司收集的离线身份和消费信息相结合。行为定位是基于访问者使用网站的实时信息，包括访问的网页、观看的内容、搜索查询的内容、点击的广告、观看的视频、分享的内容以及他们购买的产品。一旦这些信息被即时收集和分析，行为定位程序就试图开发用户的个人资料，然后展示用户最感兴趣的广告。

由于各种原因，这一技术迄今尚未得到广泛应用。实际定位广告的百分比是未知数。许多广告客户使用费用较低的内容广告，没有任何定位功能或只有效果较差的受众特征定位功能。主要在线广告网络拥有的数据质量相当不错，但并不完美。理解和响应即商业智能和实时分析的能力仍然很弱，这阻碍了公司在消费者在线时以有意义的方式快速响应。向客户销售定位广告的公司声称，定位广告比一般广告的效率高2～3倍。但没有很好的数据可以支持这一说法。一般来说，这些声明会混淆针对目标受众的品牌和广告的影响。即使没有定位广告，广告客户的目标也是最有可能购买产品的人群。定位广告的额外影响远不如广告平台所声明的那么大。使用了雅虎18个广告营销活动的真实数据（其中包括1 840万用户）的研究报告发现，品牌兴趣，而不是定位广告本身，是决定定位广告效果的最大影响因素（Farahat and Bailey，2012）。营销公司还没有准备好接受根据客户的个人资料在同一个展示广告上体现几百或上千个不同形式的想法，因为这样的举措会增加成本。最后一个因素是消费者对定位的持续抵制：超过90%的美国人反对公司跟踪他们的在线行为，即使这些公司会为他们提供免费服务或产品（Joe，2016）。一些消费者发现太个性化的营销信息是"令人毛骨悚然的"。例如，假设你访问了Hanes网站来查看内衣。当你收到一封不请自来的电子邮件，而邮件来自Hanes，内容是感谢你的来访并邀请你再次访问时，你会有何感想？你会如何看待类似的短信或电话？或者当你浏览网页时不断地收到一系列内衣广告，你会有何感想？如果一家公司收集了你的 Pinterest、脸书或推特信息，你该怎么办？虽然一些消费者可能觉得这对他们没有什么影响，但是另一些消费者觉得这种做法至少是"令人厌恶"的。第 8 章将更为全面地介绍公众和政府部门对行为定位的反应。

定制和客户联合生产　定制是个性化的延伸。**定制**（customization）意味着根据用户喜好改变产品，而不仅仅是营销信息。**客户联合生产**（customer co-production）意味着用户想到了创新点，并帮助创造新产品。

许多领先公司在互联网上提供按订单定制的产品，从而实现产品的差异化以提高客户忠诚度。客户似乎愿意为独一无二的产品多付钱。使定制可行的关键是建立一个标准化的架构，同时结合消费者的多种选择。例如，在 My M&M's 网站上，客户可以在定制的 M&M's 产品上打印自己的信息。

价值由内容决定的信息商品也是实现这种差异化的理想选择。例如，《纽约时报》和其他许多内容发行商允许客户每天选择他们想要看的消息，许多网站，特别是雅虎、MSN 和美国在线等门户网站，允许客户创建自己的网站定制版本。这些页面通常需要采取安全措施，例如设置用户名和密码，以确保隐私和机密性。

客户服务　网站的客户服务会影响其营销工作，在线客服不仅仅出现在订单履行过程中，它还影响客户和公司的沟通以及客户及时获得所需信息。客户服务可以帮助客户减少沮丧，减少放弃购物车的次数，并增加销售。

大多数消费者想要且愿意为自己服务，只要他们需要的信息容易找到，网络消费者大多不期望或需要"高触达"服务，除非他们有问题或疑虑，在这种情况下，他们需要快速获得个人问题的答案。研究人员发现，网络消费者在订单出现问题时，会强烈要求与品牌方联系。当网络消费者了解到，客户服务代表可以在线上或通过电话联系并能够快速解决问题时，客户忠诚度会大幅提高，相反，在这些关键时刻没有得到满意服务的网络消费者通常会终止购买，并转向可能收取更多费用但提供卓越的客户服务的其他商家（Ba et al.，2010；Wolfinbarger and Gilly，2001）。

公司可以使用许多工具来鼓励与潜在客户和现实客户的互动，并提供客户服务。除了本章后面将详细介绍的客户关系管理系统，还包括常见问题、实时客户服务聊天系统、智能代理与自动应答系统。

常见问题（frequently asked question，FAQ）是一个基于文本的常见问题和答案列表，提供了一种预测和解决客户疑问的低成本的方式。在一个链接到搜索引擎的网站上添加一个常见问题页面，可以帮助客户更快地获得需要的信息，使他们能够自己解决问题。通过首先引导客户到常见问题页面，网站可以给客户解答常见问题。如果一个问题和答案没有出现，对于网站来说，重要的是要简单方便地与当事人交流。在常见问题页面底部提供电子邮件链接是一个解决方法。

实时客户服务聊天系统（real-time customer service chat systems）（一家公司的客户服务代表以实时方式与一个或多个客户进行交互式文本消息交流）是企业在网络消费者的购买过程中对消费者进行协助的方式，该方式越来越受欢迎。与在线客户服务代表的聊天可以为消费者提供指导、回答其问题，并解决可能导致销售失败的技术故障。实时客户服务聊天系统的主要供应商包括 LivePerson 和 ClickDesk。供应商声称，聊天系统明显比基于电话的客户服务便宜。然而，评论家指出，这个结论可能是基于乐观的假设，客户服务代表可以一次服务 3～4 个客户，聊天会话比打电话所需时间更短，此外，聊天会话是文本会话，内容不像通过电话与人交谈那样丰富。另外，据报道，聊天系统会提高每个订单的销售数字，通过允许公司在决策过程中触达客户提供销售协助。经过证实，聊天系统可以降低购物车放弃率，增加每次交易购买的商品数量，并增加交易的金额。"点击通话"或"实时通话"是实时在线客服系统的另一个版本，客户点击链接或接受邀请，让客户服务代表通过电话与他们沟通。

智能代理技术是客户为网络消费者提供帮助的另一种方式。智能代理可以减少与客户服务代表联系的成本，**自动应答系统**（automated response systems）发送电子邮件订单确认和电子邮件查询的确认，在某些情况下需要告知消费者，他们可能需要一两天才能真正找出消费者问题的答案。自动运送确认和订单状态报告也很常见。

定价策略

在电子商务的早期阶段，许多学者和商业顾问预测，网络将导致信息对称和无摩擦商务的新世界。在这个世界中，利用智能购物代理和互联网上几乎无限的产品及价格信息，消费者可以很轻松地在世界各地（以及全天 24 小时）购物，将价格压低到产品的边际成本，并将中间商赶出市场，因为消费者开始直接与生产商打交道（Wigand and Benjamin, 1995；Rayport and Sviokla, 1995；Evans and Wurster, 1999；Sinha, 2000）。这个现象是**一价定律**（Law of One Price）的一个实例：在完美的信息市场中具有完全的价格透明度，每个产品在世界各地的价格相同。无摩擦商务当然意味着基于品牌的营销的结束。

但是，这条路走不通。公司仍然通过价格、产品功能、运营范围和用户关注点来争取客户，**定价**（pricing）（为商品和服务标明价值）是营销策略的一个组成部分，同时，价格和质量决定客户价值。企业家和投资者都明白电子商务的定价是非常困难的。

在传统企业中，传统商品（如书籍、药品和汽车）的价格通常是根据固定成本和可变成本以及市场**需求曲线**（demand curve）（以各种价格出售的商品数量）确定的。固定成本是制造生产设备的费用。可变成本是运行生产设备（主要是劳动力）所涉及的成本，在竞争激烈且产品同质化的市场中，一旦制造商支付固定成本，价格往往取决于边际成本（生产下一个单位的增量成本）。

企业通常通过测试不同的价格和需求量的组合来寻找产品的需求曲线，密切观察产品的成本结构。在正常情况下，企业根据利润最大化原则来制定价格。为了达到利润最大化，企业根据边际收入（增加一单位产品的销售，企业所获得的收入）等于边际成本的原则来制定产品的价格。如果产品的边际收入大于产品的边际成本，企业将降低价格，出售更多的产品。（当收入随销售量增加而增加时，企业怎么会不增加产品的销售量呢？）如果产品的边际收入小于产品的边际成本，则企业将减少销售量，提高产品的价格。（企业怎么可能销售那些使它们亏损的产品呢？）

在电子商务的早期却出现了一种奇怪的现象：商家所制定的产品价格大大低于边际成本。有些商家甚至在每一笔交易中都是亏损的。为什么会产生这种现象呢？是因为新经济、新技术或网络时代？都不是。网上商家能够以低于边际成本的价格出售商品（甚至是免费赠送），仅仅是因为很多企业家及其风险资本投资者认为这样做是值得的，至少在短期内是这样。当时的观念是要用免费的商品和服务来吸引眼球，一旦网站拥有了大量的忠诚顾客，就可以向那些在网站上做广告的商家收取大量的广告费，也可能对面向顾客的增值服务收取服务费（这就是所谓的"骑背"战略，即对一小部分人的增值服务收取较高的费用，而对大多数人所使用的一般服务收取标准的或较低的服务费，大部分人是"骑在"这一小部分人身上的）。在很大程度上，社交网络和用户生成内容的网站已经复活了这个盈利模式，重点是消费者人数增长而不是短期利润，对传统的需求曲线进行研究，将有助于我们理解新兴企业的行为（见图6-8）。

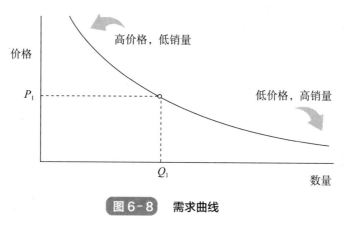

图6-8 需求曲线

注：需求曲线表明了在不同的价格（P）下所能销售的产品的数量（Q）。

愿意为所购买的商品支付很高价格（远高于 P_1）的消费者很少，而愿意支付 P_1 价格的消费者很多，如果商品的价格低于 P_1，将会有更多的消费者。假设商品的价格为零，那么需求将会接近于无穷。理论上，为了使销售量和利润最大，商家希望能够以人们愿意支付的最高价格来出售商品以赚取市场上所有可能的收入。这就是所谓的**价格歧视**（price discrimination），即根据个人或群体所愿意支付的最高价将商品以不同的价格出售给他们。如果有些人确实需要这种商品，就以最高价出售给他们。对于那些需求不强烈的人，所制定的商品价格也要低一些，否则，他们是不会购买商品的。只有满足如下条件，商家才能实施差别定价：（a）能够识别每个人愿意支付的最高价；（b）能够将消费者分隔开，使他们无法了解其他消费者支付的价格。因此，绝大多数企业通常只是对其商品制定一个固定的价格（P_1），或对同一种商品的不同档次制定不同的价格。

如果商品的边际成本为零，将会是怎样的情形？这些商品的价格会是多少呢？因为边际成本等于零，所以不可能根据边际收入等于边际成本的规则来制定价格。互联网上充斥着信息商品：音乐、研究报告、股票报价、小说、天气预报、文章、图片及观点，如果在网上分销这些商品的话，这些商品的边际成本为零。所以，某些商品（如信息商品）在网上免费的另一个原因是它们是以成本价出售的。偷来的内容是没有生成成本的，当网站用这些资源来满足客户需求时，也是零成本的。

免费和免费增值模式 每个人都喜欢廉价商品，最好的廉价商品是免费的。企业免费提供数据存储、音乐、网站、照片存储和互联网连接。免费不是新鲜事物：银行在20世纪50年代向储户发放"免费"的烤面包机。谷歌提供免费办公应用程序、免费电子邮件和免费协作网站。免费发放是明智的经济逻辑。免费内容可以帮助建立市场意识，并且有助于其他后续商品的销售。最后，免费的商品和服务会对潜在的和实际的竞争对手造成影响（微软的免费浏览器 Internet Explorer 破坏了网景的浏览器市场）。"免费增值"一词是来自克里斯·安德森（Chris Anderson）的著作《免费：全新价格的未来》中的一个词语，是另一种定价策略。免费增值定价模型是一种交叉互补的网上营销战略，即消费者可以免费获得基础服务，但同时需要为更多的附加服务付费。企业希望开通增值服务的用户所支付的费用能够抵消使用免费服务的用户的费用。网络电话就使用这样一种免费增值模型：大量的用户可以免费通过互联网呼叫其他网络电话用户，但若用固定电话或手机联系就要付费。Dropbox、Spotify 和许多其他网站以一定的价格提供增值服务，以支持免费服务。

"免费"和"免费增值"作为一种定价策略也有局限性。过去，许多电子商务企业发现很难将吸引来的用户转变成购买者。免费网站吸引了上千个对价格敏感的"贪便宜的用户"，他们不愿意为任何商品或服务付费，一旦这个网站开始收费，他们就会转向另一个免费网站。骑背策略也没有获得很大成功。免费模式消除了较大的价格歧视。很明显，许多免费下载的用户确实每月也支付一定数额的费用，只是这部分利润最终给了提供重要免费服务的公司。也有一些人认为，未来所有的数字商品都将免费，部分原因是互联网用户期望如此。广播、电视也曾为用户提供免费模式，只靠广告赚钱，但用户最终还是转向了付费的有线电视和 DVD。用户对于免费的期望是针对一些有价值的流媒体信息，也就是独特的、非普遍的、拥有即时消费和投资价值的服务。即使是在互联网时代，这种数字流媒体服务也应有一定的价格。世界上没有免费的午餐，除非不值得去享用。

分级定价　解决免费信息商品所存在问题的一种方法就是**分级定价**（versioning）——生产本质相同而档次不同的系列商品，在不同的细分市场以不同的价格销售。在这种情况下，价格依赖于消费者对商品价值的认知。消费者会把他们自己分成不同种类，支付不同的费用来购买不同档次的商品。分级定价与经过修正的免费定价策略相结合，可以产生很好的效果。如低价值商品可以是免费的，但是高价值商品则以较高的价格提供。什么是低价值商品？低价值商品或者是免费的信息商品与高价值商品相比，使用不太方便，速度慢，功能较少，并且公司所提供的支持也较少。通用汽车公司根据不同的市场需要提供不同的汽车品牌（凯迪拉克、别克、雪佛兰），它们被分为数百种车型，从提供最基本的、简单功能的汽车到强大的、复杂的多功能汽车。与通用汽车一样，信息商品也可以实现分级，通过细分和选择不同的目标市场来定位商品。在信息商品领域，电子杂志、音乐公司及图书出版公司都提供免费的内容简介，但如果客户想要获得更多的信息内容，则需支付一定的费用。例如，《纽约时报》在每期出版后，会在网上免费提供几天该期的内容，但要获得更多的过期归档内容则要按篇付费。有些网站虽然提供免费服务，但同时也伴随着恼人的广告，如果不希望有广告，则要支付月费。

捆绑定价　"瑞格"·齐格菲（"Ziggy" Ziegfeld）是 20 世纪初纽约著名的齐格菲歌舞团的创始人，他发现周五晚上剧院的空座率接近 1/3，在周末白天的表演中，空座率则达到了一半。于是他萌生了一个设想，捆绑出售两张半价的戏票，即购买一张全价戏票，可以免费获赠一张。这种出售套票的方式现在仍然是纽约大剧院的惯例。这类定价方式主要基于如下想法：（a）再增加一位观众的边际成本为零；（b）很多不会购买单张戏票的人却会以相同或略高的价格购买捆绑在一起的两张戏票。

捆绑网上信息商品是这种套票观念的延伸。**捆绑定价**（bundling）是以一种商品的价格向顾客提供两种甚至更多的商品。捆绑定价的核心在于：虽然消费者对每一种商品价值的认知大不相同，但他们较容易接受固定价格的捆绑商品。事实上，人们所愿意支付的捆绑商品的价格通常高于这些商品分开销售时的价格。捆绑定价降低了商品市场需求的差异（分散性）。

动态定价和限时促销 到目前为止，我们前面所讨论的定价策略都是固定价格策略。以固定价格销售不同档次的商品和捆绑商品是基于企业使其收益最大化的动机。但是，如果货架上还有剩余商品，并且得知有些人会愿意购买这种商品，该怎么办呢？当然，我们应该出售这些商品，这样至少可以获得一定的收入，而不是让它们留在货架上甚至烂掉。想象一下，每个市场都有一些人愿意支付高昂的溢价，如果能马上得到一种商品的话。在其他情况下，例如古董，商品的价值必须在市场上被发现（通常是因为有一种信念，即市场会以比所有者的成本高得多的价格来估价）。有时，商品的价值等于市场愿意支付的价值（与成本无关）。或者，假设你想要你的网站拥有频繁的访问量，每天花几分钟的时间来提供一些非常划算的东西，或者是在一天固定的时间段内提供。这就是动态定价机制发挥作用的地方，也是互联网的优势所在。在**动态定价**（dynamic pricing）中，商品的价格随客户的需求特征和卖方的供应情况而变化。

有不同类型的动态定价机制。例如，几个世纪以来已经使用拍卖来建立商品的即时市场价格。拍卖是灵活有效的市场机制，用于对独特或不寻常的商品，以及常见商品，如电脑、花束和相机进行定价。

收益管理与拍卖有很大的不同。在拍卖中，成千上万的消费者通过竞标来确定价格。在收益管理方面，管理人员在不同的市场设定不同的价格，满足不同细分市场的需求，以便出售过剩的商品。航空公司采用的就是收益管理方法：一天里每隔几分钟就调整一次剩余座位的价格，以保证在 5 万个剩余的座位中至少有一部分能够以合理的价格销售出去——甚至会低于商品的边际成本。亚马逊和其他大型在线零售商经常使用收益管理技术，其中包括每小时变化价格以刺激需求并使公司收入最大化。亚马逊还可以跟踪寻求特定商品的购买行为，例如激光打印机。随着消费者搜索最好的价格，亚马逊可以观察其他网站的销售价格，然后动态调整价格，以便当用户再次访问亚马逊时，会看到比其他所有访问的网站更低的价格。

收益管理技术的使用有一些限制条件。通常其适用的对象是一些不可存储（当没有满载的飞机起飞时，剩余座位将不再具有价值）、需求随季节变化、市场细分明确、市场上存在竞争以及市场条件快速变化的商品（Cross, 1997）。一般来说，只有那些拥有强大的监控系统和良好的数据库系统的大公司，才能使用收益管理技术。

峰时定价是优步等公司使用的一种动态定价策略。优步采用动态定价算法来优化其收入或平衡供需。价格在暴风雨和热门假期期间上涨 2～10 倍。优步在纽约市使用这个方案时受到了严厉的批评。批评者称这种做法相当于哄抬物价，在纽约等州，如果发生紧急情况，这种做法是非法的。优步表示，较高的价格将会使更多的汽车涌上街头，在需要时增加供应。但是，像大多数动态定价方案一样，峰时定价与公开竞价并不一样，公开竞价中的价格变动对所有人都是透明的。优步没有向公众提供有关供求的数据，因此，无法知道优步在假期和暴风雨期间加价是因为需求超过供应，还是因为优步希望增加利润。2014 年，优步与纽约州总检察长达成协议，以限制紧急情况下的定价激增 (Isaac, 2014)。

另一种动态定价策略是限时促销，其在旅游服务、高档服装和某些商品上已经取得了很不错的效果。使用电子邮件或通过网站的功能通知忠诚用户（重复购买用户）厂家限时供应低价的商品和服务等都是限时促销。捷蓝航空 (JetBlue) 提供了价格为 14 美元的纽约和洛杉矶之间的机票。豪华酒店的房间一晚只要 1 美元。Rue La La、HauteLook（从属于诺德斯特姆 (Nordstrom)）和 Gilt Groupe 等公司也都在使用限时促销技术。Gilt（现在由 Rue La La 所有）从主流品牌那里购买库存过剩的商品，然后通过电子邮件限时促销信息将这些商品以折扣价提供给其用户。一般是限时 2 小时或直到库存被售完。在许多场合，只要 Gilt 开展一次销售，它就会成为访问最频繁的网站。也有人指出，这种方式抓住了一些用户的特点，会引导用户过度购买不需要的商品。

互联网已经真正使动态的甚至是误导性定价策略成为一种可能。每小时都会有大量的消费者使用网站，接入强大的数据库。当竞争对手威胁商家时，商家可以在一分钟内提价并在下一分钟降价。这种诱导式推销战术的运用已经成为一种普遍现象：用一种低价的商品引流，但实际上其他商品的价格并不是很实惠。

长尾营销策略

亚马逊销售的不知名图书比畅销类图书（定义为销量前 20% 的图书）要多。尽管如此，畅销书占了亚马逊收入的 80%。在许多市场上，消费者都是根据一种功率曲线来分配自己购买的产品，在这种情况下，80% 的需求是针对热门产品的，而对非热门产品的需求很快就会减少。在传统市场中，利基产品几乎没有人听说过。互联网和电子商务对不知名产品的销售产生的影响之一是，通过搜索引擎、推荐引擎和社交网络，不知名的产品对消费者来说变得更加可见。因此，在线零售商可以通过销售需求较少和价格较低的产品获得可观的收入。事实上，在接近零的库存成本和良好的搜索引擎的帮助下，默默无闻的产品在总收入中所占的比例可能要高得多。例如，亚马逊有数百万种售价 2.99 美元或更低的图书，其中很多都是不知名的作者写的。由于它的搜索和推荐引擎，亚马逊能够通过出售大量不知名的图书来获得利润。这就叫作**长尾效应** (long tail effect)，参见"技术透视"专栏的"长尾理论：营销应用中的双刃剑"。

技术透视

长尾理论：营销应用中的双刃剑

《连线》杂志作家克里斯·安德森 2004 年提出了长尾理论，描述了小事件发生的概率高，而大事件发生的概率低这种统计分布的特点。这一概念的含义显而易见：想象一下好莱坞电影，确实有很多影片深受观众欢迎，但也有成千上万的电影几乎就没怎么听人说过，而且只有一小部分人观看过，这些不畅销的产品构成所谓的长尾。安德森还发现网络将改变规律：由于在线搜索、社交网络和推荐引擎的作用，不论在网站上放置多少产品，总会有人在某些时候发现并购买它们。

在互联网上，搜索成本很低，并且企业不必被迫运营实体店，亚马逊和阿里巴巴等在线零售商提供了数百万种可供销售的产品，而传统的实体零售企业则无法做到。无论你在什么地方，你都能找到很多只有少数人有兴趣购买的产品。但是，随着大约 40 亿人在线，即使是百万分之一的产品也能找到 4 000 个买家。

长尾理论的一个问题是，人们有时很难找到利基产品，因为它们基本上不为人所知。推荐系统可以在这里发挥作用：尽管这些系统可能偏向于推荐最流行的选择，但它们有时可以指导消费者根据别人的推荐找到不知名但很好的产品。网飞和亚马逊已经花费了数百万美元来改进它们的推荐系统，潘多拉的推荐系统则专注于推荐高质量的音乐而不考虑流行程度。

搜索引擎优化是营销人员试图利用长尾理论的另一领域。长尾关键词是一个少部分人可能用来寻找产品的短语，例如，关注长尾的营销人员可能会选择对"紫色全天候跑鞋"这样的关键词，而不是被更大的零售商掌控的关键词如"鞋"或"男鞋"进行投资，因为他的公司更有可能超越竞争对手，实现两倍于更受欢迎的关键词和搜索的转换率。根据 Hitwise 的数据，长尾搜索占所有网络查询的 70％。谷歌声称，它每天收到的 15％～20％ 的搜索要求之前从未出现过，谷歌提供了一种名为广泛匹配的功能，它允许一个关键词在拼写错误、包含同义词等情况下触发广告。越来越多的互联网用户正在使用自然语言搜索（以我们说话的方式进行搜索，比如"最近的比萨店在哪里？"）来寻找产品和服务。因为与传统的基于文本的搜索相比，语言搜索相对较新，所以许多这样的搜索也是长尾的一部分。

安德森声称，互联网将通过让小众产品获得高利润，彻底改变数字内容，而小众产品所带来的收入最终将超过热门电影、歌曲和图书带来的收入。但最新的研究对长尾理论带来的收入潜力褒贬不一。最优秀的销售者已经扩大并产生了绝大部分的在线媒体收入。最近的几篇论文研究了不同平台上的消费者习惯，包括网飞和音乐流媒体服务 Rhapsody，得出的结论是，随着消费者面临的选择不断增加，用户更有可能坚持他们已经知道的更安全的选择。网飞将其最近的收入和订阅数的增加归功于其不断增加的原创剧集和最近提高的大片点击率，而不是长尾中成千上万的其他电视剧。事实上，网飞的 DVD 业务只有 200 多万用户，而其流媒体服务的用户超过 1.8 亿。流媒体服务主要由新的原创系列和更受欢迎的电影、电视节目组成。音乐行业的情况类似。音乐服务竞相提供内容越来越丰富的歌曲目录，这对知名歌手来说更加有益，而越来越长的长尾中的每一个成员都发现很难在不太知名的同行中脱颖而出。特别是在移动设备上，音乐服务和电子书的"前端显示"比桌面屏幕要小，只有超级明星才能获得这种有价值的营销空间。

另外，崭露头角的艺术家的进入障碍更低，而且在没有大唱片公司的帮助下，他们也比以往任何时候都更有机会推销自己。例如音乐家比莉·艾利什（Billie Eilish）从"长尾"音乐开始，在音乐服务 SoundCloud 上发布歌曲，并以此取得商业成功。Spotify 专注于提高 Discovery Weekly 和 Fresh Finds 功能的知名度，这些功能将名气较小的艺术家与更大范围内的观众联系在一起。虽然网飞可能主要由大片驱动，但它使用了特定的长尾类型，比如"20 世纪 80 年代富有想象力的时光旅行电影"，以精确地缩小其用户感兴趣的内容的范围。一份行业分析发现，算法可以识别出更容易对长尾搜索结果做出反应的"特殊"用户，从而使营销人员能够向希望看到长尾搜索结果的客户提供长尾产品。在某些产品类别中，如消费品，随着消费者越来越多地上网寻找满足自己确切需求的特定产品（在许多情况下，是本地产品或手工产品），长尾已经找到了新的生命。沃尔玛利用长尾效应在电子商务领域更好地与亚马逊竞争，其电子商务网站上提供的产品的阵容迅速扩大。

长尾理论和赢者通吃策略都为营销和产品设计人员带来不少启示。应用长尾理论时，网络商店，尤其是经营数字内容的商家，应当建立起海量的产品库，这样受众较少的利基产品能贡献较大的利润。而采用赢者通吃策略时，利基产品只能创造微薄的利润，商家应当集中精力经营畅销的产品和服务。

资料来源："The Perfect Virtual Video Store Isn't Netflix. It's DVD. com," by Patrick Sisson, Vox. com, April 23, 2020; "Long Tail Keywords: Why They Matter So Much in Content Strategy," by Domenica D'Ottavio, Searchenginewatch. com, November 22, 2019; "For Ecommerce SEO, Don't Ignore the Long Tail," by Jill Kocher Brown, Practicalecoomerce. com, November 17, 2019; "Alexa, What Is Long-Tail Marketing and Why Does It Matter?," by Carm Lyman, Forbes. com, August 8, 2018; "Content Marketing Can Drive Long-tail SEO," by Armando Roggio, Practicalecommerce. com, March 5, 2018; "The Long Tail Theory, Debunked: We Stick With What We Know," Mackinstitute. wharton. upenn. edu, February 22, 2018; "The Long Tail: When a Famous Theory Got (Almost) All Wrong," by Willy Braun, Medium. com, November 23, 2017; "Fattening the Long Tail Items in E-commerce," by Bipul Kumar and Pradip Kumar Bala, *Journal of Theoretical and Applied Electronic Commerce Research*, September 2017; "No Mercy/No Malice: The Long Tail Has New Life," by Scott Galloway, l2inc. com, April 7, 2017; "What Netflix Can Teach Us About Long-Tail Keyword Research," by Ryan Shelley, Searchengineland. com, September 20, 2016; "The Long Tail Theory Can Be Reality for Traditional Megabrands," by Robin Lewis, Forbes, May 31, 2016; "Where's the Long Tail? Spotify Touts Its Artist Discovery," by Andrew Flanagan, Billboard. com, May 26, 2016; "7 Brilliant Examples of Brands Driving Long-Tail Organic Traffic," by Neil Patel, Neilpatel. com, December 22, 2015; "Hidden in the Long Tail," The Economist, January 10, 2015; "Recommendation Networks and the Long Tail of Electronic Commerce," by Gail Oestreicher-Singer, New York University, 2012; "Research Commentary—Long Tails vs. Superstars: The Effect of Information Technology on Product Variety and Sales Concentration Patterns," by Erik Brynjolfsson et al., *Information Systems Research*, December 2010; "How Does Popularity Affect Choices? A Field Experiment," by Catherine Tucker and Juanjuan Zhang, *Management Science*, May 2011; "From Niches to Riches: Anatomy of the Long Tail," by Eric Brynjolfsson et al., *MIT Sloan Management Review*, Summer 2006; "The Long Tail," by Chris Anderson, *Wired Magazine*, October 2004.

6.3 网络营销技术

网络营销与传统营销有很多相似之处，也有许多不同之处。与所有营销一样，网络营销的目标就是建立客户关系，以达到高于平均水平的收益（通过提供优质的产品或服务，并将产品的功能传递给消费者）。但网络营销也与传统营销截然不同，因为媒介的性质及功能与以往任何时候都不相同。为了解网络营销的不同之处，首先需要熟悉一些基本的网络营销技术。

6.3.1 网络营销技术的革新

在第 1 章中，我们列出了电子商务技术的八大特性。表 6 - 5 描述了这些技术特性对营销的影响。

表6-5	电子商务技术特性对营销的影响
电子商务技术特性	**对营销的影响**
普遍性	营销传播已扩展到家庭、工作和移动平台；营销的地理限制已经减少。市场已被虚拟市场取代，并打破了时间和地理位置的限制。客户便利性得到提升，购物成本降低。
全球覆盖性	世界范围内的客户服务和营销传播已经实现。市场营销信息可能会触及数亿消费者。
通用标准	由于共享的全球互联网标准，提供营销信息和接收用户反馈的成本降低了。
丰富性	视频、音频和文字营销信息可以整合到单一的营销消息和消费体验中。
交互性	消费者可以进行对话，动态调整消费者的体验，并使消费者成为正在出售的产品和服务的联合制作人。
信息密度	可以收集和分析关于消费者实时行为的高度详细的信息。数据挖掘技术允许每天分析 TB 级的消费者数据以用于营销。
个性化和定制	该功能可以使产品和服务的差异化达到满足个人个性化需求的水平，从而提高营销人员创建品牌的能力。
社交技术	用户生成的内容和社交网络以及博客已经在线创建了大量新受众，内容由用户提供。这些受众大大扩展了营销人员以非传统媒体形式接触新潜在客户的机会。全新的营销手段正在不断发展。这些技术让市场营销人员面临着与流行观点相冲突的风险，因为它们为那些现在能够"反击"的用户提供了更多的市场力量。

总而言之，互联网对营销有四个非常强大的影响。首先，作为一种传播媒介，互联网拓宽了营销传播的范围——从可以轻易联系到的人到可以联系到的地点，从台式机到智能手机（总之，无处不在）。其次，互联网通过将文字、视频和音频整合到丰富的信息中，提高了营销传播内容的丰富程度。可以说，由于信息的复杂性、在广泛的主题上可以访问的大量内容以及用户交互式地控制体验的能力，网络内容比电视或视频更丰富。再次，互联网极大地扩展了市场的信息强度，为市场营销人员提供了前所未有的细致、详细、实时的消费者信息。最后，由移动设备创造的永远在线、始终相连的环境，会让消费者更容易获得营销信息。其结果之一是大大增加了公司的营销机会。

6.3.2 网络事务日志

电子商务网站如何比百货商店或当地杂货店更了解消费者行为？网络上消费者信息的主要来源是所有网络服务器维护的事务日志。**事务日志**（transaction log）记录用户在网站上的活动。事务日志内置在网络服务器软件中。当与访问者生成的另外两类跟踪数据（注册表单和购物车数据库）结合使用时，事务日志数据将变得更加有用。用户被各种手段（如免费礼品或特殊服务）吸引而填写注册表单。**注册表单**（registration forms）收集名称、地址、电话、邮政编码、电子邮件地址（通常需要）等个人资料，以及其他可选的自我认可的关于兴趣和品位的信息。当用户购物时，他们还会在购物车数据库中输入其他信息。**购物车数据库**（shopping cart database）捕获所有选择项目、购买数据和付款数据。其他潜在的额外数据来源包括用户在产品表单上提交的信息、对聊天小组的贡献，或者在大多数网站上使用"联系我们"选项通过电子邮件发送的信息。

对于每月访问量达到上百万人次的网站，每个访问者平均每次访问 15 个页面，每个月将有 1 500 万条信息记录。这些交易记录以及注册表单和购物车数据库中的数据是单个网站和整个在线行业的营销信息的宝库。几乎所有的网络营销能力都是基于这些数据收集工具提升的。例如，下面是一些有趣的营销问题，可以通过检查网站的事务日志、注册表单和购物车数据库来回答：

- 群体和个人的主要兴趣和购买方式是什么？
- 浏览过主页之后，大多数用户首先进入哪里？第二个和第三个进入的网页是什么？
- 某个人（我们可以识别的）的兴趣是什么？
- 我们如何让用户更方便地使用我们的网站，以便他们能够找到想要的东西？
- 我们如何改变网站的设计，刺激访客购买网站上高利润的产品？
- 访客来自哪里（我们如何优化在这些推荐网站上的展示方式)？
- 我们如何向每个用户提供个性化的信息、服务和产品？

企业可能会因为典型站点日志中发现的大量信息而感到窒息。下面，我们将介绍一些技术，帮助企业更有效地利用这些信息。

6.3.3   补充日志：cookies 和其他跟踪文件

虽然事务日志在单个网站上创建了在线数据收集的基础，但营销人员也在用户访问其他网站时使用跟踪文件跟踪用户。跟踪文件主要有三种：cookies、Flash cookies 和网络信标。**cookies** 是一种小型文本文件，访问者每次访问时以及访问期间，当访问特定页面时，网站都会将其放置在访问者计算机的硬盘上。cookies 允许网站在用户的计算机上存储数据，然后检索它。cookies 通常包括存储在用户计算机上的每个访问者的名称、唯一的 ID 号、域（指定可以访问 cookies 的网络服务器/域）、路径（如果 cookies 来自网站的特定部分，而不是主页面，将给出一个路径）、一个规定 cookies 是否只能由安全服务器传输的安全设置以及到期日期（不要求）。本地 cookies 来自与用户访问的页面相同的域名，而第三方 cookies 来自另一个域，例如广告投放或广告软件公司、连属营销人员或间谍软件服务器。在一些网站的主页上有几百个跟踪文件。

cookies 为网络营销人员提供了一种非常快速的方法来识别客户，并了解客户在网站上的行为。网站使用 cookies 来确定有多少人正在访问该网站，他们是新访客还是重复访问者，以及他们访问的频率，尽管这些数据可能不太准确，因为人们共享电脑，或经常使用多台电脑，cookies 可能被无意或有意地覆盖了。cookies 可以通过允许网站在用户将物品添加到购物车中时跟踪用户，使购物车和"快速结账"选项成为可能。添加到购物车中的每个项目与访问者的唯一 ID 号一起存储在站点的数据库中。

使用浏览器时，普通的 cookies 很容易看到，但 Flash cookies、信标和跟踪代码不容易看到。所有常见的浏览器都允许用户查看 cookies。用户可以删除 cookies，或调整其设置，以阻止第三方 cookies，同时允许本地的 cookies。

随着隐私问题受到日益关注，删除 cookies 的人数已经上升。删除的 cookies 越多，网页和广告服务器指标越不准确，营销人员就越不了解谁正在访问其网站或他们来自哪里。因此，广告主也在寻找其他方法。一种方法是使用 Adobe Flash 软件，它创建自己的 cookies，称为 Flash cookies。Flash cookies 可以设置为永不过期，常规

cookies 存储 1 024 字节，它可以存储大约 5MB 的信息。然而由于安全问题，Adobe Flash 的使用率下降，Flash cookies 不再流行。

虽然 cookies 是特定于网站的（网站只能收到客户机上存储的数据，不能查看任何其他 cookies），但是当与网络信标组合时，它们可用于创建跨网站配置文件。网络信标是嵌入电子邮件和网站的小图形文件（1 像素），它用于自动将有关用户和正在查看的页面的信息传送到监控服务器，以便收集个人浏览信息和其他个人信息。例如，当收件人以 HTML 格式打开电子邮件或打开网站页面时，将向调用图形信息的服务器发送消息。这告诉营销人员电子邮件已打开，表明收件人对邮件主题至少感兴趣。网络信标对用户不可见。它通常是透明的或白色的，所以对于接收者是不可见的。你可以使用浏览器的查看源代码选项以及检查页面上的 IMG（图像）标签来确定网页是否使用了网络信标。如上所述，网络信标通常是一个 1 像素大小，并包含与页面本身不同的服务器的 URL。

在移动设备上使用 cookies 效果较差。当用户关闭移动浏览器时，移动网站上的常规 cookies 会重置，应用程序内的 cookies 无法在应用程序之间共享，从而效用很有限。然而，随着越来越多的人使用移动设备访问互联网，电信公司也开始使用跟踪文件。据透露，2014 年底，Verizon Wireless 和 AT&T 正在将一个称为唯一标识符头（UIDH）的跟踪头插入从移动设备发送到网站的 HTTP 请求中，从而使它们能够跟踪用户的在线活动。有人认为，这些跟踪头是僵尸 cookies、永久 cookies 或超级 cookies，因为无法通过普通浏览器删除 cookies 的方式删除。因受到隐私权倡导者的抗议和 FCC 的调查，AT&T 已停止使用超级 cookies。而在 2016 年，威瑞森与 FCC 达成和解，同意支付 135 万美元的罚款，并在与其他公司甚至是威瑞森的其他部门（包括 AOL 拥有的网站）之间分享跟踪数据之前获得客户许可。此外，威瑞森同意首先向客户通报其广告定位做法。

为了更有效地跟踪跨设备的消费者，其他跨设备跟踪方法已经开始研发。**确定性跨设备跟踪**（deterministic cross-device tracking）依赖于个人身份信息，例如用于登录不同设备的应用程序和网站的电子邮件地址。脸书、谷歌、苹果和推特以及其他具有非常大的用户群体、在台式机和移动设备上都需要登录的公司最有可能有效利用确定性匹配。**概率性跨设备跟踪**（probabilistic cross-device tracking）使用算法来分析数千个匿名数据点，例如设备类型、操作系统和 IP 地址，以创建可能的匹配。这种类型的匹配肯定会比确定性匹配更不准确（Schiff，2015；Whitener，2015）。

2016 年，美国联邦贸易委员会呼吁广告业允许消费者选择退出跨设备跟踪。它注意到消费者更多地使用广告拦截表示对当前网络广告的不满。作为回应，数字广告联盟（DAA）发布了指导意见，其现有的自我监管原则也适用于跨设备跟踪。2017 年，网络广告促进协会（NAI）和 DAA 推出了新版本的选择退出工具，用于基于 cookies 和非基于 cookies 的跟踪技术，符合各自的最佳实践行业规范。苹果 iOS 11 及更高版本在其 Safari 浏览器中加入了一个名为智能跟踪预防（ITP）的功能。Safari 在默认情况下已经阻止了第三方 cookies，但 ITP 扩展了这一功能，确保本地 cookies 通常只在用户访问某个站点后的 24 小时内可用。此后，cookies 不能用于大多数形式的跟踪，如果用户在 30 天内没有访问该站点，cookies 将被完全删除。2018 年，苹果更新了 ITP，通过完全取消 24 小时跟踪窗口，进一步限制了广告主使用 cookies 跟踪浏览数据，此后，苹果继续发布更新版本，进一步限制广告主跟踪用户的能力（Marvin，2019；Wuerthele，2018）。不足为奇的是，广告业已经变得相当恐慌，一些主要的广告联盟，包括互联网广告局（Internet Advertising Bureau），已经呼吁苹果重新考虑其计划，声称它将打破互联网的经济模式。"社会透视"专栏的"网络跟踪：监控你的一举一动"将进一步讨论跟踪文件的使用。

社会透视

网络跟踪：监控你的一举一动

大多数电子商务公司都想尽可能多地了解客户的个人信息。这些公司了解你的个人信息的主要方式之一是在计算机浏览器中放置所谓的"跟踪文件"。在网页上有多种第三方跟踪文件，而 cookies 是最著名的。这些放置在浏览器中的简单的文本文件为你的计算分配一个唯一的号码，然后由广告客户在你从一个站点移动到另一个站点时通过网络来跟踪你的数据。网络信标（有时也称为网络爬虫）的行为有些恶劣。信标是小型软件文件，可跟踪你的点击次数、选择次数、购买次数，甚至是来自移动设备的位置数据，然后将这些信息发送给跟踪你的广告客户（通常会实时发送）。信标还可以为你的计算机分配唯一的号码，并通过网络跟踪你的计算机。当你访问配有 HTML5 本地存储的网站，并在智能手机上使用应用程序时，也可能会发生跟踪，例如，大多数脸书应用程序将个人信息（包括姓名）发送给数十家广告和互联网跟踪公司。一些电信公司使用超级 cookies，每当用户使用移动设备访问网站时就会更新，然后，移动服务运营商向这些网站提供关于用户的附加信息并收取费用。

那么，网络和移动跟踪有多常见？在最近的研究中，研究人员发现了一个非常广泛的监视系统。Ghostery 是一家检测和阻止第三方跟踪器的浏览器附加元件，根据 Ghostery 的数据，在 500 强网站中，90% 的网站至少有一个数字跟踪器，65% 的网站至少有 10 个数字跟踪器，大约 20% 的网站有 50 个或更多的数字跟踪器，有些网站还从其他渠道引进了跟踪器（捎带）。苹果的研究也得出了类似的结论，其测试显示，一些主流的网站嵌入了超过 70 个跟踪器。此前的一项关于 Ghostery 的研究中使用了来自 85 万用户的匿名统计数据，并分析了 1.44 亿个页面加载，发现超过 77% 的加载页面至少有一个跟踪器。谷歌的跟踪基础设施是最普遍的：来自 Google Analytics 的跟踪器被发现在 46% 以上的页面加载，而来自 DoubleClick（Google Ads）的跟踪器被嵌入 18.5% 的页面；Google Publisher 上占 15.1%；Google Tag Manager 上占 14.6%；Google AdSense 上占 9.9%。来自 Facebook Connect 的跟踪器也很常见，Facebook Connect 跟踪器在加载页面中占 20% 以上，在脸书自定义用户中占 7.1%，在脸书社交插件中占 6.7%。2019 年，《纽约时报》一名记者在几天的时间里走访了 47 个地点，发现有数百个跟踪器跟踪他，从中可以提取大量细节，比如准确位置，包括纬度、经度、城市、州、国家和邮政编码（都是基于 IP 地址）；浏览器信息；操作系统的详细信息以及查看的内容。

虽然跟踪公司声称它们收集的信息是匿名的，但这只是名义上的。学者们已经发现，只要有几条信息，比如年龄、性别、邮政编码以及婚姻状况等，就可以轻松识别具体的个人。此外，通过一种称为浏览器指纹识别的技术，跟踪公司可以通过你计算机的特征来识别你，例如浏览器类型和版本、操作系统和版本、屏幕分辨率、支持的字体、插件、时区、语言和字体首选项以及硬件配置。当脸书充当第三方跟踪器时，如果你有脸书账户并已登录，它就会知道你的身份。跟踪器还可以通过算法利用用户浏览历史和社交媒体配置文件之间的统计相似性来消除用户的匿名化。

多年来，业界为缓解用户对网络隐私的担忧做出了许多努力。例如，国际网络标准制定组织万维网联盟（W3C）于 2011 年开始着手制定"禁止跟踪"（DNT）规范，但在 2019 年放弃了这一努力，行业参与者无法达成协议。隐私保护组织一直在推动自动启用的 DNT，该功能将允许用户关掉它以同意跟踪。当然，广告业倾向于一种不自动启用并要求用户打开它的 DNT。同样，迄今为止，通过联邦立法的努力被证明是徒劳的。

但希望并没有完全丧失。在公司利用技术跟踪用户的同时，也有其他公司利用技术来阻挠跟踪器。正如你在这一章中已经读到的，苹果的智能跟踪预防系统会阻止 Safari 浏览器上的第三方 cookies，其最新版本也会删除本地 cookies。苹果还限制了 Safari 浏览器提供给跟踪器的技术细节，试图阻止浏览器指纹识别。与此类似，火狐（Mozilla Firefox）还通过默认阻止跟踪来保护用户，并提供了一些选项来阻止慢速加载跟踪器。Ghostery 研究发现，有追踪装置的网站加载时间是没有追踪装置的网站的两倍。其他主流浏览器，如 Chrome 和 Microsoft Edge，也为用户提供了使用 DNT 功能的选项（Chrome 浏览器的用户必须记住打开它）。

然而还有一个问题是，即使启动了 DNT，网站也没有强制遵循 DNT 请求。网站经常忽略 DNT 请求，因为这样做对它们来说更有利可图，广告主愿意为针对性强的广告多支付 7 倍的费用。雅虎、AOL 和推特等大型公司放弃了 DNT 标准，因为无法在整个网络中对 DNT 进行约束。然而，这种情况在不久的将来可能会改变。《加州消费者隐私法》的最终试行条例将要求公司遵守 DNT 请求，并将其视为拒绝出售用户个人信息的请求。不遵守规定的公司将被罚款。毫不奇怪，广告业以各种理由反对这项规定。例如，广告行业团体声称，这项规定通过阻止消费者决定如何根据具体情况处理他们的数据，减少了消费者的选择。工业贸易组织计划要求加州行政法办公室否决这一规定。尽管这项规定在技术上只适用于加州内的活动，但它们可能会在全美国范围内产生影响。

资料来源："Ad Industry Protests California AG's Proposed Privacy Rules," by Wendy Davis, Mediapost. com, June 9, 2020; "EFF Asks California AG to Close Loopholes, Respect 'Do Not Track' with Regulations," by Bennet Cyphers, Eff. org, March 27, 2020; "Safari, Firefox Score Major Win Under New CCPA Changes," by George Slefo, Adage. com, March 13, 2020; "I Visited 47 Sites. Hundreds of Trackers Followed Me," by Farhad Manjoo, *New York Times*, August 23, 2019; "How the Tragic Death of Do Not Track Ruined the Web for Everyone," by Glenn Fleishman, Fastcompany. com, March 17, 2019; "Apple, Firefox Tools Aim to Thwart Facebook, Google Tracking," by Anick Jesdanun, Cnbc. com, September 14, 2018 "Firefox Will Soon Block Ad-Tracking Software by Default," by Nick Statt, Theverge. com, August 30, 2018; "The Tracker Tax: How Pervasive Web Code Steals Your Privacy and Time," by Steven Melendex, Fastcompany. com, May 1, 2018; "Tracking the Trackers: Ghostery Study Reveals That 8 Out of 10 Websites Spy on You," by Ghostery Team, Ghostery. com, December 4, 2017; "New Twitter Policy Abandons a Longstanding Privacy Pledge," by Jacob Hoffman-Andrews, Eff. org, May 22, 2017; "FCC Says Sites Can Ignore 'Do-Not-Track' Requests," by Bill Synder, Cio. com, November 10, 2015; "Do Not Track—The Privacy Standard That's Melting Away," by Mark Stockley, Nakedsecurity. sophos. com, August 26, 2014.

6.3.4　数据库、数据仓库、数据挖掘和大数据

数据库、数据仓库、数据挖掘等诸多所谓的数据归档技术，在网络营销变革中处

于核心地位。**归档技术**（profiling）使用各种工具为每个消费者创建数字画像。这个画像可能是非常不精确的，甚至是原始的，但它也可以像小说中的一个角色一样详细。消费者资料的质量取决于用于创建消费者资料的信息数量以及公司软件和硬件的分析能力。总而言之，这些技术都能精确地定位网络消费者，识别他们的需求，然后精确地予以满足。相比传统媒体或电话营销中使用的统计方式和市场细分技术，这些技术的功能更强大、精确度更高、粒度更细。

为研究事务日志、注册表单、购物车、cookies、网络爬虫以及电子邮件、推特和脸书等其他非结构化数据源中的数据，网络营销者需要功能强大的大容量数据库、数据库管理系统和分析工具。

数据库

要对大量的事务流进行解释，第一步就是系统地存储这些信息。**数据库**（database）是一种存储记录及其属性的应用程序。电话簿就是存储个人及其家庭成员记录和属性（如姓名、地址、电话号码）的实际数据库。**数据库管理系统**（database management system，DBMS）是一种用于建立、维护、访问数据库的企业应用程序。最常用的 DBMS 有 IBM 的 DB2，以及甲骨文、Sybase 等的 SQL 数据库。**结构化查询语言**（structured query language，SQL）是一种用于关系型数据库的符合行业标准的查询操作语言。**关系型数据库**（relational database）（如 DB2 和 SQL）以二维表的形式存储数据，一行代表一条记录，一列代表一种属性，与电子数据表非常相似。只要表与表之间存在相同数据项，就可创建表与表之间（以及所包含数据之间）灵活的相关关系。

关系数据库非常灵活，允许营销人员和其他管理人员从不同的维度快速查看和分析数据。

数据仓库和数据挖掘

数据仓库（data warehouse）是一种将企业的交易数据和客户数据集中起来的数据库，主要供营销人员和网站管理人员用于离线分析。这些数据来源于企业的核心运作部门，包括网站事务日志、购物车数据、商店销售终端（产品扫描器）数据、仓库库存数据、现场销售报告、由第三方提供的外部扫描数据以及财务支付数据。数据仓库的目的是将企业所有交易数据和客户数据集中到同一逻辑库中，这样企业管理人员就能在不干扰基础业务和数据库系统正常运作或不加重其负荷的情况下进行数据分析和建模。数据仓库快速地发展成为包含大量客户数据的知识库，数万亿字节的数据提供了公司零售店和网站上的消费者行为信息，借助数据仓库中的数据，企业就能回答下列问题，例如，在特定地区或城市，哪种产品获利能力最强？哪些地区正在开展营销活动？公司网站促销活动的效果如何？通过快速访问数据，公司管理人员能更全面地了解顾客。

数据挖掘（data mining）是一系列用于发现数据库或数据仓库中数据模式，或建立消费者行为模型的分析技术。可通过挖掘网站的数据库建立访问者或客户的个人档案，**客户资料**（customer profile）是对网站单个或群体消费者的典型行为的描述。当网站的访问人数为数百万人时，客户资料能够帮助企业识别单个和群体消费者的行为模式。比如，你的每笔金融交易都会经过数据挖掘应用程序的处理，以监测是否存在诈骗。电话公司会密切监视你的智能手机使用情况，以侦测手机是否被偷或处于非正常呼叫模式，金融机构和电话公司通过数据挖掘来建立诈骗档案。一旦用户的行为与诈骗档案一致，该交易就会被自动终止（Mobasher，2007）。

数据挖掘的方式有多种。最简单的一种是**查询驱动的数据挖掘**（query-driven data mining）。例如，营销人员猜测数据库中的数据之间有某种特定的关系，或者要回答某一特定的问题，如"不同产品的销量与当天的不同时段之间有何关系"，营销人员能方便地查询数据仓库，创建一天中每小时销量前十的产品列表。根据查询结果，营销人员就可调整公司网站的内容，在不同时段加强对特定产品的促销，或者根据时间调整网站主页上呈现的产品，以提高产品的销量。

另一种形式的数据挖掘是模型驱动的数据挖掘，**模型驱动的数据挖掘**（model-driven data mining）通过建立模型对与决策者利益相关的主要变量进行分析。例如，营销人员可能希望删除网站上的某些滞销产品，那么可以构建一个财务模型，显示网站上每种产品的盈利能力，以便做出明智的决策。

一种粒度更细的行为分析方法是从单个消费者行为（以及一些人口统计学信息）中，而不是市场细分中推导出规则（Adomavicius and Tuzhilin，2001a；Chan，1999；Fawcett and Provost，1996，1997）。这种方式中，某一特定用户实际所访问的网页被作为一套关联规则存储起来。譬如说一个用户访问一个网站，总是（作为规则）先从主页进入金融新闻板块，再浏览亚洲板块，并且经常购买金融最新资讯板块的文章，那么，完全基于其历史购买行为模式，就可向该用户推销有关亚洲金融市场的书籍，根据个人所访问的一系列网站，系统会自动推导出这些规则。

上述所有技术都存在一定的缺陷。其中最重的一点是使用这些技术将会建立起数百万条规则，并且很多规则毫无实际意义，不少规则的存续期很短。因此，这些规则需要经过验证和筛选（Adomavicius and Tuzhilin，2001b）。同时，还有数百万个亲密团体和数据模型只是暂时的或者无意义的，要分离出有效的、强大的（可盈利的）模型用于促销是很困难的。后面将会看到，要同时做到粒度小、精度高、速度快，几乎是不可能的，我们将不得不权衡粒度、精度和速度因素，做出最佳选择。

大数据

直到最近，组织收集的大多数数据都是由结构化交易数据组成，它们可以很容易地适应关系型数据库管理系统的行和列。从那时起，网络流量、电子邮件、社交媒体内容（推文、状态消息），甚至是音乐播放列表以及传感器生成的数据都出现了爆炸式增长，由于成本下降，数据存储和处理能力增强，现在可以存储和分析数据并进行推断和预测。这些数据可能是非结构化的或半结构化的，因此不适用于以列和行的形式组织数据的关系型数据库产品。**大数据**（big data）指的是这种存储在庞大的数据集中的大量数字数据，它们通常来源不同，在 PB 级和 EB 级范围内，数据量非常庞大，传统的 DBMS 无法在合理的时间内捕获、存储和分析这些数据。一些大数据挑战方面的案例包括分析推特每天产生的 8 TB 的推文，以加深你对消费者对于该产品情绪的理解；分析 1 亿封电子邮件，以便在电子邮件中放置适当的广告；或分析 5 亿条通话详细记录，以查找欺诈和客户流失的模式。技术研究公司 IDC 称，数据量每两年翻一番，所以组织可用的数据量正在猛增。下一个前沿将是来自物联网的数据。

营销人员对大数据感兴趣，因为大数据允许他们联系不同来源的大量数据（过去他们无法做到这一点），并挖掘出消费者行为模式，为客户行为、金融市场活动或其他现象提供新的洞见。例如，IoT 平台公司 Evrythng 与数字广告公司 Trueffect 合作，开发营销人员可以使用联网设备和其他设备生成的数据的方法，以便与消费者直接沟通和投放定位广告，然而，为了从这些数据中获得业务价值，企业需要新技术和分析工具来管理和分析非传统数据以及传统企业数据。

为了处理大量的非结构化和半结构化数据，以及结构化数据，企业正在使用 Hadoop。**Hadoop** 是一个由 Apache Software Foundation 管理的开源软件框架，可以在计算机上进行大量数据的分散式并行处理。它将大数据问题分解为子问题，将其分配到多达数千个计算机处理节点中，然后将结果组合成更易于分析的较小的数据集。你可能已经使用 Hadoop 在互联网上找到了最好的机票，获取到餐厅的路线，在谷歌上搜索，或者与脸书上的朋友联系。

Hadoop 可以处理大量任何类型的数据，包括结构化事务数据，如脸书和推特的信息流，结构分散的数据，如网络服务器日志等复杂数据，以及非结构化音频和视频数据。Hadoop 在一组廉价的服务器上运行，可以根据需要添加或删除处理器，公司使用 Hadoop 来分析非常大的数据量，以及在将非结构化和半结构化数据加载到数据仓库之前为其划分区域，推特的 Hadoop 集群在数万台服务器上托管超过 300 PB 的数据（比国会图书馆的信息多 3 万倍），是其数据平台的核心（Agrawal，2018）。脸书将大部分数据存储在其大规模 Hadoop 集群中，数量约为 300 PB。雅虎使用 Hadoop 跟踪用户行为，因此可以修改其主页以满足用户需求。生命科学研究公司 NextBio 使用 Hadoop 和 HBase 对进行基因组研究的制药公司的数据进行处理。诸如 IBM、惠普、甲骨文和微软等顶级数据库供应商都有自己的 Hadoop 软件。其他供应商提供用于将数据移入和移出 Hadoop 或分析 Hadoop 中的数据的工具。除了 Hadoop，还有许多用于大数据分析的新工具。例如 Spark，一种由 IBM 支持的开源产品，可以比 Hadoop 更快地提供结果。

6.3.5 营销自动化系统和客户关系管理系统

营销自动化系统（marketing automation systems）是市场营销人员用于跟踪营销过程中潜在客户的所有流程的软件工具，营销过程从让潜在客户了解公司和产品，并认识到产品的需求开始。这是一次可能的购买的开始。从那里，消费者在搜索产品时需要找到你；他们将比较你的产品与你的竞争对手的产品，并在某些时候选择购买。

软件可以在营销过程的每个阶段都提供帮助，许多公司的销售软件包可以显示企业的大部分网络营销活动，然后跟踪从宣传到展示广告的进度，在搜索引擎上找到你的公司，指导后续电子邮件和通信，最后购买，一旦潜在客户成为客户，客户关系管理系统将接管客户关系的维护工作。

客户关系管理系统是另一种重要的网络营销技术。**客户关系管理系统**（customer relationship management (CRM) system）记录客户与企业（包括网站）的所有接触并生成客户资料信息库，企业中任何需要了解客户信息的人都能够获得这些客户资料。CRM 系统还提供分析软件，用于分析和使用客户信息。客户不仅使用网络与企业建立联系，还会通过电话呼叫中心、客户服务代表、销售代表、自动语音应答系统、ATM 和电话亭、商店 POS 终端及移动设备（移动电子商务）与企业联系。总体来说，这些被称为**客户接触点**（customer touchpoints）。过去，企业通常没有独立的客户信息库，客户信息是与产品线挂钩的，每条产品线各自维护一份客户列表（通常不在企业内共享）。

通常情况下，企业不知道自己的客户是谁，盈利程度如何，或对营销活动的反应怎样。例如，一位银行客户可能会看到一则包含电话号码的低息汽车贷款电视广告。但是，如果该客户使用银行网站贷款而没有拨打电话，营销人员就无法得知电视营销的效果，因为网络客户的数据与呼叫中心的数据没有任何关系。图 6-9 阐明了 CRM 系统是如何将客户关系数据集成到单个系统中的。

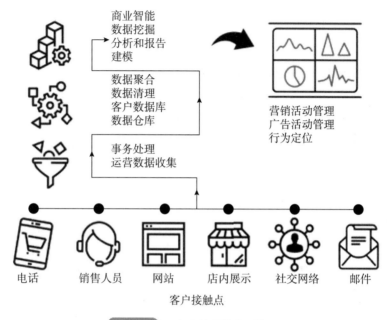

图 6-9　客户关系管理系统

注：这是一个 CRM 系统的例子，该系统从所有的客户接触点以及其他数据源收集客户信息，并将数据整合到单个客户数据库或数据仓库中，它能够为客户提供更好的服务，创建营销所需要的客户个人资料。利用在线分析处理（OLAP），管理人员能够动态地分析客户的活动以预测其发展趋势，发现客户遇到的问题，还可利用其他软件分析客户群体的行为，识别哪些是能带来利润的客户，哪些是不能带来利润的客户，同时了解客户的活动。

CRM 系统是企业的营销策略从以产品为中心向以客户为中心转变的重要部分。CRM 系统本质上是一种具有非凡功能的数据库技术，可以满足每个客户的需求，并在将每个客户视为独特个体的基础上区分产品或服务。客户资料可能包含以下信息：
- 客户与企业的关系；
- 产品和使用的汇总数据；
- 人口统计学特征数据及心理统计数据；
- 获利指标；
- 客户通过多种分销渠道与企业进行接触的历史数据汇总；
- 客户所收到的营销信息和销售信息以及他们的反馈信息；
- 电子邮件活动的反馈信息；
- 网站访问；

- 移动应用下载。

有了这些资料，CRM 就能帮助企业销售更多的产品和服务，开发新产品，提高产品使用率。降低营销成本，识别和留住可盈利的客户，降低服务传递成本，留住生命周期价值高的客户，与客户进行个性化沟通，提高客户的忠诚度，增强产品的获利能力，所谓的"360 度"视角的目标使公司能够了解客户购买的产品、浏览方式，以及什么样的传播方式和优惠会吸引他们。领先的 CRM 供应商包括甲骨文、SAP、微软、Salesforce 和 SugarCRM 等，其中许多供应商提供其 CRM 产品的基于云的版本。云 CRM 供应商和使用这些产品的全球公司面临的一个问题是，欧盟数据法规要求它们重新评估它们如何使用 CRM 数据，以避免违反这些法规。所有主要供应商都提供基于云的 SaaS CRM 应用程序。

6.4　了解网络营销传播的成本和收益

如前所述，网络营销传播仍然只占整个营销传播领域的一小部分。虽然有几个原因导致了这种情况，但其中两个主要问题是网络广告真正有效的方式，以及如何充分衡量网络广告的成本和收益。本节将介绍这两个主题。首先，我们先介绍一些重要的术语，这些术语用于衡量网络营销的有效性。

6.4.1　网络营销指标：术语

为了理解通过网络营销传播来吸引潜在用户访问企业网站并将他们转换成顾客的过程，首先需要熟悉网络营销的术语。表 6-6 列出了传统网络营销（如展示广告和电子邮件活动）中的一些术语。第 7 章介绍社交营销、移动营销和本地营销的指标。

表 6-6　网络营销术语

常用术语	描述
展示广告	
印象	广告被显示的次数
点击率（CTR）	广告被点击次数的百分比
访问率（VTR）	广告未被立即点击，但网站在 30 天内被用户访问的百分比
点击次数	HTTP 请求次数
网页浏览量	网页被访问者浏览的次数
可见率	互联网用户实际看到广告的百分比
独立访客的数量	一定时期内单个独立访客的数量
忠诚度	衡量方法多种多样，如网页浏览量、单一用户访问网站的频率或一年内再次在站点购物的购买者人数占购买者总数的百分比
到达率	潜在的购买者人数占网站访问者人数的百分比；或者说，一个网站上的购买者人数占整个市场购买者人数的百分比
最近一次消费	购买者最近一次访问网站或购买的时间
黏度（持续时间）	访问者在一个网站上的平均停留时间
获得率	通过注册或者浏览产品信息表现出对网站上的产品感兴趣的访问者的百分比

续表

常用术语	描述
转换率	访问者转变为顾客的百分比
浏览购买比	浏览产品的顾客购买的比例
浏览加入购物车比	在产品页面点击"加入购物车"的顾客的比例
购物车转换率	点击"加入购物车"后，最终下单的顾客的比例
结账转换率	开始结账后最终结账的顾客的比例
放弃率	中途放弃购物车离开网站的顾客的比例（与结账转换率类似）
保留率	现有顾客中定期购物的顾客百分比（与忠诚度相似）
流失率	在首次购买后，下一年内不再来购买商品的顾客百分比
视频广告	
查看时间	播放时实际观看多长时间
完成率	完整观看视频的顾客百分比
跳过率	跳过视频的顾客百分比
电子邮件	
打开率	打开邮件看到信息的邮件接收者所占的比例
传递率	收到邮件的邮件接收者所占的比例
点击率	被点击邮件的比例
跳退率	未成功发送邮件的比例
退订率	点击退订的邮件接收者所占的比例
转换率	实际进行购买的邮件接收者所占的比例

前9个术语主要衡量网站获得顾客或占领市场份额的程度，企业电子商务主要是通过招揽购物者访问网站来实现的。这些度量方式通常代替用销售收入来度量的方式，成为电子商务企业在寻找投资者和吸引"眼球"（浏览者）方面所取得的成就的依据。

印象（impressions）是广告被显示的次数。**点击率**（click-through rate，CTR）衡量实际点击广告的人数占被展示广告的人数的百分比。因为并非所有的广告都是立刻可以产生点击的，所以该行业人员又发明了一个新的术语——**访问率**（view-through rate，VTR），它指在30天内对广告做出回应者的百分比。**点击次数**（hits）是企业服务器收到的HTTP请求的次数。用点击次数衡量网站的活动可能会产生误导，因为一次点击并不等同于一次网页请求。若一个网页上包含多个图像或图片的话，会产生多次点击。一个网站访问者能够产生上百次点击。所以，尽管通常情况下很容易统计点击次数，但点击次数并不能精确代表网站的负载量或访问量。点击次数很多听起来感觉不错，但是与站点的实际活动量并不一致。**网页浏览量**（page views）是网页被访问者浏览的次数。但是，网页框架将页面划分成几个独立的部分，一个由3个框架组成的页面将会产生3个网页访问。因此，随着越来越多的网页框架的使用，网页浏览量基本上也不能作为一个很有用的衡量指标。

可见率（viewability rate）是互联网用户实际看到广告（展示或视频广告）的百

分比。

独立访客的数量是在评价一个网站的受欢迎程度时使用最多的一个术语，**独立访客**（unique visitors）的数量用来统计网站上的单个独立访客的数量，而不考虑他阅览了多少网页。**忠诚度**（loyalty）是指一年内再次来网站的购买者的百分比。忠诚度可以很好地体现一个网站在网上被推崇的程度，以及购买者对网站的信任。**到达率**（reach）一般是指访问网站的购买者人数占市场上购买者总人数的百分比，例如，一年内有 10% 的购书者会至少访问一次亚马逊网站并在该网站买书，到达率反映了网站获取市场份额的能力。**最近一次消费**（recency）——与忠诚度相似——衡量网站吸引回头客的能力，通常以购买者上次购物或购买者上次访问网站以来的平均间隔天数来计算，例如，最近一次消费值为 25 天，意味着购买者平均每隔 25 天就会再次访问网站。

黏度（stickiness，有时也称为持续时间）是指访问者在一个网站的平均停留时间，黏度对营销者来说很重要，因为访问者在网站的停留时间越长，其购买的可能性就越大。然而，还需要关注人们在网站上做什么，而不只是单纯在上面停留多长时间。

到目前为止，前面介绍的术语与商务活动的关系并不大，或者说还不能帮助我们了解由访问者向购买者转化的情况，其他一些指标在这方面更有帮助。**获得率**（acquisition rate）是注册或浏览产品信息的访问者百分比（表示对产品感兴趣）。**转换率**（conversion rate）衡量实际购买商品的访问者百分比，转换率依据网站的成功程度，数据差别会比较大。传统台式机/笔记本电脑仍然是将访问者转化为购买者的最有效手段，转换率为 3.5%；平板电脑位居第二，为 3.2%；智能手机的转换率明显落后，为 1.7%（Kibo Commerce，2020）。**浏览购买比**（browse-to-buy ratio）是指浏览了产品页面的顾客中最终购买者的比例。**浏览加入购物车比**（view-to-cart ratio）是指在产品页面点击了"加入购物车"的顾客的比例。**购物车转换率**（cart conversion rate）是指点击了"加入购物车"的顾客中最终下单的顾客的比例。**结账转换率**（checkout conversion rate）是指点击"开始结账"的顾客中最终结账的顾客的比例。**放弃率**（abandonment rate）计算的是中途放弃购物车并离开网站的顾客的百分比，放弃率反映了很多潜在的问题，如购物表单设计得不合理，顾客对网站缺乏信任，或由其他因素所导致的购买不确定性。2020 年，Salesforce.com 根据 2018 年第一季度至 2020 年第一季度全球 10 亿消费者与 1 000 多家网站互动的数据发布了一份报告。与转换率类似，研究发现通过台式机/笔记本电脑访问购物车的放弃率最低，为 78%；其次是通过平板电脑访问购物车，放弃率为 82%；通过智能手机访问购物车的放弃率最高，接近 90%（Salesforce.com，2020）。放弃的原因有安全性问题、客户只关注价格、找不到客服、找不到首选付款方式以及结账时商品失效等。80% 以上的网络购物者在访问网站时一般都有购买欲望，高放弃率对网站来说会造成很大的销售损失。**保留率**（retention rate）代表现有顾客中一直定期购物的顾客百分比，**流失率**（attrition rate）是指曾经购买过一次商品，但一年来再也没有来过的顾客百分比（与它对应的是忠诚度和保留率）。

特定类型的广告有自己的特殊指标。例如，对于视频广告，**查看时间**（view time，播放时实际观看多长时间）和**完成率**（completion rate，观看整个视频广告的人数百分比）是重要因素。研究表明，整个广告被观看时，品牌回忆明显增加，使得完成率指标对广告客户来说比点击率更有意义（Ostermiller，2015）。

电子邮件活动也有自己的衡量术语。**打开率**（open rate）是邮件接收者打开电子邮件看到信息的比例，一般打开率会比较高，在50%以上。然而，也有一些是浏览器在将鼠标移至电子邮件标题行时就会打开邮件，因此这种衡量难以解释。**传递率**（delivery rate）是邮件接收者最终收到邮件的比例。**点击率**（click-through rate）是指电子邮件接收者点击收到的电子邮件的比例。最后，**跳退率**（bounce-back rate）指邮件未成功发送的比例。

从简单的网络广告印象、站点访问、网页浏览，到产品的购买，再到最终企业获得利润有一个详细过程（见图6-10）。你首先要让顾客意识到他们需要你的产品并设法引导他们来访问你的网站。一旦顾客来到了你的网站，你就要使他们相信，与其他公司的产品相比，你所提供的产品性价比最高，此外，你还必须尽力使他们相信公司对网上交易的处理能力（提供安全的订单和快速履行订单）。如果你能成功地做到这一切，那么一部分顾客就会成为公司的忠诚顾客，会再次来公司的网站购物或将公司网站推荐给其他人。

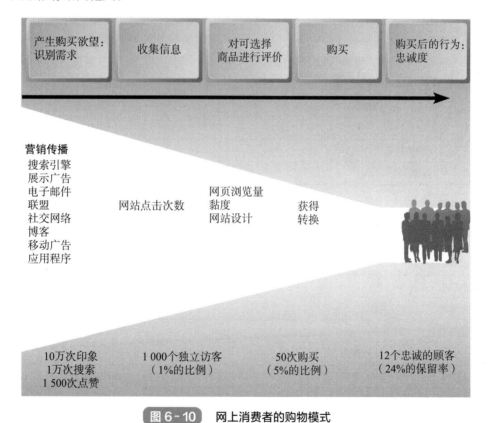

图6-10 网上消费者的购物模式

注：将访问者转变为顾客，再发展成忠诚顾客，是一个复杂的和长期的过程。

6.4.2 网络广告有用吗？

什么是最有效的网络广告？线上广告与线下广告相比效果如何？答案取决于活动

的目的、产品的属性以及消费者直接面对的网站的质量。当然，还要取决于你自己的衡量标准。点击率很有趣，但归根结底，重要的是广告活动的投资回报率（ROI）。70%以上的营销主管表示，如果能够提高投资回报率，他们愿意在网络广告上花更多的钱（Tadena，2015）。比较棘手的是**跨平台归属**（cross-platform attribution）的问题，这涉及如何在可能影响消费者最终购买的各种平台上给不同的营销举措分配适当的额度。越来越多的人认识到，第一次点击和最后一次点击模式——正如它们的名称所表明的那样——专注于消费者购买前的第一个或最后一个营销渠道或广告形式，已经不再够用。

表6-7列出了各类网络营销传播方式的点击率。这些方式中的任何一种都有很大的可变性，所以这些数字应被视为对点击率的一般估计。在所有这些方式中，点击率是个性化和其他定位技术的因变量。比如，有几项研究都发现，通过添加社会分享链接，电子邮件的反馈率提高了20%以上。虽然谷歌的平均点击率在1%到2%之间，但是一些商家通过设定一些针对某类有特定喜好的人群的特定广告，可以达到10%以上的点击率。过去五年电子邮件的点击率一直维持在3%～5%。将收件人的名字显示在标题行，可使点击率翻倍。（即使有20%的美国人偶尔会点击未经许可的邮件，但是未经许可的邮件及垃圾邮件的反馈率依然很低。）视频广告的点击率很低，但它是横幅广告点击率的2倍以上。

表6-7　网络营销传播：一般点击率

传播方式	一般点击率
横幅广告	0.05%
谷歌增强型搜索广告（产品列表广告）	2.8%～3.6%
谷歌广告/搜索列表	1.55%～2.88%
谷歌广告/展示广告	0.47%～0.80%
视频广告	0.15%～0.45%
富媒体	0.02%～0.35%
赞助式广告	1.5%～3.0%
原生广告	0.80%～1.8%
内容营销	0.40%～2.35%
联盟关系	0.20%～0.40%
基于内部列表的电子邮件营销	3.0%～5.0%
基于购买列表的电子邮件营销	0.01%～1.5%
Facebook News Feed 广告	1.11%～1.5%
Facebook Right Hand 广告	0.08%～0.16%
Instagram Feed 订阅广告	0.22%～0.88%
推特广告	0.86%～2.2%
移动展示广告	0.09%～1.25%

资料来源：Based on data from Chaffey，2020；Adstage，2020；Extreme Reach，2020；Wilcox，2020；Grimm，2019；eMarketer，Inc.，2018b；industry sources；authors' estimates.

与线下广告相比，线上广告的效果如何？一般来说，在线渠道（电子邮件、搜索引擎、展示广告、视频，以及社交营销、移动营销和本地营销）与传统渠道相比是非常有利的。这在很大程度上解释了网络广告在过去五年中发展如此之快的现象。搜索引擎广告已经成为最具成本效益的营销传播形式之一，并且在很大程度上解释了谷歌的增长。直接许可电子邮件营销也非常划算。这是因为电子邮件列表非常便宜，许可电子邮件营销是一种针对有兴趣接收更多信息的人开展的一种营销传播形式。

对比线上线下营销效果的一项研究表明，最有效果的营销活动是使用包括网络、目录、电视、广播、报纸和零售商店在内的多种营销方式的组合。尽管广告主已经减少了印刷媒体广告的开支，但是像电视和印刷媒体这样的传统渠道仍然是消费者发现新产品的主要渠道。大家都比较认同的一个观点是，通过多渠道购物的消费者要比通过单一渠道购物的消费者花费更多，部分原因是他们有较多的可支配收入，另一个原因是营销人员为其设定的"接触点"的组合数量较多。消费者营销中增长最快的是多渠道购物者。

6.4.3　网络广告的成本

如果不分析广告的成本，我们将无法探讨广告的有效性问题。最初，绝大多数的网络广告都是以商品交换的形式或者以**每千次印象成本**（cost per mille，CPM）来计价的，即广告客户以 1 000 次印象为单位来购买广告。（随着可见度对广告客户变得越来越重要，一些广告客户开始以 vCPM（可见度 CPM），即每 1 000 次可见展示为基础付费。）现在，还出现了一些按其他方式来定价的广告模式，包括**每次点击成本**（cost per click，CPC），即广告客户根据事先商定好的每次广告被点击的费率来支付费用；**每次行动成本**（cost per action，CPA），即当用户完成特定行动，如注册或购买之后，广告客户才付费；混合定价模式，即结合两种或两种以上的定价模式来定价。网络广告的定价模式见表 6-8。2019 年，据互动广告局统计，约 63% 的数字广告采用基于绩效的定价模式，35% 的数字广告采用基于 CPM 的定价模式，只有 1.9% 的数字广告采用混合定价模式（Interactive Advertising Bureau/Pricewaterhouse Coopers，2020）。

表 6-8　网络广告的定价模式

定价模式	描述
易货	以等价物交换广告位。
每千次印象成本	广告客户以 1 000 次印象为单位来购买广告。
每次点击成本	广告客户根据事先商定好的每次广告被点击的费率来支付费用。
每次引导成本	广告客户只对合格的引导或接触支付费用。
每次行动成本	只有当用户完成特定行动，如注册或购买之后，广告客户才付费。
混合定价	结合两种或两种以上的定价模式来定价。
赞助	按项目收费；广告客户为网站上的广告位支付固定费用。

虽然在电子商务的早期，一些网站为了获得一个客户会在营销和广告上花费高达 400 美元，但平均成本从来没有那么高，尽管线下获取顾客的成本要高于线上，但是线下的东西一般都比较昂贵。当你在《华尔街日报》投放广告的时候，你就进入了一个富人的群体，他们可能会对购买岛屿、飞机、其他公司和法国的一些较贵的房子感

兴趣。《华尔街日报》上一整版的彩色广告要花费 25 万美元，在其他媒体上只需要
1 万~10 万美元。

网络营销的一个优势是能够直接观察到它对网上销售的影响。如果网络商家可以
从数据代理那里获取线下购买数据，它们就能够准确地知道特定的横幅广告或向潜在
顾客发送特定的电子邮件会产生多少收入。衡量网络营销绩效的一种方式是用增加的
收入除以营销的成本。

当线上和线下的销售收入都受到网络营销的影响时，问题就比较复杂了。大部分
网上消费者使用网络浏览商品但不购买。他们通常在实体店购买。西尔斯和沃尔玛等
商家使用电子邮件通知它们的注册客户在线或在商店可以购买的特别优惠。但遗憾的
是，传统商店的销售量很难与网上的电子邮件促销活动建立起准确的关系。在这种情
况下，商家不得不采用不太精确的度量方式，如在传统商店里进行客户调查以估计线
上活动的有效性。

在任何时候，衡量网络营销传播的有效性——以及准确区分营销传播的目的（是
创建品牌还是促进销售）——对企业利润的分析都是至关重要的。要衡量营销的有效
性，需要了解通过不同媒体进行营销的成本，还要了解将网上潜在顾客转化为顾客的
过程。

表 6-9 列出了传统广告与网络广告之间的费用比较。例如，2019 年，在黄金时
段网络电视上投放 30 秒广告的费用为 105 000 美元，而这并不包含广告的制作费用。
电视广告的平均每千次印象成本部分取决于广告所投放的市场，通常在 15 美元~35
美元。相比之下，横幅广告的制作成本几乎为零，每千次印象成本为 5~10 美元，邮
寄一封信的成本为 80 美分至 1 美元，而电子邮件几乎可以免费发送，每 1 000 个目标
名字只需要 5~15 美元，因此发送电子邮件比邮寄信件便宜很多。**有效每千次印象成
本**（effective cost-per-mille, eCPM）是一项衡量广告投资回报率的指标，用广告总
收益除以每千次印象的总成本。

表 6-9　传统广告与网络广告之间的费用比较

传统广告	
当地电视	30 秒商业广告的费用为 1 500~15 000 美元，高收视率的则为 45 000 美元。
网络电视	黄金时段 30 秒广告的费用为 80 000~600 000 美元，平均为 134 000 美元。
有线电视	黄金时段 30 秒广告的价格是 5 000~8 000 美元。
广播	根据节目收听率和播出时间的不同，60 秒广告的费用为 100~1 000 美元不等。
报纸	一整版广告的费用为每千份报纸 120 美元。
杂志	刊登在区域性或全国性杂志上的广告，每千份费用为 50 美元，而地方性杂志则需要 120 美元。
直邮	优惠券邮寄的费用为每千封 15~20 美元，夹在报纸中的广告页为每千份 25~40 美元。
广告牌	高速公路广告牌 4 周的出租费为 1 500~30 000 美元，至少展示 5 广告牌。
网络广告	
桌面横幅广告	根据定位的程度和广告的大小，每千次印象为 1.5~5 美元不等（针对性越强，价格也就越高）。
视频和富媒体广告	每千次印象成本为 20~25 美元，主要由网站的统计结果来决定。
电子邮件	广告商每提供 1 000 个目标电子邮件地址的费用为 5~15 美元。

续表

赞助式广告	每千次网页浏览的价格为 30~75 美元，具体由赞助的排他性决定（排他性越强，价格也就越高）。
社交网络广告	每千次展示费用为 3~9 美元，取决于广告投放的平台和地点。
移动展示广告	每千次展示费用为 1.50~3.25 美元，包括媒体费用、本地数据或第三方数据和服务费用。

6.4.4　营销分析：衡量网络营销效果的软件

许多软件可用于自动统计网站或移动设备上的活动。跟踪各种设备和媒体渠道的消费者的观看和行为是一项艰巨的任务。一些软件和服务可帮助营销经理确定哪些营销举措得到了回报，哪些没有。

营销的目的是将消费者转换成购买你所销售产品的客户。将消费者转化为客户的过程通常称为"购买漏斗"。我们将这种转化视为一个过程：意识、参与、互动、购买和购后服务以及忠诚度，而不是由多个阶段组成的漏斗。**营销分析软件**（marketing analytics software）收集、存储、分析和图形化地呈现了消费者转化为客户的每个阶段的数据（见图 6-11）。

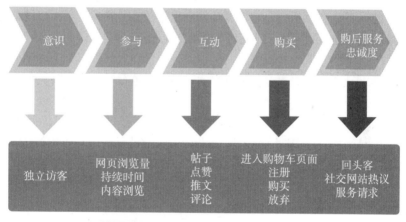

图 6-11　营销分析和在线购买过程

注：营销分析帮助电子商务公司更好地了解消费者在在线购买过程中每个阶段的行为。

营销分析软件可以告诉业务经理消费者如何知道其网站，他们来自哪里（例如搜索、自己输入的 URL、电子邮件、社交活动或线下传统印刷和电视广告），以及人口统计学信息、行为信息和地理信息，移动设备的消费者是来自脸书还是 Pinterest？这些信息可以帮助管理者决定分配流量的最佳方法，即所谓的"入站"链接。一旦访问者进入网站，分析软件包可以记录访问者访问的网站的内容，并根据浏览的页面和持续时间进行测量，这些信息可以让管理者更改其网站设计，或者更改访问者所看到的内容。例如，产品用户的视频推荐可能比专家评论或用户文本评论更有吸引力。在社交营销世界，消费者的意见和行为可以被获取并分享给他们的朋友，消费者转化过程中的重要中间步骤是鼓励访问者与你的内容进行互动并分享他们的经验、意见、偏好和行为给他们的朋友以及其他访问者。营销分析软件可以跟踪访问者的互动，并帮助管理人员确定什么内容导致访问者与朋友和其他访问者产生了更高层次的互动。购物车页面的购买活动是分析工具的主要焦点，不仅因为这是能给公司带来收入的地方，而且因为这是客户经常退出整个网站的地方，导致公司失去潜在销售量。在美国，通过台式机/笔记本电脑访问的购物车的放弃率约为 78%；通过平板电脑访问的购物车的放弃率为 82%；通过智能手机访问的购物车的放弃率为 89%，与过去几年相比几乎没有任何变化（Salesforce.com，2020）。这似乎是不同寻常的比率，但是像本章讨论的大多数指标一样，放弃率反映的是一个复杂的现象，往往不是看上去那样简单。消费者像使用购物清单一样使用购物车，但并没有立即完成交易；他们使用购物车进行价格比较，并知道运费或税金；他们可以在不同的设备（如手机）上完成交易。另一个衡量购买行为的指标是加入购物车的比率。营销分析软件可以帮助管理者在网站的购物车页面分析用户行为的含义。最后，营销分析软件可以帮助管理者发现客户忠诚度和购后行为。在越来越多的社交营销环境中，营销经理需要知道在其他网站、脸书页面、Instagram Stories 或推特上人们对他们的产品和服务的评论，这通常被称为情绪分析。评论是正面还是负面的？负面评论的来源是什么？可能是质量差、成本高、保修服务差和运输问题。

营销分析软件的最终目标是帮助业务经理提高营销工作的回报率，它通过对消费者的行为进行详细的分析来做到这一点。营销分析软件还允许管理人员衡量具体营销活动的影响，包括折扣、忠诚度和特别优惠以及区域或基于人口统计学特征开展的活动。除了在加强管理和提高电子商务的有效性方面发挥作用，营销分析软件还能够帮助管理人员近乎实时地发挥其营销能力，如管理人员可以更改网站的内容，对客户投诉和意见进行回应，这全部以近乎实时的方式进行（近乎实时可能是指数分钟或最多 24 小时以内）。

虽然市场上有许多营销分析公司和软件包，但领导者仍是 Google Analytics、Adobe Analytics、IBM Digital Analytics 和 Webtrends。营销分析软件通常是出售给企业的综合套件的一部分，包括硬件、网页设计工具、云服务和管理专业知识。

6.5　电子商务相关职位

正如你在本章中所了解到的，网络广告行业是在线经济中最强大、增长最快的行业之一。在公司内部（类似于本节详述的职位）、网络广告行业以及谷歌、脸书、亚马逊等，都提供网络广告平台的职位。

6.5.1　公司简介

该公司是一家初创的有机食品杂货商，总部位于马里兰州。该公司最初是一家销售有机食品和本地种植食品的杂货店。如今，该公司在东北部共有 110 家零售店，员工超过 15 000 人。该公司为客户提供一站式服务，包括有机农产品、生奶、人道饲养方式产出的肉类、美食、烘焙食品、营养补充剂和家庭用品。该公司最近启动了一项非转基因标签计划，以便消费者能够辨别食品是否含有转基因成分。该公司开始努力创建一个有着新网站和社会营销势头的线上平台，并正在为它的富裕、年轻的客户群考虑提供在线订购和按需交付的有机食品。

有机食品的销售在美国和世界范围内呈爆炸式增长。2019 年，有机食品销售额达到 550 亿美元，增长速度远远高于整个食品市场。最近的一项调查发现，18～34 岁的父母是美国最大的有机食品购买者群体，现在千禧一代中有 7 500 万人在购买有机食品。

6.5.2　职位：数字营销助理

你将与营销团队合作，使用数字营销工具与客户和供应商沟通，以提高品牌参与度、教育和在线客户服务水平。你的角色包括：

- 与营销团队合作，为数字、印刷和店内营销材料制定促销日历。
- 为博客、网站、电子邮件通信和社交媒体账户创建补充内容。
- 用新内容更新公司网站，实施搜索引擎优化，并监控所有网络活动。
- 更新公司的社交媒体账户：脸书、Google＋、推特、Pinterest 和 Instagram。
- 研究社交媒体的发展和趋势。
- 与门店经理、品类经理和其他团队成员合作，规划门店、团队成员以及针对特定产品的帖子。
- 回复和管理在线发布的客户评论（Yelp、谷歌等）。
- 生成月度报告，分析数字营销工作的成功之处。

6.5.3　资格/技能

- 人文或社会科学本科学历，主修管理信息系统、电子商务、数字营销、统计学、网页设计或社交媒体。
- 精通 WordPress、脸书商业版、Facebook Ads Manager、Instagram、Pinterest、推特、HootSuite、Sprout Social、Google MyBusiness、Google Analytics、Yelp 商业版和微软办公软件。
- 优秀的口头和书面沟通能力。
- 文案和编辑专业知识。
- 客户服务经验或背景。
- 摄影和照片编辑基本技能。
- 了解搜索引擎优化。
- 能够在快节奏的环境中完成多项任务。
- 良好的时间管理能力。
- 能够独立工作和作为团队的一员工作。
- 熟悉食品/配料采购、保健、可持续农业、有机食品和天然食品行业的最新动态/趋势者优先。

6.5.4　面试准备

这一章提供了当你开始面试一个网络营销和广告行业的职位时，你应该熟悉的基本材料。从回顾 6.1 节开始，这样你就可以证明你对互联网受众的人口统计学特征和在线消费者行为，特别是消费者决策过程（见图 6-2）有一定的了解。6.2 节概述了网络营销以及广告策略和工具。你应该准备好表明你熟悉各种各样的网络营销和广告工具，如搜索引擎营销和广告，不同形式的展示广告（横幅广告、富媒体广告、视频广告、赞助式广告和原生广告等），电子邮件营销，联盟营销，社交营销、移动营销和本地营销，以及各种客户保留策略和定价策略。你还可以通过表明对与不同类型的网络广告相关的一些问题的认识来给面试官留下深刻印象，比如广告欺诈、可见度以及越来越多地使用的广告拦截软件。虽然这个职位不是一个技术性职位，但是回顾一下 6.3 节和 6.4 节中讨论的各种网络营销技术以及网络营销传播的成本和收益也是值得的。请特别注意网络营销术语（见表 6-6），因为这将使你能够展示对如何衡量网络广告的有效性，以及围绕该主题的一些问题有一些基本的了解，例如跨平台归属的问题。

6.5.5　可能的面试问题

1. 你认为发展一个品牌的网络渠道和直销渠道，而不是使用传统媒体如平面广告或电视广告，有什么好处？

可以认为网络营销比传统渠道更有效，因为人们花在网上浏览内容、查找产品信息并购买的时间比以往任何时候都多。在线展示意味着顾客不仅可以观看广告，而且几乎可以同时购买。这比看报纸广告、看电视节目，然后开车去商店实际购买要方便得多。这一切都是为了提升客户体验和尽可能容易地购买产品。

2. 你认为互联网和社交网络是推广有机食品和产生直接销售，以及吸引更多的客户到我们商店的一个很好的方式吗？

可以说有机食品最大的市场是年轻的专业人员，这个群体在社交网络上也非常活跃，并且熟悉网上订购商品和食品。

3. 口碑是一个非常强大的营销工具。你认为我们怎样才能实现更有效的网络口碑营销？

可以说网络营销和广告包括联系那些已经是脸书、推特等社交网络一部分的客户。许多人也是在线自助网络的成员。在线观众与家庭、职业和兴趣网络中的其他人有着紧密的联系，你将面向现有的社交网络和个人开展营销活动。

4. 除了网站和社交网络，我们还应该关注哪些对目标受众有效的网络营销渠道？

可以说展示广告和搜索引擎广告可能对有机食品有效。如果你能识别出你的客户在新闻、娱乐和信息上使用的其他网站，然后在这些网站上放置展示广告，那么这些广告会很好地发挥作用。程序化广告可以帮助公司找到这些网站并放置广告。搜索引擎广告可以针对有关健康问题的查询进行投放。

5. 你认为我们的顾客会对有机食品送货上门感兴趣吗？

可以说如果产品可以在同一天订购和交付，并且与店内产品一样新鲜，那么按需、当天交付对父母都工作的年轻家庭的确非常有吸引力。

问　题 //////////////////////////

1. 互联网用户数量是否会无限持续增长？如果不会，导致其增速变缓的因素有哪些？

2. 跨设备跟踪有哪些方法？

3. 你觉得互联网会促进还是阻碍社交活动？阐明原因。

4. 有研究表明，许多消费者会在实际购买之前通过互联网进行调查，而这通常是在实体店完成的。这一现象对网上商家有何影响？它们可以采取什么措施来吸引更多的网上购买呢？

5. 为了改善搜索结果和用户体验，谷歌对其搜索引擎算法做出了哪些改变？

6. 广告网络为何会引发争议？可以采取什么措施来克服这项技术发展的阻力？

7. 什么是营销自动化系统？它是如何应用的？

8. 阐述数据库、数据仓库和数据挖掘之间的区别。

9. 列举在网络营销中使用的数据挖掘技术的缺点或不足。

10. 在电子商务发展早期，哪一定价策略对许多电子商务企业来说是致命的？为什么？

11. 价格歧视和分级定价有区别吗？如果有，区别在哪？

12. 免费服务，如免费的互联网服务或免费赠品，为什么不能给网站带来销售收入？

13. 解释分级定价的运作原理。它与动态定价有何不同？

14. 为什么将产品和服务捆绑销售的公司要比那些不提供或不能提供这一选项的公司有优势？

15. 网络广告现已占据整个广告市场 60% 的原因是什么？

16. 直接电子邮件营销有哪些优势？

17. 为什么线下广告仍然很重要？

18. 点击率和页面浏览量之间的区别是什么？为什么这些都不是衡量网络流量的最佳标准？哪一个是流量统计的首选指标？

19. 给出 CTR、CPM、CPC、CPA 和 VTR 的定义。

20. 什么是营销分析？如何使用营销分析？

7

社交、移动和本地营销

章首案例　　　　　　　**利用脸书广告建立一个微品牌**

你听说过 MVMT 吗？它在网上出售廉价的设计师手表。或许你曾听说过 Casper、Kylie Cosmetics、Homesick Candles 或者 Rowing Blazers。在脸书和其他主要的社交网络上，微品牌的激增是无可避免的：这些公司专注于一个相对狭窄的市场，通常提供理想化的生活方式、产品和服务。许多微品牌几乎完全依靠脸书和 Instagram（脸书旗下）上的社交营销工具，在短短几年时间里就把一个创意变现为数百万美元的收入。由于拥有高度针对性的营销平台、低成本和易于使用的功能，脸书和 Instagram 已经成为微品牌的孵化器，帮助新产品和服务以低成本进入全美国市场，并直接将新闻推送给潜在客户。

微品牌的爆炸式增长让人想起了互联网最初的承诺——使制造商和消费者能够直接进行买卖，消除分销商、实体店和零售商等中间商，以更低的成本提供高质量的产品。然而这个承诺大部分情况下没能兑现，传统的知名品牌占据了大部分的在线销售，给初创公司留下的空间很小。但是现在，通过使用脸书、Instagram 和 Pinterest 直接向消费者销售产品，而略过分销商或零售店，微品牌正在改变新产品的设计、推出、融资、制造和营销方式。为了应对小众竞争对手的冲击，大型传统品牌必须建立自己的微品牌（由于缺乏技术和数字营销知识，它们在这点上做得并不好，而且此模式削弱了它们的溢价定价模式）或收购微品牌。比如联合利华以 10 亿美元收购 Dollar Shave Club，又如 Serta Simmons——价值 290 亿美元的床垫行业的最大参与者以 5 亿美元收购 Tuft & Needle。

　　Hubble 是一个微品牌走向成功的绝佳例子。该公司于 2016 年由本·科根（Ben Cogan）和杰西·霍维茨（Jesse Horwitz）创立，是一家订购营销服务公司，以每月订购的方式销售日用隐形眼镜，每天的价格约为 1 美元。该公司安排当地验光师开具处方，并安排试用。传统大品牌强生（Johnson & Johnson）和 Bausch & Lomb 的网上折扣价格大约是 40 美元一个月（制造商建议零售价是 56 美元）。传统品牌通过在线商家、验光师和眼镜商店销售自己的镜片，他们倾向于按照建议零售价进行销售。

　　科根和霍维茨不确定是否会有人在线购买打折的隐形眼镜，或注册后按月订购。为此他们做了一个实验（也称为需求实验）：一个简单的两页网站。第一页使用廉价的照片描述这项服务、镜片和整个流程。第二页是报价或交易：你是否有兴趣以 33 美元购买一个月的服务？最初的广告还采用了病毒式营销，如果分享的朋友中有足够多的人注册，则提供 3 个月的免费隐形眼镜配戴服务。科根和霍维茨最初只在脸书上的 40 个朋友中分享了该网站的链接，不到一周，就有 2 000 个朋友和朋友的朋友注册了。在一个月内，更多的人注册并传播给了他们的朋友。实验表明了这项服务的吸引力和潜在的需求规模之大。

　　下一步是为他们的创业寻找资金——即使他们手头上还没有任何产品或实际销售。他们使用 PPT 向硅谷创业公司孵化器 500 Startups 展示了他们的需求实验结果，并瞄准了纽约的另外三家孵化器和风险投资者。500 Startups 是一家帮助天使投资者与创业者建立联系的孵化器。尽管没有期望得到太多，他们最终仍获得了 350 万美元的风投资金。受此鼓舞，他们在网上找到了获得美国食品药品监督管理局批准的一家中国的隐形眼镜制造商，并订购了 5 万副隐形眼镜。他们计划以脸书作为初始营销平台，再发展到 Instagram 上。

　　然后，Hubble 开始使用脸书的 Lead Ads 功能，该功能采用了与他们的需求实验类似的方法。Hubble 在脸书动态消息上放了一个简单的广告，潜在客户只需要点击广告，而不用跳转到其他网站，并可以直接发送他们的电子邮件地址来表示他们对产品有兴趣。千禧一代——乐于尝试新事物并省钱的一代人——会使用隐形眼镜，是这家企业的首选目标。利用脸书的微目标广告能力，Hubble 制作了多个广告，并能够通过调整广告来观察市场的反应（称为 A/B 测试）。一些广告使用模特的库存照片，而另一些则使用月度盒装产品的彩色照片。结果显示，带有程式化的文字、图片的盒装产品的广告最为有效。Hubble 还以纽约和芝加哥为目标，与当地验光师达成了协议，如果客户没有验光处方，他们将提供处方并提供定制的试戴服务和专业支持。然后工作人员给感兴趣的潜在客户发送电子邮件，引导他们到 Hubblecontacts.com 进行订购。工作人员以免费赠送一盒镜片来吸引客户进行购买。

　　Hubble 还在脸书上创建了一个品牌页面，展示制造商的质量和镜头材料的技术细节。同时付钱给某个博主，让他推荐该品牌。脸书提供了一个非常强大的潜在用户生成工具 Lookalike Audience，帮助公司找到愿意对其脸书广告做出回应的人。脸书还提供了自定义受众功能，允许广告主提交潜在客户的电子邮件地址，随后将广告推送到这些客户的动态消息中，并关注它们的浏览动向。

　　完成市场的识别后，Hubble 与一家广告创意公司（Creadits）合作，开发了 40 个不同的广告，针对不同的相似群体进行了测试。脸书的算法可以找出哪些广告有效，以及哪些广告在哪些区域表现更好。机器学习算法的缺点是：脸书和该品牌的营销人员都不知道某些广告为什么有效；他们只知道有些广告有效，而其他无效。一个在旧金山奏效的广告在迈阿密或纽约可能就没那么有效了。然而，Hubble 的开发者们的确了解到，有第三方支持或杂志提及的广告比只有图片和文字的广告表现得更好，而带有"立即购买"或"了解更多"等短语的广告的效果较差。

　　截至 2018 年，Hubble 已经在五轮融资中获得了 7 300 万美元的投资，在开始营业的第一年，其年销售额就超过了 2 000 万美元。2018 年，它在英国推出了其服务。据报道，2018 年 7 月，Hubble 得到了消费品巨头高露洁棕榄（Colgate-Palmolive）的一笔小额投资。和大多数大型消费品公司一样，高露洁棕榄的增长非常缓慢，每年只有 2% 左右。2019 年，Hubble 的估值约为 2.5 亿美元。随着消费者转向网上购买各种产品和实体店内销售额的下降，在线订购服务是销售每个人都会定期购买的个人护理产品的理想方式。然而，Hubble 仍然面临着一些验光师和眼科医生的质疑，他们批评 Hubble 镜片使用了一些过时的可能不合适的材料，可能给消费者带来问题。同时，它用来给出处方的方法并不充分。Hubble 否认了这些指控，并认为这些指控是行业在试图扼杀竞争。

目前为止，并不是所有的微品牌都像 Hubble 那样成功。许多微品牌都撑不了多久。大多数公司不会进行首次公开募股，也不会被传统品牌公司收购。"快闪"微型品牌催生了更多"快闪"竞争对手，因为市场进入和运营成本较低，而且对先行者来说，广告成本较低。Hubble 现在至少有十几家提供相同产品和服务的竞争对手，更不用说那些模仿 Hubble 的传统供应商，虽然它们产品订购服务的定价更高，但它们拥有强大的品牌。消费者可能会认为，他们的眼睛值得为一个有几十年的市场形象和声誉的品牌产品多花几美元。就像所有使用脸书广告引擎的公司一样，Hubble 需要在几毫秒的拍卖过程中与其他竞标者竞争广告空间。微品牌没有传统公司的制造、物流和分销成本，它们将大部分职能外包。这些公司最大的预算项目是营销。随着越来越多的竞争对手进入市场，脸书广告拍卖的价格也随之提高。一开始，相似群体的受众可能会起作用，但最终这些受众的边际销售额会下降，而向这些相似群体的受众投放的广告实际上限制了受众群体。为了应对这些挑战，微品牌试图使用相同的订购模式进入邻近市场，并将营销扩大到其他渠道，如有线电视、杂志和报纸等。

资料来源："Hubble: Contact Lens Prescriptions Go Subscription," Pymnts.com, February 11, 2020; "Warby Parker Makes Move into Contacts with the Launch of Scout," by Elisabeth Brier, Forbes.com, November 19, 2019; "Contact Lens Start-Up, Big on Social Media, May Be Bad for Eyes, Doctors Say," by Sapna Maheshwari, *New York Times*, July 21, 2019; "Serta Simmons Just Merged with Bed-in-a-Box Startup Tuft & Needle," by Elizabeth Sergrani, Fast Company, October 21, 2018; "Why You're Buying Products From Companies You've Never Heard of," by Christopher Mims, *Wall Street Journal*, October 4, 2018; "Mattress Upstart Tuft & Needle Agrees to Merge with Serta Simmons in Big Win for Cofounders," by Amy Feldman, Forbes.com, August 21, 2018; "How 20-Year-Old Kylie Jenner Built a $900 Million Fortune in Less Than 3 Years," by Natalie Robehmed, Forbes.com, July 11, 2018; "A Small Investment by Colgate in Hubble Reveals a Lot About the Future of Retail," Forbes.com, July 3, 2018; "A Toothpaste Club? Colgate to Invest in Online Startup," by Rob Copeland and Sharon Terlep, *Wall Street Journal*, July 2, 2018; "Hubble Contacts Launches Subscription Service in the UK," Businesswire.com, February 1, 2018; "Dozens of Brands Have Built Businesses on Facebook and Instagram. But It's Getting a Lot Harder," by Amy Feldman, Forbes, January 28, 2018; "Seeing the Market Clearly with Facebook Lead Ads," Facebook.com, 2018; "How Facebook's Oracular Algorithm Determines the Fates of Start-Ups," by Burt Helm, *New York Times*, November 2, 2017; "Hubble Contacts Wants to Do for Contact Lenses What Harry's Did for Razors," Forbes.com, March 20, 2017.

7.1　社交、移动和本地营销简介

社交、移动和本地营销已经改变了网络营销的格局。2007 年之前，脸书还是一家面向大学生的新兴公司，苹果还没有发布 iPhone。网络营销主要包括创建公司网站、在雅虎上购买广告播放空间、在谷歌上购买 AdWords 和发送电子邮件。网络营销的主要途径是播放广告，向数百万用户展示品牌信息，但是不指望这些用户能够立即做出回应、提出问题或进行观察。可依据一个网站吸引了多少"眼球"（独立访客）以及一个营销活动产生了多少"曝光"来衡量营销成功与否。曝光就是看一个广告的浏览量。这两项指标都借鉴了电视行业的做法，根据观众规模和广告浏览量来衡量营销效果。

7.1.1 从吸睛到对话

2007 年后，随着脸书和其他社交网络的快速发展、苹果智能手机的爆炸性增长以及本地营销的好处日益增加，一切都开始发生变化。社交、移动、本地营销和广告的不同之处与"对话"和"参与"的概念相关。今天的市场营销是基于企业在与客户、潜在客户甚至是批评者的在线对话中，将自己作为伙伴进行营销。你的品牌会在网络和社交媒体上被谈论（这是对话的一部分）。如今，你的公司和品牌开展营销活动时需要你瞄准、识别和参与这些对话。社交营销意味着所有的东西都是社会性的：倾听、讨论、互动、产生同理心和参与。与其用更华丽、更响亮的广告来"轰炸"你的客户，不如与他们对话，让他们参与到你的品牌建设中来。网络营销的重点已经从关注吸睛能力转向关注参与以客户为导向的对话。从这个意义上说，社交营销和广告不仅仅是另一个"广告渠道"，它是一组与购物者沟通的技术工具。

在过去，企业可以严格控制他们传达的品牌信息，通过一系列线索引导消费者最终购买产品。但社交营销不是这样。消费者的购买决定越来越多地受到他的社交网络上的对话、选择、品位和观点的驱动。社交营销意味着企业要参与和塑造这个社会过程。

7.1.2 从台式机到智能手机和平板电脑

2016 年，移动广告支出首次超过了台式机和笔记本电脑上的网络广告支出。图 7-1 展示了 2014—2024 年网络广告支出的变化。2014 年，营销人员在台式机和笔记本电脑上的网络广告支出约占网络广告总支出的 64%，而移动广告支出仅占 36%。到了 2018 年，这一比例几乎完全逆转，64% 的广告支出用于移动广告，只有 32% 用于台式机和笔记本电脑上的广告。营销资金一直紧跟着消费者和购买者，从台式机和笔记本电脑广告流向移动广告，再流向最近的联网电视广告。今天，移动广告和社交广告是增长最快的网络营销形式。例如，2015—2019 年，移动广告支出累计年均增长率超过 35%。尽管 2019 年出现了新冠疫情，但移动广告是少数几种预计将在 2020 年继续增长约 5% 的广告形式之一。到 2022 年，移动广告支出预计将超过 1 300 亿美元。与移动广告一样，社交广告支出也在快速增长，2015—2019 年累计年均增长率超过 35%。尽管其增长速度不如移动广告或社交广告那样惊人，本地网络广告的重要性也在不断提高，占目前所有网络广告支出的近 45%。预计到 2020 年，广告主在本地网络广告上的支出约为 590 亿美元，较 2019 年下降约 10%，预计 2021 年将缓慢恢复增长（见图 7-2）。

7.1.3 社交、移动、本地营销的关系

社交、移动和本地营销是自我强化和相互联系的。大多数社交营销都是通过移动平台进行的，因为大多数用户通过移动平台访问大多数社交网络。例如，到 2020 年，93% 的推特美国用户通过移动设备访问推特，其中超过 45% 的用户仅使用移动设备。移动广告占了推特广告收入的绝大部分（约 93%）。类似地，脸书约 95% 的美国用户

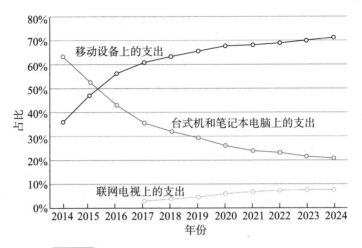

图7-1 2014—2024 年网络广告支出的变化

注：到 2024 年，移动广告支出预计将占所有网络广告支出的 70％左右。
资料来源：Based on data from eMarketer，Inc.，2020a.

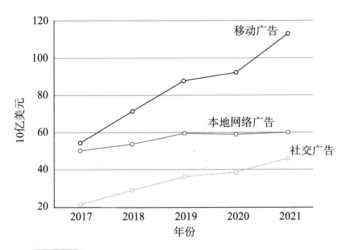

图7-2 2017—2021 年的社交、移动和本地营销

注：2017—2021 年，移动广告和社交广告支出预计将翻一番。
资料来源：Based on data from eMarketer，Inc.，2020a，2020b；BIA Advisory Services，2020，2019，2018；authors' estimates.

通过移动设备访问，超过 2/3 的用户仅使用移动设备访问，超过 95％的美国地区的广告收入来自移动用户。

本地营销和移动设备是高度相关的：本地广告主通常以移动设备为目标。大量的移动广告支出来自本地广告主。随着移动设备得到更广泛的应用，顾客可以利用移动设备找到当地的商家，商家也可以利用移动设备提醒附近的顾客有特别的优惠。社交、移动和本地营销之间的紧密联系对于营销活动的管理具有重要意义。当你设计一个社交营销活动时，你必须考虑到你的客户将使用移动设备参与该活动，同时他们通常也会寻找本地内容。社交-移动-本地必须被当作一个整合的营销框架去看待。图7-3 在情景中展示了社交-移动-本地营销形式。随着时间的推移，这三个平台将变得更加紧密耦合，也将变得更加重叠。

图 7-3 网络营销平台

注：移动、社交和本地营销之间的联系日益紧密。移动营销包括社交营销和本地营销。大多数社交营销都发生在移动平台上。社交营销也可以是本地化的。基于位置的移动本地营销约占移动营销总额的 27%，约占本地营销总额的 42%。

资料来源：Based on data from eMarketer, Inc., 2020a, 2020b；BIA Advisory Services, 2020, 2019, 2018; authors' estimates.

在接下来的几节中，我们将更深入地研究社交、移动和本地营销。重点描述每个平台的主要营销工具，以及如何设想和管理每个平台上的营销活动。

7.2 社交营销

社交营销与传统的网络营销有显著的差异。传统的网络营销的目标是把你的企业信息放到尽可能多的消费者面前，并希望借此鼓励他们来你的网站寻找更多的信息或购买产品和服务。你获得的"曝光"（广告浏览量）越多，独立访客越多，效果就越好。传统的网络营销从未想过要倾听消费者的心声，更不用说与他们对话，好比电视广告客户从未想过要从观众那里得到信息一样。

社交营销的目标是鼓励你的潜在客户成为你公司产品和服务的粉丝，并通过与企业进行对话参与到你的生意中。更进一步的目标是鼓励公司产品和服务的粉丝与他们的朋友分享，并以此创建一个在线粉丝社区。终极目标是强化品牌形象和推动销售，并通过提高"在线对话份额"来做到这一点。尽管仍在探索中，我们仍然有理由相信，社交营销比传统的网络营销更有成本效益。

7.2.1 社交营销的参与者

世界各地有数百个社交网络，最受欢迎的社交网络（脸书、Instagram、推特、领英、Pinterest、TikTok 和 Snapchat）占了所有社交网络访问量的 90% 以上。（关于社交网络的详细讨论见第 11 章。）

虽然每月独立访客的数量是衡量市场覆盖率的一个很好的指标，但它无助于了解用户访问——用户参与的程度和强度。衡量用户访问的一个指标是用户在社交网络上花费的时间。在这方面，脸书再次占据主导地位，美国成年人平均每月使用脸书的时间为 17 个小时（eMarketer, Inc., 2020c）。

对于一个社交营销活动经理来说，这些发现表明，考虑到可达性和参与度，应该从脸书开始社交营销活动。然而，其他主要社交网络的访问者也占据了社交市场的很大一部分，因此，社交营销活动在某种程度上也必须将他们纳入。这能帮助社交网络用户使用多个社交网络。脸书的用户很可能是推特、Pinterest、领英、Instagram 和 Snapchat 的用户。此外，营销人员需要了解所谓的暗社交。**暗社交**（dark social）指的是在主流社交网络之外，通过人际对话、小组会议和友谊等替代交流工具进行的社交分享，也包括通过电子邮件、即时消息、短信和移动消息应用程序进行的社交分享。预计到 2020 年，美国成年人平均每月社交网络在线时间将超过 40 个小时，但一个月总计有 720 个小时。因此，一个月内只有约 5.6% 的社交生活涉及在线社交网络，而约 94.4% 没有（eMarketer, Inc.，2020c）。

7.2.2　社交营销过程

乍一看，这么多不同的社交网络让人感到困惑，从推特的微博私信服务，到 Pinterest 和 Instagram 等视觉社交网络，再到 Snapchat 和 TikTok 等在年轻人中最受欢迎的网络，每一个都能提供独特的用户体验。然而，它们可以用一个共同的框架来处理。图 7-4 展示了一个可以应用于所有社交营销的框架。

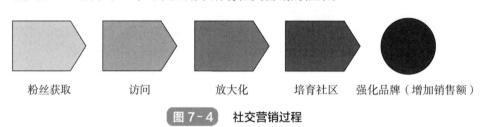

粉丝获取　　　访问　　　放大化　　　培育社区　强化品牌（增加销售额）

图 7-4　社交营销过程

注：社交营销过程包括五步。

社交营销过程有五个步骤：粉丝获取、访问、放大化、培育社区和强化品牌（增加销售额）。过程中的每一个步骤都可以测量。社交营销的指标与传统的网络营销或电视营销有很大的不同。这就是社交营销与众不同的方面——目标和措施。当我们描述特定社交网络上的营销时，这一不同将变得更加明显。

社交营销始于**粉丝获取**（fan acquisition），包括使用从展示广告到动态消息和页面弹出窗口等各种方式，将人们吸引到你的脸书页面、推特动态消息或网页等。这是为了品牌能在社交信息流中“走出去”。社交网络上的展示广告具有社交维度（有时被称为“带有社交功能的展示广告”或简称为“社交广告”）。社交广告鼓励访问者与企业进行互动，进行一些社交活动，比如参加比赛，获得优惠券，或者通过呼朋唤友获得免费服务。

下一步便是让用户**访问**（engagement），即使用各种工具鼓励用户与你生成的内容和品牌进行互动。你可以把这看作是围绕品牌“开启对话”。你希望粉丝谈论你生成的内容和产品。你可以通过有吸引力的照片、有趣的文本内容和博客来吸引用户进行访问，为用户提供机会表达自己的观点。公司经常借助于**有影响力者**（influencer）增加访问量，这些人在社交媒体上有忠实的粉丝，被粉丝视为可信赖的专家或名人。到现在，**影响力营销**（influencer marketing）已经成为社交媒体营销的一部分，品牌试图利用有影响力者和他们的粉丝建立的信任来提高品牌知名度和访问量，并最终将有影响力者的推荐和对产品的提及转化为销售额。

一旦吸引了访客，你就可以开始使用社交网络功能来放大你的消息，鼓励用户通过点击“喜欢”按钮、分享帖子或向推特上的粉丝发送信息将消息传播给他们的朋友。**放大化**（amplification）意味着充分利用社会网络的内在力量。在脸书上，平均每个用户有 120 个“朋友”。这包括所有他们曾经加过的朋友，包括他们并不真正了解的人（这些人也不真正了解他们）。脸书用户通常只有 3～4 个可以讨论机密事项的密友，而有大概 20 个可以双向交流的朋友（共同的朋友）。出于营销目的，我们把 20 个作为合理的估计值。对于营销人员来说，这意味着如果他们能够吸引一个粉丝并鼓励他与朋友分享他对品牌的认可，信息就会被放大 20 倍：一个粉丝能够影响 20 个朋友。最棒的是：粉丝的朋友是免费的。营销人员付费只是为了吸引最初的粉丝，而社交网络（目前）并不会向他们收取由此产生的放大效果的费用。

当获得了足够多的忠实粉丝后，你便能够创造出一个**社区**（community）的基础——一个或多或少稳定的粉丝群体，他们能够在一段时间内（比如几个月或更长时间）与他人进行交流。营销人员有许多策略来培育这些社区，包括新产品的内部信息，对忠诚粉丝的价格优惠，以及给引入新成员者提供的礼物。最终目标是扩大公司的"在线对话份额"。这一过程最终导向强化品牌，运气好的话还能增加产品和服务的销售额。品牌实力可以通过在线和离线的多种方式来衡量，这一主题超出了本书的范畴（Ailawadi et al. ，2003；Aaker，1996；Simon and Sullivan，1993；Keller，1993）。

归根结底，营销的目的是推动销售收入增长。市场营销人员、社交营销活动经理和研究人员仍在探索如何衡量社交营销活动对品牌实力和销售的影响，但总的来说其具有积极的影响：社交营销活动能够促进销售。大多数顶级社交网络，包括脸书、Pinterest 和 Instagram，都添加了社交商务功能，如"购买"按钮和其他购物功能，这些功能让社交营销活动的目标群体更易采取行动并进行购买。

7.2.3　脸书营销

很多人都在脸书上有个人主页。有些超级用户每天花几个小时在脸书上，有些人有成千上万的"朋友"，还有一些普通用户只有 20 个朋友或亲戚。虽然大多数人对脸书有基本的了解，但在讨论其营销潜力之前，还是有必要回顾一下脸书的基本功能。

脸书的基本功能

表 7-1 展示了脸书作为营销平台的基本功能。据表 7-1，很明显，脸书的建立是为了鼓励人们尽可能多地披露自己的个人信息，包括参与的活动，日常行为，喜爱的照片、音乐、电影，购买行为和偏好。作为结果之一，脸书成了世界上最大的互联网上深度个人行为信息的存储库。脸书比谷歌更了解用户。此外，脸书通过通知、标签、消息、发布和分享的形式最大化人们之间的联系。很多时候，个人信息的传播范围太过广泛，以至于用户和外部观察者都无法理解。以上两点极大地放大了脸书用户的社交密度。**社交密度**（social density）指的是群体成员之间的互动量，反映了群体的"连通性"，即使这些联系是强加给用户的。例如，一些群体并不是很具社交性，成员之间很少有信息沟通。而其他自然形成的群体，其成员更健谈，他们之间传递许多信息。脸书个人信息存储的范围、强度和深度以及丰富的社交网络为营销活动的开展提供了非凡的机会。

表 7-1　脸书的基本功能

功能	描述
个人资料	作为创建账户的一部分，你将创建包含某些个人信息的文件。这个文件可能还包括照片和你使用的其他媒体平台。通过该功能，你能够创建将与朋友共享的基本信息。

续表

功能	描述
朋友搜索	通过搜索你的电子邮件联系人列表，帮助你找到已经使用脸书的朋友，以及不使用脸书的朋友。该功能能够让你基于已有的联系人创建你的基本社交网络。
时间轴	你在脸书上的行为历史，包括照片、帖子历史和对你的动态消息的评论，以及你发布并希望作为你的个人资料的一部分让别人看到的生活事件。你在时间轴中添加的内容可能会出现在好友的动态消息中。该功能能够让你与朋友建立额外的联系。
标签	能够用朋友的名字来标记照片、状态更新、签到或评论。通过标签能链接到朋友的时间轴和动态消息。你的朋友会被通知他们已经被标记，你也会被链接到他们的时间轴。你朋友的朋友也会收到通知。每当脸书发现新照片中的这个人，它就会通知所有标记了照片的人：该朋友出现在了你可以链接的新照片中。标签工具设计的目的是在用户之间建立额外的联系。
动态消息	脸书的动态消息是一个来自朋友和你喜欢的脸书主页的不断更新的内容的列表。动态消息中的广告是脸书的主要广告收入来源。动态消息包括状态更新、照片、视频、链接、应用程序活动和"喜欢"。它提供来自朋友和广告商的连续信息流。
群组	脸书群组为有共同兴趣的人提供了一个平台来分享内容。任何脸书用户都可以设置和管理一个群组。群组可以是公开的，也可以是私人的（只通过邀请公开），也可以是秘密的（无法搜索）。
状态更新	一种发布你的评论、观察和位置给你所有的朋友的方式。
响应按钮	2016 年，脸书重新设计了"喜欢"按钮功能，增加了五个额外的按钮，并将这些按钮更名为响应按钮。除了熟悉的"喜欢"按钮，用户现在还可以使用爱、笑（哈哈）、惊喜（哇）、悲伤和愤怒按钮。
Messenger	脸书的即时信息应用，每月有超过 13 亿人使用。提供多种营销选择，包括来自聊天机器人的赞助信息、收件箱视频和展示广告，以及来自中小型企业的广播信息。
第三方应用程序	第三方应用程序为脸书添加了功能。从游戏（如 Candy Crush Saga、得州扑克、Words with Friends）到照片（Instagram，现在是脸书的一部分）、音乐（Spotify）。大多数应用程序是免费的，主要依赖于广告收入。
开放图谱	这是应用开发者用来将自己的应用整合到注册用户的脸书页面中的功能，这为开发者打开了脸书社交图谱，他们可以在应用中使用脸书的所有功能。这个功能允许将你在游戏应用上的表现发送到好友的动态消息中。该功能能够支持社交应用的开发，增加用户之间的联系。
搜索	2013 年，脸书推出了 Graph Search，这是一个"社交"搜索引擎，可以在你的社交网络中搜索答案。它是一个语义搜索引擎，因为它提供了一个单一的答案，而不是一个基于算法对用户意图的估计的链接列表。它也是一个混合搜索引擎，依赖于必应来补充结果。2015 年，脸书大大扩展了其搜索功能。它现在关注的是关键词，包括每个人的公开帖子、喜欢、照片和兴趣（包括品牌帖子），并向所有脸书用户开放，无论是否是朋友。

脸书营销工具

脸书为打造品牌和发展社区提供了大量的营销、广告机会和工具。

响应按钮　脸书上的"响应"和"分享"以及其他社交网络上的类似按钮，可能是社交营销兴起中最重要的元素。"喜欢"是社交营销的引擎。2009 年，脸书在自己的网站上引入了"喜欢"按钮，并于 2010 年作为插件在其他网站上推出。2016 年，脸书增加了五个新按钮（爱、笑、惊喜、悲伤和愤怒），并将这些按钮更名为响应按钮。与传统的网络广告不同，**响应按钮**（reactions buttons）让用户有机会分享他们对正在浏览的内容和其他对象以及正在访问的网站的感受。例如，"喜欢"按钮能向你的朋友以及脸书社交图谱和第三方营销人员传达你对评论、照片、活动、品牌、文章和产品的支持。几乎所有脸书内容，包括状态更新、照片、评论、品牌、时间轴、应用程序，甚至广告上都有响应按钮。随处可见的"喜欢"按钮也出现在外部网站、移动和社交应用程序和广告上。这些网站使用脸书的社交插件，因而当你在脸书之外为某样东西点赞时，它会出现在你的时间轴上，朋友们可以对该活动发表评论。点击"喜欢"按钮是脸书知道你访问了其他网站的一种方式（Zara，2019）。

品牌页面 脸书早期的品牌营销工作重点是开发作为企业与当前客户和潜在客户建立直接关系的手段的品牌页面。几乎所有的《财富》1 000 强公司，以及成千上万的小公司，都以脸书的品牌页面作为它们主要网站的附属。品牌页面通过评论、竞赛和产品等为用户提供与品牌互动的机会，培养品牌的粉丝。使用社交号召行动，如在脸书上点击"喜欢"和"分享"，品牌页面可以摆脱孤立，更容易进入用户和朋友分享消息的社交网络。2015 年，脸书开始为其品牌页面提供标注产品和服务的商店标签，在社交电子商务领域又前进了一步。

与传统网页相比，社交品牌页面为粉丝提供了更多的社交机会来点赞和评论。然而随着时间的推移，企业网站也推出了许多社交功能，导致这两者现在难以区分。但脸书上的品牌页面通常能比一个品牌的网站吸引更多的访客。

品牌可以通过自然方式或付费广告在脸书上获得曝光。自然方式是免费的，包括粉丝在他们的动态消息中看到品牌的更新和帖子，或者其他不是粉丝的人因为粉丝点赞、评论或分享帖子而看到内容（病毒式营销）。为了确保营销信息能够获得他们想要的曝光度，大多数公司都会选择脸书的付费广告模式。

脸书允许你从各种不同的营销目标中进行选择，包括推广你的页面帖子/广告（页面帖子访问）；为你的脸书页面获赞，以增加公司的用户和品牌强度（页面点赞）；让人们点击你的网站（网站点击）；让人们在你的网站上采取某些行动（网站转换）；让用户安装应用（应用安装）；让用户使用应用（应用访问）；创建人们可以响应的优惠条件（提供优惠）；以及让人们观看视频（视频观看）。

选择了一个营销目标后，接下来就要决定你的广告受众是谁。脸书广告可以根据位置、年龄、兴趣、性别、受教育程度、关系状况、政治观点以及营销人员的自定义来确定。然而，2018 年，在被国家公平住房联盟（National Fair Housing Alliance）起诉，称其允许广告主歧视受法律保护的群体后，脸书取消了 5 000 多个允许广告主基于种族或宗教等属性排除受众的定位选项（Tobin and Merrill，2018）。脸书还可以根据营销人员确定的自定义受众的人口统计学特征数据，创造出所谓的"相似受众"。2018 年，在剑桥分析丑闻之后（见第 1 章的"社会透视"专栏），脸书推出了一种自定义广告受众认证工具，要求营销人员确保用于广告定位的电子邮件地址是在用户同意的情况下获得的（Constine，2018）。

一旦确定了营销目标和广告受众，接下来要决定在哪里投放广告。脸书有几个基本位置可供选择：动态消息、脸书页面的右侧栏或侧边栏，以及移动动态消息。广告也可以放置在应用程序中。

动态消息页面广告 动态消息是广告最突出的地方。作为推送用户朋友的帖子的模块，动态消息是脸书用户的活动中心和花费大部分时间的地方。页面广告会出现在用户的动态消息中，与好友发布的帖子和状态更新一起出现。页面广告有一个小标签，表明它们是赞助的（即广告），但在其他方面看起来非常类似于来自朋友的帖子。有时，这些广告有社交背景（"约翰·史密斯和简·多伊喜欢陶器谷仓"），可以像其他帖子一样被点赞、分享和评论。页面广告可以包含文本、照片、视频和链接。它们可以用于之前提到的许多营销目标，如提高品牌参与度，获得品牌脸书页面的赞，鼓励应用安装和用户访问。广告主还可以在动态消息中添加"购买"按钮，让用户无需离开脸书就可以购买商品。公司付费推广其页面广告，以扩大这些广告的覆盖面。由于脸书为了增加广告收入，减少了品牌此前免费享有的自然触达，付费推广变得越来越重要。

右侧栏或侧边栏广告　这些展示广告位于脸书页面的右侧栏或侧边栏。它们通常用于引导用户访问非脸书内容，如网站登录页面。脸书最近减少了右侧栏的广告数量，从 7 个减少到 2 个，扩大了广告的尺寸，使这些广告与动态消息页面发布广告的形式一致，以提升广告效果。

脸书直播　2016 年，脸书推出了免费视频流媒体服务脸书直播（Facebook Live）。从那时起至今，该服务已经有超过 85 亿次播放（Wong，2020）。脸书直播可以用来直播内容，粉丝可以通过评论、点赞和分享进行互动。视频可以保存在一个品牌的页面上，粉丝可以继续与它互动。

视频广告　2014 年，脸书开始播放 15 秒的视频自动播放广告。从那时起，脸书的视频广告成为脸书广告策略中越来越重要的一部分。为了保持广告收入的持续增长，同时又不因投放过多广告而导致广告主负担过重或失去兴趣，脸书现在把重点放在了视频广告上，这类广告收费高，因此能产生更多收入。一个挑战是，视频广告会自动在无声模式下播放，这就要求广告主调整他们的视频以适应媒体。另一个挑战是指标问题。2016 年，脸书承认两年来一直高估了视频广告的平均观看时间，可能高估了 60%～80%，因为之前只计算超过 3 秒的视频观看时间。2017 年，脸书同意由媒体评级委员会进行定期审计，媒体评级委员会是一个认证广告指标的行业组织，并为独立的第三方测量公司提供更详细的数据，比如有多少广告可见，广告出现在屏幕上多久，广告是否静音。2018 年，一些广告主对脸书提出欺诈指控，声称脸书在披露问题前一年多就知道其视频指标存在的问题（Vranica，2018）。

脸书观看　2017 年，脸书在美国推出了视频点播服务脸书观看（Facebook Watch），并于 2018 年在全球推出。脸书观看包括专业制作的原创短视频和长视频、现场游戏节目、新闻节目、互动游戏节目等等。脸书观看为广告商提供了前置和内置广告选项。该服务提供个性化的推荐以及捆绑内容的分类。

移动设备广告　脸书于 2007 年推出了面向移动平台的版本。用户也可以使用移动浏览器访问脸书，尽管速度较慢。预计到 2020 年，超过 95% 的脸书广告收入将来自移动广告平台，这也是脸书增长最快的收入来源。

由于智能手机的屏幕比普通电脑的屏幕小得多，右边栏没有空间放置侧边栏广告，所以所有移动广告都需要显示在用户的动态消息中。移动广告可以包括视频广告在内的之前提到的许多广告形式。批评者称，移动设备动态消息中的广告数量变得让人分心和厌烦。移动广告通常占据整个屏幕。移动广告的针对性也较差，这提高了用户看到无关广告的可能性。但是到目前为止，尽管令人烦恼，脸书的移动用户仍继续注册和观看。

Facebook Messenger 2016 年，脸书开始允许企业在其即时信息应用 Messenger 上部署聊天机器人，提供自动客户支持和其他电子商务服务，并引入了赞助消息（Sponsored Messages），允许企业向此前与之接触过的客户发送消息。脸书还为 Messenger 应用程序推出了"立即购买"（Buy Now）按钮，用户无须离开 Messenger 就可以通过 Stripe 或 PayPal 向在 Messenger 上做广告的公司付款。2017 年，脸书在 Messenger 的收件箱中添加了展示广告，2018 年，在 Messenger 的收件箱中引入了自动播放的视频广告和 Facebook Messenger 广播，允许小企业发送海量文本。表 7-2 总结了营销人员在脸书上使用的基本营销工具。

| 表 7-2 | 基本的脸书营销工具 |

营销工具	描述
响应按钮	放大化。允许用户向他们的朋友和朋友的朋友就社交网络上的内容表示支持（以及其他反应）的功能。这是营销人员无法控制的一个工具。目前免费。
品牌页面	访问和社区建设。类似于商业网页，但通过鼓励用户互动和响应而更具社交性；开启粉丝社区的讨论。品牌页面目前是免费的。品牌页面的商店标签允许公司展示其有特色的产品和服务。
动态消息页面广告	粉丝获取。付费品牌信息可以插入动态消息中。需付费。"购买"按钮也可以嵌入动态消息页面广告。
右侧栏或侧边栏广告	粉丝获取。在右侧栏（侧边栏）显示广告，类似于在网页其他地方显示广告。需要付费。
脸书直播	粉丝获取和访问。脸书内的视频流媒体服务。可以用于流媒体直播内容，粉丝可以通过评论、点赞和分享与之互动。视频可以保存在一个品牌页面上，粉丝可以继续与它互动。免费。
视频广告	粉丝获取和访问。在桌面和移动动态消息上，视频广告以静音模式自动播放。需付费。
脸书观看	粉丝获取和访问。前置和内置视频广告。需付费。
移动设备广告	粉丝获取。手机动态消息页面广告可以发送到智能手机和平板电脑上。需付费。
赞助消息/广播	粉丝获取和访问。向此前通过 Messenger 聊天机器人与它们接触过的客户发送信息，或者直接从该公司发送信息（对于中小型企业而言）。需付费。

开始脸书营销活动

在开始脸书营销活动之前，你需要解决一些基本的策略问题。虽然每一种产品都能从社交营销活动中受益，但你的产品又是如何做到这一点的呢？谁是你的受众？你如何与他们取得联系？过去，现实世界中的社交网络是如何支持你所在行业的销售的？你能成为"意见领袖"吗？一旦你明确了你的受众，什么内容会让他们兴奋和感兴趣？你将从哪里获得内容？它的成本是多少，你希望它对你的品牌和销售有什么影响？此时，你不需要制定详细的预算，但你应该能够估算此类活动的成本以及预期的收益。

如果你是脸书市场营销新手，可以简单地开始基于经验建立自己的粉丝基础。脸书的典型营销活动可能包括以下要素：

● 为你的品牌创建一个脸书页面。内容为王：要有有趣的、原创的、能让访问者感兴趣的内容。

● 利用评论和反馈工具开发粉丝评论。你希望访问者参与到你的内容开发中来。

你也可以鼓励博主为你的网页开发内容。

- 建立一个用户社区。试着鼓励粉丝互相交流，为你的页面开发新的（免费的）内容。
- 通过展示真实客户使用产品的视频和富媒体，鼓励用户参与。
- 利用竞赛来提高粉丝的参与度。
- 开发用于脸书的展示广告。
- 开发用于响应社交搜索查询的展示广告。
- 在多处显示"喜欢"按钮，方便粉丝与朋友分享体验。

表 7-3 介绍了脸书营销活动的一些例子。

表 7-3　脸书营销活动的一些例子

公司	营销活动
Lays	从脸书上的粉丝中收集新的薯片口味建议，获胜者将获得 100 万美元的奖金。
丝芙兰	使用丝芙兰网站和手机应用程序上的脸书像素追踪（跟踪信标）信息来创建一个动态的广告，向已经在其网站或应用程序上购买的客户，显示旋转木马形式的个性化广告。广告被投送至脸书动态消息上，结果增加了近 30% 的新客户和 20% 的"美丽内幕"忠诚计划的注册人数。
Lifewtr	百事的高档瓶装水品牌使用流媒体视频广告向观看脸书动态消息视频和 Facebook Watch 视频的用户投放广告。与标准的广告投放相比，流媒体视频广告提高了品牌知名度和客户对广告的记忆度，并显著降低了成本。
Yankee Candle	其为 Cyber Monday 的广告活动制作了 21 个不同的脸书视频广告，以装饰过的玻璃瓶中的节日蜡烛为特色，还有引人注目的定格动画元素。为了提高品牌知名度，获得新客户，并重新吸引以前的客户，广告会根据当前客户资料向现有客户及其相似人群展示。与去年的节日活动相比，营收增加了 65% 以上，网站访问量增加了两倍。

衡量脸书营销结果

衡量脸书营销活动成功与否的方法有很多，其中一些非常复杂。更令人头痛的是，业内人士有时会用不同的名称来指代同一件事！因此，我们试图给出你可能在商业文献中找到的最合理的名称和替代名称。

表 7-4 展示了脸书用于评估社交营销活动的基本指标。表中列出了如图 7-4 所示的社交营销过程的五个步骤，即粉丝获取、访问、放大化、培育社区以及最终的强化品牌（增加销售额）。

表 7-4　衡量脸书营销结果

社交营销过程	衡量指标
粉丝获取（印象）	接触过你的脸书品牌页面帖子和付费广告（印象）的人数 接触上述信息者成为粉丝/关注者的百分比 粉丝/关注者与印象之比
访问（对话率）	帖子、评论和回复的数量 品牌页面内容的浏览次数 每个访问者产生的点赞数 响应游戏、参加竞赛和领取优惠券（参与）的用户数量 访问者在你页面上停留的平均分钟数（持续时间） 每个帖子或其他内容的点赞率（好评率）

续表

社交营销过程	衡量指标
放大化（覆盖）	点赞、分享帖子或将其发布到其他网站的百分比（粉丝分享你的内容的比率）
培育社区	每月与你的内容的互动率（即每月在你的脸书品牌页面上发布的帖子、评论、回复和转发等的总数除以你每月发布消息的总数） 所有粉丝/关注者每月平均在场分钟数 正面评论与负面评论的比例
强化品牌（增加销售额）	与其他平台（如电子邮件、搜索引擎和显示广告）相比，脸书链接产生的在线销售比例（或收入） 脸书来源的客户购买比例（转化率） 粉丝/关注者朋友的转化率

虽然脸书营销的最终目标是推动销售（通常发生在你的网站上），但了解产生这些销售的社交营销元素是什么，以及如何改进它们是非常重要的。

从根本上讲，粉丝/关注者的数量是所有社交营销的起点。当访问者喜欢你的内容时，他们就会成为你的粉丝。在社交营销的早期，公司非常重视粉丝基础的规模和集赞。随着社交营销经理变得越来越老练，这些在今天已经不那么重要了。粉丝访问你的内容和品牌是开发真正社交体验的第一步，这比简单的印象或粉丝数量更重要。从未建立联系的粉丝对你是没有价值的。粉丝的访问关系到你的粉丝如何与你的内容进行互动，以及互动的深度和频繁程度。了解能够创造最高访问量的内容的类型（视频、文本、照片或来自粉丝的帖子）也是非常重要的。

利用粉丝的社交网络放大营销信息覆盖面的能力是社交营销的核心。这可以通过粉丝向朋友推荐你的内容的比率以及他们的朋友进一步向朋友推荐你的内容的比率来衡量。

衡量一个脸书社区的强度和衡量一个离线社区的强度并没有太大的区别。这两种情况下，你都试图衡量社区中所有人的集体活动。在你的粉丝中，有多少人积极参与？粉丝在一个月内采取的行动总数是多少？每个月有多少分钟用于参与集体活动？好评的百分比是多少？

最后，衡量社交活动的销售也很简单。首先，衡量你从脸书渠道获得的销售百分比。你可以很容易地测量来自脸书的访问数量，以及这些访问产生的销售。此外，你还可以比较脸书粉丝的购买率（转化率），以及非粉丝的转化率。更重要的是，你可以将脸书的转化率与来自不同营销渠道（如电子邮件、展示广告和博客）的其他访问者进行比较。

尽管脸书营销只有几年的历史，但它已经进入了第二代。如今，社交营销的重点已经不仅仅是集赞，而是通过粉丝与好友分享的高质量内容来建立访问关系，培养稳定的粉丝社区和粉丝朋友，并最终将这些粉丝社区转变成购买者社区。

有各种各样的脸书分析工具可以提供关于你的脸书营销成果的有价值的信息。脸书提供的 Facebook Page Insights 跟踪了许多指标。它提供了概览选项卡，通过数据的快照展示某个页面的性能，如页面浏览量、点赞量、触达、建议、帖子访问、视频和页面的关注者，以及额外的标签（赞、触达、人、帖子），使广告客户可以进行深入分析。

社交媒体管理系统 HootSuite 使团队能够在一个仪表板中执行多个跨网络的营销活动，并提供自定义报告。主要的分析提供商，如 Google Analytics、Webtrends 和

IBM Digital Analytics，也提供脸书报告模块。阅读"技术透视"专栏的"使用 Sprout Social 最优化社交营销"，来进一步了解一个组织如何提供各种分析工具来帮助其客户更好地理解社交营销。

技术透视

使用 Sprout Social 最优化社交营销

各种类型和规模的公司现在都在利用社交媒体的力量进行营销和广告，以提高它们的底线并丰富它们与客户的关系。随着社交媒体在商业和文化领域站稳脚跟，围绕社交媒体的企业生态系统如雨后春笋般涌现出来以满足日益增长的需求。其中一个主要的增长领域是社交媒体分析——用来追踪公司并报告社交媒体账户表现，并就如何优化社交媒体营销工作提出建议的工具。Sprout Social（以下简称 Sprout）便是这一新兴领域的市场领导者。

Sprout 成立于 2010 年，总部位于伊利诺伊州芝加哥市，从一家初创公司成长为一家上市公司，拥有 500 名员工，超过 2.3 万名客户，截至 2020 年 6 月，公司市值超过 14 亿美元。Sprout 的快速成长反映了自公司成立以来社交媒体平台的成长。市场营销人员渴望利用新兴的社交媒体渠道，但他们往往缺乏工具来了解哪些技术有效，哪些无效。Sprout 的目的是帮助企业解决这些问题。

Sprout 通过其基于云的应用程序向客户提供一系列核心服务，允许用户在一个界面内管理来自多个社交网络的个人资料。Sprout 最常用的功能是社交媒体营销工具，它允许营销人员在分析工具的帮助下轻松创建、安排和发布内容，确保内容在一天中最有效的时间段发布，并获得最佳的投资回报；它的社交媒体访问工具允许营销人员同时查看所有主要社交网络上的消息和通知；它的社交客户服务工具允许营销人员与单个客户联系，并将信息传递给能够最好地回答问题和解决客户问题的其他团队成员；它的社交媒体报道和分析工具允许营销人员生成报告，衡量其社交媒体战略的任何部分；它的社会监听和商业智能工具使营销人员能够监控其品牌在社交媒体上的提及情况。Sprout 也提供了一个名为 Bambu 的工具，管理人员可以使用中央平台将内容分享给员工，员工可以向社交网络分享内容。而且它的美化工具可为不同的社交媒体平台，包括脸书、推特、Pinterest、Instagram 和领英自动调整图像的大小。2020 年，Sprout 对其界面进行了重新设计，以简化工作流程，提高易用性，并在各个平台上提供更一致的设计。

Sprout 为不同类型的客户提供高度定制的产品。首先，Sprout 针对不同的业务类型提供不同的服务，除了为营销机构服务外，还为小型企业和大型企业客户提供服务。对于那些对同时管理多个社交媒体账户不感兴趣的客户，Sprout 还提供了针对特定社交网络的独立产品套件。此外，Sprout 提供多种定价模式，从每月 99 美元的标准计划，到每月 149 美元的专业计划，再到每月 249 美元的高端计划。Sprout 的工具与其他标准社交营销工具充分整合，包括 Google Analytics、Zendesk 客户服务软件、UserVoice 客户访问工具，以及 Bitly 链接缩短和自定义 URL 服务。该公司还与所有主要社交网络，包括脸书、推特、Pinterest、Instagram 和领英保持官方合作关系。无论一家公司有何社交营销需求，Sprout 都能提供解决方案。

例如，Trek 自行车公司是一家高端自行车和自行车相关产品的制造商和分销商。Trek 使用 Sprout 简化其社交媒体发布和日程安排。Trek 面临的另一个问题是如何通过社交媒体联系客户。Trek 发现，与其他的客户支持渠道相比，其客户服务团队花在联络方式上的时间要长得多。Trek 采用了一种名为"智能收件箱"（Smart Inbox）的 Sprout 产品，它可以将所有的社交渠道统一为一个单一的信息流，这使它能够更好地监控收到的消息，并更快地做出响应。Trek 还采用了 Sprout 的社交分析和报告工具，这使得它能够在各种平台和时间框架上汇总社交指标。Trek 还使用了 Sprout 的 Advanced Listening 产品，该产品可以让 Trek 识别社交媒体上提到或谈论 Trek 的对话，即使这些对话中没有标记 Trek，也可以让 Trek 主动参与进来。这也使 Trek 更好地了解它的品牌和产品在不同的市场被感知的过程。从 2018 年 12 月到 2019 年 5 月，应用 Sprout 的各种工具后，Trek 收到的社交信息总量增加了近 60%，粉丝增加了 112%，社交媒体总访问量增加了超过 1 000%。

芝加哥公牛队是另一个使用 Sprout 的知名品牌。虽然总部位于芝加哥，但该团队在全球各地的社交媒体平台上拥有超过 2 600 万粉丝。芝加哥公牛队的内容管理团队使用各种 Sprout 工具来保持球迷与球队的联系。例如，它使用 Sprout 的发布工具来安排内容，并确保内容在最佳时间发布。它使用 Sprout 的分析工具来了解哪些内容最能与芝加哥公牛队的球迷产生共鸣。Sprout 可以让团队追踪 Facebook Page 印象、推特标签趋势和 Instagram 关注者的增长，所有这些都可以通过一个仪表盘实现。Sprout 的高级听力工具帮助芝加哥公牛队理解球迷的情绪，这是非常重要的，因为很多体育运动都同球迷与球队的情感联系有关。

正确使用社交媒体可能很困难（见第 11 章"社会透视"专栏中的案例）。有了 Sprout 和其他社交媒体分析提供商，避免这些陷阱并充分利用社交媒体变得更加容易。

资料来源："About Sprout," Sproutsocial. com, accessed August 20，2020；"How Trek Uses Sprout Social to Support Its Social Strategy Around the Globe," Sproutsocial. com, accessed August 20，2020；"How Sprout Social Helps the Chicago Bulls Take Its Social Media Game to the Next Level," Sproutsocial. com, accessed August 20，2020；"The Unprecedented Rise of Sprout Social Inc," by Robyn Ryan, Oracledispatch. com, June 18，2020；"Sprout Social Inc. Form 10-Q for the Quarterly Period Ended March 31，2020," Sec. gov, May 7，2020；"A Fresh Look for an Exciting Future：Introducing Sprout Social's Design Refresh," by Paul Lenser, Sproutsocial. com, January 8，2020；"What's Next for Sprout Social," by Justyn Howard, Sproutsocial. com, December 13，2019；"How 4 Brands Optimized Their Social Strategy with Sprout," by Katherine Kim, Sproutsocial. com, December 4，2019；"Sprout Social Inc. Form S-1 Registration Statement," Sec. gov, October 25，2019.

7.2.4　推特营销

推特是一个最初只能发送 140 个字符的文本消息的社交网络。它现在允许用户发送和接收 280 个字符的消息，以及新闻文章、照片和视频。截至 2020 年 7 月，推特在全球约有 1.85 亿活跃用户。2019 年，推特在全球创造了约 34.6 亿美元的收入，几乎所有收入都来自在用户时间轴（推文流）上出现的广告。

推特从一开始就被设计为提供即时消息服务。推特为广告主和营销人员提供了一个与客户进行实时互动和亲密接触的机会。广告主可以购买看起来像原生推文（你从朋友那里收到的内容）的广告，这些广告可以与新产品发布或定价变更等营销活动相结合。

推特的基本功能

虽然大多数人可能知道推文是什么，但推特为营销人员提供了许多其他交流方式（Newberry，2018）。事实上，推特已经引入了一个专门针对推特平台的全新的词汇库。表 7-5 展示了推特的基本功能。

表7-5	推特的基本功能
功能	**描述**
推文	最长可达 280 个字符的消息。消息可以是私密的（对一个人或一对一）、公开的（对每个人，一对多）或发给一群关注者。
关注者	你可以关注某人的推特账号，并在其发布推文后立即收到。其他人可以关注你的推文。
消息	直接的私人消息，就像只有你和收件人可以阅读的电子邮件。
标签	就像一个推特搜索引擎，#＜文字＞在推特上围绕特定主题组织对话。点击一个标签，你就会看到这个词的搜索结果。
提及	公开的推文，其中包含另一个用户的名字 "@用户名"。你可以点击提及并链接回这个人的个人资料。作为公开推文，你的关注者也将收到提醒。
时刻选项卡	精选了推特上正在发生的事情。
回复	使用 "回复" 按钮对一条推文公开回复。回复会显示在你的时间轴上，以及你所回复的人的时间轴上。
时间轴	你的时间轴是你在推特上的主页，它按时间顺序列出你收到的推文，最近的排在最前面。在时间轴上点击一条推文，它会展开并显示视频和照片。可使用鼠标点击一条推文进行回复、转发或收藏（这些操作将被展示给你的粉丝）。
转推	允许你转发一条推文到你所有的关注者。
链接	推特有一个缩短链接的功能，允许你粘贴任何链接的 URL，它会自动缩短。

推特营销工具

推特有很多种营销工具，而且在不断创造新工具。目前主要的推特营销工具包括以下几个。

推广推文　广告主付费让它们的推文出现在用户的搜索结果中。推广推文是推特版的 Google AdWords。这些推文在搜索结果中显示为 "推广"。定价通常以 "每次点击成本" 为基础，根据推特广告平台上的拍卖价格确定，价格可能从每次 0.5 美元到 10 美元不等。推特还提供了按月固定收费的推文推广模式，广告主可以每天向选定的受众推广其前 10 条推文。一个 "广告传送带" 允许在特定空间显示多达 12 个广告，用户可以通过滑动来浏览推广推文。推广推文可以使用地理定位，也可以使用关键词定位，使广告主能够根据用户最近的推文或与它们互动的推文中的关键词向特定用户发送推文。推广推文可以是纯文本的，也可以包含一张或多张图片，也可以包含网站卡（链接到网站）、基础应用卡（链接到应用）或图像应用卡（照片加链接到应用）。推特还提供对话广告，让营销人员可以使用定制的标签来包含号召性用语，以鼓励消费者阅读推广推文。

推广趋势　广告主付费将它们的标签（# 符号，用于在一条推文中标记关键词）移到推特趋势列表的顶部。否则，标签只能通过在推特的搜索引擎中搜索发现，只有那些原本就流行的标签才会出现在趋势列表中。推广趋势可在 50 个不同的国家和地区购买。也有增强版，如推广趋势聚光灯（Promoted Trend Spotlight）提供了额外的曝光机会。

推广账户　广告主付费让推特主页上的 "关注者" 列表（推特的账户推荐引擎）向可能对其感兴趣的用户推荐它们的品牌账户。推广账户可以根据兴趣、地域和性别进行定位，并根据每名关注者的成本进行定价，广告主仅为获得的新关注者付费。

推广视频 推广视频允许广告主在推特平台上发布视频。广告主也可以使用推广视频直接链接到应用程序安装界面。视频广告购买功能可以让营销人员购买定制广告，以提高投资回报。推广视频是推特最大的广告创收形式，占其广告收入的 60％以上。

放大化 推特放大化工具为营销人员提供了一个实时数字仪表盘，这样他们就可以看到有关节目或品牌的推特活动结果。基于这些信息，营销人员可以向发帖子的用户发送推广推文。他们也可以根据推特用户的其他信息来修改副本。例如，Jim Beam 利用放大化来推广其 Jim Beam Red Stag 品牌的高端波旁威士忌，其目的是提高品牌知名度，提高用户购买意向并促进其他用户访问。Jim Beam Red Stag 的营销人员称，推特的优势在于，它让品牌成为实时对话的一部分，这与脸书不同，后者更擅长触及大众，但不擅长实时吸引消费者。社交媒体，包括脸书，可用于寻找消费者中的品牌拥护者。

推特卡 营销人员可以在推特上嵌入一张"卡片"。当用户点击推文时，会出现促销优惠，并要求用户注册。卡片广告不同于展示广告，因为它们只被那些想要拓展销路的企业使用，并且总是包含优惠条件，比如下一杯咖啡五折。这是一个一键式过程。推特会自动获取用户的电子邮件和推特账户名，并将其发送给营销人员，营销人员随后可以向用户发送一条推文或电子邮件。

移动广告 超过 90％的推特用户是通过移动设备访问推特的，因而之前提到的所有营销形式也是移动广告。此外，推特还提供移动应用安装和移动应用访问广告，这也是脸书的盈利模式。移动业务是推特业务的主要驱动力，也是其大部分收入的来源。

表 7 - 6 总结了推特营销工具。

表 7 - 6	推特营销工具
推特营销工具	**描述**
推广推文	广告主付费让它们的推文出现在用户的搜索结果和时间轴上。这些推文以推广的形式出现，定价以每次点击成本为基础，根据推特广告平台上的拍卖价格确定。推广推文既可以使用关键词定位，也可以使用地理定位，可以包含图片，以及网站和应用程序的链接（卡片）。一个"广告传送带"允许在特定空间显示多达 12 个广告，用户可以通过滑动来浏览推广推文。
推广趋势	广告主付费将它们的标签（#符号，用于在一条推文中标记关键词）移到推特趋势列表的顶部。否则，标签只能通过在推特的搜索引擎中搜索发现，只有那些原本就流行的标签才会出现在趋势列表中。
推广账户	在推特主页的"关注者"列表（推特的账户推荐引擎）中，广告主付费让可能对其感兴趣的用户看到它们的品牌账户。推广账户可以有明确的目标，并根据每名关注者的成本定价。
推广视频	广告主可以在推特平台上发布视频，并使用推广视频直接链接到应用程序安装界面。
放大化	一个连接电视广告和推特活动的实时数字仪表盘。
推特卡	与优惠券或其他优惠一起出现在用户推特消息时间轴上的促销优惠。用于帮助营销人员拓展销路。
移动广告	推特的所有广告形式也适用于移动设备，包括移动应用安装和移动应用访问广告。

开展推特营销活动

如果你是推特营销的新手，让我们用前人的成功经验作为指导，从简单的操作开始，建立你的粉丝基础。推特的典型营销活动可能包括以下要素：

● 建立一个推特账号。关注你感兴趣的人或你可能想参与的话题。一开始不要指望会有关注者。当你关注别人时，你的曝光度就会提高，人们会回复或转发你账号中有趣的内容。然后你开始转发你认为该群体会感兴趣的内容，并鼓励他们进行对话。

● 尝试推广推文。推特有一个非常好的网络广告工具，可以让你定义一个广告，建立你想要的目标群体，并了解成本。你可以从一个区域或大城市的推广推文开始。测试各种形式。除非有人点击该推文，否则你无须为推广推文付费。所以这些点击是否算数取决于你自己。引导用户到你的网站，并提供优惠券或折扣。获得一些使用推广推文的经验后，你也可以尝试推特的推广模式。

● 推广趋势可能会非常昂贵。如果预算允许，并且有一个广大受众普遍感兴趣的主题，你可以尝试使用这个工具。基于地理位置定位是可行的。

● 推特卡对中小企业可行。如果你在当地出售从比萨到文具的任何东西，就可以提供一个优惠条件，并建立一个推特卡，指向你的企业所在的地理位置。

与脸书一样，你的目标是在网上建立自己的品牌形象，并寻求用户访问，而不是立即获得销量。鼓励其他人转发你的内容和优惠给他们的朋友。

表 7-7 介绍了部分推特营销活动。

表 7-7　推特营销活动精选

公司	营销活动
亨氏番茄酱 (Heinz Ketchup)	亨氏的社交监听工具显示了消费者对其 Mayochup 产品（一种蛋黄酱和番茄酱的混合物）的兴趣，该产品当时只在中东地区有售。该公司在推特上进行了一项调查，提供实时投票和结果，询问消费者是否应该在美国发布 Mayochup。该调查共收到近 100 万张投票，同时也吸引了消费者讨论该产品可能的替代名称。这也使亨氏蛋黄酱品牌知名度提高了近 30%。
Popsicle	联合利华的冰棒品牌，利用流行歌手贾斯汀·比伯（Justin Bieber）哀叹再也找不到双冰棒的推文，发起了 #BringBackTheDouble 推文活动，双冰棒的提及率提高了 1 000%，转发量超过了 10 万次。该活动引发了几乎一致的积极情绪，以及全国媒体的广泛报道。
乐高（Lego）	在推特上发起了一场全球活动，通过推广趋势和其他广告形式，使用了 #RebuildTheWorld 标签，在发布后的四天内获得了近 10 万次转发。
UNTUCKit	为零售公司设计了针对特定季节和"经久不衰"（evergreen）的照片广告运动，销售可以不塞进裤子的衬衫。广告包括一个网站标签，允许 UNTUCKit 跟踪网站访问和转换，并重新定位网站访问者。该活动提高了品牌知名度，并增加了网上零售额。

衡量推特营销结果

衡量推特营销结果与衡量脸书和其他社交营销平台结果类似，只是由于推特的独特性而略有变化。表 7-8 展示了一些推特营销结果的衡量指标。

表 7-8　衡量推特营销结果

社交营销过程	衡量指标
粉丝获取（印象）	接触到你的推广推文、推广趋势等的人数（印象） 关注者的数量和每月增长情况
访问（对话率）	你的推文的评论、回复和转发的数量 品牌页面内容的浏览次数 响应游戏、参加竞赛和领取优惠券的用户数量（参与） 关注者在你页面上停留的平均分钟数（持续时间）

续表

社交营销过程	衡量指标
放大化（覆盖）	粉丝转发或分享你的推文的比率
培育社区	每月的互动率（即每月对你的内容的评论、回复和转发总数除以你每月发布消息的总数） 所有关注者每月平均在场分钟数 正面推文与负面推文之比
强化品牌（增加销售额）	产生的销售线索数量（订阅新闻或内容的人数） 访问者/销售线索比率：访问者数量与成为销售线索的用户之比。与其他平台（如电子邮件、搜索引擎和投放广告）相比，推特链接产生的在线销售比例（或收入） 推特来源的客户购买量与其他来源的客户购买量的比例（转化率）

推特提供的工具包括：一个仪表板，它可为推广推文和推广账户提供关于印象、转发、点击、回复和关注的实时信息。推特的推文活动仪表板提供了每条推文在提及、关注和覆盖方面的表现。推特的关注者仪表板使营销人员能够跟踪关注者基础的增长情况，以及他们的兴趣、地理位置和访问信息。推特的推特卡仪表板提供了关于推特卡如何驱动点击、应用安装和转发的信息。

第三方工具包括 TweetDeck，它可以让你跟踪提及、人物和关键词；Twitonomy 提供对推文、转发、回复、提及和话题标签的详细的可视化分析；BackTweets 允许你搜索通过推特发送的 URL 档案。

7.2.5　Pinterest 营销

Pinterest 为用户提供了一个在线的板，他们可以把有趣的图片"钉"在上面。Pinterest 的成功在一定程度上得益于新技术带来的消费者行为的转变：人们谈论品牌时使用的是图片，而不是文字。很多用户都通过照片分享自己的生活。

Pinterest 是互联网历史上发展最快的网站之一。2010 年，Pinterest 在美国有 1 万名用户，2011 年底时达到 1 200 万用户，此后，截至 2020 年第二季度末，Pinterest 在全球的月活跃用户已超过 4.15 亿。如今，大约 30％的美国互联网用户经常使用 Pinterest。Pinterest 的用户绝大多数是女性：女性占 60％以上，但男性是其增长最快的用户群体，其用户涵盖了从祖父母到青少年的各个年龄段，其中千禧一代是最大的细分群体。营销者和 Pinterest 希望，随着用户规模的扩大和使用强度的增加，其"推荐能力"（引导用户到零售网站购买商品的能力）会迅速增强。

你可以把 Pinterest 想象成一个具有高度互动性和社交性的在线杂志。不同之处在于，用户（包括商业公司）提供了所有的图片。Pinterest 的图片目前可分为礼品、动物、汽车、摩托车、工艺品、食品、男女时尚等 36 个类别。用户可以将图片钉到这些板，创建自己的板，并追随其他的用户和板。公司可以创建自己的品牌板和产品钉。截至 2019 年底，Pinterest 上有 2 400 亿个钉，分布在 50 亿个不同的板上。

在 Pinterest 的数十亿张图片中存在伪装的展示广告，点击之后可转到品牌网站进行购买。Pinterest 的钉比展示广告要好得多，因为它们不显眼，而且看起来不像展示广告。相反，它们看起来像豪华的目录或杂志照片。分析人士认为，未来 Pinterest 可能会对随后的购买收取关联费。Pinterest 还可以对创建品牌网站或公告板的企业收费，目前这些网站或公告板是免费的。

Pinterest 的功能

在 Pinterest 上进行营销要求你了解 Pinterest 的基本功能。尽管 Pinterest 的所有用户都知道如何将照片钉到在线剪贴簿上，但还有许多其他功能没有被很好地理解或使用。表 7-9 展示了 Pinterest 的功能。

表 7-9　Pinterest 的功能

功能	描述
钉	用来在 Pinterest 上发布照片。
板	一个由用户组织照片的在线剪贴簿。
转钉	将其他用户的照片钉到自己的板上并分享给朋友。
标签和关键词	在照片描述中使用标签，例如 # 汽车、# 运动汽车。使用人们在搜索特定内容时可能会使用的关键词。
分享	在脸书、推特和电子邮件上与朋友分享钉上的照片。
图像悬停	可以添加到浏览器中的小部件。当你的鼠标悬停在一个在线图片上时，"钉上"按钮弹出，你可以把照片自动钉到 Pinterest 板上。
插入	允许你自动插入钉上的照片到网站或博客上。
我 + 贡献者	允许关注者编辑你的板。
关注	用户可以选择关注其他用户和板，并接收电子邮件更新的消息。
钉和粉丝的数量	在品牌页面顶部可见的钉和粉丝的计数。
链接到 URL；链接到发布者	点击钉上照片的公司的 URL；点击指向钉上照片的人的链接。
价格显示	鼠标悬停在产品上时，其价格和其他信息将显示。
与脸书和推特的整合	从脸书、推特和其他社交网络登录。你在脸书上的个人资料（除了你的照片）将被放到 Pinterest 上；你钉上的照片会被放到你的脸书时间轴上。推特和 Pinterest 的个人资料页面也能进行整合。
"钉上"浏览器按钮（书签）	浏览器的红色"钉上"按钮。用户将按钮拖到浏览器屏幕上，就可以立即钉上在网上看到的照片。
应用程序	手机和平板电脑应用程序，允许用户钉上照片，浏览钉和板，得到购物的点子，并显示钉。
Pinterest 小部件	"钉上"按钮使人们很容易钉上你网站的图片。
Pinterest 镜头	视觉搜索应用程序，允许用户将手机摄像头对准一个物品，然后点击查看相关图片或想法。

Pinterest 营销工具

Pinterest 进入营销领域的第一步是提供企业账户，为品牌提供额外的资源。如今，它提供了各种类型的钉（广告），企业可以付费进行推广。付费形式包括标准形式，它以简单的垂直或方形图片展示产品和内容；轮播，允许用户在一个广告中浏览多个图片或视频；视频，可提供标准和最大宽度形式；购物，这需要广告主将它们的产品目录上传到 Pinterest；应用程序安装，用户可以直接从广告下载应用程序。Pinterest 还提供搜索广告。搜索广告产品包括关键词广告（类似于谷歌上的关键词广告）和购物广告（获取广告主的产品目录，并自动将广告与该目录相关的关键词进行匹配）。Pinterest 也开始利用其视觉搜索引擎达到广告目的，基于广告中的产品和视觉搜索结果中的产品之间的视觉相似性，根据用户的有机搜索提供广告。Pinterest 还继续提供富钉（Rich Pins），这是一种目前免费的"有机"形式，允许公司嵌入信息，如当前定价和可用性，以及一个产品页面的直接链接。表 7 - 10 列出并描述了主要的 Pinterest 营销工具。

表 7 - 10　主要的 Pinterest 营销工具

营销工具	描述
富钉	使广告主能够直接在钉上包含额外的信息。富钉分为产品、文章、配方三种。产品钉包括实时定价、可用性和链接到哪里可以购买产品。文章钉包括标题、作者和故事摘要。有机形式；目前免费。
推广钉形式	包括标准形式（单图片）、轮播（多图片）、视频（标准和最大宽度形式）和应用程序安装。一种将钉推广给目标观众的方式。
购物钉	允许用户不离开 Pinterest 即能购买产品。要求商家将产品目录上传到 Pinterest。
添加"钉上"或"关注"按钮到你的网站（Pinterest 小部件）	使访问者很容易从你的网站钉上照片，并在你发布新的照片时收到通知。
钉展示广告	将钉上的照片作为广告，将用户引导至公司的网站。
品牌页面	允许公司创建一个公司品牌页面。这之前，Pinterest 并不区分个人页面和公司品牌页面。免费。
创建基于主题的板来展示你的品牌信息	Pinterest 建议，商业板不应严格以销售为导向，而应以生活方式为导向。
链接到商店的 URL	让消费者更容易点击品牌页面和产品钉上的链接，这样他们可以直接购买他们看到的东西。该功能的目的是将产品照片与 Pinterest 相结合，使用户更容易寻找产品。这意味着零售商可以看到销售和他们钉上的照片之间的明确联系。目前，在成千上万次转钉之后，URL 有时不能正常运作。
与其他社交网络的整合	让你的脸书和推特粉丝钉上产品的照片，并贴上标签。将这些照片转钉到你的 Pinterest 品牌页面上。向你的忠实用户和粉丝宣传，向潜在客户展示当前用户有多喜欢使用你的产品。
与用户、粉丝和其他人建立联系	同脸书和推特一样，用 Pinterest 来评论、提及和交流。参与到社区中来，你会变得更有名气，更多地了解潜在客户，了解他们的信念和需求。
搜索广告	基于关键词、产品目录和视觉搜索的广告活动。

例如，Lands' End 在 Pinterest 上拥有多个品牌页面，其中一个是 Lands' End Canvas。搜索"Lands' End Canvas"，它会带你到"Lands' End Canvas"创建的页面，在该页面，Lands' End 已经钉了一些产品的照片。你可以看到将这些照片钉在其他地方的人数，以及就这一服装系列发布自己照片的总人数。当你点击一张照片时，你会看到一张放大的照片（有时也称为照片登录页），并能链接到一个网站（canvas. landsend. com），在那里你可以购买产品并找到类似的产品。你也能在照片登录页浏览"钉过这个的人也钉过……"模块，看到钉上这张照片的人的照片，它被钉上的板，一些相关照片和产品推荐。表 7 - 11 描述了一些零售商的 Pinterest 营销活动。

公司	营销活动
Wayfair	在线家庭产品零售商使用推广视频钉，扩展了其电子邮件营销列表。通过展示多功能家具，如带储物柜的咖啡桌、隐藏客床的橱柜和可转换为桌子的折叠搁板单元，得到了比 Wayfair 的内部基准高出 50% 的点击率和降低了 50% 的每次点击成本。
Estee Lauder	推出新的香型 Beautiful Belle 后，使用了多种形式的 Pinterest 广告，包括特色钉和最大尺寸的推广视频。在活动的第二阶段，重新定向那些参加过第一阶段广告活动或访问过其网站的人，以及那些包含免费小样信息的广告的观众的"相似"受众群体。结果活动参与率提高了 12%，进行了进一步的营销，并显著提高了品牌知名度和广告记忆度。
Blue Apron	基于订阅的外卖服务将其最受欢迎的食谱钉在不同的板上。其高质量、引人注目的照片有助于促进用户访问。
UNIQLO	这家服装零售商在其 Pinterest 页面上使用了数十个账户，以五列的形式将照片放在一起，用户可以向下滚动，并使图片动画化。

表 7-11　Pinterest 营销活动精选

开始 Pinterest 营销活动

在开始 Pinterest 营销活动之前，你需要问自己一些关于产品和服务的问题，然后确定 Pinterest 营销活动的战略目标。首先，勾勒出你希望通过 Pinterest 实现的愿景。你是一家老牌公司，想要提升品牌强度吗？你是一个没人认识的新人，想要开始一个营销活动吗？你的产品是可视的吗？你的品牌可以用一组图片来表示吗？大多数产品都有可视的元素，但有些更吸引人。消费者是否习惯看到用照片来呈现的行业的产品？例如，随着美食杂志和网站的发展，美食越来越成为一种视觉体验。

接下来，考虑你产品和服务的目标用户群，并将其与 Pinterest 的用户群进行比较。目前，Pinterest 的用户中有 60% 以上是女性，虽然这种情况可能会随着时间的推移而改变，但你的产品必须能吸引女性。你的产品或服务对这一群体有吸引力吗？

考虑你的市场策略。你的竞争对手在做什么？他们在 Pinterest 上吗？他们的存在有效吗？什么类型的人关注你的竞争对手，他们钉上什么？有多少关注者、转钉者、品牌页面和产品钉？照片是你的品牌在 Pinterest 存在的中心，你的品牌页面的照片将从哪里来？你或你的团队中的一员是熟练的摄影师吗？你大可以把来自网络和其他 Pinterest 板的照片钉在一起，但这样做只是在分享内容，而不能创造独特和不寻常的内容。

Pinterest 是一个成熟的营销计划的附属物，无论是在线上还是线下。你想要将你的社交营销和网络营销与脸书和推特相结合。你可以从网站分享照片，并将网络照片发送到品牌页面。同样的照片可以用在你的脸书页面和推特上。你的客户将使用所有这些平台，但是你必须持续追踪这些平台才能跟上客户。

一旦你设计好了 Pinterest 活动和营销计划，就可以开始实施你的计划了。为了实现你的 Pinterest 计划，首先，你应该有一个传统的网站，以及可以进行购买操作的产品展示（目录）。其次，你还应该有一个脸书品牌页面来发展粉丝并将新的钉通知给粉丝。这些都到位后，你就可以开始 Pinterest 营销活动了。

● 创建一个 Pinterest 品牌页面，并开始钉上你的产品照片。继续添加更多的钉，并定期更换它们。确保你的照片与竞争对手的照片质量相同或更高。如有必要，请一名技术熟练的摄影师。品牌页面通常不允许粉丝钉上照片，而只允许关注和评论。这里的想法是控制你的品牌页面的内容，并开发其他粉丝可以钉图片的板。

● 创建多个基于主题的生活方式板。开发几个强调生活方式或时尚的主题板。Pinterest 不仅仅是一个销售网站，甚至并不主要是销售网站。它也是一个娱乐和品牌网站。你希望粉丝喜欢你的照片。在基于主题的板上，你会希望自己之外的其他人也能够钉上照片。

● 使用 URL 链接和关键词。确保你的钉有 URL 链接到你的或供应商的商店，这样粉丝可以很容易地购买和"看到"。一定要使用关键词和标签来对你的照片进行分类，这样它们就会出现在 Pinterest 的搜索中。记住，Pinterest 不能"看到"照片或理解其内容。它只根据你的标签"知道"内容。

● 使用 Pinterest 富钉功能。如果你从事食品、零售或电影发行业务，可以尝试产品钉，如果你有一个价格方面很有吸引力的受欢迎的产品，或者如果你想使用某种特定的产品来赔本赚吆喝，激励人们来到你的网站（你可以让他们看到整个目录的产品），产品钉是值得一试的。一旦你有了使用富钉功能的经验，你还可以尝试其他的 Pinterest 付费广告。

● 使用"钉上"按钮。在你的网站和脸书页面上添加一个"钉上"按钮，鼓励粉丝将你的照片钉到他们自己的板上并向朋友推荐。

● 使用你的脸书和推特网络。通过添加一个"钉上"按钮到脸书（也称为 Pinterest 标签），来利用脸书和推特网络，并和粉丝分享你的 Pinterest 照片。

● 与脸书和推特整合。创建脸书和推特登录方式，使用户可以浏览你的钉和板，而不必离开脸书和推特网站。

● 社交起来。加入对话。关注其他用户和板，并要求从电子邮件和脸书上收到更新。

衡量 Pinterest 营销结果

与其他社交营销平台一样，衡量 Pinterest 营销成效的主要维度是粉丝获取、访问、放大化、培育社区和强化品牌。表 7 - 12 介绍了 Pinterest 营销结果的衡量指标。

表 7 - 12　衡量 Pinterest 营销结果

社交营销过程	衡量指标
粉丝获取（印象）	看到你的钉的人数 粉丝数量和增长率 钉上你产品照片的人数 看到你的钉的人将图片钉在自己的或其他板上的百分比
访问（对话率）	Pinterest 上有关你的品牌或钉的帖子、评论和回复的数量 响应游戏、参加竞赛和领取优惠券的用户数量（参与） 粉丝在你的品牌或产品页面上停留的平均分钟数（持续时间） 每个帖子或其他内容的钉上率（好评率）
放大化（覆盖）	粉丝在自己或他人的板上分享或转发你的 Pinterest 图片的比率
培育社区	每月与你的内容的互动率（即每月在你的 Pinterest 品牌页面上的钉、评论和操作的总数） 所有粉丝的每月平均停留分钟数 正面评论与负面评论的比例

续表

社交营销过程	衡量指标
强化品牌（增加销售额）	Pinterest 链接（推荐）产生的在线销售额与其他平台（如电子邮件、搜索引擎和展示广告）产生的销售额之比 Pinterest 来源的客户购买量与其他来源的客户购买量之比（转化率） 收到转钉照片的用户（粉丝的朋友）的转化率

  Pinterest 提供了一个内置的网络分析服务，可以使公司深入了解人们是如何与来自它们网站的钉互动的。有些公司能帮助提供表 7 - 12 中提到的指标。例如，Curalate（现在归 Bazaarvoice 所有）是一个提供在线服务的平台，用来衡量 Pinterest 和其他视觉社交媒体的影响力。它通过观察用户钉和转钉的图片来倾听和衡量视觉对话，并分析图片中的颜色。目前有超过 1 000 个品牌在使用 Curalate 的平台。

7.2.6　其他社交网络营销：Instagram、Snapchat、TikTok 和领英

  有很多社交网络可用于对产品和服务进行营销，其中最大的有 Instagram、领英和 Snapchat。Instagram 是一个视觉社交网络：用户和广告主向他们的朋友、潜在客户和公众发布照片和视频。到 2020 年，Instagram（脸书旗下）在全球拥有超过 10 亿用户、200 万活跃广告主和 2 500 万个商业文件。Instagram 超过 75％的用户年龄在 35 岁以下，但其增长最快的是 35 岁以上的群体。到 2020 年，Instagram 预计将产生约 160 亿美元的广告收入（eMarketer, Inc., 2020d）。

  和其他社交网络一样，用户创建个人资料。Instagram 有一个 Feed 功能，能够提供朋友或广告主发布的照片和视频（最长 15 秒）列表。使用 Direct 功能，用户可以向特定的人发送照片和视频。使用 Explore，用户可以搜索公共资料和照片。Instagram 还有一个强大的照片编辑套件 Layout。

  与脸书类似，广告主有自己的品牌资料，并通过向用户的 Feed 发送帖子来开展营销活动。Instagram 的广告活动包括展示广告和视频广告，具有类似于印刷杂志的高质量。轮播广告可以在一个广告中包括多个静态照片或视频。广告可以链接到广告主的网站，并可以包含一个"购买"按钮。对于那些希望通过首映、产品发布和关键时刻来提高知名度的品牌，Instagram 开发了它称之为 Marquee 的广告产品，可以触达数百万人。Marquee 广告通常持续一天，承诺确保一定的广告展示次数，并可以在一天内多次发布，以吸引不同的观众。Instagram 还提供了一个付费广告功能"Stories"。Stories 通常包括蒙太奇图片和/或视频，有时会加上图形和表情符号，24 小时后就会消失。各大品牌热切地接受了这种形式，并开始在 Instagram 的营销活动中定期加入 Stories。例如，爱彼迎发布了一系列 Instagram Stories，并报告其广告记忆度实现了两位数的增长（Instagram, 2017; Shields, 2016）。

  Snapchat 是一款移动消息应用/社交网络，用户可以通过它聊天并发送图片和视频（快照），这些图片和视频在被浏览后的短时间内就会消失。Snapchat 称自己是一种通过视觉捕捉重要时刻，并通过各种工具，比如地理滤镜（根据用户所在位置定制图像）和镜头（一种增强现实，允许用户以多种方式改变自己的面部）创造性地进行交流的方法。Snapchat 最初的目标用户是 25 岁以下的人群，到 2020 年，千禧一代和 Z 世代加起来占了 Snapchat 在美国近 8 500 万月活跃用户中的 85％。除了目标受众之

外，Snapchat 对广告主也很有吸引力，因为研究表明，Snapchat 的黏性很强，超过 50％的人表示他们每天会多次使用，甚至持续使用。然而，2018 年初，Snapchat 对其应用进行了重新设计，遭到了严厉的批评，并在用户中引发了强烈反响。Snapchat 的用户增长也因此放缓。

自最初发布以来，Snapchat 已经推出了许多带来广告机会的功能，包括 Snapchat Stories（用户可以与所有或部分朋友同时分享照片，可以持续 24 小时）、Live Stories（来自世界各地的用户在不同活动和地点拍摄的照片，由 Snapchat 的编辑编辑成一个通常持续 24 小时的 Live Story）和 Discover（Snapchat 选择的品牌的独特内容）。Snapchat 为广告主提供了多种广告类型，包括 Snap Ads（10 秒或更短的全屏视频广告，默认开启音频）、Sponsored Geofilters（使用品牌图片和信息的地理过滤器）和 Sponsored Lenses（使用品牌图片的镜头）。用户还可以使用 Snap Ads 的交互式版本（即带有附件的 Snap Ads），用户可以通过滑动来查看其他视频、文章、网页或应用程序安装服务。广告可以按固定费用或千人成本购买。Snapchat 还推出了一些广告定位功能，加入了第三方测量合作伙伴，以及一个自助的程序化广告购买工具。预计到 2020 年，Snapchat 将产生约 10 亿美元的广告收入（eMarketer, Inc. , 2020e）。

TikTok 是较新的社交网络之一。TikTok 是中国公司字节跳动拥有的一款简短的视频分享应用程序。它在全球的月活跃用户已经超过 5 亿，其中美国约有 4 500 万。很多 TikTok 视频中用户们对口型、唱歌、跳舞，以音乐为特色；其他视频则关注每个视频 15 秒窗口内的喜剧性和创造性。用户可以使用该应用程序的编辑工具、过滤器和其他效果，将其他用户的帖子"混音"，并对其进行修改。算法分析每个用户的浏览习惯，并根据他们的活动定制内容。与其他社交网络相比，TikTok 的用户更年轻，其全球每月 60％的用户年龄在 16～24 岁。TikTok 提供多种广告形式，包括推送视频，它和用户创建的那些视频类似；品牌接管，在应用启动时出现的全屏沉浸式广告形式，标签挑战包括一个淡入的视频广告的版本，一个品牌 Lens（类似于 Snapchat Lens），以及标签挑战，标签挑战包括一个可购物的版本。许多大品牌已经开始使用 TikTok，包括沃尔玛、美国国家橄榄球联盟（NFL）、梅西百货、克罗格和 Chipotle。然而，2020 年 8 月，特朗普总统发布了一项行政命令，要求字节跳动在 2020 年 11 月中旬之前出售其美国资产，这让人对 TikTok 在美国的未来产生了怀疑。字节跳动计划对这一命令提起诉讼，据报道还与甲骨文、微软和推特就收购其美国业务进行了商谈（Byford, 2020; Allyn, 2020; eMarketer, Inc. , 2019a）。

领英虽然产生的访问量远低于平均水平，却吸引了受过高等教育的专业人士和管理人士，这些人对职业和就业有着浓厚的兴趣。领英是一个专注于职业社交的社交网络，用户可以在这里发布简历，潜在雇主也可以在这里寻找新员工。关于领英的更多信息，请参阅第 11 章的章首案例。

与其他社交网络一样，用户建立个人资料，但在这里，他们分享的是自己的专业背景、学位、就业情况和技能。公司可以创建一个免费的公司简介页面，其中包括一个公司标识、一个页面顶部图像、一个"关于"模块和各种帖子。公司还可以创建一个展示页面来突出特定的产品或服务，以及一个针对招聘的职业页面（需要付费）。另有 Feed 功能，提供来自同事和朋友的帖子列表，以及来自公司的赞助帖子（广告）。展示广告也出现在页面的右边和底部。广告主可以使用领英的自助广告平台或使用 LinkedIn Advertising Partner Solutions 投放广告，LinkedIn Advertising Partner Solutions 比自助广告提供了更多的种类和广告选择，包括优质展示广告、赞助 inMail 广告和敦促用户追随特定公司或加入特定群体的广告。领英还提供了一个名为 LinkedIn Pulse 的发布平台，用户可以通过发布文章来提升自己的品牌影响力和思想领导力。

领英的主要贡献是允许职业经理人打造个人品牌，并创造了一个雇主可以联系合适候选人的市场。广告主一般使用领英来打造品牌，而不是为了提高销售额。

7.2.7　社交营销的缺点

社交营销并非没有缺点。有时社交媒体活动会适得其反。其中一个问题是，品牌对别人怎么说自己的品牌（见第 11 章"社会透视"专栏中的案例）失去了足够的掌控，而且对它们的广告出现在社交网络何处也失去了控制。投放在脸书上的广告有时会根据算法被放置在不能代表品牌价值的内容附近。这不是社交营销所特有的，使用谷歌的广告平台做广告也面临同样的问题。然而，电视广告就截然不同了。在电视广告中，品牌几乎可以完全控制广告。到 2020 年，社交营销在这方面将面临诸多挑战。联合利华、星巴克、可口可乐、福特、乐高等许多大品牌都表示，出于对仇恨言论和分裂内容的担忧，它们将在一段时间内暂停社交媒体广告。本田美国（Honda America）、李维斯（Levi Strauss）、Birchbox、Ben & Jerry's、高乐氏（Clorox）、惠普等 400 多个品牌宣布，它们将抵制脸书和 Instagram，它们认为这两家公司对这些问题的应对不积极。尽管抵制活动似乎没有对脸书的广告收入产生重大影响，但抵制的公司希望能推动脸书重新考虑其政策（Sloane, 2020; Kim and Fung, 2020; Reuters, 2020）。

"社会透视"专栏的"社交网络时代的网络儿童营销"阐述了与社交营销，特别是针对儿童的社交营销有关的一些问题。

社会透视

社交网络时代的网络儿童营销

社交网络和移动营销为广告主提供了影响儿童和收集有价值数据的有效工具。利用定制广告、产品特性、视频、游戏、虚拟世界和调查，营销人员正在积极地争夺年轻人的注意力——在某些情况下，这些年轻人可能不太知道他们什么时候被营销了，什么时候被给予了误导性甚至有害的信息。尽管这些举措可能是精明的营销手段，但它们可能不符合道德。研究表明，年幼的孩子无法理解泄露个人信息的潜在影响；他们也无法区分网站或应用程序上的实物和其周围的广告。根据专家意见，这是因为孩子们到八九岁时才会理解说服性的意图，因此在他们能够区分广告和现实世界之前向他们投放广告是不道德的。其他人也认为，公平的广告宣传是成熟过程中重要和必要的一部分。

1998 年，当美国联邦贸易委员会发现 80％ 的网站都在收集儿童的个人信息，但只有 1％ 需要父母的许可后，美国国会通过了《儿童在线隐私保护法》（COPPA）。美国联邦贸易委员会根据 2000 年首次生效的《儿童在线隐私保护条例》实施了 COPPA。根据 COPPA，公司必须在其网站上发布隐私说明，详细说明它们如何从消费者那里收集信息，它们将如何使用这些信息，以及它们将在多大程度上保护消费者的隐私。未经父母事先同意，公司不得使用收集自 13 岁以下儿童的个人信息。联邦贸易委员会于 2013 年修订了 COPPA，规定了这些规则适用于移动应用程序和网络服务提供商，并扩展了个人信息的定义，使其囊括包括地理位置、设备标识符的信息和包含儿童声音或图像的图片、音频及视频等。2016年，联邦贸易委员会将违反 COPPA 的最高处罚金额提高了一倍以上，并开始瞄准在知情情况下保存和传播未成年应用用户数据的广告网络。2017 年，联邦贸易委员会发布了更新的COPPA 合规指导方针，其中包括联网玩具和其他物联网设备提供商，它们现在需要与在线游戏和应用程序提供商遵守相同的法规。像 Amazon Echo 和 Google Home 这样的智能家电也将需要严格遵守 COPPA 规定。

自该法生效以来，联邦贸易委员会已经取得了一些进展，并对一些违反 COPPA 的公司处以罚款。例如，2019 年，联邦贸易委员会对 Musical.ly 处以罚款。该公司是社交网络应用程序 TikTok 的最初开发者，因非法收集儿童的个人信息而被罚款 570 万美元。联邦贸易委员会称，该公司以危害儿童为代价追求增长，收到了成千上万的家长投诉，这些家长称他们的孩子在他们不知情的情况下创建了这个应用程序账号。尽管该公司关闭了这些儿童的账号作为回应，但并没有从其服务器上删除这些儿童账号的视频或个人信息。

个别州也开始强制执行 COPPA 规定。纽约州和得克萨斯州已经将 Viacom、美泰、孩之宝（Hasbro）和一些其他游戏开发商列为非法收集儿童信息者。2018 年，新墨西哥州起诉游戏开发商 Tiny Labs、谷歌和推特等推广其游戏的平台，称它们在 91 款明显针对儿童的游戏中收集未成年用户数据时未获得其父母同意。

虽然从技术上讲，COPPA 只能由美国联邦贸易委员会或各州强制执行，但一些律师以违反普通隐私法和消费者保护法为由提起诉讼。例如，2017 年，两名原告对迪士尼、Viacom 和丹麦游戏开发商 Kiloo 以及几家数据收集公司提起诉讼，称这些公司在未经父母同意的情况下合作收集和传播儿童的个人信息。迪士尼和 Viacom 试图以只收集匿名数据为由驳回诉讼，但 2019 年 5 月，一家联邦地区法院拒绝了驳回，并允许案件继续进行审理。尽管原告随后与迪士尼和 Viacom 达成了和解，但他们目前仍在继续对该应用程序的开发商提起诉讼。如果法院最终做出有利于原告的裁决，可能会引发针对那些不严格遵守 COPPA 规则的公司的私人诉讼。

一些大型科技公司也被处以罚款，并被要求调整有关儿童注册服务的政策。例如，谷歌最近因未能提供适当的保障措施，防止 13 岁以下用户使用 YouTube，甚至允许用户在其专门为限制不恰当的视频内容而创建的 YouTube Kids 平台上播放此类视频而受到审查。2019 年 9 月，谷歌和 YouTube 与联邦贸易委员会和纽约州总检察长达成了 1.7 亿美元的创纪录和解协议，这是 COPPA 迄今为止开出的最大罚单。该和解协议要求 YouTube 以及个人内容创作者正确识别儿童导向的内容。这些内容不能进行个人数据收集，这限制了创作者使用个性化行为广告技术来关联内容的能力。这些内容也将不再包括评论部分、通知功能或社区标签，这些是推动用户访问的重要工具。该和解协议明确规定，联邦贸易委员会可以对单个渠道所有者进行处罚，如果他们不遵守协议，后果将十分严重。根据 COPPA 的规定，联邦贸易委员会可以对每一段贴错标签的视频罚款 4.2 万美元。

2019 年，联邦贸易委员会就现有的 COPPA 法规的有效性征求意见，并举行了一次公开研讨会，讨论是否需要根据快速的技术变化和不断演变的商业实践来更新一些法规，具体涉及物联网设备、社交媒体、行为广告以及托管第三方儿童导向内容的一般受众平台。研讨会的与会者一致认为，为了解决这些问题，可能需要进一步立法。

资料来源："COPPA Killed the Video Star: How the YouTube Settlement Shows That COPPA Does More Harm Than Good," by Stephen Beemsterboer, *Illinois Business Law Journal*, Volume 25, Summer 2020; "Children's Privacy Plaintiffs Settle with Disney, Seek Trial with App Developer," Lexislegalnews. com, April 6, 2020; "Upcoming COPPA Enforcement Will Possibly Affect More Cos," Law360. com, March 12, 2020; "YouTube Asks the FTC to Clarify How Video Creators Should Comply with COPPA Ruling," by Sarah Perez, Techcrunch. com, December 9, 2019; "YouTube's New Kids' Content System Has Creators Scrambling," by Makena Kelly and Julia Alexander, Theverge. com, November 13, 2019; "Summary of FTC COPPA Workshop—Key Issues and Takeaways," Jdsupra. com, October 23, 2019; "A Deeper Dive Into the FTC's Record-Breaking Fine to Google and YouTube for Violating the COPPA Rule," by Ephraim Hintz and David Strauss, Lexblog. com, September 19, 2019; "YouTube Creators May Also Be Held Liable for COPPA Violations, Following FTC Settlement," by Sarah Perez, Techcrunch. com, September 4, 2019; "FTC Seeks Comments on Children's Online Privacy Protection Act Rule," Ftc. gov, July 25, 2019; "Federal Court Allows Children's Online Privacy Claims Against Disney, Viacom, and Online Ad Networks that Collected Data from Gaming Apps to Go Forward," by Tom Wakefield, Wsgrdataadvisor. com, May 30, 2019; "Time Runs Out for TikTok App: Developer Musical. ly Agrees to FTC's Largest Fine for Children's Privacy Violations," by Alysa Zeltzer Hutnik and Lauren Myers, Adlawaccess. com, March 8, 2019; "91 'Child Friendly' Android Apps Accused of Exploitation," by Lisa Vaas, Nakedsecurity. sophos. com, September 18, 2018; "New Mexico Sues Google, Twitter, and App Developers Over Games That Allegedly Violate Kids' Privacy," by Melanie Ehrenkranz, Gizmodo. com, September 17, 2018; "Viacom, Disney Want Kid Data Collection Class Action Lawsuits Tossed," by Christina Davis, Topclassactions. com, August 8, 2018; " (Connected) Toy Story: The FTC Updates the COPPA Compliance Plan," by Ronald G. London and Sean R. Baird, Lexology. com, July 12, 2017; "The States Also Rise: Recent Settlements Illustrate Potential Pitfalls Regarding Children's Privacy Laws," by Saad Gul and Michael Slipsky, Jdsupra. com, October 17, 2016; "FTC Fines Tech Giants for Violating Kids' Privacy," by Bill Snyder, Cio. com, September 18, 2014; "FTC Changes Privacy Guidelines for Developers of Kids' Apps," by Hayley Tsukayama, *Washington Post*, July 16, 2014; "Revised Children's Online Privacy Protection Rule Goes Into Effect Today," FTC. gov, July 1, 2013.

7.3　移动营销

移动营销包括使用智能手机和平板电脑等移动设备来显示横幅广告、富媒体广告、视频、游戏、电子邮件、短信、商店短信、快速响应（QR）码和优惠券。移动业务现在是标准营销预算的一部分。移动设备与以前的营销技术完全不同，因为移动设备整合了很多人和消费者的活动，从给朋友打电话或发短信，到听音乐、看视频、跟踪位置和购物。移动设备能做的事情越多，人们在日常生活中就越依赖它们。大约 2.7 亿美国人使用移动设备上网（eMarketer, Inc., 2020f）。根据报告，人们每天至少看移动设备 40 次。大多数手机用户一天 24 小时都把手机放在一臂距离内。对很多人来说，手机是他们早上第一件、晚上最后一件要使用的东西，当有去哪里、做什么、在哪里见面等问题时用的第一件工具。

7.3.1　概述：今日移动电子商务

从拥有智能手机或平板电脑，到搜索产品和服务，浏览，然后购买，只有几步之遥。移动电子商务在过去五年里突飞猛进，2015—2019 年增长了 30%。尽管包括移动平台在内的所有平台上的数字旅行销售都受到了新冠疫情的严重影响，但预计零售移动电子商务收入在 2020 年仍将继续增长 25% 以上。分析人士预计，到 2020 年，移动电子商务将占零售和旅游行业所有电子商务收入的近 45％。图 7 - 5 显示了移动电子商务和基于台式机的"传统"电子商务在零售和旅游行业的预期增长情况。

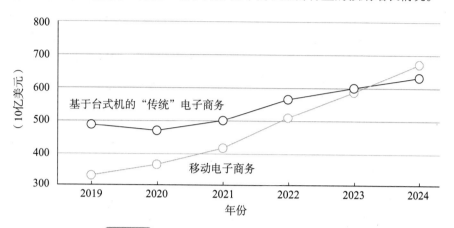

图7-5　零售和旅游行业电子商务的增长

注：到 2024 年，零售和旅游行业的移动电子商务预计将增长到近 6 700 亿美元，超过基于台式机的"传统"电子商务所创造的金额。
资料来源：Based on data from eMarketer, Inc.，2020g，2020h，2020i。

最初，移动电子商务主要集中于数字商品，如音乐、视频、游戏和电子书。然而，如今，传统的零售产品和旅游服务是移动电子商务增长的主要来源。毫不奇怪，美国的巨头是亚马逊。亚马逊是目前领先的移动零售应用程序，每月独立访问者超过 1.8 亿人，几乎占美国成年智能手机用户的 50％。亚马逊的移动应用程序是十大最受欢迎的智能手机应用程序中唯一的零售电子商务应用程序。根据最近的一项调查，近 60％的亚马逊购物者认为移动设备是他们在亚马逊购物的主要选择 (Comscore, Inc.，2019；Judge，2017；Howland，2017)。

越来越多的消费者使用他们的移动设备来搜索人物、地点、餐馆和他们在零售店看到的产品等。消费者从台式机迅速转向移动设备，推动了移动营销支出的激增。搜索对于引导消费者至购买界面非常重要，因而移动搜索广告市场对于谷歌这样的搜索引擎来说非常重要。台式机搜索收入的增长正在放缓。谷歌的移动广告业务正在迅速增长，但它的移动广告价格远远低于台式机广告。谷歌和其他移动营销公司面临的挑战是如何让更多的消费者点击移动广告，以及如何根据每个广告的点击量向营销人员收更多的钱。这个问题的答案取决于消费者，他们是决定点击什么和什么时候点击的人。

7.3.2　人们如何使用移动设备

如果你计划进行一个移动营销活动，了解人们如何使用移动设备是很重要的（这可能与你的行为或所认为的其他人的行为不同）。例如，我们大多数人认为人们会在路上使用移动设备，但根据一项关于实际移动行为的研究，占总时长几乎 70％的移动设备使用实际上是在家里发生的。2020 年，部分由于新冠疫情以及现有趋势，人们平均每天花在数字媒体上的时间超过 7.5 小时，其中超过 1/4 的时间用于使用智能手机和平板电脑等移动设备。在那段时间里他们都做了什么？

根据最新数据，娱乐，而不是购物或购买，是移动设备用户的主要关注点（至少在时间方面）。人们每天使用移动设备的时间超过 4 小时 15 分钟，其中 1 小时 15 分钟用于听音乐，超过 50 分钟用于社交网络，超过 45 分钟用于看视频，超过 25 分钟用于玩手机游戏（eMarketer, Inc.，2020k）。

虽然移动设备仍然主要用于娱乐、社交和交流，用于购物的时间较少，但这种模式不一定是永久的。移动电子商务正在迅速发展。最初的预期是平板电脑将成为移动电子商务的主要平台，但事实并非如此。随着智能手机屏幕尺寸的增加和分辨率的提高，再加上进步的移动搜索、基于位置和上下文的发现、移动支付系统，智能手机的购买体验得到了改善，导致了智能手机零售移动电子商务销售额的快速增长（见图 7-6）。

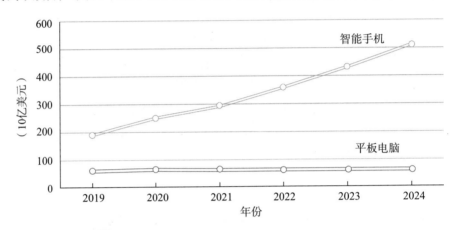

图 7-6　零售移动电子商务销售额：智能手机与平板电脑

注：与之前的预期相反，智能手机上的零售移动电子商务销售额的增长速度远远快于平板电脑。
资料来源：Based on data from eMarketer, Inc.，2020j.

7.3.3　应用程序内体验和应用程序内广告

你可能认为在智能手机或平板电脑上使用浏览器访问网页是一种典型的移动活动。但实际上，手机用户花在应用程序上的时间占其总移动应用时间的 90%，而使用手机浏览器的时间仅占 10%。人们花在智能手机和智能手机应用程序上的时间是数字媒体使用量增长的最大推动力。相比之下，随着智能手机屏幕尺寸的扩大和分辨率的提高，人们花在平板电脑和平板电脑应用程序上的时间在过去五年里相对持平。平均而言，用户每月在智能手机上只使用大约 20 个应用程序。几乎 90% 的应用程序时间都花在用户最喜欢的五款应用程序上。iOS 和安卓云服务器上可能有百万计的应用程序，但只有少数能够产生足以吸引普通广告主的用户流量。YouTube 是美国最受欢迎的智能手机应用程序，其次是脸书。谷歌在前 15 名应用程序中占了 7 个（YouTube、Google Search、Google Maps、Gmail、Google Play、Google Drive 和 Google Photos），而脸书有 3 个（Facebook、Facebook Messenger 和 Instagram）（eMarketer, Inc.，2020k；Clement，2020；Comscore, Inc.，2019）。

这对营销人员的影响是很明显的：首先，如果消费者主要使用应用程序，而不是在移动设备上浏览网页，营销人员需要在主要吸引消费者的应用程序中放置广告，主要包括社交网络、游戏和视频应用程序。其次，如果手机用户平均只使用 20 款应用程序，那么营销人员就需要将营销重点放在热门应用程序上，比如排名前 100 的应用程序。另外，小众市场营销者可以将广告集中在支持该小众市场的应用程序中。例如，潜水设备的经销商可以在专门针对潜水社区的应用程序中投放广告。这款应用程序的用户可能并不多，但那些真正使用它的人对这个话题非常感兴趣。

对营销人员的另一个启示是，比起专注于难以阅读的移动展示广告，最好的广告是能够抓住观众注意力的娱乐视频广告，或者是精确定位于消费者当前活动和兴趣的应用程序广告。

7.3.4　多屏幕环境如何改变营销漏斗

随着智能手机和平板电脑的发展，出现了一个多屏幕的世界：智能手机、平板电脑、台式机和电视。消费者将使用多平台反映了电子设备的现实和未来：在工作中使用台式机和笔记本电脑，在家里和路上使用智能手机和平板电脑。无论是在家里还是在路上，消费者都可以通过智能手机和平板电脑随时收看电视节目。在多屏幕环境中，消费者购买行为发生了变化。消费者通常会同时使用两个或更多屏幕，在观看电视节目时发推特，或者从电视广告无缝切换到移动搜索来获得更多信息。几项研究发现，90%的多设备用户会通过在屏幕之间切换来完成任务，比如观看电视广告，在智能手机上搜索产品，然后用平板电脑购买。消费者可以在不同设备之间无缝切换，可以是顺序切换，也可以是同时切换。此外，人们使用的屏幕越多，购物的次数就越多。消费者拥有的屏幕越多，消费者接触点或营销机会就越多（Google，Inc.，2012）。

多设备平台或多屏幕环境的含义是，市场营销需要针对消费者使用的各种设备进行设计，跨平台的品牌一致性将非常重要。例如，一种广告尺寸不能适合所有情况，多屏幕环境意味着品牌形象需要根据消费者使用的设备自动调整。从设计的角度来看，图形和创意元素会根据屏幕的不同而不同。这被称为响应式设计或响应式创意设计。响应式设计是一个设计过程，允许你的营销内容调整大小、重设格式并重组自己，使其在任何屏幕上看起来都很好。如果你查看台式机上的门户网站，然后将其屏幕与在智能手机或平板电脑上查看的相同门户网站进行比较，就可以看到响应式设计的实际应用。你可能会发现屏幕上有三个版本，每个平台一个。在多屏幕上满足客户的要求会大大增加网络营销的成本。公司不仅需要在网站上开拓市场，还需要在移动网站以及智能手机和平板电脑应用程序上开拓市场。也许它们负担不起这三种服务，也许只想选择一种。在这种情况下，哪个平台是最好的？这很大程度上取决于营销的目的是什么。如果是为了推动销售，网站可能更有效，但为了提高品牌知名度和访问量，社交和娱乐应用程序可能更好。

除了屏幕适应性之外，多屏幕环境意味着商家需要出现在所有平台上，并在多个平台上进行整合，以便发送的信息一致，并能创建一个方便的消费者平台。今天的营销环境比在网页或搜索引擎的结果页面上放置横幅广告要复杂得多。

7.3.5　移动营销基本特征

随着数百万消费者开始使用移动设备，移动营销的支出迅速增长，2015年首次超过了在台式机上的广告支出。这一趋势预计将持续到2024年（见图7-7）。到2020年，移动营销支出预计将占网络营销支出的2/3以上，鉴于智能手机在2007年才出现，平板电脑在2010年才出现，这是一个非同寻常的数字。分析人士认为，如果目前的移动营销增长速度持续下去，到 2024 年，移动营销支出将占所有网络广告支出的 70% 以上，是台式机上营销支出的三倍多。

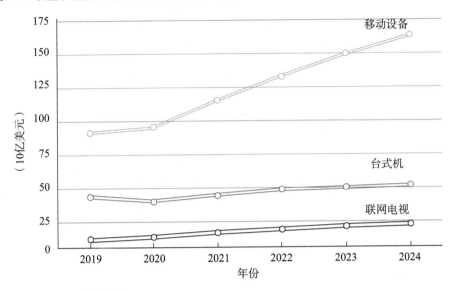

图7-7 移动设备、台式机与联网电视上的营销支出

注：移动营销支出的增长速度远远快于在台式机上的营销支出。预计到 2024 年，广告主在移动营销上的支出将是台式机上营销支出的三倍多。联网电视上的营销支出也在增长，预计 2020—2024 年增长一倍以上。

资料来源：Based on data from eMarketer, Inc., 2020a.

移动广告由脸书和谷歌主导。2018 年，脸书的移动广告收入首次超过谷歌。2019 年，脸书及其旗下的 Instagram 创造了 284 亿美元的移动广告收入，几乎占整个市场的 1/3。谷歌紧随其后，移动广告收入为 247 亿美元。在移动平台上，谷歌是搜索之王，2019 年从移动搜索广告中收入 220 亿美元，约占所有移动搜索广告支出的 65%。就像谷歌在移动搜索广告中占据主导地位一样，脸书在移动展示广告（包括视频广告）中占据主导地位。移动营销市场的其他主要参与者包括亚马逊（约 5%）、Verizon Media（Yahoo/AOL）（约 2%）和推特（约 1.7%）等（见图 7-8）。

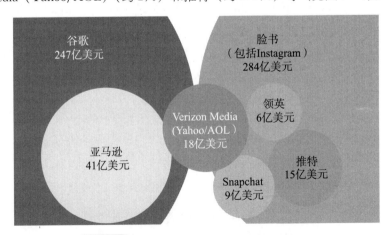

图7-8 美国收入最高的移动营销公司

注：移动广告由脸书和谷歌主导。

资料来源：Based on data from eMarketer, Inc., 2020l.

7.3.6 技术：移动设备基本功能

每个人都知道智能手机和平板电脑的功能。但是移动平台与台式机有什么不同？什么使它们如此适合营销？

首先，智能手机如今在消费者的个人生活中扮演的角色要比台式机和笔记本电脑重要得多，这在很大程度上是因为智能手机一直就在我们身边，或者离我们很近。从这个意义上说，智能手机更个性化，而且几乎是"可穿戴"的。智能手机"一直开机，一直与我们在一起"的特性对营销人员有几点启示。智能手机被认为是"个人附属物"，消费者对发生在智能手机上的商业入侵的容忍度更低。你是否有过电话谈话被广告打断的经历？可能没有，如果有的话，你很可能会对私人谈话受到干扰而恼火。这些态度会延伸到任何使用手机或平板电脑的活动，从阅读电子邮件到访问脸书或观看视频。消费者对智能手机小屏幕上的广告更不宽容。其次，智能手机与我们的物理接近是 24 小时不间断的，这大大增加了可供营销的材料的使用时间，也增加了营销材料的屏幕供应。这种供过于求降低了移动营销信息的价格。反过来，营销人员和消费者之间也存在矛盾：营销人员希望增加移动广告的数量，而消费者希望在他们的移动设备上看到更少的广告。用户对应用程序内广告的态度有所不同：作为游戏免费的回报，用户更容易接受广告。

但智能手机最独特的功能或许是，它们能通过内置的 GPS 知道用户的精确位置。这使得营销信息可以根据消费者的位置定位，并支持基于位置的营销和本地营销（见7.4 节）。虽然网站可能知道一个台式机的大致位置，但这是一个非常不精确的定位，并且台式机的位置不会随着用户的移动而改变。表 7 - 13 总结了营销人员可以利用的移动设备特征。

表 7 - 13　移动设备特征

特征	描述
个人通信者和组织者	电话加上日历和时钟来协调个人的生活
屏幕大小和分辨率	平板电脑和手机的分辨率都很高，足以支持显示生动的图片和视频
GPS 定位	自定位 GPS 能力
网页浏览器	标准浏览器能运行所有网站和应用程序
应用程序	超过 100 万个专用应用程序运行在本机代码中，并能扩展移动设备的功能
超轻便并个人化	适合装在口袋里，或者装平板电脑的公文包里，可以随时随地使用
多媒体功能：视频、音频、文字	能够显示所有常见的媒体，从视频到文本和声音
触摸/触觉技术	通过振动、压力或移动的形式提供反馈来改善触摸屏

7.3.7 移动营销工具：广告形式

与社交营销不同，移动营销并不需要太多新的营销词汇。所有在台式机上可用的营销形式也可以应用在移动设备上。除了少数例外，移动营销与台式机营销非常相似——只是规模更小。移动营销的主要市场机会是搜索广告、展示广告、视频、消息(SMS/MMS/PPS)，以及其他一些熟悉的形式，如电子邮件、分类和销路拓展。

图 7-9 显示了美国不同形式的移动营销支出。移动设备上的营销形式包括搜索广告、展示广告（横幅广告、富媒体广告和赞助式广告）、视频、消息和其他（包括电子邮件、分类和销路拓展）。

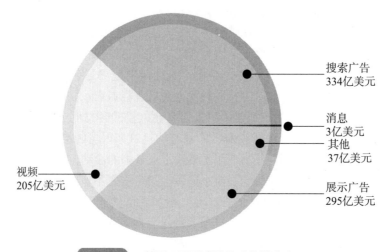

图 7-9 美国不同形式的移动营销支出

注：搜索广告仍然是最流行的移动营销形式。
资料来源：Based on data from eMarketer, Inc., 2010m.

搜索广告仍然是最受欢迎的移动营销形式，占 2019 年所有移动广告支出的约 39%，考虑到搜索是第二常见的智能手机应用（仅次于语音和文字交流），这也就理所应当了。搜索广告可以根据移动平台进一步优化，根据用户的物理位置显示广告。展示广告（横幅广告、富媒体广告和赞助式广告）是第二大广告形式，约占移动广告支出的 34%。展示广告可以作为移动网站或应用程序和游戏的一部分。谷歌的 Ad-Mob、脸书、推特的 MoPub、Verizon Media（Yahoo/AOL）和 inMobi 等广告网络都是最大的移动展示广告供应商。视频广告约占移动营销支出的 24%，是增长最快的部分。大多数台式机视频广告可以调整大小，以在手机和平板电脑上观看。营销人员也可使用移动设备向消费者发送短信，包括优惠券或即时营销信息。消息是有效的本地广告形式，因为可以在消费者经过或访问某地时向他们发送信息和优惠券（见 7.4 节）。

脸书、推特和 Pinterest 等社交网络通常将台式机广告技术引入移动平台，并根据小屏幕智能手机的界面进行一些修改。在此过程中，社交网络为移动营销体验带来了真正的创新，包括脸书上的 News Feed 帖子和推特上的 Promoted Tweets。表 7-14 介绍了几家知名公司所开展的移动营销活动。"商务透视"专栏则介绍了 3D 和增强现实技术在移动营销中的应用。

表 7-14 移动营销活动精选

公司	营销活动
宜家（Ikea）	根据其商品目录推出了一款交互式移动应用程序，允许用户通过扫描某些页面来查看隐藏的内容，并通过增强现实技术测试家具在家中的外观。
肯尼斯·科尔（Kenneth Cole）	利用短信发布其鞋类限时促销信息，向移动设备用户发送一个限时折扣，最高可达 65%，用图片突出展示人气商品，并链接到肯尼斯·科尔的网站。

续表

公司	营销活动
Just for Men	男士面部护理零售商推出了一系列可互动的体育小测试形式的移动广告，品牌知名度提升了 24%。
塔吉特	在《赫芬顿邮报》（*Huffington Post*）的手机网站上发布横幅广告，让观众可以浏览宝洁的护发产品，并通过"购买"按钮进行购买。

商务透视

3D 和增强现实技术加速移动营销发展

在智能手机的推动下，移动平台是当今主导的营销平台。使用移动设备在线购买产品或服务（而不只是在网上购物和浏览）的情况显著增加，企业正在利用智能手机的 GPS 功能，向附近的潜在消费者进行基于位置的营销。移动营销也有利于引入新产品和提升品牌知名度，在其他地方和线下进行销售。3D 广告、增强现实（AR）广告和虚拟现实（VR）广告等更新的广告形式正在重新定义智能手机时代的广告。

3D 广告充分利用了现代移动设备在视频和其他互动功能上的优势。对于拥有巨额广告预算的公司来说，3D 广告是一种越来越受欢迎的广告方式。本田与移动广告公司 Amobee 合作推出的 Odyssey 迷你面包车广告就是一个很好的例子。本田的目标是通过构建一个三维虚拟陈列室来模拟消费者亲身观看汽车的体验。该广告可以以 3D 或 VR 形式观看。3D 广告允许消费者使用触摸屏旋转车辆图像，在多种颜色中进行选择，并通过屏幕上的图标来查看有关每辆汽车的其他信息。虚拟现实广告让消费者可以看到汽车的虚拟形态，模拟其真实外观。因为这些类型的广告使用了许多智能手机的固有功能，它们实际上比类似的 HTML5 富媒体广告占用更少的带宽。

Amobee 实时跟踪消费者对其广告的访问，在确保消费者保持匿名的同时测量不同消费者群体在每个广告的单个元素上投入的时间。Amobee 有一个内部数据管理平台，上面有超过 100 万份客户资料，包括性别、年龄、位置和兴趣。这使得 Amobee 能够准确地衡量其广告活动的有效性。最终，本田的整体广告访问率提高了 84%。

AR 广告是另一个让移动广告商兴奋的快速增长的领域。如果你用 Snapchat，很有可能你看过《跳舞的热狗》，它被 Snapchat 的用户浏览了超过 20 亿次。其中，著名的法兰克福香肠是 Snapchat 所谓的"3D 世界镜头"（3-D World Lens）的第一个也是最著名的例子，就是在你使用手机摄像头时将图像叠加在手机屏幕上。尽管如此，这些虚拟物体是三维的，这意味着你可以在它们周围行走，并从任何角度观看。这种形式将产品或特性以一种不像广告的方式在 Snapchat 用户的真实世界中呈现出来，广告主们自然对使用这种方式感到兴奋。

宝马为 Snapchat 用户开发了 X2 汽车的 AR 版本，让用户可以在车里走动，并看到它的完美细节。到 2019 年中，Snapchat 用户已经创建了超过 40 万个镜头，播放次数超过 150 亿次。迄今为止，已有数百家公司播放过 World Lens 广告，其中包括 Foot Locker、好时（Hershey's）和百威啤酒（Budweiser）。百威啤酒在超级碗期间发布了一则镜头广告，内容为其标志性的克莱兹代尔马踢足球。Snapchat 还提供名为 Lens Studio 的软件，允许公司在没有 Snapchat 参与的情况下创建自己的镜头。Snapchat 已经与甲骨文合作，利用第三方数据帮助甲骨文定位这些广告。利用基于人口统计学特征信息、用户购买信息和其他信息创建的甲骨文用户档案，广告商可以选择在全国范围内针对不同年龄、性别或兴趣爱好的较小群体投放 World Lens 广告。脸书也不甘示弱，推出了自己的 AR Studio。在 Snapchat 在 AR 广告领域站稳脚跟的同时，Michael Kors 在脸书上发布了一则广告，允许用户虚拟试戴太阳镜，丝芙兰也在化妆品领域做了同样的事情。

由于其高昂的成本，这些类型的广告目前主要面向大品牌，一个月的广告成本可能高达数十万美元。然而，Lens Studio 和 Facebook AR Studio 能帮助将这些广告的制作过程大众化，到 2023 年 AR 广告收入预计将接近 90 亿美元。拥有实体产品的零售品牌非常适合 3D 和 AR 广告，而提供金融等服务的公司可能对此永远不会感兴趣。目前，这些广告带来了极高的用户访问率，部分原因可能在于其新颖性；当它们变得更加普遍时，其有效性可能会略微下降。尽管如此，3D 和 AR 广告趋势是不可否认的。一项行业调查显示，大多数消费者表示，AR 正在改变他们购物的方式和地点，AR 广告使购物更有趣。Snapchat 的广告现在提供按钮，促使用户安装应用程序、购买产品或观看有关产品的更多内容。快餐品牌 Takis 等零售商通过 3D 展示广告和 360 度 AR 游戏等取得了广告活动的成功。苹果和谷歌也可能很快进入这个领域。广告业可能正处于范式转变的过程中。3D 和 AR 广告有将传统广告抛在身后的潜力，就像移动设备对台式机一样。

资料来源："Snap Partner Summit/The Future of Lenses," Snap. com，April 4，2020；"AR Advertising Revenue Worldwide，2018 & 2023," eMarketer. com，August 22，2019；"Takis Scores with 3D and 360-Degree VR Video Ad Campaign," by Robert Williams，Mobilemarketer. com，August 23，2018；"It's Time for Ad Formats to Evolve and Keep Pace with Changing Consumer Demands," by Jeff Lucas，Adweek. com，July 24，2018；"Introducing New Ways to Inspire Holiday Shoppers with Video," Facebook. com，July 10，2018；"Snapchat's Programmatic Augmented Reality Ads Are Gaining Traction," by Ilyse Liffreing，Digiday. com，May 16，2018；"Snapchat's Betting Its Future on Augmented Reality Ads—Here Are All the Different Types," by Tanya Dua，Businessinsider. com，April 27，2018；"AR and 3D Can Help Media Publishers in Their Battle Against Facebook and Snap," by Ara Parikh，Venturebeat. com，April 12，2018；"3D Ads：How You can Advertise in 3D and Up Engagement," Omnivirt. com，February 25，2018；"Snapchat's Lens Studio App Opens Augmented-Reality Format to Everyone，Including Self-Serve Advertisers," by Tim Peterson，Marketingland. com，December 14，2017；"BMW Test Drives Snapchat Lenses in First 3D Car Ad," by Garett Sloane，Adage. com，November 22，2017；"Honda and RPA Drive Innovation with First to Market Opportunity，Creating Industry-First Shareable and Scalable Virtual Reality Campaign," Amobee. com，accessed 2018；"Snapchat's World Lenses Are Just the Tip of the AR Advertising Iceberg," by Tommy Palladino，Next. reality. news，September 29，2017；"Sponsored Snapchat World Lenses Bring Brand Characters to Augmented Reality," by Hillary Grigonis，Digitaltrends. com，September 29，2017；"IronSource Launches 'World's First' AR Ads for Mobile Games," by Stewart Rogers，Venturebeat. com，September 28，2017；"ARAD Helps Developers Get Ads in Their Augmented Reality Apps," by Matthew Lynley，Techcrunch. com，September 17，2017；"What Snapchat's Dancing Hot Dog Means for the Future of AR," by Garett Sloane，Adage. com，July 24，2017.

7.3.8 开始移动营销活动

与所有营销活动一样，首先要确定你的目标，并理解移动营销活动将如何帮助你的公司。你是一个新的、前景未知的初创公司，希望树立品牌形象，还是一个已有的品牌，希望强化自身和销售产品？你的产品有什么特别吸引移动设备用户的地方吗？例如，如果你向路过商店的当地消费者销售产品，那么你可能需要使用智能手机的 GPS 功能来锁定附近的目标消费者。

接下来，考虑你的活动和产品的目标人群。移动设备上最活跃的购买者是男性，他们更有可能购买消费性电子设备和数字内容。女性则更有可能兑现优惠券，对限时抢购和交易做出反应。年轻的消费者更有可能在移动设备上研究产品和价格，更有可能通过社交媒体分享体验。移动设备购物者和买家比一般的网民更富裕。这些人口统计学特征数据用的是平均值，移动营销活动不需要局限于这些平均值。找出你的移动设备用户聚集的地方。你的手机用户有可能使用应用程序吗？如果有，他们使用什么应用程序？你的客户可能使用脸书或推特吗？或者你的客户最有可能在谷歌手机搜索页面上找到你吗？

最后，考虑你希望取得成功的市场空间。你的竞争对手在移动平台上做什么？他们的效率高吗？他们的营销重点在哪：在门户网站上显示广告，还是在谷歌搜索结果中显示广告？抑或他们会作为应用程序内广告出现？他们在什么应用程序上做广告？他们在脸书移动端的表现如何？他们是否也有推特和/或 Pinterest 品牌页面？你的竞争对手有用户可以轻松下载的应用程序吗？你将希望在每个平台上都能见到你的竞争对手。一旦你为你的营销活动制定了一个最初的愿景，你就可以制定一个时间表和一个行动计划，来实现在你的时间表中确定的里程碑。

一旦你设想好了市场营销活动并确定了自己的市场，就该开始执行移动营销活动。以下是一些步骤：

● 开发一个移动网站，让移动消费者可以看到和购买你的产品。让你的移动网站社交化，包括脸书、推特、Pinterest 和其他社交网络的链接。

● 创建一个脸书品牌页面，这样你的社交和移动营销活动就可以整合在一起。

● 建立一个推特品牌页面，让客户可以关注你的帖子。

● 如果你已经使用了像谷歌的 AdWords 或脸书展示广告账号这样的展示广告项目，你可以使用专门为移动平台设计的广告开展一个新的活动。

● 考虑开设 Google AdMob 账号，部分是由于广告网络可以同时在多个平台上发布和跟踪你的广告。

● 开发针对移动设备用户的营销内容，为移动设备屏幕设计视频和高水平的交互性。

● 衡量和管理你的活动。谷歌的 AdWords 和许多其他广告网络将托管和管理你的移动广告活动。此外，它们还可以提供一系列衡量活动的方式，让你了解哪些移动广告和技术吸引了最多的关注者、评论和与你的品牌相关的社交活动。有了这些基本数据，你就可以通过减少无效广告支出，增加有效广告预算来管理移动营销活动。

7.3.9　衡量移动营销结果

基于不同的移动营销目标，移动营销活动的类型也不同。有些活动是面向销售的，基于展示广告和搜索广告，提供优惠券或折扣，并将用户直接带到他们可以购买产品的网站。衡量这些移动营销活动的结果与在台式机上开展的类似营销活动相同。还有一些活动注重品牌推广，其目标是让消费者参与到对话中，获取消费者粉丝，并在他们的朋友中传播信息。你可以使用图 7-4 中的框架来度量这些活动的结果。衡量移动社交活动的关键维度是粉丝获取、访问、放大化、培育社区、强化品牌（增加销售额）。

图 7-10 说明了一个利用移动平台和社交营销的品牌营销活动是如何显示其六个

月内有效性的。在品牌推广活动中，目标与其说是销售，不如说是提高消费者对品牌的访问量。在图 7-10 所示的例子中，粉丝获取是通过独立访客数来衡量的。你可以看到在过去的六个月里，访客数量大大增加。访问体现在网站停留时间上（以分钟为单位）。放大化是通过点赞数来衡量的，而这一数字已经扩大了数倍。培育社区是通过发帖数来衡量的，这表明粉丝们积极地与品牌互动。根据图 7-10，我们可以很好地总结出其品牌实力，即粉丝获取、访问、放大化和培育社区的综合情况。衡量这一品牌营销活动对最终销售的影响则需要更进一步，即衡量哪些销售可以归功于这一移动活动。

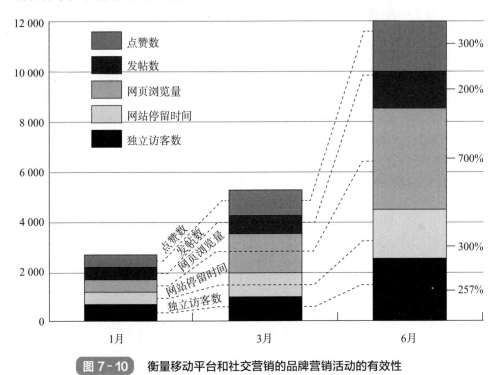

图 7-10　衡量移动平台和社交营销的品牌营销活动的有效性

注：移动平台和社交营销的品牌营销活动的有效性可以通过检查点赞数、发帖数、网页浏览量、网站停留时间、独立访客数来衡量。

7.4　本地营销和基于位置的移动营销

基于位置的营销是数字营销世界中增长最快的部分之一。**基于位置的营销**（location-based marketing）是根据用户所处的位置向用户发送营销信息，一般包括基于位置的服务的营销。**基于位置的服务**（location-based service）包括根据用户的位置向用户提供服务。基于位置的服务的例子有：个人导航（我怎么去那里）、兴趣点（那是什么）、评论（附近最好的餐厅是什么）、寻找朋友（你在哪里，大家都在哪里）以及家庭追踪服务（我的孩子在哪里）。当然，使用移动设备搜索和获取本地服务的人越多，营销人员就有越多机会在合适的时间、合适的地点，以合适的方式向消费者发送信息——不要太咄咄逼人，也不要太烦人，而是在某种程度上改善消费者当下的本地购物和购买体验。这是理想情况。基于位置的营销也可以在台式机上进行，因为浏览器和营销人员能知道你的大致位置。但在本节中，我们主要关注基于位置的移动营销，这是最大的增长和机遇所在。

　　根据经验和市场调查，消费者想要本地的广告、产品、信息和内容。消费者很可能会根据本地广告来购买产品和服务。由于基于位置的移动营销在过去的五年里快速发展，许多平台、供应商都在不断积累关于它的经验和开展相关研究。其效率和投资回报率的衡量方法正在不断更新。

7.4.1　本地营销的增长

　　在 Google Maps 于 2005 年发布之前，几乎所有的本地广告都是非数字化的，广告媒体主要是地方报纸、广播和电视、黄页和广告牌。当然，当地商家的网站上也有少量数字化的广告。到 2020 年，美国媒体广告总支出预计将达到 2 250 亿美元，其中大约 1 440 亿美元是国家和地方品牌的本地媒体广告支出。据估计，40% 的本地营销（约 580 亿美元）涉及真正的当地公司，如餐馆、杂货店、剧院和鞋店向他们的本地受众进行营销。剩下的 60% 的本地营销涉及大型全国性公司对当地受众的营销，比如在当地报纸上为可口可乐做广告，或者全国性公司为当地汽车经销商创建网站。在 1 440 亿美元的本地营销支出中，约 41%（约 590 亿美元）将用于网络营销（eMarketer, Inc., 2020n；BIA Advisory Services, 2020）。

　　自 Google Maps 引入后，本地网络营销开始迅速扩张。台式机上的 Google Maps 可以根据对用户 IP 地址的大致了解向用户投放广告，商家也可以根据潜在客户的大致位置（通常是在几平方英里半径内）向用户展示广告。IP 地址可以用来识别一个城市和城市内的一个社区，但不能识别其邮政编码、街道或建筑物。Google Maps 能在台式机上帮助用户解答"我在哪里可以找到一个意大利餐厅"的问题。2007 年智能手机以及谷歌的移动地图应用程序的出现，让这一趋势更进一步。2008 年推出的第二代智能手机（苹果 3G 版 iPhone）中的 GPS 接收器，加上其他技术，意味着手机制造商、营销人员、服务提供商以及 AT&T 和威瑞森等运营商可以相当清楚地知道用户的位置（经度和纬度）。这些发展为此前局限于台式机的本地网络广告开辟了一条全新的发展道路。在这个新世界里，当地的食品市场可以在手机用户经过商店时向他们喊话、提供折扣，用户可以在附近搜索特定的零售商店，甚至在走进商店之前查看其库存。

7.4.2　基于位置的（本地）移动营销的增长

　　基于位置的（本地）移动营销目前只占网络营销环境的一小部分，但预计在未来五年内将增长两倍。图 7-11 能够帮助我们正确看待基于位置的（本地）移动营销市场。到 2020 年，整个网络营销预计将达到约 1 350 亿美元，而本地（数字）营销预计将达到惊人的约 590 亿美元。基于位置的（本地）移动营销部分预计将产生约 250 亿美元的收入。

　　本地移动营销中使用的广告形式很常见——搜索广告、展示广告、原生/社交广告、视频和短信。作为用户搜索结果的一部分显示的搜索广告是最大的基于位置的移动广告形式。谷歌主导着本地移动搜索市场。原生/社交广告是第二大广告形式。展示广告是第三大形式，脸书和谷歌是主导者。谷歌和脸书共同占据了绝大多数基于位置的移动营销。

7.4.3　基于位置的营销平台

　　基于位置的移动营销的主要参与者是之前提到的那些主导移动营销环境的巨头，

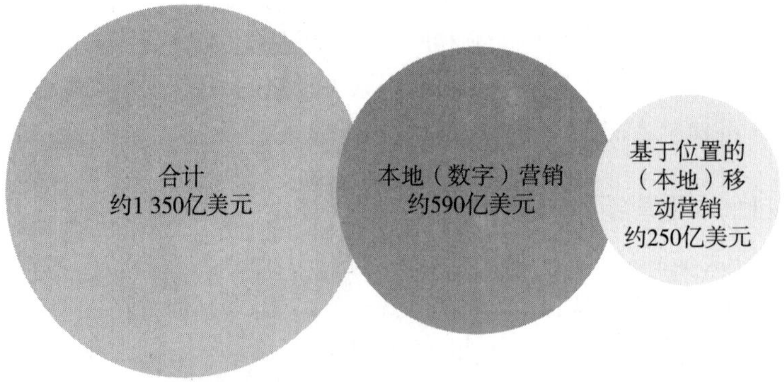

图 7-11　基于位置的（本地）移动营销

注：到 2020 年，本地（数字）营销将产生约 590 亿美元的支出，而基于位置的（本地）移动营销预计将产生约 250 亿美元的支出。

资料来源：Based on data from eMarketer, Inc., 2020a；BIA Advisory Services，2020.

即谷歌、脸书、Verizon Media（Yahoo/AOL）、推特和 YP（前身为黄页）。谷歌是基于位置的营销者的领头羊，很大程度上是因为 Google Maps 应用程序在智能手机上被广泛使用。当消费者在 Google Maps 上搜索位置时，就是一个可以弹出广告的理想营销时机。Google My Business 是一个简单但有效的服务，当用户搜索特定的业务时，它将提供简短的业务配置文件。谷歌的安卓操作系统内置了定位功能和谷歌应用程序，如 Google Maps，来不断更新用户的位置。谷歌在 2009 年收购了一家名为 Ad-Mob 的移动广告公司，并声称自己是全球最大的安卓和苹果 iOS 操作系统移动广告公司。应用程序开发者使用 AdMob 为他们的应用程序提供消费者和用户的位置信息。谷歌还向独立营销公司出售位置信息。营销公司利用 AdMob 开发全屏富媒体广告。谷歌的主要收入来源是其 AdWords 服务，营销人员在谷歌的搜索引擎上就关键词进行竞标。过去无论在台式机还是移动设备上显示，AdWords 都是一样的。谷歌升级了 AdWords 服务，针对用户背景和设备优化广告，并提供跨所有移动设备和台式设备的活动管理服务。例如，如果顾客在下午 1 点在办公室的台式机上搜索"比萨饼"，他会看到附近的餐馆和一份快速订餐菜单。如果顾客晚上 8 点在智能手机上搜索"比萨饼"，而他此时距离某家比萨餐厅不到半英里，他可能会看到可点击拨打的电话号码和该餐厅的方向。比萨餐厅为在这些搜索中出现的机会向谷歌付费。

谷歌拥有基于位置的市场的优势：它已经开发了遍布全球的 Wi-Fi 网络地图，这使得它能够获得比竞争对手更精确的位置信息。

7.4.4　基于位置的移动营销：技术

基于位置的服务和营销要求营销人员和本地服务提供商对消费者移动设备的位置有一个相当精确的概念。这里有两种基于位置的营销技术：地理感知和邻近营销。**地理感知**（geo-aware）技术能识别用户设备的位置，然后针对该设备进行目标营销，推荐在附近可进行的活动等（这就要求营销人员知道诸如商店的位置等信息）。例如，营销人员可能会以几个街区内的智能手机为目标，提醒他们参与商家的优惠活动。**邻近营销**（proximity marketing）技术则是确定一个位置周围的边界，然后在这个边界内针对用户投放广告，推荐该区域（地理围栏）内可能进行的活动。范围可以从几百英尺（在城市地区）到几英里（在郊区）。例如，如果用户走进商店、餐厅或零售店的地理围栏，他们将收到来自这些商家的广告。这两种技术利用了相同的定位技术。

广告网络、本地移动营销公司、设备和服务提供商（如谷歌和苹果）以及电话公司都使用多种方法来定位移动设备，但没有一种方法是完美的，这些方法有着不同程度的准确性。表 7 - 15 介绍了用于实现基于位置的服务和营销的主要定位技术。

表 7 - 15 主要定位技术

技术	描述
GPS	用户使用其设备从 GPS 卫星上下载 GPS 数据。2008 年 GPS 首次与苹果 3G 版 iPhone 一起推出。今天，为了能够及时进行紧急援助，手机需要报送其 GPS 位置。
Wi-Fi	在已知 Wi-Fi 接入点半径内估计用户的位置。
蓝牙低能耗（BLE）	苹果在 iBeacon 中使用。比传统的蓝牙或 GPS 耗用更少的电量，比 Wi-Fi 三角定位更准确。
地理位置搜索	根据用户的搜索查询使用位置信息。
发射塔	AT&T、威瑞森和其他运营商都与它们的设备保持着持续的联系，这使得通过三角测量和改进的 GPS 定位可以得到近似的位置。无线运营商使用手机的 MAC 地址来识别手机和位置。
登录/注册	当用户使用登录服务或社交网络帖子识别位置时，估计他们的位置。

GPS（Global Positioning System）定位是理论上最精确的定位方法。在实际应用中，信号可能在城市地区较弱、在建筑物内部失效、发生偏转，设备获取信号和计算位置的时间可能较长（30～60 秒）。当得到一个清晰的信号时，理想条件下 GPS 位置可以精确到 3～10 米，但一般情况下，手机的 GPS 只能精确到 50 米范围内——半个足球场那么大。此外，用户必须激活该功能，但很多人出于隐私原因而不激活。辅助 GPS（A-GPS）使用来自电话网络的其他信息补充 GPS 信息，以加快获取速度。几乎所有智能手机都使用 A-GPS。在苹果的 iOS 系统中，用户可以决定是否打开或关闭位置服务。打开时，它使用 GPS、蜂窝网络和 Wi-Fi 网络来确定用户的大致位置，误差不超过 10 米（30 英尺），但一般情况下，其精确度要高得多，误差大约为 15 英尺。用户的 iPhone 将不断向苹果服务器报告自己的位置。

发射塔定位是无线电话运营商用来跟踪其设备位置的技术，完成电话呼叫需要设备从一个发射塔的范围进入另一个发射塔的范围。发射塔定位也是美国无线应急响应系统的基础。无论用户是否开启了定位服务，联邦通信委员会的无线增强 911 规则要求无线运营商能够追踪手机位置，以帮助紧急救援人员定位拨打了 911 电话的用户。

Wi-Fi 定位与 GPS 信号结合使用，可以根据 Wi-Fi 发射器的已知位置更准确地定位用户，这些发射器在城市和郊区相当普遍。苹果、谷歌和其他移动服务提供商已经开发了无线接入点的全球数据库，在世界上很多地方，他们只需要开车在城市里转一圈就能完成这个目标。谷歌利用街景汽车建立了一个关于无线接入点及其地理位置的全球数据库。安卓应用程序可以使用该数据库，根据移动设备检测到的 Wi-Fi 网络来确定个人的大致位置。所有 Wi-Fi 设备都会持续监控本地 Wi-Fi 网络的存在，移动设备会将这些数据反馈给苹果和微软，以及其他使用类似方法的设备制造商。这些技术的目标是为消费者和营销人员提供精确到几英尺以内的"微定位数据"，以支持在个人层面实现真正实时、准确的本地营销。例如，如果你在一家零售店看一排正装衬衫，一个精确的定位系统可以检测到这一点，并指导你找到周围货架上合适的配饰，如袜子和领带。

7.4.5　为什么基于位置的移动营销如此有吸引力？

那些寻求本地企业信息的移动设备消费者比台式机用户更活跃，也更愿意购买。这部分是由于，本地信息的台式机搜索引擎与商家的距离不如移动搜索引擎那么近。根据谷歌的一项调查，超过 80% 的美国消费者使用智能手机和平板电脑在搜索引擎上进行本地搜索，以获取各种本地信息，如营业时间、当地商店地址以及当地商店产品的供应情况。调查发现，消费者在购买过程中搜索当地信息，50% 的智能手机用户在搜索当地信息的一天内访问商店，18% 的人在一天内完成购买（Google，2014）。因此，2019 年接受调查的大多数营销人员表示，他们计划增加对位置数据的使用，以便能够更好地定位其广告，并提高受众参与度，改善客户体验和受众细分（eMarketer，Inc.，2019b）。

然而，由于隐私问题和《加州消费者隐私法》等新法规的影响，基于位置的营销在进入新的 10 年时面临着一些重大挑战。消费者对基于位置的广告越来越关注，虽然调查显示消费者欣赏这种广告的实用性，但很多人觉得它"令人毛骨悚然"。苹果更新的操作系统（iOS 13）和谷歌更新的操作系统（安卓 10）增加了用户的自主控制权，这可能会限制应用程序收集位置数据，并使获取数据的成本更高。营销人员将不得不适应新的环境，减少对第三方数据的依赖，并使收集方法和使用过程更加透明（eMarketer，Inc.，2020o）。

7.4.6　基于位置的营销工具

与社交营销一样，基于位置的数字营销向数字营销领域的学生展示了一系列令人困惑的服务、平台和提供这些服务的公司。虽然一些基于本地的营销技巧，比如在谷歌针对移动客户的 AdSense 平台上投放广告，对于小企业主来说相对容易，但使用其他技巧则需要移动营销提供商的帮助。

7.4.7　基于位置的数字营销的特征

基于位置的服务指根据用户的位置向用户提供服务，例如个人导航、兴趣点、评论、搜索朋友和家庭追踪服务。表 7-16 介绍了基于位置的营销工具和活动。

表 7-16　基于位置的营销工具和活动

工具	活动
基于位置的社交服务营销	用户与朋友分享他们的位置。可以用于 Foursquare 等签到服务、找朋友服务、运输服务。
基于位置的服务营销	为寻找本地服务的消费者提供服务。

续表

工具	活动
基于用户位置的移动本地社交网络营销	脸书扩大了本地公司提供的交易服务，使用动态消息显示广告。Facebook Marketplace 使人们能够在当地社区内轻松地进行买卖。 Foursquare 应用程序 Swarm 专注于特定地点的社交更新，并发送推荐和交易信息。 社交网络监控：根据脸书和推特帖子中提到的有关产品的内容，在应用程序中发送消息。MomentFeed 允许营销人员根据地点监听社交网络上的社交聊天，然后向消费者投放特定地理位置的广告。必胜客、星巴克和当地餐馆都使用过这种服务。 意向营销：通过扫描社交网络来发现消费者对特定产品的实时兴趣。
邻近营销	以零售店（也可以是机场、火车站或活动场所）周围的虚拟围栏为边界，向商店或销售点区域的消费者发送信息，开展销售活动。多数公司一般会选择使用这种营销工具。全食超市在其门店周围设置了"地理屏障"，以便向路过的移动用户定向投放广告和优惠。
店内消息	在进入或浏览商店时向消费者发送信息。零售商收集、分析并回应消费者的实时购物行为。梅西百货、Lord & Taylor 和塔吉特使用信标营销来迎接消费者并开展销售活动。
基于位置的应用消息	PayPal 的移动应用程序可以检测到商店附近提供 PayPal 支付选项的消费者，并通过邀请消费者访问来吸引他们。

7.4.8 信标邻近营销

虽然所有基于位置的营销在某种意义上都是邻近营销，但苹果在 2013 年推出的 iBeacon 和它的 iOS 7 使得商店可以在消费者距商店信标几英尺范围内时与他们进行直接而准确的沟通。有许多邻近技术，如 QR 码、Wi-Fi 和 NFC，但每一个在精度、成本和泛用性方面都有缺点。苹果的 iBeacon 使用了一种叫作 BLE 的技术。安卓手机也使用了该技术。BLE 的实现成本不高，功耗也比传统蓝牙低得多。与 QR 码不同，BLE 具有双向推拉通信能力。使用 QR 码时，消费者需要向 QR 扫描仪显示 QR 码，然后才能看到产品信息。有了 iBeacon，当消费者走进一家商店并看到特价商品时，商家可以立刻联系上消费者，消费者随后逛商店，当经过特定区域（如珠宝专柜）时，也可以联系他们。这一切都在用户的 iPhone 上自动发生。消费者也可以回应这些消息。对于零售商来说，店内信标营销主要针对四个目标。第一，可以在消费者进入商店后立即参与进来，然后通过电子方式从一个区域陪同到另一个区域，这有点类似于奢侈品零售商店为高端消费者分配销售人员的方式。第二，信标可以用来促进忠诚度计划的执行。经常购物的消费者在进入商店时就会被注意到。第三，零售商可以在实体店内开展限时抢购、即时折扣等冲动型营销活动。第四，信标可以悄无声息地使用，不是推送优惠或商品，而是直接收集有关店内消费者行为的数据。

目前，信标技术本质上是可以与进入商店的消费者的智能手机进行通信的蓝牙设备，由独立应用程序组成，每个应用程序都遵循不同的标准。但有几家科技公司正试图将信标技术植入它们的热门平台。2015 年，谷歌宣布了 Eddystone 开源标准，可以兼容 iOS 或安卓系统。广告主开始利用这项技术。例如，谷歌已认证邻近营销公司 Proxama 为其客户提供基于 Eddystone 的信标服务。其中一个应用程序可以在消费者靠近旅游景点和交通枢纽附近的信标时，提醒他们附近的奖品、优惠和应用程序。

2016 年，谷歌开始致力于让人们无须下载应用程序就可以使用信标，并在 2017 年试点了 Project Beacon 项目，向使用谷歌广告服务的企业发送免费信标，谷歌认为这些服务将从基于位置的营销中受益（Haines，2018）。脸书推出了 Place Tips，为商家提供免费的蓝牙设备。当用户被确认与商家关系密切时，脸书会在他们的动态消息中发布消息，建议他们访问商家或购买产品。

2014 年，在旧金山和纽约的旗舰店成功测试 iBeacon 之后，梅西百货在美国各地的门店安装了 4 000 台 iBeacon 设备。通过使用 Shopkick（一家营销公司）的一款名为 shopBeacon 的应用程序，如果梅西百货的客户下载了这款应用程序的话，他们进入梅西百货时就会收到打开该应用程序的通知。客户就此可以收到促销、交易和折扣的信息。梅西百货希望通过邻近营销吸引更多的消费者到商店，并提高他们的购买量。其他采用信标技术的公司还包括 Rite Aid，该公司在其美国 4 500 多家门店，比如塔吉特、Urban Outfitters、American Eagle Outfitters、Lord & Taylor 和丝芙兰内都使用了这种技术。

尽管有支持者声援信标营销，但信标技术尚未彻底改变移动营销。信标需要用户开启蓝牙。但在美国，只有 20% 的智能手机用户开启了蓝牙功能，另有 20% 的用户认为他们的智能手机没有蓝牙功能（尽管他们很可能已经安装了）。消费者还可能担心在商店或街道上被跟踪对隐私和安全的影响（Kwet，2019）。许多人不想被店内通知打扰，否则他们会感到不满。一家信标平台公司发现，向店内消费者推送通知实际上会导致应用程序的使用减少，超过一个推送通知会导致应用程序的使用减少 300%（Looper，2017；da Silva，2017；eMarketer, Inc.，2016）。尽管如此，信标技术市场预计将持续增长到 2024 年，届时预计将超过 100 亿美元。苹果的 iBeacon 预计将占据超过 50% 的市场份额，而谷歌的 Eddystone 项目也预计在此期间持续增长。零售部门预计将是收入的主要来源，占比超过 55%（DeCode Staff，2019；Nechay，2019；Wadhwani，2018）。

7.4.9　开始一个基于位置的营销活动

与其他所有营销活动一样，首先要确定你的目标，了解基于位置的营销活动将如何帮助你的业务。基于位置的营销通常比其他形式的网络营销更注重行动。一个人在一个特定的地方只停留很短的时间，一般以分钟或小时计，很少是几天或几周。如果你想让消费者做点什么，那么需要分秒必争。你的产品或服务有这种特性吗？你的产品是否与一个人的位置有关？你的产品有什么特别吸引特定地点和时间的移动用户的地方吗？很少有产品或服务与位置不相关。

接下来，考虑你的活动和产品的目标人群。位置感知的消费者（那些拥有移动设备并熟悉基于位置的服务的消费者）往往是更年轻、受教育程度更高、更富有的人。他们有许多移动购物者都具备的特征。

对你的市场空间进行战略分析非常重要。为了进行基于位置的营销活动，你需要回答与非位置感知的移动营销活动相同的问题，比如了解你的竞争对手在做什么。

一旦你计划好了自己的市场营销活动并确定了自己的市场，就该执行你的移动营销活动了。你在执行移动营销活动时所遵循的步骤同样适用于基于位置的营销。需要注意的是，你不可能一次做完所有的事情，即以移动为中心和基于位置的操作。首先从简单的本地搜索开始，然后再考虑更复杂的本地营销策略。

7.4.10　衡量基于位置的移动营销结果

衡量基于位置的移动营销活动是否成功的方法有很多，有些方法非常复杂。活动成功与否取决于活动的目标，你是希望提高品牌知名度、将顾客带到你的零售店，还是希望人们预订音乐会的点击呼叫活动？

因为移动本地营销与传统和移动网络营销使用相同的营销形式，所以衡量效果的基本标准是相似的。例如，印象数（看到广告的人）、点击率和独立访客数是衡量移动本地营销活动的基本指标。但是与传统的网络营销或简单的移动营销相比，基于位置的移动营销更加个性化和社会化：它是一种基于用户的位置指向用户的个人移动设备的营销方式。当地的移动营销人员希望消费者能够立即采取后续行动——查询、预订、点击呼叫、加好友，并最终购买。表 7-17 介绍了基于位置的移动营销结果的衡量指标。基于位置的营销活动的性质决定了你该如何去衡量成功与否。例如，在点击呼叫活动中，你希望测量呼叫量、呼叫持续时间、新客户与现有客户的对比，以及意外呼叫或恶意呼叫的数量。

表 7-17　衡量基于位置的移动营销结果

营销过程	衡量指标
粉丝获取	印象；点击率；移动或桌面网站、应用程序的独立访客数；网页浏览量；网站在线时间
访问	查询；暂留；实体店访问；点击呼叫；查看地图了解方向；注册；获取更多信息；帖子和评论；优惠响应；每个访问者的点赞；点击呼叫率
放大化	向朋友的推荐信息；向朋友通知店铺位置；向朋友分享位置或优惠
培育社区	访问者或回复者生成的内容；评论；帖子；积极评价
增加销售额	购买；本地移动活动带来的销售额增长率；本地移动客户的百分比

7.5　电子商务相关职位

社交营销是网络营销中增长最快的细分市场之一（另一个是移动营销），据估计，2020 年广告主将在这一细分市场上花费超过 380 亿美元。如果你喜欢使用社交媒体，社交营销的相关职业可能非常适合你。可能的职位包括社交媒体营销助理、社交媒体分析师、社交媒体协调员、社交媒体规划者、社交社区经理和社交媒体战略家等。

7.5.1　公司简介

该公司是一家营销和公关公司。成立于 2005 年，作为一家传统媒体平台机构，它已经将其业务重点转移到社交媒体平台，如脸书、Pinterest 和推特。该公司为金融服务、出版和教育机构的各种客户设计、开发和管理网站、社交网络页面、博客和长篇研究报告。该公司拥有从内容创作者到图形艺术家、网页设计师、研究人员和数字营销专家等来自多个领域的 550 名员工，公司的发展重心是社交营销和移动营销活动。

7.5.2　职位：社交媒体营销助理

你将与数字营销部门合作。社交媒体营销助理是一个初级职位。社交媒体营销协会（Social Media Marketing Associate）为涉及社交媒体营销的非营利组织和企业客户创建内容和管理具体项目。

- 为多个客户创建各种类型的社交媒体营销活动内容。
- 撰写和编辑博客文章。
- 创建和编辑长篇内容（电子书、报告、信息图表、幻灯片等）。
- 使用营销软件工具创建登录页面、表单和广告内容。
- 管理各种社交网络上的付费促销活动。
- 对社交媒体广告活动进行 A/B 测试。
- 创建和编辑报告。校对印刷和数字内容中的语法和排版错误。
- 为制定社交媒体营销策略进行头脑风暴。

7.5.3　资格/技能

- 人文、社会科学或市场营销专业，数字营销、电子商务和/或图形设计相关专业。
- 对客户的事业/业务目标感兴趣。
- 愿意在协作环境中解决问题。
- 较强的组织能力，关注细节。
- 渴望在学习和职业发展中成长。

7.5.4　面试准备

第 7 章为你提供了有关社交营销职位面试的基本材料。回顾 7.1 节，你可以展示你对社交营销的趋势的了解，特别是与消费者对话而不是简单地展示广告的想法。移动营销的快速增长及其与本地营销的关系也很重要。回顾 7.2 节，可以展示你对社交营销的参与者和社交营销过程的理解（见图 7-4）。放大化和培育社区是社交营销成功的关键。你的新职位很有可能会利用一个或几个主要的社交平台，包括脸书、推特、Pinterest，最有可能的是 Instagram。回顾 7.2 节中介绍这些社交网络营销工具的相关内容。还要注意如何衡量每个社交网络的营销结果。你可以通过描述一些成功的营销活动来给面试官留下深刻印象，这些营销活动列在表 7-3、表 7-7 和表 7-11 中。证明你知道儿童参与社交营销的问题和当前讨论的观点可能会为你的表现锦上添花，这部分知识呈现在"社会透视"专栏的"社交网络时代的网络儿童营销"。虽然职位描述没有明确提到移动营销，但毫无疑问，社交营销和移动设备是密不可分的。回顾 7.3 节了解移动营销的增长以及移动用户在社交网络上花费了多少时间。职位描述中没有提到基于位置的营销，但是公司的一些客户可能对基于位置的营销感兴趣，所以最好看看表 7-16 中的基于位置的营销工具。

7.5.5　可能的面试问题

1. 你有哪些创建社交媒体内容的经历？

如果你没有为企业创建社交媒体内容的经验，那么考虑一下你在自己的社交网络上发布的内容类型、你发布内容的目的以及你的内容对目标受众的影响。如果你曾参与过社交媒体营销活动，请描述你的角色、你所面临的挑战以及你是如何应对这些挑战的。

2. 我们的一个客户是一家专注于健康和锻炼的媒体公司。目前，它的主要市场是 55 岁以上的成年人。客户希望目标群体是 24～36 岁的群体。你认为像这样的公司应如何利用脸书或其他社交网络来推广自己的产品？

你可能会说，千禧一代非常喜欢视频，YouTube、脸书和 Instagram 的视频工具是进入这个市场的好方法。此外，如果脸书动态消息的展示广告能够针对正确的群体，比如对锻炼感兴趣的人，或者关注健康和锻炼主题的网络用户，那么这种方式是非常有效且成本又低的。你可能还会提到，千禧一代更有可能在社交网络上使用他们的移动设备，因此应该注重接触更年轻的移动用户。

3. 我们的一个客户是一家地区零售银行。它发现越来越多的用户使用手机获取服务。你会如何推荐这家银行使用社交营销？

因为这家银行已建有一个使用移动设备的用户群，所以你可能会建议这些人是脸书和推特或专业人士聚集的领英等社交网络的理想受众，这也正是这家银行想要吸引的新用户。此外，银行自己的移动应用程序也是展示新产品和新服务的理想场所。

4. 我们的许多客户都是小型企业，比如健康食品店、餐馆和专业零售商。你认为它们可以使用哪些社交媒体接触当地消费者？

本地企业非常适合使用社交移动营销来接触它们的用户。谷歌是最大的本地营销公司之一，可以提供位置、联系方式、产品和服务描述。此外，基于位置的营销也可以在脸书和其他社交网络上使用。当地企业可以利用该公司的帮助来创设谷歌广告、脸书页面，并实施地理营销计划，其中可能包括邻近营销技术和店内信息。

5. 对我们的大多数客户来说，网络营销过程已经发生了变化，部分由于人们正在使用多个屏幕，从电视到台式机，再到手机。我们应该如何建议我们的客户使用哪些平台，以及如何在所有这些渠道上建立一个一致的品牌？

你可以通过赞同多屏幕环境意味着一个广告不能在所有平台上使用，而是需要调整以适应不同的设备和屏幕尺寸这种说法来打动面试官。在所谓的响应式设计中，图形和创意元素需要针对每个平台进行调整。在某些情况下，公司可能不得不为不同的平台开发非常不同的广告。这或许会增加成本。但是公司的广告需要同时出现在台式机和移动设备上。

问题 ////////////////////

1. 列出使得社交、移动和本地营销区别于传统网络营销的两个因素。
2. 为什么社交、移动和本地营销工作是相互关联的？
3. 为什么社交营销、移动营销和本地营销之间的关系对市场营销人员很重要？
4. 社交营销的目标是什么？
5. 主要的社交网络有哪些？
6. 社交营销过程中的五个要素是什么？
7. 为什么 Snapchat 对广告主很有吸引力？
8. 列举并阐述脸书的营销工具。

9. 如何衡量一个脸书社交营销活动的结果？

10. 列举并阐述推特的营销工具。

11. 如何衡量一个推特社交营销活动的结果？

12. Pinterest 上的帖子和展示广告有什么相似之处？

13. 列举并阐述 Pinterest 的营销工具。

14. 为什么移动营销不同于台式机上的营销？

15. 增长最快的移动电子商务平台是什么？为什么？

16. 为什么应用程序内广告对市场营销人员很重要？

17. 多屏幕环境是什么？它如何改变市场营销？

18. 移动设备上的广告形式有哪些？

19. 为什么基于位置的营销对市场营销人员很有吸引力？

20. 列举并阐述基于位置的营销工具。

电子商务中的道德、社会和政治问题

学习目标

学完本章，你将能够：

● 理解为什么电子商务会引发道德、社会和政治问题

● 理解与隐私权和信息权有关的概念，威胁隐私权的电子商务企业实例，以及保护在线隐私的各种技术

● 理解知识产权的不同形式和保护知识产权所面临的挑战

● 理解互联网的监管方式，以及为何征收电子商务税会引发治理和管辖权问题

● 了解电子商务引发的主要公共安全与福利问题

章首案例   **被遗忘权：欧洲引领互联网隐私权保护**

2014 年，在欧洲最高法院欧盟法院（CJEU）做出裁决之后，谷歌被迫开始删除在欧洲的某些搜索引擎查询结果。这项裁决允许人们要求谷歌删除某些通过搜索个人姓名就能找到的个人信息的链接，这被称为"被遗忘权"（缩写为 RTBF，有时称为"除名权"）。基于个人有权管理自己的在线个人信息和公众形象这样的简单理念，欧盟法院的裁决可以说是欧洲数字隐私新纪元的开始。谷歌、脸书、推特和其他许多美国互联网公司的商业模式几乎完全依赖于对个人信息没有限制的采集和使用。这些公司反对个人有权管理其个人在线信息的想法并进行游说。然而，欧盟法院的决定是最终的，谷歌与其他主流搜索引擎已经开始执行这一裁决，这项任务看起来简单，在实际执行中却极其困难且费用高昂。

欧盟法院的裁决是基于西班牙公民马里奥·科斯特亚·岗萨雷斯（Mario Costeja Gonzalez）在 2010 年对西班牙报纸和谷歌西班牙公司及谷歌美国总公司提起的诉讼，谷歌将他的名字与报纸上的一个拍卖公告联系起来，称他的房子已被收回并出售以偿还债务。谷歌搜索岗萨雷斯的名字，返回的最显眼的链接就是报纸公告。岗萨雷斯起诉称，他的债务和丧失抵押品赎回权的问题多年前就已经解决，这条链接与他现在是不相关的，并且是对欧盟《数据保护指令》所规定的个人隐私权的侵犯。该法规规定了欧盟成员国的个人信息的处理。岗萨雷斯要求报纸删除或修改它在网上发布的网页，并要求谷歌删除他的名字与报纸上的拍卖公告之间的链接。岗萨雷斯表示，比起自己的网络形象受到影响，他更担心这会影响他的律师工作和声誉，以及对他法律业务造成潜在伤害。欧洲还有成千上万的其他用户要求谷歌删除他们认为关于他们名字的不恰当的、不准确的、不相关的和侵犯他们隐私权的链接。

谷歌和这家报纸争辩称，因为提供西班牙谷歌搜索结果的服务器位于欧洲以外，所以欧盟的规则和隐私权立法并不适用。谷歌还认为，它只是一个提供到他人存储信息的链接的搜索引擎，而不是数据存储库，并且它不对其他组织所存储信息的准确性和相关性负责。因此，谷歌声称它不必遵守欧盟的《数据保护指令》，因为该指令只涉及数据存储库。最后，谷歌坚称，根据欧盟法律，个人没有权利要求搜索引擎将其个人数据删除。谷歌在公开声明中还表示，要回应成千上万个删除链接的请求是非常困难乃至不可能的；授予这些权利将允许犯罪分子、欺诈者、性侵犯者和腐败的政府官员改写历史；响应请求的成本非常高昂，而且有可能限制未来的创新。

2014 年，欧盟法院裁定，欧盟的数据保护法规不受地域限制，并且无论服务器位于哪里，它都适用于搜索引擎。法院认为搜索引擎在欧盟内是个人数据的"控制者"，因此必须遵守欧盟的规定。在此之前，像谷歌这样的搜索引擎仅仅被认为是在线数据的处理器，因而在欧洲不受《数据保护指令》的约束。最后，法院认为欧洲人确实有权在信息不准确、不充分、不相关或侵犯隐私权的情况下，要求搜索引擎删除关于他们的个人信息的链接。搜索引擎提供的自由获取个人信息的功能取得的经济利益并不能成为干涉个人被遗忘权和个人隐私权的理由。

法院还进一步说明，被遗忘权不是绝对的，而是必须与其他权利和义务，如言论自由、新闻自由以及更广泛的公众利益相平衡。例如，法院的裁决并没有要求该报纸修改档案中的任何一页，冈萨雷斯的拍卖公告原件依然保留。公众还关心的是确保已定罪的罪犯不得删除其犯罪记录，这些记录在大多数司法管辖范围内都是公共记录。法院要求对信息的类型、信息对个人私生活可能造成的损害以及公众获取这些信息的兴趣进行评估，而不是赋予所有人从搜索引擎上删除信息的无限制的权利。此外，对于公众人物来说，比如政客、名人或商界领袖，公众对知情的兴趣可能会超过被遗忘的私人利益。

法国的监管机构希望进一步扩大被遗忘权。它们要求谷歌在全球范围内，而不仅仅是在欧洲服务器上删除需删除的搜索结果。最初的裁决或欧盟法规并不要求其遵守这一水平的承诺。2016年，因谷歌未能从美国服务器上删除资料，法国对其处以 11.2 万美元的罚款。谷歌就这一决定向欧盟法院提起上诉，并向美国商务部表达了担忧。谷歌认为欧盟法院的判决会影响美国互联网用户的体验。2019 年 9 月，欧盟法院做出了有利于谷歌的裁决，宣布被遗忘权不是绝对的，并且只能适用于欧盟内部。然而，尽管有了这项裁决，法国监管机构仍然表示，如果认为有必要保障个人的隐私权，它们仍可能要求谷歌删除全球搜索结果。

对欧盟法院裁决的反应以及法国为扩大被遗忘权所做出的努力表明，在隐私权以及管理个人信息与言论和出版自由之间的平衡方面，欧洲和美国存在着较大的分歧。在欧洲，许多国家将这一裁决视为对抗傲慢的美国互联网公司以及他们对于用户隐私权毫不在乎的态度的胜利。美国的报纸和技术专家强调新闻自由的重要性，并且警告人们不要试图掩盖过去做的坏事。但是，调查显示有将近 90% 的美国人支持保护某种形式的被遗忘权。

截至 2020 年 7 月中旬，谷歌表示已经收到超过 948 000 个来自人们的请求，这些人希望删除超过 372 500 万条与他们有关的在线信息的链接，根据内部准则，谷歌已经删除了其中 46.5% 的链接。几乎 60% 的删除请求来自法国、德国、西班牙和英国。大约 1/4 的请求与社交媒体和目录网站的链接有关，20% 的请求与有关个人的新闻报道相关。前 1% 的请求者生成了 20% 的请求。尽管谷歌指出其删除率表明它对删除哪些内容持有公平的判断，但批评者抱怨说，决定权不应该交给私营公司。

　　当欧洲人对谷歌的决定不满时，他们会向当地法院上诉，结果好坏参半。在芬兰，高级法院裁定一名被判谋杀罪的男士要求删除其相关链接是正当的。这名男子的健康情况得到认定并借此免除了他在此案中的大部分责任，虽然他的罪行非常严重，但法院裁定他的隐私权胜过公众的知情权。在英国，有两个曾在 20 世纪 90 年代被判白领犯罪的人为获得被遗忘权而起诉。其中一个犯财务欺诈罪，法院认定该犯罪行为与公众利益有关，因而不应该删除这一信息；另一个人被判秘密监视和拦截通信罪，但是法院认为这个案件与公众利益无关，因而支持他被遗忘权。或许法院裁决中最重要的一点是，法院驳回了谷歌的主张，即谷歌应受到支持新闻记者的条款的保护。法官裁定，谷歌不应仅仅因为提供新闻内容的访问权而被视为记者，因为它完全依靠外部网站获取这些内容。2020 年，比利时数据保护机构对谷歌处以 68.4 万美元的罚款，原因是谷歌未能删除一位据称是比利时知名公民的相关链接，该链接包含未经证实的骚扰指控，并以不实的方式描述了他的政治信仰。该机构表示，谷歌在删除链接这方面显得很随意，因为其所做的声明是过时的、不成立的，并可能对公民产生严重影响。谷歌正在上诉。

　　2018 年，欧盟《通用数据保护条例》增加了许多与被遗忘权有关的条款，包括列出个人要求从搜索结果中删除链接的正当理由。在美国，《加州消费者隐私法》规定，加州居民有权要求删除某些企业收集的个人信息。尽管没有《通用数据保护条例》那么广泛，但《加州消费者隐私法》是美国第一个包含了类似于被遗忘权的权利的法规，可能预示着其他州也会有类似的法规出台。

资料来源："Google Transparency Report," Transparencyreport. google. com, accessed July 15, 2020; "Google Fined ＄684 000 Over 'Right to be Forgotten' Failure," by Katie Collins, Cnet. com, July 14, 2020; "California 'Right to Be Forgotten Law'," by Emilie Elliott, Carnaclaw. com, October 28, 2019; " 'Right to Be Forgotten' Privacy Rule Is Limited by Europe's Top Court," by Adam Satariano, *New York Times*, September 24, 2019; "Finnish Court Issues Precedent 'Right to be Forgotten' Decision for Google to Remove Data," Yle. fi, August 7, 2018; "Google Warns Against Possible Expansion of 'Right to be Forgotten'," by Wendy Davis, Mediapost. com, July 26, 2018; "The Right to Be Forgotten Risks Becoming a Tool to Curb Free Press," by Michael J. Oghia, Opendemocracy. net, July 9, 2018; "When 2 + 2 Might Equal 5," by Floyd Abrams, *New York Times*, May 7, 2018; "How Does California's Erasure Law Stack Up Against the EU's Right to be Forgotten," by Shaudee Dehghan, Iapp. org, April 17, 2018; "High Court Establishes 'Right to Be Forgotten' in English Law," by Abigail Healey and David Engel, Lexology. com, April 16, 2018; "Google Seeks to Limit 'Right to Be Forgotten' By Claiming It's Journalistic," by Chava Gourarie, Cjr. org, April 6, 2018; "GDPR: Look Out for 'Right to Be Forgotten Storms' Ahead," by Jon Oltsik, Csoonline. com, March 15, 2018; "The Right to Erasure or Right to Be Forgotten Under the GDPR Explained and Visualized," I-scoop. eu, accessed 2018; "The Right to Be Forgotten Is the Right to Have an Imperfect Past," by Susan Moore, *The Guardian*, August 7, 2017; "UK Citizens to Get More Rights Over Personal Data Under New Laws," by Rowena Mason, *The Guardian*, August 6, 2017; "Google's Right to Be Forgotten Appeal Heading to Europe's Top Court," by Natasha Lomas, Techcrunch. com, July 19, 2017; "The Right to Be Forgotten," by Martin von Haller, Digitalbusiness. law, June 16, 2016; "Google Takes Right to Be Forgotten Battle to France's Highest Court," by Alex Hern, *The Guardian*, May 19, 2016; "Google to Extend 'Right to Be Forgotten' to All Its Domains Accessed in EU," *The Guardian*, February 11, 2016; "Google Will Further Block Some European Search Results," by Mark Scott, *New York Times*, February 11, 2016; "Right to Be Forgotten? Not That Easy," by Danny Hakim, *New York Times*, May 29, 2014; "EU Court Ruling a Victory for Privacy," Der Spiegel, May 20, 2014; "After European Court Order, Google Works on a Tool to Remove Links," by Mark Scott, *New York Times*, May 15, 2014; "Factsheet on the 'Right to Be Forgotten' Ruling," Court of Justice of the European Union, May 14, 2014; "European Court Lets Users Erase Records on Web," by David Streitfeld, *New York Times*, May 13, 2014; "Daily Report: Europe Moves to Reform Rules Protecting Privacy," *New York Times*, March 13, 2014.

就互联网和电子商务快速发展历程中出现的道德、社会和政治问题而言，在互联网上应该如何保留或删除个人信息只是问题的冰山一角。例如，正如在章首案例中所讨论的那样，一旦用户信息被放置在互联网上，用户是否会失去对所有个人信息的控制权，这个问题在美国仍然有待讨论。相比之下，在欧洲，用户确实拥有保留个人信息的权利。这些问题不仅仅是我们作为个人必须回答的道德问题，还涉及社会组织，如家庭、学校、商业公司，在某些情况下还涉及整个国家。同时这些问题有明显的政治影响，因为其中包含对于我们应该如何生活以及在什么法律体制下生活的集体选择。

在本章中，我们将讨论电子商务引发的道德、社会和政治问题，提供组织这些问题的框架，并为那些在普遍接受的标准下负责经营电子商务公司的管理者提出建议。

8.1 理解电子商务中的道德、社会和政治问题

互联网及其在电子商务中的应用，引发了普遍的道德、社会和政治问题。为什么会出现这种情况？为什么互联网是当代众多争议的根源？这与互联网技术本身的某些特质以及企业利用互联网技术的方式都有关系。互联网技术及其电子商务应用瓦解了现有社会与商务间的关系以及人们对这些关系的理解。

回顾表 1-2 中列举的电子商务技术的种种特性，表 8-1 并没有从每个特性出发考虑其对业务的影响，而是列出了电子商务技术特性的实际或潜在的道德、社会和政治影响。

我们生活在"信息社会"，信息和知识被视作核心资产，日渐成为权力和财富的象征。关于信息的争论通常涉及权力、财富、影响力和其他被认为有价值的东西的分歧。与蒸汽机、电力、电话、电视等技术类似，互联网和电子商务也能促进社会进步，并且这在很大程度上已得到验证。但是，这些技术同样会被用来实施犯罪、攻击无辜民众、破坏环境，甚至威胁我们珍视的社会价值观。汽车发明以前，跨州犯罪活动极少，自然不怎么涉及联邦管辖权问题。互联网亦是如此：互联网出现之前，根本没有所谓的"网上犯罪"。

尽管电子商务的发展让许多企业与个人受益匪浅，但个人、组织和社会也为此付出了代价。因此在探索道德和社会责任时必须慎重考虑相关的成本和收益。问题在于作为一名管理者，你如何对公司电子商务业务的各方面运营之道做出合理判断，如怎样保护用户隐私权，确保公司域名的完整性等。

表 8-1 电子商务技术特性以及潜在的道德、社会和政治影响

电子商务技术特性	潜在的影响
普遍性——在办公室、家里甚至任何地方，只要有移动设备就能在任何时候使用互联网/网络技术。	随时办公和随时购物会干扰正常的家庭生活；工作时上网购物会分散员工注意力，降低工作效率；移动设备的普及导致汽车和工伤事故频发；引发复杂的税收转移问题。
全球覆盖性——互联网技术打破国界的限制，覆盖全球。	减少产品的文化多样性；削弱本地小型企业，促进大型跨国公司的扩张；商品制造被转移到工资水平更低的国家和地区；削弱所有国家——不论大小——对本国信息的控制。

续表

电子商务技术特性	潜在的影响
通用标准——全球共用一套技术标准，称为互联网标准。	更易受到世界范围内恶意代码和黑客的攻击，一次伤害可能波及数百万网民；提高了"信息"犯罪、计算机系统犯罪和诈骗发生的概率。
丰富性——视频、音频、文本消息应有尽有。	"屏幕技术"将人们的注意力转移到视频和音频内容上，减少了对文本的使用和降低了潜在的阅读能力；潜在的非常有说服力的信息可能会降低人们对众多独立信息源的依赖。
交互性——互联网技术需要与用户交互来发挥作用。	电子商务网站的交互性可能是浅显且无意义的；客户不经常阅读收到的营销邮件；用户并未像"共同生产"销售那样真的"共同生产"产品；真正定制的产品少之又少，通常是通过预先设立通用模板或插件选项来实现。
信息密度——互联网技术降低信息成本，提高信息质量。	随着可用信息总量的不断增加，虚假信息、有误导性的信息、无用的信息以及孤独感入侵也随之增加；信息的可靠、真实、准确、完整以及其他质量特性都可能有所下降；个人和企业理解海量信息的能力有限。
个性化和定制——互联网技术能够向个人或群体输送个性化内容。	出于商业和政治目的而侵犯隐私的概率将空前提高。
社交技术——互联网技术支持用户生成内容，建立社交圈。	为网络暴力、言语辱骂和掠夺性竞争创造机会；隐私权、公平使用和同意使用已发布信息的观念受到挑战；为有关机构和企业监视私人生活提供新的渠道。

8.1.1 一种组织问题的模式

电子商务和互联网引发的道德、社会和政治问题繁多，很难将它们一一归类，因此也难以理清种种问题之间的相互关系。但很显然，道德、社会和政治问题确实彼此关联。图 8-1 所示的方法可用于组织电子商务所涉及的道德、社会和政治问题。个人的道德问题——"我该做什么"，都会反映到社会和政治层面——"社会和政府该做什么"。互联网企业的管理者所面临的道德困境将产生反响并在社会和政治辩论中体现出来。电子商务发展过程中所出现的道德、社会和政治问题大致可从四个维度即信息权、财产权、监管、公共安全与福利来探讨。

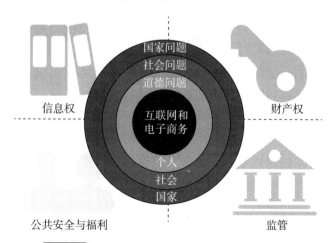

图 8-1 道德、社会和政治问题的四个维度

注：互联网和电子商务的引入影响着个人、社会和政治机构。这些影响可以分为四个维度：财产权、信息权、监管、公共安全与福利。

在这些领域提出的道德、社会和政治问题包括：

● 信息权：当互联网技术能够轻而易举地收集各种信息时，在公共场所或私人领域，人们对自己的私人信息还享有哪些权利？对企业或其他组织的信息，人们又拥有哪些访问权？

● 财产权：在互联网环境下，版权作品的复制可在几秒钟内完成并传播到全世界，在此种情形下传统知识产权该如何保护？

● 监管：互联网和电子商务活动是否受公共法律的约束？如果是，哪家立法机构有管辖权——州政府、联邦政府还是国际机构？

● 公共安全与福利：应该采取哪些手段来保证大家都能公平地使用互联网和电子商务？政府是否有责任确保所有的中小学和高校都接入互联网？某些在线内容和活动，如虚假新闻、色情内容、赌博以及匿名发布的仇恨言论，是否会对公共安全与福利造成威胁？那联网汽车呢？移动设备是否允许进行移动电子商务？

举例来说，想想在任何时期，社会和个人的道德平衡状态都来源于个人、社会组织和政治团体间的相互制约。个人知道自己应当做什么，企业等社会组织也深知自身的局限、能力和职责，政治团体则负责制定市场法规、银行法和商业法，从而能够惩治各类违法犯罪行为。

现在，假设将互联网和电子商务引入当前平衡的环境中。一时之间，个人、企业和政府发现可以借助这些新技术做一些新事情。例如，人们发现可以从网站上免费下载音质完美的数字音乐，这在原有的 CD 技术下根本无法实现。然而，数字音乐的下载忽略了一个事实，即从法律角度来说，这些数字音乐依然属于音乐家和唱片公司等版权所有者。企业则能从中发掘新的商机，虽然从传统意义上说它们并不"拥有"数字音乐的版权，但可以通过为音乐爱好者收集各种数字音乐或者建立一套共享机制来开展新业务。起初，唱片公司、法院和国会并没有准备好应对在线数字拷贝带来的冲击。法院和立法机关不得不出台新的法律，就版权作品的数字副本归谁所有、在何种情况下允许共享数字副本等问题达成决议。要形成新标准、完善新法律并使社会成员对新环境中可采取的行动达成共识绝非易事，起码要花费数年时间。与此同时，个人和企业管理者都必须思考当身处与道德原则相冲突但尚未有相关法律条款制约的"灰色地带"时应如何行事。在此情形下，人们该如何做出正确的决策？

在深入探讨以上四个维度的问题之前，我们先简要地回顾一些基本伦理的概念，包括个人做出道德决策时应遵循的指导原则，以及分析互联网社会和政治问题时通用的推理规则。

8.1.2 基本的伦理概念：责任、问责、法律责任和正当程序

社会和政治团体对互联网争论的核心就在于伦理问题。所谓**伦理学**（ethics），就是对道德准则的研究，个人和组织都基于这些准则判断自身行为的是与非。伦理学研究假定个人是拥有道德感且能够完全自主决策的行为人，探讨当面临不同的行动方案时，哪一种是最符合道德的选择。尽管将个人领域的伦理研究扩展到企业乃至整个社会相当困难，但并非不可能。只要是存在决策主体或个人（如董事会主席、公司 CEO 或政府机构），就可以利用一系列的道德准则对其决策加以判断。

了解一些基本的道德准则，能够提高人们对社会或政治争论的推理判断能力。西方文化中有四条原则为所有伦理思想学派所公认：责任、问责、法律责任和正当程序。**责任**（responsibility）指的是作为自由的道德主体，个人、组织和社会都必须对自身行为负责。**问责**（accountability）意味着个人、组织和社会应该就其行为的后果对他人负责。第三个原则——**法律责任**（liability）将责任和问责概念延伸到法律范畴。法律责任是政治制度的一个特征，在这种制度中，法律机构允许个人要求其他行为者、制度或组织就对其造成的损害进行补偿。**正当程序**（due process）是法治社会的特征，指法律从为人知悉到理解，再到由最高权力机关公正执行的过程。

有了这些概念，我们就能很快理解当今互联网引发的种种争议。回忆一下美国联邦最高法院对米高梅（MGM）诉 Grokster 等案的开创性判决。米高梅控告 Grokster 等 P2P 网站侵犯其作品版权。法院认为，Grokster、StreamCast、Kazaa 等 P2P 文件共享服务商的出发点和目的在于帮助交换仍受版权保护的音频和视频文件，这类文件共享服务商应该被问责，并立即关闭相关网站。尽管 Grokster 等网站知晓其软件经常被用于交换非法数字音乐文件，但它们辩称人们实际上经常进行合法的文件共享。它们还坚称自己不应当为个人用户使用其产品的行为承担责任，就像施乐无须为人们使用复印机的行为负责一样。最终，最高法院裁决 Grokster 等网站有意将其技术用于非法文件的共享和下载，而且以该功能作为营销重点，事实上间接促成了使用者的非法行为，应当承担责任。最高法院的判决是依据版权法做出的，但可以看出，这些法律条款体现了责任、问责、法律责任等基本的道德准则。

以前人们认为互联网是不受监管、难以控制的"蛮荒西部"，Grokster 案件的判决结果彻底否定了这一观点。在定义明确的情形下，执法机关会介入以确保互联网的合法使用。长期看来，任何有组织的文明社会都不会接受技术高于社会基础文化价值观的观点。迄今为止，所有的工业和技术革命期间，社会都会受到法律和政治的干预，以保证在不阻碍创新和财富创造的前提下使技术产生可为社会接受的正面效应。从这个意义上说，互联网也不例外。我们希望全世界都能对互联网和电子商务进行更加切实有效的管控，从而达到改革创新和财富创造的一个新平衡，并且促使其他社会所期望的目标的实现。这一愿望的实现非常困难，而对于如何实现也是仁者见仁，智者见智。

8.1.3　分析道德困境

道德、社会和政治争议时常会陷入两难的困境。**困境**（dilemma）通常是指至少存在两种完全对立的选择，每种选择都会产生合理的结果。当面临道德困境时，如何对其进行分析推理呢？以下五个步骤或许会有所帮助。

1.认清事实。首先我们必须弄清楚到底是何人在何时、何地对谁做出怎样的举动，以及他是如何做的。许多案例中存在最初报道的情况与事实不符的问题，另外，通常情况下只要认清事实就能很快地锁定解决问题之道。此外，认清事实还可促进陷入困境的双方就事实本身达成共识。

2.找出冲突或困境所在，认清牵扯其中的更高价值诉求。道德、社会和政治问题总会牵扯到更高的价值。否则，不可能一直争执不下。争论双方都会声称自己是在追求更高的价值（如自由、隐私权、产权保护、自由企业制度等）。例如，针对谷歌营销平台（前身为 DoubleClick）等广告网络的使用问题，支持者认为跟踪消费者的网络活动能够提高市场效率，从而增加整个社会的财富。反对者则称所谓的高效率是以牺牲个人隐私权为代价的，广告网络应当立即停止这类行为，或者至少应当给予用户自主选择是否被跟踪的权利。

3. 识别利益相关方。任何道德、社会和政治问题都有利益相关方，包括最终结果的受益方、投资方和各方发言人。找出这些利益相关方，认清各方的诉求，这将对后续解决方案的设计大有好处。

4. 提出可接受的合理方案。你会发现没有一种方案能同时满足各方的需求，但有些主张确实明显优于其他观点。有时，一个好的或者合乎道德的解决方案并不一定要在所有的利益相关方间达成平衡。

5. 仔细考虑所提方案的潜在后果。有些方案从道德上讲可能无懈可击，但从其他角度看可能糟糕透顶。也有些方案可能在某种情况下可行，但在其他类似情况下毫无作用。因此需时常思考："一旦做此选择，后果会怎样？"

分析完成后，你就可以参照以下公认的道德准则制定决策。

8.1.4　可供选择的道德准则

尽管你可以最终决定优先遵守哪些道德准则，但多了解各种文化中源远流长、深入人心的道德准则对你做决策是有帮助的。

● 黄金法则："己所不欲，勿施于人。"站在他人的立场思考，把自己看成决策结果的影响对象能够帮助你在决策时兼顾公平性。

● 普遍主义原则：如果一项决策对所有情况都不适用，那么对于任何特定情况都不会合适（伊曼努尔·康德的绝对命令）。问问自己："如果每项决策都遵循某个原则，组织或社会能持续发展吗？"

● 滑坡理论：如果某个方案无法重复使用，那么它就根本不应该被采纳。有些方案在某种情况下能够解决问题，但重复使用可能导致负面结果。简单来说，这条原则意味着"一旦开始从光滑的斜坡上往下走，你就可能无法停止"。

● 集体功利主义原则：选择能实现社会整体价值最大化的方案。这条准则假定我们已对各种方案进行价值排序，并且清楚地知道不同行为的后果。

● 风险规避原则：选择产生最少负面效应或最小潜在成本的决策。有些方案一旦失败，代价极高，这些方案中有的发生概率很低（如在城市内建造核电站），有的发生概率中等（如超速驾驶导致交通事故）。尽量避免若失败则代价非常大的决策，而选择那些即使失败也不至于造成灾难性后果的方案。

● "天下没有免费的午餐"原则：除非特别说明，否则应当假定一切有形和无形的对象都归他人所有。如果他人创造的东西对你有用，那么它就有价值，你就应当默认创造者会向你索取报酬。

● 《纽约时报》测试（完备信息规则）：假设你对某件事的最终决定将会成为明天《纽约时报》的头条新闻，那么读者的反应会是正面的还是负面的？你的父母、朋友和孩子会因你的决定而感到自豪吗？大多数罪犯和不道德者都认为信息是不完备的，从而天真地以为事情永远不会被别人知道。因此，当你在道德困境中必须做出抉择时，最好事先假设存在具有完备信息的市场。

● 社会契约法则：如果你所支持的原则变成整个社会普遍接受的原则，你愿意生活在这样的社会中吗？例如，你也许认为可以下载非法复制的好莱坞电影是一件很棒的事，但你肯定不愿生活在不尊重产权（私家车道上的汽车所有权、学术论文或原创艺术品的知识产权）的社会。

当然，这些原则都不是绝对的真理，任何原则都存在例外和逻辑悖论。但无论如何，我们还是应该对那些无法经受这些原则检验的决策保持警惕，因为不道德的行为最终也会使你和你的企业遭受同样的伤害。

现在我们已经对基本的道德准则有所了解，下面就深入探讨电子商务中存在的各种道德、社会和政治问题。

8.2 隐私权和信息权

隐私权可以说是电子商务以及互联网和移动设备带来的不断变化的人类通信技术所引起的最复杂的道德问题。这可能是数字时代最微妙和最令人烦恼的问题，这个问题将贯穿整个 21 世纪。每个人都有独处的权利、自由思考而无需恐惧的权利以及控制个人信息使用的权利，但是我们如何运用这个理念去应对政商机构使用信息技术窥探个人隐私的强大趋势呢？

技术专家和政治家没有预料到的是，这些数字技术和设备已成为个人与他人和公司进行交互的主要手段。现在，智能手机和互联网是社会、政治和商业生活的中心。在快速扩张的在线商品和服务市场中，这些技术以前所未有的方式高效、准确地记录了人类市场行为。而由此产生的在线商家收集的个人隐私信息是史无前例的。关于如何管理这些信息，可使用的法律和条款非常有限，而且定义不甚明确。所以，常常会让用户觉得自己的个人信息在网络上失去了控制。事实上也的确如此。

8.2.1 什么是隐私权？

隐私权（privacy）是一个人能够享受独处，不受包括政府在内的其他个人或组织的监督和干扰的精神权利。隐私权是自由的支柱之一：如果没有不受恐吓地进行思考、写作、计划以及独立社交所必需的隐私权，社会和政治自由，特别是言论自由，也就变得非常脆弱，甚至可能被完全摧毁。没有隐私权，就不可能有一个民主的社会。

信息隐私（information privacy）是隐私权的子集。第一，无论个人最初是否同意收集信息，他们都有道德上的权利，来控制其被收集的信息的使用。个人应该能够编辑、删除和塑造政府与商业公司使用的在线个人信息。在这种观点下，正如章首案例所讨论的，个人甚至拥有**被遗忘权**（right to be forgotten）（Rosen, 2012）。

第二，个人在道德上有权知道他们的信息是何时被收集的，并且必须在收集其信息之前取得他们的同意。这是知情同意原则，即人们是理性的行为者，他们了解情况，并会在市场上做出自己的选择，包括决定是否提供他们的个人信息以换取某种利益。

第三，个人有权通过正当程序获得个人信息。收集、分享和传播个人信息的过程必须对所有人都公平和透明。个人信息系统——无论是公共的还是私有的——必须是公开的（无秘密系统），根据已发布的一套规则（使用政策条款）运作，该规则说明政府和公司应如何使用个人信息，并规定人们可以在记录系统中编辑、更正和生成其个人信息的方式。

第四，个人有权以安全的方式存储其个人信息。个人记录系统必须有适当程序来保护个人信息免遭入侵、黑客攻击和未经授权的使用。需要注意的是，虽然隐私权和安全并不相同，但它们是相关联的。如果不能保证个人信息的安全，隐私权就无从谈起。例如，臭名昭著的 Equifax 数据泄露事件使超过 1.45 亿人的详细信息被泄露，这不仅是安全漏洞，也是对隐私权的侵犯（Andriotis and Minaya，2017）。有关 Equifax 数据泄露的影响的进一步说明，请参见第 5 章的"社会透视"专栏中的案例。

美国联邦贸易委员会（FTC）制定了公平信息实践（FIP）原则（见表 8-2），其中就反映了个人信息隐私的这些原则。我们将在本章稍后进一步讨论联邦贸易委员会在保护个人隐私信息方面的作用。

表 8-2　FTC 的公平信息实践原则

注意事项/须知（核心原则）	网站在收集数据之前必须披露其信息操作的细节，包括数据收集者的身份、数据的使用、访问数据的其他人员、数据收集方式（主动/被动）、自愿或强制、消费者拒绝的后果，以及为保护数据的机密性、完整性和数据质量而采取的措施。
选择/同意（核心原则）	必须设立选择机制，允许消费者选择如何将其信息用于支持交易以外的次要目的，包括企业内部使用和第三方共享。必须提供接受/拒绝的选项。
访问/参与	应当向消费者提供一种快捷、低成本的方式，帮助消费者检查被收集数据的准确性和完整性，并向有关部门提出质疑。
安全性	数据收集者必须采取合理措施，保证消费者信息的准确性和安全性，防止未经授权的使用。
强制性	必须建立强制执行 FIP 原则的机制，如自我监管，对侵害消费者的行为进行法律救济的立法、联邦法规和监管。

资料来源：Based on data from Federal Trade Commission，1998，2000.

8.2.2　公共部门的隐私权：公民的隐私权

隐私权的概念、实践及其法律基础在公共部门与私人部门中是非常不同的。在公共部门，隐私权的概念由来已久，在美国和欧洲经历了两个世纪的法院裁决、法律和规章的演变。在私人部门，隐私权的概念是最近才出现的。而且在互联网时代，它一直处于一种不断变化、讨论颇多的状态。

在公共部门及政治、权力和权威领域，主张个人隐私权大多出现在欧美，最初是为了限制政治领导人——专制君主和总统等的权力，并在公民和他们的领导人之间建立一种可接受的关系。

在美国，这些主张被写入了宪法和《权利法案》。第一修正案保障公民的言论、结社和宗教自由，并禁止国会通过任何挑战这些权利的法律。第四修正案禁止政府人员无理由搜查和没收公民的房屋，并要求在搜查任何人的房屋之前，先根据可能的理由申请法院批准的搜查令。很久以后，第四修正案被拓展到家庭以外的一些非常有限的物理场所。在大多数机动车搜查中或证据显而易见的情况下，征得同意后不需要搜查令。第十四修正案禁止各州通过剥夺人们生命、自由或财产的法律，法院将其解释为保护家中个人的隐私权。

在这些法律中并未提及"隐私权"一词，但人们认为它们有重要价值（隐含地）。如果隐私权被剥夺，那么言论、结社和宗教自由就是不可能实现的。如果一个人的房屋不能免受政府的无理由搜查，那么就没有隐私权可言。

然而，在现代，仅依靠涉及宪法的裁决来保护个人是不够的。18 世纪的法案并没有定义个人对政府机构在日常管理过程中收集到的个人信息的权利，也没有定义公民获得政府机构创建的文件的权利。在 18 世纪、19 世纪没有包含个人信息的记录系统，政府经常以行政命令为由，为图方便拒绝向好奇的记者和普通公民提供政府文件。1974 年，美国国会通过了综合性的《隐私法》，首次定义了公民面对联邦政府记录系统时的隐私权。《隐私法》规定了联邦政府对数据的收集和使用，并定义了适用于联邦政府系统，例如由美国国税局和社会保障局创建的系统的公平信息实践原则。值得注意的是，《隐私法》的保护只适用于政府对隐私权的侵犯，而不适用于私人公司对个人信息的收集和使用。

除了《隐私法》，还有许多其他联邦法律（和州法律）保护个人免受不合理的政府侵犯（表 8-3 列出了一系列适用于美国政府的联邦隐私法）。这些法律试图在各种公开的个人信息系统中实施公平信息实践原则。

表 8-3　适用于美国政府的联邦隐私法

名称	说明
1966 年《信息自由法》	赋予人们查看政府文件中自己信息的权利；也允许其他个人和组织根据公众知情权要求公开政府记录。
1974 年《隐私法》（修正版）	监管联邦政府对联邦机构所收集数据的使用和披露。赋予个人查看和纠正记录的权利。
1980 年《隐私保护法》	禁止政府机关在办公室中无人涉嫌犯罪的情况下对新闻办公室和文件进行未经宣布的搜查。
1986 年《电子通信隐私法》	认定危害电子通信安全的行为属于违法行为。
1987 年《计算机安全法》	认定危害计算机文件安全的行为属于违法行为。
1988 年《计算机匹配和隐私保护法》	对政府机构使用计算机匹配文档的做法加以规范。
1994 年《驾驶员隐私保护法》	限制州政府车辆管理部门，使其只向具有合法商业目的的访问者公开个人信息。同时还规定驾驶员有权拒绝向商家和公众公开驾驶证信息。
2002 年《电子政府法》	监管联邦机构对个人信息的收集和使用。
2015 年《美国自由法》	对联邦机构大量收集美国公民的远程通信元数据的行为加以限制。

8.2.3　私人部门的隐私权：消费者的隐私权

20 世纪 60 年代，当美国第一个大规模的全国性计算机系统出现时，隐私权和索赔开始增加。例如，信用卡系统首次使零售商家和金融机构能够系统地收集有关消费者行为的数字信息。这是第一次出现非常大的私人的国家型数据库，其中包含了人们购买的任何东西、向谁购买以及在哪里购买的历史数据。大型国家私人信用评级机构出现并开始建立消费者信用记录，包括从信用卡到贷款支付的个人财务的众多细节。

这些事情的发展使得公众开始主张消费者隐私权。教育、健康和金融服务部门中的其他机构也开始建立涉及数百万公民的超大规模的数据库。随后，一系列适用于信用报告、金融、健康以及音像商店等特定行业的联邦和州法律出台（见表 8-4）。

表 8-4　影响私人部门的隐私法

名称	说明
部分联邦隐私法	
1970 年《公平信用报告法》	监管信用调查和报告行业。如果人们对自己的信用存在异议，他们有权查看信用记录，并按照一定程序进行纠正。
1974 年《家庭教育权利与隐私法》	要求中小学和大学向学生及其父母提供学生记录，并允许他们质疑并修正信息；限制学校向第三方泄露这些信息。
1978 年《金融隐私权法》	监管金融行业对个人财务记录的使用；建立了联邦机构获得这些记录所需的必要程序。
1984 年《有线电视通信政策法》	规范有线电视行业对订阅用户的信息收集和披露。
1988 年《视频隐私保护法》	禁止未经法庭命令或用户同意披露个人的视频租赁记录。
1998 年《儿童在线隐私保护法》	禁止使用欺骗手段获取、使用和泄露与儿童有关的在线个人信息。
1991 年《电话消费者保护法》	管理电话营销信息。美国联邦通信委员会修订了法规，使其也适用于通过文本、移动应用程序或其他形式的无线通信发送到移动设备的此类信息。此类信息发送需要消费者事先表示同意。
1996 年《健康保险携带和责任法》（HIPAA）	要求医疗保健提供者、保险公司以及其他第三方机构向消费者公布其隐私策略，同时建立正当程序制度。
1999 年《金融服务现代化法》（《格雷姆-里奇-比利法》）	要求金融机构告知消费者其隐私策略，并赋予消费者对自身信息一定的控制权。
部分州隐私法	
个人信息隐私	2018 年《加州消费者隐私法》赋予居民新的隐私权，即知晓任何类型的私人数据公司收集的个人信息和删除信息的权利，居民可以选择是否出售他们的信息，并通过可用形式访问他们的信息，如此他们就可将自己的信息转移到另一项服务中。
在线隐私策略	2003 年的《加州在线隐私保护法》是美国第一部要求商业网站所有者或网络服务商发布隐私策略的州法律。隐私策略必须声明会收集访问者的哪些个人身份信息，以及可能与哪些第三方共享这些信息。许多州要求政府网站公布隐私策略或程序，或将机器可读的隐私策略纳入其网站中。
数字设备隐私	《加州电子通信隐私法》要求执法部门在未经所有者同意的情况下在从智能手机和其他电子设备上获取信息之前，取得搜查令、窃听令或其他类似的授权。到目前为止，还没有任何州或联邦法律来定义在物联网设备，如亚马逊的 Alexa 上的隐私权。
间谍软件法规	加利福尼亚州、犹他州、亚利桑那州、阿肯色州和弗吉尼亚州等多个州都已通过法规，规定未经允许在用户电脑上安装间谍软件是违法行为。
安全漏洞披露	每个州都颁布了法律，要求私人或政府机构告知个人涉及个人身份信息的安全漏洞。目前没有综合的联邦法律来约束数据泄露、数据隐私权和网络安全问题。
数据加密	许多州要求健康、金融和保险公司对一些通过互联网传输的个人信息进行加密。

在美国，保护隐私权的模式并不是直接形成涵盖所有记录系统的一般隐私法规，而是随着对滥用行为的了解，一个行业一个行业地完善，逐步制定和完善隐私权相关法规。例如，尽管零售、健康、金融和互联网公司（如雅虎等）的各种大规模数据泄露事件不断增加，但国会迄今未能通过联邦层面的数据泄露通知法规。

反而是州一直站在隐私权相关立法的最前沿，其中，加利福尼亚州已经起到了带头作用。《加州消费者隐私法》（CCPA）于 2018 年颁布，2020 年全面生效。CCPA 是一部具有里程碑意义的隐私法，它使得加利福尼亚州的消费者对企业收集和处理其个人信息的方式拥有了重要的掌控权。CCPA 赋予居民了解被收集的个人信息、删除信息（类似于欧洲的"被遗忘权"）以及选择不出售他们的信息的权利，并使得居民能够以可用的形式访问他们自己的信息，以便将其转到其他服务上。尽管 CCPA 严格说来只适用于加利福尼亚州居民，但其影响预计将远远超出加利福尼亚州的范围。其他一些州也出台了类似的法律（Exterro，2020）。

另一个与通过立法减少侵犯隐私权行为有关的争议是，为了得到起诉权而必须证明损害的问题。例如，一个名叫托马斯·罗宾斯（Thomas Robins）的加利福尼亚州男子起诉了斯波科公司（Spokeo），该公司向寻找潜在合作伙伴的雇主和个人出售个人信息。罗宾斯根据《公平信用报告法》中的部分内容提起诉讼，该法规定，如果报告是虚假的，并造成具体损害，即使损害无法具体量化，也可能对数据收集公司处以高达 1 000 美元的罚款。罗宾斯声称，斯波科公司传播的关于他的个人资料是严重错误的。他进一步表明，这些虚假数据可能导致他失去工作和其他机会，尽管他没有证据表明他经历了任何现实世界的实际伤害。罗宾斯还声称他有权组织一个由同类受害者组成的集体诉讼小组。下级法院同意罗宾斯的说法和他为其他受到类似伤害的人组织集体诉讼的权利。2016 年，最高法院选择不裁决此案，但将其发回下级法院，并指示需更准确地定义"具体"伤害，认为它一定是实际存在的，并且是真正的伤害（Spokeo v. Robins，2016）。然而，法院认为，真正的伤害可能包括无形的伤害以及未来发生真正伤害的风险。另外，大多数人也指出，仅仅是程序性的错误，如误报一个人的邮政编码或微不足道的错误，并不会构成真正的伤害。2017 年，第九巡回法院再次同意罗宾斯的说法，并认为他所谓的伤害足够具体，可以为起诉斯波科公司奠定基础（Robins v. Spokeo，Inc.，2017）。2018 年，最高法院拒绝复审第九巡回法院的判决，由下级法院决定如何裁决，这造成了持续的不确定性（Foley & Lardner LLP，2018；Liptak，2016；Werner and Poell，2017）。

虽然欧洲各国和美国的公共部门很早就开始了对隐私权的讨论，而且在近代这些想法也已长久应用于大型私人机构（如银行、医疗机构和保险公司），但在公共市场上关于消费者隐私权的讨论并非如此。电子商务是以在线市场和交易为基础的。自古代村庄中出现市场以来，直到今天，很少有人在公开、开放的市场上主张隐私权。想想如今当地的农贸市场：很少有人声称他们购买的商品是私密的，或者其他人不应该看到他们所买的东西或者他们所支付的价格。公开市场上的商人在商业过程中收集个人信息。"了解消费者"就意味着了解消费者的姓名、个人偏好、兴趣、购买情况和个人背景。公开市场上的消费者行为不受普通法或宪法等的保护。

然而，没有人预料到谷歌、脸书、亚马逊、网飞和其他电子商务公司的崛起，这些公司几乎收集了整个美国（以及全世界）人口的个人信息。没有人预料到电子商务会涉及 2.3 亿美国人，亚马逊将主导在线零售，谷歌将主导在线搜索市场并收集有关消费者意图和兴趣的详细数据，脸书将成为数十亿人社交生活数据的存储库。互联网、万维网和智能手机的出现，以及它们在涉及大多数美国人的庞大网络市场上的使用，大大增强了商人、金融机构和营销公司收集消费者数据，并将其用于自己的商业目的的能力，并可能导致信息的滥用。同样的力量也刺激了消费者对保护个人隐私权的需求的急速增长。

事实证明，互联网、万维网和移动平台为企业和政府提供了一个理想的环境，使其以史无前例的规模侵犯数百万消费者的个人隐私权。也许最近都不会有其他问题能够像保护美国 2.9 亿各年龄段的互联网用户的隐私权那样引起如此广泛的社会和政治关注。

电子商务公司的信息收集

正如你在前几章中了解到的，电子商务公司经常会收集网站访客和消费者的各种信息。其中就有构成**个人身份信息**（personally identifiable information，PII）的数据，个人身份信息是指任何可用于辨识、定位或联系个人的信息（Federal Trade Commission，2000）。网站还会通过一串编码来标识个人，以存储一些**匿名信息**（anonymous information）。这些匿名信息并不表明个人身份，具体包括人口统计学特征数据和行为特征信息，如年龄、职业、收入、邮政编码、民族和浏览记录等。表 8-5 列出了电子商务公司经常收集的个人身份信息。这不是一份详尽的清单，事实上，许多网站都会从访客身上收集数百个不同的数据。例如，一项对 9 家数据代理商的研究发现，代理商收集的信息有 12 个大类，涉及从地址历史、留置权和政治倾向到车辆和旅行数据等 240 个数据元素（Federal Trade Commission，2014）。脸书从用户及用户的朋友身上收集了超过 500 个数据元素。尽管这些详细信息是匿名的，但仍然是"个人的"，并且可以很容易地将名字标识符附加到这些信息中。

表 8-5　电子商务公司经常收集的个人身份信息

姓名	性别	受教育程度
地址	年龄	偏好数据
电话号码	职业	交易数据
电子邮箱	位置	点击流数据
社会保险号码	历史位置	用于访问的设备
银行账户	喜好	浏览器类型
信用卡账户	照片	

广告网络和搜索引擎还通过 cookies、网络信标、跟踪软件、间谍软件以及其他技术，跟踪用户在数千个流行网站上的行为。例如，只需点击网站上的"点赞"按钮就能使脸书在整个网络上跟踪你的活动。

表 8-6 说明了在互联网上收集消费者信息的主要方式及其对隐私权的影响。

表 8-6　互联网上收集信息的主要方式及其对隐私权的影响

收集方式	对个人隐私权的影响
智能手机和应用程序	用于跟踪位置和向市场营销人员分享照片、地址、电话号码、搜索和其他行为。
广告网络	用来跟踪消费者在大量网站中的移动。
社交网络	收集用户分享和生成的内容，如书籍、音乐、朋友、其他兴趣、偏好和生活方式等信息。
第一方 cookies	跟踪用户在单个站点的行为。在网站上存储用户活动数据，启用登录、购物车以了解用户行为，具有导航等功能。
第三方 cookies（信标）/ HTML5 存储 cookies	由广告网络和数据收集公司设置，并经所访问的网站许可。用于跟踪用户在上千个站点的在线、搜索和访问行为，以投放"相关的"广告。HTML5 存储器 cookies 被放置在 HTML5 存储器或设备存储器中，其容量比 cookies 大得多（0.5 MB）。
持久化 cookies	在浏览会话后和一段时间内保持活跃；可用于重定向广告和跨站点跟踪。
指纹识别设备	第三方服务器的程序是基于操作系统、本地网络、浏览器、图形芯片、图形驱动程序、已安装字体和其他功能来唯一地识别设备的。
搜索引擎行为定位	使用以前的搜索历史、人口统计学特征数据、兴趣爱好、地理位置等用户输入的信息来定向营销。
深度包检测	利用安装在 ISP 层的软件跟踪所有用户点击流行为。
购物车	用于收集详细的付款和购买信息。
表单	用户为了某种利益或奖励而自愿填写的在线表单，与其点击行为和其他行为数据相关，用于创建用户档案。
站点事务日志	用于收集和分析用户所查看页面的详细内容。
搜索引擎	能够跟踪用户对新闻组、聊天组和其他公共论坛的看法和观点，形成用户的社交和政治档案。在谷歌搜索中输入电话号码，会返回持有人的姓名、地址和相关地图链接。
IP 地址	IP 地址是用户在使用互联网时显示出来的给每个设备分配的唯一编号。用于识别 ISP 提供者、区域、局域网 IP 以及潜在的个人设备。再加上其他信息，个人就很容易被识别出来。被执法部门、电信公司和广告公司用来追踪互联网上的通信记录和用户行为。
跨设备跟踪	将智能手机上的登录信息与网站的浏览器跟踪信息进行整合，为特定用户创建一个集成档案；与广告网络公司共享。

消费者在线隐私权的关键问题

皮尤研究中心最近的一项调查显示，近 80% 的美国人对他们的在线隐私存在疑虑，大多数人认为他们已经失去了对个人在线信息的控制。公众最关注的是用户画像（以及使用该档案进行目标广告投放）、社交网络隐私权、营销人员对个人信息的共享、移动设备隐私权以及与亚马逊 Echo 等数字助理设备相关的隐私权问题。绝大多数美国人并不相信私人公司或政府会保护好他们的个人信息，超过 50% 的人出于隐私权考虑而选择不使用相关的产品或服务。此外，受调查用户中有 86% 已经采取措施删除或掩盖自己的在线信息，许多人（超过 60%）表示他们其实想做得更多（Pew Research Center，2020a，2019，2018a，2016a，2016b）。表 8-7 描述了互联网用户保护自己隐私权的方法。

表 8-7 互联网用户保护自己隐私权的方法	
方法	**占比**
清除网络浏览器历史记录或 cookies	59%
如果感觉不相关，则拒绝提供信息	57%
使用网络浏览器设置来禁用或关闭 cookies	34%
删除或编辑以前在网上发布的内容	29%
使用临时的电子邮件地址或用户名	25%
提供关于自己的不准确的或虚假的信息	24%
拒绝使用需要实名的网站	23%
使用公共计算机以匿名浏览	12%
试图删除在网上发布的关于自己的内容	11%
使用加密的电话、短信或电子邮件	10%
使用代理服务器、洋葱路由器或 VPN 匿名浏览网页	9%

资料来源：Based on data from Pew Research Center，2018a，2016a，2015.

市场营销：用户画像、行为定位和重定向

大约有 2.9 亿美国人经常上网。市场营销人员想知道这些人是谁，他们对什么感兴趣，他们在哪里，他们从事什么行业，以及他们的购买记录。信息越准确和完整，用于预测和营销工具就越有价值。有了这些信息，营销人员就能向特定群体或个人推送有针对性的广告，从而提升营销效果，他们甚至可以针对某些特定群体来调整广告内容。

许多热门网站都允许像谷歌营销平台（前身为 DoubleClick）、微软广告等第三方网络广告公司在访问者的电脑上放置 cookies 和网络跟踪软件，以便分析用户在这张巨大的营销网络上数千个站点中的行为并形成档案。**用户画像**（profiling）是指创建描述在线用户个人和群体的行为特征的**数据图像**（data image）（用于创建消费者行为概要的数据记录集合）。**匿名档案**（anonymous profiles）是用于描绘特定细分群体特征的用户画像，如 20～30 岁的男性，拥有大学文凭，年收入超过 3 万美元，对高级时装感兴趣（基于最近的搜索引擎使用）。**个人档案**（personal profiles）则是在行为数据基础上添加个人电子邮件地址、邮政地址和/或电话号码等信息。越来越多的互联网企业将用户的在线个人资料与其他数据和零售公司收集到的线下信用卡购买记录结合起来。正如你在第 6 章中了解到的，行为定位是利用个人信息来确定消费者将在网上看到哪些广告。重定向是向消费者在其访问的不同网站上展示相同广告的做法。例如，如果你使用谷歌搜索厨房时钟，厨房时钟的广告将会跟随你到雅虎、脸书以及你浏览的其他网站。

在线广告网络为开发线下营销技术增加了几个新的维度。首先，它不仅能够准确地跟踪消费者的购买情况，还能跟踪消费者在数千个网站上的浏览记录，包括阅读的图书列表、填写的偏好表单和查看的内容页面。其次，它可以动态地调整购物者在屏幕上看到的内容——包括价格。最后，它可以构建并不断刷新高分辨率的数字图像。大多数计算机在未经消费者同意或理解的情况下安装了数百个这样的程序。

美国和欧洲的监管机构都反对谷歌将其所有服务中的个人信息整合到一个个人档案中的政策，并且谷歌并未充分告知用户他们的个人信息是如何被处理的。2016 年，谷歌发布了一项新的隐私策略，该策略使得用户对收集的数据有更多的控制权并能够知悉这些信息是如何被使用的，但同时也允许谷歌向用户展示更相关的广告。这一变化允许谷歌将谷歌广告生成的第三方浏览数据与用户的个人谷歌搜索记录和电子邮件数据结合起来，从而创建所谓的超级档案（Drozdiak and Nicas，2017）。当谷歌收购联网的数字家庭恒温器和烟雾检测设备制造商 Nest 时，隐私权组织表达了它们的担忧。尽管 Nest 表示 Nest 账号与谷歌账号没有交互连接，但它也承认在连接谷歌的"与 Nest 集成工作"系统时，确实与谷歌分享了用户的个人信息（Gibbs，2015）。即使是保护此类设备安全的努力，也具有侵犯消费者隐私权的风险。康奈尔大学的研究人员发现，虽然加密可以保护智能设备生成的数据内容，但仅仅是生成和传输加密数据的行为就足以使得对个人信息进行推断成为可能（Baird，2017）。

网络广告公司认为，在线用户画像和广告定向对消费者和企业都有好处。用户画像促成了广告的精准投放，确保消费者看到的大多是他们真正感兴趣的产品和服务的广告。企业可以不向那些对其产品和服务没有兴趣的消费者投放广告，因而免除一笔广告费用使自身从中受益。业内人士认为，通过提高广告的有效性，更多的广告收益流向互联网，这反过来又弥补了互联网上的免费内容的成本。最后，产品设计师和企业家可通过检查用户搜索记录和个人档案来感知人们对新产品和服务的需求，从而受益。然而，研究发现，大多数美国人（超过 80%）并不接受以失去隐私权为代价来换取市场效率或其他利益，并认为收集这些数据引发的潜在风险大于其所创造的收益（Pew Research Center，2019）。

批评人士认为，创建用户画像严重破坏了大多数人在使用互联网时对匿名性和隐私权保护的诉求，并将原本私人的上网体验变成一举一动都被监视的可怕经历。当意识到自身行为会被记录时，人们将不再愿意探究敏感话题、浏览网页或阅读有争议的内容。如果在互联网上的一举一动都被监视，人们怎么能享有自由呢？在大多数情况下，用户画像对用户是不可见的，甚至是隐藏的。系统在收集消费者信息并形成用户画像时并不会通知消费者。当创建用户画像时，系统会整合来自成百上千家网站的信息（Jin，2017）。

批评人士对用户画像的经济效益发表了不同意见，因为它允许公司进行价格歧视，诸如根据邮政编码、性别和种族等向特定人群收取更多的商品费用（Singer，2015）。广告网络放置在用户电脑上的 cookies 是持续存在的，这类文件的有效期可以被设置为几天、几个月、几年，甚至永久有效。因此网站能够长期跟踪用户，用户每次登录时网站都会更新 cookies 内容。cookies 包含的用户点击流数据可用于创建用户画像，通常每位用户的信息可包含上百个数据字段。要将所谓的匿名档案与个人信息关联起来也是轻而易举的，网站还可以迅速改变跟踪策略而不被用户发现。虽然网络广告主收集的信息以匿名信息为主（非个人身份信息），但多数情况下，通过跟踪消费者活动而创建的用户画像会与个人身份信息联系起来或合并。匿名行为数据若能与姓名、线下消费行为、电子邮箱、邮政地址等个人信息联系起来，将更有价值。

面部识别为用户画像和行为定位增加了一个新的维度。这项技术最初是为了识别恐怖分子而开发的，当地警察部门广泛使用该项技术来识别通缉犯，发现使用它比使用指纹数据库快得多（Teicher，2018）。然而，在 2020 年，与刑事司法系统中系统性种族主义有关的抗议活动引发了人们对执法部门使用面部识别技术的质疑。研究发现，各种面部识别系统使用的算法表现出基于种族、民族、性别的不同程度的假阳性（即将不匹配认定为匹配的情况），引发了对嵌入偏见的担忧（National Institute of Standards and Technology，2019）。因此，一些科技公司，如微软和亚马逊，已经暂停向执法机构销售其技术，尽管市场上还有许多其他公司仍在进行交易（Hale，2020）。

面部识别技术不只被执法部门使用，其商业用途也随处可见。脸书和谷歌使用软件自动为照片中的成员或朋友打上姓名标签。目前这两家公司都面临诉讼，被控告此种做法违反了《伊利诺伊州生物信息隐私法》。越来越多的州法律为解决这个问题，要求公司在收集生物特征和面部信息之前获得用户的知情同意。2020 年，脸书同意支付 5.5 亿美元以解决伊利诺伊州的一起集体诉讼，此前法院拒绝了其驳回诉讼的请求（Singer and Isaac，2020）。然而，这并没有阻止脸书和其他公司继续开发先进的面部识别技术。这也并不意外，因为该市场预计到 2025 年将增长到 120 亿美元（Adroit Market Research，2020）。脸书的 27 亿用户每天上传超过 3.5 亿张照片，其中许多照片都带有个人标记，这为公司提供了潜在的大型面部数据库。尽管脸书表示它没有任何直接出售其数据库的计划，但在某个时候，它可能会为了商业开发而挖掘并利用该数据库。例如，脸书已为根据用户的面部表情定制广告的技术申请了专利（Korte，2017；Bennett，2017）。

苹果是另一家在面部识别技术方面投入大量资金的公司。苹果的面部 ID 使用用户面部的三维扫描作为身份验证机制。生物特征数据存储于手机本地，但即使如此，面部 ID 也引发了许多对隐私的担忧。例如，为了使人脸识别能够正常工作，iPhone 的一些传感器必须一直打开来扫描潜在的人脸，在用户无意识的情况下收集数据，这也增加了第三方应用程序开发人员利用该功能的可能性。隐私权的倡导者担心，苹果对面部识别技术的拥护会使该技术的应用成为新常态。例如，据报道，脸书拥有自己版本的面部识别技术，可以在用户账号被锁定时进行身份验证。但许多人仍对这项技术感到怀疑，调查发现，约 70% 的受访者认为它"令人毛骨悚然"，不到 20% 的人信任广告主使用这项技术（Fingas，2019；eMarketer，Inc.，2020；Lomas，2017）。

社交网络：隐私权和自我启示

社交网络鼓励人们透露自己个人生活的细节（喜好、爱情、偏好、照片、视频和个人兴趣），并与朋友们分享，由此对个人隐私权保护提出巨大挑战。作为回报，用户可获得免费的社交网络服务。社交网络极大地扩大了私人公司收集信息的深度、广度和丰富性。谷歌的搜索引擎就是一个庞大的关于个人倾向的数据库，而脸书则创建了一个包含朋友、偏好、喜好、帖子、照片和视频的庞大数据库。一位奥地利研究员获得了他在脸书中的个人文件（在欧洲法律许可下），这是一份 1 222 页的包含信息、照片、帖子和朋友关系的文件（Sengupta，2012）。有些社交网络用户会与社交网络上的所有人分享私人信息。乍看起来，这似乎表明，参与社交网络的用户都自愿放弃个人隐私权。那他们该如何表达对隐私权的期望呢？当个人的全部信息被共享时，何谓隐私权呢？

然而，事实却是许多社交网络的参与者都有强烈的隐私权意识。脸书是一个很好的例子，其高级管理层试图突破隐私保护的限制，随即经历了一系列公关逆转、激烈的批评反应以及日益增多的政府关注。脸书多年来对网络隐私权的各种立场，以及公众和国会对这些问题的反应，见第1章"社会透视"专栏中的案例"脸书和隐私时代"。

诸如此类隐私争议的最终结果表明，社交网络用户确实有强烈的隐私权意识，他们期望能够自己控制个人信息的用途。人们对所创造的内容有强烈的所有权感，这种感觉不会因为用户选择在社交网络上向朋友发布内容而减少。至于那些向所有人公开发布内容的用户，其发布的内容应该被视为一种自愿性的"公共表演"行为，就像作家或艺术家一样。在这种情况下，他们对隐私权的诉求并不可信。

移动设备：隐私权问题

随着移动平台变得越来越重要，移动设备和基于位置的隐私权问题也成为一个主要问题。除了能够跟踪和存储用户位置外，移动设备和相关应用程序也是个人信息的仓库，这些信息可能会被广告主和应用程序开发人员等第三方共享，这类共享通常是在用户不知情的情况下进行的。例如，2017年，分析师发现脸书使用了一款其名下的名为 Onavo 的软件，该软件能够追踪数百万人如何使用手机，特别是追踪人们对 Snapchat 等竞争对手的使用情况（Seetharaman and Morris，2017）。2018年，苹果应用商店下架了 Onavo。

我们接着考虑智能手机跨设备跟踪以及其与跨网站数据的结合。智能手机正在有意地跟踪各种设备：电信公司和智能手机操作系统需要知道你在哪里，而你的手机正在不断地连接到附近的手机信号塔。因为用户必须先验证身份才能使用手机，即使是在已卸下 SIM 卡的情况下，所以无需 cookies 就可以跟踪用户的移动或点击。苹果的 iOS 系统将手机位置信息加密保存在用户的手机上，而安卓系统则会向其服务器报告这些信息。用户在注册应用程序时，如优步、脸书等，通常会与应用程序分享这些信息。智能手机操作系统为所有用户分配一个匿名的广告跟踪号码，这些号码可用于定位特定的用户。苹果的 iOS 系统允许用户重置这个号码，但重置并不容易，也鲜为人知。智能手机无须使用 cookies，只要用户使用社交网络、电子邮件或购物网站等服务，应用程序和服务商就可以通过手机登录来明确识别用户。应用程序与合作的广告平台共享用户信息，从而将用户的 ID 与该用户的浏览器信息联系起来。如此可以得到每个用户的**跨设备图**（cross-device graph）（数字档案），这类档案能够识别个人使用的全部设备，并跟踪个人在设备上的行为（Federal Trade Commission，2017）。跨设备图将包含越来越多的从各种互联网设备（物联网），如汽车、家居和商业传感设备上收集到的用户数据。

智能手机和应用程序技术还支持**持续位置跟踪**（persistent location tracking），即能够跟踪手机用户的地理位置，无论他们是否正在使用位置跟踪应用程序。例如，脸书和其他许多网站能够跟踪包含"点赞"按钮的第三方网站上用户的任何访问，以及他们的物理位置，无论用户是否登录。即使应用程序未被激活，它们也可以向各种服务器发送位置信息，其中必然包括无线服务提供商（Goldman，2017）。应用程序是位置跟踪数据获得使用的主要促成者，它们随后将数据卖给广告主。用户可以使用手机操作系统选择不与应用程序共享位置信息（位置服务），但应用程序从用户那里收集哪些信息都只受它们自己的隐私策略的约束（Nield，2018；Bonnington，2017）。一些应用程序如果不打开位置服务，就无法运行，如 Google Maps。大多数应用程序默认用户选择允许进行位置报告，并且大多数用户在注册该应用程序时也同意此选项。

更多关于移动和位置隐私权的问题讨论，见第 2 章"社会透视"专栏中的案例。

消费者隐私法规与执行：联邦贸易委员会

在美国，联邦贸易委员会带头开展关于在线隐私权保护的研究，向国会提交立法建议，并执行隐私权法规。联邦贸易委员会属于内阁级别的机构，主要负责保护消费者免受不公平待遇或商业欺诈，鼓励市场竞争以丰富消费者的选择，从而促进市场效率的提高。除了报告和提出建议外，联邦贸易委员会还通过投诉、征收罚款以及对其认为违反联邦贸易法的公司提起诉讼等方式来执行现有的法律。联邦贸易委员会还推行联邦监察和报告制度，以确保公司遵守机构的裁决。此外，联邦贸易委员会还向国会提出新的关于消费者隐私权立法的建议。

在本章前面，我们介绍了联邦贸易委员会的 FIP 原则（见表 8 - 2），并在此基础上研究了公司如何保护消费者隐私权。联邦贸易委员会的 FIP 原则为美国境内电子商务公司、政府网站和非营利性网站的隐私权保护正当程序的制定奠定了基础。嵌入在FIP 原则中的是**知情同意**（informed consent）的概念。传统上有两种知情同意模式：选择接受和选择拒绝。**选择接受模式**（opt-in model）需要消费者采取肯定行为，以允许收集和使用信息。例如，在使用选择接受模式时，消费者首先会被问及是否同意收集和使用信息，如果同意，就在确认框内打钩。否则，会认为消费者不同意对个人信息进行收集和使用。在**选择拒绝模式**（opt-out model）中，默认消费者允许收集信息，除非消费者通过勾选选项或填写表单来阻止收集数据。在美国，大多数提供知情同意的电子商务公司都采用选择拒绝模式。除非消费者勾选拒绝选项，否则会默认其允许收集信息。通常，拒绝选项位于网页的最底部，或复杂的菜单中不易被消费者看到的位置。

联邦贸易委员会的 FIP 原则是一种准则，而不是法律。在美国，商业公司可以收集市场上产生的交易信息，然后将这些信息用于其他目的，而无须获得个人明确的知情同意。在欧洲，这是非法的。欧洲的企业不能将市场交易信息用于支持当前交易以外的任何目的，除非它获得了个人的书面同意或用户填写的屏幕表单。

然而，联邦贸易委员会的 FIP 原则经常被用作立法的基础。迄今为止，受联邦贸易委员会 FIP 原则直接影响的最重要的在线隐私权法律是《儿童在线隐私保护法》(1998 年)，该法要求网站在收集 13 岁以下儿童的信息之前获得其父母的许可。

在过去 10 年中，联邦贸易委员会处理隐私权的办法从通知拓展到知情同意（包括选择接受/选择拒绝），还提出了一种基于伤害的方法，以关注那些在消费者日常生活中可能引发伤害或无正当理由的入侵行为。在一些报告中，联邦贸易委员会承认了其早先的 FIP 原则的局限性。研究发现，当消费者不了解网络公司的数据收集做法时，"知情同意"是无效的。对于在多个网站间跟踪消费者的行为，消费者并不理解，而且往往感到害怕。网络公司经常在不通知消费者的情况下更改隐私策略，并且，这些策略的描述含糊不清，让消费者感到困惑。联邦贸易委员会还发现，个人信息和匿名信息之间的区别其实是无效的，因为公司很容易使用所谓的匿名数据通过姓名、电子邮件和地址来识别消费者。因此，联邦贸易委员会制定了一个解决消费者隐私权问题的新框架。表 8 - 8 概述了这一框架的重要内容。

表 8-8	联邦贸易委员会现有的隐私权框架
原则	**应用**
适用范围	适用于所有收集或使用消费者数据的商业实体；不局限于仅收集个人身份信息的实体。
隐私权设计	公司应该在整个组织和产品服务开发的每一阶段加强消费者隐私权保护： ● 数据安全； ● 合理的收集限制； ● 合理和适当的数据保留策略； ● 数据准确性； ● 全面的数据管理程序。
简化选择	公司应该简化消费者的选择。在为普遍接受的做法收集和使用数据之前不需要提供选择： ● 产品和履约； ● 内部操作，防止欺诈； ● 合法合规； ● 第一方营销。 对于所有其他商业数据的收集和使用，都需要提供选择，并且应该在消费者提供信息的所有环境和情境下明确和清晰地提供这种选择。 某些类型的信息或行为（儿童、财务和医疗信息、深度包检查）可能需要通过强化同意来提供额外的保护。 在线行为广告的特殊选择机制："禁止跟踪"。
更加透明	通过以下措施提高数据实践的透明度： ● 使隐私提示更清晰、更简短、更标准化，让消费者更好地理解和比较； ● 为消费者提供对自身数据的合理访问权限； ● 以与收集数据时所声明的显著不同的方式使用消费者数据时，明确说明并获得消费者明确的同意； ● 对消费者进行商业数据隐私权保护实践方面的教育。

资料来源：Based on data from Federal Trade Commission，2010.

　　联邦贸易委员会同样支持针对在线行为广告的"禁止跟踪"机制。该机制包括在消费者的浏览器上放置持久的 cookies，并将其设置传递到浏览器访问的站点，以表明消费者是否同意被跟踪或收到定向广告。国会已经提出了一些法案来实施"禁止跟踪"机制，但由于网络广告行业的反对，目前尚未有法案通过。关于实施"禁止跟踪"中遇到的困难的讨论可参考第 6 章"社会透视"专栏中的案例。

　　一种普遍的看法是，没有人对网络隐私权侵犯有所作为。然而，在过去的 10 年里，联邦贸易委员会已经对涉及隐私权侵犯的公司采取了 210 多项强制行动，涵盖了垃圾邮件、社交网络、行为广告、假托、间谍软件、点对点文件共享和移动设备等（Federal Trade Commission，2018）。表 8-9 列出了这些强制行动的示例。

表 8-9	联邦贸易委员会的隐私权保护强制行动
公司	**争议和解决方案**
脸书	联邦贸易委员会对脸书判处 50 亿美元的罚款，这是迄今为止关于消费者隐私权保护的最高金额罚款，原因是脸书没有遵守 2012 年联邦贸易委员会的和解协议。联邦贸易委员会还对脸书增加了新的限制，旨在改变其对待隐私权的总体方式。（2019 年）
谷歌/YouTube	联邦贸易委员会对谷歌和 YouTube 涉嫌违反《儿童在线隐私保护法》处以 1.7 亿美元的罚款。（2019 年）

续表

公司	争议和解决方案
PayPal	联邦贸易委员会指控 PayPal 误导了消费者，导致消费者并不真正清楚他们能在多大程度上控制其在 PayPal 旗下的 Venmo 上交易的隐私权。联邦贸易委员会还指控 Venmo 违反了《格雷姆-里奇-比利法》的隐私权条款，这些条款要求金融机构向其客户发送隐私提示。PayPal 与联邦贸易委员会达成和解，同意不再对 Venmo 隐私权设置提供的控制权范围做不实描述，并每两年对其合规性进行一次第三方审计，为期 10 年。(2018 年)
优步	尽管发表了相反的公开声明，优步仍然允许员工在不受监控的情况下访问司机和骑手的个人信息。联邦贸易委员会要求优步停止其歪曲事实的做法，贯彻隐私策略，并接受为期 20 年的审计。(2017 年)
Ashley Madison	Ashley Madison 用伪造的女性档案吸引了 1 900 万消费者，旨在将他们转化成付费会员，并且未能保护 3 600 万消费者的个人信息，这些信息随后被黑客公之于众。联邦贸易委员会要求它实施一项全面的数据安全计划，进行第三方审计，并对其罚款 160 万美元。(2016 年)
Snapchat	Snapchat 承诺通过该服务发送的消息会消失，从而欺骗消费者（尽管营销活动声称，接收者可以使用几种简单的方式保存照片），并且未能提供个人信息安全保障。联邦贸易委员会要求 Snapchat 停止谎称保护用户隐私权、安全或机密性，并实施全面的隐私权计划，并在未来 20 年中实施监管项目。(2014 年)
Epic Marketplace	网络广告公司利用"历史嗅探"cookies 秘密地从 45 000 个网站上收集数百万消费者的浏览数据，了解他们对敏感的医疗和金融问题的兴趣，从生育和尿失禁到债务减免和个人破产，然后发送有针对性的电子邮件。Epic Marketplace 被勒令停止使用"历史嗅探"，并删除和销毁使用该技术收集的所有数据。(2013 年)
脸书	脸书通过允许将个人信息共享和公布，欺骗了消费者。联邦贸易委员会要求其明确告知消费者信息将如何共享，并接受为期 20 年的隐私权审计。(2012 年)
谷歌	谷歌违反了苹果 Safari 浏览器中的隐私权设置。联邦贸易委员会对谷歌处以 2 250 万美元的罚款。(2012 年)
谷歌	谷歌的欺骗策略，违反了 Google Buzz 社交网络中的隐私策略。联邦贸易委员会要求谷歌启动一个隐私权程序，并接受为期 20 年的审计。(2011 年)

通过定期报告，联邦贸易委员会还在网络领域发挥影响，在制定隐私策略上起到带头作用，随着新技术和新商业实践的出现，联邦贸易委员会还更新隐私权原则和政策。各种报告关注保护美国人隐私权的行业最佳实践、数据代理行业和跨设备跟踪等主题（Federal Trade Commission, 2012, 2014, 2017, 2018, 2020）。

联邦贸易委员会最近强调的重点并不是限制信息的收集（如以前的隐私权监管时代那样），而是给予消费者了解大型数据库收集的相关个人信息以及各种企业和机构对信息的使用的权利。这被称为"基于消费者权利"的隐私策略，这也代表了隐私权含义实现了从"别打扰我"到"我想知道并掌握我的个人信息如何被使用"的转变。联邦贸易委员会最近还举办了若干与隐私权相关的研讨会，讨论联网汽车、学生隐私权和教育技术、身份盗窃性质的变化、信息伤害等话题（Federal Trade Commission, 2020）。

消费者隐私条例：联邦通信委员会

2015 年，在关于网络中立的争论中（本章后面将进一步讨论），宽带互联网服务提供商，如威瑞森、康卡斯特和 AT&T（它们提供作为互联网基础设施的光缆和网络），被归类为类似于电话公司的公用事业服务公司，因此受到联邦通信委员会的监管。2016 年，联邦通信委员会出台了适用于这些公司的新隐私权法规。到目前为止，对互联网隐私权问题的关注一直集中在网站和应用程序如何使用个人信息上。然而，这些庞大的宽带互联网服务提供商也同样可以访问许多个人信息，比如交易信息、位置信息、浏览记录和应用程序使用数据，它们甚至可以在未经用户同意的情况下收集用户的社会保险号码。宽带互联网服务提供商一直在销售这些信息，或将其用于定向广告，就像谷歌、脸书和其他网站和应用程序所做的那样。联邦通信委员会的规定要求宽带互联网服务提供商通过电子邮件或在其网站上通知用户它们的新隐私权选项，并在收集这些信息时获得用户的同意。互联网服务提供商不得以放弃隐私权为条件为用户提供服务，也不得拒绝向不允许其收集个人信息的用户提供服务（这在网站的服务条款中是典型条例）。在持续数十年的围绕互联网隐私权的辩论中，监管机构首次宣布，网络公司收集的个人信息属于用户，而不是网络所有者。这是美国第一次有联邦机构承认个人信息的财产权（而不是道德或宪法权利）。新规定并不适用于不受联邦通信委员会监管的网站（Federal Communications Commission，2016；Kang，2016）。这些新规定遭到了互联网行业从业者的强烈反对，他们认为，针对相同的行为，联邦机构惩罚电信供应商却默许脸书、谷歌和其他网络平台的行为有失公平。2017 年，国会投票废除了以上新规，目前，宽带互联网服务提供商依旧可以在不通知用户的情况下继续跟踪和出售用户的浏览和应用程序使用数据（Kang，2017）。

隐私权和使用条款政策

如前所述，美国隐私法的一个概念基础是通知和同意。消费者可以阅读使用条款（或隐私策略），了解网站将如何使用其个人信息，然后在是否同意使用条款、是否选择拒绝数据收集（如果这是一个选项）和是否停止使用该网站等问题上做出理性选择。直到最近，许多美国电子商务公司仍然拒绝接受知情同意的概念，而只是在它们的网站上简单地公布其信息使用政策。几乎所有网站都有使用条款，如果用户仔细查看，可以找到这些条款。这些条款有时被称为隐私策略，它们描述了公司将如何使用在其网站上收集的信息。如上所述，这些政策是通知，它假定任何使用本站点的用户都已对使用政策予以默认。一项对 30 个流行社交网络和社区网站的研究发现，用户仅仅阅读这项政策平均就需要 8 小时。最长的政策来自 SoundCloud，有 7 961 个单词。显然，知情同意作为隐私权保护基础的一个关键缺陷是，它假定普通用户能够了解他们因为使用网站可能放弃的隐私权是什么（Singer，2014；Fiesler et al.，2014）。例如，雅虎的隐私策略一开始就声明，雅虎认真严肃地对待用户的隐私权，不向他人及非关联公司出租、出售或共享用户的个人信息。然而，有许多例外大大削弱了这一说法的可信度。例如，雅虎可能会与"可信伙伴"共享信息，而这可能是任何与雅虎有生意往来的伙伴，尽管该伙伴可能并不是用户会选择与之交易的公司。在雅虎的隐私策略中，雅虎还表示它使用 cookies、设备标识符和网络信标来跟踪用户在网络上的点击流行为。这些信息被卖给了广告商。美国企业认为，通过发布使用政策来告知用户，就足以取得用户的知情同意。隐私权倡导者认为，许多美国网站上的使用政策/隐私策略声明都是含糊不清、难以理解的，而且使得几乎所有对个人信息的使用都成为合法的。此外，皮尤研究中心的调查发现，即使提示用户主动同意公司隐私策略的条款和条件，但超过 35% 的人在同意之前并没有阅读过相关政策，甚至在声称自己"总是"（只有 9%）、"经常"（13%）或"有时"（38%）阅读隐私策略的人之中，只有 22％的人说他们会从头读到尾（Pew Research Center，2020a）。

尽管政客、隐私权倡导者和互联网行业在隐私权规则应该怎样制定的问题上争论不休，但其实很少有人关注个别公司隐私策略的力度的实际量化、与其他公司的对比情况以及隐私策略在某一特定公司中的变化情况。脸书的隐私策略与苹果或谷歌的相比是更糟糕、更好还是相差无几？经过 10 年的争论，隐私策略究竟是改善还是恶化了？

一个研究项目为这些问题提供了初步答案。研究人员在审查政策时运用了10 条隐私策略原则，制定了隐私策略的衡量标准（见表 8－10）（Shore and Steinman，2015）。不难发现这些标准主要源自联邦贸易委员会和此前讲述过的公平信息实践原则。这些标准本身是按从 0 到 4 的等级来衡量的（0 意味着隐私策略不符合标准，4 表明已经完全达到标准）。

表 8－10　审查隐私策略时使用的标准

- 用户能否轻松找到、阅读和理解隐私策略？
- 隐私策略是否充分披露组织将如何使用个人信息？在没有用户明确许可的情况下，用户信息是否曾被共享或出售？
- 用户是否可以决定他们是否参与？
- 用户是否可以决定并主动表明他们同意被分析、跟踪或定位？
- 用户是否可以决定是否共享以及如何共享他们的敏感信息？
- 用户是否能够更改他们输入的有关自身的任何信息？
- 用户是否能够决定谁可以访问他们的信息？
- 如果用户的信息丢失、被盗或被不当访问，用户是否会立即得到通知？
- 用户能否轻松报告问题并获得答案？
- 用户能否收到其所有披露信息的副本？

你可以使用表 8－10 中的标准来评估你自己的网络业务或其他公司的隐私策略。你可以在前后两个时间点评估一个公司，以了解其政策的变化情况，或者在同一时间点比较两个或多个公司。肖尔（Shore）和斯坦曼（Steinman）选择查看脸书 2005—2015 年 10 年时间的隐私策略。他们发现，2005—2009 年，脸书的隐私策略逐步改善，一度达到 90％的执行标准，然后逐步下降到 2015 年的 25％。出现显著下滑的领域包括收集和监控的信息量，向用户通报哪些信息是共享的，明确识别用于用户画像的数据，在隐私权设置中为用户提供选择，提供其如何使用 cookies、信标和网络日志收集数据的信息，并提供易于理解的隐私策略文档。研究人员指出，脸书的隐私策略始于 2005 年，当时只有 1 000 个单词，到 2015 年已经超过 12 000 个单词！此后脸书多次修改隐私策略，现在仍然超过 4 200 个单词，据报道很少有人阅读它们（Litman-Navarro，2019；Hautala，2018）。

欧盟的隐私权保护：《通用数据保护条例》

2018 年 5 月，欧盟委员会实施了**《通用数据保护条例》**（GDPR），这是一个管理欧盟成员国数据保护的新框架，它取代了 1998 年的《数据保护指令》。GDPR 可以说是自美国联邦贸易委员会的公平信息实践原则颁布以来最重要的隐私权立法。GDPR 适用于所有收集、存储或处理欧盟公民个人信息的公司和组织，其保护效用适用于世界各地，无论信息处理发生在哪里（European Commision，2018；Satariano，2018）。

在欧盟，隐私权保护历来比在美国要严格得多。在美国，没有一个联邦机构负责执行隐私法。也没有单独的隐私权法规管理私人使用个人身份信息。相反，隐私法是零碎的，并按部门划分（例如，医疗隐私法、教育隐私法和金融隐私法）。这些隐私法都是由联邦贸易委员会来强制执行的，依靠企业的自我监管和必须在法庭上起诉各机构或公司以获得损害赔偿的个人来推动。这种方式成本很高，在现实中较少出现。

在欧盟，数据保护法是全面的，适用于所有组织，并由每个国家的数据保护机构执行，以处理公民的投诉并积极执行隐私法。GDPR 保护各种各样的个人身份信息：基本身份信息，如姓名、地址和身份证号码；位置、IP 地址、cookies 数据和 RFID 标签等网络数据；健康和遗传数据；移动电话号码；驾照和护照号码；生物特征和面部数据；种族和民族数据；政治观点；性取向。

表 8 - 11 描述了 GDPR 中最重要的规定。这一新框架的第一个目标是加强公民保护自己个人信息的权利，并加强对公司的监督，以确保它们尊重这些个人权利。第二个目标是协调欧盟成员国之间存在冲突的数据保护标准，并创建一个单独的欧盟机构来实施和执行法规。第三个目标是在世界范围内推广此框架，将其应用于在欧盟运作的或处理与欧盟公民有关数据的所有组织，无论该组织位于何处。

表 8 - 11 2018 年《通用数据保护条例》

目的	● 协调整个欧盟的数据隐私法 ● 重新调整整个地区的组织处理数据隐私的方式 ● 保护和赋权欧盟公民的数据隐私
范围	● 适用于世界范围内所有收集、处理或使用欧盟公民个人信息的组织
行政管理和执行	● 创建一个全欧盟信息专员办公室，在欧盟执行这项法规。每个国家也有自己的数据保护机构
个人权利	● 在一个月内更轻松地免费访问所有个人数据 ● 被遗忘权（能够删除数据的权利） ● 数据可移植性：允许人们将其数据移动到其他提供商 ● 让用户对第三方和合作伙伴对其数据的使用有更多掌控权 ● 为滥用数据的行为寻求损害赔偿的权利，包括集体诉讼
组织要求	● 企业级数据治理 ● 拥有超过 250 名员工的公司需设置数据保护专员，这些专员向高级管理层报告 ● 收集用户数据前需要获得明确的知情同意（积极选择接受） ● 发布数据收集的基本原则以及持续时间 ● 要求公司在 72 小时内报告数据泄露、黑客攻击和未经授权的信息披露等情况 ● 第三方风险管理。公司需对与合作伙伴或其他公司共享的数据负责，并且列出所有共享数据的清单 ● 要求公司保留所有欧盟公民个人数据的记录 ● 通过新系统设计保护隐私权 ● 目标限制：允许匿名数据用于定位受众，但基于社交媒体或其他个人档案的定位仍是灰色领域 ● 新的罚款表：高达 2 000 万美元，或者该组织全球收入的 4%，以较高者为准 ● 隐私之盾：与非欧盟国家达成协议，以确保在欧盟以外处理的任何数据都符合 GDPR 标准

对于个人来说，GDPR 要求组织允许消费者在一个月内免费访问其所有个人信息；删除个人数据（被遗忘的权利）；确保数据可移植性，使消费者不会被锁定在特定服务中；起诉造成损害或滥用个人身份信息的供应商，包括提起集体诉讼；等等。

GDPR 提高了对组织的要求，包括要求设置一个数据保护专员并使其向高级管理层报告；在收集数据前需要用户明确表示同意（积极选择接受）以及删除默认的选择接受过程；发布数据收集的基本原则以及持续时间；72 小时内报告数据泄露、黑客攻击和未经授权的信息披露等情况；对与合作伙伴或其他公司共享的数据负责，并列出所有共享数据的清单；要求在所有新系统中内置隐私权保护（通过新系统设计保护隐私权）；将个人的定位和重定向限制在受众层面的匿名数据上，而不是以私人的个人档案为基础。组织必须将对个人数据的收集限制在完成任务或交易所需的数据范围内，并在使用完后立即将数据删除（Schechner，2018）。滥用个人身份信息将面临高达 2 000 万美元，或该组织全球收入的 4% 的罚款，以较高者为准。最后，欧盟有能力通过使用政府间**隐私之盾协议**（privacy shield agreements），与美国等非欧盟国家共同执行 GDPR 的要求，该协议旨在确保在非欧盟国家处理的欧盟数据符合 GDPR 的标准。隐私之盾协议是一个相对早期的**安全港协议**（safe harbor agreements）更加可行的版本。安全港协议提供了私人自我监管政策和执行机制，以达到政府监管机构和立法的目标，但并不涉及政府监管或执行（Lomas，2018）。然而，在 2020 年 7 月，欧盟法院宣布欧盟和美国之间现有的隐私之盾无效。该法院裁定，向美国传输数据使欧洲人暴露在美国政府的监视之下，而同时并未向欧洲人提供足够的权利来挑战这种监视，从而违反了 GDPR。法院还裁定，许多公司在欧盟以外传输数据时使用的特殊合同只有保证对数据的保护符合 GDPR 时才有效——向美国和其他国家的数据传输并不满足这一标准。这一决定可能会限制公司在美国服务器上存储欧盟公民数据的能力，有可能严重扰乱跨国公司的运营，目前有 5 000 多家公司依赖此运营系统（Satariano，2020）。

GDPR 显然是针对脸书、谷歌、推特和其他基于广告的网络企业的，这些企业通过网络跟踪收集个人数据，将从公司和数据代理商那里获得的数据合并以建立全面的数字图像（用户画像），并向用户精准投放广告。谷歌和脸书在欧洲都非常受欢迎，并主导着欧盟市场，但同时也因侵犯隐私权和不保护个人身份信息而受到大量批评。欧洲监管机构和政界人士指出，在 2016 年，脸书允许政治咨询公司剑桥分析获取超过 1 亿用户的账户数据，2018 年脸书 5 000 万个账户的数据泄露也证明其无法保护欧洲人的隐私权。谷歌在欧盟地区搜索领域享有垄断地位，它滥用垄断优势将谷歌服务列在其他搜索页面之前，滥用其对安卓操作系统的所有权来要求智能手机制造商在安卓手机上预安装谷歌应用程序，还逃避其在欧盟国家的税收。以上种种使谷歌成为欧盟监管机构的重要目标。这两家公司以及微软的 Windows10 操作系统因其对在使用服务时选择强隐私权保护的用户的威胁行为，以及鼓励用户尽可能放弃个人信息的屏幕设计，被指控"蓄意欺骗"（Pop and Schechner，2018；Meyer，2018）。

目前，还不清楚 GDPR 将如何应用于网站上的用户画像和对个人的定位。该法规允许使用针对特定用户的匿名数据（例如，所有对购买新车感兴趣或搜索音乐会门票的人，这也被称为背景营销）。

尽管全球企业在 2016 年起就已经知晓 GDPR 的要求，并且有两年的时间制订执行计划，但 GDPR 在措辞上仍有许多含糊不清的地方，其影响也存在不确定性，需要加以解决（Deloitte，2018；Stupp，2018）。例如，并不明确 GDPR 是否允许通过互联网追踪个人，以及收集与交易无关的第三方信息。

行业自律

仅联邦和州政府的法规并不足以保护消费者的隐私权。技术发展迅速，在立法机构和政府机构做出反应之前，就为营销人员提供了更多收集和使用消费者私人信息的工具。美国互联网行业历来极其反对互联网隐私权立法，他们认为在保护隐私权方面本行业能比政府做得更好。

一种行业方法是开发证明公司的隐私策略的在线"印章"。许多非营利组织，如商业改善局（BBB）、TrustArc（原 TRUSTe）和 WebTrust，已经建立起相应的认证机制。然而，该认证计划对互联网隐私权保护的影响十分有限。批评人士指出，认证计划在保护隐私权方面收效甚微。例如，联邦贸易委员会对 TRUSTe 处以罚款，因为它未能每年重新审核 1 000 多个隐私权计划，尽管它声称在其网站上已经完成了重新审核（Davis，2015）。从那时起，TrustArc 就已经将其印章变成一个隐私权反馈按钮，它认为这为公司提供了一个可见的方式向客户展示其的确关心隐私权，也让用户知道通过 TRUSTe 的争议解决系统可以向公司提出关于隐私实践的问题或反馈。TRUSTe 的争议解决系统是一个让用户报告涉嫌违反已发布的隐私声明的行为和特定隐私问题的在线工具。TrustArc 不再验证公司的隐私策略。

网络广告行业也成立了一个行业协会——网络广告促进协会，以制定隐私策略。网络广告促进协会的隐私策略旨在实现以下两大目标：为消费者提供"选择拒绝"网络广告（包括电子邮件广告）的机会；对因信息滥用而蒙受损失的消费者进行补偿。为实现选择拒绝，网络广告促进协会创建了一个专门的网站 Networkadvertising.org，消费者可以利用该网站提供的通用选择拒绝功能来阻止网络广告机构在自己的电脑上设置 cookies。网络广告促进协会还提供链接，用户如有不满可以点击链接去登记投诉（Network Advertising Initiative，2020）。

AdChoices 计划是行业发起的另一项倡议，旨在鼓励网站在使用用户信息方面更加透明，同时倡导网站通过询问用户向其尽可能地展示更合适的广告。广告旁边会出现一个 AdChoices 图标，用户单击此图标可获得更多信息以及向广告主提供反馈的机会。目前还没有任何数据表明该程序的运行情况。

企业自律的一个有效来源是市场和公众的压力。当公司做出消费者反感的行为时，由此引发的推文、博客和社交媒体上的帖子等往往足以促使它们采取纠正行动，尽管经常是在 FTC 和 FCC 的调查压力下。例如，脸书、谷歌和其他公司已经开发了许多工具，允许用户设置他们的隐私偏好，并限制将其信息用于基于兴趣的广告推送。谷歌、苹果和大多数浏览器公司也为个人开发了工具，使其可以限制对自身信息的使用。数百万名用户确实利用了这些工具。然而，绝大多数人因为难以找到这些工具或即使找到也难以理解而没有使用（Fowler，2018；Stern，2016）。

总的来说，目前互联网企业在在线隐私权保护自律方面做出的努力尚未能成功缓解美国公众对在线交易过程中隐私权侵犯的担忧，也未能显著减少隐私侵犯行为的发生。行业自律最多只能让消费者注意到隐私策略是否存在，但通常很少体现信息的实际用途，也没有为消费者提供查看和修正信息的机会，更不用说控制信息的使用。此外，它还未曾给出任何保障信息安全的承诺，也没有指明任何落实机制（Hoofnagle，2005）。

技术解决方案

目前人们已经开发出许多技术解决方案来应对网络和移动平台上的隐私权侵犯。如本章前面和第 6 章所述，对隐私权的基本威胁是跟踪用户并记录他们在多个站点（**跨站点跟踪**（cross-site tracking））和多个设备（**跨设备跟踪**（cross-device tracking））上的行为，以便对希望向这些用户展示广告的公司销售广告。同时也存在其他威胁，比如**设备指纹**（device fingerprinting），这是用户计算机或智能手机可用来识别设备和用户的独特特征，还可以与跟踪数据关联，以供将来使用。用户或浏览器屏蔽 cookies 的现象越来越普遍，而这并不利于跟踪用户行为，不需要 cookies 就可以唯一地识别用户并在网络上跟踪他们的设备指纹技术变得越来越流行。

与外部服务器通信以报告在线活动的第三方 cookies 是网络上在线监视和跟踪的基础，无论它们存储在何处。隐私权还受到记录 IP 地址的 IP 跟踪器的进一步威胁，这些 IP 地址与其他信息结合后，就能够在用户浏览互联网时识别其身份。防止跟踪的有效技术解决方案必须阻止第三方 cookies 的运行，并隐藏用户的身份（IP 地址）。表 8－12 列出了一些减少或消除在线跟踪以及其他在线和移动隐私权威胁的在线隐私权保护技术。

表 8－12   在线隐私权保护技术

技术	产品	保护说明
智能预防跟踪系统（ITP）	苹果 Safari, Privacy Badger	监视器和禁止跟踪 cookies
差异化隐私权软件	苹果	降低了合并不同文件和去匿名化消费者数据的能力
隐私安全浏览器	Epic, Ghostery	消除跟踪 cookies，并防止使用 VPN 进行 IP 跟踪
消息加密	Signal, Gdata, Whisper, Telegram, Ceerus	加密使用智能手机传输的文本和其他数据的应用程序
间谍软件拦截程序	Spyware Doctor, ZoneAlarm, Ad-Aware, Spybot	检测并删除间谍软件、广告软件、键盘记录程序和其他恶意代码
弹出式窗口和广告拦截器	大部分浏览器；附加程序：Adblock Plus, Popup Blocker Pro	禁止调用广告服务器；根据用户要求限制下载图像
安全电子邮件	Hushmail, ProtonMail	电子邮件和文档加密
匿名重邮器	Java Anon Proxy（JonDonym），W3 Anonymous Remailer	增强了对电子邮件的隐私权保护
匿名上网	大部分浏览器（例如 Chrome Imcognito），Anonymizer.com，洋葱路由器，GhostSurf	增强了对网页浏览的隐私权保护
cookies 管理员	大多数浏览器	阻止第三方 cookies
公钥加密	Symantec Encryption Desktop	加密邮件和文档的程序

广告拦截器（在第 6 章中介绍过）对于阻止令人讨厌的广告很有用，但它们通常不能解决跨站点跟踪的问题，并且它们允许满足特定要求的广告服务器在后台运行跟踪 cookies。大多数浏览器允许用户阻止所有 cookies 或所有的第三方 cookies，但研究

人员发现广告主已经找到了绕过这些工具的方法，这种行为经常干扰网页操作（Wagenseil，2018；Chaikivsky，2018）。使用内置的浏览器工具来管理 cookies 和清除所有 cookies 都是徒劳的，因为访问下一个站点时将再次加载 cookies，而且许多新加载的 cookies 正是之前所清除的。

从 2010 年开始，面对越来越多拒绝被跟踪的互联网用户所施加的压力，在联邦贸易委员会的鼓励下，浏览器制造商开始在它们的浏览器中安装禁止跟踪设置。现在几乎所有的浏览器都有一个禁止跟踪功能，它可以向网站发送用户不希望在浏览器安装跟踪 cookies 的请求。不幸的是，大多数网站不重视这些请求，而且这些网站并不通知用户他们正在被跟踪，尽管用户设置了禁止跟踪，他们仍会被跟踪（有关禁止跟踪的更多信息，请参见第 6 章"社会透视"专栏中的案例）。大多数浏览器中的私人会话选项也是如此：它们消除了本地浏览历史，但跟踪 cookies 仍在后台运行并将数据发送至第三方服务器。

正如之前所讨论的那样，苹果已经回应了消费者关于跨站点跟踪的投诉，并为其 Safari 浏览器开发了**智能预防跟踪系统**（ITP）。Safari 已经在默认情况下阻止了第三方 cookies，但 ITP 通过确保第一方 cookies 通常只能在用户访问网站后的 24 小时内可用，扩展了该功能。此后，这些 cookies 不能用于大多数形式的跟踪，如果用户在 30 天内没有访问该网站，这些 cookies 就会被完全删除。2018 年，苹果更新了 ITP，通过完全取消 24 小时跟踪窗口，进一步限制了广告主使用 cookies 跟踪浏览数据的方式。从那时起，它持续地更新版本，进一步限制了广告主跟踪用户的能力（Marvin，2019；Wuerthele，2018）。由电子前沿基金会（Electronic Frontier Foundation）开发的一个名为 Privacy Badger 的应用程序也有类似的防止跟踪的功能（Miagkov，2018）。ITP 基本上消除了跨站点跟踪和用户监控，并对网络广告行业构成了直接威胁（Nichols，2017）。2018 年，苹果开始使用**差异化隐私权软件**（differential privacy software），禁止广告主将匿名消费者数据文件和其他跟踪文件合并，以准确识别消费者，尽管其为数据匿名已经付出了很多努力（Greif，2018；Zawadziński and Wlosik，2016）。保护隐私权的机器学习（PPML）是目前研究和发展所关注的另一项技术（Mancuso，2020）。

2018 年，谷歌在 Chrome 中增加了一个广告拦截工具，该工具阻止了来自不符合更好广告联盟（CBA）的更好广告标准的网站的广告。这些标准禁止令人讨厌的广告形式，如弹出式窗口、自动播放视频和遮挡整个页面的插播式广告。类似的广告拦截工具也被广泛使用，据估计，在 2020 年，美国超过 25％的在线用户将安装这些工具（eMarketer, Inc.，2019）。虽然这种方法可能会降低一些跟踪 cookies 的数量和有效性，但它并不会阻止符合 CBA 标准的广告商的跨站点跟踪。

减少或消除跟踪的最有效的工具是**隐私安全浏览器**（privacy default browsers），如 Epic 和 Ghostery 浏览器。当跟踪 cookies 加载到浏览器时，这些浏览器能识别它们并将其从浏览器上删除。它们还拥有内置的 VPN 软件，可以防止网站识别设备的 IP 地址。这些功能在后台运行，无需用户干预或请求用户批准，就可以在浏览会话开始时消除第三方 cookies。在这些浏览器中，保护隐私是默认选项（Keizer，2018）。

加密也是保护消息和文档隐私权的一项重要技术。如前所述，苹果实现了对其设备和 iMessage 短信的加密，许多流行的应用程序也对数字设备之间的通信进行了加密。私密浏览是大多数浏览器中禁用浏览历史和 cookies 的另一个隐私权保护工具。这对于在多个用户可以访问同一台计算机的共享环境中保护消费者的计算机是有用的。浏览历史仍保留在网络服务器上。一些技术解决了隐私方面的问题，特别是中间人攻击的威胁。像 Epic 这样的专业浏览器会对用户的浏览和其他数据进行完全加密，甚至在服务器级别。一项很常见的安全协议是 HTTPS，它对计算机和计算机服务器之间的消息进行加密，并确保用户正在与一个可信的网站而不是一个骗子网站进行通信。

8.2.4　将隐私权保护作为一项业务

在过去的五年中，互联网对个人信息的侵犯及其激进程度日益增强，人们对隐私权保护也更为关注，这催生了一小部分新兴企业，使用户能够收回对个人信息的控制权以及将个人信息卖给第三方公司（主要是广告公司）来盈利。想象一下你可以控制你与谷歌、脸书、银行、信用卡公司甚至电子邮件共享的所有个人信息，将这些信息存放在托管的安全数字保险库内的个人数据账户中，并将这些信息的访问权出售给感兴趣的各方，而无须透露自己的身份。这可能会彻底颠覆传统的基于广告的互联网生态：与其放弃对个人信息的控制来换取服务，如社交网络，不如自己把这些信息卖给第三方。这些想法有几个名字：个人数据经济（PDE）、我的互联网和生活管理工具。

个人声称拥有个人数据的所有权，并将其存储在信任的数据商店，然后向第三方出售的想法并不新鲜。但随着支持性数字技术的发展，如今，这可以被认为是解决一些当代隐私权问题（如控制个人信息和透明度）的可行的技术性方法（Laudon，1996；Elvy，2017）。Digi. me、Meeco. me 和万物中心（Hub of All Things）等公司正在筹集资金来试验这些想法。

例如，澳大利亚初创公司 Meeco. me 开发了一种与个人信息相关的区块链方法，称之为生活管理工具，它使得个人可以精确地看到自己的哪些信息在网络上被共享，以及和谁共享；它还能使个人控制他们想要共享的范围，并向第三方用户寻求补偿（Meeco. me，2018；Leigh，2016）。英国初创公司 Digi. me 开发了一款应用程序，允许用户聚合任何来源的个人信息，并将其存储在 Dropbox 或 iCloud 等云存储服务端。用户在那里可以控制他们将共享的信息，并可以选择各种工具来分析他们的数据。Digi. me 在 2016 年从 eBay 创始人那里获得了 600 万美元的投资（Sherriff，2019；Newman，2018）。万物中心是一个英国的开源项目，它让用户决定在自己的微云服务器中存储什么信息，并为自己的数据建立知识产权，然后通过个人数据交换中心来控制自己的信息（Hub of All Things，2020；Sterling，2018）。

一种完全不同的减少跟踪的非技术方法是**隐私付费**（pay-for-privacy，PFP）。在此方法中，一些宽带提供商，如 AT&T 的 GigaPower 服务提供商，提供两种不同级别的服务：广告支持服务和隐私权支持服务。广告支持服务的收费比隐私权支持服务低 30～50 美元。从本质上来说，用户如果想要摆脱电信公司的广告和跟踪，就需要为他们的隐私付费。到目前为止，谷歌、脸书和推特等公司并不提供这一功能，但随着广告拦截和 cookies 拦截软件变得越来越强大，这些公司在未来也可能采取这种方式（Elvy，2017；Chen，2017）。众所周知，用户并不会花很多钱保护隐私权，因此大多数用户将选择接受跟踪作为低成本的替代方案（Acquisti et al.，2013）。

所有这些努力都有缺点和风险，但在不久的将来，它们都将是使用技术手段解决隐私权问题的实用先例。PFP 模式可能会导致只有富人拥有隐私权。而 PDE 模式可能导致只有富人出售他们的个人信息，因为其信息对广告主更有价值（Mobile Ecosystem Forum，2017）。任何一种模式都可能会给一部分人，但不是所有人，带来在线隐私权问题。

8.2.5　隐私权保护组织

有些隐私权保护组织在监督隐私的发展。其中一些网站是由行业支持的，而另一些网站则依赖于私人基金会和捐赠。表 8-13 中列出了一些较为知名的组织。美国的大学也有一些隐私策略机构。

表 8-13　隐私权保护组织

隐私权保护组织	关注点
电子隐私信息中心（EPIC）	位于华盛顿特区的公共利益研究中心，专注于隐私权和公民自由问题
隐私国际（Privacy International）	专注于政府和企业隐私权侵犯的国际监督组织
民主与技术中心（CDT）	以立法为重点，得到基金会和商业机构支持的组织
电子前沿基金会	致力于保护用户隐私权、言论自由和其他公民自由的非营利组织
隐私权信息交流中心（Privacy Rights Clearinghouse）	教育型的信息交流中心

8.2.6　对隐私权的限制：执法和监督

我们强调，公共部门的隐私权不受政府限制和侵犯，与私人消费市场的隐私权是非常不同的。但是这些不同领域的个人信息正日益融合在一起。

如今，消费者的在线和在移动端的行为、个人资料、交易信息通常都可以轻易地被政府机构和执法部门获取，这加剧了在线消费者的担忧，促使一些人退出在线市场。皮尤研究中心最近的调查显示，近 85% 的受访美国人觉得他们对政府收集的关于他们的在线数据几乎没有控制权，2/3 的人认为这种数据收集的潜在风险超过了潜在利益。超过 60% 的人对政府如何使用收集到的数据表示关心（Pew Research Center，2020a，2020b）。

过去几年对隐私权保护的倡导者来说情况并不乐观，几年来，联邦政府机构一直在缺乏司法监督的情况下，在美国收集美国人和外国人的手机通话数据。2013 年，美国国家安全局承包商爱德华·斯诺登开始向英国《卫报》公布 NSA 的文件，其中详细描述了 NSA 对美国和外国公民的监视项目。这些项目规模空前，涉及世界各地手机元数据的大规模收集，窃听谷歌、雅虎和其他互联网服务的通信线路，以及窃听外国领导人的手机。斯诺登的爆料造成了深远影响，先前讨论过的美国和欧盟之间隐私之盾协议被宣告无效就是源于此次爆料。在一个名为棱镜的项目中，NSA 还获得了主要电信运营商的支持，电信运营商向其提供美国人的电话和电子邮件信息。这些项目是在 2001 年 9 月 11 日美国遭受恐怖袭击后构想出来的，并被设想为保护美国的必要手段。这些项目得到了 2001 年《美国爱国者法》以及随后的修正案的批准，由美国外国情报监视法院根据《外国情报监视法》（FISA）授权并监督，并通过了相关国会委员会的审查。因此，棱镜项目是合法的。计算机科学学术界的许多人都知道这些项目，部分原因是因为他们参与了在大型数据集中发现模式的开发，以及机器学习程序的开发。然而，斯诺登事件震惊了普通公民，他们之前一直相信只要自己没有犯错，政府就不会收集他们的个人信息。斯诺登事件也提高了公众对谷歌和脸书等互联网公司以及其他从事大规模跟踪和消费者监控的公司的认识（Pew Research Center，2018b）。此后，谷歌、脸书、微软等公司都试图抵制或阻止政府未经授权访问其用户的数据（Apuzzo et al.，2015）。

在安全与自由之间取得平衡是隐私权争论的焦点（Ford，2013）。人们一度以为政府无法控制或监管互联网活动，但事实绝非如此。长期以来，执法部门一直声称依据众多法规，其有权根据法院命令和司法审查并基于犯罪正在发生的合理信念，来监测任何形式的电子通信。其中就包括监视参与电子商务的消费者。《通信援助执法法》（CALEA）、《美国爱国者法》、《网络安全增强法》和《国土安全法》都加强了执法机关暗中对互联网用户实行监控的权利，这些法律还强调在紧要关头此类行为甚至可以不受司法监督。几位参议员称，旨在打击美国境内恐怖主义的《美国爱国者法》允许政府在没有法院的监督下进行几乎无限制的监视（Savage，2012）。然而，一般来说，由政府机构进行监督的请求需要得到美国外国情报监视法院的批准。2015 年，《美国爱国者法》的若干条款到期。作为回应，国会通过了《美国自由法》，该法对美国国家安全局和其他美国情报机构大量收集美国公民电信元数据的行为施加了一些限制，但依然允许根据美国外国情报监视法院的命令对个人进行监视。

苹果推出了 iPhone 6，它具有使用一种强大的端到端加密算法（E2EE）加密存储在手机上的电子邮件、照片和联系人的能力，该算法可防止第三方在信息传输过程中阅读信息。苹果还对存储在 iPhone 设备上的数据进行了加密。设备中的数据只能通过用户独自掌握的密码进行解密，苹果不保留该密码的密钥。因此，苹果表示，它不能遵守法院要求其移交用户数据的命令（Apuzzo et al.，2015）。不出所料，美国国家安全局、联邦调查局和其他执法官员对此并不满意，并担心这将使罪犯和恐怖分子逃避监视。苹果和谷歌坚持认为，它们要在全球竞争，就必须能够使消费者确信，他们的数据是安全的，但斯诺登的曝光使这一任务变得更加难以完成（Sanger and Chen，2014）。2016 年，联邦调查局宣布，它已经在没有苹果支持的情况下破解了 iPhone 设备加密，并表示将帮助当地执法机构解密智能手机和其他使用加密技术的设备。只要有足够的计算能力，就可以破解常见的加密方法。

执法部门在没有搜查令的情况下就能从手机获取数据已经成为许多法庭案件的主题。2014 年，美国最高法院在一项突破性的一致裁决中，规定警方在搜查个人手机获取信息之前需要取得搜查令（Riley v. California，2014）。所有移动设备都可能会得到这种保护，免受无搜查令的警方的搜查（Savage，2014）。2012 年的一项早期决定要求警方在嫌疑人的汽车上安装 GPS 跟踪设备之前必须先获得搜查令（United States v. Jones，2012）。在这两个案例中，最高法院都发现手机中存有大量详细的个人信息，并保留了多年，还存储了许多不同类型的其他信息。一个人的私密和个人生活可以存储在手机或云服务器上，使它们成为现代的个人文件，受宪法第四修正案的保护（"人民享有人身、住宅、文件和财产不被无理搜查和扣押的权利"）。2018 年 6 月，最高法院在一项具有里程碑意义的裁决（Carpenter v. United States，2018）中裁定，政府需要根据可能的原因获得搜查令，以获取和使用手机公司和潜在的所有收集这类数据的公司持有的手机位置历史数据。法院总结道，手机已经变得异常强大且无处不在，是日常生活中的必需品，它们可以对用户进行近乎完美的监控，就像脚踝监控器一样。最高法院裁定，执法部门不受限制地获取这些信息违反了禁止不合理搜查的第四修正案（Liptak，2018，2017）。

使用手机数据来追踪一个人的位置和接触历史，以帮助阻止新冠病毒感染的问题也引起了争议。进一步了解这个问题，可阅读"技术透视"专栏中的"接触者追踪应用程序：用隐私权交换公共卫生"。

政府机构是私营商业数据公司，如 Acxiom、Experian 和 TransUnion Corporation 的大客户之一，这些公司收集海量的消费者信息——从线上线下的各种公共来源，如公共档案和电话簿，以及非公共来源，如信用机构的"信用抬头"信息（通常包含姓名、别名、出生日期、社保号码、现居住地、曾居住地和电话号码）。Acxiom 拥有世界上最大的私人个人数据库之一，其数据库覆盖 60 个国家和地区的 25 亿人，拥有超过 1.1 万个数据属性（Acxiom，2020；Boutin，2016；Singer，2012）。个人资料数据库中存储的信息不仅包括姓名、电话号码等身份信息，还包括驾驶记录、犯罪和民事法庭记录、财产记录、许可记录等详细信息。这些信息与其他商业公司采集的在线行为数据结合在一起，可编制成大规模的个人线上线下行为档案。私营部门和公共部门的个人信息联系日益紧密，创建了一个档案社会，这种情况甚至在互联网出现之前就已被预测到了（Laudon，1986）。愈加明确的现实是，一些批评人士和作者预测到了 20 世纪隐私权的结束，以及 21 世纪新时代的开始，人们需要接受普遍存在的对自身行为的监控，同时使用工具更有力地保护自己的隐私权（Weigend，2017；Rose，2017）。

技术透视

接触者追踪应用程序：用隐私权交换公共卫生

根据约翰霍普金斯大学冠状病毒资源中心（Johns Hopkins Coronavirus Resource Center）的数据，截至 2020 年 7 月中旬，全球感染新冠病毒的人数已经超过 1 350 万人，其中美国有 350 万人。在全球范围内，死亡人数超过 58.5 万人，在美国有超过 13.7 万人死亡。世界各国正在探索各种阻止病毒大流行的方法，以保护其公民的生命。过去控制大流行病最有效的技术之一是接触者追踪，即已知被感染的人识别出他们最近接触过哪些人。然后，被识别出的这些人可以更快地进行自我隔离，以减少疾病的传播。在历史上，这是在没有技术帮助的情况下完成的，但新冠病毒的广泛传播以及许多国家的工作人员短缺，使得接触者识别和自我隔离变得非常困难。如今，由智能手机的 GPS 和蓝牙功能提供支持的应用程序很有希望为健康组织提供自动化的接触者追踪。然而，很少有国家能够成功应用。

接触者追踪应用程序在技术上很难开发，其中一个主要挑战是无法测量两个蓝牙用户之间的精确距离。这些应用程序使用信号强度测距，而这会受到手机是在用户口袋里还是手里的影响，并可能会将实际上被墙壁和窗户等分隔开的人记录为近距离接触者。还存在关于该应用程序应生成多少个警报的问题。如果一个接触者追踪应用程序认为有潜在危险的接触者的类型过于广泛，用户将会收到过多的通知，从而导致他们删除该应用。在英国，NHS的应用程序在检测时只记录了25个符合条件的接触者中的一个，而且其在四年及以上的安卓手机上根本无法工作。此外，在没有及时检测的情况下，接触者追踪应用程序用处不大，一些国家仍在努力提供这种检测。目前认为，新冠病毒具有传染性的主要时间是感染后的3～4天，如果安排检测和接收结果花费的时间超过此时间，接触者追踪就不再有用。

虽然开发一款功能性应用程序已经相当困难，但更难的是政府要让公民接受该应用程序的基本前提——放弃对位置数据和用户隐私权的控制是促进公共卫生发展的一项公平交易。对政府和私人公司能够自由获取个人数据的担忧在全世界普遍存在。许多国家和州并没有通过发布那些实际上严重侵犯用户隐私权的应用程序来帮助完成它们的工作。例如，在挪威，该国的接触者追踪应用程序被其隐私权监管机构禁止，因为它收集的个人信息比正常工作所需的要多得多。印度的应用程序泄露了用户的确切位置，迫使政府对其做出重大整改。在美国，研究人员发现北达科他州的应用程序向外部公司Foursquare传输数据，违反了自身的隐私策略。

与其他有更高的遵守率的国家相比，美国尤其难以解决其公民不愿参与公共卫生举措的问题——即使是像戴口罩这样基本的举措。那么，美国人不信任接触者追踪应用程序也就不足为奇了。最近的一项调查显示，只有42%的美国人支持接触者追踪应用程序；一项研究显示，这一数字可降至29%，另外不信任的原因中最常提及的是潜在的隐私权侵犯威胁。另外，即使是对接触者追踪和以安全交换隐私权接受度更高的国家，应用程序的使用率也没有达到能产生实际效果的程度。在接触者追踪应用程序下载量排名较高的国家中，冰岛的普及率最高，截止到2020年5月，36.4万名冰岛公民中有38%的公民使用了该国的应用程序。但牛津大学的研究人员认为，一个国家需要至少60%的公民来下载和使用接触者追踪应用程序，才能有效地减少疾病的传播。

以隐私权换取安全的思想已根植于社会大众的国家更好地启动了接触者追踪计划。例如，韩国在2015年对中东呼吸综合征（MERS）冠状病毒应对不力，从而赋予了其公共卫生部门查看监控录像和检索受感染公民的位置数据的广泛权力。

苹果和谷歌介入其中提供帮助，分别更新了iPhone和安卓的应用程序接口，使其具有接触者跟踪功能。许多国家已经从专有的普及全国的应用程序切换到由苹果和谷歌的更新支持的应用程序，这在保护用户隐私权、匿名化每一环节的数据以及将所有个人数据存储在手机本地方面做了大量工作。尽管如此，支持的人数还是有限。许多用户认为，在未经他们同意的情况下其手机就下载了一个应用程序，尽管事实并非如此。即使到2020年7月，也只有少数州使用更新了应用程序接口的接触者追踪应用程序。接触者追踪应用程序能够限制新冠病毒传播的承诺是非常真实的，但到目前为止，很少有国家能够很好地应对技术和社会方面的挑战，以实现拯救生命所需的高使用率。

资料来源："Johns Hopkins University & Medicine Coronarvirus Resource Center," Coronavirus. jhu. edu, accessed July 16, 2020; "COVID-19 Apps Could Slow the Pandemic. Here's Why They Still Haven't Been Released," by Kaveh Waddell, *Consumer Reports*, July 14, 2020; "Utah Spending Millions on COVID-19 App Though Offer for Free Tracing Still Stands," by Katie McKellar, Deseret. com, July 13, 2020; "Which U. S. States Are Using Apple's Exposure Notification API for COVID-19 Contact Tracing?," by Zac Hall, 9to5mac. com, July 13, 2020; "U. S. Contact-tracing Efforts on COVID-19 Falter on Privacy Worries, Technology Gap," by Amy Sokolow, Marketwatch. com, July 9, 2020; "Virus-Tracing Apps Are Rife With Problems. Governments Are Rushing to Fix Them," by Natasha Singer, *New York Times*, July 8, 2020; "Apple and Google's Coronavirus Contact Tracing

System Gains More Participants Across the Globe," Aaron Pressman, Fortune. com, July 8, 2020; "Survey Finds Americans Skeptical of Contact Tracing Apps," Jeremy Hsu, Spectrum. ieee. org, July 7, 2020; "Digital Contact Tracing's Mixed Record Abroad Spells Trouble for US Efforts to Rein In COVID-19," Bhaskar Chakravorti, Theconversation. com, July 6, 2020; "Why Coronavirus Contact-Tracing Apps Aren't Yet the 'Game Changer' Authorities Hoped They'd Be," Ryan Browne, Cnbc. com, July 3, 2020; "Mobile Minute: Consumer Downloads Show Early Adoption of Covid-19 Contact Tracing Apps," Lexi Sydow, Appannie. com, June 24, 2020; "Have Apple and Google Uploaded a COVID-19 Tracking App to Your Phone? The Facts Behind the Furor," Davey Winder, Forbes. com, June 20, 2020; "One of the First Contact-Tracing Apps Violates Its Own Privacy Policy," Geoffrey A. Fowler, *Washington Post*, May 21, 2020; "Why Contact Tracing May Be a Mess in America," *MIT Technology Review*, May 16, 2020, James Temple.

8.3　知识产权

国会有权"制定在一定时间内保护作者和发明人对自己作品和发明拥有的专有权利的法律，以促进科学和艺术的进一步发展"。

——《美利坚合众国宪法》第 8 章第 1 条，1788 年

知识产权仅次于隐私权，也是电子商务领域最受争议的道德、社会和政治问题之一。知识财产包括人类思想中所有有形和无形的结晶。知识财产的创造者享有知识产权，这在美国已是一条人尽皆知的公理。例如，如果你自己创建了一个电子商务网站，那么它完全属于你个人，在任何合法条件下，你享有绝对的排他使用权。但互联网正潜在地改变着这一切。一旦知识作品变成数字化的，其访问、使用、分发和复制就难以控制。而这也正是知识产权保护寻求解决的问题。

数字媒体与图书、期刊以及其他媒体截然不同，它可以被轻易地复制、传输和修改；很难将软件产品归入程序、图书或音乐等类别中；易压缩的特性容易导致盗版猖獗；可模仿性强，难以保障其独特性。在互联网普及之前，软件、图书、杂志文章或电影副本必须存储在纸张、计算机磁盘或录像带等物理介质中，存在分销障碍且非法复制的成本很高。

如今，互联网技术使得任何人都可以制作各种作品的完美数字副本——从音乐到戏剧、诗歌以及期刊文章——再以几乎可以忽略不计的成本传输给数亿网络用户。在网络环境下，创新的速度如此之快，以致许多企业家根本无暇顾及其网站运用的商业技术或方案的专利权到底归谁所有。互联网崇尚随心所欲，因此不少企业也开始无视商标法的存在，注册极易与其他公司商标相混淆的域名。简而言之，互联网已经显示出其有可能破坏过去两个多世纪发展起来的知识产权法观念和实践。

与电子商务和知识产权有关的主要道德问题是：我们（无论是作为个人还是作为商业专业人士）应该如何对待属于他人的财产？从社会的角度来看，主要的问题是：互联网时代知识产权保护是否仍然有价值？用什么方法将产权的概念推广到无形知识领域（如音乐、图书、电影）？这对社会是否会造成好的影响（或坏的影响）？社会是否应该因为某些技术对某些知识产权所有者产生了不利影响就将其列为非法或限制使用互联网？而主要的政治问题则包括：如何规范、管理互联网和电子商务，才能既保护知识产权制度，又促进互联网和电子商务的发展？

8.3.1　知识产权的类型

知识产权主要分为四种类型：版权、专利、商标和商业机密。美国的知识产权法萌芽于美国宪法，宪法明确要求国会制定一套法律体系来促进"科学和实用艺术"的发展。美国国会于 1790 年通过第一部版权法，规定原创书面作品享有 14 年的版权保护期，如果作者在世还可再延长 14 年。自此以后，版权保护的概念逐渐扩大到音乐、电影、译著、摄影等领域，甚至 200 英尺以下的舰船设计方案也获得了版权保护（Fisher，1999）。

知识产权法的目的是平衡冲突双方（公众和个人）的利益。发明、艺术品、音乐、文学和其他表达形式的创作和传播都服务于公众利益。私人利益则是通过为奖励作品的创造者而授予其一定期限内的独占使用权利来体现的。

但是，双方的利益平衡常常被各种新技术发明打破。总的来说，产生于 20 世纪的信息技术——从无线电广播、电视机到光盘、DVD、互联网，从一开始就有可能会削弱知识产权法的保护力度。尽管知识产权所有者经常能够成功地向国会和法院施压，要求其完善知识产权法以应对新技术带来的威胁，甚至延长产权保护期限，将知识产权保护扩展到新的领域，但也并不是总能如愿。互联网和电子商务技术的发展再次对知识产权保护提出了严峻的挑战。接下来，我们从版权、专利、商标和商业机密这四个方面来讨论知识产权的发展。

8.3.2　版权：完美复制与加密问题

美国的**版权法**（copyright law）能够保护著作（书籍、期刊、讲座讲义）、艺术作品、绘画、摄影作品、音乐、电影、表演和计算机程序等原创作品在一段时间内不被他人复制、抄袭。直到 1998 年，版权法规定个人作品的版权保护期为作者的一生再加 50 年，归企业所有的作品，如迪士尼公司的卡通形象米老鼠，则享有 75 年的版权保护期。版权法并不保护思想，如只在数字存储空间、纸张或手写的笔记等有形介质上表述的想法。

1998 年，美国国会通过议案将企业所有的作品的版权保护期再延长 20 年，共计 95 年，个人作品保护期延长至作者死后的 70 年以内（《版权期限延长法》(CTEA)）。在埃尔德雷德（Eldred）诉阿什克罗夫特（Ashcroft）案中，原告质疑 CTEA 的合理性，认为国会给予版权所有者永久的垄断权将最终导致现有作品过于昂贵，会抑制新作品的创作和传播。但最高法院的判决重申 CTEA 受宪法保护，并驳回原告的观点（Eldred v. Ashcroft，2003；Greenhouse，2003a）。图书管理员、学者等需要低成本获取他人著作的人纷纷对该项立法表示反对。

在 20 世纪 60 年代中期，美国版权局（Copyright Office）开始允许计算机软件注册商标，国会也于 1980 年通过《计算机软件版权法》，明确提出要为软件的源代码和目标代码、商业交易中的原件的副本提供保护，规定在不损害创造者法定权利的前提下购买者拥有软件的各项使用权。例如，网页的 HTML 代码，尽管浏览器可轻易读取，也不能将其复制并用于商业目的，比如创建一个看似相同的新网站。

版权保护的思想简单明了：整个程序或部分代码都不能随意复制。遭受侵权很容易获得损害赔偿和补偿。版权保护的缺点是，只能保护成形的作品，而不能保护作品背后的创新思想。竞争者完全可以合法地查看你的源代码，了解各种效果是如何产生的，然后用这些技术创建其他网站，而这根本不构成版权侵犯。

合理使用原则

与其他权利类似，版权也不是绝对的。有些情况下，严格遵守版权法反而会使社会遭受损失，可能会限制人们的言论和思想自由。因此，合理使用原则应运而生。**合理使用原则**（doctrine of fair use）允许教师、作家和其他人在特定情况下不事先获得授权就能够使用受版权保护的材料。表 8-14 列举了法院在认定是否适用合理使用原则时考虑的五个因素。

表 8-14　版权保护中合理使用原则的考虑因素

考虑因素	说明
使用特征	出于非营利目的或教育目的而使用，而非出于商业目的。
作品本质	剧本或小说等原创性作品比新闻报道等事实陈述性作品受到更多保护。
使用数量	从诗歌和图书中抽取某一段加以借鉴是允许的，但禁止全篇挪用或抄袭。
市场影响	是否会对原作品的市场性造成不利影响？是否已经对市面上的原作品形成冲击？
使用方式	临下课前，教师即兴引用他人作品而非有意地抄袭。

合理使用原则以宪法第一修正案中的言论（写作）自由保护条款为依据。新闻记者、作家和学者批评或讨论他人版权作品时，对原著内容的参考和引用必须加以注明。任课教授可在课前从要评述的文章中截取一段，复印后作为参考实例分发给学生进行讨论。但是，教授绝对不能在未支付版权费的情况下将整篇文章的内容都纳入教学计划之中。

近期许多案件都涉及合理使用的认定问题。在 2003 年的凯莉（Kelly）诉 Arriba-Soft 案和 2007 年的 Perfect 10 诉亚马逊案中，美国联邦第九巡回上诉法院判定，在返回的搜索结果中展示缩略图片构成合理使用。2006 年内华达州地区法院对菲尔德（Field）诉谷歌案的判决结果与之类似，谷歌使用缓存内存存储和展示网页的做法符合合理使用原则。所有这类案件中，法院都认同这一观点，即缓存用于搜索结果展示的内容不仅是一种公共福利，更是代表其版权所有者对版权作品进行营销推广的一种形式，可以提高版权作品的商业价值。在一个被称为"跳舞宝宝"的案例中，一位母亲将一段 30 秒的视频上传到了 YouTube，视频中她的孩子随着普林斯（Prince）的歌曲 Let's Go Crazy 跳舞。这首歌的版权所有者环球音乐集团（Universal Music Group）立即表示反对，并向 YouTube 发出了下架通知。这位母亲提起诉讼，称环球音乐集团在发出下架通知前并没有考虑在视频中使用这首歌的合理性。在 2015 年伦茨（Lenz）诉环球音乐集团案中，第九巡回上诉法院同意该母亲的说法，版权所有者在发出下架通知之前必须考虑合理使用原则。2017 年 6 月，最高法院拒绝复审此案，使第九巡回上诉法院的裁决保持了效力（Hurley，2017；Morran，2016；Bergen，2015）。

作家协会和五家主要出版公司对谷歌提起的诉讼，也体现了合理使用的争议性。2004 年，谷歌宣布了一个图书项目，该项目包括两个部分。其中合作伙伴项目（Partner Program）将在出版商许可的情况下扫描图书，建立索引，在线发布图书内容的片段，并在谷歌的搜索引擎上提供书目信息。在第二个名为图书馆项目（Library Project）的规划中，谷歌计划扫描几所大学和公共图书馆全部的馆藏图书，然后在没有获得出版商许可或支付版税的情况下，将书的部分内容发布到网上。谷歌表示，它不会显示整个页面，而只显示页面的相关部分来响应搜索结果。2005 年，作家协会和大型图书出版商提起诉讼，试图阻止谷歌实施图书馆项目。

谷歌声称图书馆项目符合合理使用原则，因为它只发布了一些片段。此外，谷歌称此举只是在帮助图书馆做它们要做的事情，即出借图书。在 20 世纪 30 年代末与出版商达成协议后，图书馆借阅被认为是合理使用，并且这种借阅被编入 1976 年的《版权法》。谷歌声称，这一举动可以帮助图书馆向公众提供更多图书，这是为了更广泛的公共利益，同时也能扩展图书馆的现有权利，以提高图书的可用性。

在 8 年后的 2013 年，联邦法院最终毫无保留地支持谷歌，裁定谷歌扫描图书并将文本片段向公众开放符合美国版权法中的合理使用原则。法官认为，该项目具有广泛的公共目的，使学生、研究人员、教师和公众更容易找到图书，同时又能维护作者和出版商的权利。在法院看来，谷歌的项目是"变革性的"，它赋予了图书新的特征和用途，使人们更容易发现旧书，并使得图书销量增加。最高法院在 2016 年裁定，谷歌的图书馆项目符合合理使用原则，从法律角度解决了这个问题（Liptak and Alter，2016）。与此同时，该项目本身也陷入了停滞，并已停止扫描图书馆里的所谓"孤儿书"（即无法识别其版权所有人的图书）。分析人士认为，谷歌目前似乎并不热衷于推进该项目，部分原因是该项目没有给它带来期望的回报，并使其与作者及出版商之间的关系出现裂痕。

数字图书馆的合理使用问题最近也在一起涉及互联网档案馆（Internet Archive）的诉讼中成为关注焦点。互联网档案馆维护着一个虚拟图书馆，它拥有超过 130 万册图书的数字版本，其中许多图书仍受版权保护。在新冠疫情之前，互联网档案馆一次只借出每本书的一个数字副本，这种做法被称为受控数字借阅（CDL）。尽管出版行业的许多人认为 CDL 仍然侵犯版权（图书馆通常从出版商那里购买许可证以分发电子书，而互联网档案馆不这么做），但出版商并没有对这种做法提出质疑。然而，2020 年 3 月，互联网档案馆以疫情为由，放宽了借阅限制，允许一本书的多个数字副本同时被借阅。2020 年 6 月，四家主要出版商起诉了该档案馆，该档案馆在回应时称其行为受到合理使用原则的保护。虽然最终此案可能会庭外和解，但它凸显了互联网时代因版权问题而持续存在的紧张局面（Romano，2020；Albanese，2020）。

1998 年《数字千年版权法》

1998 年颁布的《数字千年版权法》（Digital Millennium Copyright Act，DMCA）是首次调整版权法以适应互联网环境的努力，至今它仍是界定版权所有者、互联网服务提供商（在本书中还包括网站出版商以及提供互联网服务的公司）和受版权保护的资料的终端用户之间关系的主要法律。该法律贯彻了世界知识产权组织（WIPO）的两项国际条约，该组织是由北美及欧洲的主要国家和日本组成的国际性组织。《数字千年版权法》是一个法律早于或至少与数字技术同时产生的案例。表 8 - 15 总结了该法律的主要内容。

表 8 - 15　《数字千年版权法》的主要内容

章	意义
第一章：WIPO 版权、表演和录音制品条约的实施	任何规避保护作品的访问或复制的技术措施，或规避电子著作权管理信息的行为均属非法。

续表

章	意义
第二章：网络版权侵权责任限制	如果互联网服务提供商和搜索引擎完全遵守安全港协议，则需要对其所应承担的责任进行限定。要求互联网服务提供商"关闭"其托管的侵犯版权的网站，并要求搜索引擎在收到版权所有者的侵权通知时，屏蔽对侵权网站的访问。
第三章：计算机维护竞争保障	允许用户复制计算机程序以维护或修复计算机。
第四章：杂项规定	要求版权局向国会报告远程教育中版权作品的使用情况；允许图书馆制作数字副本，但仅供内部使用；将网络广播纳入音乐版权的范畴。

资料来源：Based on data from United States Copyright Office, 1998.

在互联网上传输内容的过程中，涉及许多不同的角色和它们之间的利益冲突。显然，版权所有者不希望他们的作品在未经他们同意（也可能是给予补偿）的情况下被复制和分发，他们也不希望他们的数字版权管理软件程序被破坏、被危害或失效。互联网服务提供商希望在合理使用条款范围内自由使用内容，并且不希望对用户可能发布到其网站上的内容承担责任。互联网服务提供商认为，它们与电话传输线类似，只是提供了一种通信方法，不应要求它们监控用户的活动以观察用户是否在发布受版权保护的资料。互联网服务提供商和自由主义者认为，这样的监控将构成对言论自由的限制。此外，如果互联网服务提供商受到不必要的限制，并支付审查用户发布的所有内容的费用，互联网经济可能会受到影响。许多互联网公司的商业模式依赖于创造大量甚至是巨量的受众群体，可显示的内容越多，受众面越大，可销售的广告就越多。互联网服务提供商也通过销售带宽获得收入，因此支持大量受众所需的带宽越大，对它们来说就越好。而限制内容会对业务不利。最后，用户希望能以最低的成本，甚至免费在互联网上获得尽可能多的内容。用户消费的内容越多，它们就越能从互联网中获益。

DMCA 试图平衡这些不同的利益。DMCA 第一章落实了 1996 年的《世界知识产权组织版权条约》，该条约规定，制作、分发或使用绕过对版权材料的技术保护的设备是非法的，并对违反行为者处以高额罚款和监禁。举例来说，通常破坏 DVD、亚马逊的 Kindle 电子书和类似设备上的安全软件就是违法行为。不过，对违反版权保护计划的强大禁令中存在一些例外情况。以图书馆为例，为收藏著作而进行的审查、为实现软件兼容而做的反向工程、对加密算法的研究和出于隐私权保护目的而进行的系列活动等都属于合法行为。

DMCA 第二章为互联网服务提供商创建了两个安全港。第一个安全港（《网络版权侵权责任限制法》）规定，只要互联网服务提供商不知道内容是侵权的，也没有获得任何由侵权活动产生的经济利益（假设它们可以控制这项活动），并在收到侵权通知后迅速删除侵权内容，它们就不用对用户发布到博客、网页或论坛的侵权材料负责。这意味着如果 YouTube 的用户发布侵犯版权的材料，只要 YouTube 不知道该材料侵权，并且 YouTube 一旦发现侵权内容或收到版权所有者的适当通知，就采取相应的程序删除侵权内容，则 YouTube 不承担责任（安全港）。这样的通知被称为"下架通知"，即版权所有者认为互联网服务提供商在提供侵权内容。版权所有者也可以通过互联网服务提供商来获知侵权者的个人身份。

　　第二个安全港主要涉及的是侵权材料的链接：互联网服务提供商可以不对将用户转介或链接到包含侵权材料或侵权活动的站点负责。例如，在将用户引导到包含盗版歌曲或电影的网站的搜索引擎时可以不承担责任。只要互联网服务提供商不知道将用户链接到了含有侵权内容的网站，没有从侵权活动中获得任何经济利益（假设它们能够控制这一活动），并且在收到版权所有者的适当通知后迅速删除或禁用任何此类链接，这一安全港就适用。

　　对于受安全港条款保护的互联网服务提供商有一些管理性规定。互联网服务提供商必须指示代理商接收下架通知；采纳并发布版权侵权政策（这可以是使用条款的一部分）；通过删除内容和/或内容的链接来回应下架通知。对故意违反 DMCA 的处罚包括向受害方赔偿侵权造成的任何损失。对于初犯，刑事补救措施可能包括高达 50 万美元的罚金或 5 年监禁；对于屡次违规者，可处以高达 100 万美元的罚金和 10 年监禁。这些都是严厉的惩罚，但很少实施。

　　如果能够满足安全港的条件，DMCA 可以免除互联网服务提供商对发布或链接到版权材料的任何责任。这意味着 YouTube 的用户可以发布他们想要发布的内容，而 YouTube 也不会因为用户发布的内容违反了其使用政策条款而被追究侵权责任，该政策规定用户不得发布侵权内容。然而，它确实要求 YouTube 在收到有效的下架通知后删除侵权的内容或链接。在获得经济利益方面，互联网服务提供商如果能够证明它们无法控制用户的行为，或者在发布信息之前没法知道这些内容是侵权的，那么它们的确可以从发布侵权内容中获得经济利益。例如，如何让 YouTube 为发布受版权保护的歌曲或电影的用户负责？在发布时，YouTube 怎么知道这些内容侵权？

　　互联网服务提供商和发布内容的个人也受到保护，免受无聊的下架通知的影响。例如，之前讨论的伦茨"跳舞宝宝"案件的裁决表明，如果使用受版权保护的材料可能构成合理使用，而 DMCA 不能取代合理使用原则，那么版权所有者就需要谨慎地发出下架通知。

　　DMCA 的安全港条款也是 Viacom 在 2007 年对谷歌和 YouTube 提出的蓄意侵犯版权诉讼案的核心。在 Viacom 一案中，Viacom 指控 YouTube 和谷歌从事大规模侵犯版权的行为，故意建立侵权作品库，以吸引流量进入 YouTube 网站，并提高其商业价值。《海绵宝宝》（SpongeBob SquarePants）和《每日秀》（The Daily Show）等完整剧集未经允许或付费就在 YouTube 上出现。谷歌和 YouTube 在回应时声称它们受到 DMCA 安全港条款的保护，并且不可能知道视频是否侵权。YouTube 也不会在消费者查看视频的页面上显示广告，除非它与内容所有者达成协议。2007 年，谷歌发布了一个旨在解决此问题的过滤系统（内容 ID）。它要求内容所有者向谷歌提供其内容的副本，以便谷歌将其加载到自动识别系统中。然后，当一个视频上传到 YouTube 后，系统会尝试将其与受版权保护的材料数据库相匹配，并删除未经授权的材料。版权所有者有几个选择：可以使音频静音；阻止整个视频；通过投放广告来获利；跟踪视频的观看者统计数据。自 YouTube 于 2008 年推出内容 ID 以来，版权所有者已经从该系统收到超过 20 亿美元的回报（Awal, 2018）。直到 2014 年，在这桩 10 亿美元的诉讼案开庭七年后，经历多次出庭，谷歌和 Viacom 达成庭外和解。谷歌使用内容 ID 下架受版权保护材料的能力已经变得非常强大，谷歌同意租用 Viacom 的数百个节目（Kaufman, 2014）。双方在一份联合声明中承认，它们可以通过合作而不是继续提起诉讼来实现它们的目标。2018 年，YouTube 推出了版权匹配机制，该机制使用类似于内容 ID 的匹配技术，若创作者的视频被他人盗用并在 YouTube 上发布则提醒创作者（Liao，2018）。

与 DMCA 相关的诉讼仍在继续。2017 年，联邦巡回法院裁定，博客平台 LiveJournal 应该为经社区版主同意后发布的侵权内容负责，社区版主对发布在网站上的用户生成内容有广泛的决定权，使用这些版主可能导致网站丧失通常为其提供保护的 DMCA 安全港（Mavrix Photographs LLC v. LiveJournal Inc.，2017；Roberts，2017）。

在另一个重要的案件中，DMCA 安全港保护也被削弱。2018 年，在 BMG 版权管理有限责任公司诉考克斯通信公司一案中，联邦法官支持 BMG 的起诉，对考克斯有线电视的故意侵权行为提出 2 500 万美元赔偿的陪审团裁决。BMG 称，互联网服务提供商考克斯允许用户使用比特流（BitTorrent）将受版权保护的歌曲上传到各种网站，并且没有有效的政策来阻止这一活动，也没有将"惯犯"从其服务中剔除。考克斯认为，这只是一条通往互联网的管道，不应对用户发布的内容或使用的软件负责。法院维持了陪审团对考克斯的裁决，但拒绝按照 BMG 的要求关闭考克斯。法院指出减少版权侵犯是一种公共利益，但因为考克斯提供互联网服务并能实现言论自由，这些利益超过了 BMG 版权保护的利益。然而，法官也命令考克斯向 BMG 额外支付 800 万美元的诉讼费用，理由是考克斯故意违反 DMCA。在上诉中，联邦第五巡回上诉法院确认考克斯无权适用 DMCA 的安全港条款，但由于地区法院法官的其他错误，将案件发回重审。2018 年 8 月，BMG 报道称，考克斯已经向其支付了大量款项了结此案（Farrell，2018；Mullin，2017；Gardner，2016）。

电影和音乐行业的版权所有者正在游说国会修改 DMCA，要求网站和互联网服务提供商采取更有效的行动来删除侵权内容（Raymond，2016）。音乐家和电影制作人已经开始抗议他们从流媒体服务中得到的补偿（见第 10 章）。2020 年，美国版权局基于对 DMCA 的多年研究，特别是关于它的通知、下架和安全港条款，发布了一份报告。报告指出，虽然 DMCA 不需要大规模的改变，但安全港条款难以再成功地平衡在线服务提供商和版权所有者的需求，特别是鉴于过去 20 年互联网环境所发生的巨变（United States Copyright Office，2020）。

虽然在限制互联网上的侵权内容方面取得了一些进展，但是应用程序如 Periscope，以及脸书、YouTube、Vimeo、推特等网站上的直播功能，让人们很容易捕捉现场视频并进行流式传输。这使得内容所有者很难保护他们的实时产品的价值。Periscope 应用程序归推特所有，用户可以在推特上发布实时视频。2019 年 1—6 月，Periscope 共收到了超过 2.6 万份 DMCA 下架请求，推特删除了其中近 85% 的请求内容（Twitter，2020）。但是 DMCA 下架通知并没有帮助一些独特的现场活动（如冠军拳击比赛）保持其价值。这种活动的价值很大程度上在于吸引愿意付费到现场观看的观众，而一旦人们有了免费的选择，付费现场观看的价值就会降低。

欧盟的版权保护

欧盟对互联网上的版权保护采取了更积极主动的态度，就像 GDPR 中的隐私权保护一样。过去欧盟采用了与美国的 DMCA 非常相似的法律，使保护版权的重任落在了内容创作者和出版商身上。这种情况如今发生了巨变。

2019 年 6 月，欧盟的《数字单一市场版权指令》生效。欧盟国家有两年的时间通过立法执行该指令。英国政府已经表示，它将不会采纳该指令。该指令旨在强制谷歌和脸书等公司向音乐、新闻和艺术等内容的创作者和出版商付费，互联网公司如今在使用这些内容时通常没有支付公平的补偿（Vincent，2020；European Commission，2019；European Parliament，2018；Schechner and Pop，2018；Brown，2018；Michaels，2018）。

《数字单一市场版权指令》遭到了谷歌、脸书、亚马逊、维基百科等内容聚合商的强烈反对，它们认为这种做法的代价过于高昂，将限制互联网的言论自由。但该指令得到了新闻机构、音乐公司和艺术家的大力支持，这些机构或群体认为它们的工作没有得到公平的补偿（Brown，2018）。该指令赋予出版商就其内容的数字使用付费进行协商的权利，并要求在线视频网站为版权内容付费，并开发屏幕软件以防止用户上传未经创作者许可的内容。目前，像谷歌和脸书这样的平台，通过链接到内容创作者，在它们的网站上聚合新闻摘要和音乐，并在这些页面上获得广告收入而不与出版商分享。这还引发一种光环效应：脸书和谷歌成为用户寻找内容的首要地方。虽然这会将用户引流到出版商网站，但出版商不会收到它们在聚合网站上显示的内容所产生的任何广告收入，还使得出版商很难独立地吸引订阅者。目前，受版权保护的材料可以由用户上传，并且只能在内容创作者或出版商的要求下被删除，这对出版商来说代价和时间成本很高。出版商认为 YouTube 开发的帮助出版商识别被盗视频的工具是不够的，如内容 ID 和版权匹配机制。最终，支持该指令的出版商和艺术家为了获得他们被技术公司索引和聚合的内容的补偿，积极推动该项立法。新的版权立法也反映了欧盟反对来自像谷歌和脸书这样的美国互联网公司的支配，类似于 GDPR，它是欧盟长期战略单一数字市场的一部分，旨在整合整个欧盟涉及隐私权和知识产权的数字政策，而不是使每个国家都在这些领域制定政策（European Commission，2015）。

8.3.3　专利：业务模式与流程

凡发明或发现新颖而实用的程序、机器、产品、物质成分，或其任何新颖而实用的改进，都可以按照本法所规定的条件和要求取得专利权。

——《美国专利法》第 101 条

专利（patent）能够使得发明创造者对其创新理念和作品拥有长达 20 年的排他性独占权。专利法的目的就是在保障发明者从新机器、新设备或新工艺中获取应得的劳动报酬的同时，促进发明创造的普及应用，让所有想要的人都能征得发明者同意获取详细资料。专利需要到 1812 年成立的美国专利商标局（USPTO）注册申请。申请专利比寻求版权保护（作品诞生之后就自动获得）难度更大，耗时也更长。发明人必须提出正式申请，再由 USPTO 严格按照标准流程审查其是否满足授予条件，最后由联邦法院裁决该项专利何时生效，并规定侵权行为的范围。

专利与版权完全不同。专利除了保护思想的表达形式外，还保护思想本身。根据专利法的规定，以下四种发明可申请专利：机器、人造产品、物质成分和工艺流程。后来最高法院又将专利的申请范围扩展到任何满足专利法要求的人造物品（Diamond v. Chakrabarty，1980）。而自然规律、自然现象和抽象概念不能申请专利。例如，某一数学算法本身不能申请专利，除非能利用有形的机器或流程将其实现，创造出有意义的成果（数学算法例外规则）。

要获得专利，申请人必须证明其发明创造具备全新、原创、新颖和非凡等特性，并且在以往的艺术品和设计中并不明显。与版权类似，专利授予范围已经远远超出国会首次颁布的专利法规中界定的范围——只限于工业设计和机器设备。如今，专利授予范围已扩大到制造品（1842 年）、农产品（1930 年）、外科手术和医疗程序（1950 年）以及软件（1981 年）等诸多新领域。USPTO 起初并不同意授予软件专利，直到 1981 年，最高法院的一项裁决使得计算机软件也可以作为专利内容。自此以后，数以千计的软件产品获得专利保护。从理论上说，任何软件只要是新颖、有创意的，就可以申请专利。

从本质上看，专利对技术和工业艺术具有双重推动作用。一方面，专利可以鼓励企业家继续发明更多有用的新设备；另一方面，使用者又可以借助专利授权或模仿已发布的专利（即开发使用不同方法却能提供与专利品相同功能的新设备）来促进新技术的推广与普及（Winston，1998）。专利也鼓励发明者创造出能实现与现有专利相同功能的独特技术。例如，亚马逊的一键式购买流程获得专利后，Barnesandnoble.com 又推出了一种简化的两次点击式购买方法。

专利的负面影响在于提高了行业进入障碍，导致竞争受到抑制。专利要求新进入者必须向专利持有者支付专利许可费，漫长的专利申请还会减缓新想法的技术应用的发展步伐。

电子商务专利

互联网的许多基础设施和软件都是在美国和欧洲公共基金赞助的科学和军事项目下开发的。萨缪尔·摩斯（Samuel F. B. Morse）发明了摩斯密码，并为此申请了专利，促进了电报技术的发展。然而大多数互联网和电子商务新发明的创造者都未申请专利。早期互联网十分推崇全球共同开发和知识共享，而不考虑个人财富问题（Winston，1998）。20 世纪 90 年代中期，随着互联网商业的快速发展，早期的互联网精神开始转变。

1998 年，一项具有里程碑意义的法律裁决——美国道富银行（State Street Band & Trust）诉 Signature 金融集团案为商业公司开始申请"商业方法"专利铺平了道路。在本案中，联邦巡回上诉法院支持了 Signature 金融集团为一种商业方法申请有效专利的主张，该方法允许管理人员监控和记录由合作伙伴基金产生的财务信息流。以前，人们认为商业方法不能申请专利。然而，法院认为没有理由拒绝对商业方法，或任何"包含广义算法的循序渐进的过程，无论是电子、化学或机械学"的专利保护（State Street Bank & Trust Co. v. Signature Financial Group，1998）。该案件的裁决结果导致电子商务领域中"商业方法"专利出现爆发式增长。2010 年，在比尔斯基（Bilski）等诉卡波斯（Kappos）案中美国最高法院就商业方法专利发表了分歧意见（Bilski et al. v. Kappos，2010）。大多数人支持授予商业方法专利，尽管商业方法不符合传统的"机械或者转换测试"。也有少数人持强烈的反对意见，部分原因是任何流程都可称为商业方法（Schwartz，2010）。2014 年，在爱丽丝公司（Alice Corporation）诉 CLS 国际银行案中，美国最高法院对商业方法专利进行了又一次打击。法院认为基本的商业方法是不可专利化的，虽然软件可以申请专利，但使用软件去实施无法专利化的抽象理念并不能将这个理念变为可专利化的创新（Alice Corporation Pty. Ltd. v. CLS Bank International，2014）。

表 8-16 列举了部分知名的电子商务专利，其中有些备受争议。浏览这些内容，你会理解一些评论员和企业的担忧。有些专利的范围非常宽泛（例如，"自主定价"

销售模式），有些则早在前互联网时代就已经存在（如购物车），还有些看上去极为"简单"（如一键式购买）。因此有批评人士认为，USPTO 对互联网商业方法专利的审批标准设得过于宽松，而且许多情况下，所谓的发明只是传统商业方法的翻版，实际上不存在任何创新（Harmon，2003；Thurm，2000；Chiappetta，2001）。但是，USPTO 反驳称，其互联网发明工作组的成员是在互联网和网络技术领域有多年经验的工程师、律师和专家，而且在授予专利前还会咨询外部技术专家。更糟糕的是，《欧洲专利公约》和大多数欧洲国家的专利法并不认可商业方法专利，除非能够利用某些技术将这些方法加以实施（Takenaka，2001）。

表 8-16　部分电子商务专利

公司	专利名称	动态
亚马逊	一键式购买	被认为是最具争议的电子商务专利之一。亚马逊试图使用 1997 年授予它的这项专利来迫使巴诺书店（Barnes & Noble's）的网站做出更改，但联邦法院推翻了之前发布的禁令。最终双方在庭外达成和解。2007 年，USPTO 宣布亚马逊的一键式购买专利失效专利，因为有证据表明另一项专利早于该专利。亚马逊修改了这项专利，修改后的专利于 2010 年得到了批准并于 2017 年 9 月 11 日到期。
Priceline	"自主定价"销售模式	最早是由知识产权实验室沃克数字（Walker Digital）提交，然后被分配给 Priceline。1999 年由 USPTO 授予专利权。此后不久，Priceline 起诉微软和 Expedia 涉嫌抄袭其已取得专利的商业方法。
Akamai	互联网内容交付全球托管系统	2000 年授予的该项专利可广泛作用于任何促进互联网信息流动的技术。2001 年，Akamai 起诉 Digital Island 侵犯该专利，并胜诉。
DoubleClick	网络广告的动态交付	2000 年，DoubleClick 获批网络横幅广告交付商业方法专利。DoubleClick 以侵犯该专利为由将竞争对手 24/7 Media 和 L90 告上法庭，最终各方达成和解。
Overture	按搜索效果付费	能改变搜索引擎生成的搜索结果列表位置的系统和方法，2001 年被授予专利。其竞争对手 FindWhat 起诉 Overture，称该专利是通过非法手段获取的；Overture 做出回击，以侵犯专利为由同时将 FindWhat 和谷歌告上法庭。2004 年，谷歌同意向 Overture 支付专利许可费以达成和解。
Acacia Technologies	流媒体传输	接收和传输流媒体数字音频和/或视频内容的专利，最初在 20 世纪 90 年代授予格林尼治信息技术公司（Greenwich Information Technologies）的创始人。2001 年，专门为实施该专利而成立的 Acacia Technologies 买下了该专利。
Soverain Software	购买技术	所谓的"购物车"专利适用于基于网络的系统，涉及有关方、买方和支付系统的网络交易，即电子商务。Soverain Software 以侵犯专利为由起诉亚马逊，亚马逊为达成和解支付了 4 000 万美元。2013 年，联邦地区法院裁定 Soverain Software 对 Newegg 的指控部分无效。
MercExchange（Thomas Woolston）	拍卖技术	有关 P2P 拍卖机制和数据库检索的专利，最初于 1995 年被授予。2003 年，eBay 因侵犯该专利权赔偿 2 500 万美元。2007 年，针对 eBay 的永久专利禁令提议被否决。2008 年，MercExchange 和 eBay 以签署保密条款解决了这一争议。

续表

公司	专利名称	动态
谷歌	搜索技术	1998 年，谷歌申请搜索网页排名（PageRank）专利，并于 2001 年获批。在 2011 年成为非排他性专利，并于 2017 年到期。
谷歌	定位技术	2010 年谷歌获得一项基于定位信息的广告系统的商业方法专利。
脸书	社交技术	2010 年批准的一项在社交网络上开发个性化故事和新闻推送的算法专利。

8.3.4　商标：在线侵权和淡化

商标是"任何字词、名字、符号、图案或它们的任意组合······用于商业用途······标识和区分······商品······对其与他人制造或销售的商品加以区分并指明商品的真正来源"。

——《美国商标法》，1946 年

商标法是一种针对**商标**（trademark）（即用于标识、区分商品并指明其来源的标志）的知识产权保护形式。在美国，商标受到联邦政府和州政府的双重保护。制定商标法主要有两个目的：第一，商标法确保消费者付款之后得到货真价实的商品，保护消费者的市场利益；第二，商标法保护商标所有者（那些投入相当时间、金钱和精力创造出商品并引入市场的经济主体）免遭盗版和挪用的侵害。现在商标已经从简单的文字扩展到图片、形状、包装和颜色等多个方面。但是，有些事物不能用作商标，如描述性和通用的词语（如"时钟"）。联邦商标的申请前提是在跨州商务中使用，再由企业到 USPTO 注册。联邦商标的保护期为 10 年，且可以无限延续。2020 年，最高法院受理了一个涉及旅游网站 Booking.com 的重要商标案件（United States Patent and Trademark Office v. Booking.com B. V.，2020）。USPTO 拒绝将 Booking.com 注册为商标，理由是通用术语（Booking）与通用顶级域名（.com）的结合不符合联邦注册条件。最高法院裁定，提交的证据证明，消费者认为 Booking.com 是一个品牌名称，并将其与一个特定的网站，而不是一个通用术语联系起来，因此它可以成为一个有效的商标（Proskauer，2020）。

关于联邦商标法的争议包括侵权的认定标准问题。判定是否侵权需考虑两方面：市场混淆和恶意欺骗。使用极易与现有商标产生混淆的商标造成消费者误解，或是篡改商品来源地的商标都属于侵权。例如，2015 年，MTM（Multi Time Machine）公司起诉亚马逊侵犯其商标权，因为想要购买 MTM 手表的消费者产生了误解。MTM 制造的军用风格手表并不在亚马逊上出售。如果用户在亚马逊上搜索 MTM 手表，搜索结果会显示 MTM 竞争对手提供的与 MTM 风格相似的手表。MTM 认为这可能会使客户混淆。法院最终同意 MTM 的说法，并对亚马逊做出了裁决，理由是搜索结果的返回页面上出现了明显的标签（Smith，2017）。此外，在市场上故意使用他人商标中的文字和符号，从合法商标所有者手中盗取经济利益（"恶意欺骗"）的行为也被严令禁止。

1995 年，美国国会正式通过《联邦商标淡化法》（FTDA），为政府治理淡化著名商标的行为提供法律依据。这项立法取消了市场混淆的检验程序（尽管在认定侵权时仍需要检验），并将保护延伸到使著名商标的所有者免受淡化的影响。所谓**淡化**（dilution），是指任何削弱商标和商品之间联系的行为。2006 年，《商标淡化修订法》（TDRA）修正了《联邦商标淡化法》，允许商标所有者根据"淡化可能性"标准索赔，而不必提供实际淡化的证据。《商标淡化修订法》还明确指出，模糊（削弱商标和商品之间的联系）和丑化（以某种方式使用商标，使基础产品显得不体面或不健康）会导致淡化。

商标与互联网

互联网的快速发展和商业化为拥有独特和知名商标的企业提供了在互联网上扩大品牌影响力的绝佳机会，但同样也给某些别有用心的个人和公司提供了种种便利，使其能够抢注基于名牌商标的域名，试图迷惑消费者，淡化各种著名或独特的商标（甚至包括你的名字和电影明星的名字）。互联网中唯一的域名注册代理商 Network Solutions Inc.（NSI）一直奉行"先到先服务"的原则，导致合法商标持有者和恶意抢注域名的企业之间的冲突不断升级。"先到先服务"原则意味着任何人都可以注册任何尚未注册的域名，而不管该域名与商标之间有什么关系。之所以会出现这种局面，完全是因为 NSI 没有裁决商标相关问题的权力（Nash，1997）。

越来越多的知名企业因发现自己的商标已经被网络投机者据为己有而怨声载道，为了应对此情况，美国国会于 1999 年通过《反域名抢注消费者保护法》（Anticybersquatting Consumer Protection Act，ACPA）。ACPA 认定，任何恶意抢注与现有知名商标相同或相似的域名以牟取不正当利益的行为都要承担民事责任，但未规定刑事制裁。该法禁止使用欺骗性域名盗取合法商标拥有者的经济利益（**域名抢注**（cybersquatting）），禁止使用欺骗性域名吸引网络流量，恶意诋毁、玷污原有商标，引起市场混乱，或丑化贬低商标（**域名盗用**（cyberpiracy））。可以想象，Apple.sucks 可能被看作是一种域名抢注和违反 ACPA 的行为。此外，在未经他人许可的情况下，故意使用他人姓名或与他人姓名接近的名称注册域名，再向当事人兜售的行为也属违法行为。

除了按 ACPA 规定采取法律行动外，域名抢注案件还可以由 WIPO 根据其统一域名争议解决政策（UDRP）进行处理。WIPO 将 UDRP 视作重要的执行工具，从 1999—2019 年的 20 年时间里，已经处理了 45 000 多起 UDRP 投诉。根据 WIPO 的数据，近 90% 的域名纠纷都是通过将有争议的域名转让给商标所有者解决的。WIPO 预计，由于用于假货销售、网络钓鱼及其他网络商标滥用的网站数量激增，2020 年将出现创纪录数量的网络域名纠纷（Isenberg，2019）。

2014 年，WIPO 警告称，ICANN 授权的通用顶级域名（gTLD）的扩展在商标保护方面可能具有破坏性（New，2014）。尽管获得新 gTLD 的成本并不低（估计超过 180 000 美元），但到 2020 年，超过 1 230 个新 gTLD 已经获得批准（Sadowsky，2020）。成功的申请人将成为这些 gTLD 的所有者，并可以创建和销售具有 gTLD 后缀的新域名，如 Avenger.movie。许多新域名可能与其他已建立的商标的域名发生冲突。

为了处理这些商标冲突，ICANN 开发了一套快速解决纠纷的程序，称为统一快速暂停系统（URS），这个程序允许商标所有者在一个新的 gTLD 中请求暂停域名。ICANN 还建立了一个商标信息交换所，作为有关已注册的、法院认证的或受法律保护的商标的数据存储库。商标所有者需要付费注册它的商标。

一个成功的新 gTLD 申请者是 Vox Populi 注册有限公司。它购买了 gTLD. sucks，并开始将诸如 Apple. sucks 和 CitiGroup. sucks 等域名专门销售给那些不希望它们的品牌名与 . sucks 相关联的公司（Bloomberg News，2015）。2017 年，该公司暂时将 . sucks 域名的价格降至 1.99 美元，以刺激该领域的消费者和广告市场（Allemann，2016）。

目前，互联网上的商标滥用案件不胜枚举。表 8-17 列出了互联网上与商标法相冲突的主要侵权行为以及由此产生的一些侵权案件。

表 8-17　互联网商标侵权行为及案件

侵权行为	描述	案件
域名抢注	恶意抢注与他人商标相似或相同的域名，试图从商标合法拥有者处牟取不正当利益	E. & J. Gallo Winery v. Spider Webs Ltd. , 129 F. Supp. 2d 1033（S. D. Tex. , 2001）aff'd 286 F. 3d 270（5th Cir. , 2002）
域名盗用	故意注册与他人商标相似或相同的域名，将网络流量吸引到自己的网站上	Ford Motor Co. v. Lapertosa, 2001 U. S. Dist. LEXIS 253（E. D. Mich. , 2001）; PaineWebber Inc. v. Fortuny, Civ. A. No. 99-0456-A（E. D. Va. , 1999）; Playboy Enterprises, Inc. v. Global Site Designs, Inc. , 1999 WL 311707（S. D. Fla. , 1999）; Audi AG and Volkswagen of America Inc. v. Bob D'Amato（No. 05-2359; 6th Cir. , November 27, 2006）
元标记	在网站的元标记中使用他人已注册商标中的词语	Bernina of America, Inc. v. Fashion Fabrics Int'l, Inc. , 2001 U. S. Dist. LEXIS 1211（N. D. Ill. , 2001）; Nissan Motor Co. , Ltd. v. Nissan Computer Corp. , 289 F. Supp. 2d 1154（C. D. Cal. , 2000）, aff'd, 246 F. 3rd 675（9th Cir. , 2000）
利用关键词	在网页上放置可见或不可见的商标关键词	Playboy Enterprises, Inc. v. Netscape Communications, Inc. , 354 F. 3rd 1020（9th Cir. , 2004）; Nettis Environment Ltd. v. IWI, Inc. , 46 F. Supp. 2d 722（N. D. Ohio, 1999）; Government Employees Insurance Company v. Google, Inc. , Civ. Action No. 1: 04cv507（E. D. VA, 2004）; Google, Inc. v. American Blind & Wallpaper Factory, Inc. , Case No. 03-5340 JF（RS）（N. D. Cal. , April 18, 2007）
链接	跳过其他网站主页，直接与含有特定内容的页面进行链接	Ticketmaster Corp. v. Tickets. com, 2000 U. S. Dist. Lexis 4553（C. D. Cal. , 2000）
框架屏蔽	将其他网站的内容纳入侵权者网站的框架中	The Washington Post, et al. v. TotalNews, Inc. , et al.（S. D. N. Y. , Civil Action Number 97-1190）

域名抢注与品牌劫持

涉及 ACPA 的首批案件之一是著名的酒精饮料商标 "Ernest and Julio Gallo" 的持有者 E. & J. Gallo Winery 公司诉 Spider Webs 公司使用域名 Ernestandjuliogallo. com 一案。Spider Webs 是一家域名投机公司，拥有许多以知名企业的名称注册的域名。Ernestandjuliogallo. com 网站不仅有讨论饮酒危害和反对 E. & J. Gallo Winery 的内容，而且网站建设得很差。法院最终认定，由于 Ernestandjuliogallo. com 指向的网站中每页都含有 Ernestandjuliogallo. com 字样，其行为已构成商标淡化，违反 ACPA 的规定，裁定 Spider Webs 公司不得继续使用该域名（E. & J. Gallo Winery v. Spider Webs Ltd. , 2002）。2009 年，法院审理并裁定了迄今为止最大的域名抢注案：威瑞森公司起诉网络域名注册公司 OnlineNIC 侵犯其域名并获赔 3 300 万美元。OnlineNIC 曾经注册过 660 多个易与合法的威瑞森域名产生混淆的域名。尽管根据 ACPA 裁决的案例并不多，但这并不意味着问题已经消失了。社交网络上对个人和品牌的假冒使这个问题产生了新的维度。推特和脸书都将域名抢注和假冒视为违反其服务条款。

　　然而，对于一家公司来说，防止域名抢注者造成的商标侵权或者防止非法占用者从其侵权行为中获利，并不总是那么容易。例如，2015 年，美国电影艺术与科学学院（AMPAS）指控域名注册公司 GoDaddy 域名抢注（Academy of Motion Picture Arts and Sciences v. GoDaddy. com Inc. et al. , 2015）。AMPAS 声称 GoDaddy 的做法是恶意的：GoDaddy 允许客户购买 293 个域名，如 Academyawards. net，Oscarsredacademyawards. net，Oscarsredcarpet. com，Billycrystal2012oscars. com 和 Theoscargoestothehangover. com，然后分享这些页面产生的广告收入。法院裁定，GoDaddy 依赖于其用户的声明，即他们的域名注册并没有侵犯任何商标，并在收到删除请求后就删除了域名。法院称，AMPAS 未能证明 GoDaddy 有意从 AMPAS 的商标中获利。这起诉讼表明，商标所有者在发现侵权时需要保持警惕，立即发送删除通知，并采取后续行动，以确保侵权网站被删除。这个责任显然落在了商标所有者身上。这起诉讼还表明，域名抢注者不可能停止欺骗和迷惑消费者。如果它们被抓住，它们的站点就会被关闭，但这样的举措并不会受到惩罚（Stempel，2015）。

域名盗用

　　域名盗用与域名抢注的手段类似，但盗用者的主要目的是抢夺合法网站的流量。在福特汽车公司诉 Lapertosa 公司一案中，Lapertosa 公司以 Fordrecalls. com 为域名注册一家成人娱乐网站。法院最终裁定，Fordrecalls. com 试图通过欺骗手段将流量转移到 Lapertosa 网站，淡化福特公司的合法商标，违反了 ACPA（Ford Motor Co. v. Lapertosa，2001）。

　　福特案的判决与另外两起著名的域名盗用案例的审判结果相似。在 Paine Webber 诉 Fortuny 一案中，法院判决禁止 Fortuny 公司继续使用 www. painewebber. com 域名传播色情内容，认为该域名对 Paine Webber 公司的合法商标构成淡化和玷污，并且其通过欺骗手段转移 Paine Webber 公司合法网站 Painewebber. com 的流量也属于非法行为（Paine Webber Inc. v. Fortuny，1999）。而在 Playboy 公司诉 Global Site Designs 公司一案中，法院同样判决被告不得在其域名 Playboyonline. net 和 Playmatesearch. net 中继续使用 "Playboy" 和 "Playmate" 字眼，同时移除网页的元标记中任何有关 Playboy 公司商标的标签。上述案件中，被告的行为都属于试图通过欺骗手段吸引合法网站用户来获取经济利益（Playboy Enterprises, Inc. v. Global Site Designs, Inc. , 1999）。

　　误植域名是域名盗用的一种形式，即通过注册拼错的流行网站域名获利，这些域名有时被称为 "二重身" 域名。这时，网络用户往往会被误导到与其想要访问的网站完全无关的站点。例如，约翰·祖卡里尼（John Zuccarini）就是个臭名昭著的域名误植者，他利用知名儿童品牌 Bob the Builder 和 Teletubbies 的错误拼写申请域名，创建了不少色情网站，2002 年因其可耻行径被判入狱。2007 年，他又因从事类似犯罪活动而被 FTC 罚款（McMillan，2007）。哈佛商学院教授本·埃德尔曼（Ben Edelman）进行的一项研究发现，在 3 264 个顶级 ".com" 网站上至少有 93.8 万个误植域名。2011 年，脸书对 25 个使用 Faceboook、Facemook、Faceboik 和 Facebooki 等域名建立网站的注册人提起诉讼。2013 年，脸书获得了 280 万美元的损害赔偿金。误植域名也经常被黑客用来创建散布恶意代码、获取用户凭据或采取其他恶意行动的网站。

元标记

网页的元标记中使用知名商标是否合法的界定更加复杂和微妙。如果网页中使用商标作为元标记不会造成混淆或误导消费者，这种做法就属于合法行为。界定是否造成混淆或误导则通常取决于网站的内容。如果汽车经销商销售这个品牌的汽车，那么汽车经销商在其元标签中使用该品牌的汽车商标是合法的，而如果是色情网站或该品牌竞争对手的经销商，就不能使用这一商标。例如，如果福特汽车经销商在元标记中使用"本田"等字样，则可能会构成侵权。而使用"福特"就不大可能存在侵权问题，因为福特汽车公司没理由去控告其经销商使用自身的商标名称。

在 Bernina 诉 Fashion Fabric Int'l 一案中，法院禁止缝纫机的独立经销商 Fashion Fabric Int'l 使用属于制造商 Bernina 的"Bernina"和"Bernette"商标作为元标记。法院查明，被告的网站上对 Bernina 商品的介绍存在误导性声明，易使消费者产生误会。根据法院的说法，被告使用 Bernina 商标作为元标记本身并不违反 ACPA，但结合网站的误导性言论可能会让消费者混淆，因而构成侵权（Bernina of America, Inc. v. Fashion Fabrics Int'l, Inc.，2001）。

在日产汽车公司（Nissan Motor Co.）诉日产计算机公司（Nissan Computer Corp.）案件中，乌兹·尼桑（Uzi Nissan）自 1980 年起就一直使用自己的姓氏"Nissan"作为商标开展各种贸易活动，包括运营日产计算机公司。原本 Nissan.com 与日产汽车公司没有瓜葛，但随着这几年 Nissan.com 开始销售汽车零部件，两者便出现了摩擦。法院最终裁定，日产计算机公司的行为确实侵犯了日产汽车的商标，其不必关闭网站且可继续使用"Nissan"等元标记，但必须在其网站上标注其与日产汽车无任何关联（Nissan Motor Co., Ltd. v. Nissan Computer Corp.，2000）。

利用关键词

搜索引擎中使用商标作为关键词是否合法也值得推敲，是否合法取决于是否出于商业目的、是否给用户带来潜在困惑以及搜索结果如何。

在 Playboy 诉网景通信（Netscape Communications）案中，Playboy 反对当人们输入"playboy""playmate""playgirl"等关键词后，网景和 Excite 的搜索引擎显示与 Playboy 无关的横幅广告。最终，第九巡回上诉法院驳回了被告提出的简易判决请求，认为横幅广告不得使用与广告方无关的标志，该行为可能造成消费者困惑而构成商标侵权（Playboy Enterprises, Inc. v. Netscape Communications, Inc.，2004）。

谷歌也因网络广告业务涉及非法利用他人商标而官司缠身。例如，保险公司 GEICO 就以在谷歌搜索中输入"Geico"关键词时会返回竞争对手广告为由起诉谷歌。美国联邦地区法院裁定，只要广告内容中不包含"Geico"等字眼，谷歌就并不违反联邦商标法（Government Employees Insurance Company v. Google, Inc.，2004）。

尽管如此，谷歌随即改变做法，并与对方达成和解协议（Associated Press，2005）。又如，2009 年，语言学习软件公司 Rosetta Stone 控告谷歌侵犯其商标权，理由是谷歌的 AdWords 项目允许其他公司未经允许随意在广告中使用 Rosetta Stone 的商标。2012 年，第四巡回上诉法院通过陪审团判决，认为谷歌有商标侵权行为。证据来自谷歌内部的一项调查，该调查发现很多富有经验的网民有时也意识不到那些赞助的链接是广告。2012 年，Rosetta Stone 与谷歌达成和解，这对谷歌来说是一场战略胜利，因为它解决了最后一起挑战 AdWords 项目合法性的重大诉讼。目前，谷歌允许任何人购买其他人的商标作为关键词。2011 年，微软、必应和雅虎搜索决定也采用这一做法。

链接

链接（linking）是指建立从某站点到另一个站点的超文本链接，一直以来都被认为是万维网的独有特色和优势。**深度链接**（deep linking）则是指绕过目标站点的主页，直接访问特定内容页面的链接。在 Ticketmaster 诉 Tickets. com 一案中，微软旗下的 Tickets. com 公司与 Ticketmaster 是订票市场上两家直接竞争的企业。当某项赛事或节目的门票缺货时，Tickets. com 网站会绕过 Ticketmaster 首页，将用户直接导航至 Ticketmaster 的购票页面。尽管该页面包含 Ticketmaster 标志，但 Ticketmaster 公司仍旧强烈反对该行为，认为此类"深度链接"违反了自身的用户协议（在单独的页面上，Ticketmaster 将其视同拆封授权），属于发布虚假广告，构成版权侵权。但是法院认为，由于不涉及复制行为，深度链接本身不触犯版权法。况且，Ticketmaster 的用户协议列示的位置也不够明显。而用户也没有必要每次购票前都去阅读该协议条款。因此，法院最终做出了不利于 Ticketmaster 的裁决，但这一裁决后续引发了不少有关许可问题的深入讨论。尽管如此，Tickets. com 最后还是同意终止使用深度链接，与 Ticketmaster 公司达成庭外和解（Ticketmaster v. Tickets. com，2000）。到目前为止，还没有哪个法院判定深度链接构成版权或商标侵权。

框架屏蔽

框架屏蔽（framing）是指利用框架或窗口布局技术将其他网站的内容展示在自身网页中。用户无须离开采用框架屏蔽的网站就能浏览其他网站的内容，因此就只会看到该网站中的广告，而其他网站的广告则会被屏蔽。更有甚者，网站可能不会标出框架中内容的真正来源。在《华盛顿邮报》等诉 TotalNews 一案中，《华盛顿邮报》、CNN、路透社等联合起诉 TotalNews 公司，控告其网站 TotalNews. com 所使用的框架屏蔽技术侵犯了原告的版权和商标权，淡化了原告网站的内容。原告还强调，TotalNews 的框架屏蔽行为已经对原告网站广告收入造成巨大损失。

TotalNews 的网站采用四框架布局。TotalNews 商标出现在左下方的框架中，屏幕左侧的垂直框架中则放置各种链接，TotalNews 的广告出现在屏幕底部的框架中，中间和右边的"新闻框架"最大，新闻内容的正文呈现于此。用户点击某家新闻机构的链接时，即可在"新闻框架"中查看该机构网站的内容和相关广告。但有时，框架屏蔽会改变甚至破坏链接网站（包括广告）的布局和呈现方式。然而 TotalNews 网站自身的广告内容由于放置在独立的框架中，不会受任何影响。此外，尽管网页上最大框架中的内容来自链接网站，但页面的 URL 始终固定在 TotalNews 的地址。不过，

"新闻框架"也不会完全消除链接的新闻网站独有的页面特征。

此案最后以庭外和解告终。上述新闻机构仍允许 TotalNews 链接到自己的网站，但禁止其采用框架屏蔽或任何暗示与这些新闻机构有密切关系的做法（Washington Post et al. v. TotalNews, Inc., 1997）。其他类似的案件也已经庭外和解，迄今为止还没有任何具体的书面决定来解决这个问题。

8.3.5 商业机密

一家公司创造的大部分价值并不在于版权、专利或商标。有一种知识产权与商业程序、配方以及制造和提供服务的方法有关，公司可以从中获得价值，并且不希望以专利或版权申请的形式与他人分享。这种知识产权被称为**商业机密**（trade secret）。最著名的商业机密有：可口可乐的配方，通用电气的喷气发动机涡轮叶片制造技术。商业机密不同于版权和专利保护，因为它们可能不是独特的或新颖的。如果一家公司中的某种信息是一个秘密（其他人不知道的事情），对其所有者具有商业价值，并且所有者已采取措施保守该秘密，则该信息可以被视为商业机密。据传美国的公司拥有价值数万亿美元的商业机密（Gershman, 2016）。

直到最近，商业机密的定义和执行大都依据州法律，因为历史上的企业通常都是本地的，盗窃商业机密的企业也是本地的。当数字时代到来，企业扩展到全美国和全球时，就需要更高水平的保护来更加容易地执行商业机密相关法律。2016 年，《商业机密保护法》（DTSA）颁布，它规定了对商业机密进行保护的联邦层面的私人诉讼权。DTSA 是对黑客和外国从美国公司和政府信息系统中大规模窃取商业机密（也被称为经济破坏）的回应。欧盟也有一个类似的商业机密指令来保护欧盟公司和国家（Winston and Strawn, 2019）。数据显示，盗窃商业机密是历史上最大的财富转移方式之一，导致美国公司每年损失 3 000 亿美元（Lee, 2016）。然而，目前尚不清楚DTSA 是否真的有能力保护公司免受商业机密盗窃。

8.3.6 挑战：寻求知识产权保护与其他价值诉求之间的平衡

知识产权道德和法律面临的挑战是确保知识产权的创造者能够从他们的发明和作品中获得利益，同时也使他们的作品和设计能够最大限度地被传播和使用（商业机密法除外，因为它不是为了公共利益而促进共享或分发）。保护知识产权免受猖獗的盗窃，不可避免地会限制作品的发行量，进而限制创作者从他们的作品获得的利益，而这本身也会减缓作品传播的进程。然而，如果没有这些保护措施，如果创造者没有获得经济利益，创新的步伐就可能会放慢。直到 2005 年，在电子商务发展的早期阶段，天平更多地偏向了互联网经销商，它们声称自己不受知识产权内容的限制，特别是在音乐领域。2005 年之后，随着 iTunes 商店、智能手机和平板电脑出现，天平又向内容创作者倾斜，这在很大程度上是因为互联网经销商依赖于高质量的内容来吸引观众，但也有一部分原因是，诉讼在提高未能保护知识产权的互联网公司的成本方面很有效。

8.4 监管

监管（governance）与社会控制有关：谁将控制互联网？谁将控制电子商务流程、

内容和活动？应该控制哪些要素，以及如何保障控制措施的落实？由此，一个自然而然且必须明确的问题出现了：为何社会需要对电子商务进行"控制"？答案就在于，电子商务与互联网息息相关，尽管二者不完全相同，因此控制电子商务也包含了对互联网的规范。

8.4.1　互联网控制能实现吗？

早期的互联网推崇者认为，互联网不同于以往的任何技术。他们主张，互联网控制是无法实现的。互联网固有的非集中式设计、跨境能力，以及底层分组交换技术都使监控和控制消息内容寸步难行。到如今，仍有不少人对此深信不疑。其言下之意是：电子商务乃至任何类型的互联网站点中的内容和活动都是无法控制的。内容问题，如色情、赌博和攻击性的文字表达及图形，以及知识产权保护的商业问题，开创了当今世界政府对互联网和电子商务的监管日益增长的时代。目前，我们正处于一种混合模式的政策环境中，各种互联网政策和技术机构的自我调节与有限的政府监管共存（Stone，2010）。请参阅第 3 章，了解有关监管互联网的不同管理机构，包括 ICANN 和 IANA，以及美国对 IANA 控制权的变化。

事实上，正如第 3 章的"社会透视"专栏中案例所描述的那样，互联网在技术上非常容易受到来自中心地点（如网络接入点、电信公司或代理光纤干线以及整个网络中的服务器和路由器）的控制、监测和调整。例如，沙特阿拉伯、伊朗、朝鲜、泰国、新加坡以及许多其他国家，由政府控制的中央路由器来管理内外数据流的访问，或者由受政府严格管制的大型互联网服务提供商对网络访问进行直接控制。伊朗政府也拥有世界上最复杂的网络控制和审查机制之一。该系统是在西门子和诺基亚等公司的帮助下创建的，它使用深度包检查来打开每个包，查询敏感关键词，重新密封后再将其发布到网络上。

在美国，正如在知识产权保护部分所讨论的，违反现行法律的电子商务网站会被勒令关闭，政府会强行要求互联网服务提供商"下架"违法或偷窃的内容。美国国家安全局和联邦调查局等政府安全机构也可以在获得法庭授权后，对互联网服务提供商的数据流和数百万电子邮件的信息加以监视。《美国爱国者法》规定，美国情报机构有权监视和读取任何疑似与恐怖组织有关的互联网流量，紧急情况下甚至可绕过司法审查流程。美国安全机构已与美国国内大型互联网服务提供商（如 AT&T、威瑞森等）展开合作，能够访问几乎美国所有的互联网通信。许多美国公司还制定了针对员工在工作时间使用网络的限制规范，防止员工从事与工作无关的赌博、购物等网络活动。

在美国，加强网络媒体控制的努力与同样强大的社会和政治价值观产生剧烈摩擦，比如美国宪法第一修正案规定"国会不能通过含有以下内容的法律……限制言论自由或出版自由"。这构成了最高法院做出的一些裁决的基础，这些裁决推翻了试图限制美国在线内容的法律。在线行业领袖强烈反对对用户发布内容的限制和应该对用户内容进行编辑控制的想法（见本章后文对《通信规范法》第 230 条的讨论）。然而，随着网络霸凌、虚假新闻网站和仇恨群体的增多，监管机构和互联网公司都在努力界定言论自由的范围。这些问题在 2016 年总统选举中进一步加剧，与俄罗斯政府有关的黑客涉嫌利用如脸书、谷歌和推特等网站的开放性质传播虚假新闻，提供仇恨群体网站链接，以及向敏感人群投放广告，从那时起，直到 2020 年总统选举之前，这些问题都在持续发酵。

8.4.2　税收

很少有问题比电子商务税收更能说明治理和管辖的复杂性。欧洲和美国的税收收入主要依赖基于商品种类和出售价值的销售税。在欧洲，整个价值链环节都需缴纳销售税，包括出售给消费者的终端环节，该税种被称为"增值税"（VAT）。而在美国，州和地方政府只对销售给消费者的最终环节征税，称为"消费税"和"使用税"。美国有 50 个州，3 000 个县，12 000 个自治市，各地都有独立的税率和税收政策。有的州对奶酪征收小吃税，但其他州（如威斯康星州）可能只将它作为一种基本食品而不征税。消费税通常被认为是递减的，因为它们对较贫穷的人的征税不成比例，对这些穷人来说，消费占其总收入的很大一部分。然而，销售税是州和地方政府的主要的收入来源之一，特别是在那些没有所得税的州。

美国在 20 世纪 30 年代末期首次开征销售税，当时经济萧条，地方政府财政收入主要来自销售税。该税收收入最初皆用于道路、学校和商业基础设施等的建设，但多年后逐渐成为州政府和地方政府的一般管理费用。大多数州都实行全州统一的销售税政策，再附加小部分地方销售税。各州税率不尽相同，有些州（如北达科他州）实行零销售税税率，而纽约州销售税税率和城市销售税税率共计高达 13%。

20 世纪 70 年代，美国零售业兴起诸如邮购-电话订购（MOTO）的"远程销售"模式，打破了地理位置与贸易之间的传统关系，也使州和地方政府向零售商征税变得更加复杂。州政府要求 MOTO 零售商按照收货人的地址统计并缴纳销售税，但 1967 年和 1992 年最高法院的两次裁决声明，除非零售商的经营活动与该州具有某种"联系"（实体存在），否则州政府无权向 MOTO 零售商征收州销售税。

电子商务作为"远程销售"的最新形态，其飞速发展使政府再次面临是否开征销售税以及如何征收的难题。由于电子商务零售商对被运往高税率地区的商品享受高达 13% 的税收补贴，地方零售商颇有微词。对此，电子商务企业辩称，新的业务模式尚在发展初期，需要国家的扶持和鼓励。况且各州的销售税和使用税征收机制大相径庭，也不适用于在线销售领域。诸如亚马逊等大型在线零售商坚持自己无须向开展业务所在地以外的其他州政府缴税，因为公司并未享受当地的学校、警察、消防及其他政府服务。与此同时，州政府和地方政府眼见着几十亿美元的税收收入正从自己手中悄然流失。但随着亚马逊的商业模式的改变，其在城市的周边地区建立了新的大型配送中心，实现了次日送达，因此其反对销售税的态度也有所软化。2015 年，最高法院对科罗拉多州的一项法律提出质疑，该法律要求公司向州居民报告在线销售情况，以确保该州居民就在科罗拉多州的销售收入纳税。2018 年，在具有里程碑意义的南达科他州诉 Wayfair 案中，最高法院推翻了其先前的立场，裁定各州可以对在线销售征收销售税。在"商务透视"专栏的案例"互联网销售税之战"中，我们将进一步了解关于电子商务销售税的一些斗争。

1998 年，美国国会通过了《互联网税收自由法》（ITFA），暂停对电子商务和互联网接入服务征收"基于电子商务的多重或歧视性税款"，理由是新兴产业需要扶持，有效期为三年，于 2001 年效力终止。从那时起，暂停期又被延长了好几次，到 2016

年，美国国会宣布禁令永久生效，除了一小部分州被赋予特权，可以保留继续征税的权力到 2020 年 7 月。据估计，ITFA 导致州和地方政府的税收收入每年损失约 65 亿美元，而当剩余特权州失去其特殊地位时，损失金额还要再增加 10 亿美元。就在线销售税来说，一些分析人士认为，电子商务和互联网行业的发展意味着其不再需要特殊的税收地位，而互联网服务提供商则认为该立法确保了消费者免受不必要的征税的影响（Bloomberg Law，2020）。

商务透视

互联网销售税之战

大多数人在发现自己不必为网上购物缴纳任何销售税时都很高兴。然而，很少有人会停下来思考他们免税购买会产生的影响。征收销售税的 45 个州都长久地目睹了电子商务带来的收入损失，据估计全美国每年损失近 340 亿美元。

互联网销售税政策最初是由最高法院对 Quill 诉北达科他州案的裁决所决定的，该裁决认为，没有商店或其他实体（运营枢纽）存在的零售商不得被迫缴纳州销售税。公民应负责将未缴纳的销售税连同他们的州所得税一并缴纳。不出所料，这导致了几乎全美国的抵制与拒绝服从。据估计，其中 96% 的税款最终没有被征收。不填补这个漏洞的理由是为新兴的电子商务市场提供保护。随着 2020 年美国的电子商务零售销售总额预计将达到 7 100 亿美元，这种保护显然不再需要了。

互联网零售巨头亚马逊最初处于政治斗争的中心。美国许多大州，包括纽约州、得克萨斯州和加利福尼亚州，都通过了法律，旨在让亚马逊在它们的州缴纳销售税。在短期内，亚马逊与在它计划开设分销中心的各州谈判达成协议，并应对其他州的法律挑战。然而，随着亚马逊在美国各地不断发展和投资建设基础设施，以实现全国当日送达的目标，它放弃了关于销售税的斗争，现在向每个州的消费者征收销售税。

许多主要的零售商，如沃尔玛、百思买（Best Buy）和亚马逊等，都支持在线销售税的联邦解决方案，但过去几年的各种立法尝试都陷入停滞。由于对联邦立法的长时间等待感到沮丧，许多州自行通过了法律，要求亚马逊和其他零售商（即使没有实体）在该州纳税。这些法律与最高法院对 Quill 案的判决有直接冲突，事实上，许多州的总检察长坦率地表示他们希望由此产生的法律冲突将把这个问题传达到上级法院。亚拉巴马州和南达科他州等州实施了与 Quill 案裁决直接矛盾的税法，南达科他州主动起诉了几家在线零售商，包括 Wayfair、Newegg 和 Overstock，要求根据州法律补缴其与南达科他州居民交易所欠下的税款。

终于，在 2018 年，最高法院审理了南达科他州诉 Wayfair 案，以 5 比 4 的票数裁定，各州实际上可以强制在线零售商征收或缴纳销售税。这一裁决与最高法院之前对 Quill 案的裁决直接矛盾，这对最高法院来说是罕见的。最高法院法官安东尼·肯尼迪（Anthony Kennedy）过去曾表示最高法院可能会重新考虑 Quill 案的裁决，他写下了多数人的意见，并表示随着电子商务技术的进步，企业已经越来越有可能在一个没有任何实体存在的州对居民进行销售，从这些销售中损失的收入（南达科他州估计每年损失 5 800 万美元）已经严重损害了各州跟上市政项目的能力。

法官塞缪尔·阿利托（Samuel Alito）写了反对意见，但他也不认为 Quill 案的裁决是正确的。他认为解决这个问题是国会而不是最高法院的责任。裁决结束后，各州得到了法律支持，能够积极向网上零售商征收销售税。该项裁决包括支持南达科他州自身立法的合宪性，其中包括在企业必须开始缴纳销售税之前，只能进行销售总额在 10 万美元以内或共计 200 笔以内的州内交易。

Wayfair、Newegg 和 Overstock 并没有受到裁决的严重影响，像亚马逊这样的企业多年来在对它征税的州都缴纳了销售税。Wayfair 的一名发言人称，Wayfair 已经对 80% 的美国订单征收了销售税。受到 Wayfair 案裁决影响最大的是那些较小的卖家，如亚马逊上的第三方商家、Etsy 等较小市场的卖家以及其他独立的电子商务零售商，这些零售商现在必须遵守全国数以千计的税收管辖要求。这些卖家被迫投资于税务申报软件和其他合规技术，事实证明，这对于没有利润空间来承担额外成本的企业来说是很昂贵的。各州也从其他意想不到的来源寻求税收收入，如全国连锁银行富国银行，在 Wayfair 案裁决后，收到了 4.81 亿美元的税单。各州辩称，富国银行的子公司即使在一个州没有实体也可以开展业务，所以也需要缴纳州所得税。很明显，Wayfair 案的裁决极大地鼓励了各州测试寻求税收的能力的上限，从那以后，43 个州以及哥伦比亚特区利用该裁决立法，预计全美国将征收高达 230 亿美元的新税收。

2020 年，美国众议院小组委员会就 Wayfair 案裁决对小企业的影响举行了听证会。尽管两党似乎都支持联邦立法，但这项努力是否能够在当前的政治环境中取得成功仍待观察。

资料来源："The Wayfair Tax Case Two Years Later: Compliance and Cost," Tax Notes Staff, Forbes. com, June 22, 2020; "Insight: Post-Wayfair Taxation of Small Businesses Is Subject of Congressional Hearing," by Roger Claiborne, News. bloombergtax. com, May 14, 2020; "The Wayfair Case: Companies Without a Physical Presence Required to Collect Sales Tax," by Jay Hancock and Michael Person, Lbmc. com, April 3, 2020; "States Make Sales Tax Changes in Wake of Wayfair," by Michael Cohn, Accountingtoday. com, December 12, 2019; "A Supreme Court Ruling on Internet Sales Tax Is 'Absolutely Hair Raising' for Small Businesses," Inc. com, July 16, 2018; "Wells Fargo's $481 Million Tax Surprise," by Michael Rapoport, *Wall Street Journal*, July 13, 2018; "What Does the Wayfair Decision Really Mean for States, Businesses, and Consumers?," by Joseph Bishop-Henchman, Taxfoundation. org, July 9, 2018; "The Supreme Court Decision That Will Put More Taxes on Internet Sales Is Good News for You," by Josh Barro, Businessinsider. com, June 23, 2018; "Supreme Court Rules States Can Collect Sales Tax on Web Purchases," by Jess Bravin et al., *Wall Street Journal*, June 22, 2018; "SCOTUS Rules on Landmark Wayfair E-Commerce Taxation Case," by Gary Bingel, Eisneramper. com, June 22, 2018; "Supreme Court Rules That States Can Require Online Retailers to Collect Sales Taxes," by Robert Barnes and Abha Bhattarai, *Washington Post*, June 21, 2018; "Supreme Court's Wayfair Decision Will Hurt Online Shopping," by Jessica Melugin, *New York Times*, June 21, 2018; "Supreme Court Widens Reach of Sales Tax for Online Retailers," by Adam Liptak, et al., *New York Times*, June 21, 2018; "Americans Aren't Pulling for an Internet Sales Tax," Rasmussenreports. com, September 15, 2017; "Indiana Pokes U. S. Supreme Court: That Online Sales Tax Decision Is Unfair," by Holly V. Hays, *USA Today*, August 28, 2017; "Online Sales-Tax Money Is Key Part of State Budget. Could a Lawsuit Derail It?," by Walker Orenstein, Thenewstribune. com, June 30, 2017; "States Adopting Aggressive Online Sales Tax Laws," by Raymond Roesler and Isai Chavez, Taxfoundation. org, June 20, 2017; "Lawmakers Reintroduce Online Sales Tax Bills," by Naomi Jagoda, Thehill. com, April 27, 2017; "Retailers Unite! Counter Divide-and-Conquer Tactics on Online Sales Tax," by Steve Delbianco, Internetretailer. com, July 25, 2016; "South Dakota Sues Four Big Online Retailers Over Sales Taxes," by Sandra Guy, Internetretailer. com, April 29, 2016; "Battle Lines Form Again Over Online Sales Tax Rules," by Sandra Guy, Internetretailer. com, February 26, 2016.

8.4.3　网络中立

网络中立（net neutrality）是指互联网服务提供商，包括有线网络和无线运营商，应该以平等的方式处理互联网上的所有数据，而不能因为内容、协议、平台、硬件或应用程序不同来区别对待或差别定价。在 2015 年之前，互联网服务提供商可以根据协议或使用量来区别对待某些用户。例如，用户使用 BitTorrent 协议在非法站点下载就会被阻止或限流（互联网速度减慢）。在网飞或其他网站上观看大量电影的用户偶尔会受到限制；当网络拥堵时，无线手机运营商会限制重度用户的数据传输速度；像网飞和 YouTube 这样的大型网站服务总共占据了美国约 50％的互联网带宽，它们与互联网服务提供商达成协议，支付比普通企业或家庭用户更高的互联网费用（Gryta，2015a）。

互联网服务提供商一直反对网络中立的想法。互联网服务提供商称，它们需要能够管理其网络上的负载，以确保稳定的服务，而不会断网或减速。限制重度用户是管理网络负载所必需的。它们认为，重度个人用户或企业用户应该比仅仅在家里使用网络进行电子邮件、网络冲浪和电子商务活动（所有这些活动都不需要很多的带宽）的普通用户支付更多的费用。它们还认为不让它们对更高的上网速度收取更高的费用，将会使它们无心投资额外的基础设施。更重要的是，互联网服务提供商声称，联邦通信委员会无权对它们进行监管，因为它们并不是传统电话公司这样的普通运营商。相反，互联网服务提供商在 20 世纪 90 年代被联邦通信委员会归为信息服务商，这在很大程度上是因为当时互联网被认为是一种应该被培育且不受联邦通信委员会干扰或监管的创新型信息提供者，当时的互联网对社会运转并不那么重要。

2015 年，联邦通信委员会裁定，互联网宽带服务提供商应该被视为类似于电话公司的公用事业，因此应由联邦通信委员会进行监管，以确保所有人都能公平地获得服务，互联网服务提供商提供可接受的宽带服务，供应商之间有序竞争。这一变化反映了到 2015 年互联网已经发展成为美国乃至世界主要的电信服务之一的事实，其已成为个体、企业和政府的必需品，因此也成为对社会的运作至关重要的公共载体（就像电话或铁路服务那样）。联邦通信委员会是根据 1934 年的《通信法》设立的，旨在管理电报和无线电，后来又增加了对所有州电视、卫星和有线电视的监管。联邦通信委员会还否决了州法律，这使得城市难以运营自己的宽带网络。通过这种方式，长达数十年的关于网络中立的辩论朝着问题解决的方向迈出了一步。该裁决没有对互联网服务提供商的定价做出规定，定价仍由互联网服务提供商掌握（Gryta，2015b）。2016年，联邦上诉法院支持联邦通信委员会的观点，即互联网服务提供商是一种中立的言论传播者。

然而，关于网络中立的争论还没有结束。2019 年 10 月，联邦上诉法院支持废除联邦通信委员会的网络中立的规定，但也裁定联邦通信委员会无权禁止各州颁布自己的法规。2020 年 7 月，Mozilla 和其他诉讼当事者表示，他们不会寻求最高法院对该决定进行审查，理由是该决定为州级立法铺平了道路。加利福尼亚州和佛蒙特州等几个州已经通过了自己严格的网络中立立法，但在诉讼解决之前暂缓实行。现在，它们似乎可以自由地实施这些法律，然而，这可能又会引发进一步的挑战（Eggerton，2020；Morton，2020；Hussain，2019）。

8.4.4　互联网时代的反垄断、垄断和市场竞争

在互联网和电子商务的历史上，第一次出现广泛的舆论导向者，包括经济学家、政治家、监管机构、公民团体和记者，批评一些电子商务公司已经变成强大的垄断者，通过扼杀或购买小微创新公司限制市场竞争，并参与贸易管制。Alphabet（谷歌）、亚马逊和脸书，尤其受到批评人士的关注，因为它们不仅主导了它们的市场，而且主导着我们的日常生活。这些公司发展迅速，部分原因是它们通过收购小型的创新公司来增加它们在各自行业的本就非常大的市场份额。这些科技巨头未能在辩论中占据有利地位，因为它们以前所未有的水平侵犯用户隐私权、未能保护用户个人信息、允许外国势力使用其平台，导致虚假和误导性新闻传播，并使小型零售商破产。这些公司还利用它们的财政资源来阻止可能限制它们的立法：大型科技公司现在正在花比其他大多数行业的公司更多的钱在华盛顿特区进行游说，其花费仅次于金融服务和制药行业的公司。批评人士提议分拆或监管这些公司。大型科技公司的文化和监管蜜月期即将结束。这些公司体量和势力是否太大，对公共利益是否造成损害？

这些问题在美国或其他自由市场经济体中并不新鲜。它们与定义什么构成了不公平的"垄断"竞争、贸易管制和企业的垄断行为，以及评估垄断对消费者价格、质量、多样性和创新的影响有关。其余的政治和社会问题包括小型企业的利益如何能够与体量巨大的企业相提并论，如何确保依靠集中的经济力量实现社会期望的结果，而不是使用集中的政治权力在政治进程中掩盖小型企业和个人的声音。

8.5　公共安全与福利

任何政府都时刻以公共安全、健康和福利为己任。因此政府颁布诸多法律对从高速公路到广播和电视节目内容等方方面面进行管理。过去，政府对所有类型的电子媒体（电报、电话、广播和电视）加以管制，以维持有序的商业电信环境，同时控制可能危害政府或大型社会团体的媒体内容。过去得益于宪法对言论自由的保护，美国的报纸和印刷媒体始终不受政府制约。但是广播和电视等电子媒体由于使用公共频谱，因此常受到某种程度的内容监管，受各种联邦法律和监管机构（主要是联邦通信委员会）的约束。此外电话作为承担特殊社会职能的公共设施与"公用载体"，也一直受到管制，但其通话内容不受限制。

目前美国社会对电子商务的争论主要是围绕儿童保护、对公共媒体中色情内容的强烈不满、如何控制赌博，以及如何限制毒品和香烟的销售以保障公共健康等话题。

8.5.1　儿童保护

关于网络色情活动产生的收入，统计数据说法不一。来自世界上访问量最多的数百万个网站的数据显示，其中 4% 的网站包含色情内容，14% 的网络搜索内容涉及性。其他估计显示，多达 20% 的网络和移动搜索涉及色情内容（Buchholz，2019；Webroot，2017）。在线色情行业在美国的年收入估计为 100 亿～120 亿美元，全球收入估计达到 970 亿美元。传统的色情 DVD 收入下降了 80%，因为 YouTube 色情频道已经通过免费的网络以及内容迅速扩张。盗版视频和传统视频内容一样泛滥。网站收入现在

主要来自高级订阅和广告。

为了控制色情作品的传播媒介——网络，美国国会于 1996 年通过了《通信规范法》（CDA）。该法规定，使用任何通信设备向他人，尤其是 18 岁以下未成年人发送"任何猥亵、淫秽、黄色、肮脏或者下流的言论、请求、建议、提议、图片"等信息都属于严重犯罪行为（1996 年 CDA 第 502 条）。1997 年，最高法院在案件裁决时指出，CDA 大部分内容违反宪法及其第一修正案中保护言论自由的相关条款。尽管政府认为 CDA 只是一部旨在限制 18 岁以下的未成年人使用"成人"网站的法律，但最高法院认为该法只是概括所禁止的内容，并以难以执行为由驳回"网络分区"的观点。CDA 的第 230 条经受住了审查，该条提供了对交互式计算机服务（如互联网服务提供商和网站）的提供者和用户的豁免，使其免于被视为对他人发布的有害内容负责的出版商。这是一部允许社交网络、博客和在线公告板在不必担心被追究网络诽谤或诋毁责任的情况下运作的法律。颁布该法律的目的是鼓励互联网初创公司的发展。然而，在 2020 年，美国司法部建议国会废除法律中给网站广泛诉讼豁免权的部分，据报道这项建议是基于司法部对在线平台进行的为期 10 个月的调查及监控和删除有害内容（包括儿童色情内容）的记录的结果。这项提议将为针对在线平台允许发布的内容提起民事诉讼打开便捷之门。与此同时，司法部还建议对内容的适度性加大审查力度。大型科技公司，如脸书、谷歌和推特，批评这项提议是出于政治动机，如果按照建议修改第 230 条将威胁到在线言论自由（Kang，2020）。

2002 年，最高法院以内容过于宽泛为由要求国会废止另一部法律——1996 年《反儿童色情法》，该法规定，创建、分发或拥有使用计算机生成的图像的或年轻人而非真实儿童的"虚拟"儿童色情内容属犯罪行为（Ashcroft v. Free Speech Coalition，2002）。

2001 年，美国国会通过了《儿童互联网保护法》（CIPA），该法要求美国学校和公共图书馆必须采取"技术保护措施"（过滤软件），以保护儿童免受色情内容侵害。2003 年，最高法院推翻了联邦地区法院对 CIPA 有违宪法第一修正案所保障的言论自由权的判决，支持 CIPA。最高法院以 6∶3 的多数意见认为，法律限制互联网的访问对言论自由的威胁，就像对图书馆员对收藏的书籍加以限制一样。持不同意见的法官则认为这个类比并不恰当，他们认为此举好比是图书管理员购买了百科全书，又将他认为可能危害顾客的页面撕掉。不过，所有法官都认同现有的屏蔽软件过于迟钝，无法有效区分儿童色情内容和色情素材（受宪法第一修正案保护），即使有所区分也不可靠（Greenhouse，2003b）。脸书的经验验证了从互联网上识别和删除色情内容的困难程度。发布色情内容违反了脸书的服务条款，脸书已经删除了数千条色情帖子，并删除了发布者的账户。裸体以及暗示性的图像（尽管未定义）是被禁止的。但即使在其先进的算法和人工编辑的协助下，脸书也经常误删收藏级别的合法艺术作品。例如，2016 年，脸书删除了一张标志性的普利策奖获奖照片以及一组哺乳女性的照片。其中的普利策奖获奖照片是一名 9 岁女孩在越南战争期间逃离凝固汽油弹时的裸体照片。在公众的强烈抗议下，这两部作品都得到了恢复（Scott and Isaac，2016）。批评人士指出，正如脸书首席执行官经常说的那样，脸书毫无疑问是一家科技公司，但它同时也是一家全球媒体公司，掌控着人们可以看到的文章、视频和照片。

诸如 2002 年的《域名法》等法律尝试阻止肆无忌惮的网站运营商使用迷惑性的域名或儿童熟知的字符引诱其访问色情内容。2010 年，ICANN 批准了为成人网站创建独有的 .xxx 域名的计划，并于 2011 年开始对 .xxx 域名进行有限注册。不希望自己的品牌与 .xxx 域名关联的商标持有人，可以阻止其他公司申请注册包含其品牌名称的域名。2003 年的《保护法》是一部综合性的法律，旨在保护儿童免受虐待，其中包括对电脑生成的儿童色情作品的禁令。该法的部分条例先前被第十一巡回上诉法院判定违宪。但在 2008 年，最高法院驳回上诉法院的判定，出面维护该法（Greenhouse，2008）。

1998 年 COPPA 禁止网站收集 13 岁以下儿童的相关信息，除非获得其父母的同意。由于 COPPA 不干涉言论，法院尚未对其提出质疑。然而，自 1998 年以来，社交网络、在线跟踪、广告网络、在线游戏和移动应用等全新的技术出现并被用来收集儿童的数据，而在 COPPA 或联邦贸易委员会的条例中并没有具体涉及这些问题。为应对这些技术变化和公众压力，联邦贸易委员会宣布了一组现已生效的新规定。新的规定禁止在网络上使用 cookies 或其他任何技术（如持久标识符等）在线跟踪儿童；禁止广告网络在未经父母同意的情况下跟踪儿童并向他们展示广告；明确移动设备必须受 COPPA 管辖，包括游戏和软件应用程序；在网站上收集数据的第三方数据收集公司应对非法数据收集负责。更多信息见第 7 章"社会透视"专栏中的案例。

搜索引擎和互联网服务提供商在消除网络儿童色情内容方面也可以发挥作用。互联网观察基金会（Internet Watch Foundation）是家位于英国的私人非营利组织，其使命是消除在线儿童色情作品。它拥有超过 140 名来自互联网技术社区的成员，包括亚马逊、苹果、谷歌、脸书、微软和思科等（Internet Watch Foundation，2020）。

8.5.2　香烟、赌博和药品：网络真的没有边界吗？

美国的各州政府和联邦政府都已经采取了立法手段来控制某些活动与商品的交易，以保护公共健康和福利。香烟、赌博、医用麻醉药以及其他易上瘾的消遣性药物都受到联邦和州法律的明文禁止或严格管控（见"社会透视"专栏中的案例"互联网药品市场"）。然而，电子商务网站可在美国境外设立公司，其运营不受美国联邦和州检察官的管辖，因此境外公司成为这些特殊商品和服务的理想传播工具，至少现在看起来是这样。在香烟问题上，州和联邦当局通过向 PayPal 和信用卡公司施压，要求其将香烟零售商从它们的系统中删除，成功关闭美国境内的免税香烟网站。主要的快递公司——UPS、联邦快递和 DHL 也被迫拒绝快递非应税香烟。菲利普·莫里斯公司（Philip Morris）也同意绝不向涉嫌非法利用互联网或直邮方式销售香烟的经销商提供香烟。但是，一些海外网站依旧利用支票和汇票的支付方式，通过邮政系统配送来进行香烟买卖。但这些网站的销售水平一落千丈，因为消费者担心一旦被发现使用此类网站，会收到州税务部门的巨额税单。2010 年通过的《禁止所有香烟非法交易法》约束了通过互联网销售非应税香烟或其他烟草制品的活动，并禁止美国邮政系统寄递烟草制品。最近，人们对电子烟和与电子烟相关的健康问题的担忧催生了州和地方政府限制在线销售的法律法规，联邦法律也即将出台。

互联网药品市场

自 2008 年以来，国际刑警组织每年都组织"盘古大陆行动"，该行动由 150 多个国家和地区共同参与，打击网络非法药品交易。2008—2019 年，"盘古大陆行动"关闭了 82 000 个网站，逮捕了 3 000 多人，查获超过 1.05 亿剂正在流通的非法药品。尽管取得了这样的成就，但伪劣互联网药品市场仍然是一个持续存在的公共健康和安全问题。例如，新冠疫情导致了额外的虚假医疗产品出现。在 2020 年 3 月举行的第 13 届"盘古大陆行动"中，未经授权的抗病毒药物和抗疟疾药物氯喹的缉获量显著增加。

在许多国家，贩运非法处方药的规模已经等同于甚至超过了销售海洛因、可卡因和苯丙胺的规模。虽然正规的互联网药店通过促进市场竞争和增加治疗机会为服务水平低下的地区提供了有价值的服务，但行业研究人员发现，98％的网上药店不要求处方，40％的网上药店出售危险的合成阿片类药物，如芬太尼。例如，2020 年谷歌搜索"无处方"药品返回的结果超过 550 万条。

无处方药品的销售并不是互联网药品市场唯一的危险。某些网上药店还可能销售某些假冒的流行药品。例如，国际刑警组织发现，在网上销售的医疗产品中超过 10％是假冒的，这些假冒药品已影响到世界所有地区。美国食品药品监督管理局已经发出了警告，即过去很多在网上购买了 Ambien、Xanax 和 Lexapro 的消费者实际上收到的是含有强力抗精神病药物的产品。谷歌和其他搜索引擎因与非法药物供应商的关系而受到抨击。联邦快递和 UPS 也受到了监管机构的指控，由于故意运送非法网上药店的包裹而被处以罚款，尽管司法部在 2016 年驳回了对联邦快递的指控。

尽管存在这些危险，网上药店仍然具有诱惑力，并且是增长最快的商业模式之一。奇怪的是，老年人（通常是一些最守法的公民）是廉价药品的忠实拥护者。通常情况下，网上药店位于处方药价格受控制或价格较低的国家，如加拿大、英国、欧洲国家，以及印度和墨西哥。通过从位于其他国家的网上药店购买药物，美国公民通常可以节省 50％～75％的费用。目前，一个拼凑出来的监管结构被用于管理在线药品销售，但是要求依据医生的处方购买药物和限制网上购买药物的法律几乎无法执行，因为外国的网上药店可以很轻松地在海外运营它们的网站，使联邦和州当局难以行使管辖权。

非法药品在线供应商的另一个避风港是暗网，它由搜索引擎无法访问的网站组成，而且通常采取旨在促进匿名性或掩盖非法活动的安全措施。这些网站被称为暗网市场，它要求用户运行特殊的软件来屏蔽用户的 IP 地址，并且只接受像比特币这样的加密数字货币，以进一步保护用户的隐私权。

根据欧洲毒品和药物成瘾监测中心（EMCDDA）的数据，暗网的大多数销售与毒品有关，这种销售占全球暗网总收入的 90％以上。

几年前，最著名的暗网市场是 Silk Road，据估计，它每年聚集高达 4 500 万美元的非法药品交易，在其活动高峰期总交易额高达 12 亿美元。但在 2013 年，Silk Road 的创始人兼首席运营官罗斯·乌布利希（Ross Ulbricht）被捕，被指控贩毒和洗钱，并最终于 2015 年被判处终身监禁。尽管这次逮捕在当时被视为对非法药品行业的重大打击，但一个市场关闭，另一些市场则会迅速出来取而代之。与和走私者当面进行现场交易相比，网上购买药品对个人的风险更小。随着政府试图打击流行的阿片类药物（例如，当美国政府将某些阿片类药物归到管制更严格的类别，使它们更难获得时），许多用户涌入暗网市场寻求补偿。2017 年，多个执法机构共同采取重大措施打破了这一闭环，关闭了两个最著名的暗网市场，AlphaBay 和 Hansa。首先，联邦调查局接管了 AlphaBay，一个有两年历史的暗网市场，它拥有 20 万用户和 4 万家供应商，其体量是 Silk Road 的 10 倍以上。大约在同一时间，荷兰执法部门逮捕了第二大暗网市场 Hansa 的网站管理员，没收了价值 260 万美元的加密数字货币。然而，荷兰警方与联邦调查局以及其他组织合作，保守这个秘密整整一个月，收集了数千个买家的地址（其中许多买家在 AlphaBay 关闭后刚刚注册）以及关于 5 万多笔交易的详细信息。它们最终与欧洲刑警组织和其他执法组织共享了这些信息。这两个市场的关闭最初缩小了其他暗网的活动规模，因为用户担心执法部门可能也潜伏其中，但非法活动的数量下降只是暂时的，暗网药品销售的收入和交易量在一年内又恢复到以前的水平。

执法部门利用公开的比特币区块链，提高了其逮捕暗网市场的用户的能力。虽然比特币交易的参与者都是匿名的，但比特币用户在网上留下的其他信息可以用来追踪特定交易。并且每一次成功逮捕通常可以给执法部门提供许多其他供应商和用户的信息。然而，为了防止这些技术，有人开发了门罗币（Monero）和大零币（Zcash）等新的加密数字货币，比比特币更能保护隐私权。事实证明，网上毒贩和支持他们的暗网市场有相当强的适应性，在可预见的未来，与他们的执法斗争很可能会继续下去。

资料来源："Global Operation Sees a Rise in Fake Medical Products Related to Covid-19," Interpol. com，March 19，2020；"EU Drug Markets Report 2019," EMCDDA and Europol，November 26，2019；"Operation Pangea—Shining a Light on Pharmaceutical Crime," by Interpol，Interpol. int，November 21，2019；"Your Sloppy Bitcoin Drug Deals Will Haunt You for Years," by Andy Greenberg，Wired. com，January 26，2018；"A New Map of the 'Darknet' Suggests Your Local Drug Pusher Now Works Online," Technologyreview. com，January 12，2018；"On the Darknet, Drug Buyers Aren't Looking for Bargains," Phys. org，August 12，2017；"2 Leading Online Black Markets are Shut Down by Authorities," by Nathaniel Popper and Rebecca R. Ruiz，*New York Times*，July 20，2017；"Darknet Takedown: Authorities Shutter Online Criminal Market AlphaBay," Fbi. gov，July 20，2017；"Justice Dept. Announces Takedown of AlphaBay, a Dark Web Marketplace for Drugs and Other Illicit Goods," by Matt Zapotosky，*Washington Post*，July 20，2017；"Online Sales of Illicit Drugs Triple Since Silk Road Closure," by Steven Musil，Cnet. com，August 10，2016；"Shedding Light on the Dark Web," *The Economist*，July 16，2016；"Seniors Most Vulnerable to Illegal Online Drug Sales, Says ASOP," by Loren Bonner，Pharmacist. com，June 24，2016；"U. S. Ends ＄1. 6 Billion Criminal Case Against FedEx," by Dan Levine，*Reuters*，June 17，2016；"Buying Drugs Online Remains Easy, 2 Years After FBI Killed Silk Road," by Steven Nelson，Usnews. com，October 2，2015；"Ross Ulbricht, Creator of Silk Road Website, Is Sentenced to Life in Prison," by Benjamin Weiser，*New York Times*，May 29，2015.

赌博也是个非常有趣的例子，充分反映了传统管辖权范围与网络不可控制、无边界特性间的冲突。在美国，各种类型的赌博主要是州和地方法律管辖的问题。但在 2006 年，美国国会通过了《非法互联网赌博执法法》（UIGEA），该法禁止金融机构向互联网赌博网站转移资金，但没有将管理各种赌博的权力从各州移除。虽然在线赌博本身并未被该法禁止，也没有人因为在线赌博而被捕，但这项法律确实削弱了美国境内的在线赌博业。美国司法部严厉地执行该法，拒绝海外运营商进入美国的支付系统，没收它们的资产，破坏它们的美国业务，并逮捕了几名高管。在线赌博网站转向了替代货币，如加密数字货币，这些货币不受 UIGEA 的监管，使它们能够避开该法律（Legalsportsbetting. com，2019）。在过去的几年里，公众情绪也发生了变化。由于州政府的税收收入需求增长，涉及博彩业的许多人已经改变了立场，开始支持在线赌博并将其视为一个增加收入的机会。比起对新的税收收入的需求，在线赌博的道德问题对公众的影响可能更小。而对公司来说，它们也希望获得额外的收入。

2012 年，特拉华州成为第一个将赌场游戏和扑克等在线赌博合法化的州，另外三个州紧随其后：内华达州（仅限在线扑克）、新泽西州和宾夕法尼亚州。在线赌博在美属维尔京群岛也是合法的。密歇根州、科罗拉多州和蒙大拿州等许多州正在考虑提出将在线赌博合法化的议案（Play USA，2020）。

直到 2018 年，在赛马场等授权场所之外的现实体育博彩在美国都是非法的。《职业和业余体育保护法》（PASPA）明确禁止各州准许体育博彩，因此无法从这个价值 1 500 亿美元的非法产业中获得税收收入。据估计，在 2017 年，其中 66% 是在线进行的。2018 年，最高法院判定 PASPA 违宪，首次允许各州对体育博彩进行许可并征税，包括在线体育博彩。新泽西州是第一个将在线体育博彩合法化的，此后还有其他 8 个州（内华达州、西弗吉尼亚州、印第安纳州、宾夕法尼亚州、艾奥瓦州、新罕布什尔州、俄勒冈州和罗得岛州）（Play USA，2020；Liptak and Draper，2018；D'Andrea，2018）。

虚拟体育也呈爆炸式增长。DraftKings 和 FanDuel 主导了在线虚拟体育市场，这两家公司都在大学和职业体育比赛期间大肆宣传。在虚拟体育市场中，玩家组建他们理想的虚拟团队，让真实的运动员加入他们的团队中，然后根据这些运动员在真实比赛中的表现赢得奖励。最受欢迎的运动是大学橄榄球和篮球，以及职业橄榄球和棒球。玩家会得到一份可以用来购买球员的预算，而每一场比赛的部分综合费用就构成了玩家竞争的奖金池。入场费从不到 1 美元到超过 1 000 美元不等（Belson，2015）。DraftKings 称，已经有几位获奖者的奖金超过 100 万美元，尽管这些网站都没有公布获奖者名单。

在行业的压力下，虚拟体育运动不受 UIGEA 的约束。该行业宣称，虚拟体育不是赌博，而是像国际象棋或拼字游戏这样的技巧性游戏。然而，随着行业发展到了 10 亿美元的风险资本估值，并被指控欺骗消费者、实施欺诈、缺乏透明度和存在内部违规行为，州和联邦举行听证会，并考虑使用相关法规对其进行约束（Russo，2015；Drape and Williams，2015）。2015 年，纽约州总检察长要求 DraftKings 和 FanDuel 停止从纽约州居民那里获取信息，因为该州认为，它们的行为构成了非法赌博，并且它们做虚假和误导性广告（Bogdanish and Glanz，2016）。经过漫长的立法听证会以及来自体育迷的大力支持，纽约州改变了立场，认为在公平比赛的情况下，虚拟体育是一种技巧性游戏而非赌博。州长签署了一项法规，使虚拟体育行业合法化并受到监管，还声称此举将为州教育基金增加40 亿美元的收入（Gouker，2016）。网站还同意支付 1 200 万美元的罚款（Drape，2016）。然而，2020 年 2 月，纽约州上诉法院裁定，虚拟体育合法化的立法违反了纽约州禁止赌博的宪法禁令，使其在纽约州未来的发展受到质疑（Campbell，2020）。然而，虚拟体育在 40 多个州仍然合法，DraftKings 现在已是一家估值超过 30 亿美元的上市公司。

8.6 电子商务相关职位

本章概述了互联网和电子商务领域的主要道德、社会和政治问题。各公司越来越意识到，这些问题可能会对其底线产生重大影响。在公司的合规部门通常可以找到专门处理这些问题的岗位，但了解这些问题对公司的所有员工都是必要的。

8.6.1　公司简介

该公司运营着一个全球网络广告交换平台，该平台将有库存的在线网站（在其网站上有可以展示广告的空间的网络广告发布者，也称为"广告机会"）与买家（想要做广告的公司）联系起来。在线网站收集消费者行为数据，并提供给买家，买家也可以将自己的消费者信息添加到其中。该平台允许买家选择特定的细分市场（例如，对买房感兴趣的千禧一代的父母）。该平台的分析可以帮助买家决定为该广告位支付多少钱，投标广告位，并跟踪网络广告的表现。该公司在美国和其他四个国家设有 20 个办事处。另外，该公司拥有 700 名员工，为 4 000 名广告主提供服务，每天分析 5 000 亿个网络广告机会，并为其营销客户提供超过 1.5 亿次的广告。该公司使用机器学习管理寻找和销售广告机会的复杂过程，机器学习通过寻找数据模式，试图确定最有可能点击某个特定广告的消费者。所有这些都在毫秒级的时间内发生。

广告交易或平台是程序化广告的基础，营销公司在广告发布者网站或社交网络上向寻求针对特定细分市场展示广告的公司销售或匹配广告机会。程序化广告是目前在桌面和移动设备上买卖数字展示广告时使用最广泛的形式，其创造的收入高达 380 亿美元，占所有展示广告收入的 70％以上。这个市场的增长是便捷、高效以及精准地为公司寻求最佳机会的产物。

8.6.2　职位：电子商务隐私权研究助理

你将在合规部工作，以确保隐私权和数据保护的合规性，同时实现业务创新。该职位涉及调研隐私权、国内和国际法规政策，以及行业最佳实践。你的职责包括：

- 关注隐私权、网络安全、信息安全和技术方面的拟议和颁布的法律规章、法院判决、行业指南、贸易期刊和其他相关出版物，并撰写摘要。
- 研究与数据安全、信息安全和隐私权相关的联邦、州和国际法律规章，包括与数据泄露和安全漏洞事件相关的法规。其他领域可能包括与网络营销、社交媒体、电子商务和技术相关的法律规章。
- 利用特定政府/行业要求和最佳实践的知识和经验，研究网络广告市场的全球数据保护和隐私权合规性。
- 分析现有和正在开发的产品和解决方案，以确保它们符合适用的隐私权和数据保护法律以及行业最佳实践。
- 指导和支持与数据泄露事件、隐私权和网络安全相关的业务线按法律规章要求运作。
- 审查与供应商和客户公司签订的合同，以确保本公司遵守隐私权法规和行业最佳实践。
- 为商业客户集团和公司的其他部门开发教育和培训材料。

8.6.3　资格/技能

- 拥有人文、商业、信息系统、市场营销或政治科学领域的学士学位，学习过电子商务、统计、商业战略和数字营销等课程。

● 基本了解美国的隐私权和隐私法，以及它与在线数字广告的关系。
● 对欧盟、拉丁美洲和亚太地区国际商业和数据保护法律感兴趣。
● 了解数字营销行业、软件服务平台和程序化广告平台。
● 优秀的书面和口头沟通技巧，包括清晰和简洁的拟稿风格。
● 较强的研究能力。
● 优秀的客户服务和人际交往能力。
● 卓越的分析和解决问题的能力，具有战略思维和提供业务建议的能力。
● 熟练掌握微软 Office（Word、Excel、Outlook 和 PowerPoint）技能。
● 强大的组织能力，包括管理时间和平衡多个最后期限的能力。
● 熟练使用计算机桌面和移动技术，是在线或移动应用程序和社交网络的活跃用户。

8.6.4　面试准备

为准备这次面试，请重新阅读本章中所列的雇主职责部分。在本案例中，该职位需要熟悉美国和欧盟的隐私权法规，详见 8.2 节。同时请回顾章首案例和"技术透视"专栏中的案例。对公司和其所在的行业做一些背景研究也是有价值的。

8.6.5　可能的面试问题

1. 我们关注的是那些对保护消费者隐私权感兴趣，也理解客户需要，能够与在线消费者沟通的候选人。你上网时对自己的隐私感有何体验，以及你认为消费者为什么关心他们的在线隐私？

你可以从最后一个问题开始：消费者担心自己的隐私，因为他们不知道或不了解自己的网络个人信息如何被使用，他们觉得自己无法控制个人信息的使用。随后，你可以讨论在脸书等网站上保护自己隐私权的感受。正如其他用户可以看到的那样，脸书确实提供了很多限制个人信息的工具，这些工具的使用真正取决于用户自身。另外，脸书的工具可能会让人感到困惑，许多用户仍然觉得他们并不能真正控制谁看到他们的帖子，或者脸书及广告主如何使用这些信息。

2. 除了各种网站提供的社交网络工具外，消费者还用哪些软件和工具来保护他们的在线隐私权？你认为这些工具会干扰我们的计划性营销业务吗？

你可以描述你或你的朋友在浏览网页或发送邮件时使用或考虑使用的一些保护自身隐私权的工具。你可以讨论如匿名浏览软件、网络浏览器中的禁止跟踪选项、密码管理器、加密电子邮件、数字文件碎纸机、反跟踪工具和广告拦截器等工具。匿名浏览软件、反跟踪工具和广告拦截器在老练用户中越来越流行，这些工具可能确实在一定程度上干扰了网络营销活动。

3. 你认为我们的行业和公司应该如何应对这些工具使用量的不断增长，以及公众对在线隐私权的担忧？

你可以通过网络广告行业倡导的项目来回答这个问题，比如网络广告促进协会，它证明公司已经采用了行业隐私权标准和最佳实践。有两种做法很突出：网络广告促进协会的全球选择拒绝网站，它允许消费者避免特定网站的跟踪和 cookies；Ad-

Choice 项目则让用户更好地了解他们的信息是如何被使用的，以及能够关闭某些不合适的广告。这些努力使用户能够在一定程度上控制被收集的信息，以及了解信息如何被使用。此外，还有几家新的初创公司提供了隐私权管理软件，帮助公司了解它们如何达到行业最佳实践，比如 OneTrust 隐私权管理平台。

4. 我们公司收到了大量的消费者在线行为数据，我们用这些数据来为客户展示广告。我们不知道这些消费者的个人姓名或他们的具体地址。我们识别这些消费者只通过一个特定的号码，当然还有他们的在线行为和基本的人口统计学信息。这是对他们隐私权的侵犯吗？

你可以表明，许多在线消费者相信他们可以通过姓名、地址和地理位置被识别，即使事实并不总是如此。例如，对消费者从一个网站到另一个网站的在线跟踪会给许多人留下他们在浏览时被观察的印象。他们不明白他们只是被标记为一个 cookie 号码，或消费者号码。然而，面部识别技术是非常个人化的，并且已经引发了新的关注。

5. 我们有许多客户在欧盟运营，欧盟与美国的隐私法和数据保护法规非常不同。你认为关键的区别是什么？

你可以说，一个主要的区别是欧盟的隐私法要求默认选择拒绝放置 cookies，并要求用户明确表示同意选择接受跟踪、cookies 和其他在线跟踪人们的方式。欧盟有执行隐私法的数据保护机构，但美国没有。欧盟国家也通过了关于被遗忘权的法规，使用户拥有从搜索引擎中删除特定信息的权利。

问 题 ////////////////////

1. 伦理学研究对个人做出的基本假设是什么？

2. 伦理学的基本原则是什么？

3. 解释谷歌所持的"YouTube 没有侵犯版权所有者知识产权"这一观点的立场。

4. 给出普遍主义、滑坡理论、《纽约时报》测试和适用于道德规范的社会契约法则的定义。

5. 解释患有严重疾病的人选择通过医疗搜索引擎或药品网站等查找和诊断病情的原因。在技术上可以怎样阻止个人身份信息泄露？

6. 列举一些由网站收集到的有关其访问者的个人信息。

7. 通过在线表单收集的信息与网站事务日志有何不同？哪个可能提供更完整的消费者画像？

8. 知情同意的选择接受模式与选择拒绝模式有何不同？在哪个模式中，消费者拥有更多的控制权？

9. FTC 的公平信息实践原则的两个核心原则是什么？

10. 什么是 GDPR？

11. 列举在线广告网络改进或补充传统线下营销技术的三种方式。

12. 阐释行为定位应该如何使消费者和企业都受益。

13. 互联网如何潜在地改变对知识产权的保护？什么因素阻碍了知识产权法的执行？

14.《数字千年版权法》试图做什么？为什么要颁布这一法律？它试图防止哪些类型的违规行为？

15. 域名抢注的定义是什么？它与域名盗用有什么不同？域名抢注会导致什么类型的知识产权侵犯？

16. 什么是深度链接？为什么这是一个商标问题？它与框架屏蔽的相似性和不同之处分别是什么？

17. 美国非法企业在互联网上非法经营的策略是什么？

18. 为什么色情网站在美国不能被简单取缔？最高法院为什么否决了旨在保护儿童免受色情作品侵害的立法？

19. 什么是"被遗忘权"？确立这一权利有何风险和好处？

20. 什么是"合理使用"原则？为什么法院认定谷歌对版权书籍的扫描属于"合理使用"？

第 **4** 篇

电子商务应用实务

网络零售与在线服务

章首案例　　　　　　　为你的"埃及艳后"选择蓝色尼罗河

正在为你的"埃及艳后"寻找一份特别的礼物，但不想花费太多时间选购？想要用一颗硕大的钻石求婚，但不想豪掷大笔钞票？不清楚钻石的未来价值？对珍珠、黄金或者铂金也不够了解？

那么蓝色尼罗河（Blue Nile）就是你的选择。蓝色尼罗河在线上有手工打造的钻戒，以及超过 15 万颗裸钻可供挑选。蓝色尼罗河会根据你线上选择的样式，将裸钻切割打磨，镶嵌到戒指、手镯、耳环、项链、吊坠、手表以及胸针等上。蓝色尼罗河所有的钻石都已经按照 4C（克拉（大小）、切工、色泽和净度）划分等级，并且还会附上一份美国宝石研究院（Gemological Institute of America）在线鉴定报告。

蓝色尼罗河于 1999 年 3 月在华盛顿州西雅图市以 RockShop.com 的名字起家，同年 11 月更名为蓝色尼罗河，并在 12 月推出线上 BlueNile.com。2004 年该公司成功上市并在 2007 年卖出了当时互联网史上最贵的物品，一颗价值 150 万美元的 10 克拉钻石，相当于能将手指覆盖的一枚硬币大小。在 2015 年，另一枚钻石以 180 万美元的价格售出。

在电子商务发展的初期，没有人想过互联网会成为高级珠宝的交易场所。当走进诸如蒂芙尼等零售实体店时，我们会看到明净玻璃柜台中绚丽璀璨的珠宝，店员们让我们感觉自己仿佛是一位贵族，而这种感性的体验往往是线上销售难以媲美的。钻石的高昂价值与订婚、结婚纪念日等重要事件密切关联，并且它的价值与定价经常存在不确定性。调查显示，绝大多数购买者认为珠宝定价过高，但他们缺乏相关知识与信息去议价，甚至不能判断已购珠宝质量的好坏。因此相关学者认为，极少有消费者会在网上花费 5 000 美元甚至更多钱去买一颗钻石。但事实表明，线上销售恰恰是珠宝零售的理想之选。

在美国，超过 2 万家珠宝专卖店与 10 万多家同时售卖珠宝与其他产品的零售店构成的销售额高达 500 亿美元的高级珠宝市场错综复杂。钻石首饰与裸钻销售额占比超过 50%，其中涉及多层批发商与中间商，包括从钻石原石经纪人到钻石切割中心、钻石批发商、珠宝制造商、珠宝批发商，最后到区域分销商，这种碎片化的供给与分销推动了垄断定价的钻石原石的涨价。目前，典型的零售价格相比成本普遍要加成 50%～100%，但蓝色尼罗河仅加成 18%。

蓝色尼罗河通过直接与钻石批发商和加工商合作，在供给侧减少了几家中间商，同时还最小化了它的库存费用并且控制了库存贬值的风险。与价格昂贵的零售店相比，蓝色尼罗河在网上整合了成千上万的不同顾客对钻石的需求，并通过采用比常规零售店更为吸引人的购物方式展现产品特色。通过精简供给分销链能够降低涨价幅度，例如蓝色尼罗河会用 850 美元买进一对翡翠钻石耳坠，以约 1 000 美元卖出，但传统零售商会要价 1 258 美元。

蓝色尼罗河主要通过创造一个基于信任与认知，并可以降低消费者对于钻石价值的焦虑的环境来提升购物体验。蓝色尼罗河的网页包含对于钻石知识和钻石评级系统的介绍与指导，并且每一颗钻石都有来自独立非营利机构的质量评级，此外还承诺 30 天内无理由退换。蓝色尼罗河还为消费者提供回购服务，平均而言，购买者通常会连续几个星期反复访问网站，查看至少 200 页相关产品，并且通常至少会咨询蓝色尼罗河电话客服一次。

2010 年，蓝色尼罗河引进了移动网站与 iPhone/iPad 应用程序。苹果应用程序为用户提供了快速设置钻石需求并查看价格的方式，此外还设置了一个直接链接到蓝色尼罗河客服中心的电话预定选项。同时蓝色尼罗河还深耕社交媒体营销领域，在脸书页面有约 190 万粉丝，YouTube 频道的浏览量超过 630 万人次，Pinterest 页面的月浏览者达到 430 万人，Instagram 和推特上分别有大约 17.5 万和 2 万粉丝。被网站发布的珠宝照片吸引的消费者可以点击链接直达购买相关产品的网站。2017 年，该公司对其网络服务器进行了优化，网上销量在所有线上零售商中排名位列前十，网页加载时间在珠宝零售商中是最短的，页面加载仅需 1.4 秒。

为了始终秉持以消费者体验为中心的市场策略，蓝色尼罗河还采纳了基于甲骨文云的整合套件应用。例如，甲骨文 Responsys——甲骨文客户体验应用的一部分，让蓝色尼罗河以更个性化和及时的方式掌控与处理每一位消费者在它所有系统（包括网站、电话客服中心与样品陈列室）中的互动情况，这能帮助蓝色尼罗河基于消费者的浏览和购买偏好定制独特的个性化推荐信息。甲骨文云套件的另一部分——甲骨文企业绩效管理（EPM）云，帮助蓝色尼罗河通过无缝整合数据、处理其核心 ERP 以及操作系统来更有效地制订计划以及预算程序。

蓝色尼罗河正在向品牌珠宝进军，逐步减少低价珠宝的提供。它开始为高端珠宝开辟专线，并且额外设置了设计总监和首席市场官来重新制定产品推荐方案和策略，还把包装从原来的硬纸板盒子换成了个性化的带有珠宝袋和营销材料的包装，这一做法与奢侈珠宝商蒂芙尼等十分类似。尽管蓝色尼罗河尝试在更多的州逃避汇款税，但南达科他州最高法院在 2018 年强迫该公司除了在已设置实体店的几个州如俄勒冈州、华盛顿州、纽约州和弗吉尼亚州交税外，还需要在其他几个州交税，其中包括夏威夷州、缅因州、俄克拉何马州和密西西比州。尽管有额外的销售税，蓝色尼罗河以互联网为基础的分销方法以及相对少的实体店开销让它仍然可以制定一个具有竞争力的价格。

　　2013 年，蓝色尼罗河和诺德斯特姆（Nordstrom）公司达成合作，使潜在顾客在线上购买之前就能够看到戒指。在诺德斯特姆经销点的戒指仅供展示，但是该公司的珠宝专家会用 iPad 帮助顾客在店里通过蓝色尼罗河的网站选购他们喜欢的戒指，这种营销方式反响非常好。受到此次成功的鼓舞，蓝色尼罗河于 2015 年在纽约州长岛市开了第一家被称作"网络室"的实体店，网络室的存在使得消费者在线上购买产品之前可以试戴。网络室很小（大约 400 平方英尺）并且缺乏店内销售的能力，顾客仍需要在线上购买，这使得蓝色尼罗河得以提供许多传统实体珠宝商能够提供的服务，但同时无须被迫抬高售价来应对库存管理以及维系庞大的销售团队。网络室周围区域线上销量的显著上升让蓝色尼罗河决定在其他州进一步推动网络室的扩展，其中包括新罕布什尔州、俄勒冈州、弗吉尼亚州和华盛顿州等。对于蓝色尼罗河，它的首个网络室带来了强大的转化率和网络浏览量，2018 年的一项研究证实了这一点并提出对于创建时间少于 10 年的品牌，一个线下实体店可以使网络浏览量提升 45%。因此，在新冠疫情之前，蓝色尼罗河计划在五年之内开设 50～100 个网络室，这种销售模式适合当下市场形势，此外不少在线品牌开始建立实体店，旨在提高品牌知名度并增加额外的在线流量。蓝色尼罗河顾客的主要顾虑是无法提前看到和感受实物，线下实体店被看作满足这一需求以及提高利润的好方法。

　　2017 年，蓝色尼罗河被私人投资者以超过 5 亿美元的价格收购。尽管该公司持续报告盈利，但是它在股票市场的增长并不像投资者们预想得那么快。2019 年 8 月，蓝色尼罗河任命肖恩·凯尔（Sean Kell）为 CEO，它仍旧需要与实力强大的零售商如蒂芙尼和 Zales、线上经销商如 James Allen 和 Brilliant Earth 这些受到千禧一代和 Z 世代欢迎的品牌竞争。再加上新冠疫情带来的挑战，蓝色尼罗河在未来的一年还有很多事情要做，如果蓝色尼罗河不能保持积极的态势，它将很快丧失优势。

资料来源："About Blue Nile," Bluenile. com, accessed August 20, 2020; "James Allen & Blue Nile: Evolution of the Diamond Market," by Michael Fried, Diamonds. pro, April 24, 2020; "The Big Fine Jewelry Opportunity," by Natalie Yiasoumi, Luxurysociety. com, January 20, 2020; "Blue Nile Sparkles with Oracle," by Steve Brooks, Enterprisetimes. co. uk, January 10, 2020; "Blue Nile Shines Bright with Oracle Cloud Applications," Oracle. com, January 9, 2020; "New Blue Nile CEO Plans Brick-and-Mortar Push," Bizjournals. com, December 24, 2019; "'Tis the Season: How One Online Jeweler Works to Gain Lifetime Commitments," by Margaret Harrist, Forbes. com, December 12, 2019; "Blue Nile Names Sean Kell Its New CEO," by Rob Bates, Jckonline. com, August 21, 2019; "Blue Nile Opens New Diamond and Jewelry Expert Facility to Enhance Unparalleled Service," Prnewswire. com, October 24, 2018; "Brick-and-Mortar Stores Drive Online Sales, Study Says," by Rob Bates, Jckonline. com, October 16, 2018; "Blue Nile Now Charges Sales Tax in Seven States," by Rob Bates, Jckonline. com, July 20, 2018; "Jewelry Retailers' Sites Load Quickly While a Few Flower Retailers Stumble," by April Berthene, Digitalcommerce360. com, March 1, 2018; "Blue Nile: A Multifaceted E-commerce Experience," by Derrick Lin, Packagingoftheworld. com, February 5, 2018; "Brilliant Earth Plays Up Its Ethics in Selling Diamonds Online to Millennials," by James Risley, Digitalcommerce360. com, August 28, 2017; "Blue Nile Opening Sixth Webroom, in New Hampshire," by Rob Bates, Jckonline. com, July 19, 2017; "How Blue Nile Is—And Isn't—Like Dollar Shave Club," by Rob Bates, Jckonline. com, February 24, 2017; "Blue Nile Acquisition Completed, Company to Go Private," by Anthony DeMarco, Forbes. com, February 17, 2017; "Where Does Blue Nile Go from Here?," by Rob Bates, Jckonline. com, February 16, 2017; "Blue Nile Purchased by Bain Capital," by Rob Bates, Jckonline. com, January 31, 2017; "Blue Nile Ties in with Diamond Buyback Service," by Janet I. Tu, *Seattle Times*, January 19, 2017; "Blue Nile's Site Speed Sparkles," by April Berthene, Digitalcommerce360. com, December 1, 2016; "It's the End of Blue Nile as We Know It (It Should Be Fine)," by Rob Bates, Jckonline. com, November 8, 2016; "How Blue Nile Delivered a Million Pieces of Bridal Jewelry," by Anthony DeMarco, Forbes. com, October 26, 2016; "From Clicks to Bricks: Why Online Retailers Are Setting Up Shop," by Alex Berg, Geekwire. com, May 16, 2016; "Online Jewelry Retailer Blue Nile to Open DC 'Webroom' in Tysons," by Caroline Cunningham, Washingtonian. com, March 17, 2016; "The Future of E-commerce: Bricks and Mortar," by Mark Walsh, *The Guardian*,

January 30，2016；"Leading Jewelry E-retailer Blue Nile Opens Its First Physical Showroom," by Matt Lindner, Internetretailer.com, June 5, 2015；"As Smartphones Spread, Retailers Scramble to Ring Up Sales," by Angel Gonzalez, *Seattle Times*, April 12, 2014；"Blue Nile CEO Says Click-and-Brick Jewelry Experiment with Nordstrom Is Working Well," by John Cook, Geekwire.com, March 26, 2014；"Nordstrom and Blue Nile Tie the Knot in a Store-to-Web Partnership," by Katie Evans, Internetretailer.com, December 9, 2013；"Selling Information, Not Diamonds," by Kaihan Krippendorf, Fastcompany.com, September 1, 2010；"Blue Nile Sparkles," by Kaihan Krippendorf, Fastcompany.com, August 30, 2010；"Digital Bling: Diamonds for Sale Online," by Wendy Kaufman, NPR.org, February 14, 2010；"New Blue Nile Site Hits Web," *New York Times*, September 1, 2009.

　　蓝色尼罗河的案例说明，相较于传统的线下零售，线上零售公司既有优势也有劣势。一个线上公司能够极大地简化现有供应链，并且开发出一套远比传统线下零售高效的网络销售系统，同时网络零售可以为消费者创造更好的价值主张，改善客户服务和提高其满意度。但线上公司往往盈利空间小，缺乏实体店来满足非网络用户的需求，并且有时是在未经证实的商业假设（从长期看，可能无法成功的假设）的基础上经营。相反，像沃尔玛、家得宝（Home Depot）、百思买、梅西百货和开市客（Costco）这些大型线下零售商已经建立了自己的品牌，进行了庞大的房地产投资，拥有巨大的客户基础，并且具有非常有效的库存控制和执行系统。正如我们在本章中接下来部分将看到的，传统线下目录零售商更有优势，我们还能看到，为了获得成功，传统零售商需要高效地利用它们的资产以及核心竞争力，并以此形成新的竞争力和成熟的商业计划。

　　对于产品零售而言，相较于实体供应商，线上供应商能够以较低的成本为成千上万的消费者提供更优质、更便捷的服务，同时又能取得可观的投资回报。服务业是从事电子商务活动最自然的领域之一，因为服务业的大部分价值都建立在收集、储存以及交换信息的基础之上，而这些又是互联网鲜明的特征。事实上，线上服务行业已经在诸如银行、中间商、旅游和求职方面取得了巨大的成功，尤其相比于电子商务出现之前所能提供的服务，网络能够为消费者在金融、旅游和职业生涯管理等决策上提供海量的优质信息。线上服务如线上零售已经取得了较大的成功并在消费者线上活动中起到了很大的作用，在中间商、银行和旅游方面，线上服务同样取得了较大的成功并且改变了行业格局。在 9.5 节到 9.7 节，我们将具体介绍三种最成功的网上服务：金融服务（包括保险和房地产）、旅游服务和职业服务。9.8 节中我们将研究在过去几年，诸如优步、爱彼迎等声名鹊起的新兴按需服务公司。这些商业模式包含本地服务和移动服务，为消费者提供了一个平台，使消费者能够直接与提供运输、短期租房、杂货等按需服务的供应商联系。

　　2020 年的新冠疫情给所有的行业都带来了极大的冲击，线上零售和服务提供商也不例外。消费者的行为以及生活方式由于疫情影响正在经历着很大的变化，但同时我们也很难预测哪些生活方式会延续到未来。总体而言，线上零售业由于疫情已经有了增长，但同时某些特定的行业，比如旅游业，极大地萎缩了。在未来几年，随着这些变化的逐步呈现，我们可以预见机遇将与风险并存。

9.1　网络零售

　　表 9-1 总结了 2020—2021 年网络零售的发展趋势。也许网络零售的核心是线上

和线下零售商整合它们的业务，以便能以各种方式服务顾客。

表 9-1	2020—2021 年网络零售新动向

- 新冠疫情预计造成总体零售 10% 的下降，但网络零售有近 20% 的增幅。
- 移动端网络零售增长持续加速，从 2019 年的 2 500 亿美元到 2020 年的预计 3 150 亿美元。
- 社交电子商务地位日益显著，诸如脸书，Pinterest、Instagram 这样的平台开始与线上零售商合作，以促进在社交网络上的购买量。
- 本地电子商务由本地按需服务公司如优步、爱彼迎、Instacart 和 Grubhub 等引领，业务量持续增长。
- 线上消费者人数持续增长，2020 年预计规模达 2 亿 500 万人，同时平均年购买量预计 2020 年增长到 3 476 美元，增幅约为 14%。
- 线上零售商通过关注收益增长、增加平均购买量和优化业务效率来保持整体盈利水平。
- 线上零售仍然是所有线上渠道中增长最快的。
- 线上购物已经成为主流与新常态，在美国超过 90% 的网络用户在线上购物。
- 线上购物种类随着消费者信任程度的提高与经验的增加持续增长，购物种类包括诸如珠宝等奢侈品、美食、家具和红酒。
- 信息购买业务从汽车、设备这种大额支出项目快速扩展到了几乎所有的零售产品项目（包括耐用品和非耐用品）。
- 专营零售商通过发展零售商品定制和商品线上配置实现快速增长。
- 线上零售商越来越强调提供改进的购物体验，如易于使用的导航、线上存货信息更新、交互式工具、消费者反馈打分和社交购买机会。利用科技打造无摩擦商务成为首要任务。
- 线上零售商正在增加博客、用户生成内容和视频等交互性营销科技的使用，以此开发宽带连接的潜力，并且提供诸如变焦、换色、配置等选项以及对家庭和企业的模拟。
- 零售商正在变成多渠道零售商，整合包括实体店、万维网和移动平台等在内多个零售渠道。
- 2020 年，数以千计的虚拟商家如 Birchbox、Naturebox、Barkbox 等率先使用基于订阅的盈利模式产生预估 200 亿美元的价值，这吸引着成千上万的线上商家争相模仿。
- 大小零售商通过大数据和强大的分析程序为预测性营销提供动力。

从各个角度来看，美国的零售市场都是巨大的。2019 年，个人消费总额达到 4.5 万亿美元（超过 GDP 的 20%）（Bureau of Economic Analysis，U. S. Department of Commerce，2020）。

9.1.1 零售产业

美国零售产业由许多不同的公司组成。图 9-1 展示了其主要的组成部分：耐用品、日用品、食品饮料、专卖品、汽油燃料、邮购-电话订购（MOTO）和网络零售公司。每类零售商都可以在互联网上开展业务，但对互联网的使用方式不尽相同。一些餐馆通过网站和 App 向人们宣传菜单以及实体店位置，同时其他餐馆对网上订单提供送货上门服务。耐用品零售商通常使用网站作为提供信息而非交易的平台，但这一情形正在改变。MOTO 和线上零售最为相似，实际上 MOTO 基于电话系统、信用卡及其相关产业的技术进步，是除电子商务外最近的一次零售"科技"革命。由于大多数 MOTO 公司已经掌握了有效的订单处理过程，因此它们向电子商务的转型并不像其他公司那么困难。

9.1.2 线上零售

线上零售也许是电子商务中最受瞩目的。在过去 10 年中，这一部分经历了爆炸性的增长以及全面萧条，很多早期纯线上的零售公司已经不复存在了。企业家和投资者对于在此行业中成功所需要的因素有严重误判，但是早期的幸存者已变得更加强大。随着传统线下的日用品零售商以及专卖经销商和新起步公司的不断壮大，网络零售正在飞速发展，并不断扩大领域和规模。

图 9-1　美国零售产业的构成

注：整个零售产业由七类主要的零售公司组成。

资料来源：Based on data from U. S. Census Bureau，2012.

9.1.3　网络零售一览

在电子商务早期，成千上万的线上零售商被零售市场吸引，因为这是当时美国经济体中机会最多的几个市场之一。很多企业家最开始认为进入零售市场是很容易的一件事，早期的学者也认为零售产业会掀起一场彻底的革命。正如两位哈佛商学院的咨询师在一本书中所言，这场革命的基础可以被分为四个部分。首先，由于互联网大大降低了搜索与交易的成本，消费者会用网络寻找最便宜的产品。据此我们可以得到几个结论：消费者会将购物重心逐步转移到线上，并且只有那些物美价廉、服务优质的商家才能生存下来。经济学家假设线上消费者是理性的，并且由成本，而不是购物体验、品牌这些非理性因素驱动。

其次，我们假设进入线上零售市场的成本要远低于开一家实体店的成本，且线上商家在营销和订单履行方面比线下商家更有效率。建立一个功能强大的网站的成本相对仓库、服务中心和实体店而言要少很多，在网站上构建精致的下单窗口、购物车和客服中心并不是一件难事，因为这些技术已经广为人知，并且每年科技成本都会下降 50%，甚至招徕顾客的成本也大大降低了，因为搜索引擎在瞬间就能把顾客和线上商家联系起来。

再次，当整体价格降低的时候，线下实体店会被挤出市场，被像亚马逊这样的企业取代。通常认为，如果线上商家增长得很快，它们会获得先行者优势并且会将转向线上速度太慢的传统公司排挤出线上市场。

最后，在电子产品、服装和数字内容这些产业中，制造商或者批发商会跳过中间商直接与消费者接触。在这种情形下，像实体店、推销员和销售团队这些传统零售渠道都会被网络渠道取代。

很多人预测，一种基于虚拟公司概念的超中介化可能会兴起。在虚拟公司中，在线零售商将通过建立品牌吸引百万顾客、将仓库外包以及更强的订单履行能力获得比已建立的线下商家更多的优势——这正是亚马逊最初的理念。

但结果显示，这些假设和展望很多都是错误的，并且美国零售市场的结构并没有发生翻天覆地的变化，彻底的革命没有发生，中间商也没有被取缔。值得一提的是，运营纯线上平台的公司很少有成功的，我们还看到，消费者在线上购物的时候主要由品牌、信任程度、可靠性、配送时间、便捷程度、使用难易度以及最重要的"使用体验"驱动，而不是价格，或者我们可以说前面这些因素至少和价格一样重要。2020

年，在电子商务发展超过 25 年后，哪怕我们计算上新冠疫情对于实体店的影响，网络零售额（约 7 100 亿美元）也只占总体零售额（约 4.9 万亿美元）的约 14.5%。

然而，互联网已经为**全渠道**（omni-channel）公司创造了全新的竞争平台。正如很多案例所讲的那样，互联网支撑了专卖店和一般零售商纯线上运营的可能性，恰如预测所言，网络零售在创新的意义上已经成为增长最快、最有动力的零售渠道。网站为数以百万计的消费者提供了便捷的购物平台，互联网和网站持续为采纳新型商业模式、销售新型线上商品的新公司提供机会，就像我们先前提到的蓝色尼罗河。同时线上渠道可能与其他渠道产生冲突，比如直接销售团队、实体店和电子邮件营销，但如果解决得当，这种多渠道冲突也可以转化为优势。

9.1.4　目前的网络零售

尽管网络零售在整个零售产业中占很小的一部分（在 2019 年只占 11%），但日益增加的新功能和产品线使其增长速度快于线下零售商（见图 9 - 2）。2019 年，电脑及电子产品在总收入中占比最高，营收约为 1 330 亿美元。该类产品的主要购买渠道有亚马逊、苹果、戴尔、惠普和联想这类制造商，百思买这样的多渠道零售商，以及 CDW 和 PC Connection 等目录零售商。

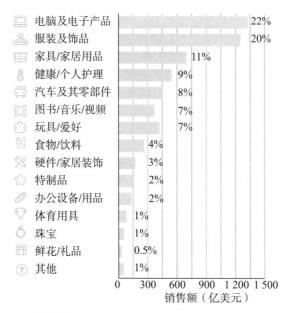

图 9 - 2　2019 年各品类网络零售收入①

注：电脑及电子产品是主要的在线购买品类，占所有网络零售收入的 22%。

资料来源：Based on data from eMarketer, Inc., 2020a, 2020b; Digital Commerce 360 Research, 2020; Berthene, 2019; Cassidy, 2019a; authors' estimates.

服装及饰品类排第二，2019 年收入约为 1 250 亿美元。消费者在线上对于此类商品选择很多，像梅西百货、塔吉特和沃尔玛这样的全渠道零售连锁店以及像 J. Crew、American Eagle、Urban Outfitters、Abercrombie & Fitch 这样的专卖店。这是一个

---

① 本图数据总计 98.5%，似系四舍五入所致。英文原书如此，故照录。以下类似情况不再一一说明。——译者

尚未被亚马逊完全占据的品类，部分原因是买衣服的消费者倾向于认定某个品牌，这和购买电子产品不同。

家具/家居用品类占比排第三，2019 年约为 700 亿美元。在以前，像家具、床垫和地毯这类产品，高昂的运费是阻碍它们进入线上市场的原因之一，但这种现象正在改变。除了亚马逊，引领着这类产品的线上零售商包括一些纯线上运营的公司比如 Wayfair 和 Overstock，以及 Williams-Sonoma、Bed Bath & Beyond 和 Crate and Barrel 等全渠道零售商。

健康/个人护理产品（药物、保健和美容产品）也获得了稳定的增长，2019 年营收约为 550 亿美元。

汽车及其零部件这一门类产品 2019 年营收约为 460 亿美元，但主要是零件和配件。目前美国禁止汽车制造商直接把汽车卖给消费者，所以汽车零售仍然被特许经销商网络掌控，汽车制造商通过互联网进行品牌推广，经销商专注于生成销售线索，消费者通常关注产品和定价的搜索，因为他们想借此与经销商讨价还价。由于买车复杂的流程，目前线上购车还很少见，但这在未来可能会有所改善。例如，Vroom 是一家线上二手车交易网站，其风险资本上涨了超过 7.2 亿美元，它提供一款手机 App，使得用户可以简单地过滤信息，并提供送货上门服务。

图书/音乐/视频是众多成功的在线销售品类之一。这一仍然流行的在线品类在 2019 年的收入约为 370 亿美元。在该类别中领先的零售商包括亚马逊、苹果、网飞、Google Play、巴诺书店（eMarketer, Inc., 2020a）。

由于经济衰退，网络零售的营业额在 2008—2009 年几乎没有增长，但此后很快恢复了上涨的趋势。尽管新冠疫情据估计会给零售业整体带来 10% 的下降，但由于消费者购物向线上转移，网络零售的营业额预计在 2020 年会迎来将近 20% 的增长（见图 9-3）。当我们提到网络零售的时候，并不包括旅游、求职，或者购买软件和音乐这样的电子产品。在本章中，我们主要讨论在线上销售的实体商品，互联网为网络零售带来了很多独特的优势和挑战。表 9-2 对其做了总结。

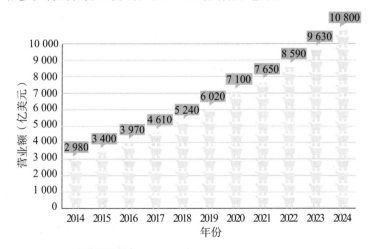

图 9-3   美国网络零售营业额的增长

注：2020 年，网络零售预计营业额为 7 100 亿美元并预计在 2024 年达到约 1.1 万亿美元的规模，这几乎是 2018 年的两倍。

资料来源：Based on data from eMarketer, Inc., 2020c.

表 9-2	网络零售：优势与挑战

优势	挑战
通过在一个网址整合需求与增长的购买力以获得更低的供应链成本	消费者对物流安全的担忧
通过网站而非实体店从而产生更低的分销成本	消费者对隐私权和个人信息存在担忧
能够为地理覆盖面更广的消费者群体提供服务	物流有延迟
能根据消费者偏好迅速调整	退换货不方便
能迅速调整价格	对线上品牌信任度较低
能迅速改变商品呈现的样子	线上照片、视频展示的额外开销
避免目录和实体营销的成本	线上搜索、电子邮件和展示的成本
个性化、定制产品的可能性上升	产品供应与消费者服务复杂化
能极大增加提供给消费者的知识与信息	更大的信息透明度导致价格战与低利润
能降低消费者整体的市场交易成本	

尽管早期线上零售商的失败率很高，但越来越多的消费者正转向线上购物。对于大部分消费者而言，线上购物的优点多于缺点。2020 年，预计 80% 以上超过 14 岁的互联网使用者（大约 2.05 亿人）会在线上购买零售商品，产生约 7 100 亿美元的收益。随着美国的互联网使用者增长速度放缓，超过 87% 的美国人正在使用互联网，这种增长速度的下降并不一定会拉低网络零售的增长速度，因为消费者每年都会在互联网上花更多的钱且线上商品种类也愈加丰富。例如，2003 年用户线上花费年均 675 美元，但 2020 年这个数字已经达到了 3 476 美元（eMarketer, Inc., 2020c, 2005）。此外，就像第 6 章中提到的那样，数以百万计的消费者在线上搜索商品，这也影响到了他们线下购买的决策。

这些消费者支撑的主要受益者并不仅限于纯线上公司，还有那些想进入线上市场的品牌识别度高、基础设施完善、资金充裕的线下企业。除了亚马逊（目前的引领者），线上零售公司的前几名主要是全渠道零售商，并且都建立了品牌，但它们的电子商务相比线下实体店渠道，仍然占比较少。这些品牌有沃尔玛、梅西百货、史泰博、家得宝、百思买、开市客、诺德斯特姆、塔吉特和科尔士（Kohl's）。举例而言，在 2020 年互联网零售中排名第 203 的零售连锁企业，在 2019 年在线销售额增长超过17%。增长最快的很多都是中型公司，特别是那些专注于某一方面的新公司，对比而言，一个无法向消费者提供独特价值的公司很难生存下去。对于纯线上公司，它们面临的挑战是把浏览者变成购买者，并且要开发出一套有效率的系统以达到长期盈利的目标。盈利能力对于纯线上零售商而言是很重要的，它们中间很多并不是上市公司并且无须上报它们的财务状况，但仅有极少部分是正在盈利的。对网络零售依赖较小的传统公司，它们的挑战是能否整合线上线下渠道来让消费者无缝切换购物环境。

在 2020—2021 年以及更远的未来，网络零售业中最重要的主题就是沃尔玛、塔吉特、梅西百货以及其他传统公司整合线上线下销售渠道以提供"整体性的客户购物体验"，以及利用它们实体店的价值。表 9-3 展示了传统零售商整合网页、移动平台和实体店资源并提供几乎无缝的全渠道购物体验的几种方式。表 9-3 并没有囊括所有的内容，并且零售商们也正持续挖掘不同渠道间新的连接，特别是移动渠道。如何利用科技来为消费者提供良好的购物体验已经成为主要的讨论议题。

表 9-3　零售电子商务：全渠道整合方法

整合方式	描述
在线目录	在线目录补充线下实体店的目录，并且在线目录上通常展示更多的商品。
线上下单，店内自提	这是目前用得最多的几种整合方式之一。简称为 BOPIS（buy online, pickup in store）或点击提货（click-and-collect）。
线上下单，线下退换	线上订单的残次品可以在所有的线下实体店退换，大部分主要的全渠道公司现在都有这项服务。
线上下单，线下指引	当线上商品售罄时，提示消费者实体店库存和地址。
店内自助服务终端下单，线上配送	当零售店内商品售罄时，消费者可以选择在店内下单，商家送货上门。
店内零售业务员下单，线上配送	和上一种方式相似，但店员会在实体店商品售罄时查看线上库存，这会变成店内签出流程的新常态。
制造商通过线上推广促使消费者去相应分销商处购买	像高露洁棕榄和宝洁这样的产品制造商，在线上设计新的产品同时推广已有的商品。
礼品卡、积分能在所有渠道使用	由销售商提供的礼品卡和积分可以在店内、线上或通过目录使用。
移动端下单，网站或实体店销售	App 将用户直接引导至下单网页或者线下实体店。
地理围栏移动通知，店内销售	根据手机的定位功能对附近的潜在消费者进行定向宣传。

最初大型线下零售商尝试的几种用来在线上与亚马逊抗衡的策略并不是特别有用。现在很多都是在挣扎中生存或者已经宣布破产，其中包括西尔斯、Limited Stores、Gander Mountain 和 Sports Authority。一些全渠道零售商通过收购来获得线上经营的能力（例如亚马逊对 Jet.com、Hayneedle、ShoeBuy、Moosejaw、ModCloth 和 Bonobos 的收购；PetSmart 对 Chewy 的收购；Hudson Bay 对 Gilt Groupe 的收购；Bed Bath & Beyond 对 One Kings Lane 和 PearsonalizationMall 的收购）。但在 2020 年，全渠道零售商的引领者已经出现了，特别需要指出的引领者包括沃尔玛和塔吉特，同时还有开市客、家得宝、百思买和梅西百货。

与此同时，纯线上零售商像亚马逊正在试图建立实体店，它发现难度很大且耗时很长。亚马逊在 2017 年买下了全食超市作为在线下迅速建立实体店的方式。新冠疫情之前，其他线上公司对线下零售公司的收购可能性是很大的，尽管现在看来很多这样的计划都被搁置了。

网络零售业并没有去中介化，而是为中间商在零售贸易中持续发挥作用提供了一个强有力的例证。知名的线下零售商正迅速占据线上的市场份额。消费者正逐渐地被稳定、知名度高且值得信任的零售商和品牌所吸引。线上消费者对于品牌知名度十分敏感，并且他们并非主要被低价驱动，其他像可靠性、信任、满足感以及客户服务因素都很重要。

电子商务的其他重要的改变包括社交电子商务的持续增长，公司基于定位功能对相关本地服务和商品的营销能力的提高，以及规模迅速扩大的手机和平板电脑移动平台。在零售圈子中，智能手机正成为主要的购物工具，同时平板电脑正在成为购物和购买的平台。

社交电子商务指的是在脸书、Pinterest、Instagram、Snapchat 这类社交网络上的营销和交易。所有这些网络都已经发展为指引消费者进入购买链接的主要渠道，脸书、Pinterest、Instagram 都引入了新功能，例如购买键、购物广告和营销位置，这能使消费者很容易在更大的范围中购物。2020 年，预估美国的社交媒体贸易额会在 300 亿美元左右（Clement，2020a）。

在过去，只有大公司才负担得起线上营销以及广告，但随着 Groupon 和 LivingSocial 这样的本地营销公司的发展，这种情形正在改变。它们基于消费者的地理位置为消费者提供折扣以及消费券，通过使用数十亿封的每日邮件，这种所谓的每日交易网站已经卖掉了数百万张的优惠券，这使得消费者能以极低廉的价格买到相应的商品。这是历史上第一次，本地零售商能够以一个相对不那么昂贵的价格推广它们的商品和服务。

社交以及本地电子商务因为移动设备的迅猛增长变为可能。2020 年美国电子零售业预计总体产生 3 150 亿美元的收入，并且超过 80% 的线上购买者更希望用手机来进行购买，据估计这个占比会在 2024 年增长至约 85%（eMarketer, Inc.，2020d，2020e）。

9.2 分析线上企业的生存能力

在本节以及 9.3 节中，我们会分析一些有代表性的线上企业的生存能力。我们主要感兴趣的是理解这些企业中短期（1～3 年）的经济生存能力及商业模式。**经济生存能力**（economic viability）指的是可盈利行业的企业在特定时期的生存能力。为了回答这个经济生存能力的问题，我们采用两种商业分析方式：战略分析以及财务分析。

9.2.1 战略分析

经济生存能力的战略方法主要集中在企业所在的行业及企业本身。行业战略因素有：

● 进入障碍：新的参与者是否会由于极高的资本成本以及知识产权壁垒（如专利保护和版权保护）难以进入该行业？

● 供应商的议价能力：供应商能否控制高价格？企业能否在多个供应商之间进行选择？企业是否达到足够的规模与供应商讨价还价以获得低价？

● 消费者的议价能力：消费者能否在多个相互竞争的企业中选择，从而使企业无法抬高价格、获得高额利润？

● 替代品的存在：新产品的功能能否从不同行业其他渠道或竞争产品中获得？替代品和替代服务是否会在近期出现？

● 行业价值链：该行业的生产分销链的改变对企业有利还是有弊？

● 行业竞争的特点：行业内部的竞争是以产品和服务的差异化、低价格、扩大范围为主，还是以聚焦战略为主？行业竞争的特点有何变化？这些变化对企业是否有益？

与企业及其相关业务特别有关的战略因素包括：

● 企业价值链：企业是否采用了合适的业务流程和运营方式，使其运营效率为业内最高？科技生产力的进步是否会使企业重组业务流程？

● 核心竞争力：企业是否拥有他人无法轻易模仿的独特的竞争力与技能？科技的进步会强化还是弱化企业的核心竞争力？

● 协同效用：企业是否能利用下属企业以及战略合作伙伴的竞争能力与资产帮助自己？

● 技术：企业是否掌握了能随需求增长而不断扩展的独有技术？企业是否掌握了能够确保企业生存的运营技术（如客户关系管理系统、订单履行系统、供应链管理系统、库存控制系统和人力资源系统）？

● 社会和法律挑战：企业是否已经采取措施来解决消费者的信任问题（隐私权保护和个人信息安全）？企业是否会由于受到起诉，如知识产权的诉讼，而影响自己的业务模式？企业是否会受互联网税收法规或其他可预见的法规的变化的影响？

9.2.2 财务分析

战略分析能够帮助我们理解企业所处的竞争环境，财务分析则帮助我们理解企业实际上运营得如何。财务分析包括两部分：经营情况表和资产负债表。其中经营情况表告诉我们基于当前销售额和成本的企业盈利情况。资产负债表告诉我们企业有多少可用于支撑其当前以及未来运营的资产。

以下是考察企业经营情况的几个关键要素：

● 收益：收益的增长率维持在什么水平？很多电子商务企业在新的渠道产生时都会经历一个显著甚至是爆炸性的收益增长。

● 销售成本：与收益相比，销售成本是多少？销售成本通常包括已卖出产品的成本及其相关成本。销售成本相对于收益越低，毛利越高。

● 毛利润率：企业的毛利润率是多少，是增长还是在下降？我们通过毛利润除以净收入得到**毛利润率**（gross margin）。

● 经营费用：企业的经营费用是多少？是增加还是减少？经营费用一般包括营销成本、技术成本和管理成本。按照专业会计准则（见下文），还包括员工和管理人员的股票分红、商誉和其他无形资产摊销以及投资减值。对于电子商务企业来讲，这些费用是很重要的。一些电子商务公司用公司股票（或股权）来补偿自己的员工，一些公司通过兼并其他公司来发展自己。许多公司使用公司的股票而不是现金来买一些高价值的东西，在许多情况下有可能会导致公司的市值大幅下跌。所有这些项目都算作正常的运营费用。

● 经营收益率：当前企业的经营收益率是多少？**经营收益率**（operating margin）由经营收入（或亏损）除以销售净额所得。经营收益率反映了企业将销售额转变成税前利润的能力，也说明了企业当前的经营能否弥补经营费用（其中并不包括利息费用和其他非经营费用）。

● 净利润率：**净利润率**（net margin）是指企业扣除全部费用之后的收入占总收入的百分比，可以通过净收入或净亏损除以销售净额求得。净利润率集中显示出企业从每一美元销售额中获利的情况，同时通过测量销售收入占总收入的百分比来衡量企业的经营效率。在单一行业内，它可以用来衡量竞争企业的相对效率。净利润率需要考虑许多非经营费用，比如利息和股票期权等。

根据公认会计准则（GAAP），网络公司并不会公布它们的净收入，在对电子商务公司进行财务分析时，意识到这一点是很重要的。这些原则由财务会计准则委员会（FASB）颁布，该委员会是一个专门制定会计准则的机构，自 1934 年《证券法》颁布以来，一直发挥着至关重要的作用，并寻求在大萧条时期改善财政的方法。早期电子商务公司采用一种新的核算方式，称作预估盈余（也被称作 EBITDA——税款、折旧及摊销前收益）。预估盈余通常并不扣除股票分红、折旧以及摊销费用，其结果就是预计收入的数字总是比 GAAP 认定的方式计算出来的好些，以这种方式核算的公司通常宣称这些费用不是常有的且是特殊的。2002 年和 2003 年，美国证券交易委员会颁布了新的指导文件（G 号文件），其禁止公司向证券交易委员会报告预估盈余，但仍允许公司在公开声明中公布预估盈余（Weil，2003）。在本书中，我们将仅依据 GAAP 准则来衡量公司的收益或损失。

资产负债表（balance sheet）可以提供指定日期企业资产和负债的简要财务描述。**资产**（assets）指企业的储存价值。**流动资产**（current assets）是指现金、债券、应收账款、存货以及其他能在一年内变现的资产。**负债**（liabilities）是指企业的未清偿债务。**流动负债**（current liabilities）指必须在一年内偿还的债务。而在一年或者一年以上才需要偿还的负债叫**长期债务**（long-term debt）。只要简单比较一下企业的**运营资金**（working capital），即流动资产减去流动负债，就能了解企业短期内的财务安全状况。如果运营资金略高于零或为负值，企业可能会在偿还短期债务时遇到问题。相反，如果企业拥有大量的流动资产，那么它就能承受一定时期内的运营损失。

9.3 电子商务实例：网络零售业务模式

到目前为止，我们对网络零售的情况进行了讨论，就好像它是一个单一的实体。但实际上，就像我们在第 2 章中提及的那样，主要的电子零售商商业模式一共有四种：虚拟商家、全渠道零售商（"砖块加鼠标"型零售商）、目录零售商和制造商直销。图 9-4 展示了 2019 年各类公司的在线零售份额。另外，还有成千上万依赖 eBay 和亚马逊这些平台的小型零售商，以及一些加盟商（主要依靠其网站访问流量盈利）。以上每一种线上零售商都处在不同的战略环境中，行业和企业的经济状况也完全不同。

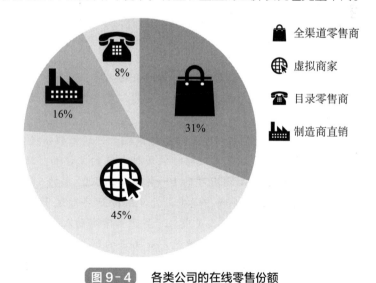

	全渠道零售商
	虚拟商家
	目录零售商
	制造商直销

图9-4 各类公司的在线零售份额

注：虚拟商家占在线零售市场的 45%，这一比例受到亚马逊的主导地位的严重影响，亚马逊本身就占了 37% 以上。

资料来源：Based on data from Digital Commerce 360 Research, 2020；Davis，2019，2018a，2018b；eMarketer，Inc.，2016；authors' estimates.

9.3.1 虚拟商家

虚拟商家（virtual merchants）属于单渠道电子商务公司，其收入几乎全部来源于线上销售，目前面临着非常严峻的战略挑战。它们都是白手起家，处在全新的渠道中，面对着海量的竞争者（特别是在低价值的小商品领域），必须迅速开展业务并打响品牌才能生存下去。因为这些公司通常没有线下实体店，虽然这让它们免去了维持和发展实体店的开销，但同时它们需要在保持线上存在感、建设订单履行基础设施和发展品牌等方面付出极大的开销。虚拟商家获取顾客的成本很高，学习曲线十分陡峭，就像所有的零售公司那样，它们的毛利润率很低。因此，为了保证盈利，虚拟商家必须有足够高的运营效率，同时还要尽快打下品牌基础以获取足够多的顾客，这样才能弥补经营成本。大多数虚拟商家采用了低成本且便捷的策略，以及极其高效的订单履行过程，确保顾客能尽快收到他们的货物。在下面的电子商务实例中，我们将深入分析亚马逊这个虚拟商家引领者的战略和金融状况。除亚马逊外，还有其他成功的虚拟商家，包括 Wayfair、Newegg、Overstock、Zulily、Rue La、蓝色尼罗河（详见章首案例）、Bluefly、Yoox Net-a-Porter 和 Shoes.com（前身是 Shoebuy）。采纳了订阅盈利模式的虚拟商家也变得十分受欢迎，预计 2020 年的产值将超 200 亿美元。本类示例公司有 Birchbox（每月寄出个性化美妆样品）、Stitch Fix（专属设计师造型服务）（见"技术透视"专栏中的案例：Stitch Fix 基于大数据与预测性营销开展业务）、Barkbox（宠物用品）、Naturebox（健康零食）、Bulu Box（营养品和维生素）以及成千上万更多的公司。在 2019 年，虚拟商家（包括亚马逊）中网络零售前 1 000 名商家的网上零售额约占全体总额的 45％（Digital Commerce 360 Research，2020；Davis，2019，2018a，2018b；eMarketer, Inc.，2016）。

电子商务实例

亚马逊

虚拟商家亚马逊位于西雅图，是世界最知名的公司之一。亚马逊的目标就是成为世界上最大的客户导向的公司，为了达成这一目标，杰夫·贝佐斯和他的团队已经建立了世界上最为成功且最富创造力的线上零售商。

几乎没有哪家公司有亚马逊这样从早期的爆炸式增长，到巨额损失，再到盈利的过程，在整个发展过程中，其他互联网公司从未同时经历过大量的差评和广泛的赞誉。亚马逊的股票价格恰恰反映了这些际遇，从 1999 年的 106 美元，到 2001 年的 6 美元，2003—2009 年在 50～90 美元徘徊，并在之后的 10 年中稳步提升，在 2020 年超过 2 500 美元，这使得亚马逊的创始人兼 CEO 贝佐斯超过比尔·盖茨成为世界上最富有的人。尽管争议重重，亚马逊仍然是网络零售业有史以来最具创新力的典范，亚马逊的商业模式基于它的市场经历以及对线上消费者的洞察持续地发生变化。新冠疫情是亚马逊面对的最新的挑战，亚马逊在这个过程中获得了成功，也遭遇了一些失败。

愿景

贝佐斯和其他成功的电子商务开拓者最初的想法是互联网给商业带来了一场革命，只有在早期充分扩张的公司（盈利除外）才能生存下去。据贝佐斯所言，成功的要点在于给消费者提供三种东西：低廉的价格、多样的选择以及便捷的服务。目前，亚马逊在多种不同的品类下给消费者提供了数以百万计的独特的全新商品、二手商品以及收藏品，其中包括数字和实体商品等，并且全部提供用户评论。实体商品包括书、电影、音乐和游戏；电子产品和电脑；家庭用品、花园用品和工具；杂货；保健品和美妆产品；玩具，儿童和婴儿用品；衣服、鞋子和首饰；体育和户外用品；汽车和工业用品。数字商品包括不受限制的即时视频、数字游戏和软件、流媒体音乐、有声书和 Kindle 阅读器。如果亚马逊不提供这些商品，一些第三方商家很可能会提供。简而言之，亚马逊已经成为最大的一站式网络购物中心，购物门户网站和产品搜索功能的结合使其能够与其他大型全渠道网络零售商（eBay 甚至谷歌）和线上媒体公司竞争，进一步来说，亚马逊通过亚马逊网络服务（AWS）提供云计算服务。亚马逊在成为世界上最大的线上商城的时候，将自身的愿景扩展为成为最大的线上商家以及科技服务供应商，同时提供线上内容。

商业模式

亚马逊的业务分为三部分：北美业务、国际业务和 AWS。北美业务和国际业务同时为消费者和商家服务，业务的零售部分销售实体和数字商品，这些商品由亚马逊提前统一采购再分销给消费者，就像传统的零售商一样，其同时自身生产并售卖多个版本的 Kindle 阅读器、Amazon Fire 平板电脑和 Amazon Echo 系列产品。此外，它还售卖自身名下的产品，包括 AmazonBasics——销售 USB 线和电池。Amazon Fire 智能手机碰壁后，由人工智能 Alexa 支持的 Echo 智能音箱在需求迅速增长的相关产业中占据了绝对的地位。

亚马逊的业务还为第三方商家服务。亚马逊的服务使得第三方能够将其产品整合进亚马逊的网页并且使用亚马逊的消费者相关技术。在这项业务的早期，亚马逊与大型厂商（如玩具反斗城（Toys "R" Us）、鲍德斯（Borders）和塔吉特）合作，并在其网站上为这些商家提供店面。但是，其中很多企业将求助亚马逊当作最后的手段，寄希望于如果无法击败亚马逊就与其联手，但最终反响平平。例如，玩具反斗城和鲍德斯现在都破产了，塔吉特也与亚马逊终止合作伙伴关系很久了。亚马逊将企业层面的业务留给竞争对手，转而关注中小型零售商。

成千上万的中小型零售商都已与亚马逊签约，其提供的商品有时甚至与亚马逊自身竞争。例如，亚马逊网站上的一件商品，在诸如塔吉特等大型零售商，以及通过亚马逊平台销售全新或是二手、收藏版本商品的企业或个人那里也能找到。对于这类商家，亚马逊并不拥有其商品，并且相关商品的运输通常也是交由第三方（尽管有时亚马逊自身也提供履约服务）。亚马逊按月收取固定的费用、销售佣金（通常是总销售额的 10%～20%）、每单位的活动费或者一些第三方组合费用。在这部分中，亚马逊就像一个商城，向其中的商家收取"租金"并为其提供"店面"服务，例如引流和支付。

AWS 是亚马逊业务的另一大支柱。在此部分中，亚马逊为企业提供可扩展的计算能力和储存空间，通过直接与亚马逊科技部门合作，企业可以免去自身硬件设施和相关研发人员的成本，这使其能够在亚马逊提供的平台上创建自己的应用。2019 年，AWS 方面收入 350 亿美元，较上一年有 37% 的增幅，AWS 带来的利润比亚马逊整个零售业务还要多。AWS 更多相关信息见本书第 3 章。

除去 AWS 本身的盈利能力，亚马逊还能从销售商品中获得很多利润。亚马逊以卖书、CD 和 DVD 起家，但从 2002 年起，已经发展为囊括数百万种不同商品的商家。亚马逊转型为一家线上媒体和提供线上内容的公司，并且随着其 Kindle 电子书的成功，亚马逊打造了 Amazon Music、Amazon Instant Video 等商品，除了在美国本土搭建网站外，亚马逊还在欧洲、亚洲和加拿大运营了本地版本的网址。亚马逊在 2019 年海外收入占总收入的 27％，将近 750 亿美元，但同时产生了 17 亿美元的运营亏损，这说明相对于盈利，亚马逊目前更加看重国际业务的扩张。

财务分析

亚马逊的年收益从 1998 年的约 6 亿美元增长到后来惊人的 2 805 亿美元。但是，亚马逊对于公司增长的疯狂追求使该公司在过去难以保持盈利的持续性。2011—2014 年，亚马逊从亏损转为盈利，最终在 2015 年的几个季度中连续盈利，这种势头一直保持到 2019 年，2017—2019 年亚马逊综合经营报表和资产负债表见表 9-4。然而，亚马逊同时在履约中心、国际市场扩张和直播行业中持续进行大笔投资。

表 9-4　2017—2019 年亚马逊综合经营报表和资产负债表数据汇总

综合经营报表（百万美元）			
截至 12 月 31 日的财年	2017	2018	2019
收入			
净销售额（产品）	118 573	141 915	160 408
净销售额（服务）	59 293	90 972	120 114
销售成本	<u>111 934</u>	<u>139 156</u>	<u>165 536</u>
毛利润	65 932	93 731	114 986
毛利润率	37.1%	40.2%	41%
经营费用			
营销	10 069	13 814	18 878
履约	25 249	34 027	40 232
技术与内容	22 620	28 837	35 931
一般与管理	3 674	4 336	5 203
其他经营费用（收入），净额	<u>214</u>	<u>296</u>	<u>201</u>
经营费用合计	61 826	81 310	<u>100 445</u>
经营收入	4 106	12 421	14 541
经营收益率	2.3%	5.3%	5.2%
全部非经营收入（费用）	<u>(300)</u>	<u>(1 160)</u>	<u>(565)</u>
税前收入	3 806	11 261	13 976
预提所得税	(769)	(1 197)	(2 374)

续表

综合经营报表（百万美元）			
截至 12 月 31 日的财年	2017	2018	2019
权益投资损益（税后）	(4)	(9)	(14)
净收入（亏损）	<u>3 033</u>	<u>10 073</u>	<u>11 588</u>
净利润率	1.7%	4.3%	4.1%
资产负债表（百万美元）			
截至 12 月 31 日	2017	2018	2019
资产			
现金、现金等价物、有价证券	30 986	31 750	36 092
全部流动资产	60 197	75 101	96 334
资产总计	131 310	162 648	225 248
负债			
全部流动负债	57 883	68 391	87 812
长期负债及其他	45 718	50 708	75 376
运营资金	2 314	6 710	8 522
股权收入（赤字）	27 709	43 549	62 060

资料来源：Amazon.com，Inc.，2020a。

截至 2019 年 12 月底，亚马逊有约 360 亿美元的现金及有价证券。这些流动资产是通过销售获得的，即向公众、风险资本投资者和机构投资者出售股票和票据，以使他们换取公司的股权或债务证券。资产总额超过 2 250 亿美元。亚马逊将其高自由度的现金流标榜为它的优势，这意味着该公司有着充裕的资金来偿还短期债务（例如节假日采购和大型收购融资），亚马逊当前的流动资产完全足够用于弥补未来可能出现的短期亏损。

2020 年，亚马逊受到了来自新冠疫情的严峻挑战。这场流行病影响了该公司的供应链、物流和第三方商家的运作，同时还有消费者的购买行为。从财务的视角来看，这场疫情最终帮助亚马逊在 2020 年第一季度实现了 25% 的净销量增长，这归功于消费者更多地转向线上购买商品。但这同时也极大地增加了亚马逊在履约和运输上的成本，最终导致在营业收入中出现了超过 50% 的下降（AWS 业务除外）。2020 年第二季度，亚马逊的业绩有所反弹，尽管由于疫情增加了超过 40 亿美元的支出，但记录显示该公司仍取得了 20 亿美元的营业收入（不包括 AWS）。

战略分析——企业战略

亚马逊制定了一系列的商业战略来增加销售额，同时将销售价格降到最低，其盈利战略包括在美国和国际上持续提供功能不断更新的 Kindle 电子书阅读器和 Kindle Fire 平板电脑，同时推出电子书出版计划。此外将业务拓展至设备制造业，推出 Amazon Fire TV、

Amazon Echo/Alexa 以及 Ring 的智能家居商品（亚马逊于 2018 年以 10 亿美元收购了 Ring）；将业务扩展到音乐和流媒体视频业务，相关商品有 Amazon Music 和 Instant Video；扩张 AWS 能提供的服务及其覆盖范围；通过扩展第三方商家创造更广阔的交易市场；持续扩张亚马逊的 B2B 产业部分（亚马逊更多相关业务详见第 12 章的章首案例）；通过将商品分类为其称为"商店"的主要类别，从而更加重视商品。亚马逊还创造了诸如会员日这样的节日来推动整体销售的增长，可以将其理解为线上的黑色星期五，其在 2019 年创造了超过 70 亿美元的商品销售额，而 2018 年的销售额为 40 亿美元。从某种意义上来说，亚马逊仍在跟随着沃尔玛和 eBay 的步伐，将自己打造为一个庞大的、低价的、高容量的线上超市，消费者在这里几乎能买到所有东西。

用于扩大零售额的项目有亚马逊零售店的免运费（使订单量增长了 25％）、Amazon Prime 会员（年费 119 美元，提供两天以内——特殊情况下一天免费送达，同时可以免费使用 Prime Music 和 Prime Video 服务）、更全面的商品选择、更精简的履约过程。Amazon Prime 会员群体总量正稳步增长，预计 2020 年总体规模达到 1.5 亿人。亚马逊在一万个美国的城市与乡镇中提供当日达服务，并且为在绝大多数美国境内大城市中的会员提供一小时内送达服务。我们可以在亚马逊的商品旁看到一个倒计时的闹钟，呈现为了次日能将包裹送到消费者手中当前的流程还剩余多少时间。

亚马逊同时坚定地进入了移动端购物平台，打造了 iPhone、安卓和 iPad 购物 App。2020 年，亚马逊在移动购物领域处于领军地位，有超过 1.5 亿人在使用其开发的 App，但是，亚马逊在手机制造方面并没有这么成功。2015 年，亚马逊撤掉了用于研发 Amazon Fire 手机的资源，部分原因是 2014 年这款手机销量平平，未发展出用户群体。

亚马逊持续在 Kindle 电子书领域深耕，这也是亚马逊历史上销量最好的商品。亚马逊已经连续发布了数代 Kindle 电子阅读器和 Amazon Fire 平板电脑。据亚马逊所说，其 Kindle 电子书的销量比所有纸质书加起来还要高。

亚马逊已经与几乎所有好莱坞的大型工作室建立合作，以将其内容纳入 Prime 视频库，同时亚马逊还创作了一系列自主节目来和网飞、Hulu 与其他视频企业竞争。在 2015 年，亚马逊的创新内容主力——亚马逊工作室开始摄制原创电影并在影院放映，其中几部作品获得了显著的成功，例如《海边的曼彻斯特》（Manchester by the Sea）是首部通过流媒体服务制作并获得奥斯卡奖项的电影。Amazon Prime 视频遍布全球超过 200 个国家和地区。

在成本方面，亚马逊越来越多地使用"邮政注入"的方式来应对物流，这意味着亚马逊的卡车将需邮寄的包裹送到美国的邮政中心。2012 年，亚马逊开始在全美国各地大规模建造仓库以提高物流速度，并从那时起持续运营履约中心。亚马逊一共有 110 家履约中心并将建立更多，亚马逊还企图用即日达服务在更多的地方击败竞争者。

由此我们可以看出，亚马逊正在用多种方法，包括无人机投递和货运飞机来逐步扩大物流总量。Amazon Prime Air 是亚马逊的无人机投递项目，能够进行 5 磅重货运件的投递，而几乎 80％的货运件都低于这个重量。直到近期该项目才逐步开始落地，亚马逊顶着研发和法律的压力，比以往更接近项目的实现。亚马逊还租赁了 70 架波音 767 和波音 737，并计划在 2021 年底前再增加 12 架波音 767 飞机。此外，亚马逊还购置了一队卡车并开始研究无人驾驶的物流车辆。尽管看起来亚马逊希望在物流上获得全部的控制权，但亚马逊仍然不太可能与联邦快递和 UPS 切断合作关系，因为亚马逊订单总量太大了。然而自主物流也会带来很多好处，例如绝大部分订单的利润都有了显著提升，这使得与亚马逊竞争的传统经销商的境地进一步恶化。

亚马逊已经进军了几个曾被认为不受电子商务影响的领域，包括杂货和时尚领域。尽管消费者更乐意亲眼看到并试穿，亚马逊仍决定入局。在 2017 年，亚马逊以 137 亿美元的价格收购了全食超市，并马上通过全食超市已有的 460 家门店支撑亚马逊的杂货服务，例如 Amazon Fresh。亚马逊将这些线下门店作为分销点，顾客可以在线上下单并到店取货，或者付运费由亚马逊负责送货到家。亚马逊还引入了被称作 Amazon Go 的线下实体店，顾客无须停下来付款或让收银员扫描条码，顾客的亚马逊账户会自动扣掉相应的费用。尽管 Amazon Go 在新冠疫情期间不得已关闭，仍有很多人相信这是未来流线型购物的新方式。

亚马逊还推出 Prime 衣柜项目，这是一个与 Prime 会员捆绑的服务，用户在下单时无须付款，而只需为最终心仪的那几件掏腰包。亚马逊还申请了一项专利，它包括一套依据用户需求对衣物自动进行裁剪的系统。除了时尚行业，亚马逊还坚持在低渗透率的几个行业中争取更大的市场占有率，例如家用电器和化妆品这些消费者愿在购买前体验或使用的商品。

战略分析——竞争

亚马逊在线上和线下同时有竞争者存在，主要竞争者包括 eBay 和 Wayfair 以及诸如沃尔玛和塔吉特这样的全渠道零售商。在 2016 年，沃尔玛以 33 亿美元的价格收购了亚马逊的竞争对手 Jet.com——这是一家饱受亚马逊折磨的公司，其在整体市场资本和电子商务增长方面在亚马逊蓬勃增长的时候被落在了身后。从那时起，沃尔玛的收益多次超出华尔街的预期，沃尔玛已经通过一系列的收购来增强自身的电子商务能力，收购的公司包括线上服装零售商 Bonobos、Shoebuy、Moosejaw、ModCloth 和 Flipkart，Flipkart 是印度最大的线上零售商之一。2020 年 6 月，沃尔玛宣布与 Shopify——一个专注于中小型业务的电子商务平台达成战略合作，以将沃尔玛的商品提供给 Shopify 的第三方商家。沃尔玛同时开始提供免费的两日送达服务、迅速重新下单多次购买的物品的能力以及线上杂货服务，其 4 700 家店面使亚马逊从全食超市处获得的 460 家顿时相形见绌，这使沃尔玛有了一个更稳健的物流网络。沃尔玛和亚马逊都在向彼此靠拢，沃尔玛已经有了大量线下店面，同时亚马逊正准备建造实体店，另外亚马逊的电子商务能力又远比沃尔玛强大。然而，沃尔玛还在 2018 年对网站进行了一次完整的重新设计，整体风格极简而形象厚重，与亚马逊的首页形成了鲜明的对比，极大地简化了其网站（关于沃尔玛网站重新设计的相关信息，见第 4 章的章首案例）。亚马逊仍旧在巨头的较量中占据着优势地位，但是沃尔玛已经在其电子商务运营方面有了很大的进步，以对抗亚马逊不断增加的巨大优势。尤其是在新冠疫情期间，线上杂货运营和运送服务使其处于强有力的地位，其电子商务销售额在 2020 年预计有 40% 的增长。对于亚马逊国际扩张最大的威胁是中国的阿里巴巴，其在全球范围内处理的业务比 eBay 和亚马逊加起来还要多。亚马逊持续追求侵略性的国际战略，包括推出本地化版本的网站以及收购，比如收购 Souq.com——也许是中东地区最杰出的电子商务公司。

亚马逊还在音乐、电视和电影行业全力以赴。亚马逊音乐使用户能够无限制地在线上听音乐，并可以下载后在线下使用，其中包括超过 5 000 万首无数字版权保护的 MP3 歌曲，它们来自主要的音乐品牌和数千家独立品牌，可以在几乎任何硬件设备上播放，也可以用任何音乐软件管理。在 2014 年上线的 Amazon Prime Music，提供超过 200 万首歌曲供用户线上免费收听。Amazon Prime Video 则为 Prime 会员提供包括超过 12 000 部电影以及数以万计电视节目在内的流媒体视频内容，以及需要额外付费的附加内容。

战略分析——技术

任何觉得信息技术毫无用处的人都肯定对亚马逊知之甚少。我们可以说亚马逊在所有的在线网站中运用了规模最大、最为复杂的线上零售技术，它通过整合其专有可商用并且拥有许可权的科技手段开发出了一套集网络管理、搜索、用户互动、推荐、交易处理和履约服务于一体的庞大系统。亚马逊的交易处理系统处理数百万件商品庞大的状态查询、礼品包装和多种运输方式请求。用户可以选择一次或多次接收订单，这视用户的情况而定，并且用户还可以跟踪每笔订单的处理流程。在履约方面，仓储中心的每一个员工都配备了一部设备，能同时用于条形码扫描、显示和双向数据传输。亚马逊的整体科技容量是 AWS 项目的驱动因素，AWS 在 2019 年的全球云计算市场上占有率为 33%，与此同时我们可以看到微软 Azure 占了 17%、谷歌云平台只占了 6%。亚马逊还在新版 Kindle 阅读器，以及 Amazon Fire 平板电脑、无人机递送、Amazon Echo 等消费者端电子产品上持续投资。以其最先进的语音识别技术和云端互联技术为支撑，Echo 音箱拥有线上音乐、数学计算、更新待办清单、天气预报和游戏等种类繁多的功能，Echo 用户现在已经可以通过该音箱控制家中很多设备，并且随着联网设备的增加，这些功能的应用前景将越发开阔。亚马逊将其软件免费开放给第三方开发者，这使得他们能够更轻松地将 Alexa 人工智能植入智能手机和其他设备中。亚马逊持续在 Echo 音箱的版本上做迭代，包括第二代的基线 Echo 设备：Echo Plus，其内置了一个控制智能家居设备的集线器，这是目前默认 Echo 设备所没有的；Echo Show，其上添加了一块小的触摸屏和摄像头用于视频聊天和查看网页；Echo Dot，一个平价版、冰球大小，拥有 Echo 基本功能的设备；Echo Spot，这是一个有着非常小的视频屏幕的球形产品，作为 Dot 和 Show 产品的衔接。

战略分析——社会和法律难题

亚马逊在 2020 年伊始面临着很多社会和法律难题。新冠疫情使亚马逊在员工待遇上备受质疑，有一些员工曾公开就工作环境恶劣、风险高批评亚马逊并提起诉讼，亚马逊同时还受到了政府部门就应对危机发起的调查。

亚马逊持续在其业务的多个方面面临诉讼，大多数是与专利侵权相关的，其中绝大部分都达成了和解。但在欧洲和美国，亚马逊被政府调查最重要的是基于对亚马逊的市场统治地位的反垄断担忧以及其为了达成统治地位已经采取和仍会采取的行动。

未来展望

在 2016 年，亚马逊开始向投资者和分析师展示它长久以来所追求的东西——持续性盈利。AWS 业务是亚马逊盈利的一大亮点，我们可以看到 AWS 的收入持续增加，Amazon Prime 会员的订阅收入也是该公司强劲表现的关键之一。然而，亚马逊已经超越了分析师的预期，获得了在电子商务领域的垄断地位，并且将在 2020 年及以后继续投入巨额资金，这可能会影响到亚马逊的盈利能力。疫情暴露了亚马逊在物流和供应链上的问题，但是尽管亚马逊自己预计 2020 年第二季度由于疫情原因会损失掉所有的运营收入，但事实上我们看到了销量有 40% 的增长，同时在该季度中净收入翻倍直达 52 亿美元。所有人都在猜测亚马逊在几年之后会变成什么样子（Amazon.com, Inc., 2020a, 2020b；Clement, 2020b；Levy, 2020；Bishop, 2020；Cohen and Woodard, 2020；Anderson, 2020；Rattner and Palmer, 2020；Gates, 2020；Boyle, 2020；Wadowsky, 2020；Clementz, 2020；Faulkner and Kastrenakes, 2020；Hamilton, 2020；Herrera, 2020；Ali, 2019；Marvin, 2019；McKay, 2017；Thomas, 2017；Russell and Seshagiri, 2017；Wharton, 2017）。

9.3.2 全渠道零售商——"砖块加鼠标"型零售商

"砖块加鼠标" (bricks-and-clicks) 型零售商也叫全渠道零售商,是指将线下实体店作为主要零售渠道,又通过线上出售商品的零售商。成功的全渠道零售商有沃尔玛、塔吉特、家得宝、百思买、开市客、梅西百货和其他品牌商家。"砖块加鼠标"型零售商在面临着线下实体店大笔开销的同时,也从品牌效应、用户基础、仓储、规模效应(给了它们与供应商谈判的筹码)和素质优良的员工中获利。由于有品牌效应,因此寻找客户的成本较低,但这些公司也面临着在多渠道协调价格和处理线上订单线下退货的问题。但是,这些零售公司已经习惯于低利润的运营,并且已经在采购和库存控制上进行了大笔的投资以控制成本和协调不同店面的退货。"砖块加鼠标"型零售商面临着如何充分利用自身优势与资产进军网络的挑战,包括搭建高质量的网站、雇用掌握新技术的员工,以及建造有快速应答能力的订单入口和履约系统。2019年,"砖块加鼠标"型零售商的零售额在互联网零售商 1 000 强在线零售额中占到了 31% (Digital Commerce 360 Research, 2020;Davis, 2019, 2018a, 2018b;eMarketer, Inc., 2016)。

梅西百货是基于实体店的传统零售商转型为全渠道零售商的例子之一。罗兰·梅西 (Rowland H. Macy) 于 1858 年在纽约开办了第一家名为 R. H. Macy & Co. 的商店,并且将旗舰店(现在是著名的梅西感恩节大游行地点)在 1902 年移至 34 号街和百老汇的先驱广场。现在,梅西百货是全美国最大的几个连锁百货商店之一,在全美开设约 650 家门店。

和很多传统零售商一样,梅西百货必须改变自身的业务模式以适应互联网时代。梅西百货(当时名为联合百货公司(Federated Department Stores))在 1995 年进入电子商务领域,建立了梅西百货的网站 Macys.com。1999 年,联合百货公司收购了Fingerhut——当时目录及直销商的龙头,图的就是对方专业化的电子商务履约手段和数据库管理。尽管对 Fingerhut 的收购结果平平,但梅西百货在电子商务领域的探索还是有所收获。

梅西百货在 2020 年前 1 000 个线上零售商中排第 15 名,据估计在 2019 年达到了71 亿美元的线上销售额,这大约是其总体收益的 25%。截至 2019 年 6 月,梅西百货的线上销售额连续 40 个季度实现了两位数的增长。线下实体店的业绩增长相较而言就乏善可陈了,并且梅西百货随着线上化程度的提高,已经开始关闭一些线下店面。

梅西百货的网站包括一个互动目录、放大的产品展示以及多角度多颜色查看产品的功能,你可以通过视频或者放大查看。网站还提供了产品对比、产品打分、产品推荐和实时库存查看功能。梅西百货网站每月吸引了大约 5 000 万的访问者。

梅西百货还在社交媒体方面有所建树,其脸书账号收获了 1 400 万个赞和关注者,推特账户上有超过 92 万订阅者,Instagram 上有大约 190 万订阅者,Pinterest 上有20 种不同的板和 1 000 万月活跃用户,此外其 YouTube 上有约 800 万次的播放量。梅西百货同时也是 Pinterest 推出的 Buyable Pins 的早期使用者。

移动电子商务是梅西百货线上业务成功的一个重要组成部分,其在 iPhone、安卓端都开发了 App,并且有由 Usablenet 支持的 HTML5 移动网站。梅西百货重新设计了 App 以更好地和线下实体店整合在一起,其持续在打磨全渠道方式上发力,这种想法指引着实体店、网站和移动端的发展。梅西百货拥有全渠道商九个关键特征中的八个：线上购物、店内自提、路边自提、用户服务支持、将店内预约线上化、店内发货、网站上提供附近商店定位、支持线上购物线下退货。线上下单线下自提总量在 2019 年增幅超过 60％，整体向好，并且由于省下了运费，这种形式更利于梅西百货盈利。此外，梅西百货还发现当线上消费者来到线下提货时会额外增加 25％的消费。梅西百货移动端的销量在 2019 年较 2018 年增长了 55％，并且占所有线上渠道销售总额的约 20％。梅西百货还致力于不断整合店内和移动端购物体验，线下选购商品的顾客可以用 App 扫描该商品来看价格，选择送货上门。梅西百货现在优化了移动端 App 的结算体验，该公司是最早一批支持 Apple Pay——苹果移动支付系统的零售商之一，并且将其整合到自己的移动钱包中，这使得购物者能够在线上购物时下单并使用优惠券。它还与 Deliv——一家众包送货公司合作，在美国 40 个主要的市场中提供线上订单当天送达服务。梅西百货还在 69 家线下门店的家具部分中测试了虚拟现实，并在 iOS 端 App 中上线了同样针对家具的增强现实体验。

梅西百货和其他所有全渠道零售商一样，在新冠疫情时期面临着巨大的挑战。梅西百货的 CEO 杰夫·根内特（Jeff Gennette）指出这场危机更加凸显了打造全渠道无摩擦购物体验的重要性，其目标就是在所有全渠道零售商中提供最好的体验（Lauchlan，2020；Berthene，2020；Bloomberg News，2020；Risley，2019；Cassidy，2019b；Evans，2018；Berthene，2018）。

9.3.3　目录零售商

诸如 Lands' End、L. L. Bean、CDW Corp.、PC Connection 和 Cabela's 这样的**目录零售商**（catalog merchants）在全美国范围内都有线下实体店，并且同时发展了线上业务。目录零售商每年印刷和邮寄数百万份目录的成本非常高，其中很多刚送到顾客手中就被扔掉了。目录零售商和像联邦快递和 UPS 这样的快递公司合作，发展出集中的履约和热线中心、精致的服务和完备的履约体验。近几年，目录零售商的营业额增长速度有所放缓，因此，目录零售商必须扩展它们的销售渠道，其中包括建造新的店面（L. L. Bean）、被其他公司收购（西尔斯在 2003 年收购了 Lands' End，并在 2014 年将其分拆为一家独立的上市公司）或者在线上建立更强的存在感。

目录零售商在现在的环境中拥有独一无二的优势，因为它们已经拥有了非常高效的下单和履约系统。然而，它们也像线下实体店那样面临着如何利用自身的资产和科技来适应全新的技术环境、建立有信任基础的线上存在感和雇用新员工的挑战。不过，2019 年所有目录零售商的在线销售收入占互联网零售商 1 000 强线上收入的约 7％（Digital Commerce 360 Research，2020；Davis，2019，2018a，2018b；eMarketer，Inc.，2016）。

我们可以说 Lands' End 是最广为人知的在线目录零售商之一。Lands' End 于 1963 年在芝加哥制革厂厂区的地下室中售卖帆船设备和衣服，生意好的时候一天能接 15 单。从那时起，该公司逐渐发展成了一家直营目录零售商，每年分发超过 2 亿份目录，并且销售拓展的"传统"风格的运动服饰、软旅行包和家用商品，在被西尔斯收购后，Lands' End 开始拥有并现在仍有线下实体店，并且规模逐年扩大。

Lands' End 是最早一批搭建了具有电子商务功能网站的服装零售商之一，其网站于 1995 年上线,供应 100 件商品和游记散文。在 2015 年,Lands' End 重新打造了自己的网站,并加入了拥有更多品牌的新在线目录、优化过的搜索引擎及导引系统、一站式结账以及几种新的支付渠道。2016 年,该公司上线了一款移动 App,并对网站做了进一步的完善 (Lands' End, Inc., 2020a)。2017 年,Lands' End 声明将在电子商务方面进行更深入的投资,致力于为消费者提供更完善的线上购物体验,并让消费者更容易对购买的物品进行反馈。

Lands' End 的线上零售技术已经达到了业内前沿水平,这些技术大多数都用于强化个人营销与定制的产品。Lands' End 是第一家在网站上允许用户创建自己的 3D 模型以在线上"试穿"的公司,它的"Get Live Help"使消费者可以在线上和客户服务代表交谈,该公司还支持消费者根据自身的体型定制衣物。尽管用户线上定制衣物的功能在当时看来是一个骗人的花招,但现在来看,Lands' End 线上销售的衣服中 40% 都是定制的。Lands' End 于 2019 年在电子商务上获得了 11 亿美元的收入,占其全部收入的 75% 以上,并在 2020 年网络零售商 1 000 强中位居第 63 位 (Davis, 2020;Lands' End, 2020b)。获得好评的功能有实时视频聊天、根据消费者偏好的产品推荐、基于购物者位置和推荐来源展示的内容以及向移动用户提供 Lands' End 目录,电子目录部分拥有独家内容,包括 Lands' End 员工自主撰写的故事。此外,Lands' End 还在脸书上获得了超过 130 万个赞,在推特上有约 220 000 个订阅者,在 Instagram 上有大约 90 000 个订阅者,并在 20 个不同的 Pinterest 板上每月有超过 650 000 个观看者。

9.3.4 制造商直销

采用**制造商直销**(manufacturer-direct)(通常也称为 DTC 或者 D2C (direct-to-consumer,直接面向消费者))模式的公司是不经零售商之手,将产品直接卖给消费者的单一或多渠道制造商。制造商直销公司通常被认为将在电子商务方面大显身手,但整体上看这种现象迟迟没有发生,但其中也有例外,诸如像苹果、戴尔和惠普这样的电脑硬件制造商,以及像 Under Armour、Cater's、Tory Burch、Deckers、Kate Spade、Jones Retail 和 Vera Bradley 这样的服装制造商。大多数制造商并不直接在网上销售商品,尽管这一点正在慢慢改变,比如宝洁推出了 Pgshop,其中囊括了超过 50 个宝洁品牌。总体而言,制造商直销公司的在线销售额占网络零售商前 1 000 名在线销售额的约 17%(Digital Commerce 360 Research, 2020;Davis, 2019, 2018a, 2018b;eMarketer, Inc., 2016)。一种新型的制造商直销公司有时也被称作数字原生垂直公司。这些在线初创公司专注于直接采购原材料、对分销渠道的掌控以及直接对接消费者。代表性的有 Warby Parker(眼镜)、Everlane、MM. LaFleur 和 Draper James(服装)、Casper、Purple、Saatva 和 Leesa Sleep(床垫)、Parachute 和 Brooklinen(床上用品)、Glossier 和 Morphe Comestics(美妆产品),以及 Away(行李箱)等企业。数字原生 D2C 企业预计在 2020 年将创造约 180 亿美元的收入。

制造商直销公司有时会面临渠道冲突。**渠道冲突**(channel conflict)在零售商必须在价格和库存流通上与制造商直接竞争时发生,但制造商并不受库存成本、实体店成本和销售人员成本的影响。没有前端销售经验的公司通常面临以下几个挑战:建立应答迅速的线上下单及履约系统、招徕客户和协调市场需求与供应链。从**供给推动模**

式（supply-push model）（商品依据先前预估的需求生产后储存在仓库等待销售）转换到**需求拉动模式**（demand-pull model）（直到接到订单后才开始生产）对很多传统制造商来说是极大的困难。但对于许多产品而言，制造商直销公司拥有以下优势：广为人知的品牌、已有的庞大用户群体以及更低的成本（甚至比目录零售商还低，因为制造商不用分成给其他人）。因此，制造商直销公司理应有更大的盈利空间。

戴尔是我们最常提到的几家制造商直销零售商之一。戴尔在 B2C、B2B 业务上都有涉足，是世界上最大的提供计算机系统支持的计算机制造供应商，直接从得克萨斯州奥斯汀的制造总部向合作伙伴、政府部门、中小型企业和个人提供电脑产品及服务，尽管销售代表支持企业客户、个人和小型企业通过电话、传真和互联网直接从戴尔购买。

当迈克尔·戴尔（Michael Dell）于 1984 年在大学宿舍中创办这个公司的时候，他的想法是为客户定制电脑，从而摆脱中间商，并能更直接有效地与客户进行沟通。现在该公司的业务范围远远不止个人计算机系统，戴尔同时提供企业系统、台式机、笔记本以及安装、融资、维修和管理服务。依赖于按需制造的生产过程，该公司有着更快的存货周转（5 天），并且减少了零部件与商品的存货水平，这项战略基本消除了产品报废的可能。

这种直营的模式简化了公司的运营，消除了对批发和零售网络的依赖，并减少了相关成本，使戴尔完全控制了客户数据库。此外，戴尔定制电脑制造完成并配送到顾客的手中的速度几乎与直接从库存出货的目录供应商一样。

为了进一步拓展这种直营模式的优势，戴尔正积极地把营销、服务和支持转移到线上。戴尔的电子商务网站为全球 190 个国家和地区的顾客提供服务，其卓越服务使公司能够在线上调查产品供应、订单完成形式和实时跟踪订单情况，以及回顾订单流程。对小型公司客户，戴尔设立了线上虚拟账户管理人员，以及一个备件订购系统和一个可以直接访问支持数据的虚拟帮助台。戴尔并不将其业务范围局限于电脑硬件，它还提供保修服务、产品整合及安装服务、互联网访问、软件与技术支持，我们称这些为额外服务，这些服务中包含来自领先制造商的接近 3 万种可以和戴尔捆绑的软件和外部产品。戴尔同时也涉足社交媒体，包括一个名为 Direct2Dell 的公司博客、超过 1 200 万订阅者的脸书账号、拥有六个板和 250 万月活跃用户的 Pinterest 账号以及超过 73 万订阅者的推特账号，后者为关注戴尔奥特莱斯的推特用户提供独家的销售信息。同时戴尔在 YouTube 上还有超过 17.5 万的粉丝以及累计 2 500 万次的播放量。此外，戴尔还在安卓和 iPhone 平台上线 App，其中的功能包括 App 内下单、用户打分及评论、产品比较、订单追踪、购物顾问和易于使用的用户支持选项。戴尔的移动网站使用自适应网页设计，从而可以在不同设备上都有好的表现，推动转化率提高了50%，并使得消费者满意度提高了 70%（Elastic, Co., 2017）。戴尔公司称，其电子商务业务在 2020 年第一季度的飞跃，归功于人们对远程办公设备的兴趣。戴尔的网络访问次数增加了接近 30%，消费者直接销售额以两位数的速度增长（Demery, 2020）。

9.3.5　线上零售的共同主题

在先前的叙述中我们看到了特点各异的各种公司，从创业型虚拟商家到知名的线下巨头。线上零售是零售领域增长最快的渠道，拥有增长最快的消费者基础，并且对多种品类的商品渗透愈发深入。另外，对于很多新起家的公司而言，盈利并不容易，亚马逊用了八年的时间才第一次实现盈利。

许多线上零售商家难以盈利的原因现在也很清楚。各种形式的零售业成功的关键包括拥有吸引大量顾客的核心价值、标价足够高以弥补采购和推广的成本以及建立一套高效的存货和订单履行系统，以使公司能够在更低成本下盈利。很多线上商家未能做到以上几点，它们把价格降到成本线以下，不能发展出一套有效的业务流程，其网站无法吸引足够多的顾客，并且在客户引流和营销上花了过多的钱。现在随着相关经验的积累，越来越少有公司会以成本线以下的价格销售商品，尤其是新公司。消费者的消费文化和态度同样有改变，以前消费者会寻求全网最低价，但是现在更多是把线上购物当成一种更便捷、更省时的购物方式。消费者现在更愿意花钱避免线下购物的不便之处，这使线上商家有更大的定价自由度。

第二个零售电子商务的共同主题是，大多数情况下去中介化的现象尚未出现，零售中间商尚未消失。的确，虚拟商家以及转移到线上的线下商家，除了电子产品和软件之外，都对零售客户有着强大的控制力。电子产品之外的制造商，使用网页作为主要的信息来源，令消费者转向更为传统的零售渠道。除亚马逊外，线上增长最为显著的几家线下公司有沃尔玛、开市客、梅西百货和塔吉特，很多先行者，如纯线上公司（线上中介）未能获利并最终由于资金不足而倒闭。传统零售商已经成为最快的跟随者（尽管它们中的很多企业的速度不能被描述为特别快），并基于其传统的品牌、竞争力和资产更有可能成功。在这种情形下，电子商务的科技创新和其他科技驱动的商业创新的历史模式一样，从汽车到收音机和电视，很多新公司吸引了大量投资，但是这些公司很快都失败了，然后被整合成一个更大的现有公司。

第三个主题是商家需要去创造一个将目录、商店和线上体验融为一体的整合的购物环境。消费者希望能在任何地点、任何时间购买任何他们想要的东西，品牌零售商有着出众的履约、库存及供应链管理系统，这些出色的竞争力可以直接移植到线上。为了在线上渠道获得成功，品牌零售商需要在线上拓宽自己品牌的宣传渠道，激励消费者使用线上方式来购物，避免渠道冲突，使用搜索引擎如谷歌、雅虎和必应做广告，并提供购物比较网站。

第四个主题是主营高端、时尚和奢侈品的线上专卖店的增长，如钻石（蓝色尼罗河）、珠宝（蒂芙尼）、高级时装（Emporio Armani 和 Gilt Groupe）、折扣电子产品（百思买）或办公产品（Office Depot）。这些企业展示了互联网创新的活力和开放性，拓宽了网上产品囊括的范围。很多虚拟商家已经发展出了庞大的线上客户群体，并且向它们的客户群体推销其所需的在线工具。这些线上品牌可以通过加盟和伙伴关系获得进一步的加强，增强库存管理和履约所需的能力。虚拟商家在盈利之前需要发展出一套有力且高效的运营体系。

第五个主题是社交电子商务、本地电子商务和移动电子商务的持续增长。在第一部 iPhone 问世的 10 年后，移动平台已经成为零售营销和购物的工具，这将极大地扩展电子商务的适用范围，让未来五年内电子商务占所有商务总额近 20% 成为可能，当地商户将成为移动电子商务平台的主要受益者。在同样短的时间内，美国人在社交网络上花费的时间占比越来越高，他们在这些平台上分享对公司、产品和服务的看法和体验。几年之后，社交网络可能会变成大型的购物场所。举例来说，2016 年脸书上购买和销售商品的群体越来越多，以此为基础，脸书引入了 Facebook Marketplace，用户可以通过脸书应用程序底部的商店图标访问该平台。Facebook Marketplace 是社交、移动和本地 C2C 电子商务的结合体，旨在让用户能更容易地找到、购买和销售本地社区提供的产品。2020 年，脸书引进了 Facebook Shops，其目标在于让小型公司能够更容易地建立线上店铺，并且消费者能够直接通过脸书和 Instagram 进行访问，客户可以通过 Facebook Messenger、Instagram Direct 或 WhatsApp 与企业进行沟通。脸书的最终目标是创造一种社交优先的购物体验，让脸书上的任何东西都可以进行交易。2020 年该公司推出了一款新的人工智能，其可以识别一张图片中的数十种不同属性，该工具首先在 Facebook Marketplace 平台部署，通过识别照片中的内容并生成简短的描述，来帮助用户更有效地列出所需要的物品（Facebook, 2020, 2016; Vincent, 2020）。

第六个主题是不论大小零售商，都在营销中更频繁地使用大数据。我们将在"技术透视"专栏的案例中审视这一发展。

技术透视

Stitch Fix 基于大数据与预测性营销开展业务

大数据指的是全球数十亿人使用互联网以及爆炸式增长的物联网产生的数字数据洪流。但大数据不仅关乎数量，也关乎速度（数据实时洪流，迅速贬值，并要求快速反应）、多样化（海量数据包含结构化数据和非结构化数据，如电子邮件、视频和音频）、可变性（数据流由事件驱动，导致高峰负荷，其后又回归相对静默的状态）以及复杂性（数据来自不同的来源，需要清理、匹配和重新格式化）。所有这些数据需要新的数据库来存储，并需要使用商业分析软件对其进行分析。

大数据可以帮助那些掌握正确信息的公司做出更好的决策并获得竞争优势，影响着零售产品的设计和营销以及店内销售。大数据和强大的分析软件使营销人员能够在顾客提出产品要求之前向他们发送个性化推荐信息。预测性营销与传统的面对面销售不同，因为它基于数据收集和软件处理来最大限度地提高销售的可能性，可以扩展到数以百万计的顾客，并在几毫秒内做出决策。

使用月度订阅盈利模式的在线服装零售商 Stitch Fix 就是一个使用大数据和预测性营销的在线零售商的例子。Stitch Fix 将专家造型建议、个性化软件和独特的产品整合在一起，从而提供私人化的销售体验，新顾客在网上填写个人风格档案，公司的专有软件会对其进行分析，以确定该顾客可能购买的产品。该公司拥有数千名个人造型师来解读这套系统的输出，然后每月手工挑选五件符合顾客品位、预算和生活方式的服装和配饰，顾客在收到并接受物品之前，无须购买物品，而且退货的流程很简单。

随着时间的推移，该软件会形成顾客的购买记录，并会根据顾客实际保留的东西（而不是他们说他们想要的东西，这是关键）做出更好的预测。Stitch Fix 越准确地预测顾客可能会购买什么，它产生的销售额就越多，通过分析来更好地了解顾客也让 Stitch Fix 可以降低库存成本，调整生产以更好地满足需求，从而比竞争对手更了解顾客，甚至以最有效的方式完成订单。在风格档案中收集的数据包括基本的人口统计学特征信息，以及描述七种不同风格的照片，顾客可以对每一种风格的推荐做出反馈，从而在 Stitch Fix 软件中进一步明确自己的偏好，该软件在亚马逊简单存储服务（Amazon Simple Storage Service）上运行。

顾客也可以把链接分享到他们的 Pinterest 档案以提供给 Stitch Fix 更多的信息，基于顾客的人口统计学特征信息和首选风格，该软件能够在上千种物品中预测顾客的选择。

Stitch Fix 以闭环方式使用顾客数据，对其数百种机器学习算法进行持续改进，这些算法的准确度会随着接触的顾客数据的增加而上升。如果对算法的调整显示出更好的预测性，该调整会被保存下来，反之会被放弃。该公司拥有一个由 115 名数据科学家组成的团队，他们正在开发新的工具以及改进核心选择算法。为了强调数据科学对其商业模式的核心作用，数据科学团队直接向 CEO 报告。Stitch Fix 的算法综合了顾客反馈、购买和退货以及个人资料信息，从而快速生成可能的建议，造型师会参考这些结果做出下一个选择。算法和人类决策的结合为顾客提供了最好的个性化推荐。

对于 Stitch Fix 来说，高度颗粒化的数据、尖端的机器学习和专家的人工输入是一个成功的组合。该公司在最初几年实现了爆炸式增长，并于 2017 年上市。对投资者来说，Stitch Fix 的盈利能力和稳健的增长很有吸引力，即使是在新冠疫情期间，该公司的股票总体表现良好。2019 年，Stitch Fix 创造了近 16 亿美元的收入，截至 2020 年 6 月，拥有 340 万用户。

新冠疫情对 Stitch Fix 而言是挑战也是机会。据预测，2020 年服装和配饰的销量将下降 20% 以上，可能要到 2022 年才能完全恢复。为应对危机，该公司裁掉了近 20% 的造型师，其中许多位于加州旧金山，并计划在成本较低的地区重新招聘。而毫无疑问的是，Stitch Fix 将在短期内受到负面影响，它也相信一旦消费者购买欲望恢复，其会在市场占有率上占据优势地位，而且它将能够从消费者行为在疫情期间的变化中获利。为此，该公司正在加快推出其于 2019 年 6 月启动的直接购买计划，最初该程序允许现有顾客购买自己选择的个人物品，而无须支付造型费，同时还可以利用 Stitch Fix 的算法生成个性化推荐。该计划的新版本于 2020 年 5 月推出，并将用户群体扩展到已经填写了个人资料但尚未订阅的顾客。Stitch Fix 相信该计划将是一个为顾客提供良好且个性化购物体验的重要途径，其初步结果也非常好，截至 2020 年 5 月，女性顾客的比例从 5% 增长到了 13%。不论 Stitch Fix 未来的发展如何，为其迅速崛起提供动力的机器学习和预测性营销算法可能会成为零售领域的新常态。

资料来源："Stitch Fix Is About to Turn on the Jets with Its Direct Buy Service," by John Ballard, Fool. com, June 14, 2020; "Stitch Fix Is Staring at a Huge Market Share Opportunity," by Jeremy Bowman, Fool. com, June 10, 2020; "Stitch Fix Lays Off 1 400 People: This Is Part of a Larger Trend That May Be Disruptive to Workers," by Jack Kelly, Forbes.com, June 4, 2020; "Apparel Sates Take a Hit as Consumers Pull Back Spending on Clothes," by Cindy Liu, eMarketer. com, June 1, 2020; "The Stitch Fix Story: How the Unique Prioritization of Data Science Helped the Company Create Billions in Market Value," by Steven Li, Forbes.com, February 17, 2020; "5 Lesson in Personalization from Stitch Fix," by Blake Morgan, December 10, 2019; "Personalization Is at Stitch Fix's Core," Digitalcommerce360.com, November 4, 2019; "Stitch Fix's Chief Algorithms Officer on When to Become a Data-driven Business," by Khari Johnson, Venturebeat.com, August 22, 2018; "Stitch Fix: The Amazing Use Case of Using Artificial Intelligence in Fashion Retail," by Bernard Marr, Forbes.com, May 25, 2018; "How Stitch Fix Uses Machine Learning to Master the Science of Styling," by Natalie Gagliordi, Zdnet. com, May 23, 2018; "Stitch Fix's CEO on Selling Personal Style to the Mass Market," by Katrina Lake, *Harvard Business Review*，May-June 2018.

9.4 服务：线上与线下

在美国，以及发达的欧洲、亚洲工业国家中，服务业通常是经济中占比最高、规模最大、增长最迅速的部分。在美国，服务业（广义）提供了约 80% 的就业岗位（Buckley and Majumdar，2018）。服务业的电子商务为信息与知识传递、交易效率提升提供了前所未有的机会。

主要的服务行业集团涉及金融服务、保险服务、房地产服务、旅游服务、法律和会计服务、商业服务、医疗服务、教育服务等。商业服务包括诸如咨询、广告和营销以及信息处理等活动。在这些服务行业组织中，公司可以进一步分为涉及**交易经纪**（transaction brokering）（作为中介促进交易）的公司和涉及提供"实际"服务的公司。例如，在一种金融服务中，股票经纪人在买卖双方的交易中充当中间人，像 LendingTree 这样的线上抵押贷款公司会把客户介绍给实际发放抵押贷款的公司，职业介绍所让劳动力的卖方与买方取得联系。所有这些例子中涉及的服务都是代理服务。

另外，在一些行业为消费者提供服务者需要实际动手操作。为了提供服务，这些专业人员需要与"客户"进行直接和个人的互动，对于这些服务行业来说，电子商务带来的机会略有不同。目前来看，医生与牙医并不能通过互联网诊治患者。然而，互联网可以通过向消费者提供信息、知识与交流来提供服务。

除一些特例外（例如，实体服务的提供者，如保洁员、园艺师等），也许服务行业（和职业）最重要的特征是，它们是知识与信息密集型产业。为了提供使用价值，服务业处理海量信息，并雇用高级职员与受过高等教育的劳动力，例如为提供法律服务，你需要有法律文凭的律师。律师事务所需要处理海量的文本信息。医疗服务也是如此。金融服务相较而言知识密集程度稍低，但仅仅为了跟踪交易和投资，就需要在信息处理方面进行更大的投资。事实上，金融服务业是信息技术的最大投资者，其中超过 80% 的资金都流向了信息技术设备和服务。

尽管几乎所有的服务都需要个性化或者说定制，但是个性化与定制的总量相差甚多。诸如法律、医疗和会计服务，它们需要广泛的个性化，即根据不同个体的精确需求调整服务。而其他的服务则从定制中获益，例如金融服务，设计出几套不同的方案让客户从中进行选择。互联网和电子商务技术的个性化和定制服务（至少是整体服务中的某部分）是电子商务快速增长的主要因素。

9.5 线上金融服务

线上金融服务业是电子商务成功的典范，但也经历了许多曲折。虽然像 E* Trade 这样的创新型在线公司在改变经纪行业方面发挥了重要作用，但电子商务对大型银行、保险和房地产公司的影响由于消费者最初的抵制和行业创新的缺乏而有所延迟，即使在今天，网上银行也没有取代传统银行。然而，电子商务已经改变了银行和金融行业，因为主要机构为了给日益紧密联系的在线客户群提供服务，都部署了自己的在线应用程序，在网上购买保险变得更加标准化，也更加容易。尽管安全仍然是一个问题，但消费者比过去更愿意相信在线网站提供给他们的财务信息，像 Mint（现在归 Intuit 所有）、SmartyPig、Credit Karma（被 Intuit 以超过 70 亿美元收购）、Moven 和 Simple（现在归西班牙银行巨头 BBVA 所有）这样的公司继续增长。多渠道、成熟的金融服务公司，作为电子商务缓慢的追随者，也继续在网上交易中获益。新冠疫情限制了消费者进行现场交易，可能会推动网上交易。

9.5.1　金融科技

在过去几年中，金融服务行业的初创公司得到了越来越多的投资，这些公司通常被称为金融科技公司，并在媒体上吸引了很多关注。金融科技这个词的定义比较模糊，被广泛用于各种场合，而信息技术在金融服务领域的应用并不新鲜，金融服务公司长期以来一直在信息技术领域进行巨额投资。许多金融科技公司与早期金融服务公司的区别在于，它们是传统金融服务行业之外的科技公司，通常通过移动设备和应用程序来摆脱传统机构金融服务所受的束缚，而非提供有针对性的解决方案，但金融科技一词也被用于那些正在开发和实施创新技术的传统金融服务公司。

9.5.2　线上银行和经纪人

NetBank 和 Wingspan Bank 分别于 1996 年和 1997 年在美国开发了网上银行业务，虽然迟了一两年，但随着在线银行客户比例的迅速提高，老牌国有银行在市场份额上遥遥领先。美国最大的银行都是大型的全国性银行，它们也提供网上银行服务，如美国银行（Bank of America）、摩根大通（JPMorgan Chase）、花旗（Citigroup）和富国银行（Wells Fargo）。美国主要的直销银行（那些没有分支机构网络或品牌自动提款机的银行）包括 Ally 银行、TIAA 银行、Discover 银行、Capital One 360、Axos 银行、州立农业银行（State Farm Bank）和 USAA。这些直销银行的客户存款增长速度快于普通银行，这表明它们越来越受欢迎，尤其是在较年轻的客户中。一些初创公司也进入了网上银行和金融服务领域，例如，Moven 提供与在线和移动金融管理工具相关联的借记卡账户服务，以及一个由 4 万多台自动提款机组成的网络。由 BBVA 拥有的 Simple 除了提供财务管理工具外，还提供与借记卡挂钩的支票账户。Chime 提供 FDIC 担保的支票和储蓄账户，以及由 Bancorp Bank 支持的维萨借记卡。Revolut 提供了一款应用程序，用户可以在一个地方管理自己的财务，并可使用全球超过 55 000 台的自动提款机。2019 年底，谷歌宣布计划与花旗银行和一家当地信用合作社合作，提供消费者支票账户和借记卡，并与 Google Pay 应用程序绑定（Etherington，2019）。

2020 年预计将有 1.9 亿美国成年人（几乎占美国成年人口的 75%）使用网上银行，到 2024 年预计将超过 2.1 亿人（占美国成年人口的近 80%）。约 1.6 亿人将使用移动设备，超过 1.4 亿人使用智能手机，超过 5 500 万人使用平板电脑。2020 年的新冠疫情使许多消费者无法去实体地点访问自己的金融账户，而需要使用网上银行，这可能会进一步增加网上银行用户的数量。虽然网上银行已经成为所有年龄段人群的主要银行渠道，但千禧一代接受手机银行的比率远远高于年龄较大的群体。最热门的手机银行功能包括查看余额和银行对账，从一个账户转账到另一个账户，支付账单，以及使用智能手机应用程序为支票拍照。但安全问题仍然让一些人感到担忧，一项调查发现，约 45% 的受访者将安全风险列为他们不使用移动银行服务的原因（eMarketer，Inc.，2020f，2020l，2020m，2020n，2020o）。

从银行的角度来看，网上银行和手机银行可以大大节约成本。普华永道（PriceWaterhouse Coopers）的数据显示，银行分支机构的每次线下交易平均成本为 4.00 美元，而在线或移动交易仅为 19 美分（Marous，2017）。

网上经纪业务的经历与网上银行类似。就在线用户数量而言，像 E*Trade 这样的早期创新公司已经被折扣经纪商先驱嘉信理财（Charles Schwab）和金融业巨头富达（Fidelity）所取代（富达拥有的共同基金客户和管理的基金数量均为美国第一）。

根据一项调查，大约 25％ 的美国互联网用户与在线经纪公司在线上交流，因此使用移动设备和应用程序的人越来越多，尤其是千禧一代。根据 E*Trade 最近的一项调查，近 2/3 的千禧一代每周在智能手机上使用投资和交易应用程序超过一次，他们在移动设备上进行的最频繁的活动包括监控一个人的投资组合和市场、获得股票报价、下订单和检查订单，并做一般的金融研究（E*Trade Financial Corporation，2019）。顶级在线经纪公司有富达、E*Trade（2020 年被摩根士丹利（Morgan Stanley）以 130 亿美元收购）、嘉信理财、TD Ameritrade（2019 年被嘉信理财以 260 亿美元收购）和 Merrill Edge（Reinkensmeyer，2020）。主要的线上经纪公司在搜索引擎营销上投入了大量资金，它们是付费搜索市场最大的几个支出方之一，也在越来越多地利用社交媒体与客户打交道，尽管它们在这么做的时候必须严格遵守所有的规章制度。例如，一些经纪公司使用推特来发布评论、公司信息、营销信息和客户服务信息。罗宾汉（Robinhood）是一家于 2013 年推出的较新的在线经纪公司，开了免佣金股票交易的先河，自那以后，罗宾汉将其业务范围扩大到其他金融服务领域，最近其估值已超过 80 亿美元。类似的公司包括同样提供免费交易的 Public，以及提供储蓄和投资应用程序的 Acorns（Wilhelm and Mascarenhas，2020）。

另一种在线金融服务——有时被称为机器人顾问，提供不那么昂贵的自动化投资管理工具和建议。例如，Betterment（估值超过 8 亿美元，截至 2020 年为 50 多万客户管理超过 220 亿美元的资产）、Wealthfront 和 Personal Capital 等金融科技机器人顾问吸引了风险资本的兴趣。美国主要的在线经纪公司如 Vanguard 和 Schwab 也提供类似的服务。

金融服务公司：多渠道还是纯线上？

在线消费者更喜欢访问有实体网点或分支机构的金融服务网站。总的来说，拥有实体分支机构或办公室和可靠在线服务的多渠道金融服务公司，比没有实体存在的纯在线公司增长更快，而且它们也占据了市场主导地位。传统的银行有成千上万的分支机构，客户可以在那里开户、存钱、办理贷款、寻求住房抵押贷款，还可以租用保险箱。顶级在线经纪公司没有像银行那样的实体业务，但每家公司都有用于强化其在线业务的强大实体机构或电话业务。富达也有上门服务中心分支机构，但它主要依靠电话与投资者互动。嘉信理财以美国为中心进行了系统性的投资，作为线上战略的整合。纯线上银行和经纪公司无法为顾客提供仍需要线下开展的服务。

金融门户和账户整合

金融门户是为消费者提供比较购买服务、独立的金融建议和金融规划的网站。独立门户网站本身并不提供金融服务，而是为线上供应商提供引导，其收入来自广告、推荐费和订阅费，例如雅虎的金融门户网站——雅虎财经，为消费者提供他们股票投资组合的跟踪、市场概览、实时股票报价、新闻、财务建议，以及金融领域意见领袖的视频采访。其他独立的金融门户网站包括 Intuit 的 Quicken、MSN 的 MSN Money 和 CNNMoney，许多金融门户网站如 Mint（Intuit 旗下）、SmartyPig 和 Credit Karma（也被 Intuit 收购）等纷纷涌现，帮助消费者进行财务管理和规划。

账户整合（account aggregation）是将客户所有的财务数据（甚至是非财务数据）汇集到一个个性化网站上的过程，这些数据涉及经纪、银行、保险、贷款、飞行里程、个性化新闻等。例如，消费者可以在一个网站上看到他的 TD Ameritrade 经纪账户、富达 401（k）账户、Travelers Insurance 年金账户和美国航空（American Airlines）常客里程。账户整合的理念是为消费者提供对整个资产组合的整体看法，而不管实际持有这些资产的是哪家金融机构。

账户整合技术的领先提供商是 Envestnet Yodlee。它使用屏幕抓取和其他技术从 15 000 个不同的数据源提取信息，它还使用一种智能地图技术，如果底层网站发生变化，抓取软件可以进行调整，但仍然可以找到相关信息。今天，Envestnet Yodlee 被超过 1 300 家领先的金融机构和公司使用，包括美国最大的 20 家银行中的 16 家（Envestnet Yodlee，2020）。

9.5.3 线上抵押贷款和借贷服务

在电子商务发展初期，数百家公司推出了纯线上的抵押贷款网站，以期占领美国住房抵押贷款市场。早期入局者希望从根本上简化和改变传统的抵押价值链过程，大幅加快贷款结算过程，并通过提供更低的利率与消费者分享经济效益。

截至 2003 年，超过一半的早期入局的纯线上公司都失败了，早期纯粹的线上抵押贷款机构无法在可承受的价格范围内打出名气，也未能简化抵押贷款的生成过程，它们最终承受了高昂的启动和管理成本、高昂的引流成本、不断上升的利率和糟糕的战略执行力。

尽管开局艰难，线上抵押贷款市场仍在缓慢增长，它由成熟的线上银行和其他线上金融服务公司、传统的抵押贷款供应商和一些成功的线上抵押贷款公司主导。许多抵押贷款购买者在网上研究抵押贷款，但由于抵押贷款的复杂性，很少有人真正在网上进行抵押贷款业务。今天，大多数抵押贷款是由抵押贷款经纪人经手的，银行仍然扮演着重要的角色，但通常不为它们发放的抵押贷款提供服务。

虽然线上抵押贷款目前只占所有抵押贷款的一小部分，但预计其占比在未来会继续缓慢增长。2015 年，Intuit 的 Quicken Loans 推出了 Rocket Mortgage，允许借款人在 10 分钟内获得全部抵押贷款批准，借款人只需要提供一些细节，如出生日期、社会保险号和家庭地址，Rocket Mortgage 将使用这些数据自动获得各种类型的信息，而不需要借款人手动提供。然后系统会显示各种贷款选项，一旦借款人确定了，所有必要的文件（除了最终结算文件）都可以使用安全门户在线签署。2019 年，Quicken Loans 是美国规模最大的抵押贷款机构之一，为超过 1 450 亿美元的抵押货款提供资金，仅次于富国银行（Hebron，2020）。2019 年，在线房地产公司 Zillow 也进入了线上住房抵押贷款市场。

消费者从线上抵押贷款中获得的好处包括申请时间缩短、市场利率降低以及抵押贷款流程的参与者（所有权、保险和贷款公司）共享公共信息库时的流程简化。抵押贷款机构受益于在线处理申请的低成本，同时收取的利率也略低于传统的实体机构。

然而，线上抵押行业并没有改变获得抵押贷款的流程。阻碍该市场扩张的一个重要因素是抵押贷款流程的复杂性，其中包括实体签名和文件、多个机构，以及复杂的提供资金的细节（如结算成本和积分），用户很难在不同的供应商之间进行比较。然而，就像在其他领域一样，购物者能够在网上找到低利率的抵押贷款，这利于降低传统抵押贷款机构收取的费用和利率。

网上借贷服务也变得流行起来。金融科技公司在这方面的例子包括 2014 年上市的 Lending Club、Prosper（P2P 贷款市场）、主营学生贷款业务的 Social Finance Inc.（SoFi）、Avant 利用机器学习分析消费者数据来决定将向潜在客户提供多少信用额度、为没有信用记录的人提供信用评级和贷款的 Kreditech，此外 Kabbage 是一家小企业贷款机构，它也利用机器学习、公共数据和其他信息来评定小企业的信用状况。

9.5.4　线上保险服务

我们认为互联网降低了搜索成本，丰富了可比的价格，并降低了面向消费者的价格。定期人寿保险是一种产品，而在其他保险产品线中，互联网为保险公司提供了产品差异化以及多家比价的机会。

保险业是金融服务业的主要组成部分，其主要分为汽车、人寿、健康、财产和意外伤害四部分。保险产品可能非常复杂，例如有许多不同类型的非汽车财产和意外伤害保险：责任保险、火灾保险、业主保险、商业保险、工人赔偿保险、海上保险、事故保险，以及其他保险，如假期保险。在以上这些领域中填写保单需要大量的信息，且通常都需要亲自检查财产状况，并需要相当多的精算经验和数据作为支撑。人寿保险行业也制定了一些政策，但这些政策内容并不一致，只能由有经验的销售代理来解释和销售。历史上，保险业一直依靠数千家当地的保险办事处和代理机构来销售特别适合投保人财产情况的复杂产品。使保险市场复杂化的原因是，保险行业并非由联邦政府监管，而是由 50 个不同的州保险委员会监管，这些委员会受到当地保险代理人的强烈影响。为了在某些州内提供保险报价或销售保险服务，网站必须获得当地经营保险业务的许可证。

与线上抵押贷款行业一样，线上保险行业非常擅长吸引那些希望获得低价格和有利条款的顾客。虽然许多全国性保险公司最初并不直接在网上提供有竞争力的产品，因为这可能会损害它们传统的本地代理机构的业务运作，但现在几乎所有主要保险公司的网站都提供了获得在线报价的服务。也有许多在线网站提供保险比价服务，如 Insure. com、Esurance、Insurance. com、Selectquote、QuickQuote 和 NetQuote。即使消费者实际上没有在网上购买，但事实证明，互联网通过显著降低搜索成本和改变价格发现过程，对消费者的保险决策具有强大的影响。最近的一项研究显示，在人寿保险行业，消费者发现最有用的信息来源是人寿保险公司和保险的比较/报价网站，并且近几年来消费者在线上购买保险的偏好正逐步强化，从 2011 年的 36％增至 2020 年的 59％，有超过线下购买保险的势头。近 30％的受访者表示，他们现在更喜欢在线上购买保险，保险公司也越来越多地使用社交媒体开展业务。例如，最近的一项调查发现，超过 50％的受访消费者使用社交媒体收集保险公司和顾问的信息（LL Global，2020）。美国所有主要的保险公司，如 GEICO、好事达（Allstate）、State Farm、Progressive 和 Travelers，都有大量的线上业务，通过网络和移动应用程序能够让消费者索赔、修改保单和支付费用。

此前讨论过的金融行业对科技的兴趣浪潮也开始逐步渗透到保险业，有一类被称为"保险科技"的公司正在寻求利用大数据、机器学习和人工智能等技术来颠覆传统的保险业。例如，2015 年成立的一家名为 Lemonade 的公司正试图通过减少代理人、提供有竞争力的价格的方式，使用一款以聊天机器人为特色的、由人工智能驱动的移动应用程序，来彻底改变房主和租赁者的保险市场。Lemonade 于 2020 年 7 月上市，最初主要面向千禧一代，70% 的用户年龄在 35 岁以下，截至 2020 年 8 月，其市值为 37 亿美元。Hippo 已经筹集了超过 2 亿美元，目前的估值为 10 亿美元，该公司通过分析公共数据集，对客户的资产进行更准确的分析，从而让具备资格的客户在不到 60 秒的时间内收到全面的报价。Hippo 声称，其数据驱动的定价算法最多可以降低 25% 的保费成本（Fogarty，2020；Dishman，2020；Hollmer，2019）。

9.5.5 线上房地产服务

在电子商务的早期，房地产行业似乎已经成熟并可以进行一场互联网革命，以使这个历史悠久的地方性、复杂的和本地代理驱动的行业合理化，该行业垄断了消费者信息的流动。互联网和电子商务可能会让这个巨大的市场去中介化，允许买家和卖家、租客和业主直接交易，将搜索成本降至接近零，并大幅降低价格。然而，这种情况并没有发生，实际发生的一切对买卖双方以及房地产经纪人都极为有利。曾经全球互联网上估计有 10 万个房地产网站，其中许多已经消失，现在只剩余大约 1 万个（Federal Trade Commission，2018）。其余的在线网站在改变行业方面已经取得了一定的进展。美国大多数当地房地产经纪人都有自己的代理网站来和客户沟通，除此之外，他们还与数千家代理机构合作，提供多种在线挂牌服务。一些主要的在线房地产网站有 Realtor.com（现在归全球媒体巨头新闻集团所有）、Zillow 和 Trulia（现在归同一家公司所有）、Redfin、Homes.com。2020 年 1 月，Zillow 和 Trulia 共吸引了近 6 000 万独立访客，而 Realtor.com 只有 1 800 万（Rudden，2020）。

到目前为止，互联网房地产网站主要影响线下决策，已经成为房地产专业人士、房屋建筑商、物业经理和业主以及辅助服务提供商等与消费者沟通和提供信息的一种有效方式。根据全美房地产经纪人协会（National Association of Realtors）的数据，几乎所有年龄段的购房者在购房过程中的第一步都是上网，通常是通过移动设备，超过 90% 的买家使用网站作为信息来源，而移动网站、应用程序和移动搜索也分别被近 75% 的人使用，与此同时，近 90% 的人也使用了房地产中介服务（National Association of Realtors，2020）。

房地产网站提供的主要服务是提供房屋清单。全美房地产经纪人协会的官方网站 Realtor.com 的数据显示，截至 2020 年，该网站列出了超过 300 万套住宅，在桌面和移动设备端拥有约 1 800 万独立用户。房屋清单通常包含详细的房产描述、多张照片和虚拟 360 度浏览，消费者可以与抵押贷款机构、信用报告机构、房屋检查员和调查者联系，此外还有网上贷款计算器、评估报告、按社区划分的历史销售价格、学区数据、犯罪报告以及社区的社会和历史信息。如今一些网上房地产中介的收费远低于传统线下中介，后者的收费通常为售价的 5%～6%。网上房地产中介之所以可以这样做，是因为买家（在某些情况下，卖家）要做传统房地产中介的很多工作，比如找房源、选择社区、在联系网上中介之前确定感兴趣的房子。例如 Move（Realtor.com 的母公司）还提供了"找邻居"功能，允许用户选择他们的目标社区类型，其中考虑多种因素，例如学校的质量（和税收）、年龄分布、附近有孩子家庭的数量、社会和娱乐服务。Move 还为 iPad、iPhone、安卓和 Windows 手机提供移动应用程序。

虽然产业价值链尚未发生革命，但金融科技运动也开始进入房地产行业。例如，2014 年成立的在线房地产公司 Opendoor 直接从卖家那里购买房屋，跳过了聘请房地产中介的步骤，然后直接卖给买家。Opendoor 通过债务和股权筹集了 43 亿美元，在新冠疫情之前，其价值为 38 亿美元。尽管疫情迫使 Opendoor 暂停运营两个月，但它在 5 月份恢复了运营，以虚拟参观代替亲自访问（Clark，2020）。而其他初创公司，如 Qualia，则专注于创建一个数字房地产闭环平台。

9.6　线上旅游服务

在新冠疫情之前，在线旅游是最成功的 B2C 电子商务领域之一，占 2019 年美国所有 B2C 电子商务收入的近 20％。互联网已成为消费者考察旅游选择、寻求尽可能优惠的价格、预订机票、预订酒店房间、租车、寻找渡轮的最常用渠道。如今，在线预订旅行比线下预订还要多。2019 年，超过 1.5 亿人（约 67％的美国互联网用户）检索了旅游，超过 1.25 亿人在线预订了旅游项目，在线旅游服务收入达到近 2 100 亿美元。但是，旅游业是受疫情影响最严重的行业之一，疫情中断了世界各地的旅行，预计 2020 年数字旅游的收入将下降近 45％，而且预计在未来数年都不会达到疫情前的水平。在此期间，该行业的许多参与者可能会面临重大的财务挑战，例如拥有许多主要在线旅游预订品牌的 Booking Holdings 表示，如果情况没有改善，它可能会在 2020 年秋季耗尽现金（eMarketer, Inc.，2020g，2020h，2020i；Duberstein，2020）。美国在线旅游预订收入见图 9-5。

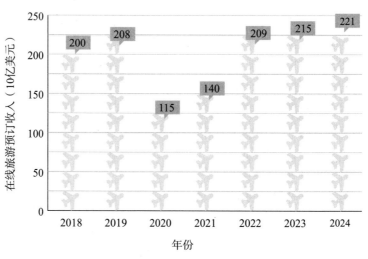

图 9-5　美国在线旅游预订收入

9.6.1　为什么线上旅游服务如此流行？

线上旅游网站为消费者提供一站式、便捷的休闲和商务旅行预订体验，旅行者可以在其中找到内容（度假和设施的描述）、社区（聊天群和公告板）、商务（所有旅游产品的购买）和客户服务（通常通过呼叫中心）。与传统旅行社相比，在线网站提供了更多的信息和更多的旅游选择，对于酒店、租车公司和航空公司等供应商来说，在线网站将数百万消费者聚集成单一的、有针对性的客户池，可以通过现场广告和促销有效地接触到这些客户，同时也创造了一个更有效的市场，将消费者和供应商聚集在一个低成本的环境中。

　　旅游服务是一种理想的互联网服务，电子商务商业模式很适合这类产品。由于旅游是一种信息密集型产品，需要大量的消费者研究，因此它也是一种数字产品。从某种意义上说，旅行的需求——计划、研究、比较购物、预订和支付大部分都可以在数字环境中在线完成，旅行预订不需要任何"库存"，没有实物资产。此外，产品的供应商——酒店、航空公司、租车公司、度假房间和导游是高度分散的，经常会有产能过剩的情况发生。供应商总是在寻找顾客来填补空房和出租闲置的汽车，它们会急于降价，并愿意在网站上做广告以吸引数以百万计的消费者。在线中介——如 Travelocity、Expedia 等不必在全美国各地的实体办公室中部署数千家旅行代理商，而是可以专注于面向全美国消费者受众的单一界面。尽管旅游服务通过集中呼叫中心来提供客户服务，但它不需要金融服务所需的那种昂贵的多渠道"实体存在"战略，因此旅游服务可以更好地"规模化"，收益的增长快于成本，但是这种效率也使得预订网站很难盈利。

9.6.2　线上旅游市场

　　旅游市场有四个主要领域：机票、酒店预订、汽车租赁、旅游套餐。机票是线上旅游最大的收入来源；机票预订很容易在网上被描述出来。汽车租赁也是如此，大多数人可以通过电话预订或网上租车。虽然对酒店的描述有点困难，但酒店品牌加上包括描述、照片和虚拟旅行在内的网站，通常会为大多数消费者提供足够的信息，让他们觉得自己好像知道要购买什么，从而让他们精神上感到满足，最终在网上预订酒店。而网上购买的旅游套餐在旅游销售额中所占比例最小。

　　越来越多的公司将它们的旅行职能完全外包给那些能够提供基于网络的解决方案、高质量服务和低成本的供应商。企业的在线供应商提供**企业网上订票方案**（corporate online booking solutions，COBS），在单个站点上提供综合的航空公司、酒店、会议中心和汽车租赁服务。

9.6.3　线上旅游业行情

　　由于旅行社网站提供的大部分是旅游商品，因此它们有相同的成本，在线供应商之间的竞争非常激烈，但进行价格竞争是困难的，因为购物者和线上网站的管理者可以很容易地比价。因此，网站之间的竞争往往集中在商品范围、易用性、支付选择和个性化上。表 9-5 列出了一些著名的线上旅游网站。

表 9-5　主要的线上旅游网站

名称	描述
休闲/非管理式商业旅行	
Expedia	规模最大的线上旅游服务提供商；休闲导向。现拥有 Orbitz、Travelocity、CheapTickets、Hotels.com、HomeAway 和 Hotwire

续表

名称	描述
Orbitz	以供应方自有预订系统起家
Travelocity	休闲导向
Booking Holdings	前身是 Priceline Group；拥有 Priceline、Booking. com 和 Kayak；是 Expedia 的主要竞争者，休闲导向
TripAdvisor	集比价和预订为一体的旅游评论网站
CheapTickets	折扣机票，酒店预订，车辆租赁；收购 Orbitz 的时候被 Expedia 纳入囊中
Hotels. com	酒店预订网站，休闲和企业导向
Hotwire	基于航班过剩库存提供折扣价格，母公司为 Expedia
管理式商业旅行	
GetThere	提供企业网上订票方案，在 Sabre Corporation 旗下
BCD Travel	一站式差旅管理公司

　　线上旅游业经历了一段激烈的整合时期。Expedia 目前拥有 Travelocity、Orbitz、CheapTickets、Hotels. com、Hotwire、HomeAway 和元搜索引擎 Trivago，它的主要竞争对手是拥有 Priceline、Booking. com 和 Kayak 的 Booking Holdings。Expedia 和 Booking Holdings 占据了美国在线旅行社预订市场高达 95％的份额，谷歌也将凭借 Google Flights 成为该市场中的一员，Google Flights 也提供预订服务。美国司法部还表示，TripAdvisor 的即时预订服务是其批准 Expedia 收购 Orbitz 的一个因素。

　　除了行业整合之外，元搜索引擎也影响了线上旅游业。元搜索引擎在网上搜索最优惠的旅游和住宿价格，然后向消费者提供价格最低的网站，并向查找者或联属公司收取费用。旅游聚合网站包括 Trivago、Kayak、Fly. com 和 Mobissimo，在许多行业领导者看来，这些网站将线上旅游业进一步商品化，导致过度的价格竞争，并从那些在库存和系统上进行了大量投资的领先品牌公司那里分流收入。

　　用于旅行前计划、预订、登记的移动设备和应用程序，以及基于背景和位置的目的地信息也正在改变线上旅游业。例如，2019 年近 1.3 亿人使用移动设备研究旅游项目，超过 8 000 万人使用移动设备预订旅游项目，约占所有数字旅游销售收入的 37％。与平板电脑相比，智能手机在搜索和预订旅游项目方面的使用频率更高（eMarketer, Inc., 2020i, 2020j, 2020k）。所有主要的航空公司现在都正针对各种移动平台的应用程序来进行航班研究、预订和管理。来自酒店和汽车租赁公司的应用程序可以让你获得绝大部分大公司的信息，如 Hertz 和 Avis 的汽车租赁信息，以及万豪、精选酒店（Choice Hotels）、希尔顿（Hilton）和温德姆酒店（Wyndham）的信息。应用程序有时会针对特定的消费者行为，例如，Expedia 报告称，其 25％的移动端酒店销售额来自距离用户当前位置 10 英里以内的酒店，这表明用户会在旅行时搜索和预订房间。同时，移动设备在当日预订中也非常流行，万豪表示其 35％的手机预订是同日旅行（eMarketer, Inc., 2017）。

　　社交媒体也对线上旅游业产生了巨大影响。用户生成的内容和在线评论正在对旅游购买决策产生越来越大的影响。在"社会透视"专栏中，我们借"虚假评论"案例来探讨行业现状及问题。

社会透视

虚假评论

人们过去依靠旅行社推荐旅游目的地、酒店和餐馆，然而如今像 TripAdvisor 和 Yelp 这样的网站已经接管了这一服务。目前 TripAdvisor 取得了巨大的成功，在 860 万个住宿和餐厅以及其他体验上有近 8.6 亿条用户评论，2019 年的收入超过 15 亿美元，全球每月有超过 4.6 亿独立访客。在新冠疫情之前，Yelp 对餐馆和其他服务的评论超过 2.1 亿条，市值约为 24 亿美元。这些网站已经成为旅行者在决定去哪里旅行、订什么酒店和在哪里吃饭时值得信赖的信息来源，一个好的评级可以在预订中价值数千美元，但网站上的所有这些评论都可信吗？

一个很好的例子是，2018 年一位名叫乌巴·巴特勒（Oobah Butler）的英国人进行了一项实验，证明了在线评论网站是多么容易被操纵。巴特勒自己曾经写过一些虚假的评论，用伪造的饭菜照片和朋友的虚假评论来假装他房子外面的小屋是一家独家的新餐馆。由于人们对这家不存在的餐厅议论纷纷，他将其命名为"达利奇小屋"（The Shed at Dulwich），巴特勒不得不拒绝了数百名渴望光顾的潜在食客，最终，小屋成为伦敦最高级的餐厅，但它从未为任何一位顾客提供过服务。

虽然在 TripAdvisor、Yelp 和其他网站上很少有这样的虚假企业，但这些平台上的许多评论都是虚假的。酒店付钱让人们创建虚假身份，发布对自己有利的评论，并抨击竞争对手。例如，2019 年"去哪儿旅行？"——一个英国消费者组织分析了热门旅游目的地排名前十的 10 家酒店的约 25 万条评论，发现其中约 15％ 的评论可能是假的，进一步表明 TripAdvisor 没有采取适当的措施来解决这个问题。但 TripAdvisor 声称，它积极追踪可疑的评论模式，在 2019 年 9 月发布了首份透明度报告，报告称其屏蔽或删除了近 150 万条虚假评论，约占 2018 年提交的评论的 2％，根据机器检测，2018 年提交的评论中约 73％ 的评论在发布之前就被屏蔽了。

企业也可能因对不良评论、虚假评论或其他内容处理不当而损害自己的声誉。在澳大利亚，由该国首富哈里·特里古博夫（Harry Triguboff）经营的酒店向 TripAdvisor 提交了虚假的电子邮件地址以接收房客的投诉，从而确保 TripAdvisor 无法联系它们要求回复，但 2018 年他的公司被罚款 300 万美元。在美国，2016 年通过的一项法律禁止公司起诉对一家企业给予诚实负面评价的顾客，此前一些企业悄悄修改了顾客协议，禁止顾客给出负面评论，并在出现此类评论时行使法律追索权。对于 TripAdvisor 和 Yelp 等平台本身是否对其网站上的评论负责，美国法院仍存在分歧。在其他地方，如英国通过了一系列消费者保护措施，以防止虚假评论和企业的其他误导行为。意大利一家法院对一家销售虚假评论的公司的所有者判处 9 个月监禁和 9 300 美元罚款。

评论的真实性对于 Yelp 和 TripAdvisor 的成功至关重要，但获得较高的评分对网站上列出的企业而言同样重要，大约 85％ 的顾客在计划旅行或用餐时依赖于评论。研究发现，如果一家企业在 Yelp 上的评分等级提高一颗星，其收入就会增加 5％～9％。另一项行业研究发现，使用 Yelp 的小企业年营收增加了 8 000 美元。在纽约，餐馆要从每年 6 500 万游客的 440 亿美元消费中分得一杯羹，TripAdvisor 是最有效的途径之一，这给企业提供了足够的发布虚假信息的动机：赞扬它们自己的生意，抨击它们的竞争对手。一项研究发现，25％ 的 Yelp 评论被贴上了"可疑"的标签。2018 年，数据分析公司 Fakespot 发布了一个工具，表明多达 33％ 的 TripAdvisor 评论可能是假的，但 TripAdvisor 反驳了这些说法，称它使用了 Fakespot 无法访问的评论者电脑的 IP 地址和系统设置等信息来检测虚假评论。

Yelp 和 TripAdvisor 都使用自己的算法自动识别和删除虚假评论。Yelp 会生成名为"消费者警示"的通知，以告知读者某项评论可能存在欺诈性，并在 2020 年引入了一种新的消费者提醒类别，识别从评论环（review ring）中受到评论的企业，并关闭了与一个评论环相关的 400 多个用户账号。TripAdvisor 聘请了 300 名专家来分析评论的完整性，并承诺发布年度评论透明度报告。然而，这些网站有足够的动机来淡化它们虚假评论问题的严重程度，因为顾客更倾向于访问一个评级较高的业务，并且网站在为一家餐厅、酒店或其他目的地创造业务机会时会收到佣金。TripAdvisor 过去曾多次因歪曲评论的真实性而被监管机构罚款，甚至更改了其宣传口号，不再提及其评论的可靠性。

芝加哥大学的研究人员开展的一项研究开创了一种技术，该技术可以自动创建虚假评论，并规避旨在检测欺诈的算法。研究人员的目的是证明这种技术可能很快就会普及，他们呼吁 TripAdvisor、Yelp 和其他网站开始开发解决方案，以前所未有的效率来处理虚假评论问题。2018 年，一组瑞典研究人员在这项工作的基础上，对算法进行逆向工程，实现了更好地检测虚假评论的目的。

尽管存在围绕着虚假评论和负面评论的不确定性，但 TripAdvisor 和 Yelp 实际上可能正在改善酒店和餐厅的服务，为企业可以改善的领域提供有价值的反馈，并增强企业这样做的动机。绝大多数消费者寻求关于他们的目的地的负面和积极的反馈，并希望真相介于两者之间。

资料来源："Tripadvisor Investor Relations," Ir. tripadvisor. com, accessed August 20, 2020; "Yelp Publicly Shames Burger Chain for Buying Fake Reviews," by Caleb Pershan, Eater. com, February 14, 2020; "Yelp Cracks Down on 'Review Rings' as Google Continues to See Widespread Mapspam," by Greg Sterling, Searchengineland. com, January 10, 2020; "The Complicated, Problematic Influence of TripAdvisor Restaurant Reviews," by Diana Hubbell, December 5, 2019; "TripAdvisor Says It Blocked or Removed Nearly 1. 5 Million Fake Reviews in 2018," by Greg Sterling, Searchengineland. com, September 20, 2019; "TripAdvisor Defends Itself in Fake Reviews Row," Bbc. com, September 6, 2019; "TripAdvisor Is Failing to Stop Fake Hotel Reviews, Says Which?," Theguardian. com, September 6, 2019; "TripAdvisor Rejects Claims That 'One in Three Reviews Is Fake'," Travelmole. com, September 24, 2018; " 'One in Three TripAdvisor Reviews Are Fake, with Venues Buying Glowing Reviews', Investigation Finds," by Guy Birchall, Foxnews. com, September 23, 2018; "Does That Yelp Review Look Too Good to Be True? This Tool May Tell You If It's Fake," by Andrew Sheeler, Sacbee. com, September 18, 2018; "A Peddler of Fake Reviews on TripAdvisor Gets Jail Time," by Sean O'Neill, Skift. com, September 12, 2018; "How TripAdvisor Changed Travel," by Linda Kinstler, *The Guardian*, August 17, 2018; "Meriton Fined $ 3 Million for Interfering With Negative TripAdvisor Reviews," by David Chau and Stephen Letts, Abc. net. au, July 31, 2018; "The Never-Ending War on Fake Reviews," by Simon Parkin, *The New Yorker*, May 31, 2018; "I Made My Shed the Top-Rated Restaurant on TripAdvisor," by Oobah Butler, Vice. com, December 6, 2017; "AI Trained on Yelp Data Writes Fake Restaurant Reviews 'Indistinguishable' from Real Deal," by James Vincent, Theverge. com, August 31, 2017; "Researchers Taught AI to Write Totally Believable Fake Reviews, and the Implications are Terrifying," by Rob Price, Businessinsider. com, August 29, 2017; "Why It's About to Get Harder to Post Fake Reviews Online," by Sophie Christie, Telegraph. co. uk, July 31, 2017; "Consumer Review Fairness Act: What Businesses Need to Know," Ftc. gov, February 2017; "Companies Will No Longer Be Able to Fine You for Negative Online Reviews," by Bruce Brown, Digitaltrends. com, November 30, 2016; "Harry Triguboff's Meriton Accused of TripAdvisor Censorship," by David Lewis, Thenewdaily. com. au, November 24, 2016; "Fake It Till You Make It: Reputation, Competition, and Yelp Review Fraud," by Michael Luca and Georgios Zervas, Harvard Business School, July 2015.

9.7　线上职业服务

除了旅游服务之外，互联网上最成功的在线服务之一就是就业服务（招聘网站），线上职业服务允许用户免费发布个人简历，还提供其他相关的职业服务，在收取一定费用后，会提供公司发布的职位空缺。职业服务网站向用户提供增值服务并向相关服务提供商收取费用，也从其他渠道获得收入。

美国有一万多个招聘网站，在线招聘市场由三大巨头主导：社交网络领英（见第11 章章首案例）、Monster 和 CareerBuilder。招聘信息聚合网站，如 Indeed 和 SimplyHired——日本人力资源公司 Glassdoor 旗下的两家企业——允许员工在网上对公司发表匿名评论，都很受欢迎。

传统而言，公司依靠五种招聘工具：分类和印刷广告、职业博览会（或贸易展）、校园招聘、私人职业介绍所（现在称为"人力资源公司"）和内部推荐计划。与在线招聘相比，这些工具有严重的局限性。印刷广告通常针对字数收费，这限制了雇主提供招聘职位的详细信息的数量，也限制了招聘职位发布的时间。职业博览会不允许对参会者进行预先筛选，并且招聘人员可花在每位候选人身上的时间也有诸多限制。人力资源公司收取高额的费用，并且只能提供有限的、本地化的选择。校园招聘还限制了招聘人员在正常访问期间可以与之交谈的候选人的数量，并要求雇主到大量的校园去招聘。内部推荐计划可能会鼓励员工为职位空缺推荐不合格的候选人，以便有资格获得公司提供的奖励或激励。

在线招聘克服了这些困难，用一种更高效、更划算的方式将雇主和潜在雇员联系起来，同时减少了招聘的总时间。此外可以让求职者更容易地创建、更新和分发他们的简历，同时收集潜在雇主的信息用于求职。

9.7.1　这仅仅是信息而已：理想的线上生意？

在线招聘非常适合网络，因为招聘是一个信息密集的商业过程，它涉及个人技能的展示和薪酬要求，并将这些个人信息与可得到的工作进行匹配。为了完成这一匹配，最初不需要面对面的互动，也不需要大量个性化的展示，在互联网出现之前，这种信息共享是通过本地的朋友、熟人、前雇主和亲戚的人际网络完成的，此外还有职业介绍所提供的关于求职者的纸质文件。互联网可以明显地使这种信息自动流动，减少各方的搜索时间和成本。

表 9-6 列出了受欢迎的一些招聘网站。

表 9-6　受欢迎的招聘网站

招聘网站	简介
综合招聘网站	
领英	专业人士的社交网络，已经成为线上招聘的主要途径
Monster	成立于 1994 年，是最早的商业性线上网站之一，现在已经成为一家在 50 个国家和地区提供综合岗位的公司
CareerBuilder	工作机会和建议的来源，现主要由 Apollo Global Management 所有，后者是一家私人投资集团

续表

招聘网站	简介
Indeed	工作信息整合网站
SimplyHired	工作信息整合网站
Craigslist	提供专注于本地招聘的分类列表服务
Glassdoor	最出名的一个特色是前雇员可以匿名对公司进行评论，该网站提供数以百万计的职位
搜索网站	
Korn Ferry Futurestep	基层管理人员招聘
Spencerstuart	中层管理人员招聘
ExecuNet	猎头公司
小众求职网站	
SnagAJob	兼职与小时工求职网站
USAJobs	政府公职求职网站
HigherEdJobs	教育行业求职网站
EngineerJobs	工程师类求职网站
Medzilla	生物科技、制药、医药和保健行业求职网站
Showbizjobs	娱乐行业求职网站
Salesjobs	销售和营销类求职网站
Dice	信息科技类求职网站

　　为什么那么多求职者和雇主使用招聘网站？招聘网站之所以受欢迎，很大程度上是因为它们为求职者和雇主节省了时间和金钱。对雇主来说，求职公告栏扩大了他们搜索的地域范围，降低了成本，并利于更快地做出招聘决策。

　　对于求职者来说，网站之所以流行，不仅是因为他们的简历可以投向更多的招聘者，还因为网站提供其他各种相关的求职服务，且服务范围大幅扩大。最初，在线招聘网站只提供数字版的报纸分类广告，如今的网站提供许多其他服务，包括技能评估、个性评估问卷、求职者个性化账户管理、组织文化评估、求职工具、雇主屏蔽（阻止你的雇主看到你的帖子）、雇员屏蔽（如果你是他们的雇主，阻止你的雇员看到你的帖子）、电子邮件通知等。在线网站也提供许多教育服务，如简历写作建议、软件技能准备和面试技巧。

　　大多数情况下，在线招聘网站的作用在于将求职者与工作联系起来，但它只是人们实际找工作的许多方式之一。世界大型企业联合会（The Conference Board）的一项调查发现，大多数（70%）求职者通过互联网和报纸找工作，其中大约一半依靠口碑，大约 1/4 依靠职业介绍所。考虑到在网上发布简历的成本为零，其边际回报是非常高的。

　　网上发布简历的便利性也给招聘人员和求职者带来了新的问题。如果你是一位雇主，当你发布了一个空缺职位时，你如何在成千上万的简历中筛选？如果你是一名求职者，你如何在成千上万甚至上百万的求职者中脱颖而出？也许一种方法是发布视频简历。Vault 进行的一项调查中，接近 90% 的雇主表示，他们会看视频简历，部分原因是视频简历可以帮助他们更好地评估候选人的专业表现和举止，超过一半的人说他们相信视频将成为未来工作申请中一种常见的补充工具。CareerBuilder 成为第一个为求职者提供视频简历工具的大型在线求职网站，此前该网站曾推出过一个为雇主打造品牌的在线视频工具。

在线招聘网站最重要的功能之一，与其说是将雇主与求职者匹配起来，还不如说是确定市场价格、条件以及劳动力市场趋势。在线招聘网站确定雇主和求职者的薪酬水平，并对达到这些薪酬水平所需的技能进行分类，从这个意义上说，在线招聘网站是建立劳动力市场贸易条件的在线全国性市场。国家招聘网站的存在应该促进工资合理化，更大的劳动力流动性，更高效率的招聘和运营，因为雇主能够快速找到他们需要的员工。

9.7.2 线上招聘行业趋势

2020—2021 年线上招聘服务行业的趋势如下。

● **社交招聘**：根据最近一项针对 850 名招聘领域专业人士的调查，77％的人将领英作为主要求职资源，73％的年龄在 18 岁至 34 岁之间的人通过社交渠道找工作（Hudson，2019；Jobvite，2018）。领英是最知名的商务社交网络，已经在 200 多个国家和地区拥有超过 7.05 亿的用户，超过 5 000 万家公司入驻该平台。领英的企业招聘解决方案被超过 90 家《财富》100 强公司使用，超过 2 000 万个空缺职位在领英上列出。消费者正在使用领英等网站建立业务联系和网络，例如，根据领英的数据，其会员每年在领英上进行近 60 亿次专业搜索。此外雇主也在使用领英进行搜索，寻找可能没有积极找工作的潜在求职者，例如，LinkedIn Talent Solutions 提供帮助企业招聘人员找到"被动人才"（不积极寻找新工作的人）的工具，以及专门为招聘设计的定制公司简介。社交网络也被雇主用来"核查"求职者的背景，最近一项针对 2 300 多名经理和人力资源从业者的研究发现，70％的人使用社交网络来筛选求职者，57％的人因为社交网络上的内容而拒绝了求职者。雇主通常会搜索脸书、推特和领英，挑逗性或不恰当的照片是对求职结果最大的负面影响因素，其次是饮酒和吸毒。然而招聘人员也注意到，完全不在网上露面也会对求职者造成负面影响，47％的招聘人员表示，如果他们在网上找不到求职者的信息，他们就不太可能面试此人（CareerBuilder，2018）。

● **移动平台**：与其他形式的服务一样，职业服务公司也开始转向移动平台。一项针对 Glassdoor 用户的调查发现，近 60％的人使用移动设备找工作，超过 1/3 的人表示他们更喜欢用手机找工作（Zhao，2019）。为了达到这一目标，领英、CareerBuilder、Monster 和大多数其他主要网站都有一个移动网站，以及允许求职者创建和上传简历的应用程序，通过关键词、地点和公司搜索工作，通过电子邮件寻找工作，浏览和申请等。例如，领英的应用程序也可以根据你在个人资料页面上提供的数据来推荐工作机会，超过 70％的 CareerBuilder 用户使用移动设备，而在会员群体中，约 60％的用户使用移动设备访问领英（CareerBuilder，2019；LinkedIn，2020）。

● **视频和远程招聘**：新冠疫情加速了通过 Zoom 等视频会议应用程序进行远程招聘的趋势。

● **工作搜索引擎/整合器**：与旅游服务类似，专门针对工作的搜索引擎正在对已建立的在线求职网站构成新的威胁。例如，Indeed 和 SimplyHired 从 Monster、CareerBuilder、专业招聘服务等数千个在线招聘网站和个人雇主的网站上"抓取"招聘信息，并提供数千个免费的、可搜索的招聘信息索引。因为这些公司不向雇主收取列表费，它们目前使用的是按点击付费或其他广告盈利模式。

● **数据分析、人工智能和算法**：企业越来越多地在招聘过程中使用大数据技术、人工智能技术和自适应算法帮助它们筛选在线求职申请，并将求职者与空缺职位匹配起来。例如，总部位于旧金山的初创公司 Workstream 被万豪、优步等公司使用，它整合了在线招聘板，并通过聊天机器人与求职者互动（Banjo，2020）。

9.8　按需服务公司

按需服务公司提供了一个平台，使各种服务能够按需交付。通过联系供应商（"卖家"），利用其"备用"资源，如汽车、房间，并通过他们的个人劳动提供各种服务的能力，满足想要利用这些资源和服务的消费者（"买家"）的需求。我们有时用以下短语描述这些在线业务："共享经济""协同商务""点对点消费""网络经济"等。然而，与传统的共享交易中不收取任何费用不同，这些公司对使用其平台的卖家和买家都收取费用。在过去的几年里，数百家初创公司创造了大量这样的平台，允许资源的所有者将这些资源的使用权出售给那些不愿或无法自己购买这些资源的消费者。

在过去的五年中，这些按需服务公司的数量呈指数级增长。表 9-7 仅描述了数百家公司中的一小部分，这些公司的商业模式是提供交易平台，以实现各种服务的按需交付。请阅读"商务透视"专栏中的案例"食品按需服务：Instacart 和 Grubhub"，这两家公司专注于食品按需配送服务。

表 9-7　按需服务公司示例

公司	提供的服务
爱彼迎	住宿
优步	交通
来福车	交通
TaskRabbit	跑腿和家务
Instacart	杂货采购
Grubhub	外卖
DoorDash	外卖
Postmates	导游

商务透视

食品按需服务：Instacart 和 Grubhub

当按需送餐服务公司刚成立时，没有人预料到新冠疫情会将送餐转变为一项日常需求。Instacart 是食品杂货外卖服务的引领者之一，Grubhub 是餐厅外卖服务的引领者之一，这两家公司的业务和收入在疫情期间都出现了激增。与此同时，和其他的按需外卖服务公司一样，它们对待员工的方式和以牺牲服务质量为代价从而获取暴利的行为受到了抨击。

Instacart 的创始人是 Y Combinator 2012 年夏季创业训练营的毕业生（见第 1 章的"商务透视"专栏中的案例）。他是曾在亚马逊担任供应链工程师的阿普瓦·麦赫塔（Apoorva Mehta），他允许顾客在网上或 Instacart 应用程序订购杂货，然后 Instacart 会将顾客与附近购买和配送杂货的热心代购者联系起来。在美国，85％的家庭和 5 500 多个城市都可以使用 Instacart。

Instacart 应用程序可以让代购者通过导航来定位商品。当目标商品无法购买时，它会实时为你更新代购者，并提供高度可定制的选项，从顾客选择的杂货店中找到其替代品。该应用程序允许代购者直接与顾客交流，条形码扫描功能允许代购者验证他们是否为顾客挑选了正确的商品。此外 Instacart 在分析方面投入了大量资金，该公司称其送货效率有所提高，并且延迟送货的情况有所减少。

Instacart 有多种收入来源，除了向客户收取送货费外，还从通用磨坊（General Mills）和百事等品牌处获得广告收入，通过办理年度会员业务为会员提供无限制的送货服务。Instacart 还与希望提高在线配送能力的杂货店达成了收入分成协议，它已经与许多北美顶级杂货连锁店合作，包括 Publix、开市客、阿尔迪、克罗格、韦格曼斯和西夫韦等，现在其服务在美国和加拿大的 3 万多家不同的商店均可用。对于这些连锁店来说，Instacart 是它们与全食超市和亚马逊这些对手竞争的最佳帮手。

2016—2019 年，Instacart 在线上杂货销售中的份额稳步增长，尽管 2017 年亚马逊收购了它最大的客户全食超市，Instacart 的份额仍从 6.6％增长到 14.5％。新冠疫情暴发后，消费者希望使用 Instacart 实现不需要去实体店就能买到杂货的目的，这种需求前所未有，Instacart 也因此受益。据报道，Instacart 在其 8 年的历史中首次实现了盈利。该公司押注的是，其在疫情期间发展起来的业务势头将继续下去，其间发展的客户即使在疫情过后也将继续使用该服务，此外该公司计划在近期增加 30 万独立承包商。

在业务蓬勃发展的同时，Instacart 也备受争议，尤其是与代购者（送货员）的待遇有关。在疫情期间，Instacart 的员工计划举行一次全国范围的罢工，称其未能提供必要的个人防护设备，并要求提供意外保险以及改变小费政策。尽管 Instacart 做出了一些改变，但这个问题可能会一直持续下去。

Grubhub 是另一家在疫情期间报告了创纪录收入的公司，是美国按需外卖市场上最著名的公司之一。用户可以在使用 Grubhub 应用程序时输入他们的地址，然后就能看到该地区所有的本地送餐餐馆，以及提供食物以供接取的餐馆的位置，也可以根据名称、菜单或菜肴风格来缩小选择范围，支持电话或在线预订。Grubhub 还为用餐者提供特价、评论和其他福利，对于那些规模较小、没有自己应用程序的餐厅而言，与 Grubhub 合作可以从手机用户那里吸引更多的顾客，有效提高它们的知名度。Grubhub 目前与 3 200 多个城市的 16.5 万多家餐馆建立了合作关系。

Grubhub 成立于 2004 年，并于 2014 年上市。它的收入和活跃用户的数量增长迅速，收入从 2015 年的 3.6 亿美元增长到 2019 年的超过 13 亿美元，活跃用户的数量从 2015 年的 670 万增长到 2019 年的 2 200 万以上。2013 年，该公司与其主要竞争对手 Seamless 合并，随后又收购了 Eat24 Foodler、Restaurants on the Run、LAbite、Tapingo 和 LevelUp。然而市场竞争仍然激烈，Grubhub 面临着巨大的挑战，其主要的竞争对手包括 DoorDash、UberEats、Postmates 和 Caviar 等。

和 Instacart 一样，Grubhub 也一直饱受争议，因为它将司机归类为独立承包商而非正式雇员，加利福尼亚州即将引进一条要求将这些工人重新归类为正式雇员的法律，Grubhub 一直关注此事。2019 年，人们发现 Grubhub 购买了数千个与使用其服务的餐馆名称相关的域名，在某些情况下，网站看起来属于某家餐厅，实际上却链接到 Grubhub。有些餐馆抱怨 Grubhub 这样的服务抢走了它们一部分收入，每单占比 15%～40%。在疫情期间，批评人士向 Grubhub 提出诉讼，指控 Grubhub 以餐馆的挣扎求生为代价来获利。

2020 年 5 月，优步正在处理自己受疫情影响的业务问题，向 Grubhub 提出收购，希望与自己的 UberEats 合并。然而，两家公司未能达成协议，部分原因可能是合并后的公司的市场份额过大，一些国会议员担心合并会造成垄断。Grubhub 已同意在 2021 年初与一家欧洲公司 Just Eat Takeaway 合并，Grubhub 目前估值为 73 亿美元。

资料来源："Instacart Raises $225 Million at $13.7 Billion Valuation," by Megan Dickey and Natasha Mascarehnas, Techcrunch.com, June 11, 2020; "Just Eat Takeaway to Acquire Grubhub for $7.3 Billion," by Kate Conger, Adam Satariano, and Michael de la Merced, *New York Times*, June 10, 2020; "Grubhub Spurns Uber and Will Merge with Europe's Just Eat Takeaway," by Sean O'Kane, Theverge.com, June 10, 2020; "As Diners Flock to Delivery Apps, Restaurants Fear for Their Future," by Nathaniel Popper, *New York Times*, June 9, 2020; "Instacart Makes Changes to Tip Policy Following Shopper Complaints," by Natasha Mascarenhas, Techcrunch.com, June 5, 2020; "Grubhub Collected Record Fees from Restaurants Struggling to Stay Alive During the Pandemic," by Venessa Wong, Buzzfeednews.com, May 7, 2020; "Report: Coronavirus Grocery Delivery Demand Has Made Instacart Profitable for the First Time," by Kris Holt, Forbes.com, April 27, 2020; "Grubhub Provides Business Update and Timing of First Quarter 2020 Earnings Announcement," Media.grubhub.com, April 13, 2020; "Instacart Shoppers Plan to Strike over Coronavirus Protections," by Derrick Taylor, *New York Times*, March 28, 2020; "Instacart Finds Online Grocery Success Beyond Whole Foods," by Matt Pace, Digitalcommerce360.com, October 22, 2019; "Grubhub Is Buying Up Thousands of Web Addresses. That Means Mom and Pop Can't Own Their Slice of the Internet," by H. Claire Brown, Thecounter.org, June 28, 2019; "Instacart Needs to Treat Its Delivery Workers 'Much, Much Better,'" by Kurt Wagner, Recode.net, September 18, 2018; "How Grubhub Analyzed 4 000 Dishes to Predict Your Next Order," by Adam Rogers, Wired.com, April 2, 2018; "In Wake of Amazon/Whole Foods Deal, Instacart Has a Challenging Opportunity," by Jordan Crook, Techcrunch.com, June 17, 2017.

协同商务、交易平台和点对点消费并不是什么新鲜事。eBay 以拍卖或固定价格出售物品，而按需服务公司则提供出售汽车、房间、空间，甚至是技术人员的渠道。这些公司的创新之处在于，首先它们利用移动和互联网技术使交易能够在其平台上进行，汽车和住宿服务尤其如此，因为它们的交易发生在本地且是可移动的。其次，这些公司的增长是由基于同行评审的在线声誉系统来支持的，以此建立一个可信任的环境，卖家和消费者可以放心地进行交易。对服务提供者和消费者进行在线同行评审有助于确保双方都有可接受的声誉评价，并使卖家提供高质量的服务，这些公司从 eBay 和网飞那里学到了同行评议和评级的重要性。最后一个因素是成功的公司降低了城市交通、住宿、办公空间和个人跑腿服务的成本，能够做到这一点的公司对现有公司和商业模式产生了极大的冲击。

优步和爱彼迎是名气最大的按需服务公司。第 1 章的章首案例对优步进行了描述，并对按需服务商业模式引发的问题进行了深入讨论。

爱彼迎成立于 2008 年，最初的业务是为商务会议的与会者寻找住宿的地方，从那以后爱彼迎的业务扩展到了整个住宿市场，并呈指数级增长。爱彼迎目前覆盖了

220 多个国家和地区的 10 万多个城市，列出了 700 多万处可供出租的房产，其中包括蒙古国的 1 400 多个住宅和几十个蒙古包。自成立以来，爱彼迎已经超过了全球最大的私人连锁酒店洲际酒店（Intercontinental），后者在全球拥有 5 895 家酒店和超过 88 万间客房。有空间出租的人（从一个沙发到一套公寓或整栋房子）只需创建一个账号并填写个人资料，然后在网站上列出房产，收费的多少取决于房东对附近类似房源和市场需求的评估。寻求出租屋的旅行者注册并创建一个账号，填写个人资料，然后他们可以查阅网站列表，阅读房东的房间描述，并联系房东安排房间。租期过后，房东会对租房者打分，反之亦然，租房者通过他们的爱彼迎账户付款，但只能用信用卡支付，爱彼迎根据预订价格向租房者收取 6%～12% 的费用，向房东收取 3% 的费用。在年底，房东会收到一份 IRS 1099 表格用于填报应缴的税款。

在新冠疫情之前，爱彼迎通过股权和债务融资筹集了约 44 亿美元，估值为 310 亿美元。2020 年 4 月，疫情暴发后爱彼迎又筹集了 20 亿美元用于运营，但估值仅为 180 亿美元。爱彼迎最初预计其 2020 年的收入将不到 2019 年的一半，然而在 5 月中旬，爱彼迎报告其业务开始恢复，尤其是本地旅游业务。尽管许多人认为爱彼迎 2020 年的上市计划将会被搁置，但在 2020 年 8 月，爱彼迎为当年晚些时候可能的公开募股向美国证券交易委员会提交了首次公开募股文件（Schaal，2020；Primack，2020；Winkler，2020；Rana，2020）。

优步和爱彼迎不仅是最知名的按需服务公司，也是最具颠覆性和争议性的公司，例如在爱彼迎网站上，房屋出租者没有酒店业主所面临的被监管或缴税的压力。爱彼迎的成功可能会大大减少对受监管的酒店的需求，关于这一主题的研究很少，但早期的一篇论文发现，爱彼迎对低端旅游酒店的租金收入有较小的影响，对商务旅行酒店几乎不存在影响（Zervas et al.，2015）。这些按需服务网站上的交易可能会产生负面结果（例如司机抢劫或伤害乘客，或公寓被租客破坏），这导致两家公司都要求用户购买责任险，或者免费提供此类保险。和优步一样，爱彼迎也面临着重大的法律挑战，它已经对美国多个城市或州政府提出了至少 11 起诉讼。2017 年，爱彼迎解决了一项针对旧金山市的联邦诉讼，同意按照旧金山市的短期租赁法律，使用爱彼迎开发的自动化系统注册该市的所有房主，然而爱彼迎不会以任何方式承担法律责任。在纽约，爱彼迎持续受到一项法律的束缚，该法禁止纽约市的大多数公寓出租少于 30 天，除非房东在客人入住期间在场。纽约市的另一项法律规定，如果爱彼迎网站上的房东发布的房源违反了这一法律，房东要被处以罚款。2019 年 12 月在波士顿生效的新规定要求房东切实拥有自己的房产，并在一年中至少居住九个月，爱彼迎在荷兰、德国和西班牙等国家也面临着类似的困境。瑞银集团（UBS）的一份报告显示，此类监管对爱彼迎的业务产生了负面影响，房源列表和房间预订的增速低于上一年（Carville，Tartar，and Lin，2020；Feuer，2019；Ting，2017）。

9.9 电子商务相关职位

本章对电子商务在零售和服务行业中如何使用进行了概述。

正如你在本章中了解到的，随着越来越多的消费者在网上购物，传统以实体店为基础的零售业务遇到了麻烦，由于新冠疫情的影响，这种情况进一步恶化。尽管沃尔玛、塔吉特、开市客和 Dick's Sporting Goods 等零售商逆势而上，但梅西百货、西尔斯和杰西潘尼等主要零售连锁店正在关闭数百家线下门店，许多较老的购物中心已经关闭，许多小众零售商也宣布破产。尽管零售商店的销售额持平或下降，在线零售却在增长。为了应对线上的竞争对手，实体店零售商正转向多渠道战略，大力投资网站、移动应用程序和社交媒体，鼓励在实体店和网上购物，并提供当日送货服务，因此涉及零售电子商务的工作越来越多。例如，2007—2017 年，零售电子商务创造了近 40 万个新工作岗位，而传统实体零售领域的就业岗位总体减少了 7.6 万个。此外电子商务领域的工资也更高，比传统零售高出约 30%（Sorkin，2017）。

9.9.1 公司简介

该公司是一家奢侈时尚产品零售商，在美国和加拿大拥有超过 260 家店面，销售服装、鞋子、珠宝、手袋和家具。该公司拥有多个网站，包括一个清仓网站、一个奢侈品网站，以及脸书、Instagram 和 Pinterest 页面。虽然其实体店的销售与其他零售商一样萎靡不振，其线上销售额却以每年 10% 的速度增长，目前占其销售额的 20% 左右。该公司正计划大规模扩张其在线业务，以此与纯线上零售商竞争，并发展更稳固的全渠道业务。

9.9.2 职位：电子商务规划助理

你将在电子商务规划团队中与一些内部部门协同工作，以确保实现高效的客户体验并积极推动电子商务的收入增长。你的职责包括：

- 收集和分析网络信息并提出建议，以进一步改善客户体验并实现销售增长。
- 推荐并管理网站的补充内容/板块。
- 倡导最佳实践、新的行业趋势、增加线上销售额的机会和在线品牌推广。
- 与内部团队合作，制定并实施相关规划。
- 分析消费者行程。
- 与网站设计师合作，提升客户体验，优化数字平台，通过销售渠道的开发增加客户量，推动转化率，增加回头客。
- 通过定性和定量分析来支持业务，推动现场优化。
- 利用网站分析来优化客户体验，包括但不限于对产品页面、导航和各种数字平台的 SEO/SEM 搜索进行分析。
- 与电子商务和营销团队合作，围绕推荐、评论和算法等社交网络功能寻找机会。

9.9.3 资格/技能

- 商务或市场营销学士，学习过电子商务、统计学和信息系统课程。
- 有消费者网络营销策略的经验或知识。
- 了解社交和移动营销工具。
- 了解网站导航、消费者路径和用户界面设计。
- 熟悉电子商务网站分析工具和绩效指标。
- 优秀的分析能力和解决问题的能力。
- 较强的计划和组织能力。
- 优秀的书面表达和口头沟通能力。

● 较强的团队合作精神和领导能力。

9.9.4　面试准备

对公司及其所在行业做背景调查，其与竞争对手相比表现如何？重读章首蓝色尼罗河的案例，以及 9.1 节和 9.3 节（特别关注涉及全渠道零售的内容）。还可以复习 9.2 节，以便你可以展示战略分析和财务分析方面的基本知识。亚马逊的案例也是值得仔细考察的，因为了解亚马逊及其影响是所有线上零售人员的必修课。最后，重读第 6 章关于奢侈品市场营销的"商务透视"专栏中的案例来理解面向富人的网络营销的成功因素和挑战。最后对奢侈品市场进行背景调查，并针对富人进行营销。

9.9.5　可能的面试问题

1. 你觉得亚马逊在面对消费者方面如此成功的原因是什么？

在这里，你可以从本章的电子商务实例研究中了解到关于亚马逊的情况，以及你自己使用亚马逊的经验。亚马逊以其强大的产品搜索引擎和方便消费者从搜索到购买的业务流程脱颖而出，Prime 会员两日内免费送达和非常宽松的退货政策也是亚马逊成功的关键。

2. 我们正计划开发一种强大的全渠道能力，使消费者能够将网上购物和店内购物结合起来，包括在我们的商店当天取货。你认为这一努力的关键成功因素是什么？挑战是什么？

在这里，你可以利用你从本章（特别是表 9-3）中学到的信息，以及你自己在沃尔玛、西尔斯、杰西潘尼等全渠道零售公司的购物经验。成功的关键有商店和网站品牌的一致性，供消费者查看本地商店或网上库存的自助查询服务，以及需要对本地商店员工进行重新培训，使他们成为网上订单或消费者在当地提货的提货员。

3. 我们该如何运用社交网络和移动平台来驱动销售增长？

在网上销售奢侈品需要创造令人印象深刻的形象，以呈现向非常高端的受众出售的品牌和产品。像 Instagram 和 Pinterest 这样的平台是理想的选择。

4. 我们专注于奢侈品，这使我们区别于其他大众市场零售商，这将对我们的移动端商务有何影响？

手机屏幕的大小非常有限，所以重点应该放在照片和图片设计上，这些图片可以通过点击把手机用户导向网页，或者一个更完整的照片和服装配饰的描述的集合。

5. 在开发网站内容上你有什么经验？

你可以谈论你开发的博客或网站内容的经验，包括照片、视频和文本，一定要提到哪些是有效的，哪些是无效的，以及你从这些经历中学到了什么。你也可以描述你发现的真正令人印象深刻的网站内容，也可以描述不吸引人的内容。

问　题 //////////////////////

1. 为什么有很多企业家最开始选择在线上零售领域创业？
2. 如今，是什么决定了线上业务是否能盈利？
3. 线下零售业务中哪个细分市场最像线上零售业？为什么？
4. 描述在电子商务增长之前的零售技术革命。其中的哪些创新使得后来的在线零售成为可能？

5. 列出两个电子商务分析者早期对消费者和其购买行为所做的但最终被证伪的假设。

6. 解释线上零售中相关的去中介化和超中介化的区别。

7. 比较虚拟商家和实体零售公司。哪种类型的线上零售商最像虚拟商家？

8. 供给推动模式和需求拉动模式的区别是什么？为什么大多数制造商直销公司很难从前者转向后者？

9. 与企业能力有关的几个战略问题是什么？它们与行业相关的战略问题有何不同？

10. 下面哪一个指标能更好地衡量公司财务健康状况：收入、毛利润率还是净利润率？为什么？

11. 在线上环境中提供服务存在哪些困难？例如，什么因素造成了服务部门与零售部门的差异？

12. 比较两种主要类型的在线服务行业。有哪两个主要特征区别服务与其他行业？

13. 全国性线上保险行业增长的最大障碍是什么？

14. 定义渠道冲突，并解释它怎样应用于零售业。

15. 房地产网站最常见的用途是什么？大多数消费者在访问它们时都会做什么？

16. 旅游服务供应商如何从消费者使用旅游网站中受益？

17. 列举并介绍五种被公司用于识别和吸引雇员的传统招聘工具。与线上招聘网站相比，这些工具的缺点是什么？

18. 除了将求职者与空缺职位匹配之外，线上招聘网站还有哪些更重要的功能？解释这些网站是如何影响薪酬和行业标准的。

19. 描述按需服务公司的商业模式。

20. 为什么按需服务公司会饱受争议？

网络内容与网络媒体

学习目标

学完本章，你将能够：
- 了解媒体和网络内容消费的主流发展趋势、数字内容交付的主要收入模式、数字版权管理以及媒体整合的概念
- 了解影响网络出版业的关键因素
- 了解影响网络娱乐业的关键因素

章首案例　　　　　　"网络广播系统"进入黄金时段

哥伦比亚广播公司（CBS）、全国广播公司（NBC）、美国广播公司（ABC）和有线电视都进入了网络行业，不断发展的互联网已成为电视和电影的另一个分销系统。观众人数众多：2020年，超过2.95亿美国人观看了某种形式的电视。

你可能听说过"内容为王"这句话。过去，这句话指的是内容的质量是最重要的。今天，它也具有了一个新的含义：高质量、优质的内容，提供了一个通过吸引付费用户和数字广告来创造收入的绝佳机会。科技和电信公司想要从中分一杯羹，正在投入数千亿美元创建原创内容或购买已经拥有内容的公司。谷歌、苹果和脸书已经加入了网飞、Hulu和亚马逊的竞争，竞相许可、制作和购买视频内容（或拥有视频内容的公司）。无线电信公司威瑞森（曾收购美国在线和雅虎）和AT&T（曾在2018年收购时代华纳）也加入了这场争夺战。传统的有线电视和广播公司都在奋力追赶。

多年来，电视节目都是通过广播电视网络提供的。后来，有线电视和卫星电视成为主导系统。今天，有线电视和卫星电视系统仍然为8 000万美国家庭提供电视和互联网服务。但有线电视和卫星电视公司很难留住用户，尤其是那些18～34岁的用户，他们正转向所谓的超越巅峰（OTT）互联网视频流媒体服务。有线电视通常不受欢迎：原因是它太贵了（通常每月超过100美元），只能提供直播（不能点播或互动），不能疯狂观看系列节目，还要求用户接受数百个频道的捆绑服务，这些频道中大部分用户都不太感兴趣。有线电视和卫星电视提供商喜欢夸耀它们提供数百个甚至数千个频道。但是谁真正会看那么多频道呢？

因此，近 25% 的美国家庭（被称为"剪线族"）已经放弃了付费电视订阅。在未来五年中，"剪线族"、"绝缘族"（16% 从未使用付费电视的家庭）和"减线族"（将付费电视订阅减少到最低标准的家庭）将使得付费电视用户数量以每年超过 5% 的速度减少。在个人层面（不是以家庭为单位），大约 6 500 万人（约占美国人口的 25%）不再使用有线电视服务，而另外有 3 200 万人（13%）从来没有使用过有线电视服务。有线电视和卫星电视的市场虽然没有崩溃，但也没有扩张。

"剪线族"和"绝缘族"去哪了？他们的第一站通常是三大订阅视频点播（SVOD）服务中的一个或多个：网飞、亚马逊 Prime 视频和/或 Hulu。2020 年，超过 2.05 亿人（约占美国人口的 62%）是 SVOD 用户。网飞的月收费为 8.99～15.99 美元，并且网飞已经拥有超过 7 000 万美国用户。亚马逊 Prime 视频已经拥有超过 1.5 亿会员，会员可免费观看其视频。Hulu 拥有超过 3 500 万用户，他们的花费是 5.99～11.99 美元。最新的主要参与者是迪士尼＋和苹果电视，迪士尼＋于 2019 年 11 月推出服务，每月收费 6.99 美元（或者每年 69.99 美元），截至 2020 年 9 月，其用户已超过 6 000 万。据报道，苹果电视大约在同一时间推出，拥有约 1 000 万用户。其他可选择的企业也非常多。哥伦比亚广播公司是最早意识到"互联网广播系统"构成严重威胁的广播网络之一，并在 2015 年推出了自己的流媒体，即点播服务 CBS All Access，提供超过 10 000 集当前和过去节目的点播，以及哥伦比亚广播公司直播节目（新闻、事件和体育节目），费用为 5.99～9.99 美元。主要的有线电视节目提供商 HBO 迅速跟进，推出 HBO Now（2020 年 5 月更名为 HBO Max），此外还有 Showtime 和 Starz。迪士尼旗下的娱乐体育节目电视网（ESPN）也于 2018 年推出了自己的流媒体服务 ESPN＋，如前所述，迪士尼本身也于 2019 年 11 月跟进。竞争后期，资金很充裕的是谷歌/YouTube（拥有 YouTube TV）和脸书（Facebook Watch 和 Instagram IGTV），它们正在全面开战，以吸引它们已经争取到的用户。

传统的电视内容分销系统面临着额外的挑战。科技巨头们正在进军原创电视节目领域，并利用它们的互联网技能和品牌来创造、推广和传播电视内容。越来越多的原创内容来自网飞、亚马逊、Hulu 和苹果等非传统来源。最成功的 SVOD 服务公司网飞，也制作了原创电视剧和电影。网飞的第一部原创电视剧是《纸牌屋》(House of Cards)，它获得了多项艾美奖。网飞每年都推出新剧集，包括《黑镜》(Black Mirror)、《王冠》(The Crown) 等热门剧集，在此过程中，它已成为一个类似于广播和有线电视系统运营的电视网络。据报道，在新冠疫情之前，网飞计划在 2020 年投资超过 170 亿美元进行内容原创。亚马逊创建了亚马逊工作室，制作了许多原创剧集，如《博世》(Bosch)、《了不起的麦瑟尔夫人》(The Marvelous Mrs. Maisel) 和《高堡奇人》(The Man in the High Castle)，并计划在 2020 年斥资 43 亿美元制作新内容。Hulu 还制作了一系列原创剧集，如广受好评的《使女的故事》(The Handmaid's Tale)，并且 2020 年的内容预算为 25 亿美元。苹果计划在 2020 年投资 40 亿美元，预计未来几年内，其支出将超过亚马逊。谷歌推出了自己的订阅电视网络——YouTube TV，目前提供 70 个付费频道，用户已超过 200 万。脸书似乎是唯一一家正在放弃在原创内容上投入巨资的科技巨头。尽管到 2020 年，脸书在 Facebook Watch 上的投资预计将达到 14 亿美元左右，但据报道，这家公司已经削减了原创节目的预算。

电视/电影制作生态系统之所以受益，是因为它不再仅仅依靠广播或有线电视频道来传播其内容。随着互联网巨头争夺人才，制片人、导演、摄影师和演员的短缺已经出现。2019 年，正在制作的电视剧有 532 部，是 2010 年的 216 部电视剧的两倍多。

内容制作者也面临着新的机遇和风险。过去，探索频道、TNT、历史频道、TBS、FX 等制作或委托制作原创内容的有线内容提供商是主要的内容制作者。它们通过向有线电视和卫星电视提供商收取专利费来赚钱。然而，有线电视行业高度集中，少数公司（康卡斯特、Charter Spectrum（由 Charter、时代华纳有线电视和光明之家网络（Bright House Networks）合并而成）和 Altice（Optimum

Online）)控制着 90%以上的美国家庭。过去，内容制作者的议价能力很弱。在新的互联网分销系统中，内容制作者现在有许多选择，例如将内容直接授权给网飞、亚马逊、Hulu、YouTube、苹果或其他付费内容互联网提供商，甚至自己使用流媒体来发行。

　　虽然"剪线族"的数量在增加，但仍有 60%的家庭订阅有线电视服务，有线电视提供当地新闻，附带折扣的三网融合，并提供国家体育赛事的报道。从这一点来看，付费有线电视业务量的未来似乎仍然相对稳定。SVOD 服务开始提高价格，订阅数项 SVOD 服务者，除了支付互联网服务费用外，平均每月还要支付超过 30 美元，而消费者愿意支付的服务费是有限度的。短期内，有线电视/互联网市场可能仍将是一个混合的环境。虽然消费者可以从竞争中获益，但他们也可能因为面临如此多的选择而不知所措。

　　资料来源："Q3 2020 Digital Video Trends," by Ross Benes, eMarketer, Inc., October 9, 2020; "US Pay TV Suffers Historic Cord-Cutting," eMarketer, Inc., September 21, 2020; "Q2 2020 Digital Video Trends," by Ross Benes, eMarketer, Inc., May 28, 2020; "Q1 2020 Digital Video Trends," by Ross Benes, eMarketer, Inc., March 30, 2020; "US Subscription Video Landscape 2020," by Ross Benes, eMarketer, Inc., February 20, 2020; "YouTube Could Compete with Apple and Amazon by Offering Third-party Video Subscription Services," by Julia Alexander, Theverge.com, February 11, 2020; "Facebook May Be Cutting Its Budget for Original Watch Content," by Christine Fisher, Engadget.com, January 29, 2020; "Netflix Projected to Spend More Than $17 Billion on Content in 2020," by Todd Spangler, Variety.com, January 16, 2020; "YouTube Re-Thinking Original Content?" by Erik Gruenwedel, Mediaplaynews.com, March 25, 2019; "With Disney's Move to Streaming, a New Era Begins," by Brooks Barnes, New York Times, August 9, 2017; "Apple Poaches Sony TV Executives to Lead Push Into Original Content," by Tripp Mickle and Joe Flint, New York Times, June 16, 2017; "YouTube's Live TV Streaming Service Goes Live in Five US Cities for $35 per Month," by Greg Kumparak, Techcrunch.com, April 5, 2017; "Facebook Intensifies Hunt for TV-Like Video Programming," by Deepa Seetharaman and Jack Marshall, Wall Street Journal, March 3, 2017; "Facebook Targets TV Ad Dollars With Set-Top Video App," by Deepa Seetharaman and Jack Marshall, Wall Street Journal, January 31, 2017; "Showtime to Introduce Net Streaming Service in July," by Emily Steel, New York Times, June 3, 2015; "HBO's Streaming Service Will Start in April, Initially on Apple Devices Only," by Emily Steel, New York Times, March 9, 2015; "CBS Becomes First Major Network to Launch Internet TV Service: You Can Watch 'The Good Wife', But Not the NFL," by Jacob Kastrenakes, The Verge.com, October 16, 2014.

　　章首案例说明了网飞、亚马逊、Hulu、苹果等网络内容分销商如何进军优质内容的生产和销售领域，并成为传统电视和电影内容的替代提供商，与现有的有线电视和卫星电视发行商相抗衡。如果消费者可以在网上找到自己喜爱的电视节目和电影，那么他们为什么要为有线电视或卫星电视付费呢？受移动设备增长的推动，互联网用户的阅读和观看习惯逐渐改变，这正在挑战现有的商业模式，这些商业模式数十年来一直支持报纸、图书、杂志、电视和好莱坞电影的发展。显然，内容的未来——新闻、音乐和视频——是网络的。如今，包括报纸、图书和杂志在内的印刷业，正艰难地应对读者群向数字替代品领域的转移。广播和有线电视，以及好莱坞和音乐产业，也在与基于实体媒体的过时商业模式做斗争。老牌媒体巨头们正继续在独特的网络内容、新技术、新的数字发行渠道和全新的商业模式上进行大量的投资，以保持与互联网受众的相关性。苹果、谷歌、亚马逊和脸书等互联网巨头正与老牌公司竞争网络内容创作和发行的主导地位。

10.1　网络内容

在美国经济中，没有哪个行业像内容行业那样受到互联网的挑战。网络内容行业分为两大类：印刷业（报纸、杂志和图书）和娱乐业（包括电视、电影、音乐（包括广播）和游戏）。预计到 2020 年，美国的网络内容行业将创造超过 750 亿美元的收入，约占内容行业总收入的 20%。

在本章中，我们将深入探讨出版业（报纸、杂志和图书）和娱乐业（电视、电影、音乐和游戏）如何将传统媒体转变为数字形式，为消费者提供数字体验，同时赚取利润。无论是在线上还是在线下，这些行业都构成了商业内容市场的最大份额。在每个行业中，都有强大的线下品牌，重要的新的纯线上供应商和分销商，消费者的限制和机遇，各种法律问题，以及以智能手机和平板电脑的形式提供额外内容分发系统的移动技术平台。

表 10-1 描述了 2020—2021 年网络内容和媒体的最新趋势。

表 10-1　2020—2021 年网络内容和媒体的最新趋势
商务
● 尽管在媒体和参与方面花费的时间越来越多，但新冠病毒的流行对基于广告收入模式的网络内容业务模式提出了挑战，因此广告收入锐减。 ● 移动平台的爆炸式增长加速了向数字内容的过渡。 ● 亚马逊、谷歌（YouTube）、Hulu、网飞和苹果成为内容制作业务的重要参与者。 ● 有线电视行业持续受到互联网内容制作者和分销商的增长的挑战，还有来自谷歌和苹果等大型互联网科技公司的竞争。 ● 观看数字视频的美国人的数量继续增加，接近 2.45 亿人，几乎占所有互联网用户的 85%，占美国人口的 70% 以上。 ● 通过订阅的 OTT 电视服务观看数字视频的美国人的数量持续增加，超过 2.05 亿人（约占美国人口的 62%），美国消费者观看数字视频的时间中首次有超过一半的时间是通过此类服务观看的。 ● 随着电子书销售增长放缓，图书出版收入保持稳定。 ● 美国人在网络电影上的花费仍然比在 DVD 上多。 ● 美国人在数字音乐上的花费依然超过实体音乐，在流媒体音乐上的花费超过下载的音乐。 ● 报纸的网络读者群超过印刷读者群。网络广告收入和订阅量增长，但不足以抵消印刷广告收入的下降。 ● 随着手机游戏的飞速发展，游戏机销量趋于平稳。 ● 四个互联网巨头竞争：苹果、谷歌、亚马逊和脸书争夺网络娱乐和内容生态系统的所有权、销售经验以及内容。 ● 随着科技和电信公司收购媒体内容公司，行业融合仍在继续。
技术
● 智能手机、平板电脑和电子阅读器共同创造了丰富的移动娱乐环境。 ● 网飞仍然是互联网带宽的最大消费群体，而亚马逊、脸书、苹果和谷歌正在增加带宽消费。 ● 应用程序成为应用经济的基础，因为它们会转变为专有的内容分发平台，用户在那里会被收取内容费用。 ● 云服务不断发展，为移动内容的巨大市场服务。
社会
● 媒体消费：美国消费者每天花在各类媒体上的平均时间增加了一小时以上，达到 13.5 小时以上，部分原因是受新冠疫情的影响。 ● 使用数字媒体的时间超过看电视的时间；花在移动设备上的时间超过了花在台式机上的时间。

10.1.1　内容受众：人们在哪观看?

在 2020 年，受新冠疫情和现有趋势的推动，预计美国成年人平均花费在各种媒体上的时间超过 4 950 小时，几乎是工作时间（每年 2 000 小时）的 2.5 倍（见图 10-1）。到 2020 年，使用数字媒体的时间预计将占媒体总花费时间的 55% 左右。过去，人们看电视的时间远远超出使用数字媒体的时间，但随着移动平台的开发，这种情况开始发生变化。

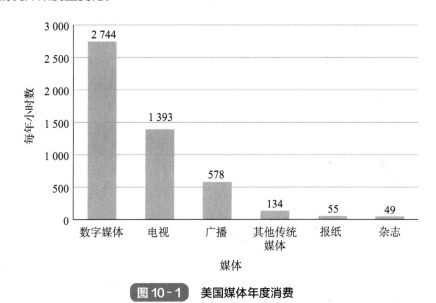

图 10-1　美国媒体年度消费

注：截至 2020 年，美国人预计将花费近 5 000 小时使用各种类型的媒体，其中大多数时间花在各种形式的数字媒体上。

资料来源：Based on data from eMarketer, Inc., 2020a; authors' estimates.

如今，花在移动设备上的时间，加上花在台式机/笔记本电脑和其他联网设备上的时间，每天大约为 7.5 小时，而在电视上看电视节目的时间只有 3.75 小时（eMarketer, Inc., 2020a）。另外，大量的互联网使用涉及观看数字视频，包括电视节目和电影。到 2020 年，近 2.45 亿美国人（超过美国人口的 73%）观看数字视频，超过 2.05 亿美国人（约 62% 的人口）观看由 OTT 电视订阅服务提供的视频（eMarketer, Inc., 2020b, 2020c）。要区分互联网使用与电视使用之间的区别并不容易，它们唯一不同的是传输方式：有线和卫星电视与互联网。

最初，研究人员认为，消费者花在互联网上的时间增加，会使得花在其他媒体上的时间减少。但是另一种观点认为，互联网和传统媒体是互补和相互支持的，而不是相互替代的。最近的数据揭示了一幅复杂的图景。电视的收视率依然很高，在所有设备上观看视频的人数都有所增加，阅读各种图书（包括电子书和实体书）的人数也有所增加。智能电视机是联网的，消费者可以通过互联网在传统电视机上观看电视节目。尽管 CD 销量大幅下降，以每天收听音乐小时数计算的音乐消费总量却有所增加；同样，尽管 DVD 销量也明显下降，电影消费却有所增加。然而，最重要的是，相对于各种内容快速扩张的数字媒体，实体媒体正在衰落。印刷媒体和音乐受到严重影响。

千禧一代，即 1981 年至 1996 年间出生的一代人（有时被称为"数字原住民"），往往被认为与他们的父母和婴儿潮一代的媒体消费方式大相径庭。有关千禧一代在媒体消费上的差异，请参阅"社会透视"专栏中的案例"千禧一代真的那么不同吗?"。

社会透视

千禧一代真的那么不同吗?

每一代人都有一个称呼，这个称呼旨在将这一代人与他们之前和之后的人区别开来。沉默/最伟大的一代（Silent/Greatest Generation）（1946 年以前出生）在大萧条时期成年，并在第二次世界大战中服役。婴儿潮一代（Baby Boomers）（1946—1964 年）的成长伴随着民权运动、政治动荡、摇滚乐的流行。X 一代（Generation X）（1965—1980 年）延续了婴儿潮一代的趋势，但更为明显。X 一代是大萧条以来第一代生活水平倒退，并且越来越意识到他们可能不如父母挣得多的群体。1981—1996 年出生的人被称为千禧一代，因为他们中的大多数在从 20 世纪进入 21 世纪时成年。千禧一代延续了前几代人的许多趋势，包括与文化和政治机构的疏远、宗教信仰减少和结婚率的下降、学生贷款债务水平的提高、贫困和失业，以及担心他们在同样年龄的收入会低于父母。2020 年，千禧一代的年龄从 24 岁到 39 岁不等，最近超过了婴儿潮一代，成为美国存活人数最多、劳动力最多的一代。最新一代被称为 Z 世代：他们是今天的孩子、青少年和年轻人，其中年龄最大的在 2020 年 20 岁出头。

千禧一代和 Z 世代只是对特定时期成长的人的概括。有些人认为千禧一代与前几代人非常不同，他们需要新的产品、新的营销方式与广告技巧、全新的教育技术。有些人认为，或许最重要的是千禧一代是数字原住民：他们是在 20 世纪的数字革命中诞生的第一代。他们和商业互联网一起成长。教育游戏的作者和推销者马克·普伦斯基（Marc Prensky）表示，由于长期接触互联网上的交互式视频游戏、主机控制器、图形界面和非线性超文本，千禧一代的大脑在生理上有所不同。在这种观点下，今天的数字原住民无法从书本、报纸或线性故事中学习，即使部分内容也是用视频呈现的。他们对这些老派的学习工具感到厌烦。普伦斯基认为，教育的意义在于摒弃书本和学校课程中常见的传统线性思维，用电子游戏和几乎所有学科的链接取而代之。这被称为教育的"游戏化"。

但现实生活中的千禧一代似乎并不像普伦斯基说的那样。事实上，没有证据表明千禧一代的思维方式与其他几代人不同。相比其他几代人，千禧一代有更多的人拥有大学本科以及研究生学位，他们显然是在传统的环境中学习的，也没有通过玩游戏来接受所有的教育! 学术研究人员已经摒弃了大部分关于数字原住民的说法，因为他们发现千禧一代采用的学习方式与他们父母截然不同的说法几乎没有什么证据支持。

但很明显，千禧一代的成长经历与他们的父母截然不同，因为在过去的 30 年里，数字技术取得了惊人的进步，创造了像智能手机、平板电脑、数码摄影、高度互动游戏和电脑游戏这样的全新的平台，所有这些都改变了人们创作、分销和消费内容（报纸、杂志、电视和好莱坞电影）的方式。千禧一代可能像其他人一样思考，但他们确实有不同的内容消费模式。让我们了解一下相关数据。

考虑到他们对互联网的频繁使用，以及对数字体验（包括游戏）的沉迷，有人会认为千禧一代读书很少（认为读书太无聊，或者没有足够的互动），并且他们认为互联网包含所有值得了解的内容和知识。根据皮尤研究中心的一项大型研究，事实并非如此：千禧一代在过去 12 个月里读的书比老一辈人多（88%：79%）。在过去的一年里，大约有 40% 的人读过电子书，几乎和老一辈人一样。他们更有可能使用智能手机而不是 Kindle 阅读电子书。相比老一辈人，他们更倾向于认为互联网上有很多有用的信息。在过去的 12 个月里，他们很可能使用过图书馆，而且更有可能使用过图书馆网站。更出人意料的是，一项针对 2 000 名美国和英国千禧一代的研究发现，这群人中绝大多数喜欢纸质版图书胜过电子书，并且相比亚马逊这样的网络商店，他们更喜欢去实体书店购买图书。显然，人们一直阅读印刷图书这一习惯可能会在互联网时代继续保持！

千禧一代订阅纸质版报纸的可能性只有一半，他们更有可能在数字新闻网站上阅读新闻，或者从社交网站获取新闻（或链接到新闻报道），并使用手机跟踪新闻报道。千禧一代并非更少看新闻：88% 的千禧一代至少每周都阅读新闻，其中超过 50% 的人每天都阅读新闻，一些人看纸质版报纸，但更多人看电子版。

有人认为，鉴于千禧一代对高速、互动的视频和视频游戏的高度关注，他们肯定不会在网络上或线下观看被动的、线性的电视连续剧（比如普通的有线电视），也不会用流媒体收看需要集中注意力的长篇电影。当然，他们不会花 30 小时去看一部 10 年前的电视连续剧。在这里，证据也不符合这种刻板印象，尽管存在一些差异。尽管千禧一代看电视的时间比老一辈人少一些，但他们对电视内容的参与程度实际上可能比老一辈人更深，社交媒体等数字资源正在加深他们的参与程度。

千禧一代更愿意观看网络视频，95% 的受访者表示，他们至少每周观看一次数字视频，近 2/3 的人每天观看。他们每月观看的视频比年长人群多得多，这在很大程度上是因为他们更有可能拥有和使用智能手机。千禧一代也更有可能使用像网飞、Hulu 和亚马逊这样的流媒体服务，并且相比于年长人群更不可能使用有线电视或卫星电视服务。千禧一代一直是迪士尼＋新订阅服务的热情客户，他们对自己儿时可能看过的内容有怀旧情绪，对自己孩子观看的内容感兴趣。

虽然很大一部分千禧一代没有购买电视服务，但他们并没有大量终止有线电视订阅，尽管他们更可能从未有过有线电视（"绝缘族"）。他们正将智能手机和平板电脑作为电视的替代品，无论何时何地，他们都可以观看电视节目。最后，与老一辈人相比，千禧一代通过向社交网站上传照片和视频，在创作视频内容方面发挥了更积极的作用。

同前几代人相比，千禧一代确实以不同的方式消费内容，尽管这些不同似乎远少于新闻报道所描述的，但也更符合常理。例如，相比婴儿潮一代，千禧一代能更好地利用智能手机的最新技术来访问流媒体音乐和电视，尽管创造了数字革命的婴儿潮一代采用的新技术和千禧一代几乎一样多。千禧一代没有对社会和社会新闻失去兴趣，他们只是比老一辈人更多地在网上获取这方面的信息。千禧一代创造和分享的内容确实比老一辈人更多，并且更频繁地控制他们观看电视节目的时间表，即使他们每个月都看数百小时的传统有线电视。

对于营销人员来说，接触千禧一代可能是个难题。相比传统的印刷内容来源，他们更有可能访问像 Vice 和 Vox 这样的内容网站，他们访问最频繁的新闻网站包括 CNN 和《纽约时报》网站。他们更有可能使用广告拦截器，屏蔽各种类型的网络广告。他们更注重可见度，更有可能使用 Pinterest 和 Instagram。他们比婴儿潮一代更有可能使用移动支付方式。

就像所有对一代人的总体描述一样，把千禧一代看作一个单一的群体是错误的。千禧一代中拥有大学学位和高中学位者的比例都更高，他们比前几代人更富有，也更贫穷，种族更加多样化，更有可能是新移民，失业率较高，不太可能早婚，更有可能与父母一起生活到较大的年龄，并且推迟生育。与营销人员的假设相反，千禧一代实际上是有着许多不同的社区和不同的品位以及不同的消费模式的群体。

千禧一代是不同的，但并没有不同到我们不认识他们。当然，他们是非常强大的数字技术的继承者，也是几千年文学、历史和文化的继承者，他们也将继续寻找文学、历史和文化的持久价值。

资料来源："Millennials Overtake Baby Boomers as America Largest Generation," by Richard Fry, Pewresearch. org, April 28, 2020; "US Millennials 2020," by Mark Dolliver, eMarketer, Inc., February 2020; "American Libraries Are Having a Renaissance, Thanks to Millennials," by Kara Weisenstein, Mic. com, January 28, 2020; "Millennials and the News: A New Study Shows They're Tuned in After All," by Dan Kennedy, Wgbh. org, July 24, 2019; "From Viral to Tribal: The Next Frontier in Publishing," Comscore, Inc., April 2019; "Millennial Reading Habits Are Surprisingly Traditional," by Emily Petsko, Mentalfloss. com, March 27, 2019; "Defining Generations: Where Millennials End and Generation Z Begins," by Michael Dimock, Pewresearch. org, January 17, 2019; "TV's Effect on Millennials," by Jennifer King, eMarketer, Inc., September 25, 2018; "Millennials on Millennials: In the Know, On the Go," Nielsen. com, September 10, 2018; "Netflix Is Trouncing the Competition and It Should Stay on Top—Younger Viewers Love It," by Sarah Toy, Marketwatch. com, July 8, 2018; "State of OTT," Comscore. com., June 26, 2018; "Millennials Stand Out for Their Technology Use, but Older Generations Also Embrace Digital Life," by Jingjing Jiang, Pewresearch. org, May 2, 2018; "Millennials Are the Largest Generation in the U. S. Labor Force," by Richard Fry, Pewresearch. org, April 11, 2018; "Millennials Favor Smartphones for Second-Screening," by Rahul Chadha, eMarketer, Inc., January 12, 2018; "The Changing Economics and Demographics of Young Adulthood: 1975-2016," by Jonathan Vespa, U. S. Census Bureau, April 2017; "Millennials Are the Most Likely Generation of Americans to Use Public Libraries," by Abigail Geiger, Pew Research Center, June 21, 2017; "The Majority of Millennials Actively Ignore Ads," eMarketer, Inc., August 25, 2016; "Marketing to Millennials: Visual Buyers," by Curalate, Inc., July 2016; "The Rise of Phone Reading," by Jennifer Maloney, *Wall Street Journal*, August 14, 2015; "New Research Reveals Print Habits Die Hard with Millennial Readers," Publishingtechnology. com, March 26, 2015; "15 Economic Facts About Millennials," by The Council of Economic Advisers, The White House, October 2014; "Are Digital Natives a Myth or Reality? University Students' Use of Digital Technologies," by Anoush Margaryan, Allison Littlejohn, and Gabrielle Vojt, *Computers & Education*, Volume 56, Issue 2, February 2011; "Digital Natives, Digital Immigrants," by Marc Prensky, in *On the Horizon* (MCB University Press, Vol. 9, No. 5, October 2001); "Digital Natives, Digital Immigrants, Part II," by Marc Prensky, in *On the Horizon* (MCB University Press, Vol. 9, No. 6, October 2001); "Millennials Rising: The Next Great Generation," by Neil Howe, William Strauss, and R. J. Matson, *Vintage*, September 2000.

10.1.2 内容市场：娱乐和媒体行业收入

2019 年，美国娱乐和媒体行业收入（传统和数字收入，包括广告、订阅和消费者购买等所有形式的收入）估计约为 3 450 亿美元。娱乐业（电视、电影、音乐和游戏）合计占总收入的 77%，印刷媒体行业（图书、报纸和杂志，包括实体和数字）合计占 23%。在娱乐业中，电视和电影业（包括广播/付费电视、家庭娱乐以及票房电影）在收入中占了大部分，合计占总收入的 57%。视频游戏行业约占 12%。以录制音乐（包括实体音乐和数字音乐）和无线电广播的形式播放的音乐占 8.4%（见图 10-2）。智能手机和平板电脑为娱乐和媒体公司创造了新的收入来源。内容不再与实体产品挂钩，可以通过互联网从云服务器传送到多个移动设备，从而降低消费者的成本。

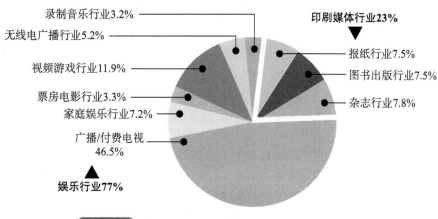

图 10-2 按渠道划分的美国娱乐和媒体行业收入

注：娱乐业创造了超过 3/4 的美国娱乐和媒体行业收入。
资料来源：Based on data from industry sources; authors' estimates.

10.1.3 网络内容：消费、收入模式和收入

现在让我们来看看在 2020 年美国互联网用户消费的内容类型（见图 10-3）。85％的互联网用户观看各种网络视频，这并不奇怪，但 60％的互联网用户访问新闻网站，这可能令人吃惊。数字游戏也很受欢迎。在 2007 年 Kindle 推出和 2010 年 iPad 推出时，互联网用户阅读电子书的比例最初以三位数的速度增长，但后来有所放缓。这表明，互联网用户保留了对电视节目、电影、音乐、新闻、游戏和书籍等传统模式的喜爱，并将这些爱好带到互联网及移动设备上。

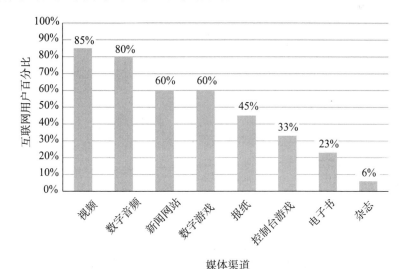

图 10-3 美国的网络内容消费类型

资料来源：Based on data from eMarketer, Inc., 2020b, 2020d, 2020e, 2020f; Pew Research Center, 2019a; Comscore, Inc., 2020; Ebizmba.com, 2020; industry sources; authors' estimates.

在早些年，多方调查发现，很大比例的用户希望不为网络内容支付任何费用，尽

管同样大比例的受众愿意接受广告，以获得免费内容。实际上，在早期的网络上，并没有多少高质量的内容。但是从那时起，消费者对付费内容的态度已经发生了巨大的变化。在 2003 年 iTunes 等服务推出之前，几乎没有人会认为付费模式能够与免费模式竞争，并且许多互联网分析师认为互联网上的信息需要免费。当苹果将 iTunes 作为相对廉价而又高质量的音乐获取源推出时，当像 YouTube（母公司为谷歌）这样以业余视频和非法上传音乐视频的商业模式起家的公司开始与好莱坞和纽约的制作工作室为优质内容合作时，网络文化开始发生变化。

如今，在网络上传播内容有三种盈利模式。其中订阅模式（通常是"为所有你能使用的东西付费"）和点播模式（为你真正使用的东西付费）是付费模式。第三种模式则通过广告获取收入而免费提供内容，有时还有一个免费增值（价格更高）的选项。早期分析者认为免费模式会淘汰付费模式，但是事实证明这两种模式在现在以及将来都是可行的。消费者的行为和对内容付费的态度从早年到今天发生了巨大变化，如今，数百万互联网用户非常愿意为网飞、苹果电视或亚马逊 Fire TV 等服务在智能手机、平板电脑或电子阅读器等便利设备上提供的高质量、独特的内容付费。消费者也欣然接受广告客户支持的免费内容。这三种模式的协同合作并没有什么矛盾之处：正如潘多拉和 Spotify 之类的流媒体服务商所发现的那样，免费内容促使消费者接受付费内容。

图 10-4 显示了预计到 2022 年美国网络娱乐内容收入的增长。2017—2022 年，网络娱乐总收入预计几乎翻一番。在 2019 年网络游戏创造了最多的收入，预计到 2022 年将继续增长，尽管增速较之前放缓。2019 年，网络电视和电影的收入位居第二，但预计未来三年将增长 20% 左右，到 2022 年，超过网络游戏的收入。虽然网络音乐下载销售收入大幅下降，但音乐流媒体收入抵消了网络音乐下载销售收入的下降，预计未来几年，网络音乐的整体收入也将增长。

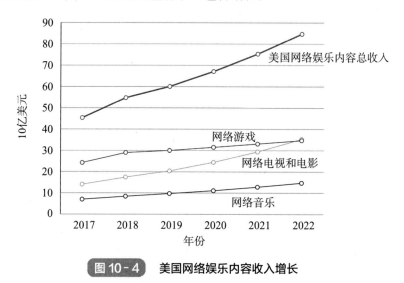

图 10-4　美国网络娱乐内容收入增长

资料来源：Based on data from industry sources；authors' estimates.

10.1.4　数字版权管理和围墙花园

数字版权管理（digital rights management，DRM）是指技术（包括硬件和软件）

与法律的结合，以防止数字内容在未经授权的情况下被无限制地使用。DRM 硬件和软件对内容进行加密，这样在没有得到某种形式的授权（通常基于付费）的情况下就不能使用该内容。其目的是控制内容在出售或出租给消费者后的使用。从本质上讲，DRM 可以防止用户购买后复制内容，将其在网络上广泛传播，而不对内容所有者进行补偿。iTunes 商店的音乐最初是受 DRM 保护的，但苹果在 2009 年放弃了 DRM。苹果之所以这样做，除了用户的反对，还因为 2007 年亚马逊在音乐品牌公司的支持下开设了一家没有任何 DRM 保护的线上音乐商店。这些公司开始意识到 DRM 使得它们不能利用互联网带来的机会，甚至可能会助长非法市场。流媒体内容服务本质上很难复制和再传播。尽管使用像 Periscope（推特）这样的新应用程序进行实时转播很容易（即使质量很差），但从技术上说，网飞上的流媒体电影是普通用户难以复制和分享的。同样，来自潘多拉的音乐也难以记录和分享。包括苹果和亚马逊在内的流媒体服务使用一种名为**围墙花园**（walled garden）的 DRM 来限制内容的广泛共享。它们通过将内容与硬件、操作系统或流媒体环境捆绑在一起来实现。从亚马逊购买的电子书只能在 Kindle 或 Kindle 应用程序上阅读，Kindle 电子书也不能转换成其他格式。通过将内容锁定在实体设备或者没有本地存储的数字流中，设备制造商将顾客封锁在它们的服务或设备里，从而获得额外的收入和利润，满足了内容生产者对公平补偿其工作的要求。谷歌旗下的 YouTube 识别和跟踪受版权保护的音乐，如果没有获得音乐公司的发行许可，YouTube 就会删除该音乐，如果音乐所有者选择将音乐留在网站上的话，YouTube 会向音乐所有者支付广告收入。这些努力并没有消除盗版内容，但大大降低了盗版内容在美国的流行率。

10.1.5　媒体行业结构

　　1990 年以前，美国媒体业由许多规模较小的独立公司组成，这些公司专门从事电影、音乐、电视、图书、杂志和报纸等独立行业的内容创作和发行。

　　媒体业仍然主要由三个独立的部分组成：出版、电影、音乐。每一部分都为少数大型企业所垄断，通常各个部分之间又很少有联系。例如，报纸业通常不会制作好莱坞电影，出版公司也没有报纸或电影制作工作室。亚马逊的创始人杰夫·贝佐斯在 2013 年收购了《华盛顿邮报》，而他自己是一位互联网大亨。这次收购是一种反常现象，因为即使是在跨越多个不同媒体领域的媒体集团中，通常也是单独的部门分别控制着每个媒体部分。

　　过去，我们并没有将传输平台企业包括进来，如康卡斯特、Altice、AT&T、威瑞森、Sprint 及 Dish Network，因为它们并不创造内容，而只是通过电缆、卫星和电话网络来传播其他企业生产的内容。然而，在过去的几年里，这种情况已经开始改变。康卡斯特一马当先，收购了 NBC 环球的多数股权。AT&T 与时代华纳合并，威瑞森收购雅虎，以及此前威瑞森收购 AOL 都表明，电信公司正以一种主流方式进入内容制作和传播市场以及互联网广告行业。

10.1.6　媒体整合：技术、内容和行业结构

　　媒体整合一词经常使用，却一直没有完美的定义。既然使用整合一词，那么至少应在三个方面实现统一：技术、内容（设计、加工和销售）以及行业结构。最终对消

费者而言，整合能够使自己在想要的平台得到想要的内容，这些平台包括从 iPod 到 iPad、安卓手机、家用电脑，或者是像苹果电视和亚马逊 Fire TV 这样的机顶盒。

技术整合

从技术角度来看，**技术整合**（technological convergence）指的是能够将两个或两个以上现有媒体平台（如图书、报纸、电视、电影、广播和游戏）的功能整合到一个设备上的混合设备的开发。技术整合的典范包括 iPad、iPhone 和安卓智能手机，这些设备将打电话、看书、看报、听音乐、拍照及看视频集成在一个设备中。

内容整合

媒体整合的另一个方面就是**内容整合**（content convergence）。内容整合包括三个层面：设计、加工和销售。

媒体服务商已经有过在内容上从旧技术向新技术无损过渡的成功经历。慢慢地，不同媒体平台开始趋于整合，这样消费者就可以在不同媒体服务提供商提供的内容服务间无缝移动，设计人员（还有内容提供商）在利用新技术上也更加得心应手。之后，当设计人员已经懂得如何在创作过程中完全发挥新技术的强大能力时，内容本身也就被新型媒体平台改变了。从这一意义来说，我们已经实现了内容整合和转变，但整合后的创作技巧与整合前完全不同，因为新技术赋予了设计人员许多全新的设计手段。例如，15 世纪意大利、法国和荷兰等国的绘画大师（比如凡·艾克（van Eyck）、卡拉瓦乔（Caravaggio）、洛托（Lotto）和维米尔（Vermeer））很快就接受了当时刚刚出现的各种新式光学设备，如透镜、平面镜以及可以把图片以接近照片质量的效果投影在画布上的称作暗箱的早期投影设备，并且在使用这些设备辅助自己创作的过程中，发展出了一系列关于透视画法的新理论和风景、人物绘画的新技巧。绘画仿佛在一夜之间就与照片在精确度、细腻度和真实度上不相上下（Boxer，2001）。而今天艺术家和作家对各种新式的数字化和网络化工具的广泛采用，与当年可谓是异曲同工。例如，苹果的 GarageBand 软件能够使预算较少的独立乐队（字面意思是在车库工作）在有限的经费内，通过混合和控制 8 个不同的数字音轨来制作专业的录音作品。作家开始考虑他们所著图书的视频和互动版本。网络报纸正在将新闻周期转变为 24 小时数据流，制作自己的视频，并在其网站上增加用户评论的机会。

从加工的角度来看，数字化编辑与处理流程（主要用于电影和电视节目）所采用的各种新式工具又进一步推进了媒体内容的整合。众所周知，内容服务中最费钱费力的就是创作过程。如果需要将创作好的作品在不同的媒体平台上发布，那么开发一种创作一次就可在多种媒体平台上发布的新技术无疑是一个明智之举。这种想法通常意味着使用数字设备（包括软件和硬件）进行创作，从而使作品可以在多个数字平台上同时发布。

图 10-5 以图书为例，向读者介绍内容整合与转变的过程。以本书为例，2016年，这本书的撰写是为了在网上发行，或者以电子书的形式呈现，而且现在正在接近媒体成熟阶段，在媒体成熟阶段本书主要是作为一个纯粹的数字产品销售，可以在不同的数字设备上显示大量的视听内容。届时，学习体验将会被更多的交互式图表、视频以及一个可以监控学生学期表现的集成测试系统改变。即使是学生阅读的页数和阅读每页的时间，也会由这个数字学习管理系统进行监控。传统的印刷图书仍将继续存

在（传统图书有很多优点），但那些纸质版图书将很有可能是由出版商或消费者自己使用的印刷设备按照需要印刷的。

图 10-5　内容整合与转变：图书

注：互联网使出版商和作家能够将标准图书转变为一种融合文本内容和网络内容的新形式，并改变图书本身的内容。

行业结构整合

媒体整合的第三个方面是不同媒体行业的结构。**行业整合**（industry convergence）是指多家媒体企业合并为强大、协同的联合体，可以在多个平台上跨市场销售内容，创造出利用多个平台的新作品。这可以通过购买或战略联盟实现。过去，每种类型的媒体——电影、文本、音乐、电视——都有各自独立的行业，每个行业中也都存在着几家大型企业。例如，电影行业一直由几个大型好莱坞制作工作室主导，图书出版由五家大型图书出版商控制，音乐制作由四家全球唱片公司把控。

然而，互联网创造的力量使媒体和互联网公司之间的兼并和伙伴关系成为必要的商业主张。曾经将内容、技术和电信公司分隔开来的边界正在消失。电信公司正在通过收购内容制作者进行横向整合，科技公司也在购买内容公司。网飞等分销商正在通过购买内容制作者进行垂直整合（PriceWaterhouseCoopers（PWC），2019）。媒体产业的融合对于技术平台和内容的重大变革可能都是必要的。创造内容的传统媒体公司通常不具备在互联网上传播内容的核心能力或财务能力。主导互联网的科技公司（谷歌、苹果、亚马逊和脸书）拥有实施互联网渠道战略的能力和财富，但目前还无法创造内容。为了解决这些问题，公司会进行行业务组合、许可交易和合伙经营。

传统媒体公司在购买互联网平台公司方面做得并不好，苹果、亚马逊、脸书、微软和谷歌等主要技术拥有者通常避免与媒体公司合并，而是依靠与媒体公司的合同安排来保护知识产权，并创建双方都能接受的商业定价模型。但是，这种模式正在改变。例如，电影电视内容制作者哥伦比亚广播公司为网飞制作电视节目；网飞、Hulu和亚马逊制作并发行自己的原创电视剧；谷歌正在制作专为 YouTube 上的互联网发布而设计的原创内容。亚马逊建立了自己的图书出版公司——Amazon Books Publishing，进入了图书出版市场。正如之前指出的，电信公司也加入了这场斗争。例如，2018 年，AT&T 收购了时代华纳，旨在整合和利用时代华纳的媒体资产（如 CNN 和 HBO）以及其电影和电视制作工作室，并直接通过有线、无线和卫星系统发行内容。此前，威瑞森以类似的目标收购了雅虎和 AOL。从这个意义上说，互联网正在改变媒体行业。

最终，消费者在任何地方、任何时间、任何设备上对内容的需求，都推动着技术和内容公司为寻求优势而结成战略联盟，但同时也带来了战略冲突。

10.2　网络出版业

阅读是文明社会最基本的标志之一。文本则是我们记录历史、时事、思想以及对未来的向往的方式，并将这些记录传递给文明社会中其他具备阅读能力的成员共享的工具。甚至电视节目和电影也需要脚本。如今，美国出版业（由图书、报纸、杂志组成）是一个产值高达 800 亿美元的起初基于印刷的媒体行业，现在正朝互联网和移动交付方向快速发展。而互联网的出现又为传统出版企业提供了一个转向新型产销流程的绝佳机会，可以帮助这些企业实现报纸、杂志和图书的网络化创作、加工、存储、发行和销售，并且在任何时间、任何地点、任何设备上都可以获取这些内容。但同时，许多现存的印刷企业可能由于无法成功转变和保持盈利而被互联网摧毁。

10.2.1　网络报纸

2020 年，报纸仍然是印刷出版业中最让人担忧的部分。美国报纸收入从 2000 年的近 600 亿美元高位缩水至 2019 年的 260 亿美元左右（见图 10-6）。规模较小的地区和地方报纸受到的影响最大，2004—2018 年有 1 800 种报纸停刊，美国大约一半的县只有一个报社，有 200 个县根本没有报社。在此期间，报社的员工急剧减少。报社现在雇用了约 35 000 名记者、编辑、摄影师和电影或视频编辑，比 2006 年少近 75 000 人（Pew Research Center，2020，2019b；Hagey，Alpert，and Serkez，2019）。自 2000 年网络崛起和谷歌等强大的搜索引擎出现以来，报纸一直处于长时间的数字颠覆状态，它使消费者无须浏览实体报纸或网络版报纸就能搜索和阅读任何主题的新闻文章。社交媒体网站已成为网络报纸独立访客的主要来源，不幸的是，这些人不浏览新闻，通常只在报纸网站上停留几分钟阅读一篇文章。这些短暂停留的访客通常不阅读整张报纸或不与其网络广告互动。甚至在互联网和网络出现之前，由于广播和有线电视等早期技术的影响，报纸收入就开始下降。2014 年，三家最大的报业机构（Gannett、Tribune Company 和 E. W. Scripps）剥离了其报纸业务，使之成为独立公司，以便专注于电视和其他媒体资产，包括某些取得成功的数字资产。报社现在是纯粹的印刷和网络企业，在没有电视或其他媒体资产保护的情况下必须自力更生（Carr，2014）。

在过去的五年中，从推特和脸书到 Vox、Vice、BuzzFeed 和 Huffington Post，这些纯粹的网络新闻提供商作为替代者获得了显著的增长，给传统报业带来了更多的挑战。网络新闻提供商每天吸引着数百万消费者，并且引导潜在的报纸读者（无论是线上的还是线下的）远离纸质版和数字版报纸最有价值的头版。消费者向移动平台和社交媒体平台的转移加大了报纸行业被摧毁的可能性。社交媒体网站在绕过报纸重要的

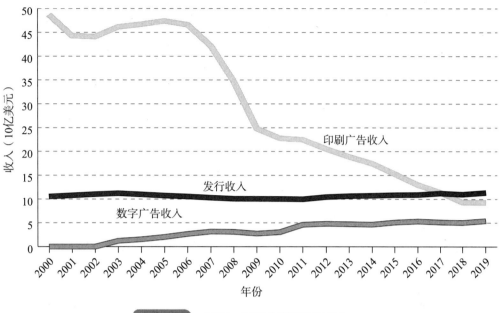

图 10-6　2000—2019 年美国报纸收入

注：自 1980 年以来，美国报纸印刷广告收入下降了 50%。从占总收入的百分比来看，发行收入已变得更加重要。数字广告收入虽少但正在增长，2019 年达到约 54 亿美元。

资料来源：Based on data from Pew Research Center，2019b；Marketingcharts.com，2019；Newspaper Association of America，2014.

头版方面发挥了重大作用，它将流量导向特定的报纸文章，并且越来越多地通过从陷入困境的传统报业挖走专业的新闻工作者来提供自己的原创报道和评论。2015 年，《纽约时报》和其他 9 家新闻媒体同意进行实验，将一些文章直接嵌入脸书的动态信息中，以期吸引数百万新读者，并将他们从免费读者转化为数字版新闻的付费订户。脸书将这些新闻文章称为即时文章（instant articles）。最初实验的即时文章的读者现在已经成为报纸文章（但不是整份报纸）的主要读者来源。到 2018 年，主要报社已经退出该计划，因为脸书正在耗尽报纸网站的访客，并加强与新闻读者的关系。2019 年，报纸出版业和脸书再次合作，脸书与《纽约时报》《华盛顿邮报》《华尔街日报》等多家报纸以及 BuzzFeed 等本土数字媒体达成长期协议，将它们放在一个名为 Facebook News 的新板块中（Isaac and Tracy，2019；Brown，2018）。除了与脸书等社交网络合作外，报社还聘请了自己的社交媒体编辑跟踪热门话题，并将文章发布到自己的新闻推送中。各大报社也专注于重新设计它们自己的网站、脸书页面，并在大量用户感兴趣的主题领域使用精心策划的文章的推送通知。报纸的生存将取决于报业公司从印刷到数字化的速度有多快，以及无论何时何地、在什么设备上，从规模正在扩大的新闻观众中获利的速度有多快。

从图 10-6 可以看出，虽然报纸发行收入（订阅加上报摊销售）自 2000 年以来基本持平，但印刷广告收入从 2000 年的约 480 亿美元高位急剧下降到 2019 年的 80 亿美元左右。2011—2016 年，报纸数字广告收入逐渐增加，但 2016 年以后一直保持相对平稳。数字广告收入现在大约占总收入的 21%，但这还不足以弥补印刷广告收入的下降。只有音乐行业遭受了同样毁灭性的打击。导致报纸收入下降的四个因素为：

● 网络和移动设备作为新闻和广告的替代媒介的增长。消费者向网络生活方式的转变已经使得印刷报纸流失了巨额的广告收入（包括分类广告）。电视广告的情况却并非如此，我们将在后面的章节中讨论。甚至广播广告也很好地经受住了数字技术的冲击。

● 新闻、评论、专题报道和文章的替代数字来源的兴起。

● 传统报业公司及其管理者难以开发出适合互联网和移动/社交平台的商业和收入模式。

● 社交媒体的兴起和它在引导报纸内容流量方面的作用，已经迫使传统报业改变其商业模式以适应消费者行为和技术的改变。

从以印刷为中心到数字优先：报纸商业模式的演变

从1995年电子商务和数字广告出现，一直到现在，报纸已经发展出了三种不同的商业模式，以适应互联网以及最近的移动和社交平台（见图10-7）。这三种模式分别是：以印刷为中心（1995—2000年）、整合印刷/网络（2000—2010年）以及最新的数字优先（2010年至2020年）。

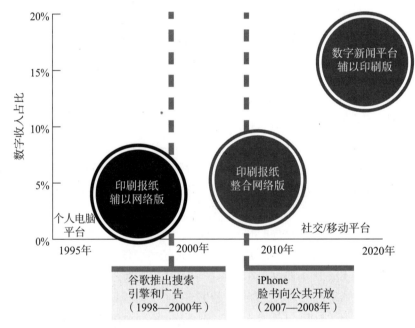

图 10-7 1995—2020年报纸商业模式的演变

注：为了适应互联网，报纸已经发展出了三种不同的商业模式。

你可以从四个维度对这些模式进行比较：

● 搜索和发现：读者如何找到新闻？

● 了解：潜在读者是如何了解新闻的？

● 参与：读者如何发现新闻以及如何与新闻工作者互动？

● 技术平台：如何、何时、何地向读者传播新闻？（*New York Times*，2017）

以下为网络和移动社交平台演变的里程碑事件及其时间：1998—2000年，谷歌推出了搜索引擎，并基于Page Rank算法推出了搜索引擎付费广告。2007年，苹果推出了iPhone，创建了一种真正的移动和通用网络设备，脸书向大众开放其网站，到2008

年有 1 亿多用户注册，创建了第一个大规模的在线社交网络。

在网络、搜索引擎、移动设备和社交媒体平台开发之前，读者通过浏览（搜索的一种形式）印刷品来发现新闻。他们通过阅读头版、栏目页和文章标题来了解新闻报道。除了少数写信给编辑的人（少于所有读者的 1%），读者并没有和记者、编辑或其他贡献者打交道。新闻被视为一种职业，读者阅读新闻并为比自己更有见识的人所吸引、启发、娱乐，除此之外，人们并不指望读者做更多的事。记者们写文章，并在下午 5 点提交文章；专业编辑修改稿件，排字工人为印刷机排字，印刷机在午夜后赶工。新闻流在下午 5 点结束。这时的技术平台是印刷，有时是彩色的（这一时期的主要创新和费用所在）。

随着网络的引入和日益流行，报纸保留了它现有的以印刷为中心的战略和文化。在 1995—2000 年以印刷为中心的时期，报业创造出了纸质版报纸的电子版，并将其发布到网上。读者可以像以前一样，通过网络浏览首页，通过链接找到新闻报道，点击主题区域或栏目（体育或技术）发现新闻报道。新闻报道是由一个业务部门负责的，这个部门试图扩大纸质版报纸观众，并吸引基于读者数量和网络访问量的广告主。数字广告非常有限，部分原因是广告主不相信它是有效的。除非阅读新闻报道并认同报道的主题，读者不会与新闻工作者互动。新闻工作的业务流程并没有改变：文章在下午 5 点提交，发给报纸编辑，然后被发送到网络团队和印刷团队。这在纸质版和网络版之间几乎没有什么区别。数字版的技术平台是台式机或笔记本电脑，而读者则是在家里和工作时阅读新闻。

在 2000—2010 年的整合印刷/网络时代，报纸采用了视频等多媒体元素，增加了纵横字谜和竞赛等交互元素，提供了更多的读者反馈的机会，尤其是在意见和社论板块。报社能通过 RSS 订阅来定制个性化新闻，并将新闻推送给读者。不过，读者是在访问该网站时发现新闻的。在网上推广内容是有限的，主要是使用 RSS 订阅。读者参与度略高。技术平台仍然是台式机或笔记本电脑。

在从 2010 年到现在的数字优先阶段，技术和受众平台取得了发展：智能手机和平板电脑迅速普及，现在已经占据网络和移动设备上消费者大部分时间的脸书和推特等社交媒体网站，其增长速度同样令人震惊。此外，专注于使用新技术和平台的新兴新闻网站的崛起也促使报业彻底改变其业务或者停业。新平台不是基于使用浏览器的个人电脑，而是基于移动设备和应用程序，现在台式机和笔记本电脑只是交付平台的支柱之一。在这个新的环境中，新闻不会在下午 5 点停止，而是 7×24 小时连续不断。新闻报道可能从一条推文或者一个脸书帖子开始，紧接着是上千条推文，然后在多个社交网站数百万次分享。通常，在现场的非专业人员在前几小时里会比在办公室里的任何新闻工作者都了解更多关于新闻的信息。这些非专业人士能提供视频、评论和意见。

数字优先商业模式颠覆了以前的模式：第一要务是生产最吸引人并且持续更新的数字版本，然后根据数字版的新闻制作纸质版。对纯数字创业公司来说，它们没有纸质版，新闻只是连续不断地更新博客、推文和帖子，而不是固定的文章。新闻文章是有时间戳的，表示更新正在进行中，读者应该回来跟踪报道。新闻会被推送到各种读者恰好在的地方（社交媒体网站、移动新闻推送平台、推特、雅虎或谷歌新闻），而不是等读者去发现新闻或者在搜索引擎上搜索新闻。新闻工作者仍然被当作专业人士雇用，但他们也关注推特和社交媒体网站，并在社交媒体网站上宣传他们的故事和人物形象。他们的工作不再只是简单地报道、写作和收集事实，而是通过自己的努力，在个人层面上做出提升并吸引读者。优秀的报道和文章不再是招聘和晋升的唯一标准。新闻工作者在自己的社交媒体主页和推特上吸引读者的能力更受重视。

尽管最大的印刷报纸组织，如《华尔街日报》《纽约时报》《华盛顿邮报》等已经开始了成为数字优先新闻机构的征程，但数字优先商业模式对于传统报纸来说还未完全成为现实。《纽约时报》在 2014 年启动数字优先模式，到 2020 年 3 月，其仅数字新闻用户已超过 400 万，占其 600 万用户总数的 2/3。《泰晤士报》通过增加视觉效果、创造更多原创视频和图形以及音轨，变得更加数字化。它还使用更多的数字本地新闻形式，如每日简报功能，为数字读者提供他们阅读的文章概要，策划流媒体电影功能可能使观众对视频更感兴趣。2019 年，《泰晤士报》的年度数字收入首次突破 8 亿美元，这是《泰晤士报》承诺到 2020 年底实现的目标。《华尔街日报》推出了一个新的数字优先网站，重新设计了网络和视频页面，以及 iPad 和安卓应用程序，更加注重在 24 小时滚动新闻中精练的突发性新闻报道。截至 2020 年 2 月，数字订阅量已超过 200 万份（Tracy，2020；Benton，2020；*New York Times*，2020，2017）。《华盛顿邮报》《今日美国》和彭博新闻社都做出了类似的改变，以在移动-平板-桌面数字市场取得了成功。

网上报纸行业：优势和挑战

报纸行业仍有一些主要优势，在面对未来的挑战中需要利用这些优势。下面，我们将讨论这些优势和挑战。

● **优势：报纸的受众规模及其增长。** 报纸的网络读者正在以每年超过 15％ 的速度增长。皮尤研究中心调查发现，80％ 以上的美国成年人至少在一段时间内在网上获得新闻（Pew Research Center，2019b，2019c）。有关美国网络报纸每月独立访客情况见图 10-8。就受众规模而言，网络报纸是最成功的网络媒体之一。移动报纸的读者主要为年轻人，因为他们更多地使用移动设备。年轻人（18～34 岁）比老年人更有可能在网上阅读新闻。

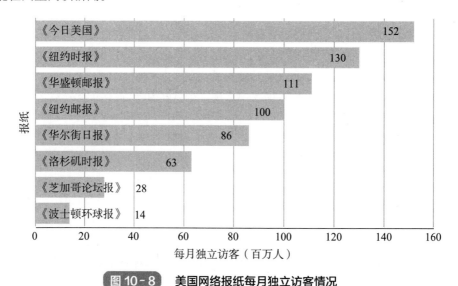

图 10-8　美国网络报纸每月独立访客情况

注：全国主要报纸网站的网络报纸读者群正在迅速扩大。

资料来源：Based on data from Comscore, Inc., 2020；Similarweb.com，2020.

　　报纸通过在所有平台上提供内容来回应不断变化的受众。现在，超过 80％的美国人使用移动设备访问互联网，短短的几年内，报纸通过开发针对移动设备优化的应用程序和网站成为真正的多功能平台，以及许多社交网络用户生活中不可缺少的一部分（见图 10-9）。大多数网络新闻阅读者阅读网络版、印刷版和/或移动版。大多数报纸的移动流量在持续增长，而台式机或笔记本电脑端访问者的数量却在下降。2019 年，几乎 60％的受访美国人表示，他们经常在移动设备上阅读新闻。相反，只有 30％的被调查者说他们经常使用台式机或笔记本电脑来阅读新闻。报纸比社交媒体更加具有被信任的优势。大约 60％ 的社交媒体新闻观众认为新闻大多是不准确的，而 67％ 的新闻机构的新闻观众觉得新闻在很大程度上是准确的（Pew Research Center，2019d，2018，2017；Kearny，2018；Newspaper Association of America，2017；Pew Research Center，2017）。

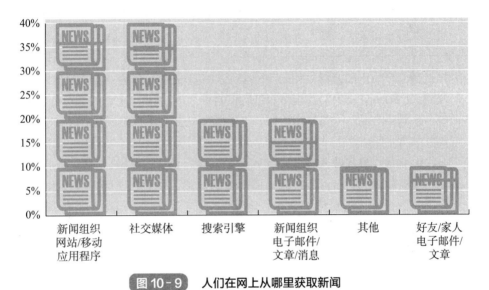

图 10-9 人们在网上从哪里获取新闻

注：最常见的网络新闻消费平台是新闻组织网站/移动应用程序和社交媒体。

资料来源：Based on data from Pew Research Center，2017.

　　网上报纸还吸引了富有、受过教育和消费水平高的群体，25～34 岁群体中有64％是网上报纸的读者，75％的平均年收入超过 10 万美元的家庭会阅读网上报纸。尽管传统印刷报纸的读者群和订阅量继续稳步下降，但网上报纸受众众多，报纸的未来显然在于网络和移动市场。

　　● **挑战：数字广告收入。**报纸行业希望数字广告革命和数字广告收入能够带来冲击，并提高广告总收入。问题是，虽然新闻网站的访问量越来越多，该流量的价值却越来越低。有两个原因：首先，读者越来越多地来自社交媒体网站和搜索引擎，他们只是想要找到特定的文章，而不是直接进入报纸主页（所谓的侧门进入）。其次，这些来自社交网站的访问者参与度较低，价值也较低。直接进入报纸网站的人平均查看24 页内容。如果他们使用搜索引擎或社交网络，他们会查看大约 5 页的内容。因此，包括报社在内的组织避免将内容发布到社交媒体网站上，并减少了社交媒体消息和广告。

　　访问者在页面浏览量、访问时长和回访次数方面参与度越低，向他们展示广告和赚取收入的时间就越少。因此，直接访问者更有价值，报纸希望重新设计网站和应用程序以增加主页访问者的数量。因此，除了 2016 年，网络报纸的数字广告收入增长不温不火。相比之下，在新冠疫情行之前，美国数字广告收入（搜索、社交和展示广告）总额在过去几年中以大约 20％ 的速度增长（eMarketer, Inc., 2020g）。如果按目前的趋势继续下去，报纸不太可能依靠不断增长的社交网站独立访客或不断增长的数字广告收入来扭转过去 10 年的收入下降。相反，他们需要在不断扩大的数字订阅市场的基础上再接再厉，使这个市场由每天都会访问报纸以获取信息和意见的忠实读者组成。2020 年，报纸面临着应对新冠病毒大流行导致各类广告收入急剧下降的额外挑战。

● **优势：内容为王。**为什么人们继续购买报纸和网上的报纸内容？包括新闻和纯数字新闻网站在内的各种各样的印刷和网络内容印证了一句耳熟能详的妙语——"内容为王"。在竞技体育中，通常质量是最重要的。网络报纸之所以能吸引到庞大而忠实的深度参与读者，其原因很简单：内容质量。与其他媒体相比，报纸是最值得信赖的当地、全国和国际新闻与评论的来源。最近一项针对 8 000 多名美国人的调查发现，报纸是迄今为止最值得信赖的新闻来源，其次是电视新闻，社交媒体网站是最不被信任的（Kearney, 2018）。当地报纸的广告参与度最高：35％ 的消费者表示根据当地报纸广告购买产品。网络展示广告、电子邮件广告和转瞬即逝的移动广告无法达到这么高的参与水平。

● **挑战：寻找收入模式。**1995 年，当第一家报纸网站出现时，报纸免费提供内容，免费注册。它希望广告能支撑网站的运营，并为纸质版内容提供新的收入来源。在某些情况下，免费内容仅限于最受欢迎的文章，不包括利润丰厚的报纸特许经营——分类广告。当时，印刷广告提供了超过 75％ 的收入，而订阅收入约占 25％。

对普通的报纸内容收费是一个显而易见的解决方案，但在 1995—2005 年尝试这种方法的出版物都受到了互联网文化的惩罚，这种文化希望音乐和新闻等网络内容是免费的。由于先前描述的原因，公众支付各种数字内容的意愿发生了很大变化。

报纸（以及网络杂志）也受益于公众观念的变化。最近对 236 家美国报纸的调查发现，77％ 的报纸对网络访问收取某种费用。其中，72％ 使用**计量订阅**（metered subscription）模式（免费提供有限数量的文章访问权限，但超过该限制后需要支付订阅费），20％ 免费提供大部分内容，但对优质内容收取订阅费，只有《华尔街日报》采用硬**付费墙**（paywall）（没有付费订阅即可访问）模式（Edge, 2019；Lewis, 2018；American Press Institute, 2018）。

与此同时，由 2 000 家新闻机构组成的主要行业集团——新闻媒体联盟（News Media Alliance），其成员包括《纽约时报》、《华尔街日报》、《华盛顿邮报》、新闻集团、当地报纸和主要电视新闻机构——已经提出联邦立法，允许报社作为一个集团与互联网发行商讨价还价，并创建自己的新闻集体谈判实体，与谷歌和脸书的互联网双头垄断进行谈判。这项立法将使报业免受《谢尔曼反托拉斯法》的约束，该法禁止此类行业合作。该联盟认为，谷歌和脸书以 55％ 的市场份额垄断了网络广告行业，扼杀使用或发布内容（报道、头条新闻和故事）的新闻机构。例如，如果你在谷歌上搜索最近的故事，将会显示来自新闻机构的标题和文章摘要。新闻机构不会因为这个关联获得任何补偿，虽然一旦人们到达它们的网站，它们就可以展示广告，但它们不会因谷歌网页上的各种头条新闻和摘要获得报酬（Travis，2018；Chavern，2017）。这项立法活动成为法律的前景是渺茫的，但它是对互联网巨头为使用的合法新闻网站的内容而支付更多报酬的另一个压力点（Rutenberg，2017）。与此同时，脸书与多家主要新闻机构达成协议，为其新的脸书新闻产品授权内容，这是报业朝着正确方向迈出的充满希望的一步。苹果就苹果新闻应用程序达成了类似的协议，据报道，谷歌正在与新闻出版商就支付内容许可费进行谈判。与此同时，《华尔街日报》的出版商新闻集团（News Corporation）试图将问题掌握在自己手中，并在 2020 年 1 月推出了自己的新闻聚合服务 Knewz.com（Mullin，2020，Spangler，2020）。

● **挑战：纯数字型竞争者的增长。** 网络给报纸提供了一个扩展其印刷品牌的机会，但与此同时，它也使得数字企业家有机会通过创建专门提供受欢迎的内容的网站（比如天气、分类广告（Craigslist）、餐厅和产品评论（Yelp））、国家和国际时事新闻网站以及同网上报纸竞争的应用程序的方式，将报纸内容分解。尽管传统纸质版报纸的收入在下降，但企业家还是在新闻网站甚至是报纸上大量投资。沃伦·巴菲特（Warren Buffett）以约 3.44 亿美元的价格收购了 28 家报纸，因为他相信报纸能将全面可靠的信息传递给那些紧密联系在一起的小社区，并有一个合理的互联网战略，将在很长一段时间内继续生存（Berkshire Hathaway，2013）。2013 年，杰夫·贝佐斯以 2.5 亿美元的价格收购了《华盛顿邮报》，他相信报纸不只是一些纸张，而是独立于任何技术或平台的新闻收集和销售业务（Hagey and Bensinger，2013）。墨西哥亿万富翁卡洛斯·斯利姆·赫鲁（Carlos Slim Helú），拉丁美洲电信大亨，拥有《纽约时报》15％的股份。2018 年，亿万富翁、Salesforce.com 联合创始人兼首席执行官马克·贝尼奥夫（Marc Benioff）以 1.9 亿美元买下了标志性的拥有 93 年历史的《时代》杂志。他追随了史蒂文·乔布斯（Steven Jobs）的妻子劳伦·鲍威尔·乔布斯（Laurene Powell Jobs）的脚步，劳伦·鲍威尔·乔布斯于 2017 年购买了《大西洋杂志》的多数股权。富有的科技巨头高管进行这些投资主要是因为他们相信独立新闻和新闻业是互联网时代要保存的宝贵财富（Lee，2018）。

虽然印刷报纸正在吸引富有的个人投资者，但风险资本投资者已经向纯数字在线新闻网站投入了数十亿美元。表 10-2 描述了一些领先的原生数字新闻网站。原生数字新闻公司在 2014—2019 年发展迅速，尽管 2020 年以来增长放缓，但如今，顶级原生数字新闻网站的受众数量可与全美知名报纸相媲美或超过全美知名报纸。图 10-10 列出了一些顶级网站的月独立访客数。并非所有数字新闻服务都取得了成功，到目前为止只有少数服务扭亏为盈。

表 10-2　领先的原生数字新闻网站

公司	描述
赫芬顿邮报	成立于 2005 年，2011 年以 3.5 亿美元的价格出售给 AOL。汇总来自传统新闻媒体、受邀付费博主、大量无偿博主和原创报道的内容。
BuzzFeed	成立于 2006 年。专注于使用社交媒体生成病毒式故事，测验和清单体文章（"五个最重要的人"）类可共享内容以及照片。还包括更传统的新闻主题，如政治、商业和技术。最初是新闻聚合器，但现在聘请记者进行传统的新闻报道。

续表

公司	描述
Vox	成立于 2014 年。报道政治和一般新闻。雇用埃兹拉·克莱因（Ezra Klein）（前《华盛顿邮报》撰稿人）担任主编。避免为赞助视频和故事打横幅广告。有关 Vox 及其母公司 Vox Media 的更多信息，见"商务透视"专栏中的案例"Vox：原生数字新闻"。
Reddit	成立于 2005 年。2006 年由康德·纳斯特（Condé Nast）购买并作为一个独立的公司运营。自称是互联网的头版，并经营一个由数千个论坛组成的用户生成帖子的公告栏，内容包括科学琐事、政治、视频游戏、幽默故事和照片，分为 100 多万个由版主监控的社区。注册社区成员可以提交内容，如文字帖子或直接链接。贡献内容的大多数是受过大学教育的男性成员。主页上的广告有限。
Vice	1994 年以杂志的形式创办，2000 年以 Vice Media 进军网站。是由用户生成的文章、汇总内容和照片组成的公告栏。关注吸引年轻读者和来自危险地点的报道。Vice 的 YouTube 频道是一个基于视频的新闻网站。

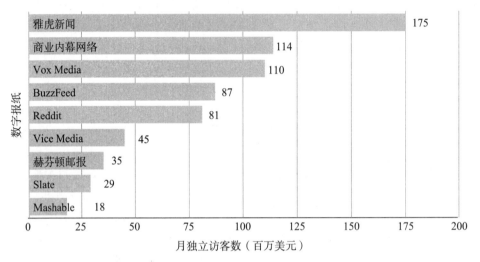

图 10-10 部分顶级原生数字新闻网站月独立访客数

注：虽然原生数字新闻网站面临挑战，但过去几年来，它们已大幅增加独立访客数量，并且是老牌报纸及其网络版的重要竞争对手。

资料来源：Based on data from Comscore, Inc., 2020; industry sources; authors' estimates.

图 10-10 中的许多原生数字新闻网站已宣布裁员。事实证明，原生数字新闻网站面临着与传统报纸相同的问题，即忠实读者少，缺乏广告收入，还面临来自谷歌和脸书的竞争。甚至颠覆者也被颠覆了（Hagey and Alpert，2019）。

● **挑战：在数字颠覆中生存。** 报纸行业乍一看似乎是一个颠覆性技术（互联网、移动设备和应用程序）摧毁基于实体产品和实体销售的传统商业模式的典型例子。在位者（现有的纸质版报纸）随着时间慢慢地、逐步改进它们的产品。新公司（颠覆者）推出新产品（赫芬顿邮报、BuzzFeed、Vox），虽然没有在位者的产品那么好，但其技术更新和更强大。新产品的价格较低，甚至是免费的，将服务水平低下的或者全新的市场作为目标。它们常常是由行业新人创立和推广的。最终，颠覆者的产品得到了改进，更能被接受，或者说足够好。这时，颠覆者开始从那些最终失败的在位者那里获取巨大的市场份额。在位者的失败有多种原因：昂贵的传统生产流程、大规模的人力资本投资、相反的文化，以及未能认识到业务和技术环境的快速变化。对可能会对传统报纸产生破坏性影响的新闻行业新兴公司的描述,见"商务透视"专栏中的案例"Vox:原生数字新闻"。

Vox:原生数字新闻

尽管丰富的娱乐方式可供选择,在线阅读新闻仍然是一项非常受欢迎的活动。投资者注意到了这一点,2008—2019 年,投资者将 40 亿美元投入数字媒体初创公司。Vox Media 是在数字新闻流中建立的新兴媒体公司的最好的例子。Vox Media 成立于 2003 年,已经筹集了 3.2 亿美元的风险资本,其中包括 2015 年从康卡斯特公司的 NBC 环球获得的 2 亿美元,截至 2019 年 12 月底,其价值约为 7.5 亿美元。

Vox Media 从一开始就采取了一种独特的策略。它并不像传统报纸所做的那样,创建一个数字新闻网站并设置不同兴趣领域的标签(运动、商务或者娱乐)。它将一般的新闻网站分解为若干只专注于某一领域的网站,用数百个不同的博客(自创的或购买的)的内容填充这些网站。最初创建的是 SBNation,综合了超过 300 个网站,这些网站大部分只专注于个别职业运动队。每个 SBNation 网站都有自己的名字、URL、品牌和撰写人。

Vox Media 目前拥有多个专门网站,包括 Eater(食物)、The Verge(文化)、Polygon(游戏)、Recode(科技)以及大众新闻及评论网站 Vox.com,它们通常是多个博客或网站的集合。这些细分网站使得读者参与度大大提高。这一方法似乎正在奏效:根据 Vox Media 的数据,它通过所有平台覆盖了 8 亿多人,通过各种网站覆盖了 1.1 亿人。

Vox.com 创建于 2014 年,当时它聘请了来自《华盛顿邮报》的知名记者埃兹拉·克莱因。Vox.com 是"解释性新闻"运动的先驱,它以卡堆形式而不是长文本文章的形式来展现新闻。读者可以以少量的增量来追踪新闻,一次一张卡片,这些卡片使用彩色照片、视频和图表来展示新闻内容。只要读者想要或者有时间,就能尽可能深入地了解卡堆。Vox 希望其形式能够吸引移动读者和社交网络用户,并希望其内容与印刷报纸的数字版本相比更吸引人。Vox 在这方面非常成功,甚至受到《纽约时报》评论版的赞扬,《纽约时报》的评论专栏作家大卫·伦纳德(David Leonard)指出,许多专家、记者和参与政治进程的人认为 Vox 的文章是理解 2020 年总统大选前各种候选人竞选提案的起点。

Vox Media 在技术、文化和商业组织方面的发展使其通常被看作数字新闻出版业的未来。Vox 追求的首要任务之一就是在叫作 Chorus 的内容管理系统上投入数百万美元。Chorus 不仅进行内容创作和管理,还提供内容发布环境。当记者和编辑完成内容创作后,他们就能用 Chorus 在各种网站和社交媒体上发布有格式的内容。Chorus 为记者提供了前所未有的控制和定制内容方面的辅助,包括参与读者评论和整合其他报道内容。2018 年,Vox 开始向其他数字媒体平台发布 Chorus,目前的用户包括《芝加哥太阳时报》和《德塞雷特新闻》等。

将新闻分解为更专注的、垂直的网站并利用技术来降低成本以及加快内容创作的速度,这对 Vox 来说是一个良好的开端。但盈利是该公司在 2019 年首次实现的目标,它需要实现收入来源的多样化。除了 Chorus 平台,Vox Media 还发布了 Concert,这是一个覆盖 2 亿多人的编程广告网络。Concert 由风险投资者 NBC 环球公司帮助推出,有 100 家媒体公司和 700 多个品牌使用,已产生近 130 亿次广告印象。为了进一步扩展 Concert 平台,2020 年 3 月,Vox 与谷歌合作创建了以本地广告业务为重点的版本 Concert Local。

Vox Media 还推出了另一个广告平台 Forte，这是一个完全依赖于第一方数据（从访问 Vox Media 数字资产的消费者那里获得的数据）的广告定位平台。Forte 使用它收集的数据来帮助广告客户更好地了解这些消费者是可能购买某样东西还是看广告。Vox Media 将 Forte 定位为营销人员摆脱对第三方数据依赖的一种方式，由于对隐私的重视程度越来越高，第三方数据的利用变得更加困难。

另一个途径是其 Vox 媒体工作室娱乐部门，该部门创办高级非虚构节目，包括 Vox 在网飞上的《解说》系列，Eater 在 PBS 上的《无护照要求》系列，并与 Hulu 进行多年的交易，以提供美食节目。Vox 媒体工作室还包括拥有 200 多个播客的 Vox 媒体播客网络，以及 2019 年 4 月收购的电影和电视制作公司 Epic。

Vox 也在扩大其数字媒体产品组合。2019 年 9 月，它收购了纽约媒体（New York Media），其中包括印刷和数字《纽约》杂志，以及多个数字媒体平台，如 The Cut、葛拉布街、情报员、战略家和秃鹰。Vox 打算继续出版《纽约》杂志，但将专注于继续开发多个收入来源。

然而，像其他大部分业务一样，Vox Media 的计划也因新冠疫情而受到严重的影响。尽管 Vox Media 在 2019 年盈利，但由于广告支出的大幅减少，其收入在 2020 年第一季度急剧下降，并表示预计第二季度所受的影响将显著增大。为了应对疫情，该公司从 5 月 1 日至 7 月 31 日裁掉了 9％的员工（约 100 人），削减且冻结了员工的部分工资。虽然未来是不确定的，但 Vox 相信这些行动将使其复苏，并恢复它昔日的荣光。

资料来源：Voxmedia.com, accessed August 20, 2020; "Top 50 Multi-Platform Properties (Desktop and Mobile) April 2020," Comscore.com, accessed May 25, 2020; "Vox Media Furloughs More Than 100 Employees for Three Months," by Kerry Flynn, Cnn.com, April 18, 2020; "Vox Media and Google Launch 'Concert Local' Ad Network," by Sara Fischer, Axios.com, March 20, 2020; "Vox Media to Buy New York Magazine in VC-backed Takeover," by Kevin Dowd, Pitchbook.com, September 25, 2019; "New York Media Valued at About $105 Million in Vox Media Merger," by Benjamin Mullin and Lillian Rizzo, *Wall Street Journal*, September 25, 2019; "Vox Media + New York Media Come Together to Form the Leading Independent Modern Media Company," Voxmedia.com, September 24, 2019; "In Praise of Vox," by David Leonhardt, *New York Times*, June 26, 2019; "Chorus Platform Officially Open to Premium Digital Publishers," Voxmedia.com, July 17, 2018; "Top Digital Publishers Join Concert to Create the Largest Premium Advertising Marketplace Online," Voxmedia.com, May 31, 2018; "Recirculate! Vox Media's New Structure for Story Packages Gives Readers Context (and Helps Them Stick Around)," by Christine Schmidt, Niemanlab.com, March 26, 2018; "Two Years In, Vox.com Reconsiders Its 'Card Stacks'," by Lucia Moses, Digiday.com, September 9, 2016; "NBCU Ups Its Share of Vox Media," by Lukas I. Alpert, *Wall Street Journal*, August 12, 2015; "Vox Media Ventures into General News and News Analysis with Vox.com," by Paul Farhi, *Washington Post*, April 7, 2014; "Vox Takes Melding of Journalism and Technology to a New Level," by Leslie Kaufman, *New York Times*, April 6, 2014; "Ezra Klein Is Joining Vox Media as Web Journalism Asserts Itself," by David Carr, *New York Times*, January 26, 2014.

纯数字新闻网站比印刷报纸拥有更多优势。它们不用支付打印文件的费用；它们可以创造更高效、更及时的工作流程和业务流程；它们的成本较低，往往依靠用户生成的内容并且支付给记者和博主最少的费用，津贴较低甚至没有津贴成本；它们可以利用新技术来制作新闻。虽然这些纯数字网站的新闻质量不如传统印刷报纸，但随着纯数字网站从财政困难的印刷报纸那里聘请有才华的记者和编辑，这种情况正在发生变化。

在线新闻网站通常缺少信誉和信任。例如，BuzzFeed 一直是许多案件诉讼的对象，这些案件指控其抄袭了竞争对手报纸和网站的内容，且没有注明出处，反而声称内容是自己的。如果没有信任和质量，原生数字新闻网站可能会变为充斥着名人照片、诱饵标题和几乎没有原创报道的网站。

如果报纸行业有未来的话，那就是网络和多平台。报纸面临的挑战是：如何通过专注于差异化、即时、其他地方没有的独家内容来创造价值；如何将新闻文化转变为像它的纯数字型竞争对手一样，提供持续的新闻流；如何使报纸内容在任何地点、任何时间、任何场所以及任何设备上都可获取。简而言之，报纸必须成为数字优先的出版物，同时要保持其质量优势，并迎接来自纯数字型竞争者的挑战。主要的印刷报纸出版机构都在进行这种转变，以增加它们的数字订阅量和数字广告收入。

10.2.2　杂志在数字平台的反弹

最初，互联网对杂志的销售并没有太大影响，部分原因是个人电脑屏幕并不适合展示诸如《生活》和《时代周刊》上的高分辨率大尺寸图片。然而，随着屏幕的改进，网络视频的普及，以及彩色出版经济性的改变，印刷杂志的发行量开始大幅下滑，广告主也将注意力转向了网络上的数字平台，因为读者们越来越多地在这些平台上获取新闻，特别是对重大事件的详细准确的报道。自 2001 年以来，杂志的报摊销量也大幅下降。

尽管过去几年纸质杂志的订阅量和报摊销量都在下降，但人们仍在阅读杂志，尤其是年轻人。据美国杂志媒体协会（The Association of Magazine Media）称，2014—2019 年，杂志的总受众规模（纸质和数字）增长了近 25%，这完全是因为数字杂志的增长，尤其是移动网络版本和视频内容的增长。据估计，2.25 亿人通过印刷/数字副本、网络、移动设备或视频接触杂志内容（The Association of Magazine Media，2019a，2019b）。据估计，2019 年美国消费者和贸易杂志的订阅及报摊销售总收入为270 亿美元左右，与 2018 年大致相同（PriceWaterhouseCoopers（PWC），2019；Watson，2019a，2019b）。据估计，广告收入约占杂志出版商总收入的 200 亿美元，其余收入来自订阅和报摊销售。坏消息是，预计未来几年杂志数字广告收入将保持平稳。数字广告收入只是弥补了纸质广告收入的部分下降。一种可能的解决方案是向电子版收取订阅费，目前电子版通常是免费的。杂志出版商也依赖于像 Apple News＋、Zinio、Magzter 和 Flipboard 这样的杂志聚合器，它们可以让客户通过一个应用程序找到他们最喜欢的杂志。**杂志聚合器**（magazine aggregator）是一个网站或应用程序，为用户提供在线订阅和销售许多数字杂志的服务。杂志一直是社交媒体的有效用户，部分原因是杂志有令人惊叹的照片和图片。2019 年，杂志在脸书、Instagram 和推特上有 11 亿个赞和粉丝（The Association of Magazine Media，2019b）。

为了生存，杂志必须为其印刷杂志创建一个独特的数字化的网络和移动版本，同时不失去其独特的品牌和质量，并保持纸质版本的存在。例如，《纽约客》创办于1925 年，它出版新闻、文化、短篇小说和艺术作品，美国最优秀和最著名的作家撰写的专栏，还包括漫画和电影评论。该杂志完全以印刷墨水和纸张为基点，在 2014 年推出计量付费墙后进行了数字改造（Bilton，2014）。《纽约客》设立了一个 40 人的数字工作室，将纸质版作者和新的全职记者带到网络受众面前。《纽约客》数字版的内容是不间断产生的，每天制作超过 18 个原创帖子，而纸质版继续在截止日期前发行 47 期（Mullin，2017）。《纽约客》在脸书（超过 430 万粉丝）、推特（890 万）、Instagram（450 万）和 Pinterest（730 万）上积极开展线上活动，并建立了一系列时事通讯和博客。《纽约客》的移动观众人数激增。与最初的预期相反，移动手机读者更有可能在手机上阅读和看完长篇故事，而不是在台式机上。数字化改造取得了成效：《纽约客》每月的独立访问者约为 1 200 万人，视频浏览量为 3 400 万次，纸质版、数字版的订阅者增至 130 万人，每位订阅者每年支付 149 美元。订阅收入现在占总收入的 70% 以上，而且变化幅度比广告收入小得多。该杂志希望在未来五年内通过独特的内容和国际版本将付费订阅量扩大到 200 万份（Innovation Media Consulting Group，2019，Weideman，2019；Moses，2018，2017）。与报纸一样，杂志的未来也离不开数字订阅量的增长。

10.2.3　电子图书和网络图书出版

图书出版业在互联网方面的经验与报纸和杂志行业有很大不同。尽管电子书的销售增长异常迅速（早期每年增长 25% 或更多），但在过去五年中，纸质书的销售量和收入一直相当稳定。2019 年，纸质书销售量和收入与往年相比变化不大，纸质书销售 780 万册，收入约 260 亿美元，与上一年基本持平（Cader，2020），电子书销售（包括通过各种网络渠道，比如亚马逊出版和销售的独立电子书）也稳定在 59 亿美元左右（见图 10 - 11）（Statista，2020）。

图 10 - 11　电子书在美国的销售

注：此图显示了电子书销售收入及其占美国图书销售收入的百分比。在最初的非常高的增长率之后，自 2013 年起，电子书销售收入趋于平稳，但每年在图书销售总收入中所占的比重都略微上升。

资料来源：Based on data from Statista.com，2020；Cader，2020；Association of American Publishers（AAP），2020，2019，2018，2017，2016，2015；industry sources；authors' estimates.

第一本商业上成功的电子书是斯蒂芬·金（Stephen King）的《骑弹飞行》

(*Riding the Bullet*), 这本 66 页的小说是斯蒂芬·金于 2000 年在亚马逊上推出的。一开始它是免费的, 第一天就有 40 万次的下载量, 导致亚马逊的服务器崩溃。当价格升至 2.50 美元时, 需求量仍然很大。10 年后, 一位来自明尼苏达州奥斯汀市的默默无闻且从未发表过作品的作家——阿曼达·霍金 (Amanda Hocking), 在亚马逊的自出版网站上传了她的吸血鬼小说《血誓约盟》(*My Blood Approves*), 后来又上传到了巴诺书店的电子书商店。此前她的小说被纽约许多出版社拒绝。到 2011 年 3 月, 她的电子书销量超过了 100 万册, 售价一般为 99 美分到 2.99 美元, 赚得 200 多万美元。

在 10 年的时间里, 电子书已经从一位作者的一项不寻常的实验, 变成了数百万美国人的日常体验, 成为激动人心的新市场, 改变了写作、销售和分销书籍的流程。现在有了一个全新的自助出版作品的渠道, 一个不受主要出版公司及其专业编辑控制的渠道。然而, 只有极少数独立作家的作品能卖出 100 万册以上, 而且只有大约 1 000 位独立作家获得超过 10 万美元的版税 (Haysom, 2020)。绝大多数独立作家无法只靠电子书销售谋生。

要在图书销售总额中单独计算电子书的销售额是很困难的, 因为在亚马逊上销售的大多数自行出版的电子书都没有国际标准书号 (ISBN), 因此不被出版业计算在内。基于行业的电子书销售报告仅包括那些有 ISBN 的图书。图书发行市场发生了很大变化, 但从收入来看, 各大出版公司仍保持着它们作为图书内容重要来源的地位。此外, 尽管 Borders 和 Waldenbooks 等连锁书店已经消失, 巴诺书店也面临着重大挑战, 但自 2009 年以来, 小型独立书店的数量增长了近 50%。独立书店从 2002 年的约 4 000 家下降到 2009 年的约 1 900 家, 这主要是因为巴诺书店等全国性连锁书店的增长, 以及亚马逊网络图书销售量的增长。但 2009—2018 年, 共有 570 家独立书店开业。在新冠疫情之前, 独立书店的数量仍在增长, 许多书店已经成功地改变了其传统的商业模式和技术, 通过赞助社区活动, 策划和展示书籍, 以及为图书爱好者创造一种支持性文化来与亚马逊竞争, 这表明在某些情况下, 传统商业模式和技术可以适应新的数字模式和技术 (Raffaelli, 2020, 2017)。然而, 独立书店的命运, 像所有小零售商一样, 仍然是新冠疫情过后的一个主要问题。

亚马逊和苹果：新数字媒体生态系统

虽然在 21 世纪初就出现了电子书和电子书阅读器的前身, 但直到 2007 年, 电子书的未来才得以稳固确立。2007 年, 亚马逊推出了 Kindle, 用户可以使用 AT&T 的蜂窝网络从 Kindle 商店下载图书。当 2009 年巴诺书店推出 Nook 电子阅读器, 以及 2010 年苹果推出首款 iPad 时, 电子书再次得到推广。鉴于其高分辨率的大屏幕, iPad 是一款比 Kindle 更好的电子书阅读器, 虽然它不那么容易被塞进手提包。亚马逊大大改进了 Kindle, 在 2020 年, 其配备高分辨率 10 英寸彩色屏幕的 Fire HD 10 平板电脑售价为 110 美元, 而其 Kindle 专用阅读器售价为 79 美元。为了提高电子书市场份额, 苹果推出了一款新的图书应用程序来取代 iBooks 应用程序。新应用程序有播放音频书的功能。

如今, 亚马逊在电子书市场占据主导地位, 苹果远远落在第二 (Gurman, 2018)。亚马逊的 Kindle 商店拥有数百万本电子书, 而苹果的图书商店 (前身为 iBooks) 拥有 250 多万本。亚马逊和苹果生态系统将硬件、软件和网络大型商店相结合, 其结果是带来网络图书内容、读者群、作者群、营销活动的激增以及对传统图书出版和营销渠道的部分颠覆。

在传统的出版模式中，作者与代理商合作，代理商将图书手稿卖给编辑和出版商，出版商再通过书店销售图书，价格主要由出版商决定。因为书店在销售图书获利时有既得利益，所以仅仅在清仓销售期间会有有限的折扣。在新的出版模式中，作者仍然写书，但绕过传统的代理商和出版商渠道，转而出版电子书在亚马逊或苹果销售。价格由作者决定，通常要比取决于作者受欢迎程度的传统图书价格低得多，数字分销商收取销售额的一部分（通常是30%）作为回报。新的自出版作者通常会免费提供他们早期的作品来发展读者群，当读者出现后，便收取少量的费用，通常是0.99~2.99美元。销售是通过在社交网络、作家博客和公共读物上的口碑来推动的。虽然只有很少的像阿曼达·霍金这样的自出版作者因此获得大笔财富，但这种可能性已经足以激发成千上万潜在的优秀美国小说作家，以及从刑侦类到超自然浪漫类这些小众题材的作家的热情。

电子书商业模式

电子书行业由中间零售商（实体店和网络商户）、传统出版商、技术开发商、设备制造商（电子阅读器）和自费出版商（自助出版服务公司）组成。这些行业参与者有多种多样的商业模式，并结成了多个联盟，希望通过集体的力量加快印刷图书向电子书的转变。

五家大型出版商支配着普通图书、教材和宗教图书出版。这些传统的出版商拥有最大的可以转换成电子书的内容库，而且它们每年生产大量的新书。在电子书市场上，大型出版商开始使用**批发模式**（wholesale model）进行分销和定价，部分原因是它们在精装书分销和定价上使用的也是这个模式。在这种模式下，零售商店为一本书支付批发价并决定出售给消费者的价格。当然，零售商是通过与出版商达成某种协议来设定价格的，这种协议要求某本书不能免费赠送。过去，批发价是零售价的50%。通过电子书，出版商发现一些网络零售商，如亚马逊和苹果，开始以低于成本的价格销售图书，以鼓励消费者购买它们的电子书阅读设备或向客户出售其他商品。亚马逊和苹果电子书的真正价值在于销售数字设备。2011年，亚马逊不仅售出了数百万个Kindle，还售出了90%的电子书。亚马逊实际上垄断了电子书市场。

五家最大的出版商秘密会见了苹果。它们商定了一个名为代理模式的新的定价模式。在**代理模式**（agency model）下，分销商是出版商的代理，按出版商确定的价格出售电子书，约为14.99美元，并且某些书价格更高。作为对30%的销售佣金的回报，苹果和谷歌都支持这一模式，它们都不愿意看着亚马逊支配这个网络内容销售最热门的领域之一。在这些会议上，出版商的高管商讨了一种共同的定价策略。实行代理模式的结果是，亚马逊的电子书价格上升到出版商想要的水平，而其市场份额下降为60%。

然而司法部起诉了五大出版商和苹果，理由是它们涉嫌价格操纵，违反了反垄断法。案件已经结案，苹果支付了4.5亿美元的罚款。亚马逊和出版商最终达成了非正式的协议：出版商现在将电子书的价格设定为与印刷版价格相同或更高。亚马逊对印刷图书打折，但折后价不低于其批发价。今天，每个出版商（而不是一个行业联盟）都与亚马逊就它们的图书价格（代理模式）达成协议。主要出版商的电子书价格是可变的，但一般售价在15美元左右。例如，2020年1月，约翰·格里舍姆（John Grisham）

于 2019 年 10 月由 Doubleday 出版的小说《守护者》(*The Guardians*),售价为 14.99 美元,精装版售价为 17.97 美元。

2014 年,亚马逊推出了 Kindle Unlimited,一项订阅电子书服务。Kindle Unlimited 的目录中拥有数百万种电子书,订阅者能够一次借 10 本书。虽然 Kindle Unlimited 据报道有大约 300 万用户,但电子书订阅模式还没有达到在音乐或家庭娱乐行业的成功水平。主要原因是,五大出版商销售额加起来仍然占美国图书销售额的 60% 左右,到目前为止,只许可了非常有限的部分目录的服务 (Rosenblatt,2020)。

互动图书:融合技术

电子书的未来可能部分取决于图书概念和设计的变化,就像网络报纸和杂志一样。现代电子书与第一本纸质图书并无很大区别,精装书在 17 世纪的欧洲开始出现,并早在公元前 4 世纪出现在古代中国。传统的西方书有一个非常简单的非数字操作系统:文字从左到右排版,有页码,有封面和封底,书页被缝合或用胶水粘贴在一起。在教育类和参考书中,书的背面有一个按字母排序的索引,使读者能直接查找本书的内容。鉴于这些传统图书的便携性、易用性和灵活性,它们将伴随我们多年,而一个平行的互动电子书世界将在未来五年内出现。数字互动图书将音频、视频和摄影与文本相结合,为读者提供多媒体体验,被认为比简单地阅读图书更强大。苹果为作者提供了一个帮助其创建互动图书的应用程序 iBooks Author,以及由几家最大的教科书出版公司创建的互动教科书 iBooks 教科书。几家初创公司尝试创建数字视频贸易图书,将文本与支持视频和照片材料相结合。由于各种原因,这些努力没有成功,而且大多数已经转变为独立作者的自我出版平台。主要的教科书出版公司正在为 Pearson 的 MyMISLab 等开发将电子文本与视频、模拟、测试和课程管理相结合的数字产品。这些多媒体产品逐渐获得市场认可,比传统印刷图书便宜。一些专家认为,到 2025 年,传统印刷图书将成为稀缺品,而其他专家预测,未来将是印刷和多媒体产品的融合。

10.3 网络娱乐业

本节首先全面介绍网络娱乐行业,并深入研究每个主要领域:电影、电视、音乐和游戏。2019 年,娱乐行业包括数字形式和传统形式共为美国创造了约 2 700 亿美元的收入。近年来,不同行业之间的界限开始变得模糊,尤其是在家庭娱乐领域,其中包括电视和电影。图 10-12 显示了美国各娱乐行业的规模。到目前为止,广播电视、有线电视和卫星电视行业是规模最大的,大约有 1 600 亿美元的收入来自广告以及有线和卫星付费电视费用。电视和电影行业都在家庭娱乐领域占有一席之地,其收入包括电视剧和电影的实体和数字点播销售或出租,以及订阅服务(约 250 亿美元)。票房电影创造了 110 亿美元的收入。游戏行业通过销售游戏硬件、软件和网络游戏创造了约 420 亿美元的收入。音乐行业由无线电广播和录制音乐组成,共创造了约 290 亿美元的收入。无线电广播仍然是一个强劲的收入来源,产生了约 180 亿美元的收入,主要来自调频和调幅广播技术的广告收入。录制音乐行业产生了约 110 亿美元的收入,低于 1999 年 140 亿美元的峰值,但在过去几年里,来自流媒体的收入有所增长。

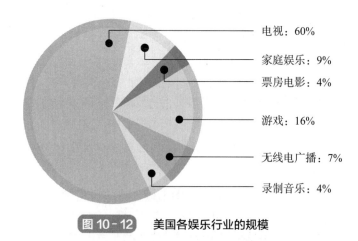

电视：60%

家庭娱乐：9%

票房电影：4%

游戏：16%

无线电广播：7%

录制音乐：4%

图 10-12 **美国各娱乐行业的规模**

资料来源：Based on data from industry sources；authors' estimates.

　　与其他内容行业一样，娱乐行业正在经历一场变革，这是由互联网、移动设备的非凡增长，以及大型科技公司在视频点播订阅服务和原创内容开发方面的巨额投资所带来的。这几股力量正在起作用。移动设备，加上苹果、亚马逊、网飞、Hulu 和其他许多公司现在提供的娱乐内容很容易获取，已经改变了消费者的偏好，并增加了消费者对这类内容的需求，无论是以订阅的形式还是按需付费的形式。社交网络也在推动娱乐内容向台式机和移动设备上的传输。社交网络正在迅速将视频和直播流媒体视频添加到它们的服务中，并提供了一个看电视和电影的平台。脸书高管在 2017 年宣布，他们希望成为"视频优先"的社交网络，并在 2018 年推出了 YouTube 的竞争对手Facebook Watch。亚马逊也在 2018 年推出了 Prime Video Channels。二者都是有线电视和YouTube 的竞争对手。像潘多拉、Spotify、Apple Music 和 Amazon Music 这样的音乐订阅服务拥有数百万用户。苹果和亚马逊也提供下载音乐服务，用户可以付费购买歌曲和专辑。这两种服务——下载和流媒体——已经证明，数以百万计的消费者愿意为高质量的内容、便携性和便利性支付合理的费用。宽带的增长显然使各种形式的娱乐内容在互联网上的有线和无线传输成为可能，有可能取代有线和广播电视网络。像 Kindle、Apple Music 这样的封闭平台，以及像网飞这样的流媒体服务，也在努力减少对数字版权管理的需求。流媒体音乐和视频在本质上是受保护的，因为在过去，内容很难下载到电脑(类似于有线电视)。所有这些力量结合在一起，给娱乐行业带来了变革。

　　在理想的世界里，消费者可以在任何时间、任何地点，使用任何方便的联网设备，观看任何电影，听任何音乐，看任何电视节目，玩任何游戏。这个理想化的融媒体世界尚未到来，但显然这是互联网娱乐行业的发展方向，部分原因是技术将会使这个理想世界得以实现，同时也因为大规模的、集成的技术媒体公司的出现，例如亚马逊、谷歌、苹果和网飞。许多分析人士认为，未来的大型娱乐媒体巨头将是进入内容生产领域的科技公司，而不是成为互联网巨头的内容制作者。这种转变已经开始。

　　当我们想到线下世界的娱乐制作者时，我们往往会想到 CBS、NBC、ABC、Fox、HBO 或 Showtime 等电视网；米高梅（MGM）、迪士尼、派拉蒙（Paramount）和 21世纪福克斯（21st Century Fox）等好莱坞电影公司；以及大西洋唱片（Atlantic Records）、哥伦比亚唱片（Columbia Records）和华纳唱片（Warner Records）等唱片公司。有趣的是，许多品牌都在通过自己的流媒体和点播服务，在互联网上拥有重要的娱乐业务。虽然电视节目和好莱坞电影等传统娱乐形式现在在网上很常见，但无论是电视行业还是电影行业都没有建立起一个全行业的传播系统。相反，它们正在与网飞、谷歌、亚马逊、脸书和苹果等基于技术的互联网分销商建立关系，这些公司都已成为媒体分销和有线电视网等的重要参与者。互联网是新的分销渠道。

图 10-13 显示了 2017—2022 年美国网络娱乐收入的增长，主要参与者是：网络视频游戏、网络电视和电影以及网络音乐。2017—2022 年，网络电视和电影的收入预计将增加一倍以上。网络视频游戏的收入最高，但到 2022 年，网络电视和电影的收入可能会与之基本持平。所有形式的网络音乐收入，尽管绝对基数远低于网络电视和电影、网络视频游戏收入，但预计也将在 2017—2022 年翻一番。总体而言，网络娱乐收入在这段时期增长强劲，从 2017 年的约 450 亿美元到 2022 年的预计 850 亿美元，几乎增长了一倍，这解释了为什么这么多公司专注于网络娱乐市场。

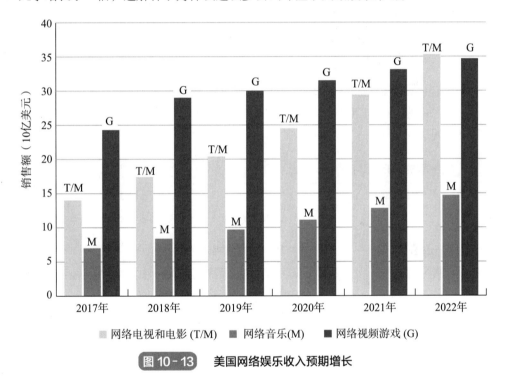

图 **10-13** 　美国网络娱乐收入预期增长

注：2020 年，网络视频游戏吸引了最多的用户，预计将产生最多的娱乐收入，其次是网络电视和电影。
资料来源：Based on data from industry sources; authors' estimates.

10.3.1　家庭娱乐：电视和电影

2020 年，电视和电影家庭娱乐行业仍处于向新的交付平台过渡的阶段——通过智能电视、智能手机、平板电脑以及专用数字媒体设备，如苹果电视、谷歌 Chromecast、亚马逊 Fire TV 和 Roku（见表 10-3）。根据 eMarketer 的数据，Roku 是最大的数字媒体设备，有 1 亿人使用（占所有互联网用户的 1/3），其次是亚马逊 Fire TV，约有 7 000 万人使用（eMarketer, Inc., 2020h）。

过去，消费者获得电视信号主要是通过广播电视、有线电视和卫星电视分销商。如今，苹果、谷歌、亚马逊、Hulu、网飞等技术公司已经开发并引领了替代 **OTT** 服

表 10-3	数字媒体设备
设备	描述
苹果电视	提供来自苹果电视应用程序，以及其他数千个频道/应用程序，包括网飞、Hulu、HBO、Show-time 等的内容。不提供对 Google Play 的访问。推出了触控板远程控制和 Siri 语音识别功能。
谷歌 Chromecast	从 Google Play 商店和网飞、Hulu、HBO、ESPN、YouTube 等成千上万提供商处获得流媒体内容。必须有可以获取这些服务的账号。不提供对苹果电视的直接访问。不像其他能显示频道/应用程序并且通过远程控制选择并播放它们的有屏幕界面的设备，Chromecast 可以帮助你在 Chrome 浏览器或移动设备上找到想要的内容，然后通过 Chromecast 播放器投影到电视上。设备成本最低。
亚马逊 Fire TV	与亚马逊 Prime 会员紧密结合，可以访问亚马逊的原创内容，以及数千个其他内容提供商的内容，现在还包括苹果电视。Google Play 的内容可通过 YouTube 应用访问。有两种基本模式：机顶盒（Fire TV）和 Fire TV 棒。
Roku	2 500 多个频道/应用的流媒体内容，包括网飞、亚马逊 Prime Video、Google Play、HBO 等。必须有可以获取服务的账号。有不同的模式可供选择，从机顶盒到流媒体播放棒都有不同的性能、功能和价格。

务（"over-the-top" services），即通过互联网服务而不是有线电视或卫星电视服务向消费者提供电视节目和电影。OTT 服务包括购买或租赁后下载内容的能力，以及订阅流媒体和"直播"电视服务（见表 10-4）。

表 10-4	主要的 OTT 服务	
服务类型		描述
购买、租赁和下载	苹果电视	除了苹果电视＋订阅视频点播（SVOD）服务外，还提供超过 10 万部电视节目和电影供购买/租赁。购买电视节目的选择包括单集、单季、季票和多票。
	亚马逊 Prime Video	除了 SVOD 服务，还可以选择购买或租赁数千部电影和电视剧，购买单集或季票。
SVOD 服务	网飞	数千部电影、电视剧及原创节目；8.99～15.99 美元/月，无广告。
	亚马逊 Prime Video	数以千计的影视剧集、原创节目；8.99 美元/月（亚马逊 Prime 用户免费），包括一些原创内容的广告；超过 100 个付费频道（HBO、Showtime，Starz）可供选择。在谷歌 Chromecast 设备上不可用。
	Hulu	广播和有线电视网的电视剧；新经典电影；原创节目；5.99～11.99 美元/月；5.99 美元/月的套餐包括一些广告。
	苹果电视＋	2019 年 11 月推出；原创电影和电视剧；4.99 美元/月，无广告。
广播/有线 SVOD 服务	CBS All Access	直播哥伦比亚广播公司电视频道（新闻、体育、赛事），外加 10 000 多集哥伦比亚广播公司点播节目；5.99～9.99 美元/月；直播电视和 5.99 美元/月套餐都有广告。
	HBO Now/Max	电视剧、电影、纪录片等原创节目；14.99 美元/月，无广告。
	Showtime Anytime	Showtime 的直播和点播节目，10.99 美元/月，无广告。
	迪士尼＋	2019 年 11 月推出；电影和电视系列，包括原创内容，来自迪士尼旗下品牌，如皮克斯、漫威、卢卡斯影业和国家地理；6.99 美元/月，无广告。

续表

服务类型		描述
直播和点播服务	Sling 电视	由 Dish Network（卫星供应商）提供。25~50 个电视直播频道（来自国家、地区和地方广播和有线电视网），20~40 美元/月，包括广告。
	AT&T TV Now（前身是 DirecTV Now）	由 AT&T 提供。超过 120 个电视直播频道，外加超过 25 000 个点播节目和原创节目。来自 HBO 等的额外节目需额外付费，50~135 美元/月，包括广告。
	Hulu 直播电视	超过 60 个频道的直播内容，包括体育、新闻、当前的电视节目，以及点播电影、电视和原创节目，54.99 美元/月，包括广告。
	YouTube 电视	70 多个电视直播频道，包括地区体育和有线电视网；一些原创节目也可以按需提供，50 美元/月，包括广告。

因此，如章首案例所述，有线/卫星电视分销模式受到了挑战。在此之前，消费者也曾经历过与硬盘录像机和时间转换相关的早期转变，他们不再希望被电视高管的节目和日程安排决定限制。可以方便地从苹果电视和亚马逊 Prime Video 等分销商那里下载电视节目和电影，可以享受网飞、亚马逊、苹果电视、Hulu 等公司提供的流媒体订阅服务，这些为传统有线电视/卫星电视传输系统提供了强大的替代方案。OTT 服务提供独立的、按需选择的访问方式：消费者不必购买捆绑的频道（其中大多数他们从未看过）。看电视也不再是线性的。线性地观看整季电视剧的方式正逐渐被"追剧狂"（在相对较短的时间内观看所有剧集的方式）所取代。OTT 分销商网飞、亚马逊、苹果电视和 Hulu 正在通过电视和电影制作公司获得市场影响力，有线电视/卫星电视传输系统正在失去市场。

尽管通过有线电视/卫星电视传输系统收看付费电视的美国家庭数量正在下降（从约 1 亿户降至 2020 年的约 7 800 万户），但在社交网络和联网智能电视的支持下，家庭中的大电视屏幕仍然像以往一样受欢迎。2020 年，约 62% 的美国人口（超过 2.05 亿人）除了使用有线电视/卫星电视外，还使用 OTT 服务，预计到 2024 年，这一比例将增至约 65%（约 2.2 亿人）(eMarketer, Inc., 2020c)。

新平台正在改变消费者看电视的方式、时间和地点。"家庭娱乐"这个词已经有点不恰当了，因为观看的范围已经超出了家庭。上下班或旅行时最好的屏幕是智能手机和平板电脑。云计算已经将人们关注的焦点从内容所有权转移到以流媒体服务的形式在任何地点、任何时间、任何设备上获取内容。流媒体已经取代下载成为消费者的首选方式，流媒体订阅服务的扩张速度超过了购买和下载。网飞是流媒体电视和电影的市场领导者，2019 年全球营收 201.5 亿美元，接近 2017 年营收（117 亿美元）的两倍。

互联网和移动平台也改变了观看体验。过去，电视通常是一种社交活动，家人和朋友在同一个房间里看一个电视节目。如今，社交圈已经扩展到包括不同地点的朋友，大家在共同观看节目时发短信、评论和在线聊天，把看电视的体验从"向后靠并享受"变成了"向前靠并参与"。在今天，最重要的活动可能不是屏幕上的内容，而是关于屏幕上的内容的讨论。

在好莱坞，向数字交付平台的转型正在顺利进行，该行业将保持其收入来源。随着消费者在移动端、台式机和家庭电视上完全接入宽带网络，好莱坞推出了一系列可供选择的观看方式。因此，消费者在电影娱乐上的支出一直很稳定，数字平台上的支出大幅增长。在所有的内容产业中，家庭娱乐和电影产业是最能保持其收入来源，同时不会被新技术数字化破坏的，至少目前是这样。

在数字时代，好莱坞电影公司成功的关键在于它们对原创、完整的电影制作的把控，并控制谁将发行它们的电影，何时以及如何发行电影。随着大型科技公司在内容创作上投入数十亿美元，好莱坞和纽约的电影公司也在电影制作上收获了一笔意外之财。分销商——无论是互联网供应商还是有线电视系统——都必须满足好莱坞电影公司的条件。

除了影院票房收入，电影产业的收入还来自实体版（DVD）和数字版。自 2006 年以来，实体版的收入（DVD 的销售和租赁收入）大幅下降，2019 年仅为 47 亿美元，占家庭娱乐收入的不到 20%。然而，DVD 销售和租赁收入的下降被数字版的惊人增长所抵消，包括出售电影以供下载（称为**电子零售**（EST）），出售有线电视或互联网上特定电影的观看权（称为**网络视频点播**（iVOD）），以及在互联网上订阅流媒体服务（称为**订阅视频点播**（SVOD），在 2019 年为美国带来了近 160 亿美元的收入，同比增长近 25%）（见图 10 - 14）。

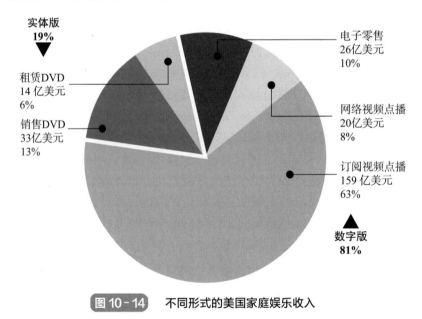

图 10 - 14 不同形式的美国家庭娱乐收入

注：实体版（DVD 的销售和租赁）现在只占家庭娱乐收入的 19%。数字版的收入，尤其是订阅流媒体的收入，正以更快的速度增长，目前占家庭娱乐市场的 80% 以上。

资料来源：Based on data from eMarketer，Inc.，2020i.

每一种数字版都有一个主要参与者。苹果是科技资讯下载的领先者。消费者购买并拥有下载的电影。苹果也是点播视频的领先者，其他主要参与者包括亚马逊、Hulu 和有线电视系统，后者也按需出租电影。SVOD 的增长速度比 iVOD 快得多。从订阅收入、订阅用户数量和使用服务的时间来看，网飞是领先的订阅流媒体服务提供商。亚马逊 Prime Video 和 Hulu 是主要的竞争对手，2019 年 11 月推出的苹果电视＋也是主要的竞争对手。其他规模庞大的竞争对手包括 HBO 和 Showtime 等付费有线电视网；广播网，如哥伦比亚广播公司的 CBS All Access 和 NBC 环球即将推出的 Peacock。更多新的竞争对手即将出现：为了与网飞和其他科技公司竞争，一些好莱坞主要电影公司，比如迪士尼，已经建立了自己的流媒体服务平台，并切断了与网飞和其他主要流媒体服务的联系。迪士尼甚至禁止网飞在其娱乐网络中发布广告。一个担忧是，潜在选择的数量会让消费者不知所措。调查显示，虽然订阅至少三项服务的 SVOD 用户已从 2017 年的 20％左右增加到 2019 年的 45％，但消费者愿意为此类服务支付的费用仍有限，60％的人表示不愿意每月支付超过 20 美元（Activate Consulting，2019；Marvin，2019）。

当好莱坞试图跟上日益数字化、流媒体化甚至移动化的快速变化的分销平台时，它面临着许多挑战。增长最快的数字流媒体形式在每单位基础上并没有产生多少收入。这意味着工作室面临着压力：要保持它们的新电影的实体版即 DVD、数字影院播放或视频下载，并将老电影（作为长篇电影的一部分）投入流媒体渠道（如网飞）播放。没有互联网，这些老电影可能不会以任何价格出售或者是被数百万顾客观看。好莱坞通过控制电影的**发行窗口**（release window）来实现市场细分，错开市场发行。这是一种价格歧视：那些想尽快看电影的人愿意支付更高的价格。首先是影院票房，其次是 DVD 和有线电视视频点播，再次是互联网视频点播，最后是流媒体订阅服务。当然，制片厂在互联网上播放一部一流电影的时间越长，被盗版的可能性就越大。在消费者要求提前发布电影，以提供流媒体和视频点播服务的压力下，发行窗口正在发生变化。例如，2020 年，环球影业和全球最大的连锁影院 AMC 达成了一项新协议，将环球影业发行的电影在 AMC 影院上映的窗口缩短至 17 天（以前是两个半月）。虽然这一变化在某种程度上是学术性的，因为新冠疫情导致电影院普遍关闭，但它代表着一个重大的变化，很可能为未来设定一个新的标准（Watson，2020）。

另一个挑战是网络电影发行商的实力日益增强，它们可能会成为竞争对手。在互联网和网络出现之前，连锁影院和 DVD 租售店等发行公司从来没有机会制作自己的电影，并进入电影制作行业。但在数字时代，网飞、亚马逊、Hulu 和谷歌等分销商有足够的财力制作长篇电影，并降低授权成本。基于流媒体的公司被鼓励制作自己的内容，以避免好莱坞电影公司收取的高额许可费。

虽然多种合法的、方便安全的流媒体和下载电影的渠道的出现，似乎已经减少了盗版的数量，但盗版仍然对电影业和电视业构成威胁，尽管电影业和政府多年来一直在努力减少盗版。在过去，BT 种子和网盘/文件托管网站（如 Megaupload）是最常见的盗版来源，但今天，提供盗版内容流媒体的网站变得更受欢迎。例如，一项研究发现，在全球 14 000 个不同的电影和电视盗版网站的近 800 亿次访问中，近 75％是流媒体网站，只有 17％是基于 BT 种子下载盗版电影的网站（Spangler，2016）。

盗版给电影业造成的损失是难以估量的。例如，据估计，2017 年，由于互联网发行、从 DVD 复制、早期制作拷贝，以及影院内录像的盗版电影和电视节目，电影业在全球范围内损失了超过 300 亿美元。独立分析师怀疑是否有这么高，但实际统计起来非常困难（Bialik，2013）。谷歌的一份研究报告发现，盗版电影的搜索量一直在稳步下降，而网络租赁和流媒体搜索则有所增长。随着谷歌与电视和电影公司建立更密切的关系，并有自己创作原创内容的雄心，它在限制对盗版网站的访问方面做出了努力。谷歌改变了搜索算法，将盗版电影网站的搜索结果排在最下面的位置，或者将网站全部删除，使得人们很难通过搜索引擎找到盗版电影。由于搜索量是消费者兴趣和意图的衡量指标，美国公众对盗版电影的兴趣正在下降，尽管在世界其他地区，盗版仍然是一个重要问题。像网飞和苹果电视这样的服务，每月收取用户少量费用，或者几美元下载电影，可以说降低了许多潜在盗版者观看盗版电影的动机。然而，新冠疫情可能扭转了下降趋势，至少在短期内如此，因为跟踪盗版趋势的研究公司注意到疫情期间盗版网站的流量显著增加（Uberti，2020）。

10.3.2　音乐

1999 年，音乐行业达到峰值，估计为 140 亿美元，但随后几年急剧下滑，2015年降至 67 亿美元的低点。下降的原因是 CD 销量下降，以及成本低得多的数字下载的增长，包括合法下载（苹果的 iTunes）和非法下载（盗版）。2016 年，随着流媒体音乐订阅服务的激增，情况开始发生变化。十多年来，音乐行业收入首次增长。2019年，该行业收入约为 111 亿美元，比 2018 年增长 12.9%，连续四年增长。虽然非法的盗版文件共享和音乐下载是一场数字浪潮，这场浪潮最初严重扰乱了音乐行业，但首先是合法的数字下载，然后是流媒体服务，都抑制了非法的音乐盗版。尽管不如CD 的鼎盛时期，但是合法的数字音乐来源创造了稳定的收入和利润，拯救了音乐行业。

2019 年，数字音乐收入约占美国音乐收入的 88%（约 98 亿美元）（见图 10 - 15）。来自实体音乐的收入（约 11.5 亿美元）大幅下降，仅占行业收入的 10% 左右。来自广告支持的流媒体和订阅流媒体网站的流媒体音乐销售额总计 88 亿美元，约占行业收入的 80%，而来自数字下载的收入仅占 8% 左右。行业收入仍然只有 1999 年的80%，但最初的数字颠覆现在看起来像是数字复苏（Recording Industry Association of American（RIAA），2020）。

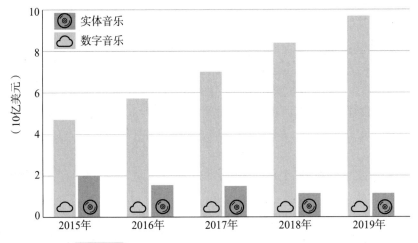

图 10 - 15　美国音乐收入：数字音乐与实体音乐

注：音乐行业的收入在 1999—2015 年急剧下降。2016 年，由于流媒体服务的兴起，收入再次开始增长。2019 年，来自数字音乐的收入约占美国音乐收入的 88%。

资料来源：Based on data from Recording Industry Association of America（RIAA），2020，2019，2018，2017，2016。

在其大部分历史中，音乐行业依靠各种各样的物理媒介来发行音乐——醋酸酯唱片、黑胶唱片、盒式磁带，最后是 CD-ROM。其收入的核心是实体产品。自 20 世纪 50 年代以来，这种实体产品就是专辑——以比单曲高得多的价格出售的捆绑歌曲的集合。互联网改变了这一切，2000 年，一家名为 Napster 的音乐服务公司开始使用其计算机作为录音机，在互联网上向消费者分发盗版音乐曲目。尽管 Napster 因诉讼而倒闭，但仍有数百个非法网站出现，导致音乐产业收入从 1999 年的 140 亿美元下降到 2015 年的约 69 亿美元。强大的移动媒体播放器从 2001 年开始出现，可以连接到互联网，比如苹果的 iPod，以及后来的 iPhone 和 iPad，然后是音乐流媒体网站的惊人增长，进一步侵蚀了 CD 专辑的销售。流媒体从根本上改变了实体音乐的销售和数字下载，因为消费者不再需要"拥有"一个实体或数字单元来听他们想要的音乐。

音乐行业最初拒绝发展合法的数字分销渠道，但最终还是在 2003 年不情愿地与苹果新推出的 iTunes 商店以及几家小型订阅音乐服务达成了在线分销协议。到 2006 年流媒体音乐服务出现的时候，音乐行业已经放弃了对数字版的抵抗，并迅速与潘多拉、Spotify 和其他服务商达成协议，在订阅和广告支持的"免费"服务中播放音乐，以收取费用。当时，音乐行业因为盗版和文件共享而销量不断下滑，人们普遍认为歌曲和专辑的数字下载以及流媒体音乐服务是音乐行业的救星。尽管如此，从这些来源获得的收入与过去 CD 专辑产生的收入相比还是相形见绌。图 10-16 显示了三种不同形式的数字音乐消费：单曲下载、专辑下载和流媒体。

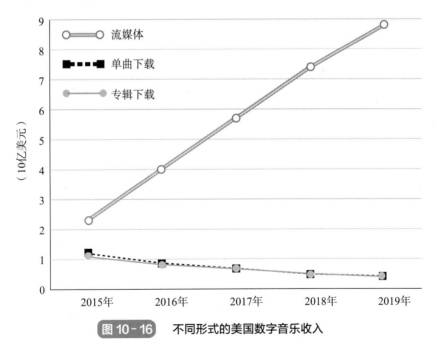

图 10-16　不同形式的美国数字音乐收入

注：随着单曲和专辑下载量的大幅下降，流媒体已成为数字音乐收入的最大来源。

资料来源：Based on data from Recording Industry Association of America（RIAA），2020，2019，2018，2017，2016.

数字音乐服务主要有两种：数字下载和流媒体音乐服务，每一种都有不同的商业模式。数字下载服务（也称为下载拥有服务）是由苹果、亚马逊和谷歌提供的，用户可以逐首下载歌曲和专辑，并为每首歌曲付费。越来越多的歌曲存储在云服务器上，这样用户就可以在任何个人设备上听音乐。所有的收入都来自专辑或单曲的销售。2019 年，数字下载仅产生了约 8.2 亿美元的收入，比 2018 年下降了近 20%，仅占该行业收入的 8% 左右。自 2011 年以来，2017 年的数字下载量首次超过了实体销量。相反，流媒体音乐服务是增长最快的部分。

使用流媒体音乐服务（也称为互联网电台），可以在任何时间获取来自任何设备、任何地方的音乐，如潘多拉（现在属于 Sirius XM）、Spotify、Apple Music、Amazon Music Unlimited、Google Play Music（2019 年并入 YouTube 音乐）和 Tidal。音乐通常不存储在用户设备上，而是从云服务器传输给听众（尽管有些也提供下载/数字存储服务）。潘多拉提供了一项精心策划的服务，允许用户选择他们想听的艺术家，然后该网站使用一种算法来建立与用户选择的艺术家类似的艺术家列表。用户不能控制他们听到的内容，也不能重复所选内容。Spotify 允许用户指定艺术家和歌曲。

流媒体音乐服务有两种收入来源：广告支持和订阅服务。广告支持的流媒体是一种免费增值模式，允许用户每月在有限的时间内听免费的流媒体音乐，并依赖广告来产生收入。流媒体音乐服务通常还提供订阅选项，用户可以按月付费收听无广告的音乐。然而，通常只有一小部分听众支付订阅费，而广告收入通常会远远超过订阅收入。Apple Music 没有免费音乐，需要支付 10 美元的无广告收听月费。

在美国，付费流媒体音乐订阅量超过了 6 000 万，比 2019 年增长了近 30%，还有数百万人免费收听（Recording Industry Association of American（RIAA），2020）。尽管流媒体音乐服务的听众数量正以惊人的速度增长，但很少有企业能够盈利，原因是基础设施成本、从音乐公司获取音乐内容的成本过高以及靠广告收入支持的免费增值模式。苹果、亚马逊和谷歌等大型科技公司提供的流媒体服务能够承受这些亏损，因为它们用自己的物理设备、操作系统和其他服务创造新客户。因此，目前尚不清楚独立流媒体音乐服务是否有可行的商业模式。

截至 2020 年 3 月 31 日，Spotify 在全球拥有约 2.86 亿活跃用户，这就是音乐流媒体业务模式的困难所在。Spotify 的收入几乎全部来自每月支付订阅费的 1.3 亿用户（Spotify，2020）。虽然 2019 年其收入增长了近 30%，达到 68 亿欧元，但支付给唱片公司、艺术家的费用和发行成本也大致相同。随着唱片公司和艺术家就更好的发行协议进行谈判，以及 2018 年通过的《音乐现代化法》（Music Modernization Act），支付给内容所有者的费用未来可能会增加，后文将进一步说明这一点。2019 年，尽管 Spotify 在第三季度实现了盈利，但全年仍亏损。该公司声称，它的业务最终将会规模化，并在拥有更多用户的情况下持续盈利，但这似乎违背了商业逻辑。不过，投资者看到了 Spotify 所带来的机会，因为它拥有数百万千禧一代和 80 后以及拍字节大小的用户行为数据库。尽管整体亏损，但其股价仍相对接近 2018 年 4 月 165 美元的 IPO 价格。

围绕流媒体音乐的一个问题是艺术家和唱片公司对内容的补偿。虽然唱片公司可能从每首 iTunes 歌曲中获得 32 美分，但在同一首歌曲的流媒体版本中，它们只能获得 0.63 美分。这些收入要与艺术家们平分，它们得到 0.32 美分。《滚石》（Rolling Stone）杂志计算过，一首热门歌曲如果能卖出 100 万次的流量，歌手将获得 3 166 美元的收入，唱片公司也将获得类似的收入。对于艺术家来说，广告支持的流媒体比订阅流媒体支付的费用要低得多。由于这个原因，许多艺术家和团体拒绝让广告支持的免费流媒体播放他们的音乐。2014 年，全球最受欢迎的歌手之一泰勒·斯威夫特（Taylor Swift）从 Spotify 的免费服务中下架了她的音乐，因为 Spotify 支付的版税非常低。2015 年，她同样将自己的专辑《1989》从苹果新推出的 Apple Music 服务中下架，因为苹果计划在该服务推出的前三个月不收费。许多其他歌手已经从免费流媒体服务中下架了他们的作品，越来越多的音乐人想要从流媒体网站获得更高的补偿。作为回应，流媒体服务增加了向音乐家支付的订阅流媒体费用。2018 年，美国国会通过了专门针对这些问题的《音乐现代化法》。该法使词曲作者和艺术家能够获得 1972 年以前录制的旧歌曲的版税，为专业音乐人士创建法律程序来获得未申报的版税（之前这些版税由流媒体服务持有），并创建一个由流媒体服务支付但由音乐出版商和词曲作者监管的授权数据库，该数据库应简化词曲作者的支付方式，所有这些都应有助于确保艺术家获得更多的报酬，更容易地获取他们应得的版税（Deahl，2018）。

10.3.3 游戏

网络游戏行业是一个惊人的成功案例，从 2012 年的 60 亿美元增长到 2019 年的约 420 亿美元，其中视频游戏内容创造了约 350 亿美元的收入（Entertainment Software Association（ESA），2020）。网络游戏带来的收入高于其他形式的在线娱乐。智能手机推动了这一增长，因为它可以让玩家随时随地玩游戏，不需要笨重的设备、主机或更长的时间。例如，在 2016 年，增强现实游戏开发商 Niantic 为苹果 iOS 和安卓手机发布了一款免费的增强现实游戏《口袋妖怪 GO》（见图 10 - 17）。《口袋妖怪 GO》是一款基于 GPS 的应用程序，可以在手机屏幕上覆盖奇异的怪物。目标是定位、捕获和训练这些角色。玩家可以获得虚拟货币作为奖励。在一个月内，《口袋妖怪 GO》成为 iTunes 和 Google Play 上最受欢迎的下载软件。在两个月的时间里，《口袋妖怪 GO》在全球拥有 2 亿玩家，创造了超过 3 亿美元的收入。自发布以来，《口袋妖怪 GO》在全球已被下载超过 5.4 亿次，创造了超过 30 亿美元的收入（SensorTower，2019）。尽管《口袋妖怪 GO》的魅力有所减退，但许多成人用户仍然很活跃，特别是在那些已经转向其他游戏的千禧一代中。《口袋妖怪 GO》是在线游戏世界如何从最初的主机和桌面游戏转变为手机游戏和专业电子竞技游戏的一个例子。

图 10 - 17 《口袋妖怪 GO》

注：《口袋妖怪 GO》第一次发布时就席卷了世界。
© Anna Stowe/Alamy Stock Photo.

　　有五种类型的数字游戏玩家。休闲游戏玩家在台式机或笔记本电脑上玩游戏。他们之所以被称为休闲游戏玩家，是因为他们一次只玩几分钟游戏，并没有很认真地参与。社交游戏玩家是那些使用网络浏览器或应用程序在脸书等社交网络上玩游戏的人。移动游戏玩家使用他们的智能手机或平板电脑玩游戏。移动游戏玩家也是休闲游戏玩家，只是短暂参与游戏。大型多人在线游戏玩家（MMO）使用他们的电脑与来自全球的大量玩家一起玩游戏。主机游戏玩家使用 Xbox、PlayStation 或 Wii 这样的专用游戏机在网上（或离线）玩游戏。通常，主机游戏玩家通过互联网连接支持集体游戏。

　　主机游戏曾经是数字游戏产业的核心，现在从收入角度来看仍然是。但随着智能手机和平板电脑以及社交和休闲游戏的出现，这种情况迅速改变，这些游戏不需要用户购买昂贵的游戏机或软件包。智能手机和平板电脑开创了一个拥有免费游戏和 1.99 美元的游戏应用程序，以及更简单的游戏场景时代，无须投入数百万美元开发。在美国，大约有 1.75 亿用户在网上玩游戏。2020 年，约 1.55 亿人在智能手机上玩游戏，约 9 500 万人在平板电脑上玩游戏。在台式机/笔记本电脑上玩游戏的人（约 1 亿人）略多于在游戏机上玩游戏的人（约 9 600 万人）。事实上，玩家通常会在不同时间使用以上所有平台玩游戏（见图 10 - 18）（eMarketer, Inc.，2020e，2020f，2020j，2020k，2020l）。

图 10 - 18　**2020 年美国网络游戏用户分布**

注：移动平台（智能手机和平板电脑）已经成为大多数玩家的首选平台。
资料来源：Based on data from eMarketer，2020e，2020f，2020j，2020k，2020l.

　　在美国，2019 年来自各种形式（移动、基于个人电脑、大型多人、社交和主机）的网络视频游戏（不包括硬件）的收入估计约为 350 亿美元（不包括硬件销售）（ESA，2020），是 2019 年所有数字音乐收入的三倍多。

　　使用平板电脑和智能手机玩手机游戏的用户数量的快速增长是游戏行业的一个巨大变化，此前该行业由封闭平台的主机游戏，微软、任天堂等硬件公司，以及 Activision

和 Electronic Arts 等软件公司主导。随着智能手机、平板电脑和手机游戏的发展，苹果的 App Store 和 Google Play 商店已经成为数字游戏的主要商家，当然，这些商家使用的是苹果和谷歌安卓的硬件和软件。苹果和谷歌从游戏销售中抽取 30% 的分成，并从游戏所需的硬件和软件的销售中获利。手机游戏吸引年轻玩家，价格较低，并且最初通常是免费的。人们可以在任何可以使用手机的地方玩手机游戏。主机游戏需要更长的开发时间，需要更多的预算，而且购买成本也更高。

移动平台是一个更加开放的平台，它允许成千上万的开发者以更少的预算开发有趣的游戏，并以更快的进度开发新游戏。相比之下，主机平台的发展要比移动计算慢得多。微软 Xbox 游戏机的开发周期是 5～6 年。虽然游戏机、个人电脑和网络社交游戏的用户规模将继续缓慢增长，但未来用户增长最快的将是可以随时随地玩的移动游戏。

刺激个人电脑和移动游戏收入增长的一个因素是职业游戏的出现，也被称为电子竞技。电子竞技与其他职业体育运动一样，是基于知名电子游戏的有组织的比赛，类似于大型体育赛事。锦标赛级别的比赛在有数千名粉丝参加的礼堂举行，还有数百万人在互联网上观看。2019 年，全球电子竞技观众估计超过 4.5 亿人，其中 2 亿人为偶尔观众，2.5 亿人为爱好者（eMarketer, Inc., 2019）。2019 年最大的电子竞技锦标赛是在西雅图举行的 *Dota 2* 国际锦标赛，奖金总额为 3 000 万美元。*Dota 2* 是一款在线多人对战游戏，有 2 队，每队由 5 人组成。如今，电子竞技比赛吸引的在线观众数量与职业足球比赛不相上下。2019 年，有 1 亿观众观看了《英雄联盟》（League of Legends）世界锦标赛，其中有 4 400 万观众同时观看了锦标赛的最后一轮（Webb, 2019）。这些游戏通过有线电视频道播出，但更常见的是通过亚马逊旗下的 Twitch 等互联网频道播出。有关 Twitch 的更多信息，见"技术透视"专栏中的案例"游戏介绍：Twitch"。其他热门频道包括 YouTube Gaming 和微软的 Mixer。

技术透视

游戏介绍：Twitch

虽然因新冠疫情取消了现场直播的体育比赛、音乐会及其他公共娱乐形式，但在线流媒体平台，如 Twitch 已经弥补了这一缺憾，允许观众观看可以想到的任何类型的竞技游戏以及越来越多的其他类型的内容，包括在线演唱会、脱口秀等。新冠疫情极大地提高了 Twitch 的收视率，即使对现场聚会的限制已经解除，消费者的内容消费习惯仍可能转向直播。

Twitch 最初的名字是 Justin. tv，是一个只有一个频道的网站：其创始人贾斯汀·坎（Justin Kan）在网上直播自己的生活。Justin. tv 开始用自己的频道推荐其他流媒体，2010 年，该公司将其日益流行的游戏部门剥离出来，成立了一个名为 Twitch 的独立实体。2014 年，亚马逊以 9.7 亿美元收购了 Twitch，如今 Twitch 已经成长为占主导地位的直播平台，在 2019 年拥有超过 75% 的市场份额。2019 年，甚至在新冠疫情之前，Twitch 用户观看了 6 000 亿分钟的内容，Twitch 的 400 万独立月度流媒体用户产生了 110 万年的内容量。据估计，有 150 万观众随时观看 Twitch 上的内容，这个数字超过了 ESPN 和有线电视新闻等知名电视频道的观众数量。新冠疫情导致 Twitch 增长更快，从 2020 年 3 月到 4 月，活动量增加了 23%，在受病毒重创的地区（如意大利）增长尤为显著，在那里，Twitch 的用户数量在隔离开始后的几周内增长了 66%。Twitch 拥有全球用户，22% 的 Twitch 流量来自美国，德国、韩国、法国也有大量用户。

Twitch 因专注于视频游戏而脱颖而出，重点是电子竞技，这是一种类似于重大体育赛事的围绕知名视频游戏的有组织的比赛。电子竞技是一个价值 10 亿美元的全球产业，也是更大的游戏产业中一个不断增长的部分，估计全球游戏产业的价值为 1 500 亿美元。从 2015 年 12 月到 2019 年 12 月，主要招聘网站上的电子竞技职位增加了 343%，其中包括管理竞技游戏玩家的营养、锻炼和准备的员工职位，就像你在职业体育中看到的那样。俄亥俄州立大学甚至开始开设电子竞技本科专业。像《英雄联盟》、《堡垒之夜》（Fortnite）、《使命召唤》等热门游戏的比赛经常会有成千上万的观众同时观看。2019 年，Twitch 推出了电子竞技目录，展示当时举办的所有实时电子竞技比赛，以及过去赛事的亮点和回顾。

对于 Twitch 上最大的个人主播来说，平台的发展带来了巨大的成功。《堡垒之夜》的主播泰勒·布莱文斯（Tyler "Ninja" Blevins）是多年来最成功的 Twitch 主播，据报道他每年在 Twitch 上赚 1 000 万美元。Twitch 主播有多种赚钱方式，包括自动在其频道上播放的广告收入，允许忠实观众从频道获得额外福利和功能的订阅，以及 Twitch 的数字货币"比特币"小费。

然而，Twitch 能否继续在直播领域占据主导地位还很难说。到 2020 年，Twitch 的竞争对手将会比以往任何时候都多，其中大多数都是由财力雄厚的科技巨头运营的。2019 年，YouTube 占据了 17% 的市场份额，脸书加快了 Facebook Gaming 直播产品新功能的推出，该产品的市场份额约为 4%。微软的 Mixer 也有超过 3% 的直播市场份额，它在 2019 年从 Twitch 挖走了泰勒·布莱文斯，然后对另一个非常受欢迎的 Twitch 主播迈克尔·格泽西克（Michael "Shroud" Grzesiek）做了同样的事情。Twitch 的一些著名主播被 Mixer、YouTube 和脸书挖走了。尽管如此，还有很多 Twitch 的顶级主播，如 DrLupo、TimTheTatman、LIRIK 和 NickMercs 仍然留在 Twitch，这要归功于他们每年数百万美元的收入。

2019 年底 Twitch 的统计数据显示，内容创造者和观众在流媒体上的时间略有下降，这可能是许多最受欢迎的流媒体用户离开平台的结果。YouTube 游戏在这段时间内的观看人数和游戏时间都有所增长，增长速度甚至超过了 Twitch 在疫情期间的增长速度，从 2020 年 3 月到 2020 年 4 月，游戏时间环比增长 48%。动视暴雪（Activision Blizzard）和谷歌在 2020 年达成了一项多年协议，让 YouTube 成为《使命召唤》和《守望先锋》（Overwatch）电子竞技联盟的独家直播流媒体平台；自 2019 年初以来，守望先锋联赛是 Twitch 上收视率第二高的频道。Twitch 的广告收入也没有达到投资者的预期。该公司 2019 年的广告收入为 3 亿美元，远低于该公司自己预测的 5 亿~6 亿美元。然而，亚马逊并不担心，它可能会开始销售 Twitch 的流媒体技术，就像它向其他公司销售亚马逊网络服务产品一样。

Twitch 的用户超过 80% 是白人男性，而对女性和少数族裔等其他群体的骚扰一直是该公司难以解决的问题。在该公司的年度 Twitchcon 大会上，许多知名的女性主播表示，在 Twitch 上被骚扰是她们遇到的最大问题。内容审核也是一个问题。一个用户用 35 分钟直播了自己实施的恐怖袭击。这段视频在被标记和删除之前被观看了 2 000 多次。为了解决这个问题，Twitch 任命了一个由 8 人组成的安全顾问委员会（Safety Advisory Council），该委员会由 Twitch 的创始人和外部专家组成，帮助公司解决骚扰和内容审核问题。Twitch 也重新命名了它的图标，并开始用一个新的包容性口号来宣传自己："你已经是我们中的一员了。" Twitch 还发布了自己的 Twitch Studio 应用，旨在帮助不懂技术的新手创建自己的流媒体。时间会告诉我们 Twitch 是否能够在包容性方面做出努力，并击退竞争对手。

数据来源："Twitch Clarifies What Its Safety Advisory Council Will Do," by Jon Fingas, Engadget.com, May 19, 2020; "Amazon's Twitch Leads a Booming Esports Six-Figure-Salary Job Market in Coronavirus Era," by Bob Woods, Cnbc.com, May 19, 2020; "Facebook Reveals Gaming App to Rival Twitch and YouTube," Bbc.com, April 20, 2020; "Twitch Is the Popular Technology Platform You Might Not Have Heard Of," by Elaine Roth, Yahoo.com, April 19, 2020; "This Is Twitch's Moment," by Bijan Stephen, Theverge.com, March 18, 2020; "Amazon Might Offer Twitch's Streaming Technology to Businesses," by Nathan Ingraham, Engadget.com, February 6, 2020; "Gaming's Biggest Names Are Ditching Twitch for $10 Million Contracts," by Shannon Liao, Cnn.com, January 30, 2020; "Twitch's Loss of Top Streamers Impacts Hours Watched and Streamed in Q4 2019, Report Says," by Sarah Perez, Techcrunch.com, January 16, 2020; "How Twitch Started to Lose Its Grip on Video Game Streaming," by Nick Summers, Engadget.com, December 26, 2019; "The Future of Live-Streaming, For Better or Worse, Depends on Twitch," by Amrita Khalid, Qz.com, November 12, 2019; "Video Giant Twitch Pushes Trump Rallies and Mass Violence Into the Live-stream Age," by Drew Harwell and Jay Greene, *Washington Post*, October 17, 2019; "Gamers Paved the Road for a Streaming Future. Twitch Wants to Add More Lanes," by Gene Park, *Washington Post*, October 3, 2019; "Twitch Is Rebranding for the First Time, and It Has a Logo for Everyone," by Mark Wilson, Fastcompany.com, September 26, 2019; "Why Amazon's Twitch, Facebook and Tech Giants Want Live Sports," by Thomas Barrabi, Foxbusiness.com, September 6, 2019.

比赛的组织和玩家的奖金由比赛的发行商和广告商提供。专业级数字游戏的主要发行商是 Riot Games，该公司发行了多人在线战斗游戏《英雄联盟》。有 20 个《英雄联盟》的专业团队相互竞争。联盟要求各战队聘请专业的电子游戏教练。其他适合竞技的多人游戏包括《星际争霸 2》（StarCraft Ⅱ）和《使命召唤》（Call of Duty）。这些游戏都是多人在线竞技游戏（MOBA）。

广告商之所以被电子竞技吸引，是因为电子竞技的受众主要是 21 岁至 34 岁的年轻男性，他们不爱使用传统媒体。可口可乐、日产、福特和谷歌都是电子竞技的最大赞助商。包括哈佛大学和普林斯顿大学在内的大学游戏团队如雨后春笋般出现在美国各地，许多大学现在还为参加电子游戏团队的学生提供奖学金。NBA 篮球队正在建设综合设施，以支持常规比赛和电子竞技球队。按照目前的增长速度，电子竞技正在将在线游戏转变为一种类似于梦幻足球的流行运动，但电子竞技会拥有更多的观众。

10.4　电子商务相关职位

在包括网络内容和媒体在内的一系列相关的、多样化的行业中，可以找到各种各样的工作。这些工作可能涉及内容的创造和/或内容的生产，内容类型包括报纸、杂志、图书、电视、电影、视频、音乐和游戏，所有这些都以不同的形式和格式出现。除了电子商务和其他数字技术课程外，通信、新闻、英语和人文学科的课程以及创意领域的课程，都为网络内容和媒体的发展提供了相关背景。除了创新能力和技能、数字媒体制作的技术技能以及产品管理业务技能外，项目管理也将被证明是有用的。

10.4.1　公司简介

该公司是一家出版和数字媒体公司，19 世纪在宾夕法尼亚州以出版报纸起家。该公司从 2006 年开始利用网络来支持其内容分发。如今，该公司的业务包括四份日报，十多份非日报出版物，以及 100 多个专注于体育、新闻和金融等细分受众的数字网站。

10.4.2 职位：数字受众开发专家

你将在媒体部门工作，开发和推出几个重点关注区域美食、娱乐、产品和生活方式的新网站。这些网站的数字内容包括文章、照片、视频和音频。内容将通过网站、电子邮件和社交网络发布。主要目标是建立一个受众群，并创建一个追随者社区。你的职责包括：

- 管理跨网页、社交和移动平台的内容分发。
- 与团队成员合作，制定一个能扩大受众规模的战略。
- 开发测试替代媒体的有效性的实验。
- 从多种工具中提取和分析数据，以了解战略和绩效之间的关系。
- 提出建议，帮助推动内容的生产和扩大受众规模。
- 开发新的数字内容和创意，推动受众规模扩大。
- 重写、重新包装和优化其他公司网站的内容。
- 寻找新的受众和内容扩展机会。
- 衡量绩效以实现收入目标。
- 制作长短不一的视频、照片和文本内容。

10.4.3 资格/技能

- 新闻、传播、市场营销、公共关系、广告、电子商务、社交媒体或相关媒体专业学士学位。
- 有使用主流社交网络（脸书、推特、Instagram 和 Pinterest）的经验，熟悉 Snapchat 和 Reddit 等社交媒体平台。
- 了解数字新闻、视频和照片内容。
- 具备与个人和团队合作的能力。
- 有网站内容制作经验。
- 了解最新的数字和行业趋势。
- 有视频制作技能和经验。
- 了解各大社交平台的受众行为。
- 熟悉项目管理工具。

10.4.4 面试准备

首先要对公司的服务、市场和商业策略进行背景调查。是什么让这家公司与众不同？它的竞争对手是谁？它在市场上的地位是怎样的？然后回顾关于网络出版行业的 10.2 节，特别是关于原生数字新闻和内容网站部分出现的材料。同时回顾关于千禧一代的"社会透视"专栏中的案例和"商务透视"专栏中关于 Vox 的案例。所有这些材料将帮助你熟悉数字出版行业的趋势。还要确保你了解数字受众开发职位所涉及的内容。你还应该熟悉 Google Analytics 和研究 Moz（SEO 培训和工具）、CrowdTangle（网络发布内容管理和社交媒体监控）和 Skyword（内容营销软件和服务）的能力。最后，准备好谈论你如何使用社交网络，以及你为网站或博客创建内容（包括照片和视频）的经验。

10.4.5 可能的面试问题

1. 请告诉我们一些你认为在未来几年内会对我们的数字出版业务产生影响的行业趋势。

要回答这个问题，你可以参考 10.2 节中的内容。首先，你可能会认为数字出版和印刷出版正在合并成一种商业模式，不间断地生产新闻文章、视频和富媒体等。主要行业趋势是印刷广告的衰落、数字广告的快速增长、社交媒体作为读者主要来源之一的增长、受众向移动设备的转移、出版团队重新聚焦以使其在数字媒体和印刷媒体中发挥作用以及数字优先商业模式的增长。对于报纸来说，生存的关键在于拥有一个庞大的在线观众群体，以及吸引读者到报纸网站并愿意为之付费的高质量的内容。

2. 我们怎么做才能吸引千禧一代读我们的内容？

你要指出的是，千禧一代与年长人群既不同又相似。千禧一代是在技术丰富的数字环境中成长起来的，他们使用技术消费内容的方式与年长人群不同。他们被社交媒体、视频内容、生活方式内容、网络互动产品所吸引，更有可能在移动设备上消费内容。千禧一代喜欢在社交网络上与朋友分享内容。也就是说，千禧一代阅读的新闻文章和图书与他们的父母一样多，而且通常受教育程度更高。公司将会很好地开发印刷和数字发行的内容，并在网络版本中增加对视频、富媒体和易于访问的互动内容的使用。

3. 我们如何利用社交媒体让用户参与到我们的内容制作中来？

首先，你会注意到，该公司需要将重点放在接触脸书、推特、Tumblr 的互联的社交网络受众以及专注于特定生活领域（从体育、工艺品到参与度非常高的电视节目）的小众社交网站上。你可以指出，作为网络新闻的来源，社交媒体几乎可与新闻组织网站/移动应用程序相提并论（见图 10-9）。该公司还应该利用社交网站上的营销工具，如新闻推送、推广帖子、视频等，对目标群体进行非常精准的营销。想想你在社交网站上特别喜欢的功能，作为一种展示你在社交媒体上的兴趣和活动的方式，这可能也是需要学习的。

4. 我们能从 Vox 的经验中学到什么？

你可以通过谈论许多新的"原生"数字出版商来回答这个问题，比如 BuzzFeed，当然还有 Vox。这些网站的月访问量总计超过 1 亿次，几乎和传统的网络报纸一样多。你应该在面试之前对这些网站进行研究，并根据你的研究，谈谈这些网站的内容和呈现方式与传统的线上和线下报纸的不同。原生数字出版商用一些独特的方式来呈现新闻和文章：更多的短篇故事、吸引人的标题、用户生成的内容、视频和照片。你还应该指出，许多原生数字网站（如果不是全部的话）难以获得高质量的内容、难以为员工支付费用以及没有产生足够的广告收入来维持自身运营。

5. 你建议我们使用哪些工具来提高内容的有效性？

要回答这个问题，你可以在面试前研究各种工具。例如，CrowdTangle 是一个出版商可以用来追踪它们的内容是如何在网上传播的工具。Skywood 是一款内容营销软件和服务工具，为成千上万有创意的自由职业者提供了进入社区的途径。Moz 是一个内容营销工具，专注于搜索引擎优化。

问题 ///////////////////////

1. "整合"这个术语被应用在哪三个维度上？每个整合领域都包含什么？

2. 网络内容的主要盈利模式是什么？它们面临的主要挑战是什么？

3. 电子书的两种主要商业模式是什么？

4. 平板电脑的普及对网络娱乐和内容有什么影响？

5. 音乐订阅服务使用什么技术来执行数字版权管理？

6. 苹果 iPad 代表了哪种类型的整合？

7. 报纸为适应互联网采用了哪三种不同的商业模式？

8. 报纸采用了哪些不同的收入模式？

9. 纯数字新闻网站相比传统印刷媒体有哪些优势？传统报纸相对纯数字媒体而言又好在哪里？

10. 图书出版业的互联网整合历程与新闻和杂志行业的历程有何不同？

11. 互联网如何改变音乐传统的打包、分销、营销和销售模式？

12. 流媒体技术如何影响电视行业？

13. 云存储服务的增长对移动内容传输的增长有什么意义？

14. 普通消费者变得更加接受广告支持的互联网内容了吗？哪些改变能支持这一观点？

15. 哪些因素会使用户接受为内容付费呢？

16. 为什么应用程序能成功地帮助报纸和杂志行业，而对网站的帮助却失败了？

17. 杂志出版商有哪些线上分销渠道的替代选择？

18. 为什么司法部会起诉五大出版商和苹果？

19.《音乐现代化法》将如何影响流媒体音乐行业？

20. 移动设备是如何改变游戏行业的？

11

社交网络、拍卖网站与门户网站

学习目标

学完本章，你将能够：

● 描述各种类型的社交网络和在线社区

● 了解一些知名的拍卖网站，了解拍卖的优势和成本、运作方式、适用时机以及拍卖中可能存在的滥用与欺诈行为

● 了解门户网站的类型及其业务模式

章首案例   社交网络之风蔓延到专业领域

社交网络刚起步那几年，人们普遍认为它会止步于那些浪费所有时间沉溺于视频游戏的年轻人。硅谷和华尔街的多数资深投资师也表示，社交网络不过是一时之风，难成气候。他们的全部注意力都集中在搜索引擎、搜索引擎营销和网络广告上。但是，当社交网络的用户数突破百万时，即使是技术精英也幡然醒悟。人们再也不能忽视这样的事实：社交网络用户并不只是年轻人，相反，美国社会已大范围参与其中。

如今，社交网络已经站稳了脚跟。除了面向普通人群的广受欢迎的社交网络（如全世界有超过 27 亿月活跃用户的脸书），还有一大批面向特定群体的社交网络。以领英为例，它可谓当前最流行、最负盛名的商务网络。领英的用户已超过 7.05 亿，覆盖 200 多个国家和地区，可切换 24 种不同的语言，且有 5 000 多万家公司在使用这个平台。2011 年，领英上市，在当时是自谷歌以来规模最大的互联网公开募股，筹资逾 3.5 亿美元，公司估值为 89 亿美元。2016 年，微软斥资 262 亿美元收购了领英。虽然该收购价格让许多分析师有些迟疑，但这次收购让微软拥有了梦寐以求的社交媒体形象以及推广微软 Office 软件的工具。

领英允许成员创建个人档案，展示自己的专业成就并附上照片。成员根据自己的职位决定如何使用领英。高管们利用这个网站来推广他们的业务，求职者则利用这个网站寻找新工作。领英成为招募新员工的公司重要的专业人才来源。领英持续推出新功能，包括领英直播，为会员和组织提供播放实时视频的方法；领英事件，提供创建和组织活动页面的能力；重新设计的网站界面更加简洁，类似于移动应用；趋势故事线，提供个性化新闻订阅；用户生成的视频功能；用户与

潜在顾问联系的免费服务。2018 年，领英停止了其集团独立的应用程序，并将其大部分功能转移到旗舰版领英应用程序中。用户组允许同一公司或行业的用户向用户组中的成员共享内容。领英上有超过 200 万个用户组，超过一半的领英用户至少属于一个用户组。

这里还有许多专注于特定行业群体的社交网络，例如，那些对股市情有独钟的人可以从许多金融社交网络中进行选择，这些金融社交网络允许用户与其他投资者建立联系，讨论某个特定股票市场的相关话题，或者只是单纯地炫耀自己的投资眼光。例如，最著名的在线股票投资服务提供商之一 Motley Fool，提供了一个社区讨论板以及 CAPS 社区——一个专注于股票投资的社交网络。

除金融服务外，市场上还有一系列面向特定专业群体的社交网络，例如医疗保健（DailyStrength）、法律（LawLink）、医生（Sermo）以及人力资源（Hr.com）。这类社交网络鼓励成员交流各自的专业知识和实践经验，分享以往的成功与失败。社交网络向专业领域的迅速蔓延显示，社交网络的吸引力何其巨大，几乎遍及全球。社交网络何来如此大的魅力呢？电子邮件在帮助人们与他人或小群体沟通方面表现卓越，但难以让用户感知到群体中所有成员的想法，特别是当群体人数较多时。社交网络的优势就在于群体成员都能够分享自己的观点、价值观和实践经验。

加入专业领域社交网络的用户需对自己发布的内容及其可能的去向尤为谨慎。随着商务社交网络的不断发展，成员的规模日渐壮大，雇主渐渐发现这块能够看清职位候选人真实内心的宝地。CareerBuilder 的一项调查发现，70% 的雇主会通过社交网络筛选求职者，这与 2006 年的 11% 相比大幅上升。调查发现，57% 的雇主利用社交媒体来审查求职者的信息后，决定不雇用某些候选者。例如，发布煽动性的图片，与酗酒、吸毒相关的链接，以及前雇主对其的批评，都会使雇主拒绝候选者。另外，44% 的管理者发现了能够促使他们雇用某个员工的信息，比如能够证明其职业形象、全面发展的个性、创造力和良好的沟通能力的凭据。虽然管理好你的社交网络帖子很重要，但不要认为你要在找工作时完全抹去你在社交网络上的存在。社交网络已经成为招聘专业人士的重要工具，以至于 47% 的管理者表示，如果他们在社交网络上找不到候选人，他们可能不会选择让他通过面试。

新冠疫情的暴发可能会使更多用户意识到专业社交网络的重要性，因为那些就业受到疫情影响的人会寻求更多的帮助。例如，领英的研究部门报告称，在 2020 年 4 月的第一周，其内容发布量大幅增加，用户的内容发布量（170 万小时）是 1 月第一周（56 万小时）的三倍多。为了帮助更多用户找到工作，领英为企业提供三个月的免费职位发布服务，并在工作主页附上紧急工作需要等标注性文字。2020 年 7 月，由于疫情暴发，招聘服务需求减少，领英裁掉了约 6% 的员工。然而，随着经济复苏，公司开始重新雇用员工，领英希望成为求职者和招聘方的首选平台。

资料来源："About Us," LinkedIn.com Press Center, accessed October 11, 2020; "LinkedIn to Lay Off About 6% of Its Workforce," by Martin Mou and Ben Otto, *Wall Street Journal*, July 21, 2020; "LinkedIn Reports 3x Increased in LinkedIn Learning Usage Amid Covid-19 Lockdowns," by Andrew Hutchinson, Socialmediatoday.com, April 22, 2020; "Companies Hiring for 'Essential' Positions Get Free LinkedIn Job Postings Right Now," by Lydia Dishman, Fastcompany.com, April 1, 2020; "LinkedIn Debuts LinkedIn Live, a New Live Video Broadcast Service," by Ingrid Lunden, Techcrunch.com, February 11, 2019; "LinkedIn to Relaunch Groups in the Flagship App as it Looks to Reverse 'Ghost Town' Image," by Ingrid Lunden, Techcrunch.com, August 15, 2018; "More Than Half of Employers Have Found Content on Social Media That Caused Them NOT to Hire a Candidate, According to Recent CareerBuilder Survey," Press.careerbuilder.com, August 9, 2018; "Introducing LinkedIn Video: Show Your Experience and Perspective," by Peter Davies, Blog.linkedin.com, August 22, 2017; "LinkedIn Is Rolling Out a Free

Service to Pair Users with Mentors," by Ingrid Lunden, Techcrunch.com, August 3, 2017; "LinkedIn Revamps Timeline with Trending Storylines: Curated, Algorithmic News Clusters," by Ingrid Lunden, Techcrunch.com, March 22, 2017; "LinkedIn's Website Is Getting a Fresh New Design—Here's Your First Look," by Matt Weinberger, Businessinsider.com, January 19, 2017; "Why Microsoft Bought LinkedIn," by Christopher Mims, *Wall Street Journal*, June 14, 2016; "Microsoft to Acquire LinkedIn for $26.2 Billion," by Jay Greene, *Wall Street Journal*, June 14, 2016.

　　本章将对社交网络、拍卖网站和门户网站加以讨论。也许有人会问："社交网络、拍卖网站和门户网站三者有何共同之处？"这三者其实都遵循共同的理念，创造一种相互分享、自我认同的环境，即社区氛围。社交网络和在线社区的用户通常都具有共同的特征，比如种族、性别、宗教信仰、政治观点，或者是在爱好、体育和旅行等方面志趣相投。拍卖网站 eBay 就是从社交网络起家的。在这个社交网络中，聚集着许多想要交易二手商品的用户，而现实中并不存在供其交易的市场。社交网络迅速发展壮大，几乎超出所有人的预期。门户网站同样具备明显的社区特征——能为用户提供社区所依赖的种种技术，如电子邮件、聊天室、BBS 和讨论区等。

11.1　社交网络和在线社区

　　互联网最初是被设计用来连接美国所有计算机科学部门的科学家，为他们之间的沟通提供一个网络平台。从一开始，互联网就带有一些虚拟社区的技术成分。科学家可以通过互联网在一个实时的环境中分享数据、探讨知识、交换心得（Hiltzik，1999），而早期互联网的这些应用直接导致了"虚拟社区"的出现（Rheingold，1993）。20 世纪 80 年代末，互联网进入更多的科学领域和成百上千的大学校园，由小批科学家组成的上千个社交网络悄然诞生。他们定期利用电子邮件、邮寄清单和 BBS 等工具在线沟通。在 20 世纪 80 年代中后期，理论研究领域也开始关注电子社区，一批批论文和图书相继发表、出版（Kiesler et al.，1984；Kiesler，1986）。1985 年，旧金山的几个人共同创建了 The Well（最初是 Whole Earth 'Lectronic Link）网站，成为最早的在线社区之一。这些人曾经同是田纳西州一处 1 800 英亩公社的成员。The Well 仍有数千名成员每天在社区中讨论、辩论、交流意见并相互帮助（Well.com，2020；Hafner，1997；Rheingold，1998）。90 年代初期，网络技术发展迅速，越来越多的人开始拥有互联网账号和电子信箱，互联网社交网络对人们日常生活的影响日渐增强。到 90 年代末期，社交网络的商业价值得到公认，将成为一种崭新的商业模式（Hagel and Armstrong，1997）。

　　早期在线社区的用户往往是网络发烧友，他们对技术、政治、文学以及思想有强烈的兴趣。社区 BBS 上只能张贴文本消息，电子邮件发送也仅是一对一或者一对多，这大大限制了社交网络技术的发展。除 The Well 之外，GeoCities 网站也是起步较早的社交网络，它向用户提供基于社区的网站寄存服务。然而，到 2002 年社交网络的"在线"特质开始转变。用户自创网页（即博客）的成本日益下降，而且其创建过程更简单，无须专业的技术知识。照片网站也可以方便地分享照片。从 2007 年开始，随着智能手机、平板电脑、数码相机和便携式媒体播放器等移动设备的广泛使用，社交网络也开始能分享诸如相片、视频等资源。一时间，大批人涌入社交网络，分享自己的爱好和参与的活动，社区内容愈加丰富。

与此同时，一种新的文化开始诞生。技术的广泛普及，意味着在线社交网络不再由小部分人使用，越来越多的人加入社交网络当中，尤其是青少年和大学生，他们通常能最快地接受新出现的技术。整个家庭和所有朋友很快地加入社交网络中。社交网络的文化非常强调个性化，是以自我为中心的。人们能够在社区中发布相片，展示最近参与的活动，公开兴趣爱好和好友信息等。如今，社交网络网站更多的是一种社会化现象，而非单纯的技术环境。

如今，参与社交网络活动已成为人们上网的主要目的之一，约占使用数字媒体总时间的 13％（eMarketer，Inc.，2020a）。自 2014 年以来，社交网络参与度的提高几乎完全是由智能手机的使用所推动的。大约 73％的互联网用户正在使用社交网络，其中美国有 2.1 亿人在使用社交网络，占美国全部人口的 63％以上（eMarketer，Inc.，2020b）。据脸书报道，截至 2020 年 6 月，该公司在全球有 27 亿月活跃用户。尽管脸书不再发布移动用户数量的统计数据，但报告称其所有日活跃用户和月活跃用户都通过移动设备访问过脸书（Facebook，2020a）。其他的大型社交网络还包括领英（在章首案例中讨论过）、推特、Pinterest、Instagram、Snapchat 和 Tumblr。虽然脸书是美国最受欢迎的社交网络，但它也是增长最慢的，自 2012 年以来仅增长了几个百分点。脸书在美国已经达到了一个瓶颈，真正的增长希望在美国以外。脸书正在推动建立海外的基本互联网接入，让更多的人加入网络中。而 Pinterest、Instagram 和 Snapchat 等新的社交网络正在迅速发展。

社交网络之风在全球更为强劲，其用户超过 31 亿，遍布全球（占所有互联网用户的 80％，占世界总人口的 40％）。到 2023 年，全球社交网络用户数量将持续以每年 4％的速度快速增长。社交网络在每个国家都排在网络访问目的地的前列。亚太地区拥有迄今为止最大的社交网络受众群体，其次是拉丁美洲，但拉丁美洲的社交网络使用率在普通人群中是最高的。虽然脸书在全球的社交网络市场中占据主导地位，但在一些国家，本地化的社交网络非常重要，比如阿根廷的 Taringa!，韩国的 KakaoStory 和 Band，日本的 Mixi 和社交短信应用 Line，中国的微信、抖音以及新浪微博（与推特类似），德国的 Xing，俄罗斯和中欧与东欧部分地区的 VK（eMarketer，Inc.，2019a）。任何地方都可以加入在线社交网络！

11.1.1 何谓在线社交网络？

那么我们到底该如何定义一个在线社交网络？它与一个离线社交网络有何区别？虽然社会学家经常抨击社交网络已对传统社区造成严重破坏，但他们至今尚未对社交网络和社区做出准确的定义。社交网络有四个共同点。**社交网络**（social network）应当包括：（a）一定数量的人；（b）相互影响的社交活动；（c）成员之间的共同关系；（d）在一定时期之内共同使用场所的成员（Hillery，1955）。本书对社交网络的定义就以此为基础。每个成员加入社交网络的目标、目的或意图并不一定相同。即使人们只是在网上闲逛，只要是相互沟通和分享的空间，也可成为社交网络。

引申开来，**在线社交网络**（online social network）就是具有共同关系的人在网络中相互交流的场所。这一定义与 The Well 的创始人之一霍华德·莱因戈尔德（Howard Rheingold）的观点非常相近。他提出了虚拟社区这个术语，义为“网络中一定数量的人聚集以后，频繁沟通而形成的文化群体"。社交网络的成员并不真正碰面，而是以网络空间为媒介交流想法和观点。互联网突破了传统社区所受的地域和时间限制。有了社交网络，人们不必再在同一时间到同一地点碰面。

11.1.2　社交网络和在线社区的发展历程

图 11 - 1 列出了 2020 年美国主要的社交网络，它们占据了互联网社交网络活动的 90％以上。

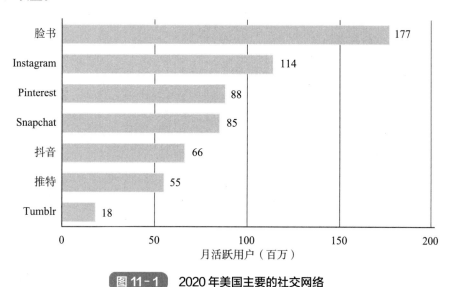

图 11 - 1　2020 年美国主要的社交网络

注：就每月至少访问一次社交网络的成年互联网用户而言，脸书是美国遥遥领先的社交网络。
资料来源：Based on data from eMarketer, 2020d, 2020e.

超过一半的美国用户使用脸书。美国最大的脸书用户群体的年龄段为 25～34 岁（4 000 万人），其次是 35～45 岁（3 300 万人）。超过 40％的美国脸书用户（约 7 300 万人）年龄超过 44 岁。65 岁以上的成年人是脸书增长最快的群体（eMarketer, Inc.，2020c）。随着年龄较大的群体逐渐使用社交网络与孩子和亲友保持联系，世界范围内也出现了类似的现象。Instagram 是青少年中最受欢迎的社交网络，Snapchat 紧随其后。较新的社交网络也倾向于遵循相同的模式，首先使用的群体是年轻人。

尽管脸书和推特在新型社交网络中占据着主导地位，但就独立访客和订阅者而言，其他社交网络的增长速度远远超过了脸书，同时也吸引了市场营销人员和广告主。例如，Pinterest 是一个以视觉为导向的社交网络，允许用户在视觉艺术中表达他们的品位和偏好。你可以把 Pinterest 想象成一个视觉博客。用户可以将来自任何地方的图片发布到网络钉板上，还可以将他们在 Pinterest 上看到的图片重新钉在自己的钉板上。Pinterest 自推出以来，会员数量一路飙升，截至 2020 年 6 月底，全球活跃会员累计达 4.15 亿人（Pinterest, Inc.，2020）。Instagram 是另一个专注于视频和照片分享的社交网络。2012 年，脸书以 10 亿美元的价格收购了 Instagram，在全球拥有超过 10 亿用户。

其他社交网络不一定会与脸书竞争，但丰富了社交网络的组合，并扩大了社交网络的受众。表 11 - 1 描述了其他受欢迎的社交网络。

表 11-1	其他受欢迎的社交网络
社交网络	说明
MeWe	类似脸书的社交网络，包括私人和公共组、新闻订阅、聊天功能等，没有广告。不跟踪用户或出售数据。
Nextdoor	专门关注邻居和周边社区的社交网络。
Meetup	帮助有共同兴趣的人策划活动并在线下见面。
Tagged	一个旨在通过游戏、分享兴趣爱好、朋友建议和浏览资料来交友的网络。
Vero	旨在与朋友分享推荐和照片的社交网络。
Mastodon	推特的开源替代品。

  移动设备的迅速普及和大量使用为社交网络的持续增长和商业成功做出了贡献。大约 95% 的美国脸书用户至少有时会使用移动设备访问脸书，超过 2/3 的用户仅通过移动设备访问。2019 年，脸书的旗舰产品脸书应用程序在所有移动应用程序中访问量最高（约 1.7 亿次），是美国第二受欢迎的智能手机应用程序（仅次于 YouTube）。智能手机用户覆盖率超过 70%（Clement，2020a；Comscore，Inc.，2020a）。像 Instagram 和 Snapchat 这样的社交网络几乎都是面向移动设备用户的。

  许多社交网络专注于信息传递。Snapchat（2009 年创建）允许用户将照片和视频发送给朋友，而这些内容最长仅有 10 秒的展示期。Snapchat Stories 的展示时间要长些，有 24 小时。Snapchat 是美国第四受欢迎的社交网络，仅次于脸书、Instagram 和 Pinterest（eMarketer，Inc.，2020d）。WhatsApp（2009 年创建，2014 年被脸书收购）是一项即时通信服务，用户可以通过互联网向朋友的手机发送文字、照片和视频，而无须向电信公司支付手机短信服务费用。全球使用最多的应用程序中有 6 个提供消息传输服务。

  独立访客只是衡量网站影响力的指标之一，网站停留时间是另一个重要的衡量指标。用户在网站上的停留时间越长，即参与度越高，网站就越能向用户展示越多的商业广告，从而增加广告收入。从这种意义上说，脸书的吸引力是上述其他网站的许多倍。随着时间的推移，脸书调整了其内容和算法，以使用户在网站上停留更长时间。2014 年，脸书增加了视频（包括广告和用户提供的），2016 年，脸书增加了直播视频功能。它试图播放反映用户兴趣和用户朋友的视频，并在 News Feed 中自动播放，需要用户手动关闭它们，但同时也确保它们至少能被看到。脸书也改变了 News Feed 算法，通过增加用户喜欢的朋友的内容、减少用户朋友的朋友的内容以及为没有多少朋友的用户显示相同来源的多个内容，吸引更多的用户关注（Gaudin，2015）。表 11-2 描述了主要社交网络的用户停留时间。在 2020 年初，新冠疫情暴发导致社会行为发生变化，用户花在社交网络上的时间显著增加，分析师预测这些行为变化可能在未来仍会持续。

表 11-2	2020 年主要社交网络的用户停留时间
社交网络	小时/月
脸书	17.5
Instagram	15
Snapchat	14.75

续表

社交网络	小时/月
推特	13.5
Pinterest	13.5
TikTok	8.3
Tumblr	2

资料来源：Based on data from eMarketer, Inc., 2020f, 2020g, 2020h, 2019b; Clement, 2020b; authors' estimates.

收入可看成是衡量公司商业潜力的终极指标。2020 年，谷歌预计将在美国创造约 400 亿美元的搜索广告和展示广告收入，但由于疫情暴发下降了约 5%。美国的社交网络广告支出在 2020 年预计将增长约 5%，但即便如此，它也只能产生不到总数字广告支出的 30%（约 380 亿美元）（eMarketer, Inc., 2020i）。社交网络是互联网使用和广告收入增长最快的形式，但就广告收入的产生而言，它还不能与传统门户搜索网站相媲美。原因之一可能是社交网络用户并不会在社交网络上寻找相关产品的广告，或者说一晃而过的广告很难引人注意（见第 6 章和第 7 章）。此外，智能手机占据社交网络平台的主导地位，但其屏幕较小，因此并不适合展示零售商品广告。

11.1.3　社交网络的商业化步伐

早期社交网络大多面临如何盈利的困境，如今各大社交网络正逐渐掌握从大量的用户身上创造收入的窍门。以前的社交网络主要靠订阅服务获取收入，而今天，社交网络的收入主要来源于广告或投资。门户网站和搜索引擎的使用者开始接受将广告作为支持互联网体验的方式，而不是为这些体验支付费用。领英是一个重要的例子，它为个人提供基本的免费会员服务，但另外收取高级服务费用。图 11 - 2 展示了 2019 年美国各大社交网络的广告收入。脸书的广告收入为 300 亿美元（包括来自 Instagram 的收入），远远超过了其他社交网络。

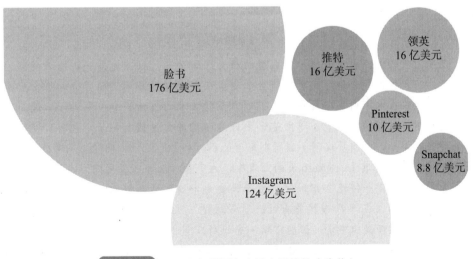

图 11 - 2　2019 年美国各大社交网络的广告收入

资料来源：Based on data from eMarketer, Inc., 2020j.

最初，移动设备的迅速普及使得脸书等社交网络和谷歌搜索引擎面临挑战，因为它们的服务主要基于台式机。由于谷歌搜索引擎和谷歌地图是最受欢迎的应用程序，谷歌在 2013 年之前一直占据着移动广告收入的主导地位。脸书迅速开发了自己的移动应用程序，并购买了 Instagram 等应用程序。几年内，脸书利用其移动 News Feed 为用户提供持续不断的广告，占据约 50％的移动广告市场。排名最高的 6 款应用程序以及排名最高的 10 款应用程序中的 9 款都属于谷歌或脸书（亚马逊排名第 7，是唯一一个不属于二者的应用程序）。对于脸书，其中包括脸书主应用程序（第 2）、Facebook Messenger（第 8）和 Instagram（第 9）（Comscore, Inc., 2020a）。2019 年，脸书在美国的收入（包括 Instagram 的收入）中大约有 284 亿美元（95％）来自移动广告（eMarketer, Inc., 2020k）。

社交网络对企业运营、沟通和服务客户的方式产生了重要影响。最近对《财富》500 强企业的一项调查发现，98％的企业使用领英，91％的企业使用推特，89％的企业使用脸书，63％的企业使用 Instagram（Unboxsocial.com, 2019）。大多数企业将社交网络作为一种营销和品牌工具。少数企业将社交网络作为一种在企业中加强与客户沟通和获取客户反馈的强有力的工具。到目前为止，像脸书这样的公共社交网络还没有被广泛地应用到企业中。然而，2016 年，脸书推出了工作方面的应用，以促进大型企业内部的协作和联络。这种新应用正面临着来自 Slack、思科、微软和 IBM 提供的各种协作工具以及即时通信和电话会议等技术的激烈竞争。

社交网络是有助于形成企业品牌和声誉的地方，而今天的企业非常重视"网络声誉"，社交网络上的帖子、评论、聊天会话和赞都可以证明这一点。在这个意义上，社交网络成为企业客户关系管理系统的延伸，并扩展了现有的市场调研项目。除了品牌效应外，社交网络正越来越多地成为接触年轻受众的广告平台。例如，Rosetta Stone 使用其脸书页面展示技术学习视频，鼓励讨论和评论，并发布其学习工具的变化。然而，社交网络的商业应用并非总是一帆风顺。"社会透视"专栏中的案例"社交网络的黑暗面"讨论了与社交网络相关的风险。

社会透视

社交网络的黑暗面

几乎所有的大公司都使用各种类型的社交媒体营销。虽然这是一种有效的联系和吸引客户的方法，但这种营销形式也可能会出错。在新冠疫情期间，品牌方和有社会影响力的人发现，他们在发布内容时需要极其小心，否则被人们视为"音盲"帖子，或是被人们视为试图利用疫情营销的帖子，即便是出于好意但措辞出了错的帖子，也有可能迅速遭到人们的抨击。例如，女演员瑞茜·威瑟斯彭（Reese Witherspoon）的时尚品牌德雷珀·詹姆斯（Draper James）在其 Instagram 页面上宣布，为了表彰教师在隔离期间的辛勤工作，该公司将免费为他们提供一件连衣裙。领取裙子需要先申请，活动截止后获奖者将收到通知，同时也注明了活动仅在库存告罄前有效。尽管这是一次回馈教师的活动，但结果适得其反。超过 100 万名教师提出申请，但德雷珀·詹姆斯只有 250 件衣服可以送出。尽管当该公司意识到问题时就试图澄清，但已经造成了损失，特别是申请人被要求提交他们的工作电子邮件地址，这些人的邮件地址很快就挤满了德雷珀·詹姆斯的电子邮箱。许多人在社交媒体上大肆抨击这个品牌。另一个例子是，在 Instagram 上拥有 130 万粉丝的阿丽尔·查纳斯

(Arielle Charnas) 因为一个帖子而遭到抨击。她在帖子中表示尽管当时她不符合获得检测的标准，但自己仍接受了新冠病毒检测；此外当纽约州长特别敦促纽约人就地隔离的时候，她一家人从纽约市飞往长岛汉普斯顿的一所房子的事件让人们更加愤怒。

运营广告的社交媒体平台也必须小心，不要让第三方广告玷污自己的声誉。例如，Snapchat 的广告审查过程未能发现一个询问用户是"扇蕾哈娜（Rihanna）一巴掌"还是"揍克里斯·布朗（Chris Brown）一拳"的第三方广告。蕾哈娜是家庭暴力的幸存者（布朗承认他家暴了她），该广告因轻视她的经历和一般的家庭暴力行为而立即遭到谴责。蕾哈娜本人在 Instagram 上严厉批评 Snapchat，鼓励她的 6 400 万粉丝停止使用该服务。结果该公司的股票下跌了 4％，市值减少了 8 亿美元。作为一项依靠社交媒体上有影响力的人来提高知名度的服务，Snapchat 也容易受到有影响力者的攻击，他们会带走成千上万的忠实粉丝。2018 年，凯莉·詹纳（Kylie Jenner）在推特上对 Snapchat 应用程序的重新设计表示不满，公司股价再次暴跌，这次股价的下跌导致公司损失超过 10 亿美元。

客户服务是社交媒体可能导致无法预见的复杂情况的另一个领域。Snapchat 也曾在这一领域挣扎过。一个名为 Snapstreaks 的 Snapchat 功能出现故障，导致用户通过推特向 Snapchat 客户支持账号陈述他们的问题。用户发现推特账号是由一个自动机器人操作的，它以同样的方式回复任何带有 "streak" 字样的消息。用户开始拿 Snapchat 找乐子，询问机器人是否应该在户外 "裸奔"（streaking），或者不同的运动队是否会 "继续"（streaks）赢或输下去。这让声誉已经受损的 Snapchat 再次受到了惨重的打击。英国航空公司（British Airways）在推特上的客户服务也受到了批评，因为该公司经常要求寻求航班帮助的客户在推特平台上发布私密的个人信息，以作为公共对话的一部分。讽刺的是，该公司的客户服务代理还表示，这些流程是遵循了欧洲新的《通用数据保护条例》，该条例旨在保护用户信息——这与英国航空公司客服的所作所为正好相反。

营销和客户服务并不是社交媒体仅有的风险点。对于员工来说，脸书上的隐私权保护仍需要法庭的裁决。例如，丹妮尔·梅霍伊特（Danielle Mailhoit）是加利福尼亚州一家家得宝商店的经理。被解雇后，她提起诉讼，声称由于发布在社交平台上的内容而受到性别和残疾歧视。辩护律师要求梅霍伊特提供她所有的社交媒体活动资料。法院裁定，家得宝无权要求查看原告的整个社交媒体账户，但有有限的权利审查部分内容，在本案中，只包括原告与现任或前任同事之间的所有通信内容。

雇主必须注意从社交网络上收集的个人信息。根据美国公民自由联盟（ACLU）的调查，一些公司已经要求新员工添加招聘经理作为好友，或者提交自己的密码。脸书的隐私权团队谴责这种做法，称这种做法违反了个人用户及其朋友对隐私权的期望，危及安全，并可能泄露用户在受保护组中的成员身份。如果一个人可以证明，在招聘过程中公司发现了自己的受保护群体的成员身份，并因此被拒绝，那么这个人就可以根据《联邦平等就业机会法》（EEO）向公司提出索赔。

越来越多的州的立法者决定积极采取行动。2012 年，加利福尼亚州禁止雇主向雇员索要社交媒体用户名和密码。2018 年，美国超过一半的州都有此类法律，禁止雇主访问雇员的社交媒体账户。此外，至少 16 个州颁布了法律，禁止教育机构向学生索要社交媒体用户名和密码。

一些精心制定的政策可以帮助企业避免社交网络的阴暗面。公司还必须制定员工使用社交网络的政策；必须实施员工教育计划，以告知员工哪些行为会违反纪律。IT 部门必须制定严格的政策，保护专有数据，以及保护公司网络免受网络诈骗。社交网络是一种新兴的工具，需要安全保障。

资料来源："Reese Witherspoon's Fashion Line Offered Free Dresses to Teachers. They Didn't Mean Every Teacher," by Vanessa Friedman, *New York Times*, April 15，2020；"Is This the End of Influencing as We Know It?," by Kenzie Bryant, Vanityfair. com, April 3，2020；"The Worst Social Media for Business Mistakes of 2019 (and What You Can Learn From Them)," by Raelene Morey, Revive. social, January 29，2020；"State Social Media Privacy Laws," Ncsl. org, May 22，2019；"British Airways Shows Everyone How Not to GDPR," by Natasha Lomas, Techcrunch. com, July 19，2018；"Snapchat Stock Loses $1.3 Billion After Kylie Jenner Tweet," by Kaya Yurieff, Money. cnn. com, February 23，2018；"Posting with Caution: The DO's and DON'Ts of Social Media and HIPAA Compliance," Healthcarecompliancepros. com, February 11，2018；"7 Ways Employee Privacy Laws Impact Social Media in the Workplace," Allpryme. com, January 25，2018；"Facebook's Facing a Losing Battle to Protect Users' Privacy," by Lisa Vaas, Nakedsecurity. sophos. com, June 30，2014；"The Dangers of Using Social Media Data in Hiring," by Gregg Skall, *Radio Business Report*, June 6，2011；"Stored Communications Act Protects Facebook and MySpace Users' Private Communication," by Kathryn Freund, Jolt. law. harvard. edu, June 11，2010.

11.1.4　社交网络的类型

社交网络和在线社区的类型多种多样，可从多个角度对其进行分类。社交网络最普遍的盈利模式是广告，但也有其他许多盈利来源。社交网络的发起人和用户类型也各不相同。例如有些社交网络是由 IBM 等公司创建的，只允许企业内部员工使用（称为企业内部社区或 B2E（business-to-employee）社区）；有些社交网络则是专为供应商或零售商建立的（称为跨组织社区或 B2B 社区）；还有些社交网络是由个人创建的，用于与自己志趣相投的网友相互交流（称为 P2P（people-to-people）社区）。本章将主要介绍 B2C 虚拟商务社区，同时也会就 P2P 社交网络进行简要讨论。

表 11-3 详细描述了五种常见的社交网络：综合型、实务型、兴趣型、群体关系型和赞助型。每种类型都各有其商业目的或商业动机。

表 11-3　社交网络的类型

类型	说明
综合型	朋友间进行社交活动的在线聚集地，人们分享内容、日程和兴趣。例如，脸书、Pinterest、Instagram、Tumblr 和推特。
实务型	专业人士、实务工作者和艺术创造者的社交网络，如计算机编程员、作曲家等组成的社交网络。例如，Just Plain Folks（音乐人）、领英（商务）和 Doximity（医生和保健专业人员）。
兴趣型	在诸如游戏、体育、音乐、股市、政治、健康、财经、外交事务和生活方式等方面有共同兴趣爱好的人组成的社区。Debatepolitics（政治讨论小组）和 PredictWallStreet（股票市场）就是典型的例子。
群体关系型	面向具有相同人口统计学特征和地域分布特征的群体的社交网络，如女性、非洲裔美国人、阿拉伯裔美国人。例如，BlackPlanet（非洲裔美国人社区和社交网络）和 Marilyn's Secret（女性社交网络）。
赞助型	企业、政府部门或者非营利组织出于特定目的建立的社交网络。例如，IBM、思科和政治候选人。

综合型社区（general communities）以主题讨论方式组织社区成员相互交流。每个主题之下都会有数百个特定的讨论小组，每个小组由众多对该话题感兴趣的社区成员组

成。综合型社区的最终目标是吸引到足够数量的成员，从而组成覆盖各个领域的主题和讨论小组。综合型社区的典型业务模式是通过出售页面广告和视频广告盈利。

实务型网络（practice networks）为社区成员提供某一实务领域的专题讨论、帮助、信息和知识。例如，Linux. org 就是为支持开源运动而建立的非营利社区。全世界数千名程序员参与到开源运动中，共同为 Linux 操作系统开发源代码，并与所有人共享开发成果。其他实务型网络涉及艺术家、教育工作者、艺术品交易商、摄影师和护士等各行各业的人员。实务型网络可以是营利性的，也可以是非营利性的。其运作费用主要来自广告收入或由社区成员共同承担。

兴趣型社交网络（interest-based social networks）为对某一特定主题感兴趣的用户提供专题讨论小组，例如职业生涯、划船、马术、健康、滑雪等成千上万个主题。兴趣型社交网络的成员数量少，针对性强，这类社区一般依靠广告和租赁/赞助获取收入。College Confidential（大学招生）、Ravelry（编织和钩针编织）、Sailing Anarchy（帆船运动）和 Chronicle Forums（赛马爱好者）都是吸引有共同追求的用户参与的兴趣型社交网络。像领英这样的求职市场和论坛也可以认为是兴趣型社交网络。

群体关系型社区（affinity communities）为具有相同特征的成员提供讨论和交流的机会。群体关系指的是根据某种特征划分的群体。例如，人们可以根据宗教、种族、性别、政治理念、所处地域以及其他方面来划分群体。这些网站的收入来自广告和商品销售。

赞助型社区（sponsored communities）是政府部门、营利组织或非营利组织出于特定目的建立的在线社区。赞助型社区的成立动机各种各样，有的是提供便民信息（比如纽约州韦斯切斯特县政府创建的网站 Westchestergov. com），有的是进行在线拍卖（比如 eBay），还有的是展示和宣传特定的产品（如被线下品牌公司（宝洁）赞助的Tide. com）。思科、IBM、惠普等数百家企业都已开发了企业内部的在线社区作为共享知识的途径。

11.1.5　社交网络的技术和功能

算法是社交网络最重要的技术之一。**算法**（algorithms）是一组循序渐进的指令，类似于菜谱，从必需的输入中产生所需的输出。**计算机算法**（computer algorithms）是一种计算机程序，它可以一步一步地执行指令来产生所需的输出（Coremen et al.，2009）。算法是一个古老的概念，但如今是使用计算机的基础，从计算工资、在线购买的付款金额到选择网飞电影或根据你之前的购买记录推荐你会感兴趣的产品。举例来说，脸书如何决定哪些是在你朋友的 News Feeds 上要发布的即时文章，哪些是在你的移动 News Feeds 上可以看到的文章。

脸书和其他社交网络需要解决的问题是如何在用户的页面上选择内容（他们的朋友和新闻故事的动态），让他们觉得有趣并可能点击。此外，脸书需要防止出现与用户页面无关的信息。图 11-3 展示了脸书在 2010 年提交的一项专利申请中使用的通用算法，该算法将基于关系向社交网络的成员提供个性化的内容。该图展示了算法中通用的八个步骤（左列）和对每个步骤的说明（右列）。脸书用户通过选择和接受对方作为朋友来组建自己的亲密团体。**亲密团体**（affinity groups）是社交网络中的一个关键概念。亲密团体通常由志同道合的人组成，团体成员分享音乐和视频偏好、观点、态度、购买方式等。脸书试图准确发现这些音乐和视频偏好、观点、态度、购买方式，以及其他个人信息。一旦确定了这些内容，脸书就会尝试找出每个关联组正在讨论的内容，并将内容与每个组（基于关系的内容）匹配。脸书创建了一个基于关系的内容数据库，服务于该群组的其他成员，以及其他提供类似功能的关联组。

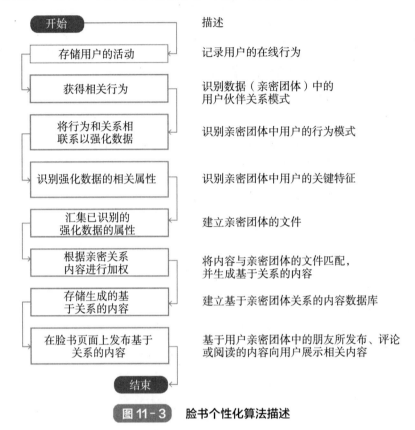

图 11-3 脸书个性化算法描述

注：脸书使用一种非常复杂的算法来识别用户可能点击查看的内容。该算法的每一步都有计算机程序植入，涉及数万行计算机代码和数千小时的软件工程及系统开发工作。

资料来源：Based on data from United States Patent and Trademark Office, 2010.

最后，你会被告知你的朋友在做什么、喜欢什么、在看什么以及听什么。你会发现这个功能非常有趣并令人着迷。而你不会看到其他与你的亲密团体截然不同的亲密团体的内容。新内容（新闻、音乐、视频）与你的亲密团队过去喜欢的内容类似，也会为你提供。例如如果你是一个坚定的保守派或自由派，当你选择符合你的观点的文章时，你所查看的内容以及你的行为将会展示在其他与你有相同观点的成员的页面上。反过来，他们也可以和其他脸书好友及其好友所属的其他亲密团体分享这一内容。

虽然通用算法看起来很简单，但算法中的每一步都是由涉及数万行计算机代码的程序和数千小时的软件工程及系统开发工作实现的。目前，全球 27 亿用户生成的数据需要全球 17 个数据中心，包含数万台服务器，全部通过光纤网络连接（Facebook, Inc., 2020b）。据脸书说，加载用户的主页涉及数百台服务器。这些服务器需要处理数以万计的数据，并在不到 1 秒的时间内提供所选择的信息。"技术透视"专栏中的案例"被困在脸书的泡沫里了吗？"将进一步深入研究算法在社会和政治领域的影响。

被困在脸书的泡沫里了吗?

在过去的几年里,由于虚假新闻的传播,脸书受到了严格的审查。最近一次在它的平台上出现假新闻是在新冠疫情期间,之前,最臭名昭著的是在 2016 年总统选举之前出现的假新闻事件。关于那次事件,脸书已经承认在那段时间内有成千上万的假账号被创建。然后操纵者购买了针对目标新闻推送的广告。脸书的广告系统使操纵者能够精确找到那些他们认为能够接受并可能喜欢他们的信息的人,发布信息,然后使信息被转发给他们的朋友。这些广告通常包括指向某个网站的链接,该网站上甚至有更多的虚假新闻。如果有 1 000 人回复一个帖子,而且每个人都有 10 个朋友,那么这条信息可能在几个小时内触达 100 万人或更多人,从而影响脸书的算法所注意到的内容,这将导致更多的人收到这条信息。这些组织还部署了数千个机器人来点击广告,使它们看起来比实际上更受欢迎。该过程的一个结果就是创造了一个"泡沫世界",在这个世界里,真假信息都会在数小时内通过网络迅速传播。研究人员发现,假新闻传播速度更快,比来自有可靠来源的真实新闻传播得更远,因为它更令人震惊,更情绪化,更不寻常。

评论家担心,脸书正在建立一个高度两极分化的社会:用户只看到朋友对有争议话题的观点,从而形成一个自我强化的泡沫世界。这有时被称为"脸书过滤陷阱""回音室""泡沫",评论家认为,这会导致产生一些从不分享新闻的群体或与观点不同的人互动的群体,因此无法找到一个可以分享的中间立场。更糟糕的是,极端组织基于它们自己不受质疑的事实和理论而扩散,而这些事实和理论从来没有经过精确性检查。这就是所谓的趋同性:如果有选择权,人们倾向于与自己这样的人交往。在社交网络世界中,这意味着只接触与你观点相同的人的观点,从而形成一个回音室。相反的观点很少会出现在你的 News Feed 上。每一次点击、点赞和按键都为用户创造了一个或虚构或真实的现实。

从脸书的角度来看,它的算法解决了一个对于今天社交网络的用户来说重要的问题:网上有这么多的信息,用户可能会被淹没在不感兴趣的信息中,很难找到他们感兴趣的信息。由此产生的挫败感可能会让用户远离社交网络,而社交网络日益成为网络用户的新闻和舆论来源。因此,脸书在两种算法的专利申请中,都需要说明这是"一种为社交网络的成员提供动态、基于关系的内容个性化的系统"。也就是说,这意味着算法是为了吸引你、让你留在网站上并看到更多的广告。

脸书的趋势算法从 2014 年到 2018 年年中一直在使用,是一段实时操作的复杂代码。该算法监控全球超过 22 亿用户的行为,并将结果发布在用户的 News Feed 页面的右上方,定期更新。算法使用关键词处理用户的提及和其他活动(如超级碗、滑雪、棒球等),并将其分组为主题。每个主题都会根据用户发布该主题的地理位置、被提及的次数和活动的增长率,给出一个热度评分。然后将热点主题与每个用户的个人兴趣以及其他因素(如性别、种族、民族、宗教、年龄、婚姻状况、性取向、受教育程度和社会经济状况)相匹配。该算法对变化率也很敏感:如果话题在短时间内被提及的次数达到峰值,那么这个话题就会在排名中上升。毋庸置疑,脸书给用户留下了这样的印象:趋势是一种计算机驱动的过程,它准确、客观地反映了其他用户对社交网络的反响。

根据前雇员的说法,现实情况却截然不同。选择趋势的过程经过了数年的发展,但从一开始,新闻策展人(记者)就介入了,并对包括趋势等的选择进行了最后的决定。事实证明,该算法无法区分真实事件（SpaceX火箭在发射台爆炸）与虚假事件（新墨西哥州的宇航器着陆）。该算法不允许包含关于脸书本身的新闻。编辑们还删除了涉及性、色情、裸体或图片暴力的话题。如果算法由于某种原因错过了重要的新闻事件，那么策展人将这些时间和观点重新加入热门话题。因此，人类在创造热门话题方面扮演了重要的编辑角色，就像记者和编辑一样，可以在这个过程中自由行使他们的裁决权，或许还可以加入他们的政治观点。

趋势算法的弱点之一是它对被提及的次数（可能是点赞、发帖、点击或其他行为）和短时间内增长速度的敏感程度。社会科学家很早以前就发现，在大多数有争议的问题上，90％的人都是在观点的中心或在附近。另外10％的人的观点与中间观点相差甚远。他们有时被称为"边缘群体"或"极端分子"，这些群体的成员利用社交网络的病毒特性在短期内在网上爆发式发帖，希望通过鼓励分享他们的帖子来影响非常庞大的网络受众。脸书的算法试图通过降低频繁投稿者发布的内容来对抗这种趋势。

为了回应人们对于趋势算法存在的偏见的担忧以及在试图解释其趋势算法如何工作时所遇到的困难，脸书在2016年解雇了26名编辑，承诺只依赖趋势算法以消除人类的偏见并更加客观。研究结果表明，趋势板块出现了比以往更多的假新闻故事、阴谋论和攻击性的资料。2018年6月，脸书宣布决定取消趋势板块。

News Feed也面临着类似的指责。为了阐明News Feed回音室的作用，以及如何区分不同的脸书用户，《华尔街日报》发布了一组图片，来表示非常自由和非常保守的脸书用户是如何从博主到有声望的新闻机构等500种渠道中链接到新闻文章的。这些数据最初是由脸书研究人员在脸书上发起的一项针对用户行为的大型研究中得出的，并在《科学》杂志上发表。该研究调查了News Feed的1 000万个用户。《华尔街日报》在线数据的结果表明，非常自由和非常保守的脸书用户通过News Feed算法对新闻文章进行选择，对大多数话题（从枪支、堕胎、政治候选人等）提出了两种截然不同的世界观。例如，在枪支问题上，非常自由的用户与批评全国步枪协会（National Rifle Association）、校园枪击事件以及枪支等问题的新闻帖子联系在一起。非常保守的用户与批评枪支管制立法、武装犯罪分子入侵家庭以及使用枪支自卫等新闻帖子联系在一起。脸书的研究人员在《科学》杂志上发表文章称，脸书的用户在他们的News Feed和趋势栏目中确实看到了一些相反的观点，而且任何偏见都不是由它的算法引起的，而是由于用户选择和他们有相同观点的人做朋友。这些算法只是简单地反映了用户选择的朋友和他们点击的文章的情况。

另外，脸书与传统报纸或有线新闻频道有什么不同吗？它们都选择了自己认为读者和观众都能参与的新闻和观点。一个不同之处在于，对于传统的新闻工作者来说，人类在做出什么是新闻的选择，而受众理解这一点，并在新闻工作者提供的内容中进行选择。在脸书上，由人类编写的算法自动决定什么是新闻。

2017年，针对那些声称脸书助长了美国和其他地方民主侵蚀的评论者，脸书改变制度，试图通过雇用一批内部员工来删除机器人账号，并雇用外部公司来检查帖子和广告中的事实，从而减少对其算法的利用。2018年，谷歌改进了News Feed算法，使朋友和家人共享的内容优先于来自出版商页面的帖子。但一项研究表明，这一变化加剧而不是改善了脸书的回音室现象，推广了关于分裂话题的文章，引起了公众愤怒。2019年，脸书做出了一系列额外的改变，以推广更值得信赖的新闻来源，惩罚传播错误信息的群体，并重新引入人工编辑，为其新闻选项卡选择头条新闻和突发新闻，尽管大部分内容是通过算法选择的。它的努力是否成功还有待观察。

资料来源："Facebook Wants a Do-Over on News," by Sidney Fussell, Theatlantic.com, August 22, 2019；"Facebook Is Changing Its News Feed（Again）to Stop Fake News," by Emily Dreyfuss and Issie Lapowsky, Wired. com, April 18, 2019；"One Year In, Facebook's Big Algorithm Change Has Spurred an Angry, Fox News-dominated—and Very Engaged! —News Feed," by Laura Hazard Owen, Neimanlab. org, March 15, 2019；"What Stays on Facebook and What Goes? The Social Network Cannot Answer," by Farhad Manjoo, *New York Times*, July 19, 2018；"Facebook's 'Trending' Section Is Dead as Company Offers New Approach to Breaking News," by Alyssa Newcomb, Nbcnews. com, June 1, 2018；"Facebook's 10 000 New Editors," by James Freeman, *Wall Street Journal*, May 16, 2018；"The Spread of True and False News Online," by Soroush Vosoughi, Deb Roy, and Sinan Aral, *Science*, March 9, 2018；"Facebook Wins, Democracy Loses," by Siva Vaidhyanathan, *New York Times*, September 8, 2017；"The Fake Americans Russia Created to Influence the Election," by Scott Shane, *New York Times*, September 7, 2017；"How Hate Groups Forced Online Platforms to Reveal Their True Nature," by John Herrman, *New York Times*, August 21, 2017；"Facebook Drowns Out Fake News With More Information," by Deepa Seetharaman, *Wall Street Journal*, August 3, 2017；"How Social Media Filter Bubbles and Algorithms Influence the Election," *The Guardian*, May 22, 2017；"Almost No One Really Knows How Facebook's Trending Algorithm Works, But Here's An Idea," by Joseph Lichterman, NiemanLab. org, September 1, 2016；"The Reason Your Feed Became An Echo Chamber—And What to Do About It," NPR. com, July 24, 2016；"Your Facebook Echo Chamber Just Got a Whole Lot Louder," by Brian Barrett, Wired. com, June 29, 2016；"Exposure to Ideologically Diverse News and Opinion on Facebook," by E. Bakshy, S. Messing, and L. Adamic, *Science*, June 5, 2016；"How Facebook Warps Our Worlds," by Frank Bruni, *New York Times*, May 21, 2016；"The Wall Street Journal's New Tool Gives a Side-by-Side Look at the Facebook Political News Filter Bubble," by Ricardo Bilton, *Wall Street Journal*, May 18, 2016；"Blue Feed, Red Feed: See Liberal Facebook and Conservative Facebook, Side by Side," *Wall Street Journal*, May 18, 2016；"The Algorithm Is an Editor," by Jeffrey Herbst, *Wall Street Journal*, April 13, 2016；"Facebook Study Finds People Only Click on Links That They Agree With, Site Is an 'Echo Chamber'," by Andrew Griffin, Independent. co. uk, May 8, 2015；The Filter Bubble, by Eli Pariser. Penguin Books；Reprint edition（April 24, 2012）；Facebook, "Generating a Feed of Stories Personalized for Members of a Social Network," US Patent 7827208 B2, United States Patent and Trademark Office, November 2, 2010.

社交网络还开发了许多其他软件应用程序，允许用户参与各种活动。表11-4描述了几种额外的社交网络功能。

表 11-4 社交网络的功能

功能	描述
个人主页	用户自创的、多维度展现个人信息的页面
消息提示	按时间顺序从朋友、广告和通知中列出的更新列表
时间轴	更新、朋友的帖子、照片以及其他按时间顺序排列的历史记录
故事	用户的照片以及视频的集合
好友网络	创建一个相联系的朋友团体，一个社交团体
发现网络	能找到其他社交网络，找到新的团体和朋友，找到朋友的朋友
收藏夹（喜欢）	能够交换最喜欢的网站、书签、内容和网站目的地
游戏和应用	为社交网络开发的游戏以及延续其功能的应用
即时信息	即时的消息，即交流
存储	存储照片、视频和文档
留言板	向朋友张贴消息，如 Wall
讨论组	按兴趣组织的讨论组、论坛和消费者群体，如 For Sale Groups

11.2 在线拍卖

在电子商务的早期，在线拍卖是一种流行的商品买卖方式。最著名的拍卖是 **C2C 拍卖**（consumer-to-consumer auctions），在该拍卖形式中拍卖行只是一个中介市场的制造者，提供了一个消费者和卖家可以发现价格和交易的论坛。eBay 是当之无愧的 C2C 拍卖市场的领先者，截至 2020 年 3 月，eBay 在全球拥有约 1.74 亿活跃用户，每天在线拍卖的商品数量超过 8 亿件，且拍卖种类达数千万种。2020 年 6 月，eBay 拥有约 1 亿个独立访客，在数字媒体（包括桌面和移动应用）50 强中排名第 31 位（Comscore, Inc., 2020b）。2019 年，eBay 的 Marketplaces 部门的净收入约为 76 亿美元，较 2018 年增长 2%，售出或拍卖的商品总价值（商品交易总额（GMV））约为 855 亿美元（eBay, Inc., 2020a, 2020b）。虽然 eBay 一开始是一个拍卖网站，拍卖的主要是二手商品，但如今，几乎 90% 的物品都是以固定价格或最佳估价出售的。eBay 是亚马逊在线零售的直接竞争对手。尽管在线拍卖作为一种流行的拍卖方式热度有所下降，但许多独特收藏品的在线拍卖仍然存在，如邮票和货币等收藏品。

较不知名的是 **B2C 拍卖**（business-to-consumer auctions），即企业拥有或控制资产，并使用动态定价来确定价格。越来越多的在线零售网站，如山姆会员店，正在把拍卖引入它们的网站。拍卖也是 B2B 电子商务的重要组成部分。

表 11-5 列举了一些知名的拍卖网站。拍卖不只适用于商品和服务，还可以用于在群体间分配资源和资源包。例如，你要给办公室的一群文职人员分配任务，你可以利用拍卖的方式制订最优计划。通过让员工主动投标擅长的任务，可在短时间内获得一个近乎完美的分配方案（Parkes and Ungar, 2000）。总之，和所有市场一样，拍卖市场也是在独立的机构（竞标者）之间配置资源的一种方式。

表 11-5　知名的拍卖网站

综合网站	
eBay	全球领先的拍卖网站，拍卖商品达数百万件，网站平均月访问用户数达 1.1 亿。
eBid	1998 年上线运营，目前已覆盖包括美国在内的 23 个国家和地区，是 eBay 最大的竞争对手，其网站收取的服务费用更低。
专业网站	
Stacks Bowers	美国最大的全自动拍卖公司，主营经鉴定的古币、银币和铜币，也提供一些体育赛事纪念卡。
Bid4Assets	政府、公共部门、企业以及重组或破产公司清理受损固定资产的网站。
Old and Sold Antiques Auction	专注于古董的在线拍卖服务商，每达成一笔交易，拍卖方要支付给网站成交额 3% 的服务费。
B2C 拍卖网站	
Samsclub. com. Auctions	经销山姆会员店各类商品。
Shopgoodwill	Goodwill 的在线拍卖网站。提供各种各样捐赠给 Goodwill 的收藏品、书籍和古董。

11.2.1 拍卖的优势及风险和成本

互联网的发展可算是拍卖网站崛起的首要功臣。互联网能提供一个固定成本和运营成本都十分低廉的全球化市场，以聚集庞大的买家群体。该市场由全球数百万用户组成，消费者只需使用简单、通用的技术（网络浏览器）就能选购商品。

拍卖的优势

除了能在拍卖过程中体验到游戏般的乐趣之外，消费者、商家乃至整个社会都能从在线拍卖中获得巨大的经济利益。这些利益包括：

● **市场流动性**：卖家可以轻松地找到潜在买家，买家也能方便地接触卖家。买家和卖家可分布在世界的各个角落。此外，交易双方还能够在全球市场上寻找稀有物品，这在互联网出现之前简直就是异想天开。

● **价格发现**：针对价值难以评估的商品或者稀有商品，通过在线拍卖可帮助交易双方快速、高效地确定价格。

● **价格透明**：公开的在线拍卖允许任何人查看商品的投标竞价过程。

● **市场效率**：拍卖通常都会降低商品价格，从而减少商家的收益，增加消费者福利——衡量市场效率的一个重要指标。

● **交易成本更低**：在线拍卖能够显著降低商品交易成本，使买卖双方都能从中受益。与其他在线交易市场（例如在线零售市场）类似，拍卖网站的交易成本非常低（尚未实现零成本）。

● **聚集人气**：大型拍卖网站把数量众多的热衷于网上购物的消费者聚集起来，这让卖家受益匪浅。

● **网络影响力**：拍卖网站的人气越旺，商品种类越丰富，上述市场流动性等优势就越明显，比如交易成本更低，效率更高，价格透明度更高，网站的市场价值和地位也就更高。

拍卖的风险和成本

拍卖过程中会发生一系列的风险和成本。和其他市场一样，拍卖网站有时也会陷入危机（后文将详细讨论拍卖网站失败的问题）。主要的风险和成本包括：

● **交易延迟成本**：在线拍卖可能会持续数天之久，商品运输也要花费额外的时间。

● **监督成本**：参与拍卖意味着要花费大量的时间监督整个竞标过程。

● **设备成本**：要使用在线拍卖网站，消费者需要购买计算机设备、支付互联网接入费用。

● **信任风险**：在线拍卖是网络欺诈发生最多的场所之一。参与在线拍卖也意味着蒙受损失的风险大大增加。

● **履约成本**：在线拍卖通常要求买家支付额外的商品包装、运输和保险成本。而在实体商店中，这些成本都已计入商品的零售价当中。

eBay 等拍卖网站纷纷采取一系列措施来降低消费者参与在线拍卖的成本与信任风险。例如，很多拍卖网站都尝试使用评分系统来解决信任问题。较早与卖家有过交易的消费者可以根据自己的购物体验给卖家打分。虽然有一定的成效，但评分系统有时也会出现问题。联邦执法官员处理的电子商务诉讼中，拍卖欺诈案件占据绝对比重。采用固定价格是降低监督成本的有效方案之一，但这颇具讽刺意味。eBay 的消费者只需简单地点击网站页面上的"立即购买"按钮，就能以支付较高的价格为代价结束整个拍卖，从而降低监督成本和减少等待时间。"立即购买"时的价格和拍卖方式成交价格之间的差额，就是监督成本。

尽管在线拍卖会产生各种成本，但在线拍卖的商品成本通常更低，在某种程度上弥补了这些额外成本。另外，由于不存在任何中介渠道，通常也无须向地方或州政府纳税，消费者只需花费极低的搜寻成本和交易成本。（当然，除非卖家是在拍卖网站上经营的网上店铺，这种情况下会发生中介成本。）

不仅是消费者，参与在线拍卖的商家也会面临风险和成本。拍卖网站最终的成交价格可能会比市场价格低得多。此外，卖家还面临着赖账、假投标、串通等风险，也要承担拍卖监督成本、拍卖网站收取的交易费用、信用卡结算处理费用以及展示商品信息与价格的管理成本。

11.2.2　拍卖：一种电子商务商业模式

在线拍卖已成为零售和 B2B 商务领域最成功的商业模式之一。最赚钱的在线拍卖网站 eBay 似乎从一开始就在盈利。eBay 的策略是充分发掘整个拍卖周期所有阶段的潜在盈利机会。eBay 收入来源较多：基于交易金额收取的交易费用、展示商品的费用、支付系统收取的金融服务费用、广告费用以及卖家为特别展位等所支付的额外费用。

然而，在线拍卖网站相比传统的零售或目录销售网站，具有得天独厚的成本优势。拍卖网站无须储备库存，也无须执行与履行交易相关的任何业务操作——拍卖网站不设仓库，没有任何运输或物流设施。由卖家和买家负责提供这些服务并承担相应的成本。从这点看，拍卖网站只涉及简单的信息传递，是最理想的数字化企业之一。

尽管 eBay 取得了空前的成功，但由于目前在线拍卖过度集中，整个行业的成功作为一种电子商务商业模式还受到诸多限制。eBay 目前稳居在线拍卖市场领头羊的位置，eBid 紧随其后。在过去的几年里，随着消费者转向购买而不是拍卖，eBay 的业务增长大幅放缓。众多小型拍卖网站却由于缺少足够的参与者而无法实现市场流动性，现在还处于亏本状态。对拍卖网站而言，网络影响力至关重要。当前行业的发展趋势是由一两家大型拍卖网站主导市场，众多小型专业化拍卖网站（专营邮票等商品的站点）略有盈余。此外，多年来在线拍卖的热潮逐渐退去，例如 eBay 上的大多数物品都采用标价，而不是拍卖定价形式。研究表明，这一变化至少在一定程度上是由消费者对便利的偏好以及零售业之间竞争加剧导致的（Einav, et al., 2018）。另外，新冠疫情推动了传统的高端拍卖公司，如苏富比（Sotheby）和佳士得（Christie），进行在线直播拍卖，佳士得的首次拍卖观看达 2 万多人次，销售额超过 4.2 亿美元（Reyburn，2020）。

11.2.3　拍卖的类型和实例

在线拍卖的主要类型有英式拍卖、荷兰式在线拍卖、自主定价拍卖和一分钱拍卖等。

英式拍卖（English auction）是 eBay 网站上最简单也是最常用的拍卖方式。一般情况下，由一个卖主出售一件物品。英式拍卖会设定拍卖截止时间、卖家的保留价格（一般是保密的）以及买家每次叫价的最小增幅。众多买家相互竞价直至拍卖结束。出价最高的买家最终获胜（前提是出价必须等于或高于卖家的保留价格）。由于是众多买家在拍卖过程中相互竞争，而且一般是匿名叫价，因此英式拍卖是侧重卖方的。

荷兰式在线拍卖（Dutch Internet auction）方式非常适合要销售大量拍卖品的卖家。卖家在拍卖开始前列出商品的最低价（或是起拍价）以及竞拍数量。竞标者报出自己的竞标数量和价格。这种拍卖一般采用统一定价机制：所有胜出者都支付最终成交价中的最低价格。这一市场出清价格可能会低于某些竞标者的报价。如果买家需要的数量超过竞拍品的供给数量，卖家一般按成交的先后次序分配商品。总的来说，最终胜出的竞拍者中，出价高的以最低成交价获得所投标数量的商品，而出价低的却不一定能被满足（但他们会得到一些东西）。

自主定价拍卖（Name Your Own Price auction）首先由 Priceline 推出，目前已成为第二受欢迎的在线拍卖方式。尽管 Priceline 本身也做中介，先购进打折的机票、酒店房间和度假套餐，再根据商品剩余情况以较低的零售价格转卖给消费者，但 Priceline 最知名的还是其所采用的自主定价拍卖。自主定价拍卖中，最终消费者先为商品和服务设定自己愿意支付的价格，之后众多卖家竞标。此时，商品的价格不会下降而是固定的：消费者最初设定的价格即为其承诺的最终购买价格。

但是，Priceline 如何能够提供比大型品牌服务商更低的价格呢？原因很多：首先，Priceline 网站不对外公开商品的售价，这样就能避免与直销等传统渠道相互冲突；其次，网站上出售的商品和服务都是有时效性的，如果没有消费者出价购买剩余航班座位、租车或预订房间，时间一过卖家将一无所获，因此，卖家通常都愿意在现货市场上以相对较低的价格提供商品或服务，从而收回成本。卖家的经营战略是利用盈利能力强的渠道尽可能多地进行销售，之后再通过 Priceline 这样的现货市场处理积压的库存。买家和卖家都能从 Priceline 网站受益，同时网站自身也能通过向卖家收取交易费获取收入。

为了参加一场**一分钱拍卖**（penny auction）（也称为**竞价费用拍卖**（bidding fee auction）），通常必须提前支付一分钱拍卖网站的出价，通常是 50 美分到 1 美元，一批 25～50 美元。一旦出了价，你就可以用它们来竞标一分钱拍卖网站所列的商品（不同于传统的拍卖，商品是网站而不是第三方拥有的），商品通常以 0 美元或接近 0 美元的价格开始竞价，每一次竞价都以固定的加价幅度抬高价格，通常只有 1 美分。拍卖是计时的，当结束时间到时，最后一个出价最高的竞标者赢得这件商品。虽然这件商品本身的价格可能并不高，但是成功的投标人通常会花更多的钱。与传统的拍卖方式不同的是，竞拍会花费很多钱，而且即使竞标者没有赢得拍卖，这些钱也要支付，投标方的累计投标费用必须加到最终价格中，以确定商品的真实成本。美国联邦贸易委员会已对一分钱拍卖发出警告，竞标者需要花费的金额可能远远超出他们的预期（Consumer Reports. org，2014）。QuiBids 和 DealDash 等都属于一分钱拍卖公司。

11.2.4　企业何时使用拍卖（以及适用于哪些产品）?

企业在很多情况下都可以考虑将拍卖网站作为某种合适的渠道，本章的大部分篇幅都是从消费者的视角对拍卖网站加以考察的，消费者的最终目标是以最小的付出实现最大的价值。下面将视角转向企业。企业使用拍卖网站的目的在于充分挖掘自身产品和服务的真正的市场价值，从而使企业的收入（即对消费者剩余的占有量）最大化，产品和服务在拍卖市场的价格有望比传统渠道的固定价格高一些。表 11-6 列举了企业选择拍卖网站前应当考虑的因素。

表 11-6　企业选择拍卖网站前应当考虑的因素

考虑因素	具体内容
产品类型	产品是稀有的、独特的、常见的还是有时效的
产品生命周期	产品处于生命周期的早期、中期还是晚期
渠道管理	与零售分销商的冲突，差异化
拍卖网站类型	侧重买家还是侧重卖家
起拍价	产品的起拍价是高还是低
叫价增幅	叫价的增幅是大还是小
拍卖时限	拍卖时限是长还是短
产品数量	拍卖品是单件还是多件
定价机制	统一定价还是实行价格歧视
信息分享程度	密封竞标还是公开竞标

考虑因素的具体描述如下：

● **产品类型**：一般来说，在线拍卖最适合销售稀有或者独特的产品，因为这些产品的价格难以确定，现实中甚至不存在交易这些产品的市场。然而，Priceline 却在对实体零售价格已确定的时效性产品（如机票）进行在线拍卖中大获成功。也有一些 B2B 拍卖网站经营钢材等生产经营用品，取得了不错的业绩（成交价通常较低）。新式服装、新款数码相机和电脑等产品不适合拍卖，因为它们的价格比较容易发现，标价高、价格波动小、有一定的利润并且产品不易损坏。这类产品原本就已经存在较多有效的零售市场渠道（线上和线下）。

● **产品生命周期**：一般情况下，企业大多在拍卖网站上销售处于产品生命周期后期，以及拍卖成交价格会高于清仓销售的固定价格的产品。但是，越来越多处于生命周期初期的产品也纷纷在拍卖网站上出售。比如，首批发售的音乐碟片、图书、录像带、游戏及数码设备，就可通过拍卖网站销售给那些强烈希望提前得到新产品的发烧友。

● **渠道管理**：一些已经具备相当规模的零售商以及传统生产厂商都必须尽量避免拍卖活动对现有盈利销售渠道的冲击。也正是缘于此，许多老牌零售网站不是拍卖已经快过时的产品，就是对购买数量加以限制。

● **拍卖网站类型**：销售方显然应当选择买家数量众多，而卖家数量较少，最好只有自己一家的拍卖网站。像 eBay 上的英式拍卖最适合卖家，因为这种拍卖方式下竞标者越多，最后的成交价格也就越高。

● **起拍价**：研究表明，拍卖产品时起拍价应当设低点，这样才能吸引更多的竞标者参与投标。起拍价越低，慕名而来的竞标者就越多。竞标者越多，产品的成交价格就越容易被抬高。

● **叫价增幅**：保险起见，通常设定较小的叫价增幅，以吸引更多的竞标者频繁出价。如果能让买家相信只要再多出价几美元就能赢得拍卖，他们往往就会忽略拍卖品的实际市场价值，报出更高的价格。

● **拍卖时限**：一般来说，拍卖的预期时限越长，吸引的竞标者就越多，最终的成交价格也就越高。但是，如果新的叫价频率逐渐下降至接近零，竞标价格也将稳定。因此，eBay 上大多数拍卖都是持续 7 天左右。

● **产品数量**：如果企业一次性出售大批产品，买家通常会期望获得数量折扣，这种预期最终会导致成交价格偏低。因此，卖家应考虑将大量产品分批次出售，每次拍卖少量的产品。

● **定价机制**：当企业拍卖多件产品时，大多数买家都认为每位胜出者支付相同的价格是天经地义的，因此统一定价机制是一种好的选择。eBay 网站上的荷兰式在线拍卖就应用了这一逻辑。由于买家对产品的需求程度不同，商家可向其收取不同的价格，这种观点尚未被顾客普遍认同。因此，想要实行价格歧视定价规则的企业，最好选择在多家拍卖市场或者不同时段出售同一种产品，以避免买家方便地对比价格。

● **信息分享程度**：对卖家而言，密封竞标优势明显。该拍卖方式能在不冒犯买家的情况下实行价格歧视，因此只要可行，卖家就应当尽量采用这种方式。但是，公开竞标能够激发羊群效应（后面将详细讨论），即众多买家出于赢得拍卖的竞争心理，会把产品的成交价格推高至密封竞标难以达到的水平。

11.2.5 拍卖价格：是否真的最低？

多数人都会认为，拍卖市场上产品的成交价格要比固定价格市场中的低得多。但实际情况并非如此。同等质量产品的拍卖价格有时要高于固定价格市场，不同拍卖市场的成交价格也参差不齐，造成这些现象的原因有很多。消费者在决定是否购买时不仅受到价值最大化的驱动，还会受诸多环境因素以及与交易无关或错误信息的影响（Simonson and Tversky，1992）。网上拍卖是一种社会行为，竞标者参加拍卖时也会像现实社会中那样相互攀比（Hanson and Putler，1996）。简单来说，竞标者会根据先前其他投标人的竞价情况来决定自己的报价，进而产生一种层叠效应，使价格不断攀升（Arkes and Hutzel，2000）。通过深入研究 eBay 上数百次拍卖游戏机、CD 机、墨西哥陶器和意大利丝质领带的记录，有研究者（Dholakia and Soltysinski，2001）发现竞标者会争相竞拍某些产品（易引起购买欲望的竞拍品），却对另一些产品不闻不问（容易忽略的竞拍品），表现出明显的**羊群效应**（herd behavior，即竞标者纷纷涌向单件或某些已有人投标的产品，为此展开价格竞争）。对于那些价值受到公众认可或者存在客观衡量标准的产品，羊群效应现象会大为减少。因此，由于消费者缺乏对市场实际情况的了解，羊群效应会导致消费者花费远超出产品实际价值的价格参与竞拍（Liu and Sutanto，2012）。

实际的拍卖过程会产生许多意想不到的结果。拍卖胜出者往往会有**赢家心痛**（winner's regret）的心理，感觉成交价格过高。这说明胜出者的报价并不代表自身对产品真实价值的估量，反而是基于对排在第二位的竞标者的价值判断。由于卖家只能以比第二高报价稍高一些的价格出售产品，而无法了解最终胜出者的真实判断或者说产品在他心目中的真实价值，因此卖家也会有一种**卖家遗憾**（seller's lament）的感觉。同样，竞拍失意者多少也会有一些**输家埋怨**（loser's lament）情绪，认为自己报价太低导致最终失败。总之，拍卖总是让胜出者觉得付出过多，而卖家却又感觉所得太少。如果买卖双方对拍卖品在各种网上、线下市场中的价格有所了解，这种矛盾的感觉就不大会出现。

11.2.6　拍卖网站的消费者信任机制

尽管在线拍卖市场的运营商既不能控制拍卖品的质量，也无法直接为消费者的诚信提供担保，在线交易市场还是会像其他电子商务网站一样，遇到如何建立消费者信任的问题。拍卖网站为犯罪分子或不可靠的行为者以卖家或买家的身份出现提供了可能性。多项研究表明，如果拍卖网站上存在可信的第三方认证，或者是网站向用户提供一系列交易跟踪（欺诈检测）服务，用户就能拥有一定的控制权。这样随着用户经验的积累，信任和信用机制就能慢慢建立起来（Krishnamurthy，2001；Stanford-Makovsky，2002；Nikander and Karvonen，2002；Bailey et al.，2002；Kollock，1999）。鉴于信任对消费者的在线拍卖行为有强烈影响，eBay 和大多数拍卖网站都不遗余力地建立自动的信任增强机制，如买家和卖家信用排名、委托契约服务、买家和卖家保险、退款保证、信用保证等。

11.2.7　拍卖市场何时可能失灵：滥用与欺诈行为

线上和线下拍卖市场都很容易滋生各种欺诈行为，这使得买卖双方及买家之间存在严重的信息不对称，最终导致整个市场失灵。一些可能的滥用和欺诈行为包括：

- **操纵竞价**：线下同意限制投标，或利用欺诈手段提交虚假报价，以抬高价格。
- **价格匹配**：非正式地或正式地同意将拍卖物品的底价设置为低于卖方在公开市场上不愿意出售的价格。
- **假信用评价（防御性）**：利用两个账号或者伙同其他网站成员人为抬高相互的信誉评分。
- **假信用评价（攻击性）**：利用两个账号或者伙同其他网站成员人为降低另一个用户的评级（反馈炸弹）。
- **评价勒索**：买家以负面评价要挟卖家给予优惠。
- **干涉交易**：发电子邮件警告买家不要与某卖家发生交易。
- **操控竞价**：利用可撤销竞价的机会故意报出高价，诱使当前竞价者报出更高的价格，之后撤销自己的报价。
- **拒不付款**：故意报出高价但拒不支付，从而阻止其他买家竞拍商品。
- **自我抬价**：利用两个账号或伙同其他用户人为地抬高成交价格。
- **不履行交易合同**：收到货款后故意不发货或发错货。
- **空头交易**：拍卖结束后，拒绝收款也不发货。
- **恶意报价**：发电子邮件给其他卖家的竞拍者，提供稍低的价格抢夺客源。

拍卖网站试图通过多种方法来减少这些风险，包括：
- **评级系统**：以前的买家根据自己的经验对卖家进行评级，并将其发布到网站上，让其他买家看到。

  ● **观察名单：** 允许买家在几天内监督特定的拍卖活动，并且只在最后几分钟竞价中密切关注。

  ● **代理竞价：** 买家可以输入他们愿意支付的最高价格，拍卖软件会自动在他们的原始出价被超过时进行增量投标。

eBay 和其他许多拍卖网站都已成立专门的调查部门来处理用户投诉，深入核查举报的各种交易行为。但是，网站的周访客总数超过数百万人，有数以万计的拍卖交易需要监督，eBay 仍需要高度依赖卖家和买家的诚信来维持交易市场的良好秩序。

11.3 电子商务门户网站

英文 port 一词起源于拉丁文中的 porta，意为通往某处的入口或大门。

如果仅从人们通常都将门户网站设为首页这一角度看，门户网站算是网友访问频率最高的站点。像雅虎、MSN、美国在线这样的顶级门户网站，其每月的全球独立访客已达数亿人。门户网站是通往互联网数十亿个网页的大门。脸书也充当着门户网站的角色。数百万用户把脸书设为自己的主页，选择与好友聊天，很多人每天都在脸书上花费好几个小时的时间。我们已经在 11.1 节讨论了脸书。门户网站最为核心的服务或许就是帮助人们在网上搜寻所需要的信息，并且像新闻一样让人们接触到并不是他们所需却可能会让他们觉得有趣的信息。电子商务发展早期，门户网站只是扮演搜索引擎的角色，用户通过门户网站寻找网上丰富多彩、详细而深入的内容。随后，门户网站开始朝多元化的方向发展，逐渐融入其他网站的功能，开始为用户提供新闻、娱乐、地图、图片、社交网络、深度分析以及远程教育等服务。如今，各门户网站早已不再满足于只是充当"大门"这种简单角色，都在为如何留住用户而绞尽脑汁。从这点看，门户网站与电视网络有几分相似：它们都是向用户提供内容服务且通过广告获得收入。门户网站现在都热切期盼着用户能在自己的网站上多逗留一会儿，越久越好。许多大型门户网站已家喻户晓，用户经常会在它们的站点驻足。

门户网站在企业内部也具有重要的作用，大多数企业都有自己的**企业门户网站**（enterprise portals），用以帮助企业内部员工了解人力资源、企业新闻以及企业通知等内部重要信息。例如，通过你所在大学的门户网站，你可以注册课程、了解教室安排，以及处理其他与学生事务相关的重要活动。而且，越来越多的企业门户网站开始提供公共新闻，提供来自外部内容提供商的实时财经报道以及通用的网络搜索服务。有关企业门户网站以及企业内部网的内容，在其他有关企业网络技术应用的图书中有详细的介绍（参见 Laudon and Laudon，2021），但这些已超出了本书的范围。本书仅聚焦于电子商务门户网站。

11.3.1 门户网站的发展与演进

门户网站的功能和角色定位大有改变。正如前面所说，大多数知名的门户网站都是从搜索引擎起家的，如雅虎、MSN 和美国在线。门户网站最初都是根据内容创建网页索引，从而帮助用户更方便地找到感兴趣的内容。因此，人们一般只在这些早期门户网站上停留几分钟。到 21 世纪早期，随着数以百万计的人登录互联网，这些提供搜索服务的门户网站的访问量也随之出现爆炸式的上升。最初，由于门户网站的功能只是简单地将用户转送到目的地，人们纷纷对其如何盈利表示怀疑。但是，搜索引擎积累到海量的基础用户，这为它成为营销和广告平台创造了良好的基础条件。之后，搜索引擎站点纷纷意识到海量用户中蕴藏的无限商机，相继拓展自己所提供的服务内容，从简单的导航到商务（在网站上直接向用户出售商品，或者给零售网站做广告）、内容（最初是新闻，后来涵盖天气预报、投资资讯、在线游戏、健康等多个主题）、通信服务（电子邮件、聊天室和短信）等。这四种服务构成了门户网站的基本定义，即门户网站是提供网页导航（搜索）、商务、内容和通信服务四大服务的综合性站点。

对于广告商和内容提供商来说，门户网站的价值与其所能接触的网民数量和网民在网站的停留时间成正比，因此各大门户网站的竞争力就体现为网站的到达率和独立访客数。网站的到达率（reach）是指一个月（或其他时间周期）内访问特定网站的用户占全体网民人数的比例。独立访客数（unique visitors）则是指一个月内访问特定网站的、能够被唯一标识的用户的数量。此外，门户网站不可避免地会受到网络效应的影响，即门户网站对于广告主和消费者的价值会随着网站到达率的增加而呈几何式增长，进而能够吸引到更多的用户。顶级门户网站/搜索引擎（谷歌、MSN/必应和 Verizon Media（Yahoo/AOL））占在线搜索的 95％以上。如图 11-4 所示，门户网站或搜索引擎（包括桌面和移动）在受众占有率方面也出现了类似的集中化模式。但是，随着越来越多的用户转向使用社交网络，这一市场格局正在悄然改变。数百万用户将这些网站设置成首页，并在这些网站上花费了大量的时间。像脸书这样的社交网络正在通过视频、电影和新闻来拓宽自己的内容，把自己变成一个社交网络和门户网站的混合体。

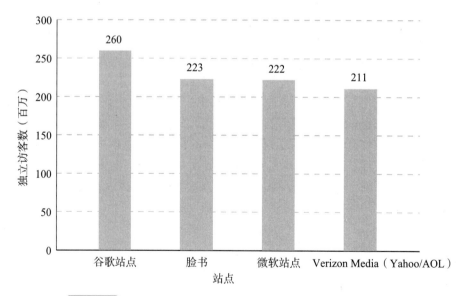

图 11-4 2020 年美国主要门户网站/搜索引擎的独立访客数

注：谷歌和它的相关网站，提供搜索、新闻和其他形式的在线内容，共同吸引了每月最高数量的独立访客。作为门户网站和社交网络的脸书位居第二，紧随其后的是微软及其相关网站。Verizon Media（Yahoo/AOL）排名第四，月独立访客约 2.11 亿人。

资料来源：Based on data from Comscore, Inc., 2020b.

更多有关门户网站的信息，见"商务透视"专栏中的案例"威瑞森调整其门户网站战略"。

商务透视

威瑞森调整其门户网站战略

在互联网的早期，门户网站是最受欢迎的商业模式之一。在脸书出现之前，它们是市场的主导玩家。美国在线和雅虎是其中最出名的两个。2000 年，时代华纳斥资 1 680 亿美元收购了美国在线，雅虎的市值约为 1 280 亿美元。然而，随着时间的推移，谷歌在搜索市场上形成了垄断，而脸书等社交网络在很大程度上取代了门户网站最初在网络生活中扮演的角色。因此，美国在线和雅虎都在努力改变它们的业务，使其在今天的在线环境中更有意义。

美国宽带和无线电信巨头威瑞森一直面临类似的问题，但原因不同。威瑞森是 20 世纪早期贝尔电话公司（Bell Telephone Company）的直系后裔。如今，威瑞森是美国最大的无线服务提供商，其次是 AT&T。其他主要提供商包括德国电信和 Sprint（它们最终在 2020 年获得合并批准）。威瑞森还控制着固定电话（有线）市场的很大一部分。不过，尽管威瑞森的规模和市场优势明显，但它正面临无线业务的困境。2007 年苹果推出 iPhone 后，无线市场的增长非常迅猛，但已经接近饱和。无线领域的收入相对平稳。微软、谷歌、苹果、Skype、脸书和其他公司都在互联网上提供了替代通信服务，这将影响所有无线电话网络的收入。

在这段时间里，可以很明显地发现，拥有媒体内容、受众和品牌就能赚钱，拥有管道也能赚钱。如果你拥有观众，你就可以从广告中获得收入。因此，在一次非同寻常的、史无前例的企业变革中，威瑞森决定同时成为网络媒体以及数字广告公司，这是它以前从未涉足过的行业！为了实现在网络媒体和广告领域挑战谷歌和脸书的计划，威瑞森需要建立一个受众群体。为了吸引受众，它需要数字内容。分析人士想知道一家电话公司如何成为一家互联网媒体和广告公司。答案是：买。

为了将这一计划付诸实施，2014 年，威瑞森以 44 亿美元收购了日渐式微的门户明星美国在线。因为威瑞森当时觊觎美国在线 4 亿在线观众，以及它大量的数字内容。此外，美国在线还运营着最大的数字广告公司之一（美国在线平台）。在收购美国在线之后，威瑞森还收购了美国在线此前收购的数十家互联网内容公司，如视频流媒体公司 EdgeCast Networks、On-Cue 和 UpLynk；博客公司 Engadget、TechCrunch、赫芬顿邮报；3 个视频平台（5MinMedia、Adap. tv 和 Vidible）；1 个移动广告公司 Millennial Media 和 1 个社交分享技术公司 Thing Labs。

2016 年，威瑞森在扩大这一战略的同时，同意以 45 亿美元收购另一家失败的门户网站雅虎。雅虎在开发原创内容方面并没有成功，但它是展示广告和支持技术的王者，其全球用户超过 10 亿，其中 6 亿用户通过移动设备访问该网站。此次收购于 2017 年 7 月完成。威瑞森最初将其新媒体部门更名为 Oath，它是雅虎和美国在线的保护伞。

但到 2018 年底，威瑞森最初的战略显然已经失败。2018 年 9 月，Oath 首席执行官蒂姆·阿姆斯特朗（Tim Armstrong）辞职，他在威瑞森收购美国在线时加入威瑞森，是收购雅虎的关键推动者。2018 年 12 月，威瑞森宣布 Oath 的估值为 46 亿美元，后改为 2 亿美元。威瑞森放弃了 Oath 品牌并将其改名为 Verizon Media。2019 年 8 月，公司以 300 万美元的价格甩掉了收购雅虎时收购的 Tumblr，后者曾经估值 11 亿美元。

　　接替阿姆斯特朗出任 Verizon Media 首席执行官的古鲁·高拉潘（Guru Gowrappan）转而部署了一项新战略。高拉潘的计划是使 Verizon Media 的收入多样化，以便最终在广告、电子商务交易和订阅上都有发展。这项计划让人想起了电子商务早期的门户网站商业模式，那时门户网站被设想为内容、通信和商务的一站式服务。为了启动这一计划，Verizon Media 对 Yahoo Mail 进行了重新设计，加入了新的功能来整合购物功能。高拉潘指出，尽管许多 Yahoo Mail 用户已经转向其他电子邮件提供商以获得主要的个人账户，但他们通常会保留自己的 Yahoo Mail 账户作为购物和商业活动的电子邮件地址。Verizon Media 希望利用这一点使 Yahoo Mail 成为"一对一"的商业收件箱。Verizon Media 打算将这一概念扩展到其他领域，并推出一些工具，使消费者的购物过程更容易，例如具有消费属性的视频播放器或一种内容管理系统，使 Verizon Media 作者和内容制作者更容易嵌入交互式购物商店等。

　　然而，Verizon Media 并没有完全放弃其最初的雄心壮志，即成为在线视频内容市场的核心玩家。Verizon Media 首席商务官伊万·马克曼（Iván Markman）表示，该公司正利用威瑞森的电信基础设施，计划将流媒体视频直播业务翻一番。例如，2017 年 12 月，雅虎宣布将与国家橄榄球联盟（National Football League，NFL）续签雅虎体育的合同，为期 5 年，为 NFL 游戏提供移动流媒体播放权。雅虎体育应用程序还直播了曲棍球、棒球、篮球和足球等体育项目的比赛。Verizon Media 还注意到 2019 年 1 月推出的雅虎财经（Yahoo Finance）实时股市节目的观众人数翻了一番。Verizon Media 号称拥有 9 亿受众，仅次于谷歌，但其战略的一个关键组成部分仍然是提高总体受众规模。

　　然而，早在新冠疫情之前，威瑞森是否能成功地执行其新战略仍面临很多质疑。2019 年 12 月，威瑞森宣布对 Verizon Media 部门进行裁员，并于 2020 年 1 月追加 2 亿美元减记其媒体部门的价值。2019 年 Verizon Media 收入疲软，由于新冠疫情，2020 年第一季度收入下降了 4%，尽管客户在其平台的参与度有所提高，广告费率却有所下降。威瑞森的未来如何，还请拭目以待。

资料来源："Verizon Media Tools for Interactive Future：Markman," Beet. tv，April 28，2020；"Verizon Media Q1 Revs Drop 4%," by Sara Guaglione，Mediapost. com，April 27，2020；"Verizon Adds Wireless Customers，Takes Another Hit on Yahoo Unit," by Sara Krouse，*Wall Street Journal*，January 30，2020；"Verizon Media Names CTO，Touts Livestreaming Biz," by Linda Hardesty，Fiercevideo. com，January 9，2020；"More Layoffs Coming at Verizon Media—Parent of Yahoo，TechCrunch，HuffPost," by Kerry Flynn，Wraltechwire. com，December 11，2019；"For Verizon：Is Wireless 60%，70%，or 80% of the Total？," by Trefis Team，Forbes. com，December 2，2019；"We're Playing Offense：Verizon Pivots Its Publishing Strategy to Focus on Commerce," by Max Willens，Digiday. com，October 21，2019；"Verizon Media's Guru Gowrappan：We Want to Play Offence，Not Defence," by Robert Sawatzky，Campaignlive. com，October 9，2019；"Verizon Resurrects Media Business as Safe Haven on the Internet," by Sheila Dan，Reuters. com，July 18，2019；"Verizon Sells Tumblr to Wordpress Owner Six Years After Yahoo Bought It for $1.1 Billion," by Salvador Rodriguez，Cnbc. com，August 12，2019；"Verizon to Pay $1.5 Billion for NFL Streaming Rights Over Next 5 Years," by Tony Owusu，Thestreet. com，December 11，2017；"Verizon Launches New Ad and Content Unit as Yahoo Deal Closes," by Lara O'Reilly，*Wall Street Journal*，June 13，2017；"Verizon Announces New Name Brand for AOL and Yahoo：Oath," by Niraj Chokshi，*New York Times*，April 3，2017；"Verizon Finalizes $4.8 Billion Yahoo Deal," Ryan Knutson and Deepa Seetharaman，*Wall Street Journal*，July 24，2016；"Verizon's Multi-Billion Dollar Play to Take on Netflix，Amazon，Google，and Facebook," by Ainsley O'Connell，*Fast Company*，May 26，2016；February 23，2016；"All the Media Companies That Belong to Verizon Now," by Kate Knibbs，Gizmodo，May 12，2015.

11.3.2 门户网站类型：综合门户网站与垂直门户网站

门户网站主要包括两种类型：综合门户网站与垂直门户网站。**综合门户网站**（general-purpose portals）尽全力吸引大批普通网民，开设各种垂直的内容频道，通过提供诸如新闻、金融、汽车、电影和天气预报等主题的深度内容来留住用户。综合门户网站一般都会提供引擎搜索、免费电子邮件、个人主页、聊天室、社交网络创建软件和电子公告栏等功能。综合门户网站上的垂直内容频道则为用户提供体育赛事、股市行情、健康资讯、时事新闻、汽车资讯和拍卖等方面的内容服务。

垂直门户网站（vertical market portals，有时也称为目的站或垂直门户）则致力于吸引大批对社区或特定内容兴趣浓厚、关注度高的忠诚用户。垂直门户网站涉及的领域从体育到气象无所不有。除专业化的内容外，垂直门户网站也开始渐渐引入综合门户网站的某些服务。

门户网站的受众占有率呈集中式分布（除了网络效应），这反映出消费者上网时间的有限性。这种时间限制对综合门户网站有利。消费者花费在互联网上的时间有限，因此大多数消费者每个月访问的网站不超过 30 个。由于时间的限制，消费者往往会集中访问几个能够满足其广泛兴趣爱好的网站，这些网站往往能提供从天气信息、旅游资讯、股市行情、体育赛事、零售购物到娱乐消遣等综合内容。

像雅虎、美国在线和 MSN 这样的综合门户网站一直致力于成为全民化的门户站点，希望通过提供一般导航服务以及各类专业内容和社区服务吸引大批忠实用户。例如，雅虎已成为最大的网络新闻提供商，其新闻频道的访问用户数远远超过包括在线报纸在内的其他任何新闻网站。然而，消费者的上网行为显示出他们浏览网页的时间减少了，而更倾向于进行深入的搜索调查或者参与到社交网络当中。这些行为趋势则让垂直门户网站的前景一片大好。垂直门户网站能够提供高度专业化、深入的内容和社区服务。

大型综合门户网站一般都远近闻名，而专业内容型和群体关系型的垂直门户网站则稍逊一筹。图 11-5 列举了一些广为人知的综合门户网站和两类主要的垂直门户网站。

图 11-5 两种门户网站：综合门户网站和垂直门户网站

注：门户网站主要包括两种类型：综合门户网站与垂直门户网站。垂直门户网站一般又可分为群体关系型和专业内容型两类。

11.3.3　门户网站的主要收入来源

门户网站的收入来源多种多样。门户网站的收入基础处于动态变化之中，主要的收入来源正渐渐缩小。表 11 - 7 总结了门户网站的主要收入来源。

表 11 - 7　门户网站的主要收入来源

收入来源	说明
综合广告	依据广告触达的受众数量计费
租赁业务	确定印象数以收取固定费用，独家合作，独家提供商
销售佣金	根据每笔交易金额向网站上的独立商家收取佣金
信息订阅费	向订阅高级内容服务的用户收取费用
应用程序和游戏	用户付费下载游戏和应用，在应用中植入广告

随着搜索引擎广告和智能广告投放网站（例如谷歌的 AdSense，能够根据网站内容在数千家网站上有针对性地投放广告）的迅速发展，综合门户网站和垂直门户网站也都纷纷转变其业务战略。美国在线和雅虎等综合门户网站由于缺乏完善的搜索引擎功能，其发展速度远远落后于拥有强大搜索引擎的谷歌。例如，微软在必应搜索引擎上的技术投资已达到数十亿美元，以期赶超谷歌。此外，门户网站提供内容服务，这是谷歌早期所没有的。不过谷歌后来收购了 YouTube，将其内容引入谷歌网站上，同时还新增了新闻、金融资讯、图片、地图等多个领域的内容服务站点。脸书的访客停留时间是雅虎等传统门户网站的 3 倍多。正因为如此，社交网络，尤其是脸书，已成为雅虎、谷歌等门户网站的直接竞争对手。雅虎一直在努力实现收入和利润增长。问题之一是展示广告的价格下跌，而这是雅虎广告平台的支柱。雅虎网站上的展示广告多于其他任何网站。另一个关键问题是用户与网站内容的接触减少，在网站上花费的时间也缩短了。为了解决这些问题，雅虎进行了一系列的收购，包括收购 Aviate、Tumblr 和 Flickr，并推出了雅虎食品（Yahoo Food）和雅虎科技（Yahoo Tech）等。展示广告收入的关键是内容和参与度：网站向用户展示的内容越多，他们在网站上停留的时间就越长，广告收入就会越多。到目前为止，雅虎和其他综合门户网站还不能够与社交网络在网站参与度和停留时间上竞争。经过几年不成功的新策略的实施，2016 年，雅虎将自己卖给了威瑞森。

因此，未来综合门户网站的生存策略将是开发更深入、更丰富的垂直内容以吸引客户。对于大多数小型垂直门户网站而言，其策略应当是汇聚一系列的垂直门户网站，以形成一个垂直门户网络。谷歌等搜索引擎网站的策略则是获取更多的内容以吸引用户长时间停留，并向他们展示更多的广告。

11.4　电子商务相关职位

本章涵盖三种不同类型的电子商务商业模式：社交网络、拍卖网站和门户网站。其中，社交网络（以及相关的社交营销）目前提供的就业机会最多，人们既可以为提供社交网络平台的公司工作，也可以为与这些平台互动的公司工作。拍卖网站由 eBay 主导，在 eBay 上出售商品的商人也有工作岗位。门户网站的商业模式目前面临许多挑战，因此该领域的工作机会有限。

在本节中，我们将更详细地了解电子商务中的一些职位，可能包括社交网络等方面，以及社区/内容/数字媒体/参与策略师/分析师/经理等具体职位。

11.4.1　公司简介

某公司是一家在线零售商，提供不同凡响的且具有创造性设计的珠宝、艺术品、厨房用品以及在传统百货公司无法找到的独特食品。该公司为工匠和设计师提供了一个在线市场。在这个在线市场上，该公司为客户和独特性商品的设计师提供便利和安全保障：这是一个无须自行前往工艺博览会就能找到客户且具有安全支付环境的市场空间。该公司正处于建立一个社交营销计划的早期阶段，以扩大其现有的在线业务。

11.4.2　职位：社交营销专员

你将与电子商务营销团队合作，并向电子商务团队总监汇报，以跨多个渠道（主要是脸书、Instagram 和 Pinterest）发展社交商务。你的职责包括：

- 基于创造性的社交网络活动，测试假设并提供可操作的计划。
- 向团队报告这些测试的结果，并提出新的策略以更好地服务我们的客户。
- 每周撰写关于社交营销结果的社交媒体报告。
- 与其他部门（如产品开发、创意和营销）合作，确保目标和战略一致，并维护品牌形象。
- 构建深入、特别的分析，以揭示社交媒体的趋势和模式。
- 审计社交网络标准和监管工具。
- 提供必要的工具集建议，以衡量广告效果和加深对市场的理解。
- 分析竞争对手的业绩和结果，为内部战略的制定提供信息。

11.4.3　资格/技能

- 行为科学、管理信息系统、电子商务或商务学士学位。
- 主修社交网络/数字营销和/或统计学课程。
- 有电子商务和某种形式的社交营销经验。
- 有使用社交网络的经验。
- 有图像处理、数字视频和摄影经验者优先。
- 中等至高级的 Excel 使用经验。
- 优秀的写作、沟通和协作技能。
- 善于设计。
- 对营销和社交广告充满热情。
- 熟悉 Facebook Ads Manager、Google Analytics、Pinterest Analytics 或类似产品。

11.4.4　面试准备

为面试做准备，对公司进行背景调查，尤其是手工艺品、古董和收藏品的细分零售市场。这个市场带来了哪些挑战？访问该公司的网站并观看其社交媒体公告，确定该公司用于吸引客户和供应商的主要品牌主题。在社交媒体上搜索，了解其他人对该公司及其产品的看法。

然后回顾本章 11.1 节。这将有助于你证明你熟悉美国的主要社交网络以及衡量其相对影响力的不同方法（如独立访客数、花费的时间和广告收入）。你应该熟悉这样一个事实：大多数用户都是通过移动设备访问社交网络的。同时回顾一下关于社交网络的技术和功能部分和表 11-4，这样你就可以以一种知情的方式谈论这些话题。

在面试之前，你还应该考虑一下你的背景，比如所学的课程、社交网络的外部经验以及你自己的个人兴趣，对公司能有什么帮助。

11.4.5 可能的面试问题

1. 你如何评价为我们的产品建立在线受众的社交网络脸书和 Pinterest？

你可以描述主要社交网络之间的差异，并讨论如何将每个社交网络用于不同的目的。例如，Pinterest 是展示公司产品图片的理想位置。脸书作为一个招募新艺术家、展示待售商品和收集客户反馈的地方，得分很高。

2. 鉴于我们的产品和客户的性质，除了脸书、Instagram 和 Pinterest 之外，我们公司还应该使用哪些社交网络？

在这里，你可以描述基于兴趣和亲和力的网络，如 deviantArt 和 Worthpoint，以接触小型但参与度高的兴趣型社交网络和群体关系型社交网络。

3. 你对衡量社交营销有效性的工具有什么样的经验？

你可以通过回顾有关如何衡量用户参与度的资料来准备此问题。如果你在社交网络营销方面有一些经验，请准备好讨论你在衡量社交营销活动成功与否方面所扮演的角色。

4. 你是否使用过统计分析软件包做定量研究？

你可以通过参加市场营销课程或其他统计课程，学习如何使用 SAS 或 SPSS 等统计分析软件包来分析数据，从而为此类问题做好准备。你可能使用过谷歌分析软件来跟踪活动。你也可能有使用简单的 Excel 电子表格来记录印象和市场营销活动的反应的经验。

5. 你熟悉脸书的 Ad Manager 吗？你用过 Ad Manager 来制作广告并衡量广告是否成功吗？

你可以通过研究脸书的 Ad Manager、Pinterest Analytics 和 Coogle Analytics 来准备这样的问题。几乎所有的广告平台都提供了在线软件包，用于跟踪它们平台上在线活动的反应。

6. 你从事过哪些涉及照片和视频编辑以及图形的项目？你制作过网络广告吗？

你可以先回顾一下公司对照片和视频（如果有的话）的使用情况，然后指出几乎所有大型社交网络平台都在越来越多地使用视频来营销产品。考虑到这家公司及其产品的性质，你可以通过收集你创建的照片、视频和图形组合来准备，并描述你如何将兴趣融入公司的社交网络营销中。

问 题 ///////////////////////

1. 社交网络、拍卖网站和门户网站有什么共同点？

2. 社交网络（在线或离线）的四个共同点是什么？

3. 为什么 Pinterest 被视为一个社交网络，它与脸书有什么不同？

4. 美国的三大移动社交网络分别是什么？

5. 移动社交网络为什么增长如此迅速？

6. 哪两个指标能够用于衡量社交网络的影响力？

7. 什么是群体关系型社区，其商业模式是什么？

8. 列举并描述四种不同类型的拍卖。

9. C2C 拍卖和 B2C 拍卖之间有什么区别？

10. 自主定价拍卖（例如 Priceline）是如何操作的？

11. 列举并简要解释拍卖网站的优势。

12. 对于消费者来说，参加拍卖的风险和成本是什么？

13. 为什么美国联邦贸易委员会会警告消费者注意一分钱（竞价费用）拍卖？

14. 什么是羊群效应，它是如何影响拍卖的？

15. 列举并描述可能发生的五种拍卖滥用和欺诈行为。

16. 哪些类型的产品适合拍卖？在产品生命周期的哪些阶段，拍卖可以给拍卖者带来好处？

17. 现今定义门户网站的要素是？

18. 垂直门户网站有哪两种主要类型，它们如何区分？

19. 门户网站的主要收入来源是什么？

20. 为什么与早期的电子商务相比，在线拍卖的流行度有所下降？

12

B2B电子商务：供应链管理与协同商务

学习目标

学完本章，你将能够：

- 讨论 B2B 电子商务的发展，以及潜在优势和挑战。
- 了解采购和供应链与 B2B 电子商务之间的关系。
- 识别供应链管理和协同商务的发展趋势。
- 理解在线交易市场的特征和类型。
- 理解会员专用网络的目标、在支持协同商务方面的积极作用以及在实施中遇到的障碍。

章首案例

亚马逊与 Amazon Business 开展 B2B

众所周知，亚马逊是线上消费者的天堂。亚马逊为它的零售顾客提供无与伦比的选择空间、速度、客户服务和价格，也正因为如此，亚马逊成为目前为止世界上最大的线上零售商，2019 年通过电子商务零售实现了接近 3 450 亿美元的销售额。而超过 50% 的销售量来源于以亚马逊作为销售平台的其他公司（第三方销售者），这些公司大多使用亚马逊物流（FBA）服务，提前储存商品以备销售，并通过亚马逊的支付和配送系统完成订单。很少有顾客知道的是，亚马逊于 2006 年开启的亚马逊网络服务（2019 年创造了 350 亿美元收入），使得它也成为最大的云计算服务供应商之一。

更鲜为人知的是，亚马逊现在创建了一个名为 Amazon Business 的 B2B 市场以充分利用它的经验和计算平台，旨在成为一个能为企业采购和企业间买卖提供超凡的、轻松的购物体验的宝贵工具，无论这些企业规模是大还是小，商品种类是多还是少，就像它对普通顾客做到的那样。上线第一年，Amazon Business 的交易额就突破了 10 亿美元，并以每季度新增将近 10 万客户的速度迅速积累了 40 万客户。到今天，Amazon Business 的商品交易总额已经超过 100 亿美元，拥有 200 万左右的买方，超过 20 万的卖方，其超过 5 600 万件的商品覆盖办公用品、电脑、软件、工业零件、清洁用品、医疗工具和医院用品，应有尽有。在亚马逊零售平台上的商品都可以在 Amazon Business 上买到，往往还有折扣。但买方必须证明自己是真实的企业。

B2B 这个领域对于亚马逊来说其实并不陌生。2015 年，亚马逊就通过收购 Small Parts，一家专门销售 B2B 利基产品的公司进入了 B2B 市场。亚马逊的调查显示，很多客户其实是企业买方，而它们在亚马逊面向普通消费者的零售市场中没得到足够的重视。2012 年，亚马逊将 Small Parts 的产品增加到超过 250 万种，明确了其目标，依照客户需求增加了诸如信用支付、统一结算系统的支持服务，并将其更名为 AmazonSupply。然而市场对此反应相对冷淡。面对很多线上运营已久、拥有忠实企业客户的竞争对手，AmazonSupply 仅仅是又一个向企业提供商品的普通供应商。

2015 年，亚马逊将 AmazonSupply 更名为 Amazon Business，在新增大量针对企业的产品之外，欢迎第三方供应商加入平台。这使得亚马逊完成了从普通的分销商到真正交易市场的转变。亚马逊对第三方供应商依商品不同收取 6%～15% 的手续费，如对利润往往较低的电子产品收取的手续费为 6%，而对工业产品和科技产品，手续费会提高至 12%。如今，Amazon Business 的客户覆盖《财富》杂志评选出的世界百强公司和百大医院中的一半以上、百大地方政府机构中的 40% 以上、百大教育机构中的 90% 以上。

Amazon Business 能给买方和卖方都带来明显的好处。Amazon Business 为买方提供了强大的产品搜索引擎、对更多产品的选择权、在同一平台合并购买多个供应商产品的功能、支付功能、买卖双方通信的功能、同时指派多个合作销售经理的功能、监督并控制员工采购情况的功能、批量折扣优惠和详细的产品介绍功能，以确保每个产品都能达到公司或政府的相关标准（如 ISO 9000 认证）。此外，方便买卖双方的 B2B 服务还包括信用额度、免除营业税、365 天退货政策，以及针对维萨合作公司的追查维萨卡消费记录的功能。买方也可以选择成为亚马逊的贵宾客户，享受两日送达服务。值得一提的还有亚马逊风格的、易于理解和使用的购买界面。

对于第三方供应商而言，亚马逊提供了在单个平台行销的可扩展性、和买方的沟通渠道、可预测的买方报价、销售管理系统和买方购买模式的可视性。通过使用亚马逊物流，即便亚马逊会收取一定的费用，供应商还是省下来一大笔储存货物的费用。对于大供应商，亚马逊能够把购买系统与公司自己的采购软件结合起来。对于 B2B 的卖方来说，支付一直存在不可忽视的风险，尤其在国际采购中。亚马逊为企业提供的支付托管服务，能最大限度地降低支付风险。大多数传统的 B2B 经销商都不能为它的买卖双方提供这些服务。

从买方的角度看，Amazon Business 几乎没有缺点。一个中立的、透明的、允许无数供应商提供竞品、拥有无数买方支持计划和服务，并完全通过极具亚马逊风格的、使用者友好的线上环境来展现的市场实在太具有吸引力了。具有特殊产品或服务需求的公司都赶着来与 Amazon Business 签约。Amazon Business 注重观察一些"附带消费"，即那些不属于企业常规购买的商品的消费，据计算这部分约占企业支出的 20%。这使得亚马逊的产品目录丰富到传统竞争者不可比拟的程度。

从卖方的角度看，情况却并非如此。卖方想要"拥有"和建立同买方的联系，通过研发具有针对性的营销程序来增强这种联系，从而获得顾客的长期忠诚（即品牌创建）。单次的销售可能是亏损的，但卖方的目的是与顾客建立长期的买卖关系。但是对于使用 Amazon Business 的供应商而言，它们必须放弃这个策略。Amazon Business 才是买方的拥有者，供应商被禁止在"市场之外"直接进行销售。Amazon Business 才是品牌，供应商不是。市场透明对于供应商而言也是一个阻碍，它阻止了供应商利用价格歧视进行营销宣传，也阻止它们通过展现产品或服务的特殊性使得自己的品牌凸显出来。在一个透明的市场之中，商品的利润是非常微薄的。企业还需要特别注意将它们的亚马逊店铺和公司网页同步。比如，如果企业不能在亚马逊平台提供商品折扣，它们的网页也不允许提供优惠。亚马逊收取的货物存放和运送服务费用也在进一步减少卖方利润。

B2B 交易市场的利润来源于交易管理，而非使得每个参与的卖方都能从中赚钱。从另一个角度来说，如果第三方供应商都在亏损，Amazon Business 也不可能继续扩张。但从目前来看，这些明显的缺点也没有阻止无数卖方加入 Amazon Business。

亚马逊已给它的很多大型竞争对手施压，无论是相近的 B2B 市场，如 W. W. Grainger，还是办公用品供应商，如 Office Depot。亚马逊还在继续强有力地推进 Amazon Business。类似于零售平台的 Amazon Prime，Amazon Business 也提供 Business Prime Shipping 特权，分等级向大型公司收取每年 69 美元到 1 万美元不等的费用。接近一半的 Amazon Business 客户表示它们将增加它们在此平台的支出，这使得竞争者雪上加霜。即便卖方可能会因为失去和买方的直接联系而犹豫是否要使用亚马逊平台，很快销售额的大幅下降也会让它们坚定起来。随着 Amazon Business 于 2016 后半年在德国上线，2017 年在英国、印度和日本上线，2018 年在法国上线，2019 年在加拿大上线，这已经不只是美国公司面临的问题了。

亚马逊还致力于吸引来自更多行业的买方。例如，2017 年，亚马逊突然宣布将和超过 1 400 个城市和学区建立合作关系，并成为它们的主要供应方；2018 年，亚马逊以 10 亿美元收购了制药公司 PillPack，PillPack 在美国 50 个州都拥有医药执照，使得亚马逊能更轻松地从卫生保健方面吸引买方，在研究机构和制药公司本就已经涌向 Amazon Business 的时候，对 PillPack 的收购无疑会使得 Amazon Business 对买方更具吸引力。

亚马逊将 Amazon Business 和它在电子商务零售领域的 Amazon Prime 和亚马逊网络服务一同看作其未来发展的重要组成部分。事实上，Amazon Business 在 2019 年实现了总销售额增长 60%，几乎是亚马逊自身增长速度的三倍。有分析师估算，在 2018 年 100 亿美元商品交易总额的基础上，Amazon Business 在 2021 年的商品交易总额将增长到 340 亿美元。在 Amazon Business 势头大好的同时，包括 W. W. Grainger、Office Max、史泰博、沃尔玛、开市客和 eBay 在内的竞争者想必会忧心忡忡。

资料来源："Shedding New Light on How to Win Against Amazon Business," by Peter Lucas, Digitalcommerce360. com, May 27, 2020; "Third-party Seller Share of Amazon Platform 2007-2020," by J. Clement, Statista. com, May 4, 2020; "Worldwide Amazon Retail Ecommerce Sales，2017-2021", by eMarketer, Inc., May 1, 2020; "Amazon Business Grows Faster Than Amazon Itself," by Mark Brohan, Digitalcommerce360. com, January 31, 2020; "Amazon Business Heads to $52 Billion in Gross Sales by 2023," Digitalcommerce360. com, December 13, 2019; "Amazon Business Bent on Being the Go-To B2B Platform," by Denise Power, Uschamber. com, July 16, 2019; "More Amazon Business Sales to Public Agencies Alarms Critics," by Paul Demery, Digitalcommerce360. com, July 13, 2018; "Amazon Business Eyes Growth in Selling Supplies to Hospitals," Digitalcommerce360. com, July 12, 2018; "Amazon's B2B Marketplace Advantage," by Alex Moazed and Nicholas L. Johnson, Mdm. com, June 28, 2018; "Amazon Business Gets in the Game in Italy and Spain," by Paul Demery, Digitalcommerce360. com, June 27, 2018; "Lessons from Amazon's Entry into B2B," by Kristin Swenson, Netsuiteblogs. com, May 22, 2018; "Q&A: Inside Amazon Business with Martin Rohde," Digitalcommerce360. com, May 2, 2018; "Why Amazon Business Targets B2B eCommerce's 'Tail Spend'," Pymnts. com, May 1, 2018; "Amazon's Unruly Third-Party Marketplace Now Sells More Stuff Than Amazon Itself," by Marc Bain, Qz. com, April 10, 2018; "Amazon Rolls Out Product Pitches to Woo New Amazon Business Customers," by Paul Demery, Digitalcommerce360. com, January 11, 2018; "Amazon's Next Mountain: B2B Procurement," by Qasim Mohammad, Theglobeandmail. com, January 7, 2018; "Amazon Business Grows its Business in the UK and Germany," by Paul Demery, Digitalcommerce360. com, December 7, 2017; "What Amazon Business Can Teach Us About B2B eCommerce," Oroinc. com, November 8, 2017; "Amazon Takes On Office Supply Retailers with Launch of Business Prime Shipping," by Sarah Perez, Techcrunch. com, October 24, 2017; "Amazon's B2B Business Blows Past 1M Customer Mark," by Richard Adhikari, Ecommercetimes. com, July 29, 2017; "Is Amazon Business the Next

AWS?," by Rakesh Sharma, Investopedia.com, July 25, 2017; "Nearly Half of Its Customers Plan to Increase Spending on Amazon Business," by Paul Demery, Digitalcommerce360.com, July 25, 2017; "Amazon's B2B Marketplace Hits User Milestone," by Natalie Gagliordi, Zdnet.com, July 25, 2017; "Pros and Cons of Selling on Amazon Business," by Lori McDonald, Practicalecommerce.com, June 21, 2017; "Amazon Business: Understanding the Threat to B2B Distributors," by Nicholas L. Johnson, Applicoinc.com, April 14, 2017; "Visa Unveils Detailed Payment Data for Amazon's Business Customers," Pymnts.com, April 11, 2017; "More Sellers by the Thousands Flock to Amazon Business," by Paul Demery, Digitalcommerce360.com, February 3, 2017; "Amazon Business Launches in Germany," byPaul Demery, Digitalcommerce360.com, December 6, 2016; "Amazon Expands Business-Sales Marketplace After Three Years," by Greg Bensinger, *Wall Street Journal*, April 28, 2015.

　　亚马逊的商业案例展示了电子商务技术和客户体验从消费者领域向 B2B 世界转变的无尽潜力。在 B2B 世界中，公司从成百上千家供应商那里购买产品，然后再卖给成百上千家分销商和零售商。

　　章首案例为 B2B 电子商务的两个方面建立了框架：买方和卖方。在供应方面，为了管理供应链和采购流程，企业在过去几十年里已经开发了完备的系统和技术。大公司很容易拥有数百甚至数千家零部件和材料供应商，即供应链系统（本章后文会对其进行进一步的描述）。这些供应链系统降低了生产成本，增加了公司之间的合作，加快了新产品的开发，并最终彻底改变了产品的设计和制造方式。例如，在时尚行业，高速的互联网支持的供应链与同样高速的时尚设计相结合，不仅可以清空货架（并降低清仓销售的可能性），还可以通过提升消费者价值来增加利润（Zarroli，2013；Cachon and Swinney，2011）。

　　Amazon Business 的成功增进了我们对 B2B 电子商务销售方的了解。当企业向其他企业销售产品时，在零售电子商务市场中发展起来的所有营销、品牌化和履约技术都将发挥作用。在线网站、展示广告、搜索引擎广告、电子邮件和社交媒体在 B2B 电子商务中和在 B2C 电子商务中一样重要，所涉及的技术也是相同的。例如，随着消费者转向通过移动设备购买零售商品，公司的采购代理也开始转向移动端的采购、库存管理和营销。

　　Amazon Business 是一个 B2B 在线交易市场，成千上万的供应商可以在一个互联网平台上与成千上万个买家进行互动。本章后文将介绍许多在线交易市场，从单一公司市场的简单销售网站，到供应商、生产商和分销商在数字环境中共同完成生产、制造和分销其产品和服务的更复杂的在线交易市场。

　　正如你将在 12.1 节学到的，像亚马逊这样的在线交易市场经历了几十年的演变。在电子商务的早期，商业公司倾向于直接从信赖的长期贸易伙伴那里购买产品，而不是参与公开的 B2B 市场；相应的，卖家因为担心出现极端的价格竞争和品牌淡化，也不愿参与到公共市场之中。因此，B2B 电子商务的发展比 B2C 电子商务要慢得多。20 世纪 90 年代末和 21 世纪初出现的许多早期 B2B 在线交易市场在几年内就崩溃了。但今天，经过多年的巩固，一些非常大的在线交易市场正在蓬勃发展。我们将讨论这些早期失败出现的原因，并解释新的在线交易市场是怎么成功的。

　　在本章中，我们将研究一些主要的 B2B 电子商务主题：采购、供应链管理和协同商务。随着 B2B 电子商务系统的发展，这些业务流程都发生了很大的变化。在 12.1 节中，我们概述 B2B 电子商务。在 12.2 节中，我们将进一步研究采购流程和供应链。

在 12.3 节中，我们将 B2B 电子商务放在供应链管理和协同商务的趋势背景下，描述电子商务导致的 B2B 营销环境的变化。本章的最后两个部分介绍 B2B 电子商务的两种基本类型：在线交易市场和会员专用网络。

表 12-1 总结了 B2B 电子商务在 2020—2021 年的主要趋势。最重要的是新冠疫情所导致的供应链脆弱性和以供应链中断为主的风险，这可能导致供应链处理方式的重大变化。其他重要的趋势包括检测供应链对环境是否产生影响的压力、公众对供应链责任的日益关注。尤其是，是否违反发达国家对第三世界工厂工作条件的期望，对其在更发达国家进行销售的商品的制造有重要影响。许多企业在过去的 10 年中学到，供应链可以增强或削弱一个公司，这取决于许多与供应链效率相关的因素，如社会参与度、劳动关系、环境保护和可持续性。许多人认为，所有这些相关因素对公司的长期盈利能力都很重要（Beard and Hornik，2011）。标准普尔 500 指数中几乎所有的公司现在都使用 B2B 电子商务系统，随着低成本的云计算和软件即服务功能的广泛使用，越来越多的小公司现在也能够加入这个行列。利用移动平台的优势，越来越多的公司通过使用智能手机和平板电脑，可以在任何地点开展。B2B 供应商（如 SAP、IBM、甲骨文和其他链接到供应链管理系统的供应商）提供了数以千计可供使用的移动应用程序。社交网络工具正在挤进 B2B 和消费者的世界。B2B 管理人员越来越多地使用公共和私人社交网络和技术，以实现与客户和供应商的长期对话。大大小小的公司的高管们开始意识到，他们不仅在与其他公司竞争，还在与这些公司的供应链竞争。**供应链竞争**（supply chain competition）是指一些行业中的企业能够利用它们更加优越的供应链管理来区分它们的产品或实施差别定价，并获得竞争优势。可以说，拥有更优越供应链的企业可以更快地以更低的成本生产出更好的产品（Antai，2011）。

表 12-1　2020—2021 年 B2B 电子商务的主要趋势

商务方面

- 新冠疫情造成供应链严重中断，并可能对企业处理供应链的方式产生长期影响。
- 新冠疫情成为企业进一步数字化其 B2B 销售的催化剂，导致 B2B 电子商务增长继续加速。
- B2B 电子分销市场采用与亚马逊等成功的消费者电子商务公司相同的营销和销售技巧。
- 在线交易市场的复苏使得数百家供应商和数千家采购公司汇集。SAP Ariba 作为世界上最大的在线交易市场之一，目前拥有超过 460 万家有业务关联的企业，包括《福布斯》全球 2 000 家最大公司中的 2/3，它们在 190 多个国家和地区运营，每年参与的交易的价值超过 3 万亿美元。
- 风险管理：近年来，企业在遭受一系列天灾人祸的打击后，加强了对供应链风险的关注。
- 区域制造：全球网络分散的风险导致了区域制造和供应链的增加，以使生产更接近市场需求。
- 灵活性：供应链越来越强调快速反应和适应性而不是最低成本，但这通常会带来很大风险。
- 供应链可见性：实时数据的使用越来越多，经理们不仅可以看到自己的生产状况，而且可以看到关键供应商的生产和财务状况。
- 社交和移动电子商务以及与客户关系的紧密化：与消费者一样，B2B 买家也在利用平板电脑、智能手机和社交网络进行采购、日程安排、异常处理和与供应商协调，以管理供应链风险。

技术方面

- 大数据：全球贸易和物流系统正在产生巨大的 B2B 数据仓库，给管理层理解和控制数据带来巨大挑战。
- 商业分析：使用商业分析软件（商业智能）来了解大数据，以明确目标客户。
- 云：将 B2B 硬件和软件从单个企业数据中心迁移到云计算和云应用程序，以此来降低不断上升的技术成本。如亚马逊、微软、谷歌、IBM、甲骨文和惠普的云计算提供商开始将云端 B2B 系统作为其核心技术。

续表

技术方面
● 移动平台：B2B 系统（CRM、SCM 和 ERP）中越来越多地使用移动平台，使 B2B 商务管理更加方便简单。 ● 社交网络：企业越来越多地利用社交网络平台获取客户反馈，加强客户和供应商的关系，调整价格和订单，以及提高决策的质量。 ● 物联网：测量和监控数据的联网传感器和其他智能设备的数量继续呈指数级增长，并开始影响供应链的运作方式。 ● 区块链：B2B 电子商务从概念走向实际应用，有可能改变供应链和物流。
社会方面
● 问责制：亚洲工厂恶劣工作条件的报告推动发达国家对供应链问责制和监控的需求日益增长。 ● 可持续供应链：公众对于企业减轻对环境的影响的需求不断增长，引发对整个供应链从设计、生产、客户服务到使用后处理的再考虑。

12.1　B2B 电子商务概览

企业之间的贸易构成了一个巨大的市场。据估计，2019 年美国包括传统和数字在内所有形式的 B2B 交易总额约为 14.65 万亿美元，其中 B2B 电子商务贡献了约 7.5 万亿美元（eMarketer, Inc., 2020a; U. S. Census Bureau, 2019; authors' estimates）。尽管 B2B 贸易整体受到了新冠疫情的负面影响，但 B2B 电子商务预计将继续发展，2024 年以前美国 B2B 电子商务规模可能达到约 9.8 万亿美元。

商业公司之间进行贸易的过程是复杂的，需要大量的人工干预，因此要耗费大量的资源。一些公司估计，每一个采购订单平均要花费至少 100 美元的管理费用。分析师估计，在销售代表使用电话处理业务的情况下，单个人工订单录入的成本约为 10.50 美元，而数字订单成本为 25～50 美分。管理开销包括处理文件、批准购买决定、花费时间使用电话和传真机去搜索产品和安排购买、运输和接收货物。每年整个经济用于采购流程的费用总计达数万亿美元，而这些采购流程都是有可能实现自动化的。即使只是公司间贸易的一部分实现自动化，只是整个采购和销售过程的一部分使用互联网进行，数万亿美元就可能会被用于更具生产性的地方，带来可能的产品价格的下降、生产率的提高和国家经济财富的增加。这就是 B2B 电子商务带给人们的美好前景。B2B 电子商务所面对的挑战就是变革供应链方面现有的采购模式和系统，并在 B2B 卖方设计和实施新的营销与分销系统。

12.1.1　一些基本定义

在互联网出现之前，企业对企业的交易简称为企业间贸易或采购流程。我们使用术语 **B2B 商务**（B2B commerce）来描述所有类型的跨组织边界的企业间交换价值的贸易，包括投入品的购买以及产品和服务的分销。B2B 商务包括以下业务流程：客户关系管理、需求管理、订单处理、生产管理、采购、产品开发、收益、物流运输、库存管理（Barlow, 2011）。B2B 商务这一定义不包括发生在单一公司边界内的交易——例如，货物和价值从一个子公司转移到另一个子公司，或者使用公司内部网络来管理公司。我们使用术语 **B2B 电子商务**（B2B e-commerce）或 **B2B 数字商务**（B2B digital commerce）来描述 B2B 商务中由互联网（包括移动应用）支持的部分（Fauska et al., 2013）。产品和服务生产中连接商业公司的环节被称为供应链。**供应链**（supply chains）是一个由组织、人员、业务流程、技术和信息组成的复杂系统，由这些部分合作来完成产品的高效生产。如今的供应链往往是全球性的，一部纽约的智能手机可能由富士康工厂制造，再通过青岛和洛杉矶的港口来转运。供应链中也存在在本地、本国范围内等类型。

12.1.2　B2B 电子商务的演变

B2B 电子商务在 45 年的时间里经历了几个技术驱动阶段（见图 12-1）。20 世纪 70 年代中期，B2B 电子商务的第一步是使用**自动订单录入系统**（automated order entry systems），该系统使用电话调制解调器向 Baxter Healthcare 等医疗保健产品公司发送数字订单。Baxter Healthcare 是一家多元化的医院用品供应商，它在自己的顾客的采购办公室里安装电话调制解调器，实现从 Baxter Healthcare 的电子库存数据库中自动化订购（也防止了从其竞争对手处进行再订购）。这种早期技术在 20 世纪 80 年代末被使用私有网络的个人电脑所取代，又在 20 世纪 90 年代末被连接互联网的台式机所取代，后者可以访问在线目录。自动订单录入系统属于**卖方解决方案**（seller-side solutions），它们归供应商所有，属于偏卖方市场——它们只展示单一卖方的商品。客户也能从这些系统中获利，是因为它们降低了库存补充的成本，而这部分成本主要由供应商支付。如今，自动订单录入系统也在 B2B 电子商务中发挥着重要作用。

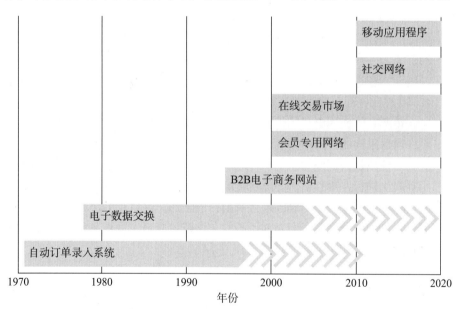

图 12-1　B2B 电子商务的几个技术驱动阶段

注：自 20 世纪 70 年代以来，B2B 电子商务经历了许多发展阶段。每个阶段都反映了技术平台的重大变化，从大型机到专用网络，最后到互联网、移动应用程序和社交网络。

20 世纪 70 年代末，一种新的计算机间通信形式——**电子数据交换**（EDI）问世。我们将在本章后面更详细地介绍电子数据交换，目前只需要知道电子数据交换是一种通信标准，用于在少数公司之间共享商业文档，如发票、采购订单、发货单、产品库存数量和结算信息。几乎所有的大公司都有电子数据交换系统，大多数行业组织都有定义该行业文件的行业标准。电子数据交换系统归买方所有，故它属于**买方解决方案**

(buyer-side solutions)，也偏向买方，因为它旨在降低买方的采购成本。当然，因为交易自动化，电子数据交换系统也能通过降低客户成本使卖方受益。电子数据交换系统从拓扑学角度通常被称为**中心辐射型系统**（hub-and-spoke system），即买方在中心，供应商通过专用网络连接到核心中枢。

电子数据交换系统通常服务于垂直市场。**垂直市场**（vertical market）是为特定行业，如汽车行业，提供专业知识和产品的市场。与之相对，**水平市场**（horizontal market）服务于多个行业。

20 世纪 90 年代中期，随着互联网商业化程度的不断提高，B2B 电子商务网站应运而生。**B2B 电子商务网站**（B2B e-commerce website）可能是最简单和最易理解的 B2B 电子商务形式，因为它只由单一供应商向公共市场提供在线目录，从这个意义上说，它模仿了 B2C 电子商务网站的功能。B2B 电子商务网站归供应商所有，属于卖方解决方案，也是偏向卖方的，因为它只显示由单一供应商提供的产品。

B2B 电子商务网站是自动订单录入系统的后续产物，但它们有两个重要的区别：(1) 更便宜、更通用的互联网取代了私有网络成为通信媒介；(2) B2B 电子商务网站往往服务于水平市场——它们提供服务于各个行业的产品。虽然 B2B 电子商务网站出现在在线交易市场之前，但它通常也被认为是在线交易市场的一种。今天，越来越多的 B2B 制造商、分销商和供应商使用 B2B 电子商务网站直接向采购者或采购代理等企业客户销售，如 12.2 节所述。

在线交易市场（Net marketplace）是 B2B 电子商务网站的自然延伸和扩张。我们将在 12.4 节中详细介绍更多种类的在线交易市场，它们的基本特征是将数以千计的供应商带到一个基于互联网的环境中，与商业客户进行贸易。我们还使用在线交易市场这个术语来指代互联网支持的营销、分销和销售系统。

在过去 10 年中，会员专用网络也作为电子数据交换系统和大型工业公司与其可信赖的供应商之间密切关系的自然延伸而出现。**会员专用网络**（private industrial networks，有时也称为私有交易市场，或 PTX）是基于互联网的通信环境，它远远超出了采购的范围，涵盖了供应链效率的提高，以及真正的买方与卖方合作开发和设计新产品的协同商务，这部分内容将在 12.5 节详细介绍。

12.1.3　B2B 电子商务的发展

图 12-2 展示了 B2B 电子商务在美国的增长。从 2004 年到 2019 年，B2B 电子商务从 1.6 万亿美元（占美国 B2B 商务总额的 20%）增长到约 7.5 万亿美元（占总额的 51%）。未来五年，B2B 电子商务将继续增长，预计到 2024 年将达到 9.8 万亿美元（占总额的 59%）。但是需要特别注意的是，这些估计可能会受到新冠疫情的影响：一方面，疫情将抑制整体 B2B 商务，但另一方面，疫情可能增加 B2B 电子商务占 B2B 商务总额的百分比。图 12-3 展示了 2019 年每种类型的 B2B 商务（传统 B2B、在线交易市场、电子数据交换/会员专用网络）在 B2B 商务总量中所占的份额。关于图 12-3，有几点值得注意：首先，虽然亚马逊和 eBay 等公司建立的在线交易市场使得在线市场增速提高，但图中结果并不支持早期关于在线交易市场将成为 B2B 电子商务的主要形式的观点。其次，它表明电子数据交换和会员专用网络在 B2B 电子商务中发挥着超出人们预期的更重要的作用。尽管预计未来几年内其增长相对平稳，但电子

数据交换仍然非常普遍，并将继续保持其在 B2B 商务中的主力地位。

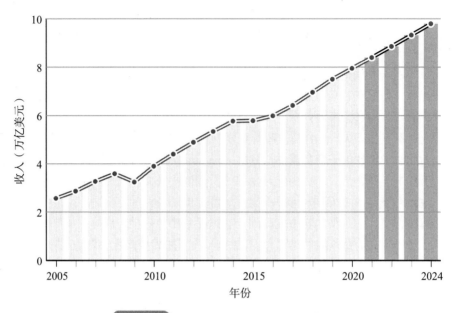

图 12-2　B2B 电子商务在美国的增长

注：在美国，B2B 电子商务的规模是 B2C 电子商务的 6 倍多。到 2024 年，B2B 电子商务预计将达到约 9.8 万亿美元。

资料来源：Based on data from eMarketer, Inc., 2020a；U. S. Census Bureau, 2019；authors' estimates.

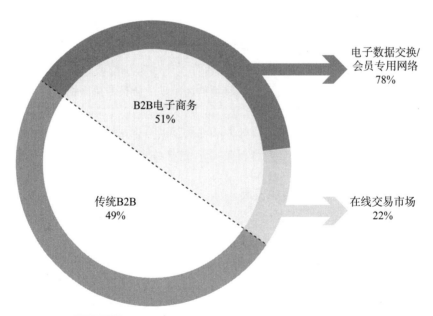

图 12-3　2019 年不同类型的 B2B 商务所占的份额

注：2019 年，B2B 电子商务占所有 B2B 商务的一半多一点（51%）。在 B2B 电子商务中，电子数据交换/会员专用网络占了绝大多数。与最初的预期不同，各种类型的在线交易市场仅占 22%。

资料来源：Based on data from eMarketer, Inc., 2020a；Digital Commerce Research 360, 2020；U. S. Census Bureau, 2019；authors' estimates.

　　B2B 电子商务对所有行业的影响大不相同，各行业从 B2B 中受益的方式也存在差别。一些因素影响着行业向 B2B 电子商务转移的速度和交易量。那些已经大量利用电子数据交换（代表着买方和供应商的集中）和在信息技术与互联网基础设施方面大量投资的行业，将最先、最快地转向 B2B 电子商务，如航空航天、国防、计算机和工业设备行业。在市场高度集中在采购、销售或两者兼有的地方，B2B 电子商务快速增长的条件也已经成熟，如在能源和化工行业。在医疗保健方面，联邦政府、医疗保健提供者（医生和医院）以及主要的保险公司也都纷纷采用全国病历系统，并使用互联网完成对医疗支付环节的管理。

　　协调医疗保健系统中的各个参与者是一项非同寻常的 B2B 挑战。IBM 和微软等公司，以及 SAP Ariba 等 B2B 服务企业，正在扩大信息生态系统的使用，使得医疗服务提供商和保险公司可以在其中共享信息。

12.1.4　B2B 电子商务的潜在优势和挑战

　　无论具体是什么类型，B2B 电子商务本身都能够给企业（包括买卖双方）带来许多战略利益，也能给整个经济带来可观的收益。B2B 电子商务能够：

- 降低管理成本。
- 降低购买者的搜索成本。
- 通过加剧供应商之间的竞争（提高价格透明度）降低库存成本并将库存水平降至最低。
- 通过消除文书工作和采用自动化采购流程来降低交易成本。
- 通过确保在正确的时间交付零件（准时制生产）来提高生产的灵活性。
- 通过加强买卖双方之间的合作和减少质量问题来提高产品质量。
- 通过与供应商共享产品设计和生产计划来缩短生产周期。
- 增加企业与供应商和分销商合作的机会。
- 提高价格透明度——实际的买卖价格在市场上一目了然。
- 提高供应链网络中所有参与者之间的可见性并实现实时信息共享。

　　B2B 电子商务也为公司提供了潜在的先行者战略利益。率先将采购流程转移到网上的公司将在生产率、成本降低以及更快推出新的高质量产品方面获得优势，并最终将其转化为收益。虽然这些做法可能会被其他竞争对手模仿，但 B2B 电子商务的历史已经清楚地表明，在信息技术和 B2B 电子商务方面进行持续投资的公司可以更快地适应新技术，从而创造一系列先行者优势。

　　虽然 B2B 电子商务有许多潜在的好处，但也面临相当大的风险和挑战。因为缺乏实时需求、生产和物流数据，加上供应商财务数据不足，现实世界中的供应链通常不具有可见性，所带来的结果会是难以预料的供应商崩溃和供应链中断。B2B 供应链的构建者通常很少关心供应链对环境的影响、供应链对自然事件的敏感性、燃料和劳动力成本的波动以及劳动力和环境政策对公共价值的影响。其结果是，许多《财富》1 000 强企业的供应链存在风险、易受攻击，并且在社会和环境方面缺乏可持续性。从"社会透视"专栏中的案例"卫生纸都去哪了？"可以看出新冠疫情对全球供应链的影响。

卫生纸都去哪了?

拥有更多卫生纸如何有助于对抗新型冠状病毒? 答案尚未可知。但这并没有阻止消费者在2020年3月12日购买的卫生纸比2019年同期多734%。那一天,卫生纸是最畅销的商品,全美国超市的货架都空了,甚至亚马逊的库存也耗尽了。可以想象如果库存没有耗尽,销量还会更高。甚至在接下来的几个星期,卫生纸仍然是稀缺品。

没有一家公司能够预测到新冠疫情的到来,同时消费者的行为也是不可预测的。疫情和消费者的共同反应凸显了现代供应链的弱点,即尽可能减少库存和现场人力,以降低成本并最大限度地提高效率。在正常时期,这种方法通常相对有效;但是在新冠疫情期间,许多在这个原则下运作的供应链都被打乱了。

在2020年初,78%的制造商认为疫情会对它们的业务产生财务影响。截至2020年6月,这一数字已升至99%,各种规模的公司都报告称遭遇了中度至重度的供应链中断。新冠疫情对全球供应链的损害尤为严重,对美国也造成了特别大的损害,而美国拥有世界第二大制造业产出量和最大的零售消费市场。

世界各地的公司都受到了严重影响:现代因为无法获得必要的零部件宣布暂停其在韩国的七家工厂的生产;苹果因为供应链的大部分位于大规模停用制造设施的中国和马来西亚,被迫关闭世界各地的商店;许多公司因供应链中断,业务陷入停滞;口罩、医务人员个人防护设备和擦手湿巾等物品在很长一段时间都很难买到。

自那以后,中国恢复了基本正常的制造业生产。但疫情中的经历正促使许多公司重新评估它们的供应链,并想方设法避免在下一次突如其来的破坏(病毒或者环境灾难)中重蹈覆辙。各种规模的公司都在考虑将它们的制造业务转移到不同的国家,以使分布更为均衡。然而,对于大型跨国公司来说,由于它们有更大的生产规模,在不同的地区建立多个大型制造工厂而不是在一个地方建立一个大型工厂可能并不会提高太多成本,同时还可以在不可预见的灾难来临时最小化它们供应链短缺的风险。

公司也在努力提高供应链的可见性。许多制造商尚未实现供应链现代化,以至于无法快速确定对其产品的需求、供应量以及产品和零部件的准确位置,而疫情已经暴露了这些短板。就连通常被视为供应链管理标杆的沃尔玛,也在努力预测自己应该有多少库存。像许多公司一样,沃尔玛使用过去的消费者行为来预测未来的消费者行为,而新冠疫情是如此不同寻常,以至于这种方法失去了准确性,迫使它对最近的趋势赋予更高的权重,但这些短期趋势可能是变化无常的。

企业一直不愿投入必要的时间和资金来实现供应链的全面现代化,但这场疫情证明,这样做利大于弊。许多公司正在投资于人工智能工具,来实时收集和分析数据,以便对生产和需求的变化做出更快的调整。它们还投资物联网,以更准确地跟踪它们的产品在供应链中所处的位置。许多制造商正在研究基于区块链的库存跟踪解决方案,为供应链中的每个环节提供一种集中、安全的方法,以更好地了解库存状态,甚至最终了解消费者状态。较小的企业正在寻求3D打印服务,来更灵活地生产不同的零件和组件。企业也开始依赖如Flexe这种第三方仓储服务,专门定位和准备库存物品,以便使用亚马逊等大型零售商使用的许多尖端工具进行运输。

一些行业的供应链在混乱中表现出惊人的弹性。例如,信息技术行业,相对来说整体上没有受到影响。但总的来说,未来企业很可能会继续遇到供应链问题。随着企业重新开业，库存中未售出的商品数量将达到前所未有的水平，它们将不得不低价出售或丢弃这些商品。人们担心，2020 年秋季可能会出现第二波疫情，进一步激励企业对其供应链进行重大变革。在过去的几十年里，供应链越来越重视减少库存和降低成本，展望未来，希望公司也给予灵活性和运营能力同等的优先权，以面对突如其来的危机。

资料来源："CompTIA：As COVID-19 Hit, the IT Supply Chain Remained Remarkably Resilient," by Todd R. Weiss, Techrepublic.com, June 12, 2020；"The COVID-19 Supply Chain Impact—Avoiding the Bullwhip Effect," by Mahesh Rajasekharan, Sdcexec.com, June 8, 2020；"The Rattled Supply Chain：COVID-19's Whiplash Effect," iup.edu, June 5, 2020；"Q&A：IBM's Jonathan Wright on Digital Supply Chains in the 'New Normal'," by Mark Brohan, Digitalcommerce360.com, June 12, 2020；"Supply Chain Data Visibility Paramount as Industry Lurches into Next Chapter," by Lauren Horwitz, Iotworldtoday.com, May 21, 2020；"Experts：3 Ways Coronavirus Has Shifted Supply Chains' Focus," by Matt Leonard, Supplychaindive.com, May 20, 2020；"The Case of the Missing Toilet Paper：How the Coronavirus Exposed U.S. Supply Chain Flaws," by Jen Wieczner, Fortune.com, May 18, 2020；"Covid-19 Has Rewritten Best Practices for Supply Chain," by Ryan Yost, Supplychainbrain.com, May 18, 2020；"Three Ways the Post-Pandemic Supply Chain Will Look Very Different," by Rob Zomok, Supplychainbrain.com, May 14, 2020；"How Will Supply Chains Adjust to the Post-Pandemic Age?," by Robert J Bowman, Supplychainbrain.com, May 6, 2020；"The Algorithms Big Companies Use to Manage Their Supply Chains Don't Work During Pandemics," by Nicole Wetsman, Theverge.com, April 27, 2020；"How Supply Chains Jumped from Business School and into Our Lives," Supplychainbrain.com, March 31, 2020；"The Coronavirus Is Shattering Traditional Supply Chains," by Sundar Kamakshisundaram, Supplychainbrain.com, March 25, 2020；"The Coronavirus Has Upended Supply Chains. Here's How Companies Can Prepare for the Next Disruption," by Fred Schmalz, Insight.kellogg.northwestern.edu, March 23, 2020；"Apple's Supply Chain Woes Linger Even as China Recovers," Supplychainbrain.com, March 20, 2020；"Supply-Chain Recovery in Coronavirus Times—Plan for Now and the Future," by Knut Alicke, Xavier Azcue, and Edward Barriball, Mckinsey.com, March 18, 2020；"Coronavirus Creates Big Supply Chain Headaches for B2B Ecommerce," by Mark Brohan, Digitalcommerce360.com, March 17, 2020；"Coronavirus and Supply Chain Disruption：What Firms Can Learn," Knowledge.wharton.upenn.edu, March 17, 2020.

12.2　采购流程和供应链

B2B 电子商务涉及的领域非常广，使用互联网来支持组织之间的商品交换与支付、实现供应链高效运作和协作的方法不胜枚举。在最基本的层面上，B2B 电子商务改变了美国和世界各地成千上万家公司的**采购流程**（procurement process）（商业公司如何购买它们需要的商品，以生产它们最终出售给消费者的商品）。在采购流程中，企业从一些供应商处购买货物，而这些供应商又从另一批供应商处购买它们的原材料。供应链不仅包括企业本身，还包括它们的相互关系以及连接它们的流程。

12.2.1　走进采购流程

在采购流程中有七个独立的步骤（见图 12-4）。前三个步骤涉及决定向谁购买和支付什么：搜索特定产品的供应商；核实供应商资质和产品质量；谈判确定价格、信用条款、托管要求、质量和交货时间安排。一旦确定了供应商，采购方就会发出采购订单，供应商向买方发送发票，装运货物，买方付款。采购流程中的每个步骤都由许多独立的业务流程和子活动组成，这些活动必须记录在卖方、买方和发货人的信息系统中。通常，这种数据录入不是自动的，需要大量的人工劳动，同时使用电话、传真和电子邮件来沟通。

1	2	3	4	5	6	7
搜索	**资格确认**	**谈判**	**采购订单**	**开具发票**	**运输**	**汇款支付**
目录	研究	价格	订单产品	收到订单	进入发货人	收到货物
互联网	信用记录	信用条款	发起采购	进入财务系统	跟踪系统	将装运据输入
销售人员	向竞争对手	第三方托管	订单	进入生产系统	运输货物	仓库系统
手册	核实	质量	进入系统	发送发票	交付货物	核实和更正发票
电话	电话调查	交货时间安排	邮寄订单	与订单匹配	进入跟踪系统	重新发送发票
传真				内部审查		开支票
				进入仓库系统		将更正后的发票添加
						到后台系统

图 12-4 采购流程

注：采购流程包括一系列漫长而复杂的步骤，在一系列相互关联的交易中涉及卖方、买方和运输公司。

12.2.2 采购类型

关于理解 B2B 电子商务如何改进采购流程，有两个重要的地方要注意区分。首先，企业从供应商那里购买两种商品：直接物料和间接物料。**直接物料**（direct goods）是生产过程中整体涉及的商品，例如，汽车制造商购买的用于汽车车身生产的钢板。**间接物料**（indirect goods）是指不直接参与生产过程的所有其他商品，如办公用品、维修商品等。它们通常被称为 **MRO 物料**（MRO goods）——用于维护、修理和运营的商品。

其次，企业使用两种方法采购货物：合同采购和现货采购。**合同采购**（contract purchasing）是通过涉及购买特定商品的长期书面协议来购买所需商品，包括双方商定的条款和质量要求，且在之后的一段时间内有效。公司一般情况下使用长期合同购买直接物料。**现货采购**（spot purchasing）是指在有许多供应商参与的较大市场中，根据即时需求购买商品。一般来说，企业对间接物料采取现货采购，但在某些情况下，企业也对直接物料采取现货采购。据估计，现货采购至少占总采购支出的 15%～20%（The Hackett Group, Inc., 2016; Gardner, 2014）。

虽然采购流程主要涉及货物的采购行为，但这是一个信息交流非常密集的过程，涉及许多现有公司系统之间的信息流动。现在的采购流程也是非常劳动密集型的，在不包括那些从事与该过程相关的运输、金融、保险或一般办公室管理工作的员工的情况下，在美国直接涉及超过 100 万名员工。采购流程中的关键角色是采购经理，他们最终决定向谁购买，购买什么，以什么条件购买。采购经理（purchasing managers，商业媒体称作 procurement managers）也是采用 B2B 电子商务解决方案的关键决策者。随着采购经理在个人生活中对 B2C 电子商务越来越熟悉和适应，他们越来越希望在 B2B 领域获得相同的采购体验（eMarketer, Inc., 2019a）。因此，B2B 制造商、供应商和分销商发现，为了有效竞争，它们必须像 B2C 同行一样，更加关注在线客户体验。B2B 客户现在期望的功能包括更强的搜索功能、最新的产品定价和供货信息、产品配置、移动设备支持、应用程序及网站、在线支持论坛、在线客服，以及包含它们公司的购买历史、运输偏好和支付数据的数据库，并为重复订单提供支持。

12.2.3　多级供应链

图 12-4 已经描述了采购流程复杂性的一部分，重要的是要意识到公司是从成千上万个供应商那里购买成千上万种商品。而供应商必须从它们的供应商那里购买它们的投入品。像福特汽车这样的大型制造商有 20 000 多家零部件、包装和技术供应商，其二级和三级供应商的数量也至少如此。这种延伸的 **多级供应链**（multi-tier supply chain）（一级、二级和三级供应商链）共同构成了行业基础设施的一个重要方面。图 12-5 描述了一个公司的多级供应链。

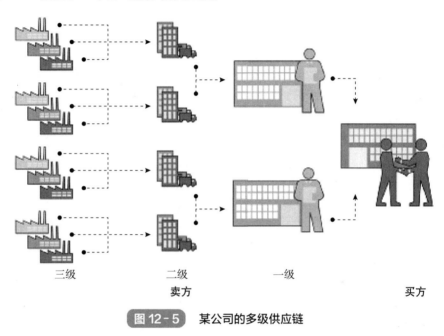

三级　　　　二级　　　　一级

卖方　　　　　　　　　　　　　　买方

图 12-5　**某公司的多级供应链**

注：每个公司的供应链都由多级供应商组成。

为了便于说明，图 12-5 中描述的供应链是一个简化的三层链。事实上，《财富》1 000 强公司有成千上万个供应商，而这些供应商又有成千上万个小供应商。现实世界的供应链通常有更多层。供应链的复杂性意味着组合爆炸，假设 1 个制造商有 4 个主要供应商，每个供应商有 3 个主要供应商，这 3 个供应商又有 3 个主要供应商，那么供应链中的供应商总数（包括购买公司）上升到 53 个。这个数字还不包括参与交易的托运商、保险公司和金融机构。

通过图 12-5 可以看出采购流程涉及大量的供应商，每个供应商都必须与最终买方——采购企业的生产需求相协调。你可以看出管理供应链有多困难，仅仅获得供应链的可见性就会因为供应链的规模和范围而面临重重困难。

12.2.4　供应链管理中的可见性及其他概念

供应链的全球性、多层次性给供应链管理者带来了许多挑战。供应链的一个核心概念是**供应链可见性**（supply chain visibility），它指的是一家公司监控其一级和二级供应商的产出和定价，跟踪和管理供应商订单，以及管理运输和物流提供商移动产品的能力。当你确切地知道你从你的供应商那里订购了什么，它们的生产计划是怎样的，当你可以通过运输和卡车公司跟踪货物到你的入库仓库时，供应链就是可见的。有了这些知识，公司的内部企业系统才可以制订生产计划和进行财务预测（Long，2014；Cecere，2014，2013）。一般来说，企业对数字化供应链的投入越多，管理者对这一过程的了解就越多（Caridia et al.，2010）。在新冠疫情发生之后，供应链可见性可能会变得更加重要，因为导致许多公司在疫情中遭受严重供应链中断的部分原因就是缺少关于供应链运作的实时数据。目前，大多数企业只能掌握供应链大约 20％ 的情况。新冠疫情强调了这样一个事实，供应链实践，如准时制和精益生产（12.3 节进一步讨论），除非与包括需求、供应和物流在内的全面的供应链可见性相结合，否则会带来更大的风险（Horwitz，2020）。

供应链管理中的关键概念和挑战见表 12 - 2。

表 12 - 2　供应链管理中的关键概念和挑战

关键概念和挑战	描述
可见性	监控供应商、订单、物流和定价的能力
需求预测	通知你的供应商未来你的需求情况
生产调度	通知你的供应商你的生产计划
订单管理	跟踪供应商的订单
物流管理	根据你的生产计划管理你的物流合作伙伴

12.2.5　现有计算机系统和企业系统在供应链中的作用

供应链上企业相互协调的障碍在于大多数企业都有现有计算机系统或自身专用的计算机系统，信息难以在这些系统之间有效地传输。**现有计算机系统**（legacy computer systems）通常是较旧的企业系统，用于管理公司内部制造、物流、财务和人力资源等各种功能领域的关键业务流程。**企业系统**（enterprise systems）是企业范围的系统，涉及生产的所有方面，包括财务、人力资源和采购。许多世界 500 强公司已经实施了来自主要供应商如 IBM、SAP、甲骨文等的全球企业级系统。一般来说，企业系统向内聚焦企业的生产过程，与供应商的关系并不密切。能与现有企业系统整合的、更现代的、基于云的专用 B2B 软件的重要性与日俱增。像 IBM、甲骨文、SAP 和许多较小的公司已经开发了 SaaS 或基于云的按需供应链管理系统，这些系统可以与它们的传统产品无缝协作。尽管相比于使用共享的公有云服务，许多公司仍然更喜欢在私有云上维护自己的供应链管理系统，但到 2023 年，全球基于云的供应链管理软件收入预计将增长到 94 亿美元以上（Allied Market Research，2020；GlobeNewswire，2020；Chao，2015；Accenture，2014）。

12.3　供应链管理和协同商务的发展趋势

在了解早在电子商务出现之前就存在，到今日仍在进行的通过一系列供应链管理项目来改进采购流程的努力前，是无法理解 B2B 电子商务的实际和潜在贡献，以及 B2B 电子商务供应商和市场的成功与失败的。

供应链管理（SCM）是指企业和行业用来协调其采购流程中关键参与者的各种各

样的活动。今天的很多采购经理仍然使用电话、电子邮件、传真、面谈甚至是凭借对长期合作伙伴的信任这一主观感受，来完成生产过程中的商品的战略采购任务。

在过去的 20 年里，供应链管理有了许多重大的发展，为理解 B2B 电子商务如何运作（或为何没能成功运作）奠定了基础。这些变革包括精简供应链、准时制生产和精益生产、适应性供应链、可持续供应链、电子数据交换、移动 B2B、基于云的 B2B 系统、供应链管理系统、在供应链中使用区块链以及协同商务等。

12.3.1 精简供应链、准时制生产和精益生产

过去 20 年来，许多制造企业一直在缩小供应链规模，通过与规模较小的战略供应商更紧密地合作，在降低产品成本和管理成本的同时提高质量，这种趋势被称为**精简供应链**（supply chain simplification）。例如，在日本工业的引领下，汽车工业系统地减少了 50％以上的供应商。大型制造商不再公开竞标订单，而是选择与有战略合作的供应商合作，签订长期合同，以保证供应商的业务稳定性，并建立质量、成本和时间目标。这些战略合作伙伴计划对于准时制生产模式至关重要，通常涉及联合产品开发和设计、计算机系统集成以及两个或多个公司生产流程的紧密合作。**紧密合作**（tight coupling）是一种确保供应商在特定时间和特定地点准确交付订购的零件的方法，确保生产过程不会因缺少零件而中断。

准时制生产（just-in-time production）是一种库存成本管理方法，旨在将过剩库存降至最低。比如汽车所需的零件，在准时制生产中，将在被安装到汽车上之前的几个小时甚至几分钟送达装配厂。直到零件进入生产线被组装到汽车中才开始支付零件费用。生产商过去常常为一周甚至一个月的生产订购足够的零件，这在生产过程中造成了巨大的、昂贵的缓冲。这些缓冲保证了几乎总有零件可用，但是带来了很高的成本。**精益生产**（lean production）是一套生产方法和工具，侧重于消除整个客户价值链中的浪费。它是对准时制生产的一种延伸，超越库存管理并创造顾客价值。最初，准时制生产和精益生产是通过电话、传真和纸质文件来实现，以协调库存中的零件流的。而供应链管理系统现在已经在很大程度上使从供应商处获取库存的过程自动化，并在全球范围内节约了大量成本。可以说，当代供应链系统是当今全球 B2B 生产系统的基础。

然而，如前所述以及如"社会透视"专栏中的案例所讨论的，新冠疫情表明，准时制生产和精益生产以及精简供应链都存在重大风险。例如，在食品供应行业，在过去的 20 年里，公司已经从在仓库中保有几个月的库存变成通常只有满足 4～6 周生产需求的库存。当疫情暴发时，算法模型无法预测消费者行为的根本性转变，导致许多公司库存不足，出现供不应求的现象。类似的情况在其他行业比比皆是，比如医疗保健，评论者呼吁这些行业在它们的系统中增加更多的"余地"，包括建立"以防万一"库存。尽管精简供应链降低了成本并提高了质量，但未来，企业需要在多个地点开发替代供应商网络，而不是依赖于从单一供应商、地区或国家采购关键产品（Gasparro, Smith and Kang, 2020；Sheffi, 2020；Shih, 2020；Sharma, 2020）。

12.3.2 供应链黑天鹅：适应性供应链

虽然企业在过去 10 年中已经大大简化了供应链，但它们也试图通过采用一个全

球供应链系统来集中供应链，即将企业的所有供应商和物流信息集成到一个企业范围的系统中。大型软件公司，如甲骨文、IBM 和 SAP，鼓励公司采用"一个世界、一家公司、一个数据库"的企业观，以实现规模经济、简洁性，并优化全球成本和价值。

从 2000 年开始，发达国家的经理们利用这些新的技术将制造和生产推向世界上劳动力成本最低的国家或地区，如是中国和东南亚。2001 年中国加入世界贸易组织也推动了生产向亚洲的转移。突然间，在技术上和政治上都实现了把生产集中在世界上成本最低的国家或地区的可能。这些发展还得到了低成本燃料和这些国家或地区政治相对稳定的支持，低成本燃料也使得跨洋运输和生产成本变得低廉。到 2005 年，许多经济学家认为，一个新的世界经济秩序已经出现，其基础是亚洲的廉价劳动力为西方消费者生产廉价产品、为全球企业带来利润，以及亚洲市场向复杂的西方产品和金融产品的开放。

事实证明，在一个经济、金融、政治甚至地质状况都不稳定的世界里，这种集中生产的战略存在许多风险和且成本高昂。如今，管理人员需要更加谨慎地平衡高度集中的供应链带来的效率收益和这种战略固有的风险（Long，2014）。例如，2011 年日本地震和海啸对全球许多行业的供应链产生了重大影响；在 2007—2009 年的全球金融危机中，许多依赖货币和利率波动较大的欧洲部分地区供应商的企业面临比预期更高的成本；在整个 2018 年和 2019 年，特朗普政府对各种商品的进口征收关税，以及"贸易战"的阴影引发了对供应链中断的担忧（Brown，2018；Schomberg，2018）。近年来，技术已经成为供应链中断的一个重要原因，很大一部分的中断是由于基于云的服务失败和网络攻击。并且就像之前已经提到的，企业在 2020 年经历了终极的"黑天鹅"事件——新冠疫情，疫情导致了严重的供应链中断（Brohan，2020；Allianz，2020；National Cyber Security Center，2018；Resilinc，2016；Rossi，2015）。

延伸和集中供应链的风险和成本已经开始改变企业的战略（Chopra and Sodhi，2014）。为了应对不可预测的世界性事件，企业正在采取措施创建**适应性供应链**（adaptive supply chain），使它们能够通过将生产转移到不同的国家或地区来应对特定地区供应链的中断。许多公司正在将单一的全球供应链系统分解成区域性或基于产品的供应链，并降低集中化水平。例如，利用适应性供应链，企业可以决定将部分零部件的生产转移到拉丁美洲，而不是将所有生产或供应商集中在一个国家，如日本或中国。它们将能够把世界各地的生产转移到临时的安全港口。虽然这可能会导致较高的短期成本，但在任何一个国家或地区供应中断的情况下，都可以提供实质性的长期风险保护。供应链越来越多地建立在全球供应中断不可避免且不可预测的假设基础上。如今的焦点不是低成本供应链，而是最优成本、更分散的生产和更灵活的供应链，可以实现可靠地将生产从高风险领域转移到低风险领域。区域制造意味着更短的供应链，可以快速响应不断变化的消费者偏好和需求（PriceWaterhouseCoopers and the MIT Forum for Supply Chain Innovation，2015；Cachon and Swinney，2011）。

12.3.3　负责任的供应链：劳动标准

负责任的供应链（accountable supply chain）是指那些劳动条件可见，且在道德上能被更发达的工业国家的最终消费者接受的、在低工资且不发达的生产国创建的供应链。在 20 世纪的大部分时间里，拥有大型境外生产设施的全球供应链的美国和欧洲制造商试图向西方记者和普通公民隐瞒其境外工厂的真实情况。对于拥有长供应链的全球公司来说，可见性并不意味着它们的消费者能够真的了解产品是如何制造的。

从 2000 年开始，一定程度上是因为越来越强大的网络力量赋予了全世界的公民和记者了解真相的能力，全球供应链逐渐变得对公众更加透明。孟加拉国是服装厂火灾的持续源头，2010 年的达卡大火、2013 年的 Rena Plaza 工厂大楼倒塌和 2015 年的达卡第二次大火，导致了工人伤亡。孟加拉国约 80％的出口收入来自全球品牌的服装制造，如沃尔玛、杰西潘尼等。

全球供应链的出现以及世界贸易组织的政治变革，开辟了亚洲产品和服务在欧美国家的市场，发达国家消费的许多（或绝大多数）电子产品、玩具、化妆品、工业用品、鞋类、服装和其他商品，是由欠发达国家（主要是亚洲和拉丁美洲）工厂的工人制造的。不幸但又可以想象的是，这些工厂的劳动条件在大多数情况下不符合欧洲或美国的最低劳动标准，尽管这些工厂的工资比东道国的其他当地工作岗位高，工作条件也更好。在许多情况下，一个工人在按西方标准看来是可怕的工作条件下找不到工作的代价是陷入更深的贫困。许多人指出，在 19 世纪和 20 世纪初，当美国和欧洲发展工业经济时，这些国家的劳动条件堪称残酷，因此，今天境外工厂中的条件再差都不会比早期工业化迅速发展的发达国家的工作条件差。

这一争论导致了一个道德困境、一个可怕的权衡：在发达国家能提高消费者福利的廉价制成品似乎要以欠发达国家的工人所承受的苦难为代价。诚然，如果不是因为非常低微的甚至是维持生存水平的工资，这些工作永远不会被转移到世界上欠发达地区。

尽管有人认为，在低工资国家，抑或任何国家，有工作总比失业好，但有些工作条件是消费者、发达国家的企业完全不能接受的。这些不可接受的工作条件包括奴役或强迫劳动、童工、经常暴露于有毒物质、每周工作超过 48 小时、骚扰和虐待、性剥削以及低于最低生活标准的报酬。这些无论过去和现在都是许多低工资国家的典型做法。

在过去的 10 年中，许多团体为使全球供应链对记者和公民透明，以及制定最低限度的问责标准做出了贡献。这些团体包括美国全国消费者联盟（National Consumers League）、Human Rights First、Maquila Solidarity Network、Global Fairness Initiative、Clean Clothes Campaign、国际劳工组织（International Labor Organization, UN）和公平劳动协会（Fair Labor Association, FLA）。FLA 是一个由拥有境外生产和全球供应链的商业公司、大学和私人组织组成的联盟。对于成员方，FLA 对工人进行采访，对工厂进行突击检查以跟踪进展，并调查投诉情况。FLA 也是主要的国际劳工标准制定组织之一（Fair Labor Association, 2020）。

12.3.4 可持续供应链

可持续经营是倡导企业在整个企业的所有决策中考虑社会利益和生态利益，而不仅仅是企业的利润（UN Global Compact, 2018）。这并不是一个小要求。自联合国世界环境与发展委员会（WCED）于 1987 年发表第一份关于可持续商业的综合报告以来，全球各地的公司都在与这些概念做斗争，在某些情况下，它们只是将这些概念视为对持续盈利能力的威胁而忽视或抵制这些概念。该委员会的报告《我们共同的未来》（Our Common Future）主张平衡利润、社会社区发展和对世界环境的最小影响，当然也包括企业的碳排放。今天，欧洲、亚洲和美国的主要公司已经达成共识，从长远来看以及通过精心规划，可持续商业和**可持续供应链**（sustainable supply chain）是有利的，因为这意味着使用最高效的且环境友好的生产、分销和物流手段。这些有效的方法为消费者、投资者和社区创造价值（Suering and Muller，2008）。

可持续经营的概念对供应链思维产生了强大的影响。在某种程度上，这些努力是良好的风险管理：所有发达国家都大大加强了环境监管。对于公司来说，为这种新环境所准备的方法和操作是很有商业意义的。

举例来说，所有主要的纺织品品牌和零售商都宣布了在纺织品领域建立更可持续的供应链的计划。世界上最古老的产业之一——纺织业，在消耗大量资源的同时养活了数百万工人：生产一磅成品棉需要 1 000 加仑的水，种植棉花所用的肥料会产生环境污染问题，还有随后的染色、整理和清洁棉花，使纺织业成为地球上头号工业污染源。这并不是一个无足轻重的问题，故沃尔玛、李维斯和该行业的其他大型企业都在采取措施，通过提高整个供应链和分销链的效率来减少对环境的影响。

其他公司和整个行业也在努力发展可持续供应链。例如，北美最大的药物经销商 McKesson 使用 IBM 的基于网络的供应链软件，以最大限度地减少整个供应链的二氧化碳排放，同时降低分销成本。该软件使 McKesson 能够确定某些药物（如胰岛素和疫苗）的低成本冷冻替代品，确定将新产品引入其分销网络的对环境危害最小的方法，并确定向客户运送药物的最佳途径。由 IBM、惠普、戴尔、苹果等组成的责任型商业联盟（The Responsible Business Alliance），已经针对可持续供应链开发了标准、评估工具和培训（Villena and Gioia，2020；Inter IKEA Group，2020；Lopez，2018）。

12.3.5 电子数据交换

如前文所述，B2B 电子商务并非起源于互联网，而是源于 20 世纪 70 年代中期和 80 年代开发的如电子数据交换之类的技术。电子数据交换是一种定义广泛的通信协议，可使用美国国家标准协会（American National Standards Institute）（ANSI X12 标准）和联合国（EDIFACT 标准）等国际机构开发的技术标准在计算机之间传输文档。

电子数据交换是为了减少人工交换单据（如采购订单、装运单据、价目表、付款单据和客户数据）所固有的成本、延迟和错误。电子数据交换不同于非结构化信息，它对于商业交易中的每一条重要信息，如交易日期、购买的产品、金额、发件人姓名、地址和收件人姓名，都用不同的字段来组织。美国和整个工业界的每个主要行业都有电子数据交换行业委员会，为该行业定义电子文档的结构和信息字段。

自 20 世纪 80 年代以来，电子数据交换有了显著的发展（见图 12-6）。最初，电子数据交换侧重于文件自动化（第一阶段）。采购代理以电子方式创建采购订单，并将其发送给贸易伙伴，贸易伙伴又以电子方式将订单执行和发货通知发送回买方，随后是发票、付款和其他文件。这些早期应用取代了邮政系统进行文件传输，并实现了当天发货（而不是邮政系统必定会造成的一周延迟），减少了错误，降低了成本。电子数据交换发展的第二阶段始于 20 世纪 90 年代初，主要是由内部工业过程的自动化以及向准时制生产和连续生产的转变所驱动的。新的生产方法对调度、运输和融资的灵活性有更高的要求。电子数据交换发展成为一种用于持续补充库存的工具，被用来完全消除采购订单和其他文件，代之以生产计划和库存平衡。供应商公司每月都会收到生产需求和准确的预定交货时间报表，连续完成订单，每月底调整库存和付款。

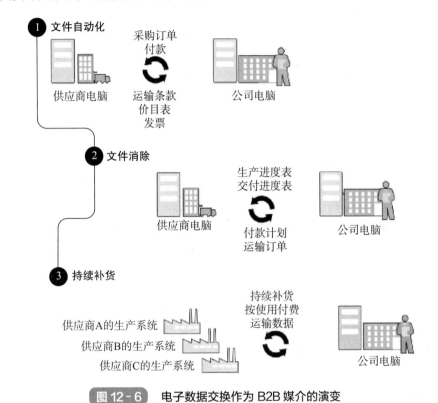

图 12-6　电子数据交换作为 B2B 媒介的演变

注：电子数据交换已经从一种简单的点对点数字通信媒介演变为一种多对一的持续库存补充工具。

在始于 20 世纪 90 年代中期的电子数据交换第三阶段，供应商可以在线查阅采购公司的生产和交货时间表的特定部分，根据长期合同，供应商必须在没有公司采购代理人干预的情况下自行完成这些时间表。在 1990 年，实施企业系统的大型制造和加工公司（如石油和化工公司）推动了向这种连续实时电子数据交换访问模式的发展。这些系统需要业务流程的标准化，因此促进了生产、物流和许多财务流程的自动化。这些新流程要求与供应商和物流合作伙伴（航运和地面运输商）建立更加密切的关系，要求它们在交货时间安排上更加精确，在库存管理上更加灵活。这种水平的供应精度是人类采购代理永远无法经济地实现的。电子数据交换的第三阶段开启了持续补货的时代。例如，沃尔玛和玩具反斗城向其供应商提供了对其商店库存的访问权限，希望供应商将货架上的物品库存保持在预先指定的目标内。食品杂货业也出现了类似的发展。

如今，我们必须将电子数据交换视为一种支持多种业务流程、实现计算机系统间核心业务信息交换的通用技术。电子数据交换是一种重要的会员专用网络技术，适用于支持在直接、长期贸易关系中的少数战略伙伴之间的通信。电子数据交换的技术平台已经从大型机转变为个人电脑，从企业数据中心转变为基于云的 SaaS 平台。但是，电子数据交换不太适应成千上万个供应商和购买者聚集在一个数字舞台上就价格进行谈判的在线交易市场，它支持小公司之间的直接双边通信，但不允许存在真正市场的多边、动态关系。电子数据交换不支持为大量供应商提供价格透明度，难以扩大规模以纳入新的参与者。此外电子数据交换不是实时通信的环境，不能同时支持电子邮件消息、视频会议、图形文档共享、网络会议和用户友好型灵活数据库的创建和管理。

12.3.6　移动 B2B

正如 B2C 电子商务一样，移动设备在 B2B 电子商务的各个方面正变得越来越重要，遍及采购流程的所有步骤和整个供应链。许多公司采取了**自带设备政策**（Bring Your Own Device (BYOD) policy），即员工在公司网络上使用个人智能手机、平板电脑或笔记本电脑，使得这些移动设备在 B2B 中发挥越来越重要的作用。

在采购方面，B2B 买家越来越多地在采购流程的所有阶段使用移动设备，从搜索到决策，再到实际购买。全球大多数 B2B 买家现在认为他们的移动设备对他们的工作至关重要。B2B 买家希望能够像在 B2C 领域一样使用移动设备下单，并越来越希望 B2B 电子商务网站能够通过这些设备轻松访问。同时 B2B 买家也期望 B2B 电子商务网站可以在移动设备和台式机实现同步，且能在移动设备上获得在线客户服务。

在供应链方面，许多供应链网络和软件供应商通过为移动设备和应用程序提供支持来升级它们的产品。例如，Elementum 提供了在云平台上运行的各种移动应用程序，以跟踪供应链的各个方面，并实现供应链可见性。其中，Elementum 的源应用程序使公司能够识别和应对供应链中的风险，提供对可能影响其产品组件的供应、制造或分销的事件的实时警报；Elementum 的 Situation Room 应用程序通过提供仪表板来帮助公司监控供应链的健康状况，该仪表板提供了对供应链中关键绩效指标的实时跟踪。

12.3.7　云 B2B

在 B2B 企业系统的传统方法中，公司建立在现有的内部企业生产系统的基础上，这些系统能跟踪它们的生产和分销过程，并与供应商系统的新功能相连。连接供应商、建立通信渠道以及管理数据的质量问题等过程将耗费大量成本，更不用说建立计算机和电信基础设施以支持供应商和协调 B2B 交易。云计算（第 3 章所述）越来越多地被用来大大降低构建和维护 B2B 系统的成本。

在**基于云的 B2B 系统**（cloud-based B2B systems）中，B2B 系统的大部分费用从公司转移到 B2B 网络提供商，有时称为数据中心或 B2B 平台（见图 12-7）。云平台所有者提供的服务包括：计算和通信功能、与公司的合作伙伴建立联系、提供按需服务软件（SaaS），将公司的系统与其合作伙伴的系统连接起来、进行数据协调和清理、管理所有成员的数据质量。网络效应可以适用于此：这些任务和功能的成本被分散在所有成员身上，也就降低了所有成员的成本。B2B 网络提供商还提供通信环境和文件存储服务，使合作伙伴能够更紧密地合作，共同促进商品的流动和交易的完成。B2B 网络提供商按需求而非交易价值占比向客户收费，即费用取决于客户对网络的利用程度。传统 B2B 和供应链管理系统的供应商在过去几年中通过购买基于云的 B2B 网络表明了它们对于新系统的态度。例如，2012 年，SAP 以 46 亿美元收购了最早、最大的基于云的 B2B 交易网络之一 Ariba。SAP Ariba 的 Ariba Network 在广泛的供应商、运输与物流公司之间使超过 3 万亿美元的商业交易、合作和商业智能实现了自动化。

SAP 是公司企业系统的最大供应商，提供支持内部业务流程的软件。其他的 B2B 网络供应商包括 E2open、Infor Nexus 和 Elementum。与传统的基于企业的 B2B 系统不同，基于云的 B2B 可以在短时间内实施，以应对企业合并和快速变化的市场。以云 CRM 系统闻名的 Salesforce 还开发了一个 B2B 商务平台，使公司能够快速部署具有 B2B 商务特有功能（复杂的定价和产品配置、定制目录、支付和运输选项）的网站、将商业交易与客户关系管理数据进行匹配、将多个销售渠道与订单和公司建立联系 (Peebler, 2019; Demery, 2018)。

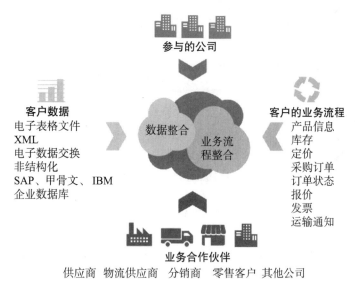

图 12 - 7 基于云的 B2B 平台

注：基于云的 B2B 平台将公司的客户数据、客户的业务流程和业务合作伙伴整合到基于云的软件系统中。企业根据使用情况对硬件和软件平台收费，大大降低了成本。

12.3.8 供应链管理系统

精简供应链、准时制生产和精益生产，侧重于生产中的战略合作伙伴、企业系统和持续库存补充，是当代供应链管理系统的基础。**供应链管理系统**（supply chain management (SCM) systems）持续地将购买、制造和从卖方向买方公司的商品流动联系起来，同时通过在流程中包含订单录入系统，将需求端的客户纳入整个系统（见图 12 - 8）。当代供应链管理系统提高了透明度和响应性，因为供应链中的所有活动都能够几乎实时地相互作用，使公司能够将原本非连续的、独立的供应链流程互联，并更灵活地管理其供应链。然而，新冠疫情揭示了即使是最先进的供应链管理系统也存在的缺点，即在很多情境下，系统使用的模型和算法并不能准确预测需求（Wetsman, 2020）。

惠普是世界上最大的技术公司之一，它在 170 个国家和地区开展业务，使用 43 种货币和 15 种语言进行销售，是一家真正意义上的全球公司，而惠普在过去 10 年中进行的 200 多次收购使其全球供应链问题变得更加复杂。2020 年，惠普拥有信息技术制造商中最大的供应链之一，它每秒钟向 100 多个国家和地区运送 35 台个人电脑、26 台打印机，以及 280 个墨盒和碳粉盒，一年出货 5 200 万台电脑。其供应链需要全

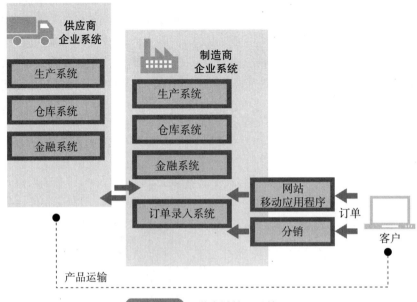

图 12-8　供应链管理系统

注：供应链管理系统协调供应商、发货人和订单录入系统的活动，通过生产、支付和运输业务流程自动录入订单。越来越多的客户以及在整个供应链中工作的员工，正通过智能手机、平板电脑和移动应用程序来下订单和协调订单。

天候运行，以协调工厂、数百家供应商以及分销和物流合作伙伴公司的网络（Wadlow，2018）。为处理这个全世界最复杂的供应链之一，惠普开发了一个基于网络的订单驱动供应链管理系统，该系统从客户在线下订单或经销商收到订单开始。订单从订单录入系统转发到惠普的生产和交付系统，再被发送到惠普的某个供应商处。然后供应商的系统会与惠普一起验证订单，并验证订购的配置，以确保电脑可以制造（例如，确保不会有缺失的零件或不符合惠普设定的设计规格）。订单随后被发送到生产控制系统，由该系统向工厂装配工发出条形码生产票。与此同时，零件订单被发送到供应商的仓库和库存管理系统。接下来一名工人会组装电脑，然后将电脑装箱、贴标签并运送给客户。整个运送过程由惠普的与某个次日交付系统直接连接的供应链管理系统监控和跟踪，最终从订单录入到发货仅用时 48 小时。就是借助这个系统，惠普不再需要库存电脑，将订单完成周期从一周缩短至不到 48 小时，并减少了错误。惠普如今已将该系统扩展为面向惠普 B2B 客户的全球 B2B 订单跟踪、报告和支持系统（HP，Inc.，2019；Wadlow，2018）。

使用供应链软件的不仅仅是大型科技公司。领先运动品牌安德玛（Under Armour）在 2005 年首次启用企业资源计划系统，当时它是一家价值 2.5 亿美元的国内服装批发公司，到 2015 年，已经成长为一家价值 40 亿美元的全球全渠道零售公司，却经常由于没有生产足够多的人气商品或过度生产销售不佳的商品而错失销售良机。为了解决这个问题，安德玛决定用 SAP 的软件进行平台更新，以预测销售、计划库存和协调供应商（Heller，2019；Loten and Germano，2017）。

12.3.9　区块链和供应链管理

区块链硬件和软件有望带来供应链管理的变革，可能最终会用一种接近零成本的替代方案取代传统的电子数据交换技术。正如在第 5 章中所讨论的，区块链是一个在分布式 P2P 网络上运行的事务数据库，它将所有的参与者连接到一个高度安全、可靠、灵活和廉价的数据库中。区块链分类账使交易各方能够在验证算法批准交易后，将信息块添加到共享分类账中。如果交易的各方同意它是有效的，它就会被添加到属于该交易的区块链中。交易发起者的身份是数字加密的，交易本身是加密的，不能更改，并且总是实时更新的，几乎同时对各方可用。

区块链解决了公司用来跟踪订单、付款、装运、海关要求和供应链可见性的交易数据库现存的许多问题。目前，作为交易一方的公司有自己独立的交易系统，这些系统可能经常不同步，并且彼此之间不通信。例如，一个墨西哥芒果运往全食超市配送中心的过程，涉及种植者、一家墨西哥卡车运输公司、海关官员、美国的一个仓库，还有一家美国卡车运输公司将货物运送到零售店，以及一个零售库存系统和一个能跟踪芒果在商店中摆放位置的货架管理系统。供应链中的每个公司都有独立的交易处理系统，在这个过程中生成了无数的文件，使得在这个迷宫般的系统中追踪一批芒果是极其困难、低效、不可靠和成本高昂的。电子数据交换交易目前每笔费用为 5～7 美元。

区块链为这个复杂的传统系统提供了一个更简单的解决方案，它创建了一个数据库和一个实例，其中包含了跟踪芒果在供应链中的移动所需的所有信息。区块链还提供了交易中涉及的各方在所谓的"总账簿"中访问所有这些信息的能力，解决了困扰传统供应链的可见性问题（Mearian，2018）。

如今区块链技术已经被广泛使用，虽然实施区块链供应链仍处于起步阶段，但发展迅速。例如，沃尔玛在其食品可追溯倡议中使用区块链，使其能够从农场到商店追踪如新鲜绿叶蔬菜等各种产品；金融机构正在用它来追踪房屋契约和抵押贷款；音乐产业正计划跟踪歌曲，从作家到制作人和唱片公司，再到流媒体播放；船运公司正在测试区块链跟踪集装箱的能力；制药公司正在探索区块链在药品供应链中的应用。行业专家认为，区块链给供应链带来的更高可见度也将有助于供应链在面对新冠疫情等挑战时更具弹性（Burstyn，2020；Canesin，2020；Norton，2018）。"技术透视"专栏中的案例"区块链对钻石供应链的影响"介绍了钻石行业的公司如今是如何利用区块链的。

区块链对钻石供应链的影响

很多人都听过"钻石恒久远，一颗永流传"这句话，这是 20 世纪 40 年代末由世界上最大的钻石商戴比尔斯（De Beers）的一家广告公司创造的广告语。除了暗示钻石是地球上最坚硬的自然物质这一事实之外，该广告语还旨在暗示钻石是永恒爱情的象征和永恒价值的来源。戴比尔斯的广告公司希望这个广告语能说服新婚夫妇花更多的钱购买一枚带钻石的订婚戒指和一枚带更大钻石的结婚戒指，并宣传购买钻石是一种生活体验的理念。

50 年后，钻石带来的浪漫开始消退，戴比尔斯和其他主要钻石商发现一桩重大国际丑闻的矛头指向了自己。1990 年末持续到 2000 年，西非发生内战，从刚果开始，最终蔓延到 9 个西非国家，导致 500 多万人死亡，200 万人无家可归。因为对立团体对刚果钻石、钻、黄金和其他矿物控制权的争夺，钻石和其他一些矿物被认为是产生冲突的主要原因。在这一时期的内战中，各种准军事团体通过在钻石矿区建立强迫劳动营来剥削当地居民。这些准军事团体利用出售钻石获得的收入来购买武器和支付雇佣兵的工资，这些钻石被称为"血钻"或"冲突钻石"。毛坯钻石流向像戴比尔斯这样的南非钻石商，之后流向荷兰和以色列的钻石切割公司，之后流向全球零售市场。突然，钻石这个词永远失去了它的寓意，取而代之的是人们开始记住血钻这个词。对于有政治意识的购买者来说，原本意义非凡的钻石已经不再吸引人了。

2000 年，行业和政府为终止血钻贸易所做的努力促成了联合国发起金伯利进程协议，81 个成员国同意禁止与非成员国的钻石贸易，主要的钻石商同意，只购买经过认证的毛坯钻石进行切割并出售给消费者。然而，尽管金伯利进程协议今天仍然有效，但它在很大程度上未能将血钻从供应链中清除出去，主要是因为没有执法机制，也没有办法识别和追踪单个毛坯钻石在整个供应链中的流动。假证书、伪造者和假钻石在整个市场上泛滥。今天，分析师估计约有 15% 的钻石是血钻，但无人知晓事实。2005 年前后，钻石零售额的增速放缓，但此后又有所提高。总的来说，这场争议对钻石销售或公司收入没有太大影响。然而，未能有效防止血钻进入供应链，对公众对戴比尔斯公司和钻石行业的看法及其营销信息构成了长期威胁。

这时引入了区块链。现有的供应链面临许多挑战：首先，矿场不可能准确识别单颗钻石，假钻石或血钻很容易被插入供应链的更下游，毛坯钻石从矿商转移到零售店的过程也不透明。因为没有安全的方法来识别行业参与者，考虑到盗窃与转移等长期隐患，必须依靠长期发展的个人关系来进行交易。总而言之，供应链中的所有不同行为体之间无法协调，而区块链有望通过为每颗钻石从矿山转移到零售店的过程创建安全的数字跟踪来应对这些挑战。

2018 年 5 月，戴比尔斯对其新的 Tracr（发音为 tracker）区块链系统进行了测试。该测试在整个钻石价值链上追踪了 100 颗钻石。有九个团体在钻石从矿场转移到零售橱窗时"接触"钻石：矿业公司；银行；大宗购买者（称为看货人）；钻石办公室（安特卫普世界钻石中心（AWDC），一家比利时政府授权的进出口公司，控制被视为世界钻石之都的比利时的钻石进出口）；钻石交易商；政府机构；物流公司；切割公司；零售商。有五家领先钻石制造商与戴比尔斯合作测试和实施 Tracr，这些关键角色构成了分布式 P2P 数据库的节点。

当毛坯钻石被发现时，它们会拥有一个反映钻石属性（克拉、颜色和透明度）的唯一的全球钻石标识和数字图像以保证其真实性，这构成了区块链的第一个区块，接下来供应链中的每个接触点或交易的发生都会添加额外的模块，供应链中的每个参与者都有一个唯一且安全的加密数字证书，使用非对称（公钥和私钥）方法对事务进行加密，在每个点发生的事务由 P2P 分布式计算系统中的每个节点验证，除非所有节点都同意事务有效并符合行业标准智能合约，否则无法进行任何事务。事务是不可变的，不能被更改。未加工钻石的来源和历史，以及从它衍生出来的所有较小的切割钻石，都是链中的附加块。如果一切顺利，零售商将首次能够在零售店识别钻石的真实性，消费者可以信任他们购买的钻石的来源和质量，钻石行业将能够明确宣布供应链中没有血钻。

戴比尔斯计划在 2020 年以行业平台的形式推出 Tracr，平台已经有 30 多个参与者，包括全球最大的钻石生产商 PAO Alrosa、全球最大的钻石珠宝零售商 Signet Jewelers 和世界第二大经销商周大福珠宝集团。

戴比尔斯并不是钻石行业唯一的区块链使用者。Everledger 是一家总部位于伦敦的公司，于 2015 年开始构建钻石区块链。2019 年 9 月，它筹集了 2 000 万美元的风险投资资金，推出了其平台的 2.0 版本。该区块链目前被许多珠宝商使用，包括 Brilliant Earth 和 Fred Meyer 以及西班牙珠宝设计师和制造商 Facet。IBM 也是参与者之一，并成立了 TrustChain Initiative，一个由黄金和钻石行业公司组成的联盟。然而，这些新的区块链倡议是否足以彻底消除血钻仍有待观察。即使是最强大的加密系统，只要有足够的努力和计算能力，也可能将其破坏，此外要考虑到其管理者成为系统突破口的可能性。

资料来源："Diamonds：A Symbol of Love and Conflict," by Anna Presnall, UAB Institute for Human Rights Blog, Sites. uab. edu, December 23, 2019；"De Beers Diamonds Reflect a Changing Market," by Alexandra Wexler, *Wall Street Journal*, November 30, 2019；"Everledger Raises ＄20 Million to Track Assets with Blockchain Technology," by Kyle Wiggers, Venturebeat. com, September 24, 2019；"Everledger Launches Blockchain Platform to Ensure Transparency in Diamond Sourcing," by Yoana Cholteeva, Minin-technology. com, September 23, 2019；"Conflict Diamonds and the Kimberley Process," U. S. Department of State, State. gov, accessed August 2018；"De Beers Group Successfully Tracks First Diamonds from Mine to Retail on Industry Blockchain," DeBeersGroup. com, May 10, 2018；"The Kimberley Process and the Unfulfilled Promise of a Conflict-Free Diamond Industry," by Khaled Fayyad, Duke University Law School, Sites. duke. edu, May 7, 2018；"How Blockchain Could End The Trade in Blood Diamonds," by Bernard Marr, Forbes. com, March 18, 2018；"De Beers Turns to Blockchain to Guarantee Diamond Purity," Reuters. com, January 16, 2018；"De Beers Faces Tricky Task of Selling Diamonds to Millennials," by Tatyana Shumsky, *Wall Street Journal*, October 29, 2017；"The Diamond Industry Is Obsessed With the Blockchain," by Jeff John Roberts, Fortune. com, September 12, 2017；"Diamonds Are Forever, Wars Are Not. Is Conflict Bad for Private Firms?" by Massimo Guidolin and Eliana La Ferrara, Research Paper, University of Virginia and Bocconi University, August 2014；"Violent Conflicts and Civil Strife in West Africa：Causes, Challenges and Prospects," by Nancy Annan, *International Journal of Security ＆ Development*, 2014；*Diamonds Are Forever*, by Ian Fleming and Jonathan Kellerman, Penguin Books, London, 2006.

12.3.10　协同商务

协同商务是供应链管理系统的直接延伸，也是精简供应链。**协同商务**（collaborative commerce）被定义为使用数字技术来允许公司在产品的整个生命周期中协同设计、开发、构建、营销和管理产品，比电子数据交换或简单管理组织间的信息流更广泛。协同商务涉及供应链参与者之间从交易焦点到关系焦点的决定性转变，能够促进供应商和购买者共享敏感的内部信息，而非与供应商始终保持一臂距离。协同商务的管理者需要确切地知道与谁共享什么信息。协同商务超越了供应链管理活动，将多个合作公司对新产品和服务的协同开发也纳入其中。

协同商务的一个很好的案例是宝洁，作为世界上最大的个人和保健产品制造商，从佳洁士牙膏到汰渍肥皂，宝洁长期努力与供应商甚至客户合作来逐步开发其 50％ 的产品线。例如，在过去，宝洁会在内部设计一个瓶子或产品包装，然后向 100 多家包装供应商询问价格并试图讨价还价。而利用 SAP Ariba 的采购网络，宝洁现在要求其供应商为包装和定价提出创新的想法。更进一步的是，宝洁的网站 Pgconnectdevelop. com 正向供应商和客户征集新的产品创意，其 50％ 以上的新产品源自其供应商和客户。宝洁还与最大的在线客户亚马逊合作，宝洁为亚马逊顾客购买的宝洁产品留出仓库空间，亚马逊将产品直接从宝洁仓库运送给顾客，而不是先运送到亚马逊仓库再运送给顾客。这种合作使亚马逊降低了运输和储存商品的成本，在价格上比沃尔玛和开市客更具竞争力，并减少了产品送达消费者所用的时间。对宝洁来说，合作意味着节约将产品运送到亚马逊仓库的运输成本，并可以获得亚马逊在线销售方面的帮助（P&G，2020）。

虽然协同商务可以让客户和供应商一起参与产品开发，但在很大程度上，它涉及开发强大的通信环境，以实现公司间共享设计、生产计划、库存水平、交付计划和合作产品的研发信息（见图 12-9）。

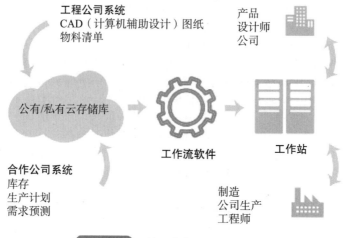

图 12-9 协同商务系统的要素

注：协同商务应用程序包括一个云存储库，不同公司的员工可以在其中存储工程图纸和其他文档。工作流软件决定谁可以看到这些数据，以及在各个工作站上显示数据应遵循哪些规则。

协同商务与电子数据交换有很大的不同，后者是一种企业间结构化通信的技术，而前者更像是供应链成员之间的互动电话会议。但二者有一个共同的特点：它们不是开放的竞争性市场，而是技术上连接供应链中战略伙伴的会员专用网络。

协作 2.0：云、网络、社交和移动

自 30 多年前使用 Lotus Notes 等工具以来，协同商务技术发生了巨大变化，当时 Lotus Notes 几乎完全用于公司内部，用于建立一个员工可以共享想法和笔记，并一起处理项目的环境。如今协作工具的新特点包括：软件和数据存储在云服务器上，成本较低，易于更新；大多数公司的员工普遍使用脸书和推特等社交网络，其他公司也拥有自己的社交网络平台；网络使得廉价的协作环境成为可能；智能手机和平板电脑等移动平台意味着协作可以在更多的情景下进行。协作技术已经将协作从公司内部的平台扩展成为公司间 B2B 协作的主要工具。

像思科的网真（TelePresence）这样的宽带视频网络系统也能在供应链合作伙伴之间实现频繁的远程协作方面发挥作用。网真是来自不同供应商的高带宽视频系统，它能让远程的甚至远在地球两端的用户觉得自己与其他参与者身处同一个物理空间（Cisco Systems, Inc., and Vital Images, 2016）。即使是小企业也可以通过网络或移动平台利用这种非常便宜的协作平台。

在 12.5 节中，我们从支持会员专用网络的技术的角度更深入地讨论协同商务。

12.3.11　社交网络与 B2B：扩展的社会企业

从与供应商和客户的合作，到使用社交网络（包括私人和公共网络）与供应链参与者的对话这种更私人的关系，只是一小步。在社交网络中，对话和想法的分享更加无结构、情境化和个人化。采购人员、供应链经理和物流经理也是人，他们和我们一样，参与领英、脸书、推特、Instagram 和许多其他公共社交网络提供的相同的社交网络文化。要想对供应链的快速发展做出反应，需要的不仅仅是一个网站、电子邮件或电话，社交网络可以提供客户、供应商和物流合作伙伴之间的密切联系，这是保持供应链运行和根据当前条件做出决策所必需的。

供应链网络的参与者正在利用他们的平板电脑、智能手机和社交网络进行采购、调度以及异常处理，并与 B2B 客户和供应商一起做出决策。在许多情况下，供应链社交网络是私有的——由供应链网络中最大的公司拥有。在其他情况下，公司建立脸书群组来组织供应链网络成员之间的对话。

社交网络已经成为 B2B 电子商务经理的常用工具。像脸书和推特这样的公共社交网络可以很好地协调供应链中商业伙伴之间的信息流；思科正在专门利用其网站以及推特和脸书等社交网络为其商业客户开展新产品活动；戴尔也和很多其他企业一样，正在使用它的 YouTube 频道与供应商和客户进行对话，讨论现有产品和新产品的创意。

12.3.12　B2B 营销

尽管 B2B 电子商务规模庞大，但 B2B 数字营销和广告支出（2020 年约为 81 亿美元）仍仅占数字营销和广告支出总额的 6% 左右。尽管如此，这笔支出额正在以每年超过 20% 的速度增长，在过去五年中增长了一倍多。B2B 广告支出中，约 60% 针对台式机，40% 针对移动设备。在过去几年里，移动 B2B 广告的支出每年以超过 30% 的速度增长（eMarketer, Inc., 2020b），B2B 公司越来越数字化和移动化。

然而，B2B 数字营销和广告显然没有 B2C 市场发展得快，部分原因是供应链和采购管理方面的技术变革步伐缓慢，但主要是因为 B2B 市场与 B2C 市场有着根本的不同。在 B2C 营销中，公司以数百万（一对多）的受众为目标，销售相对简单、价值相对较低的产品，而许多 B2B 公司向数量少得多的购买者（一对一或一对几）销售非常有价值和复杂的产品。尽管新冠疫情可能会推动从面对面的营销向数字渠道转变，但在这些 B2B 市场中，面对面的传统销售队伍营销继续发挥着重要作用。此外，B2B 领域的商业关系通常涉及大型采购和可能跨越数年或更长时间的关系，卖家和买家可能认识多年，甚至几十年，公司的能力和财务状况是众所周知的，双方对市场上交易的价格和质量也有着共同的理解。在这些情况下，B2C 零售营销策略是不合适的。相反，使用白皮书、视频、播客、网络研讨会、博客、电子书、会议和专业协会对人际关系、网络、品牌和信息内容进行营销是主要和最有效的 B2B 营销工具。内容营销是指使用信息媒体来促进销售，而不是使用 B2C 市场中典型的展示广告和搜索广告来宣传可用性和价格（见第 6 章）。电子邮件和社交媒体通过让潜在客户了解新内容而在内容营销中发挥作用。最近的一项调查报告称，几乎 90% 的 B2B 营销人员使用内容营销、电子邮件营销和社交媒体作为接触和获取客户的方式，而领英是B2B营销最常用的社交网络（eMarketer, Inc., 2020c, 2020d, 2019b）。

然而，在MRO或其他商品的现货购买市场，B2B营销使用许多与B2C营销相同的营销策略和工具：展示广告、搜索引擎营销、网站、社交网络渠道、视频和移动广告。

B2B公司越来越多地使用多种数字渠道来联系和服务它们的客户。eMarketer的一项调查发现，超过50％的B2B公司拥有自己的网站，33％的公司使用分销商网站，32％的公司拥有社交媒体，31％的公司拥有移动应用程序，29％的公司使用带有"购买"按钮的电子邮件营销，23％的公司使用B2B市场。邮购和传真等传统工具现在作用有限（eMarketer, Inc., 2017）。

移动应用重要程度与日俱增，但仍然不如其在B2C营销中的地位，部分原因是小屏幕不适合描述复杂产品，B2B购买者虽然每天可能在移动设备上花费三个小时或更多时间，但他们大多用移动设备来社交和消费，而不是进行B2B活动。然而，移动设备在工作场所和社会生活中正发挥越来越大的作用，尤其是在千禧一代中，移动广告在B2B营销中的使用已经在增加。一份电子营销报告显示，90％的B2B营销人员至少使用了一些移动营销技术，超过70％的人认为他们使用的是高级或中级的移动营销技术。移动友好的网站和应用程序已经成为B2B营销人员关注的重要优先事项。然而，虽然移动B2B营销正在增长，但它仍然只消耗了B2B数字营销预算的40％左右（eMarketer, Inc., 2020c）。

B2B营销的其他趋势包括销售支持系统、预测分析的使用和个性化营销技术。销售支持系统跟踪从网站、电子邮件和移动应用程序开发的销售路线，并帮助销售人员通过购买点跟踪这些潜在客户。预测分析帮助B2B营销人员根据过去的营销数据估计潜在客户的终身价值。近期对B2B营销人员的调查发现，近95％的人使用网络分析、近85％的人使用CRM系统、超过70％的人使用内容管理系统来提高营销效率，这使得他们能够更好地了解和理解他们的目标客户，并提供更精确和准确的个性化服务（eMarketer, Inc., 2019b, 2019c）。

12.4　在线交易市场：B2B销售方

B2B电子商务最吸引人的愿景之一就是建立一个在线市场，让数以千计的分散供应商与数百家工业品的主要购买者建立联系，从而实现无障碍的交易。人们希望这些供应商在价格上相互竞争，交易过程实现自动化和低成本，最终实现工业用品的价格下降。通过从每笔交易的买家和卖家那里收取费用，作为第三方中介的做市商可以获得可观的收入。我们称这些在线市场为在线交易市场。在线交易市场是面向卖方的数字化交易市场，将买卖双方聚集在一起。只要增加更多的电脑和通信设备，这些在线交易市场就可以随着交易量的增加而轻松扩展。

为了实现这一愿景，在电子商务的早期，涌现了超过1 500个在线交易市场。令人遗憾的是，它们中的许多已经消失了，但有些仍然存在，并与其他类型的在线交易市场——有些是私人的，有些是公共的——相结合，它们是基于不同的假设和商业模式建立的，但都非常成功。

12.4.1　在线交易市场的特征

多种多样的在线交易市场有多种分类方法。例如，有些人根据定价机制（固定价格或更动态的定价，如谈判、拍卖或出价/要价）对在线交易市场进行分类，而另一些人根据他们所服务的市场的特征（垂直与水平、卖方与买方）、是否是所有权独立的第三方中介（这是最常见的类型）或所处行业协会对市场进行分类。虽然在线交易市场的主要利益和偏向性必须根据所有权和定价机制逐案确定，但通常情况下，在线交易市场是不偏向供应商的，因为它们可以迫使供应商向市场上的其他供应商披露其价格和条件。表 12-3 描述了在线交易市场的一些重要特征。

表 12-3　在线交易市场的一些重要特征

特征	含义
侧重点（bias）	是偏向买方的、偏向卖方的还是中立的？谁获利更多？是买方、卖方还是不偏不倚？
所有权（ownership）	行业和第三方，谁是市场的主人？
定价机制（pricing mechanism）	固定价格目录、拍卖、投标竞价以及书面询价/报价。
范围/焦点（scope/focus）	垂直市场还是水平市场？
价值创造（value creation）	它们给消费者或供应商提供哪些权益？
市场准入性（access to market）	任何企业均可加入的公开市场还是仅获准后才能进入的私有市场？

12.4.2　在线交易市场的类型

虽然每一个区分点都有助于描述在线交易市场的大致轮廓，但有些区分点与所提供的核心业务功能无关，也不具有描述在线交易市场多样性的能力。

在图 12-10 中，我们给出了一个在线交易市场的分类，主要根据它们的业务功能，也就是说，这些在线交易市场为寻求解决方案的企业提供了什么。图 12-10 根据在线交易市场的两个维度创建了一个四单元分类，将企业购买的货物分为间接物料（用于支持生产的货物）或直接物料（用于生产的货物），将企业的购买方式分为合同采购（公司与其供应商之间的合同，持续多年）或现货采购（偶发的和匿名的采购——供应商和买方没有持久的关系，可能彼此不认识）。这样产生了四种相对简单的主要在线交易市场类型：电子分销商、电子采购市场、电子交易市场和行业协会。值得一提的是，随着业务模式的不断变化和商业机遇的瞬息万变，现实中的某些在线交易市场可能同时属于多种类型。但是，由这四种纯粹类型出发展开对在线交易市场的探讨仍是明智之举。

这些在线交易市场以不同的方式为客户提供价值。我们将在后文更详细地讨论每种类型的在线交易市场。

电子分销商

电子分销商是最常见和最易理解的在线交易市场类型。**电子分销商**（e-distributor）提供包含数千种直接制造商品的在线目录（见图 12-11）。电子分销商一般都是独立拥有的中介机构，为企业客户提供一个根据需要在现场订购间接物料（通常称为

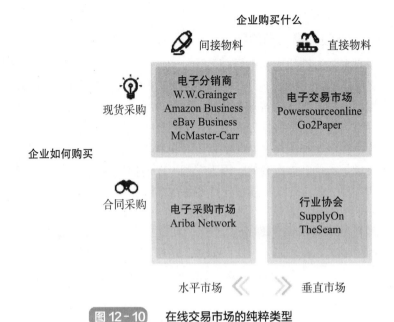

图 12 - 10 在线交易市场的纯粹类型

注：基于企业如何购买和企业购买什么两个维度，有四种主要的在线交易市场类型。第三个维度——水平市场和垂直市场——也可以区分不同类型的在线交易市场。

MRO) 的单一货源。大部分的企业采购需求无法由企业现已签订的合同满足，必须采用现货采购的方式。电子分销商通过提高所售商品的标价实现盈利。

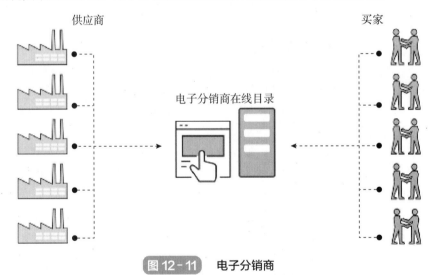

图 12 - 11 电子分销商

注：电子分销商是将成千上万供应商的产品整合到一个单一的在线目录中，从而将产品销售给成千上万个买家。电子分销商有时被称为一对多市场，一个卖家为许多买家服务。

所有行业的组织和公司都需要 MRO。MRO 的功能包括维护、修理和运营商业建筑，并维护这些建筑的所有机械设备，从供暖、通风和空调系统到照明设备。全球企业在 MRO 上的投资超过 6 200 亿美元（W. W. Grainger, Inc., 2020a）。

电子分销商在水平市场上运作，因为它们为许多行业提供来自不同供应商的产品。电子分销商通常经营公共市场，即任何公司都可以从目录中订购，而不是私有市场，私有市场的成员仅限于选定的公司。

电子分销商商品的价格通常是固定的，但大客户可享受折扣和其他优惠条件，如赊购、账户活动报告和有限的商业采购规则（例如，没有采购订单的单个项目不得超过 500 美元）。向企业客户提供的主要好处是更低的搜索成本、更低的交易成本、更广泛的选择、更快的交付和更低的价格。

W. W. Grainger 是最常见的电子分销商的例子之一。W. W. Grainger 可同时支持长期合同交易和短期现货交易，但更侧重于短期现货采购方式，它是美国最大的 MRO 分销商，在加拿大、墨西哥、欧洲和亚洲国家也有业务。它的盈利模式是典型的零售商模式：它拥有产品，对销售给客户的产品进行加价。W. W. Grainger 的网站和移动应用程序为用户提供了 W. W. Grainger 著名目录的数字版本，以及目录中没有的其他产品（总计约 160 万种产品），以及完善的订购和支付系统。2019 年，W. W. Grainger 90％ 的美国订单来自数字渠道，创造了 56 亿美元的美国电子商务收入（占其美国总销售额的 64％，高于 2014 年的 14％）（W. W. Grainger，2020a，2020b）。总部位于新泽西州的 McMaster-Carr 是世界各地机械师和制造商的工业零件集散地，是一个类似的电子分销商。NeweggBusiness 是另一个电子分销商，专注于信息技术和办公产品。而正如你在章首案例中所了解到的，亚马逊还与 AmazonSupply 一起进入了 B2B 分销商市场，旨在利用其全球 B2C 基础架构进入 B2B 领域，并在 2015 年将其更名为 Amazon Business，主要从事商业产品的现货销售，为多个卖家提供交易平台。有关亚马逊业务的更多信息见章首案例。

电子采购市场

电子采购在线交易市场（e-procurement net marketplace）是一个独立的中介市场，它将数百家提供维护和维修零件的在线供应商与付费加入的商业公司连接起来（见图 12-12）。电子采购在线交易市场通常用于间接物料的长期合同采购；它们创建在线水平市场，但也为会员提供 MRO 供应品的现货采购。电子采购公司通过收取交易提成、咨询服务费、软件许可费及网络使用费来实现盈利。

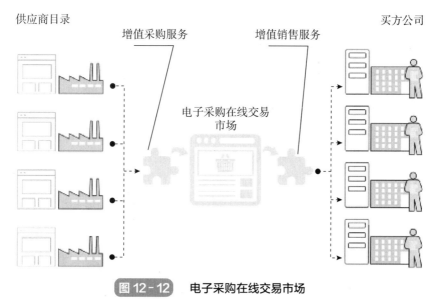

供应商目录　　　　　　　　　　　　　　　　　　　　　　买方公司
　　　　　　增值采购服务　　　　　增值销售服务

电子采购在线交易市场

图 12-12　**电子采购在线交易市场**

注：电子采购在线交易市场在一个单一的市场中汇集了数百个目录，并使买方公司可以获得这些目录，通常是在定制的基础上，只呈现参与公司想要的供应商。

电子采购公司扩展了简单的电子分销商的商业模式，在其基础上提供数百家供应商的在线目录，并向买方和卖方提供价值链管理服务。电子采购公司提供的**价值链管理服务**（value chain management（VCM）services）包括买方企业整个采购流程的自动化和卖方企业销售业务流程的自动化。对于买方来说，电子采购市场能够自动生成订单、发出申请、寻找货源、执行交易规则、接收发票以及支付货款。对于卖方来说，电子采购市场可以提供目录创建与内容管理、订单管理、订单执行、发票开具、发货管理以及货款计算等服务。

电子采购市场有时称为多对多市场。它们由一个自称代表买卖双方的独立第三方居中促成，因此声称中立。另外，因为它们可能包括竞争的供应商和竞争的电子分销商的目录，它们可能是有利于买方的。然而，通过将大型买方公司聚集到它们的网络中，它们为供应商提供了独特的营销优势，并降低了客户获取成本。

Ariba可以说是B2B时代的典型代表之一，是一家诞生于其时代来临之前的公司。Ariba致力于改革公司间的贸易，从1996年开始希望建立一个连接买家和卖家的全球商业网络——有点像商业版的eBay。靠着微薄的收入，Ariba的股票在2000年时飙升至每股1 000美元以上。但是卖家和买家并没有大量加入这个网络，这很大程度上是因为它们不了解这个机会，且太执着于它们的传统采购流程，不相信外人能控制它们的采购流程和供应商关系。2001年，Ariba的股价跌至每股2.20美元。Ariba主要靠销售软件生存，这些软件帮助大公司了解它们的采购流程和成本。终于，在2008年，由于大大小小的企业的采购和供应管理的变革日益成熟，Ariba重整旗鼓，继续致力于实现全球供应商网络和各种工业品采购。2012年，最大的企业软件公司SAP以43亿美元收购了Ariba，以加强其B2B电子商务套件。如今，SAP Ariba是协同商务解决方案的领先提供商，包括一个名为Ariba Network的电子采购在线交易市场，在190个国家和地区拥有超过430万家关联公司，每年的B2B电子商务交易额超过3万亿美元（SAP Ariba，2020）。该细分市场的其他参与者包括甲骨文网络套件采购（Oracle NetSuite Procurement）、库帕软件（Coupa Software）、Proactics（以前的完美商业（Perfect Commerce））和Jaggaer（以前的BravoSolution）Analytics。

电子交易市场

电子交易市场（exchange）是一个独立运作的在线市场，它在一个动态的、实时的环境中把成百上千的供应商和买方公司联系起来（见图12-13）。虽然也有例外，但电子交易市场一般专注于满足单一行业中大型企业现货采购需求的垂直市场，如计算机和电信、电子、食品、工业设备。在电子商务的早期，电子交易市场是基于互联网的市场的原型，就如前文提到的，在此期间1 500多个电子交易市场被创建，但大多数都失败了。

电子交易市场通过收取交易佣金来盈利。定价模式可以是在线谈判、拍卖、询价或固定的买卖价格。电子交易市场向买方公司提供的好处包括降低零部件和备件的搜索成本，还包括由供应商之间的竞争驱动的更低价格，这些供应商可能会以非常低的利润率销售商品；为供应商提供的好处是获得全球采购环境和降低生产过剩的概率（尽管售价与边际利润都比较低）。尽管电子交易市场属于专用的中介市场，但从允许任何善意的买方公司或供应商参与的意义上来说，它又可算作开放的在线交易市场。

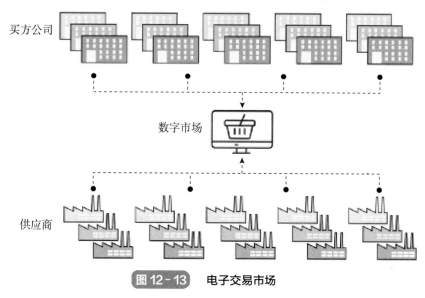

买方公司

数字市场

供应商

图 12-13 电子交易市场

注：电子交易市场将潜在的数千家供应商带入垂直（特定行业）市场，向潜在的买方公司销售它们的产品。电子交易市场有时被称为多对多市场，因为它们有许多供应商为许多买方公司服务。

　　尽管电子交易市场是独立的甚至是中立的，它还是倾向于偏向买方的。供应商处于不利地位，这是由于电子交易市场让它们与全球其他类似供应商进行直接价格竞争，进而导致了利润率下降。电子交易市场过去之所以失败，主要是因为供应商拒绝加入，导致市场流动性非常低，违背了电子交易市场的宗旨和利益。**市场流动性**（liquidity）通常是通过市场中买方和卖方的数量、交易量和交易规模来衡量的。当你可以在任何时候购买或出售任何规模的订单时，市场就是高度流动的。从这些指标来看，多数电子交易市场都是失败的。因为市场的参与者屈指可数，成交量惨淡，单笔交易额也不高。买方不愿意使用电子交易市场的最主要原因在于市场中缺乏值得信赖的老牌供应商。

　　虽然大多数电子交易市场是提供直接物料的垂直市场，但有些电子交易市场也提供间接物料，如能源、运输服务（通常是运输行业）和专业化服务。表 12-4 列出了一些当前电子交易市场的例子。

表 12-4 电子交易市场举例

电子交易市场	关注点
PowerSource Online	计算机零件交易，新旧计算机设备
NuOrder	各种类别的批发产品
IronPlanet	二手重型设备
EquipNet	垂直或水平市场
Molbase	化合物和定制化学品市场

　　下面将简要介绍两家电子交易市场的发展以及现有的功能。

　　库存定位器服务（ILS）由一家线下中介发展而来，面向航天工业提供售后零配件的目录清单服务。自 1979 年开业以来，ILS 开始向飞机所有者和机械师以及政府采购专业人员提供基于电话和传真的售后零件目录。早在 1984 年，ILS 就将电子邮件功能作为其询价服务的一部分，到 1998 年，它已经开始对稀缺的零件进行在线拍卖。ILS 维护着一个超过 8 500 万种航空航天和海洋工业零件的互联网可访问数据库，公司还开发出电子报价请求功能，帮助用户完成流水化的采购工作。ILS 网站有 2.3 万订阅用户，遍及 93 个国家和地区，日访问量逾 7.5 万次，库存项目 8 500 万种（Inventory Locator Service，2020）。

JOOR 是一家总部位于纽约的数字批发电子交易市场，通过一个多渠道数字交易平台将 144 个国家和地区的 8 600 个时尚品牌与 20 多万家零售商联系起来。JOOR 成立于 2010 年，是一个在线批发时尚订单录入网站，后来发展成一个面向零售商的全方位服务网站和应用程序，可以显示制造商品牌、跟踪订单、以可视化方式订购各种时尚款式，并协调下一季产品的款式。零售商和制造商需要在销售的两年前规划款式和颜色，为了确保颜色和款式合适，它们需要对已经购买的东西进行总结概览。JOOR 允许零售商根据潮流浏览时尚款式，并让它们接触到它们过去可能没有发现的各种品牌，提升了购买速度和购买者决策的质量。过去，采购代理和时尚规划者必须访问制造商网站或阅读可能落后于时尚前沿几个月的时尚杂志，以发现最新的产品，再下订单。有了 JOOR 的数字平台，采购代理可以快速了解时尚前沿，并使用单一的网络平台下订单。对于品牌和设计师来说，JOOR 通过内置的零售商客户群简化了营销工作。JOOR 每月在其平台上处理超过 10 亿美元的商品、超过 2 300 个品牌和零售商之间的日常互动（JOOR，2020；eMarketer，Inc.，2019a；Loeb，2018；Chernova，2015）。

行业协会

行业协会（industry consortium）是行业所有的垂直市场，帮助采购企业从有限的经授权合作的供货商处购买直接供给品（包括商品和服务）（见图 12 - 14）。行业协会强调长期合同采购、发展稳定的关系（而不仅仅是强调匿名交易）、创建行业范围的数据标准和同步工作。相比注重短期交易的电子交易市场，行业协会更注重优化长期供应关系。行业协会的最终目标是通过通用数据定义、网络标准和计算平台，在整个行业内跨多个层级统一供应链。

行业协会在一定程度上是电子交易市场的产物，电子交易市场被大型行业（如汽车和化工行业）视为市场闯入者，不会直接服务于大买家的利益，而是会中饱私囊，满足自己和它们那些风险资本投资者的需求。相比于"付费参与"，大公司更想要"付费拥有"。大型企业忧心的另一事实是，只有大型供应商和买方公司参与，有市场流动性，在线交易市场才会发挥作用。电子交易市场不能吸引足够的参与者来实现市场流动性，且往往无法提供能够改变整个行业价值链的附加增值服务，比如将新的市场与公司的企业资源计划系统联系起来。

行业协会盈利的方式有很多。行业成员一般以合资方式建立行业协会，提供初始运营资本，然后行业协会向买方公司和供应商收取交易费和订阅费。通过采购流程的合理化、供应商之间的竞争以及与供应商更密切的关系，行业成员（包括买方和卖方）预计将获得远远大于其贡献的收益。

行业协会根据产品和情况提供许多不同的定价机制，从拍卖到固定价格再到询价。同时，价格还可通过协商确定。尽管市场存在竞争性，但整个市场环境还是以少

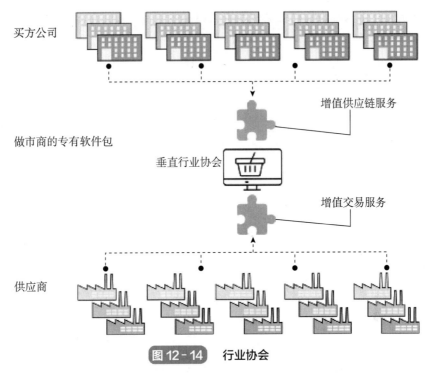

买方公司

增值供应链服务

做市商的专有软件包

垂直行业协会

增值交易服务

供应商

图 12-14 行业协会

注：行业协会使成千上万的供应商与少数非常大的买方公司直接接触。做市商为采购、交易提供买方公司和供应商的管理、运输和付款的增值软件服务。行业协会有时被称为多对少市场，其中许多供应商（尽管是由买方公司选择的）服务于几个非常大的买方公司，由各种增值服务作为中介。

数的买方公司和那些经过严格筛选、值得信赖的供应商为主。它们通常被视为战略性行业的合作伙伴。行业协会显然是偏向于控制这一有利可图的市场渠道的大买家，它们可以从替代供应商提供的竞争性定价中受益。供应商的优势来自大型买方公司的采购系统、长期稳定的关系和大量的订单。

行业协会可以强迫供应商使用协会的网络和专有软件，作为向协会成员进行销售的条件。尽管电子交易市场因缺乏供应商和市场流动性而失败，但协会成员的市场力量确保了供应商的参与，因此协会可能能够避免成员自愿加入的电子交易市场的命运。显然，与独立电子交易市场相比，行业协会具备一定的优势。与风险资本支持的电子交易市场不同，它从一开始就有雄厚的资金支持，并基于稳定的大公司订单流来保证市场流动性。然而，行业协会是一个相对较新的市场，这些协会，特别是当一个行业存在几个协会时，其长期盈利能力还有待证明。事实上，自 21 世纪初以来，可以被定义为纯粹行业协会的公司数量已经减少，许多公司扩大了它们的范围，涵盖了一个以上的行业，或者常由最初的行业创始人出售给私人投资者。例如，GHX 最初由制药和医疗用品行业的公司于 2000 年创建，现在由一家私人股本公司拥有。E2open 最初由 IBM、Seagate 和 Hitachi 作为高技术公司的行业协会创建，现已成为一家上市公司，为各个行业提供基于云的 B2B 平台和服务。

然而，一些行业协会仍然存在。Seam 是其中一个例子，它是由嘉吉（Cargill）、路易达孚（Louis Dreyfus）等全球领先的农业综合企业于 2000 年创建的。Seam 最初专注于创建一个棉花交易电子交易市场，后来扩展到其他大宗商品领域，包括花生、大豆、谷物和乳制品。自成立以来，Seam 已经手超过 90 亿美元的交易，美国 90％以上的棉花买家都是其棉花交易系统的积极参与者（The Seam，2020）。表 12-5 列出了一些行业协会。

表 12-5	行业协会举例

行业	行业协会名称
农业综合	The Seam
自动化	SupplyOn
化学	Elemica
食品	Dairy. com
酒店	Avendra

12.5 会员专用网络

从交易量角度来看，会员专用网络是 B2B 电子商务最普遍的形式，将来其地位仍然不可动摇。会员专用网络可谓跨边界组织的基础，通过加深与供应链和物流伙伴的联系，跨越组织边界，实现业务流程变革。

如本章开头所述，会员专用网络是现有电子数据交换网络的直接衍生物，与大公司使用的现有企业资源计划系统密切相关。像电子数据交换一样，会员专用网络由买方所有，是偏向买方的买方解决方案，但它们也为供应商提供了很多的好处。在一个大型行业采购公司的供应链中，会员专用网络中只有少数供应商，因此供应商之间没有多少竞争，允许供应商增加收入和利润。会员专用网络是一个网络驱动（web-enabled）的网络，用于协调跨组织的业务流程（有时也称为协同商务）。一个**组织间业务流程**（trans-organizational business process）需要至少两个独立的公司来执行（Laudon and Laudon，2021）。在很大程度上，这些网络起源于制造业并与制造业和相关的支持行业密切相关，因此我们有时也称之为工业网络，尽管在未来它们也可以很容易地应用于其他服务领域。会员专用网络可以视为跨边界组织，因为它们通常始于一家公司的企业资源规划系统，然后扩展到包括该公司的主要供应商。图 12-15 显示了一个最初由宝洁建立的会员专用网络，用于协调其与供应商、分销商之间的供应链。

图 12-15	宝洁的会员专用网络

注：宝洁的会员专用网络试图协调消费品行业中许多公司的跨组织业务流程。

在宝洁的会员专用网络中，如图 12-15 所示，对顾客的销售在收银机中被记录下来，然后收银机将信息反馈给分销商、宝洁及其供应商。宝洁及其 70 000 多家供应商就能知晓顾客对成千上万种产品的确切需求水平，这些信息随后被用于启动生产、供应和运输，以在分销商和零售商处补充产品。这个过程被称为高效的客户响应系统（需求拉动型生产模式），它依赖于同样高效的供应链管理系统来协调供应方。2015年，宝洁开始将其供应链系统转变为一个完全整合的端到端供应基地，来与其供应商制订联合商业计划。协调供应基地的是一个部署了监视器的控制塔，实时供应数据由分析师团队进行持续的分析。宝洁的分销目标是在发货后一天内将产品交付给 80％的零售商，它是世界上最大的消费品制造商，多年来一直拥有领先的供应链系统（Gartner，2020）。

通用电气、戴尔、思科、大众、微软、IBM、可口可乐、沃尔玛、诺基亚和惠普都已成功实施自己的会员专用网络。

12.5.1　会员专用网络的目标

会员专用网络的具体目标包括：

- 开发面向整个行业的高效的采购与销售业务流程。
- 开发全行业的资源管理系统，完善企业资源管理系统。
- 提高供应链可见性——互相了解买卖双方的库存水平。
- 实现更紧密的买方-卖方关系，包括需求预测、沟通交流和冲突解决。
- 实现在全球范围内的运营——运营全球化。
- 开发金融衍生品、保险和期货市场。通过防止供需失衡来降低风险。

会员专用网络服务的目标不同于在线交易市场。在线交易市场以交易为导向，而会员专用网络则专注于公司间长期的业务流程协调，这不仅仅包括供应链管理，还包括产品设计、采购、需求预测、资产管理、销售和营销等。会员专用网络固然也提供交易支持，但这并非其首要目标。

会员专用网络通常以网络发起者为中心，该企业拥有网络的所有权，负责制定规则，建立治理机制（一套授权、规则执行和控制的管理架构）并自行决定邀请哪些企业加入网络，因此，会员专用网络是私有的，这也使它有别于行业协会，后者通常由主要公司通过资本参与共同拥有。在线交易市场非常注重间接物料和服务，而会员专用网络则注重战略性的直接物料和服务。

例如，True Value 为 4 500 多家独立五金店提供服务，在美国和世界各地创收约80 亿美元。其物流吞吐量令人惊叹。True Value 通过 20 个国际港口和 10 个国内港口进口大约 3 500 个集装箱，由于当时的入站供应链系统是分散的，不允许实时跟踪包裹，因此当货物短缺或损坏时不能提醒商店。供应链是"不可见"的：供应商看不到商店的库存水平，商店也看不到供应商发货。使用 Sterling Commerce（IBM 旗下公司）的基于网络的解决方案，True Value 创建了自己的会员专用网络，所有供应商、发货人和商店都可以获得该网络的独家访问权。该网络专注于三个过程：国内预付运送、国内接收和国际直接运送。对于每个过程，网络实时跟踪货物从供应商到托运人、仓库和商店的移动。该系统使订单所需的提前期缩短了 57％，订单填充率增加了10％，延期订单减少了 85％。如果货物延迟、损坏或不可用，系统会自动提醒各方。

2019 年，True Value 又从 JDA Software 添加新软件，来改善其管理库存和预测需求的方式（True Value Company，2020；Smith，2019；Amato，2018）。

要讨论会员专用网络给企业带来的种种好处，也许没有一家企业比沃尔玛更有发言权，详见"商务透视"专栏中的案例"沃尔玛的会员专用网络支持全渠道增长"。

商务透视

沃尔玛的会员专用网络支持全渠道增长

沃尔玛是利用信息技术协调供应链的领导者，其会员专用网络是其承诺提供最低日常价格背后的秘密武器。沃尔玛能够做出这一承诺，是因为它拥有世界上最高效的供应链之一。沃尔玛的会员专用网络使其庞大的供应商、仓库和零售店网络更像同一家公司，从而降低了供应链中所有参与者的商品销售、库存、物流和运费支出，而不仅仅是沃尔玛自己的。

沃尔玛 2019 年的收入约为 5 250 亿美元，它能够利用信息技术获得相对于竞争对手的决定性成本优势。这家全球最大的零售商也拥有全球最大的供应链，有超过 10 万家供应商。在美国，沃尔玛有超过 5 350 家零售店（包括山姆会员店），较大的商店中储存多达 20 万种不同的商品。在全球范围内，沃尔玛在 26 个国家和地区有 6 100 多家门店，总门店数约为 11 500 家，雇用了 220 万员工，这比世界上任何其他私有公司都多。

20 世纪 80 年代末，沃尔玛利用基于电子数据交换的系统踏上了协同商务的征程，该系统要求其大型供应商使用沃尔玛专有的电子数据交换网络来响应沃尔玛采购经理的订单。1991 年，沃尔玛通过引入零售链接扩展了系统的功能，零售链接将沃尔玛最大的供应商连接到沃尔玛自己的库存管理系统，并要求大型供应商随时跟踪商店的实际销售额，并根据需求和沃尔玛的规定补充供应。

1997 年，沃尔玛将零售链接转移到企业外网上，允许供应商通过互联网直接链接到沃尔玛的库存管理系统。2000 年，沃尔玛升级了零售链接，使其成为一个协同预测、计划和补货的系统。沃尔玛采购代理现在能够将沃尔玛在美国的所有独立商店的需求汇聚成一个给供应商的报价请求（RFQ），这使得沃尔玛即使在最大的供应商中也具有巨大的影响力。该软件帮助沃尔玛采购代理选择中标公司并就最终合同的内容进行协商，此外，该软件使供应商能够立即访问关于库存、采购订单、发票状态和销售预测的信息，以及按项目、商店和时间提供的数据。2002 年，沃尔玛转向完全基于互联网的电子数据交换，使得通信成本大幅降低。

然而，尽管沃尔玛成功地建立了一个世界级的供应链来支持其零售店，但它最初并没有做好应对在线销售的准备。它将其电子商务业务分离出来，成为一家投资优先级低于实体店的独立公司。这时投资互联网物流和供应链系统为时已晚，于是沃尔玛只能依靠一些商店的员工来挑选在线订单并从商店发货，而其他订单交由几个互联网订单仓库处理。

从 2012 年开始，沃尔玛开始向名为 Retail Link 2.0 的新供应和库存管理平台以及新的全球补货系统（GRS）过渡。这两者都是沃尔玛全渠道战略不可分割的一部分，该战略旨在通过利用其零售店和仓库来完成在线订单和店内采购，以扩大 Walmart.com 的覆盖面。最终其构成了一个集成平台，在确保其手头有足够的库存和合适的价格的情况下，向在线和店内客户销售产品。事实证明，这是一项比预期更难完成的任务。

在线环境下，价格需要实时变化，厂商需要实时响应。例如，亚马逊每天都会做出超过 250 万次的价格变动，沃尔玛需要具备应对这种变化的功能才会有竞争力。Retail Link 2.0

（实时在线数据和预测系统）使沃尔玛能够从当地商店获取销售点数据，并在几分钟内将这些数据提供给供应商，而旧系统则需要几天时间。该系统集成了社交媒体和 Walmart.com，因此供应商可以跟踪消费者情绪和品牌提及情况，并为供应商提供人口统计学特征数据和天气信息，使供应商能够微调其生产。

GRS 是一个在线分析包，允许供应商和沃尔玛预测未来的销售额，并确保商店和仓库中有库存可供销售给线上和线下的客户。不仅仅反映过去的销售额，GRS 还具有预测功能。GRS 还是一个即时库存管理系统，供应商不再需要下载数据并将其放入电子表格中来就订单大小做出决定。GRS 还能基于过去的销售模型，使用预测算法来预测未来几天或几周最有可能实现的销售额。

尽管有这些技术进步，沃尔玛最初还是遇到了严重的库存问题，后果是空空的货架和延迟的在线订单履行，这部分是由于供应商没有按时、完整地交付订单。为了解决这个问题，沃尔玛开始了它的"按时、足量"计划，该计划对没有按时、完整地交付订单的供应商进行罚款。2018 年，为了继续与亚马逊竞争，沃尔玛开始使用微软的 Azure 云计算平台、机器学习、人工智能和其他服务，寻找利用沃尔玛客户和产品数据的新方法。据报道，这一努力包括计划共同开发一个新系统，取代现在由 Retail Link 执行的与供应商共享产品销售数据的功能。然而，在 2020 年，Retail Link 仍然是沃尔玛战略的重要组成部分，沃尔玛总部的 Retail Link 专家还在帮助供应商解释其产生的数据。

2020 年，新冠疫情给沃尔玛供应链带来了严峻的考验，但沃尔玛能够应对挑战。尽管像所有零售商一样，沃尔玛不得不应对商品缺货问题，但它似乎比许多竞争对手表现得更好。其在线销售额在 2020 年第一季度增长了近 75%。沃尔玛似乎已经巩固了其在消费者心目中的地位，成为一个可与亚马逊竞争的在线选择，分析师认为，未来它可能能够留住许多新客户。

资料来源："Our Store/Our Business," Walmart.com, accessed June 18, 2020; "Walmart's Online Sales Surge During the Pandemic, Bolstering Its Place as a Strong No. 2 to Amazon," by Phil Wahba, Fortune.com, May 10, 2020; "Walmart's Planned Economy," by Leigh Phillips and Michal Rozworski, Mondediplo.com, March 2020; "Walmart Adjusts to Tariffs Through a Price-Changing Tool for Suppliers," by Bloomberg, Mhlnews.com, June 17, 2019; "Amazon Foes Walmart and Microsoft Deepen Tech Partnership," by Jay Greene and Sarah Nassauer, *Wall Street Journal*, July 17, 2018; "Walmart Tightening Supplier Delivery Schedule," by Richard Turcsik, Supermarketnews.com, January 31, 2018; "Wal-Mart Will Punish Its Suppliers for Delivering Early," by Matthew Boyle, Bloomberg.com, July 12, 2017; "Walmart's Retail Link: An Invaluable Tool for Sellers," by Sharon Shichor, 18knowledge.com, February 10, 2017; "Supply Chain Analytics: Creating Value from Data with Machine Learning," by David Rimmer, Inboundlogistics.com, November 22, 2016; "Wal-Mart Curbs Inventory Growth," by Paul Page, *Wall Street Journal*, February 18, 2016; "Wal-Mart Builds Supply Chain to Meet E-Commerce Demands," by Kim Nash, *Wall Street Journal*, May 7, 2015; "Walmart U.S. CEO: Fresher Food, Fill Empty Shelves and Lower Prices," by Phil Wahba, *Fortune*, April 2, 2015; "Wal-Mart Acknowledges Inventory Woes in U.S. Stores, Seeks 'Fresh' Fix," by Kim Souza, Thecitywire.com, February 12, 2015; "The Supply Side: Welcome to the Supply Chain Revolution," by Kim Souza, Thecitywire.com, February 2, 2015; "The Scoop on Retail Link 2.0," by Sheldon Cwinn, Linkedin.com, September 15, 2014; "Walmart's Secret Sauce: How the Largest Survives and Thrives," by Chris Petersen, Retailcustomerexperience.com, March 27, 2013.

12.5.2　会员专用网络和协同商务

会员专用网络不只服务于供应链和高效的客户响应系统，还可以服务于单个大型制造公司的其他活动，如产品和工程图的设计，以及营销计划的制订和需求的预测。协同商务可以采取多种形式，涉及广泛的活动——从单纯的供应链管理到根据市场反馈改进设计（见图 12 - 16）。

图 12 - 16　**协同商务拼图碎片**

注：协同商务包括供应公司和销售公司之间的许多合作活动，这些公司通过会员专用网络与单个大公司密切互动。

全行业范围的**协同资源计划、预测和补货**（CPFR）或许是最具深远意义的一种合作，包括与网络成员合作预测需求，制订生产计划，协调运输、仓储和库存活动，以确保零售和批发货架空间补充适量的商品。如果这一目标得以实现，可能消除一个行业中数亿美元的过剩库存和产能，仅这一项活动就足以说明会员专用网络在协同商务方面能产生极大的效益，并证明开发会员专用网络的投入是值得的。

第二个合作领域是需求链可见性。过去，了解供应链和分销链中哪里存在过剩的产能或供应是不可能的事情。例如，零售商可能有大量的库存积压，但不知道这一点的供应商和制造商可能正在为更多的生产制订生产或供应计划。这些过剩的库存将提高整个行业的成本，并迫使商品打折促销，降低所有供应链成员的利润。

第三个合作领域是营销协调和产品设计。使用或生产精心设计的零件的制造商使用会员专用网络来协调其内部设计、营销活动，以及供应链和分销链合作伙伴的相关活动。通过让它们的供应商参与产品设计和营销计划，制造公司可以确保生产的零件满足营销人员的要求，反过来，营销人员可以利用客户的反馈直接与公司及其供应商的产品设计师交谈。这样，闭环式营销（客户反馈直接作用于产品设计和生产）就能在真正意义上实现。

12.5.3　实施障碍

尽管会员专用网络是未来 B2B 的主角，但要完全实现也绝非易事：参与供应链上下游的公司被要求与它们的商业伙伴共享敏感数据，过去被视为秘密的东西现在必须共享。在数字环境中，很难对信息共享的界限加以控制。一家公司免费提供给其最大客户的信息最终可能会被主要竞争对手获得。

将会员专用网络纳入现有的企业系统和电子数据交换网络需要大量的时间和金

钱。《财富》500 强公司企业系统的领先提供商（甲骨文、IBM 和 SAP）确实提供了可以添加到它们现有软件套件中的 B2B 模块和供应链管理功能。然而，实施这些模块需要投入大量资金，部分原因是许多《财富》500 强公司在采购方面非常分散和过时。对于较小的公司来说，云计算和 SaaS 的替代品正在市场上出现，它们提供了低廉许多的供应链管理功能。

采用会员专用网络还要求员工改变思维和行为。本质上，员工必须将忠诚从公司转移到更广泛的范围，并认识到他们的命运与供应商和分销商的命运交织在一起。供应商也需要改变管理和分配资源的方式，因为它们自己的生产与会员专用网络合作伙伴的需求紧密相连。除了大型网络所有者之外，供应链和分销链的所有参与者都失去了一些独立性，参与其中意味着必须大幅调整工作习惯（Laudon and Laudon, 2021）。

12.6　电子商务相关职位

虽然 B2C 电子商务吸引了大部分注意力，但与 B2B 电子商务相比，它在涉及的金额和对美国经济的重要性方面都相形见绌。本章提供 B2B 电子商务涉及的许多不同职位的信息，包括供应链、采购、需求计划、材料、物流以及 B2B 营销等。

12.6.1　公司简介

该公司是美国领先的乐器、扩音器、扬声器等配件制造商和批发分销商，向遍布美国和欧洲的 6 000 家经销商提供 20 000 多种产品。该公司不向零售客户销售，只批发给音乐商店、大型全国性零售连锁店和在线零售商。

12.6.2　职位：初级供应链分析师

该公司正在寻找一名初级供应链分析师，负责规划和管理生产计划，以满足客户的交付要求，最大限度地利用公司的生产能力，管理好公司的原材料和成品。该公司正在从传统的供应链管理系统过渡到基于云的供应链管理系统。本职位的具体职责包括：

- 分析库存、购买额外的材料。
- 创建、维护、处理采购订单。
- 对账、发票处理。
- 与全国客户经理一起完成退运货和信用支付。
- 与全国客户经理沟通，以验证建议的订单数量和定价的合理性。
- 在 Excel 中编辑报告。
- 制订促销和季节性计划，以最大限度地提高销售额和平均订单价值（AOV）。
- 实施和管理邮寄返款、即时折扣和促销活动。
- 利用报告和分析工具在需要时更新相关数据库。

12.6.3　资格/技能

- 学士学位或同等工作经验（主修管理信息系统、商务、电子商务、会计、经济学、采购或供应链者优先考虑）。

- 具有分析技能，能够关注细节。
- 具有理解和分析复杂数据的能力，能综合信息做出决策。
- 思维敏捷，能够快速掌握概念并提出复杂问题的解决方案。
- 有微软办公软件特别是 Excel 的使用经验。
- 优秀的口头和书面沟通技巧。
- 拥有积极的态度、职业道德和同时处理多项任务的能力。
- 能够在最后期限压力下很好地开展工作。

12.6.4　面试准备

为了准备这次面试，请确保你熟悉 12.1 节涉及的 B2B 电子商务的基本定义，并了解 B2B 电子商务经历的几个技术驱动阶段（见图 12-1）。接下来，回顾 12.2 节中关于采购流程和供应链的内容，确保你可以谈论采购流程中的七个步骤（见图 12-4）和不同的采购类型。准备好表明你了解供应链管理的一些基本概念、挑战和趋势，如供应链可见性、准时制生产和精益生产、供应链管理、适应性供应链、负责任的供应链和可持续供应链，这些都在 12.3 节介绍。由于该公司正处于向基于云的供应链管理系统过渡的过程中，也请查看 12.3.7 小节"云 B2B"部分。最后，该职位还涉及采购部分，因此最好了解可以进行此类采购的不同类型的市场，如 12.4 节中讨论的电子分销商、电子采购市场和电子交易市场。

12.6.5　可能的面试问题

1. 你有过从供应商那里采购供应品和管理采购订单的经验吗？可以举个例子吗？你在与供应商打交道时面临哪些挑战，你是如何应对这些挑战的？

如果你有采购供应品、跟踪供应品库存、开发票和付款跟踪等任何商业或志愿者经历，描述你做了什么及你遇到的困难，如审查供应商的信用、定价、采购订单跟踪和交货问题。如果没有，可以上网搜索，对供应商关系和采购订单管理有一个基本的了解。

2. 我们成功的关键是将订单流与我们的生产和采购计划相匹配。我们试图避免零件库存过剩，但又要保证手头有足够的零件来完成订单，所以需要把对我们产品的需求与零件和供应品的采购联系起来。关于物资采购与接下来的订单相匹配，你有什么想法？

在这里可以回答，大多数供应链管理系统都与订单录入系统相关联。根据收到的订单，供应链管理系统将产生数据，把这些数据录入生产系统，进而生成所需零件的清单和计划要求。因为这个职位与供应链管理紧密相关，你应该对供应链管理系统有一定的研究，了解其功能。

3. 我们希望利用社交媒体来加强与供应商的沟通。你对我们如何建立一个社交网络来支持供应链有什么建议？

在这里，你可以谈谈你对脸书和推特的了解，尤其是商业公司如何利用这些平台来建立一个供应商和制造商的社交社区。为供应商建立社交网络的过程与建立客户社交网络非常相似，视频、博客、评论、新闻推送和帖子在创建供应商社交网络方面非常有价值。

4. 我们试图通过在线交易市场来降低我们的供应成本，在这些市场中，多家供应商在价格和质量上相互竞争以成为我们的供应商。你对 B2B 在线交易市场了解多少，它对我们有什么帮助？

你可以在这里指出四种不同的在线交易市场，该公司应该使用电子分销商，如 Amazon Business 或 eBay Business 来获得最低成本的间接物料供应。该公司还可以参与电子采购市场，如 SAP Ariba，以获得有竞争力的直接物料的报价和供应。

5. 我们正试图将我们的供应商更紧密地整合到我们的业务规划甚至是新产品的设计中。为了我们自己和我们的供应商，我们正在寻求和供应商建立合作关系，并提高供应链的可见性。你对协同商务和供应链可见性分别了解多少？

你可以谈及会员专用网络，类似于宝洁创建的网络，它由拥有该网络的单一制造公司，以及与制造商合作设计和制造零部件的供应商组成。在这种协作中，零部件的供应商和最终购买者一起制定业务规划甚至进行新产品设计，双方都从中受益。

问 题 //////////////////////

1. 请解释 B2B 商务和 B2B 电子商务的区别。

2. B2B 电子商务网站的关键属性是什么？它源自哪些早期技术？

3. 列举至少五个 B2B 电子商务的潜在优势。

4. 说出并定义两种采购类型，并解释二者之间的区别。

5. 说出并定义购买货物的两种方法。

6. 定义供应链并解释供应链管理系统试图做什么。精简供应链意味着什么？

7. 解释水平市场和垂直市场的区别。

8. 电子采购公司提供的价值链管理服务如何使买方受益？它为供应商提供哪些服务？

9. 基于其业务功能，可以从哪三个维度描述电子采购市场的特征？说出电子采购在线交易市场的另外两个特征。

10. 确定并简要解释在线交易市场中固有的反竞争可能性。

11. 列举会员专用网络的三个目标。

12. 许多电子交易市场在电子商务早期发展失败的主要原因是什么？

13. 解释行业协会和会员专用网络的区别。

14. 什么是 CPFR，它能为会员专用网络成员带来什么好处？

15. 实施会员专用网络的障碍是什么？

16. 什么是电子数据交换，为什么它很重要？

17. 描述供应链管理和协同商务的六大主要趋势。

18. 描述 B2B 电子商务面临的挑战。

19. 什么是多级供应链，为什么它对 B2B 电子商务构成挑战？

20. 什么是基于云的 B2B 平台，它提供了哪些优势？

21. 描述 B2C 和 B2B 营销的异同点。

Pearson

尊敬的老师：

您好！

为了确保您及时有效地申请培生整体教学资源，请您务必完整填写如下表格，加盖学院的公章后以电子扫描件等形式发我们，我们将会在 2~3 个工作日内为您处理。

请填写所需教辅的信息：

采用教材				□ 中文版　□ 英文版　□ 双语版		
作　者			出版社			
版　次			ISBN			
课程时间	始于　年　月　日		学生人数			
	止于　年　月　日		学生年级	□ 专科　　□ 本科 1/2 年级 □ 研究生　□ 本科 3/4 年级		

请填写您的个人信息：

学　校				
院系/专业				
姓　名		职　称	□ 助教 □ 讲师 □ 副教授 □ 教授	
通信地址/邮编				
手　机		电　话		
传　真				
official email（必填） (eg：×××@ruc.edu.cn)		email (eg：×××@163.com)		
是否愿意接受我们定期的新书讯息通知：　□ 是　□ 否				

系/院主任：_____（签字）

（系 / 院办公室章）

___年___月___日

资源介绍：

——教材、常规教辅资源（PPT、教师手册、题库等）：请访问 www.pearsonhighered.com/educator。（免费）

——MyLabs/Mastering 系列在线平台：适合老师和学生共同使用；访问需要 Access Code。（付费）

地址：北京市东城区北三环东路 36 号环球贸易中心 D 座 1208 室（100013）

Please send this form to：copub.hed@pearson.com

Website：www.pearson.com

中国人民大学出版社　管理分社

教师教学服务说明

中国人民大学出版社管理分社以出版工商管理和公共管理类精品图书为宗旨。为更好地服务一线教师，我们着力建设了一批数字化、立体化的网络教学资源。教师可以通过以下方式获得免费下载教学资源的权限：

★ 在中国人民大学出版社网站 www.crup.com.cn 进行注册，注册后进入"会员中心"，在左侧点击"我的教师认证"，填写相关信息，提交后等待审核。我们将在一个工作日内为您开通相关资源的下载权限。

★ 如您急需教学资源或需要其他帮助，请加入教师 QQ 群或在工作时间与我们联络。

中国人民大学出版社　管理分社

🔔 **教师 QQ 群**：648333426（工商管理）　114970332（财会）　648117133（公共管理）
　　教师群仅限教师加入，入群请备注（学校＋姓名）

☎ **联系电话**：010-62515735，62515987，62515782，82501048，62514760

✉ **电子邮箱**：glcbfs@crup.com.cn

📍 **通讯地址**：北京市海淀区中关村大街甲 59 号文化大厦 1501 室（100872）

管理书社

人大社财会

公共管理与政治学悦读坊